1904 1925 1945 1929 1946 1930 1949 1931 1956 1941 19 **1974**

王明年谱

郭德宏 编

社会科学文献出版社
SOCIAL SCIENCES ACADEMIC PRESS (CHINA)

王明在办公（1950年，北京）

王明（前排右一）与共产国际七次大会其他国际执委领导人合影（1935 年）

王明（前排中坐者）等同一群青年记者合影（1938 年）

王明、周恩来、林伯渠、博古在汉口（1938 年）

王明（前排左六）同中共中央长江局成员及八路军代表合影（1938 年，汉口）

中共六届六中全会时的中央政治局。自右至左：周恩来、陈云、刘少奇、项英、康生、王明、秦邦宪（博古）、朱德、张闻天（洛甫）、王稼祥、彭德怀、毛泽东（1938年10月）

王明（右二）和中共中央法律委员会委员们在一起（1947年，山西省临县后甘泉村）

王明在延安群众大会上讲话（1939年）

王明在延安群众大会上讲话（1940年）

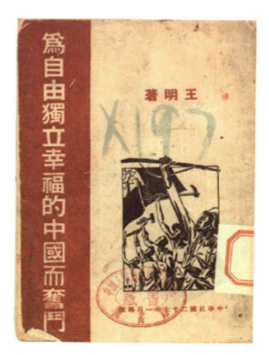

《为自由独立幸福的中国而奋斗》封面
（1938 年 1 月再版）

《托派在中国》封面（1939 年 5 月）

编写说明

　　这部《王明年谱》，是在周国全同志和我一起编写、安徽人民出版社1991年出版的《王明年谱》的基础上，增补、改写而成的。

　　之所以要增补和改写，是因为原来出版的那本《王明年谱》只有16万字，写得非常简单，很多重要的内容没有能够编写进去。这20年来，国内外又出版了一些关于王明的书籍，发表了很多关于王明的文章，我也进一步搜集了大量的材料。这些材料，包括在这之前我们搜集的很多材料，是不少学者没有看到过的，例如中共中央组织部和中央档案馆保存的有关王明的档案，俄罗斯当代文献保管与研究中心保存的有关王明的档案，俄罗斯远东研究所汉学图书馆保存的有关王明的书刊，王明之子王丹之先生送给我的由其母亲根据王明谈话整理的《陈绍禹——王明传记与回忆》书稿，以及一些单篇的回忆录，俄罗斯远东研究所送给我的俄文版《王明全集》（前三卷，第四卷因经费紧张未能出版）等，大部分学者没有看到，有的可能永远看不到。如果这些材料不能向广大学者提供出来，关于王明的研究就不能深入地开展。正是为了给广大的学者提供研究的方便，我不顾年老多病，决心在原有的基础上，重新编写一本详细的《王明年谱》。

　　与原来出版的那本《王明年谱》相比，这本年谱有以下不同之处。

　　第一，尽量详尽地采用已掌握的各种材料，特别是关于王明的各种档案材料，以及由孟庆树根据王明谈话整理的回忆录。所收录的材料更为详尽和全面。

　　第二，尽量广泛地采用已出版、发表的关于王明的各种论著中提供的材料，以及对王明做出的有关分析和评论。这些分析和评论虽然不是王明本人的言行，而是学者自己对有关王明问题的认识和看法，但对进一步研究王明有一定的甚至很大的参考价值。当然，这些分析和评论，都只是一家之言。

第三，因为历时久远，不同的人对同一事件的回忆，有不同的表述；因为看问题的角度不同，对同一问题的认识也有很大的差别，甚至完全相反，可谓众说纷纭。为了客观地反映王明的一生，编者尽量详尽地把各种说法都吸收进《年谱》中，并对有关事实做出必要的考证和说明。至于如何评价，一般不做判定，以便让大家在比较中弄清事实，辨明是非。

第四，王明发表的很多文章、演说、信件和他注明同一时间写的诗歌，以及王明晚年写的《中共半世纪与叛徒毛泽东》一书，其中内容或有很大的矛盾，有些说法甚至完全相反。他的很多文章、演说、信件，是尊崇毛泽东的，而他的很多诗歌和晚年写的那本书则是谩骂、诬蔑毛泽东的。所以，我们认为王明的很多诗歌是晚年写的，并不是当时写的。但为了客观、全面地反映王明的思想，《年谱》中仍按照王明自己注明的时间，如实地将这些内容都收录进去，是真是假由读者自己判断。

第五，为了便于读者查阅原始的材料，编者尽可能地对每一条材料注明出处和来源。遗憾的是，由于20多年前编写年谱的时候没有注明出处，很多材料已经丢失，以致现在无法查阅，因此一部分材料未能将出处注明。另外，有些不便于注明出处，也是要请读者原谅的。

第六，为了使王明一生的脉络更加清楚，我们改变了完全按年编写年谱的方式，将王明的一生分成了几个时期。这样，有的年份就被分到了不同的时期。

第七，为了使读者对王明的言行有更清楚的认识和了解，本年谱简要地增写了一些国内外发生的重大事件，以便让读者能够将王明的言行和客观历史环境联系起来，有所参照。

第八，( ) 内容为原注（本编者注一般置页下），□为缺字或不清文字，校订错字，置于 [ ] 内；疑误用 [?] 表示；增补脱字，置于 〈 〉 内；疑有脱字，用 〈?〉 表示；衍文加 〔〕。

第九，人名、地名以及机构译名仍旧，不作注，以免讹误。

最后特别要说明的是，原来出版的那本年谱是周国全同志和我一起编写的。这次增补、改写的工作虽然主要是我做的，但周国全同志仔细、认真地审阅了全部书稿，提出了很多宝贵的意见，我又根据他的意见做了修改。所以，这部书稿包含了他的大量心血。但是，周国全先生说由于他这次没有做多少工作，不同意署他的名字。这样，就只好署了我一个人的名字。在此，特作说明，并向他表示崇高的敬意和诚挚的感谢！

还需要说明的是，中共中央党校文史教研部殷永波副教授帮助翻译了苏联科学院远东研究所 1984 年出版的《王明全集》1~3 卷的目录、孟庆树整理的《陈绍禹——王明传记与回忆》（未刊稿）附录王明著作目录中的俄文部分以及日本田中仁编著《王明著作目录》中的俄文部分，特在此向她表示衷心的感谢！

郭德宏

2011 年 7 月 3 日

CONTENTS 目 录

七　第四次到苏联

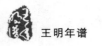

一　童年、青年时期

1904 年 5 月　1 岁

5 月 23 日（夏历 4 月 9 日）[1]　　生于安徽省六安县金家寨镇（今金寨县）。

王明乳名禹子，学名陈绍焜，后改名陈绍禹，字露清。他一生用过很多名字，除本名陈绍禹外，还用过哥鲁别夫（或译为克劳白夫，1925 年底到莫斯科中山大学学习时使用）、韶玉（从 1928 年夏开始使用）、慕石、兆雨、诏玉、绍玉、玉石、英石、膺时、情淑、华英、露青、鲁卿（1929～1931 年在《红旗》、《劳动》、《布尔塞维克》发表文章时用）、王明（1931年到苏联任中共驻共产国际代表后始用）、波波维奇、马马维奇（晚年在苏联时使用）。为叙述方便，本书开篇即使用王明这个名字。

王明家庭及亲属情况如下。

（一）家世：曹仲彬、戴茂林的《王明传》说王明的祖籍是安徽省泾县云岭村。清朝时因家乡闹水灾，其高祖父陈世学和高祖母吕老太无法生计，投奔到金家寨的哥哥家。据陈世总谱记载，陈家第一世始祖叫六六公，原在江西，后来子孙迁到徽州，至宋代陈子举时，"游至泾川，见云岭山水秀丽，土地丰沃，遂在此安家"。如按六六公为第一世，传到陈绍禹这一代，已经是第 30 代了。[2]

---

① 据孟庆树根据王明回忆谈话整理的《陈绍禹——王明传记与回忆》（手写复印稿，以下简称《传记与回忆》）。此书已由莫斯科慈善基金会于 2011 年出中文版，但差错较多，本书仍以手写复印稿为准。同时参见徐修宜《对王明籍贯和出生时间的辨析》，《党史研究与教学》1994 年第 2 期；《应用公历统一现代人物的出生时间》，《中国图书评论》1993 年第 6期。王明 1926 年 12 月 14 日在莫斯科中山大学填的登记表说自己生于 1906 年。

② 曹仲彬、戴茂林：《王明传》，吉林文史出版社 1991 年版，第 4～5 页。

（二）家庭状况：《传记与回忆》说：

绍禹同志 1904 年旧历四月初九日（公历 5 月 23 日）生于安徽省六安县金寨镇一个贫苦的教师和店员家里。① 当时，金寨是六安县的一个小镇。据云，宋朝时，一位女将带兵抵抗外族入侵，路过此处时，遗下一个金钗，因而此镇原名金钗镇，后来人们把金钗说成了金寨。

金寨地方虽不大，人口不过数千，但位于险要的大别山脉上，是河南省的固始、商城与安徽省的六安三县交界之处。这三县的界碑竖立在绍禹家门口的墙上，故称之为"鸡鸣听两省，狗咬闻三县"的地方。北有清晰的史河。气候温暖，四季分明。大批出口的有竹、木、纸、铁、炭、茶叶六项，其次有中药茯苓，有颜料橡碗，还有猪鬃、羊皮、桐油、羊油等工业原料出口。进口的主要为盐米两项。全镇几乎都在山上，而山的大部被常青的松树、杉树和竹叶装饰着。

……

金寨的生产虽很富，但金寨的绝大多数人民都很穷。绍禹家也不例外。他出生时……父亲的两个弟弟、三个妹妹都还年幼，祖父和父亲两人的收入不能维持八口之家的生活。把九岁的三姑芹香送给人家做童养媳，但是生活还是非常困难。

桂尊秋在《我所知道的陈绍禹》中说："陈绍禹，字露清，曾化名王明，安徽省金家寨人，个子不高。他出生于一九○四年，家境贫寒，无田产，其父早年在金家寨小镇开小行店为生。"②

（三）曾祖父陈应义，有二子，小儿子陈亨钟，就是王明的祖父。③

（四）祖父陈亨钟，号毓亭。《传记与回忆》说：王明出生时，祖父"已做了 20 多年的乡村教师，还兼做扎灯笼的手工工人"。

（五）父亲陈嘉渭，字秉森④，号聘之，夏历 1877 年 8 月 19 日生。幼年读过 3 年私塾。17 岁到胡家店铁厂当学徒工。早年在金家寨卖酱醋，稍

---

① 王明 1950 年填的简历表说本人"家庭出身小商人"。
② 《人民政协报》1986 年 12 月 30 日。
③ 曹仲彬、戴茂林著《王明传》说叫陈亨锡，第 5 页。
④ 佟英明 1988 年 3 月 17 日采访甘宁记录。曹仲彬、戴茂林著《王明传》说是字炳森，见该书第 5 页。

有积蓄后，与其他两家合伙开了个小店，经营竹木买卖，无田产。《传记与回忆》说：

在绍禹五岁时，为了减轻家庭生活的困难，父亲向他帮工的老板借了一点钱，自己开了个小店。父亲从 8 岁到 12 岁在家放猪，12 岁到 15 岁在糕米店做学徒，15 岁到 32 岁做店员。现在他自己想试试看做小生意，以便维持家庭生活。他租了绅士汪朗斋的房子，开起竹木行和做香店（店名叫"陈天庆麒"）来（想学祖父的样子）。这种竹木行是大家公认的无本经营，靠天吃饭的事……没有人买货时，就没有生意了。因此，生活还是很困难……可是房东汪绅士嫌绍禹家来往的人太多，竹木遍地，把绍禹全家都赶走了。不得已又租了陈姓家的房子，绍禹从 7 岁到 21 岁完全离开家前，都住在这所房子里。

由于竹木行时常赔本，所以时常靠借债典当维持生活，而放高利贷者经常欺负穷人。尤其困难的是每逢新年时，债主索债逼人。无钱还债的父亲只好躲起来，孩子们出来向要债的人说好话。有时债主的狗腿子要不到钱就动手打人，绍禹和姐妹们也就和他打起来。也有时孩子们一齐叫喊着把门关上，把要债的人轰走。

绍禹的父亲曾做过第六合作社的主任，为红军采办给养。从 1932 年红四方面军向四川转移后到 1936 年底西安事变前，曾五次被敌人捕去坐牢，受过严刑拷打，敌人常以活埋杀头等威胁，父亲坚决拒供。由于广大群众营救，得免于死。1947 年国共再次分裂，桂系军阀王伯雄驻金寨时，又把绍禹的父亲和大妹（觉民）等捕去，先关在金寨，后关在霍山县监狱里。王伯雄时常大声威胁，叫道："把那个陈绍禹（王明）的父亲和妹妹拉出来杀掉！"直到全国解放后，父亲和妹妹才被释放出来。刘伟同志是金寨解放后第一个共产党员县长。1949 年北京解放后，他给绍禹来信说："陈老伯情况很困难，实际上靠讨饭生活。现在我们接他住在县政府，他熟悉本地情况，可以帮助工作。"

1950 年父亲来到北京，高兴地说："禹儿，咱们天天盼望共产党胜利，这会可盼到了！"可惜父亲在 1957 年 5 月 11 日去世了！当时，中共中央办公厅和中央组织部把他葬在北京八宝山革命烈士公墓里。

王明的弟弟甘宁回忆说：家里是穷人，父亲做买卖，先卖酱醋，后与其他两家联合开了"陈农昌"号行店，经营竹木。住的房子是人家的，是房无一间，地无一垧，全靠小买卖为生，苏区时划为"城市贫民"成分。父亲1931年到霍邱县开顺街转运公司（离金寨30多里），实际是开行店。两年后被保卫局捉回金家寨，关了三个月。释放后，行里生意清淡了，就做酱醋卖。同时，组织上让他组织赤色互济会、反帝大同盟，他任六安六区主席。这都是群众组织，任务是援助红军。群众把鞋子送到他那里，他再送给红军。国民党进占后（1934年），就转入秘密。曾组织群众节盐，并从白区买一部分，送给红军吃和洗伤口。1937年到武汉。后由八路军武汉办事处安排，他与二姐到了新疆，曾任合作社经理。盛世才反动后被捕三个月，放回后林伯渠劝他到延安，他要回家，结果16天后被捕，关了两年，到新中国成立前夕才出狱。1951年到北京，1957年5月10日去世，享年80岁，葬在八宝山革命公墓。①

甘宁之子甘红红文章说：祖父曾多次被捕。1926年因任豫皖青年学会后勤部长被民团逮捕，入狱三个月，后保释出狱。1927年因与武汉叶挺领导的北伐军"铁军"通信受牵连，被捕入狱五个月。1929年因与红军联系，被民团逮捕三个月，后保释出狱。1930年参加金寨暴动，1930年后任"鄂豫皖苏区六安六区赤色反帝大同盟"主席，并兼"赤色互济会"主席。1931年任皖西北边区苏维埃运输公司经理（在霍邱县开顺街）。1933年苏区沦陷，全家被捕，不久被保释出狱。1935年和甘宁组织运盐，接济被封锁之红军。1937年到武汉八路军办事处，1938年到新疆，任迪化合作社经理。1945年抗日胜利后回到金寨，16天后被捕，入狱两年。从1947年开始在家乡做教育工作两年。1950年协助人民解放军剿民团、土匪1300余人。②

有的文章还说：陈嘉渭"在大革命时期就宣传革命道理，支持革命；土地革命战争时期，曾担任鄂豫皖苏区六安六区赤色反帝大同盟主席革命职务。他曾因支持革命，参加革命斗争，而多次被国民党逮捕。他一生十分坎坷，但始终坚信革命事业必胜。他是有功于革命事业的"。③

（六）母亲喻幼华，号淑莲，④金家寨东边五六里远的张家畈村人，家

---

① 佟英明1988年3月17日采访记录。
② 甘红红向佟英明提供。
③ 石上流：《真实性是传记文学的生命》，《长江》1987年第6期。
④ 曹仲彬、戴茂林著《王明传》为"号淑莲"，第5页。

庭妇女。曾在金家寨开办女子小学，并任校长，人称"文盲校长"。① 1930年病逝。1958 年王明在《病重梦中忆母》中的《大娘校长》诗中说：

> 陈氏祠开女学堂，大娘校长半文盲。
> 手持拐棍门前站，保护师生打流氓。②

《传记与回忆》说：

"母亲喻淑莲虽识字不多，但受到劳动人民拥护，做妇女工作，并兼做女子小学校长……他自己拿着棍子坐在学校门口，保护女生安心上课。允许男教员——秘密的中共党员张育才等到女子学校去教书。这在金寨不仅是破天荒第一次男教员给女生上课，而且隐藏了地下共产党员。"

"绍禹的面貌和天资很像他的外祖父——喻焕唐（号立文），③ 也是乡村教师，是当地著名的聪明敦厚的人，是从来不打骂学生，能够循循善诱的好教师。他对自己的子女和外孙都有很大的影响。因此绍禹的二舅喻成镕（又名幼唐）④ 和三舅喻成煦（又名筱唐）都是中共党员。二舅成镕是中共区委书记，当鄂豫皖苏区红军主力撤走后被敌人捉去用绳子穿在鼻子上，拉去游街示众后，先砍去手足，再杀头惨死！三舅成煦是红军连长，在掩护红军主力撤退时牺牲。

绍禹的母亲在 1930 年春，随红军撤到老根据地牛食畈……白军被击退，又随红军回金寨。在回家途中，因劳得病，又是几天没找到吃的，并听到她的两个弟弟在同一月内牺牲，因而母亲到家后，即休克而死。"

---

① 甘宁 1988 年 3 月 17 日在接受佟英明采访时说：她 1925 年办了六安县陈氏祠堂高初两级女子小学，办了六七年，每班 30 多人。教员有豫皖青年学会会员黄启仁、张育才，及陈觉民、甘宁等。

② 《王明诗歌选集（1913～1974）》，莫斯科，进步出版社，1979，第 311 页。

③ 曹仲彬、戴茂林著《王明传》为喻康候，字焕堂，是前清秀才，私塾先生，第 8 页。

④ 甘宁说名幼堂，共产党员，是鄂豫皖苏区六安十三乡的文化委员，1930 年 10 月，因叛徒告密被俘，敌人在其鼻子里穿上铁丝，牵着游街，最后壮烈牺牲。见佟英明 1988 年 3 月 17 日采访甘宁记录。

（七）继母黄莲舫，1933～1934年期间与陈嘉渭结婚，曾随陈嘉渭到新疆，后居北京，"文革"中被送回原籍，不久即去世。

（八）大妹陈醒民（陈先民），早年去世。

（九）二妹陈觉民，共产党员，曾任县妇女委员会秘书，后随父到新疆，又回老家。

（十）小妹陈映民，乳名双瓶，后改名王营。生下九天就送给吕家做童养媳，后与吕长子结婚，两人都是共产党员。吕曾任红军连长，在长征中牺牲，唯一的孩子也在长征途中失去。映民随红四方面军进入川陕革命根据地，任川陕省委妇女部副部长，后又随西路军长征到甘肃，被马步芳捕去做苦工，国共合作后回到延安。新中国成立后在重庆工作，"文革"后生死不明。①

（十一）弟弟陈绍炜，后改名甘宁，共产党员。曾在赤城县一区苏维埃办的干部子弟学校当教员，1930年当红军，后到延安、西柏坡、北戴河、北京等地学习、工作。

1909 年　5 岁

入私塾就读。②

《传记与回忆》说：绍禹"从五岁到十五岁，十年内读了七年私塾，其间或因瘟疫或因无钱请教师而辍学"。并说："绍禹从五六岁到十二岁，祖父和父亲总是带着他到各家去拜年。走遍了金寨的大街小巷，要他把所有的对联都念熟背得。还有别家婚丧寿事，就叫他背对联，帐屏或祭文，所以当他九岁时，就开始写诗歌了。"

《传记与回忆》还说：河南省双城县③丁家铺经常仗势欺人的地主兼绅士周辅宜，外号"周大疯子"。有一天他路过绍禹家，要考绍禹《百家姓》、《三字经》里什么地方有"周"字。绍禹回答了"赵钱孙李周吴郑王"和"周辙东，王纲坠"。绍禹祖父在旁提醒道：孙儿，你怎么把"夏有禹，商有汤，周文武，称三王"忘记了？绍禹说：他不是周文武，他是周大疯子！

---

① 《传记与回忆》。
② 甘宁说王明6岁上学，见佟英明1988年3月17日采访记录。
③ 应为商城县。王明写过一首《双河山东岳庙》，不知这里是不是指的双河山。

周听到大吃一惊地说：你这个孩子才满五岁就这么厉害，将来长大了一定要造反的！

1912 年　8 岁

开始写春联出卖。当地人认为，春节贴上童子写的对联能发财。

《传记与回忆》说："绍禹从八岁起，就参加家务劳动。如帮助父亲招待顾客，借钱典当。新年时，写些对子卖钱，补助家庭收入等。""每年从旧历十二月初到十二月底，他每天都写到深夜，还得姐妹们帮他磨墨牵纸。小手冻得红肿破裂了也还得写，因为只有新年前才能卖出去。头一年只卖得两吊钱，因为一副对子只卖得两个铜板，最多时也只卖得二十吊钱（合当时五块银元）。这个数目虽小，也给家庭和自己一点补助。"

甘宁回忆说：王明"很聪明，号称神童。6 岁上学，8 岁就开始写对联，个子矮够不着，站在凳子上写。大家以为童子写的对联能发财，都愿让他写。后他卖对子"。[①]

1913 年　9 岁

听塾师喻南森给学生讲《论语》"宰予昼寝"，子曰"朽木不可雕也"后，写《昼寝·请问孔夫子》的小诗，在学生中传看，被先生发现，称赞他"写得好"。这首诗是：

> 先生非朽木，学生岂粪土?!
> 这大热天气，谁不打中午?![②]

《传记与回忆》说：在绍禹九岁时，金寨街上的项秀才偷了徐医生家的猫。徐医生去要，被项秀才打了几个耳光。于是绍禹把孩子们组织起来，到项秀才家门口又叫又唱：项秀才，你出来！偷人家的猫子为何来？我们大家来问你，你敢出来不出来？来来来，来来来！你敢出来不出来？项秀才把绍

---

① 佟英明 1988 年 3 月 17 日采访记录。
② "打中午"即午休。见《王明诗歌选集（1913～1974）》第 9 页。

禹的父亲找来，绍禹的父亲也劝项秀才把猫还徐医生。项秀才不得已，第二天只好把猫还给了徐医生。经过这次教训后，项秀才好转起来。后来对绍禹领导的学生运动，采取了同情和帮助的态度。

1914 年　10 岁

一位塾师对学生很粗暴，学生送他个"杨扒皮"的绰号。王明写了题为《杨扒皮》的诗：

> 先生是牢头，学生似罪囚；
>
> 这样蛮打骂，一定要复仇！

这首诗被先生发现，王明被打了一顿，于是 20 多天不上学。人们纷纷谴责先生，先生只得登门向王明及其父亲道歉。①

《传记与回忆》说：开川街有个大地主叫郭香亭，经常到金寨耀武扬威。绍禹十岁那年随父亲去给一老人吊孝时，看到郭香亭正在写祭文，他从后面爬上凳子想看看他写些什么。不料郭大骂道："你这个小家伙做什么？滚开滚开！别捣乱！"写好后祖父让绍禹念念看，郭香亭很吃惊，等他走近时，绍禹也学着他的样子骂道："你这个老家伙做什么？滚开滚开！别捣乱！"祖父责备他，郭香亭把骂绍禹的情况说了，并拿来芝麻糖，愿与绍禹取和。绍禹说："取和可以，糖不吃！"说罢，就飞也似的跑开了。

1915 年　11 岁

9 月　陈独秀在上海创办《青年杂志》（后改名为《新青年》），新文化运动兴起。

秋　祖父陈毓亭带王明到离金寨 35 华里的双河山东岳庙，住了一个多月。此庙是河南省的商城、固始、息县、光州、光山和安徽省的六安、霍邱等县人朝拜的名山。此间，每天有一个比他大 4 岁的宋小道人带王明到各神像前烧香。他发现泥塑的地狱里，上刀山、下油锅、上磨挨、下血湖等受罪

---

① 《王明诗歌选集（1913~1974）》，第 10~11 页。

的人，都是穷苦可怜的人的样子，没有一个富贵人的模样，就问老道人这是为什么。老道人讲了一番前世因果的道理。听后，祖父带王明再看各殿，并叫他作诗。他写了一首七绝《双河山东岳庙》：

> 进门红白两匹马，正殿中旁五座神。
> 十殿阎王都可憎，残酷杀害可怜人。①

本年　随祖母到曾外祖母家丁家铺河坪，看到那里的人都很穷。《传记与回忆》说：绍禹回家来问母亲："为什么农民这样穷？"母亲说："金寨有句俗话：'杀不了穷人，富不了家'，所以富人都是杀穷人的人！"绍禹回忆他幼年时说："祖母和母亲给我讲过很多的故事。我也给他们唱过很多的唱本。每逢讲到或唱到帝王将相、贪官污吏、土豪劣绅做坏事时，她们说：'禹子，你长大了可不要学这些人。'每逢讲到或唱到豪侠好义、打富济贫、舍己救人时，她们说：'禹子，你要向这些人学习。'老人们的这些教育，对我有很深刻的印象……"

1916 年　12 岁

《传记与回忆》说：金寨镇的厘金局长兼民团团总刘朝安经常贪污敲诈，受贿杀人，老百姓都非常恨他。绍禹 12 岁那年的某日下课回来，又听说刘在为非作恶，便和小朋友们商量出刘的白纸帖子（就是出传单）。他们共写了 20 多张，贴到大街小巷和刘的前后门上，用对联的方式揭露刘的丑事。一传十，十传百，很多人都看到了。绍禹的祖父看到后称赞说："好样的，反对刘局长，大家称快！"

还说："绍禹从 12 岁到 15 岁时的教师是漆陶庵。这也是一位不打学生，能循循善诱的好先生。跟这位先生学作诗作文的学生们，都进步得很快，而绍禹是其中最快的一个，十三岁时，已能写两千多字的义、论、策等不同体裁的文章，能作五言七言诗和律诗。先生改的地方很少了。"绍禹还曾以《好先生》为题写诗赞扬漆先生。

还说：每年布谷鸟出现时，私塾先生总爱以《布谷催耕》为题叫学生作诗，

---

① 《王明诗歌选集（1913～1974）》，第 12～13 页。

这年漆陶庵先生也出此题，绍禹写道："布谷何尝知稼穑，飞鸣求偶不催耕。塾师不解其中意，乱出诗题误学生。"这是直接批评所有私塾先生的一首诗。

1917 年　13 岁

游柳林。柳林及其附近的四座庙宇，是金寨人特别是儿童最爱游览的地方。有一次，他游览后写下《柳林晚兴》诗一首：

> 东风蜎蜎柳青青，结队歌游乐满心。
> 红日依山诗意美，绿荫覆庙晚钟清。①

1918 年　14 岁

秋　作《对月独坐弹月琴》诗一首。②
本年　塾师毛树棠以"金家寨"为题，命学生作诗。王明写了一首七律：

> 金家寨立史河边，住户商家人数千。
> 悬剑张弓峰对峙，狮头猫洞岭相连。
> 毛排月月来盐米，山货年年出竹杉。
> 鸡犬声闻三县乐，谁分皖省与河南。③

桂尊秋在《我所知道的陈绍禹》中说："陈幼年在家乡私塾读书七八年，旧学有根底，会唱京戏，象棋也不错。"④

1919 年　15 岁

5 月 4 日　五四爱国运动在北京爆发。

---

① 《王明诗歌选集（1913～1974）》，第 14 页。
② 《王明诗歌选集（1913～1974）》，第 17 页。
③ 《王明诗歌选集（1913～1974）》，第 15 页。
④ 《人民政协报》1986 年 12 月 30 日。

夏 在地主晁三的接济下，到当时属于河南省固始县远东南区的陈淋志诚小学读书，受到后来成为金寨县第一个党支部书记的詹谷堂老师进步思想的影响。①

同期 暑夜乘凉，写《夜间吹笛箫》诗一首：

> 夜阑吹笛又吹箫，声入九天星月高。
> 岂意招徕龙凤侣，唯邀鸣鹤下云霄。②

秋 作七绝《菊花》一首：

> 色样纷繁九月开，傲枝从未怕霜来。
> 菊花不愧渊明友，我爱菊花岁岁栽。③

秋冬 作七律《霜寒初重雁横空》一首：

> 玉露生寒草木黄，横空列阵雁飞翔。
> 羽毛更益三分雪，骨骼初经九月霜。
> 秋去春来无定处，关南塞北有家乡。
> 临风一字成人字，望美人兮天一方。④

《传记与回忆》说：这个题目是塾师漆陶庵先生出的。他看后，"把第三句第四句下面批上许多红圈表示称赞。总的批注是'聪明'二字。奇怪的是漆老师说：'禹子，人都说你聪明，你看你的这首诗写得多聪明。唉！写得聪明透露，怕你将来不长寿，或被人害死！'"

本年 金寨小名流李少三先生写了个上联，却对不出下联，函友征对，应者十余，均未评中，而王明对的下联得到李的称赞，遂叫一席菜请王明吃饭，并送冬瓜饯和天冬饯各一斤作谢。李少三的上联是"山海关虎啸龙

---

① 曹仲彬、戴茂林：《王明传》，第18~19页。
② 《王明诗歌选集（1913~1974）》，第19页。
③ 《王明诗歌选集（1913~1974）》，第18页。
④ 《王明诗歌选集（1913~1974）》，第20页。

吟，漫道风云难际会"；王明的下联是"子午谷鸟飞兔走，须知日月易蹉跎"。①

1920 年　16 岁

2 月（旧历年关）　旧历春节前和妹妹觉民出面应酬向父亲讨债的人。1919 年夏天祖母病故，冬天曾祖母、祖父都患重病，家庭生活更加拮据。年关前几天，债主不断上门吵闹。父亲不敢露面，让他和觉民"挡账"。他有感于年关之苦，写五绝《年关》诗一首：

> 富户家家乐，穷人个个愁，
> 何时天下变，不再过年愁？②

10 月　因经济困难，一度失学。后筹得一些钱，于秋季进入设在六安县城的安徽省立第三甲种农业学校（简称"三农"）学习。③

王明初进三农时，并不知道学校将教授什么课程。经过一段时间，他了解了在学校将学什么，做什么以后，写了一首诗，题为《进三农》。诗中表达了爱国的思想，其最后一段是：

> 有人说：发展农业能救国。
> 有人说：发展商业才不落伍。
> 有人说：发展科学教育和实业，
> 我国再不受人侮。
> 倘真农业能救国，
> 我愿为农又为圃。④

《传记与回忆》说：绍禹这次去上学，宿膳费、讲义费、制服费等大部

---

① 《王明诗歌选集（1913～1974）》，第 477 页。
② 《王明诗歌选集（1913～1974）》，第 22～23 页。
③ 王明 1950 年填的简历表说自己"1920～24 年在安徽省立第三甲种农业学校学习"。甘宁说王明在三农读书靠两个同学接济，一个是六安杨堂如，一个是桂月峰。见佟英明 1988 年 3 月 17 日采访记录。
④ 《王明诗歌选集（1913～1974）》，第 24～25 页。

分都是借的。他先学了一年预科，然后转农科。"六安三农是办得比较好的学校。功课很多，除了要学普通中学的功课（中文、英文、算术、物理、化学、地理、本国历史、世界地理等）外，还要学八种农业知识，即地质、土壤、气象、作物、肥料、病虫害、园艺、畜牧，还要实习作物。而绍禹能每门课本都学得成绩优异，是不容易的。三农的农科主任，非常地重视绍禹，经常给他以鼓励，并把绍禹的肥料学笔记作为学生的讲义。讲义上写明：金禹侯口授，陈绍禹笔记"。

桂尊秋在《我所知道的陈绍禹》中说："一九二〇年秋季，我们同时考入六安安徽省立第三甲种农业学校学习，并在同科同班，形影不离。""三农学校开办后，在同盟会员、校长沈子修影响下，聘用朱蕴山、桂月峰、钱杏邨等进步人士为教师，给学校带来了革命气象。在 1919～1924 年的 5 年中，学校开展了'响应五四运动'、'反对曹锟贿选'、'大演革命文明戏'、'驱逐坏县长骆通'、'成立贫农夜校'和'赶走继任校长刘先黎'等一系列的政治斗争。陈绍禹在那几年没有什么进步表现。"①

王明在学习期间，由于个人聪明，学习又努力，成绩一直很优秀。据同班同学王逸常回忆："我与陈绍禹都是班上学习较好的同学。当时老师批改的作文本，每次都按写作的好坏次序发放，最好的放第一本。每次发放的第一本不是我的，就是陈绍禹的。凡写文言文时，往往我是第一本，凡写白话文时，陈绍禹往往是第一本。他的白话文写得很生动。""陈绍禹舌苔突突的，学习外语自然条件不好，可是他肯读，常常反复地练，所以，英文也学得不错。"②

1921 年　17 岁

7 月 23～31 日　中国共产党第一次全国代表大会在上海、嘉兴召开，中国共产党宣告成立。

本年　三农师生自编自演反帝反封建的文艺节目，会唱京戏的王明没有参加演出。他看了师生们演的朝鲜亡国惨史话剧和印度亡国惨史哑剧后，写了题为《前覆后戒》五律一首：

---

① 《人民政协报》1986 年 12 月 30 日。
② 曹仲彬访问王逸常谈话记录，转引自曹仲彬、戴茂林《王明传》，第 27 页。

印度遭英灭，朝鲜被日吞。

人民作犬马，财富任牺牲。

祖国睡狮弱，帝强恶虎狰。

同胞快觉醒，奋战以图存！①

《传记与回忆》说："六安地方较落后，没有大的政治运动。三农里有位中文教员钱杏邨（就是后来叫阿甲②的）比较进步。他把'五四'运动精神带到三农。例如，提倡新文化，反对旧礼教；提倡白话文、白话诗，演反帝反军阀的戏；宣传抵制日货等。学生们把已买的日货都烧掉。这是1921年下半年到1922年上半年的事。"

1922 年　18 岁

本年　参加抗议军阀杀害进步学生的活动。安庆省立第一中学同学姜高琦惨遇军阀马联甲枪杀，全省各校纷纷罢课集会和游行示威，表示抗议。三农师生热烈响应这一运动。王明参加了三农的抗议活动，并写了《高琦不死》诗一首：

死于军阀手，活在青年心。

英雄倒一个，继起千万人！③

《传记与回忆》说："绍禹在三农时，参加过办平民学校和反对反动的安徽督军马联甲，因他枪杀了安徽第一中学学生姜高琦。"

本年至 1924 年上半年　在三农担任学生联合会工作。④

1924 年　20 岁

1 月　中国国民党在广州召开第一次全国代表大会，第一次国共合作正

---

① 《王明诗歌选集（1913～1974）》，第 26 页。

② 应为阿英。

③ 《王明诗歌选集（1913～1974）》，第 27 页。

④ 王明 1926 年 12 月 14 日在莫斯科中山大学填的登记表。

式形成。

上半年 三农开展赶走继任校长刘先黎的斗争。学校当局采取了高压手段，全校 400 名学生中有 180 余名被开除学籍。王明为了能领到毕业证书，站在拥护刘先黎的学生一边。据反对刘先黎继任校长的当事人桂尊秋回忆说："全校百分之八十的学生反对刘先黎，只有陈绍禹等少数人支持他。陈绍禹甚至支持刘先黎用武力镇压学生。我当时就跑到六安附近的农村，后来回了家，也顾不得毕业不毕业之事。后来，听说刘先黎把所谓'闹事者'都开除了。我也被开除了。陈绍禹是毕业离校的。"①

夏 在三农毕业，回到金寨家中。与父母商谈能否升学问题，得到父母的支持。遂写七绝《芍药》以明志，诗曰：

> 堪称国色与天香，可算花中又一王。
> 能向牡丹比芳艳，唯无傲骨不经霜。②

《传记与回忆》说：金寨镇的两个大绅士汪四爷（汪培之）和桂四爷（桂玉阶）为了不让绍禹上大学，合开一个山货行，把绍禹父亲的生意顶了一半以上，并阻止邮政代办所设在绍禹家。绍禹的同学阚如棠也请绍禹到霍邱县阚家圩的高等小学校去教中文、英文和算术三门课，一年给三百块钱，因为阚知道绍禹学得好，三门课都能教。绍禹和父母商量是否先教两年书，积点钱再升大学。但绍禹父亲说："既然汪桂两绅士捣乱，今年就非升大学不可！没钱也得升学，给他们看看！"并说："穷也要穷得有骨气！"母亲说："要像牡丹，不要像芍药。你看芍药那点不如牡丹，就是因为没有骨头，一见霜就凋零了。"绍禹听了父母的话后，随笔写了一首题为《芍药》的诗，给父母看。

7月 为筹借升学费用，到离金家寨 15 里的袁家岭袁姓友人家借钱。归后写了一首双七律《高山独行遇暴风雨》记此行。③

同月 其母给他半生辛苦、零星积蓄的七块大洋作为升学费用。他很受感动，写了《七块大洋》诗一首：

---

① 桂尊秋：《我所知道的陈绍禹》，1986 年 12 月 30 日《人民政协报》。
② 《王明诗歌选集（1913～1974）》，第 28 页。
③ 《王明诗歌选集（1913～1974）》，第 29 页。

枕边摸索七元洋，慈母交儿泪两行；

知道此钱升学少，半生辛苦积私房。①

《传记与回忆》说：绍禹和同学陈璧如到了安庆，才知道安庆没有大学，并从三农校长刘先黎处得知可以报考武昌商科大学。于是和詹禹生、陈步云决定报考商大，并在安庆"发起组织安徽青年学会"。

9 月　进入武昌商科大学预科学习。②

同月　于汉口作七绝《风雨登黄鹤楼》，诗曰：

乘鹤去乎余鹤楼？今人疑也昔人愁。

三城暗而两山隐，风雨歌兮江汉流。③

10 月　与同学詹禹生把安徽青年学会扩大为豫皖青年学会，并起草学会的发起书和简章，担任事务部主任（一说是事务处长），兼任皖籍同学会会刊《皖光》编辑。《传记与回忆》说："商大还有个安徽学生同乡会，出的刊物叫《皖光》，也是一月一期。《豫皖青年学会会刊》和《皖光》都出过十多期，直到绍禹 1925 年 12 月离开武汉到苏联去前，都是由绍禹主编的。"

王明 1926 年 12 月 14 日在莫斯科中山大学填的登记表说：1924 年 10 月组织"豫皖青年学会"；在延安写的简历说："24 年 10 月～25 年 10 月，豫皖青年学会事务部主任，兼会刊编辑"；"24 年 12 月～25 年 8 月，武昌商大安徽同学会'皖光'编辑"；1950 年填的简历表说自己 1924 年秋～1925年秋，在武昌及金家寨任"青年学会事务处长兼会刊编辑，'皖光'编辑"。

王明曾仿苏武牧羊调写了一首《豫皖青年学会会歌》，歌词是：

哀我中华大民国：内乱苦纷争，外患迭相乘；

危国计，害民生，贫弱震寰瀛。

守门无锁钥，卫国少干城；

---

① 《王明诗歌选集（1913～1974）》，第 32 页。

② 王明 1950 年填的简历表说自己"1924～25 年在武昌商科大学预科学习"。

③ 《王明诗歌选集（1913～1974）》，第 33 页。

主权丧失尽，贻笑东西邻。

五千余年，文明古国，实亡剩虚名。

志士具热忱，青年学会成，

结团体，聚精神，唤醒四万万人。

喑呜推山岳，咤叱变风云，

军阀要除尽，帝强要除根，

创建新华，改造社会，大责共担承。[①]

同月　共青团员梁仲明参加豫皖青年学会后，向王明讲述了苏联十月革命和苏联现状，介绍中国共产党和共青团的情况，还向他推荐马克思列宁主义书籍和刊物，给他看国民党第一次代表大会宣言等革命文献。这些都是他"闻所未闻，见所未见"的，使他"耳目为之一新，思想大为转变"。为感谢梁仲明所给予的启蒙教育，特写诗一首"谢仲明"，题为《喜闻报》：

塾窗十载又中学，舍我韶华逝水过。

聆教一朝开眼界，得书百读喜心窝。

儒知世事仁风少，佛识人生苦味多。

惟有马恩新意境，列宁实现首苏俄。[②]

《传记与回忆》说：梁仲明"把绍禹写的学会简章和宣言草稿给林育南（即林庚——他当时是湖北共青团地委书记）看，林给改得更带政治性。绍禹看了很奇怪地问道：'他怎么懂得这些呢？'梁仲明把什么是 C. Y（共青团），什么是 C. P（共产党），什么是国民党，苏联是什么样的国家……等介绍给绍禹，并介绍给绍禹和禹生等《共产党宣言》、《价值、价格与利润》、《雇佣劳动与资本》、《共产主义 ABC》、《通俗资本论》等书。后来，又看过《国民党第一次代表大会宣言》、考茨基青年时写的《阶级斗争》和蔡和森同志编的《社会进化史》、孙中山的《三民主义》等书，并且经常读《中国青年》和《向导》等杂志。当时在武昌有个时中书社，是共产党和共青团设的，表面上卖一般书刊，店员大都是党团员。该书店对于传播革命思

---

① 《王明诗歌选集（1913～1974）》，第35页。

② 《王明诗歌选集（1913～1974）》，第34页。

想，起了很大作用"。

11月　同梁仲明、詹禹生、胡佩禹等访问武汉大智门火车站，第一次看到产业工人的巨大力量，开始认识到工人阶级在社会中的伟大作用。归后写了七律《偕友访大智门车站述同感》，诗曰：

> 工人开动火车头，地动天惊震九州。
> 南北东西成一体，农兵商学尽同仇。
> 推翻军阀为民主，打倒帝强好自由。
> 我辈青年无量勇，献生革命变全球。①

年底　商大放寒假，回到金寨，发展了一些豫皖青年学会会员，做了一些宣传教育工作。

《传记与回忆》说："1924年底，放寒假回金寨后，又发展了一些豫皖青年学会会员，开了正式成立会，通过简章、宣言和会歌（都是绍禹起草的）。绍禹被选为该会总干事（即会长），梁仲明为宣传干事，詹禹生为组织干事。出了会刊，每月一期。会员们在家乡农民中，做了一些宣传教育工作。到1925年暑假，学会会员已发展到80多人。也发展了共青团员和党员。"

当年曾参加过这个组织的袁大明回忆说："1924年夏天，陈绍禹在金家寨组织了豫皖青年会。金家寨地区在外地学校的学生，绝大部分都参加了青年学会。入会手续，同学之间相互介绍，后发给会员证。到1925年已发展会员一百余人。青年学会活动，利用寒暑假学生回家的机会，一年召开两次会员会议。在外表上讲学术问题，实际上宣传马列主义，组织学生运动。1926年，我和很多同学参加了青年学会组织，进行初期革命活动。"②

甘宁也回忆说：豫皖青年学会成立于1924年秋，"宣传反对三从四德，反缠足、戴耳坠"，"反对军阀混战，反对贪官污吏。王明家是总部，会员常在王明家吃饭、开会"。蒋光慈回国后曾到豫皖青年学会宣传马列主义。③

同期　在家乡访问了一些农民家庭，写了一首《访农家》的七律：

---

①　《王明诗歌选集（1913～1974）》，第36页。
②　袁大明口述，见金寨县党史办资料古碑卷1号，转引自曹仲彬、戴茂林《王明传》，第48页。
③　佟英明访问甘宁谈话记录，1988年3月17日。

茅屋三间聊御寒，布衣百补赛僧衫。

年年送稻愁无稻，代代种田盼有田。

雨水下多愁地涝，阳光晒久怕天干。

穷人总有出头日，户户家家望变天。①

本年至明年　以豫皖青年学会名义撰写《为反对军阀樊钟秀征收苛税杂捐压迫豫皖边区人民宣言》。②

1925 年 1～11 月　21 岁

3 月 12 日　中国民族民主革命的伟大先驱者孙中山病逝于北京，全国各地举行悼念活动，王明和一些党团员曾到私立中华大学散传单，③ 并写《悼孙中山先生》诗一首：

难信先生死，仰天北望哀。

清廷摧腐朽，帝制化尘埃。

联共切时要，师俄见卓才。

大江流不尽，革命新潮来。④

暮春　于汉口作民歌体《江边送客》诗一首：

天上浮云散，地下桃花落；

花落云散两无情，别离人不乐。

送客何必悲，客家望客归；

送客何必忧，相见在初秋；

送客何必伤，再遇更欢畅。

今日江边送客处，秋来又是迎客场。

---

① 《王明诗歌选集（1913～1974）》，第 37 页。
② 见《传记与回忆》附录Ⅳ《王明同志写作要目》，以下简称《写作要目》。
③ 《传记与回忆》。
④ 《王明诗歌选集（1913～1974）》，第 38 页。

客船鸣笛扬波去，江水晴空万里长。①

4月29日 写《革新运动中所得之经验》，发表在《商大周刊》第3卷第5期上。文章叙述了该校学生驱逐校长屈氏胜利的经过，并说从运动中得到三条经验：勿畏难；勿中止；有公理。"有畏难心，则不能举事，举事后，无坚持心，则不免因挫折而中止。——然而即不畏难不中止，使新事违反公理，则其失败量必与进行力等也。"他还说："革新运动自'校款''校长'两问题解决后，目前可算告一结束，但吾辈革新运动之目的，决非仅解决此两项问题即满足"，"故先提出个人对于本校革新运动后之最近简单希望"。这就是：（1）扩充校址；（2）严定校规；（3）去留职教员；（4）添置图书；（5）早购课书；（6）注意卫生；（7）扩充刊物；（8）实地调查；（9）经济公开；（10）监督承校。

在同期《商大周刊》上，还发表《三种不同的面目》和《革新运动后之最近简单希望》两文。

5月1日 由王明任编辑的国立武昌商科大学皖籍同学会会刊《皖光》第1卷第1期出版，他发表3篇文章。

1.《安徽的学生》。认为好学生，读书兼从事社会活动；坏学生，饱食终日，无所用心，且有不良嗜好；偏废的学生，读书而不从事社会活动，或从事社会活动而完全不读书。他说"作这篇文字的旨趣"，是想"使安徽的'好学生'不要因为行政长官和学校办事人们拿什么'整顿学风'假面具来恐吓而畏缩，更不要因为一般无意识的人们拿什么'捣乱分子'的绰号来批评而灰心，要兴奋精神，坚定志趣，避却受人利用的嫌疑，认清真理所在去做事，努力继续他们伟大神圣的工作，完成他们青年对于社会国家的使命！"

2.《反对和免除贵族专利的现代学校教育》。指出求学人需用经费过多，为一般民众经济能力所不能负担，所以不但大学成了贵族的专利机关，便是中学、高小也少见无产阶级的子弟求学。对这种现象，必须找出病根，对症下药，治标治本。这就"必须改变现在国家的政治经济组织"，而"要改变政治经济组织，必须先推翻了掌握现在经济政治实权的军阀"，"要想推翻军阀，必须先打倒勾结军阀利用军阀为军阀护符的帝国主义者。因此，

---

① 《王明诗歌选集（1913～1974）》，第39页。

我们现在最要的工作是：打倒帝国主义，打倒军阀"。

3. 《恋爱真谛》。

5 月 27 日 撰写《社会、社会学、社会科学、社会问题、社会主义底浅释》，发表在 12 月出版的武昌商科大学《社会科学研究》第 1 集上。文章说：虽然人类毕生生活在"社会"中，可是一般人并不了解"社会"、"社会学"、"社会科学"、"社会问题"、"社会主义"的区别，"最可笑的，一般人多以为社会主义是'共妻'、'共产'的勾当，听见他便要发生恐惧。因为他们根本不明白社会主义是什么，所以更发生出许多可笑的误点来"。凡是"粘到'社会'两个字，他们便当作是他们最怕的社会主义"。"因此，我不惜麻烦，把社会的意义、本质、起源、变迁，以及一切以社会为研究对象的纵、横、广、狭的科学，简单明了的把他们各个真正的面目揭露出来，使我们不要捕风捉影的把社会主义当做洪水猛兽"。

文章认为："社会"是生存和幸福上必需的团体，是求食和御敌的机关。因求食、御敌、生殖三者的必需而发生，起源于家庭；变迁于人类生产力；随人类生存上必需资料的供给需要的范围而扩大；由家庭而递变为部落，由部落而都市而国家；今日世界即社会。"社会学以研究社会的起源，发达，组织，活动，及理想为目的的科学"。社会科学是"研究组织社会这些团体的人类在各方面的活动及其原则的科学"，包括人文科学的科目，"如伦理学、政治学、历史学、法学、人类学、比较宗教学……"。社会问题是"社会病理学"，"是以研究病态社会为主要目的的科学"。和医生治病一样，治社会病态，也有应急的救治方法和根本的救治方法。前者就是在不变更现在社会组织和制度的范围内，兴办慈善事业、教育事业等，即改良的方法。后者是将现在社会组织根本破坏，用一种完全新的社会组织来代替，这种新社会组织就是社会主义。因此，"社会主义是病态社会的根本救济法"，它"主张一切生产机关（即矿山、森林、土地、工厂、机器）归社会共有，只容衣服家具之类的物件归个人私有，并且一切生产品的产额及交换都由公的机关统计调节或直接经营，务使供求相应，不准私人投机营业"。这样可以避免现在社会的两个缺点：一是资本私有；二是生产过剩。

5 月 30 日 五卅运动在上海爆发。

6 月 1 日 被选为武昌商科大学参加"武昌各界声援上海'五卅'运动委员会"的代表，并担任委员会宣传干事。

《传记与回忆》说：上海五卅惨案发生后，武汉青年积极响应。由共产党和共青团的组织发动武昌各校学生，选出自己的代表（每校二人），参加"响应上海'五卅'运动委员会"的工作。商大开会选代表时，绍禹上台批评了个别教授反对罢工、罢课、罢市的言论，结果绍禹和徐（许）鸿被选为代表。

6月1日晚　在商科大学开武昌各大中学学生代表会，正式成立"武昌各界声援上海'五卅'运动委员会"，蔡以忱任总干事，陈绍禹任宣传干事。委员会决定罢工、罢课、罢市，游行示威，以响应上海工人和学生。师范大学代表本来只需要两人，而他们故意来了八人，都是国家主义者，反对罢工、罢课、罢市。陈绍禹上台讲话批评他们，而他们仍坚持自己的主张，结果学生们把他们哄〔轰〕走了。哪知这些国家主义者跑到督军萧耀南那里告密去了。萧当夜三时派军占领了各商店，各店派两个持枪实弹的兵士站岗，不准罢市。委员会乃决定派学生宣传队出发向商人和兵士们作宣传，决定六月二、三、四日在武昌宣讲三天，五、六、七日在汉口宣传三天。[1]

6月2~4日　与詹禹生带队到街上宣传。

《传记与回忆》说：当时很多学生不敢上街宣传，但"六月二日清早，豫皖青年学会会员打着旗子，由绍禹和禹生领头，首先出发了。当他们到街上宣传时，士兵鼓掌欢迎他们，商店的店员们和一部分商贩们请他们喝茶。这时，别的学校的宣传队也出发了。连着宣传了三天，走过很多人口众多的大街广场，把上海工人学生和各界的反帝爱国行动，告诉了武昌的人民。但因军警的压迫，罢市未成"。

6月5~7日　排除种种阻挠，带队到汉口去宣传。

《传记与回忆》说：

六月四日，蔡以忱同志用国民党湖北省党部代表名义，召开了各校代表会，决定到汉口去宣传。六月五日，又是豫皖青年学会会员作先锋，打着旗子到汉口去。走到汉阳门，看见有一连兵士守门。他们看见学生宣传队来了，立即把门关上，走出一位排长来说："上级命令不准学生过江宣传，恐引起外交事故。"这时，各校的宣传队也陆续来到，

---

[1] 《传记与回忆》。

每队有几十人，共约四百多人的宣传队，都集中在汉阳门内，而门上门下各站着一排兵士，他们把上了刺刀的步枪对准了学生们。绍禹把队伍摆好，去向守门兵士的排长交涉开门。很多黄包车夫和要过江的人也越来越多。绍禹就向士兵和群众发表演说，说明上海"五卅"惨案情况，宣传反帝爱国思想。汉阳门附近的大街小巷都站满了人。许多家庭妇女抱着孩子也来听讲，她们把板凳给绍禹，要他站上去说。观众里不时地响起掌声。宣传队员也趁机分头宣传。观众们异口同声称赞着学生们的爱国行动，又是一阵掌声和口号声。许多士兵也动摇了，他们把朝着学生的刺刀倒向地上去。宣传队员和观众们一面要求开门，一面声泪俱下地放声大哭。这时走出一个连长……绍禹说："军人身负保国卫民之责，要做爱国卫民的军人，你的上级也应该爱国……"这时，宣传员和观众都振臂高呼："爱国的军人开门啊！"真是万众一心，声震四海。于是胡连长说："陈先生，我们谈个条件，如果你下令叫所有宣传队把旗子卷起，等过去江心再打开（江心那边就不归他管了）我就开门，放你们过江。"绍禹说："可以同意你的这点要求。"于是绍禹向队员们解释了几句，下令说："卷旗！"哗的一声，几十个队旗都暂卷起来。胡也下令说："开门！"于是，那位排长从口袋里掏出一尺来长的大钥匙，把门打开了。两小时内汉阳门内聚集的两万多人都高兴了，都说："让宣传队先过江！"到了码头，轮船上人说："督军有令，不准摆渡学生宣传队过江。"学生们只好坐小划子过江……

这样，六月五、六、七日在汉口也宣传了三天。汉口的工人、店员和各界的爱国群众也和武昌一样的，非常欢迎学生们。但自六日起，武昌和汉口的反动军警出动很多，形势更加恶化。宣传队决定分散活动，并开始到工人区去，和绍禹一同到工人区去的有詹禹生、吴绍镒（杨松）、潘问友、陈守一等8人……

六月七日，各宣传队负责人在汉口火星庙开会，决定次日到江岸去宣传工人罢工。但八日，刚到江岸，那里的驻军说："今日江岸又枪杀了八个工人，上级有命令不准你们去。"萧耀南下令各校提前放暑假，并令所有大中学立即停止供给伙食，不准学生住校。

在声援五卅运动的活动中，王明被推选为武昌学生联合会干事和湖北青年团体联合会执行委员兼宣传干事。他在延安写的简历说："25年6月，武

昌学生联合会干事会干事兼湖北省党部（国民党）宣传干事"；① 1950 年填的登记表，说自己 1924～1925 年任"湖北青年团体联合会执委兼宣干，武昌学生联合会委员（五卅时期）"。

《传记与回忆》说："林育南找绍禹谈话。他提议豫皖青年学会加入湖北青年团体联合会。绍禹同意了。林当选为联合会的总干事，绍禹当选为宣传干事。杨松（吴绍镒）、伍修权、潘问友、林彪等为当时中学生里的积极分子和代表，黄丽（励）等为大学生的代表。"

在此前后　加入中国国民党。

王明 1950 年填的简历表中说自己"1925 年曾加入国民党，国共分裂后退出"。1926 年 12 月 14 日在莫斯科中山大学填的登记表，在"国民党工作"栏目中说："曾充商科大学支部委员及在五卅时省党部宣传员。"

6 月　武汉工人学生声援上海反帝运动以后，武汉当局怕事态扩大，决定各校提前放暑假。王明回到金家寨后，在大王庙召开豫皖青年学会第二次全体大会，到会会员 60 余人。会议期间曾追悼上海、青岛、广州沙面死难同胞，举行反帝游行。在开追悼会时，邀请各界代表参加，到会的青年学会会员各送一副挽联。王明的挽联是："四百兆同胞放声大哭，五千年历史特写奇冤。"②

6～7 月　在安徽省六安县第四乡做五卅运动的宣传工作及提倡组织农民协会，并在六安县及河南省固始县作五卅运动的宣传及提倡组织"工农兵学商联合会"。③

《传记与回忆》说："1925 年暑假的某日，绍禹和梁仲明到河南固始县去活动，想在那里发展会员，詹禹生和胡佩禹到双城县④去活动。但都因不了解情况，时间太短，所以成绩不大……绍禹家向来是会员们和党团员们接头、通讯与集会之所……这些青年里，绝大多数后来都成了共产党员和共青团员。他们是豫皖边中共组织、苏维埃政权和工农红军的主要骨干与领导干部。如詹禹生为红军第一团团长，前面提到的绍禹的二舅喻成镕为党的区委书记，三舅喻成煦为红军连长（大舅是农民，早已去世）。詹慕禹（禹生的哥哥）、詹化铨（禹生之弟）、张育才、胡佩禹、黄启明、黄启仁、袁大勋、

---

① 同时又说："25 年 3 月～10 月，湖北青年联合会干事会干事，兼联络科。"
② 《王明诗歌选集（1913～1974）》，第 478 页。
③ 王明 1926 年 12 月 14 日在莫斯科中山大学填的登记表。
④ 应为商城县。

李昨非、梁仲明、查锐、徐承燕、徐承翼……等等，他们在苏区时，都担任了什么工作，虽一时不能查明，但他们都是当时的领导骨干，都为革命流了最后一滴血。"

7月 于金寨作七律《武汉青年反帝怒潮（六二运动）》一首，记武汉学生和工人声援上海五卅运动经过：

> 五卅惨案动青年，集会游行斥帝奸。
> 胸对刀枪忘生死，面临兵警勇宣传。
> 工人响应流鲜血，军阀恐慌暴厚颜。
> 放假提前何用耶？回乡同样闹翻天。①

8~9月 加入中国共产主义青年团（1928年退团）。②

10月 由许鸿介绍加入中国共产党。

关于王明的入党时间，有很多说法：吴亮平说到苏联时王明既不是团员，更不是党员。③ 韩铁声在《旅苏二十四年》中也说：王明到莫斯科时既不是团员，又不是党员。④ 嵇直在《我所知道的俞秀松》中说王明是到苏联后才入党的。⑤ 罗征敬在《共产主义事业的开拓者——俞秀松烈士》中说，到苏联时王明还是刚刚入团的团员。⑥ 1941年9月10日任弼时在中共中央政治局会议上说：他在莫斯科期间季米特洛夫曾向他说："谈到王明入党，在填入党表时，写的是在中国加入党的，而实际是在莫斯科。"

但王明在延安写的简历说自己"1925年10月入党"。《传记与回忆》中说，王明于1925年6月经蔡以忱、徐［许］鸿二人介绍加入中国共产党。

许鸿在谈到他介绍王明入党的经过时说：王明加入中国共产党，是我介

---

① 《王明诗歌选集（1913~1974）》，第40页。
② 孟庆树说，王明于1924年秋经林育南、梁仲明二人介绍加入共青团，见《传记与回忆》。王明1926年12月14日在莫斯科中山大学填的登记表中，说1925年8月加入湖北（武昌）地方青年团；在延安写的简历说"1925年9月入团"；1950年填的简历表中说"1925~28年兼中共青年团员"。
③ 罗征敬：《恢复俞秀松同志在党史、团史上的地位》，《中共党史资料》第1辑，第231~232页。
④ 《革命史资料》第16辑，第179~180页。
⑤ 《青运史资料与研究》第3辑，第266页。
⑥ 《人民日报》1983年8月14日。

绍的，时间是 1925 年。①

10 月 25 日　经过争取，被批准到莫斯科"中国劳动者孙逸仙大学"（一般简称"中山大学"）学习。临走前，写双五律诗一首《赴莫前夕留别禹生》，诗的后半段为：

> 滚滚长江水，依依战友亲。
> 暂叫万里隔，同志九州新。
> 风云频动荡，天地待澄清。
> 豫皖青年会，凭君报好音。②

关于王明的赴苏，经过了一番曲折。当时湖北已没有名额，于是他跑到南昌，找他的武昌商大同学、入党介绍人许鸿求情。许后来回忆说："陈绍禹 1925 年想到苏联去，但是湖北没有空额，不能去。他到南昌找我，要我保送他到苏联，当时叫'学革命'，不叫留学。我以江西干事会名义在 1925 年秋天给上海陈独秀写介绍信保荐陈绍禹去苏联。"③ 据说王明到上海后找了专门办理江浙地区出国留学事宜的国民党江苏省党部负责人姜长林。姜长林后来回忆说：

> 1925 年，苏联为纪念孙中山先生，创办了中山大学，招收中国学生。当时以国民党名义，分配给每省 10 个名额。我当时任江苏省国民党党部秘书长，侯绍裘任宣传部长，在房志路（现兴业路）办公。侯绍裘在苏州教书，每周来上海三天。招生的事情，由我俩承办。他不在上海时，就由我承办。陈绍禹是安徽人，可是在湖北读书。湖北去中山大学的名额是 10 名，可是来了 11 人。他们负责人对我说，如果能通融，11 人都去，如果不行，就不让陈绍禹去。我说，11 人不行，不能让陈绍禹去。湖北负责人回去告诉陈绍禹，说人家不同意你去。于是，陈绍禹到省党部和我吵，甚至说："你们不要我去，我就报告巡捕房，大家都去不成。"我回答说："你报告去好啦，这样帝国主义对你会更

---

①　许鸿 1983 年 11 月 6 日向佟英明谈话记录。
②　《王明诗歌选集（1913～1974）》，第 44 页。
③　访问许凌青（许鸿）谈话记录，见曹仲彬、戴茂林《王明是怎样出国去莫斯科中山大学的？》，《党史研究资料》1989 年第 1 期。

严厉！"他说："这是为什么？"我说："我不去苏联，不害怕。你要去苏，帝国主义就会抓你。"他不吱声了。当时，正是国共合作。我就把这事向中共江浙区委报告了。区委也说，不能让他去。陈绍禹三番五次来省党部，开始是吵闹，然后是哭泣，最后是恳切要求。我们又把这种情况，反映给中共江浙区委。区委和我商量说，如果别的省有空缺名额，是否可以考虑让他去。我们回去查查各省名额，正好有空缺，于是批准让陈绍禹去苏学习。这样，湖北就去了11人，有陈绍禹、伍修权等。①

但据孟庆树根据王明的回忆谈话整理的回忆录，说是王明赴苏并没有找姜长林，而是找的朱霁青，并经过恽代英做工作才同意的。她说：

1925年暑假后，绍禹回到商大，就听说莫斯科中山大学招生，国民党员和共产党员兼收……但又听说，湖北省委招生的名额已满。徐（许）鸿又从江西来武汉，他允许回江西去后，可以把绍禹算在江西名额内。10月22日接徐电云，已交涉好，要绍禹立即到九江和徐一同去南昌办手续。10月26日离武汉去九江，但到后始知徐刚到火车站。绍禹赶到车站时，火车已开动。徐从窗口看见绍禹，喊了一声，绍禹飞快跑去。绍禹跳，徐鸿拉，才上了车。乘客都惊奇地看着他俩，其中一位说："差一点就晚了！"

南昌中学校长陈同志（不记得名字了）是江西地委负责人。他给绍禹和同行赴苏的二人写了两封介绍信，一封给朱霁青（上海国民党管招生的人），朱可能是招生委员会主任。陈同志说，如有困难，可以找恽代英同志帮忙（代英可能是代表共产党管招生的）。另一封介绍信是给已到上海去的温普血和傅清华同志。温是江西赴苏党员学生党员负责人（后来在中大学习不久，即回江西工作牺牲了）；傅是赴苏团员学生负责人（"文革"后，下落不明）。

上海的招生委员会在环龙路24号——这是华侨捐给孙中山的一所房子，也是后来宋庆龄的住宅。绍禹第一次去找朱霁青，他就说名额已满了。代英同志和他谈，他也不同意。第二次去找朱时，他仍不同意。

---

① 曹仲彬：《访问姜长林谈话记录》，转引自曹仲彬、戴茂林《王明传》，第56~57页。

代英和他吵了一阵后，说："你不同意，我自己去和苏联船交涉。"结果，朱也只好同意了。①

有的著作说："陈绍禹本来被安排在湖北计划内，因满员了，后列入江西的名额中。"② 所以，他是用江西的名额赴苏的。

同月 作口语体《我们是革命青年》诗一首，留别豫皖青年学会和湖北青年团体联合会的青年朋友，诗共三段：

（一）

我们是革命青年，我们要覆地翻天。

学习马克思主义；学习共产党宣言。

学习列宁主义；学习革命的苏联。

（二）

我们是革命青年，我们要裕后光前。

打倒帝国主义；打倒军阀汉奸。

实行马列主义的光辉理想，创建富强幸福的中华家园。

（三）

我们是革命青年，我们是党员团员。

接受党和团的任务，走上革命的各个战线。

我们要勇敢、勇敢、再勇敢！我们要向前、向前、再向前！③

11月2日 从武汉乘船赴上海，作五律《赴莫自汉去沪船中》诗以记之：

笛鸣诸友别，船驶大江孤。

天地载歌舞，城乡泛有无。

一心赴圣境，万里取长途；

东亚病夫久，惟凭马列苏。④

---

① 《传记与回忆》。
② 徐浩然等编著《海峡两岸的呼唤和平统一祖国》，第333页。
③ 《王明诗歌选集（1913～1974）》，第42～43页。
④ 《王明诗歌选集（1913～1974）》，第45页。

11 月下旬　到上海后，住在法租界平安大旅馆，等候开往苏联的船只。在等候期间，写了七律《赴苏海上赠诸友——致禹生并转豫皖青年学会各战友》一首：

> 战友情怀海样深，高山流水总知音。
> 满腔风雨同舟感，一片精忠报国忱。
> 工欲成功须利器，兵能必胜在齐心。
> 天南地北勤相勉，列义钻研群众亲。①

冬　作七律《过上海黄浦滩有感》一首。诗曰：

> 黄浦江边黄浦滩，帝强无法又无天。
> 公园不许华人进，船货全凭苦力搬。
> 四亿同胞能雪耻，五卅运动只开端；
> 将来革命成功日，马列红旗此地悬！②

11 月下旬　和沈泽民、张闻天、王稼祥等 50 多人一起乘船离沪，前往海参崴，准备改乘火车到莫斯科。③

对于出发的时间，有不同的说法，俞秀松 1926 年 8 月 2 日给父母亲的信，说是"我是去年十月二十八日由上海启程，十一月二十三日到达莫斯科"。④曹仲彬、戴茂林《王明传》也认为是 10 月 28 日出发，但认为是 11 月 28 日到莫斯科的。⑤吴亮平也说是 10 月出发的。⑥但王明 11 月 2 日作五律《赴莫自汉去沪船中》，说明正从武汉乘船赴上海；11 月下旬在上海作诗两首，说明这时他还在上海。故可以估计是 11 月下旬出发的。

对于海上的航行，庄东晓回忆说：

---

① 《王明诗歌选集（1913～1974）》，第 47 页。
② 《王明诗歌选集（1913～1974）》，第 46 页。
③ 孟庆树整理《传记与回忆》说同去的有沈泽民、张闻天、王稼祥、黄励、张琴秋、赵凤培等。
④ 《青运史资料与研究》第 3 集，第 128 页。
⑤ 《王明传》，第 57 页。
⑥ 《吴亮平谈俞秀松和王明、康生斗争的情况》，《青运史资料与研究》第 3 集，第 215 页。

在一个天色阴暗的晚上，我们是分别上船的。一上船，就被带进货舱里坐下，唯恐被上海当局发现，一直躲在舱里不敢露面。船出了吴淞口我们才走上甲板，透了一口新鲜空气。仰首眺望，天水一色，心旷神怡。

一进日本海，暴风巨浪迎面袭来，海水汹涌，溅到船头。兴高彩〔采〕烈的我们也随着船的颠簸，左右摇摆，东倒西歪。一些未经过惊涛骇浪袭击的年轻同志，特别是一些身体弱的女同志，又呕又吐，吃不下，睡不着，眼看着一个个要病倒了。这时，作为中国共产党主要负责人的俞秀松毫不迟疑地站出来，组织同志们同海浪搏斗。他走上船头，站在甲板上，大声疾呼："同志们，坚强些！我们是革命者，革命者就要乘风破浪。我们的生命时刻准备献给革命了，海浪再大，是吓不倒我们的。大家眼望前方，我们将要去的是世界革命的中心。我们的心胸要象大海一样辽阔，一切困难都不在话下。咆哮的巨浪，会被我们战胜的……"在俞秀松的鼓动下，同志们一个个手扶船梯，走上甲板。有的谈论未来，有的欣赏海上风光，也有的谈天说地，讲古论今。不但呕吐止住了，而且个个精神抖擞，还唱起了庄严的国际歌。

在狂风巨浪袭击中，适逢苏联十月革命节八周年纪念日，苏联船长主持了纪念会。他简单地致了开场白后，有位朝鲜女同志，发了言并翩翩起舞。笑声此起彼伏，颇有生气。俞秀松被推举为中国学生代表讲了话。他热情赞颂苏联十月革命的伟大意义以及对中国革命的影响。他代表中国学生表示要努力完成学习任务。他的讲话赢得大家的热烈掌声。

经过几天的海上航行，我们在海参崴上了岸。在海参崴利用稍事休息的间隙，俞秀松又组织我们同当地中国居民开了一次气氛十分热烈和亲切的联欢会。①

关于从海参崴到莫斯科的经历，庄东晓回忆说：

西伯利亚的寒流来得早。隆冬季节，冰天雪地，寒风刺骨。我们从海参崴改乘火车前往莫斯科。苏联有关方面为我们置备了冬装，从服装到鞋帽每人发了一套。由于国际帝国主义的猖狂进攻和严密封锁，苏联

---

① 《俞秀松烈士永生》，《青运史资料与研究》第 3 集，第 262 页。

的煤炭奇缺，火车靠烧木柴开动，行车速度慢慢悠悠，如同蜗牛上坡。从海参崴到莫斯科约七千四百公里的路程，我们走了差不多二个星期。

火车上没有暖气设备，没有饭菜供应，水管也结冰了。每当停车时，人们便蜂拥而下，排队打水，抢购食物。稍慢一点，就会打不到水，买不到食物，还有掉队的危险；快一点，路上结着冰，又光又滑，跌跤是难免的。女同志怕跌，几个人结队，手拉着手一起走，一人跌，众人倒。①

---

① 《青运史资料与研究》第 3 集，第 260 ~ 261 页。

二 在莫斯科中山大学

1925 年 12 月 21 岁

12 月 25 日 在一个大雪纷飞的夜晚，到达设在莫斯科市中心沃尔汉克①大街的中国劳动者孙逸仙大学，即中山大学。

王明在《纪念我们的回族烈士马骏同志》一文中说："1925 年 11 月，到底哪一天，我已记不清楚了，大概是 15 日到 20 日左右吧。约莫夜间十二点钟的光景，我们一行五十多个人，在大雪纷飞中，到了莫斯科中山大学。"② 但孟庆树根据王明回忆谈话整理的《传记与回忆》说，是"1925 年 12 月 25 日"到苏联的。

关于中山大学，杨尚昆在《关于"二十八个半布尔什维克"问题》中说：它是 1925 年 10 月，为了纪念国民党已故领袖孙中山（字逸仙）、培养国民革命干部，由俄国顾问鲍罗廷和国民党中央商议创办，名字为中国劳动者孙中山大学，通常称为中山大学或孙逸仙大学。它名义上由中苏双方共管，实际上由苏方管理，校长是拉狄克。它坐落在莫斯科河西的沃尔洪卡大街 16 号，是一幢四层的楼房。到 1927 年为止，全校 500 多个学员中国民党员约占一半，共产党员和共青团员合占一半，但共产党员都加入国民党，具有双重身份。③

中国学生到中山大学以后，首先按个头大小排队编号，同时起一个俄文名字。《传记与回忆》说王明的俄文名字是哥鲁别夫，但一般译为克劳白夫，意思是"鸟"，也许是梦想自己有一天也能像鸟那样肩生双翅，凌空翱

---

① 有的译为沃尔洪卡大街、伏尔洪卡大街。
② 河北省民政厅编《河北革命烈士史料》第 1 集，第 37 页。
③ 《百年潮》2001 年第 8 期。

翔吧。[①]

　　乌兰夫回忆说，他们的俄文名是自己起的，"实际上是赶时髦并无多少用处"。但据江泽民[②]回忆，俄文名字是报到时由工作人员给起的，当时"工作人员拿来一个电话簿，参考其中的俄国人姓名，依次为我们取个俄国名字，我的俄文名是：马斯洛夫。这样做是为了俄国教职员工作方便，也为了保密。但是中国同学间大部仍然互称中国姓名"。[③]

　　王明被分在第一班，一边学习，一边参加社会工作。王明 1926 年 12 月 14 日在莫斯科中山大学填的登记表，在"团的工作"一栏中说："曾在第二班及第十一班〈任〉党小组长，曾当宣传部主席（仅一月，因公社工作而辞去）"；在"学校组织"一栏中说："列宁主义预备翻译（口译），笔译列宁主义，有时为参观及教务处工作〈做〉口头翻译"；1928 年 7 月 30 日写给中共代表团主席团苏兆征、张国焘、项英、瞿秋白、周恩来的信中说："我是 1925 年十二月来的，自来时起到 1926 年八月，我都是作俱乐部，青年团，党，公社，国民党……等等工作，不仅我同时兼五项以上的工作，并且还学了六个月的玻璃板印刷。"《传记与回忆》说："到后不久，绍禹即当选为团支部的宣传委员（当时绍禹 21 岁还兼团籍，1927 年下半年才退团）。1926 年，帮助学校做了半年的玻璃印刷，印刷中文教材，因为当时只有一位女工（玛尔勤可）忙不过来。"

　　同月　中共旅莫支部分部成立，王明随即加入。

　　中共旅莫支部是仿效旅欧支部的做法，于 1921 年在莫斯科东方劳动者共产主义大学（简称东方大学）成立的。中共党员到莫斯科后，已脱离了中国共产党的直接领导，又与苏联共产党没有正式关系。鉴于这种情况，东方大学的中国共产党党员就建立了旅莫支部。中山大学开学不久，成立了分支部。王明 1926 年 12 月 14 日在中山大学填的登记表说：1925 年 12 月"加入中共旅莫支部"。

　　孙冶方在《关于中共旅莫支部》中回忆说："1925 年中大开办后也成立了旅莫支部"，"旅莫支部的领导人是三人小组。其一是任卓宣（叶青），后来成了叛徒。其一是刘伯坚，回国后先在白区工作，后到根据地，早年去

---

① 汪云生：《二十九个人的历史》，第 13～14 页。
② 原名江克明，下同。
③ 《回忆在莫斯科中山大学时期》，《革命史资料》第 17 辑，第 184 页。

世。其一姓王，广东人，好像是在广州起义中牺牲"。"旅莫支部与第三国际、苏共没有正式联系，甚至可以说是不公开的，但不是不知道，而是采取睁一只眼、闭一只眼的态度。因为学校中的苏联领导人并不懂中国话，中国党员的党籍联共也不承认，认为中国学生组织起来，自己管理自己也无不可。"①

年底　作七律《谒列宁陵》，诗曰：

> 红场庄严发圣光，列宁含笑卧中央。
> 苏联屹立巍山岳，中国沸腾哨海洋。
> 万国人民昂斗志，千年历史划新章。
> 精诚革命先师谒，心献青年一瓣香。②

1926 年　22 岁

3 月 12 日　在孙中山逝世一周年纪念日，莫斯科中山大学正式开学。

《传记与回忆》说："到后即开始上课。但大学正式开学，是 1926 年 3 月 14 日，即孙中山逝世一周年纪念日。"③

4 月 ~ 8 月　担任中山大学俱乐部党团书记。④

傅钟回忆说：我当时是中山大学总支部副书记，实际上是我主持工作，"我那时做工作，是这样安排的：重要工作分给俞秀松去做，而像俱乐部的工作，则让王明去做"。⑤

5 月 11 日　在冯玉祥访问中山大学时，中国共青团负责人王明及在中山、东方大学学习的国、共两党留学生谷正纲、张镇、蒋经国、邓希贤（小平）等参加了会见。⑥

5 月 12 日　和几位安徽籍的中山大学同学一起，到冯玉祥访苏下榻的

---

① 《中共党史资料》第 1 辑，第 180 ~ 182 页。
② 《王明诗歌选集（1913 ~ 1974）》，第 48 页。
③ 孙中山逝世纪念日是 3 月 12 日，此处回忆可能有误。孙耀文《风雨五载》说大约是 1926 年 1 月开学的，第 57 页。
④ 王明 1926 年 12 月 14 日在莫斯科中山大学填的登记表。
⑤ 《傅钟谈俞秀松在苏联学习时的情况》，《青运史资料与研究》第 3 辑，第 212 页。
⑥ 骏声：《西北军演义》上册，第 273 页。

欧罗巴旅馆作礼节性的拜访。据毛以亨回忆，在会见中，王明给他"极好的印象，面目俊秀，聪颖年少，俄语流畅，对列宁、斯大林的教导谙熟程度令人敬佩"。①

5月 中山大学召开党员大会，就旅莫支部的工作进行辩论。②

旅莫支部中山大学分支部成立后，做了一些工作，但也有缺点错误，如不重视理论学习，不支持学生学习俄语，强调党员间互相监督，致使许多人只注意在生活琐事上谨小慎微，等等，引起了很多学生的不满。

孙冶方在《关于中共旅莫支部》中回忆说：旅莫支部有两个不好的倾向，"第一是轻视以至反对党员的理论学习"，"把用功研读马列的党员都视为'学院派'"，还"反对学俄文"；"另一个错误的倾向是，家长制作风和在党内生活中不谈政治思想问题，不谈大事，而只注意生活琐事，并提倡党员互相'打小报告'"。③

西门宗华回忆说：王明等人抓住旅莫支部的缺点错误，首先进行私下活动，和气味相投的人耳语，散布不满情绪，经过3个月的酝酿，开过十几次小组会、大会。在这些会议上，王明力主解散旅莫支部。他除了列举旅莫支部工作中的缺点错误以外，强调共产国际的章程有规定，一个国家的党员到别一个国家，就要加入所在国的党组织，旅莫支部是旅居莫斯科的中共党员自己的组织，是违反共产国际规定的，理应撤销，中山大学党组织应归苏联共产党领导。王明等人的主张，得到了校方的支持。能言善辩的王明，"紧紧抓住大家要读书和反对开检讨会的共同心理，开始同任卓宣辩论。他讲得有条有理，富有煽动性。当年在火车上是个木头，如今成了能说会道的雄辩家。他露出了锋芒，显出了才华，得到了大家的拥护，后来就选他当了学生公社的主席"④。

青石在《王明留学莫斯科》一文中说：在一次党员大会上，抓住大家要读书和反对开检讨会的共同心理，对旅莫支部的指导方针提出严厉批评，与支部负责人叶青进行面对面的交锋。他还提出，共产党员不分国籍，旅居他国的共产党员理应受所在国的共产党组织的领导。不久，旅莫支部被宣布解散，中山大学学生党组织归属学校所在地莫斯科市一个区委领导。王明因

---

① 闫朦：《王明——曲折复杂的一生》，《金秋》2007年第11期。
② 孙耀文：《风雨五载》，第82页。
③ 《中共党史资料》第1辑，第180～182页。
④ 《西门宗华回忆莫斯科中山大学的情况》，转引自曹仲彬、戴茂林《王明传》，第61页。

此声誉鹊起。①

同月 中山大学校长拉狄克召开会议，宣布撤销中山大学旅莫支部，中山大学党组织由莫斯科市中大所在区的区委领导。同时，将中共党员改为苏共候补党员。

孙冶方在《关于中共旅莫支部》中回忆说："中大的苏联领导人发现旅莫支部的错误后，大概经过向苏共和第三国际请示，就下令解散了。中共党员，不论正式、候补、新的、老的，都成了苏共的候补党员。"②

王明1926年12月14日在中山大学填的登记表说："一九二六年五月转为正式党员（六月候补期）。"

6月~8月 担任读书室委员会主席。③

7月7日 中山大学联共（布）支部局召开会议，一致选举阿戈尔为支部书记，王明等七人组成宣传鼓动委员会，由董亦湘任主席。④

7月 中山大学组织学生到列宁格勒参观，王明参观后写《参观列宁格勒》七律一首。

9月初 中大学生公社改选，王明被选为主席。

王明1928年7月30日写给中共代表团主席团苏兆征、张国焘、项英、瞿秋白、周恩来的信中说："自1926年九月起至1927年我回国以前止，我当学生公社主席（自十月起即当翻译），这个工作是要抛弃一切学习的。"

王明在《纪念我们的回族烈士马骏同志》中回忆说："1926年9月初，中大学生公社改选时，我和马骏同志均当选为公社的负责人（我作主席，马骏同志作书记）。"⑤

《传记与回忆》说："1926年下半年，绍禹当选为中大学生公社主席，回民共产党员马骏同志任公社秘书……学生公社除了管理学生生活上的一些问题外，主要的是配合党团组织进行对学生的政治教育。在反国民党右派斗争结束后，接着又公开进行了反托派反拉迪克的斗争。"⑥

---

① 《党史天地》2003年第8期。
② 《中共党史资料》第1辑，第180~182页。
③ 王明1926年12月14日在莫斯科中山大学填的登记表。
④ 张培森主编《张闻天年谱》，第77页。王明1926年12月14日在莫斯科中山大学填的登记表说：1926年七八两月，任"宣传部委员"；在延安写的简历说1926年任"莫斯科中山大学党团支部小组长"。
⑤ 河北省民政厅编《河北革命烈士史料》第1册，第39页。
⑥ 《传记与回忆》。

　　江泽民回忆说："1926 年冬，中山大学选举学生公社主席时，由于党务派和教务派的争斗，两派的人都不能当选。王明借机两面讨好，被选为学生公社主席。从此以后，他接触副校长米夫的机会多了，得到米夫的欢心。"①

　　唐有章回忆说："他（王明）在中山大学时，本来既无任何地位，又无过人表现，当然更谈不上有什么势力了。但由于他当时不属于任何一派，又善于趋奉讨好，以致在 1927 年 3 月②学生公社因主席马骏同志要回国（后曾任北京市委书记）而改选主席时，当上了学生公社主席。那时公社主席的权力很大，他可以通过俱乐部指导全校学生的文化、娱乐、体育、参观等活动，可以通过班长、室长掌握学生的一切动态，是学校领导的得力助手。王明工于心计，还在拉狄克任中山大学校长时，他就认定当时在该校任教并因研究斯大林的《列宁主义问题》而出名的教师米夫一定会走红，于是一头钻到米夫所讲的斯大林的《列宁主义问题》的学科里去，因此颇得米夫欢心。后来米夫当上了中山大学副校长，而他也一跃成了学生公社主席，便极尽溜须拍马之能事，更得到米夫的赏识。"③

　　李一凡回忆说："当'孙大'学生公社主席马骏同志 1927 年初决定回国而必须改选时，党务派和教务派各都不肯让对方的人当选；于是，王明便乘时鹊起，两面讨好，左右逢源，爬上了公社主席宝座而'得其所哉'了。这样一来，他同米夫接触的机会多起来，从而极尽其溜须拍马之能事，终于取得了米夫的信任。"④

　　吴亮平回忆说："王明在学校拉拉扯扯，搞教条宗派活动，其中有李竹声、沈泽民、盛忠亮⑤、汪盛狄等。他们作风很坏，一方面拉拢俄国人，一方面在中国人中搞小宗派，引起大多数中国学生的反感……王明通过搞教条宗派活动在支委会中起作用。王明上课、回家途中，常看到他们一伙拉拉扯扯，搞小宗派。王明既会拍马，又会吹牛，大家讨厌他，在群众中没有威信，却得到校长米夫的器重。"⑥

　　汪云生在《二十九个人的历史》中说："王明的初步成功，固然与他本

　　①　江泽民：《回忆在莫斯科中山大学时期》，《革命史资料》第 17 辑，第 192 页。
　　②　此处记忆有误，那时王明已随米夫回到中国。
　　③　唐有章：《革命与流放》，第 29～30 页。
　　④　《回忆中国共产主义劳动大学》，《革命史资料》第 19 辑，第 90 页。
　　⑤　后改名盛岳。
　　⑥　《吴亮平谈俞秀松和王明、康生斗争的情况》，《青运史资料与研究》第 3 集，第 216～217 页。

人的努力有很大关系，但同时却离不开这样两个非常重要的条件：一是争得米夫的重视和支持，一是迎合了当时大多数学生的迫切需要，顺应并领导了中大的潮流。前者是王明走'上层路线'结出的'硕果'，后者则是王明走'群众路线'的结晶。"①

9月 为了尽快地培养出一批通晓俄语、能做翻译工作的人才，中山大学从中国学生中挑选了十多个人，另组一个俄文班，直接用俄语讲课，王明和李培之、庄东晓、俞秀松、董亦湘、刘少文等都被选入。②

由于俄语和列宁主义课学得好，王明很快得到副校长米夫的赏识。与王明同桌的庄东晓回忆说："这个班的课程不多，仅有列宁主义，政治经济学，联共党史，世界革命史四科，每科都配有专门教师，教学法是先由主讲教师定出学习提纲，指定必读书籍参考书籍及有关辅助材料，在课堂上教师作了概括的简单引言之后，学生自己分头去准备，定期集中讨论，讨论结束，由教师归纳作结论。在学习进行中，王明〈在〉对政治经济，联共党史，世界革命史的讨论时，很少发言，甚至一言不发。但每逢列宁主义课进行讨论时，则经常是第一个首先发言，而且发言时紧张得两颊青筋暴露，口水四溅，以致坐在他侧边的同学（座位是固定的）也要受口水的光顾，于是就引起了大家的注意：为什么他对其他课那样冷淡，独对列宁主义课如此积极，是否出于兴趣问题？日子一久，人们就觉察出来，原来列宁主义课是米夫主讲的，米夫是莫斯科中大校长，在校长面前自我表现表现吧了。果然，'克劳白夫'（王明）这个名字，很快就留在米夫的脑子里。每到小组讨论，发生了意见分歧，争执不休时，米夫就指名叫克劳白夫说说自己的看法。于是王明就受宠若惊，机会难得，站起来滔滔不断的［地］大放厥词，从而'克劳白夫'便以'有天才'的学生的形象深深留在米夫的印象里。王明也自认为是米夫门下的高才生，傲视一切，学校墙报上署名'绍禹'的文章更多起来，在同学中也常听到王明的高谈阔论了。"③

王稼祥也曾说：王明到中山大学后不久，就和"米夫勾搭上了，他们二人互相吹拍，彼此利用"。④

孙耀文在《风雨五载》一书中，分析了米夫和王明相互勾结的原因。

---

① 汪云生：《二十九个人的历史》，第29页。
② 庄东晓：《记忆中的瞿秋白同志》，《广东文史资料》第29辑，第25页。
③ 庄东晓：《莫斯科中山大学与王明》，《广东文史资料》第33辑，第68页。
④ 《回忆毛主席的革命路线与王明路线的斗争》，《红旗飘飘》第18辑，第47页。

书中说：

> 共产国际和联共（布）中央领导力图用完全忠诚地执行共产国际决策和指示的人，也就是对"国际路线"亦步亦趋、把国际指示视为包医百病的药方的人，来掌握中国共产党的领导权。当年在莫斯科担任中共代表团团员的陆定一后来一针见血地指出：联共（布）党领导人想用陈绍禹等"米夫的走狗"做控制中国共产党的工具，他们"这批搞大国主义、老子党的人，认为中国党的老领导都是机会主义者，要用'百分之百的布尔什维克'来代替他们，夺他们的权"。

> 共产国际、特别是米夫看上陈绍禹，正是出于上述需要。不仅如此，米夫个人也有打算。米夫知道，他自己是依靠斯大林和联共（布）中央多数的支持，才当上了中山大学校长，不久又成为共产国际东方部副部长的。他要保住他的职位，甚至还要争取提升，就必须坚决支持斯大林和联共（布）中央多数，努力推行共产国际的政策、方针（特别是有关中国的）。米夫还小有野心，很想由他个人对一些国家的共产党发号施令。于是，寻找合适的人员，组织愿意听从联共（布）中央和共产国际指挥、同时又听命于他米夫的小宗派，就不可避免了。

> 但是，米夫少年得志，想在莫斯科中山大学众多学生面前一显身手，殊非易事。须知，他们之中有一些人不仅党龄较长，而且因多年从事国内革命斗争有一定经验，不少学生还受过革命战争的严峻考验。因而米夫只好把眼睛转向那些没有经验却自以为是、远离革命实践却能背几句马列词句的人。陈绍禹恰好是他物色的对象。陈绍禹的"聪明"和"乖巧"又正好表现在他善于投其所好，迎合共产国际和米夫个人的"需要"。

> 陈绍禹有些鬼机灵，也有野心，不甘寂寞，工于心计，善于趋炎附势、钻营拍马。还在拉狄克当校长时，他就猜测副校长米夫会继续高升，便想方设法讨好米夫，一头栽到米夫一边。米夫也逐渐发现了这个特殊学生，赏识他，直到把他当作心腹走狗。第一期学生到校不久，学校为增加课堂翻译而开设了俄文1班。陈绍禹在这个班就开始了投靠米夫的活动……

> 陈绍禹的根深蒂固的教条主义也是从老师米夫那里嫡传的。米夫只会拿斯大林论列宁主义的小册子照本宣科。陈绍禹起而效尤。他对中国历史

只有在国内上学时学的那一点点，而对中国革命，他还没有干多少事，就到莫斯科上学了，几乎没有一点实际革命经验。他除了记住一些名词术语，背诵现成结论之外，并不懂得要掌握立场、观点和方法。在讨论会上他能讲得头头是道，却不过是纸上谈兵，他之所以这样夸夸其谈，原本是为了讨得米夫的欢心，并不是要真正领会列宁主义的精神实质，以便更好地解决中国革命的实际问题。他所学得的"列宁主义"，无非是一些著作中的词句或结论，以及机械地加工之后的苏联经验的某些条条。但他却自命不凡，靠这点本钱便以为自己已是"百分之百的布尔什维克"了。

除了列宁主义课，陈绍禹对俄语也用功学习，因为只有学好俄语才能更多地同米夫直接来往。而米夫也脱离大多数中国学生，只在少数几个会说俄语的学生中寻找亲信。陈绍禹俄语掌握得比较快，也使他易于受到米夫的宠爱。①

10 月 11 日　参加由校长拉狄克召开的校务会议，中山大学开始开展反托派的斗争。

《传记与回忆》说：

中大原来没有公开的反托派斗争，因反托派斗争开始时，还只是联共党内的事。但 1926 年双十节十五周年，中大借东大（东方劳动者共产主义大学）的礼堂开纪念会。拉迪克（当时是中大校长）在会上讲话时，东大教员别尔曼等呼口号：'打倒拉迪克！'"打倒托洛茨基！''拥护列宁主义！'等口号。次日，拉迪克召开中大的校务会议。参加者有：校长拉迪克，副校长米夫，教务长阿古尔，支部书记伊格那托夫，学生公社主席陈绍禹（由此五人组成的校务委员会）。记录是波古列也夫——副教务长兼管事务行政，他无表决权。拉迪克要求校务委员会通过一封抗议信给东大，抗议东大搞乱中大双十节纪念会和侮辱中大校长。提出意见付表决时，米夫、阿古尔、伊格那托夫都不赞成。拉迪克要学生公社主席付表决时，支书说："你是党员，应当和我们站到一起。"绍禹说："我不投票，因为我不了解情况。"……会后，支书伊格那托夫向绍禹详细地介绍了托派和反托派斗争问题，并说原定不在中大

———————————
① 孙耀文：《风雨五载》，第 237～238 页。

公开这个问题，现经中央同意，最近可以在中大展开这个斗争。隔了几天，先召集支委扩大会议，讨论中大的反托斗争……

当时，学生们都只知道苏共党史课内提到的托洛茨基和托洛茨基主义问题。至于列宁死后，1923～1926 年的新反对派托派的情况，学生们都不了解。所以在这次支委扩大会后，召开了全校的党团员大会，支书伊格那托夫同志作了关于托派问题的报告，这样就在中大展开了反托洛茨基派的尖锐斗争。

12 月 31 日　中山大学联共（布）支部局召开会议，指定 10 位同志做党员重新登记工作，王明是成员之一。①

1927 年　23 岁

1 月 1 日　米夫在《共产国际》第 1 期发表《中国革命的性质和动力》一文，认为"从中国革命在当前历史阶段的国内发展趋向来看，这个革命只能是，而且不可能不是资产阶级民主革命"，"无产阶级必须参加革命政府"。在"帝国主义和'政治动荡'的时代，存在着苏联的时代，要求中国无产阶级组织力量，发动进攻，不仅'自下而上'；而且要'自上而下'地采取坚决行动"。米夫的观点对王明有直接影响。王明在以后的文章中对此作了重述。

年初　加入苏联共产党。②

2 月初　奉命随米夫率领的"联邦共产党中央代表团"来中国。③

《传记与回忆》说：王明参加的是"联共中央宣传鼓动部帮助中共中央宣传鼓动部工作组"，2 月初由莫斯科动身，先到海参崴，然后乘船到中国。参加这个工作组的有八位苏联人和四位中国人，中国同志是陈绍禹、阎骏钟、潘家辰、刘国璋。工作组的主要任务是：1. 帮助中共中央出版日报（为此带去五万美元作开办费）；2. 办工农干部政治军事训练班，时间为三至六个月，人数为三至五千人，作扩军及领导农民武装和土地改革的骨干。

---

①　张培森主编《张闻天年谱》，第 79 页。

②　《传记与回忆》。

③　王明 1950 年填的简历表说自己"1927.1～7，在广州、上海、武汉，作俄文翻译"。但他 1928 年 7 月 30 日写给中共代表团主席团苏兆征、张国焘、项英、瞿秋白、周恩来的信中说："1927 年二月我即同联邦共产党中央代表团米夫等到中国。"

庄东晓回忆说："根据分工，配备了四个翻译，潘克鲁（潘家辰）给米夫做翻译，搞党的材料，刘少文搞工会的，王明搞团的，我随米夫的爱人搞妇女的。临行前，我突患猩红热。马上隔离，住院就医，临时由一男同志代替。王明一心要找接近米夫的机会，他以为给米夫做翻译就好了。但分配给米夫做翻译的是潘克鲁，于是潘克鲁就成了他的障碍物，必须把这一障碍物搬掉，在米夫面前不是说潘翻译有问题，就是说潘挂念爱人，无心工作。终于私愿得偿，从此天天跟在米夫的后边，大献殷勤，及从中国回到莫斯科，米夫便倚为左右手，终于成了米夫言听计从的座上客，在米夫的家里也挂起了王明的相片来。"①

3月中旬　随米夫乘苏联船由海参崴经苏联开辟的特殊航线绕道抵广东。在海上，写了《海洋绕道行》七律一首：

> 革命心雄蔑险危，海洋绕道一船飞。
> 不因风浪迷趋向，自有磁针辨旨归。
> 封帝勾连狼狈恶，中苏联合海山摧。
> 烟波浩渺无涯际，遥见广东笼翠微。②

3月20日左右　到广州，在广州工作了十多天。③

3月21日　上海工人在周恩来等人领导下，取得第三次起义的胜利，王明在广州写《上海工人第三次起义胜利》诗一首，诗曰：

> 上海工人真英勇，武装起义告成功。
> 劳工运动声威大，革命风云变幻中。
> 已往千年换朝代，而今一切靠工农。
> 自从共党出生日，中国风光大不同。④

4月9日　离广州前往上海。⑤

———————————

① 《记忆中的瞿秋白同志》，《广东文史资料》第29辑，第26～27页。
② 《王明诗歌选集（1913～1974）》，第51页。
③ 《传记与回忆》。
④ 《王明诗歌选集（1913～1974）》，第52页。
⑤ 《传记与回忆》。

4 月 12 日 蒋介石在上海发动政变，开始屠杀共产党人。

4 月 14 日 到达上海，历经艰险。

《传记与回忆》说："工作组本来决定步行经江西到武汉去，以便沿路看看农村情况。但四月初，接上海苏联总领事馆电说，时局可能有变化，广州不能久住，应早日到武汉去。同时，广东省委书记木青同志和北伐军后方留守主任孙本文同志都说广州情况不稳。"于是，工作组"四月九日离广州，四月十四日到上海，所以工作组还不知道'四一二'政变"。因苏联船不能靠岸，停在了杨树浦的江中，米夫让四位中国同志先上岸，于是他们只好坐小划子上了岸。潘家辰提出应到市政府去找罗亦农，哪知在英租界被巡捕查问了三次。在市政府旁边的小旅馆住下后，绍禹买来当天的报纸，这才知道情况已大变！四人急忙把每人带的一大箱俄文书籍和他们在苏联学习的笔记等，都塞在旅馆内的大柜里，雇了人力车到另一个旅馆，然后马上又换旅馆。刚到第五个旅馆，就听到楼下有人查问，于是每人只把钱带在身上，从旅馆后门逃走了。在英租界四马路一个小旅馆住下后，绍禹给他那位在沪江中学教书的四叔打电话，四叔来后把上海工人三次起义和蒋介石"四一二"政变的情况都说了一遍，并出去给四人买了中国衣帽衬衫和箱子鞋袜等，化了装。

4 月 18 日 离开上海，乘英国船前往汉口。米夫等也同船前往。在离九江五六十里的地方，同船的李立三、郑超麟、潘家辰等唱起《国际歌》来，结果英国船长要把船开回上海，致使船在九江停了五个钟头。①

4 月 22 日 到达汉口俄租界的苏联同志招待所。

孟庆树根据王明回忆谈话整理的回忆录，详细叙述了王明等人在汉口的活动情况：

> 到汉口后，米夫带着绍禹去见中共中央政治局的各负责同志。见到陈独秀时，米夫把工作组的主要任务是帮助中共办日报和办干部训练班，并告诉陈带来五万美金作开办费。那知陈独秀说："我们现在忙得很，没有功夫搞这个玩意儿！"米夫又向他解释了为什么要办和具体办法，但陈独秀坚决不同意。
>
> 原定训练班收三千到五千人，培养从班级到连级的干部，准备成立

---

① 《传记与回忆》。

三个军（15万人，由叶挺等各兼一个军的军长，实则是作组织工农红军的打算，真正地武装工农）。准备由湖北、湖南、江西、安徽、河南、广东等省抽调觉悟的工农和革命知识分子来受训。受训后，一部分派到军队去做干部，另一部分派到农村去领导土地革命和武装斗争。训练班应收百分之七十五的工人农民和百分之廿五的青年学生。陈独秀不同意这个成分，他主张收百分之廿五的工人农民，百分之七十五的青年学生。争了许久，最后达成协议是：工农占百分之五十，学生占百分之五十。陈独秀派张秋人去找房子，但直到武汉撤退前，他们仍未找到房子，实则是陈独秀不愿意办这样的训练班！米夫和绍禹见到蔡和森同志（当时的中共中央宣传部长）时，把办训练班的意见和他谈了，蔡很赞成，但他说，他做不了主。蔡又说：中央宣传部只有他和尹宽（宣传科长）二人，而尹还时常不来办公。另外有个材料科（有陈伯达、朱自牧等三人）。蔡决定叫绍禹做中央宣传部秘书，叫米夫兼中央宣传部的宣传科长，出版科他指定任卓宣担任，但任始终未来。

米夫和绍禹见到瞿秋白同志时，也把上述计划告诉他。秋白也很赞成。秋白当时是《向导》总编辑兼农民运动委员会主任，但他说，农委和编委都开不成会。秋白把他写的小册子《第三国际还是第零国际》送给米夫和绍禹。这本小册子的内容主要的是反对以彭述之为代表的右倾机会主义……米夫和绍禹表示赞成秋白的意见。秋白叫绍禹作《向导》编辑委员会委员。他说：至少我们两人可以开开会，商量商量。

的确，当时的无组织无纪律情况很严重。编委会委员们都不愿到会。开会时，就只有秋白和绍禹二人……

米夫和绍禹见到张国焘时（他当时是军事运动委员会主任），也把办日报、办训练班和扩军的计划告诉他。张说他同意，但要和老头子（即陈独秀）商量。

米夫和绍禹又去见彭述之。他俩印象最坏的是彭述之（当时是政治局委员）。他对时局等问题都不谈自己的意见，却哼哼唧唧地说了些莫名其妙的东西。米夫生气地走了。米夫说："彭在莫斯科，外号叫孔夫子。现在还是个孔夫子！"

关于扩军问题，工作组一到武汉就和陈独秀谈了，但他始终拖延不向汪精卫提。直到武汉撤退前不久，米夫和绍禹一块去找汪精卫。汪当时表示同意，他问武装从那里来？米夫说：先从汉阳兵工厂和其他地方收集来。很快冯玉祥从陕西出河南，路打通了，苏联可以帮助……

　　因为陈独秀不愿办日报，米夫、绍禹等到武汉后不几天，米夫就决定把工作组分散了，分成三组，每组两个苏联同志，一个中国同志。潘家辰随两位苏联同志到上海，刘国璋随两位苏联同志到长沙，阎峻钟随两位苏联同志回广州（阎后来在广州牺牲了）。

　　绍禹说：现在看来，这样过早地分散力量是不对的。因为她们到那些地方既无必要，又分散了工作组的力量。如果留在武汉，可以经过秋白与和森两人的帮助，办起日报来……

　　虽然工作组的原定计划未能实现，但绍禹参加了宣传部和编委会的工作……同时在全国总工会办的职工训练班和汉口市委办的女工干部训练班教课……

　　就这样，绍禹同志从四月底紧张地工作到七月初，才离开武汉。①

　　从以上回忆可以看出，有的著作说米夫当时曾向陈独秀推荐王明主持中共中央宣传部工作的说法是不确的。

　　4 月 27 日～5 月 9 日　作为米夫的翻译列席了在汉口召开的中国共产党第五次全国代表大会。

　　4 月 30 日　中国共产党创始人之一李大钊 4 月 28 日在北京被奉系军阀野蛮杀害，王明于汉口写五绝《永垂不朽——悼李大钊同志》：

　　　　马列旗高举，光芒照九州。
　　　　捐生为党业，不朽永千秋。②

　　5 月 26 日　撰写《中国革命前途与革命领导权问题》，以绍禹的名字发表在 6 月 15 日出版的《向导》第 198 期上。文章说：中国革命有两个前途：资本主义前途和非资本主义前途。"这两个前途都有实现的可能，决定它们命运的只是那个阶级取得中国革命领导这一问题。""四一二"以后中国出现了"南京国民党右派政府和武汉国民党左派政府"对立的局面。

---

① 《传记与回忆》。
② 《王明诗歌选集（1913～1974）》，第 53 页。

两个政府代表两个前途。为了"使非资本主义前途得到保障",就要"扩大和巩固"以汪精卫为主席的武汉政府。扩大和巩固这个政府,就是"扩大和巩固无产阶级的革命领导权"。文章还说,国民党领袖汪精卫同志代表左派国民党员参加共产党大会,表示对共产党所指出的革命前途和斗争方向完全赞同,并预料在国共两党合作之下一定可以使中国革命发展向非资本主义的前途,汪精卫的"表示"和工农成分,共产党员参加国民政府,就表明蒋介石叛变后工农小资产阶级革命联盟开始形成,也就表明已经逐渐建立起实现非资本主义前途的"具体基础"。

5～6月 兼任中共中央宣传部秘书。①

6月1日 写《英俄断绝国交问题》,以绍禹的名字发表在6月8日出版的《向导》第197期上。文章在联系到中国革命时,不仅混淆民主革命和社会主义革命阶段,而且不顾以汪精卫为主席的武汉政府的反动行径,硬说"在中国目前事变中",非资本主义前途已"开展和巩固了自己的基础"。并说英俄绝交必然带来世界大战的危险,这是"武装进攻苏联第一个信号",强调保卫苏联的意义。

6月16日 参加陈独秀同米夫的谈话,内容是:为什么不让共产党员当县长。据王明回忆,陈独秀说:"中国革命只有两个阶段。第一个阶段是'国民革命',也就是'资产阶级革命',第二个阶段是社会主义革命,也就是无产阶级革命。在第一个阶段里,共产党不能领导革命,只有资产阶级才能领导革命。政府和军队应归资产阶级掌握。在这个阶段内,共产党带兵就是军阀,做政府首长就是官僚。群众运动不要发展到威胁资产阶级。革命胜利应当完全归资产阶级,让资产阶级长期发展资本主义。等到资本主义发展到能做无产阶级革命的时候,共产党才来做第二次革命。那时共产党才可以领导革命,共产党员带兵才不是军阀,做政府首长才不是官僚。那时候才可以武装工农,搞土地革命,搞社会主义……我们这一套理论和办法,当然同莫斯科那一套理论和办法不一样,但我们认为我们的是对的。"王明说他反对陈独秀这种二次革命论。②

---

① 王明在延安写的简历说自己"5月～6月兼中共中央宣传部秘书";1950年填的简历表亦说自己担任过"中共中央宣传部秘书"。宋侃夫说王明这时曾担任中共中央宣传部秘书长,见曹仲彬等《访问宋侃夫谈话记录》,转引自曹仲彬、戴茂林《王明传》,第64页。对照王明简历,说他担任过秘书长的说法不确。

② 王明:《中共半世纪》,第105～106页。

6～7月间　中山大学学生中"教务派"和"支部派"的斗争激烈化。

不少人认为，"教务派"与"支部派"之争是由教务长阿古尔和联共党支部书记谢德尼可夫的矛盾引起的。例如江泽民回忆说："1927年初夏，拉狄克被免除校长职务后，教务主任阿戈尔被任命为临时代理校长。他同支部局书记塞德尼柯夫①各拉拢一些人互相指责，工作极不协调，形成所谓教务派与党务派之争。教务派指责说：学校党务工作搞得一塌糊涂，继续推行旅莫支部的作风。党务派则反击说，教务工作搞得杂乱无章……虽然在1927年夏开过多次会，但都未解决问题。"②

杨尚昆回忆说："拉狄克被撤销校长职务后，联共中央任命教务长阿古尔为代理校长。阿古尔同学校支部局书记谢德尼可夫之间本来就有矛盾，他代理校长后，重用留学生中资格比较老的周达文、董亦湘和俞秀松等，被称为'教务派'。俞秀松是上海共产主义小组成员，社会主义青年团的创始人。董亦湘是上海大学的教员。同阿古尔对立的谢德尼可夫则拉拢张闻天和沈泽民等，被称为'支部局派'，彼此矛盾激化。6月，在学校总结工作的会上，两派互相攻击各不相让，争吵了7天。但多数同学包括我在内，对这些不感兴趣，因此被称为'第三势力'。"③

盛岳回忆说：教务长"阿古尔是一个有很大野心的人。他利用当时学校管理上的权力真空，力图为自己捞到校长职位。为了加强他的地位，他争取到了几个有势力的学生的支持，如周达明（文）、俞秀松和董亦湘等，这些都是素有声望的老党员……阿古尔依靠身边这几个有地位的人物，很快在他身后集结了一大批学生，成为学校的太上皇，根本不把联共党支部书记谢德尼可夫（Sednikov）放在眼里。谢德尼可夫反过来把原来的中共莫斯科支部领导人拉到他身边，像胡锺、李俊哲等，并通过他们成功地拉拢了张闻天、沈泽民和施适。这样，在中大形成了两大敌对阵营——以阿古尔为首的教务派（Academic affair faction）和由谢德尼可夫领导的支部派"。"在一九二七年六月底的学期总结会议上，这场权力斗争达到了顶点。两派在会上展开了'血'战，就教务和党政工作激烈辩论。教务派坚持认为学校的党务工作搞得一塌糊涂，而支部派则坚持说学校的教务工作搞得杂乱无章；双方

---

①　即谢德尼可夫。
②　《回忆在莫斯科中山大学时期》，《革命史资料》第17辑，第191页。
③　《杨尚昆回忆录》，第27页。

在争论中寸步不让。这次会议一连开了七天七夜，只在开饭时间休会，还是没有取得任何妥协。许多学生不参加两派，对这场叫人厌烦的权力斗争大为恼火，我不过是其中的一个。正因为这样，就形成了第三势力，这使得学校情况更趋复杂。这场两败俱伤的斗争继续进行……"①

有的学者也认为："教务派""支部派""这两派是中山大学的领导人搞起来的，他们之间的矛盾和斗争，实际上是两个领导人的矛盾的反映"。②

但有的人认为"教务派"与"支部派"之争是由于米夫、王明等人想夺取中山大学的权力挑起来的。如袁溥之回忆说："一九二七年夏天，中山大学校长卡尔·拉狄克停止职务。临时接替他的是校教务长阿古尔。在我看来，阿古尔是一位很有学问的人……不但一般学生敬重他，就是那些很有声望的中国教职员也很敬重他，象俞秀松、董亦湘、周达文等人就是这样。俞秀松同志是我党早期的党员，是中国社会主义青年团的第一任领导人；董亦湘同志是建党初期党员，而且是参与筹办中山大学的中共代表之一；周达文是一位很有学识的教员。他们在中国学生中威信很高。万万没有想到，阿古尔代校长和他们却成了米夫及王明等人夺取中山大学领导权的障碍。米夫耍弄权术把阿古尔搞下台后，自己担任了中山大学校长。王明等人就狠狠打击俞秀松、董亦湘、周达文等人。"③

7 月 15 日前 汪精卫叛变革命前随米夫返回苏联。

7 月 15 日 汪精卫在武汉公开反共。

8 月初 随米夫回到莫斯科。

随后，王明到离莫斯科不远的特拉索夫卡向正在过暑假的中山大学学生报告中国见闻，表示了对中国革命形势的悲观看法。他了解到学校斗争的复杂情况后，向米夫献计：支持支部派，争取、团结中间态度的同学，搞垮教务派。米夫采纳了王明的建议。实施的结果，搞垮了教务派，阿古尔被撤职离校，支部派取得了胜利，米夫很快被任命为校长。王明因此更进一步得到重用。

江泽民④回忆说："是年 8 月间他们（米夫、王明）回到中山大学时，正是党务、教务两派争斗激烈，学校被搞得四分五裂异常混乱的时期。王明

① 盛岳：《莫斯科中山大学和中国革命》，第 211～212 页。
② 施巨流：《王明问题研究》，第 11～12 页。
③ 袁溥之：《往事历历》，《广东党史资料》第 3 辑，第 152 页。
④ 原名江克明。

趁机利用矛盾，施展其野心家的伎俩。米夫按照他的计谋，掌握不参与党、教两派争论的广大教职员工和学生（被称为第三势力），暗中联合党务派，搞垮以阿戈尔为首的教务派，从而为自己接任校长职务铺平道路。结果，阿戈尔和塞德尼柯夫均被解除职务。1927年底米夫被正式任命为中山大学校长。"①

盛岳回忆说："当米夫回来时，他发现学校已被派系搞得四分五裂。为了制止混乱，陪同米夫去中国后回来的陈绍禹提出了一项结束争论的方案。他建议米夫牢牢掌握住第三势力，利用它来联合支部派，搞垮阿古尔的教务派，从而为米夫当中大校长铺平道路。陈的方案被付诸实施，证明行之有效。阿古尔派被完全搞垮，米夫不久被正式提升为校长。陈绍禹在这场运动中是积极的组织者之一，成了米夫的主要心腹。这次斗争，是陈绍禹初次同张闻天、沈泽民等人结成同盟，并由此而最后形成有名的二十八个布尔什维克。这一同盟对于中山大学和中共本身都有着深远的意义。"②

庄东晓回忆说："王明随米夫回校后，在群众面前夸夸其谈。周达文、俞秀松等瞧不起他，认为王明没有什么实际工作经验，就是乱吹。王明向米夫献策：掌握'第三势力'，联合支部局派，打击教务派。结果，支部局派取得胜利，米夫升为中山大学校长，不久，又任共产国际东方部副部长。从此，王明成为米夫的心腹，他拉住张闻天、沈泽民等一起，受到共产国际的赏识。博古和我是同班同学，当时还没有机会和他们接近，算不上核心人物。"③ 杨尚昆的回忆基本与此相似。④

袁溥之回忆说："王明曾经陪米夫到中国一趟，回莫斯科后就更加趾高气扬了。""王明的主子巴维尔·米夫身材高大，昂首阔步，一副大官的架势。矮小的王明总是跟在他的身边。他要伸长脖子仰着脑袋才能同米夫讲话，那一付胁肩谄笑的丑态，实在令人恶心。王明本来是中大翻译室翻译，但他总是提着皮包，跟在米夫的身后，好象米夫的勤务员。""米夫、王明等人在中山大学的宗派活动引起了许多人不满，尤其是对他们搞走阿古尔，狠整俞秀松、董亦湘等人的可耻行径感到气愤，有的人公开支持阿古尔、俞秀松、董亦湘等人，这样就形成了两派，但大多数同学是处于中间状态，不

---

① 《回忆在莫斯科中山大学时期》，《革命史资料》第17辑，第191页。
② 盛岳：《莫斯科中山大学和中国革命》，第212页。
③ 《记忆中的瞿秋白》，《广东文史资料》第29辑。
④ 《杨尚昆回忆录》，第27~28页。

卷入这场斗争。我当时虽然也对王明等人不满，但没有参加反对他们的一方。米夫当了校长，王明这一派得了势，但两派之间的问题并没有解决。"①

但据杨奎松《"江浙同乡会"事件始末》一文说：王明因迅速掌握俄文而与学校里的苏联教员打得火热，因此从一开始就同与苏联教员关系较好的教务处派的干部更为接近。他回苏联后，不加选择地立即加入了正在秘密酝酿中的反对党委会派的行动。据胡建三说："在反对旅莫支部的时候，即反对傅钟、张闻天等的时候，米夫同陈绍禹两同志都从中国回来，陈绍禹同志当时也是反对傅钟、张闻天等最力的一个。"他甚至在第三派和教务处派的合力推举下，当上了总支部委员会改选大会主席团的主席，可见第三派和教务处派对他都颇为信任。难怪后来当上总支部委员会副书记的陈原道明确说：当教务处派与党委员会派较量失利后，即组织了第三派，要处罚党委员会派之首领，"当时第三派（势）力大"，"陈绍禹也是其中首领之一"。当然，陈绍禹之加入反对总支部委员会的行列，与教务处派和第三派的目的并不完全相同，他们之间的结合并不紧密，陈绍禹未必真的是第三派的首领。他作为大会主席团主席，头几天确实与反对党委会一派的人配合默契，弄得党委员会一派人几乎没有招架的机会。但是在联共（布）区委发话之后，陈绍禹和反对派的态度就开始明显地出现分歧了，转而拥护区委决议，于是有人"开始向陈绍禹进攻，说陈绍禹靠不住了，背叛了群众"。因此，在选举新的总支部委员会时，作为大会主席团主席的陈绍禹却未能当选。②

王明自己的回忆则与上述说法都不一样，孟庆树根据王明回忆整理的回忆录说：

　　绍禹等从武汉回到莫斯科，中大正放暑假，学生都到离莫斯科市不远的地方——塔拉绍夫卡休养所休息去了。而在暑假前开始的所谓"教务派"反对"支部局派"的斗争，还在继续和加深。

　　斗争发生的原因和经过是：由于陈独秀拒绝办工农军事干部训练班，共产国际和联共中央决定派一批大中学生到苏联的各种军事学校去学军事，又决定选送一些学得好的送去红色教授学院深造。可是教务处

① 袁溥之：《往事历历》，《广东党史资料》第 3 辑，第 153 页。
② 《近代史研究》1994 年第 3 期。

未和支部局商量，就把送去学军事的名单决定了。当时"教务派"工作人员主要是教务处长阿古尔，支部局主要是支书西特里可夫。而陈独秀派来的八大委员①和教务处人站在一起，不主张和支部局商量，在暑假前，就把准备送去学军事的学生名单送给共产国际和联共中央。国际和联共中央当然不知道名单未经过支部局同意，而名单中有一些不合适的学生，因而就按此名单把学生送去了，把1925和1926年来的许多老学生都分散到别处学习去了。因此支部局提出批评管教务工作的同志和所谓八大委员。被批评的不接受意见，双方乃展开了斗争。党的区委也不能解决。中国学生中，代表教务派的有周达文、俞秀松、董亦湘等，代表支部局派的有沈泽民、张闻天、王稼祥等同志。双方都在学生里争取同情者，使得学生不能安心上课。正校长拉迪克因是托派已被撤职，党的区委和副校长米夫都要绍禹帮助解决这次的纠纷。绍禹听取了双方的意见，说服和批评了双方的缺点。首先，批评了周达文等人和教务处某些同志不和支部局商量就把学生派走，是不对的。其次，批评了双方在学生中采取闹独立和争取同情者，使学生不能安心上课，也是不对的。这样使问题得到了解决。

但是沈泽民、张闻天等同志虽受到批评，还和大家和好如初……而周达文、俞秀松、董亦湘等则闹成见，记恨在心，经过其同情分子继续做挑拨离间、借口闹事等活动。同时，因为许多学生都要求绍禹谈谈国内情况，绍禹除了一般情况外，就公开地批评了陈独秀的错误，赞成瞿秋白同志的主张。结果周达文等陈独秀派大为不满，异口同声地说：中国党没有陈独秀怎么行，瞿秋白懂得什么东西，并把斗争的火力集中到绍禹身上。先说绍禹是瞿秋白派，以后看见大多数都拥护绍禹，他们又造谣说，中大有了陈绍禹派。②

在《中共半世纪与叛徒毛泽东》（以下简称《中共半世纪》）一书中，王明还说："所谓'陈绍禹派'是一九二七年冬托洛茨基派同陈独秀派共同捏造出来的。由于我从来积极参加反对托洛茨基主义的斗争，所以托派就给我贴上各种标签。由于我一九二七年八月从武汉回到莫斯科后，积极作报告

---

① 指周达文、俞秀松、董亦湘、刘鸣先、恽雨棠、曾子瑜、李佩泽、张东晓。
② 《传记与回忆》。

说明反陈独秀右倾机会主义斗争的必要，于是中国留莫学生中的陈独秀派都叫我是'瞿秋白派'。由于我同共产国际东方书记处和中共驻共产国际代表一起积极反对由托陈两派分子组织起来的所谓'江浙同乡会'，根据党的六大主席团决定，我又在六大上作过'关于江浙同乡会问题'的报告。于是托陈派分子就把中国劳动者共产主义大学里反对他们的绝大多数学生和教员统统称之为'陈绍禹派'。"①

　　9 月 22 日　莫斯科中山大学第 1 期学生毕业，王明留校工作，担任支部局宣传干事，兼任翻译、教员班（三年级第一班）列宁主义教研组教员。

　　王明 1928 年 7 月 30 日写给中共代表团主席团苏兆征、张国焘、项英、瞿秋白、周恩来的信中说："自去年九月起至本年三月止，我除做党的工作外，还作学校，党部，代表团翻译工作。"王明在延安写的简历说 1927 年 10～12 月任"莫斯科中山大学党支部局宣传干事"；1950 年填的简历表说自己"1927.9～1929.3，在莫斯科，作翻译当教员等工作"。

　　《传记与回忆》说："1927 年暑假后，党的区委决定把周达文、俞秀松、董亦湘等送到列宁学校学习和工作，把沈泽民、张闻天、王稼祥和陈绍禹等五人送去进红色教授学院深造。绍禹想早日回国参加实际工作，不愿再学五年而未去。"

　　对于王明在支部局中的职务，有不同的说法。有的说他"在校总支委员会中做组织工作"，② 有的说他是"党支部局成员"，③ 有的说他在支部局并没有担任什么职务，④ 但《传记与回忆》说："在 1927 年暑假后的一次党员大会上，绍禹等拥护国际和中共路线的同志们，仍当选为支部局委员。绍禹担任支部局宣传委员，继续参加领导中大的反陈托派的斗争。"

　　关于教员班，有的著作说：它由毕业留校的人组成（称"三年级第一班"），共 20 人，张闻天任班长。教员班的主要任务是培养教员，在苏联或到中国任教。这个班开设四门基础课：政治经济学（列昂节夫授课）、理论和实践（弗拉索瓦授课）、历史唯物主义、西方史。同时，分政治经济学、列宁主义、西方史、中国革命运动史四个研讨组（也称教研组），从事教学

①　《中共半世纪》，第 108 页。

②　《吴亮平谈俞秀松和王明、康生斗争的情况》，《青运史资料与研究》第 3 辑，第 216 页。

③　张仲实：《二十年代赴莫斯科留学的回忆》，《党史研究资料》1981 年 10 期。

④　陈修良：《莫斯科中山大学里的斗争》，载沙尚之编《记孙冶方》，第 255 页；曹仲彬、戴茂林：《莫斯科中山大学与王明》，第 102～103 页；孙耀文：《风雨五载》，第 240～241 页。

与研究。王明参加的是列宁主义研讨组，同组的有张闻天、潘问友、曾洪易、陈原道。指导教师为弗拉索瓦。①

　　秋　得知中共北京市委第一任书记、回族革命家马骏被敌人杀害后，作五绝《英雄本色（悼马骏同志）》：

　　　　同胞佳子弟，共党大英雄。

　　　　万众伤心哭，故人恸无穷。②

　　11 月　莫斯科举行庆祝十月革命胜利 10 周年盛大集会游行后，在中山大学加紧开展了反托派③斗争。

　　很多人说当时中山大学开展反"托派"斗争，是因为有的学生在游行时喊了支持托洛茨基的口号。例如江泽民回忆说："1927 年 10 月革命节前，联共中央内的托派首领托洛茨基和季诺维也夫被开除出中央委员会（1927年 11 月 14 日，他们又被开除出党）。是年 10 月革命节时，中山大学的师生参加了红场游行。当游行队伍进入红场时，俄国托派分子挥舞旗子，呼喊反对斯大林、拥护托洛茨基的口号，立即遭到拥护联共领导的其他群众的反击，双方发生斗殴。这时我们的游行队伍已走到列宁墓前，有几个中山大学的学生高呼拥护托洛茨基、支持被围攻的托派分子的口号。这个行动使参加游行的同学感到震惊。站在列宁墓上检阅的斯大林和联共、共产国际的一些领导人肯定也会看到这种情况。事后，联共中央指令中山大学彻底调查托派活动。学校每天大小会不断，几乎不上课了。当时我从习惯的正统观念出发，认为托洛茨基反对斯大林是错误的，大小会上站在拥护联共中央的一边。经过数月的清查，查出陆渊、梁干乔、区芳、文谬、陈踌、冯强等托派分子。他们先后被遣送回国，有的被送进工厂劳动改造。教职工中的托派分子被解除了职务。"④

　　杨尚昆回忆说："10 月 3 日，联共中央将托洛茨基开除出中央委员会。

---

① 程中原：《张闻天传（修订版）》，第 75～76 页。
② 《王明诗歌选集（1913～1974）》，第 54 页。
③ 据塔斯社 1988 年 8 月 4 日报道，苏联最高法院决定对 30 年代的 4 起重大错案平反，其中包括 1936 年 8 月的"托洛茨基—季诺维也夫反共联合中心"案，认定"4 个组织都不存在，对它们的指控毫无根据"，决定取消原判，为 4 个案件涉及的所有人恢复名誉。
④ 《回忆在莫斯科中山大学时期》，《革命史资料》第 17 辑，第 194～195 页。

11月7日，是十月革命10周年纪念日，红场照例要举行大游行。中山大学的游行队伍经过主席台时，有的人公然打出拥护托洛茨基的横幅，这是苏俄籍教员中一部分托派分子干的。而中国留学生经过检阅台时，竟然也有少数人喊出拥护托洛茨基的口号。这件事使斯大林非常吃惊。节日过后，托洛茨基被开除出党。12月，联共（布）党代大会以后，宣布托派为反苏维埃集团，中山大学也奉命彻查托派分子。从此，中山大学面临着一场大动荡的局面。"①

李一凡还回忆说：当时他在红场上协助教务书记朴古里也夫，从托派学生冯强怀里搜出了一个横幅标语，写着"打到党内专政的汪精卫"，就是影射攻击斯大林的。②

《传记与回忆》说：那天是"中大的托派分子在红场参加苏联托派举行的示威，还打了人。他们打那些喊拥护联共，拥护列宁主义等口号的学生"；"中大的反托陈派斗争直到1930年中大结束才告一段落"。

但据袁溥之回忆，根本没有喊口号那回事，她说："我在莫斯科的时候，米夫、王明等人曾搞了两次大的宗派斗争。一次是一九二七年年底，他们利用苏共反托洛茨基派的机会，打击反对过他们的人。中大的确有托派学生，象梁干乔等人。他们是拥护托洛茨基观点的，清洗他们是必要的，但遭到王明等人打击的许多人并非'托派'，他们主要是对王明等人不满，对他们把持的中共驻莫斯科支部局不满。王明、李竹声、盛忠亮等人把凡是反对过他们的人都当成'托派'打下去。后来，有些王明派的骨干说，中山大学之所以开展反"托派"运动，是因为当年中大师生参加十月革命节游行的时候，有些中国学生在主席台前喊了反对斯大林、拥护托洛茨基的口号，因此引起了一场殴斗等等。我参加了那次游行，同沈联春、周砥（现住在北京）并排走在一起，中大的游行队伍并不大，一眼可以看到队伍的首尾，我根本没有听到和看到有任何越轨的事情发生。"③

盛岳在《莫斯科中山大学和中国革命》中回忆说："斯大林怒气冲冲地指令米夫对中山大学的托派活动进行彻底调查，并尽速将调查结果报告联共

---

① 《关于"二十八个半布尔什维克"问题》，《百年潮》2001年第8期。
② 孙耀文：《风雨五载》，第221页。
③ 袁溥之：《往事历历》，《广东党史资料》第3辑，第153～154页。

中央。我当时在中山大学联共党支部局工作，所以知道这一指令。这一费力的调查持续数月之久。经查明在红场上高喊亲托洛茨基口号的比较重要的学生如陆渊、梁干乔等被放逐回中国。罪行较轻的学生，有的送到工厂去改造思想，有的留党察看。查明确系托派分子或托派同情分子的教职工均被解职。""但是，中山大学反对托洛茨基主义的斗争并不限于这些组织和行政措施。在发起调查的同时，开展了思想斗争。那些在反对教务派的斗争中联合起来的学生，包括陈绍禹和我在内，现在都集合在党支部局周围，一起反对托派分子。但我们愈加紧斗争，我们碰到的困难就愈大。因为我们发现，这种托派反对派并不是我们要对付的惟一的反对派。中国革命的失败在学生当中引起了各式各样的复杂问题。例如，究竟谁应对失败负责？中山大学和东方共大中国班的学生都倾向于怀疑斯大林和共产国际总的领导。信心破灭，怀疑一切，情绪沮丧，这在学生中到处可见。这类学生并不是托派分子。也许，事实上他们可能从来没有被托洛茨基的立场所吸引。虽然如此，他们和托派也有某些共同之处，他们都对斯大林、联共和共产国际的领导不满。他们对中山大学反对托派反对派斗争的反应是，利用这一机会形成他们自己的独立力量，来反对中大联共党支部局和米夫。他们开展了一场反对拥护党支部局学生的有力斗争。他们后来奉行的路线被称之为'第二条路线'。它不能和托洛茨基主义相提并论，但又不能和托洛茨基主义轻易地截然分开。就这样，反对托洛茨基反对派的斗争便和反对'第二条路线'的斗争纠结在一起了。"并说后来"拥护第二条路线的三部分学生实现了联合，即教务派的残余分子、中国共青团的'先锋'派和所谓的工人反对派"。①

吴亮平回忆说："王明自恃有米夫的信任和搞教条宗派的人的支持，在校总支委员会中又做组织工作，于是对于不满意他的人，便给戴上托派、反革命、特务等帽子。在这场斗争中，郭肇唐②这个人充当王明的打手，他参加苏联内务部的活动，在一九二七～一九二八年反托派运动中，很多同志陆续地不见了，就是王明、郭肇唐秘密搞掉的。"③

师哲回忆说："王明进行活动的方针和原则是'顺我者昌，逆我者亡'。

---

① 盛岳：《莫斯科中山大学和中国革命》，第214～215页。
② 即郭绍棠，下同。
③ 《吴亮平谈俞秀松和王明、康生斗争的情况》，《青运史资料与研究》第3集，第216～217页。

王明迫害过多少好同志，没有人统计过，也没有人知道确实底细。""王明的法宝就是开展所谓两条路线的斗争，反对'左'的和右的机会主义。不管事实真相如何，他手里总是拿着这两顶帽子，一顶是'托派分子'，一顶是'右倾机会主义分子'。在反托派斗争中，凡是对王明等人表示过不满，提过不同意见的同志，大都被定为托派分子；凡是对王明的路线和方针表示怀疑或提出疑问的同志，大都被定为右倾机会主义分子。他的密［秘］诀就是，借着政治运动来打击与自己意见相左的同志。至于对谁扣什么帽子，视当时的历史情况和政治气氛而定，所以，被扣上'托派分子'帽子的人远比被打成右倾机会主义分子的人多得多。"[1]

但有的论著认为："反对托派的斗争，是联共中央斯大林搞起来的，共产国际是支持的，它并不属于王明的宗派范围。王明参加反托派的斗争，不可能一开头就把这场斗争，作为宗派的活动来搞，被害的并不都是他的小宗派的对立面……至于王明从宗派主义出发，迫害了一些他的小宗派的对立面，这是他自己的责任，是应当揭发批判的。"[2]

同月 为中国工人代表团做翻译。王明 1928 年 7 月 30 日写给中共代表团主席团苏兆征、张国焘、项英、瞿秋白、周恩来的信中说："中国工人代表团自去年十一月来莫后，我即固定的替他们当翻译，一直当到中国工人代表团变到中共代表团。"

陈修良回忆说，她是 1927 年 11 月中旬到达莫斯科的，"王明当时已调任共产国际东方部的翻译，由于米夫是'中大'的校长，这个一点实际工作都没有参加过的中学生[3]，就一跃而为'中大'的秘书，实际上成了'中大''无冕之王'，支配全校同学的命运"。[4]

同月 孟庆树到中山大学学习，王明开始追求孟庆树。

孟庆树，1911 年 10 月 12 日（公历 12 月 2 日）生于安徽省寿县瓦埠镇孟家圩。祖父是有名的内科中医和中国同盟会会员。父亲孟宪洲，是本县很有名的外科中医。对她比较有影响的还有祖母的弟弟张之屏（号树侯），也是中国同盟会会员。1925 年春在寿县安徽省立第三女子师范学校加入共产主义青年团和国民党。1926 年春至夏在上海大学附属中学学习。1926 年秋

---

① 《在历史巨人身边——师哲回忆录》，第 115 页。
② 施巨流：《王明问题研究》，第 12 页。
③ 此处回忆不确，王明去莫斯科前是武昌商科大学的学生。
④ 《莫斯科中山大学里的斗争》，《陈修良文集》，第 243 页。

进入设在武昌的安徽军事政治干部学校，在那里加入中国共产党，并任支部委员、女生队长。1927 年初转入武汉中央军事政治学校，继续担任党支部委员、女生队分队长，参加过讨伐军阀夏斗寅的战斗。武汉政府反共后到张发奎部军医处做护士，并随该部到九江。因南昌起义已经失败，于是撤到上海，11 月到莫斯科中山大学学习。①

曹仲彬在《王明的传奇婚恋》中说："年方 16 岁的孟庆树，正值妙龄花季，且眉清目秀、身材窈窕、落落大方、风度翩翩，很自然地成为男学生们注目的对象。时年 23 岁的王明一见钟情，从此就把追逐目光投向比自己小七岁、充满青春活力的安徽老乡身上。虽然，孟庆树入学时王明已经赫赫有名，成为学校'无冕之王'，但孟庆树对他只是充满敬意和羡慕，并未产生爱恋之意。无奈小个子王明的身高并没有像他的地位那样显赫，没有能够扰动孟庆树的芳心。孟庆树也未把王明频频示爱放在心上，而是先于王明结交了一个男朋友。"②

曾担任过国务院副秘书长、国务院参事室主任的徐志坚回忆说：孟庆树原来的恋人叫丁景吉（又名丁晓、丁晓波、丁云波，安徽省宿县西五铺人），1926 年冬相识在"安徽党务干部学校"。那时孟庆树只有 15 岁，为英俊厚道的丁景吉所吸引，很快就成为他的未婚妻。1927 年，丁景吉也来到莫斯科中山大学学习，但患肺结核住进了医院。他听说孟庆树经常跟陈绍禹在一起，不少人说他俩正在谈恋爱，开始时他也不相信，但不久他俩一齐来医院，看陈绍禹对孟庆树的那种毫不掩饰的亲热样子又不得不信，因此悲愤之极，不久就死了。那时，孟庆树还是很难过的样子。丁景吉的好友徐凤笑

---

① 孟庆树整理《传记与回忆》附录 V《孟庆树的简历》。这份简历中还说：她 1929 年秋回上海，先在中央机要处工作，从这年冬开始在上海做职工运动，主要在东、西、南等区委和工会工作，曾任区委和工会的妇女部长、宣传部长。从 1930 年夏到冬，曾三次被捕。1930年冬到 1931 年冬任中共江苏省委妇女部长、中央巡视员等工作。1931 年底又到苏联，曾在国际列宁学校高级班学习，并参加中共驻共产国际代表团的工作。1937 年冬回国后，任中共中央长江局妇委书记和妇女界抗日民族统一战线的中共女代表之一。1938 年秋回延安，从这时起到 1942 年秋是中共中央妇女运动委员会常委。1939～1941 年任延安中国女子大学政治处主任，1941 年秋做过抗日军政大学女生队政治委员。1945 年春被选为中共七大代表。1947～1948 年参加土改工作。从 1948 年冬到 1950 年冬是中共中央法律委员会委员。1950～1955 年是中央人民政府法制委员会委员。据佟英明 1988 年 3 月 17 日采访甘宁的记录，其父孟宪洲"文革"中被从北京送回老家，又揪回北京扫地，又赶回老家，气不过，自杀身亡。其弟孟庆渊（孟侃），曾在延安财政处、第七机械工业部等单位工作。

② 《百年潮》2000 年第 6 期。

着对她说：丁景吉生病，你不该再跟别人谈恋爱！孟庆树仍是说，其实自己并没有答应陈绍禹什么。只是他的一帮朋友老是开玩笑，弄得好像真有那么回事儿似的。徐风笑说："那么，现在丁景吉已经死了，你是不是准备答应他？""不。"孟庆树的态度很坚决。徐风笑说："对，不能答应他。我看这个人品质不好。"①

同月 作七律《悼慰死难的革命烈士们》，其中说："无疑落地英雄血，将化滔天革命潮"，"人民儿女多优秀，定以新华换旧朝"。②

12月 作七绝《广州公社（并悼英勇牺牲的张太雷等数千革命同志）》，其中说："试看黄花岗上墓，便知前景类苏联。"③

同月 大骂董亦湘等是"右派"。

据袁溥之回忆："一九二七年十二月，有一次我路过校翻译室，见王明正在同董亦湘等同志争吵，王明拍桌子破口大骂董是'右派'，我大吃一惊，心想一个共产党员怎么能用这种横蛮无理〔礼〕的态度对待同志呢？王明有什么权利欺负侮辱董亦湘同志呢？从王明的言行及其后来的宗派活动来看，他们何止是欺负好同志而已？！他们险些断送了中国革命。""王明当时如此猖狂，并不是因为他在教学和翻译方面取得了什么了不起的成就，唯一的原因是他帮助米夫搞走了阿古尔，因而成了米夫的亲信，而米夫又得到了共产国际的信任。"④

冬 领导开展反对"第二条路线"的斗争，并极力扣大帽子和上纲上线。

《传记与回忆》说：

> 1927年冬，绍禹去休养，沈泽民同志代他作支部局宣传委员。校内的少数托陈派又乘机起来反对支部局的领导……他们认为沈泽民、张闻天、王稼祥、傅钟、李俊哲（李卓然）等是"旅莫支部"残余，不能作支部局工作，要求改组支部局，要赶走沈泽民、张闻天等。他们到各班里宣传他们的这些主张，结果又闹得学生不能

---

① 徐志坚口述、王海燕整理《从父亲徐风笑的遭遇看王明宗派主义干部路线》，《中华儿女》2003年第4期。

② 《王明诗歌选集（1913~1974）》，第55页。

③ 《王明诗歌选集（1913~1974）》，第56页。

④ 袁溥之：《往事历历》，《广东党史资料》第3辑，第152页。

上课。

绍禹回来后，泽民同志说："你回来得好，我代不了你，他们又闹起来了。"支部局的人也找绍禹谈话。绍禹听了两方面的意见。第二天即召开支部局会……支书别尔曼和沈泽民说话后……绍禹说话。他说："现在争论的本质不是什么'旅莫支部'残余，这只是借口。实际上是支部工作中两条路线的斗争。支部局的路线是共产国际、联共中央和中共中央的路线，其实质是要中共党团员安心地学习马列主义，学习联共经验，研究中国革命的经验，好回去为党为革命工作。为此，必须批评反马列主义、反联共、反苏、反共产国际、反中共的托洛茨基主义和陈独秀主义。要使学生懂得为什么托陈主义是不正确的，为什么陈独秀主义是使中国革命失败的重要原因之一。而托陈主义者相反，他们用一切公开的和秘密的手法，反对支部局和学校行政，而支部局和学校行政实行的是共产国际和联共中央、中共中央培养干部的方针。他们制造各种借口，制造混乱，挑拨团结，分裂党团员的队伍。他们的这些方法恰恰正是过去'旅莫支部'的工作方法。现在支部局的人里，已知道的托陈分子，不论他们说些什么，实际上是反党的第二条路线——其主要的内容是反对学习列宁主义，继续着'旅莫支部'的作风。应当要揭穿他们的阴谋，使学生们好安心上课。"

绍禹说话时，弄堂里站的人听得鸦雀无声。而反对派为首的人也只好声明他们不是有意要反对支部局，只是不满意支部局的一些工作方法，可能有不对的地方等等。

会后青年团支书波尔赛娃对米夫、沈泽民和党的支书别尔曼说："哥鲁别夫（即绍禹）真是个有头脑的人！他一下子就从原则问题开始，不是打中了他们的眉毛，而是打中了他们的眼睛。一个月来，我们和他们争论，互相打击，但基本上我们站在防守的地位。而我们愈防守，他们就愈向我们进攻。在哥鲁别夫讲话后，他们立即退却了。我请哥鲁别夫同志明天到共青团支部局会上讲话。"别尔曼说："这样好，要考虑一下我们应如何继续作。我想以后这样办：1. 哥鲁别夫（绍禹）写两篇文章，一是解释什么是旅莫支部；二是解释什么是第二条路线；2. 召开党团活动分子会；3. 召开党团支部大会。"

1928 年　24 岁

1 月初　在莫斯科中山大学墙报上发表《反对第二条路线》。①

1 月 13 日　写《旅莫支部面面观》。②

孟庆树根据王明的回忆谈话整理的回忆录说："绍禹同志当时是联共中大支部局的宣传委员，又是最早的反'旅莫支部'的积极分子之一。所以联共中大支部局决定要他写一篇论文，名为'旅莫支部面面观'。这篇论文曾发表在中大墙报上，从各方面揭露了所谓'旅莫支部'的真相，打破了托洛茨基派和陈独秀派分子的各种造谣侮蔑。"③

文章分引言、旅莫支部的理论与实际、孙东两大④反旅莫支部的经过、旅莫支部的错误实质、旅莫支部的社会基础、中共工作中的旅莫支部式的现象、旅莫支部的命运、孙大及中共现在还有没有旅莫支部余孽、反对旅莫支部与效法旅莫支部、结论等十个部分。

文章在"引言"中说，他写这篇文章的目的，是因为旅莫支部这一问题，不仅过去很重要，还因为"效法（主观的或客观的）旅莫支部和反对旅莫支部这一问题，一定还要继续成为莫斯科的中东两大及中共全党的同志们的各种党内斗争的主要斗争之一！因此，使每个同志都能尽力去营救和尽量去了解旅莫支部这一问题的各方面，成为目前的工作任务之一主要部门"。文章说旅莫支部的实质"是反国际性的组织"，其"教育原则是建立在唯心论基础上"的，"社会基础是小资产阶级……特别是落后国家的知识分子与手工业者的小资产阶级"，旅莫支部在 1926 年 5 月就"连根带蒂的铲除了"，"从组织上讲，无论在中共，在孙东两大，旅莫支部这个东西，都完全没有了，但是从旅莫支部性的活动上，无论在莫斯科或中国多多少少地都还有"。

1 月　米夫通知王明参加中共六大的准备工作。

《传记与回忆》说："1928 年一月初，米夫通知绍禹：共产国际和中共

---

① 《写作要目》。

② 文章原件上写的是"一九二八年一月十三日下午三时至十时"，但《写作要目》中说是"1927 年 1 月上旬"。

③ 《传记与回忆》。

④ 指东方大学和中山大学。

中央决定在莫斯科召开中共六次大会，要绍禹抽出时间，参加两部分工作：一部分是翻译和帮助起草文件，另一部分是帮助国际交通局的工作。为了使大会时间不太长，而得到结果，国际东方书记处决定把一些重要问题先准备好，写成重要草案：政治决议草案由国际东方书记负责起草，组织工作决议由别尔曼和另一苏联同志负责起草，宣传工作要绍禹和中大的党史教员诺林二人起草，关于红军和军事问题，由苏联军事委员会第四局帮助起草，还有苏维埃问题、土地农民问题由沃林和跃尔克起草。这些草案大都由绍禹译成中文。（政治、农民问题在准备期间未写完，大会期间才写成，绍禹也参加了翻译工作。）"

初春 于莫斯科郊区写《初春（接我党六大代表百余人来莫开会即景随感）》，诗曰：

> 野旷春来早，林深雪化迟。
> 经多松柏健，挺立吐新枝。①

春 莫斯科中山大学开始开展反对"江浙同乡会"的斗争，王明在其中推波助澜。

关于这个事件发生的时间，说法不一。师哲说是"发生于1927年下半年到1928年上半年之间"。② 陈修良说是1928年初，她说："1928年初的'中大'内部又发生了一件惊人的事件。有人谣传学校内部有一个大规模组织——江浙同乡会。并说是以董亦湘、俞秀松、周达明、孙冶方等为首的。支部局的一些别有用心的人，便乘机把他们作为'靶子'来打击，制造了一个反革命的假案。"③ 江泽民说是1928年春，他说："米夫和王明在改组了中山大学的支部局之后，原来被称为教务派的一些学生，同广大学生一起反对他们的倒行逆施。王明一伙为消除这些学生在群众中的影响，进而威吓支持他们的广大学生，又把他们称为教务派残余，并编造罪名，诬陷他们组织封建性团体——江浙同乡会。"④ 此处兼采陈修良和江泽民的说法。

关于"江浙同乡会"事件的来源，一种说法是来自孙冶方请客和王长

① 《王明诗歌选集（1913~1974）》，第57页。
② 《在历史巨人身边——师哲回忆录》，第39页。
③ 陈修良：《孙冶方革命生涯六十年》，沙尚之编《记孙冶方》，第9~10页。
④ 《回忆在莫斯科中山大学时期》，《革命史资料》第17辑，第199页。

熙的一句话。当事人孙冶方回忆说:"在我们同期毕业的同学中,除了回国工作的以外,大部分升到别的学校学习,极少数的人留校工作,我和云泽(乌兰夫)同志以及一个后来成为托派分子的綦树功被派到东方大学当翻译。继续学习的学生只发给津贴,有些到军校学习的,按红军士兵待遇,津贴特别少。我们做翻译工作的拿工资,有近百卢布,生活较好,因此在暑假开学前,有几个去初级军校的同学提出,在星期天敲我的竹杠,叫我买肉买菜做中国饭吃。这天,除约好的几位军校的同学外,董亦湘也来了,军事学校的陈君礼、左权同志也来了,挤了一屋子的人,把同房间的乌兰夫同志都挤了出去。正在我们热热闹闹地做饭时,中山大学学生公社主任王长熙从窗外经过,听到里面说话的都是江浙人,因此回校后同别人讲起,某些人聚集在某人房间呱啦呱啦讲得很热闹,像开'江浙同乡会'似的(其实,陈君礼、左权两同志是湖南人)。这话传到中大支部局中国同志那里,便添油加醋,说成是董亦湘等在我房里成立了'江浙同乡会'。"①

还有一种说法是"江浙同乡会"来自蒋经国的一封信。最早揭发"江浙同乡会"问题的王长熙 1928 年 8 月 12 日给中共代表团的报告说:1927年在东方劳动者共产主义大学野营结束后,由孙逸仙大学毕业派到各军事学校的中国同志,完全住在炮科学校第五连。蒋经国离开莫斯科三四天的光景,就给朱茂榛、周策、尤赤、胡世杰、郭景惇、陈启科、刘仁寿、黄中美、刘移山等人一封信,这封信信封上写的是朱茂臻,但由于当时朱茂臻不在,岳少文就代收了。他很希望知道这批同志到校的情形,因之不等收信人回家便拆阅了,看到信中写的大意如下:"我们的组织应该行动起来,虽然你们现在还没有得着薪水,但是我们的章程第一条就是按月缴纳会金,所以你们无论如何应该设法征收会费等。"岳少文看见我们同志中发生这种小组织,非常奇怪的。他就把这封信给其他两个人看了,他们看着党内发生这种不容许的东西,非常惊慌,不知如何处置,又不敢把信隐藏,亦不敢把信交给党部。到岳少文离开炮科学校的夜晚,我送他们走的时候,他才告诉我,我又很慎重地问了其他几个人,他们都说是有这封信以后,"我才转告党部"。"自从有几位同志看着他们有这种小组织的行动以后,转相告诉,当

---

① 孙冶方:《给中共中央纪律检查委员会和中共中央组织部的报告》,沙尚之编《记孙冶方》,第 287 页;罗征敬:《恢复俞秀松同志在党史、团史上的地位》,《中共党史资料》第 1 辑,第 229 页。

时留在炮科学校的各军校未走的同志们，很多都知道了，都留意他们的行动。但是这部分有小组织倾向的同志，他们还不知道自己的行动泄露了，所以仍然常常举行他们的秘密会议"。① 师哲也回忆说："事情起因于蒋经国等人。蒋经国原在中山大学念书，那里的江浙同学比较多，相互间关系也比较密切，大家常把每月发的津贴费凑起来，十天半月到中国饭馆吃顿饭。1927年10月，苏联从中山大学、东方大学抽调了一部分同志到陆军大学（在莫斯科）、军政大学（在列宁格勒）等军事院校学习。蒋经国同肖劲光、李卓然、曾涌泉等一齐到列宁格勒的军政大学学习。这时，蒋经国享受红军军官的待遇，每月领津贴费约七、八十元。留在中山大学的江浙同乡们给他写信，开玩笑说：你的会费还没有交，意思是向他要钱，也就是要他请客。蒋经国寄信时也戏称是交会费。这些信不知落到了什么人的手里，便传出他们在搞小组织活动，组织'江浙同乡会'。"②

杨尚昆在回忆中则说两个原因都有，他说："'江浙同乡会'是王明为了排除异己而捏造出来的。中大的江浙籍同学，出于同乡情谊，常在一起吃中国餐。一次，在东方大学当翻译的孙冶方，约请董亦湘、俞秀松等老乡在家里聚餐，有人开玩笑说：他们是开江浙同乡会。无独有偶，蒋经国转到列宁格勒的军政学院后，月津贴增加了，俞秀松、董亦湘等老乡写信要他做点'贡献'，戏称'缴会费'。事情传到中大的支部局，王明便诬陷这是一个秘密的政治派别组织，不但莫斯科有，列宁格勒也有，头头是原教务派的俞秀松、董亦湘、周达文，重要成员有蒋经国、左权、朱务善等，而'工人反对派'被认为是受'江浙同乡会'指使的群众。他企图一石三鸟，这样来打击所谓的'第二条路线'联盟。米夫请格别乌派人参加调查。结果，'只发现一些微不足道的证据'。王明不肯罢休。这时，中共中央派向忠发、李震瀛到莫斯科出席赤色职工国际第四届代表大会。米夫和王明就请向忠发到中大来作报告。"③

杨放之在回忆中说，王明等人捏造"江浙同乡会"的罪名，就是为了打击教务派。他说："一九二六年中大反对教务派的斗争中，俞秀松、周达文、董亦湘这些资格比较老的同志，是参加中山大学教务处帮助工作的。当

---

① 俄罗斯当代文献保管与研究中心档案。

② 《在历史巨人身边——师哲回忆录》，第39页。

③ 《杨尚昆回忆录》，第33~34页。

时俞秀松等虽是学生，但他们是比较有经验的老党员，苏共人员创办中山大学，也要依靠中国同志，吸收中国学生帮助工作。俞秀松等在教务处工作中，帮助制定教学方针、实施教学方案、购置中文图书等等，得到教务处主任阿郭（古）尔的信任。但由于阿郭尔与中大副校长米夫有矛盾，米夫极力排斥阿郭尔，这就势必形成王明与俞秀松等同志的对立。王明也看不起这些老一辈的同志，王明的俄语学得快，深得副校长米夫的欣赏。为了打击教务派，王明等人捏造罪名，于是出现了'江浙同乡会'。"①

陈修良在《莫斯科中山大学里的斗争》中也回忆说："江浙同乡会问题为什么闹得这样凶，其原因是王明宗派小集团想通过这一件事，打击俞秀松一派人，以抬高自己的地位；同时，取悦于联共中央，表示对肃反的积极，以求提拔为高级干部。至于他们又为什么恨俞秀松这些人呢，那正因为他们是中共的老干部，在中国同志中间颇有威信，俞秀松还是中国社会主义青年团的第一任书记呢。这种'打击别人，抬高自己'的手法，虽然巧妙，骗了许多不明真相的人，但经不起实践的考验，当问题揭穿后，很不得人心。"②

吴亮平回忆说，王明打击俞秀松等人，是因为俞秀松等人对他不满。他说："学校中不满意王明的人很多。一般有两部分人。一种是比较老的同志，像俞秀松、董亦湘、周达文等，对王明那种吹牛拍马的资产阶级作风不满意。这部分人在学生中有影响。另一种是比较年轻的同志，如左权、陈启科和我，也对王明的资产阶级作风很反感。"王明为了打击这些对他不满的人，就"假造江浙同乡会案件，把一些浙江、江苏籍的同学，甚至其他省籍的同学，诬为江浙同乡会成员。那时大家批评总支的工作，批评王明，王明却把这说成是反总支的斗争，胡说俞秀松、董亦湘、周达文都是这一斗争的组织者，说他们是江浙同乡会的头头"。③

袁溥之在回忆中说："一九二八年，王明等人又在莫斯科开展了反对'江浙同乡会'的斗争。这一次比上一次还要厉害。其手段也更加毒辣。他们的目的是要把在反托派斗争中还没有被整垮的人统统打倒。董亦湘是江苏人，俞秀松是浙江人，在反对王明等人的学生中，也有一些江、浙人，这也

---

① 《杨放之谈莫斯科中山大学的一些情况》，《青运史资料与研究》第 3 辑，第 221 页。

② 《陈修良文集》，第 244 页。

③ 《吴亮平谈俞秀松和王明、康生斗争的情况》，1980 年 9 月 18 日，《青运史资料与研究》第 3 集，第 216 ~ 217 页。

是事实，但被他们打成'同乡会'的人中许多根本不是江、浙人。例如被指为'同乡会会长'的周达文，是贵州人。有的虽然是江、浙人，政治上同周达文、董亦湘、俞秀松等人并不接近，只是在小事情上得罪了王明及其一伙（这里的'及其一伙'四个字不可少，当时他们真是有一批人，这就是后来被称为'二十八个半'的某些人）……有一位叫吴近的浙江籍同学，他是班代表，我是年级代表，我们经常在一起研究学习问题。他在某些观点上不赞成王明那一套，也被宣布为'江浙同乡会'成员，大会批，小会斗。我不满意，在批判会上没有发言。实际上也没有什么可讲，本没有任何反党活动或者反党观点，但给戴上'江浙同乡会'的帽子，就是一个很大的罪名。王明等人叫嚷，'江浙同乡会'是进行反党的小组织，是'封建性的团体'，'至少除党籍'等等。""后来，被定了罪的'江浙同乡会'成员，有的被送到西伯利亚做苦工，有的被开除党籍、学籍，遣送回国。其中有一位同学叫相玉梅，山东人，一九二四年入党，同我很好，经常开玩笑说，你们一九二五年入党的算什么？那是在革命高潮中入党，一九二四年的党员才宝贵。他是个乐天派，但也不能幸免。"①

江泽民回忆说："王明这个人非常坏，在中山大学时把反对他的人，搞了个江浙同乡会。俞秀松、周达文都是王明的死对头。王明就把他们两人说成是江浙同乡会的头头，诬陷他们搞宗派。"②

但据杨奎松《"江浙同乡会"事件始末》一文说，开始揭发江浙同乡会的并不是王明，他只是在揭发过程中推波助澜。他异常活跃，到处找人谈话，动员揭发。他甚至公开在墙报上撰稿，第一个上纲上线，指责"江浙同乡会"是一个由党内一切反对和不满意中国革命，准备脱离党另找出路的人，组织起来的一个反革命集团，他们与第三党保持着秘密联系。这一说法立即引起相当一部分学生的不满，五人调查委员会委员之一董亦湘当众批评他不负责任，强调"江浙同乡会"有无尚未调查清楚，即使存在充其量不过是一个党内教育问题。双方因此争论不休。③ 邱路在《蒋经国险遭枪毙》一文中也说，向向忠发报告"江浙同乡会"问题的，并不是王明，而是在苏联国家政治保卫局（又译为格柏乌）中负责收集中国人中间情报的郑家康，但王

---

① 袁溥之：《往事历历》，《广东党史资料》第 3 辑，第 154~155 页。
② 《江泽民谈俞秀松》，《青运史资料与研究》第 3 辑，第 245 页。
③ 《近代史研究》1994 年第 3 期。

明在 2 月 26 日米夫召开中大党员活动分子会议，公开动员党员干部协助清查这一组织以后，王明"第一个在墙报上就此上纲上线，声称'江浙同乡会'是一个由党内一切反对中国革命的人组织起来的反革命集团"。①

也有的论著认为："清查'江浙同乡会'是中山大学'反托派''左'倾错误的继续，不能把他纯粹说成是王明的宗派活动，是王明从宗派主义出发发动起来的。至于王明在清查所谓反革命时，从宗派主义出发，利用了这场斗争，迫害了他不满的人，这是他自己的责任，应当揭发批判。"②

但是，王明在反"江浙同乡会"的斗争中，确实起了重要的作用。孙耀文在《风雨五载》中说："陈绍禹控制的中山大学党支部局一面暗中派人监视，一面加紧向人们散播流言，一传十，十传百，很快闹得满城风雨，人心惶惶。与此同时，在校长米夫的支持下，支部局应陈绍禹等人的'要求'，立即开始'彻底调查'，而且请苏联的反特、肃反机关'政治保卫局'（简称'格别乌'）派人参加。"③

反"江浙同乡会"的斗争掀起以后，中山大学里一片恐怖气氛。孙冶方回忆说："在捏造的'江浙同乡会'案件发生以后，中国留学生中气氛十分紧张，甚至可以说是处在一种恐怖的气氛中，即使同住一个房间，互相也很少谈心。例如，当时我和乌兰夫同志等四个人住在一个房间里，除了日常生活上事务性的谈话外，就很少谈政治或学习的问题。那时俞、董、周三人在列宁学院学习，原'中大'的同学几乎没有人去看他们。"④ 袁溥之也回忆说："我现在还记得当时公开反对米夫、王明等人的是董亦湘、俞秀松、周达文、钱介磐、吴近、方洛舟、姜常师、陈德森等人。上述各人几乎没有一个人逃脱厄运，有的被送进苏联集中营，有的被开除党籍，遣送回国，有的在王明等人回国后遭到残酷迫害。可以说，当年在莫斯科反对过米夫、王明的人后来被他们在党内消灭殆尽。"⑤

很多人根本不相信"江浙同乡会"小组织的存在。例如王明小宗派的盛岳在《莫斯科中山大学和中国革命》一书中说，所谓"江浙同乡会"只

① 《百年潮》1997 年第 2 期。

② 施巨流：《王明问题研究》，第 12 页。

③ 孙耀文：《风雨五载》，第 251 页。

④ 《对中山大学一段历史的回顾》，《江苏革命史料选编》第 8 辑，转引自孙耀文《风雨五载》，第 252 页。

⑤ 袁溥之：《往事历历》，《广东党史资料》第 3 辑，第 153 页。

不过是王明等人打击别人的工具，是夸大其词，连他自己也不相信。他说："教务派被打败了，阿古尔受到了撤职离校的纪律处分。然而俞秀松、董亦湘等形成这一派系的中国学生核心人物还在中山大学……流言说，他俩组织一个'江浙同乡会'。这个说得煞有介事的同乡会，为陈绍禹及其战友提供了用来反对俞秀松、董亦湘及其追随者的有力武器。因为组织这种团体违背了党的组织原则，而无论如何这种据说是有的组织可以被加上封建性团体的帽子，因而陈绍禹等人要求对它进行彻底调查。而我当时并不相信他曾正式存在过。不过，在权力斗争中，夸大其词的说法可谓屡见不鲜，而且在共产党内比别处此风尤盛。"①

王凡西在《双山回忆录》中也说，反"江浙同乡会"是为了掌握整个中国党的一次预演。他说："我说过，米夫陈绍禹集团利用了东大的斗争，逐走了'旅莫支部残余'，把中国人的训练工作集中在他们手中了。我又说过，这个集团看上了中共派来出席国际会议的代表向忠发。企图以此来掌握整个中国党的领导。为了准备这个斗争，陈绍禹们在孙大里先就进行一次预演，发动了所谓反'江浙同乡会'的斗争……在孙大初办时，派来的学生中有不少上海大学的学生和职教员，他们大多是江浙人，再加上从上海和无锡等地派来的工人，江浙人在学生中就占了相当大的比例。这些人中较为出名的，有董亦湘、顾谷宜等。他们在初期的学校党部中，具有相当势力。反对者为了方便和易于煽动起见，便给这班人一顶帽子，名之曰'江浙同乡会'。其实，根本没有，也不能有这种组织的。而事实上，被指为'江浙同乡会'的不全是江浙人，而围绕在陈绍禹周围的反对者中，却有不少江浙人，例如陈的大将秦邦宪（博古）是无锡人，他们手下的一些群众也有不少是江苏籍的工人，至于像张闻天，沈泽民，沈志远，吴黎平，竺廷璋等翻译，被攻击为江浙系（因为他们都是江浙人），却与董、顾等所谓'同乡会'头子根本搞不到一起。""当我们被并入孙大的时候，'江浙同乡会'早已被打倒了，此时执掌大权的是陈绍禹，王稼穑（祥），陈源（原）道等人的所谓'安徽系'。不过带有迫害性的'江浙同乡会'这个名字，仍旧像个鬼影似的被时常指责着，不时流传于人们的口上，有时还可以听到被引用来攻击某一个特定的人。这情形我当初不大明白，人们为什么要打这个并不存在的鬼；后来才逐渐弄清楚了：原来这是陈绍禹们的阴谋，目的在于打击瞿

---

① 盛岳：《莫斯科中山大学和中国革命》，第 215~216 页。

秋白。他们企图把瞿秋白描写为'同乡会'的最高领导者。"①

有的人虽然开始相信这个小组织存在，但最后也否认了。例如张国焘曾认为"江浙同乡会"是存在的，而且是"反党分子的结合"，"在那里进行反党阴谋"，但又说"经过周恩来调查的结果，觉得所谓江浙同乡会事实上并不存在"。②

4月1日 《布尔塞维克》杂志第2卷第6期发表王明的《武装暴动》的序言，署名韶玉。（该文写于5月16日，《布尔塞维克》实际出刊日可能晚于此日。）

4月2日或3日 通过米夫邀请向忠发到中山大学作报告，宣布"江浙同乡会"为反党集团。③

盛岳在《莫斯科中山大学和中国革命》中回忆说："为了想吓唬一下第二条路线联盟，米夫采纳了陈绍禹的建议，把向忠发拉来讲话，反对据说是存在于中山大学和有中国学生的莫斯科、列宁格勒大专院校的江浙同乡会。于是，他有一天来中山大学，以中共中央代表的身份讲了一通话。他在讲话中认定在侨居苏联的中共党员中存在着江浙同乡会的宗派组织。他严词谴责了那些组织这一同乡会的人，并把它定为反党组织；他警告这一组织的全体人员，现已掌握的证据已足以对他们进行惩处。他甚至威胁说要把同乡会的头头统统枪毙。他这次最后通牒讲话那种刺耳的汉口方言，至今仍萦回于我的耳际。据我所知，他根本没有亲自调查这件事，只是听了米夫的一面之词。不出所料，他的讲话在中山大学和东方共大等学校的江浙学生当中，引起了愤怒和恐惧，因为他们和俞秀松、董亦湘有着长期的密切关系。那些在反对党支部局和米夫的斗争中联合起来的人，也自然深感不安。向忠发的讲话，不仅对俞秀松、董亦湘及其支持者，而且对第二条路线作为一个整体，无疑都是一个极大的恫吓。"④

---

① 王凡西：《双山回忆录》，第69～70页。
② 张国焘：《我的回忆》第2册，第393页。
③ 见张培森主编《张闻天年谱》，第90页。杨尚昆说向忠发是"9月14日在大会上放炮"（《关于"二十八个半布尔什维克"问题》，《百年潮》2001年第8期），回忆有误，因联共（布）中央监察委员会党务委员会已于8月10日作出《关于"江浙同乡会储金互助会"问题决议》，否定了这个组织的存在，向忠发不可能再于9月14日作这个报告。7月14日，向忠发召集中共代表团开会，当众宣布了"江浙同乡会"事件发生经过及最初的处理过程，杨尚昆可能把这个讲话错记为9月14日在中山大学的报告了。
④ 盛岳：《莫斯科中山大学和中国革命》，第216～217页。

陈修良回忆说："大约1928年春，支部局召开了一次全校师生大会，请中共中央总书记向忠发①到校作报告。他愤怒地斥责江浙同乡会是社会主义国家所不允许的反革命组织，如不坦白，要逮捕、枪毙。这'枪毙'二字特别响亮，至今不能忘记。因为是总书记讲的，当然不能置疑，从此人们更加相信有这样一个反革命组织的存在，江浙同学们互相不敢多打招呼，各有戒心。"②

袁溥之回忆说："一九二八年四月他在中山大学发表讲话说，在党内搞这种封建性的团体简直应该枪决！这样所谓'江浙同乡会'又罪加一等。向忠发本来同我很熟，但他没有问过我一句话，我对'江浙同乡会'的看法没有机会向他反映。"③

孙冶方回忆说：向忠发到了莫斯科以后，"王明、博古向他汇报留苏中国学生情况时，硬说董亦湘等支部局派组织了一个'江浙同乡会'。向忠发听信了片面之辞，不加调查就在一次留苏学生大会讲话时不指名地宣布，凡是在共产党内组织同乡会的都该枪毙。向忠发如此一讲，引起了留苏学生中极大的混乱"。④

杨奎松在《"江浙同乡会"事件始末》中说：向忠发"在学生大会上明确宣布'江浙同乡会'已经基本上调查清楚了，两周后即可公布调查结果。这个反革命的秘密小组织有中央、有支部、有章程、有正式会员与名誉会员，还有会费，与蒋介石、第三党、联共反对派都有联系，他们的领袖够得上被枪毙。这件事再不许有什么怀疑了，'谁怀疑谁就是反革命'"。⑤

4月中旬　共产国际东方部米夫召集中共代表向忠发、苏联军委代表和格别乌代表开会，通过了由王明起草的中国代表团《关于处理"江浙同乡会"问题决议》。决议宣称：

（一）承认在苏联有一反党的小组织存在，其名称为联合会（互助会）。其分子为军校与大学学生中的青年团同志和党员。该组织虽带有表面上工会的名义，但是毫无疑义的含有政治上的性质。

---

① 向忠发当时还没有担任中共中央总书记，回忆有误。
② 《莫斯科中山大学里的斗争》，沙尚之编《记孙冶方》，第255～256页。
③ 袁溥之：《往事历历》，《广东党史资料》第3辑，第155页。
④ 孙冶方：《给中共中央纪律检查委员会和中共中央组织部的报告》，沙尚之编《记孙冶方》，第288页。
⑤ 《近代史研究》1994年第3期。

（二）认为参加该组织的分子未表现很明显的政治目的，但倾向于拥护中共以前的机会主义的指导……

（三）该组织现已吸收那些最动摇的少共团员和党员（特别是对于中国问题和联共问题为反对派的分子）加入其内，甚至不拒绝与右派国民党员发生直接的关系。

（四）认为用党的纯粹教育性质的方法，对于该组织已用尽了。这些同志未曾利用党部给他们的可能，以公开承认自己的错误，停止活动，解散组织……因此本会认为必须经过相当的机关，采用组织上与法律上的办法，以肃清此组织之目的。

（五）委任米夫和米利斯二同志起草一详细信致中国学生所在学校的党部，该信中应说明该组织的历史和行动、及其有害的性质……同时委任米夫同志与相当机关发生关系采取相当办法以肃清该组织．

（六）党部根据此信除相当机关的组织办法以外，应依自身方面的路线采取办法以肃清该联合会在学生中的影响，且对各个参加者为党纪上的处罚。

这是自"江浙同乡会"事件发生以来，共产国际、中共代表团和苏联有关部门正式提出的第一次处理意见和为事件定性的决议。由于会议明确认为"江浙同乡会"是一个秘密的反党性质的小组织，因此它所采取的处置方法，不仅仅是党纪上的，而且还准备动用专政机关给以制裁。[①]

4 月 18 日 与张闻天等合译《武装暴动》（俄文）一书。

关于这本小册子，张闻天在后来整风笔记中曾说：是王明"将国际关于各国武装暴动经验的几篇文章用米夫名义要我们帮他翻译，他自己却为这本小册子写了一篇序"。[②] 但张培森主编的《张闻天年谱》说该书作者为戈列夫与达谢夫斯基。全书共分六部分：（一）第二国际与暴动；（二）暴动的条件、时间的选择；（三）组织暴动之正确的例子；（四）暴动之组织技术前提；（五）在工业城市内武装暴动之组织与技术；（六）在农业国中暴动之特点。这本中文小册子于同年在中山大学作为教材印行，并作为中共六大会议材料

---

① 杨奎松：《"江浙同乡会"事件始末（续）》，《近代史研究》1994 年第 4 期。

② 见张培森主编《张闻天年谱》，第 90 页。

之一发给与会代表。① 孟庆树根据王明回忆谈话整理的回忆录则说：这本小册子是苏联军事委员会第四局编的，除了总结上海三次起义和广州起义的经验外，还有关于俄国 1905 年 12 月和 1917 年 10 月革命的武装起义的经验以及德国和保加利亚的武装起义经验等论文。全部小册子都是由绍禹译成中文的。②

4 月~5 月　王明在延安写的简历说自己在这期间任"中大翻译及联共党史教员"。

5 月 16 日　为他参加翻译、准备给中共六大代表看的《武装暴动》一书写《序言》。他在序言中首先说明："序言的内容是想向读者说明下列两点的：（一）小册子中未曾充分说明的与暴动问题有关联的问题；（二）与中国革命现在阶段的暴力问题有联系的问题。"在第一点中，王明首先讲了巴黎公社失败的教训，然后讲述了总罢工和武装暴动的关系。第二点是序言的重点，共讲了五个问题：1. 关于武装暴动本身的问题；2. 关于游击战争问题；3. 论土匪；4. 在军队中的工作；5. 关于党员军事化、武装工农建设红军的问题。他不是从中国的实际出发提出和论证问题，而是以共产国际文件为立论基础，因此，他在中国革命低潮时，得出"目前的主要任务是组织和实现群众的武装暴动"的结论。他写道："党应准备应付新的广大的革命浪涛的高涨；党对这新高涨的革命浪涛必须的任务，便是组织，实现群众的武装暴动"，这是 1928 年共产国际执委会第九次扩大会议对于中国问题的决议案上特别指明的。由此，可见中国共产党目前的主要任务是组织和实现群众的武装暴动。为了实现这一主要任务，王明提出必须纠正下列三种"错误倾向"：1. "原则上反对暴动的倾向"；2. "儿戏暴动的倾向"；3. "过于重视军事行动和不相信群众力量的倾向"。序言中还反复强调城市中心论，说农村的"游击斗争必须与工业中心的暴动相联合"，"我们应当把这种斗争与阶级斗争的最高形式——工人阶级的武装暴动联贯起来，应当把它与为社会主义而战的光荣斗争衔接起来"。

《传记与回忆》说：米夫和别尔珍叫绍禹为他翻译的《武装暴动》小册子写篇序言，介绍和解释小册子的内容。这是绍禹第一次用俄文写军事问题的论文。序言稿写好后，道格马罗夫同志看后，只改了几个字的字尾，并和米夫说："哥鲁别夫（绍禹）写得这样好，我简直分不出那里是列宁说的和

---

①　张培森主编《张闻天年谱》，第 90~91 页。
②　《传记与回忆》。

那里是他说的。"米夫看后，也说他没有意见，又交别尔珍看，看后也说写得好，他没有什么意见。这是第一次用"韶玉"笔名写的。小册子先用玻璃板印刷了二百多份，给六大代表作参考，六大以后，上海中央又铅印了。

《写作要目》说："这本书是共产国际东方书记处请苏联军事机关编写的，为中共六大代表用的。由绍禹译成中文后，两有关机关领导同志决定由绍禹写一篇序言，介绍马列主义关于武装暴动问题的基本论点和该书内容。先由莫斯科玻璃板印刷，后由上海中共中央铅印。此篇序言写好后，曾交道格马洛夫同志先作技术校阅，然后由米夫和柏尔逊同志先后校阅批准付印的。这序言是作者第一次用俄文写的论文。"

孟庆树根据王明回忆谈话整理的回忆录还说：帮助起草、翻译中共六大文件，翻译《武装暴动》小册子等，是绍禹在中大即开始的六大准备工作。绍禹当时还教书；还作口头翻译；还帮助国际交通局的工作，如到车站去接代表，帮助交通局解决中国同志父母的一些困难；帮助皮阿特尼茨基和米夫的对外联络及翻译等。①

5 月　中共代表团致书联共（布）中央和共产国际东方部，详细说明"江浙同乡会"的反党性质和严重危害，要求立即解决此一问题。向忠发一面要求米夫彻查中大学生派别的历史及其现在的联系，以便进一步深入获取该组织的核心机密。同时，还几次指令王明等务必以中大为突破口，查出更可靠的材料，以便促使米夫迅速解决问题。②

同月　王明小宗派逐渐形成，并掌握了中山大学支部局的大部分权力。

据李一凡回忆，王明宗派小集团并不完全是原来的"党务派"，而是在"第三派"的旗帜下形成的。当时，莫斯科东方共产主义劳动大学校长舒米雅茨基力图把中山大学的在校学生全部接收到东大去，而米夫则想把东大的军事班等并到中大去，他"为了争取'中大'不被停办和兼并'东大'中国学生，除抓牢向忠发撑腰之外，特别着重授意王明攫取群众。于是，王明手舞足蹈地打出了第三派的破旗，招来［徕］伙伴；他蝇营狗苟，吹、拍、拉、打，无所不用其极！他看准了党务派是弱方。于是，首先把一些属于或紧靠党务派的头面人物如卜世奇、张闻天、王稼祥、沈泽民、张琴秋、竺廷

---

① 《传记与回忆》。在延安写的简历说：1928 年"5 月～12 月参加中共党六次大会及共产国际六次大会，作翻译工作，兼国际交通局中国交通工作等"。

② 杨奎松：《"江浙同乡会"事件始末（续）》，《近代史研究》1994 年第 4 期。

璋等人，以送卜、张、王、沈、竺进红色教授学院为诱饵拉了过去；用安插到'中大'附设的中国问题科学研究院当研究生的手段把秦邦宪、郭绍棠、李竹声等人拉了过去（后来他们三人又被送进红色教授学院去了）；最可耻的是，竟用李竹声的老婆方俊如施美人计把盛忠亮拉过去。至于强方教务派嘛，自然成了被打的主要靶子了"。"就这样，党务派和教务派实已'寿终正寝'，而以王明小集团的拼凑'敢昭告成'。"他还说："大概在1928年5月，把'中大'里的所有机构进行了全面大改选：米夫帮派要员原党支部书记别尔曼，为了操纵一切而不惹人注意，退居了幕后；区委另派来的新支部书记托金，不过是别尔曼手中的傀儡；王云程'当选'为支委会组织委员，李竹声为宣传委员，刘群仙（秦邦宪夫人）为妇女工作委员；殷鉴为公社主席，何子述为同志审判会主席，陈昌浩为团支部书记，王宝礼为工会主席，吴绍益为《墙报》主编。"他们掌权以后，继续采用"拉"和"打"两种手段："他们'拉'的方法是蝇营狗苟、封官许愿，如送往红色教授学院、安插到中国问题科学研究院，或分派校内各机构的职务等；'打'则是残酷斗争、无情打击，务必置之死地而后快。但'打'也还有另一种形式，例如不顾教学十分需要，把不肯跟他们跑的一些较好翻译，像吴良域、博胜蓝、西门中华等人先后遣送回国；只有邓中夏同志的专任翻译杨放之被留下没动。""对许多优秀的工农同志，如李剑如、余笃三、郭秉元……等，不但不想方设法培育，反而殚思竭虑地压制。"①

江泽民回忆说："1928年5月，中山大学的党群机构按照米夫、王明的旨意进行了大改造。联共区委派来了第三任支部局书记托金。后来的情况说明，这样做只是为了消除广大党员对第二任书记别尔曼的不满。别尔曼退居幕后，仍然操纵托金。支部局的宣传委员是李竹声，组织委员王云程，妇女委员刘群仙（秦邦宪爱人），青年委员兼共青团书记陈昌浩，学生公社主席殷鉴，同志审判会主席何子述，工会主席王保礼。""王明一伙在米夫的支持下，掌握支部局的领导权之后，采取顺我者昌、逆我者亡的办法，一方面拉拢利诱少数人，如安插他们到校内各附属机构担任职务，和派送到一些院校进行深造，另一方面对不跟他们跑或不同意其意见的人，则挖空心思排挤打击，诬陷迫害，实行残酷斗争，无情打击。"②

① 《回忆中国共产主义劳动大学》，《革命史资料》第19辑，第91～93页。
② 《回忆在莫斯科中山大学时期》，《革命史资料》第17辑，第192页。

陈一诚回忆说：劳动大学的"支部书记是苏联人，名叫贝尔曼。委员有王明、博古、张闻天、王云程、夏曦、沈泽民等人。他们多数是中山大学毕业后留下来转到劳动大学的。这些人掌握实权。王明当时任学校翻译工作，与共产国际东方部的关系十分密切，深得米夫等人的赏识和支持。他们用权力和这种特殊关系，有恃无恐，为所欲为，搞宗派活动，造成同志间的分裂，使支部局越来越脱离广大党员群众"。①

王稼祥回忆说："王明利用自己的职权和米夫对他的宠爱，在莫斯科大搞派别活动，他认为可以利用的同志就拉过来，不顺眼的同志就踢出去，打击和清洗了一批没有问题的同志。"②

师哲回忆说："王明是拉山头，搞宗派的专家，他的宗派活动始终没有停止过。他总是设法纠集部分人拥护他，团结在自己周围，向他们封官许愿，多方支持，给予重要的职务和显赫的地位。"③

毛齐华在回忆中说："王明等人的宗派小集团取得联共和第三国际领导的信任，在学校里起了很坏的作用。他们这些人，对马列主义的书本是啃得多一些，一讲起话来就引经据典，张口就是马克思、列宁在哪月哪本书第几页上怎么说的，不用翻书，滔滔不绝，出口成章。仗着能说会道搬教条，骗取第三国际领导的信任；然后又利用第三国际的威望来压制、打击不同意见的人。特别是王明，作风很不正派，善于在领导面前吹吹拍拍，因而取得第三国际东方部副部长米夫的完全信任。因为他得到第三国际领导的信任，他又以此为资本，去骗得张闻天、沈泽民、王稼祥等人对他的信任，以为他就是'国际路线'的代表，跟着他没有错。到后来就形成这样的局势：第三国际的领导就是看人不看事，盲目地表示信任和支持，认为他们就是'百分之百正确'的'布尔什维克'。"④

陈修良回忆说："王明一伙认为马列主义出在书本里，并不需要在实践中去发展马列主义，说实在的，只要照搬经典著作就可以号称马列主义者，用不着独立思考、理论与实践相结合。他们更认为马列主义只能从苏联输入，其后果是十分严重的。王明一伙自称为'布尔什维克'，因为他们是马

① 《关于莫斯科中国共产主义劳动大学》，《党史资料丛刊》第 1 辑，第 89～90 页。
② 《回忆毛主席革命路线与王明机会主义路线的斗争》，《红旗飘飘》第 18 辑，第 48 页。
③ 《在历史巨人身边——师哲回忆录》，第 115 页。
④ 毛齐华：《我所知道的莫斯科中山大学——中国共产主义劳动大学内部斗争的情况》（未刊稿），1982 年 6 月，转引自曹仲彬、戴茂林《王明传》，第 70～71 页。

列主义的输入者。至于中国党内的老干部，因为'缺乏理论'，所以不能成为马列主义者。这是教条主义的由来，时间也特别长。"①

孙耀文在《风雨五载》中说："年轻高傲、目空一切的学生陈绍禹（即王明），在新任校长、同时任共产国际东方部副部长的米夫的支持纵容下，逐渐形成了一个宗派小集团，在校内有恃无恐，肆意横行，打击所有反对这个宗派的学生群众，甚至对抗中共中央驻共产国际代表团，居然把中山大学变成他们夺取中国共产党领导权的演练场。在校内，在莫斯科，对这个宗派集团的顽强斗争也就不可避免了。中山大学历史上这重要一幕对于现代中国的发展有着非同一般的突出意义。""可以说，陈绍禹宗派到1928年年中已经形成，基本班底也已大体确定。这时，莫斯科中山大学（确切地说，是中国劳动者共产主义大学）的党和行政领导大权已基本上落入受米夫操纵的陈绍禹宗派手中。"② 孙耀文在这本书中还说：陈绍禹依仗米夫的权势，不仅让他的宗派成员掌握了学校支部局，而且一步步地担任学校的重要行政职务。

当时参加过陈绍禹宗派活动的袁孟超（袁家庸）在回忆中谈到过他们私下策划的情况。他说："我参加过王明宗派活动的一次人事调整。有一次，在李竹声家里开会，我作为年级支部书记参加了会。会是王明召集的。会上说'中大'经过风波之后，要配合米夫，在领导层中把中国同志结合进去。决定李竹声任'中大'教务处处长，派王宝礼作'中大'总务处副处长……中大调整班子时王明在这个秘密会上推荐了两个人，从这点看，王明有小宗派。"③ 陈修良也回忆说，后来，又提拔了一个一年级同学叫王宝礼的去任副校长。他是南京的一个工人，因为得到支部局的信任，后来又参加王明一伙。他回国后不久即叛党，在上海马路上抓捕留苏同学，作［做］了无耻的叛徒。此人没有工作能力，不过靠工人出身的牌子混进领导班子，群众表示反对。后来又任命了李竹声为副校长。他是王明的同乡，是王明一伙中的核心人物。1934年任上海中央局书记时叛变革命，出卖了党的组织，成了大特务。④

杨尚昆回忆说：共产国际和联共中央在中山大学办学方针上的一个重要错误，是"思想政治工作中的形而上学和组织上的培植宗派。在反对托

---

① 《莫斯科中山大学里的斗争》，沙尚之编《记孙冶方》，第259页。
② 孙耀文：《风雨五载》，第233~245页。
③ 戴茂林：《袁孟超谈在莫斯科中山大学前后的一些情况》（记录稿），见曹仲彬、戴茂林《王明传》，第70页。
④ 陈修良：《莫斯科中山大学里的斗争》，载沙尚之编《记孙冶方》，第253~254页。

洛茨基派的斗争中，把所有渴望总结大革命的教训、对斯大林透过陈独秀不满的中国党员一律给予打击，甚至制造'江浙同乡会'之类的假案，独断专行，排除异己，搞残酷斗争，无情打击。最后，竟迁怒中共代表团。教条主义宗派就是在这样的背景下，由米夫和王明培植起来的。当然，抵制教条宗派的学员，由于政治水平和素质不同，确有感情用事甚至某些不理智的举动，但矛盾的主导方面，无疑是掌握学校领导权、培植宗派的米夫和王明"。他还说："米夫和王明在学校中培植这个宗派是有政治野心的。米夫是想在中国党内安插亲信，王明则想借机在党内夺取最高权力……但不能因此认为，凡是在中大支持支部局、受教条宗派影响的人都有政治野心。应当说，他们的动机是很复杂的，有的是出于对共产国际和联共中央的信任，有的是限于组织纪律的约束，有的是政治上受蒙蔽，不可一概而论。但是，怀有政治野心、至死不服从真理的王明，将永远遭受历史的谴责。"①

5 月~6 月　参加苏联欢迎高尔基回国大会，并同斯大林谈话。

《传记与回忆》说：1928 年高尔基回国后，在苏联国家大戏院开了欢迎会。支书别尔曼要绍禹代表大中学生参加欢迎会并讲话。布哈林先作报告，然后各界致欢迎词。绍禹讲话后，被请上主席台，恰好坐在波克罗夫斯基②和斯大林之间，斯大林隔壁坐着高尔基。当绍禹致欢迎词后和高尔基握手时，高尔基说："非常感动，非常感动！"波克罗夫斯基向斯大林说："请允许给我五个像哥鲁别夫（绍禹）这样的青年研究历史。"斯大林说："可以。"……散会时，主席团人都从边门出去。斯大林说："我和你一块走吧。"从大戏院一直走到克里姆林宫。路上斯大林夸绍禹俄文学得不错，并问道："你看陈独秀这人怎样？"绍禹："仅就普通为人说，他也许不算个坏人，生活很朴素，说话也爽直。但从一个共产党领导人看，那他不行。"斯大林："为什么？"绍禹："他对马列主义懂得的太少了，政治上不行，对中国革命的基本问题的了解都是错的，作风又是家长制，不听别人意见……等。"斯大林："对的。别人和我说的也和你说的差不多。"斯大林还问道："你是否愿意到波克罗夫斯基那去学历史？"绍禹："要学几年？"斯大林："五年。"绍禹："我想学一二年，就回去参加实际工作。"绍禹回校后，把

①　《杨尚昆回忆录》，第 43、45 页。
②　苏联历史学家。

遇到斯大林的情况告诉了米夫。米夫说："秋白已来。他要你去见他，以便和你商量六大工作。"过了几天，绍禹到别特尼茨卡亚大街二十五号去，那里已到有瞿秋白、周恩来、李立三和邓颖超、杨之华等同志。

6月18日前几天　在斯大林与中国共产党负责人谈话时，担任翻译。

《传记与回忆》说："六大开会前几天"，"斯大林和代表团一起吃了晚饭。8时开始谈话。先把当时中国革命的性质、阶段和形势问题，从理论上、实践上反复地说明，说了三个钟头"。"在斯大林同志谈话时，参加谈话的中国同志又给他提了很多问题，他都详细地回答了。""大家基本上同意了斯大林同志的意见。就连有些幼稚得可笑的问题，斯大林也不厌其烦地给以解释"。"谈完时，已是次晨8时。斯大林问还有什么疑问，还可以再提出来，大家都说没有了。斯大林说：'饿了吃饭吧。'并说：'哥鲁别夫（绍禹）！应该给你这个翻译一个列宁勋章。'秋白懂俄文，听见了笑说：'是的，很对，斯大林同志。'"

王明后来谈到这次的情形时说：参加讲话的六大的有些代表，对于马克思列宁主义和革命的基本问题都懂得很少，因为有时向斯大林同志提出一些很可笑的问题，但是斯大林同志总是很严肃地谆谆然地作解答。例如，有人发问："中国新的革命高涨到哪一天来呢？""革命高涨是直线的呢？还是曲线呢？"等类的幼稚问题。斯大林详细地解释，革命高潮来到的日期不能预定，但是，中国革命现阶段的基本任务——反帝国主义，反封建余孽，八小时工作制等，并未解决。因此，新的革命高涨必不可免地要到来；而到来的快慢早迟，不仅要看国内外各种客观的条件如何，而且首先要看党对于教育群众组织群众所作的准备工作如何，才能决定……又如有人发问："中国革命须要好些个马列主义理论家才能胜利呢？"斯大林同志答道：大约五十个，因为你们中国很大，没有五十个真正精通马列主义理论并能独立地运用马列主义去解决问题和领导工作的同志，是不行的。不过，这五十个要是真懂马列主义的，而不是只能在马列主义下喊革命口号的人等等。诸如此类并且比这更幼稚的问题还很多，斯大林同志始终是有问必答，表现出难以比拟的那种真正诲人不倦的风度。[1]

这次谈话，使王明更加目空一切。陈铁健在《从书生到领袖——瞿秋白》中说："瞿秋白、李立三等向斯大林请教的一些问题，在王明看来，都

---

[1]　《在庆祝斯大林六十寿辰大会上的讲演》，《新中华报》1939年12月23日。

很可笑，因而更加目空一切，以马克思主义理论家自许。米夫则散布对中国党负责人轻视和不信任的话，推崇王明等人，暗示可以提拔他们参加中央领导层。当时虽未得逞，但造成了中国留俄学生中对中共代表团及中央负责人的轻视和不信任。"①

6 月 18 日～7 月 11 日　作为米夫的助手和大会秘书处翻译科主任参加中共第六次代表大会。②

有的著作说："会议期间在米夫的安排下，'中大'的陈绍禹（王明）、潘问友、沈泽民、李培之、孟庆树、朱自纯、秦曼云、杜作祥、瞿景白等作为'指定参加及旁听代表'参加了大会秘书处的工作。"③

周恩来在《关于党的"六大"的研究》中说：米夫"起的主要作用是：一、散布了一些对中国党负责人轻视、不相信的话，有影响。在六大筹备选举时，他在筹备选举的委员会中说过，中国党负责人理论上很弱，现在有些较强的同志如王明、沈泽民等，暗示可以提拔他们参加中央。当然，当时是没有什么人理他的（后来传出去说，米夫要提拔他们当中央委员），可是这种说法却起了影响，造成了东方大学等校学生对党的负责人轻视，以致后来发生反中共驻共产国际代表团的斗争。二、造成了工学界限。例如他对向忠发极力地捧，利用他放炮，要他反'江浙同乡会'等。在六大会后，有的代表没有走，还召集了几个报告会，王明还报告了反'江浙同乡会'的斗争。一般地说，代表们对米夫印象不好。三、在组织上起了些作用，但不是主要的。例如，在六大工作人员的人选上，东方部的人员多，这是有宗派的意味的"。④

张国焘在《我的回忆》中说：在六大期间，陈绍禹等"这些中大学生，被认为是米夫派，在大会里任翻译等工作，他们是后进的同志，大多自命不凡。听了一些代表互相指责的言论，不免对于原有领导人物，意存轻视。他们听了瞿秋白那种'半罐水'的马列理论，往往在那里暗中窃笑，觉得比他们的前辈懂得更多。对于有些代表，若干不能自圆其说的发言，他们又认为过于缺乏理论。他们表示既反对瞿秋白的盲动主义，也反对张国焘的机会主义；似乎今后党的重任要由他们来负担了。这一切的一切，都被认为米夫

①　陈铁健：《从书生到领袖——瞿秋白》，第 352 页。
②　孙耀文：《风雨五载》，第 260 页。
③　程中原：《张闻天传》（修订版），第 77 页。
④　《周恩来选集》上卷，第 184～185 页。

是在那里培养干部，来打击我们这些原有的领导人物"；米夫和陈绍禹等把向忠发"当作一张王牌，来批评我们的错误"；陈绍禹等还散布小道消息，"私下说到布哈林右倾，并不能代表斯大林、俄共和共产国际的意见"。他还说："中共六次大会开会的时候，向忠发陈绍禹等，逢人便说：'中山大学，问题大得很，里面有一个国民党的江浙同乡会的小组织，参加的有一百五十多人。'他们认为清除这些江浙同乡会分子，是一件重要的事。向忠发回国时，还郑重其事的要求我和瞿秋白重视这件事。"①

唐宏经还说："在'六大'会上，王明担任翻译时，整天跟着米夫的腚转，一副溜须拍马相。"②

孙耀文在《风雨五载》中说：王明借机在会上炫耀自己，但是，这次大会的任务是解决中国革命的一系列大政方针问题，对他们那一套不着边际的空泛议论不感兴趣。因此，6月23日召开的大会主席团第四次会议对前一决定作了修改："鉴于中山大学和东方大学被指定参加大会的学生发言不切实际，主席团经过讨论决定：仍允许他们发言，但须告诉他们不要只重复理论，分配他们去各省代表团工作。"6月26日，主席团会议又对此作了进一步限制："中山大学和东方大学学生发言有时间就讲，没有时间就不再发言。"这就使陈绍禹等人借大会发言以扬名全党的打算落空。他还在会下卖弄自己，以此向人们显示自己知道内部机密，是共产国际和斯大林欣赏的人物。他和米夫混在一起，形影不离。代表们对米夫印象不好，对陈绍禹的表现也十分反感，非常厌恶他夸夸其谈，自以为是，看不起革命前辈，有宗派主义的气味。③

6月26日 联共（布）中央宣传鼓动部副部长致函红色教授学院，送去中山大学推荐王明等七人到该院学习的信。另六人为：张闻天、卜世奇、沈泽民、潘问友、王稼祥、李明昌。④

但《传记与回忆》说"1927年暑假后，党的区委决定"把"沈泽民、张闻天、王稼祥和陈绍禹等五人送进红色教授学院深造。绍禹想早日回国参加实际工作，不愿再学五年而未去"，后来郭绍棠补了这个缺。

6月 陪叶挺、邓演达与布哈林谈话。

---

① 张国焘：《我的回忆》第2册，第382、388、393页。
② 《唐宏经同志谈四中全会前后》，《党史研究资料》1981年第10期，第14页。
③ 孙耀文：《风雨五载》，第262~263页。
④ 张培森主编《张闻天年谱》，第92页。

有的文章说：叶挺接到党组织的通知，要他赶到苏联莫斯科去。他在莫斯科结合自己在广州起义的亲身经历与体会，给党组织写了一份关于广州起义经验教训的报告，认为当时革命正处于低潮的时候，在广州这样的大城市举行武装起义是很难取得彻底胜利的。对在起义举行后，由于敌众我寡，起义部队不能死守广州，而应及时撤离，转移到海陆丰与彭湃领导的农民运动相结合这一问题，叶挺在报告中仍然坚持自己的看法。这时，中国共产党的六大正在莫斯科召开。大会成立了以苏兆征为召集人的"广州暴动委员会"，对广州起义问题进行了专门的讨论。在大会上，叶挺的报告受到米夫、王明集团的严厉批评与无情打击。王明等人并没有认真研究过叶挺所写的报告，更没有认真听取叶挺的申明，仅凭个人主观臆测，就无理斥骂和攻击叶挺，毫无根据地斥责他"政治动摇"。① 但《传记与回忆》说，王明只是按米夫的指示陪叶挺去和布哈林谈了一次话。在这前后，王明还陪邓演达与布哈林谈了一次话，认为"叶挺和邓演达都是可以争取说服的有用的人"。

7月11日 中国共产党第六次全国代表大会闭幕。

因为大会闭幕后有的代表还没有离开莫斯科，就组织了几次报告会，王明作了《关于江浙同乡会问题》的报告。王明后来在《中共半世纪》一书中说："由于我同共产国际东方书记处和中共驻共产国际代表一起积极反对由托陈两派分子组织起来的所谓'江浙同乡会'，根据党的六大主席团决定，我又在六大上作过'关于江浙同乡会问题'的报告。"②

在此前后 把中共六大上的争论带到中山大学，在同学中挑起争论。

陈一诚回忆说："王明等人由于米夫的关系，作为大会的工作人员参加了大会。'六大'会议上，关于陈独秀投降主义路线的批判及党在今后的任务等问题上曾有不同意见。王明等人了解这些争论情况，但是，他们无视党的纪律，别有用心地把会上的争论带到劳动大学里来，在同学中间挑起了激烈的争论。那时，我们每周都要召开辩论大会，在辩论中，绝大多数同志都反对王明等人的意见。但支部局的这些委员们总认为自己的意见正确，对广大党员的意见一概听不进去。"③

---

① 《王明无理攻击叶挺》，见《解密：叶挺退隐流亡海外的十年生涯之谜》，"新浪论坛读书论坛" 2008 年 4 月 24 日，http://forum.book.sina.com.cn/threal－1577241－1－1.html。

② 王明：《中共半世纪》，第 108 页。

③ 陈一诚：《关于莫斯科中国共产主义劳动大学》，《党史资料丛刊》第 1 辑，第 90 页。

7 月 14 日　向忠发召集中共代表团开会，当众宣布了"江浙同乡会"事件发生的经过及最初的处理过程，要求"同志们绝对不要怀疑，这完全是一个事实的东西"。王明在这一天会议上的发言，俨然成为对"江浙同乡会"盖棺论定的系统结论。他的发言分为如下五个方面：1. 江浙同乡会的来源；2. 江浙同乡会的实质；3. 江浙同乡会的行动；4. 江浙同乡会的前途；5. 我们对江浙同乡会应采的办法。关于"江浙同乡会"的来源，王明明确认为它起源于中大前此的派别斗争，即所谓"教务处派"和"党委员会派"之争。"江浙同乡会"的基础，就是教务处派。俞秀松等参与派遣学生学习军事的分配工作，就是对于组织"江浙同乡会"的一种重要步骤。按照他的说法，"如果说江浙同乡会组织成功的直接原因是军营中为互相开玩笑，但其历史根源则是与周达文、俞秀松、董亦湘等派人学军事时之准备工作有很大的关系"。而他提出的处理办法是："首要者除用党纪制裁外，还须采用其他办法，次要者用党的组织办法解决，一般会员用党的教育方法解决。"会后提出的《对于江浙同乡会的意见》，除了在处理办法上与王明的意见有区别外，在很大程度上接受了他的看法。[①]

7 月 17 日~9 月 1 日　作为翻译工作人员，参加了在莫斯科举行的共产国际第六次代表大会。

《传记与回忆》说："中共六大开完后，接着 1928 年 8 月间共产国际六次大会开幕。绍禹担任所有主席团的中文翻译工作，并负责所有中文翻译工作的组织审阅等。除作口头翻译外，并参加翻译共产国际纲领等主要文件。""直到中共代表团大多数离莫后，审阅的工作还未完，结果累病了。医生要他休息，他不肯，仍回中大去作党的工作和授课。一直继续工作到回国前。"

7 月 19 日　举行中共第六届中央委员会第一次会议。在这次会上和 7 月 21 日的中央政治局第一次会议上，推选出以瞿秋白为负责人，由张国焘、邓中夏、余飞、王若飞参加的中共驻共产国际代表团。

7 月 30 日　给中共代表团苏兆征、张国焘、项英、瞿秋白、周恩来写信，说"听说主席团会议已决定我回国，我现在向您们请求我在此地还学习二年"，理由是：第一，"我在莫斯科不到两年的时间内，差不多尽是作工，没有读书"；第二，许多同志都想从国内来此地学习，"我现在既有此

---

① 杨奎松：《"江浙同乡会"事件始末（续）》，《近代史研究》1994 年第 4 期。

王明年谱

机会，何必令我失去？""在莫斯科有许多真正学足了三年的同志，他们的
经验和理论都比我这个小孩子强，如果要调好一点的人回国吧，则应该调他
们"；第三，"我自去年冬季起就有心脏病"，现在又得了肺病，正准备去南
俄养病，这在中国是不可能的，"就是勉强马上回去，一定变为一个心病和
肺病鬼，坐在党里不能做事，靠救济会去养老（但是又不够养的资格）；这
一点我实在不愿意，我想您们一定也不愿意。同志们！让我成为一个健全的
青年回去吧！心病肺病鬼有什么用处呢！""因此，我诚恳的请求您们允许
我的要求，我愿学习的是农民土地问题及军事政治，因为这两个问题，我最
有兴趣；至于我到底学那一种问题，则全由您们，国际及我的身体在最近的
将来如何而定。"

7月～8月　在中共驻共产国际代表团调查处理"江浙同乡会"问题时
极力进行阻挠和反对，并反对瞿秋白等代表团领导人。

杨尚昆回忆说：向忠发到中山大学作报告以后，"中大的江浙籍学员
人人自危，他们向共产国际和中共中央代表团提出申诉，要求重新调查。
代表团指定瞿秋白等处理这件事。这样，王明控制的支部局同瞿秋白为首
的中共代表团展开了一场调查和抵制调查的斗争，这就是后来延安整风时
博古所说的王明宗派'反对中国党的第一战'"。他还说：当时，"瞿秋白
派中共代表团成员邓中夏、余飞来中大查对事实，支部局拒绝合作。代表
团经共产国际同意到'格别乌'机关查阅'江浙同乡会'的调查材料，他
们又以种种借口予以拒绝。出于无奈，代表团只好通过在中大学习的亲
属，像瞿秋白的爱人杨之华、弟弟瞿景白，陆定一的爱人唐义贞和张国焘
的爱人杨子烈等找人个别交谈。支部局又说他们是拉帮结伙，想夺学校的
领导权；他们和谁来往，讲了什么，都有单子记着，甚至用窃听等极不正
派的手段。最后，瞿秋白向中共中央写了报告，依据事实指出：被指控为
同乡会负责人的周达文是贵州人，'重要成员'的左权、朱务善是湖南人；
而张闻天、沈泽民和博古等虽然是江浙人，却和'同乡会'的人观点不
同，可见不存在'江浙同乡会'的组织；至于这些学员在一些问题上，确
实对支部局有意见，但并不是派别活动。代表团要求王明等提供新的证
据，王明等置之不理。国际监察委员会、联共中央和中共代表团为此组成
审查委员会。这时党的六大已经闭幕，留在莫斯科处理未了事情的周恩来
同志参加审查委员会，召集中大支部局负责人和被指控的董亦湘、孙冶方
等进行对质，结论是：指控不实，不存在'江浙同乡会'。周恩来在中大

全体师生大会上宣布了这个正确结论。米夫和王明反中共代表团的'第一战'输了。为了报这'一箭之仇',1929年暑假前,在10天的总结工作大会上,又发生了一场斗争"。①

陈修良回忆说:"王明一伙自称为'理论家',他们把中共代表团看作机会主义者;他们看到不少同学经常去代表团谈话,因而又对代表团的负责人言论非常注意,不惜到处搜集代表团成员们的文字与口头言论,断章取义,进行攻击;而且对中国同学的言论也一起搜集,他们认为有'右倾'的无不想同中共代表团挂起钩来,目的就是为了打倒中共代表团的领导人,其中特别是瞿秋白和邓中夏同志。""王明一伙最恨的是瞿秋白同志,因为他在共产国际和中共内部威信较高,不用说是他们夺权的主要对象,必欲打倒之而后快。""'中大'内部经常有人散布流言蜚语攻击代表团同志,甚至在墙报上公开画漫画丑化他们的形象,进行人身攻击。"② 她还说:"我在莫斯科期间,王明这个野心家一心想夺权,把秋白看成阻碍他掌权的最大的敌人,千方百计地攻击、造谣、谩骂,无所不用其极……连我们这些经常去看秋白的人也被骂成是'代表团的走狗'。他们这样骂,妄图迫使'中大'的学生不敢去接近秋白。我根本不理他们这一套,照常去看秋白和杨之华。当时,'中大'的墙报被王明派夺过去了,由他们的人任编辑,几乎每一期墙报都不负责任地攻击丑化秋白。秋白那时常抽板烟,他们就画了个抽板烟的猴子。而我们的驳斥、辩论文章,他就是不登。"③

吴福海回忆说:"由于两派的对立和斗争,有的同学到中共代表团去反映情况。中共代表团负责人瞿秋白、张国焘为此到劳动大学来讲过话,他们表示支持多数派的意见,要求大家听中共代表团的话,反对无原则的斗争等等。我们还找过当时在莫斯科的邓中夏,他是工人运动的领袖,和我们工人学生比较接近,他对我们比较支持。但是支部局王明等人,以米夫为靠山,根本不把中共代表团放在眼里,对代表团的意见也不加理睬。我们一些工人学生看到王明等人对待中共代表团的轻蔑态度非常反感。有一次,我和博古在会议散了之后,继续进行争论,他强词夺理,我激动起来,失手打了他一拳。我动手打人是不应该的,但他却由此对我怀恨在心。"④

---

① 《杨尚昆回忆录》,第34~35页。
② 《莫斯科中山大学里的斗争》,《陈修良文集》,第248~249页。
③ 《回忆秋白和杨之华》,《党史资料丛刊》第2辑,第61页。
④ 《莫斯科中国共产主义劳动大学斗争生活回忆》,《党史资料丛刊》第1辑,第100页。

陈一诚回忆说："王明等人在劳动大学搞宗派活动，他们所攻击的主要对象是瞿秋白。瞿秋白在党的'六大'以后是我党驻共产国际的代表团团长，他常到劳动大学来了解情况，同大家交谈。他支持同学们的合理意见，对王明等人的错误言行进行了批评斗争。王明等人因此对瞿秋白恨之切骨。"①

袁溥之回忆说："一九二八年冬，瞿秋白同志担任中共驻共产国际代表团团长，听取了许多同志的申诉后勇敢地为所谓'江浙同乡会案件'翻案，给一些同志恢复名誉。这样，瞿秋白又成了米夫、王明等人的打击对象。他们以中共驻莫斯科支部局为阵地，在米夫及共产国际某些人支持下，攻击瞿秋白同志。"②

王凡西在《双山回忆录》中说，王明曾企图对周恩来做工作。他说："陈绍禹在各方面和周恩来相比，都只好算是一个侏儒，但他有一点强于周恩来，就是他有夺取第一把交椅的野心和韧性；为达此目的，他甚至不惜应用任何手段的（包括非革命的和最卑劣的在内）。因为归根结蒂说，陈绍禹不是革命家，而是一个富有冒险精神，工于心计，能玩无耻手段的政客。""那时候，以陈绍禹在党内的地位（即一无地位）说，离争取'第一'的路程还非常之远，但凭他和斯大林直系的结托之亲且密，他却有充分理由来从事准备。以向忠发代替瞿秋白，陈绍禹的时间表上不过是将来取而自代的一个步骤。拉拢周恩来，只是一出先期演出的隆中求贤罢了。"③

陆定一回忆说："这个时期里，王明集团开始在莫斯科形成。这个集团自称是'二十八个半布尔什维克'或者'百分之百的布尔什维克'。王明集团实际上是米夫（共产国际东方部部长）组织起来，要夺取中国共产党的领导权的……米夫组织了王明集团，首先就在莫斯科反对中国共产党代表团，扬言中国共产党的领导使中国革命遭到失败，所以所有老的领导人都是机会主义者，非推翻不可……张国焘当时可耻地向王明集团投降，所以中国代表团里就发生以瞿秋白同志为首的同志们同张国焘和王明集团的斗争。瞿秋白同志成了米夫和王明集团在党内的主要打击对象，我成了他们在青年团内的主要打击对象。"④

---

① 陈一诚：《关于莫斯科中国共产主义劳动大学》，《党史资料丛刊》第1辑，第91页。
② 袁溥之：《往事历历》，《广东党史资料》第3辑，第155页。
③ 王凡西：《双山回忆录》，第82页。
④ 《〈忆秋白〉前言》，《新华月报》1980年第6期。

8 月 10 日 联共（布）中央监察委员会党务委员会作出《关于"江浙同乡会储金互助会"问题决议》，认为没有材料证明所谓"江浙同乡会"组织的存在，对"江浙同乡会"成员的指控和怀疑"都是没有根据的"，从根本上否定了这个冤案。①

8 月 15 日 瞿秋白以中共代表团的名义，给苏共中央政治局写信，对联共监委根据"格别乌"提供的材料所作的错误结论，提出不同意见。同时写信给中共中央，说明在江浙籍同学中，对某些问题意见不一致，并不是罪过，不能说他们是有组织的派别活动。②

在此前后 周恩来经过调查后认为"江浙同乡会"并不存在。张国焘回忆说："我们曾将这件事交由周恩来处理。周恩来调查的结果，觉得所谓江浙同乡会事实上并不存在。因此，这个小组织的案子，就不了了之。"③

8 月前后 作《七夕观星》诗一首，诗曰：

> 女郎银汉各西东，暮暮朝朝顾盼中。
> 一旦两心成一体，鹊桥不架也相逢。④

据袁溥之回忆，王明在这时继续追求孟庆树。她说："一九二八年中共'六大'之后，我同孟庆树住一间房，王明经常跑到我们房间里来。孟庆树起初不喜欢他。他个子矮小、外表的确配不上她，但他却死皮赖脸地缠着，有时甚至跪在孟庆树床前。有一次，孟庆树生气打了他，他还嘻［嬉］皮笑脸不以为耻。我当时就认为，这个人在女人面前没有一个男子汉的气概，在外国人面前没有一个中国人的气概。但是，由于历史的误会，这个人却统治我们党长达四年之久。他使无数同志牺牲在他的机会主义路线之下，白区损失百分之百，苏区损失百分之九十五，差一点葬送了中国革命。"⑤

8 月前后 中山大学的学生发生打架问题。

关于这次打架事件的发生，有的认为是由于在"江浙同乡会"事件中

---

① 《有关"江浙同乡会"时间的重要历史文件》，马贵凡译，《中共党史研究》2000 年第 2 期。

② 王光远：《周恩来为"江浙同乡会"假案平反》，《世纪》1997 年第 2 期。

③ 张国焘：《我的回忆》第 2 册，第 393 页。

④ 《王明诗歌选集（1913～1974）》，第 58 页。

⑤ 袁溥之：《往事历历》，《广东党史资料》第 3 辑，第 156 页。

受嫌疑的学生准备致信共产国际监委和联共中央监委，要求立即公布有关"江浙同乡会"的调查结论，为受嫌疑学生恢复名誉。结果，这件事为部分工人学生所侦知，并在中大党支部一些人的暗中支持下，以查找所谓"反对派文件"为名，演出了一幕强行搜查同学寝室，双方大打出手的"全武行"。①

有的人认为这完全是由王明等人指使或挑动起来的。如李一凡回忆说：由于米夫、王明等人的倒行逆施，"在以李剑如、余笃三、郭秉元等优秀工人同志为首的广大党、团员群众和米夫、王明当权派之间产生矛盾自然就不可避免了。矛盾日积月累，斗争越来越激烈、尖锐。1928年8月在莫斯科近郊奥列霍沃休养所和1929年8月在黑海之滨阿鲁什塔休养所，王明一伙就曾挑起了好几次武斗"。②

王凡西也回忆说：王明为了打击反对他的"反对派"，曾采取各种手段，甚至"成立打手团（这自然并非专门对付反对派）。在'提拔工人'的名义之下，陈绍禹们捧出了几个孔武有力，蛮不讲理的工人同志来。其中有数位是从法国转来的山东人，第一次欧战时候派去法国的华工。他们在法国的唯一工作，就是和曾琦们的国家主义的棍徒们打架。人很忠实，可惜头脑非常简单，他们信任了霸占着党部的陈绍禹们，把其他同志，陈派的异己者，看成为'国家主义派'一类的敌人；另一些是从上海来的。其中最出名的是一个姓李的江北工人和另一个姓王的（可惜我都忘记了他们的名字；二人的下场据说姓李的后来在瑞金被枪决，姓王的回国后就投向国民党了）。这些人时常打架，完全是陈绍禹的'马仔'作风。陈氏所到之处，这些人大抵形影不离，前呼后拥，趾高气扬，叫人非常看不顺眼"。③

9月1日 新学年开始，"东方共产主义劳动大学"的中国班和军事速成班并入中大，中山大学改名为"中国劳动者共产主义大学"，简称"劳大"，习惯上仍称中大，米夫任校长，王明在该校任翻译及联共党史教员。

关于中山大学改名的时间，有不同的说法。江泽民回忆说：1927年四一二政变之后，12月中苏断交，"1928年初，中山大学被迫改名为'中国

---

① 参见杨奎松《"江浙同乡会"事件始末（续）》，《近代史研究》1994年第4期。
② 李一凡：《回忆中国共产主义劳动大学》，《革命史资料》第19辑，第93～94页。
③ 《双山回忆录》，第88页。

劳动者共产主义大学'，简称'中大'。从此以后，'中大'直接由共产国际东方部领导，同时接受中共驻共产国际代表团的指导"。① 孙耀文在《风雨五载》中说：中山大学改名本身有个过程，1928 年已在一些场合使用新校名，但确切地说，正式改名是从 1929～1930 年新学年开始的。② 但张培森主编的《张闻天年谱》上卷③、徐则浩著《王稼祥传》说，改名是从 1928 年 9 月 1 日新学年开始的。此处采后说。

杨尚昆回忆说：中山大学改名后"性质和体制也起了变化"，"培训对象是共产党员和共青团员，从领导关系来说联共中央、共产国际东方部都可以管，党组织归学校所在的莫斯科区委领导。按道理讲，为中国共产党培训干部的学校，中共中央应该有代表参与领导，事实上并不如此，学校领导机构中没有中共的代表……学校的课程设置、教学内容、学员的鉴定分配等权限都集中在米夫手中，米夫又通过王明在学生中串联活动。他的打算是培养一批服从他、能够贯彻共产国际东方部路线的干部"。④

对于东大的中国班和军事速成班并入中大，王明也起了作用。孙耀文在《风雨五载》中说：当时东大校长舒米雅茨基力图把中山大学的在校学生全部接收到东大去。中大米夫校长则坚决请求联共（布）中央把在东大的中国学生政治班和军事班合并到中山大学来，扩充自己的势力。陈绍禹等人乘机在两校中国学生中进行鼓动，为把东大的中国学生合并到中大制造舆论。不仅如此，米夫和陈绍禹一伙还假手到莫斯科出席共产国际第九次扩大执委会议的中国共产党代表团（向忠发等）来实现自己的图谋，提出以下的解决办法：（一）所谓"旅莫支部残余"全部遣送回国；（二）东大的政治班中国学生全部归并到中山大学；（三）军事班结束，其中多数回国，一部分进中山大学，另一小部分转入苏联的正规军事院校深造。联共（布）中央曾派了一个调查委员会专门处理这个问题。结果，联共（布）中央决定撤销"东大"的中国班，米夫、陈绍禹等提出的合并方案变成了现实。⑤

9 月 6 日　联共（布）中央政治局会议同意中央监察委员会党务委员会作出的《关于"江浙同乡会储金互助会"问题决议》，并通过了《告苏联境

---

① 江泽民：《回忆在莫斯科中山大学时期》，《革命史资料》第 17 辑，第 179 页。
② 孙耀文：《风雨五载》，第 187 页。
③ 张培森主编《张闻天年谱》上卷，第 93 页。
④ 《关于"二十八个半布尔什维克"问题》，《百年潮》2001 年第 8 期。
⑤ 孙耀文：《风雨五载》，第 183 页。

内中国劳动者大学和其他学校全体中国学生、联共（布）党员和候补党员、苏联列宁共青团团员、中共党员和候补党员、中国共青团团员书》，正式宣布所谓"江浙同乡会"的组织不存在，号召大家团结起来，"无论如何要克服因参加所谓'江浙同乡会储金互助会'的人产生怀疑而形成的相互不信任感"。①

　　"江浙同乡会"事件虽然不了了之，但由此造成的影响很难消除，被认为与"江浙同乡会"有关的学生仍然受到压制和打击。杨奎松在《"江浙同乡会"事件始末（续）》中说："江浙同乡会"事件后来虽然不了了之，但既然没有人宣布"江浙同乡会"事实上并不存在，一切嫌疑分子应当解除嫌疑恢复名誉，依旧有人可以利用这根大棒子打人。而陈绍禹一派人的纠合和得势，也正是得益于此。只不过，人们后来不再简单地说俞秀松、周达文等人是什么"江浙同乡会"了，由于此后中共党内也出现了所谓"反对派"（即"托陈取消派"），因此所谓"江浙同乡会"也就成了陈绍禹等指责"反对派"或"托派"的代名词，说什么"江浙同乡会"实质就是托陈分子的秘密组织，或者称"江浙同乡会"是掩藏着反革命托派的，说俞秀松、周达文、董亦湘等人是"中国的托洛茨基匪徒"。结果，三十年代末周达文、董亦湘、俞秀松等，仍旧受此牵连而冤死。中大几乎所有曾经拥护教务处派、第三派，或同情俞秀松一派的仍在苏联的中国学生，而后也仍旧因此而受到各种形式的迫害。②

　　孙冶方也回忆说："此后，王明、博古控制的支部局的同志们不再用'江浙同乡会'这顶帽子吓人了。但是由于学生群众反对王明、博古控制的支部局领导集团的宗派主义、官僚主义的斗争始终没有终止，而王明、博古他们不从检查自己的宗派主义、官僚主义着手改进自己的领导作风，总是怀疑学生中反支部局领导的斗争是由秘密的反革命组织策动的。他们所怀疑的对象主要还不是真正的托派，而是俞、董、周以及过去被怀疑是江浙同乡会分子的那些人。"③ 他在《给中共中央纪律检查委员会和中共中央组织部的报告》中还说："在此后两年间，由于王明、博古宗派集团领导不得人心，群众仍然不断反对他们，他们不作自我批评，依然归罪于莫须有的同乡会、

---

① 《有关"江浙同乡会"时间的重要历史文件》，《中共党史研究》2000 年第 2 期。

② 《近代史研究》1994 年第 4 期。

③ 《关于中山大学一段历史的回顾》，《江苏革命史料选编》第 8 辑，转引自孙耀文《风雨五载》，第 256 页。

反革命组织的阴谋活动，把党员群众中反对他们的积极分子都视作同乡会反革命组织分子。"①

余贯真、梁荆山等在1928年8月14日致中共代表团的信中也说："自去年'暴露江浙同乡会'的声浪高唱入云以后，中大就充满着恐怖的不自安的空气……不但江浙的一般同志不敢谈论其事，低头不敢讲党委的工作和党的生活，即许多各省的同志，也个个自危。同志们互相猜疑，互助嫉视，同志关系变为非同志的互相暗里侦察的关系。"②

严明杰在1928年8月31日致中国共产党参加国际第六次世界大会的全体同志的信中也说："迁延到这么长久，使同志相互的怀疑、猜想、倾陷、挑拨，不断地发展和增加，这样继续下去，将达到什么地步！……据向忠发同志的报告说得怎样严重，如说要枪毙他们的首领等等；如沈泽民、陈绍禹同志向同志们中的宣传说他们的组织怎样严密，他们的人数如何之多，如中山大学有一百余人，而炮兵学校、东方大学、列宁格拉（勒）到处都有他们的组织。忽而同乡会，忽而储金互助会，捕风捉影，弄得风雨满城，许多同志犯了嫌疑不能参加一切学习和工作，许多同志犯了嫌疑开除党籍和遣派回国。"他还说："在莫斯科的同志，他如果头上被人加上了'幌子'〔'帽子'〕，如什么主义，或什么倾向……特别是犯了江浙同乡会的嫌疑的同志，他根本就失丢了大部分的政治生命，可说是没有工作的可能！这是多么的严重而可怕呀！"③

9月26日 莫斯科中国劳动者共产主义大学教员班、研究生和研究员问题委员会举行会议，决定研究员、研究生和教员班的组成，确定王明等七人为研究所的研究生。④

10月 在一次做翻译时晕倒。

《传记与回忆》说：1928年10月某日，绍禹因过度疲劳，不能工作，躺在自己床上休息。可是中共代表团的余飞坚持要王明去做翻译，结果"翻了不多时，即头晕不能支持下去了"。米夫和秋白来问时，绍禹"想把

---

① 沙尚之编《记孙冶方》，第289页。
② 《余贯真、梁荆山等致代表团诸同志》，1928年8月14日，转引自杨奎松《"江浙同乡会"事件始末（续）》，《近代史研究》1994年第4期。
③ 《严明杰致中国共产党参加国际第六次世界大会的全体同志》，1928年8月31日，转引自杨奎松《"江浙同乡会"事件始末（续）》，《近代史研究》1994年第4期。
④ 张培森主编《张闻天年谱》，第93~94页。

情况讲明，还未说完，已晕倒了"。"经医生看过，证明是由于过度疲劳，心脏衰弱，第一次出现心脏神经症。"

秋末 莫斯科中国劳动者共产主义大学开展反"先锋主义"、"工人反对派"和"第二条路线"的斗争。

关于反"第二条路线"，庄东晓说是从 1929 年初开始的。她说：1929 年初，联共中央发起了反"布哈林右派反党联盟"运动，王明一派立即在支部中布置行动，发动"反右倾路线"的斗争。这个时期，盛忠亮身为支部局的秘书，暗通"格别乌"，起了极坏的作用。他们名为反"第二条路线"斗争，实则是为整掉一批人，包括肉体的消灭。这真是"残酷斗争"、"无情打击"。支部局的目的是利用米夫的权势，打击一批不听话的同学。谁对支部局有不满的意见，必将指为"反党"或者戴上其他帽子，最普遍的是"右倾机会主义分子"的一顶时髦帽子。乱戴帽子的结果，引起同学们普遍的不满，所以支部派到后来只剩下少数人。①

但多数人认为反"第二条路线"是从这年秋末开始的。

对于这场斗争的起因，庄东晓回忆说：由于制造"江浙同乡会"冤案不得人心，"于是米夫一伙又利用权力再制造更为广泛的所谓'两条路线斗争'，以打击一大批同学，并拉拢一大批人作为帮凶，攻击中共代表团，为夺取中国党的领导权，作好思想与组织的准备"。另外还因为"王明经常以'领导人'自居，来参加'中大'的大会（师生员工大会等），发表长篇大论，手捧经典著作，言必称马列主义，引经据典，以未来的'中国列宁'的姿态出现在'中大'同学的眼前，使人厌恶，于是逐渐形成'反支部局'的一派。王明为首的支部局派则申言，从中国去的同学因为中国大革命失败，情绪消极、思想'右倾'，又是什么背后有中共代表团支持，有俞秀松一派的策动，结成联合战线实行反党，进行'第二条路线'斗争，等等"。②

孙耀文《风雨五载》一书分析说：在大多数同学对陈绍禹宗派的做法非常不满的情况下，这个宗派为了保持对中山大学的控制，就采用高压手段，制造新的政治帽子，硬扣到反对者头上。这样，在中山大学便新造出了所谓"先锋主义派"和"工人反对派"，等等。同时，陈绍禹一伙又诬

① 《莫斯科中山大学里的斗争》，沙尚之编《记孙冶方》，第 257 页。
② 《莫斯科中山大学里的斗争》，沙尚之编《记孙冶方》，第 256、257 页。

指它们同托洛茨基派（"托派"已被联共（布）斥为"敌人"，这时已成为一顶十分吓人的危险帽子）紧密勾结，联合起来反对支部局、反对支部局的"布尔什维克路线"，并照搬斯大林的提法，说它们执行"反党"的"第二条路线"（即机会主义路线）。陈绍禹宗派由此又把这些并不真正存在的"派"一起称为"第二条路线联盟"，并实施了"各个击破"的策略，最先下手打击的是"先锋主义派"。所谓"先锋主义"，本是中国国内共青团中存在过的一种脱离共产党的领导，甚至与党组织闹对立的错误倾向。但是，在莫斯科中山大学的共青团员中并没有谁提出过这种"先锋主义"，无非是有些团员对校内浓厚的宗派主义，对控制党支部局的陈绍禹宗派的恶劣作风有所不满而已，在校内团员中影响还不大。陈绍禹宗派为了压制不同意见，打击敢于反对他们宗派活动的人，就给他们扣上"先锋主义"帽子。①

有的著作说反"先锋主义"是从1928年初开始的，当时中山大学少共支部局中的一些人对支部局的工作不满，其代表人物是少共支部局宣传部长西门宗华及高承烈、林其涛等人。支部局以无视党的领导为名，给他们扣上了"先锋主义"的帽子，并重新改组少共支部。② 但据制造"先锋主义"这顶帽子的盛岳说，这场斗争主要是在"秋末"，他说："反第二条路线斗争刚一开始，中大有许多共青团员就表示支持第二条路线。中大共青团支部办公室的某些负责人，甚至公开鼓吹同党支部办公室对着干。在这些共青团领导人中，数西门宗华调子最高，但高承烈、林其涛等人都毫不掩饰。他们使用和第二条路线其他追随者使用的同样中伤语言来批评支部局。""在1928年举行的党员大会上，我作了主要的发言，批判了西门—高小集团。我把他的路线定性为'先锋主义'。因为他坚持要党支部局改变路线，公开无视党的领导，在那以后，他们就以'先锋主义者'闻名，而且变成第二条路线联盟的重要组成部分。""为了削弱这个第二条路线联盟，学校当局根据党支部局的建议，从一九二八年十月开始，把最调皮捣蛋的第二条路线同盟成员送到西伯利亚去做苦工。高承烈和林其涛等都被送到了西伯利亚。其他人如西门宗华则在第二年送回中国。"③

① 孙耀文：《风雨五载》，第274页。
② 吴葆朴、李志英：《秦邦宪（博古）传》，第59页。
③ 盛岳：《莫斯科中山大学和中国革命》，第218~219页。

被称为"先锋主义派"主要代表人物的西门宗华，在叙述被打成"先锋主义"的经过时说："先锋主义，发源于当年共青团中有过与党对立、不听党指挥的一种错误行为。我当时被王明指控为'先锋主义'的代表人物。事情的经过是这样的：我于1927年担任中山大学团的宣传部长。团的工作是根据党的中心工作而自己安排活动日程的。有一次，我召开团的宣传会议，决定请外面的苏联人来校演讲，演讲之后搞娱乐活动。当时报告人已请好，娱乐活动也准备好了。这时王明突然来通知，说有党的活动，叫我们改变计划。按理，团的活动应该服从党的决定的，但是由于我当时年轻气盛，心想我们一切工作都作好了为什么要改变呢？我们团的总书记是苏联人，名叫华根，这个人很老实率直。我就对他说，你去开党的会议的时候，讲王明破坏我们团的活动。我是一句气语，哪知道华根真的在会议上率直地讲了，这一下恼了王明，说我不遵守党的决定，是先锋主义……这样我就被王明以'先锋主义'这个罪名之一开除团籍。"①

所谓"工人反对派"原本是俄共（布）在二十年代初关于工会问题的争论中出现的一个派别，曾受到列宁的严肃批评。王明宗派所谓的"工人反对派"，同联共党内存在过的这个派别根本不相干，不过是借用这个名称制造一顶新的"反党"帽子，专门用来对付反对宗派的广大工人学员（以下用学员一词，专指工人出身的学生），②特别是与王明等人观点不同的李剑如、余笃三等人，因为这是中大反支部局派出名的为首者。他们所以出名，是因为他们经常到大会上发言，公开批判支部局的错误行为，而且他们因为是工人出身，成份好，米夫一派不敢过分打击他们，所以胆子特别大，拥护他们的人很多。③ 开始，王明宗派曾试图对这批工人出身的学员采取笼络手段，把他们中的一些人拉过去，但收效甚微。于是，他们对提出批评的工人学员打击、报复。他们给这些工人学员扣上"工人反对派"的帽子，硬说李剑如、余笃三等人领头组织了"反党派别"，指责他们搞"反党的派别活动"，还编造谎言说有人在背后煽动不满，唆使他们反对党支部局和陈绍禹一伙所谓"布尔什维克"。④

① 《西门宗华回忆莫斯科中山大学的情况》（未刊稿），1979年1月，转引自曹仲彬、戴茂林《王明传》，第86～87页。
② 孙耀文：《风雨五载》，第277、279页。
③ 《莫斯科中山大学里的斗争》，沙尚之编《记孙冶方》，第257页。
④ 孙耀文：《风雨五载》，第276页。

同期　在反"先锋主义"、"工人反对派"和"第二条路线"的斗争中，王明宗派进一步开展反对中共代表团特别是瞿秋白的斗争。

周恩来在 1960 年 7 月作的《共产国际和中国共产党》的报告中说："六大后，中山大学里以王明为首的宗派，集中力量反对驻共产国际的中共代表团。""在中山大学内，宗派斗争很厉害。六大后，中山大学的宗派斗争继续发展。王明宗派反对中国代表团，实质是反对党中央，认为中国党的中央不行了，要换人，到 1929、1930 年，再加上联共（布）清党的影响，就搞得更混乱了，对有一点可疑的就开除，还流放了一部分。"①

庄东晓回忆说：王明等人反对瞿秋白，是因为瞿秋白曾批评王明等人的宗派活动。她说："秋白同志早已看穿了王明一伙的派系活动，他从团结的愿望出发，不但自己拒不参与，而且一再警告他们：不要搞小动作，搞派系，意气用事，否则必然给党造成损害。""秋白同志目睹王明等的恣意胡为，一次深有感慨的对我和潘家辰同志（华姐也在侧）说：'在无产阶级的先锋队里，作为一个共产主义战士，一切要从大局出发，小我服从大我，党的利益高于一切，千万不要闹派系。闹起派别成见来，必然意气用事，混淆是非，后果不堪设想，小则敌我不分，认友为敌，认敌为友，破坏团结；大则流血，人头落地，要流很多血，死很多人呵！'"由于王明的善于挑拨离间，无事生非，秋白同志同米夫之间，也就是中共代表团同共产国际东方部的关系愈距愈远，矛盾愈演愈剧，连斯大林一向对秋白同志的器重也发生了裂痕……"②

杨放之回忆说："大多数学生拥护中共代表团，反对王明教条宗派攻击中共代表团的活动。王明反对中共代表团，也包括反对与中共代表团观点一致的学生。王明搞了一个墙报，编辑是博古，不指名地煽动反中共代表团的情绪。"③

李一凡回忆说："他们千方百计地掣肘瞿秋白同志过问'中大'事务，就造谣说他想当校长。"④

毛齐华回忆说："我们经常听王明、博古等人在背后说他（指瞿秋白）

①　《周恩来选集》下卷，第 308 页。
②　《记忆中的瞿秋白同志》，《广东文史资料》第 29 辑，第 24、27 页。
③　《杨放之谈莫斯科中山大学的一些情况》，《青运史资料与研究》第 3 辑，第 222 页。
④　《革命史资料》第 19 辑，第 93 页。

也是调和路线。"①

孙耀文在《风雨五载》中说:"陈绍禹宗派攻击中共代表团时一个重要之点,就是指责代表团支持'中大'内的反党派别活动,是'第二条路线联盟'的幕后指挥,诬陷代表团本身陷入了派别斗争。这完全是颠倒黑白、倒打一耙的卑劣手法。实际上,中共代表团对陈绍禹宗派的斗争是坚持原则的,无非就是要求他们放弃派别活动。""但是,陈绍禹宗派不听劝阻,依然故我,继续攻击中共代表团。由博古、盛忠亮等人编辑的墙报不断煽动反中共代表团的情绪。墙报上的文章,按不断提高的'反右倾'的调子,攻击中共代表团的政治路线,指责所谓'第二条路线联盟'、'反支部局派'得到代表团支持而推行'右倾路线'。""不仅如此,陈绍禹一伙人还采用散布流言蜚语、小道消息以至造谣、诬蔑等手段攻击中共代表团。当时在'中大'学习的许多学生至今仍记得陈绍禹等人的不光彩表演。"②

米夫和王明等人的做法,引起很多学生的反感和不满。1927年毕业留校担任教学和翻译工作的黄励即坚决反对王明等人的宗派活动,认为中共中央代表团的负责同志,是经历过斗争考验的中国共产党的优秀代表,他们最了解国内革命的情况。王明等人是没有革命斗争经验的青年学生,竟以绝对正确自居,妄自尊大,夸夸其谈以迷惑人;依靠米夫的权势,对中共代表团负责同志指手划脚,横加指责。因而他毫不动摇地维护中共中央代表团的主张。③乌兰夫在回忆当年情况时也说:"对于中山大学校长米夫和陈绍禹(王明)等在学校里搞的一套左的东西和他们那种轻浮、狂妄、专横的恶劣作风,确实令人反感,我也在党的生活会上给他们提出过批评意见,希望他们能改正。"④

11月1日 以韶玉的名字撰写《广州暴动纪实——广州起义一周年纪念》。此文收入1930年12月25日出版的《广州公社》文集中。

这本小册子分五个部分:引言、暴动前的中国和广东、暴动经过、暴动

① 《我所知道的莫斯科中山大学——中国共产主义劳动大学内部斗争的情况》(未刊稿),转引自曹仲彬、戴茂林《王明传》,第82页。
② 孙耀文:《风雨五载》,第282、283页。
③ 黄静汶、杨放之:《光照千秋——记黄励烈士》,南京雨花台烈士陵园管理处史料室编《雨花台革命烈士故事》,第117~118页。
④ 转引自孙耀文《风雨五载》,第285页。

后的白色恐怖与革命影响、结论。在结论部分中，王明提出如下的结论：1.
广东暴动是整个中国阶级斗争发展到一定阶段的产物，特别是广东阶级斗争
发展到一定阶段不可免的而且必要的产物。2.广东暴动在客观上虽然是中
国革命失败过程中之退兵一时的战斗，但它是中国工农群众为保持革命胜利
的必要的英勇的尝试，同时使革命深入到直接为创造苏维埃政权而斗争的阶
段。3.广东暴动参加的社会基础虽比较不广阔，但毫无疑义的是群众夺取
政权的武装斗争，既不是什么"军事投机"，更不是什么"盲动"。4.广东
暴动在落后的殖民地国家中建立起苏维埃政权，使整个世界革命发展的过
程，向前推进一步。结论最后宣称："广东暴动是失败了！然而，它是中国
苏维埃革命的第一幕：在最近将来新的革命高潮当中，中国工农一定能够体
会巴黎公社广东暴动等失败的教训，和用十月革命胜利的经验，按照共产党
宣言指示出的斗争方法——武装暴动以夺取政权，推翻中国的一切反动力量
的统治而代之以工农兵代表会议的苏维埃政权！没有 1927 年 12 月广东苏维
埃革命的大演习，便不会有最近将来全中国苏维埃革命的总胜利！失败的广
东暴动，只是最近将来胜利的全中国大暴动的预演！""中国革命不胜利则
已，胜利一定是'中国十月'的胜利！"

《写作要目》说：这篇文章由莫斯科中国劳动者共产主义大学印发。中
文版为全文，俄文版缩减太多，不能作算，而且俄文版被俄国同志改了很
多，改得不好。因而瞿秋白同志曾为此向俄国同志提过抗议。秋白同志说：
对广州起义的估计，各人有不同的意见，而关于广州起义经过的事实，过一
千年也不会变，不应删改。

11 月　到旅馆去找来莫斯科参加共产国际六大的广州起义领导人黄平。

黄平回忆说："十一月间，陈绍禹曾经到我的旅馆来找过我，我原来不
认识他，我意识到他是来拉拢我的，而且是奉米夫之命来的，见面时我对他
很冷淡，所以，以后他再也不找我了。"①

冬　作七律《因劳成疾》：

六大②刚完六大③开，不分昼夜事纷催。

---

①　《黄平遗稿（节选）》，《党史研究资料》第 4 集，第 77 页；黄平：《往事回忆》，第 66 页。
②　指中共六大。
③　指共产国际六大。

多时常觉操劳过，今日忽惊疾候来。

心正青春遭损害，医凭病理嘱关怀。

身心属党无穷乐，为党牺牲理应该。①

本年　作《关于〈中国革命之现状〉报告的发言》，后收入苏联科学院远东研究所 1984～1985 年版《王明全集》俄文版第 1 卷。

---

① 《王明诗歌选集（1913～1974）》，第 59 页。

三　回国及上台

1929 年　25 岁

3 月底　接到回国工作的通知，离苏回国。

有的著作认为米夫安排王明回国，是"想让他在中共中央的领导机关中尽早占有重要地位"。[①] 但《传记与回忆》说，当时中共中央、联共中央都对如何对待富农的问题存在争论。一方面李立三与蔡和森争论，另一方面布哈林与米夫争论。布哈林要联合富农，米夫不同意。后来据米夫说，斯大林曾同意米夫的意见，认为中国资产阶级民主革命阶段，不能联合富农，因富农多兼半地主，叫他为半封建剥削。王明这次回国，就是被派去平息李立三、蔡和森关于富农问题的争论。书中说："1929 年 2 月初，米夫和秋白找绍禹谈话，说：'你不是很久就想回国去工作吗？现在听说李立三和蔡和森关于富农问题争论得很厉害。李立三把蔡和森的政治局委员都开除了，和森正在动身到莫斯科来。中共代表团和国际东方部准备一封信（主要关于富农问题），但等信写好，还要通过，要几个月后，才能送去。因此，要你回去告诉中央，不要再争论这个问题了。他们都知道你在国际工作，会相信的。因而派你回去传达。"

关于王明离开莫斯科的时间，有的说是 3 月初。王明在《中共半世纪》一书中说："我早已在二月初就离开莫斯科回国来了。"[②] 孟庆树整理的《传记与回忆》也说："1929 年 2 月，绍禹离莫斯科。"但 1929 年 3 月 26 日米夫在给中共中央的信中说："近日将派遣戈卢别夫[③]同志和 10 到 15 人的一批有专业知识的学生和翻译"回中国。[④] 说明王明这时还没有回国，他回国的时间应

---

① 孙耀文：《风雨五载》，第 329 页。
② 王明：《中共半世纪》，第 108 页。
③ 即王明，下同。
④ 《共产国际、联共（布）与中国革命档案资料丛书》（以下简称《资料丛书》）第 8 册，第 93 页。

97

该是 3 月底。①

　　据王明在莫斯科中山大学的同学黄理文回忆，米夫对王明回国还特意作了安排："上火车坐的是头等车厢，两人一个小包间，窗帘拉着，谁也看不见。这在苏联只有中央委员才能享受这种待遇，而中国同志只有瞿秋白等少数政治局委员可以享受这种待遇。""到海参崴换轮船时，王明坐的是二等舱，而留学生回国大家都坐三等舱。"②

　　4 月~5 月初　在归国途中船经青岛附近时，作诗《沧海水》，表达对恋人孟庆树的思念，诗共五段，其第一段和第四段是：

　　　　（一）沧海水，何其多，拿来调墨写诗歌。
　　　　　　　　别意离情写不尽，直到沧海不流波。
　　　　（四）听不尽，看不完，惊天动地大诗篇，
　　　　　　　　为爱革命先妹去，别途越远越心连；
　　　　　　　　听不尽，看不完，惊天动地大诗篇，
　　　　　　　　为党事业先妹去，别时越久越心连。③

　　5 月上旬　抵达上海。④ 作诗《抵上海》，诗曰：

　　　　方酣春意独还乡，别意离怀万里长。
　　　　西闻天鹰歌织女，东听河鼓笑牛郎。
　　　　域中乡市争红白，沪上风云搏暗光。
　　　　到此一心为战斗，冲霄壮志正昂扬。⑤

---

① 参见戴茂林《关于王明研究中几个问题的考证》，《中共党史研究》2010 年第 12 期。
② 曹仲彬：《访问黄理文谈话记录》，转引自曹仲彬、戴茂林《王明传》，第 99 页。
③ 《王明诗歌选集（1913~1974）》，第 60 页。夹注。诗下注明写作时间是 3 月初，但据米夫 1929 年 3 月 26 日给中共中央的信，他这时还没有回国，所以时间应该是 4 月到 5 月初。
④ 关于王明回国的时间，他本人有几种说法：他自己填表有时写 4 月，有时写 5 月。别人的回忆更是众说纷纭，如李维汉说他是 4 月回国，见《六届四中全会前后》，《党史通讯》1985 年第 11 期。本书根据他的诗作，取 5 月。
⑤ 《王明诗歌选集（1913~1974）》，第 64 页。诗下注明写作时间是 3 月上旬，但据 1929 年 5 月 6 日中共中央致共产国际执行委员会东方书记处的信说："陈绍禹（戈卢别夫）还没有来到上海，请电询海参崴。"（《资料丛书》第 8 册，第 112 页）说明王明这时还没有到达上海，他到达上海的时间应该是 5 月上旬。

5 月　被分配到中共沪西区委，在书记何孟雄领导下做《红旗》报通讯员。[1]

有的回忆说，当时中共中央提出让王明到革命根据地去工作，但他不愿意，愿意留在上海做地下工作。如师哲回忆说："王明对从欧美经莫斯科回国的一些人讲过，在中国搞革命活动，领导工作只能从上边来做，从上边去领导容易得多，在下边作实际工作困难太大，有力使不上，有本事施展不开。王明常说，领导革命需要有核心力量，没有这种核心，没有骨干力量支持你，无论你怎么正确，你的主张也推行不开，得不到拥护。领导核心的形成，是从斗争中来的。所以，1929 年王明回国后，不愿到基层工作，坚持要留在中央机关，一心一意想当领袖。他既害怕白色恐怖，又害怕做艰苦细致的群众工作。"[2] 还有的著作说，当时李立三直接将王明"分配到几个基层工厂（即浦东区南洋烟厂）去作党的支部书记"。[3] 但据《传记与回忆》说，王明回国后很不顺利：

> 1929 年 2 月，绍禹离莫斯科。秋白叫他去找代表团管理组织工作的余飞。余飞叫绍禹到上海宝隆医院去接头。但是，绍禹到沪后，虽几次去信，也未见有人来接头。直到"五一"节前，绍禹在街上遇到陈原道同志，才接上了头。原道同志当时是中央组织部的干事，他很气愤地说："宝隆医院这个地址破坏已半年了。我们早已通知过代表团，为什么余飞还把这个地址告诉你，而给别人不是这个地址!?"原道告诉中央后，第三天李立三到寿阳公（绍禹住的旅馆）来。他一见到绍禹，就横眉怒目、面红耳赤地问绍禹，国际有什么意见。当绍禹把情况告诉他后，他说："你虽然在莫斯科学习过，但没有实际工作经验，要到最下层、最艰苦、最困难的地方去。"绍禹说"可以"。李立三派绍禹到沪西去，做《红旗》报的通讯员。但当绍禹找到沪西后，才知道已有了通讯员高杰三同志。高同志说："我要半年以后才能离开。你是来做候补通讯员的，是给我做助手的。你的任务是每天领来报纸，送发报纸。每早六时到北四川路青年会拿《上海日报》（李求实主编的），拿 70 份左右。一半我分给

---

[1]　王明在延安写的简历说 1929 年 5～7 月 "任中央党报采访员兼送报"；1950 年填的简历表说自己 1929 年 4 月后 "在上海，作红旗报通讯员"。

[2]　《在历史巨人身边——师哲回忆录》，第 115～116 页。

[3]　仲侃：《康生评传》，第 32 页。

区委，另一半由你自己到工厂街道等处去贴散。《上海日报》是秘密的，要善于躲避敌人。在电车上把报纸放在足下。时常有敌人来搜查，要小心……"李立三不准绍禹和区委人接触，只和高杰三一人联系。

1929年5月的某日，绍禹去青年会拿报，遇到李求实（他是共青团中委和书记处书记）。他和林育南等都不满意当时的中央。李问绍禹来此做什么，绍禹说来拿报。李说："你是交通？"绍禹说："我是候补通讯员。"李说："区委有交通，我从未听说有什么候补通讯员！谁分配你这个工作？"绍禹说："阿三（即李立三）要求我做最下层、最困难、最艰苦的工作。"李求实说："你能不能到报馆来工作，你很可以写东西呀。"过了三个月，绍禹才被调到沪西区委做宣传部长，有时代理区委书记等职。①

6月7日　共产国际执委会给中共中央发出《共产国际执行委员会致中国共产党书》，即关于农民问题的信。这封信根据苏联在农业集体化中消灭富农的做法，也要求中国加紧反富农，指出必须"坚决的防止一切关于富农问题之机会主义动摇"。反对富农的策略，"不仅是应用于半地主式的富农"，就是对于在中国比较少的"自己进行生产的富农也是要一样的应用"。② 这封信传到中国后，各根据地普遍进行了反富农的斗争，王明对这种"左"倾主张积极地进行了宣传和贯彻。

6月17日　莫斯科中国劳动者共产主义大学举行全校党员大会，由于会议持续十天，通称"十天大会"。正是在这次大会上，形成了以王明为首的"二十八个半布尔什维克"的称号。

关于这次大会召开的时间，有四种说法：一种说法是1929年6月。吴玉章说："大会后即放暑假，学生都到南俄克里米亚海边去休养"，"九月返校"。③ 毛齐华说："学校领导也没有什么明确的结论（因为反对者占多数），就这样不了了之，有头无尾地宣布放暑假。"④ 姚守中等编著的《瞿秋

① 1929年7月，王明被调到中共沪东区委宣传部，但没有材料证明王明担任了宣传部长，更不可能代理区委书记等职，此处回忆有误。
② 中央档案馆编《中共中央文件选集》第5册，第695、696页。
③ 《吴玉章略传》，《中共党史资料》第11辑，第32页；《吴玉章文集》下册，第1310~1311页。
④ 毛齐华：《我所知道的莫斯科中山大学——中国共产主义劳动大学内部斗争的情况》（未刊稿），转引自孙耀文《风雨五载》，第299页。

白年谱长编》也说"在暑假将到之际，中山大学举行了全校党员大会，王明等小宗派集团开始了反对瞿秋白的活动"。① 这都说明，"十天大会"是在放暑假之前。因此，孙耀文在《风雨五载》中说："开会时间在各种材料中说法不一，1928 年 6 月是确切的。"② 张培森主编的《张闻天年谱》上卷，更具体地确定为 6 月 17 日。③ 第二种说法是 1929 年夏。陈修良说："一九二九年夏'中大'支部举行例行的全体师生总结工作大会，由俄国人支部书记作报告，最后付表决。这个大会一共开了十天，叫做'十天大会'。"④ 第三种说法是 1929 年 9 月。李一凡说：大会是他 1929 年 9 月"从阿鲁什塔休养所回校之后"召开的。⑤ 张崇文说："我的回忆与李一凡同志说的基本相同。我记得这次会议是 1929 年 9 月我与二哥张崇德从克里米亚休养所回校后才召开的。会后，我二哥张崇德被捕。这次会议不可能在 1929 年暑假之前召开。"⑥ 第四种说法是 1929 年 10 月。江泽民说："王明一伙的种种倒行逆施，使他们同广大学生党团员处于尖锐的对立状态。他们长期不敢向广大党团员报告工作，更无勇气按期改选支部局。一直拖到 1929 年 10 月，学生暑假休养回校之后，他们才不得不召开支部局的四五百名党团员大会，总结工作，改选支部局。"⑦ 此处采用《张闻天年谱》的说法。

关于这次大会，杨尚昆回忆说："总结工作的党员大会是例行的，但这一次却不寻常：第一，它是在联共党内正在开展反对托派和右派联盟的紧张气氛下召开的；第二，米夫和支部局想借这个时机同'第二条战线联盟'摊牌，所以特地请莫斯科区区委书记芬可夫斯基到场讲话，共产国际远东局也派人参加。在这样的状况下，瞿秋白没有应邀出席，而派张国焘到会做代表。王明已在 3 月间回国，但他和米夫长期以来对中共代表团散布的流言蜚语，却早在群众中煽起了对立情绪。我和博古担任这次大会的翻译。""会议开始后，区委书记在讲话中全力维护支部局，说它的政治路线是正确的，对'第二条路线联盟'进行批评。李剑如和余笃三气愤不过，很不理智地当场起来抵制，会场秩序混乱，不但打断了区委书记的讲话，还不让博古和

①　姚守中等编著《瞿秋白年谱长编》，第 272 页。
②　孙耀文：《风雨五载》，第 272 页。
③　张培森主编《张闻天年谱》上卷，第 101 页。
④　《莫斯科中山大学里的斗争》，《陈修良文集》，第 249 页。
⑤　《回忆中国共产主义劳动大学》，《革命史资料》第 19 辑，第 94 页。
⑥　《莫斯科中山大学与"十天大会"》，《中共党史资料》第 37 辑，第 42 页。
⑦　《回忆在莫斯科中山大学时期》，《革命史资料》第 17 辑，第 193 页。

我翻译下去，张闻天也遭到大家的反对，沈泽民几乎被赶出会场。共产国际的索里茨，在大会的第二天讲话，他严厉批评李剑如等：你们在这里，在莫斯科，无论说得多么好听，都不能完全说明你们是好样的。你们必须在中国，在流血斗争中，用自己的实际行动，才能证明你们是真正好样的。不是这里，而是那里！" "大会对支部局的工作辩论了 10 天，最后只好付诸表决。李剑如等的鲁莽行动，既激怒了共产国际监委会，又失去了许多群众的同情，但即使这样，多数党员宁肯采取中立，也不愿支持支部局。拥护支部局的只有 90 票，仍占少数。会后，联共中央派人调查，因为米夫和王明排除异己的活动是打着反托派和反右倾的旗号进行的，所以调查报告虽然对支部局日常工作中的许多缺点作了批评，在政治路线上仍给予肯定。这次斗争，表面上是支部局胜利了。暑假后，米夫却被去职，由原莫斯科大学的校长威格尔接任中山大学校长。"①

李一凡回忆说："会上争论的焦点是：支部局自认为，它执行了一条'百分之百的布尔什维克路线'，而广大党、团员群众以事实说明，支部局在工作中有严重错误。"② 张崇文也回忆说："大会争论的焦点是：支部局执行的路线是否正确。支部局的领导人认为支部局执行了一条'百分之百的布尔塞维克'的路线；广大党团员群众则说，支部局执行了'实践中的右倾机会主义'的路线。"③

很多人认为正是在这次大会上，形成了以王明为首的"二十八个半布尔什维克"的称号。但对于形成这个称号的原因，说法各不相同，有的认为是在表决支部局的工作报告时，只有二十八九个人拥护，所以，这些拥护者就被称为"二十八个半布尔什维克"；有的认为是表决是否改组支部局时，拥护支部局领导的只有二十八九个人，这些人就被称为"二十八个半布尔什维克"。

陆定一回忆说："学校举行了'十天大会'，只有二十八个半人（这半个人因为是王明的亲属，所以是'百分之百的布尔什维克'；因为年纪太小，不到十六岁，所以是半个）赞成'支部局'的'路线'（我到现在都不知道是怎样的路线），他们只占六百学生的二十分之一。'十天大会'之后就'清党'。凡是'反对支部局'的，除了少数几个工人以

---

① 《杨尚昆回忆录》，第 35～36 页。
② 《回忆中国共产主义劳动大学》，《革命史资料》第 19 辑，第 94 页。
③ 《莫斯科中山大学与"十天大会"》，《中共党史资料》第 37 辑，第 42 页。

外，都分别受到开除党籍，开除团籍，开除学籍，送到西伯利亚作苦工等处分。"①

江泽民回忆说："大会的第 10 天，仍有很多人要求发言，但王明一伙却借口校内混进许多托派分子和右派分子，提出停止大会讨论，进行清党，当即遭到广大党团员的反对。但是他们仍然把是否继续大会讨论问题，提交大会表决。结果到会的四五百名党团员中，举手同意停止大会讨论的，只有出席会议的王明一伙中的 28 个党员和一个十五六岁的共青团员。会后同志们讽刺他们说：'可怜的自称为百分之百的布尔什维克，才 28 个半。'这就是'28 个半布尔什维克'的由来。当时在中山大学追随王明一伙的不止这 20 多个人，有些人在表决那天没有到会。但是，最后区委书记芬柯夫斯基仍以区委名义宣布停止大会继续讨论。广大党团员对此反映强烈，感到极大愤慨。"②

陈修良回忆说："这个大会是支部局精心布置的，目的是整中共代表团与反支部局派的同学。"③ "大会争论的主要问题是讨论支部局的路线对不对，揭发支部局的官僚主义、学校当局的贪污问题。后来没有办法，只好付诸表决，看谁拥护支部局的报告。五百多人投反对票的是压倒多数，赞成支部局的只有二十八个人。因此人们称为'二十八个半布尔什维克'，以表示轻侮之意。那天这二十八个人都立在大会台的左面，所以大家很容易计算举手的人数和是什么人。'文化大革命'时，有许多人称为'二十八个半布尔什维克'。其实并无'半'个，这不知道根据谁的说法。"④

孙冶方回忆说："据我所知，此事发生在中（山）大（学）一期毕业之后，在一次支部大会上表决支部局一个决议，赞成者仅二十八票，弃权者一票。因为当时主持支部局工作的主要是王明派，即：博古、夏曦、杨尚昆、王云程等人，他们都自称是百分之百的布尔什维克，所以反对他们的人挖苦地说他们是二十八个半布尔什维克。"⑤

吴福海回忆说："有一次，莫斯科市委书记到我们学校来，他比较倾向多数学生的意见，支持我们改组支部局的要求。但是，不久苏共中央监委出面干预，派人来校表示拥护支部局的领导，并进行说服动员。接着召开全校

---

① 《关于唐义贞烈士的回忆》，《江汉论坛》1982 年第 6 期。
② 《回忆在莫斯科中山大学时期》，《革命史资料》第 17 辑，第 193～194 页。
③ 《莫斯科中山大学里的斗争》，沙尚之编《记孙冶方》，第 261 页。
④ 《莫斯科中山大学里的斗争》，《陈修良文集》，第 249 页。
⑤ 《孙冶方给陈修良的信》（1977 年 1 月 8 日），沙尚之编《记孙冶方》，第 207 页。

大会，同学们就是否要改组支部局问题展开辩论。最后大会对此付诸表决，结果拥护支部局领导的人不过二十八个半。后来我们就送给他们'二十八个半布尔什维克'这个称号。他们在表决中虽然只有少数人拥护，由于上面有人支持他们，结果还是没有改组，仍然掌权。"①

张培森主编的《张闻天年谱》说："会议就政治问题、学校问题激烈辩论，焦点为支部局的路线是否正确。拥护支部局和反对支部局的两派尖锐对立，秩序混乱。在大会的表决中，拥护支部局的中国同志约有九十余人，加俄国同志三十余人，反对的二十余人，大多数则表示怀疑（约二三百人）。'拥护支部局的同志自傲起来，反对支部局的同志讥之为带引号的布尔什维克。二十八个半布尔什维克'的名称即由此而来。实际上拥护支部局的不止二十八人，吴玉章、林伯渠、徐特立、董必武均在拥护者之中。张闻天、王稼祥、沈泽民因在红色教授学院学习，没有参加这次大会。陈绍禹、曾洪易因在国内，傅钟、李卓然已到列宁格勒军事政治学院学习，也都没有与会。"②

有的认为是在表决支部局提出的解散团支部的要求时，只有二十八个人赞成，这些人就被称为"二十八个半布尔什维克"。如李一凡回忆说："由于在这次斗争中，团支部局里除书记陈昌浩拥护王明一伙外，其余委员全都站在以李剑如、余笃三、郭秉元等同志为首的广大党团员群众一边，党支部局决定解散团支部局。但是，当把解散团支部局的决议案提交大会表决时，举手赞成的只有寥寥 29 个人。"他还说："由于王明一伙一贯自吹是'百分之百的布尔什维克'，而在这 29 人当中还有一个远未成年的人，所以余笃山同志嘲笑他们说：'可怜百分之百的布尔什维克才 28 个半！'之后，'个半'就成笑柄而传开了，并不是真有这个组织。"③ 他在被采访时还说："在支部局提出的解散团支部的表决中，只有二十八人举手赞成。主席团的余笃三一走出大会会场就哈哈大笑，说百分之百的布尔什维克就只有二十八个半，从此以后就传开了。"④

张崇文也回忆说："在'十天大会'的第十天，也就是索里茨发言之后两天，支部局把一个《解散团支部局的决议案》提交上午的大会表决。原

① 《莫斯科中国共产主义劳动大学斗争生活回忆》，《党史资料丛刊》第 1 辑，第 100 页。
② 张培森主编《张闻天年谱》，第 101 页。
③ 《回忆中国共产主义劳动大学》，《革命史资料》第 19 辑，第 96 页。
④ 戴茂林等：《访问李一凡谈话记录》，转引自戴茂林、曹仲彬《王明传》，第 65 页。

来，整个团支部局除陈昌浩之外，所有成员都一直与广大党、团员群众站在一起，坚决反对王明一伙。因此，支部局作出了解散团支部局的决定。但是表决的结果，由于许多原来追随王明的人已受了索里茨发言的影响，举手赞成的仅有29人。"① 他还说："'二十八个半布尔什维克'是'十天大会'时发生的。大会表决时拥护支部局的就只有二十八个人，大多数都反对。"②

陈一诚虽没有谈大会就什么进行表决，但指出："双方争论不休，最后只好付诸表决。表决的结果是：全校四百多人反对，只有二十八个人表示赞成。"③

王观澜也没有谈大会就什么进行表决，只说会议一共开了十天，最后投支部局信任票的只有二十九人，后来被人们称为"二十八个半布尔什维克"。他指出：投票时他们特别二班除了翻译盛忠亮之外，全班同学以绝对多数通过了一项决议，要求改选"中大"学生支部局。④

毛齐华则说："有一天下午继续开会。余笃三在发言中拿出一张纸条，说：所谓正确的布尔什维克究竟有多少人呢？接着就念了纸条上所列的二十八个人的名字。"⑤

汪云生在《二十九个人的历史》中认为，"二十八个半布尔什维克"是在1929年夏召开的中山大学十天大会上诞生的说法"基本上是可信的，但还存在一些错漏之处"，最明显的一点就是，被称为"二十八个半"头头的王明，早在1929年3月就已经回国，"因此，可以这样说，'二十八个半布尔什维克'这个专用名词是在'十天大会'上产生出来的，但其具体人物则不是在那次会议上确定的"。"也就是说，在大会上投赞成票的人，不一定就是'二十八个半布尔什维克'中的人；没有参加那次大会并投赞成票的人，也不一定就不是'二十八个半布尔什维克'中的人。""事实上，人们是借助于'二十八个半布尔什维克'这一专用名词，来讽刺和嘲笑当时以'百分之百正确的布尔什维克'自居的王明和他的追随者。"⑥

另外一种说法，认为是"托派"或者是"当时反对党的路线的人"给

① 《莫斯科中山大学与"十天大会"》，《中共党史资料》第37辑，第44页。
② 戴茂林等：《访问张崇文谈话记录》，转引自戴茂林、曹仲彬《王明传》，第65页。
③ 转引自孙耀文《风雨五载》，第295页。
④ 转引自孙耀文《风雨五载》，第295页。
⑤ 转引自戴茂林、曹仲彬《王明传》，第65页。
⑥ 汪云生：《二十九个人的历史》，第21～22页。

起了"二十八个半布尔什维克"的称号，是当时反对支部局的人对他们这些人的讽刺称谓，是逐渐出现的。吴玉章在1943年写的《吴玉章略传》中即说："二十八个半布尔什维克"是反对支部局的人在墙报上提出来的，是对支部局一些人的"讽刺"，说"布尔什维克只有二十八个人了"。①

王明在《中共半世纪》一书中说："所谓'二十八个半布尔什维克'和'陈绍禹派'的说法，也是托陈派分子一九二九年秋中大清党时期捏造出来的。我早已在二月初就离开莫斯科回国来了。可是托陈派分子故意把中大几百人中的绝大多数拥护共产国际和联共（布）中央、反对托陈派的同志，都说成是'陈绍禹派'。同时他们伪造说，反对他们的只是少数人——以陈绍禹为首的'二十八个半布尔什维克'。"②

袁孟超（袁家镛）回忆说："我们是拥护斯大林的，当时我们也搞教条主义。与托派斗争时都认为自己是百分之百的布尔什维克，拿着马列书本，引经据典，与他们论战。托派就给我们这些人起了'二十八个半布尔什维克'。因为天上有二十八宿，加个半是讽刺，类似于中国的四大金刚等。"③

张闻天认为当时拥护支部局的不止28个人。他没有参加十天大会，但对大会情况无疑是关心的。他在1943年所写的《整风笔记》中提到，会议最后表决，拥护支部局的中国同志约有90余人，俄国同志30余人，反对的20余人，还有二三百人表示怀疑。所以，这"二十八个半布尔什维克"的名词是一部分人带着宗派情绪叫出来的。④

盛岳回忆说："二十八个布尔什维克之所以联合起来，更多的是由于他们思想立场的一致而不是由于有任何正式的组织。他们也无需单独成立组织，因为他们控制了党支部局，且有俄国当局支持他们。而且，这一集团没有公认的领袖。他们大多学科成绩优良，在中山大学的党务、教务和行政工作方面都既能干又积极。他们俄语讲得很好，使他们在校内外能和俄国人有广泛的接触，一般俄国人对他们怀有良好的印象。尽管这样，除了陈绍禹一人，米夫对他早就予以重视而外，在这场斗争展开之前，米夫并没有特别挑选二十八个布尔什维克当中的任何人，作为他的集团成员。米夫没有创立二

---

① 《吴玉章传略》，《中共党史资料》第11辑，第32页；《吴玉章文集》下册，第1311页。
② 王明：《中共半世纪》，第108页。
③ 戴茂林等：《袁孟超谈在莫斯科中山大学前后的一些情况》，转引自戴茂林、曹仲彬《王明传》，第66页。
④ 程中原：《张闻天传》，第106页。

十八个布尔什维克。不过是由于他们在中山大学斗争中表现突出，为米夫所看中，当成一支对他有用的有训练的力量罢了。因为这二十八个人成了中山大学所有'反党'派别的敌人。结果，大家给他们起了个外号叫做二十八个布尔什维克，意思是说他们不过是俄国布尔什维克的尾巴（Tag-ends）而已。""二十八个布尔什维克这一名称，原是'反对派分子'给取的，到底这二十八个是哪些人凑起来的，就有某些主观随意性和流动性。"①

　　杨尚昆在谈到这个问题时说："所谓'二十八个半布尔什维克'问题，这是一个事实问题，不是理论问题。半个多世纪以来，有关当事人和党史界一直有争论。1980 年，中共中央党史资料征集委员会曾邀请 19 位当年中大的学员开过一次调查会，会上达成的共识是：'二十八个半布尔什维克'的说法，不能准确反映王明教条宗派的形成、发展和分化的实际情况，也不能说明它的性质和危害，建议今后不要再使用'二十八个半布尔什维克'这个专用名词。我是出席会议的成员之一，同意这个建议。具体地说，当时确有以王明为核心的教条宗派，主要是指一部分靠近中大支部局的党员，在政治立场和思想情绪上比较一致，但是，并没有什么固定的成员。所谓'二十八个半布尔什维克'，只是别人对他们的一种笼统的说法，所指的人也不尽相同，谁也没有列出过一个确定的名单来。有人说：1929 年夏，在支部局召开的总结大会上，最后表决时只有 28 名党员拥护支部局，因此得名。这根本不是事实。那次党员大会上的表决，支持支部局的共有 90 多票，另外还有 30 票是苏联人，但仍居少数。以吴玉章同志为例，他本来对支部局工作'有许多意见'，后来支部局委员夏曦告诉他说：现在有人要利用工作中的缺点来反党。并向吴老提示：我们首先要说支部局的路线是正确的，后批评工作中的缺点。吴老说：'有这样一回事吗？要反党我就不赞成！'他在总结大会上的发言就持这个态度。但吴老决不是宗派分子。教条宗派的基础是错误的政治立场和思想情绪，所以它是可以分化的。以后的历史证明，王明的教条宗派经过多次分化，经延安整风分清路线后，这个宗派就不存在了。我认为'二十八个半布尔什维克'这个流传很广的说法不合事实，也不准确。应当说：确确实实有王明教条宗派，但并没有什么'二十八个半布尔什维克'。还有人说'二十八个半'布尔什维克中的'半个'是指一名共青团员，年纪很轻，所以称为'半个'。这更经不起推敲。因为参加 10 天总结大会的是党员，

---

① 盛岳：《莫斯科中山大学和中国革命》，第 221～222 页。

团员不参加，更没有表决权。"他还说："至于'二十八个半布尔什维克'的称号，是许多中大学生对我们自称'布尔什维克'的挖苦和讥讽，很难确定地说包括了哪些人；可是在整风中，康生等硬要追究教条宗派的'组织'系统，结果，谁也没法开列出一个大家认可的名单，有人列出了四五十人，有人甚至列出了100多人，成为以后一个争论不休的问题。"①

7月3日 共产国际执行委员会第十次全会在莫斯科召开。会议对斯大林提出的"第三时期"理论作了进一步的发展，认为"第三时期"和直接革命形势之间，并没有隔着一道万里长城。"这个时期是资本主义总危机增长，帝国主义的内部和外部基本矛盾迅速加剧，从而必然导致帝国主义战争，导致大规模的阶级冲突，导致各主要资本主义国家新的革命高潮发展，导致殖民地伟大的反帝国主义革命的时期"。强调"右倾机会主义是目前各国共产党的主要危险"，"在各殖民地的共产党中也必须加强反右倾的斗争"。② 对这种错误的"第三时期"理论，王明长期把它作为自己的理论根据，提出和宣传了许多"左"倾冒险主义的主张。

7月27日 调到中共沪东区委宣传部。③

离开沪西区时，写了一首《从头学起有得》的诗：

> 见空就投飞似箭，背人即贴快如风，
> 莫言此道学无用，手足机灵耳目聪。④

李维汉在《回忆与研究》上册中回忆说："我当时是江苏省委书记，经常到上海各区委参加会议，见到他参加过沪东区委会。一次区委在讨论支部工作，谈到有些党员不缴纳党费时，我说：党员应该缴纳党费，要进行教育。他写了个条子给我，说党员不但要缴党费，还要做工作。我没有理他，因为我谈的只是缴党费问题，没有谈别的。"⑤

7月30日 中国共产党中央委员会、中国共产主义青年团中央委员会联合

---

① 《杨尚昆回忆录》，第44~45、213页。
② 《共产国际和中国革命教学参考资料》下册，第115、128、129页。
③ 王明在延安写的简历说1929年"7月下旬至10月半，上海沪东区党委宣传"；1950年填的简历表说10月前曾任"中共沪东区委兼宣干"。
④ 《王明诗歌选集（1913~1974）》，第66页。
⑤ 李维汉：《回忆与研究》上册，第22页。

发出《致留苏联全体中国同志书》，说："很诚恳的号召全体在苏联的同志，学习正确的理论，研究中国实际的环境，求得专门的工作能力。"并肃清"一切个人的纠纷，有意气的成见，派别小组织的倾向，反对派和国民党的残余"。①

7 月 31 日　在沪东韬朋路码头工人席棚住区召开八一示威动员大会。因为会场外有人把风放哨，会议能够大胆举行，开得很热烈，群众情绪很高，口号声、掌声响个不停。会议决定 8 月 1 日在白渡桥举行示威。会后，他写了 3 首七绝《韬朋路上》以记之。②

夏　桂尊秋与大哥桂尊夏到上海看望王明。桂尊秋回忆说："到上海后，我大哥带我去一个秘密机关，在这里见到了陈绍禹，他们正在打麻将。他给别人使个眼色，然后进来与我们谈话，后又与我大哥单独谈话……从此以后，再也没有见到他。"③

8 月　共产国际执行委员会秘书处发出《关于中共在职工会里工作问题的决议》，说"中国工人运动底新高潮是正在增长起来"。因此，"共产党员在工人群众组织里的工作，首先就是工会里的工作——在独立的赤色工会，以及在国民党（政府）工会和黄色（'左派'国民党）工会里的工作——必须立刻实行一个转变"；"中国共产党现在应该用一切方法，去发展赤色工会，使赤色工会变成真正的群众组织"，并"使赤色工会公开起来"，"就是用改换名称而突然擅自公开起来的方法也好"。④对这种"左"倾的冒险主张，王明积极地进行了宣传和贯彻。

同月　中共江苏省委宣传部长任弼时和王明谈话，指出他在对富农政策上的"左"倾观点和非组织的活动。当时王明承认：不经过党的组织直接向共产国际有关个人报告中国党的情况"是不对的"，但这是莫斯科有关的人要求他做的，并且答应今后"避免"这样做。⑤

9 月 1 日　撰写《论撒翁同志对中东路问题的意见》，以韶玉的名字发表在《布尔塞维克》第 2 卷第 10 期上。1929 年 5 月东北当局借口苏联在中东路"宣传赤化"，派兵包围、搜查苏联驻哈尔滨领事馆，并派兵到中苏边界，后来又强占中东路全线。中东路事件发生后，中共中央根据共产国际的

---

①　转引自刘文耀、杨世元编《吴玉章年谱》，第 193 页。

②　《王明诗歌选集（1913~1974）》，第 67 页。

③　曹仲彬：《访问桂尊秋谈话记录》，转引自曹仲彬、戴茂林《王明传》，第 199~200 页。

④　许俊基等编《共产国际与中国革命资料选辑 1928~1943》，第 93、96 页。

⑤　张学新主编《任弼时传》，第 161~162、191~192 页。

指示，提出"拥护苏联"、"武装拥护苏联"的口号。陈独秀于7月28日以"撒翁"的笔名给中共中央写信，批评中共中央关于中东路的宣传策略脱离群众，并易为国民党利用，易为群众所误解。中共中央公开写信，认为陈独秀反对"武装保卫苏联"的口号，根本上离开了无产阶级观点。8月5日，陈独秀又给中共中央写信。中共中央又公开复信，批评陈独秀的观点。8月11日，陈独秀第三次给中共中央写信，指责中央以"警察政策"对待同志。王明的文章说陈独秀对战争缺乏阶级观点，是对中东路引起的战争的性质没有正确认识，是从共产主义者堕落到社会民主主义者的观点，其根源是机会主义的继续和发展，并一再宣传"拥护苏联"的主张，说："在中国反动政府公开的进攻苏联的情况下，'武装拥护苏联'这一口号，不是一般的宣传口号，而是随着事变发展的过程而变成现实行动的口号的，只有'变反苏战争为拥护苏联的战争'，中国无产阶级才能尽其国际的阶级的和历史的作用与任务。"

《写作要目》说：这篇文章的"主要内容为拥护中共中央提出的'反对国民党进攻苏联'、'武装保卫苏联'的口号，反对陈独秀提出的'反对国民党误国政策'口号"。

9月前后　撰写《为啥个米贵了？——中共沪东区委为要求加米贴告沪东工人书》的传单。

《写作要目》说："当时作者任沪东区党委宣传部长，写了许多告工人传单，而这个传单有一个故事，所以记得。这个传单是用上海方言和完全口语写的，内容是号召工人为米贵要求增加米贴，并说明米贵原因是帝国主义和国民党反动统治的结果等。当时区委书记游无魂坚决反对这个传单，认为从来没有见过用方言和口语写告工人书的。争论数次不决，以后王明提议他俩一路把传单拿到文化程度较高的英商电车公司支部和老怡和的厂支部去征求意见，工人同志看了说：'这传单识字的一看就懂，不识字的一听就懂。'然后才用区委名义印发。"

10月中旬　调任中共中央宣传部《红旗》报编辑。①

当时中共中央宣传部在上海威海路永吉里设立了一个资料科，恽代英、

---

① 王明在延安写的简历说"10月半至30年1月中央红旗报编辑"；1950年填的简历表说自己"1929.10～1930.春，在上海，中共红旗三日刊编辑"。《传记与回忆》说"从1929年11月到1930年1月1日，绍禹被调去中央宣传部编《红旗》三日刊"。

王明等都经常到这里来查阅资料和写作，后来王明干脆搬到这里，直接在这里居住和写作。1981年，已经是满头银丝的邵珍回忆起当时的情况说："我们机关住四人，王铁江、罗晓红、陈绍禹和我。""当时，陈绍禹和我们住在一块儿，他一个人住在机关的亭子间里……每天陈绍禹都在亭子间里看书报，看材料，看得很用心，很少出来，吃饭时还看书。有时我把饭菜送他桌子上，他也不看看好坏，还是专心看书，一边看书，一边吃饭。我们故意给他拿些不好的菜，他也不看就咽肚里去了。"①　罗晓红也回忆说："王明经常来写文章，主编《红旗》。他写文章特点是长，一写就到半夜。我与邵大姐住前后客堂，王明太晚就住后楼。"②

关于这段经历，《传记与回忆》说："从1929年11月12日到1930年1月1日，绍禹被调去中央宣传部编《红旗》三日刊。此刊原来是潘问友同志编的，他同时兼中央宣传部秘书，又兼编《布尔塞维克》杂志……规定《布尔塞维克》半月出一次，《红旗》为三日一次，但二者都从未按时出过。虽然李立三等中央负责人还时常写稿，但当绍禹编时，他们都不写稿了。李立三还公开说：'第一，禁止你用自己的名字，绝不准用陈绍禹、韶玉等名；第二，一定要三日出一期；第三，不给你交通，你自己送稿去印刷所。'虽然如此，绍禹一人写稿、送稿、校对等全做。住在沪西新闸路，印刷所在沪东提篮桥附近。每期要写一万六千字（等于大报的两版，除了标题报头等外，还有一万六千字左右）。绍禹能使报纸按期出来，大家都很称赞。因为全为绍禹一人写稿，所以从1929年11月半到1930年1月1日前出的《红旗》三日刊（共15期左右）的内容，虽是署名慕石、英石、膺时、情淑、华英、兆雨、露青、鲁卿……等都是绍禹一人写的。《红旗》三日刊的内容为：(1)国内外时事；(2)红军苏维埃的消息；(3)对国民党、反共言论的答复；(4)群众斗争的报道；(5)介绍苏联；(6)其他。"

10月12日　在《红旗》报第48期上以韶玉的名字发表《英美联合和平宣言与第二次世界大战》一文。揭露"和平宣言"是骗局，说它"不能丝毫减轻帝国主义世界大战的危机"，而且"隐藏着一个帝国主义世界进攻苏联的锦囊妙计"。我们要"把广大群众组织在'武装拥护苏联'和'变帝国主义战争为国内革命战争'的口号之下去行动起来"。

---

① 曹仲彬：《访问邵珍谈话记录》，转引自曹仲彬、戴茂林《王明传》，第106页。
② 曹仲彬：《访问罗晓红谈话记录》，转引自曹仲彬、戴茂林《王明传》，第106页。

10 月 15 日　写《最近政局与拥护苏联》，以慕石的笔名发表在 10 月 17
日出版的《红旗》报第 49 期上。文章把帝国主义国家与社会主义国家的矛
盾、帝国主义国家之间的矛盾混淆起来，说最近的国际政局，虽然表示出国
际帝国主义互相间的矛盾更加复杂和尖锐，但是，"帝国主义国家间的战争
愈益紧迫，则国际帝国主义共同反苏联的战争危险也愈加紧张"。文章还
说：中国的政局，的确表示出"军阀战争，日益深入和扩大"，但不论战争
谁胜谁败，都不能改变"整个中国反动阶级决意干的武装进攻苏联的政
策"。我们要"以武装拥护苏联的手段，对付武装进攻苏联的手段"，要变
军阀战争为"工农兵推翻国民党军阀的革命战争"。

10 月 26 日　共产国际执行委员会给中共中央发出《关于国民党改组派
和中共任务问题的信》。信中认为："中国进到了深刻的全国危机底时期。"
"我们现在不能预先断定，究竟全国危机如何迅速地进到直接革命形势。然
而，现在已经可以开始而且应当开始准备群众去用革命方法推翻地主资产阶
级联盟底政权，去建立苏维埃形式的工农专政，同时，要积极地发展和扩大
革命形式的阶级斗争（群众的政治罢工、革命的示威运动、游击运动等
等）。"对从国民党统治营垒中分裂出来的改组派，要"实行最坚决的斗
争"。信中指出："现时党内主要的危险，是右倾机会主义的心理和倾向。"①
对于信中"反右倾"等"左"的主张，王明积极地进行了宣传和贯彻。

10 月　莫斯科中山大支部局改选，仍为王明小宗派控制。

杨尚昆回忆说："米夫离开了学校，但共产国际东方部仍然管理着中
大。10 月，支部局调整组织，博古转到中国问题研究所去了，我可能因为
人缘比较好，被选为支部局委员。从 1929 年 10 月到 1930 年底，我不读书
了，主要搞社会工作。当时，支部局成员正职都是苏联人，书记是苏联人托
景，米夫派，他操纵一切。组织部长是贝尔钦，副部长王云程、朱阿根，宣
传部长希季钦，夏威和我是副部长。我分工安排上党课，请教师，办支部局
的墙报。王明走后，张闻天和博古也不在支部局了，但是这条线还在，张闻
天和博古同米夫主持的东方部有直接联系。延安整风时，博古说：我虽然不
在支部局，但不在其位，必谋其政，主要是通过写文章，当翻译。张闻天主
要是在思想理论方面支持米夫和瞿秋白等论战。"②

---

　　① 《中共党史教学参考资料》第 3 册，第 205、206、208、213 页。

　　② 《杨尚昆回忆录》，第 36～37 页。

同期 莫斯科中国劳动者共产主义大学发生赵言轻①自杀事件，大批学生被逮捕。

对于赵言轻的自杀，许多人认为是在"清党"过程中发生的，孙耀文《风雨五载》甚至说是在1930年3月，并说他是"一个托派组织的头头"。②但江泽民、李一凡等认为发生在"清党"之前。

江泽民回忆说："清党开始以前，王明一伙中以'机关枪'闻名的盛忠亮等，向全校宣布一个骇人听闻的消息：有个俄文名叫麻麻也夫（赵言轻）的学生，在向支部局交待了中山大学的托派情况，盛忠亮同他'聊聊'之后，他就'自杀'了。据说他死前，留下了'托派名单'。盛忠亮等在全校大会上谈到这一事件时，借机威吓说：'托派用不着犹豫，想躲也无用。'接着格勃乌机关开始在学校逮捕学生，第一批被捕的据说有五六十人。"③

吴福海回忆说："在那些日子里，人心惶惶，有一个学生因参加托派，感到走投无路，就吊死在宿舍的铁床架子上。过了几天校内有几个同学不知下落，有人说是被格勃乌抓去了，我所在的初级班中有一个同学也失踪了。"④

孟庆树根据王明回忆谈话整理的回忆录《传记与回忆》也说，听博古、杨尚昆等同志说，"清党"开始时，沈泽民、张闻天、王稼祥、秦邦宪、何子述等拥护国际路线的人曾遭到反对，"后来，幸而在一个畏罪自杀、外号'妈妈同志'的托派身上，搜出中大托派的名单。这个'妈妈同志'是托派管组织的。这样，才把清党的对象转向反党分子！"

但据李一凡回忆，赵言轻并不是"托派"。他说：

　　一天清晨突然传出一个骇人听闻的消息，说是有个叫麻马也夫（不知其汉文姓名）的河南人"自杀"了。据说，在他的床垫子下面"发现"一封"遗书"和一份"名单"。可是，所谓"遗书"和"名单"，并没给人过目，据说为了"保密"。当殷鉴在大会上宣布此事时，虽然手里也拿着一两张纸（据说就是"遗书"和"名单"），可他并没照着那纸念。他只是说，麻马也夫在"遗书"里揭发，"中大"有个秘

---

① 有的认为是赵彦卿。
② 孙耀文：《风雨五载》，第307页。
③ 江泽民：《回忆在莫斯科中山大学时期》，《革命史资料》第17辑，第195、196页。
④ 《莫斯科中国劳动者共产主义大学斗争生活回忆》，《党史资料丛刊》第1辑，第101页。

密的反革命托派组织，在这次斗争中操纵广大党、团员群众向党支部局进攻，反对党的领导；他本人就是该组织的一员，深感对不起党，所以负疚"自杀"云云。

这样一来，学校里的形势和气氛又为之大变：王明一伙于是诬陷广大党、团员群众联合反革命托派向党进攻，并谎报区委和联共中央。中央和区委当然大怒，指示严厉查处，于是帽子棍子铺天盖地而来，终于通过欺骗手段而大逮捕起来了。

大逮捕的第一批是一些从"东大"过来的和1928年以后从国内来的同志。因为这些同志曾签名要求回国，于是就在一个晚上以送他们回国为名，按他们自己签的名单一一聚集送进"木得巳耳卡"大牢；当这些同志到了大牢过道，还以为是"车站"哩！第二天一早，学校里放出风声说，这些人都是托派，其实内中好些人根本与托派没有任何瓜葛。之后，又陆续逮捕了好些人……

从以上所述，不禁使人产生合乎情理的疑问：麻马也夫既已决定改过自新、主动揭发秘密的反革命托派组织，还提供了名单，这对党不是有大功吗，为什么还要轻生自杀呢？那么，是不是王明一伙感到走投无路而策划出"杀人灭口"的毒计呢？既然有遗书、名单，为什么不把来公开给大家看，为什么不根据名单"按图索骥"地一网打尽呢？事实却是：第一次大逮捕是根据他们自己签字上书的名单，其中有人根本不是托派；后来逮捕的一些托派，肯定是根据李剑如同志的检举材料；托派陈尚友（陈伯达）没被捕，证明当时除同他单线联系的组长万志鳞之外再没谁知道。从这三点事实可以明显地看出，压根儿没有过什么麻马也夫提供的托派名单。①

赵言轻的自杀，立即在中山大学引起很大的震动。盛岳在《莫斯科中山大学和中国革命》中回忆说："他的悲剧性的死亡使学校蒙上了恐怖气氛。全校学生和教职员人人自危。在清党会议上，气氛低沉，不论是被盘问的人或不是被盘问的人，大家都是心神不定。"②

同期 莫斯科中国劳动者共产主义大学的"清党"运动全面展开，许

---

① 《革命史资料》第19辑，第97~98页。
② 盛岳：《莫斯科中山大学和中国革命》，第181页。

多好同志遭到残酷斗争和无情打击。

关于这次清党的时间，说法不一。孟庆树根据王明回忆谈话整理的《传记与回忆》说是"1929 年夏秋"。孙耀文《风雨五载》一书说：1929 年 9 月，"新学期一开始，联共（布）中央监委派出的清党委员会进驻中山大学"，也就是说"清党"是从 9 月开始的。① 盛岳《莫斯科中山大学和中国革命》说是 10 月，他说："中山大学的第一次清党大会，我想大概是在一九二九年十月举行的。"② 曹仲彬、戴茂林的《莫斯科中山大学与王明》，③ 张培森主编的《张闻天年谱》上卷，④ 也持这种说法。但张仲实说是"1929 年底到 1930 年初"。⑤ 江泽民说是 1929 年冬至 1930 年 2 月，他说："1929 年冬，联共中央监委派出清党委员到中山大学依靠支部局进行清党。""1929 年 12 月'中大'开始清党以后，王明一伙控制的支部局借机对并非托派而只是反对他们倒行逆施的广大党团员，极尽望风捕影、栽赃诬陷之能事，并协同格勃乌机关，对他们无情迫害，残酷镇压。""这次清党直到 1930 年 2 月底才结束，历时几个月。"⑥ 陈修良说是从 1929 年冬开始，但正式清党"是在一九二九年底到一九三〇年上半年"。⑦ 师哲说是"从 1929 年底到 1930 年"。⑧ 吴玉章说"清党十一个月"，到 1930 年 7 月才完。⑨ 此处采盛岳、《张闻天年谱》等说法。

关于这次"清党"的做法，中山大学支部局委员兼秘书、参与对"中大"被捕学生严刑逼供的盛忠亮曾说：清党委员会"安排召开了一系列的会议，会议由这些委员主持，学校的每个党员要面对其他党员接受可能的指责。学校党支部局仔细挑选认为是可靠的党员，我是其中之一，事先给他们作了布置，让他们散坐在到会的人员中间。他们为受到别人攻击的合格党员进行辩护，同时一齐起来用有力的控告来攻击托派分子和其他'反党'分子。对于被审查的每个人来说，这些会议可称是丧魂落魄的经历，因为每个

---

① 孙耀文：《风雨五载》，第 302 页。
② 盛岳：《莫斯科中山大学和中国革命》，第 245 页。
③ 曹仲彬、戴茂林：《莫斯科中山大学与王明》，第 148 页。
④ 张培森主编《张闻天年谱》上卷，第 103 页。
⑤ 《二十年代莫斯科留学的回忆》，《党史研究资料》1981 年第 10 期。
⑥ 江泽民：《回忆在莫斯科中山大学时期》，《革命史资料》第 17 辑，第 195～196 页。
⑦ 《莫斯科中山大学里的斗争》，《陈修良文集》，第 250～251 页。
⑧ 《在历史巨人身边——师哲回忆录》，第 42 页。
⑨ 《吴玉章略传》，《吴玉章文集》下册，第 1311 页。

过去那怕是一点极小的缺点都可能受到盘问。甚至要彻底考查一个人好几代祖宗的家史。这是一种残酷的讯问方法。在众口交织向你提出种种问题和指控的情况下，许多脆弱的人一下子就垮台了。就连我们中那些身强志坚的人，也都要在这种盘问中汗流如洗。"①

张仲实回忆说："在清党委员会的领导下，各小组开会，对本组每个党员一个个进行揭发（凡对此人有意见的，都可到会揭发），搞'人人过关'。所有的党员都被揭发完后，清党委员会既不核对事实，也不进行调查研究，便根据所揭发的问题，作出结论，认为某人是不符合党员条件的，就宣布开除党籍或予以警告处分。例如我所在翻译班有个陈定远（俄文名叫苏威托夫），他的老婆（俄罗斯人）在清党小组会上揭发说陈打了她，最后清委会就宣布开除陈的党籍。所以'清党'的方法十分简单粗暴。""'中大'在这次清党运动中，开除或给予处分的达数百人之多。"②

吴福海回忆说：运动中，他们"随意给人扣上'地主'、'富农'、'阶级异己分子'或'流氓无产阶级'等帽子。他们召开斗争会，事先组织好发言，在会上进行'揭发'，实际上是对过去不同意支部局领导的人进行打击报复。同时，他们采取拉拢的一手，拉不过去就再打。他们曾拉拢过我，我没有理睬他们。最后到组织处理阶段，由于我反对过他们，加上打过博古一拳，于是就被宣布为'流氓无产者'，给予开除党籍的处分"。"在那些日子里，人心惶惶，有一个学生因参加托派，感到走投无路，就吊死在宿舍的铁床架子上。过了几天校内有几个同学不知下落，有人说是被格伯乌抓去了，我所在初级班中有一个同学也失踪了。"③ 他还说："'清党'时很多人被处分，估计一半还多。"④

杨尚昆回忆说："清党的第二阶段是停课搞人人过关。由柏烈仁坐镇，中国学生逐个地在大会上'过筛子'，从个人历史讲到现实斗争中的立场，不会俄文的有人翻译。讲完后，台下200多党员都可以向你提意见，揭发，追问，和'文化大革命'中'造反派'的斗争会差不多，只是没有弯腰、

① 盛岳：《莫斯科中山大学和中国革命》，第179页。
② 《二十年代莫斯科留学的回忆》，《党史研究资料》1981年第10期。
③ 《莫斯科中国共产主义劳动大学斗争生活回忆》，《党史资料丛刊》第1辑，第100～101页。
④ 戴茂林等：《访问吴福海谈话记录》，转引自曹仲彬、戴茂林《莫斯科中山大学与王明》，第81页。

低头和'喷气式'，直到没有人提意见了，就算 pass。提意见和通过的关键，是看你是不是紧靠学校支部局。紧靠的，就保护你过关；半靠的，特别是不靠的，就揪住不放，进行所谓'残酷斗争，无情打击'。我是拥护支部局的，清党委员会对我的结论是：出身不好，但基本立场正确，派回国内做实际工作。清团的工作和清党同时进行，如法炮制。结果，全校有百分之五六十的学员被扣上托派、托派嫌疑分子、阶级异己分子、右派等政治帽子，有的开除党团籍，有的送到工厂农村劳动改造，还逮捕了 30 多名'主要分子'。瞿秋白的爱人杨之华被送到工厂劳改，陆定一的爱人唐义贞，沈泽民的侄女沈莲春，我的爱人李伯钊都被开除团籍。这些'结论'，成为王明上台后推行宗派主义干部路线的重要依据。""中大停课清党，先后闹了 100多天。1930 年秋，清党结束。中大宣布停办。"①

江泽民回忆说："开始清党以后，王明一伙控制的支部局借机对并非托派而只是反对他们倒行逆施的广大党团员，极尽望风捕影、栽赃诬陷之能事，并协同格勃乌机关，对他们无情迫害，残酷镇压。""王明一伙不但在校内大小会上盘问追查反对过他们的学生，还协同格勃乌机关提审逼供被捕的学生。例如盛忠亮就作为格勃乌的助理审讯员，参加过审讯。全校顿时被一片恐怖气氛所笼罩。被捕的学生中，有好多人，如唐有章、李一凡、张崇德、赵一凡、沈良等同志同托派毫无联系，也未幸免。一些同学的生活作风上的问题，都成为王明一伙打击迫害的口实。""历时几个月的清党，一大批根本不是托派的学生，遭到逮捕、流放、处分，身心受到严重摧残，据说有一二百人。那些人后来得以生还回国的为数不多。还有更多的人被遣送回国，或派往远东'工作'，或送进工厂'改造'。王明一伙在中山大学的倒行逆施，确实令人发指，使很多人终生难忘。"②

陈修良回忆说："一九二九年冬，联共进行清党运动，'中大'看来是重点。派来一个清党委员会，主席是一个老党员、老将军。清党一开始，学校的功课几乎全停止，日日夜夜战斗在会场上，展开了一场生死的搏斗。王明一伙得意忘形，他们身任要职，动员一切力量，包括'格柏乌'机关，以暴风骤雨的方式大规模进行镇压，开除了一批党团员，给许多人戴上了各

---

① 《杨尚昆回忆录》，第 38、39 页。
② 江泽民：《回忆在莫斯科中山大学时期》，《革命史资料》第 17 辑，第 195、196 页。

种帽子。这恐怕只有中国的'文化大革命'，才能与其相比吧。"① " '十天大会'以后，受处分、被开除的在一半以上。"②

毛齐华回忆说："中大'清党'的时候，反对学校和支部局领导的那一派中，多数人并不是托派，对这一点领导上也是清楚的。但是清党过程中，却没有认真注意作好群众中的思想工作，只是片面地从组织上追查你对学校和支部局领导的态度，在学校两派斗争中的表现，以及家庭的阶级出身，本人成份等。这样，就在尚未正式清党审查之前，实际上对每一个人都早已有了一个主观的看法和固定的轮廓。有了这样一个框框，在清党过程中，对参加或支持反支部局那一派的人，审查和处理就特别严格。"③

这次"清党"，造成严重的后果。陆定一回忆说："凡是反对支部局的，除了少数几个工人以外，都分别受到开除党籍，开除团籍，开除学籍，送到西伯利亚作苦工等处分。"④ 杨树亚回忆说："被处分的至少二百人。"⑤ 张培森主编的《张闻天年谱》说： "清党原为联共（布）中央和中央监委1929年4月决定，矛头所向为布哈林'右倾'集团。劳动大学的清党则与拥护支部局和反对支部局的斗争相纠缠，而这一斗争又同大学领导与中共代表团部分领导同志的矛盾相交织。党员之是否拥护支部局成为其能否通过清党的重要标准。这次劳大清党的结果，三百多名党员中有一百多名被开除，一半以上受到各种不同的处分；六十多团员中则有二十多名被开除，五分之四以上受到各种不同处分。"⑥

李一凡更作了详细的回忆：

王明一伙为了替米夫、顾丘莫夫、别尔曼帮派篡夺中国党领导权的罪恶阴谋拼命效力，捏造了一个反党宗派小集团，并为之加上了种种莫须有的罪名，不经过任何法律程序、完全用欺骗的卑鄙手段，在广大

① 《莫斯科中山大学里的斗争》，《陈修良文集》，第 250～251 页。

② 戴茂林等：《访问陈修良谈话记录》，转引自曹仲彬、戴茂林《莫斯科中山大学与王明》，第 80 页。

③ 《我所知道的莫斯科中山大学——中国共产主义劳动大学内部斗争的情况》，转引自孙耀文《风雨五载》，第 307 页。

④ 《关于唐义贞烈士的回忆》，《江汉论坛》1982 年第 6 期。

⑤ 戴茂林等：《访问杨树亚谈话记录》，转引自曹仲彬、戴茂林《莫斯科中山大学与王明》，第 81 页。

⑥ 张培森主编《张闻天年谱》上卷，第 103 页。

党、团员群众中滥施逮捕而横加迫害！我本人被送进大牢……

究竟逮捕了多少同志，无从准确知道。不过，若从在大牢时所见和后来在集中营碰到的加以粗略估计，大概有五、六十人；但实际上远远超出此数，因为从"中大"消失再没消息的人实在太多了。

我们这些被捕者，在被拘禁了半年多或一年之后，没经过任何法庭，由格贝屋①三人小组胡乱判决并无权上诉：一部份被经由中亚"遣送回国"（实际上不但没见到其中任何人回到国内，而且根本就再没见着其中任何人）；另一部份被分送到苏联各地工厂劳动；再一部份（反王明一伙最激烈而又较有影响的）被判了五年徒刑，送往集中营劳改。这后面部份人，后来又都遭到了第二次，甚至第三次逮捕迫害。所有这些人当中，已确知被折磨死在集中营的有季大才、沈良、王元盛、博小鬼等；下落不明的有黄包车夫（他很可能被折磨死在"木得已耳卡"大牢里，因为他在国内受过电刑，身体已经很坏而且神经也有点失常）、常英（女）、赵一凡、张崇德、努林（胡大胖子，安徽人）、江大头（湖北工人）、王元哲、刘蔚民、方绍原、谭伯揆、王靖涛、江翼谋、王文惠（印刷工人）、希什金（印刷工人，残废）、别笃霍夫（姓金）、胡鹏举、安复、李平、王晋……；能以劫余残生回到祖国的只不过我、唐有章、鲁也参、杨春、梁孝儒、马员生、范文惠、傅书堂、于为功、潘树人、万志麟、周肃清、林登岳13人而已，后面7人已先后死去，马员生也可能已经死了。②

张闻天没有参加过中山大学的这次"清党"，但有时也参加"清党"会议。他在《1943年延安整风笔记》中说：到1930暑假前，"清党"结束，700名学生中只有200多人顺利通过，党员被开除党籍者七、八十人，团员大多开除团籍，其余分别受警告、劝告等处分。③

同期　由于瞿秋白领导中共代表团反对"江浙同乡会"冤案等原因，在这次"清党"运动中，王明小宗派还借机打击瞿秋白等人。

盛岳在《莫斯科中山大学和中国革命》中回忆说："一九二八年中大反

---

① 即格勃乌。
② 《回忆中国共产主义劳动大学》，《革命史资料》第19辑，第99～100页。
③ 转引自孙耀文《风雨五载》，第317页。

第二条路线的斗争一开始……二十八个布尔什维克着手收集他们①幕后活动的材料。我们同时仔细审查他们自中共六大以来的各种讲话，从中找出同中共中央和国际立场相抵触的地方。我记得有个周刊，是共产国际的刊物，内部发行，那上面载有他们的大部分言论，我们逐字逐句地仔细地把它翻阅了一遍，这可以说是我们为对瞿秋白和代表团其他成员发动全面政治攻势，作好了思想上的准备。按照我们的计划，发动攻势的实践就定在中山大学清党的时候。联共清党有一个惯例，在对每个党员进行考查以前，先要对那个有关单位的情况进行一次讨论。因此，我们决定在清党的第一阶段即一般讨论阶段，发起对瞿秋白和代表团其余成员的攻击，因为他们在清党的尔后阶段不会再来中山大学接受询问。""中山大学的第一次清党大会，我想大概是在一九二九年十月举行的。共产国际、联共中央、联共区委等来宾出席了大会。巴维尔·伊凡诺维奇·贝尔津将军被派来中山大学任清党委员会主席……在他就清党程序作了简短讲话后，我走上讲台作了我在莫斯科期间的第二个重要发言。我公开谴责瞿秋白及其同伙犯了机会主义的罪行。瞿秋白犯了左倾机会主义，我说，而张国焘则是右倾机会主义。我谴责他们在中山大学培植'反党第二路线联盟'。为了论证我的指责，我引证了大量他们的讲话和文章，和提供了他们关于进行幕后活动的充分证据。我用中文讲，用不着停下来等译成俄文，王稼祥和另一个我忘了名字的中国人，轮流着替我作同声传译。发言只限五分钟，可贝尔津允许我讲了四十五分钟。""由于我和二十八个布尔什维克的其他人随后的公开攻击，国际中共代表团和二十八个布尔什维克的关系迅速恶化。瞿秋白及其同伙的政治地位受到了严重威胁。"②

陈一诚回忆说："王明等人在劳大搞宗派活动，他们所攻击的主要对象是瞿秋白。瞿在'六大'后是我党驻国际代表团团长，他经常到劳大来了解情况，同大家交谈。他支持同学们的合理意见，对王明等人的错误言行进行批评斗争。王明等人因此对瞿恨之入骨。大约在 1929 年，苏共展开清党运动，清除托洛茨基、布哈林和季诺维也夫分子，王明等人趁机对瞿造谣中伤，恶毒攻击。诬瞿是'布哈林分子'、'右倾机会主义'，是'反对中共中央'的，并造谣说瞿参加劳大的江浙同乡会（事实上，关于江浙同乡会问题，早在 1928 年已经澄清），如此等等。他们还利用职权，在校内以清党为

①　指瞿秋白等人。
②　盛岳：《莫斯科中山大学和中国革命》，第 228 ～ 230 页。

名，打击持不同意见的同志。"①

陈铁健在《从书生到领袖——瞿秋白》中说："他们②先是召集了为期十天的党员大会，与反对他们的党员摊牌，并提议请中共代表团出席会议，置他们于被公开批判的地位。瞿秋白拒绝出席会议。随后，他们又在清党的一般讨论阶段，召开大会，发起对瞿秋白和中共代表团的攻击。事先，他们收集和捏造瞿秋白和代表团的'幕后活动的材料'，把自从中共六大以来中共代表团及其成员的各种讲话和文件，逐字逐句加以审查，找出可以攻击之点。大会开始后，他们在发言中集中攻击瞿秋白等犯了机会主义错误。米夫派以及参加会议的联共和共产国际的代表一致鼓掌，表示支持这种攻击，以孤立瞿秋白和中共代表团。"③

瞿秋白后来在回顾这一段不愉快的经历时说："莫斯科中国劳动大学（前称孙中山大学）的学生中间发生非常剧烈的斗争，我向来没有知人之明，只想弥缝缓和这些内斗，觉得互相攻讦［讦］批评的许多同志都是好的，听他们所说的事情却往往有些非常出奇，似乎都是故意夸大事实奉为'打倒'对方的理由。因此我就站在调和的立场。这使得那里的党部认为我恰好是机会主义和异己分子的庇护者，结果撤消了我的中国共产党驻莫代表的职务准备回国。"④

秋 写七绝《工农同悲（悼彭湃、杨殷同志）》。

中共中央政治局委员、农委书记彭湃和中央政治局候补委员、军事部长杨殷因叛徒白鑫（原军委秘书）告密，于8月24日被捕，30日被国民政府杀害在龙华。王明诗的内容为：

> 牺牲留学打江山，不为称王不为官；
> 只为工农齐解放，大同世界看明天。⑤

同期 写五绝《悼金伯棠同志》，悼念被捕牺牲的英商电车公司工人领袖、中共沪东区委组织部长金伯棠。

---

① 《关于莫斯科中国共产主义劳动大学》，《党史资料丛刊》第1辑，第91~92页。
② 指支部局及其支持者。
③ 陈铁健：《从书生到领袖—瞿秋白》，第354~355页。
④ 《瞿秋白文集第7卷·政治理论编》，第710页。
⑤ 《王明诗歌选集（1913~1974）》，第68、69页。

11 月 7 日　在《红旗》报第 51 期上以慕石的笔名发表《准备着应战》和《太平洋会议的内幕——赛狗会》两篇文章。前一篇文章根据 10 月 25 日国民政府外交部发表的《中俄交涉破裂声明书》推论说："随着南京政府这一声明书而来的，一定是更无耻的、更大胆的向苏联武装进攻，苏联政府也一定迫不得已，要实行武装保护工人祖国的任务。""进攻苏联的战争，毫无疑义的是世界战争，参加这一战争的：一方为全世界帝国主义，社会民主党（第二国际），法西斯蒂，中国国民党，改组派，第三党，国家主义派等等，反动力量的大联合；另方为苏联工农，全世界革命的……大联合。"后一篇文章说：所谓"名流"、"学者"参加的太平洋会议，是为帝国主义服务的。中国劳苦群众要加紧"拥护苏联和反对瓜分中国"的工作，这是对这个会议的唯一有效的回答。

11 月 10 日　在《红旗》报第 52 期上以慕石的笔名发表他在 11 月 7 日写的《六万劳苦群众的武装斗争》一文，通过赞扬北平人力车夫的自发斗争，鼓吹城市进行没有准备的武装暴动，说这是一次"有异常伟大意义"的"自发武装斗争"。文章对当时的革命形势作了过高的估计，并由此作出全局性的结论，提出不切实际的斗争任务，说"国民党压迫和欺骗群众的政策……一天一天的走向破产……群众斗争的情绪日益紧张，斗争发展的进程日益向上，直接的武装行动已成为广大劳苦群众所采取的斗争手段，加紧了党准备武装暴动的任务。因此，党应当把党员军事化及武装工农的工作立刻实行起来"。

11 月 13 日　在《红旗》报第 53 期上以慕石的笔名发表《进攻苏联与瓜分中国》一文。说"国际帝国主义借中东路问题去进攻苏联，同时就是瓜分中国。为的要瓜分中国，不能不进攻苏联，同时，为的要进攻苏联，更不能不瓜分中国，所以中国的广大工农兵劳苦群众反对进攻苏联，同时就是保护中国革命，要保护中国革命，必须拥护苏联"。

在同一期《红旗》报上，还以慕石的笔名发表《与一个工人同志的谈话》的第一部分，11 月 16 日出版的第 54 期发表第二部分。文章强调："我们现在的革命，一定要反对资产阶级；中国资产阶级投降帝国主义，妥协了封建军阀，成为中国反革命的主要力量之一；它们剥削中国工农，压迫中国工农，屠杀中国工农，与帝国主义、买办、地主、军阀、官僚、豪绅一样的残酷。现在阶段中国革命任务的完成，只有在同时彻底反对中国资产阶级的条件下，才能做到……到中国无产阶级能够领导广大农民群众起来赶走帝国主义和实行没收地主阶级土地的时候，它绝不会不动中国资本家的财产，让中国资本家继续握有工厂、矿山、铁路、轮船、银行……去继续剥削中国工人阶级来发展中国的资本主义。它一定要把……中国资本家的企业都国有起来，与苏联的经济融成一片，来走向社会主义的经济建设。"王明把反对资产阶级提到和反帝反封建并列的地位，并明确提出没收中国资产阶级的财产，是他在实践上犯"左"倾错误的重要原因之一。

在同一期《红旗》报上，王明还以情淑的笔名发表《笨郭同的话》，说国民政府外交部特派东北调查专员郭同，无意地说出东北问题在日不在俄，至少揭穿了国民党极无耻的几种谣言。

11 月 16 日 在《红旗》报第 54 期以慕石的笔名发表《太平洋会议的总结》。用主观猜测代替客观分析，武断地说中国军阀战争一定要引起帝国主义"亲自出马"的帝国主义战争。文章说："中国民众有左右将来太平洋大战的力量，所以各帝国主义者都想把中国拿住作为自己有力的后备军，中国统治阶级各自甘心作各个帝国主义的走狗，反映各帝国主义矛盾的中国军阀战争，终于要引起各帝国主义亲自出马的战争；中国一定是太平洋战争的战场！""太平洋上各帝国主义相互间的战争危机愈紧迫，他们进攻苏联的决心也愈紧迫。"战争危机，只有"以武装暴动的力量"，把帝国主义赶出中国，"才能根本避免"。

在同一期《红旗》报上，王明还以情淑的笔名发表《共产国际反右倾与调合派的斗争》，说"在这样严重的历史时期里，我们共产党的队伍的动摇分子，便发生了不正确倾向——右倾倾向。就是机会主义的倾向。""但与右倾有同样危险的，还有对于右倾倾向取调和态度的调和倾向。调和派是右派的同情者……是懦怯的机会主义者！"所以共产国际"坚决的号召共产国际各支部，坚决的进行反右倾及调和派的斗争，这一斗争在目前中国的政治环境与党内状况的情势之下，更有特殊严重的意义！"

11 月 20 日 在《红旗》报第 55 期上以慕石的笔名发表《第二次太平洋劳动会议的总结》和《反对派还是反动派？》两篇文章。前一篇文章报道了 8 月 1 日在海参崴召开的第二次太平洋劳动会议。在叙述会议背景时再一次说到战争危险的迫近，说进攻苏联的战争，借中东路问题在"正式爆发中"，从"大西洋到太平洋都布满了帝国主义大战的战云"。在后一篇文章中说，中国的托洛茨基主义者不是"反对派"，而是"反动派"。文章把苏联的做法神圣化，说"苏维埃是工农民主专政和无产阶级专政政权的唯一形式"。

在同一期《红旗》报上，王明还以情淑的笔名发表《收回租界的两种方式》，以膺时的笔名发表《"建设与民意不能兼顾"!?》。

11 月 23 日　在《红旗》报第 56 期上以慕石的笔名发表《两个策略与两个政纲》。说在中国革命中有两个政纲，一是六大提出的十大要求，一是陈独秀、彭述之提出的四大要求。和两个政纲相联系，有两个策略：党的策略"以建立苏维埃政权"为中心，陈独秀等人的策略"以召开国民会议"为中心。在概括两个政纲时，把六大政纲说成反资产阶级与反帝反封建并列，即"以无产阶级领导、广大农民群众反帝国主义，反封建余孽，反资产阶级，推动革命向前发展，使中国革命不仅彻底完成资产阶级民主革命，而且使之转变到无产阶级革命"。

在同一期《红旗》报上，王明还以慕石的笔名发表《党的主要实际政治危险，究竟是什么?》。文章反复强调党的"目前主要实际政治危险是右倾思想"，"取消主义及一切右倾思想是目前党的主要政治危险"。文章列举了许多右倾表现，如"对于武装暴动的根本观念的认识模糊"，"对于武装暴动的实际意义的了解欠缺"，"对于武装暴动的必要技术的准备忽略"，"党团员军事化、武装工作的实施工作……还未正式开始"，"在党和党领导下的群众团体中，都很少进行武装暴动经常的宣传工作，对夺取和分裂敌人武装的工作也作得不充分"。这对正在形成过程中的李立三"左"倾冒险主义，起了推波助澜作用。

在同一期《红旗》报上，王明还以情淑的笔名发表《废除领事裁判权问题》，以膺时的笔名发表《反军阀战争周与广暴二周年纪念》。

11 月 27 日　在《红旗》报第 57 期上以慕石的笔名发表《论陈独秀》一文。1 月 15 日，中共中央政治局会议通过了《关于开除陈独秀党籍并批准江苏省委开除彭述之、汪泽楷、马玉夫、蔡振德四人决议案》。王明的文章报道了这一决定，并试图论证"革命的陈独秀变成了反革命的陈独秀"的原因，说"陈独秀自始至终是个自由资产阶级改良主义者"，现在已"成了无产阶级及整个中国革命的叛徒，成了一个只起反动作用的工具!"

11 月 30 日　在《红旗》报第 58 期上以慕石的笔名发表 3 篇文章。

《以革命联合回答反革命联合》一文说：国民党军阀借中东路问题武装进攻苏联遭到失败后，发表了《国民党政府告友邦书》，"公开声请各帝国主义国家出兵帮忙"。"国际帝国主义与国民党，在进攻苏联问题上，结成一个庞大的反革命大联合。"世界人民和中国人民要实行革命的大联合，以

"武装拥护苏联和反对瓜分中国","变进攻苏联的战争为拥护苏联的战争,使各国资本家地主的政府塌台"。中国应"以工农兵联合的武装暴动,消灭正在进行着的军阀战争,消灭国民党的统治,驱逐帝国主义出中国",这就是"武装拥护苏联和反对瓜分中国的实际行动!"此文还刊载于《烈火》第2卷第1期。①

《第三次暴动与"第四次暴动"》一文说,上海工人举行了三次暴动,"还要干个第四次暴动"。"国际的与中国的革命形势,都使工农兵武装暴动的任务日益迫近","反对进攻苏联和反对军阀战争的目前两大革命任务,只有中国工农兵武装大暴动才能完成"。文章要求在广州暴动2周年纪念日12月11日和反军阀战争周(12月9~15日)举行政治总示威,以作为"伟大的暴动的预演"。不顾时间、地点、条件的普遍号召总示威,就为冒险行动提供了依据。

《调和倾向与调和派》一文说:"在整个共产国际反右倾的斗争中,在中国共产党反取消派……的斗争中,都同时严重的指出要反对调和派。""调和派是懦怯的机会主义者,调和倾向走向公开机会主义的倾向。"所以,对调和派和调和倾向,是须随时随地留意与之斗争的。

在同一期《红旗》报上,王明还以膺时的笔名发表《取消派的政纲快要实现了!——召集国民会议》、《伟大英勇的青岛工人》两篇文章。

12月4日 在《红旗》报第59期上以慕石的笔名发表2篇文章。

《"西北问题解决"后》一文说:蒋介石和冯玉祥之间的战争,各牺牲了几万人,因为"冯系军阀得了蒋系军阀的一两千万元收买费,收兵回陕",这并没有真正使"西北问题解决"。文章认为冯玉祥和蒋介石毫无区别,"冯系军阀及改组派,都与蒋系军阀及其他一切军阀一样是工农群众的仇敌。苏联及中国共产党决不会对他们有任何的'勾结'、'联络'"。

《哈尔滨群众反日拥俄大示威的意义》一文,把11月9日哈尔滨群众反日拥俄大示威说成是"东三省群众运动正式发动的主要信号",这次示威"表示出群众已走向直接与统治阶级武装冲突的形势"。此文还刊载于《烈火》第2卷第1期。②

在同一期《红旗》报上,王明还以"石"的笔名发表《检阅我们的工

---

① 〔日〕田中仁:《王明著作目录》,第35页。
② 〔日〕田中仁:《王明著作目录》,第35页。

作》一文，说"广暴二周年纪念与反军阀战争周，马上便来了！"届时要举行"群众大示威"。这次示威"是我们武装拥护苏联和以武装暴动消灭军阀战争的群众力量大检阅"。"每一个觉悟的工人、农民、兵士、学生、贫民、店员、学徒，尤其是每一个共产党员与青年团员"，"须加倍努力"，"立刻动员起来！"

在同一期《红旗》报上，王明还以膺时的笔名发表《词穷理尽的国民党中央宣传部》、《青岛复工与"治安"问题》两篇文章。

12 月 5 日　以慕石的笔名撰写《广州暴动二周年纪念》一文，发表在《布尔塞维克》第 2 卷第 11 期上。文章进一步宣扬混淆革命阶段的理论说："广州暴动如果胜利了，毫无疑义的是中国资产阶级民主革命的最后完成，转变到无产阶级革命的正式开始。沿续着广州暴动而发展下去的中国阶级斗争的前途，很明显的告诉全世界的人们说：中国革命不胜利则已，胜利一定连续到中国的'十月'！"

12 月 7 日　在《红旗》报第 60 期上以慕石的笔名发表《极可注意的两个农民意识问题》的第一部分，第二部分发表在 1930 年 1 月 4 日的第 67 期上。文章谈的第一个问题，是革命领导权问题。它正确地指出：农民是革命的可靠同盟军，但不能说"工农阶级联合领导革命"，这样说就是放弃了无产阶级的领导权。可是，他又把这种提法错误地上纲为"农民意识"。文章谈的第二个问题，是反富农问题。它强调反对一切富农，说"中国富农因特殊条件关系，兼有半封建与资本主义的两种剥削，无产阶级的政党，决不能作出'联合富农'、'不反对不兼半地主半封建的富农'的结论来。同时，我们的任务也不是因此去辨别某一或某些富农的压迫剥削成分中，哪些是半封建性的，哪些是非封建性的，而是要在我们的政纲上策略上加倍的把纯无产阶级的反资本主义的斗争与一般农民的反封建的斗争更紧密联接起来"。文章强调谁不赞成反对一切富农，就是"农民意识"、"富农意识"："只站在一般农民的观点上去反对富农的半封建压迫和半地主剥削，而不站在无产阶级的观点上去反对一切压迫和一切剥削（包括封建性与资本主义性的），这不是别的，是农民意识！（尤其是富农意识！）"文章还强调要同时反资产阶级和富农："只有在反封建势力的民主革命中，同时进行反资产阶级的斗争，才能唤起、促进和提高无产阶级的战斗心、觉悟性与组织力，以造成、加速和推进革命转变的条件。""在这一策略坚决和正确运用之下，汇合其他一切有利的条件，必不可免的要促进和加速中国革命的转变过程。"

12 月 11 日　在《红旗》报第 61 期上以慕石的笔名发表 2 篇文章。

《"中俄和平交涉"与进攻苏联的战争》说：为中东路问题举行的中俄谈判，"绝不是进攻苏联的战争危险，已经避免或和缓"。相反，帝国主义、国民党联合进攻苏联与瓜分中国的战争更加紧张。谁不了解这一点，"谁便自觉的或不自觉的成了帮助帝国主义与国民党各派进攻苏联的工具"。此文还刊载于《烈火》第 2 卷第 1 期。①

《广州暴动与中国革命性质问题》说："广州暴动本身还是资产阶级民主性的革命，广州暴动如果胜利了，则毫无疑义的是资产阶级民主革命的彻底完成和正式转变到无产阶级的开始。"文章强调民主革命中要反对资产阶级："中国资产阶级与帝国主义及地主阶级有密切的政治的经济的联系，民族革命与土地革命的斗争，不能不同时反对资产阶级。"

在同一期《红旗》报上，还以膺时的笔名发表《纪念广暴的战士》。

12 月 18 日　在《红旗》报第 62 期上以慕石的笔名发表 2 篇文章。

《"中俄和平交涉"的现状与前途》说，在"中俄和平交涉"中，帝国主义、国民党各派，都不愿使中东路问题和平解决，即使"得到某种暂时的、'和平的'解决，则不仅不是进攻苏联问题的得到任何的解决，即中东路问题本身也是未得到任何的真正解决"。要真正解决问题，"只有一个唯一的条件"，"就是中国工农兵以武装暴动驱逐在华的一切帝国主义势力，推翻中国国民党各派的统治，建立工农兵代表会议（苏维埃）的新中国"。

《军阀战争与取消派》说，军阀战争不能统一中国。要统一中国，只有"以武装暴动"推翻帝国主义、国民党统治，才能实现。

12 月 20 日　在《红旗》第 63 期上以慕石的笔名发表《没有一个好东西！》和《唐山五矿工友的斗争》两篇文章。

前一篇文章说："中国的各派军阀，无论是国民党'左派'也好，蒋派也好，阎派也好，冯派也好，桂系也好，奉派也好，以及那些还想爬起来的直系'吴大帅'、'孙巡帅'也好，安福系的段祺瑞也好，鲁系的张宗昌也好，都是一个娘养的，'没有一个好东西！'"

后一篇文章说："唐山五矿五万工友中，正酝酿着更伟大更英勇的群众斗争。"斗争的趋势是"由日常的经济斗争"走向"政治斗争"，走向"反

---

①　〔日〕田中仁：《王明著作目录》，第 36 页。

对整个国民党反动统治的斗争"，由"局部的怠工，派代表向国民党交涉"，"转向直接群众行动"。"我们的任务"是"加紧一切政治上、组织上的工作，促成这一总斗争的爆发"。这一斗争的爆发，"不仅可以掀起北方职工运动的新高潮，一定还鼓起全国工人阶级更加兴奋作战的情绪，一定更能促进全国革命高潮到来的速度"。

12 月 22 日　撰写《社会主义建设的伟大工作——苏联的五年经济计划的研究》，以慕石的笔名发表在《布尔塞维克》第 2 卷第 11 期上。

文章介绍了苏联五年经济计划的背景、内容、意义，说它是"人类历史上的新事业"。"正因如此，资本主义国家的政府，更不能不急于实行对苏联的武装进攻。"在这种形势下，"变进攻苏联的战争为拥护苏联的战争"，"是我们劳苦群众作战的总战术！"文章最后说："全世界无产阶级努力推翻资本主义的社会，建设一个世界社会主义苏维埃联邦共和国"，"这才是我们纪念十月革命的真正敬礼！"

12 月 25 日　在《红旗》报第 64 期上以慕石的笔名发表《为哪一种"民主政治"而战?》和《欢迎朝鲜的五卅》。

前一篇文章说：民主是有阶级性的，不同的阶级有不同的"民主"，"到底为哪一种'民主政治'而战？是每一个战士当前即须决定的态度"，"中国共产党提出的具体的'民主政治'的政权形式是工农兵代表会议（苏维埃）"。后一篇文章报道朝鲜光州因日韩学生在电车上发生冲突，引起全朝鲜爆发了广大民族解放运动。

在同一期《红旗》报上，王明还以膺时的笔名发表《贫民生活问题》。

12 月 28 日　在《红旗》报第 65 期上以慕石的笔名发表《阎张通电后的政局》。

文章说阎锡山、张学良给南京政府通电，声称"拥护中央统一"，这绝不可能制止军阀混战。相反，"阎张等通电的发表，只是表示出中国军阀混战已经把整个北方以及东三省军阀都卷进公开武装战斗的局面"，把整个中国"都变成军阀战争的屠场"。

冬　曾给中共中央办的一个训练班讲政治课。

江华在自己的回忆录中说："这一年的冬天，福建省委派交通送我到上海，进中央举办的训练班学习，主要学军事、巷战、爆破技术等……教员有向忠发、陈绍禹、顾顺章、李翔吾。向讲工运，陈讲政治，顾讲特工，主要是讲如何同叛徒和敌特斗争；李讲巷战技术，主要是讲如何搞城市暴动和使用炸药、工具的方法等。学习有一个月的时间，住在闸北路一个学校里……"①

1930 年　26 岁

1 月 1 日　在《红旗》报第 66 期上以慕石的笔名发表《一九二九年的中国》。

文章过高地估计了革命形势，说 1929 年是"反动统治走向崩溃和革命开始复兴"的一年。这一年，在经济方面，"是整个经济处在危机的一年，尤其是工业'非民族化'的一年"；在政治方面，"是国际帝国主义者加紧进攻苏联和瓜分中国的一年"，"是中国反动统治……走向崩溃的一年"；在群众斗争方面，工人斗争从零星的、局部的、少数人的怠工、请愿，进到几千几万人的群众罢工，从手工业、轻工业的群众斗争，进到重工业、市政工业、交通工业的群众斗争，从中心区域扩大到各个地方，从请愿、怠工、罢工，走到示威、武装骚动以至巷战，由日常经济斗争，走到公开的政治行动。在农民方面，湘鄂赣粤"又恢复了英勇广大的斗争，苏维埃区及游击队已普及到福建、四川、河南、安徽"，"在闽西有 80 万赤色群众拥护朱毛红军和游击队"。其他各地，也有广大的农民运动。士兵方面，整旅整团整营的反动军队投降红军，"兵变成了经常不断的现象"。在党的方面，"是加速布尔塞维克化的一年。党的组织有相当的建立和恢复，工作方式有了相当的改进，党在群众中的威信不断提高"，"对于武装拥护苏联及反对军阀战争的两大任务，是毫不怀疑的加紧实行"。此文还刊载于《太平洋工人》第 3、4 期合刊。②

在同一期《红旗》报上，王明还以膺时的笔名发表《欢迎苏维埃的印度》，以应时的笔名发表《短评》六则。

1 月 4 日　在《红旗》报第 67 期上以慕石的笔名发表《狐狸的尾巴都露出来了！》。

文章说 1929 年 12 月 29 日国民政府宣布"撤废领事裁判权"，是"帝国主义与国民党串通好了做出的骗人把戏"，"口头上撤废领事裁判权，实

---

① 《追忆与思考——江华回忆录》，第 100 页。
② 〔日〕田中仁：《王明著作目录》，第 36 页。

际上以'特别法庭'来更加束缚中国的司法权"。这样，"狐狸尾巴都露出来了！"

在同一期《红旗》报上，王明还以应时的笔名发表《短评》五则。

1月8日 在《红旗》报第68期上以慕石的笔名发表《反对两个严重错误的倾向》。

文章说："在反对反对派的斗争中"，有的同志"犯了两个严重错误倾向。一是否认或忽视中国资本主义发展的倾向，二是否认或忽视革命现在阶段中存在有社会主义革命成分的倾向"，夸大中国经济中的资本主义成分和中国革命现在阶段中的社会主义成分，并说产生这两种错误倾向的"社会阶级基础"，是"标本式的农民意识的反映！""这些倾向要发展下去，毫无疑义的要成为革命新高潮到来时革命转变期中的致命的敌人，他们将成为革命转变的公开的机会主义理论的根本源泉。"

1月11日 在《红旗》报第69期上以慕石的笔名发表《军阀战争的"成绩"》和《为什么反对派要自称"列宁主义布尔塞维克"？》。

前一篇文章通过河南巩县人民"因灾情及战祸损失"的数字，揭露军阀战争给人民造成的严重损失。文章号召"武装暴动"，说"全国的工农兵贫民群众，除了接受中国共产党领导，以武装暴动消灭军阀战争而外，还有什么另外的生路！？"

后一篇文章说：马列主义的胜利，逼得敌人"不能不带上'列宁布尔塞维克'的假面具"，来欺骗群众。

1月12日上午10时 参加上海工联会在垃圾桥附近召开的布置年关斗争的工会干部会议时被捕，被押到南京路北头老闸捕房。①

《传记与回忆》说，王明去参加这次会议是李立三有意安排的。其中说："1930年1月1日②，李立三告诉绍禹说：'中央和江苏省委决定今天召开上海各区赤色工会干部和积极分子会议，传达中央和省委的决定——布置年关工人罢工斗争。但今天开会的地方我不能去，你得代我去出席这个会议，并作有关国内外时事和我们的任务的报告。'立三接着说：'本来约好项英和徐锡庚〔根〕和我一块去的，他们现在某茶馆里等着我呢。你先到他们那里，告诉他们说，我不能去。叫他们和你一块去。'当绍禹来到茶馆

---

① 王明在延安写的简历说1930年"1月被捕"。

② 回忆有误，王明不是这天被捕的。

见到项英和徐锡庚说明情况时，他们两人不约而同地冷笑起来。项英说：
'啊！立三自己不去了。好吧！绍禹你先去，我们一会就来。'结果，绍禹
刚到开会地方，还未坐下，巡捕房的囚车已到，把绍禹和开会的20多人全
部捕去。这时绍禹才明白李立三自己为什么不去，而项英和徐锡庚为什么只
冷笑而没有到会。立三等早已知道开会的地点被敌人破坏过，但他们仍然叫
别人去'争取公开'，他们自己不愿去争。"这是李立三对王明的第一次
打击。

1月12日下午4时　不顾党的纪律要巡捕给党的机关送信。

下午4时，有一巡捕送饭来。一难友与巡捕商量雇他送信，巡捕答应。
王明也写了信，由巡捕送到中央宣传部一个秘密机关，说他已被捕，请设法
营救。在老闸捕房询问他的地址时，他供出了"鸭绿路号数不知"。这都严
重威胁到党的机关的安全。当时在中央宣传部资料科工作的邵珍回忆说：王
明的信是王铁江先接到的，后转交给中央。"由于组织上通知我们赶快搬
家，我不愿意搬家，埋怨了几句。王铁江他们才把这个事情的经过给我讲
了。他说，陈绍禹去曹家渡开会，被敌人捉去了。后来他叫个警察送来了一
封信，我把信收了。由于咱们机关暴露，所以中央决定咱们机关赶快转移、
搬家。搬家前，我把一般的文件材料全烧了，整整烧了一个晚上。"①

当时任上海工联会秘书的廖华1943年12月6日写的《我和王明等被捕
的经过》说：下午四点，有一个巡捕送糙米饭来了，陆友三②就找那个巡捕
说话，内容是要他通消息给外面，他点头，于是王洁明③找到一个工人，在
口袋里拿到一根短铅笔，并由一个人身上要出数张上茅厕的草纸，伏在墙角
的地上写了一封信，陆友三也写了一张，接着交给巡捕，王洁明的信址是法
租界什么地方。只听到说：信送到时，每封给大洋十四元为酬劳费。过几天
送信的巡捕又来，说是信已送到了，记不清他们又送了什么信，但巡捕第二
次回来，忽然向他们发脾气，骂他们，大概是送信的地方搬家了。

盛岳回忆说，当时王明请的是一个印度巡捕，收信的是潘文玉④。他
说："陈绍禹急于出狱，他不顾起码的安全措施，写信给中大毕业生、当时
中共中央宣传部秘书潘文玉求救，从而危害了党。他买通了一个印度巡捕去

① 曹仲彬：《访问邵珍谈话记录》，转引自曹仲彬、戴茂林《王明传》，第142页。
② 与王明一起被捕。
③ 即王明，下同。
④ 即潘问友。

送信给潘文玉，潘接信后大吃一惊。由于陈的愚蠢，大部分上海的中共地下机关不得不搬家，因为陈已派了一个巡捕直接到了一个机关。"①

罗章龙说王明的信是送给李求实的。他说："在严重的白色恐怖下，不久王明被工部局逮捕。当时王明非常害怕和惊慌，他乞求工部局的一个巡捕送信给宣传部，并对这个巡捕说将来会得到报酬。王明的信送到李求实手里，信中说，我已被捕，请设法营救。收到这封信，李求实大吃一惊，党内的同志哗然，都对王明为保命而不惜暴露党的机关不满，结果党的机关被迫全部搬家。"②

1 月 22 日　在提问时说自己是卖茶叶的，等等。

当时任上海工联会秘书的廖华 1943 年 12 月 6 日写的《我和王明等被捕的经过》说：阴历的腊月二十三日，我们每两个戴了手铐，上车到北四川路会审公堂审问。问到王洁明，他的口供是安徽六安人，因为卖茶叶到上海被捕云云。当时没有人承认是为开会被捕的。于是就把我们送到提篮桥西牢东监的第三层楼上，在那里度岁。

1 月　于狱中作七律《狱中除夕》。诗曰：

> 爆竹声知旧岁终，狱中何处有春风？
> 新年战友连窗祝，含笑交谈众志同。
> 死去一心留党国，生还百计为工农。
> 苏联茁壮苏区大，马列旌旗遍地红。③

同月　还于提篮桥狱中作五绝《狱情》。诗曰：

> 青春全献党，义士壮成仁；
> 同志多千万，伤心最一人。④

2 月 4 日　再次被审问，要一名狱友承认，以减轻别人的罪状。

当时任上海工联会秘书的廖华 1943 年 12 月 6 日写的《我和王明等被捕

---

① 盛岳：《莫斯科中山大学和中国革命》，第 242 页。
② 《上海东方饭店会议前后》，《新华文摘》1981 年第 5 期。
③ 《王明诗歌选集（1913～1974）》，第 70 页。
④ 《王明诗歌选集（1913～1974）》，第 71 页。

的经过》说：到了阴历正月初六，王洁明又被提到会审公堂审问，结果被引渡到小东门总公安局。第二天，王洁明和陆友三、何照在背后密语，似乎看见当时的工人有些动摇，恐怕一打就供出来，弄得案子僵了，大家都不好办。于是，在第二天早晨八九点的时候，王洁明拉我在背后，暗地说："这里分子很复杂，一被打一定都供出来，那时大家都不得了。为保存干部计，为救大家计，你是一个案首，可以承认了一些，说你是来做什么的，那就可以减轻大家的案件，你看如何？"以征求我的意见。我"感觉到这是损人利己的主张"，没有同意。以后他和陆友三斗不好意思见我。

廖华还说：过了几天，开预审庭。一直问到最后的第三名，还是王洁明。我只在外边听到他在里边又说又哭地说："我是由安徽六安才来的，因为要卖茶叶的缘故，误被人捕"云云。详细的话我也记不清了，那时给我感觉是"要死就死，何必这么哭哭啼啼"，再过几天，看守提了条子叫王洁明、黄皓和那个云南省委的老婆签名，要他们三个招保释放。于是王洁明等又找看守，说送信给外面什么地方招保。我们一批 20 个人，第二天就送到龙华警备司令部。到了龙华，陆友三才告诉我那王洁明即是陈绍禹，因为恐怕我供出来，没有告诉我。

2 月 18 日　因党组织的营救，再加上敌人未弄清王明的真实身份，被招保释放出狱。[①]

有两个材料，说王明是经过"党的内线活动"放出来的。廖化[②] 1949年 3 月 22 日于大连写的证明材料说："经过我党的内线活动，把王明同志等三人保释。"郭平（当时叫郭宝根）1955 年 8 月 8 日写的交代材料说："1930 年 1 月份，因参加上海工联会纱厂工人代表会议讨论年关斗争，在上海厦门路被捕，一共有二十三人，其中有中央委员王明同志[③]……后来经过党的内线活动，将王明等同志保释，其余被送到苏州高等法院。"

还有一种说法：王明这次出狱是共产国际驻中国代表花几千元保释出来的。罗章龙即说："由于当时王明年轻，工部局不明他的身份，米夫知道这事，认为非极力营救不可，便拿了几千元钱，通过关系把王明保释出来。后来米夫又为王明的这次被捕事件庇护。"[④] 但当时与王明住同一机关的邵珍

---

① 王明在延安写的简历说 1930 年 "2 月 18 日出狱"。
② 可能即廖华。
③ 王明那时并不是中央委员。
④ 《上海东方饭店会议前后》，《新华文摘》1981 年第 5 期。

却说："陈绍禹去曹家渡时化装成工人样子，和一些工人一起被捕的。敌人没有发现他。所以，以后他和工人一起被放了。我没听说党花很多钱把他搞出来。如果真花那么多钱，他就暴露了。不仅出不来，很可能枪毙。"① 当时在资料科工作的罗晓红也说："王明是否是花钱赎出来的，没有根据。"②

刘平若1953年写给毛泽东的信中说：反革命陆京士的爪牙江菊林曾亲口告诉他，是"陆京士亲自放过王明的"，"至于何时何地，江菊林未曾详言"。

《传记与回忆》说，王明被释放后李立三曾想杀害他。其中说："1930年2月18日，绍禹被敌人宣布交保释放出狱。他把自己身上穿的夹袍脱下，送当铺当了两元，住在浙江路上的一个小旅馆里。次日到外面去走走看看，能否碰到同志，以便与组织上取得联系。走不多远，在四马路上碰到任弼时同志。弼时给了绍禹五元，并许诺通知中央组织部来找他接头。但是等了廿来天，李立三才派来陈庚〔赓〕同志。当时，绍禹还不知道陈庚〔赓〕是中央特科负责人，以为他是中央组织部的工作人员。陈庚〔赓〕问了绍禹一些情况后，说：'你说的和我们知道的一样。你等着，会有人来找你，给你分配工作的。'"1931年春，当王明为了躲避敌人追捕住在一个小尼姑庵里时，陈庚〔赓〕对他说："绍禹同志，我今天是来保护你的。一年前（即1930年3月初），我到你住的小旅馆去看你，可不是去保护你。相反，是立三命我把你带到我们特有'大屋子'里去的。现在你已知道'大屋子'是什么地方了吧？那是个只能进去不能出来的地方！我告诉立三说：'和绍禹一起被捕的20多人，除张光明、廖华外，其余的都交保释放的。'但立三命令我说：'你一定要找他（绍禹）谈谈。如果发现一点可疑的，就立即把他带到大屋子里去！'后面这句话，立三还重复了几遍，他怕我不懂得他的意思。我和你在小旅馆谈话后，更认为立三的做法是绝对的没有根据。"这是李立三对王明的第二次打击。

同日 在街上意外地碰到"三农"时的同学王逸常。王逸常当时担任中共安徽省六安、霍山联合县委书记，因与省委书记尹宽发生路线争执，到上海找中央解决。问题解决后，中央让他留在上海。这天，王逸常正在英租界的一条街上行走时，遇到刚刚出狱的王明。他回忆起这段巧遇时说：

---

① 曹仲彬：《访问邵珍谈话记录》，转引自曹仲彬、戴茂林《王明传》，第142页。
② 曹仲彬：《访问罗晓红谈话记录》，转引自曹仲彬、戴茂林《王明传》，第142页。

"1930年初，有一天，我在路上遇见陈绍禹，他刚从监狱出来。我把他送到了旅馆，给他买了饼干、面包，安排好后我才走的。我只记得他对我说：'这个监狱有些资产阶级味道。他们看我是个小个子，看不起我，认为我不像一个革命的共产党员样子，就把我放了。'不久他自己找到了党组织。"[1]

2月18日后 给米夫写信。

盛岳在《莫斯科中山大学和中国革命》一书中说：王明这封信"诡称在狱中遭到毒打，抱怨中共中央把他丢到了脑后。米夫大发雷霆。他在四中全会前给中共中央信中，赞扬陈绍禹的英雄主义并称他是英勇革命者的典范，攻击李立三的领导不给陈安排重要职务"。[2]

2月21日 给中共中央写信，报告被捕、受审及在监狱中的情况，承认"因一时确信送信人不会捣蛋且想不出其他地址，致命人送信（潘）问友处，虽然幸好始终未成问题，然而因此致问友搬家，且予人以不良口实"，这是"个人此次之错误"。

3月16日[3] 中共中央给他写信，指出他被捕后"犯了几种重大"错误：其一，着巡捕送信到中央秘密机关，影响机关的安全；其二，供出鸭绿路，虽没有说出门牌号数，但"同样可以影响机关的安全"，"给一般同志以极坏的影响"；其三，企图"躲避自己的错误"，"证明你仍是不能悉心承认错误，接受批评，更没有在错误中取得教训，改正自己错误的决心"；其四，指出他说中央解决他的问题"不要给取消派借口"，"表明你完全不接受中央批评的精神，更是非常错误的"。据此，中共中央决定给王明以党内警告处分，同时希望他能虚心接受批评，勇敢地改正错误。[4]

3月26日 在《红旗》报第87期上以韶玉的名字发表《再论富农问题》，着重"批判"了三个观点。第一，"对于富农的'革命性'还存有幻想"。文章说：富农"大呼革命"，也"干些于群众多少有点好处"的事，这"并不是为的革命，而是为的缓和革命和消灭革命，为的反革命"。只有这样认识，"才能够坚决的彻底的从各方面进行反富农的斗争"。第二，"不认识富农意识领导的实质"。文章说：所谓富农意识的领导，绝不只是富农分子的领导。"即使不是富农分子，也可自觉的或不自觉的代表富农意识，

---

① 曹仲彬：《访问王逸常谈话记录》，转引自曹仲彬、戴茂林《王明传》，第142页。
② 盛岳：《莫斯科中山大学和中国革命》，第242页。
③ 原件无年代，此日期是文件戳记上填写的时间。
④ 黄允升：《毛泽东开辟中国革命道路的理论创新》，第290页。

在农村斗争中有意的或无意的执行富农路线"。第三，"将反富农斗争看成只是反富农意识的斗争"。文章说："反富农斗争，决不只是反富农意识的斗争"，而是要"在政治上、经济上、组织上、思想上种种方面进行无情的坚决斗争"。文章最后说，反富农斗争"是全党每个同志目前的迫切任务！"

3月28日 给中央组织局写信，报告他在10天前与王凤飞一起对中央发牢骚，说苏区里有"尾巴主义"、"保守观念"，"只干土地革命，以为土地分了，革命便成功了"，"不注意革命转变"；说六次大会决议案就是"不要故意加紧反对富农"，有的文件又写成"联合富农"，以致过去对富农问题发生了错误。承认以上说法是"错误的"。①

3月 说李立三想让他到豫皖苏区并杀害他。

《传记与回忆》说："1930年3月，当陈赓同志没有执行李立三的命令，没有把绍禹杀害，于是李立三又想用另外一种方法来迫害绍禹。他叫绍禹从旅馆里搬到中央招待所去住"，并"叫绍禹和豫皖苏区来的同志一块到豫皖苏区去。开始时，绍禹并没有想到李立三的用意不好。绍禹很快地就和豫皖苏区来的同志们谈得很合得来。许继慎和熊寿宣（受暄）二同志当时都是豫皖苏区的负责人，是豫皖苏区的创始人之一。绍禹和他们一起住了廿多天，每天给他们上马列主义课。不料招待所的主任把情况告诉了李立三，于是立三到招待所，向绍禹大叫着骂道：'你不能到豫皖苏区去了！'绍禹问他为什么，立三说：'因为你去了，会掌握军队反对中央的！'绍禹又问他，根据什么这样说？李立三大叫道：'你不要问，叫你去，你就去；叫你不去，你就不去！'说完就走了。李立三走后，许继慎和熊寿宣二人告诉绍禹说：'李立三说你是个危险分子，要把你送到我们苏区去解决掉呢！'"这是李立三对王明的第三次打击。

同月 调离中共中央宣传部机关，到全国总工会宣传部任《劳动》三日刊编辑。②

在总工会，他曾找全总党团负责人罗章龙表示，共产国际对他很信任，只有像他这样的真正懂理论的布尔塞维克，才能担当起中央的领导任务，希望全总的同志支持他的工作。王明的话遭到罗章龙和全总许多同志的反对。

---

① 王凤飞、韶玉：《给组织局的信——报告谈话经过》，1930年3月28日。
② 王明在延安写的简历说"3月～6月，全总团秘书兼劳动三日刊编辑"；1950年填的简历表说自己"1930.2～1930.11，在上海，全国总工会三日刊编辑，中共江苏省委宣传干事"。

罗章龙回忆说：

> 我们按照组织的决定，安排王明、博古两人在全总宣传部工作。我们在一起办公。王明到全总宣传部后，一直不好好工作，他认为是被大才小用了。在一个偶然的场合，王明对我说："想与你谈谈。"我们如约作了一次长时间的谈话。王明说："我们的斗争在东方大学取得了彻底的胜利。东方部派我们回国不是做普通工作，而是要做领导工作的。"他对我反复强调："我们是共产国际直接派来的，你要认识这一点。"他还对我说："中国的党自建立以来一贯幼稚，不懂马列。苏区的人更不懂，他们什么也不晓得，一贯右倾，搞富农路线……我们要把党从上到下加以改造。"……我当即严厉地批评了他。王明强辩说，"我说这些话是代表国际而不是个人"，并要我回去"向大家传达"。我义正词严地拒绝，并对王明声明："我不赞成你的说法。"但王明还是执意要我在全总会上提一下。我要王明打消这个念头，并再一次提醒他注意："你的这些想法很危险。"我回到全总机关，同志们都来问我，王明找我说些什么，我把王明说的话与大家转述了，同志们听了之后都十分气愤，纷纷要求把王明打发回去。在这种情况下，王明很苦闷，认为在中国想达到他们的目的希望渺茫，要得到各方面的支持也极困难，因之他一度非常消极，不干工作，而且也因大家不理他那一套使他无事可做。①

4月5日 李立三在《红旗》报第 90 期上发表《怎样准备夺取一省与几省政权的胜利的条件》。文章说："最近政治事变与革命形势的发展，已显示出全国新的革命高潮日益接近的形势。""因此在准备全国革命的胜利的任务之下加紧准备夺取一省与几省政权，建立全国革命政权，已成为党的目前的总的战略。"为夺取一省与几省政权，首先要有全国的配合，要有中心城市工人的政治罢工、总同盟罢工以至武装暴动，要有农民暴动、兵士哗变、红军的有力进攻。

《传记与回忆》说，王明曾对李立三的观点提出批评。其中说："1930年4月，绍禹被送去全国总工会党团作秘书兼《劳动》三日刊编辑。从这

---

① 罗章龙：《上海东方饭店会议前后》，《新华文摘》1981 年第 5 期。

时起，开始了反对立三路线的斗争。因为在中央机关报《布尔塞维克》和《红旗》上发表了李立三的几篇带原则错误的论文。开始时，绍禹找中央政治局委员、全总负责人项英同志谈了十多次话，项英同志表示完全同意绍禹的意见。又与向忠发谈了几次，请他转告李立三注意纠正错误。但是李立三不听。"

4月10日 以"兆雨"、"石"、"慕"、"玉"的笔名在《劳动》第28期上，发表4篇文章。

第一篇《南京四三惨案的意义与教训》，就4月3日英帝国主义的水兵惨杀南京和记工厂工人事件，得出结论说："革命与反革命的肉搏一天一天地加紧了"，"已迫在目前了！""革命高潮已经加快地到来了。"在这样的时刻，"政治罢工，同盟罢工，已经是我们日常工作的迫切任务"。这时，"不仅怀疑这些行动'有没有可能'的观点是机会主义，就是把这些行动只当作'一般的策略和很远的前途'，而不积极马上实行准备、组织与实现，也同样是右倾"。

第二篇《"四一二"与蒋介石》，主张打倒一切。它说：张发奎、冯玉祥、陈公博、李宗仁、阎锡山、段祺瑞，"这些杀人不眨眼的魔王，哪一个比蒋介石好一毫呢？""改组派为的争夺卖国殃民的权利反对蒋介石，他们的忠实同志没有一个不是'蒋介石第二'，国民党政客这一群狗窝里，绝对找不到一条'少通人性'的好狗，都是一样凶恶的帝国主义与地主资本家的屠杀工农的猎狗！"我们要打倒蒋介石，国民党各派军阀，整个国民党，"打倒中国的一切地主，买办，资本家"。

第三篇《汉口蛋厂的同盟罢工》。3月23日，汉口和记、安利英等七八家蛋厂，发生群众自发的同盟罢工，提出"恢复民国十五年的条件"等7项经济要求，在得到"相当胜利"的条件下复工了。这篇文章根据这一事件，对形势作了过高的估计："同盟罢工已经成为群众实际行动的迫切要求，群众已经自动地干起来。""在这一斗争的影响下，同盟罢工，政治罢工，一定在武汉区域继续扩大和深入，这不仅是赤色工会发展的有力基础，而且是一般革命运动尤其是湘鄂赣三省苏维埃政权运动的有力推动和领导，更加要加速实现工农兵武装暴动夺取武汉和全国革命胜利的前途。"

第四篇《加紧准备"红色的五一"！》。文章说："'红色的五一'马上要来了！"届时要"组织五一的罢工示威"。在筹备中，要"尽力用斗争方法取得公开地点……作为开群众大会，代表会，委员会，以及组织，宣传，纠察各部公开办事的场所"。

春　于上海作七绝《念故乡》。诗曰：

屡跋高峰涉巨洋，为谋域内变风光。

全家寨上红旗满，我更因之念故乡。①

5月上旬前后　撰写《什么是工农兵代表苏维埃》的小册子。②

《写作要目》说：这本小册子"未署名"，是为1930年5月召开的全国苏维埃区域代表会议代表们用的，由"中共中央铅印，中共中央决定作者写的。当时作者为中共中央宣传部秘书"。③

5月1日　在《劳动》第30期上以石的笔名发表《要饭吃！要工作！要土地！》、《援助英日同盟罢工的兄弟们》2篇文章。

前一篇文章要求："在全体工人阶级引导广大劳苦群众与资本家搏斗的'五一'这一天，失业工人应该积极起来走向战争的前线，举行广大的群众示威，包围帝国主义，国民党，资本家的办事机关，行政机关及工厂作坊，打开资本家的米仓钱库，向他们要饭吃，要工作，要土地！"

后一篇文章说，"五一快到了！英日同盟罢工兄弟们的斗争勇气一定更大"，全中国的工友们，要以实际行动援助英日的兄弟们，"在五一这一天，我们举行伟大的政治罢工，政治示威"。

5月14日　在《劳动》第31期上以兆雨、石的笔名分别发表《上海水电工人的同盟罢工》和《"赤俄"与"白俄"》2篇文章。

前一篇文章号召工人与资本家拼个你死我活。文章说："上海安迪生祥昌，南京和记，青岛英日烟纱各厂的斗争，给了我们明确的教训，现在已经是资本家与工人肉搏血战的时候……我们只有下决心与资本家拼个你死我活的斗争！"

后一篇文章说：工人要求米贴，加工钱，国民党就说是"赤化"嫌疑；工人罢工，资本家就招雇"白俄"代替工人，破坏罢工。"白俄"在中国有

---

① 《王明诗歌选集（1913～1974）》，第72页。

② 《写作要目》没有说明写作时间。因全国苏维埃区域代表会议是1930年5月召开的，故判定写于5月上旬前后。

③ 当时王明已不在中共中央宣传部工作。

好几万人到 10 万人，他们是"中国工人阶级的死对头"，我们要"坚决地以群众武装力量驱逐'白俄'"。

同日　在《红旗》报第 101 期上以雨的笔名发表《坚决地反对黄色倾向》。文章说："目前工人运动的主要危险，便是黄色倾向！"其表现是"对反国民党反黄色工会的实际斗争不坚决"，"有时还多少保有合法观念的幻想"，等等。对这种倾向，要"在理论上，组织上，斗争上，工作上加紧的克服"。

5 月 15 日　在《布尔塞维克》第 3 卷第 4、5 期合刊上以韶玉的名字发表《目前军阀战争与党的任务》。

文章对形势作了夸张的估计，说："反对军阀制度与军阀战争的斗争浪潮，卷进千百万亿的群众，全国主要城市的工人斗争，已经走到政治同盟罢工和直接武装冲突的形式，农民运动在南中国各省表现出显著的高潮，苏维埃区域已蔓延八九省的地域，工农红军迅速在七八省范围内建立和扩大，兵士成营成团成旅的哗变，很多投到革命群众方面去"，"统治阶级本身也深切地感觉到'赤化'全中国和红军占领武汉的危险已经迫在目前。帝国主义及整个统治阶级都一齐在革命怒潮之前发抖！"文章提出，在这样的形势下，要夺取武汉这个中心城市。"从目前革命形势及军阀战争的形势看来，在武汉及附近各省（湘赣）开始武装暴动夺取政权的行动，并非什么很远的前途。""夺取武汉毫无疑义地是建立全中国苏维埃政权的开始。"为了实现这个目标，要"加紧反改组派的斗争"，在党内"加紧进行反对各种右倾倾向及对右倾调和态度的调和倾向"，"加强中心城市的领导作用和工作，加紧组织主要城市的政治罢工，同盟罢工，以至总同盟罢工"。文章列举了"右倾"的十种表现，说各种右的倾向"是非常主要的危险。右倾倾向的第一种表现是对于目前国际革命形势及中国革命形势的日益完备高潮条件的怀疑与动摇；第二种表现是在群众斗争中党的尾巴主义；第三是职工运动中的黄色倾向与对于赤色工会建立的忽视；第四是农村中的富农路线的领导和对于反富农斗争的犹豫和不坚决；第五是地方观念、保守观念和一般的农民意识；第六是对士兵运动的忽视与对于兵变的取消倾向；第七是对于争取公开工作路线的怀疑与不坚决；第八是对于红军、游击队及苏维埃区在一般革命运动中的比重成分估计得不够；第九是对于'中小商人'及一般小资产阶级知识分子的不正确估计和'幻想'；最后，非常危险的是对于党的本身力量估计得太过薄弱。非常明显地，第一种倾向能阻止、妨害、动摇甚至反对党的目前一切中心策略路线的执行。"有的学者认为："王明这篇文章，是一篇追随李立三'左'倾冒险主义的代表作。"①

5月17日　在《红旗》报第102期上以韶玉的名字发表《为什么不组织雇农工会？》一文的前半部分，第103、104期连续登载后半部分，认为很多地方不组织雇农工会，是"农民意识——尤其是富农意识作怪"，强调不与"中小商人"、"小业主"建立统一战线。②

5月23日　在《劳动》第32期上以兆雨、玉、石的笔名分别发表4篇文章。

第一篇《上海水电工人同盟罢工胜利的意义与教训》。王明为鼓励工人继续蛮干，把这次罢工说成取得了"伟大胜利"。而且说"政治罢工的胜败，不能仅从直接条件的有否收获为鉴评"。

第二篇《怎样准备五卅工作？》，不是要人们怎样注意斗争策略，而是强调"组织全国的总政治罢工与总政治示威"。如果仅仅组织了政治罢工，"不能将广大罢工群众调动到街上示威"，或者"仅能零星地调动群众到示威地点"，都"不能算"完成任务。

第三篇《一个笑里藏刀的危险口号》，主要揭露改组派、青年党提出的"同情罢工，加紧反共"口号，指出这个口号"不仅是分离工人群众与工人政党之间的亲密关系，而且是加紧压迫罢工加紧屠杀工人的指令！"

第四篇《国际劳工局与国民党》。文章说：国际联盟之下的专门压迫欺骗工人阶级的国际劳工局，要在南京上海设立办事处，其目的是"就近帮助中外资本家欺骗中国工人"。文章在论述当时的形势时说，"中国革命的浪潮又汹涌澎湃起来了，农民，兵士，学生的革命运动都普遍发展起来了，红军，游击队，苏维埃赤化了半个南中国。不仅国民党的统治快要垮台，帝国主义的命运也快告终"。

5月27日　在《红旗》报第105期上以韶玉的名字发表《上海水电工人同盟罢工的胜利》。

文章说能实现这次罢工，是"革命高潮的有力信号"，这一罢工取得胜利，是"革命高潮的具体象征"。③

---

① 黄允升：《毛泽东开辟中国革命道路的理论创新》，第291页。
② 《写作要目》说这篇文章发表于5月14日的《红旗》报第101期。
③ 《写作要目》说这篇文章发表日期是6月27日。

5 月 除任《劳动》三日刊编辑外，还兼任上海英商电汽车罢工委员会委员，编辑《罢工每日快报》。①

《传记与回忆》说："虽然快报每日只出一张约三千来字，但编写都只有绍禹一人。他只有夜间三时以后，才有时间编写这个快报，因为他日间还要编写全总的《劳动》三日刊和处理一些其他日常工作——尤其是每天都要给罢工委员会找新的开会地址——为了安全不能不如此。找好后，还得通知项英、罗迈等。所以每夜三时左右，才能到全总的油印科去，就在那里才能开始编写罢工快报。所以一行一行的写稿，油印科的同志（当时也只有迅雷一人）就跟着一行一行的刻在蜡纸上。他刻完立即印好，并在每日早七时左右送给工人的罢工委员会。这个快报的内容，除报道英商电车工人自己的消息外，还尽可能报道一些国内外的主要消息特别是注意宣传苏联和中国的红军与苏区情况。"后来在工人复工问题上，王明也出了好主意，因而得到项英的好评。

《写作要目》说：《每日罢工快报》是"小型油印日报，上海英商电车工人红五月大罢工以后印行，5~6 月初全为绍禹编写，作者当时为罢工委员会委员兼秘书"。

同月 米夫向以瞿秋白为首的中共驻共产国际代表团宣读了共产国际执委会政治委员会作出的决议案，指责瞿秋白等人在处理中山大学学生纠纷问题上的严重错误。

杨尚昆回忆说："1930 年 5 月，米夫向以瞿秋白为首的中共驻共产国际代表团宣读了共产国际执委会政治委员会作出的决议案，声称：李剑如、余笃三已'走到实际上与托派联盟的道路'，中共代表团须担负'部分责任'，'中共代表团的多数（瞿秋白、邓中夏、余飞）领导了李剑如、余笃三派的活动'，政治委员会'以坚决的态度谴责中共代表团'，'并请中央以必要限度刷新代表团的成分'。这是对瞿秋白等三人下逐客令。他们被迫来中大作检讨。为什么决议案没有点其他两位代表团成员张国焘和王若飞的名呢？原来，张国焘向米夫低头了，他在《申明书》中诬陷瞿秋白'拉帮结派'，甚至把驻少共国际的代表陆定一也拉在一起，说他们都是反共产国际的。张国焘搞了这一手，共产国际就信任他了。王若飞那时被诬为有'托派嫌疑'，

---

① 王明在延安写的简历说"5 月全月兼作上海英界电汽车罢工委员会委员，编辑罢工每日快讯"。

正在列宁学院受'清党'的考验。后来，共产国际要中共代表团统统回国。"①

同月　开始反对起李立三的观点。据《李立三自述》说：

> 早在 5 月间我的文章发表以后，陈绍禹同志就已经开始批评其中的错误，并几次找项英同志交换意见（项英同志此时领导中华全国总工会党组工作，陈绍禹也在中华全国总工会工作）。虽然项英同志在政治局开会时讲到过这个意见，但我非但不接受，而且认为他（陈绍禹）的意见是"危险的机会主义倾向"，开始和他作斗争。6 月间，秦邦宪、何子述、王稼祥等同志回国，看到政治局 6 月 11 日决议时，马上声明这是错误的决议，尤其是在有关中国革命和世界革命的关系问题上错误更大。他们和陈绍禹一道立即开始斗争，反对这一决议。这时何子述在中央组织部，王稼祥在中央宣传部，秦邦宪在《布尔塞维克》杂志编辑部。他们在中央机关干部中进行解释工作，找很多同志谈话，并在各种会议上发言批评 6 月 11 日决议的错误。大部分中央同志受我的影响，不相信他们，认为这种批评是"反党行为"，但是，这些同志决不后退，继续反对这个决议和政治局的方针。②

6 月初　于全总办公室作《英电工人罢工总结》诗二首。③

同期　任中宣部秘书。④ 并曾"管理过上海文化党团的工作"。⑤

6 月 7 日　在《劳动》第 34 期上以石的笔名发表《与印度安南兄弟们共同行动起来!》，报道印度、越南人民的斗争，揭露英法帝国主义镇压人民，要求中国人民与印度、越南人民共同行动："罢工，罢操，罢岗，罢市，向英法领事馆门前示威，向一切帝国主义示威！加紧准备武装暴动推翻帝国主义国民党统治而代之以苏维埃政府的工作。"

---

① 《杨尚昆回忆录》，第 37～38 页。
② 李莎《我的中国缘分——李立三夫人李莎回忆录》，外语教学与研究出版社，2009，第 400 页。
③ 《王明诗歌选集（1913～1974）》，第 74 页。
④ 王明在延安写的简历说"6 月至 8 月半，党中央宣传部秘书"。
⑤ 《传记与回忆》。

6月11日　中共中央政治局通过《新的革命高潮与一省或几省的首先胜利》的决议，标志着李立三的"左"倾盲动主义在党中央占了统治地位。

《传记与回忆》说："六月初，绍禹被调去中央宣传部做秘书（立三为该部部长）。绍禹和王稼祥（当时在中宣部工作）、秦邦宪（博古）、何子述同志都曾诚恳地和立三谈话，希望他们改正错误；曾忠告中央政治局，不要把立三的错误意见采纳到中央决议中去。但是，作为李立三路线最高峰的中央六月十一日决议，终于发表了！"

6月21日　在《红旗》报第112期上以韶玉的名字发表《什么是"流氓"与"匪"?》。

文章说："'流氓'！'匪'！总算中国最普遍最流行的社会现象了。"国民党用屠杀政策，只是"越杀越多"。要解决这个问题，"只有以工农兵贫民武装暴动推翻帝国主义与国民党的统治，而代之以工农兵贫民代表会议（苏维埃）政府"。

6月26日　在给米夫的信中诉说自己的遭遇：我今天收到一张奇怪的条子，其中说（我逐字逐句照抄如下）：在你的几次发言时老板①指出了你严重的政治错误和组织错误，要求不仅作出口头声明，而且作出书面声明，但你既没有以口头形式也没有以书面形式明确而肯定地承认你在政治上是右倾分子，组织上是派别活动分子。这意味着你对老板批评的错误承认得很不诚恳，相反，你以手法掩盖自己的错误。老板近来收到报告说，你给巴黎②写了信，其中说老板在政治上和理论上都不行，通知马克松、博格涅尔、康穆松③不久回国。这非常清楚地证明了你的派别活动。老板为了更清楚地了解事实的内容，要求你在三天内就此问题作出解释。非常重要！王明在信中接着写道："现在我和所谓的派别（马克松、博格涅尔、康穆松）时时刻刻都有被永远赶出公司④的危险！当然我是首当其冲，因为我在许多问题上不同意老板的看法已非今日始。"王明祈求米夫说：我敬爱的！如您所知，虽然我还年轻，但我在同反伊卡路线⑤的种种错误倾向作坚决斗争时过去和现在都非常非常不喜欢痛哭流涕。但这一次，尤其是现在我给您写上述一切

---

① 指向忠发或李立三。

② 指莫斯科。

③ 分别为何子述、秦邦宪、王稼祥。

④ 指中国共产党，下同。

⑤ 即共产国际路线。

时，我不能不失声痛哭，因为问题是迟早会弄清楚的（我坚信这一点，毫不动摇），但不知道究竟到什么时候才会真正弄清楚。我在哪里?! 或许我已经不在自己心爱的公司里了!!! 唉"怎么办？"我敬爱的！心如刀割，（泪水）不断！这并不意味着我在斗争中不勇敢，而是意味着我也许不久将因完全莫须有的罪名（在政治和组织问题上）被开除出与我生死攸关的公司。信中明确提出："中央办事处①不从组织上和政治上认真改组，生意即使现在也决不能取得彻底胜利的发展。"②

上半年　请老同学王逸常出面办秋阳书店，并把那里作为自己活动的据点。

据曹仲彬、戴茂林《王明传》说，当时王明请王逸常出面办个书店，房租由王明出，稿件由王明组织留苏的同学提供或帮助翻译，而且表示不要稿费。王逸常当时尚未接受党分配的工作，又受老同学之托，就答应了王明的要求。于是，王逸常找了安徽籍的党员同志和同乡集资，在上海英租界蒲柏路办起了"秋阳书店"。书店设门市部、印刷所，主要是卖书和印书，大力销售进步书刊和介绍苏联的期刊，而且自己还印刷一些书籍销售，主要是翻译苏联的书籍，如《震动世界的十天》、《世界妇女》、《苏联农村》、《巷战战术》等，在销售进步书刊，印刷介绍苏联革命与建设的书籍，向读者宣传革命思想与马列主义等方面，起了积极作用。但是，秋阳书店也成了王明等人搞宗派活动的据点。据当时书店经理王逸常证实说："这书店被王明所利用。他利用我们这些安徽人和同学关系，把书店作为他的联络地点。1. 书店给他印刷《世界妇女》、《苏联农业》、《震动世界的十天》、《巷战战术》。这些书都是他们这些留苏学生翻译的，不要稿费，不要版权；2. 王明常来这里研究问题，一两人常来接头、联系。书店成为他们接头地点、联系据点、活动场所。""常来接头的有博古等人。"有人说秋阳书店是"国际的联络点"，"国际通信机关"。对此，王逸常加以否认。他说："王明叫我开秋阳书店，不是国际联络点，没有来过国际代表，也没有收到过国际文件和什么经费。"1931 年夏，英租界老闸捕房查抄了秋阳书店，逮捕了书店经理王逸常及其弟弟王亦良、店员詹振华、董事长胡萍舟（胡允恭）等四人。得知王逸常等被捕后，党为营救他们，请了李世蕊大律师为之辩护。因为敌

---

① 指中共中央。
② 《陈绍禹给米夫的信》，《资料丛书》第 9 册，第 209~211 页。

人没有抓住什么共产党的证据，所以胡萍舟、王亦良被无罪释放，王逸常、詹振华被宣判拘役三个月，送提篮桥监狱执行。店中书籍等财物被宣布没收，秋阳书店从此停业。三个月后，王逸常出狱了，据他回忆说："出狱后还受到陈绍禹批评。他说《巷战战术》是同志们点着蜡烛翻译出来的，还没有来得及印出，就被焚毁了。我不服气地回答说，我被捕，生死置之度外。稿子是别人焚掉的，我不知道，没有落在敌人手里就不错了。为此，我们闹了矛盾。"对于王明的非难，王逸常十分不满，与王明从此断绝了关系。①

7 月 2 日　在《红旗》第 115 期上以韶玉的名字发表《"没收地主阶级的一切土地"——还是"没收一切土地"》。

文章正确地批评了"没收一切土地"的错误主张，但同时又说："因为富农已经是土地革命的仇敌，我们……一定要没收他的土地。"并宣扬实行"土地国有"。

7 月初　和秦邦宪一起找王稼祥、何子述"交换回国以来的见闻和观感"。

在交谈中都谈了自己对当前形势、工作情况，特别是对中共中央政治局 6 月 11 日决议的看法。这时，王明已经知道共产国际远东局代表罗伯特反对 6 月 11 日决议，又见大家对决议都有一些异议，就说自己对决议的看法。他最后说："今天的交谈很好，对李立三他们那一套，凡是马克思主义者，都不能漠然置之，应该表明自己的态度。过几天，中央机关要召开一个政治讨论会，大家都可以也应该去谈谈意见，为了维护马列主义和国际路线，这是非常必要的。"②

7 月 9 日　在中央工作人员政治讨论会上发言，对中共中央政治局 6 月 11 日决议提出意见。秦邦宪等也发了言。这使李立三很恼火，便给王明等人扣上"右派"、"右倾机会主义路线"和"小组织"等帽子。向忠发宣布，立即撤销王明的中宣部秘书等一切工作。正如杨奎松所说："王明深受共产国际东方部米夫的信任，雄心勃勃，回国后却得不到中共中央的重视。于是，他抓住这个机会，拉上对当时中央的做法同样有意见的博古，向李立

① 曹仲彬、戴茂林：《王明传》，第 200～202 页。
② 转引自朱仲丽《黎明与晚霞》，第 97 页。

三发难。结果，王明、博古几个人因此受了严厉的处分。"①

王明在《中共半世纪》一书中说："那时李立三把陈绍禹、秦邦宪、王稼祥、何子述（他们曾向李立三个人和政治局提意见，并在党中央工作人员会议上发表拥护共产国际路线、反对立三路线）称之为'右倾机会主义小组织'或'陈绍禹的莫斯科派'而加以政治上和组织上的严重打击。为反对李立三在中共中央的《布尔塞维克》杂志四、五合期上发表的《革命高潮前诸问题》的论文和政治局六月十一日决议，六月二十八日陈绍禹被给予'最后严重警告'的处分，秦邦宪、王稼祥和何子述各被给以'严重警告'的处分。八月七日陈绍禹原来的处分被加重为'留党察看六个月'，秦邦宪、王稼祥和何子述原来的处分都被加重为'最后严重警告'。"②

《传记与回忆》说："李立三召开中央工作人员会议，公开斗陈、秦、王、何四人。除宣布他们是'右倾机会主义者'、'取消派的暗探'外，并派当时挂名的总书记向忠发找陈、秦、王、何谈话，准备给他们一组织处分。""1930年6月底，向忠发带着项英同志一起，找四人谈话。向张口大骂，从'小资产阶级意识'直到'狗入的王八蛋'……都骂出来，强迫四人承认错误。项英同志始终一言未发。四人都不承认错误。向忠发代表立三中央宣布：给绍禹最后严重警告，给其他三人严重警告。"

但米夫对他们的行动高度赞扬，说"上海党的组织在陈绍禹（王明）同志领导之下，首先开始了反半托洛茨基的李立三路线的斗争，为正确路线而进行的斗争，获得了完全的胜利。在绍禹同志——中国共产主义运动最有威望和最有天才的领袖之一，周围团结了党的最好的干部，他协同党内其他优秀的领导者，——秦邦宪，王稼祥，何子述（于1933年因遭受虐待病死于北平陆军监狱内），沈泽民（因积劳成疾而死于鄂豫皖苏区），陈原道（于1932年被国民党秘密枪杀于南京）等同志，在两条战线斗争上，坚持了正确的列宁斯大林关于中国革命问题的路线"。③

7月10日　以韶玉的名字给中央写信，重申他在政治讨论会上发表的意见。

---

① 杨奎松：《毛泽东与莫斯科的恩恩怨怨》，第35页。
② 王明：《中共半世纪》，第106~107页。
③ 《英勇奋斗的十五年——中国共产党成立十五周年纪念》，《米夫关于中国革命言论》，第523页。盛岳《莫斯科中山大学和中国革命》的引文与此不同，第239页。

信中共谈了四个问题：（一）关于中国革命与世界革命问题。他认为"世界革命新的怒潮正在发展到直接革命形势，中国革命的大爆发更加加速世界革命直接革命形势的成熟，更加速世界革命大爆发，这是毫无疑问正确的，但有些同志以为只有中国革命爆发了，才能引起世界革命大爆发，只有中国革命胜利了，世界革命才能胜利，这是不正确的"。"中国革命现在不仅有先于他国爆发的可能，而且有先于他国胜利的可能，不仅有胜利的可能，而且有胜利持续的保障。"（二）关于高潮与直接革命形势问题。他认为"直接革命形势是高潮的顶点，高潮发展成长而为直接革命形势，中间虽没有一道万里长城间隔着，但两者并不是混而为一的东西"，不能"把高潮或高涨与直接革命形势混为一谈"。（三）关于一省与几省政权问题。他不同意"以为主要数省以至一省暴动夺取政权后，如果不马上发生全国暴动，则这主要数省以至一省的政权便立刻塌台"的观点，认为"数省与一省首先建立起来的苏维埃政权，能够支持斗争到汇合全国革命胜利，不然，还是无意中取消了数省以至一省首先胜利的前途和意义"。（四）反右倾问题。他说"关于反右倾工作未做到支部这一点，我完全同意；但我以为不仅未深入支部，而且未能深入一般干部"，"很少能对右倾观点有比较系统的认识"。在列举了右倾的五种表现以后，他还提出要特别加紧"反社会民主党的工作"，更加重视托洛茨基派的问题。[①]

有的学者分析说：标志"立三路线"的中共中央政治局6月11日《决议》和王明"反对李立三路线"给中央的这封信，两相对照，可以看出：两者都"左"，总的方面是一致的，在基本问题上王明不可能"反对李立三路线"，并多次称《决议》及其报告人是"非常正确的"、"我完全同意"等；两者在某些具体问题上有区别，对有些问题王明的观点和主张比李立三更"左"，他是站在更"左"的立场上反对"左"；王明不同意"把高潮与直接革命形势混为一谈"，这是对的，但这是照搬斯大林的；两者在具体提法上有时有些不同，但王明不是通过讨论纠正李立三"左"的错误，而是找借口反对李立三，为自己上台打开通路。[②]

关于王明等人受处分的经过，李立三在自述中是这样说的：

---

① 《陈韶玉同志致中央信——关于在中央政治讨论会上与立三同志的争论》，1930年7月10日。原件无年代，这是文件戳记上填写的时间。

② 黄允升：《毛泽东开辟中国革命道路的理论创新》，第294页。

　　6 月底①，举行中央干部会议，在中央各个机关工作的同志几乎全都参加了。我作了关于政治形势和党的任务的报告之后，以上同志，特别是陈绍禹公开出面，坚决反对我的错误主张和 6 月 11 日决议。但是，大部分干部在我的影响下反对他们的意见，支持了我的错误主张。我作总结时，谴责了他们的"机会主义倾向"，要求停止"反党斗争"。我表示，"他们如果不赞同这种路线，可以在党的代表大会上，即未来的'七大'上发言，现在则必须服从并无条件地执行党的决议"。会后，这些同志提出来要和我谈一次话，要我对一些原则问题进一步作些解释。但是，我的一些支持者认为我的总结发言太软弱、让步太大了，我不应该允许这些人保留自己的意见直到召开七大为止，应该要求他们马上放弃自己的意见，服从中央，并把有关情况转告了向忠发和项英。第二天开会时，向忠发及其他政治局委员就批评我"过于让步"，坚决要求这些人立即服从中央决议。刚从莫斯科回来的邓中夏同志也参加了这次会议，通报说，陈绍禹和一些莫斯科劳动大学的同学保持通信联系，在一封信中还向他们泄露了党的机密，对党的决议进行了讽刺挖苦和指责。我和其他政治局委员都认为陈绍禹的行为就是搞"反党小集团"，于是政治局作出决定，要求他们服从党的决议并安排向忠发及项英、邓中夏等同志同他们谈话，不允许我参加。谈话时，向忠发指责他们搞"反党集团"。并说，他们如果不停止"反党行为"，中央就要给以处分。但是，这些同志表现出布尔什维克的原则性和坚强精神，不怕威胁，继续反对中央的错误路线。几天之后，政治局作出处分他们的决定，理由就是他们搞"反党宗派活动"。陈绍禹留党察看 6 个月，"若不悔改，便清除出党"，其他三位同志受到最后一次严重警告。政治局还同时决定派他们去外地工作：何子述去河北，王稼祥去广东，陈绍禹去江苏。有关省委领导都接到通知说，这些同志是搞"反党活动"的，应当加以监督。省委领导就疏远他们，不给马上分配工作，也不关心他们的住宿和生活条件，使这些同志们受到不少冤屈。②

7 月 22 日　和王稼祥给米夫写信，向米夫汇报他们的"不幸"，说中央

---

① 此处回忆有误，应为 7 月 9 日。
② 《李立三自述》，见李莎《我的中国缘分——李立三夫人李莎回忆录》，第 400～401 页。

认为他们是异己分子，甚至不愿和他们交谈，并认为他们同共产国际执委会有联系，如意见不合就把他们赶出公司①。信里还指出中共中央领导胡作非为、右倾，希望国际给予"治疗"。信中写道："老板②的这些胡作非为，都是由于他右脑有病③。这种病需要好好治疗，而在贫困的中国很难进行这种治疗。我们希望，很快能找到良医良药，使老板痊愈，使公司状况得到改善。"④

7 月 24 日　在给米夫的信中再次指出中共中央目前的状况是有些领导人犯了右倾错误，说他们因在中共中央 6 月 9 日机关工作人员会议上的争论受到指责和打击，现在"情况十分严重。现在我和其他人只做翻译和技术〈工作〉，此外，每日每时都有被赶出我们公司⑤的危险"。最后他谈了对目前形势的看法："如果继续由李⑥领导，如果不发来更好的商品⑦，公司决不可能健全起来。"⑧

7 月 30 日　孟庆树被捕，关押在上海龙华看守所。王明万分焦急，写了一首《三度七夕》的七绝：

> 天上当然织女好，星间难怪牛郎痴。
> 真情岂受银河隔，有限长空无限思。⑨

7 月底　米夫被任命为共产国际远东局新的领导人。⑩

8 月 1 日　在给米夫写的信中谈到李立三近来写了两篇文章，部分地窃取了他的观点，但有所发挥。他认为李否定中国革命在世界资本主义破产前胜利发展的可能性，在否定李的同时说他本人对形势的看法才是正确的。信的最后向米夫反映立三中央对他们一伙莫斯科派打击日益加强，"形势太严

---

① 指中国共产党。
② 指向忠发、李立三。
③ 指右倾。
④ 《陈绍禹和王稼祥给米夫的信》，《资料丛书》第 9 册，第 223～224 页。
⑤ 指中国共产党。
⑥ 指李立三。
⑦ 指指示。
⑧ 《陈绍禹给米夫的信》，《资料丛书》第 9 册，第 226～228 页。
⑨ 《王明诗歌选集（1913～1974）》，第 78 页。
⑩ 《资料丛书》第 9 册，第 16 页。

重了"。①

8月3~5日 共产国际远东局和中共中央政治局开联席会议谈论如何处分王明等人。

《传记与回忆》说：王明1931年底到莫斯科后，遇到1930年共产国际驻中国代表之一的德国同志，那个人说："1930年8月3~5日国际远东局和中共中央政治局开联席会议时，李立三和向忠发等都要求开除你们四人的党籍。因为我们反对，才改为留党察看和最后严重警告。我们仍反对，但他们不听！"

8月6日 给米夫写信，控告向忠发、邓中夏召集会议对他们四人进行批评，向忠发说他们已经成了明显的"反革〈命分子〉和中国贸易②最有害的敌人。你们在巴黎③搞宗派，你们是分裂公司④的人"。并且说他们无权反对李的文章和意见。最后向忠发宣布组织结论：伊万⑤"开除〈出党〉6个月……解除我们的一切工作"。王明向米夫表示"我们暂时等待最高一级的审理和处理问题"。⑥ 事实上，当时中共中央只给了王明留党察看六个月的处分，并没有把他开除出党，其他三人也只给了严重警告处分。

8月7日 《传记与回忆》说向忠发召集会议斗争王明等人。

这份回忆录说："1930年8月7日，向忠发又找陈绍禹、秦邦宪、王稼祥、何子述四人到中央宣传部去开会，并叫邓中夏同志（该部副部长）和潘问友（立三的助手）参加，帮忙斗争陈、秦、王、何四人。"向忠发开始就宣布说："红军已占领了长沙，谁还敢说中央的路线不正确？反立三就是反党，反党就是反革命！……"还说："党在我们手里。我们可以给你们处罚！处罚！再处罚！""被斗的四人都再次地说明立三路线为什么是错的。绍禹说：'立三文章《中国革命新高潮前的诸问题》是第一个错误，六月十一日决议是第二个错误，红军打长沙和在全国各地实行武装暴动是第三个更大的错误！第一个、第二个是理论错误，第三个是实际行动错误！'"结果，向忠发代表李立三的中央宣布给四人处分：陈绍禹由原来的最后严重警告改

① 《陈绍禹给米夫的信》，《资料丛书》第9册，第252~253页。
② 指中国革命。
③ 指莫斯科。
④ 指中国共产党。
⑤ 即王明，下同。
⑥ 《陈绍禹给米夫的信》，《资料丛书》第9册，第269~270页。

为留党察看六个月，其他三人由原来的严重警告改为最后严重警告。"这是李立三对王明的第四次打击。

8月15日 被调出中共中央宣传部，下放到江苏省委宣传部，被分配在秘书李初梨手下当干事。①

《传记与回忆》说："会议后不久（八月十五日），取消了绍禹中宣部秘书的职务，送他到中央材料科去收集材料，后又被降到江苏省委宣传部去，名为该部宣传干事，实则叫绍禹看守几大木箱旧文件。"

李初梨回忆说："大约七月间，在总行委碰头。李立三对我说：'现在派一个理论家到你那工作好不好。是全党有名的理论家。'我问：'是谁呀？'李立三答道：'是陈绍禹。他们反中央，到了你那里要好好地帮助他，注意他。'李立三为了这件事还专门到我家去了一趟。"②

因当时王明还没有结婚，而独身男子在上海容易引起警察注意，并且难以找到房子。于是，李初梨给王明找了个假妻子做掩护。李初梨回忆说："我叫一位叫易坚的女同志与他住机关，大约住二三个月。"易坚是湖南著名教育家、第一师范学校校长易培基的侄女。她要求革命，思想进步，1930年7月在上海入团，编入闸北区虹口街道支部。易坚回忆往事时说："我入团不久，约在1930年8月，李初梨以党组织名义，直接调我去担任驻'省委机关'的重要工作。夏天的一个晚上，李初梨带我去所谓省委机关，介绍与陈绍禹认识。他还说明：独身男子房东不肯出租房屋，要我乔装成陈绍禹的妻子。我听后很不愿意。当晚我准备逃回虹口，但陈绍禹借口不许泄露党的秘密，要我留下。""我与陈绍禹住的这个机关在上海闸北横滨路一带，房间在二楼，是一间约十几平米的房子，还有一个阳台。""我在这个所谓机关住了不到一个月，我担负了保护机关安全的工作……陈绍禹经常不在家，他不与我谈工作和斗争情况，我只记得他谈过一点在苏联情况。""他的俄文名字叫克劳白夫。""我与他一起看过一次电影，叫《魂断蓝桥》。""以后，我向陈绍禹要求回虹口，经他同意才离开了。"③

王明到中共江苏省委宣传部后，有一次由李初梨带着参加了复旦大学的

---

① 王明在延安写的简历说"8月~10月江苏省委宣传部干事"。曹仲彬、戴茂林《王明传》认为是7月底，见第170页。

② 李海文、曹仲彬：《访问李初梨谈话记录》，转引自曹仲彬、戴茂林《王明传》，第170页。

③ 曹仲彬、戴茂林：《王明传》，第170~171页。

党员支部会，他在会上批评了李立三的做法，说"现在没有什么暴动的可能，争取公开也要有一定的条件"。结果李初梨受到省委书记罗迈的批评。①

8月31日 给米夫写信，先是汇报了中共中央对他们四人的安排情况，何子述被派往北方，王稼祥被派往南方，他和秦邦宪留在上海无事可做。接着指出现中央反对莫斯科、反对共产国际，信中写道："对伊万等人的攻击是同对屈珀②同志以及一般巴黎人③，特别是最高领导机构的攻击密切联系在一起的。""我希望巴黎公司④尽快采取果断措施，不仅在政治问题上，而且必须在组织问题上整顿和健全公司⑤的局面，因为这样做比让斗争发展到极点对公司更有利。"信的最后表示了与中央领导斗争甚至牺牲的决心，"伊万等人不仅面临着被开除而且还面临着对其采取其他措施的威胁……就让个人的命运和生命在这种斗争中牺牲吧。但事业是千百万人的。生命是短暂的，事业是永恒的！我请求尽快解决这一切。再见吧！"⑥

8月 于上海作《从幻想到盲动（评李立三同志决定实行全国暴动)》七律一首。诗曰：

> 拒尊马列独称雄，乱写胡吹总不中。
> 海有鲸鱼陆有象，天无鹏鸟地无龙。
> 应以事实以求是，单靠主观便落空。
> 工未武装农未起，缺兵暴动与谁同?!⑦

夏 作五古《视死如归之人（悼念张国庶⑧同志并其妻晏碧芳同志)》，诗的第一联与后半部分为：

> 四载同风雨，交情似海洋。

---

① 《传记与回忆》。
② 即米夫。
③ 指在莫斯科的人。
④ 即共产国际。
⑤ 指中国共产党。
⑥ 《陈绍禹给米夫的信》，《资料丛书》第9册，第342～343页。
⑦ 《王明诗歌选集（1913～1974)》，第77页。
⑧ 张国焘之弟，1925年秋加入中国共产党，1927年到莫斯科中山大学学习，回国后任中共江西省委书记，1930年5月被捕，7月5日被绞杀于南昌。

……

梦闻比翼返，飞函到沪江；

遍寻都不见，生死两茫茫。

惊醒深思索，翻身直下床。

开窗望明月，景色何凄凉？

忽闻双就义，涕泪满衣裳；

誓灭帝封蒋，遗责代担当。①

同期 作古体诗《闻母死》二首。其第二首为：

白军刚退红军回，两舅牺牲病体催。

无食无糖无水饮，死因休克永含悲。②

9 月中旬 李初梨找王明谈话。他后来回忆说："立三路线一再碰壁，9 月 12 日红军撤出了对长沙的包围，长沙也没有打进去。这渐渐地引起我的怀疑。我问王明：你在中央闹些什么，同我讲一讲。王明说：中央打过招呼，不准我外传。我说：你在我这工作，我当然应该了解你的情况。王明反问我：'你敢负责？''我当然负责。'王明这才讲。他很善谈，一讲就是半天，我同意他的观点。"③

9 月 24～28 日 中共中央举行六届三中全会，在瞿秋白、周恩来领导下，会议纠正了李立三的"左"倾错误。

柏山④在会上的发言《在国际指示之下来检查过去的策略与工作》中说，关于世界革命总危机与发展不平衡的问题，我们过去的确还有模糊的地方。"在六月十一号决议之前，与陈绍禹等斗争，他们只看见革命发展不平衡的特点，忽视了世界的总危机，实际上就是用发展不平衡的特点来取消了世界的总危机。因此得出对中国革命的悲观和投降政策"。⑤

① 《王明诗歌选集（1913～1974）》，第 73 页。
② 《王明诗歌选集（1913～1974）》，第 75 页。
③ 李初梨：《六届四中全会前后纪事》，《中共党史资料》第 73 辑，第 46 页。
④ 即李立三。
⑤ 《柏山发言》，《中共中央文件选集》第 6 册，第 390 页。

王明于 9 月 24 日致信三中全会，① 表示拥护三中全会，并表示接受党组织分配他到农村革命根据地去的任务。李维汉在《回忆与研究》中说："王明对三中全会及其后的中央的态度，在共产国际的十月来信到达中国以前，总的是拥护的，有些'左'倾观点也是同李立三一致的。"②

周恩来在《共产国际和中国共产党》的报告中说："三中全会在组织上也有些错误，例如批评了何孟雄，也批评了陈绍禹（王明），这些批评，也有对的，也有错的。"③

9 月底　被取消一切工作，生活困难，并受到周恩来的批评，但仍坚持反对立三路线的斗争。

《传记与回忆》说："三中全会后（九月底），把绍禹和秦邦宪同志担任的一切工作都取消了。三中全会前，绍禹和博古听说共产国际对中国问题有了新的决议，他们曾两次写信给瞿秋白同志，要求和他见面谈谈，但秋白连信也不回，并且派周恩来代表三中全会后的中央政治局，找绍禹和博古'谈话'。周坚决要求他们俩同意到中央苏区去。他们俩早已听说李立三等宗派主义者善于借刀杀人，曾已把某某两同志送去中央苏区杀头……等"，所以他们坚决不去。回忆中还说：

> 不给工作，就是不给饭吃。在秘密工作环境里，当然更是困难！绍禹和博古住在苏州河边上（离浙江路不远）的一家小面馆楼上的亭子间里，时常饿肚子。幸而面馆老板有时愿意赊些面条给他俩吃。他们住的小屋里，只有一张很窄的小木床，一个小木凳。绍禹经常睡在地板上。不仅没有任何其他家具，而且连便壶便盆也买不起。我在 1930 年 7 月 30 日被捕入狱。到 10 月初，绍禹才把我的行军床、一张小桌、两个小凳等搬去，才算有了副家具。

> 绍禹和博古每天看着苏州河里的很多小船和船上以运送粪便为职业的船工及其家属们，都是常年的住在小船上。由这些小船组成的这个贫民区，简直破烂不堪！而他俩的床上床下都堆满了中俄英文的马列主义书籍，俩人感到很愉快了。绍禹翻译了罗莎·卢森堡著的《社会主义

---

① 曹仲彬、戴茂林：《王明传》，第 467 页。
② 李维汉：《回忆与研究》上册，第 322 页。
③ 《周恩来政论选》下册，第 817 页。

还是社会改良主义?》一书,得了几十元稿费。博古的妻子从无锡老家来看他,带来了母亲的温暖。俩人一刻未停地领导着对敌斗争和反立三路线。小屋里时常人满,有的同志来向他们学习马列主义和联共党史,有的同志来商量反立三路线问题。经常很忙。

10月17日　给米夫和马耶尔写信,说中共六届三中全会已开过近三周了,可中央仍未公布共产国际七月决议和指示。在全面否定中央的同时,信中还指控江苏省委领导李维汉和中央领导周恩来等人。信中写道:"在江苏省,为首的是这样一个人①,他在政治理论方面是第二个李立三,在实际组织工作方面是第二个'老头子'②和陈独秀。直到现在他仍然是李立三的忠实弟子……如果他仍留在领导岗位上,那就永远别想改进江苏的工作,而首先是上海的工作。"接着控告周恩来等人,"应该根除对公司③中某个人,特别是对莫斯科文④等人的任何幻想……他到处发表维护李立三和抹煞老板和巴黎⑤之间分歧的讲话,根本不想提高巴黎的威信"。他还向米夫告状诉苦说:"我和其他人(以及古多克),无法真正地工作,到处都有来自领导方面的罪孽。过去和现在所有批评理论和实践不正确和在这方面表示怀疑的人仍处于罪人地位。领导机构直接或间接地在残酷地惩罚、迫害、监视和分派他们。"最后,王明写道:"我认为,为了改善和挽救公司和贸易⑥,应该在政治和组织问题上立即采取更坚决的措施。"⑦

10月19日、26日、11月2日　与孟庆树的二叔孟涵之一起三次到监狱探视孟庆树。王明于1958年6月曾写诗《探监》追忆当时的情形:

　　化装三探龙华监,亲织背心递我穿,
　　高话家常低话党,铁窗加紧两心牵。⑧

---

① 指李维汉。
② 指向忠发。
③ 指中国共产党。
④ 指周恩来。
⑤ 指莫斯科。
⑥ 指中国革命。
⑦ 《陈绍禹给米夫和马耶尔的信》,《资料丛书》第9册,第378~381页。
⑧ 《王明诗歌选集(1913~1974)》,第289页。

10 月 23 日　给米夫写信，说他于 10 月 22 日才收到中共六届三中全会的部分材料，了解了共产国际 7 月 29 日决议等文件精神。他说："在我看来，巴黎公司①的决议完全正确地考虑和估计了中国市场②的行情，并为开展贸易③作出了完全正确的指示。第三次全会的决议贴近巴黎的决议，并承认和考虑到自己过去的错误、缺点和愚蠢做法，当然，还有部分不很清楚、不很准确、不很肯定和不很令人信服的地方。但是问题的提法和道路的确定已经比今年 6 月 11 日的决议好得多和正确得多了。"在这封信中王明基本肯定了六届三中全会的成绩，但他还是指出了中央有不足之处，"特别是在领导开展自我批评和教育工作方面，老板们做得很不够"。④

有的文章说："王明等最初并不是共产国际要推上高位的人选，这从 1929 年其归国后只是负责一般的宣传工作就可以证明。但是，王明借着共产国际反'立三路线'的浪潮，不断写信对李立三、瞿秋白等中共领导人进行投诉。虽然现在还没有发现米夫的回信，但从共产国际对李立三和瞿秋白的处理中就可以看出共产国际认同了王明的投诉。应该说，王明的告状增加了其在共产国际领导人心目中的分量，被视为反'立三路线'英雄，自然也被认为是忠实于共产国际的，因此使共产国际产生了重用王明的决定。"⑤

10 月　共产国际执委向中共中央发出《共产国际执委关于立三路线问题给中共中央的信》，即"十月来信"。信中说李立三"所犯的错误，并不是个别的错误，他造出了整个错误观点的系统，定下反对马克思列宁主义的方针。这个方针，脱离了具体的事实，脱离了群众。自然，不能不在自己的发展之中，引导到盲动主义冒险主义的策略。然而这个方针，虽然用'左倾'的空谈遮盖着消极，实质上亦是机会主义"。因而，"这条路线是非布尔塞维克的，非列宁主义的"，"是和国际执委的路线互相对立的"，"这条路线引导到消极，引导到失败，而可以引导到极危险的冒险"。信中还说："模糊混淆这两条路线的原则上的不同……那就不但有害，而且要包容将来

---

①　指共产国际。

②　指中国革命。

③　指进行中国革命。

④　《陈绍禹给米夫的信》，《资料丛书》第 9 册，第 438～439 页。

⑤　刘峰、周利生：《论王明等与米夫的通信与中共六届四中全会的召开》，《党史文苑》2009 年第 22 期。

重复这些错误的极大危险。"①

有的学者说，共产国际之所以对中共六届三中全会不满，除了三中全会没有指出李立三的错误是路线错误外，"另一个更重要的原因则是，共产国际信任的陈绍禹等人，六届三中全会没有重用，而六届三中全会后主持中央工作的又是共产国际不信任的瞿秋白。因此，共产国际不仅要把李立三赶下台，而且借口'反对三中全会调和路线'，把瞿秋白赶下台，以便扶植陈绍禹上台，保证'国际路线'的贯彻执行"。②

还有的学者说："共产国际这样做，并不是要纠正中国共产党内的'左'倾错误，而是要反对'右倾'，以便为彻底贯彻共产国际的'左'倾指导思想扫清道路。""所谓'调和主义'只是一种借口，问题的表象。实际上，共产国际在批判所谓'调和主义'错误时，却把注意力集中在中共领导人的人事安排上。直至把王明推上台取代坚持独立自主原则，坚持从中国革命实际出发的瞿秋白才算了事。这就充分表明了所谓反'调和主义'的实质就是以王明取代瞿秋白。"③

同月 劝李初梨写检讨，并同意到苏区去。

李初梨回忆说："10月的一天，我在省委秘书处发牢骚：立三路线从头到尾都错了，为什么不是路线错误？李维汉知道了，把我撤了职。王明闻讯后来看我，劝我赶快写检讨，埋怨我不该这么干。这是中央已决定王明、博古、王稼祥、张闻天到苏区去。他们也同意了，准备去苏区。"④

同月 作《秋夜观星》诗一首，赞美他和孟庆树的结合。⑤

秋 由于留苏学习的中国学生多数回国参加革命工作，莫斯科中国劳动者共产主义大学宣布停办。此后到苏联留学的中共党员和革命青年多数到国际列宁学院和东方大学等院校，其人数已远不如前，留学的方式也多是分散地派遣或个别前往。⑥

---

① 《中共中央文件选集》第 6 册，第 645、650～651、644～645 页。

② 于吉楠：《中共六届四中全会和陈绍禹上台》，中共中央党校中共党史教研室：《中共党史专题讲义（第二次国内革命战争时期）》，第 123 页。

③ 张秀华：《"调和主义"的实质：以王明取代瞿秋白》，《内蒙古民族师院学报》（哲学社会科学·汉文版）1991 年第 2 期。

④ 李初梨：《六届四中全会前后纪事》，《中共党史资料》第 73 辑。

⑤ 《王明诗歌选集（1913～1974）》，第 79 页。

⑥ 戴学稷：《走十月革命的道路——二三十年代的留苏浪潮与中国革命运动》，《内蒙古大学学报》（哲学社会科学版）1980 年第 4 期。《米夫与中国革命关系纪事》认为中山大学是1930 年夏停办的，见《米夫关于中国革命言论》，第 583 页。

有的人认为莫斯科中国劳动者共产主义大学之所以停办，与1929年的"清党"是分不开的。李一凡即回忆说：

> 　　至于"中大"，也因这场斗争而被取消；所有尚在学校的学生全被遣散。李剑如、余笃三、郭秉元、郭妙根和还有好些工农同志，由于克拉笑吉姬·伊万诺夫娜·基尔三诺娃①同志……的坚决力争，被转到了列宁学院。其余的，大都被分别遣送到苏联各边远地区，或外蒙与新疆。能回祖国内地的，多是王明一伙的"自己人"，如果是"异己分子"而能回到国内，则多方受到排斥、刁难、打击，如对柳圃青、李小妹等。被送到远东的周达明［文］和王长熙，后来被格贝屋打成"日本特务"而被枪决；方洛舟和刘希吾死在新西伯利亚市狱中。被送到新疆的俞秀松和董亦湘，由于王明（从延安返苏途经新疆时）的出卖被盛世才杀害。被送到外蒙的一个外号"张和尚"的，当他从外蒙返回莫斯科时带回所赢得的鉴定之后，据基尔三诺娃同志告诉我，在布尔什维克党的历史上从没任何人曾经得到过，简直像俄罗斯谚语说的"纯洁如雪"，可王明和康生硬是拒绝了他的回国请求，以致他的头发在几天里全白了。此外，还有好些老党员如方维夏、江浩、钱介磐、李国轩、李仁一……被送往何处，至今下落不明，大概早已物故了。
>
> 　　王明的反党宗派活动给吾党所造成的损失与危害，撇开六届四中全会以后的一切不谈，即已有如此者，言之痛恨罔极！②

11 月 13 日　沈泽民携带国际十月来信抵达上海，他先会见了陈绍禹、秦邦宪等，使陈等先了解到来信内容。③

于是，王明立即改变了对六届三中全会表示拥护的态度，也不肯到苏区去工作。他把消息到处传播，造成党内严重的思想混乱。周恩来在《共产国际和中国革命》的报告中说："一九三〇年十月共产国际来信，说中央不

---

① 亦译为基尔珊诺娃。
② 《回忆中国共产主义劳动大学》，《革命史资料》第 19 辑，第 100～101 页。
③ 王健英：《民主革命时期中共历届中央领导集体述评》上册，第 314 页；戴茂林《关于王明研究中几个问题的考证》说王明得知"十月来信"精神的时间约在 1930 年 10 月末或 11 月初。见《中共党史研究》2010 年第 12 期。

对，是调和路线。王明他们就闹起来了。"①

　　同王明在一起工作的李初梨回忆说："三中全会以后，中央决定王明、博古等去中央苏区。王明就离开省委宣传部，搬到斗鸡桥。国际来信以后，他们就不去苏区了。"② 黄理文也证实说："我碰着王明、博古、陈昌浩，还有一人，在兆丰公园开秘密会议，研究不去苏区问题。这事是当时博古向我讲的。"③

　　但李初梨说给王明传达信息的不是沈泽民，而是陈昌浩和王盛荣。他回忆说："过了不多天，王明又来找我，兴奋地说：现在可以干了，从莫斯科回来两个人，她们是少共国际派回来的，少共国际支持我们。我问他：开除我们党籍怎么办？他胸有成竹地说：少共国际给你恢复。抗日战争时才知道这两个人是陈昌浩和王盛荣。"④

　　一份题为《关于王明同志的几件历史事实》的材料说：十月底我到上海，他就谈他那时反对立三路线、反对三中全会的调和路线这一套，并说秋白同志非常宗派，因为他们提出意见，就撤销他们的工作，他已写信报告国际云云。这份材料还说：他们的确是有组织的宗派活动。有一天晚上，王明带我去他家里看他那篇文章（即立三路线的理论与实际），当我去不久，即看到沈泽民、博古，好像还有王稼祥都去了。当时他们谈的是沈泽民所报告的中央对他们活动的动态，商量如何继续斗争，等等。后来我又去过一次，他们也在商量关于宣传部开会反对他们的问题。⑤

　　同日⑥　以陈韶玉的名字和秦邦宪联合给中共中央政治局写信，说："李立三同志的路线是反马克思主义的反列宁主义的路线，是右倾机会主义和左倾机会主义的混合物"，是"和国际路线不能并容的"。信中虽然也说"三中全会有重大的意义"，但中心内容是指责三中全会犯了一系列错误。例如关于敌人进攻红军和苏维埃根据地问题，不仅中央政治局作了"错误的分析，而且三中全会决议上竟将国际的正确路线，能够冲破敌人'围剿'的和实行革命进攻的正确的策略和办法，作了机会主义的曲解和修改"；在土地革

　　①　《周恩来政论选》下册，第818页。
　　②　曹仲彬：《访问李初梨谈话记录》，转引自曹仲彬、戴茂林《王明传》，第181页。
　　③　曹仲彬：《访问黄理文谈话记录》，转引自曹仲彬、戴茂林《王明传》，第182页。
　　④　李初梨：《六届四中全会前后纪事》，《中共党史资料》第73辑，第47页。
　　⑤　这份材料存在王明档案里，未署名。
　　⑥　原件无年代，此日期是文件戳记上填写的时间。

命问题上，三中全会"不依照"国际平分一切土地的指示，"还是继续着过去李立三路线的错误，这路线实际上反映着富农的要求，他的结果必然会妨碍土地革命的彻底进行"；在组织上，不加紧赤色工会的组织——特别是雇工工会。三中全会决议"忘了"国际指示中关于"确立阶级工会之自由"这极重要的一点，这是代表着"李立三的机会主义路线"；在经济政策上，三中全会将无产阶级在工农民主专政时应有的正确的经济政策代之以一般的承认自由贸易为原则的政策，"这在客观上反映着富农和投机商人的要求"；在群众工作上，不曾指出工人运动和农民运动之间暂时的不平衡，对于过去无条件地发动地方暴动士兵暴动，忽略和放弃农民群众日常斗争等错误，没有加以严重的打击和纠正。并说："这些错误不是偶然的，而是过去立三同志为领导的路线，在某种程度上在某种意义上的继续"；"三中全会的最大的缺点就在对于国际路线完全相反的立三同志的路线没有充分的揭露其机会主义的实质，没有使全党同志了解过去领导的差误而实行迅速的转变"。他们向中央建议："请中央以自我批评的精神，马上用正式的文件，指正这些错误，号召全党坚决执行国际的正确路线"，"要求中央和过去立三同志的路线要明白地分开"，"并且迅速的纠正目前的各种策略上分析上的错误"。①

他们还把这封信的内容透露给他的小宗派，用传播小道消息的方法制造舆论。中共中央派人和他谈话，希望他改正错误，他却指责中央对"立三路线"是"调和主义"。

11 月 16 日　中共中央收到共产国际的"十月来信"。

盛岳在《莫斯科中山大学和中国革命》中说："此信于一九三〇年十一月十六日送到上海的中共中央。国际来信实际上否决了三中全会认为李立三犯的不是路线错误而是策略错误的决定。而且，来信加强了二十八个布尔什维克在中共的政治地位。"②

11 月 17 日③　再次以陈韶玉的名字与秦邦宪联名给中共中央政治局写信，大写自己反"立三路线"的事实。第一，反得"早"。"在立三同志的《中国新高潮前诸问题》④ 的文章发表后"，就开始反。第二，反得原则性

---

① 《秦邦宪陈韶玉给中央政治局信——对帝国主义与国民党"围剿"苏区的意见》，1930 年 11 月 13 日。
② 盛岳：《莫斯科中山大学和中国革命》，第 239 页。
③ 原件无年代，此日期是文件戳记上填写的时间。
④ 应为：《新的革命高潮前面的诸问题》。

强。信中一开始就指出，李立三"不是简单的个别错误，而是有一贯的错误的政治路线，在这种总路线下产生的策略路线，组织任务和工作方式与方法将都要形成'左'倾与右倾的机会主义错误"。第三，反得持续不断。第四，反得最勇敢。"不顾立三同志对我们的再三威吓……我们依然提出自己的列宁主义的意见。"第五，反得顾全大局。"我们为顾全中央及立三同志的个人威信和免因残酷争论引起工作损失起见，在中央工作人员政治讨论会上，我们只提出我们自己的正确意见。"第六，反得有信心。"相信共产国际的来信一定能够证实到底哪种路线是符合于共产国际的列宁主义的路线，哪种路线是反共产国际的路线。"信中认为向忠发、李立三说他们是"右倾机会主义的路线"，给他们处分，是错误的。最后，提出三条要求：（1）"正式公开宣布立三路线的错误实质，教育全党"；（2）"正式公开在多种会议上及党报上宣布我们与立三同志争论的真相，撤销〈对〉我们的处罚"；（3）"禁止任何同志在任何会议上继续对我们的污蔑和造谣"。

李初梨回忆说："中央发一个通知，王明这伙人就攻，弄得中央被迫收回去。中央发了四五个通知，都被迫收回去了。"[1]

同日　向忠发在宣传工作人员会议上借着批评留苏学生沈泽民，把王明等痛骂了一顿。[2]

11 月 18 日　中共中央政治局召开会议，检讨六届三中全会和三中全会以来党的路线问题。党中央在接受"十月来信"基本精神的同时，仍在维护三中全会所制定的路线，对于王明、博古等人的宗派活动予以批评。周恩来针对王明等的宗派活动，强调指出："已经知道国际来信的同志（如新由莫回国的），必须召集一次会议，要他们站在巩固党、帮助中央领导的立场上来做工作，不允许不经过组织而走到分裂党的方式上去。"[3]

11 月中旬　共产国际派远东局领导人米夫来到上海。[4]

① 李初梨：《六届四中全会前后纪事》，《中共党史资料》第 73 辑，第 47 页。
② 杨奎松：《向忠发是怎样一个总书记?》，《近代史研究》1994 年第 1 期。
③ 黄允升：《毛泽东开辟中国革命道路的理论创新》，第 297 页。
④ 张国焘《我的回忆》说米夫"于一九三〇年夏季由共产国际派往中国"，见《我的回忆》第 2 册，第 411 页。盛岳《莫斯科中山大学和中国革命》说 11 月或 12 月去中国，第 240 页。《米夫与中国革命关系纪事》说是 12 月上半月到中国，见《米夫关于中国革命言论》，第 585 页。黄允升认为是 12 月 10 日到中国，见《毛泽东开辟中国革命道路的理论创新》，第 298 页。戴茂林《关于王明研究中几个问题的考证》说米夫是 1930 年 11 月中旬来华的，见《中共党史研究》2010 年第 12 期。

他"下车伊始",就指责中共中央犯了调和主义的错误,提出要召开六届四中全会,中心议题是反对中共中央的右倾。他还赞扬王明的《两条路线》是忠于国际路线的"杰作",并向中共中央提议由王明担任中共江南省委(三中全会后一度改江苏省委为江南省委)书记。①

盛岳在《莫斯科中山大学和中国革命》中说:"为了确保中共完全忠于共产国际,国际派米夫为代表于一九三〇年十一或十二月去中国。米夫到中国去的重要使命是:用把二十八个布尔什维克拉进中共中央的办法,来对中共中央加以改组,从而加速实现中共'布尔什维克化'。换句话说,他的使命就是把中国共产党人置于俄国共产党人的绝对控制之下。"②

张国焘在《我的回忆》中说:米夫到中国的目的,就是"准备将他手下的'布尔什维克分子',取李立三而代之",并说:"李立三的异动给予陈绍禹等米夫派在中共内抬头的机会。恰于此时到达中国的米夫,和那时已经回国的陈绍禹,立即里应外合的行动起来,站在拥护共产国际的正确路线的旗帜之下,反对李立三。陈绍禹等因曾受李立三的压抑,早就满肚皮怨气,现在有此机会,自然要摩拳擦掌。"③

11月21日 陈原道在致米夫的信中说:中央"根本不接受下层职员和工作人员的正确批评意见,其中包括我、库特科夫④和戈卢别夫以及那些不久前到达这里的同志"。⑤

11月22日 中共中央政治局再次召开扩大会议,讨论了王明等人的两封信,一致认为王明等人在中国革命的根本问题上同李立三没有什么原则分歧,他们只在一些"很小的问题"上纠缠,这是影响"目前工作"的。指出他们"重新活动"的目的,不是为了巩固党、帮助党,而是反对六届三中全会以后的中央,是别有用心的。有人发言说:陈绍禹等有一个提议,要求讨论"立三路线",并且要求将他们与立三争论经过公布于党,这观点是算旧账的方式。会议不同意王明等人要在党内挑起争论的要求。瞿秋白指出:"沈泽民的方式与精神是离开政治局的领导……他们知有国际来信,但不公开说已知国际来信,请求政治局如何办,反而突然在工作

---

① 张学新主编《任弼时传》,第190~191页。
② 盛岳:《莫斯科中山大学和中国革命》,第116页。
③ 《我的回忆》第2册,第411、441页。
④ 即沈泽民。
⑤ 《资料丛书》第9册,第464页。

会议中提出来，这可使一般同志很惊奇与发生其他倾向"，"使同志们惊慌不明"。①

同日 孟庆树出狱。②

11 月 23 日 与孟庆树结婚。

孟庆树回忆说："23 日，我和绍禹结婚，在一个小客栈里。不仅没有任何婚礼仪式，而且没有换洗的衣服，没有住处。24 日，绍禹和我来到他和博古住的小面馆楼上亭子间里。三人很高兴地谈笑着。我觉得像回到'家'里来了。但是，博古还盖着我的棉被，绍禹的一床棉被很破，而且小得可怜。我们又只好离开这个小屋，另找住处去。"③

一份题为《关于王明同志的几件历史事实》的材料说：小孟同王明结婚，我记的是在四马路云南路的一个小旅馆里，他们结婚后即去江苏省委工作了。④

同日 作《结永伴》诗记其结婚事，诗曰：

出狱两天便结婚，双心结合胜千军。

三年多少悲欢剧，银汉女郎不可分。⑤

11 月 27 日 由陈原道、陈绍禹、秦邦宪组成的"临时小组"作出决定，全文如下：

我们在讨论了共产国际关于中国问题的决议⑥、〈中共〉三中全会决议、11 月 16 日共产国际来信⑦和 25 日中央政治局决议⑧之后，一致通过以下决议：

---

① 黄允升：《毛泽东开辟中国革命道路的理论创新》，第 297 页。
② 孟庆树整理的《传记与回忆》说："1930 年 11 月 22 日，我被释放出狱。"
③ 《传记与回忆》。
④ 这份材料存在王明档案中，未署名。
⑤ 《王明诗歌选集（1913～1974）》，第 80 页。
⑥ 指共产国际执委会政治秘书处 1930 年 7 月 23 日通过的《关于中国问题的决议案》，见《中共中央文件选集》第 6 册，第 584～595 页。
⑦ 指 1930 年 11 月 16 日在中国收到的共产国际执委会《关于立三路线问题给中共中央的信》，见《中共中央文件选集》第 6 册，第 644～655 页。
⑧ 指 1930 年 11 月 25 日中共中央政治局《关于最近国际来信的决议》，《中共中央文件选集》第 6 册，第 501～502 页。

1. 共产国际的正确路线是唯一布尔什维克的路线。小组完全同意这一路线。

2. 过去在李立三领导下的中央政治局的路线，是反共产国际的、反马克思主义的和反列宁主义的路线。三中全会没有对它进行布尔什维克式的无情打击。相反，三中全会怯懦地采取了机会主义的、"市侩式的"和妥协的方针，而且还支持这种路线。把共产国际路线和李立三路线混为一谈，并认为李立三路线是协同一致的——这就明显证明，三中全会是在口头上有条件地接受共产国际路线，同时它在继续坚持李立三路线。三中全会本身还以种种借口从原则上和策略上以及许多重要问题（如对国际形势的估计、世界革命与中国革命的相互关系、革命的不平衡性、关于土地革命、关于中国革命的前景等问题）上歪曲共产国际的路线，并且继续坚持中央过去在李立三领导下执行的路线。

3. 三中全会后，政治局在对帝国主义者和国民党进攻红军问题的分析上，又重复了"吉德"（？）① 式的分析。在实践中没有带来任何变化。李立三路线在领导机关中仍然很有势力。政治局 11 月 25 日决议只是耍外交手腕承认了自己的错误。还在试图使人们的注意力离开关于路线问题的原则性分歧。这表明，他们仍不愿意放弃李立三路线，不愿意坚决按照共产国际的路线进行工作。

4. 因此，我们认为，党中央领导已经垮台，他们不能保证执行共产国际的路线。为了贯彻执行共产国际的路线，我们应该做好以下工作：

（1）我们应该把那些坚决支持李立三路线的不肯悔改的机会主义分子驱逐出（中央、各局、省委）领导机关。

（2）我们应该在党的报刊上向中央过去的路线（李立三路线）开火。在秘密工作环境允许的范围内，我们应该站在共产国际的路线上开展广泛的自我批评和加强两条战线的斗争。

（3）我们应该把那些在与李立三路线和其他错误倾向的斗争中表现坚定的同志推举和吸收到领导机关中来。

（4）我们认为，中央不重视同志们的政治性意见，不答复我们的声明，这是不能容忍的。本小组对这种态度表示抗议。

---

① 原文如此。

（5）至于一般政治性意见和其他问题，我们将向中央和共产国际递交另一个声明。①

11月底　抛出题为《两条路线》的小册子。

王明在《几点必要的声明》中说："这本小册子是在三中全会决议发出后，利用那时立三同志停止了我的一切工作的空闲时间来写成的"，知道共产国际"十月来信"的内容后，又加以修改、补充，"差不多费了半个月时间写成的，当写的时候，多半是写一点被同志们拿去看一点"。完稿后"只匆促的抄过三份，但是曾经过几十个积极反立三路线的同志们看过的，有许多地方也曾经因看的同志的批评或建议而加以补正过的"。②

《写作要目》说：这本小册子原名《两条路线》，后改名为《拥护国际路线，反对立三路线》，"1930年写后，手稿在部分同志中传看过，1931年初由中共中央印发小册子，此文已收入1932年出版的《为中共更加布尔塞维克化而斗争》一书内。内容为根据国际路线与批判李立三路线的理论与实际，其中包括国际形势与中国革命问题，中国革命的根本问题，时局估计与党的任务问题等。毛泽东对这问题的基本观点有很多与李立三路线是相同的"。

小册子共分引言、李立三路线底理论与实际、结论三大部分。在"李立三路线底理论与实际"中，又分为国际形势与中国革命、中国革命底根本问题、时局估计与党的任务、长沙事变与立三路线的破产、三中全会与调和态度、三中全会后维它③同志继续立三路线的错误等六个部分。

在这本小册子中，他以比李立三更"左"的立场反对李立三的错误，以比反"立三路线"更坚决的态度反对六届三中全会及以后的中央。他在中国社会性质上，夸大资本主义在中国经济中的比重；在阶级关系上，夸大现阶段中反资产阶级、反富农斗争的作用；在革命性质上，夸大民主革命中的"社会主义成分"的意义。他否认中间营垒的存在，在革命形势和党的任务问题上，继续强调全国性的"革命高潮"和党在全国范围内的进攻路

---

① 《临时小组的决定》，《资料丛书》第9册，468~470页。
② 《两条路线》，即《为中共更加布尔塞维克化而斗争》，《王明言论选辑》，第117~118页。戴茂林《关于王明研究中几个问题的考证》认为是10月底或11月初写的，《中共党史研究》2010年第12期。
③ 即瞿秋白。

线，认为"直接革命形势"即将在包括一个或几个中心城市在内的主要省份发生；在反对错误倾向问题上，极力强调当时党内主要危险是所谓"右倾机会主义"，"实际工作中的机会主义"和"富农路线"。他在批判李立三的部分将要结束时，写了一段概括的话："据上所说，我们可以看出以李立三为领导的中国党中央政治局一部分的领导同志在这一时期的错误，绝不是简单的'个别的策略的错误'，而是整个的总的政治路线的错误。从工作方式方法起，到策略问题和原则问题止，没有一个问题不错，而且这些错误相互间是有一贯的密切的联系，错误的工作方式和工作方法是产生于错误的组织任务和策略任务，错误的策略任务和组织工作，是产生于错误的政治路线，错误的政治路线是产生于错误的时局政治分析和估计，现在时局的错误估计，是产生于对中国革命根本问题（革命性质、革命动力、革命领导权、革命前途、政权等等）的错误了解；革命根本问题的错误了解是产生于对世界政治经济系统（帝国主义）对中国经济性质的不正确了解和认识。"①王明就是按照这个体系，批评李立三"一贯右倾机会主义的理论与实际"的。

　　他不顾六届三中全会结束了作为"立三路线"主要特征的那些错误的事实，说维它即瞿秋白在三中全会上"对于以立三为领导的用'左'倾空谈掩盖着右倾消极的整个机会主义路线的理论与实际和许多盲动冒险的策略"、"一贯右倾机会主义的理论与实际"，只作了"轻描淡写"的批评，"未加以丝毫的揭破和打击"，"采取了拥护和调和的态度"，并全盘否定维它及其领导的三中全会后的中央，说"三中全会后维它同志继续立三路线的错误"，"现时的领导同志维它等，已经没有可能再继续自己的领导，他们不能执行布尔塞维克的政治策略来解决当前的革命紧急任务"，"只是使一般同志对于现在政治局的领导同志维它等更表示绝望"。王明还说维它等人"是自觉地对立三路线调和、投降，是立三路线的拥护者"，不但"不能解决目前革命紧急任务，不能领导全党工作"，而且会"使党工作仍陷于混乱境地！"②

　　既然维它等人"不能领导全党工作"了，那该怎么办呢？王明在小册

①　《为中共更加布尔塞维克化而斗争》，《王明言论选辑》，第117～118页。
②　《为中共更加布尔塞维克化而斗争》，《王明言论选辑》，第183、167、184、187、189、190页。

子的末尾，提出了八条所谓"救世良方"。主要精神是：一、"在国际直接领导之下，开始召集第七次全国代表大会的筹备工作，以便根本改造党的领导"；二、"在七次大会未开始以前的准备时期内，由国际负责帮助成立临时的中央领导机关，以领导全国正在紧张的革命工作"；三、"立刻在国际路线领导和不妨碍秘密工作条件的原则之下，实行发展党内自我批评，在党报上及各种会议上（从中央到支部、小组）公开讨论最近国际各种决议及指示"；四、"立刻在党报上公布同志们的反立三路线的一切政治意见书"；五、"立刻在加紧反立三路线及一般两条路线上的斗争中，来肃清那些不可救药和固执己见'左'右机会主义分子离开领导，以能积极拥护和执行国际路线的斗争干部——特别是工人干部，来改造和充实各级的领导机关"。①

周恩来在《共产国际和中国共产党》的报告中说："米夫一来，更造成了党内的危机。王明写了小册子，要求中央召开紧急会议，撤换中央的领导。所以，召开了四中会会……四中全会后，王明的小册子更加发挥了作用。他站在更'左'的立场来反对立三的'右倾'和三中全会的'调和路线'，形成了更'左'的路线，再加上中央几个负责人叛变，使我们党受到了很大的破坏。"②

但有的学者认为，"《两条路线》的小册子不是王明的'左'倾机会主义的政治纲领"，把它说成是王明的"左"倾机会主义政治纲领，"这种看法是错误的，是不符合《两条路线》的小册子的实际的"，因为小册子中"所反映的'左'的东西，都是来自共产国际"，"如有错误，也是苏共和斯大林的错误，不能把账完全算在王明身上"。③

12 月 1 日　周恩来在中央机关工作人员会议上作报告，批判了李立三的错误，着重分析了其理论基础。同时，点名批判了王明的宗派活动，指出他借反对李立三的错误以扩大他们拥护国际路线的影响，这是不妥当的，他在许多重大问题上的观点，与李立三是同样错误的。他说："尤其是要反对有小组织倾向的同志们的超组织活动，在过去与柏山（即李立三）同志争论的 4 个同志（即王明、秦邦宪等 4 人）在不平衡革命高潮等问题上是对的，但陈韶玉、秦邦宪等同志则借此扩大发展他拥护国际路线的影响，这是

---

① 《为中共更加布尔塞维克化而斗争》，《王明言论选辑》，第 191 页。
② 《周恩来政论选》下册，第 818 页。
③ 施巨流：《王明问题研究》，第 1～2、370 页。

不应当的。在韶玉同志'开始在主要几省甚至一省建立中国苏维埃政府问题'的文章上面'夺取武汉这一可能的前途，成为不远将来的现实'，'夺取武汉的胜利'，有使中国资产阶级民主革命完成，并且是中国现在阶段革命转变到社会主义的正式开始，他这样的观点，与柏山同志是同样错误的。这证明韶玉同志对于这些问题也没有弄清楚。"①

李维汉在《回忆与研究》中回忆说："十二月一日，恩来在党中央机关工作人员会议上作了批判立三路线的报告；同时也指出王明、博古等人的错误。当时中央一再对他们让步，还是不行，分配工作他们也不干，硬要召开紧急会议。有一次政治局开会，我主张跟他们进行斗争。我说，他们不象话，没有实际工作经验，还闹，分配工作还不干，党中央开的会还不行，还要开紧急会议。这个时候中央很软，他们很硬。他们为什么很硬？后来才知道他们有米夫作后台。"②

12 月 2 日　米夫给共产国际写信说周恩来和瞿秋白"到来之后，遇到了组织严密的李立三集团，他们开始有些动摇，因而采取了调和主义态度（莫斯克文③更甚些）。在三中全会上，他们事先不与远东局打招呼，就决定不把与远东局商定的表述写入政治决议（老的中国花招），从而把那个决议变成了一个模棱两可的文件。与此同时，一些党员（戈卢别夫、古德科夫、波戈列洛夫④等人）开始在会议上发言，向中央递交声明，批判李立三路线和三中全会"。⑤

12 月 6 日　在中共中央政治局会议上，周恩来进一步批评王明等人的小组织活动。他说：党内的不满情绪，"中心问题是不承认三中全会，要改组中央的原因造成的，在人的活动上可以看出显然是小组织倾向的"，"首先是陈（绍禹）、秦（邦宪）信对中央文件批评，对立三路线反没甚揭发"。他说："政治意见可以发表，但不可妨害工作。小组织活动是有计划的，完全不站在拥护党的立场，可以肯定地说，他们的政治意见也不是正确的，若

---

① 周文琪、储良如：《共产国际和中国共产党》，第 264 页。黄允升在《毛泽东与王明》中说这些内容是周恩来在 12 月 7 日在中共中央机关工作人员会议上所作的批评。见其《毛泽东开辟中国革命道路的理论创新》，第 297 页。
② 李维汉：《回忆与研究》上册，第 322～323 页。
③ 即周恩来，下同。
④ 分别为王明、沈泽民、秦邦宪。
⑤ 《米夫给共产国际执行委员会的信》，《资料丛书》第 9 册，第 503 页。

是正确的，在组织上便不会如此。"①

12月9日　共产国际执委会主席团扩大会议讨论米夫等《关于中国党三中全会与李立三同志的错误的报告》。有的人在发言中把要改造中共中央核心组织的意图说得更明白。例如皮同志在发言中，按"教条化"标准吹嘘王明、博古等人，说"在苏联有许多学校有好几百中国同志在那里学，他们之中有很好的同志知道列宁主义布尔塞维克的理论和实际。他们回去了，但是不能够作到领导工作，为什么我们以前不明白，而现在明白了，因为有一种小团体利益妨碍他们加入领导机关。费了很多力量和钱才能够把他们派回中国去，然而秋白或者立三不要他们作党的工作，我以为这是无论如何是不能够允许的。现在怎么办呢？我以为应当发动一个公开的运动反对立三主义和那一部分政治局"。②

同日　中共中央政治局作出关于召集中央紧急会议的决议。

王明和何孟雄、罗章龙等都要求召集紧急会议，像八七会议解决陈独秀右倾投降主义那样，解决"立三路线"和六届三中全会的"调和路线"。中央政治局实际上接受了这个要求，承认"三中全会虽然一般的接受了共产国际的路线——但是这是在调和主义的立场上去接受的——就是对于立三同志的整个路线，取了调和态度，并且替这一路线辩护"，"这就不能彻底解决执行国际路线的任务，因此，三中全会的路线也就不正确了"。"政治局认为必须通过新的政治决议案，以纠正三中全会的严重错误"。③

12月14日　米夫在中共中央政治局会议上提出要召开六届四中全会。王明得到这个消息后，为了自己的小宗派独占中央领导地位，转而公开反对和他共同要求召开中央紧急会议的何孟雄、林育南、罗章龙等。

一份题为《关于王明同志几件历史事实》的材料说：王明曾带罗章龙（好像也有何孟雄）来我处，罗、何他们也说一套反对立三路线的意见。我现在的印象，那时他们中间看不出什么分歧点来。如我在他们鼓动之下，向中央提出意见书，初稿也就写了请求召开紧急会议、准备召开七大等，他们看了都同意。过了一两天，王明才又来告诉我，说把紧急会议改成四中全会，准备召开七大一句不要，我当时也改了，但也没有听到王明说罗章龙有

①　1930年12月6日中共中央政治局会议记录。
②　《共产国际执行主席团关于立三路线的讨论》，《布尔塞维克》第4卷第3期，第60～61页；又见《资料丛书》第12册，第430页。
③　《中央政治局十二月九日的决议》，《中共中央文件选集》第6册，第503～504页。

什么不对。①

但李初梨的说法与上不同，他回忆说："关于召开紧急会议我从未听说过。要是召开紧急会议肯定何孟雄这派观点的人会去得多些。王明没有多少人支持他。他的个子非常矮，像个小孩子的样子，又没有实际工作经验，顶多是些知识分子拥护他。何孟雄和王明为什么由反对立三路线到破裂，这个原因我不清楚。我分析有两个原因，王明斗争不坚决，一段时间偃旗息鼓，同意去苏区；王明是书生没有斗争的经验。"②

同日　在《实话》杂志第 3 期上以韶玉的名字发表《立三路线与战后资本主义第三时期》。

文章说："第三时期是资本主义普遍危机更加剧烈更加尖锐的时期，是资本主义暂时的局部的稳定更加动摇，更加腐蚀而走向完全崩溃的时期。"还说什么"对于立三路线采取调和态度的主和派""实际上不过是懦弱的立三主义者"。这样，王明就把反三中全会及其后的中央的活动，在党的刊物上公开了。③

12 月 16 日　在米夫的催促下，中共中央政治局通过了《关于取消陈韶玉、秦邦宪、王稼祥、何子述四同志处分问题的决议》。决议说立三路线是"一贯的反共产国际的路线""当时在中央工作人员会议中，韶玉等四同志反对此观点，是合乎国际路线的观点，但立三同志固执自己的观点，认为韶玉等四同志的意见是右倾机会主义的路线，这显然是很大的错误。中央政治局当时因为赞助与执行立三路线的缘故，竟因韶玉等四同志批评中央的路线而妄加他们以小组织的罪名，给韶玉同志留党察看六个月的处分，给其他三同志以最后严重警告，这显然是更不正确的"；"中央政治局现在站在拥护与执行国际路线与反对立三路线之不调和的立场上，认为过去对陈韶玉等四同志的斗争与处分是错误的。现在除正式取消对他们的处分外，并将此错误揭发出来，以加重韶玉等四同志对立三路线之不调和斗争的责任"。④

《传记与回忆》说："一直到国际代表米夫来到上海后，周恩来才变了腔调。某日，他到小面馆的亭子间来看看这两位受了严重处罚的同志。周

---

① 这份材料存王明档案里，未署名。
② 李初梨：《六届四中全会前后纪事》，《中共党史资料》第 73 辑，第 47 页。
③ 〔日〕田中仁《王明著作目录》说此文 1931 年还改名为《反对李立三主义》（韶玉），第42 页。
④ 载《党的建设》1931 年第 1 期。

说：'你们这地方来往的人太多，很危险，赶快搬家！'"

12月17日 给萨发罗夫、米夫、马季亚尔和马耶尔四人写信，这也是他给米夫的第九封信。此时米夫早已到上海。信中说："现在情况十分严重。领导人正经受着最深刻和最严重的危机，因此在全公司①也出现了危机。开始出现消极情绪，走头[投]无路，绝望，各种各样的人逃离公司。工作到处还是老样子。领导完全陷入了泥潭并且已经绝望了。到处呈现出不满情绪。组织和个人递送的声明、决定、决议一天天多起来。斗争不仅在上海，而且在其他地区，如北方和苏区，也已经开始。执委②的决议和来信在各处引起了巨大的反响。但是领导不仅陷入了系统的实用主义路线，而且还对利波夫路线③采取了继承人的立场④。在执委干部⑤和强硬实践家的强大压力下，现在领导者圆滑而灵活地承认了一些东西。但是与其说他们认识和承认了自己的错误，还不如说他们在公开地或半公开地捍卫和粉饰利波夫路线。遗憾的是，直到现在我们与多布罗夫⑥还没有直接的联系，因此他不了解也不可能了解全面情况。所以他甚至承认三次全会⑦的路线总的说来是正确的。当然，我和其他人决不能同意他的看法。昨天我们与老板⑧进行了交谈，结果他认为三次全会及以后的所有文件都是不正确的，是调和主义的，是偏离执委路线的产物，并且同意我们关于取消所有上述文件的主张。""机关几乎还完全处于'利波夫人'⑨或还'没有意识到这一点的人'的手中。斗争进行得很艰难。不过我们还是赢得了相当不少的先进分子，斗争还在继续并且以很快的速度在发展。当然，一切都要靠斗争的力量和群众来解决，但是来自上面的压力具有重大影响。我们希望得到巴黎⑩的帮助。不对所有领导机构进行认真的改组，贯彻执委路线⑪是不可想象的。请尽快派几

---

① 指中国共产党。
② 指共产国际执委会。
③ 指李立三路线。
④ 原文如此。从意思看应为"继承的立场"。
⑤ 指共产国际代表。
⑥ 可能指共产国际执委会远东局。
⑦ 指中共六届三中全会。
⑧ 可能指的是向忠发。
⑨ 指李立三路线的支持者。
⑩ 指莫斯科。
⑪ 指共产国际路线。

位可靠的和熟练的工程师来柏林①。"②

12 月 23 日③ 中共中央 "为坚决执行国际路线反对立三路线与调和主义",向全党发出《紧急通告——为坚决执行国际路线反对立三路线与调和主义号召全党》,即《中央通告第 96 号》,表示接受共产国际对中国党的指责,承认 "三中全会的路线仍然成为立三路线的继续,并对立三路线加了一层保障"。决定 "采取非常紧急的办法","产生新的政治决议来代替三中全会的一切决议","改造各级指导机关","必须引进积极反立三路线反调和主义的干部尤其是工人干部到指导机关"。④

同日 中共中央政治局根据米夫的提议,决定这时还在苏联的刘少奇担任中共江苏省委书记,归国前由王明代理。还决定将博古补选为团中央委员,参加团的中央局工作。

当时任中央政治局委员、江南省委书记的李维汉回忆说:"本来我是主张同王明等人斗争的。后来共产国际代表来了,说他们是正确的,我的态度就转变了……既然共产国际来人了那还有什么说的。"⑤

12 月 25 日 中共中央在米夫的压力下,任命王明为中共江南省委书记(习惯上仍称江苏省委)书记。⑥

这个省委是当时中国共产党在白区中最重要的一个地方领导机构,领导着江苏、浙江、安徽的党组织和党中央所在地——上海的党组织(上海没有设立市委,由中共江苏省委兼管)。米夫要王明担任这一职务,是给王明进入中央设置一个台阶。

李维汉回忆说:"1930 年 12 月 22 日,江南省委又进行部分改组,我即离开了江南省委,准备去莫斯科学习。改组后的省委常委成员是:王克全(代理书记)、何孟雄、夏采曦、许畏三、沈先定、陈资平、蒋云。江南省委的改组,因没有实现共产国际代表米夫要安排王明等的意图,受到米夫的

---

① 指中国。
② 《资料丛书》第 9 册,第 540~541 页。
③ 黄允升《毛泽东与王明》认为是 22 日,见其《毛泽东开辟中国革命道路的理论创新》,第 299 页。
④ 《中共中央文件选集》第 6 册,第 547、549 页。
⑤ 李维汉:《回忆与研究》上册,第 323 页。孟庆树整理的《传记与回忆》说王明担任江苏省委书记是 1930 年 11 月 25 日。
⑥ 王明在延安写的简历说 "12 月 25 日~31 年 5 月中旬江苏省委书记";1950 年填的简历表说自 "1930.12~1931.6,在上海,中共江苏省委书记"。

干涉而很快流产，省委工作陷于瘫痪。后来在米夫操纵下，中央于12月25日决定委派王明担任改组后的临时江南省委书记，博古为团中央宣传部长，这就为王明等人取得中央领导权在组织上作了准备。"①

刘晓回忆说：王明担任江苏省委书记后，立即在上海进行反对中央和何孟雄等人的宗派活动。他说：

中央政治局的1930年11月补充决议和12月的第九十六号通告下达以后，12月间，江苏省委作出了在上海党组织中对这两个文件进行广泛讨论的决定。王明等人即借此机会，在上海党组织中公开攻击中央，并进行夺取上海党组织领导权的活动。王明派出他的亲信到上海各区委参加讨论，并授权给这些人必要时可以改组区委。这样，上海各区委都召开了会议，攻击中央这两个文件是以调和主义反对调和主义等等。同时，王明把他赶写出来的《两条路线》（即后来改名为《为中共更加布尔塞维克化而斗争》）小册子印发给各级党组织，以新的"左"倾纲领同六届三中全会的决议相对抗。

王明采取这种公开反对六届三中全会的对抗态度，理所当然地遭到各区的许多党员干部的反对和抵制。王明宗派集团就采取撤销工作，停发生活费，强迫迁移居处等卑鄙手段，使这些人在政治上受到孤立，在生活上受到折磨，陷于厄境。然后，王明再对他们进行分化、拉拢。如沪中区委书记蔡博真同志（龙华二十四烈士之一）当时是坚决反对王明的。王明在打击他之后，又亲自两次找他谈话，强要他改变观点，甚至还让人向蔡博真同志传话，说蔡如能改变立场，王明就可以提名蔡为江苏省委委员。但遭到蔡博真同志的怒斥。王明见蔡博真同志不肯就范，便撤掉蔡的区委书记职务。

1930年12月底，王明又以讨论九十六号通告为名，由江苏省委出面，召开了一个扩大的区委书记联席会议，进一步进行他的反党宗派活动。王明集团布置召开这个会议的意图，是要公开打击以何孟雄为首的一批反对他们的干部。会前，王明集团预先组织好了发言内容，会上王明作报告，除几个省委和区委的干部作简短的表态性的发言之外，主要是由沈泽民和陈昌浩发言。陈昌浩的发言，主要是以他在上海搜集到的所

---

① 李维汉：《回忆与研究》上册，第316页。

谓材料来吹捧王明的报告的正确，攻击中央和江苏省委的某些干部（实际是指何孟雄等同志）是在"反立三路线的掩盖下发挥自己的一贯右倾机会主义的思想"，煽动到会者要"与之进行坚决斗争"。陈昌浩还指名攻击了何孟雄等同志，并对有人要求改组中央的意见表示支持。在他们之后的发言，都把矛头指向了何孟雄等同志，实际上是对何孟雄同志进行围攻。

王明还利用他主持会议的权力，几次阻止何孟雄等同志的发言，直到何孟雄、蔡博真等同志严正地提出抗议，他才不得不作让步。

何孟雄同志的发言，以立三路线使上海工作受到损害的实际教训为据，有力地驳斥了王明一伙的错误主张，指出他们的纲领是"新的立三路线"，并指责他们在上海党组织内进行宗派分裂活动，是破坏党的团结的；号召上海各区委的党员干部起来反对王明宗派集团的错误主张和分裂党的活动。

这样，在会上就展开了激烈的争论。两种意见一经交锋，有的原来站在王明一边的转过来反对王明了，有的采取沉默态度了，王明看到会议的发展对他不利，就马上宣布休会，并急忙密商对策。当会议继续进行时，王明集团就更加猛烈地围攻何孟雄同志，污蔑何孟雄等同志是"右派"，帽子满天飞；并且限制何孟雄等同志的发言，后来便匆匆结束了会议。最后王明作结论说：会议通过了对九十六号通告的意见和对中央的建议。何孟雄等同志当即表示不同意这个结论，更不同意王明对他们的批评。王明就借口"少数服从多数"的原则，蛮横地宣称：谁不遵守这个原则，将按组织纪律处理，以此来压制反对他们的同志。这次会议以后，反对王明的干部反而增加了，何孟雄等同志的活动也更加积极了，王明并没有达到完全控制上海党组织的目的。①

12月底　在中共江苏省委扩大的区委书记联席会议上通过反对中央，要求改组中央政治局的决议。其要点是：

1. "只有迅速采取适当的而紧急的办法，将中央政治局加以组织上的改造，对立三路线、调和主义负重要责任之同志执行纪律，才能巩固国际路线的中央领导，否则是没有保障的。"

---

① 《党的六届三、四中全会前后白区党内斗争的一些情况》，《中共党史资料》第14辑，第99～101页。

2. "在中央政治局未改选以前，要求国际加强对中央的领导，参加中央政治局政治上组织上的一切决定。"

3. "江南省委在12月18日以前，在政治上、在组织上犯了执行立三路线与调和路线的严重政治错误……因此要求中央即刻改组省委。并在中央新的政治决议以后……改选各级指导机关（从省委起直至支部）。"

4. "要防止用各种方式掩护立三路线，继承立三路线的派别观念的小组织活动，以及把原则斗争恶化为无原则斗争的倾向，诬蔑拥护国际路线的同志为派别，以掩护立三路线的诡计等，尤须给以无情的打击。"①

有的论著评论说："王明主持下通过的这个决议是极其反常的，省委竟然对中央发出指令性决定，甚至决定要国际代表直接决定中央的一切工作，为米夫进一步干预中国党内一切事务提供依据；王明是抬国际以令中央；又为打击不同意见的同志发出信号。"②

12月30日　中共中央职工运动委员会书记、中华全国总工会党团干事会成员徐锡根在同埃勒斯谈话中谈到王明。他说："基层党组织不信任这个中央。对回来的大学生③也一点儿不信任，在基层党组织中对他们存在着强烈的反感情绪。当然，他们会写，但是他们没有任何实践经验。戈卢别夫曾经在上海工作过，但是他进行过原则的斗争。"④

1931 年 1～10 月　27 岁

1月4日　在中共中央政治局扩大会议讨论关于六届四中全会决议的草案时，针对任弼时提出的应当在实际工作中执行国际路线、反对立三路线的主张，王明以汇报情况的口吻说：在区委书记联席会上，有人以为用实际工作来压制同志是不对的；中央是在国际的压迫和同志们的反抗之下才被迫接受国际决议的；九十六号通告中央的企图还是想维持领导；恩来、秋白、立三应离开指导机关，由远东局召集在沪的中央委员和反立三路线的分子开会。接着，王明强调说："我意要加紧两条战线的斗争，反对右倾，反对调

---

① 金立人等：《王明"左"倾冒险主义在上海》，第53页。
② 金立人等：《王明"左"倾冒险主义在上海》，第53～54页。
③ 这里说的是1929～1930年间返回中国的、曾在苏联学习过的中共和中国共青团工作人员。
④ 《埃勒斯同徐锡根谈话记录》，《资料丛书》第9册，第569～570页。

和，反对取消，反对无原则的斗争"，等等。他要求中央有所答复。会议决定由任弼时、康生和王明三人起草给中共江苏省委的答复，由任弼时负责。①

同日　协助米夫做陈郁等人的工作，劝他们同意召开六届四中全会。

周焱等著《陈郁传》说：1931年1月4日，在停泊在黄浦江边的一艘苏联船只上，米夫召见了余飞、徐锡根、陈郁等七位反对召开四中全会的工会干部。米夫说："国际对中国革命了如指掌，你们没有学过马克思列宁主义，不懂得革命理论，不了解国际指示的意图，因此，才采取了反对召开'四中全会'的立场。我不责备你们，但是，'四中全会'必须召开，否则'立三路线'不能纠正。李立三是一个打着'左'的旗号的右倾机会主义分子，瞿秋白执行的仍然是'立三路线'，这样的右倾机会主义的领导人必须用懂得马克思主义的革命家来代替。"王明得意洋洋地把这一番话翻译给陈郁等人听。陈郁镇定地说："我们承认不懂得多少马列主义理论，但是我们亲身参加了中国革命的实践，亲眼看见了战友们的鲜血，我们最有发言权！"王明说："你的这些话不好翻译吧！"陈郁瞪了他一眼："你照译！"米夫听了王明翻译后，火冒三丈，厉声斥责："你们一贯右倾保守，从广州暴动到'海总'的工作，都没执行国际指示！现在，你们又想结成宗派反对国际！"陈郁说："我们拥护国际，只是反对召开'四中全会'，我们建议召开中央工作会议，讨论当前实际工作问题。"米夫说："一定要召开'四中全会'！任何有觉悟的工人领袖都要无条件地拥护共产国际的领导！我是国际代表，你们反对我就是反对国际！就要考虑你们的党籍！"王明在旁边打圆场说："召开'四中全会'，总书记也同意嘛！你们有什么意见也可以在全会上讲嘛！"余飞问他："你是用什么身份教训我们？"王明说："我是一番好意！你们固执己见，后果自负！"米夫见说服不了大家，最后说："外地的中央委员有一些已陆续来到上海，你们也不要离开上海，等候开会的通知！"他说完，站起来和陈郁等人握手告别。陈郁说："我们还有话没有说完，是不是可以改'四中全会'为工作会议？"王明用俄语向米夫讲了几句，米夫点点头先退出船长室。王明说："他（米夫）说他知道了你们的意见，请你们听候通知。"②

---

①　张学新主编《任弼时传》，第194页。
②　周焱等：《陈郁传》，第91~92页。

1月6日　中共中央政治局常委与共产国际远东局召开联席会议，决定撤销瞿秋白的中央政治局委员，王明在回忆中说他并不同意。

《传记与回忆》说："在四中全会开会的前一天，政治局常委和远东局开了联席回忆，讨论了四中全会问题……中央政治局常委向忠发、周恩来、瞿秋白参加联席会议。不料在这次联席会议上，决定除撤销李立三政治局委员外，也撤销瞿秋白的政治局委员。结果秋白不高兴，他未出席四中全会。关于这点，绍禹在四中全会开会前两小时，才在中央接头处看见四中全会的议事日程上，有开除瞿秋白政治局委员一项。当时绍禹即提出疑问。向忠发说：'秋白也犯过很多错误。'绍禹说：'……但他已承认了这些错误，并愿到四中全会上批评这些错误。为什么要和对立三一样，开除秋白的政治局委员？我们党内有马列主义修养，政治上比较强的人并不多。所以我不赞成开除秋白的政治局委员'……'……我提议，找远东局同志谈谈，把秋白留在政治局内。'"但周恩来、向忠发却说来不及了。他认为"这样做是不合适的，应该留秋白的政治局委员，让他在四中全会上作自我批评更好些"。"后来，米夫仍然坚持不同意留秋白作政治局委员"。

1月7日　米夫直接操纵的中共六届四中全会在上海秘密召开。

会前，米夫包揽了会议的重要筹备工作。他自己起草四中全会决议，拟定以共产国际远东局和中共中央政治局名义提出的中央委员、候补委员、政治局委员候选名单，拟定了参加会议的人员，规定除中央委员、候补中央委员和各地方、各部门的代表外，还让莫斯科回来的一些学生代表参加，而且凡参加会议的人都有表决权。有的中央委员、候补中央委员因为被视为持不同意见，没有通知他们到会。徐兰芝时任全国铁路总工会的负责人，在中共六大上当选为中共中央候补委员，按理应通知在上海的他参加六届四中全会，只因为他赞成全总党团书记罗章龙的观点，就没有得到参会通知。正巧六届四中全会召开那天，他偶然得知开会消息，便气愤地闯入会场。据目击者张金保回忆当时情景说："会议开始不久，全国铁路总工会负责人徐兰芝闯进会场，质问向忠发：'你们开的什么会？'有人替向忠发回答：'六届四中全会。'徐兰芝拍着桌子大声责问：'我是候补中央委员，为什么不通知我来参加六届四中全会？'问得向忠发张口结舌说不出话。这时，王明站起来帮助向忠发解围。他拍着徐兰芝的肩膀，把他拉到另一间房子去了。"他还说："通知去开紧急会议，到会后却宣布四中全会。他们设圈子，让我们往里跳。结果把我们骗了，他们学了马列主义，吃的洋面包，却学会资产阶级的一套，他们品质太恶劣了。"①

向忠发在会上作的《中央政治局报告》，完全接受了王明在《两条路线》小册子中的观点和意见，批评"立三路线"，批评六届三中全会的"调和主义"，批评六届三中全会后的中央没有在工作上"真正转变"过来，提议取消赞助"立三路线"的中央委员，引进反"立三路线"的人到中央委员会来，重新审查政治局的成分。《报告》检查了处分王明等4人的错误，点名批评了瞿秋白。

在讨论《报告》时，王明俨然以理论家的姿态讲了四条意见。1."立三路线的理论与实际"，说"立三路线是左倾空谈掩盖下的右倾机会主义的消极"。同时点名批评了瞿秋白。2."党的改造问题"，说"党的改造"不只撤换几个领导人，还要"发展党内政治斗争"，用新的干部"代替旧的干部"。3."党内斗争与党的进步"，说"党在反立三路线的斗争中，表现很大的进步"。今后，"需要加紧两条路线的斗争，特别是反对右倾机会主义"。4."目前形势及党的任务"，说我们的任务，是"执行国际路线"，拥护苏联，反对敌人进攻红军和苏维埃。

米夫的结论除重复王明的观点外，还吹捧王明等人，说他们是"坚决的与站在国际路线上面来反对立三路线的"，是将在莫斯科学习到的东西"应用出来，坚决的执行国际路线"，②并严厉地批评瞿秋白，也批评了罗章龙的分裂党的活动。

会议通过了《中共四中全会决议案》，其中说：为着完成党当前最重要最紧迫的许多任务，"扩大的四中全会认为必须取消三中全会所补选的赞助立三同志的中央委员，引进反立三主义的斗争之中拥护国际路线的同志到中央委员会里来，并且重新审定政治局的成分，以保障党的正确领导"。③

李维汉在《回忆与研究》中说："尔后，即补选中央委员和改选政治局。远东局和中央政治局事先拟定了一个名单，这个名单是让我和贺昌从三中全会补选的中央委员中退出来，让瞿秋白、李立三和我从三中全会的政治局中退出来，并提出向忠发、王明等十六人为新的政治局委员或候补委员。

① 曹仲彬、李海文：《访问张金保谈话记录》，转引自曹仲彬、戴茂林《王明传》，第212、213页。
② 张学新主编《任弼时传》，第196页。
③ 中共中央党校中共党史教研室编《中共党史学习文献简编（新民主主义革命时期）》，第190页。

这个名单一宣布，即遭到罗章龙、余飞、史文彬等人的反对。罗章龙不仅要求把李立三、我和贺昌开除出政治局和中央委员会，而且要求彻底改造政治局，说政治局的大半是立三路线的执行者……在米夫的操纵下，又由于罗章龙等人对原中央领导人采取打倒一切的态度，远东局和政治局提出的名单获得多数通过。结果，退出的中委是我和贺昌，补选的中委是韩连会、王荩仁、王明、许畏三、沈先定、沈泽民、黄苏、曾炳春、夏曦等九人；退出政治局的是瞿秋白、李立三和我三人，新选入政治局的是刘少奇、王明、王克全、任弼时、陈郁等五人。这样，在米夫支持下便实现了王明等人取得中央领导权的计划，使原来连中央委员都不是的王明，进入党中央最高领导机关政治局。向忠发名义上虽然继续担任政治常务委员会主席，但实际上由王明等人独揽中央领导大权。""王明等人之所以能够上台，我认为：一是得到共产国际的赏识和支持，这是最主要的原因；二是教条主义唬住了一些人，一部分同志对他们实行妥协和支持；三是八七会议以来党内一直存在着的'左'倾情绪和政策还浓厚地存在着，容易为王明的一套更'左'的理论和政策所迷惑。""总之，六届四中全会的召开，没有什么积极的建设的作用，其结果就是接受了以王明为代表的新的'左'倾冒险主义在中央的统治，它给中国共产党和革命事业带来了更加严重的灾难。"①

从一份题为《关于王明同志的几件历史事实》的材料看，王明等人在四中全会前搞了很多非组织活动。这份材料说：决定我去参加四中全会，首先是王明告诉我的。当四中全会开会前三数分钟，陈原道来告诉我两件事情：一件是说罗章龙是右派，要我发言反对；另一件是说"右派"坚持要开紧急会议或预备会议，反对开四中全会，但国际代表与中央都主张开四中全会，要我反对开紧急会议的主张。所谓"右派"问题，当时对我不仅是一个突然的问题，而且我自己根本无法理解。那时我只觉得罗章龙他们有两个意见我是不赞成的：一是说中央过去没有做任何工作；另一个是主张中央全部改造。但我思想中绝无他们是右派的感觉，所以我没有发言。四中全会上，关于这个问题有些争论，开展反"右派"斗争还是四中全会以后的事情。四中全会只开了一天，决议与补选中央委员的名单，都是事先预备好

---

① 李维汉：《回忆与研究》，第327～328页。王明在延安写的简历说"31年1月四中全会当选为中央及中央政治局委员"。

的。在会议过程中，虽然发生过一些争论，但结果都照原来准备好的通过了。①

罗章龙在谈到四中全会时说："三中全会时，米夫已来到中国②。他要李立三离职，由王明主持中央工作，但是大家认为不管从政治上还是从组织上来讲，王明主持中央工作是不合适的。苏区还派了代表团来上海，出席苏准会③，也表示不同意。这样王明要主持中央工作就遇到了阻碍。于是，米夫就主持召开四中全会来解决这个问题。米夫急于要抬出王明，又怕大家不同意王明主持中央工作，所以匆忙召开四中全会。""我们与他们的主要分歧是：米夫主张由王明来主持中央工作，我们认为王明不具备主持中央工作的条件和资格。王明既不是中央委员，又不是候补中央委员。王明没有实际经验，理论也不行，品质道德又不好，被捕后向敌人提供了机关住址，在群众中没有威信，特别是工人们都瞧不起他。""四中全会是米夫一手包办的，会议主持人实际是米夫。他在会上以命令口吻讲了很多话，传达共产国际的指示，但没有解决大家的思想问题，会上有争吵，四中全会开得不正常。我不记得会上有谁作正式报告。当时会上没有通过决议，没有进行有效表决会就散了，会议没有真正开成。""王明当选政治局委员并没有进行表决，是由米夫强加给会议的。甚至会上都没有通过任何决议，公布的决议都是后来补写的。"④

李初梨在回忆中也说："何孟雄等人认为四中全会很多问题没有解决。但王明说，现在的条件，会不能开得很长，前不久第三国际来了一批文件，有十几个决议案，具体问题已解决了。"⑤

对于六届四中全会上的"胜利"，米夫高度赞扬说："因为三中全会（1930 年 9 月）采取了调和立场的结果，党在当时，还未能走上正确的道路。可是，再过不久，在扩大的四中全会上（1931 年 1 月）党中央的政治路线，已经完全纠正了。四中全会，革新了党的领导，揭发了立三路线反列宁主义的实质，同时又坚决排斥了右倾机会主义分子要党走上失败退却道路的企图。四中全会在中共更加布尔什维克化的事业上，起了极大的

---

①　这份材料存王明档案里，未署名。

②　米夫那时还没有来中国。

③　指全国苏维埃代表大会准备会议。

④　曹仲彬：《罗章龙谈被开除党籍的前前后后》，《百年潮》2009 年第 9 期。

⑤　李初梨：《六届四中全会前后纪事》，《中共党史资料》第 73 辑，第 48 页。

作用。"①

但六届四中全会在中国共产党内一直受到批评。1945年中共六届七中全会通过的《关于若干历史问题的决议》，即对六届四中全会做出了全面的否定。

1958年3月18日毛泽东在成都会议上陈伯达发言时插话批评说："他（王明）历来就自己封为'百分之百的布尔什维克'，反对布尔什维克，就是反共产国际。中国过去不是共产国际支部吗？但是没有从组织上反对共产国际。在思想上，我是不赞成共产国际的一些不正确的东西。一个时期，共产国际有许多东西是违背马克思列宁主义的，搞了教条主义。一个共产国际的东方部长叫米夫，跑到中国来，强迫中国的党推翻自己的三中全会，封为调和主义、调和路线，由外国人（米夫）起草一个决议案，叫四中全会决议案，强迫通过，王明这条路线从此登台，愈搞愈'左'。批评李立三，不是批评他的'左'，而是批评他的右。他有一本小册子，叫做'为更加布尔什维克化而斗争'②，那是他的理论纲领。就是那个决议案本身，也是不正确的。"

胡乔木在1990、1991年《关于党的历史文献的编辑和批判第三次"左"倾路线的九篇文章》的谈话中说："四中全会时，王明等人在米夫支持下夺权，当时的中央招架不住。""毛主席批评瞿秋白在党内没有多大经验，是一介书生。王明、博古在党内没有什么地位，当时连中央委员都不是，结果让他们夺了权。四中全会上王明实际上做了总书记。"他还说："四中全会是夺权。""四中全会不太合法，是闹出来的。推选的领导人不能反映出党的情况。王明、博古等人原先都不是中委，都是米夫等人搞的鬼。"③ 在1985、1986年《关于党的历史问题决议的起草》的谈话中他还说："为什么叫做王明路线，为什么说王明是四中全会及四中全会以后错误路线的主要负责人？这是因为四中全会以前就是王明在那里闹，米夫与他是搭档，互相配合，互相利用。四中全会把王明搞上来，非常不正常，不是像康生所说的什么既反'左'又反右，而是把'左'当作右来反，大家对四中全会义愤很大……不能说，四中全会是正确的，'九一八'以后党的路线

---

① 《英勇奋斗的十五年——中国共产党成立十五周年纪念》，1936年，《米夫关于中国革命言论》，第523页。盛岳《莫斯科中山大学和中国革命》的译文与此不同，第246~247页。

② 即《为更加布尔塞维克化而斗争》。

③ 《胡乔木回忆毛泽东》，第46、49、47页。

才是错误的。四中全会就错了，不仅是政治路线错误，所采取的组织形式也是从来没有过的，所以很多同志说是篡权。"① 在1991年《关于历史问题的决议和七大》的谈话中他还说："毛主席对四中全会时国内领导人的批评，主要是讲为什么拱手把中央的领导权交给王明，王明走了，又把中央的领导权交给博古。他最不满意的是在这里。这在决议里也有表现。"②

陆定一回忆说："王明是靠'残酷斗争、无情打击'起家的。他同别的野心家不同之处，在于有共产国际东方部长米夫这个外国靠山。米夫是苏联的大国主义者，这些大国主义者认为苏联的党是'老子党'，中国党和别国的党只能当儿子；中国革命靠中国党来领导是不能胜利的，只有靠王明集团这个宗派（也就是靠米夫自己）的领导才能胜利。"③

盛岳在《莫斯科中山大学和中国革命》中说："所谓的二十八个布尔什维克是俄国人精心培养的。俄国人这样做的唯一目的，是为了控制中共，把它改造成一个无限忠于苏俄和共产国际的政党。二十八个布尔什维克一回到中国就成了反立三路线的主力。在国际尤其是国际代表米夫的协助下，他们在一九三一年一月的六届四中全会上大获全胜。在一九三五年一月遵义会议之前，他们一直牢牢控制中央。"④

王明当时虽然只是中共中央政治局委员，但在实际工作中起着别的政治局委员起不到的重要作用。杨奎松在《向忠发是怎样一个总书记?》一文中说：在中共六届四中全会上，"虽然向忠发仗着工人出身的金字招牌保住了总书记的位置，但反复公开地承认错误并把自己说得几乎一无是处，结果使他明显不再象过去那样争强好胜了。他开始把宝押在陈绍禹的身上，极力想让刚刚当上中央委员和政治局委员的陈绍禹进入政治局常委，来帮助把关。因为他这次政治上的严重挫折使他清楚地意识到自己再不能象过去那样逞英雄了，他几次提出需要有个'帮手'。而这个帮手最好就是陈绍禹。其实他早就知道，陈绍禹是共产国际东方部米夫的最得力的干将。但过去他过于自信，竟没有把陈绍禹放在眼里。如今他翻然悔悟。虽然米夫和远东局最初并未同意让陈绍禹迅速进入常委工作，但他还是每每必定拉上陈绍禹来开会，并且一反过去那股从不服输的劲头儿，即使是陈绍禹当面顶撞他，他也尽量

① 《胡乔木回忆毛泽东》，第66~67页。
② 《胡乔木回忆毛泽东》，第75页。
③ 《关于唐义贞烈士的回忆》，《江汉论坛》1982年第6期。
④ 盛岳：《莫斯科中山大学和中国革命》，第243页。

不动肝火，通常只是诺诺而已"。①

直到晚年，王明还在肯定六届四中全会的功绩，他说："至于中共中央六届四中全会的共产国际路线，是受全党拥护和享有很高威信的，在遵义会议上不仅谁也没有提出，而且也不可能，也不敢反对它的。因此，毛泽东在'整风运动'中伪造的并到现在还在宣传的中共中央六届四中全会路线是什么'王明左倾机会主义路线'，是完全不符合历史事实的。"②

但是，有的论著认为："王明上台，也只是上到一个政治局委员的台，一个政治局委员就能把持一切，为所欲为，就能形成以王明为首的'左'倾错误占统治地位的中央，有些解释还缺乏说服力。"③

1月7日后　六届四中全会后的中共中央，打着共产国际旗号，通过"反右倾"和"改造党"等方式，逐步把王明的"左"倾错误推向全党。

当时，中央发了许多文件。这些文件虽然不都是王明起草的，但因为六届四中全会实际上批准了王明的小册子，文件就不能不体现小册子的"反右倾"精神。例如中共六届四中全会后中央发出第一号《通告》，即《四中全会后第一号——目前政治形势及党的中心任务》提出："革命的群众斗争是高涨的，尤其是农民土地革命在无产阶级领导之下将向前发展，而苏区与红军的存在也将更加推动着革命运动前进。在这样的条件下，我们必须坚决执行进攻的路线，这不仅能击破'围剿'，破坏反革命的武装势力，保持住已得的胜利，而且还可以更加扩展苏维埃运动。"为此，就要"反右倾"，"要不加强反右倾机会主义的斗争，认定它仍是党内最主要的危险，则必不能正确的解决当前任务，而执行国际路线"。④

在以"反右倾"为纲布置各项工作的同时，"左"倾错误占统治地位的中央，还开始有系统地改造党。所谓"有系统地改造党"，主要包括两个方面：第一，实行"顺我者提，逆我者撤"的宗派主义干部政策，用"斗争干部"、"新生力量""改造和充实"党的各级领导机关；第二，实行"钦差大臣满天飞"的领导体制，用中央代表、巡视员，就地指导和监督地方党组织执行"进攻路线"。

盛岳回忆说："党的六届四中全会以后，他们强调右倾机会主义者是中

---

①　《近代史研究》1994 年第 1 期。
②　《中共半世纪》，第 21 页。
③　施巨流：《王明问题研究》，第 11 页。
④　《中共中央文件选集》第 7 册，第 84、92 页。

共的最大威胁。'他们向全国各地派了他们的代表，去开展所谓的反右斗争。'他们不仅要控制中共在国民党统治区的最高领导机关，而且企图控制每一个苏区。根据他们的庞大计划，他们先让陈绍禹当江苏省委书记，那是中共的最重要职位。殷鉴、王云程和朱阿根留在上海参加工人运动或搞共青团工作。李元杰派去山东工作；陈原道在满洲；何子述在河北。王稼祥调到瑞金当中国红军政治部主任。陈昌浩当鄂豫皖苏区徐向前指挥的第四方面军的政治委员。之后，沈泽民和他的妻子张琴秋也被派到那里，以加强党的领导。夏曦担任中共中央驻洪湖——湘鄂西苏区代表。"①

据黄药眠回忆，王明上台后提拔了大批从莫斯科回国的干部。他说："在瞿秋白、李立三领导之下，常常有人说外国人不懂中国的国情，就是从莫斯科学习回来的学生也是如此，学习了外国的马列主义，但不懂中国国情。王明上台之后，一下子翻了过来，认为中国共产党的领导没受到国际教育，没有学好马列主义，都是土包子，执行土政策，不懂得马列主义的政治路线，是土派共产党。于是，王明上台之后，就让这一批洋派人掌权了。"②

同期　瞿秋白被迫写出声明书，声明对于四中全会对他的指斥"完完全全的接受"，对于四中全会的决议案，"完完全全拥护"，并检讨了自己所犯的调和主义的错误。③

1月8日　参加中共江南省委常委会议，传达《中共四中全会决议案》。④

1月9日　中共中央政治局开会讨论分工及中央常委人选等问题。共产国际远东局提出王明为候补常委，周恩来提议王明仍应做江南（江苏）省委书记，会议未同意远东局提议。杨奎松在《王明上台记》中说：

王明没遇任何阻力就进入了中共中央政治局，不过他成为政治局常委还经过了一点周折。

四中全会召开后的第三天，即1月9日，远东局召集政治局向忠发、周恩来等商谈新政治局的分工问题。向忠发首先提议，为加强政治局的政治领导力量，使常委能够多注意一些政治问题，考虑以向忠发、

---

①　盛岳：《莫斯科中山大学和中国革命》，第247~248页。
②　黄药眠：《动荡：我所经历的半个世纪》，第199页。
③　原载《党的建设》第3期，见《资料丛书》第12册，第483页。
④　中共中央文献研究室编《陈云年谱》上卷，第110页。

任弼时、王明和张国焘为常委，周恩来因为党内争议较多，建议代理江南省委书记从事实际工作。

对此，远东局明确表示了不同意见。他们提议，分正式常委和候补常委，正式的仍由向忠发、周恩来、徐锡根担任，候补的可考虑王明、陈郁、张国焘三人。但在随后的政治局会议上，关于王明是否应当马上回中央工作的问题产生了不同的意见。有人主张王明应当回中央做候补常委工作，而多数认为王明仍应负责江南省委一个时期，等有合适人选再考虑回中央。最后，会议通过了向忠发的提议，正式常委向忠发、周恩来、张国焘，候补常委为陈郁、卢福坦、徐锡根。①

1月12日　中共江南省委常委召开会议，传达并讨论了中央政治局1月10日会议根据共产国际远东局意见而提出的江南省委常委人选名单的意见，决定省委常委由王明、王克全、陈云等九人组成。②

1月13日　米夫以共产国际代表密使的身份在上海英租界沪西花园洋房内，召集不同意王明当选为政治局委员的二三十名干部开会。他说："王明是马列主义理论水平最高的布尔塞维克"，是"反立三路线最卓越的战士"，是"最优秀的党的领导"，还说他是百分之百能够执行国际路线的，你们信任他，就是信任共产国际。国际指示是绝对正确的，四中全会就是体现国际路线的。米夫宣布：反四中全会便是反国际，你们都应该受处分。

在此前后　与米夫找陈郁等人谈话，并开会斗争陈郁。

周焱等著《陈郁传》说：中共六届四中全会后，陈郁等立即起草了《海总党团呈中央的声明书》，反对四中全会的决议，建议"重新召开一次会议，解决当前政治任务提出的实际问题"。于是，米夫和王明亲自出面找陈郁谈话。米夫说："我们以为你已从错误的道路上回到正确的路线上来了，又考虑到你在工人运动中的影响，所以提升你为中央政治局委员，没想到你却走得更远了，公然对共产国际承认的中国党中央举起了反叛的旗帜！你这种反党、反国际的行为必须立即停止！"王明帮腔说："很明显，反'四中全会'就是反对国际！你为人坦率性急，容易受人煽动，希望悬崖勒马，收回错误《声明书》！"陈郁说："向党申明自己的立场是党允许的。我

---

①　杨奎松：《民国人物过眼录》，第360页。

②　《陈云年谱》上卷，第110～111页。

不认为《声明书》有什么错误！我建议政治局讨论我们《声明书》！"米夫说："你那个错误的东西，根本不值得讨论！你要赶快检查自己的错误！"昏头昏脑的向忠发也在旁边帮腔，他用总书记的口吻说："老陈！你们那个《声明书》字字都是错的，如果都学你们的样子，那不都反了吗？你要从党的利益出发，向党中央写一个'悔过书'，让其组织吸取你们的教训！"陈郁愤然地说："我检讨书都不写，还写'悔过书'？我要求召开政治局会议正式讨论，如果认为我错了，再上报共产国际，怎样处分我都接受！"米夫、王明等人碰了钉子，本想开除陈郁党籍，但怕激怒了广大海员，并考虑罗章龙等人正在积极活动组织"非常委会"，因此不敢贸然处分陈郁。①

书中还说：在一次由王明亲自主持的中华全国总工会党团会议上，王明貌似谦逊地要新组成的党团成员对当前如何开展工人运动发表意见。这时的"全总"党团除陈郁等少数原任成员外，绝大多数已是王明提拔起来的"斗争干部"。他们以王明的意见为意见，一开场就"请绍禹同志作指示"。王明却叫陈郁先讲。陈郁心直口快。马上就把曾在"海总"党团会议上议论过的主张讲了出来。他说：现在白区的工作，重点应放在基层，先恢复党、团、工会的正常工作，把公开机构与秘密机构分开，把非法斗争和合法斗争结合起来，要在努力发展红色工会的同时，伺机打入黄色工会，壮大我们的力量。我们要从关心工人群众的实际利益着手，解除他们对我们的恐惧。现在需要的是到工人群众中去做艰苦的工作，不能在旅馆里靠交通员来指挥……王明一拍桌子，大声说："谁住在旅馆指挥？你是想让党中央暴露在敌人的鼻子底下吗？"原来，陈郁无意中的一句话却戳着了王明的痛处。那时，许多党组织遭到了敌人的破坏，国民党特务在共产党叛徒的带领下到处搜捕共产党人。身任中央领导并兼任江苏省委书记的王明，天天胆战心惊，根本不敢到群众中去，也不敢住在党的秘密机关。他不惜花费党的得来不易的大量经费，住进了一家外国人办的豪华医院。为了更加安全，他竟包了整整一层楼，由秘书、警卫人员戒备森严地住在那里，让康生等人替他传递消息，发布"百分之百的布尔什维克"的命令。他今天是在经过最严密的布置后，在向忠发亲自陪同下"冒险"来到这里的。陈郁虽是中央政治局委员，却并不知王明住在何处，而且在发言中也没有责备任何人的意思。王明本来就对他不放心，听他这么讲，以为他是指桑骂槐，所以先从这句话开始

---

①　周焱等著《陈郁传》，第 95~96 页。

"回击"。当然，更重要的是陈郁的政治主张同王明格格不入。王明虽然感到了白色恐怖的真实存在，他躲在豪华的洋人医院不敢出来就是明证，但他却"坚信革命的高潮已不可避免地到来了"。他说："陈郁的观点，是一贯的右倾机会主义的观点，是'立三'路线和'调和路线'的典型观点，他根本没有从反对'四中全会'的反党立场上转变过来，他的《声明书》是欺骗党的、欺骗国际的文件，就是在这个骗人的文件中，也充满了许多荒谬的、许多为自己开脱的论点。战斗的布尔什维克，必须同陈郁的反国际、反党的立场划清界限！"他还在最后作结论时说："陈郁事件暴露了党在思想上、组织上的严重不纯！正如列宁主义的党中央一再指出的那样，必须彻底改造各级党的领导，要用懂得马克思主义理论的、忠于国际的斗争干部，代替仍然窃据着领导岗位的形形色色的机会主义分子！对他们不能仁慈，不能存丝毫幻想。陈郁事件就是一个极好的教训。我们必须在工会系统以及各级党组织、根据地全力开展反对右倾机会主义、右倾调和主义路线的斗争，把那些悲观失望、在敌人面前畏首畏尾的机会主义分子清除出党。在日本帝国主义即将进攻苏联的情况下，我们绝不能象陈郁那样提出取消'拥护苏联'的口号；在红军即将击溃国民党主力、攻占大城市的时候，我们绝不能象陈郁那样提出取消'拥护红军'的口号！在全国革命总发动就在眼前、全国苏维埃即将诞生的时候，我们绝不能象陈郁那样，提出取消'建立苏维埃'的口号！相反，我们要更高地举起国际路线的旗帜，不惜一切代价，包括个人的生命，使这些口号马上变成现实！我们要不断组织进攻，不停顿地打击敌人，直到胜利！让一切机会主义分子在已夺得全国政权的中国布尔什维克面前哀泣吧！"他口若悬河，越说越激昂。当他一拳打在桌上结束自己的"结论"时，向忠发用浓重的汉口话附和说："绍禹同志讲得好，我完全同意，陈郁要在三天内写出检讨。"第二天，陈郁感到不好在上海工作，于是提出到苏联学习，这正中王明等人的下怀。当周恩来一提出来，王明马上同意。向忠发还说："他还未就'陈郁事件'写检讨呢？"王明说："不必检讨了。叫他去吧！他不提出来，我还想派他去呢！他留在国内有害无益，他那些蛊惑性的观点，会涣散工会系统的斗争意志，他在工会系统有一定影响，又不能马上开除他，叫他马上去，越快越好！他到了苏联再不改正错误，我们另有办法！"陈郁后来在《自传》中写道："'四中全会'后，我与王明等人讨论工人运动时，王明骂我是右倾机会主义，后来，到了莫斯科也是这样。"在周恩来心里，陈郁出国是"留学"，而在王明等人心中，把陈郁送出国不过是"流放"而已。①

1月17日　参加中共江苏省委常委会议，对上海各区委书记进行大调整，进一步排斥异己。

此前，中央决定将江南省委改组为江苏省委，领导江苏省和上海市区各区委党的工作。原属江南省委管辖的浙江省以及安徽皖北地区的党组织划归中共中央领导，安徽皖南（芜湖）、蚌埠（长淮）地区的党组织由江苏省委管理。会议决定了新省委分工：王明为书记，陈云负责组织，康生负责宣传，陈治平负责农委，王克全负责工联，沈先定负责职委。会议还讨论了有关王克全等人分裂党的问题，②通过了《拥护四中全会反对右派分裂党的行动的决议——江苏省委关于王克全同志分裂党的行动的决议》。③

此后，王明向中央要了一批干部到江苏省工作，并对上海各区委书记进行了调整，进一步排斥异己。

杨尚昆回忆说："王明进入政治局的初期，兼任中共江苏省委书记，那时江苏省委的管辖范围包括中共中央所在地的上海在内，不同于其他省委，用向忠发的话来说：'江苏工作是领导全国的。'他肆无忌惮地排除异己，对坚决批评王明的'政纲'是'新的立三路线'的原沪东区委书记何孟雄，进行'无情打击'。同时，又点名要了一批干部，把上海的沪东、沪西、沪中、闸北和法南区的区委书记进行大'调整'，有的调离或撤职，有的降为委员，据当时担任江苏省委秘书长的刘晓说，从省委到上海的区委，因对王明不满而受处分的有20多人。"④

刘晓回忆说："六届四中全会以后，江苏省委在王明的操纵下，贯彻四中全会精神的一个重要部署，就是孤立和迫害打击何孟雄同志。""王明直接向中央要了一批干部由省委使用。事先，陈昌浩、李竹声在王明家里和王明密商人选，后来向中央点名要这些干部。陈昌浩、李竹声、殷鉴、朱阿根、潘问友等都是王明向中央要来的。这些人到省委后，王明就将上海各区的区委书记作了一番调整，不听话的撤职、调动，由这些人接任，如陈昌浩到沪东区委，朱阿根到沪西区委，殷鉴到沪中区委，焦明之到闸北区委，夏采曦到法南区委。原来的区委书记或调动或担任区委委员。凡是不同意他的

---

①　周焱等著《陈郁传》，第101~106页。
②　《陈云年谱》上卷，第111页。
③　原载《党的建设》第2期。
④　《杨尚昆回忆录》，第49页。

意见的同志，他就一律加以无情打击，从批评直到撤职，有的还不发给生活费。我曾奉命到沪西区委去谈判，要区委的同志不要去反对省委，否则就不发给生活费。这些同志当时没有公开职业，没有任何收入，为生活所迫，他们不得不服从省委，从而使王明控制了上海的党组织。"①

对于王明残酷地打击何孟雄一事，刘晓回忆说：

六届四中全会以后，王明接着召开了江苏省委扩大会议，会上王明宣布：上海党组织在贯彻四中全会精神时，首先要集中力量开展反对何孟雄等人的斗争；要把这一斗争与反对罗章龙的斗争结合起来。

1. 他强调何孟雄等反对四中全会，不服从新的中央，是贯彻四中全会决议的主要障碍。他诬蔑攻击何孟雄同志是"老机会主义者"，"长期对党不满"，"有个人野心"，"与罗章龙右派同流合污"等等，把何孟雄同志反对王明宗派集团的斗争说成是江苏省委的主要危险，强令大家对何孟雄同志要"提高警惕"，进行坚决斗争。

2. 他要求各区委紧急布置上述工作，把这一斗争从党内扩大到赤色群众组织和党的外围团体中去。他宣布何孟雄同志的活动是"反组织的非法活动"，已超出"党内斗争的范围"。他规定凡是参加何孟雄等同志组织的活动的党员必须立即退出并进行检讨，违者，一律开除出党。当时受到处分的江苏省委和区一级干部就有20余人之多。

3. 他要检查各级组织、各级干部与何孟雄等人之间的关系，宣称那些不与何孟雄等划清界限的干部要清洗出党。对于那些一时不能与何孟雄割断联系的组织，要省委主动与这些组织切断关系。

4. 他还派人对何孟雄等同志进行"分化"工作，并密切注意他们的动态。王明决定：江苏省的干部除指定者以外，都不准与何孟雄等有任何来往；对何孟雄等正在使用的一些机关和宿舍，省委就此撒手不管，并另外建立机关，不与何等发生联系；江苏省委还停发何等一切生活费和工作经费。

不久，王明召开了第二次扩大的区委书记联席会议。这次会议由他一手操纵，没有通知何孟雄等同志出席。会上，王明传达了六届四

---

① 刘晓：《党的六届三、四中全会前后白区党内斗争的一些情况》，《中共党史资料》第14辑，第101页。

中全会精神和攻击何孟雄等内容的报告；其他发言都是布置好的，因此，这次会议顺利地通过了王明的报告、拥护六届四中全会、反对何孟雄等人的决议。这以后，王明在江苏省委还经常散布流言蜚语，中伤何孟雄等同志，经常主持讨论如何对付何孟雄等同志的办法。他曾经布置过：

1. 在反对何孟雄的斗争中，最主要的是要揭露何孟雄和罗章龙的同伙关系，这才能打中"何孟雄的要害"。要采取一切措施争取一九三一年四月底前结束这场斗争，使中央能在四、五月的会议上对何等作出政治上、组织上的结论；

2. 中央经过调查，认为何"政治情况复杂"，历史上一贯是"右倾机会主义"和反党分子；

3. 和何孟雄在一起的蔡博真等几个老资格的区委书记，对上海工作"威胁最大"。对这些人，必须进行重点批判。省委应及早对她们的问题作出政治上、组织上的结论，将她们开除出党；他们的问题，不一定要与何孟雄的问题一起解决；

4. 追随何孟雄的人中有一些是文化人，这是薄弱环节。省委要派人大力加强工作，对他们进行分化工作，并了解他们的动态。王明指定省委宣传部去进行这项工作，并要宣传部负责人直接向他汇报。①

同日 在王明加紧迫害，打击持不同意见的情况下，一部分反对王明掌权的干部在东方旅社（一说是中山旅社）开会，商量对策。由于叛徒唐虞告密，参加会的何孟雄、李求实、林育南、欧阳立安、冯铿、柔石、殷夫、胡也频等人，被租界巡捕房逮捕，不久即遇难。

有的人在回忆和文章中说，王明等人虽然事先得到了有关情况，但他却不去通知何孟雄等人，致使这些同志全部被捕。例如刘晓回忆说：

记得有一次省委会议上，王明以紧张的口气提到：国民党特务已在东方旅社住下，随时可能逮捕何孟雄等人。还一再声称何等人情况复杂，活动暴露，有可能遭到敌人破坏，要省委和各级组织都提高警惕；

① 刘晓：《党的六届三、四中全会前后白区党内斗争的一些情况》，《中共党史资料》第14辑，第102~104页。

并说要中央特科去通知何孟雄等人，是有危险的，恐怕已经来不及了。

……

当何孟雄等被捕的消息传到江南省委时，省委正在开会。好像是潘汉年或李竹声来会上通知的，当时王明的表情异常冷淡，只说，这是他早就意料到的。后来，他又幸灾乐祸地分析：这是何孟雄等反党反中央，搞分裂活动的必然结果，是什么"咎由自取"；他们是"右派反党分子"，是在反党活动中被捕的，与一般同志在工作中被捕性质有所不同等。接着就布置兼管特科的潘汉年同志进一步了解情况。

当大家提到如何处理善后，如何设法营救时，王明说他将与中央商量解决，叫省委不要管。在以后的省委会议上，王明没有主持过如何营救这些被捕同志的讨论，也没有详细地提到这批同志被捕的原因以及中央准备如何营救他们。只是在有人问起时，他回答说："正在了解中。"……

一九三一年二月十九日，何孟雄等大批同志英勇就义的噩耗传来，王明的冷淡态度简直令人寒心。他不但没有提出上海党组织如何追悼纪念这些壮烈牺牲的烈士的问题，相反的，还继续向烈士身上泼"污水"，继续攻击污蔑他们。他胡说他们的牺牲是"个人野心""反党分裂党"的必然结果，并提出要以此为教训来警告、争取那些何孟雄的支持者们，乘此时机进行分化、瓦解工作。他还恶狠狠地布置：何孟雄等虽然已经牺牲了，但对这些人的错误还要严肃对待，彻底清算；并罗织了何孟雄的若干条错误，要省委宣传部根据中央精神组织批判文章在党内刊物上发表。他还要省委宣传部根据他的讲话起草一个文件，指出何孟雄等同志被捕牺牲的所谓教训，和继续批判他们的错误，发给各级组织。

在江苏省委会议上，王明嘱咐大家：对下面一定要讲清楚中央、省委虽然采取了营救被捕同志的种种措施，但毕竟无效。

从上述事实可以看出，王明不仅是一个个人野心家，也是一个阴险毒辣的人。

何孟雄等同志在王明宗派集团排斥异己、无情打击下壮烈牺牲了。①

---

① 《党的六届三、四中全会前后白区党内斗争的一些情况》，《中共党史资料》第14辑，第105~107页。

陈修良也回忆说："80 年代，刘晓同志曾对我谈起过，1931 年他任江苏省委秘书长期间，听到 24 烈士被杀害后，王明在中央组织部讲过：'中央早知道他们这些人一定要被捕的。'当时，刘晓觉得很奇怪：既然中央知道他们将遭不测，为什么不及时通知他们呢？24 位烈士牺牲以后，米夫、王明竟立即以党中央名义开除了他们的党籍，说他们都是'反党的右派分子'。王明还专横地不准在党内纪念这些死难者，更趁机扩大打击面。凡曾经表示过不同意六届四中全会决议者，或提出过书面意见者均遭到打击。"①

李海文、余海宁在《东方旅社事件》一文中说：何孟雄等被捕前，"当时工部局内潜伏有我党中央特科的敌工人员，得到情报，立即通知了组织。可是，王明这时已酝酿将何孟雄等激烈反对四中全会的同志开除出党……王明早已视他们为反对中央、分裂党的右派敌人。结果，林育南等同志没有得到敌人即将进行逮捕的通知，他们全部被捕了"。②

有的人甚至认为是王明告密的。张金保曾说是张文秋告诉她何孟雄等人被害的事情的，并说这是陈绍禹（王明）告密的。她说我听了如同火上加油。何孟雄他们大纯洁了、太傻了。王明他是在借刀杀人啊!③ 麦阳在《谁是告密者——龙华 24 烈士被捕之谜》一文中，即说龙华 24 烈士被捕是王明告的密。他说，是王明告密的说法最早由当时任中央政治局委员，也反对王明和六届四中全会的王克全传出的。他说，王明是通过他在淞沪警备司令部做事的一个安徽籍同乡告的密。麦阳在文中还说，据曾任过中共中央委员的张金保回忆，解放大连接收伪公安局时，发现有一本日本小版的书，里面也说到林育南、何孟雄等人被捕是王明告的密。他还分析说：这次集体被捕事件，不可能与反对六届四中全会及王明无关。被捕人员几乎全是反对六届四中全会及王明的，而烈士们被捕时所在的中山旅社 6 号房间、东方旅社 31 号房间则是他们聚会商议的地方。1 月 17 日江苏省委也在此开秘密会议，因这些人都是拥护六届四中全会的，一个也没有被逮捕。④

还有的人认为是康生告的密。1992 年，美国著名学者翰拜伦在纽约出版的康生传《龙爪》书中，谈到康生当年出卖林育南、何孟雄等人一事时

① 《反对王明路线的一场斗争》，《陈修良文集》，第 321 页。
② 《社会科学战线》1980 年第 3 期。
③ 奚金芳整理《张金保谈何孟雄及四中全会》，载《何孟雄研究文集》。
④ 原载《炎黄春秋》1991 年创刊号，转引自汪幸福《林氏三兄弟》，第 240～241 页。

写道：事实上，真正杀死这30多个共产党员的凶手不是蒋介石。最近发现的证据表明，向国民党密探提供情况的不是别人，而是康生。1967年，解放初抓获的国民党特务吴炳叔交代说，在何孟雄、林育南一批人被捕之前，国民党已掌握了他们每个人的详细背景材料，包括入党的时间、入党后的活动，还有些连当事人自己也不易记起的细枝末节，因此后来的审讯过程只是核对一下事实而已。吴炳叔相信资料来源于共产党内部。但具体是谁，他不清楚。康生当时身为共产党组织部的头头，掌管每个党员的档案材料，只有他才能接触并提供这些能置人死地的文件。除了吴炳叔的证词外，还有更直接的证据。另一个新中国成立后被抓的国民党特务王云城，曾亲眼目睹康生出卖了何孟雄、林育南、李求实及"左联"五烈士。王云城本来是留苏回国的共产党员，一度当过共青团的书记，是王明的亲信（他在中山大学读书时是王明的保镖之一）。1933年被国民党抓住后，他写了投降声明，转而加入国民党的特务组织，他写道："像何孟雄（包括林育南）和他的20多个追随者，都死于赵容（康生的名字）领导下的红色恐怖活动。"康生为什么要出卖林育南、何孟雄等人呢？翰拜伦在书中分析说："后来，随着王明的逐渐得势，康生最终选择了他的立场，把政治赌注押在王明这一边。而王明也正需要像康生那样的人，才能对付敌手，巩固自己在党内的地位。为了表示器重，王明把康生加进了新的中央委员名单之中。康生自然急于证明自己在派系斗争中的才干和效率，不惜使用借刀杀人计，帮助王清除了障碍，也为自己捞到了好处。不久，康生成为中共特工部的首脑，负责共产党在整个国民党白区的安全和谍报工作。他抓住这一行使权力的良机，大显身手，或暗杀国民党密探，或惩罚共产党叛徒，直到两年后受命离开上海去了莫斯科。"

对王明、康生叛卖林育南等人一事，鲁荀在《康生迫害张文秋的历史恩怨》中还说出了另一层原因。即康生做中央组织部长时，利用职权，包庇他的情人、妻妹、叛卖山东省委负责人的曹文敏，引起已知道曹文敏叛变的张文秋及山东地下党组织负责人的强烈不满。他们向中共中央揭发了曹文敏的罪行，并要求将曹文敏清除出党组织。中央派人调查这件事时，张文秋如实揭发了曹文敏的问题，并写了书面材料。张文秋的正义之举，深深地触犯了康生。康生认为是林育南保护了张文秋，因此也向林育南下了毒手。当林育南等人开会时，事先得到消息的王明、康生一伙，把他们开会的时间、地点和人员名单，故意泄露给敌人，使敌人突然包围会场，将林育南等同志一齐捕获，很快全被杀害于上海龙华。①

有的书还说王明反对营救何孟雄等人："东方旅馆大破坏，一下子被捉去二十几个人。在中央政治局会议上他曾提出，利用关系在国民党将他们从工部局引渡到龙华时打一个埋伏，劫囚车。恩来也同意了，说可以试试。但陈绍禹坚决反对，说他们是老右倾机会主义分子，犯不着替他们冒这么大的险。结果二十几个人就白白丢了命！对于何孟雄、林育南、李求实等，他（顾顺章）说不上与他们有多少交情，但毕竟是在一张饭桌上吃过饭的人。他很怀疑这是陈绍禹让人告的密，借刀杀人来排斥异己。"②

1月18日　在中共江南省委召开的上海活动分子会议上作《六届四中全会的总结与上海工作》的报告。③

1月20日　中共中央政治局通过《关于一月十七日全总党团会议与江苏省委报告的决议》，严厉批评罗章龙、徐锡根及王克全等人的活动，指出其目的是企图改变国际路线，分裂中央，分裂党，号召全党坚决反对这些活动。会议决定：批准江苏省委十七日关于要求王克全停止分裂活动的决议；撤销王克全在江苏省委、上海工联党团的领导工作，以及罗章龙、徐锡根、余飞等人在全总党团的领导工作；要求王克全、徐锡根等人公开在书面上和会议上承认错误。④

同日　中共中央政治局发出《关于军阀进攻苏维埃区域的决议案》。指出：为着"最高限度的集中并巩固我们在苏维埃区域斗争的领导"，"必须增加并巩固苏维埃区域中央的成分"。根据这个决议，中央向各苏区派了中央代表机构和中央代表。决议还说，中央代表机构或中央代表，"必须即刻改正在经济的土地的组织上政策所犯的错误"。⑤所谓"改正"各苏区"所犯的错误"，实际就是推行"左"的政策，使全党犯"左"倾机会主义错误。

1月21日　罗章龙等14人在六届四中全会后，召开了"反对四中全会代表团"会议，通过了罗章龙起草的《力争紧急会议反对四中全会报告大

① 原载《博爱》1994年第4期，转引自汪幸福《林氏三兄弟》，第238~243页。

② 吴基民：《谜一样的一段情》，第205~206页。

③ 《陈云年谱》上卷，第112页。

④ 《陈云年谱》上卷，第112页。〔日〕田中仁《王明著作目录》说此文件为王明撰写，第42页。

⑤ 《中共中央文件选集》第7册，第53页。

纲》，不久又发出《反四中全会代表团告同志书》。

《大纲》认为王明也犯有立三主义的错误，而且是在继续维持"立三路线"，其中说："立三路线派是极端仇视紧急会议的，因为他们知道紧急会议是要葬埋立三主义及其统治的，同时还有那些在思想上同样犯有立三主义错误的陈绍虞①等自然是怀着同样的恐慌，因为陈绍虞等过去是站在'左'倾的口头上的反对立三路线的，他们在中央工作人员会议讨论六月十一日决议案时是完全同意立三路线的总策略的（即布置全国暴动总同盟罢工等），他们是用'左'倾的口头禅认为全国已有直接革命形势，而说六月十一日的估量为过低的，他们在三中全会后是承认'三中全会有重大的意义'，认为立三主义只剩有'残余'，只要中央承认错误'可以避免论'（引文见陈绍虞十一月十三日意见书）。因此在紧急会议迅速发展之中他们是用种种不正确的宣传破坏紧急会议的工作，他们说'立三主义已不存在'，'反立三主义的理论争斗应该停止'，'国际路线已在党内完全实现'，'中央省委已承认错误同志便不应该再谈改造党的组织'，'紧急会议是左倾分子的活动'。这些便是证明立三派及投降分子是时时在企图破坏反立三路线的运动继续维持立三路线的领导，并且他们这种企图是受着国际代表米夫不正确的指示，米夫是公开地向着全总党团，工联党团，海总党团负责人用派别的观点估量反立三路线的整个运动，命令他们离开反立三路线的运动，服从陈绍虞等领导（自然上述各党团负责人是当面拒绝并指斥了他）。在这样的情形之下，他们便暗中布置合于旧中央及陈绍虞小组织派别的目的的四中全会，以代替党员群众需要的紧急会议。"②

《反四中全会代表团告同志书》说："只有李立三派陈韶玉派的小组织（立三派小组织是公开的事实，陈韶玉等也公开承认与米夫小组织的关系，承认与米夫密电往来及秘密活动等）才是做得出种种反党与破坏党部的行为！只要看一看陈韶玉等奉中央命令组织空招牌的江南省委机关，组织上海各区党的机关（因为党员群众都是反对四中全会，反对陈韶玉省委的，所以成为空机关），他们拿这些机关去与多数党员群众所拥护的旧省委，区委对立。""他们为着要掩饰自己反国际路线的行动，就不得不勾结远东局代表（当然只是代表个人）……不得不采用惩办制度……不得不采用国民党

---

① 即陈绍禹，下同。
② 《中共中央文件选集》第 7 册，第 74~75 页。

官僚式的委派命令制度，甚至于贿买威胁的手段（最近江苏省委陈韶玉派孟超收买闸北黄包车同志，赵容收买沪西同志均被同志告发）。"

1月25日　中共江苏省委作出关于六届四中全会总结及目前任务的决议，认为四中全会是完全正确的，赞同全会对中央领导机关的部分改组，并批评江苏省委内部反四中全会的部分领导人。①

《写作要目》说：这个决议是《江苏省委常委会议对中央第四次扩大会议总结及目前党的任务的决议》，由王明撰写，后作为附录收入《为中共更加布尔塞维克化而斗争》一书。

1月27日　中共中央政治局通过《关于开除罗章龙中央委员会及党籍的决议案》，并决定开除王克全的中央委员及政治局委员。决议案指出"四中全会是在国际路线下，在国际代表指导之下而为国际所批准召集的，四中全会的结果，又已为共产国际所承认，所以反四中全会即是反党反国际的"。②

1月28日　瞿秋白被迫写出第二个声明书，检讨自己的调和主义及处理中山大学问题的错误。其中说："我的调和主义的错误，是和莫斯科代表团对于'学生问题'的错误相联系的。当时对于莫斯科学生中反对中大支部局的李剑如等同志，对于这个小组织，我采取了保护态度，以至不但不能反对派别斗争，反而自己陷于派别斗争的泥坑，这是因为我当初有过对于富农问题等的右倾机会主义的观点，这些观点之中有些是他们所赞成的。"表示"完全抛弃自己的一切错误和离开国际路线的政治立场——三中全会至四中全会间之调和主义立场，而站在共产国际路线的立场之上，拥护四中全会。在中央政治局的领导之下来为党为革命而奋斗"。③

1月　作五律《雪晨过大马路》。诗曰：

> 昨夜北风起，天寒细雪飘。
> 黎明过马路，冻饿死同胞。
> 警犬踢尸骂，行人含泪瞧。
> 何时驱暴帝？重责在吾曹！④

---

① 《陈云年谱》上卷，第112页。
② 《中共中央文件选集》第7册，第64~65页。
③ 《资料丛书》第12册，第486页。
④ 《王明诗歌选集（1913~1974）》，第81页。

2月4日　共产国际执行委员会远东局成员同王明谈话，王明说："右翼反对派已被粉碎，并已完全投降"；"在工会方面也取得了一些成绩"。他还谈了何孟雄被捕的情况及罗章龙的活动，并说"周〈恩来〉近来有点玩弄手腕"，而"张国焘表现不错，向〈忠发〉也不错"。①

2月6日　这天的中共中央政治局会议及13日的中央政治局会议，将原定由任弼时、沈泽民、刘峻山三人组成的苏区委员会扩大至五人，增加周恩来、王明两人，负责讨论远东局交来的五个文件稿，并对苏区军委和共和国临时政府委员名单提出方案，苏区的工作包括军事工作在内统一由周恩来负责。②

2月7日　在此前后写《而今"二七"——悼"二七"龙华死难烈士》诗一首，诗曰：

> 廿六英雄同遇难，而今"二七"更怆然。
>
> 育南师辈孟雄友……泪洒春风泣杜鹃。③

2月10日　为他的《两条路线》小册子写《几点必要的声明》，"请求中央"将小册子"全文向全党同志发表"。于是，《两条路线》在上海出版。④

2月20日　在王明的操纵下，中共中央政治局发表《关于一九二九——九三〇年中共中央驻国际代表团行动问题的决议案》，批判瞿秋白等人在驻共产国际代表团期间及回国后的错误，宣称李立三处分王明等人是瞿秋白施加影响的结果，说"当着中共代表团还在国际的时候，秋白同志即曾以中大学生反支部的派别行动来影响过去的中央政治局，所以当时中央政治局在李立三路线领导之下，对于陈绍禹等四同志所施的压迫制度，完全是站在代表团多数的派别观念上做成的错误"；"过去中央政治局对于邓中夏、李剑如、余笃三三同志回国工作不久即派往苏区负责重要工作，都是不合

①　《共产国际执行委员会远东局成员同陈绍禹谈话记录》，《资料丛书》第10册，第38~43页。

②　张学新主编《任弼时传》，第200页。

③　《王明诗歌选集（1913~1974）》，第82页。

④　《为更加布尔什维克化而斗争·第三版序言》，《王明言论选辑》，第114页。〔日〕田中仁《王明著作目录》说1931年此书还曾以《两条战线》（绍禹著）名字出版，第41页。

适的"。①

陈修良回忆说："这个决议的要点：是肯定王明、博古等领导的支部局路线完全正确，中共驻共产国际代表团（即瞿秋白、张国焘、邓中夏、陆定一、余飞）的团长瞿秋白，影响了'中大'学生的派别行动，进而再在国内影响了中央政治局；李立三领导的政治局处罚了王明、博古、王稼祥、何子述四人，完全是站在派别观点上给他们的错误处分，应即撤销；代表团应负李剑如、余笃三（反王明的'中大'学生领袖）派别行动的责任，这一派在'中大'内进行无原则的斗争，实际上与托派是联盟。""这个决议的政治后果极坏，王明后来就把凡是反对过他们的人都打成了'托派'、'右派'，制造了许多冤假错案。"②

王明等人不仅从政治上打击瞿秋白，还从经济上打击他。在这时期，瞿秋白的处境十分困难，政治上的打击非一般人所能承受，肺病日趋严重，经济上也十分拮据。每月只发给他十六七元生活费，当时上海工人每月最高工资 50～90 元，中等工资二三十元，最低工资 8～15 元。瞿秋白的这点生活费仅可以维持他和杨之华的最低生活需要，连温饱都说不上，更不要说医病了。③

和瞿秋白一起曾在驻共产国际代表团工作的邓中夏，也因为同情中山大学多数学生反对王明小宗派，而受到残酷打击。这个决议案说："中夏同志当时也没能接受国际代表的意见来反对立三同志的错误，反而到鄂西以后尽量去发展立三路线的错误。"④ 随着决议的发出，邓中夏被调到上海浦东区委宣传部任发行干事，做跑腿的工作。但王明一伙仍对他加以打击，有时还无中生有地指责他工作不努力，有时故意让他起草小的宣传提纲，又故意加以东涂西改，羞辱他。

同日　埃斯勒在共产国际执行委员会东方书记处会议上的报告中赞扬王明，他说："在上海、天津、□□和唐山，尤其是在上海，在支部、基层组织、党员积极分子中、在共青团和中华全国总工会党团中，出现了广泛的运动，要求无条件地执行共产国际的政策，克服立三路线和调和主义。戈卢别夫和其他许多中国同志，特别是几个月前刚刚从苏联回国的青年同志在这种

---

① 载《党的建设》第 4 期，1931 年 2 月；又见《资料丛书》第 12 册，第 512 页。
② 《一九三〇至一九三四年上海党组织的一些问题》，《陈修良文集》，第 258～259 页。
③ 陈铁健：《从书生到领袖——瞿秋白》，第 391 页。
④ 载《党的建设》第 4 期，1931 年 2 月；又见《资料丛书》第 12 册，第 512～513 页。

情况下起了特别积极的作用。他们是保证贯彻执行共产国际政策的动力。"①

2月22日 中共中央致电共产国际，"报告四中全会的经过"，以求得共产国际对四中全会及其后的中央所采取的一系列重大措施的正式批准和肯定。报告中两次点名表扬了王明，说："在立三主义还统治着全党的时候，中央指导机关中便遇到了陈绍禹、王稼蔷（祥）、秦邦宪、何子述四同志的反对。"②

2月22、23、25、28日 共产国际执行委员会远东局在给共产国际的信中谈到王明，说当时中国共产党分成了两派，第一派当时号称"青年共产国际派"（戈卢别夫、科穆纳尔、古德科夫、梅塔洛夫、涅夫斯基③等），公认这一派在共产国际来信前早就对李立三路线进行了原则性的斗争；另一派包括〈工会〉总委员会的几名工人，以何孟雄和罗章龙为首，在四中全会前夕活跃起来。起初，这两派以"不成文的协议"（或未商定的联盟）方式共同反对立三主义和立三派分子。但很快——越往后越明显——暴露出了这两派之间的分歧。在反立三主义斗争最激烈的时候，实际上党内展开了这两派之间的斗争，这实质上构成了四中全会前夕（12月）和全会期间整个党内斗争的内容。两派分歧的实质是什么呢？最初可以感觉到的只是下列几点：1. 戈卢别夫派要求在同"左"的立三主义倾向作斗争的同时开展反对右的危险的斗争。对此，罗章龙派宣称，现在谁提出右的危险的问题，谁就是在以此取消同立三主义的斗争。2. 第一派把同立三主义的斗争与转向实际和完成共产国际提出的所有任务联系在一起。第二派提出了与前一种情况类似的论点，认为谈论实际任务无非是企图抹杀和放弃同立三主义的斗争。3. 第一派反对大喊大叫的、纯粹是蛊惑人心的口号，反对对立三路线采取不正确的、派别的和分裂主义的斗争方法。而第二派正是这样做的，它要求立即撤销所有中央委员的职务并将他们开除，立即停止政治局的活动，紧急召开代表大会，它把从原则高度同立三主义的斗争完全转化为狭隘小集团的、纯粹个人的斗争。为了全面评述第

---

① 《埃斯勒在共产国际执行委员会东方书记处会议上的报告》，《资料丛书》第10册，第93页。

② 《中共中央致共产国际执行委员会电——报告四中全会经过》，《资料丛书》第12册，第522页。

③ 分别是王明、王稼祥、沈泽民、夏曦、陈原道。

二派，还应补充一点，何孟雄在同奥斯藤①同志谈话时完全否认党内右的危险，而瓦日诺夫②则重复了陈独秀关于红军是匪帮的胡言，他公开讲中国苏维埃运动没有前途，共产国际七月来信③的方针和决定是不正确的。我们很清楚，第二派实际上没有同立三主义进行斗争，而只是利用这一斗争和打着这一斗争的旗号追逐小集团的而不是党的利益，它所谓的反对立三主义的斗争不是从共产国际的立场出发的，而主要是从右派立场出发的。因此，第一派把党内优秀分子（其中包括旧领导的优秀部分）聚集和团结在自己周围，而第二派则把党内所有最坏的分子，其中包括右倾机会主义分子拉到一起并把他们组织起来，这并不是偶然的。④

2月 共产国际政治委员会通过的《因中大派别斗争关于中国代表团行动问题的决议案》，指责中共代表团"用一种完全不正确的方法，努力在自己的周围，团集中大的学生"，"实际上帮助了中大学生中间的派别斗争"。硬说"中共代表团须担负李剑如余笃三派别行动的部分责任，这一派在中大内部进行无原则的斗争，走到实际上与托派联盟的道路。中共代表团的多数（瞿秋白、邓中夏、余飞）领导了李剑如、余笃三派的活动。其中少数（张国焘）不是在当初而是在后来，才对中大内派别的斗争，表示与其他代表立异"。共产国际"以坚决的态度谴责中共代表团的代表对于中大派别斗争的行动，并请中共中央以必要限度刷新代表团的成分并与国际执委政治秘书处商定新的成分"。⑤

同月 开始成为中共中央政治局常委。

杨奎松在《王明上台记》中说：共产国际远东局与向忠发、周恩来等于1月9日确定中共中央政治局正式常委向忠发、周恩来、张国焘，候补常委为陈郁、卢福坦、徐锡根后"不过一周，即发现徐锡根、陈郁均卷入罗章龙一派人的分裂活动之中。因此，从2月份开始，王明就再度得到提名进入常委了。从这以后，王明渐渐在政治局里，因而也在中国党内，成了举足轻重的重要人物了"。⑥

---

① 即 M. A. 雷利斯基。
② 即郭妙根。
③ 指《共产国际执委会关于中国问题的决议》。
④ 《共产国际执行委员会远东局给共产国际的信》，《资料丛书》第10册，第117～118页。
⑤ 原载《党的建设》第4期（1931年2月），《共产国际、联共（布）与中国革命文献资料选辑1927～1931》下册，第510、511页。
⑥ 杨奎松：《民国人物过眼录》，第360～361页。

孟庆树根据王明晚年谈话整理的《王明同志对于 50 个问题的回答（一）》，说王明从向忠发被捕前就担任中共中央政治局常委。他在回答 1931 年 6 月向忠发被捕后党的领导机关是由哪些人组成的问题时，明确地说："向忠发被捕前，中央政治局常委为：向忠发、周恩来和陈绍禹三人。向被捕后没有补新人参加常委。"

孟庆树根据王明晚年谈话整理的《关于顾顺章和向忠发的材料》，虽然没有明确说自己是中央政治局常委，但说顾顺章被捕叛变后中央政治局常委是三人，为躲避敌人的追捕，决定不再开常委会，轮流在三人住处接头，"结果只有周（恩来）、陈（绍禹）二人住处常作常委接头地点"，向忠发因为家里有个小老婆，"从来不约周、陈到他的住处去接头"。这也清楚地表明，当时的中共中央政治局常委，就是向忠发、周恩来、王明三人。

孟庆树根据王明晚年谈话整理的《关于临时中央政治局和博古同志当总书记问题》的材料，虽然没有明确说自己是中央政治局常委，但说向忠发被捕叛变后，主持中央工作的就是周恩来、陈绍禹二人，这也表明他是中央政治局常委。

孟庆树根据王明晚年谈话整理的《传记与回忆》，也明确地说："四中全会后，由向忠发、周恩来和陈绍禹组成中央政治局常委会。向忠发在被捕叛变前，也只是挂名的总书记，因为他政治文化程度都很差，实际上的主要领导人是绍禹。毛泽东在七届二中全会上说：'博古、洛甫都是名义上的总书记。从反立三路线四中全会到整风运动前，你（王明）是中国共产党的总司令，你实际上是总书记。'"

《中国共产党组织史资料》也说王明在这个时期是中共中央政治局常委。①

但有的学者认为，王明是 1931 年 4 月张国焘到鄂豫皖以后才成为中共中央政治局常委的。②

根据上述情况可以看出，王明 2 月份进入常委会后可能还只是候补常委，到 4 月张国焘到鄂豫皖以后才增补为正式的常委。

---

① 《中国共产党组织史资料》第 2 卷上册，第 62 页。
② 戴茂林：《六届四中全会前后有关王明研究的几则史实辨析》，《中共党史研究》2011 年第 11 期。

3 月 20 日 张闻天在给雷利斯基的信中谈到他和王明的分歧，他说："由于我对工人运动的估计不同于戈卢别夫同志，我们之间发生了争论。我说，上海工人运动放慢了发展速度，这是无可争辩的，但不能闭眼不看它还带有分散的、自发的、而主要是经济的性质。它正在经历由防御向反攻过渡的时期。而在戈卢别夫同志看来，工人运动正由反攻走向进攻。显然，他过高估计了我们的情况。""今天在政治局会议上，我们对此又争论了起来。我高兴的是我取胜了。"①

3 月 28 日 中共中央政治局作出《关于富田事变的决议》。据王明自己后来说，这个决议是他起草的。

这个决议指出：红二十军一部分人的行动，"实质上毫无疑问的是阶级敌人以及他们的斗争机关'AB 团'所准备所执行的反革命行动，他们企图消灭党与红军的队伍，破坏党与红军的领导，他们的目的是帮助着南京政府来进攻和消灭红军和苏维埃运动"。为此，决议发出了如下的号召："苏区中央局以及一切党和团的组织，要严格的执行以下的任务：（一）严厉的消灭'AB 团'，一切反革命组织，一直使它们在苏区内无法抬头与进行它们反革命活动；（二）立时将一切反动分子剥削分子，由党、团、苏维埃、工会的以及一切群众组织中清洗出去，特别是旧官僚分子；（三）建立严密的苏区，肃清苏区内一切反动的武装来武装农民，并打破苏区内反革命的集群——这些我们还未实现的最主要的军事任务；（四）在城市与农村中组织与扩大阶级斗争……"②

正是根据这个精神，被派往江西的中央代表团全盘否定了苏区中央局的意见，重新按照总前委的观点，把参与富田事变的人均作为敌我矛盾处理，并把红二十军相当数量的排长以上干部先后处决，致使许多党和军队的优秀领导者和大批忠实于革命事业的同志，没有牺牲在敌人的屠刀之下，却无辜葬身于错误的肃"AB 团"运动中。不仅如此，王明起草的决议还为"福建的社会民主党，湘鄂西的硬肚会、北极会，各苏区的改组派、取消派"等定了基调，说它们都是"反革命的组织"，从而为这些地区的肃反扩大化提供了根据。事实上，这些所谓"反革命的组织"，绝大部分是根本不存在的。但由于中央作出了决议，各根据地也就可以理直气壮地大规模进行

---

① 《张闻天给雷利斯基的信》，《资料丛书》第 10 册，第 180 页。
② 《六大以来》上册，第 126～127 页。

"肃反"了，从而造成了一场场悲剧。对于各根据地的错误"肃反"，王明是难辞其咎的。陆定一曾说："在共产党内进行'残酷斗争，无情打击'，是从王明开始的。只要不同意王明的意见，就是反对'国际路线'，就是'反党'。'反党'就是反对革命，反对革命就是反革命。斗争要残酷，打击要无情。"①

但在孟庆树根据王明晚年谈话整理的《王明同志对于 50 个问题的回答（一）》中，王明却说："所谓 1930 年 12 月的富田事变，中共中央政治局不知道这回事。只知道 31 年春苏区中央局（书记任弼时）派欧阳钦同志向上海中央政治局报告说：富田事变后，毛泽东利用反 AB 团口号扩大肃反斗争，已经快肃到项英（原中央局书记）和曾山头上了，问中央政治局怎么办？政治局常委开会讨论，决定由我（绍禹）起草一指示信，经常委讨论通过。信内除指出肃反运动错误外，并指出肃反错误的主要原因是：阶级路线不明显，群众工作不充分。此信到中央苏区后，才停止了这种所谓肃反运动。可惜当时恩来同志……没有把中央政治局常委的上述这封信送到各苏区去，因而后来其他苏区犯过乱杀人的错误，未能即时纠正和防止。"

《传记与回忆》也说："1931 年春，绍禹代中央写的'中共中央给中共苏区中央局关于纠正肃反工作错误'信，是一个非常重要的文献。富田事变后，毛泽东用反对 AB 团的口号扩大肃反运动，连中央政治局委员、原苏区中央局书记项英同志和江西省苏维埃主席曾山同志都被怀疑为反革命分子，造成一片恐怖状态。任弼时同志（当时的苏区中央局书记）派欧阳钦同志到上海向中央报告情况，请求指示。此指示信内容即绍禹在政治局常委会上的讲话。指示信中除批评扩大肃反运动错误外，同时指出肃反错误的主要原因是由于阶级路线不明显，群众工作不充分。可惜此信未发到其他苏区，因而湘鄂西和鄂豫皖苏区亦曾犯过扩大肃反运动的错误。"

《写作要目》还说："富田事变后，毛泽东用反对 AB 团口号扩大肃反运动，连中共中央政治局委员、原中央局书记项英同志和江西省苏维埃主席曾山同志都被怀疑为反革命，造成一片恐怖状态。任弼时同志（苏区中央局书记）派欧阳钦同志向中央报告情况，请求指示。此信基本上是由王明同

---

① 陆定一口述《关于不要戴政治帽子》，《光明日报》1984 年 11 月 23 日。

志在政治局常委会上的讲话稿整理而成。王明同志修改后，由中央政治局常委讨论通过发出。信中除批评扩大肃反运动错误外，指出肃反错误的主要原因是：阶级路线不明显，群众工作不充分。"

3月底　据廖华说，周荣生曾大骂王明。

廖华在1943年12月6日写的《我和王明等被捕的经过》中说：周荣生和我原来都在沪西工作。我出狱后，在马路上遇到他，他大骂陈绍禹说："我看见那王八蛋，要搞他一顿，因为在反立三时候，陈绍禹要我到沪西工人方面活动，说如果推翻了李立三，要我当中央委员。结果立三打倒了，不但没有当中央委员，而且连组织都丢掉了！"1931年3月底，我在互济总会当组织部长，在路上遇到王明，就告诉他周荣生大骂他的事情，他说：不要信他胡说八道。

4月2日　盖利斯在同周恩来、向忠发和张国焘谈话中谈到王明，他说："丝绸工业几千名工人于4月1日举行了罢工。4月2日有1.6万工人罢工。他们要求提高工资，增加物价上涨补贴。因为自己信息不够灵通，莫斯克文不能详细通报罢工的情况。奇怪的是，戈卢别夫4月1日还不知道罢工的事（4月1日召开了政治局会议，戈卢别夫参加了这次会议，关于丝绸工业的情况他只字未提）。"①

4月7日　雷利斯基同向忠发和王明谈话。王明汇报了中国共产党在工人中的工作和成绩。②

4月25日　中共中央政治局委员、中央特科负责人顾顺章被捕叛变。为了躲避敌人的追捕，王明到一个尼姑庵里住了一段时间。

《传记与回忆》说："顾顺章向陈立夫保证他能设法逮捕向忠发、周恩来和陈绍禹。同时蒋介石更悬赏通缉向、周、陈三人，每人赏格为十万元。""为了躲避敌人的追踪，时常一日两三次搬家。某日我们搬到新闸路上的一个小尼姑庵里去住（她们楼上的房子出租）。三个尼姑日里穿着袈裟，敲木鱼，夜晚擦脂抹粉地'招待顾客'。我们住在她们的楼上，被她们吵得不能安静，正想搬走，恰好陈庚〈赓〉同志来了。他首先说：'你们为什么住到这里来了，这一带有很多流氓来往。'"

为纪念这段日子，王明于这年夏天写了一首《尼庵小住》的"口吟"诗：

---

① 《盖利斯同周恩来、向忠发和张国焘谈话记录》，《资料丛书》第10册，第211页。
② 《雷利斯基同向忠发和陈绍禹谈话记录》，《资料丛书》第10册，第228~230页。

警犬觅踪何所之？尼庵同隐学禅师。

党人本领通天大，结伴神仙鬼不知。

5月1日　中共中央通过《中央巡视条例》，建立了派巡视员指导各级党部的所谓"活的领导"体制。《条例》规定了巡视员的条件、任务、工作方法以及职权，明确规定："巡视员是中央对各地党部考查和指导工作的全权代表"，"巡视员对中央须负绝对的责任"，要"尽量参加一切工作会议，在日常工作中，审查地方党部的工作方式"，"遇有当地发生的新事变必须迅速予以解决和布置，报告中央关于处理事变的详情，以便保证国际和中央路线百分之百的执行"。①

5月9日　中共中央发表《关于目前政治形势及中共党的紧急任务决议案》，指出目前的政治形势是"反革命与革命阶级斗争的紧张和尖锐"，"表现国民党统治的不稳而日趋崩溃"。可是，苏区的"富农路线与反革命分子还占据在许多党及苏维埃的领导机关内。在非苏区的工农群众斗争中，党的力量也表显［现］得非常薄弱"。因此，"在剧烈的阶级斗争前面，执行国际路线到一切实际工作中，根本消灭立三主义的工作方式与目前最严重右倾机会主义消沉态度。这是全党的战斗任务"。②

1945年中共六届七中全会通过的《关于若干历史问题的决议》指出："在六届四中全会以后不久，一九三一年五月九日中央所发表的决议，表示新的'左'倾路线已经在实际工作中得到了具体的运用和发展。"③

盛岳在《莫斯科中山大学和中国革命》中说：1931年5月9日中央决议宣称，"右"倾路线依然是党内的主要危险。决议中提到的所谓富农路线，就是指江西中央苏区和毛泽东的。毛泽东指责为表示"新的'左'倾路线已经在实际工作中得到了具体的运用和发展"的，正是中央的这一立场。这一中央决议是二十八个布尔什维克和毛泽东之间即将到来的公开的权力斗争的序幕。④

5月　于上海作五绝《海南（悼李硕勋同志）》。诗曰：

①　《中共中央文件选集》第7册，第221～227页。
②　《中共中央文件选集》第7册，第258、262页。
③　《毛泽东选集》第3卷，1953，第987页。
④　盛岳：《莫斯科中山大学和中国革命》，第255页。

奉调海南去，依依竟夜谈。

琴音犹在耳，难信隔人天。①

6 月 10 日　雷利斯基在给共产国际执行委员会东方书记处的信中说："戈卢别夫 1931 年 6 月 1 日在同我们谈话时讲述了江苏，更确切地说是上海的工作情况。梅尔库洛夫②现在被任命去接替戈户别夫。由三人组成的省委会在戈卢别夫的领导下工作。"③

6 月 21 日　参加中共中央政治局常委会议。

《传记与回忆》说："这天晚上，中央常委在恩来家开会，讨论常委是否暂时搬到哈尔滨或苏区去的问题，并决定把这个问题和国际远东局去商量。这晚常委决定：老头④从今晚起，在常委搬家问题未决定前，不要再出去，就住在恩来家里，老头当时同意了。"但"向忠发不遵守中央常委决定，当夜回去住，次日他到汽车行去租汽车"时被捕了。

6 月 22 日　中共中央政治局主席、中央政治局常务委员会主席向忠发被捕叛变，王明住进东方饭店，参与了对他的营救。

《传记与回忆》说：得到老头被捕消息后，正在进行中的讨论中央军委工作的会议立即停开。立即通知有关地方搬家并立即设法营救老头。特科负责同志和陈庚［赓］、老大（即欧阳新，又名胖子，陈［赓］为副，后来到了莫斯科）已在东方饭店开了三间相连的房间，中间住恩来、绍禹和陈庚［赓］、老大……周陈和特科负责同志商量如何营救老头。决定立即送五万元银行存折给杨度去找杜月笙设法营救。杜月笙是全上海最大青帮头子，在帝国主义和蒋介石面前是个有面子的人。但是，经过两小时后，杨度把五万元存折退回来了。他说："杜月笙说没办法，因为捕向的人是南京直接派来的，向被捕后经过法租界巡捕房引渡，不过是法律手续。"几天后，向忠发就被枪决了。⑤

6 月 27 日前后　参加商讨怎么应付紧急情况的会议，得知向忠发因小老婆被捕的情况。

---

①　《王明诗歌选集（1913～1974）》，第 83 页。
②　即王云程。
③　《资料丛书》第 10 册，第 317 页。
④　指向忠发。
⑤　《传记与回忆》。

孟庆树根据王明的回忆谈话整理的回忆录说：向忠发被枪决的次日，上海各大报上都登出他被枪决的消息和他的供词，还登出向有个小老婆是厦门路妓院的出名的妓女的消息。"次日，恩来、绍禹、博古、陈云、洛甫、赵容在刘国璋同志家里开会商讨怎么应付紧急情况问题。在这次会上由于绍禹等向恩来提出为何报上说向忠发有个小老婆？到底是怎么回事时，恩来才说：'那夜他不愿留在我处，就是因为向不放心他的小老婆，不回去怕小老婆担心，因而他一定要回去看看。他的这个小老婆是李立三和关向应同意他花钱买的，因向常到妓院去，怕他出问题。我当时不在上海，在莫斯科。回来后才知道这个已成的事实！'""绍禹当时即批评李立三对向忠发的态度不正确，任他腐化！又批评了恩来不早说出这件事来。"①

夏 由于白色恐怖日益严重，王明为躲避敌人搜捕，曾经到郊区一个疗养院去隐居。

盛岳在《莫斯科中山大学和中国革命》中说："他就像惊弓之鸟，很少在中央的会议上露面，不敢住旅馆、公寓甚至单独的私人房屋。他经过深思熟虑，决定搬到上海郊区的一座疗养院去住。他委派康生为他安排此事。另一位中央委员陈云也担任他的副官，因为在顾顺章于一九三一年四月在汉口被捕后，陈云就被任命为中共的情报部长。陈云的职务，使他不得不服从陈绍禹的命令。陈绍禹和他的漂亮的妻子孟庆树不久就搬进了疗养院。为了安全，陈绍禹要租下整个一层楼。他们要康生、陈云去同疗养院院方商谈此事。康、陈二人力劝，这样做反而只会引起怀疑和危害他们的安全，但陈绍禹不听，坚持按他的话去做。康、陈没法，只好租了一整层楼。中共中央为此支付了一笔可观的租金。陈氏夫妇搬进疗养院后，足不出户，实际上成了隐士。陈绍禹事无大小，全都交给康生、陈云去办。由于缺少得力领导，中共的工作实际上陷于停顿。陈绍禹夫妇的隐居生活一直延续到一九三一年七、八月间。"②

王明一位远房弟弟陈绍枸回忆说："1931年我到上海，我有一个侄子在美国教会办的上海沪江大学读书，我去找他。有一次上街买东西，遇到王明。当时蒋介石悬赏500元现大洋抓他。他坐着黄包车，戴着帽子，去郊区

---

① 《传记与回忆》。

② 盛岳：《莫斯科中山大学和中国革命》，第252页。

避风。他和我们在校餐馆吃饭，我看见周围有许多人带着短枪。他说：这都是保护他的，很安全。"①

中共中央文献研究室编的《陈云年谱》说：向忠发被捕叛变后，"中共中央政治局由王明临时主持"。② 还有的书也说：向忠发被捕叛变后，王明开始"主持中央政治局领导工作"。③ 但王明一直否认这一点。他1944年2月27日写给周恩来的信中说："向忠发被捕，你和我即不能参加任何会议，我两个月住在医院，两月住在陈云同志处前楼上，我和你每月接头一次，我未担任中央任何部门工作。"王明1950年填的简历表，也只说自己"1931.6～10，在上海，中共中央管理江苏省委工作"。

《传记与回忆》说，因公开活动困难，共产国际决定让王明和周恩来到莫斯科。其中说："向忠发被捕后，情况更加紧急严重，敌人更增加赏额捕捉周、陈。他俩根本不能活动，虽然时常搬家，但仍是随时可以发生危险。共产国际远东局报告了国际，国际决定调周陈去莫斯科，半年后再回上海。周陈因工作无人负责，不愿离开。但国际不同意，屡电催周陈早日离开"，同时派一保加利亚人"为周陈布置到莫斯科去的交通"。④

夏 作诗《青年痛——悼恽代英同志》，诗曰：

> 闻道代英遭毒手，青年万众泪沾襟。
> 人生寿命无长短，死为人民即永生。⑤

8月30日 与周恩来在听取欧阳钦关于中央苏区全面情况的报告后，于离开上海前起草了《中央给苏区中央局并红军总前委的指示信——关于中央苏区存在的问题及今后的中心任务》。信中一方面从五个方面指出"中央苏区是获得了他的伟大成功"，一方面指出："中央苏区现时最严重的错误是：缺乏明确的阶级路线与充分的群众工作"，主要表现在巩固根据地和红军问题、解决农民土地问题、党与政权的关系和群众在政权中的作用、工人运动和反帝斗争、党内和群众中缺乏思想斗争和教育工作等五个方

---

① 戴茂林、刘喜发：《访问陈绍构谈话记录》，见曹仲彬、戴茂林《王明传》，第236页。
② 《陈云年谱》，第118页。
③ 王荣华主编《上海大辞典》上册，第136页。
④ 《关于临时中央政治局和博古当总书记问题》（未刊稿）。
⑤ 《王明诗歌选集（1913～1974）》，第84页。

面。现在中央苏区的中心任务应是：最大范围地发动群众，巩固并扩大红军，支持长期的艰苦的阶级战争，以冲破敌人的"围剿"，并扩大苏区和建立巩固的根据地，在这个根据地上建立苏维埃临时中央政府，最大限度地实施苏维埃政纲。第一，为着进行阶级战争，首先应建立起巩固的根据地；第二，为着进行阶级战争，必须彻底地解决土地问题与实行苏维埃政纲；第三，为着进行阶级战争，必须更着力于改造和扩大红军的任务；第四，为着进行阶级战争必须加紧地进行苏维埃改选运动与建立全国苏维埃临时中央政府；第五，为着进行阶级战争必须坚决地执行发展党巩固党的任务；第六，为着进行阶级战争和上述的各项任务，必须有明确的反 AB 团斗争与反一切错误思想和一切反革命政治派别的斗争，以巩固阶级战线。①

盛岳在《莫斯科中山大学和中国革命》中说："一九三一年九月一日，二十八个布尔什维克在《中共给各苏区的指示信》②中再次向毛泽东作了挑战。这一指示信是给所有苏区的通报，但它实际上是攻击毛泽东直接控制下的中央苏区。指示信指出，中央苏区的主要问题是没有一条内容明确的阶级路线，群众工作不够先进，这两者都是立三路线影响的产物。信中提到的苏区党政领导的严重错误，尤以中央苏区为甚。例如，关于红军和苏区，指示信指出没有很好建立稳固的总部，坚持必须解放和占领一个到几个大城市，以此作为总部。关于对富农的政策，指示信反对给富农分好田。它还攻击红军愚蠢地单纯打游击，强调红军的编制不适应准备进行大规模作战。"③

8月　共产国际执委会通过的《共产国际主席团关于中国共产党任务的决议案》，充分肯定了中共六届四中全会，决议案说："共产国际执委主席团满意地指出：中国共产党中央委员会的第四次扩大会议，在两条战线上的斗争中，击退了右的分裂派和取消派的进攻，坚决打击了李立三同志的半托洛茨基立场及对这立场调和的态度……四中全会，使中共在继续布尔塞维克化的道路上向前进了一大步，它纠正了政治路线和刷新了党的领导，同时开始了党全部工作中的转变，去实际地和彻底地解决摆在党面前的那些刻不容

---

① 《中共中央文件选集》第 7 册，第 355 ~ 375 页。
② 似是指 1931 年 8 月 30 日《中央给苏区中央局并红军总前委的指示信——关于中央苏区存在的问题及今后的中心任务》。
③ 盛岳：《莫斯科中山大学和中国革命》，第 255 页。

缓的任务。"①

9月　国民党政府向各地发出密令，悬赏通缉共党要人瞿秋白、周恩来（赏金各为两万元）和张闻天、陈绍禹、沈泽民、罗登贤、秦邦宪（赏金各为一万元）。②

9月中旬　共产国际派来为周恩来、陈绍禹安排交通的人到上海，远东局提议成立中共临时中央政治局。

《传记与回忆》说：共产国际派来的人"9月中到上海，他又传达了国际要周陈立即离开上海的意见。因而共产国际远东局决定成立临时中央政治局，请国际领导批准。国际领导回电批准了。临时中央政治局共有5人，即把平时已经参加处理日常工作的4人：博古、陈云、洛甫、康生加上（福）坦（原为政治局委员，在全国总工会工作）"。③

不少论著说王明到苏联担任中共驻共产国际代表，是他自己提出的。例如盛岳《莫斯科中山大学和中国革命》一书说："七月间，中共中央宣传部的一个机关及一个秘密印刷所被破获，包括罗绮园、杨匏安在内的二十三名宣传部重要人员被捕。陈害怕再留在上海，在一九三一年七、八月间辞去了中央总书记④。他被任命为中共驻共产国际代表，回到了莫斯科，直到一九三七年才去延安。"⑤杨奎松也说："共产国际远东局负责人建议王明等人撤到中央苏区去，王却坚持要去莫斯科。又是米夫推荐，共产国际特批王明为中共中央驻共产国际代表。结果，王明就成了莫斯科与中共中央之间的中介

① 《中共党史教学参考资料》第3册，第242页。
② 据《中国国民党中央执行委员会秘书处第19126号公函》（1931年9月），原件存中国第二历史档案馆，转引自程中原《张闻天传》（修订版），第95页。孟庆树整理的《传记与回忆》则说："顾顺章向陈立夫保证他能设法逮捕向忠发、周恩来和陈绍禹。同时蒋介石更悬赏通缉向、周、陈三人，每人赏格为十万元。"顾顺章被捕叛变后，对于捕捉向、周、陈三人的赏格更有了增加。
③ 《关于临时中央政治局和博古当总书记问题》（未刊稿）。《中国共产党组织史资料》为9人，由秦邦宪（博古）、张闻天（洛甫）、康生、刘少奇、卢福坦、黄平、陈云、李竹声、王荩仁（王云程）9人组成，博古负总的责任。（第2卷，第62页）。张培森主编《张闻天年谱（1900～1976）》（上卷，第135页）、程中原《张闻天传（修订版）》（172）亦持此说。中央文献研究室编写的《周恩来年谱（1898～1949）》（第212页）和金冲及主编的《周恩来传1898～1949》（修订本）（第294页）却说临时中央政治局由"秦邦宪、张闻天（洛甫）、康生、陈云、卢福坦、李竹声六人组成"。吴葆朴等编《博古文选·年谱》亦持此说（第368页）。
④ 王明当时并不是中共中央总书记，此处说法有误。
⑤ 盛岳：《莫斯科中山大学和中国革命》，第252页。

和传声筒。""然而，这一特殊地位，使他两面讨巧。对中共中央，他俨然是莫斯科的代表，可以居高临下，随意发号施令；对莫斯科，他俨然又是中国革命的化身，因而各种光环纷纷落到他的身上，使他身价百倍。正是这种扭曲的地位，造成了王明多少有些扭曲的心态。当然跟'得'紧也是王明这种人致胜的法宝之一。"①

9月18日 日军侵占沈阳，旋即占领东北三省。王明看到这个消息后，让博古起草《中央关于日本帝国主义强占满洲事变的决议》。

《传记与回忆》说：9月18日晚，绍禹到博古家去见共产国际派来安排交通的人，"决定周陈即日起程赴莫。不料绍禹回来时，在街上听到卖报童喊着：'号外！号外！日本炮轰沈阳，国民政府下令不抵抗！'绍禹买了一份报（号外），一面看着，一面又回到博古处去。他告诉博古：要马上起草一个'中国共产党为日军攻占沈阳事告全国同胞书'。"②

胡乔木在1990、1991年《关于党的历史文献的编辑和批判第三次"左"倾路线的九篇文章》的谈话中说："立三的'左'，大家都清楚。但王明却强调立三是'右'。这就比较明显地表明四中全会比立三更'左'。四中全会纠正了立三的一些过激措施，但它的决议，王明的小册子，对'九·一八'事变以后形势的分析，都是'左'。'九·一八'事变本来应当是党的一个转机，党的工作应当有一个变化，但以王明为代表的中央没有这样做。"③

9月19日 于上海作双七绝《"九一八"夜》。④

9月20日 临时中央政治局发出《由于工农红军冲破第三次"围剿"及革命危机逐渐成熟而产生的党的紧急任务》。这个指示指出："目前中国政治形势的主要特点，是江西工农红军冲破了敌人第三次的'围剿'与其他苏区红军的胜利，是普及全中国的灾民斗争，与澎湃着冲击前来的反帝潮流"，"对于帝国主义国民党在中国的统治，是最大的威胁，而且将加速的促进中国反革命内部的崩溃过程"，"国民党统治的崩溃，正在加速的进行着"，"因此，目前中国政治形势的中心的中心，是反革命与革命的决死斗争"。为了取得中国革命的胜利，应该立刻执行12条"紧急任务"，其中有苏区的党应"集中力量追击敌人退却部队，消灭它的一方面，在政治军事的〈顺〉利的条件之

① 杨奎松：《毛泽东与莫斯科的恩恩怨怨》，第67页。
② 《关于临时中央政治局和博古当总书记问题》（未刊稿）。
③ 《胡乔木回忆毛泽东》，第48～49页。
④ 《王明诗歌选集（1913～1974）》，第87页。

下，取得一两个中心的或次要的城市"，"尽可能的把零散的分散的苏区连成一片"；非苏区方面应"尽可能的在某些城市（如上海，唐山，天津等）中努力去准备和组织某一产业的同盟罢工"，等等。这个指示还说"目前主要危险还是右倾机会主义"，"党必须对他们作思想上与组织上的斗争"。①

很多论著认为这个决议是王明起草的，但王明一直否认这个决议由他起草。1944 年 2 月 27 日王明写给周恩来的信即说这个决议"是博古（或李竹声）起草的，绝非我起草的"。

后来，毛泽东在《驳第三次"左"倾路线》的长文中称这篇文章是王明路线时期，"从文件到实际在全国大打所谓'右倾机会主义'的第一个纲领性文件"。它所描绘的"全中国成熟着的革命危机的图画"，表面上似乎好看，"其实却是一堆败絮"；它由一系列"左"的估量而得出的"中国政治的中心的中心是反革命与革命的决死斗争"的"决战论"，作为"紧急任务"提出的要红军冲破第三次"围剿"后，取得一两个中心的或次要的城市"扩大苏区至中心城市"等，是"打大城市的根据"，推本寻源，"葬送红军自此始"。它强调的要"更深刻的发展内部的阶级斗争"，是后来推行"地主不分田"，"富农分坏田"，"批评'富农路线'的根据"；它以"绝对主义"立场，说革命力量发展"必然促进反革命的团结"。因而"九一八"日本侵满事变后，临时中央政治局根本无视国内阶级关系的新变动和争取中间力量一致抗日的重要性，后来竟然把包括国民党左派邓演达领导的、反蒋不反共的第三党等，一概列为"最危险的敌人"，同时把满洲事变看成是"世界大战尤其是反苏联战争的导火线"，并提出"武装保卫苏联"而不是"保卫中国"的口号，"这是后来认为可以向一切帝国主义国家决战的根据"；决议要求全党"在最短期间之内，百分之百的"完成"紧急任务"，如若不然，便是"对困难投降、消极、怠工与失望的情绪与行动"，于是就要在全党大打"目前主要危险"的"右倾机会主义"。毛泽东指出："左"倾机会主义路线从此形成并以此为起点，向前发展成为一条比立三路线更加完备的系统路线。②

1945 年中共六届七中全会通过的《关于若干历史问题的决议》指出："日本帝国主义在一九三一年'九一八'开始的进攻，又激起了全国民族民主运动的新的高涨。新的中央对于这些事变所造成的新形势，一开始就作了完

---

① 《中共中央文件选集》第 7 册，第 401、402、406、413、414 页。
② 转引自张学新主编《任弼时传》，第 216 页。

全错误的估计。它过分地夸大了当时国民党统治的危机和革命力量的发展，忽视了'九一八'以后中日民族矛盾的上升和中间阶级的抗日民主要求，强调了日本帝国主义和其他帝国主义是要一致地进攻苏联的，各帝国主义和中国各反革命派别甚至中间派别是要一致地进攻中国革命的，并断定中间派别是所谓中国革命的最危险的敌人。因此它继续主张打倒一切，认为当时'中国政治形势的中心的中心，是反革命与革命的决死斗争'；因此它又提出了红军夺取中心城市以实现一省数省首先胜利，和在白区普遍地实行武装工农、各企业总罢工等许多冒险的主张。这些错误，最先表现于一九三一年九月二十日中央的《由于工农红军冲破敌人第三次'围剿'及革命危机逐渐成熟而产生的紧急任务决议》，并在后来临时中央的或在临时中央领导下作出的《关于日本帝国主义强占满洲事变的决议》（一九三一年九月二十二日）、《关于争取革命在一省与数省首先胜利的决议》（一九三二年一月九日）、《关于一二八事变的决议》（一九三二年二月二十六日）、《在争取中国革命在一省数省的首先胜利中中国共产党内机会主义的动摇》（一九三二年四月四日）、《中央区中央局关于领导和参加反对帝国主义进攻苏联瓜分中国与扩大民族革命战争运动周的决议》（一九三二年五月十一日）、《革命危机的增长与北方党的任务》（一九三二年六月二十四日）等文件中得到了继续和发挥。"①

9 月 22 日　临时中央政治局发出《中央关于日本帝国主义强占满洲事变的决议》。

《传记与回忆》说，这个决议是 1931 年 9 月 18 日晚王明让博古起草的，当时"绍禹告诉博古，此宣言起草后，立即送交恩来看并交临时中央政治局讨论通过。最好明日就发出"。此宣言发出后，得到广泛的响应。

9 月下旬 ~ 10 月中旬　与周恩来编《南针》杂志。

《传记与回忆》说：1931 年 9 月共产国际一再催促他们去莫斯科后，"绍禹和恩来都认为：'现在这样忙，哪能离开？'于是两人商量：既不能出去活动。就在家里合编刊物好了。于是出了一小型指导刊物，名叫《南针》。绍禹用韶玉等笔名，恩来用苏□等笔名写文章，帮助干部了解党的政策方针和领导群众运动的工作方法。韶玉写了一封信致中共中央（伪称发自庐山），内容是关于批评立三路线不懂得利用公开（合法）和争取公开（合法）的分别，因而使工作受到损失等。此文起了很好作用，可惜因陈、

---

① 《毛泽东选集》第 3 卷，1953，第 987 ~ 988 页。

周相继离开上海,《南针》只出了几期就停刊了。(几期《南针》在共产国际都有,绍禹曾看到过)。"回忆中还说:上面说的"绍禹写给中共中央的信,也是一份重要文献"。

《写作要目》说:"关于如何正确利用合法和争取公开问题,并批评李立三同志等在这个问题方面的错误。此信载于《南针》,是1931年'九一八'事变后,由作者和周恩来同志合编的小型杂志。当时周恩来用苏□等化名,作者用韶玉等化名。"

秋 作七绝《大水灾》。①

10月18日 参加临时中央政治局会议,解决开会时谁当主席的问题。

《传记与回忆》说:"在恩来和绍禹离开上海前,开了一次临时中央政治局会,到会的有〈卢福〉坦、陈云、博古、赵容。恩来和绍禹参加。在这次会上,解决了临时中央政治局开会时,谁当主席的问题。因为坦坚持要由他一人当主席,而他的工作能力不够(他基本上是个文盲)。当时周、陈说明临时中央政治局开会时,应轮流当主席。绍禹说明:临时中央政治局是由远东局建议,国际批准成立的。等将来正式中央政治局回上海,或迁到有相当人数正式政治局委员的地方,临时中央政治局应当结束,交出工作任务。"

10月 由博古主持的临时中央政治局,根据周恩来、王明8月30日起草的《中央给苏区中央局并红军总前委的指示信——关于中央苏区存在的问题及今后的中心任务》的精神,再一次给苏区中央局发出编号为第4号的指示电,说:"欧阳来信,中央有一长信指示你们,恐未到,现电告要点如下":"1. 苏区伟大的成功在冲破'围剿'、平分土地、建立政权、巩固红军、提高党的指导、AB团活动失败,而成为中国革命危机主要标志。""苏区严重错误是缺乏明确的阶级路线与充分的群众工作;党还未尽一切可能动员巩固根据地和红军,对消灭地主阶级,抑制富农政策还动摇,苏大会久未准备,临时政权组织又取消,忽视工人运动反帝斗争,党内缺乏思想斗争和教育工作,这都使阶级战争的进行遇到困难……"②

同月 中共《中央致苏区中央局第1号电》说:临时政府执行委员应增加王明、关向应、徐锡根及各地苏维埃政府主席、政治保卫部和教育部部长。③

---

① 《王明诗歌选集(1913~1974)》,第86页。
② 吴葆朴、李志英:《秦邦宪(博古)传》,第97页。
③ 张学新主编《任弼时传》,第220页。

四　在共产国际

1931 年 10 月　27 岁

10 月 18 日　与孟庆树、吴克坚、卢竞如一起，秘密乘日本船赴苏联。先到海参崴，然后改乘火车到莫斯科。①

《传记与回忆》说：共产国际于 9 月中旬派人来安排交通以后，"周、陈又推迟了一个月，还未离开上海。共产国际又来电说：你们一定要立即来莫斯科参加国际第十二次执委会，如再不来，是不服从组织决定，要受纪律处分。于是绍禹、庆树和吴克坚、卢竞如四人于 1931 年 10 月 18 日启程赴莫（吴克坚、卢竞如两同志是中央特科工作人员，特科决定要他俩护送王明并允许他俩留莫学习）"。

王明虽然走了，但后来的中共党史仍然认为中共中央在遵义会议前执行的是王明"左"倾路线，认为这条错误路线在党内统治 4 年之久。为什么呢？1985、1986 年胡乔木在《关于历史问题决议的起草》的谈话中说："王明走了，博古上台，可还是说王明路线，因为第一，没有王明就没有博古上台，当时博古连中央委员都不是，完全是小宗派。第二，博古执行的路线与王明是一脉相承的。第三，王明到共产国际搞的还是四中全会那一套。"②

11 月 7 日　到达莫斯科。③

王明后来回忆说："到车站时没有人接，我提着小箱到共产国际去找

---

① 见王明《中共半世纪》，第 31 页。王明 1945 年 4 月 20 日致六届七中全会的信说 9 月 25 日动身赴苏联。

② 《胡乔木回忆毛泽东》，第 67 页。

③ 见王明《中共半世纪》，第 31 页。

人。值班的同志说：今天是节日，那有人办公呢？我不知别的地方，还有谁都住在那里，只记得米夫住的地方，因而就从国际到米夫家里，时已夜深了。"①

同日 第一次全国苏维埃代表大会在江西苏区瑞金召开，会议宣布成立中华苏维埃共和国临时中央政府，选举毛泽东、项英、张国焘、周恩来、卢福坦、朱德、陈绍禹等63人为中央执行委员，毛泽东为主席。②

11 月 10 日 米夫给共产国际执委会政治书记处政治委员会写一便函："请批准王明同志为中共中央驻共产国际执委会的代表。"③

11 月 13 日 共产国际执委会政治书记处政治委员会听取了米夫关于批准王明同志为中共中央驻共产国际执委会的代表的建议，会议决定："建议共产国际执委会主席团成员通过飞行表决暂时任命王明同志为〈共产国际执委会〉政治书记处成员。这个问题的最终决定必须征询中共中央的意见。"④

11 月 15 日 在共产国际执行委员会东方书记处扩大会议上作关于中国局势的报告。整个报告分为三部分：一、关于中国目前的政治形势；二、中国共产党目前的党内状况；三、中国共产党的战斗任务。关于党的任务，他说："目前最主要的任务是把一切革命运动联合在为建立苏维埃而斗争的旗帜下……目前，党向苏区提出一项任务，要他们竭尽全力争取在一省或数省内首先取得胜利，先是在江西。""中央认为，切实完成这些任务的重要前提条件是：第一，从组织上加强和扩大我们的党组织和群众组织。第二，在

---

① 见王明回忆录《曼努伊尔斯基、王明与毛泽东》（未刊稿）。王明1950年填的简历表说自己"1932～1937.11，在莫斯科，中共中央代表"。
② 孔永松等编著《中央革命根据地史要》，第253～254页。
③ 《资料丛书》第13册，第67页。
④ 《资料丛书》第13册，第66页。王明在《中共半世纪》说自己从11月10日起担任中国共产党驻共产国际代表，并担任共产国际领导机关的职务，见该书第31页。王明在延安写的简历说"1932～37年1月中共中央驻共产国际代表"。有的论著评论说："一方面王明是中共代表，另一方面又是共产国际的化身，王明所拥有的这种双重身分使他可以随时向共产国际的下属支部——中共，表述其个人的意见……王明作为六届四中全会上台的一批人的精神领袖，对在国内的博古等人无可置疑地具有影响力。"那么，"王明在莫斯科是否对国内的中共中央实行遥控？从现在已披露的历史资料看，王明和代表团一般不对国内的具体活动进行直接干预，但是在某些时候，王明也曾就重大政策问题向江西表达自己的意见。在1931～1935年，王明与国内的中共中央既有一致的方面，也有分歧的方面"。（高华：《红太阳是怎样升起的——延安整风运动的来龙去脉》，香港中文大学出版社，2002，第97页。）

两条战线上进行无情的斗争，既反对右的机会主义倾向这个主要危险，又毫不削弱地反对'左派'和他们搞调和主义的以及耍两面派手腕的行为。"①

11 月　在《共产国际》俄文版第 32 期上以王明的名字发表《中国反帝运动的高潮》，赞扬群众"打倒一切帝国主义"的口号，没有突出反对最凶狠最野蛮侵略中国的日本帝国主义。文章说："在许多群众示威中通过的决议上，在许多群众的传单宣言和报纸上，都决不限于反对日本帝国主义占领东三省，也不限于反对日本帝国主义对中国民众的压迫剥削的口号。'反对美国帝国主义，反对国际联盟，打倒一切帝国主义，反对英美法德等帝国主义乘机瓜分中国，反对太平洋帝国主义战争'等口号，在有些地方成为极普遍的口号"。这篇文章后收入 1935 年苏联出版的《中国民族革命战争问题》。②

《写作要目》说：这篇文章题目为《论中国反帝运动新高潮》，"叙述1931 年'九一八'沈阳事变后，发生广大的反对日本侵略中国和反对蒋介石不抵抗政策的群众运动"。

11～12 月间③　在共产国际执行委员会作报告，批评了瞿秋白、刘少奇等人。据黄药眠回忆：

> 王明来后不久，在共产国际执委会作了一个报告，报告很长，讲了两次才讲完。他讲的内容很多，又隔了这么多年，我记不清了，但有几点还记得。他说：
>
> 一、瞿秋白回去时，共产国际交给他的任务是纠正李立三的"左"倾路线，李立三路线是半个托洛茨基主义。可是，瞿秋白回去后实际上同李立三妥协，是半个李立三主义。因此，他应该受到严厉的批评。
>
> 二、罗章龙乘机搞右倾路线，以反李立三"左"倾的名目搞右倾，还拉一批人，非法地组织伪中央。
>
> 三、李立三路线的残余和罗章龙路线的干扰，对于江西苏区的军事指挥，也发生了影响。
>
> 四、刘少奇从莫斯科回去后，假借职工国际主席罗佐夫斯基的名

---

①　《资料丛书》第 13 册，第 68、72 页。

②　曹仲彬、戴茂林《王明传》附录《王明著述目录索引》，第 467 页。

③　这个时间是根据黄药眠的回忆判定的，因为他说是在王明"来后不久"。

义，说中国职工运动应该放弃公开的赤色的旗帜，隐蔽起共产党的面貌，采取隐蔽的形式，组织读书会、救济会、互助会等各种各样的团体进行活动，或者打入黄色工会内部进行工作，这样才能维持下去。又说什么公开打出赤色的旗帜是不对的，国民党不允许存在。并且说这是罗佐夫斯基的意见，用职工国际名义恐吓党中央。但是这意见与当年职工国际代表大会的决议精神不符。那个决议中讲要明朗地打出赤色职工会的旗帜进行活动。王明说他来莫斯科后还问过罗佐夫斯基，罗不承认对刘少奇讲过这样的主张，所以刘少奇是假冒职工国际的名义与党中央对立。我已经同罗佐夫斯基讲过，要打电报去纠正，并给刘少奇以处分。

五、在列宁主义学院学习的中国留学生（指王明去后，留在列宁学院学习的学生）当中有反对党中央的分子。共产国际办的学校是为了培养各国共产党的干部，可是令人奇怪，这里却出现反对中国共产党的集团，必需加以清理！

六、瞿秋白回国前，曾就纠正李立三错误的问题拟了一个提纲，瞿把这个提纲给共产国际东方部长米夫看过，米夫曾严正地指出过他提纲中有错误，但瞿秋白没改正，坚持自己的意见，所以这错误应该由他自己全部承担。[①]

12 月 27 日　致普其尼茨基信。[②]

12 月 29 日　共产国际给中共中央发出《共产国际指示——关于反帝斗争问题》。这是王明到共产国际后参与制定的第一个共产国际文件，其中有许多"左"倾思想。第一，在九一八事变以后，它仍把"反对一切帝国主义"作为中心口号，根本不讲斗争策略。第二，它明确提出"推翻国民党是反对帝国主义民族革命胜利的先决条件"，意味着不先打倒国民党就不能取得反帝斗争的胜利。照这种说法，首先就要集中力量反对包括国民党在内的各个派别，然后再去反帝，因而不可能提出与各爱国党派、爱国军队建立抗日统一战线的方针政策。第三，它依然坚持"城市中心论"，指出"发展工人运动，经过你们的纠察队将抵货（指抵制日货——引者）运

---

① 黄药眠：《动荡：我所经历的半个世纪》，第 184～185 页。
② 〔日〕田中仁：《王明著作目录》，第 45 页。

动抓到你们的手中来","领导学生运动,利用学生来煽动起国民党统治区域的农民群众"。① 这个指示根本没有提到建设、巩固和发展农村革命根据地问题。

冬 在《国际工人运动》俄文版第 36 期上以王明的名字发表《关于中国的革命工会运动——在赤色职工国际中央委员会第八次会议上的补充发言》。② 又以《中国的革命危机和革命工会运动的任务》的名字发表于《赤色职工国际》俄文版 1932 年第 1～2 期合刊。

自本年起 共产国际派遣大批中国留学生回国,凡被王明器重的都事先做好安排。

师哲回忆说:"自 1931 年起,共产国际从苏联各地把中国留学生和已参加工作的中国同志召回莫斯科,又大批地派遣回国。在回国的人员当中,凡是被王明器重的,在莫斯科就被指定回国后到某地,找某人,担任某项工作等等。"③

1932 年　28 岁

1 月 8 日 给红色工会国际中央理事会书记处和东方殖民地部写信说:"在我从上海动身来莫斯科时,中华全国劳动联合会委托我一项任务,要我以中华全国劳动联合会的名义提出红色工会国际、国际劳工救济会等组织帮助为中国罢工运动募集基金的问题。因为你们都知道,中华全国劳动联合会没有任何资金来为罢工运动建立基金,而在中国目前的条件下,中华全国劳动联合会没有一定的基金,就很难把群众性罢工运动长期坚持下去,特别是在轻工业的男女工人中间,而后者恰恰是中国无产阶级的大多数。近来,上海和其他城市组织反帝罢工时资金上的困难明显地反映出来了。""中华全国劳动联合会打算建立为数 100 万中国元的基金(合 25 万美元)。中华全国劳动联合会认为,通过开展广泛的群众性运动在中国苏区和非苏区可以募集到大约 50 万中国元,而其余部分可由红色工会国际通过广泛的援助中国苏维埃革命的群众性运动来募集。""请你们尽可能在最短的时间内讨论这

---

① 《中共中央文件选集》第 7 册,第 552 页。
② 《王明言论选辑》所附《王明文章、讲话目录》说是《关于中国的革命工会运动——在赤色职工国际中央委员会第八次会议上的发言》,此处据俄罗斯科学院汉学图书馆编目。
③ 《在历史巨人身边——师哲回忆录》,第 116 页。

个问题，并积极加以解决。"①

1月9日 中共临时中央政治局发出《中央关于争取革命在一省与数省首先胜利的决议》，其中指出："在目前形势之下，国民党的破产已经是铁一般的事实"；"扩大苏区，将零星的苏区联系成整个的苏区，利用目前顺利的政治与军事的条件，占取一二个重要的中心城市，以开始革命在一省数省的首先胜利是放到党的全部工作与苏维埃运动的议事议程上面了"。②

在孟庆树整理的《王明同志对于50个问题的回答（一）》中，当问到1931年底到1932年初给苏区的军事指示是由谁和什么时候制定的，中共驻共产国际代表团是否曾讨论过类似的决议的时候，王明说：我已不在上海，所以不知道这回事，并说他反对这种主张。他说：我记得1932年春，米夫同志找我谈话，说："中央苏区红军已冲破敌人三次围剿，力量比以前大得多了，但他们直到现在，连吉安、赣州等这类省级的二等城市一个也没有打，可能是反立三路线后在苏区军事领导同志中发生另外一种偏向，就是以为红军不仅不能打省的中心城市，而且连省的二等城市也不能打了，这是不对的。所以我和古西宁③同志商量，起草了一个电报给中共中央，要他们纠正这种偏向，去打吉安、赣州这类城市，不然什么时候才能实现以上几省首先胜利呢？"米夫把电报稿给我看，内容就是上述这些。我看后告诉他："我请你和古西宁同志考虑，最好不发这个电报。"米夫问："为什么？"我说："第一，红军不仅没有炮队，而且机关枪也很少，主要的靠步枪作战。红军过去占领县城，主要的是那些没有敌军坚守的地方或者城市暂时空虚（例如红军第一次所以能够攻占长沙，是因为长沙敌军调走去打冯玉祥去了，长沙很少军事）。吉安、赣州这类城市是次于省城和大于县城的府城。这些城市平时也都筑有高大和坚厚的城墙，又处在红军白军作战交通要道上，一定都驻有重兵防守，所以攻占它们非常困难，实际上大概不可能。立三路线时曾几次打过吉安、赣州，从未打下来。所以反立三路线后，红军领导没有再企图攻占这些城市；第二，国际离战场万里之遥远，发这样具体的军事行动指示是否合适很值得考虑。因为中共中央和红军领导都非常重视国际意见，得到这样指示后它们会感困难：不执行吗？这是国际指示，执行

---

① 《王明给红色工会国际中央理事会书记处和东方殖民地部的信》，《资料丛书》第13册，第88~89页。
② 《中共中央文件选集》第8册，第42、43页。
③ 即库西宁，下同。

吗？行不通。使红军遭受损失也不好。"后来我和米夫又去见了古西宁和另一位领导同志，我都说了不赞成的理由，以后这电报究竟是否发出去，我不知道。有可能他们商量后还是发出去了，因为在以前和以后都有这样的事实。如果上述电报是发出去了，如果的确有此决议，那它们之间可能有连带关系。那时上海临时中央政治局以及洛甫同志在党的刊物上把所有省委、少共中央、全总党团等都骂成"右倾机会主义"路线。关于这问题，我曾经写过专门的信去帮助他们纠正乱打"右倾机会主义"的错误，提醒他们要利用合法的群众组织，要注意利用公开（合法）与秘密工作的联系。

1 月 28 日　共产国际执行委员会东方书记处三人小组召开会议，听取王明关于"中国共产党纲领大纲草案"的报告，"责成王明同志起草纲领草案，并由他酌定吸收一些中国同志参加"，"确定这项工作的期限为一个月"。①

同日晚　日军突然向驻上海闸北的第十九路军发起攻击，随后又进攻江湾和吴淞。十九路军在总指挥蒋光鼐、副总指挥蔡廷锴的率领下，奋起抵抗，"一·二八事变"爆发。当时，"王明同志曾经过共产国际向中共中央提出同意群众自动提出的'工农兵学商联合起来，为抗日救国而斗争'的口号，并提出'全力支持英勇的十九路军反击日本侵略'的口号"。②

2 月 15 日　共产国际执行委员会政治书记处政治委员会召开会议，认为有必要改善《中国工人通讯》的开支费用并同意拨款，决定库恩、米夫和王明等"务须在一天内决定《中国工人通讯》的工作方针问题，并确定具体拨款数额几期来源"。③

2 月 17 日　参加《中国工人通讯》问题委员会会议，决定"《中国工人通讯》必须改组。在关于中共工作、中国工农运动、苏维埃中国和红军的报道中，《通讯》应特别注意发表关于日报在满洲和长江流域一带活动的材料，注意在报刊上阐明日本人的野蛮暴行，等等"，并决定了出版日期和经费等事项。④

2 月 19 日　在列宁学院中国部民族组作题为《中国革命形势与中共当前的任务》报告。说："如果以前中国革命危机只表现于在广大的区域建立

---

① 《资料丛书》第 13 册，第 104 页。
② 《传记与回忆》。
③ 《资料丛书》第 13 册，第 119 页。
④ 《资料丛书》第 13 册，第 120 页。

苏维埃红军，那么现在在主要的中心城市同样正在成熟直接的革命形势。"
"在有直接革命形势而我们具有力量的地方，我们应即刻开始夺取政权。"
"对党主观力量估计之不足，对革命形势估计之不足，是目前党内主要
危险。"

陈郁回忆说：上海"一·二八"战争后，我们学校的中国同志开大会
讨论。从来不到学校的属于王明宗派的中国同志十多人都参加了大会。大会
发生争论，对上海战争的性质共同认识是革命战争，但对战争的领导问题有
两种意见：王明派认为，上海战争是我们党领导发动起来的。我说："看到
真理报片断消息，这些材料不够说明上海战争是我们党领导的，但是在十九
路军内有我们的同志。"……王明派说：你不相信党领导。这就是我和他们
发生争论的开端。"以后王明在学校作了一次民族革命战争的报告，讨论时
与周达文等人发生争论。王明一点领导气味也没有，对周达文等人完全是宗
派报复。简直不象党内会议，我开始讨厌他们。""我在国内不知道莫斯科
中山大学情形……这次会议上，王明及其宗派种种行为给我很坏的印象。这
也可说是我有生以来第一次碰着这种人。"①

2月21日 共产国际执行委员会政治书记处政治委员会会议决定，讨
论中国问题时应吸收王明、格哈德和雷利斯基参加。②

2月29日 在共产国际执行委员会政治书记处会议上讲话，主要讲了
两个问题：第一个问题是关于上海的战争，③ 第二个问题是关于中日战争和
中国的苏维埃运动。关于上海的战争，他不相信第十九路军是真的在抗战。
他说："有些人认为，19路军的将领们是作战的组织者。但实际上也并非如
此。举个例子，19路军的军长④蔡廷锴将军不久前向日本帝国主义投降了。"
实际组织者和参与者"是19路军的士兵、工人、贫民和革命学生"，"上海
战争现在正是由工人、士兵、城市贫民和革命学生进行的"。关于目前的苏
维埃运动，他说："我们应该利用一切机会来开展对国民党的进攻，以便扩
大我们的红军及其根据地……如果战争在我们的领导下，在我们红军周围爆
发，那么我们真的能够战胜国民党，战胜帝国主义……我们必须尽一切力量
把土地革命与反帝斗争联系起来，把上海的民族斗争与江西、湖南和湖北等

---

① 《陈郁自传》，《广东党史资料》第1辑，第211页。
② 《资料丛书》第13册，第122页。
③ 指国民党第十九路军和居民在上海和吴淞对日本侵略者的武装抵抗。
④ 原文如此，应为副总指挥。

地的苏维埃运动联系起来。如果我们能把中国革命的两股洪流：反帝革命和土地革命结合起来，到那时我们就能战胜帝国主义。"①

2 月 在《共产国际》俄文版第 23 期、中文版第 3 卷第 2 期发表《苏维埃中国——开展土地革命与民族革命战争的根据地》。②

3 月初 到旅馆看望到莫斯科学习的何一民、张达。

3 月 4 日 中共中央致电共产国际执委会："如果第十二次全会③到一定日期还是不能结束，那么伊万诺夫（王明）就不必等待了。我们希望，伊万诺夫立即回来担任领导工作。也请尽快派来其他同志。"④

3 月 31 日 在《布尔塞维克》杂志俄文版第 5、6 期合刊、《红色国际工会》第 1~2 期上以王明的名字发表《中国革命危机的加深和中国共产党的任务》，文章共分"两个中国的对立"、"瓜分中国与民族革命战争"、"中国革命形势的生长与中国共产党的目前主要任务"等三个部分。

文章说：中国当前的革命形势不仅席卷了许多省的主要区域，"而且在帝国主义国民党统治的许多最主要中心区域里（如上海、南京等区域）正在成熟着或生长着革命形势"。在这样的形势下，要"占领我们能够占领和能够保守得住的比较重要的中心城市"，现在"在实际上思想上反对一切反革命派别的斗争，比以前任何时候都更加重要"。文章把中间势力看作最危险的敌人，说上海资产阶级、十九路军将领都是上海抗战的"敌人"。"特别要反对那些表面上拿些'左'的词句——什么'民主政治'，'保障民众利益'，'保护工农'等等来欺骗民众的那些国民党派别——改组派、第三党等，用一切方法去揭穿他们投降帝国主义和反对人民的假面具；尤其是要用一切方法去抓破那些表面上站在国民党的政府反对派地位的那些反革命派别——国家主义派、人权派、社会与教育派、托陈派等的假的'保障中国民族利益'的鬼脸。使广大群众认识和相信：这些反革命派别实际上都是帝国主义的走狗与中国民族及工农劳苦民众的死敌"。文章还特别强调"在党内加紧两条战线的斗争，也比任何时候更加重要。坚决地反对各种各色的

---

① 《王明在共产国际执行委员会政治书记处会议上的讲话》，《资料丛书》第 13 册，第 126~131 页。
② 〔日〕田中仁：《王明著作目录》，第 46 页。
③ 指共产国际执委会第十二次全会。
④ 《中共中央给共产国际执行委员会的电报》（1932 年 3 月 4 日），《资料丛书》第 13 册，第 132 页。

右倾机会主义的倾向。这种倾向是目前的主要危险"。①

　　后来将此文稍加修改、补充，更名为《中国目前的政治形势与中共当前的主要任务》，于 6 月由苏联外国工人出版社出版单行本，并收入伯力远东国家出版社 1932 年出版的《在中国的战争与共产党员底任务》一书。②

　　3 月　将《两条路线》的小册子改名为《为中共更加布尔塞维克化而斗争》，在莫斯科出版，加写了近 5 万字的《再版书后（或对小册子的补充）》，谈了三个问题："关于反立三路线斗争中的几部分问题"，"关于反对反革命的罗章龙派底斗争问题"，"党内目前两条路线上的斗争问题"。他在反对李立三在"'左'倾词句下掩盖的右倾机会主义的消极"的思想下，急于证明中国革命能首先胜利，说李立三"否认单个国家革命有胜利的可能，因此而走到对中国革命及苏联社会主义建设事业底悲观失望消极的道路上去"。他在反对李立三的"消极"的同时，继续鼓吹红军攻打大城市，说"我们无论如何不应该因为一九三〇年夏季占领长沙的错误，便根本作出无论如何都不能占领重要城市的结论"。在叙述反"立三路线"，反"罗章龙右派"的经过时，他夸大自己的功绩，并极力贬低别人。在谈到"党内目前两条路线的斗争问题"时，说"无情的两条战线上的斗争，集中火力反对主要危险——右倾，同时，丝毫不放松反对'左'倾的斗争，是使党更前向布尔塞维克化的保证"，"因此，把一切妨碍党进行两条战线上斗争的手段和方法，确切点讲，把那些掩盖错误和帮助反党倾向的各种暗藏的与'灵巧'的手段和方法，揭穿出真相来，是使党能够顺利地进行反倾向斗争和克服倾向的保证"。③

　　《写作要目》说：这本书的主要内容是："①三版序言——其中有批评篡改作品的原则错误一段。②反对立三路线，拥护国际路线。③再版书后——其中有：关于立三路线的补充说明，在这里有一段论中国工农运动发展不平衡问题，批评当时抬高农民革命作用，降低工人革命作用的各种观点……关于反对李立三路线问题。关于反对反革命罗章龙派斗争问题。"

---

① 《王明言论选辑》，第 310、313、316～317 页。
② 〔日〕田中仁《王明著作目录》说还曾收入《中国民族革命战争问题》，见日本汲古书院平成 8 年版，第 46～47 页。《写作要目》说王明本年曾写《中国的政治现状和中共的当前任务》，似乎指的就是这篇文章。
③ 《王明言论选辑》，第 194、215、257 页。田中仁说 1934 年曾再版，东洋文库藏有该版本。《王明著作目录》，第 46～47 页。

4 月 7 日 作关于中共的一般组织情况的报告。①

4 月 15 日 共产国际执行委员会政治书记处政治委员会"责成王明同志写一篇短文在国际报刊上发表,说明中国工人住宅区被毁和企业关闭所处的状况。这篇文章应包括号召中国工会以及全世界工人和工会组织举行募捐来支持中国工人并通过国际工人救济会转交给他们"。②

4 月 18 日 致信共产国际执委会政治委员会,谈关于丘古洛夫发言问题。③

4 月 在《革命的东方》俄文版第 3~4 期发表《反对中共党内李立三主义的斗争》。④

春 到列宁学院,以总结工作为名召开会议,攻击那里的"反党集团",集中打击周达文同志。

师哲回忆说:"他下车伊始便排斥异己。他以总结工作为名召开会议,打击不同意王明某些看法的中国部负责人周达文同志。诬蔑周是'反党分子'。企图以否定周个人,达到否定中国部的全部工作的目的。并八方相告,四处游说:'列宁学院中国部出现了反党分子。'""陈郁、林铁、杨秀峰、何一民等同志认为:周达文同志虽然有些错误,但并不是'反党分子'。""两种意见相持不下,就呈共产国际审批。结果共产国际同意了陈郁等同志的意见。""王明拒绝参加宣读共产国际对周达文同志的审批结论。事后,王明决定把周达文同志送去远东伯力《工人之路》报社。从此,再也没有人听到过他的消息。"⑤

黄药眠回忆说:对于东方大学和中共代表团之间的矛盾,当时曾有一个决议,既批评了中共代表团的瞿秋白,也批评了学校领导和他们支持的中国学生。王明做了中央领导之后,他就把决议中不利于瞿秋白的那一条公开出来。对此,列宁学院的学生(工农干部出身的人多)有意见,说既公开就应该把决议中的几条都公开,否则不公平。于是,王明就召集了一次会,说列宁学院学生中有"反党集团","这是事实,不可否认"。并说:"我来莫斯科已经三个星期了,我本人并没什么了不起,但我是代表党中央来的,而

① 〔日〕田中仁:《王明著作目录》,第 47 页。
② 《资料丛书》第 13 册,第 126~131 页。
③ 〔日〕田中仁:《王明著作目录》,第 47 页。
④ 《写作要目》。
⑤ 《共产主义的忠诚战士陈郁》,该书编写组编《回忆陈郁同志》,第 28 页。

列宁学院的中国学生并没有请我去作报告，这不是看不起我个人，而是看不起党中央。所以，我说他们中有反党小集团，肯定是事实。"他还说："这个学校是给各国工人阶级政党培养干部的，可是这些学生却反对他们的党中央，对党不满，这是什么问题？学校的校长没有责任吗？"他不仅要追究中国学生的思想，而且要追究校长区尔姗诺娃的责任，而他们夫妇在苏联是很有威信的。"王明搞了这几手之后，在莫斯科共产国际内部，在党里面树立了他自己的威信。利用刘少奇打击罗佐夫斯基，利用中国学生事件打击到区尔姗诺娃，乘她丈夫失势和她本人受到区委批评的机会，整得她不能在原来的岗位上呆下去。人们看到他敢于同职工国际和共产国际里的苏共老党员表示不同意见，好像是个马列主义者，有一套的。"[①]

同期及以后　在打击周达文的同时，集中打击不同意他的做法的陈郁同志。

陈郁回忆说：

一九三二年春季，王明检查中国部民族组工作，并要学校召集在莫斯科中国同志都参加讨论。他们要借故撤销中国部周达文等那些反对他们的人的职，和打击学校校长。我不知道他这一阴谋。

讨论民族组工作，发生两种分歧意见：王明及其宗派认为，民族组工作是政治路线错误。另一种意见认为，民族组工作有缺点错误，但绝不是政治路线错误。会议连续几个月没有解决问题，影响到同志间很不团结。最后由共产国际 KucuhCH 同志召集会议，由国际做出此决议是"无原则争论"。

我与王明宗派的斗争，也随着各种争论问题而发展。他们不仅要打倒周达文，而且斗争目标转移到我身上。问题很多，例如：

学校总支委指定我担任学生部支部书记，大多数同志同意。王明宗派的人怕我负责支部工作会给他们宗派活动不利，就集中火力打击我，公开散布谣言："右派首领到莫斯科组织右派和党对抗"，"勾结周达文派反对中央代表团领导……"。他们每天做反对我的活动，煽动学生不要接近我。他们的房子是宗派活动大本营。学校领导也知道，但因他们有王明保镖，校长因斯大林问题犯错误受处罚不敢干涉。有一次，职工

[①]　黄药眠：《动荡：我所经历的半个世纪》，第 191～192 页。

国际派我出席汉堡运输国际会议，并叫我准备在大会上作报告。学校和代表团批准我去，他们也知道。可是他们散布说我随便不上课。学校总支委负责同志在党的会议上，证明是因工作。他们连总支的解释都不算数，会后仍然反对我。再一例，军事课结束，教员俄国同志给学生估计成绩。这个教员不知他们的情形，对我的成绩估计比他们好。他们马上在班里闹起来，公开责备教员估计错误。他们要同学们不敢接近我。仅靠造谣还不够，还运用了组织手段。他们煽动一个东北学生王以文，叫他捏造事实反对我，这个同学在会议上把这件事揭露了，并辱骂他们。不几天，王以文同志被王明派到工厂做工去。"谁不愿意学习就到工厂去！"因此，他们的话，同学们不敢不听。谁接近我或同我谈话都是危险的。

在理论和策略的问题上，他们斗争我的事实也很多……①

林铁回忆说：王明到莫斯科后，仍然千方百计要把陈郁同志打下去。他诬蔑陈郁是"右派"。并且把凡是不赞成他们整陈郁的人和同情陈郁的人，都说成是"右派"。只有那些紧跟王明，按他的旨意办事的人，才是"百分之百的布尔什维克"。有一次，学生支部开会，王明强行要批判陈郁同志。会上，在我和杨秀峰等同志的支持和力争下，陈郁同志发了言。驳斥了王明的诬蔑，使他的企图未能得逞。王明在整陈郁同志的时候，公开威胁跟陈郁站在一边的同志说："你们要和陈郁划清界限！谁和他站在一起，就停止谁的学习，送到工厂去做工！"蛮横之极，根本不讲道理。许多人对王明那一套很反感，我对王明说："我宁可去工厂做工，也不反对陈郁同志！"结果，我就被送到乌拉尔附近的工厂去做工。这在当时是对共产党员的一种惩罚形式。王明就是用这种宗派主义的手法，打击坚持党的原则，不同意他的错误做法的共产党员。②

何一民回忆说："他为了推行其'左'倾机会主义路线，扩大他的宗派主义势力，不择手段地在中国学员中拉拢一批人，打击一批人。在四中全会上反对过王明的陈郁同志，更是他千方百计必欲除之而后快的对象。王明为了煽动一些人孤立、打击他，多次在背后诬蔑他。我几次听一些同学讲王明

① 《陈郁自传》，《广东党史资料》第1辑，第211～213页。
② 林铁：《我和陈郁同志在列宁学院》，该书编写组编《回忆陈郁同志》，第18～19页。

对他们说：'陈郁犯过错误，你们不要接近他，同他搞在一起，我很怀疑他。'后来，我把这个问题向院党委作了反映，当党委同王明谈到此事时，他却大耍两面派，不承认说过这样的话，说：'他们都是好同志，我怎么能说那个话呢？'但同时他却进一步加紧了对陈郁同志的打击报复。""中国民族组党支部委员会五个成员，其中只有一个人是紧跟王明的。王明对这个支部非常不满，到处散布说：'这个支部软弱。陈郁、何一民做一点工作可以，当领导不行。'想方设法打击陈郁同志和支持他的一些人，要把这个支部委员会都换成王明的人。另外，王明一伙还拉拢支部委员会的人，以达到他们的目的。一个星期日，一个王明的追随者约我去王明家，我不去，他劝我说：'你不要和王明闹僵，将来回国或在莫斯科都有好处。'我说；'我又不是为他革命的。'我不买王明的账。""在列宁学院期间，王明还借周达文（即丘古洛夫）问题来整陈郁同志和其他不赞成他的人。周达文曾任学院中国部党支部书记，工作中有些错误。但更重要的是他不听从王明的话，王明就要把他彻底打倒。王明及其一伙硬说周达文是'反党分子'，要狠狠地整。那时他们的人数多，声势大。但陈郁同志等根据事实，认为周达文有错误，但不是反党分子。后来把这个争论的问题向共产国际报告请示，结果是同意陈郁等同志的意见。王明恼羞成怒，更加痛恨陈郁同志，在学院宣布共产国际的批示时，王明便不来参加。""以后，王明又发动对陈郁同志的批判，说他是'右派'、'反四中全会路线'等等，并声称，凡是同情陈郁的，不批判陈郁的也是右派。"①

袁溥之回忆说："陈郁在列宁学院中国部学习时，被选为党的支部书记……王明蛮横无理地说什么：陈郁不能担任支部书记，强迫中国部党支部改选。但是改选的结果，陈郁仍以多数票当选。王明老羞成怒，竟然造谣诬蔑陈郁和国内的'右派'有联系，是反党反领导，胁迫中国部的学生和陈郁划清界限，不准学生和陈郁来往、说话。王明甚至公开宣布，谁要是不反对陈郁，就叫谁下厂劳动（在当时，下厂劳动是一种惩罚）。但是还是有些同学宁可下厂劳动也不反对陈郁，象林铁、何一民、杨秀峰等主持正义的同志，都是因此而被下放到乌拉尔电机工厂劳动去的。""王明、康生等还强迫陈郁检讨错误，陈郁坚信他对中国革命的看法并没有错，只从组织观念的角度，检查了自己对待王明的领导不够尊重的问题。王明、

---

① 《学习陈郁同志》，该书编写组编《回忆陈郁同志》，第35～37页。

康生对此大为不满，蛮横地训斥了他。王明本来要开除陈郁出党，只是因为学院领导人的反对，才作党内严重警告的处分，下放到斯大林格勒拖拉机厂劳动。"①

同期及以后 在打击周达文、陈郁等同志的同时，还反复批判、打击李立三。

《传记与回忆》说："王明同志不仅对瞿秋白同志很好，而且对李立三同志也很好，例如：帮助他钻研马列主义，改正错误；吸收他参加中共驻共产国际代表团的工作，遇事和他商量；经常地谈笑自如；从未对他记仇或歧视过。"

但唐纯良在《李立三传》中说：李立三是1930年底达到莫斯科的，向共产国际作了检查。王明到了莫斯科以后，"李立三虽然被吸收作了代表团成员，并兼任中华全国总工会驻赤色职工国际的代表。但是，打击李立三是王明执行自己的错误路线和吓唬不同意见同志的手段。自从王明到达莫斯科就在东方大学、中共代表团和共产国际东方部等处，没完没了的召开批判李立三和'立三路线'的会议。即使别的内容的会议也往往在开会前加上一段批判李立三的内容作为前导。通常的做法是先由主持会议的人（多数是王明亲自主持）讲一通开会的意义，然后就联系到'立三路线'的错误和王明路线的正确。于是李立三就被叫起来，站在那里作一通自我检查和批判。如果这次会是专门批判李立三的会，就要由很多人接着发言批判，说李立三检查不深刻，态度不老实，必须有深刻反省，彻底改变反马克思列宁主义、反共产国际的立场，必须真诚拥护以王明为代表的共产国际路线等等；如果不是专门批判李立三的会议，那就要直接联系到会议的目的，要会议参加者按照反'老实联系'的战斗精神，把当前的斗争搞好。当时在莫斯科的同志回忆说：这样的会，重重复复，没完没了，一直搞了三、四年。李立三曾经回忆说：'我在王明直接领导下工作了七年，好象是过了七年小媳妇的生活，终日提心吊胆，谨小慎微，以免触怒，但还是不免经常受到斥责。'"②

春 有人反映王明用挂毛泽东、朱德照片的事情抬高自己。

---

① 《一生保持工人本色的共产党员》，该书编写组编《回忆陈郁同志》，第52页。
② 唐纯良：《李立三传》，第114～115页。其中李立三的回忆见李立三在1956年9月23日在中共八大上的发言。

卢竞如 1943 年 10 月 25 日写的《有关王明一些事情的反省》说：1932年春，王明说毛主席、朱总司令的相片之所以五一节能在莫斯科挂出，是他向共产国际争来的，并要我们在列宁学校每次开纪念大会选举名誉主席团时提出毛主席、朱总司令的名单来（以前是没有的）。的确，以后名誉主席团就有毛主席、朱总司令的名单了。他说这样做的理由是：中国有红军，应在国际上做宣传，至于毛主席、朱总司令在中国党、中国革命上的重要作用是没有提出的。我们要把毛主席、朱总司令在国际上坚决提出，并不说明他从政治上来尊重毛主席、朱总司令，只是说明他拿毛主席、朱总司令来作为他在国际中取得更高地位的资本。他本人呢？却是居于毛主席、朱总司令的领导地位之上的。下面几件事就足以说明这点：

（一）他曾几次谈到四中全会的正确与四中全会后的中央的正确领导的有力论证是："朱毛还是原来的朱毛，领导正确就能决定他们打仗的胜败。四中全会前朱毛打败仗，四中全会后朱毛打胜仗。"

（二）对于毛主席在第一次全国苏维埃代表大会上的报告和查田运动册子两文件，记得有一次他说内中有不对的，似乎经他修改过了。

（三）在列宁学校的学生中，从没有提到过毛主席、朱总司令在党内的作用。

（四）中国有些负责同志到苏联去了，在学生中组织报告是极少的，只是晚饭后应同学的要求，陈云同志才和我们讲过一些关于苏区的故事（有关财政经济劳工政策等）。

5 月 19 日　致米夫信。[1]

同日　致萨发洛夫和米夫信。[2]

5 月　"提议用中华苏维埃共和国临时政府名义""对日宣战"。[3]

同月　写七绝《抗日何计》一首，诗曰：

> 东北沦亡淞沪战，中华命运发千钧。
> 苦思抗日应何计？团结全民内战停。[4]

---

① 〔日〕田中仁：《王明著作目录》，第 48 页。
② 〔日〕田中仁：《王明著作目录》，第 48 页。
③ 《传记与回忆》。
④ 《王明诗歌选集（1913～1974）》，第 88 页。

6月7日　作关于中国共产党组织工作概要的报告。①

6月17日　谈中国共产党的一般组织情况。②

6月23日　致皮亚尼茨基信。③

6月　将林铁、杨秀峰送到乌拉尔伽里第一矿当矿工。④

何一民回忆说："当时，林铁同志、杨秀峰同志都不同意王明的作法，并且公开顶了他。他就把杨秀峰、林铁同志下放到乌拉尔山区工厂劳动……王明当时就用这种办法来惩罚那些不跟着他跑的共产党员。"⑤

7月14日　共产国际执委会收到中共临时中央政治局致王明电，说"三个月来我们一直没有收到钱。财政状况极其困难。希望你们尽快汇钱来"。⑥

7月24日　共产国际执委会收到中共临时中央政治局致王明电，电文中说："四个月来我们一直没有收到钱。我们正处于十分窘迫的财政状况。在目前对苏维埃进行第四次'围剿'的情况下，〈中共〉中央和苏区的交通联系中断了，苏区本身需要经费，因此我们不可能得到苏区的财政援助。希望尽快寄钱来。"⑦

8月20日左右　几次找中央苏区去列宁学院学习的两位同志谈话，要求他们利用李立三，孤立"右派陈郁"，打倒"托派"俞秀松、周达文等人。

李国华1943年9月20日写的《关于王明同志的一些材料》说：1932年8月到莫斯科后，20号前后，王明同志叫我和陈贵前去谈话，问了我们中央苏区的一般情形，以后他告诉我们，你们学校有一个大的斗争，还未结束，这就是反托派的斗争。托派的人有周达文、于秋松⑧、蒋经国、李国煊等，都为托派。他们过去都是中山大学的学生，都是二十八个半布尔什维克以外的人，他们都反对中央，反对四中全会，反对民族革命战争的口号，怀疑中国有苏维埃和红军，也怀疑你们是红军里的人，学校的领导人那个老太

---

① 〔日〕田中仁：《王明著作目录》，第48页。

② 〔日〕田中仁：《王明著作目录》，第48页。

③ 〔日〕田中仁：《王明著作目录》，第48页。

④ 何一民：《留学苏联片断》，《革命史资料》第18辑，第185页。

⑤ 《学习陈郁同志》，该书编写组编《回忆陈郁同志》，第35～37页。

⑥ 《中共中央给王明的电报》，《资料丛书》第13册，第186页。

⑦ 《中共中央给王明的电报》，《资料丛书》第13册，第190页。

⑧ 应为俞秀松，下同。

婆（即克利山洛夫雅）是包庇托派，同托派勾结在一块的，所有的教员都是托派分子，如果不把他们赶出去，你们就没有办法读书。因此你们的任务是回去团结苏区来的同志，团结在中央和国际的周围，拥护中央，拥护代表团，反对这些托派分子。同时告诉我们领导这个斗争的是吴克坚同志，你们以后有些什么具体的问题，去和吴克坚商量。不久吴克坚也找我们去谈话，也是上面的这些话，另外加上李立三、罗章龙右派（指陈郁）。没有多久王明同志又找我们两个去谈话，告诉我们有个缺点，就是幼稚，没有学习理论，不晓得斗争的策略，听说我们要把李立三、右派和托派一样的斗，他说这样斗不好，李立三、右派应该斗，但现在不应该斗他们，主要的要斗周达文等。现在应该利用李立三，孤立右派，达到打倒托派的目的。我们当然按照这样做啦，斗争的结果是校长撤职了，原来在学校的所有的工作人员差不多都走啦，我现在所记得的有周达文、于秋松、董××①、蒋经国、捷可夫、教务处书记苏拉可夫（他是上海工人），陈郁的支书也撤换了，换了吴克坚同志，教务处主任换上普世奇，校长换上外国人。这些人走了后王明同志来学校一次讲话，说明了这一次的斗争，我和同志都是积极的，拥护党和中央，很好，但是有个别同志，表现得非常不积极，并和托派勾勾搭搭，如右派的头子陈郁、阿合斯基（中国人）、黄海等，这些人应该很好的表明态度。在斗争中，有很多事实都是捏造的。比如说于秋松等和列宁学院院长勾勾搭搭，并同她睡觉，实际上根本没有这回事。说周达文从远东回来后住在老太太家，也没有这回事，因周达文从离开学校就没有回来过。说陈郁同志同右派有联系，证据就是他同罗章龙通信，实际上我记得只是陈郁同志和国内的一个朋友写了封信。

李国华还说："王明同志对于党内生活完全是家长制的统治"，并列举了几个事实：（1）普世奇任教务主任时，时常不到校办公，许多问题不解决，到学校也只看一、二班的同志，对三、四班根本不过问（三、四班是中央苏区去的干部多）。我曾代表第三班向王明同志建议过，希望王明同志能和普世奇谈谈改善他的领导方法，王明同志当时就这样答复：你们来到苏联就学坏了，这里比你们在红军学校还坏？你们还提意见。回去告诉他们，不准随便提意见。他是个红色教授，还当不了你们的教务主任?! 没有丝毫的解释，只是严厉地批评了一顿。（2）克利莫夫任我们三班党史和列宁主

---

① 应为董亦湘。

义的教员，每次上课都要迟到 10～15 分钟，早退十几分钟，上课不准备，一句俄国话，一句中国话，学生没有办法记笔记，因此我们提议换教员。这消息被王明同志听到，马上要我和陈贵去（我当时为班的小组长，陈贵为班长），把我们责备一顿，认为我们学坏了，这也批评，那也不满意，自高自大，红色的教授还当不了你们的教员？

8 月 将何一民送到乌拉尔伽里第一矿劳动。

何一民回忆说："陆续地，王明把和他观点不一致，他又拉不过去的同志弄到工厂去了。1932 年 6 月，林铁和杨秀峰被送到乌拉尔伽里第一矿当矿工。8 月，我也被送到同一工厂。""两年后，杨秀峰、林铁同志走了，我再给王明写信，他就不答复我了。一次，我寄了二百卢布，让王明转交我国内家中的父母，他给我退回来，说以后再说吧！但我从此再没听到回音。回国后，我才知道，母亲在那几年无依无靠，沿街讨饭，最后饿死了。我跑去找王明，他不见我。白天去，他说没时间；晚上七八点钟去，他又说睡觉了。回想起我临下工厂和王明交换意见时，他假惺惺地说：'你年轻，来这儿不容易，到工厂深造一下，以后要常给我来信啊！'他还奉承了我半天，并亲自写好一大摞写明自己通过〔讯〕地址的信封，让我带走。现在，这些信封还没用几个，他就不来信了，我们的关系就这样断了。看来，历史上的两面派都是一个味儿，当面说好听的，背后总要捣鬼。"①

夏 曾想回国。

《传记与回忆》说：绍禹"曾于 32 年夏、33 年夏、34 年夏，三次准备回国（有两次准备经西欧回去，护照行装都准备好了）都因负责建立交通联络的人被捕而未成行。以后又因红军长征未能回去。"

8 月 27 日～9 月 15 日 出席共产国际执委会第十二次全会，并在会上作了两次长篇发言。他第一次发言是 9 月 2 日，第二次发言是 9 月 12 日。这次全会上，他被选为共产国际执委会主席团委员，会后被选为执委会政治书记处书记。②

9 月 2 日晨 在共产国际执委会第十二次全会第十次会议上发言。发言共分"我们战胜了自己苏区内部的敌人"，"工农运动日益高涨和我们工作中的缺点"，"反帝高潮和关于民族革命斗争中的统一战线问题"三个部分。

---

① 《留学苏联片断》，《革命史资料》第 18 辑，第 185～186 页。
② 王明在延安写的简历说"1932 年国际十二次全会补选为执委委员"。

他说:"中国的发展开始倾向于中国苏区和白区的革命运动融为一体。正如提纲中所正确指出的,国内存在着革命的形势,而在大部分国土上是苏维埃革命的胜利。""因此,我们的总纲领正确地规定了我们当前的以下一些基本任务":1.在进行民族革命斗争、反对日本及其他帝国主义者、争取中国独立和统一的口号下动员群众;2.发展和统一苏区、巩固红军;3.为推翻国民党政权而斗争;4.坚决采取使赤色工会变为群众性组织和争取那些加入国民党工会的工人的方针;5.开展游击运动,在满洲提出建立农民委员会、抗税和抵制政府命令、没收帝国主义者的走狗的财产和建立选举产生的人民政权等口号;6.广泛宣传苏区的成就和中、苏工农结成兄弟联盟的口号。并说:"中国共产党的所有这些任务的完成不仅意味着民族革命任务,而且意味着其国际主义任务的完成,不仅意味着资产阶级民主革命的胜利结束,而且意味着它向社会主义革命转变时期的胜利开端。""为了实现这些任务而斗争是中共当前的主要任务,共产国际的所有支部都应该给中共以应有的帮助。"①

9月3日晚　担任共产国际执委会第十二次会议的执行主席。

9月12日　在共产国际执委会第十二次全会第二十六次会议上发言。该发言共分"从满洲事变到上海抗战","上海抗战","关于满洲的抗日游击战争","关于帝国主义国家中的共产党反战工作的落后现象"等四个部分,主要对中国共产党及其他一些兄弟党的反战工作做了分析。关于上海抗战,他否定蒋光鼐和蔡廷锴将军抗战的积极性,说:"蒋光鼐和蔡廷锴将军或者军阀投机分子张发奎和黄琪翔是上海抗战的组织者吗?不是。他们不是出于自己的本意,而是在士兵和人民群众的压力下参战的,而且一直在寻找暂时停战或投降的机会。""上海抗战主要是在全中国广大群众反帝高潮的背景下进行的,并且是中国人民多年来的民族解放斗争政策的必然继续。它的特点主要是自发性。上海抗战的真正组织者是积极参加了这次战争的上海工人。"关于满洲的抗日游击战争,他说:"当前,我们在满洲的主要策略方针是灵活和正确地采取民族革命统一战线的策略,目的在于夺取、巩固与扩大对于统一战线的无产阶级领导和开展民族革命战争,反对日本帝国主义及其走狗——满洲的军阀、官僚和保皇党,以便在斗争过程中为进一步发展

---

①　《在共产国际执委会第十二次全会第十次会议上的发言》,《资料丛书》第16册,第50～79页。

满洲的苏维埃革命运动打下基础和动员满洲的劳动群众参加苏维埃革命。"①

《中国问题》俄文版 1933 年第 11 期刊登了《中国革命的苏维埃阶段——王明同志在共产国际执委第十二次全会上的报告节录》。

9 月 15 日后　继续批判陈郁。

陈郁回忆说：

> 国际十二次扩大会时，因我旁听了两、三次，他们一定要我在会议上传达。我根据大会决议"争取工人阶级大多数"提出这样意见：中国今天处在民族战争环境中，我们任务不仅要争取工人阶级，而且要争取工农小资产阶级大多数，这是符合中国革命迫切需要的……他们马上全体动员开大会斗争我，说我公开反抗国际决议，一贯右倾机会主义，撤销支书工作，强迫我承认错误。
>
> 有一次我和李立三谈到：关于武装人民反对日本帝国主义斗争问题。李立三说这个行动口号适合中国各个角落。我表示意见：在全国范围是行动口号，各个地区不相同，有些地区仍是宣传口号。我开他玩笑说："你的看法是立三路线残余。"以后王明等人打击我说："陈郁反对'武装人民来反对日本帝国主义行动口号'，又说这是一贯右派理论。"
>
> 有一次王明在中国学生部报告：《中国党的工作问题》，我在讨论时说："目前中国党在白区工作的主要危险不是右倾，而是要集中力量反对'左倾危险'。"他们说：陈郁这种提问题的方法，不仅右倾，而且遮盖国内右派的反党行为。
>
> 讨论职工运动，我又与他们意见不同，由中国回去的国际代表在会议上报告职工工作。王明骂他右倾。我同意国际代表的说法，结果又被他们大骂："一贯右倾机会主义。"
>
> 所谓和国内右派通讯问题，当时学校每月发给五元美金优待有家属和小孩的学生。我经过柏林转给家里，后收到回信。在莫斯科收到国内来信是很欢喜的，给同学们传看。这封信的内容是家庭事情。过去有位同志，我离开上海时，他病倒了。他在信上写几句问候我的话。几天后，王明要这封信，我答应送去，回宿舍到处找不到。我告诉他有谁看

---

① 《在共产国际执委会第十二次全会第二十六次会议上的发言》，《资料丛书》第 16 册，第 94~119 页。

过，可以证明信的内容。王明说我和国内右派通讯，瞒骗党等严重错误。据吴克坚同志说，这封信是他们偷给王明了。

再一事实证明他们无恶不作。他们威胁一个青年同学，叫他反对我。但这个同学没有执行，以后便受压迫，结果得了神经病（这个人后来生死不明）。他们还利用这个病人反对我。后来他们承认是他们干的。①

李国华 1943 年 9 月 20 日写的《关于王明同志的一些材料》说：1932 年 10 月革命纪念节以后，又来了一个反陈郁同志右派的斗争，王明同志的指示：（1）说陈郁同志同国内的右派有着联系，并在莫斯科组织右派分子；（2）陈郁同志同托派有联系，表现在反托派斗争中，陈郁表现不积极，态度不明显，并与他们勾勾搭搭；（3）陈郁同志反对新的中央和东方部的领导，企图重新爬到中央政治局的位置上去；（4）陈郁同志没有清算他在国内的右派错误，还继续地进行两面派的活动。因此，他让我们展开斗争，斗争方法应该鼓励罗迈同志，说明他承认错误是比较彻底的，是比较快的，争取阿合斯基，还要利用李立三，同学校当局的关系搞得好一些，有什么问题可以请示校长。结果，斗争开始了。首先由罗迈同志作报告，传达斯大林同志关于布尔什维克历史上的几个问题，报告以后就讨论。在讨论中，首先请陈郁同志表示态度。陈郁同志在发言中联系到中国党内的几个问题，认为党内目前主要是"左"倾的危险，当时在会议上就斗陈郁同志，认为他贩私货，掩护右派，在党内活动，转移我们党对右倾机会主义的斗争。这样一来，差不多在每次的会议、每次的文章中，陈郁同志都是不对，都是要受到批评的，一直到 33 年底 34 年初（大概），清党委员会给陈郁同志最后的严重警告，并送到工厂做工。

周焱等著《陈郁传》说：陈郁列席共产国际第十二次扩大会议后，在向中国部支部传达会议精神时，谈了自己的心得体会。王明的追随者把陈郁的谈话掐头去尾，加以歪曲，成了"对抗国际决议的言论"。王明很高兴，认为抓住了陈郁的反对国际的把柄，找到了攻击陈郁的炮弹。他在批判陈郁的动员会上说：陈郁的关于国际决议的言论，是一贯右倾机会主义观点的露骨表现，是反党、反国际的明证，他除了必须向党交代上述反动言论外，还

---

① 《陈郁自传》，《广东党史资料》第 1 辑，第 211 ~ 213 页。

必须向党交代：一、同李立三谈话中提出的反对党武装人民抗日的主张；二、诬蔑攻击我的关于白区工作主要危险的论断；三、同国内右派通讯，并拒绝向党交出右派来信。陈郁还未作"交代"，王明一伙即对他接连开了两天批判大会。王明的一个追随者声嘶力竭地叫嚷，说陈郁关于白区工作主要危险的观点是"左"倾的谬论，是直接针对王明的列宁主义的论断的，是不甘心自己在六届四中全会的可耻失败而进行的疯狂反扑。另一个身为支部委员的王明追随者揭发说，国内右派不断给陈郁写信，要陈郁在国际替他们申冤叫屈，妄图推翻"伟大"的"四中全会"决议……在两天多的批判会上，陈郁几次站起来要求答辩，都被王明制止了。第三天，陈郁有条不紊地批驳了王明一伙强加在自己头上的罪名。①

9月20日 在《共产国际》俄文版第3卷第12期发表《国民党组织中国反革命的新策略》②，《共产国际》中文版第12期。③

9月 以王明的名字在莫斯科出版《中国民族革命战争问题》的小册子。

10月3日 共产国际执委会东方书记处在给中共中央的电报中说"王明很快返回"。④

10月25日 共产国际执行委员会收到中共中央的电报，其中提出让王明回国。此后，在莫斯科和上海之间的电报往来中，多次讨论了派王明到中央苏区去的具体途径。⑤

10月26日 撰写中共中央给日共中央的贺词。⑥

同日 致信革命作家国际同盟书记处。⑦

同日 作关于中共组织及党员人数的情况报告。⑧

10月 到列宁学院作政治报告，题目是《第一次全苏大会的总结和民族革命战争问题》。

李国华1943年9月20日写的《关于王明同志的一些材料》说：1932

---

① 周焱等著《陈郁传》，第122～126页。

② 〔日〕田中仁：《王明著作目录》，第48页。

③ 李东朗：《王明到底有什么国际背景》，《百年潮》2008年第12期。

④ 《档案资料丛书》第13册，第457页注1。

⑤ 《资料丛书》第13册，第211页。

⑥ 〔日〕田中仁：《王明著作目录》，第49页。

⑦ 〔日〕田中仁：《王明著作目录》，第49页。

⑧ 〔日〕田中仁：《王明著作目录》，第49页。

年 10 月间，第一次听到王明的政治报告，题目是《第一次全苏大会的总结和民族革命战争问题》。在这个报告中，王明自以为超出国内所有中共中央负责同志，就是他们都不能将中国革命的实际问题，提到理论的原则上加以整理、发挥、宣传，唯有他才能把第一次全苏大会的材料，加以整理发挥，提到理论的原则高度上——两个中国的对立，两个政权的对立，立三主义者不懂，现在国内许多同志，甚至于中央的负责同志，仍然不懂这个基本问题。闹了多年的革命，从井冈山搞起，都停留在革命的低级阶段上，打土豪、分田地、建立农村革命委员会，不懂得建立革命政权的实际意义与作用，他认为这是个理论问题，同时也是列宁主义关于革命的基本问题——政权问题，是四中全会后新中央领导之下的伟大成就之一。"他的目的与出发点完全不在于教育同志与总结革命实际经验的，而是抬高自己，巩固个人威信，在内容方面也不过是教条与党八股而已。"

秋 代表中共中央给满洲省委写信。

《传记与回忆》说：王明在这年秋"代中共中央政治局致信满洲省委，制定了中共及其领导的各抗日游击队与东北军及满洲一切抗日力量建立抗日统一战线的政策"。

同期 作七绝《秋风思沪》一首，诗曰：

草黄木落又秋风，故国人民水火中。

昨夜梦忙回上海，今宵不寐月当空。①

11 月 2 日 给联共（布）驻共产国际执行委员会代表团写信，说："谨以中共中央的名义请求联共（布）驻共产国际执委会代表团帮助我们解决以下对于中国革命进一步发展具有重大意义的问题"：（1）"关于中国苏维埃运动进一步发展的问题。〈共产国际执委会〉第十二次全会向我们提出了联合苏区和进一步加强红军的任务。这样做的必要性是毫无疑义的。但这里产生一个问题：应该往哪个方向发动进攻，应该掌握哪些中心城市和如何持续进行下去，以便解决把单独的苏区联合起来，把分散作战的红军部队联合起来和开展中央苏维埃政府的活动的任务。""关于进一步扩大苏区的方向问题，现在在中国领导同志中间引起了尖锐的意见分歧。以毛泽东为首的前

---

① 《王明诗歌选集（1913~1974）》，第 89 页。

委主张（以师为单位）所谓把我们的武装力量分散在国民党地区的计划，等待敌人的进攻并在居民中进行群众工作。而中央苏区中央局的大部分委员把毛泽东的策略称为防御性策略，担心重犯去冬的错误，即红军失去良机，没有利用业已取得的胜利，没有展开广泛的进攻，因此主张较为积极的进攻策略。""对此问题，中共需要并期待着你们的指示。"（2）"关于中共在满洲的工作问题。中共在满洲的总的政治和策略任务已为共产国际执委会第十二次全会所确定。现在的问题是如何具体执行这些任务。除了缺乏足够的训练有素的干部外，主要的困难还在于中共中央几乎没有能力领导满洲的工作，而满洲党委则没有能力同各地方组织进行联系和对它们进行日常领导。因此需要联共（布）在建立联系方面和在派遣在远东工作的合适同志方面给予帮助。"（3）"关于中共中央的所在地问题。根据一般政治上的考虑和由于骇人听闻的恐怖，党的领导中心几乎没有可能在上海存在，因此提出了最大限度地减少我党在上海的机构并将中央迁往中央苏区的问题。"（4）"关于派中国飞行员去苏区的问题。中国红军的主要军事技术弱点之一是没有航空部队。据一些信息说，红军从敌人那里缴获了12架飞机。但那里没有飞行员和机械师，不能利用这些飞机。在苏联领土上有中国的飞行员和机械师。中共中央已几次向联共（布）中央提出请求，派一些中国共产党员飞行员到中国中央苏区来，但迄今为止这个问题还没有解决。""请尽快将这些问题提交讨论并让斯大林同志参与解决这些问题。"①

11月7日 在莫斯科再次翻印《为中共更加布尔塞维克化而斗争》小册子。《编辑部的话》说："韶玉同志底这本小册子，是中共进行两条战线上斗争的武器之一。因此，这本小册子不仅有很大的历史的原则的理论兴趣，而且有很大的迫切的实际政治意义。"②

11月28日 在共产国际执行委员会东方书记处会议上作关于满洲形势的报告。其中说：我们的红色游击队还远远不是满洲游击运动的决定性的和主要的力量。迄今为止还没有这种力量。有一些共产党员在王〈德林〉、马〈占山〉等的某些部队里工作。但是，我们的基层支部和政治机关至今还不起独立的政治作用。此外，我们的党组织不仅在自己的游击运动中没有起到

---

① 《王明给联共（布）驻共产国际执行委员会代表团的信》，《资料丛书》第13册，第224～226页。
② 《中共党史教学参考资料》第1册，第327页。

领导作用，而且在其他游击部队中也没有足够的影响。因此，现在满洲的游击运动面临着很大的危险，如果这种状况继续下去，这些队伍必然会在日本帝国主义的强攻下崩溃瓦解。然而尽管如此，迄今为止在满洲和其他党组织内还存在着在满洲问题上的右的和"左"的倾向。满洲党组织犯了一系列策略上的错误。它不懂得也不善于贯彻反日、反帝统一战线的策略。在我们的农民游击队中和我们能够掌握的那些队伍中，我们要进行真正广泛的工作来建立统一战线。为了切实保证对游击运动的领导，首先需要加强我们党在满洲群众中的工作。需要建立真正群众性的工会组织。为此需要利用已有的经验来具体制定满洲工人群众的需求。其次，我们必须为农民和饥民提出具体的要求。此外，必须为满洲的少数民族、为蒙古族人等提出专门的要求。为了实行所有这些措施，首先要加强我们满洲的党组织。要在那里建立坚强的、独立的和有首创性的省委。此外，还要在各地，在南部、北部和东部以及一些游击部队中建立党委会。只有通过这种途径我们才能真正争取到抗日运动的领导权，才能胜利地跟日本帝国主义进行斗争，争取中国的独立。①

12 月 3 日　共产国际执行委员会政治书记处政治委员会会议决定："采纳王明同志的建议，将中共中央、〈中国〉共青团中央和赤色工会总理事会从上海迁往苏区，在上海只留下这些机构的全权代表。""责成米夫（负责人）、王明和瓦西里耶夫同志拟订给中共的必要指示。"②

12 月 21 日　共产国际执委会东方书记处说："中共中央五中全会只应在王明到来后召开，他应是这次全会上的主要报告人之一。"③

12 月 22 日　共产国际执行委员会政治书记处政治委员会在给中共中央的电报中说："王明能否直接去香港。你们能否从那里把他及其夫人送到中央苏区？请立即回复。"④

12 月 26 日　《写作要目》说：王明于这天起草了《中共中央给满洲省委的信》，主要内容是"关于满洲情况，游击战争和建立抗日民族统一战线问题"。

12 月 27 日　格伯特在从上海致共产国际皮亚特尼茨基的电报中说：建

---

① 《王明在共产国际执行委员会东方书记处会议上所作的关于满洲形势的报告（摘录）》，《资料丛书》第 13 册，第 237～250 页。

② 《资料丛书》第 13 册，第 253 页。

③ 《资料丛书》第 13 册，第 283 页。

④ 《资料丛书》第 13 册，第 285 页。

议中共中央政治局由 13 名委员组成,其中第 12 号为王明。①

12 月 30 日 在莫斯科中国问题科学研究所工作人员会议上作《广州公社五周年与中国现状》的报告,刊载于俄文版《中国问题》杂志、《共产国际》俄文版 1932 年第 35～36 期、中文版 1933 年第 1 期。《写作要目》说:此文的主要内容是:"中国革命发展情况,国民党的失败,工人运动,广州公社意义,反对李立三路线和反革命罗章龙派问题,几点总结等。从此文起,作者把'暴动'二字改为'起义'。此后,党的文件把所有'武装暴动'都改为'武装起义'。"

年底 于莫斯科作七绝《苏联的历史性胜利》。②

下半年 与李维汉谈话,要他回国工作。李维汉回忆说:"一九三二年下半年,当短训班快结束时,王明找我谈话,要我回国。他说,国内的党组织被破坏得很厉害,要人回去工作,决定让你回去做特科工作。我答应了,准备立即回国。"③

本年 在《革命的东方》俄文杂志第 3～4 期上发表《反对中共党内的李立三主义的斗争》,在《共产国际》杂志俄文版第 23 期上发表《苏维埃中国是开展土地革命和民族革命战争的根据地》。④

本年 伯力远东国际出版社出版《在中国的战争与共产党员底任务》一书,其中除收入王明的《中国革命危机的加深和中国共产党底任务》,还收入王明写的《中国的反帝运动》。文章说:"要进行和组织反帝国主义的胜利的民族革命战争,中国革命的民众只有推翻国民党的政权方行。"中国共产党要完成自己在苏区和非苏区的任务,"首先必须与资产阶级的民族改良主义作十倍加强的思想上的无情的斗争,应无论在何时何地,给国民党派别……所宣传的实质上的三民主义,民族改良主义,托落斯基⑤主义的思想,及一切毒害反帝国主义运动和阶级斗争的顽固思想以无情的打击"。

同年 曾致信中共临时中央政治局,内容是"关于领导群众斗争和发展党的组织相互关系问题,以及批评乱加地方党组织右倾机会主义罪名

---

① 《资料丛书》第 13 册,第 286 页。
② 《王明诗歌选集(1913～1974)》,第 92 页。
③ 李维汉:《回忆与研究》上册,第 333 页。
④ 《写作要目》;《王明言论选辑》所附《王明文章、讲话目录》,第 646 页。
⑤ 即托洛茨基。

问题"。①

同年　作《云天南北（悼蔡和森②同志）》七律一首，诗曰：

> 同舟赴莫七年前，会罢欢欣赠勉言。
> 再幸晨昏领教益，那期南北隔云天。
> 每日风雨忧寒暖，常盼鱼鸿报健安。
> 犹忆临行语衷曲，生死离别倍凄然。③

1933 年　29 岁

1 月初　中共临时中央政治局被迫由上海迁入中央革命根据地。当时，由于国民党的白色恐怖和王明的"左"倾错误，白区的革命力量受到极大的损失。

1 月 6 日　共产国际执行委员会国际联络部上海分部致电共产国际，讨论王明回国的具体途径。④

1 月 7 日　在致库西宁的信中说：请您尽快阅读和审定中共中央给满洲各级党组织及全体党员的信《论满洲的状况和我们党的任务》，并请您拨冗与我谈一谈中共的一些重要政治问题。⑤

1 月 17 日　以毛泽东、朱德名义发表《中华苏维埃临时中央政府工农红军革命军事委员会为反对日本帝国主义侵入华北愿在三条件下与全国各军队共同抗日宣言》，即《一·一七宣言》。明确宣布："在下列条件之下，中国工农红军准备与任何武装部队订立作战协定，来反对日本帝国主义的侵略。（一）立即停止进攻苏维埃区域，（二）立即保证民众的民主权利（集会，结社，言论，罢工，出版之自由等），（三）立即武装民众创立武装的义勇军，以保卫中国及争取中国的独立统一与领土的完整，将反对日本及一切帝国主义的斗争与反对帝国主义的走狗国民党军阀的卖国与投降的斗争联

---

① 《写作要目》。
② 1931 年 8 月 4 日在广州被敌人杀害。
③ 《王明诗歌选集（1913～1974）》，第 90 页。
④ 《资料丛书》第 13 册，第 457 页注 1。
⑤ 《王明给库西宁的信》，《资料丛书》第 13 册，第 291 页。

结起来，开展武装民族革命战争，反对日本及一切帝国主义。"① 这个宣言，实际上开始突破下层统一战线的框框，有了向建立抗日反蒋统一战线转变的萌芽。

《传记与回忆》说："这个声明立即得到国民党军队的良好反应。以正在进攻中央苏区的国民党指挥官陈诚将军为首，正式要求蒋介石接受中共建议，而蒋介石拒绝了，暴露其'攘外必先安内'的虚伪性。福建人民政府和红军建立抗日反蒋统一战线；冯玉祥和方振武将军以及吉鸿昌（共产党员）将军于 1933 年在察哈尔起义，也声明同意中国红军的三条件；1936 年夏，两广军事将领和西安事变时，张学良和杨虎臣②将军一样，也都同意三条件，愿意停止内战，与中共共同抗日。"回忆录还说：王明起草这个宣言后，共产国际执行委员会书记曼努伊尔斯基称赞王明："王明！你比蒋介石狡猾些，你一定能战胜他！"并且同意把这个宣言发出去——发给中共中央。

王明在 1969 年冬谈的《和古西宁的争论》的回忆中说：他写的这个宣言开始时共产国际执行委员会主席团委员、书记处书记兼东方部部长古西宁并不同意。后来古西宁和另外两位领导人都休息去了，他说服了曼努伊尔斯基，同意把这个宣言发出去了。但"古西宁和米夫仍不同意，古西宁很生气地说不应该不等他们回来就发了电报！"

1 月 21 日 共产国际执行委员会国际联络部上海分部致电共产国际，讨论王明回国的具体途径。③

1 月 26 日 以中共中央名义发出《给满洲各级党部及全体党员的信——论满洲的状况和我们党的任务》，即"一·二六指示信"。这封信共分四部分："日本占据满洲后一般的状况"，"满洲目前反日游击运动的性质和前途"，"我们党在满洲的战斗任务"，"我们党政治上和组织上的巩固和发展是满洲群众斗争胜利的保障"，信的主要内容如下。

第一，分析了日本占据满洲后的政治、经济形势，提出联合一切可能的力量，建立全民族的反帝统一战线的策略方针。

第二，分析了东北抗日武装的不同情况，提出了对他们应分别采取的不

---

① 中央档案馆编《中共中央文件选集》第 9 册，第 458 页。

② 即杨虎城，杨虎城字虎臣。

③ 《资料丛书》第 13 册，第 457 页注 1。

同态度。信中指出："在实际执行统一战线的策略时，必须具体的注意的计算到客观的环境和主观的因素，须分别的对付各种不同的对象，如对上述的第一种游击队（朱霁青本人的队伍，这里不包括群众的反日义勇军，这些义勇军是暂时的和形式上的服从他的指挥）主要是从下面和兵士组织统一战线。并且在有共同作反日斗争必要时，订立具体的作战行动的协约。对第二种游击队，除下层统一战线外，在某种程度和范围内，或能实行上层的统一战线。对第三种游击队，根据其反对反动领袖的斗争，以及我们在他们中间的革命政治影响的程度而决定具体的实行统一战线的程度和范围，甚至可与他们订立某种反帝联盟的形式。"①

第三，强调要夺取统一战线的领导权，保持党的独立性。改变了过去"北方会议"提出的要普遍地组织工人罢工、农民没收地主土地、军队实行兵变、组织红军建立苏维埃政权等"左"的做法，根据东北的特殊情况，指出党在目前的中心工作是没收日本帝国主义及一切民族叛徒的财产；保障工人、农民、小资产阶级和朝鲜、蒙古等少数民族的基本权益，改善群众生活；在伪军中组织兵变，在反日武装斗争中由最好的游击队编成人民革命军；建立选举的民众政权和反日会等，强调了斗争策略的灵活性。

总之，这封指示信第一次提出在东北建立全民族的反帝统一战线的策略方针，提出针对不同的抗日武装采取不同的态度，在群众斗争中注意斗争的灵活性，并提出在统一战线中要保持中国共产党在政治上和组织上的独立性，夺取无产阶级领导权，是有重要意义的。比过去中央推行的"左"倾政策是一个很大的进步，推动了抗日游击战争的开展和反日民族统一战线的形成。但是，这封指示信的内容也有很多错误，仍保留了许多"左"的思想。

1 月　撰写《东北情形与抗日统一战线策略》（又名《东三省情形与日本对中国的新进攻》），以王明的名字发表于《共产国际》中文版第 4 卷第 2 期，俄文版第 4、5 期合刊，《太平洋工人》第 5 期。文章共分为"东北在被日本占领后的经济的和政治的情形"，"东三省游击运动及其性质"，"共产党员在东三省的任务"，"东三省现时群众斗争的要求和口号"，"必须在政治上和组织上加强东三省党的组织"五个部分。

这篇文章的基本内容和思想与"一·二六指示信"大体相同，不同的

①　中央统战部、中央档案馆编《中共中央抗日民族统一战线文件选编》上册，第 78～79 页。

是它明确批评了"中国共产党的东三省组织,犯了许多策略上的错误,东三省组织不懂得和不善于实行反日的统一战线的策略"。文章根据"尽可能地建立一般民族的反日的统一战线"的策略方针,提出如下的"一般的政治口号":没收日本帝国主义者及卖国贼的财产,对日本帝国主义和"满洲国"政府实行总抵制,发展广大的反日运动,建立选举的人民革命政府,等等;并说为要实现这些一般的政治口号,首先就要正确地和敏捷地实行特殊的一般民族统一战线的策略:首先是反日的统一战线和策略,且要取得和保证无产阶级在这个统一战线的领导作用。但文章仍然坚持下层统一战线等观点,说"必须牢记着:无论如何,下层统一战线都应成为我们的工作底基础。任何形式的上层统一战线,只有当我们能够保持下层的统一战线和上层分子处在下层群众革命情绪逼迫下面的时候,才有可能而且于我们有益"。文章还强调"党应毫不容情地进行两条战线上的斗争",认为这种斗争"应成为党的全部工作及领导的基础"。后来,这篇文章被收入1935年作者在莫斯科出版的《中国民族革命战争问题》和1938年中国出版社在武汉出版的《陈绍禹(王明)救国言论选集》。

《写作要目》说这篇文章名为《满洲的情形和日本对中国的新进攻》,主要内容是:"日本占领后满洲的经济情况和政治情况,反日游击运动及其性质,党在满洲活动和抗日统一战线问题。"

同月 撰写中国共产党中央委员会致日本共产党中央委员会的祝词,刊载于《共产国际》第4卷第1期。①

3月14日 在苏联共产主义学院举行的马克思逝世50周年纪念会上作《马克思主义与中国革命》的讲演,载于共产主义学院纪念马克思逝世50周年汇刊及《共产国际》。主要内容是:介绍马克思、恩格斯、列宁、斯大林关于中国革命的理论与策略的基本论点,并说明中国共产党在中国革命实践中怎样运用这些马克思主义、列宁主义的原则指示。②

同日 作自由体诗《卡尔·马克思(纪念逝世50周年)》一首。③

3月27日 共产国际执行委员会国际联络部上海分部致电共产国际,讨论王明回国的具体途径。④

---

① 〔日〕田中仁:《王明著作目录》,第49页。
② 《写作要目》。
③ 《王明诗歌选集(1913~1974)》,第93页。
④ 《资料丛书》第13册,第457页注1。

4月21日　共产国际执行委员会政治书记处政治委员会非常会议通过共产国际执行委员会东方书记处起草的给中共中央的信，决定以王明名义发出，其中说："现给你们寄去：1. 原则性的基本条款草案，中国共产党必须从这些条款出发，提出为消灭帝国主义、中国封建主、资本家和国民党政权对中国非汉族人民的民族压迫而斗争的问题；2. 关于这一斗争在满洲、内蒙古、甘肃和华南的近期任务的建议草稿。我提请中国同志们特别注意所寄材料的非常初步性质，以及中国共产党所肩负的最主要和最重要的工作，不仅是收集、审查和修改实际材料，而且要十分明确地提出具体的民族问题。我强调一下，中国共产党应当考虑到，争取消灭对非汉族人民的民族压迫的斗争，应看作是整个中国反帝和反封建革命的一个从属部分。每个民族运动都将具有和已经具有反动的或者进步的色彩，这取决于它如何对待压迫中国的帝国主义，如何对待中国的国内革命。""必须让中共中央组织对上述问题的广泛研究和讨论，以便起草中共中央的必要策略决定。"①

4月28日　在共产国际执行委员会东方书记处处务委员会会议上作《中国反帝斗争中的统一战线问题》的报告。会议决定：责成王明就反帝运动中的统一战线问题起草简要的指示，② 其中建议：（1）重申中国红军革命军事委员会的宣言③。（2）在实行广泛的反帝斗争统一战线事业中，加强我们工会和青年组织的活动。（3）为成立救国会和动员最广大群众同干涉者作斗争起草基本纲领。在这个指示草案中，应当把反对日本帝国主义的人民战争口号具体化。这个指示草案交共产国际执行委员会政治书记处政治委员会审议。得到批准后，在其基础上制定更详细的指示④。⑤

春　中共驻共产国际代表团和中共上海党的领导人决定，要中共驻北平办事处与有抗日要求的冯玉祥进行联系。为此，李德化名奥托·斯特恩，携带史沫特莱写给埃德加·斯诺的一封信，以新闻记者身份从上海到北京进行活动。由于上海派去的帮助他与中共北平办事处联系的人被捕，同冯玉祥联

---

① 《共产国际执行委员会政治书记处政治委员会非常会议第307（A）号记录（摘录）》，《资料丛书》第13册，第402～403页。

② 对此决定有批注："已完成。"

③ 指1933年1月10日的《中华苏维埃共和国临时中央政府、工农红军革命军事委员会宣言》。

④ 指1933年5月9日《共产国际执行委员会政治书记处政治委员会给中共中央的电报》。

⑤ 《共产国际执行委员会东方书记处处务委员会会议第15号记录（摘录）》，《资料丛书》第13册，第423页。

系的工作只好停止，李德在北平逗留几天后又回到上海。

同期　宣扬"中国是超种的资产阶级民主革命的理论"。

李国华于 1943 年 9 月 20 日写的《关于王明同志的一些材料》说：1933 年春，王明来了一个与米夫完全一致的中国是超种的资产阶级民主革命的理论。所谓超种的民主革命，他认为中国革命在现在阶段上有许多成分是社会主义革命了，如无产阶级领导权，工农民主专政的政权形式，合作社，银行，工农红军等，他说中国革命的特点，就是民主革命与社会主义革命的交流与不可分离。

5 月 15 日　共产国际执行委员会政治书记处政治委员会会议决定，责成王明根据共产国际执行委员会东方地区书记处关于中东铁路形势给中共中央的电报精神写一篇文章，在国际报刊上发表。① 这篇文章即后来发表于《共产国际》中文版第 4 卷第 6 期《苏中工农联合万岁！》。

5 月 23 日　致电中共临时中央政治局："请停止在报刊上公布有中共支部和共青团支部或工会小组的企业名称。在不具备有利条件的情况下，不应重复'合法的招募运动'，要代之以真正单独地有步骤地招募那些在日常革命斗争中经过考验的最优秀的工人积极分子。在有大量支部的大企业中，要在这些企业的车间、班组和各个部门组建党支部。这样做是为了避免我们生产支部今后遭破坏。"②

6 月　在《共产国际》中文版第 4 卷第 6 期上以王明的名字发表《苏中工农联合万岁！》。《写作要目》说：这是王明"为解释苏联出卖中东路给日本问题而作"。

7 月 27 日　共产国际执委会政治书记处政治委员会"同意中共中央关于王明同志回国的建议"。③

7 月　在《共产国际》杂志第 4 卷第 7 期上发表《"五卅"事变八周年与中国现状》。④

同月　康生离沪赴苏，任中共驻共产国际代表团副团长。

《传记与回忆》说，康生赴苏是经过斯大林同意的，然后由王明、米夫

---

① 《资料丛书》第 13 册，第 428 页。
② 《王明给中共中央的电报》，《资料丛书》第 13 册，第 436 页。
③ 《资料丛书》第 13 册，第 457 页。
④ 〔日〕田中仁：《王明著作目录》，第 49 页。《写作要目》说是发表在第 7 期。《王明言论选辑》所附《王明文章、讲话目录》，第 645 页。

等三人商量起草电报给临时中央政治局，"决定临时中央政治局四人（〈卢福〉坦已被捕自首了）中之赵容（康生）可来莫斯科治病（因他是著名的肺病人，〈在〉上海时，每年都住几次肺病医院，他自己也几次要求来莫治病。恩来和绍禹走前，曾允许他可能时来莫治病），并兼做中共驻国际代表，因王明准备回国。临时中央政治局的其他三人到中央苏区去。他们三人去时，带去刘少奇、李富春、杨尚昆、凯丰等人"。①

据黄药眠回忆："当时，康生对王明非常尊敬，遇事都征求王明的意见，出去发言时就事前把发言稿给王明看，或临走前向王明说明要讲的要点，看王明是不是同意。"②

黄药眠还回忆说，康生有一次按王明的意旨去否定了一个从中国回来的国际职工代表的报告。他说："大约在王明来莫斯科半年多之后③，有一位由共产国际派到中国去搞职工运动的同志回莫斯科作报告，说中国当时的职工运动是处于消沉时期，即处于低潮阶段。王明大概事前同他接过头，谈过话，知道他在职工国际要报告的内容，于是派康生去职工国际出席这个报告会。等那位同志（美国人）讲完之后，康生就按照王明的指示站起来驳斥。康生说，他不同意这个报告人的估计，中国的职工运动不是处于低潮和消沉的时期，仅仅是暂时的沉默（Temporary lull）。就是说，中国职工运动的形势很好，还是在蓬勃发展，不过临时有点暂时的沉默。这是两种不同的估计。康生出来驳斥这位代表的估计，目的是维护王明为首的党中央的'左'倾错误路线。"④

8 月 3 日　共产国际执行委员会政治书记处政治委员会会议决定：责成库西宁、皮亚特尼茨基和米夫同志，吸收王明和康生参加，讨论中共中央的领导机构和人员组成问题。如果在委员会中没有任何不同意见，那么它的决定将被看做是政治委员会的决定。并责成阿布拉莫夫、米夫和王明制定一些改善共产国际执行委员会和中共中央联络机制的措施，并提交政治委员会下次会议批准。⑤

8 月 11 日　中共上海中央局李竹声致电共产国际皮亚特尼茨基和王明说：

---

① 《关于临时中央政治局和博古当总书记问题》（未刊稿）。
② 黄药眠：《动荡：我所经历的半个世纪》，第 194 页。
③ 此处回忆有误，因康生来时，王明到莫斯科已经一年半多了。
④ 黄药眠：《动荡：我所经历的半个世纪》，第 196 ~ 197 页。
⑤ 《资料丛书》第 13 册，第 471、472 页。

"我们的财政状况很危急。7月我们只收到 61900 法郎和 2000 元。我们不得不停止联系和把机关人员压缩到最危险的极限。光是党每月就需要不少于 4.3 万，青年①需要 1417，此外，还有工会。绝对需要给予明确的答复。"②

8 月 20 日前　在《共产国际》俄文版第 18 期、中文版第 8 期上以王明的名字发表《中国红军的伟大胜利》。全文共分为"国民党与红军斗争的新策略"，"国民党底大失败"，"红军和苏维埃底胜利"，"击破国民党第五次围剿③底教训"四个部分。文章认为红军四次反"围剿"的胜利，就在于夺得了领土，值得炫耀的是"敌人始终没有一次能够侵入中央区的中心区域"，而红军反"围剿"中的错误和困难，主要表现在不善于"争夺大城市（依各种新式军事技术而筑有防御工事的）的斗争"。他这个批评，对以后的第五次反"围剿"制定错误的战略战术产生了严重影响。

8 月 20 日　在《共产国际》俄文版第 24 期、中文版第 4 卷第 9 期，《中国问题》俄文版第 12 期上以王明的名字发表《中国苏维埃区域底经济政策》。文章批评有的党员"在实际上犯右倾错误，完全抹煞反资产阶级的斗争，特别是反富农的斗争"。文章也提出了一些修改对富农、土地、工商业、劳动政策等方面的"左"倾错误的意见，批评说：有"好多地方，特别是湘鄂西苏区，那里的苏维埃将一切富农的机器，农具商店一概没收了，至于完全禁止土地买卖和租佃，禁止雇工等那更不消说了"。还批评了"再三不断地重新分配土地"，说"这种办法一定要减低农民对于改良土地及提高生产率的热心"。关于资本主义问题，文章说："必须明白，我们暂时还不能在中国苏区内消灭资本主义，而只是准备将来消灭资本主义的一切前提和条件"。目前"还不从苏区经济中铲除资本主义，而是利用它在苏维埃政权机关所能做到的范围内以谋振兴苏区的经济生活"。在劳动政策方面，文章批评了有的同志提出的一些在当时条件下实际上做不到的主张。在工业政策方面，文章建议：苏维埃政府可以利用"家庭工业和农业结合，手工业与农业结合"的方法，改良经济状况。"苏维埃政权应当组织合作社和劳动组合"，同时也"应该去鼓励私人手工业及私人手工作坊工业"。在商业政策方面，文章提出："在现今的革命阶段上绝对不应当消灭商人阶层和取消

---

①　指中国共青团。

②　《资料丛书》第 13 册，第 475 页。

③　即习惯上说的第四次"围剿"。

私人贸易","要执行贸易自由的原则,同时要反对投机买卖及尽力保证红军经常供给"。文章对一些"左"倾错误进行了批评,这是王明的一个新的进步。[1] 此文还刊载于《中国问题》俄文版第 12 期,国内的《斗争》杂志曾转载,[2] 上海中国书店曾出版单行本。[3]

王明在 1969 年冬谈的《和古西宁的争论》的回忆中说:对于这篇文章,"他们都不同意,虽然这一文内写得很委婉。实际上,当时苏区政策很'左',都是古西宁、米夫和瞿秋白等一齐起草的,因而他们都不同意纠正。1930 年瞿秋白和周恩来把这些关于宪法、土地法、劳动法草案都带回去了——(参见'关于富农问题'等王明的回忆)。古西宁因为不同意我关于苏区经济政策的意见,于 1933 年他宣布以后他再不管中国问题了"。

9 月 8 日 致波特尼茨基信。[4]

9 月 19 日 与康生联名致电中共临时中央政治局:"根据中央苏维埃政府的请求[5],我们在开展反对美日英干涉苏维埃中国、反对瓜分中国的运动。请不断寄给我们材料。请向苏联政府通报。"[6]

9 月 25 日~10 月间 蒋介石调集约 100 万兵力,采取"堡垒主义"新战略,对中央革命根据地进行大规模"围剿",中央革命根据地的第五次反"围剿"战争开始。

据孟庆树整理的《王明同志对于 50 个问题的回答(一)》说:当时共产国际领导根据王明的提议给中共中央发了两次电报:1. 纠正当时中央领导提出的"不放弃苏区寸土"的口号;2. 纠正当时中央领导提出的"同敌人拼消耗"的口号。

9 月 27 日前 撰写《中华苏维埃共和国中央政府和工农红军总司令告世界劳苦民众宣言》。[7]《写作要目》说:这是"为反对国民党六次围剿[8]写

---

① 中央档案馆编《中共中央文件选集》第 9 册,第 638~662 页;《资料丛书》第 16 册,第349~371 页。

② 《王明言论选辑》所附《王明文章、讲话目录》,第 646 页;《写作要目》。

③ 俄罗斯科学院汉学图书馆存有此书。〔日〕田中仁《王明著作目录》说 1934 年 7 月出版的瑞金《布尔塞维克》第 1 期曾刊载,东洋文库还存有 1935 年版本,第 51 页。

④ 〔日〕田中仁:《王明著作目录》,第 52 页。

⑤ 指中共驻共产国际执行委员会代表团起草的中华苏维埃共和国中央执行委员会 1933 年 9 月6 日发表的呼吁书,见《共产国际》杂志第 28 期,1933 年,第 22、24 页。

⑥ 《王明和康生给中共中央的电报》,《资料丛书》第 13 册,第 497 页。

⑦ 《苏维埃中国》序言是 9 月 27 日写的,故判定此文写于这之前。

⑧ 即通常说的第五次反"围剿"。

的，见莫斯科《十月》报第一期，《苏维埃中国》法令汇编序言引用"。

9 月 27 日　撰写《〈苏维埃中国〉引言》。为庆祝中华苏维埃共和国成立两周年，中共驻共产国际代表团把中华苏维埃共和国中央政府及革命军事委员会两年来所发的最主要的法令和其他文件，汇编成《苏维埃中国》小册子，王明为之写了《引言》，介绍小册子以及苏区情况，驳斥了国民党反动派的"无耻造谣"。其中说：国民党说共产党、苏维埃政权和红军"不要国家"，"不要民族"，"不拥护民族利益"，"事实的答复是：只有共产党领导之下的中华苏维埃共和国中央政府对日宣战，只有苏维埃政府和工农红军再三提议全体人民和一切军队共同武装抗日，只有苏维埃政府和红军对于日本及其他帝国主义对中国人民的每一暴行，表示壮烈的反抗，只有苏维埃和红军自始至终坚决主张武装收回东三省，热河，察哈尔及一切失地，主张根本消灭日本及其他帝国主义底在华统治"。《引言》还揭露了国民党反动派的卖国行为，对工人、农民、城乡贫民、革命士兵、革命青年及其他同胞发出号召：要"不怕困难，不怕牺牲，不顾个人一时利害，奋起身来为拥护真正武装抗日的政府（苏维埃政府）和真正武装抗日军队（工农红军）而战斗"。这本小册子由莫斯科苏联外国工人出版社于 1933年出版。

10 月 7 日　共产国际执行委员会政治书记处政治委员会给中共中央的电报说：你们关于中共中央政治局和书记处组成人员的建议，总的来说，我们认为是可以接受的。其中政治局和书记处组成人员中都有王明。①

10 月 8 日　与康生联名致信苏联外国工人出版社。②

10 月 9 日　在共产国际政治书记处会议上发言。③

10 月 13 日　在共产国际政治书记处会议上发言。④

10 月 19 日　出席中共驻共产国际代表团会议，布置代表团当前要做的工作：1. 准备文件，其中包括反奸细文件，关于满洲问题的文件等；2. 准备参加共产国际执委会第十三次全会的报告，确定报告人；3. 写文章等。

10 月 27 日　与康生给中共临时中央政治局写信。

信的内容共分四个部分："现在我们要说的是反日运动和组织民族革命

① 《资料丛书》第 13 册，第 542、543 页。

② 〔日〕田中仁：《王明著作目录》，第 52 页。

③ 〔日〕田中仁：《王明著作目录》，第 52 页。

④ 〔日〕田中仁：《王明著作目录》，第 52 页。

战争的策略问题";"中国人民对日作战的具体纲领";"这个文件的目的，主要的有下列几点";"此外还有几件事顺便告诉诸同志"。

关于反日运动和组织民族革命战争的策略问题，信中说："所谓'抗日救国'是目前中国民众最中心最主要的问题，谁能在实际上证明他能解决这个政治问题，谁就能取得广大民众的拥护，谁就成为政治斗争的胜利者。"在当前情况下，"我们的党，除了继续努力，揭穿国民党一切武断宣传的欺骗外，首先必须给广大民众一切共同的非常具体的非常简单的，明了的对日作战行动纲领"。目前中国的政治环境，"非常迫切的需要广大的非常灵活的具体运用这一民族革命战争的策略"。

《中国人民对日作战的基本纲领》说："中国人民唯一自救的和救国的方法，就是大家起来武装驱逐日本帝国主义。"为此，"目前有绝对必要提出几点最具体最根本的办法来，作为我们武装抗日的共同行动纲领"。其要点是：1. 全体海陆空军总动员对日作战；2. 全体人民总动员；3. 全体人民总武装；4. 立刻设法解决抗日经费；5. 成立工农兵学商代表选举出来的全中国民族武装自卫委员会；6. 联合日本帝国主义的一切敌人。

信中还说，"这个文件的目的"，是"给全国民众一个具体的明显的容易懂的对日作战的行动纲领"，"尽最大可能团结一切反日力量，来建立真正广大的民众的反日统一战线"。①

这封信的基本思想，可以说比 1 月 17 日的宣言又进了一步，统一战线的对象已从愿意实行三条件的武装部队，扩大到愿意抗日的除国民党以外的党派、团体等中间势力及其上层人物。

在寄这封信的同时，王明等人还寄给中央政治局一种《红军须知》小册子。他们希望中央将小册子"很快的送给苏区"。

王明等人起草的这个《中国人民对日作战的具体纲领》，后来由中国共产党提出，经宋庆龄、何香凝、李杜等 1779 人签名，于 1934 年 4 月 20 日发表，题为《中国人民对日作战的基本纲领》。同日，中共上海中央局以中共中央名义发出《中央致各省委、县委、市委的一封秘密指示信——关于开展反日反帝运动和组织民族革命战争的策略问题》，将王明、康生 1933 年 10 月 27 日的来信转发全党。

---

① 以上均见《王明和康生给中共中央政治局的信（摘录）》，《资料丛书》第 13 册，第 561 ~ 573 页。

《传记与回忆》说：《中国人民对日作战的基本纲领》是"由宋庆龄、何香凝、马相伯、李杜、胡汉民、章任卓等知名人士和上海工人代表共三千余人，作为委员会发起人签名发表的。后来，全国各地有数十万人在这文件上签名赞同，因而不仅引起了抗日运动普遍的高涨，而且在海外华侨中，也成立了类似的组织"。

　　10 月 29 日　在中共驻共产国际代表团会议上作《中国形势与中共任务》的报告。这次会议还听取了周立①关于"列宁学校中国班清党问题"的报告，大家进行了讨论，最后王明说：接受意见后"向清党委员会报告"。

　　10 月　撰写《致巴比塞、罗曼·罗兰及一切出席行将在巴黎开幕之青年反战大会的代表们》，发表于《共产国际》俄文版第 8 期、中文版第 10 期。《写作要目》说：此文"号召为保卫革命中国，反对帝国主义而组织群众斗争"。

　　秋　与即将返国的中国共青团驻青年共产国际代表黄药眠谈话，说中共应在战略上实行转变，逼迫蒋介石抗日。黄药眠回忆说：

　　　　正式要通知我动身的时候，我去找王明，因为这时他是代表团团长……他把我领到走廊角落上同我谈：他说你要回去，好。现在有个重要的事情交待给你，回去后转告党中央。就是现在我们在战略上需要有个大的转变。我们同蒋介石的反动军队打了好几年了，现在看来，他们消灭不了我们，而我们的力量目前也消灭不了他们，因为他们背后有帝国主义支持。长期这样打下去，就会使日本帝国主义有机可乘，他们已经占领了东三省，现在正在逐步侵占华北。很明显，这样打下去对中国人民不利。所以现在要改变一下策略，就是要同国民党妥协，建立抗日统一战线，抵抗日本帝国主义的侵略。目前我们坚持要打倒国民党，而蒋介石就说：他们本来是想抗战的，只是因为共产党在后面打他们，他们腾不出手去打日本。这样，对中国人民不利，而且很多的人也不能够理解和踊跃支持我们。所以应该从战略上作个大的转变，组织"抗日统一战线"。

　　　　我问他："组织统一战线，我们和蒋介石是什么关系？如果蒋介石要领导我们，要我们服从他的指挥，怎么办？"

---

　　①　原文如此，可能是周励，下同。

"这个，我们要采取让步的政策。我们组织爱国统一战线，是为了动员广大人民群众，争取广大的中间阶层的人士，这样才能壮大我们的声势，逼着蒋介石不能不同意抗战。"

我听了之后，觉得这个主张很对，是个很大胆的战略上的转变，就说："你是不是打电报去，或者用文件寄到国内去？"

"我们共产国际的联络局很不健全，常常拖的时间很长，而且往往传达得不够全面，或不够清楚，所以还是专人口头传达比较好。"

"这个意见我是接受的；不过，我不清楚，这是你自己的意见呢，还是共产国际的意见呢？这一点我应该知道，并应该向党中央说个清楚。"

"这是共产国际的意见。"当时在中国党内，共产国际的威信比党中央的威信还高些。我想，既然是国际的意思，党中央会听从的，我答应一定传达，而且我心里也相信这个战略决策是正确的，因为那时全国人们最关心的，是不要作亡国奴。

我们两个人就在这走廊角里约莫谈了四十分钟，这是我和王明谈话最长的一次，也是最后一次谈话。①

回国以后，黄药眠就向中共上海中央局派来和他联系的黄文杰转达了王明的建议。黄文杰说他将把这些意见转达给中央。上海局还通过地下电台将此意见向江西苏区作了传达，但是王明的建议如同石沉大海，没有得到博古等中共领导人的任何响应。②

11 月 3 日　在共产国际执行委员会政治书记处政治委员会会议上发言，指出中国共产党工作中的两个不足：一是"我们党组织和代表团同黄色工会中的工人群众联系不够。例如在上海，有一个很大的黄色邮电工会组织。他们有合法出版物、合法报刊等。如果我们打算同他们取得联系，召开会议或举行大会，这可能是可以做得到的。那里有我们的革命工会反对派党团，并且工人情绪高涨。如果同这些工人取得联系，这会对暂时还参加国民党黄色工会的工人具有更大的意义……以后要纠正这些不足之处，并要更加深入到工人中间去，把他们吸引到这个运动中来，揭露国民党的卖国政策和黄色

---

① 黄药眠：《动荡：我所经历的半个世纪》，第 219～221 页。
② 高华：《红太阳是怎样升起的——延安整风运动的来龙去脉》，第 104 页。

工会的伪善。还有一个不足，这就是我们尝试同帝国主义驻上海的军事力量建立某种联系不够"。接着，他提出了以下几条建议：第一，在中国方面，应该加强我们在上海的反战委员会，除了吸引地下的和诸如宋庆龄等半地下的人士参加外，还要吸引广大公开的人士、新闻记者、教授、教师、学生等参加，以便使我们的委员会以后在行动中有更多合法的或半合法的机会。第二，建议世界反战委员会①向上海派常驻代表，他在那里可以公开活动并同公开的和半公开的人士建立联系。第三，建议在上海创办固定的机关刊物，一方面使用英文，另一方面使用中文。② 第四，建议在阿姆斯特丹和巴黎反战委员会的协助下，不仅同上海的反战组织而且同中国所有其他城市的反战组织建立更多的联系，以便从中国内部和外部一起采取行动，在这些城市的工人、知识分子和学生当中建立反战委员会，使我们的活动能够在全国展开，首先是在那些我们有很大可能做这方面工作的地区。还建议效仿美国建立中国人民之友协会。③

11 月 11 日　在中共驻共产国际代表团会议上严厉批评列宁学院、东方大学中国学生支部的负责人。

在"中国苏维埃第二周年纪念"会上，请了各国代表来参加。王明讲话时，中国的同志喊口号不多，送花的时候是先送给各国代表，后送给王明。因此，王明在代表团会议上说："东大之某某同志工作不够……送旗时未鼓动（原记录如此）"，"送德党花而忘自己的党"，"某某同志之错误甚大"，以后"要消灭自己蔑视民族态度"，"不容许对于党的领袖不尊重"。此次会议还讨论了"清党问题"。

李国华 1943 年 9 月 20 日写的《关于王明同志的一些材料》说：有一次请各国的代表来参加一个纪念会，王明上台讲话的时候，中国的同志喊口号喊的不多，送花的时候是先送各国代表，后送王明同志。结果王明同志大发脾气，第二天专门将列宁学院的吴克坚、黄波、周立及东方大学的克利莫夫等同志（他当时为东大的中国部主任）叫到共产国际去，大骂一顿，说什么你们不尊重你的父母，叫人家来尊重你的父母；你们不尊重自己的党和领袖，要别人尊重你们的党和领袖啊！学了这么久，尊重领袖就是尊重党都不

① 指 1932 年成立的反对帝国主义战争的国际委员会。

② 意即用英文和中文出版。

③ 《王明在共产国际执行委员会政治书记处政治委员会会议上的发言》，《资料丛书》第 13 册，第 586～590 页。

知道，真是岂有此理！

11月20日 李济深、陈铭枢、蒋光鼐、蔡廷锴等人以国民党第十九路军为主力，在福州发动抗日反蒋的"福建事变"，成立中华共和国人民革命政府。

12月下旬，蒋介石抽调嫡系部队十余万人向十九路军进攻。本来，红军应该与福建事变领导人联合起来一起反蒋。可是，共产国际派往远东局的军事代表夫列得的"两个电报把事情弄坏了"。据《传记与回忆》说："第一个电报，政治上他对福建事变的估计说：中国没有第三条道路，他认为或者是苏维埃道路，或者是国民党道路。他说：福建政府那边有军阀和社会民主党（指第三党），不能和他们建立统一战线。"接电后，王明起草，经皮亚特尼茨基同志同意并签字回电说："对福建政府的这种估计不正确，他们既接受我们提的三条件，应和他们建立抗日联盟和反蒋的军事行动。但此电去后，未见回电。接着又来了第二个电报说：为的使蒋介石便于进攻十九路军，已将红军主力从赣江东岸（即江西福建一带）调去赣江西岸（江西湖南一带）。""皮亚特尼茨基、王明和米夫接电后都大吃一惊！立即复电，叫他们把红军从赣江西岸调回赣江东岸。"但夫列得拖了些时才回电说："红军东征已来不及了！""而当时中共中央的领导竟同意了夫列得的意见！毛泽东、周恩来、博古、洛甫等都同意了夫列得的意见。""结果，很快连城失守，十九路军瓦解了。"在共产国际小委员会开会时，王明说："原来红军守住连城，连城是福建北部之枢纽地带。蒋介石要打十九路军，必须经此处，否则他们过不去。现在情况非常危险，因为红军一去，连城则守不住了。而连城一失，蒋即可南下。十九路军见我军西调就会瓦解，而其他各地方军阀虽都反蒋，但见十九路军不能成功，对我们失去信心。而我们中央苏区就有遭受蒋介石从东北两方面夹攻的危险！"皮亚特尼茨基曾不止一次地夸奖过王明说："王明是个有天才的人，他离苏区很远，却知连城对我们的重要。为什么在战争进行地方的中共中央不知道这一点？"曼努伊尔斯基也说：王明"不管军事，又离得这样远，他知道连城的重要，为什么他们离那么近也不懂得呢？"①

由孟庆树整理的《王明同志对于50个问题的回答（一）》也说：当时共产国际领导根据王明的提议给中共中央发的电报，关于福建事变的有两

---

① 《曼努伊尔斯基、王明与毛泽东》（未刊稿）。

次：1. 纠正中央对福建事变的错误的政治估计，就是所谓"第三条道路不可能"，"不能和福建政府中的社会民主党建立上层统一战线，因而不能和福建政府建立真正的合作；2. 纠正把红军主力从赣江东岸调去赣江西岸，使十九路军单独抵抗蒋介石进攻的军事错误。但后来才知道，这两个错误是共产国际远东局提出的，而共产国际的电报要经过远东局转发，所以他们没有发给中共中央"。

11 月 28 日～12 月 12 日　出席共产国际执委会第十三次全会，于 11 月 30 日晚和次日上午作题为《革命，战争和武装干涉与中国共产党的任务》的长篇演讲。这个演讲共分"中国——革命，战争与武装干涉的舞台"，"中国共产党——中国革命底唯一领袖"，"中国苏维埃革命最近的前途和困难与中共和兄弟党底任务"等三章。

王明在演讲中说"革命运动在中国更向前发展"，"然而把主观力量和客观形势的需要及可能比较一下，就可以看到主观比客观相对落后的现象，毫无疑问仍然是存在着的"。"为消灭这个落后现象而斗争，是中共最近的战斗任务"。"无论在这种或那种情形之下，我们中国共产党认定我们底主要任务只有一个：就是为苏维埃革命在全中国得到决定意义的胜利而斗争"。"中国革命的根本敌人是一切主要的帝国主义国家，这就是我们的根本困难"。"中国苏维埃革命向前胜利底第二个主要困难，就是我们国家底经济上和军事技术上的落后。从这两个主要的困难就产生了革命运动发展不平衡的弱点"。为完成中国共产党面临的新任务，要"更加开展两条战线上的斗争，为理论纯一性，组织统一性和团结性，为反对各种各样离开共产国际和党的总路线底机会主义倾向而斗争，特别是为反对目前主要危险底右倾倾向而斗争"。这个演讲从帝国主义进行"瓜分中国"的"强盗战争"这一概念出发，要反对一切帝国主义，而没有突出抗日。在统一战线问题上，演讲不是团结主张抗日的一切人，而只"对各种形式的反日游击队伍"建立统一战线。在兵运工作中又提出了下层统一战线的策略。他还强调地说："首先坚决反对目前阶段上底主要危险——右倾倾向。"[①]

王明这次演讲，是他 1933 年年初以来思想发生某些变化的一次"左"的反复，后来用王明的名字发表于《共产国际》俄文版第 36 期，1934 年 1

---

① 中央档案馆编《中共中央文件选集》第 9 册，第 572～633 页；《资料丛书》第 16 册，第 134～189 页。

月 31 日出版的《共产国际》中文版第 5 卷第 1 期，《中国问题》俄文版第 3 期，后收入 1934 年出版的王明、康生著《中国现状与中共任务》。①

在这次全会上，王明被选为共产国际执委会主席团委员和执委会政治书记处书记。②

11 月 30 日 与康生在《共产国际》中文版第 4 卷第 11 期发表《东方劳动者底重大损失》，悼日本共产党的创始人和领袖片山潜。

11 月 以王明的名字在《十月》特刊上发表《反革命的第六次"围剿"的特点与中国共产党的策略》。③

同月 在莫斯科红场追悼片山潜同志大会上讲话，④ 并作七绝《悼片山潜同志》。⑤

12 月 25 日 出席中共驻共产国际代表团会议，讨论干部问题。

12 月 28 日 同即将从莫斯科回国的同志谈话。说在中共中央送来的材料上，"经常的看见'左倾机会主义，右倾机会主义……'等等名词，其实这些名词是不能够随便乱用的。把这些名词用得太滥的时候有两种不好：第一，用得太滥了，中国党的同志差不多没有一个没有机会主义的错误，失了'机会主义'原来的政治上的严重（肃）性，第二，用得太滥了，大家都骇怕，因此压杀了同志们的积极性和创造性"。

本年 在《真理报》第 341 号发表《广州公社六周年》，还作七律《念念不忘（悼陈原道、何子述两同志）》，五律《妇女英雄（悼黄励同志）》各一首，发表《中国共产党是中国反帝与土地革命中的唯一领袖》，在红场追悼片山潜同志大会上的讲话。⑥

下半年至 1934 年春 曾想回国。

盛岳在《莫斯科中山大学和中国革命》中说："陈绍禹曾试图在一九三三年下半年至一九三四年春回中国。一九三三年下半年，中共中央上海局，我当时是成员之一，接到国际指示，要为陈绍禹去江西瑞金作好安排。指示

---

① 〔日〕田中仁：《王明著作目录》，第 53 页。
② 王明在延安写的简历说："34 年初国际十三次全会补为执委主席团委员，会后指定为执委、小委员会（相当于书记处）委员，共产国际出席职工国际党团委员；共产国际执委的拉丁美洲（即中美南美）书记处主任（至 1936 年秋辞去此职）。
③ 〔日〕田中仁：《王明著作目录》，第 54 页。
④ 《写作要目》。
⑤ 《王明诗歌选集（1913～1974）》，第 96 页。
⑥ 《写作要目》，诗歌见《王明诗歌选集（1913～1974）》，第 94、95 页。

说，陈将经由欧洲到香港，要我们把他从香港转送到瑞金。上海局接到国际指示后，两次派人去香港进行安排，但均告失败。第一次，派去安排的人很快被捕。第二次，地下电台台长、接收国际关于陈绍禹问题指示电的李晋永被捕，李原是中山大学学生，在莫斯科受过专门无线电训练。自然，上述两个情况都影响了安全。再进一步试图把陈绍禹送去瑞金，实在风险太大，这样，陈就又在莫斯科呆了四年，直到一九三七年才回国到延安。"[1]

同期　散布对瞿秋白、周恩来、李维汉等同志不满的言论。

李国华 1943 年 9 月 20 日写的《关于王明同志的一些材料》说：对瞿秋白、周恩来、罗迈等同志，王明一贯地向我们介绍，他们都是老机会主义，陈独秀机会主义有他们，盲动主义有他们，冒险主义的历史路线有他们，三中全会的调和路线有他们，现在于苏区又搞机会主义，因此王明同志认为这些人的前途有两个：托洛茨基主义或布哈林的前途（此话是 1933～34 年讲的）。

李国华还说：对吴亮平、郭化若、萧劲光等同志，王明同志向我们数次地说过，他们在莫斯科学习的时候，同托派有联系，他们现在的工作是不适合的，国际已经去电给中共中央，叫撤销他们的工作，特别是吴亮平，在解放报写了一篇批评托派的文章以后，王明同志在会议上公开地说吴那篇东西是在吾党和机关报上公开的宣传托洛茨基主义在中国的理论与政纲的文章，他说中央的警惕性太差了，托派的言论侵入到中央的机关报上都不知道，因而国际与代表团也去了急电，要中央撤销吴的工作。

李国华还说：王明认为毛主席在创造苏维埃与红军中是有功劳的，毛主席是我们在国际上与国内建立统一战线的政治旗帜，是我党的领袖，但是很可惜的，是毛主席只有一点实际的工作经验，多年在农村中活动，而没有能够得到理论的学习，使经验不能得到总结，提到理论的原则，同时缺乏国际的知识，在一切东西中能大众化，但是在国际问题的分析上常常发生不充分甚至错误，因此我（指王明）的任务是回国去帮助他，当主席的秘书或助手。

1934 年　30 岁

1 月 6 日　出席中共驻共产国际代表团会议。讨论工作计划，决定给满

---

① 盛岳：《莫斯科中山大学和中国革命》，第 253 页。

洲的信先"与列校①满洲同志讨论修改",然后再讨论。

1月10日　出席中共驻共产国际代表团会议,讨论"列校课程问题计划"。

1月中旬　中共六届五中全会在江西瑞金召开。王明虽然没有参加,仍被选为中共中央政治局委员和书记处书记。

《传记与回忆》说:"在六届五中全会前,博古曾给国际电:提议在新选书记处成员中,不选王明、张国焘(此二人原为中央政治局常委)和毛泽东三人。理由是:王、张不在中央苏区,毛做政府工作。同时提出:选陈云、张闻天做书记。国际复电不同意这些意见。博古又来电说:'可以不选陈云、张闻天为正式书记,但请批准他们作候补书记,不然书记处无人工作。'至于整个书记处、总书记和政治局名单问题,博古事前未和国际领导商量。但他在五中全会上提出一个书记处名单,即正式书记为:博古、王明、周恩来、毛泽东、张国焘。候补书记为陈云、张闻天,他说他的这个名单是和共产国际商量决定的。然后,由罗迈同志提议选举博古做总书记。"②但这种说法似不可信。其一,博古是坚决拥护和执行共产国际指示的,对新的书记处、总书记和政治局名单,不可能不和共产国际商量,不向共产国际请示。其二,六届五中全会选举的书记处成员中并没有毛泽东,他只是被选为中央政治局委员,并不是书记处书记,书记处书记是秦邦宪(博古)、周恩来、张闻天、陈云、陈绍禹(王明)、张国焘、项英。其三,既说博古曾给国际电,提议在新选书记处成员中,不选王明、张国焘(此二人原为中央政治局常委)和毛泽东三人,又说整个书记处、总书记和政治局名单问题,博古事前未和国际领导商量,也前后矛盾。

1月　在联共第十七次代表大会上发表《中国革命不可战胜》的演说。

《写作要目》说:"因时间很匆忙,讲话不长,不是自己写的,是俄国同志记写的,没有中文。"俄罗斯科学院汉学图书馆编目说这个演说是库西宁等记录的,发表于《环球》俄文版第3期。③

同月　第二次全国苏维埃代表大会在瑞金召开。随后在2月3日举行的中华苏维埃共和国第二届中央执行委员会第一次会议上,选举毛泽东为中央

---

①　指列宁学院,下同。

②　《关于临时中央政治局和博古当总书记问题》(未刊稿)。

③　曹仲彬、戴茂林《王明传》附录《王明著述目录索引》说是发表于《周围世界》杂志俄文版第3期,第471页。

执行委员会主席，张闻天为人民委员会主席，王明被选为中央执行委员会委员。王明得知后特地通知中共中央说：共产国际很不满意，并批评博古："关于选举名单，我们还没收到。此地同志都感觉到关于苏维埃政府的选举和改组这类重大问题，事先没有通知，作意见交换，事后许久不能得到确切消息，不能不是工作当中一个大的缺陷。"①

同月　在列宁学院的清党中重点清查和打击陈郁，不久把他送到工厂劳动，并且不给转党的关系。

陈郁回忆说：1934年1月我参加了清党，当我对自己的历史作了报告后，"康生和王明等人讲话。康生批评我认识错误还不够。王明的追随者说我反对代表团领导和帮助周达文派。王明演说，批评我对自己反革命错误认识不够，瞒骗党，在莫斯科学习犯了许多原则理论上的错误，并与周达文等人反对领导，在实际和理论原则上非常严重，严重到要开除党籍"。"清党委员会决定给我最后严重警告。中国代表团要开除我的党籍，清委不同意。王明和我谈话时说，不开除你的党籍，为的是不给在国内的右派同志政治资本，说'我们的同志如何英勇斗争直到被开除党籍'。""清党结束后，中国代表团决定我到工厂去生产劳动。""我去工厂，代表团没有给我组织手续，叫我先去，以后给我转。开始时我写了八次信，工厂党委会写了两次，向中国代表团要组织关系。他们答应办，叫我等待。一九三九年夏天，逼得我亲自到莫斯科向代表团提出这个问题。结果表面答应，实际上没有解决，康生是清楚的。从此以后，我做长期打算，决心做个先进公民，更系统学习技术。我想有王明、米夫这些人，回国是极困难的。抗日战争爆发后，我写过多次信请求回国参加抗战。一九三九年又写过四次信，请求国际给我组织关系和回国工作。前后我写过请求书十二次。"②

周焱等著的《陈郁传》也说：1934年1月，王明以中共代表团的名义，宣布列宁学院的清党重点对象是陈郁。王明和他的副手康生亲自到列宁学院动员清党。他们把陈郁叫到办公室谈话。王明高坐在办公桌后面，康生靠在沙发上，对陈郁说："我们是来通知你交代问题的。"他们也不叫陈郁坐下，就让陈郁站着听他们"训话"。王明说："你的问题很清楚，一贯地反党，反国际，勾结右派，组成反党小宗派。本来要把你送集中营审查的，但为了

---

① 熊廷华：《王明曾经称颂毛泽东》，《党史天地》2004年第2期。
② 《陈郁自传》，《广东党史资料》第1辑，第214～215页。

教育群众，同时也给你最后一次机会，看你是否有转变的可能。你不要存侥幸心理，你的材料足足装了两皮包，根据那些材料怎样处罚你都行！就看你是否改悔了。"陈郁被迫作了三十分钟的交代，康生听了第一个跳出来说："陈郁对错误的认识不够、不彻底。陈郁隐瞒了他在反党活动中最主要的事实，例如在莫斯科如何勾结右派周达文，公开反对中共代表团领导等重大问题。"王明说："陈郁对'四中全会'前后的反党问题轻描淡写，对来莫斯科后的严重问题只字不提，说明他仍然坚持错误立场，也说明这两个问题是他的要害！党号召每一个真正的布尔什维克，必须勇敢地站出来，同陈郁作坚决的斗争！"大会以后，陈郁又不断被批斗。在对陈郁反复斗争以后，王明等人提出要开除陈郁的党籍，送西伯利亚劳动。学院党委提出给陈郁"最后严重警告处分，到工厂参加劳动"。共产国际监察委员会批准了学院党委的意见，否定了王明等人的意见。在把陈郁送到工厂劳动之前，王明在中共代表团驻地对陈郁"训话"。他说："根据你的错误，完全够资格进集中营，考虑到你的血统工人的家庭出身，从轻处分，即使从轻也应该开除你的党籍。但为什么又不开除呢？为的是不让你在国内的右派同志捞取政治资本，免得他们宣扬。我们的同志如何英勇斗争，直到被开除党籍！"康生欺骗陈郁说："你先到工厂报到，我们随后给你转去组织关系。"陈郁想不到他们会用这种伎俩来中断他的党籍，他到斯大林格勒拖拉机厂报到后很久，王明、康生仍未把他的党组织关系转去。他多次去信催促，总是石沉大海。王明一伙就是这样蛮不讲理地取消了一位中共中央政治局委员的党籍。①

师哲也回忆说：1934 年，苏共进行清党，开展反托派斗争。王明、康生趁机把陈郁同志送到了斯大林格勒拖拉机工厂。临走时，王明找他谈话说："这次不开除你的党籍，为的不给你在国内同志面前捞政治资本时说：'我们的同志多么英勇斗争直到被开除出党。'"他要求带走组织关系，却遭到他们的无理拒绝。②

2 月 4 日　出席中共驻共产国际代表团会议，讨论报纸工作问题。会议指出：报纸"纪事须多"，"通讯要叙述活的事情"。

2 月 5 日　在联共（布）第十七次代表大会讨论曼努伊尔斯基《关于联共（布）代表团参加共产国际执行委员会工作》的报告时发言，介绍了一

---

① 周焱等著《陈郁传》，第 127～129 页。
② 师哲：《共产主义的忠诚战士陈郁》，该书编写组《回忆陈郁同志》，第 30 页。

些最近时期中国状况的基本材料。他极力夸大中国革命的胜利，说："关于第六次'围剿'的结果，我们至今尚未掌握充分的材料，但据部分材料得知，红军在福建、四川和赣北等战线击溃了国民党 18 个师。缴获步枪 2 万多支，机枪 180 挺，驳壳枪 500 支。钢盔 2000 顶，子弹 40 万发，手榴弹 5000 枚，无线电收发报机 3 部，满载军用装备、粮秣和钱财的大轮 12 艘。（鼓掌）为了卸载这些大轮中 8 艘船上的物资，动员了 1 万多名工人。红军在福建战线也俘虏了第 19 路军的 1 名旅长和 3 名团长。""正是由于红军取得上述各种胜利的结果，近几年来苏维埃中国的形势大大改善。截至联共（布）第十七次代表大会召开时，苏维埃中国的总面积（包括固定的苏区和红色游击区）已达 1348180 平方公里。仅固定的苏区面积就有 681255 平方公里，比法国的面积大 19.1%，比德国大 31.3%，比日本大 54.15%，比英国大 64.5%。现在，红军的正规部队已有 35 万多人，非正规武装支队有 60 多万人，这还不包括有数百万人参加的各种半军事性群众组织。但是，形势之好不仅表现在数量上的增长，军队的质量也有了非常大的改善。红军的主力部队中，共产党员占 50%～60%，无产阶级成分占 25%～30%。"关于胜利的原因，他说："首先是，我们的党在中央委员会的领导下坚定不移地、始终一贯地执行着列宁的共产国际的政治总路线，而领导共产国际的，正是我们历史时代的伟大领袖，他是马克思、恩格斯和列宁事业的最佳继承人，他的每句话都在鼓舞着所有国家的共产党人、工人和劳动群众为建立苏维埃政权和无产阶级专政而进行激烈的、坚决的斗争，并使他们牢固地树立起对自己事业的必胜信心，——这就是我们所敬爱的斯大林。（鼓掌）"①

同日　共产国际执行委员会政治书记处政治委员会会议决定：责成米夫、王明和库西宁在皮亚特尼茨基建议基础上起草给中共的复电，认为同广州人在一定条件下签订临时协议是可行的，也是所期望的。并认为《中国论坛》杂志有必要继续存在，必要时要为此拨出资金。责成王明和米夫为共产国际执行委员会政治书记处政治委员会起草关于编辑部人员组成的建议。②

2 月 10 日　在中共驻共产国际代表团会议上报告《两个月来的工作计划》。会议决定集体写一本"民族革命战争"小册子，王明分工写"理论"、

---

① 《中国革命是不可战胜的》，《资料丛书》第 16 册，第 557～563 页。
② 《资料丛书》第 14 册，第 71、73 页。

"实际"、"中国发展之重要阶段"等部分。

2月21日 上海油印的《斗争》第64期发表在王明的《中国共产党是中国反帝与土地革命中的唯一的领袖》。

文章列举了"最近数年来，中国共产党及其所领导的苏维埃与红军获得了最伟大的成绩"，"中国共产党进一步布尔塞维克化"的表现，强调阐述了"中国共产党在中央领导之下开展了不调和的两条战线斗争"。指出：中共中央"时时进行了和进行着严格的斗争反对目前主要的危险右倾"，反对在敌人大举进攻面前表现的"消极的和张皇失措的情绪和观点"，同时也反对"个别领导同志的左的情绪"。文章还指出，在劳动政策上、土地问题上、非苏区工作上、反帝民族革命运动中还存在着缺点，"克服工作中的基本弱点与缺点，就是中国共产党现在的基本任务，而且又是苏维埃与红军迅速而胜利的冲破国民党五次'围剿'"之基本保障。

该文还发表于1934年4月28日出版的《火线》第15期，同年6月30日苏区中央局铅印的《斗争》第66期，12月31日出版的《起来》，并收入1936年出版的《共产国际论中国共产党》。

2月27日 写七绝《光辉的凯旋》，以庆祝季米特洛夫到达莫斯科，诗曰：

> 法西诡计尽烟消，共产光芒万丈高。
> 展翅腾空归祖国，众欢声响彻云霄。[①]

2月 撰写《第二次苏维埃大会的改选运动和苏维埃的民主》一文。

文章说："对于地主、资本家、富农以及一切反革命分子，必须特别鲜明地实行专政，对于广大的工农群众，则必须发展最大限度的民主。"但是，"我们在系统的发展苏维埃的民主方面的工作做得非常不够"，"经常发生那种绝对不能允许的现象——对民众强迫命令"。我们"对民众的主要工作方法必须采用劝导、说服、教育"。"要教育、改造、训练小资产阶级的民众，首先应该让广大农民群众管理自己的国家。""但是，小资产阶级分子的言论、行动违反苏维埃政权的利益和苏维埃的法律时，苏维埃应该随时使用武力、权力机关把他们逮捕、监禁甚至枪毙"。"对于

---

① 《王明诗歌选集（1913~1974）》，第97页。

进行反革命活动的地主、资本家、富农等，苏维埃政权要比处理劳苦民众中的罪犯严厉十倍"。①

 3月21日 共产国际执行委员会政治书记处政治委员会会议决定：责成米夫（负责人）、王明和阿基莫夫根据交换的意见为政治委员会下次会议起草给中共中央的全面政治战略计划，还责成这些同志起草给中共中央的关于开展敌后游击运动和关于瓦解敌人工作的简短指示。②

 3月27日 中共上海中央局李竹声致电共产国际皮亚特尼茨基，并抄送王明，说毛泽东已长时间患病，请求派他去莫斯科。他已停止工作。您是否认为可以派他去作为出席共产国际第七次代表大会的代表？您的代表 A. 埃韦特和中共上海局认为，他的旅行安全难以保证。此外，应该考虑政治后果。③

 4月3日 参加共产国际执行委员会政治书记处政治委员会会议，参加关于中国问题的讨论，会议责成米夫（负责人）、王明、康生等在5天内根据交换的意见起草军事政治指示草稿，并将其提交政治委员会批准；责成米夫和王明起草关于《中国论坛》杂志的拨款和性质的建议，并将其提交政治委员会批准。会议还认为毛泽东不宜来莫斯科，必须尽一切努力在中国苏区将他治好。只有在中国苏区绝对不难医治时，他才可以来苏联。④

 4月9日 与米夫、康生联名写出《关于帮助中共在满洲工作的建议》。

 同日 与米夫、康生联名写出《关于〈中国论坛〉性质的建议》。其中说："《中国论坛》报（如果不能继续用以前的名称出版，或者用别的名称出版）应该是与中共中央局有联系并由该局领导的，但它不应具有公开的共产主义性质，而按其方针应该是反帝反法西斯的刊物，它奉公守法，同情中国工人运动、农民运动和反帝运动，包括（在国民党地区的）游击运动和苏维埃运动。""它每月出版应不少于两次，一有机会可更多次出版，至少每周一次。它应同时用两种文字出版，英文版面应面向中国大学生、知识分子和城市小资产阶级，而中文版面应使用更通俗易懂的语言，

---

① 收入〔日〕波多野乾一编《中国共产党史资料集成》第3卷，见曹仲彬、戴茂林《王明传》附录《王明著述目录索引》，吉林文史出版社，1991，第471页。
② 《资料丛书》第14册，第98页。
③ 《资料丛书》第14册，第101页。
④ 《资料丛书》第14册，第102～103页。

266

使中国工人能看得懂。""在《中国论坛》报周围要组织读者小组和广泛的工人通讯员、农民通讯员和学生通讯员网，并对他们加以利用，作为我们做群众工作的方式。"①

4月11日　参加共产国际执行委员会政治书记处政治委员会会议，听取关于《中国论坛》报的性质问题的报告，会议决定采纳米夫、王明和康生起草的建议。②

4月20日　与康生一起给中共中央政治局写信。在"目前党内的几个严重问题"这部分中，指出在党内两条路线斗争问题上有"不可忽视的严重的弱点"，其中主要的是：

A. 对于缺点和错误的过分和夸大的批评，时常将个别的错误和弱点都解释成为路线的错误……没有一个白区主要的省委或直接在中央领导之下的群众团体的党团，不被指出过（甚至不止一次的）犯了严重的或不可容许的机会主义的、官僚主义的、两面派的错误……如江苏省委几次的被中央指出过犯了机会主义、官僚主义、两面派等路线上的错误，如满洲、四川、陕西等省委都曾被中央指出过犯了一次或二次的机会主义的错误，如 C. Y. 中央全总党团同样的被指出过犯了路线上的错误，当然在指出的一些党部的错误中，有许多带有非常严重性的，但是绝不能说他们都是路线上的错误，或者都是有了自己机会主义的路线……决没有领导机关的路线正确，而一切被领导的机关的路线都不正确的道理，此种过分和夸大的批评，既不合乎实际，结果自不免发生不好的影响，一方面不能真正推动工作，另一方面使地方党部的工作人员发生害怕困难，对困难投降的情绪，而且甚至于使一部分幼稚的同志发生跳不出机会主义的泥坑的烦闷心理，以致有的发生对党和革命抱悲观失望的态度。B. 对于党内斗争的方法有时不策略，比如在中央苏区反对罗明路线时，有个别同志在文章上，客观上将各种的错误，都说成罗明路线的错误，甚至于把那种在政治上和个人关系上与罗明路线都不必要联在一起的错误，都解释成罗明路线者。这样在客观上不是使罗明孤立，而恰恰增加了斗争中可以避免的纠纷和困难。C. 将两条战线的斗

---

① 《资料丛书》第 14 册，第 114～115 页。
② 《资料丛书》第 14 册，第 114 页。

争变成无内容的空谈……这就减轻了两条战线斗争党内教育的意义，而且模糊了真正原则路线的斗争。

在这里，王明批评了党内路线斗争的扩大化和斗争方法的不策略。但是，他不肯承认当时所开展的反对"右倾机会主义"、"罗明路线"等等的斗争，从根本上就是错误的。更不肯承认这些斗争，以至反对邓小平、毛泽覃、谢唯俊、古柏的所谓"江西的罗明路线"的斗争，从根本上说，是在他本人一再强调"反右倾"的号召下开展起来的，自己对此负有极大的责任。这说明，王明对当时的"左"倾错误还是缺乏认识的。

4月23日　致电共产国际代表埃韦特和中共上海中央局李竹声，说："注意到日本人的声明①，有必要发表由〈中华苏维埃共和国〉中央执行委员会签署的声明，反对日本厚颜无耻的勒索，同时强调指出，蒋介石和国民党的背叛行径导致日本提出了这种对于中国人民来说耻辱的要求。声明中应该强调指出，国民党从华北撤军并把军队调到华中，这就便于日本人占领华北和进而占领整个中国。在这个声明中，要再次呼吁国民党军队共同与日本帝国主义作斗争，还要重提六项条件②，表明可以开展神圣的对日国民革命战争。请保证中国红军同奴役中国人民的行为作斗争。同时要加强反帝组织活动并准备在5月9日③国耻周年日开展广泛的宣传运动，把以前的21条同日本今天的声明联系起来。有可能的话，要组织短时间的工人罢工、学生罢课和为表示抗议在厂门口和学校里组织示威活动。"④

4月25日　与康生联名给中共中央政治局写信，对4月20日信作了补充。信中说："我们的斗争是为了组织，组织是为了斗争，二者是不可分离的。"但有人"借口注意组织，不愿去发动群众斗争，有的在领导群众斗争时完全不注意保护和巩固我们的组织，因此时常看到一个斗争下来组织完全

---

① 指日本外务省调查局长官天羽英二1934年4月12日发表的声明，声明中实际上向中国政府提出了严厉限制它在各个方面，特别是在军事经济和技术领域同所有其他国家建立联系的要求。声明全文见《太平洋》杂志1934年第1期，第212~213页。

② 指1934年4月20日由中国民族武装自卫委员会筹备会提出的《中国人民对日作战的基本纲领》的条款，见《中共中央文件选集》第10册，第681~686页。

③ 指1915年5月9日，这一天日本政府向中国政府提出了"21条要求"，接受这些要求意味着中国变成日本的殖民地。见《中国近代史》，莫斯科，1972，第541~543页。

④ 《王明给埃韦特和李竹声的电报》，《资料丛书》第14册，第116~117页。

塌台"。这是因为"在斗争中将我们的干部完全暴露出来",或者是"不顾一切'轻易的'、'不断的'浪费我们的组织力量"。信中还说:在严重的白色恐怖下,稍为先进些的群众组织都不能存在,但群众中存在着各式各样的旧的组织形式,我们要"善于利用这些组织的外壳,将他们充实我们的新的内容"。这封信还谈到日本帝国主义吞并中国和进攻苏联的关系。说:"日本占领满洲和北中国的行动,是积极准备武装进攻苏联的步趋〔骤〕,但是在我们的宣传鼓动上,必须首先指出日本进攻中国吞并中国的事实,号召群众反对日本帝国主义奴役中国的行动,然后再指出日本积极进攻苏联的阴谋。"

5月7日 撰写关于刊物问题的信。[①]

5月16日 在共产国际主席团会议上发言。[②]

5月20日 出席中共驻共产国际代表团会议,讨论邮寄书报问题,决定成立寄书委员会,王明在会上发了言。

5月27日 撰写关于共产国际第六～七次代表大会期间中共情况的报告。[③]

5月28日 共产国际执委会主席团决定组织共产国际七大筹备委员会。王明参加了筹备工作。他在筹备委员会中同贝拉·库恩、罗佐夫斯基、诺尔林一道,一度坚持"左"倾政策,认为"社会民主党仍是资产阶级的主要靠山","右倾仍是共产主义运动的主要危险",仅同意一定的策略变化,对共产国际的战略转变,抱有抵触情绪。经过共产国际七大筹备委员会的帮助,他们才转变了立场。

同日 在苏联斯维德洛夫全苏农业大学马列主义教研室扩大会议上作《中国苏维埃是特殊形式的工农民主专政》的报告。后发表于《共产国际》俄文版第31期、《马列主义函授教程》第11期。

《写作要目》说:这个报告原载该校校刊,《共产国际》俄文版转载。王明在《中共半世纪》一书中说:他在此文中"详细地阐明了列宁主义和共产国际关于中国资产阶级民主革命有转变为社会主义革命可能的论点,并强调指出,这个转变将发生于中国资产阶级民主革命取得决定性胜利的

---

① 〔日〕田中仁:《王明著作目录》,第56页。
② 〔日〕田中仁:《王明著作目录》,第56页。
③ 〔日〕田中仁:《王明著作目录》,第56页。

时刻"。①

5月~6月　博古等派中华苏维埃中央政府土地部长高自立到莫斯科参加共产国际第七次代表大会，并向中共驻共产国际代表团王明等报告了国内情况。高自立在报告中转达了博古的口信：毛泽东"大事有错，小事没有错的"；"毛、周想到苏联养病"。王明插话说，毛泽东"能抓得大事"；"这大的人物来，谁保险？"后来共产国际来电，说在现在这样的情形下，苏区离不开毛泽东，所以不同意毛泽东同志去苏联养病。②

6月1日　出席中共驻共产国际代表团会议，讨论列宁学院的教务计划。

6月7日　致皮亚尼茨基信。③

6月22日　出席代表团会议，讨论准备共产国际第七次代表大会问题，决定在党内外收集材料。

6~7月间　共产国际复电中共中央，同意中央红军撤离中央苏区。

在孟庆树整理的《王明同志对于50个问题的回答（一）》说，这个电报是王明参加起草的。其中说：为的避免红军遭受蒋介石军队从东北两线来的包围，为的保存红军有生力量，1934年夏，根据苏军参谋部第四侦查局局长的提议，曾由王明和康生等一起共同起草了一个中央苏区红军应准备突围，放弃中央苏区，转移到四川区建立新的根据地的电报。

7月2日　致皮亚尼茨基便函。④

7月4日　共产国际执行委员会政治书记处政治委员会听取王明关于中共六届五中全会和第二次苏维埃代表大会结果的报告，决定到8月底要准备好各种文件，这些文件应同中共出席共产国际第七次代表大会的代表进行讨论，然后作为材料发给中共中央，其中"一般政治的"文件由王明负责。⑤

7月6日　致书记处信。⑥

7月10日　与康生一起致电中共上海中央局盛忠亮，说"在上海恢复我们的领导机关后，我们建议"："1. 江苏省委和省青年组织暂时从上海迁

　　①　《写作要目》，第119页。
　　②　逄先知、金冲及主编《毛泽东传（1893~1949）》上卷，第372页。
　　③　〔日〕田中仁：《王明著作目录》，第56页。
　　④　〔日〕田中仁：《王明著作目录》，第56页。
　　⑤　《资料丛书》第14册，第163页。
　　⑥　〔日〕田中仁：《王明著作目录》，第56页。

到该省另一个合适的城市。2. 在上海成立由 3 到 5 名成员组成的市委，不下设任何机构，它应通过省委而不是直接与〈中共〉上海中央局取得联系。3. 上海的主要工作重心放在地委身上，地委应表现出更大的主动性和独立性，并尽可能分散，相互不直接进行联系，而只通过市委。4. 认真审查和挑选干部，特别是为〈中共〉上海中央局和技术单位挑选干部。这是我们从暴露事件中得出的初步结论，旨在从组织上进行改组，使我们能够把〈中共〉上海中央局机关同省委和地委分开，把工作分散，避免由于某一环节暴露而发生更大的暴露。请把我们这些建议寄给〈中共〉中央审批。我们希望〈中共〉中央批准这些建议，为了在得到答复前不丧失时机，我们认为，你们现在就应该着手进行所建议的改组工作，因为正是在这个时刻贯彻执行这些措施有重要意义，哪怕是暂时这样做也好。"①

7 月 23 日　致切尔诺莫思科信。②

8 月 3 日　与康生一起给中共中央写信，对六届五中全会通过的《政治决议案》提出意见。信中说：

> 第一个问题是六次"围剿"问题，政治决议讲将冲破六次"围剿"，作为目前党的中心任务，这是完全正确的。但是六次"围剿"的政治意义是这样的估计："粉碎六次围剿的斗争，那是阻止中国走殖民地道路的斗争，那是争取苏维埃中国完全胜利的斗争。"像这样的措词，很容易引起不正确的结论。即是使一些人感觉到六次"围剿"的斗争，就是决定中国命运的斗争……事实上中国革命是一种长期性的坚 [艰] 苦斗争，六次"围剿"，虽然是革命与反革命之间的残酷斗争的严重的步骤，然而它不仅不是最后决定中国命运的斗争，并且也不是决定胜负的斗争。

> 第二个问题是扩大百万红军的口号问题，这口号在热河战争时提出。换言之在蒋介石公开禁止抗日时提出，在政治上完全是正确的。这样使中国的民众可以认识只有苏维埃是真正准备力量，武装抗日，但是这一口号作为目前实际行动的口号，便不可避免的发生许多难于解决的困难（像武装、干部、供给等），同时还可以发生把地方武装都集中到

① 《王明和康生给盛忠亮的电报》，《资料丛书》第 14 册，第 165～166 页。
② 〔日〕田中仁：《王明著作目录》，第 56 页。

红军来的现象，因之不能不减弱在敌人后方两翼的广大的游击战争……所以我们提议中央向苏区各级党明白解释这一口号的意义。

第三个问题是一省数省首先胜利，与占领中心城市的问题。在五中全会决议上说，冲破六次"围剿"来实现这个一省数省首先胜利的任务。对于一省数省首先胜利的了解，在很久是当作占领中心城市的问题。实际上六次大会指出的中国革命有一省数省首先胜利的可能，这个任务，一般的说是已经实现了，苏维埃革命在江西、湖南、福建、四川等地已经胜利的发展着……虽然我们还没有占领这些省的一个中心城市，但决不能因此否认苏维埃革命在这些区域的首先胜利。如果现在还把争取一省与数省首先胜利的口号，作为目前的中心任务，不可避免的一方面否认了这些省份内苏维埃革命的胜利，另一方面是把这个任务了解成占领一省与数省的中心城市。根据中国革命实际斗争的经验，证明占领中心城市□必须在下列的条件下才有可能，或者红军有了攻取敌人中心城市的新的军事技术，或者红军的进攻配合着郊区的暴动，□么在敌人内部的广大的兵士暴动……再者在敌人营垒中发生最大事变……但是像以上的那个条件目前还是没有的……当目前没有这些条件的时候，如果将占领一省数省的中心城市作为中心任务，就会发生这样的情形，（1）使党员和群众觉到党提出的行动口号在几年斗争中不能实现；（2）使红军与苏维埃的发展方向，就不能适应目前环境和将来的前途的需要；（3）不能有计划的适当的分配和蓄积我们的力量。

关于第二次全国苏维埃代表大会，信中说"只收到开幕典礼，和毛同志报告结论，除与五中〈全会文件〉有同样措词的缺点，是一个很有意义的历史文件，我们与国际同志认为是苏维埃的成绩与中国共产党的进步，同时反映毛同志丰富经验，单行本特将出版"。

另外，在这封长信中，王明等人还针对博古等人的打倒一切和关门主义主张，对统一战线问题，提出了自己的意见。信中说："建立反日反蒋的广大联合战线问题——我们党在原则上是反对一切帝国主义和一切地主资产阶级的派别，但是根据目前国际和中国形势，根据敌我力量对比，根据广大群众的迫切需要，根据利用敌人内部矛盾和策略原则，我们必须首先提出反日反蒋的口号。在这口号之下，团结一切有可能参加这个运动的力量，来反对目前革命最主要最凶恶的敌人，在这个口号之下，不仅团结工农小资产阶级，而且尽可能的利用和联合一切统治阶级内部反日反蒋的派别，如果这方面过去我多半是处在等待被动的地位（指利用和联合一切统治阶级内部反日反蒋派别方面），那末现在应当走到积极的和主动的地位，同一切力量组织一个反日反蒋的最大运动，能够使中国革命走到新的有利阶段。同时也就是真正的帮助红军冲破六次'围剿'的有效方法。"

王明等人的这封信，虽然没有从根本上指出中共六届五中全会的路线是"左"的、错误的，也没有提出切实的、具体的改正"左"的错误的政策和措施，更没有先作自我批评，说明六届五中全会"左"的错误是在他们和共产国际的影响下发生的。但是，这封信毕竟触及了某些重要问题，毕竟是给"左"倾错误泼了冷水，降了温，因而是应该肯定的。

值得注意的是，这封信肯定了毛泽东在第二次全国苏维埃代表大会上的报告和结论，信中说：毛泽东同志的报告和结论，除了个别地方有和五中全会同样的措词缺点外，是一个很有意义的历史文件！我们与国际的同志都一致认为，这个报告明显地反映出中国苏维埃的成绩和中国共产党的进步。同时认为，这个报告的内容也充分反映出毛泽东同志在中国苏维埃运动中的丰富经验。这个报告的中文单行本，不日即将出版（其中欠妥的词句已稍加编辑上的纠正），其他俄、德、英、法、日、高丽、蒙古、西班牙、波兰、印度等十几个国家的译本也正在译印。①

8 月 15 日　共产国际执行委员会政治书记处政治委员会听取阿图尔②关于中国形势的报告，责成米夫、皮亚特尼茨基、王明、康生、弗雷德和阿图尔讨论所提出的建议，然后再次提交政治委员会批准。③

---

① 有的论著认为："博古对远在莫斯科的王明的上述意见完全置之不理……此时的博古正青春年少，位居中央苏区第一号人物的地位，在日益严峻的形势下，博古更加坚持原有的僵硬政策。本来博古的立场在苏区内部就已受到张闻天的质疑，现在连王明也提出批评，但是，博古对所有这类批评都采取了坚决'挡回去'的态度。博古的僵硬立场引起王明的强烈不满，正是在这个时刻，王明对毛泽东的态度也从冷淡转向热烈。""王明随着年龄和阅历的增长，对党内高层关系的复杂性也有了进一步的认识，于是改善并加强与国内毛泽东的关系，就成了 1934 年后王明在莫斯科的主要活动之一。王明相信自己在党内所处的地位是不可替代的，他已作好准备，和毛泽东等其它领导人携手合作。"高华：《红太阳是怎样升起的——延安整风运动的来龙去脉》，第 99、102 页。

② 即 A. 斯韦特。

③ 《资料丛书》第 14 册，第 179 页。

上述人员起草的《关于中国的决议》，经过包括王明等人的飞行表决①，并经共产国际执行委员会政治书记处政治委员会通过。其中第 11 项说："委托王明和米夫停止对本决议的执行情况进行总的监督。"②

9 月 7 日　在中共驻共产国际代表团会议上提出："1. 中国是帝国主义战争之舞台；2. 满洲问题是将来战争之缩影；3. 神圣的民族战争是救中国的唯一出路，4. 民族革命任务与国际革命任务是统一的。"

9 月 9 日　致国际济难会执委会斯塔索娃信。③

9 月 13 日　在中共驻共产国际代表团讨论满洲问题会议上作结论发言。

9 月 16 日　与康生联名给中共中央政治局写信，谈了准备共产国际第七次代表大会问题、满洲问题、西北问题、士兵工作与游击运动、反蒋问题、干部问题、文件与材料问题等七个问题。

关于满洲问题，信中说准备给满洲党发几个文件，如游击战争与政权问题、职工运动问题等，希望中央在没有得到这些新的文件以前，"不要写给满洲省委关于游击运动等策略问题的文件"，以免双方意见不一致，给满洲同志造成困难。

在反蒋问题上，信中再次提出"不要像过去只等人家来找我们，而要我们去成为反蒋运动的发起人和领导者。这不是说在名义上到处去抬出我们党的招牌，而是说我们在实际上进行一切工作，在这运动中我们要利用一切可能反蒋的力量，即使军阀国民党内部一切反蒋的力量，我们都必须尽量利用。因此我们希望不要将北方已经有的以吉鸿昌为首的反法西斯蒂大同盟运动④放松，这个运动在目前反蒋的运动中有很大的意义，因此我们提议中央要派有力的同志去加强和扩大这个运动，特别要注意已经与吉鸿昌等有联系的军队，土匪，义勇军等当中的工作"。

信中还说毛泽东在第二次全国苏维埃代表大会上的报告，"中文的已经出版⑤，绸制封面金字标题道林纸，非常美观，任何中国的书局，没有这样的美观的书，与这报告同时出版的是搜集了毛泽东同志三篇文章（我们这

---

① 即不经过开会，而是用传递文件的方式进行的表决，后同。
② 《资料丛书》第 14 册，第 206～208 页。
③ 〔日〕田中仁：《王明著作目录》，第 56 页。
④ 可能指吉鸿昌领导的华北抗日组织，其主要核心是他的部队。
⑤ 《只有苏维埃运动能够救中国》，莫斯科—列宁格勒，1934，第 13～100 页。

里只有他三篇文章）出了一个小小的文集，题名为经济建设与查田运动①，装潢与报告是一样的。这些书籍，对于宣传中国苏维埃运动，有极大的作用，因此希望中央务必将五中全会的决议及第二次苏〈维埃代表〉大会的一切文件，报告，决议，记事，报纸，照片，小册子，书籍，杂志统统迅速送给我们，这里一切的同志，如得到这些文件，如获至宝，而摆在你们机关里，却危险之极，希望你们无论如何给我们"。②

9 月 28 日　与康生联名致电中共中央："现回复你们（1934 年）9 月 17 日 N 号电。我们不明白，你们为什么准备以主力对广州部队实施打击。须知，从你们的前几次报告来看，现在正在与广州人进行谈判，此外，即便我们现在不能利用，那么我们也应该为自己保留今后利用南京人和广州人之间矛盾的可能性，而现在向广州人进攻就会使我们失去这种可能性，并会使暂时还没有对我们实施积极作战的补充力量仇视我们，因此，请说明你们决定的理由。"③

9 月　中共中央致电上海中央局盛忠亮，并抄送王明。④

10 月 1 日　就中国共产党为迎接共产国际第七次代表大会做准备一事写出给中共中央的信的草稿，其中说："利用共产国际代表大会召开前的所有时间动员全党进行积极认真的政治准备，总结共产国际和中共自共产国际六大至七大期间斗争的共同的和主要的教训，检查共产国际六大和党的六大以及共产国际执行委员会和中共中央全会的主要决议的执行情况，发扬成绩，揭示工作中的缺点、错误和薄弱环节，分析当前国际和国内的形势，拟定革命斗争的近期目标并确定这个时期的策略方针，如果你们能通过讨论的方式在全党面前突出地提出下述方面的迫切问题，我们觉得那将是有益的，也是合适的。"下面，便分别谈了关于红军和苏维埃的斗争，关于争取和瓦解敌人武装力量方面的工作，关于反帝斗争和统一战线，关于工会运动，关于农民运动，关于满洲问题，关于几个党内问题等七个方面的工作。在关于反帝斗争和统一战线问题中，信中说："应该坚决而具体地谴责在这个工作领域中的宗派主义。指出在这一斗争中利用一切可能的反帝的和诚实的

①　毛泽东：《经济建设与查田运动》，莫斯科—列宁格勒，1934。
②　以上均见《康生和王明给中共中央政治局的第 4 号信》，《资料丛书》第 14 册，第 243 ~ 250 页。
③　《王明和康生给中共中央的电报》，《资料丛书》第 14 册，第 255 页。
④　《资料丛书》第 14 册，第 264 页。

'爱国'力量、组织和人士的必要性。指出为建立广泛的抗日反蒋统一战线而利用敌人营垒中的一切矛盾和对抗的可能性和必要性。要使党意识到，我们的口号和争取组织和进行武装人民的神圣民族革命战争的斗争，只有在这样的情况下，才可能是现实的和有成效的，如果它们带有真正深刻的民族性和深刻的人民性，也就是说，在'武装保卫祖国'的总口号下，它们涵盖最广泛的，哪怕是暂时的、不稳定的和同路的一切可能的阶层和力量。"①

10月4日　共产国际执行委员会东方书记处处务委员会会议继续讨论王明的报告，责成王明在两周内写出致满洲组织的信草稿。并基本上通过第七次代表大会的准备工作致中共中央的信草稿，责成王明、康生、米夫、萨法罗夫对该信作最后修改。②

10月16日　致皮亚尼茨基信。③

10月14日　与康生联名致电中共中央："鉴于游击战争的广泛开展和红军在敌人侧翼实施迂回机动战术，以及红军有可能夺取所必需的弹药和药品，请告诉我们，现在是否还需要在南方建立采购武器的机构？请立即告知你们对这个问题的意见。"④

10月15日　与康生联名致电中共中央："红军主力是否已经离开中央苏区？现在情况怎样？同广州人的谈判结果如何？请立即告知。"⑤

10月16日　致电中共中央，说："一切表明，最近在蒋介石和广州人之间可能爆发战争。如果他们之间爆发战争，不管广州人和红军之间是否存在军事协定，红军都应该在反蒋前线的相应地段大力加强作战行动。应该认真地考虑到，在中国目前条件下，蒋介石对其对手的每一次胜利，都意味着同时加强我们的主要敌人来对付红军。福建事变的教训清楚地证明了这一点。"⑥

10月　写七律《红军北上抗日》诗一首，诗曰：

---

①　《王明就党为迎接共产国际第七次代表大会做准备一事给中共中央的信草稿》，《资料丛书》第14册，第267～270页。

②　《资料丛书》第14册，第271页。

③　〔日〕田中仁：《王明著作目录》，第56页。

④　《王明和康生给中共中央的电报》，《资料丛书》第14册，第278页。

⑤　《王明和康生给中共中央的电报》，《资料丛书》第14册，第279页。

⑥　《王明给中共中央的电报》，《资料丛书》第14册，第280页。

三岛烽烟东北来，长城崩毁沪淞灾。

蒋家天下陈家党，内战热衷外战呆，

共党宣言齐抗日，神州到处响惊雷。

红军北上人心向，海可倒兮山可排。①

秋　应苏联老布尔塞维克协会邀请，作《关于中国工农红军反对第六次"围剿"的策略问题》的报告，得到列宁夫人克鲁普斯卡娅的称赞。②

同期　曾涌泉被王明诬陷有政治问题，流放到加里宁城机械厂做学徒工达3年之久。后经共产国际查证澄清。③

11月5日　出席中共驻共产国际代表团会议。会议"审查从前之工作"，讨论"最近工作"、"代表团成分问题"和"东大教育计划"，并原则通过。决定代表团由王明、康生、福生、李明④、万某、周和森、李光组成。

11月14日　中共中央发出《中共驻共产国际代表团来信摘要》。⑤

11月15日　出席中共驻共产国际代表团会议，听取周和森关于江西苏区的土地问题的报告。

11月19日　出席中共驻共产国际代表团会议，听取周和森关于苏区经济问题的报告。王明提出几个问题要大家研究：与中农联盟问题，地主、富农、中农的界限问题，商业、财政、工业政策问题，夺取广大小资产阶级问题等。讨论后王明作了结论。

11月20日　在苏联工人出版社中国部全体工作人员会议上的报告《六次战争与红军策略》（又名《中国红军反对蒋介石第六次围剿的斗争》），主要谈关于反对六次"围剿"战争与红军策略问题，分成下列四部分：（一）蒋介石的新计划和红军应采的新策略；（二）反对六次"围剿"战争的四个主要阶段；（三）反对六次"围剿"战争为什么具有这样长期性；（四）中国现状及中国苏维埃革命的最近前途。报告说明了时局的新特点，说根据这些新特点，我党在做国民党军队的工作及利用军阀冲突问题上，就

---

① 《王明诗歌选集（1913~1974）》，第98页。

② 王明、孟庆树：《永不能忘的会晤》，1970年4月22日。

③ 《曾涌泉》，"百度百科"（http://baike.baidu.com/view/864351.htm？fr=ala0_1）。

④ 即李立三。

⑤ 从内容看，该文件是王明、康生8月3日给中共中央信的摘要。

"不能不按照新的观点和新的办法来解决"。这些新办法是:第一,使军阀之间的矛盾和冲突有利于红军的武装斗争;第二,首先应该注意设法打碎蒋介石这个主要敌人的军事力量集团。据此,"红军领导不仅不应拒绝任何反蒋派别向他们提出的订立作战协定,以便反对共同敌人底要求,而且自己应当加倍地积极起来进行这一方面的工作;而当蒋介石与反蒋派别之间的战争真正开始了的时候,不管反蒋派别与红军方面是否订立过共同反蒋的作战协定,红军领导都应当在一定战线上实行最积极的军事行动去反对蒋介石的军队";第三,我们"不应当对反蒋派别的军事行动采取旁观态度",而应当使之成为反对日本帝国主义及其走狗的民族解放斗争的组成部分。① 这说明,王明不仅提出了建立抗日反蒋统一战线的口号,而且主张在政治上、军事上主动地采取积极行动,促成这个统一战线的形成。以后稍加修改,以《中国红军反对蒋介石等六次围剿的斗争》为题,发表在 11 月 30 日出版的《布尔什维克》俄文版第 22 期及《共产国际》第 32~33 期上。

《写作要目》说:这个报告曾发表于《共产国际》第 12 期、《布尔什维克》俄文版第 22 期。在《王明同志对于 50 个问题的回答(一)》的说明中说:《六次战争与红军策略》和《新条件与新策略》两篇论文,"不仅说明我们对六次'围剿'的策略,而且据共产国际和苏共领导们当时的估计,认为上述两篇论文,尤其是第一篇论文,'不仅给六次战争和福建事变问题作了正确的总结,不仅把红军苏维埃运动作了历史性的总结,而且把中国革命的基本特点作了历史性的总结'。因此,苏军总政治部曾经把登有'六次战争与红军策略'一文的'共产国际'杂志(俄文的)全部 35 万份买去作为苏军政治教材,因而这一期俄文的又重印 35 万份"。

同日 共产国际执行委员会政治书记处政治委员会听取王明关于中国反帝斗争中的统一战线问题的报告,责成王明在 15 天内起草出关于中国反帝运动的文件,并加快拟定告中国人民书草稿。②

11 月 23 日 应英文《国际通讯》杂志记者之请,撰写《新条件与新策略》,发表于《国际报刊通讯》英文版第 26 期。③

文章说:红军长征,是"实行自己新策略中很重要的一点"。红军实行

---

① 《六次战争与红军策略》,《资料丛书》第 16 册,第 564~602 页。
② 《资料丛书》第 14 册,第 282 页。
③ 《写作要目》。《王明言论选集》附录《王明文章、讲话目录》说文章的题目是《苏维埃中国的新形势与新战术》,见该书第 646 页。

新策略"是根据新的斗争条件来决定的"。新的条件是：1."为的粉碎蒋介石、赛克特在六次围剿中的新军事计划"；2."因为日本帝国主义对内蒙和华北底新的武装进攻，中国民众有加快进行对日作战底必要"；3."为的战胜中央区红军方面的物质困难"。因此，"中央区红军才拿出很大一部分军力去冲破各方面敌军的包围线，以便在那些更便利于我们军事行动的省份，去创造新的苏维埃区域和游击区域"。

这篇文章后收入王明1935年在苏联出版的小册子《新条件与新策略》，并发表于1935年1月18日的《斗争》第77期，同年1月20日的《铁锤》第3期，2月24日的《火线》第32期，5月2日的《解放》第2卷第5期，12月30日的《社联盟报》第29期。①

11月24日　为《新条件和新策略》小册子写《小引》。这个小册子包括《六次战争与红军策略》、《新条件与新策略》两篇文章。《小引》说："这个小册子中的两篇论文，第一篇是我在苏联外国工人出版社中国部全体工作人员会议上的报告，这个报告是先由天微和周同志笔记下来，然后经过我自己的校对和整理的。第二篇是应国际新闻通讯记者的要求而写的。两篇论文解释的中心是一题，就是中国红军反对六次'围剿'的策略问题。第二篇论文说红军放弃瑞金问题。""为使读者对于中国红军最近策略方针有明白了解起见，我同意把这两篇论文合印成这个小册子。"这本小册子，第二年在苏联印行。

11月　撰写《十三年来的中国共产党》（又名《中共布尔塞维克化的道路和列宁主义在中国的胜利》），发表于《共产国际》中文版第5卷第11期，《中国问题》俄文版第3期。其中说："中国布尔塞维克底党，在斯大林同志为首的列宁主义的共产国际领导之下，从成立到现在这13年期间，已经使苏维埃革命在中国得到部分胜利，在中国六分之一的领土内，已经建立了工农民主专政的苏维埃政权。""中国共产党之所以能够达到布尔塞维克化，首先就是因为它学习了联共（布尔塞维克）底经验，经常不断地为列宁主义总路线而斗争，它用列宁主义底精神争取党内思想上的一致和组织上的统一，它用斗争的方法去克服党内的总分歧。"文章还说："中国共产党在自己的发展上有一个优点，就是它一开始就是在列宁主义的共产国际领导之下，它一开始就能应用布尔塞维克党的胜利经验。"

---

① 〔日〕田中仁：《王明著作目录》，第58页。

文章分四个时期叙述了中共历史。在五卅事件到广州公社这一时期中，根本不提打响武装反对蒋介石第一枪的南昌起义，也不提创立井冈山革命根据地、开辟了农村包围城市革命道路的秋收起义。在叙述"1930 年到现在"的历史时，他极力夸大自己在反"立三路线"和三中全会调和错误的作用，说："当 1930 年四五月份的党中央机关报（《红旗》及《布尔塞维克》）上，李立三同志发表了纲领式的论文时，党的一部分工作人员（何、陈、秦、王等同志）马上就指出李立三同志这个不正确政治立场底莫大危害。"中共六届三中全会以后，"上海党组织内一大部分先进积极分子，在上述那些同志领导之下，又能够及时地和坚决地揭穿了三中全会底原则上的错误，并要求政治局取消它的一切错误决议（从 6 月 11 日起一直到三中全会底决议止），并回到共产国际底布尔塞维主义的立场上来"。

　　文章还充分肯定了中共六届四中全会的功绩，指出："中国共产党中央委员会第四次全会之莫大的历史意义和政治意义，正是在于它不仅对于李立三'左'的冒险主义的半托洛茨基主义的路线及其调和派宣布了死刑，而且对于当时正抬起头来的那个罗章龙右倾机会主义的取消主义的路线，也给了坚决的打击。负李立三路线责任的那些主要分子，被取消了领导地位，革新了政治局底人选，在其中吸收了共产国际路线坚定的拥护者，同时，不许右派罗章龙等参加党的领导机关。四中全会在两条战线上进行了真的布尔塞维克的斗争，这样就开辟了我们党历史发展底新阶段。四中全会所提出的'对共产国际底列宁主义路线应无条件百分之百的忠实'的口号，成了中国共产党和中国革命的旗帜与胜利底保证。'中国共产党中央委员会第四次全会，在使中国共产党继续布尔塞维主义化的事业上，作了最严重的一步'（见共产国际执委主席团在 1931 年关于中国共产党底任务的决议案）。"①1935 年，苏联外国工人出版社将此文出版了单行本。②

　　12 月 1 日　联共（布）政治局委员、中央书记、列宁格勒州委书记谢·米·基洛夫在列宁格勒被人杀害后，联共（布）中央要求各级党组织开展"坦白和承认错误运动"。在运动中不少人被开除党籍和被捕。趁此机会，王明、康生在代表团成立了肃反办公室，并在驻地召开布置开展运动的会。他们认为：苏联共产党内部有问题，我们内部也不干净，我们要把党内

　　①　《十三年来的中国共产党》，《资料丛书》第 17 册，第 243～264 页。
　　②　俄罗斯科学院汉学图书馆存有此书。

的奸细、叛徒、汉奸、坏人彻底清理出来。结果有不少人无辜受害，也有人被迫害致死。

12 月 5 日 作家胡兰畦受王明委托，写信邀作家胡秋原访苏。①

12 月 29 日 中共上海中央局海兰（黄文杰）给王明和康生写信，说自 10 月党中央驻上海代表盛忠亮和其他五六位同志被捕，上海的三部无线电台暴露后，同你们和党中央的联系已经中断了三个月。为了使你们了解国统区的工作情况，所以写了这封信，信中讲了以下几个问题：1. 敌人的进攻准备和计划及我们组织的暴露；2. 领导机关的大暴露；3. 地方组织的损失；4. 组织力量尤其受到削弱；5. 干部的缺乏和极其严峻的局势；6. 活动的范围缩小；7. 技术工作和联系方法的落后以及敌人更为狡猾的工作方法，请求给予具体的指示。同时，还随信寄去上海中央局的一些文件材料以及地方党组织的一些文件和材料。②

本年 派杨松（吴绍镒）同志到满洲游击区去领导组织东北抗日联军，共组织成和改编为七个军。③

本年 还在《青年共产国际》俄文版第 3 期发表《东方的第二个苏维埃共和国》，在《土地问题》第 7 ~ 8 期发表《远东的斗争》，撰写《十月革命在苏维埃中国》。苏联外国工人出版社再版王明的《为中共更加布尔塞维克化而斗争》，王明、康生的《中国现状与中共任务》两书。④

1935 年　31 岁

1 月 9 日 在共产国际执行委员会政治书记处政治委员会会议上作关于德国问题的讲话，其中谈到群众工作方法，介绍了中国共产党是怎样反对蒋介石的蛊惑宣传的，说"如果我们笼统地反对这种蛊惑宣传，反对这场运动，那么群众就不会听我们的，因为这些都是很好的词语，反对这些好的词语是不行的。所以，我们上海的一些党支部，例如，企业中的支部就组建了'新生活'委员会。这些委员会要求改善劳动条件，他们说，企业太脏了，这不符合新生活的精神，既不清洁，又不卫生，等等。或者，再例如，我们

---

① 裴高才：《胡秋原与王明李立三共事始末》，《世纪行》2003 年第 5 期。
② 《中共上海中央局给王明和康生的信》，《资料丛书》第 14 册，第 324 ~ 346 页。
③ 《传记与回忆》。
④ 俄罗斯科学院汉学图书馆存有此书。

农村的党组织组织农民向国民党乡党部和市党部请愿，要求国民党在新年前向农民发放大米和衣服，因为在新年前每个家庭都应该有秩序，在新年团拜前大家都应该穿上好衣服。这样一来，某些地方的国民党不得不停止自己的'新生活'运动"。"我认为，我们的德国同志也应该根据这种方针进行工作，以便揭露法西斯分子和社会民主党经常进行的很狡猾的蛊惑宣传和采用的伎俩。否则我们就不能揭露他们。"①

1 月 15 ~ 17 日　中共中央在贵州省遵义召开政治局扩大会议，结束了王明、博古"左"倾冒险主义在中央的统治。

1945 年 4 月 20 日中共六届七中全会通过的《关于若干历史问题的决议》指出：

> 第三次"左"倾路线在革命根据地的最大恶果，就是中央所在地区第五次反"围剿"战争的失败和红军主力的退出中央所在地区。"左"倾路线在退出江西和长征的军事行动中又犯了逃跑主义的错误，使红军继续受到损失。党在其他绝大多数革命根据地（闽浙赣区、鄂豫皖区、湘鄂赣区、湘赣区、湘鄂西区、川陕区）和广大白区的工作，也同样由于"左"倾路线的统治而陷于失败。犯教条主义错误的同志们披着"马列主义理论"的外衣，仗着六届四中全会所造成的政治声势和组织声势，使第三次"左"倾路线在党内统治四年之久，使它在思想上、政治上、军事上、组织上表现得最为充分和完整，在全党影响最深，因而其危害也最大。但是犯这个路线错误的同志，在很长时期内，却在所谓"中共更加布尔什维克化"、"百分之百的布尔什维克"等武断词句下，竭力吹嘘同事实相反的六届四中全会以来中央领导路线之"正确性"及其所谓"不朽的成绩"，完全歪曲了党的历史。
>
> 这次会议"胜利地结束了'左'路线在党中央的统治，在最危急的关头挽救了党"。②

---

① 《王明在共产国际执行委员会政治书记处政治委员会会议上关于德国问题的讲话（摘录）》，《资料丛书》第 14 册，第 352 ~ 354 页。

② 此处据 1945 年中共六届七中全会通过的原稿。

1月16日　出席中共驻共产国际代表团会议。在讨论报纸问题时，说要"改良工作"，注意收集材料，提议"少岩①任报馆政治工作"，建议"最近召集报馆会议"。会议决定写"抗日救国"小册子，并决定由王明写"红军、土地问题、满洲问题"的小册子。会议还讨论了"三月内计划"，并作了分工，决定"一般政治问题文件"由米夫、王明负责。

1月　在《中国报》第8、9期合刊发表时评《福建事变一周年》。②

年初　约胡秋原夫妇到家中晚餐，在座的还有康生和米夫。餐后，王明从口袋中取出一份准备好的草稿，讲了一个多小时，最后说，为了全民团结、抗日救国，他们决定办一份周刊，名为《救国时报》，在莫斯科编好打版，寄到巴黎印刷发行。因为久仰胡秋原多年来主张抗日，文章又好，所以特地请来帮忙办这份报纸。胡秋原接受了邀请。第二天，王明即委托胡加可夫带胡秋原到瓦尔加图书馆看资料。③

年初　在莫斯科东方劳动者共产主义大学给教职员和学生作报告，列宁夫人克鲁普斯卡娅也来听，并称赞王明是"列宁通"。④

2月　中共上海中央局遭到敌人破坏，东北党组织与中共中央断绝了联系。此后，中共驻共产国际代表团就直接领导东北党的工作及抗日游击队。

同月　为《中国民族革命战争问题》小册子写序，说"这本小册子，是一九三三年末一个中国工人训练班的教员向我提议并帮助我搜集的。当时编辑这个小册子的目的，是为的给工人训练班的同志们作为上课的参考材料的。小册子的内容，主要的是我几篇论文和演讲的摘录和转载"。全文共分"东北事变底意义与中国共产党底策略"，"中国反帝运动的新高潮"，"东北情形与反日统一战线策略"，"上海抗日防卫战及其教训"，"中国民族革命战争能否胜利问题"，"中国无产阶级及其政党（共产党）是反帝革命底唯一领袖"六个部分。这本小册子当年由苏联外国工人出版社出版。⑤

3月7日　出席中共驻共产国际代表团会议，听取李福生关于中国职工运动的报告。

---

① 不清楚是何人。
② 〔日〕田中仁：《王明著作目录》，第58页。
③ 裴高才：《胡秋原与王明李立三共事始末》，《世纪行》2003年第5期。
④ 王明、孟庆树：《永不能忘的会晤》，1970年4月22日。
⑤ 俄罗斯科学院汉学图书馆存有此书。

3 月 10 日 胡秋原给王明和康生写信，转交《中国人民革命委员会①给中共驻共产国际执行委员会代表团的信》，说"在这封信中谈到了关于该委员会现在的状况及其原则。我希望你们能够正式答复这封信"。中国人民革命委员会的信说他们在福建事变时决定与共产党和红军联合反对蒋介石，在事变失败后以中国人民革命委员会的名义活动，现在关于如何粉碎日本对中国的进攻，如何推翻日本的工具——蒋介石的统治，以及如何使蒋日联盟瓦解的问题，就成为世界革命最迫切的问题之一；中国共产党是我们唯一的真正的同盟军和今后我们与之联合的政党；我们完全公开地承认，我们像对待同路人那样对待共产党，但是将来的密切合作和统一的斗争战线，要求我们相互尊重和理解；如果上述一切能得到充分理解，我们就想开始进行具体的谈判和采取相应的措施，以便在各地和所有工作领域共同进行斗争。②

3 月 19 日 与康生、米夫联合给斯塔索娃写信，内容是："中共驻共产国际执行委员会代表团打算为旅居欧洲和美洲各国的华侨出版一种中文报纸③。出版的开支需要苏联货币 99295 卢布。中共代表团请国际革命战士救济会执委会拨出这笔款项给共产国际执行委员会出版社主编支配，报纸的整个出版工作由他承担。由于该报将向国外发行，并可以指望，至少每年从该报发行中可以获得四五千金卢布，这些资金可以寄往中国，供国际革命战士救济会之用。此外，如果您能拨出所需要的苏联货币数额，则也可以从中共的外汇预算中拨出四五千卢布供国际革命战士救济会之用。等待您的急速回复。"④

3 月 21 日 共产国际执行委员会政治书记处政治委员会会议决定解救鲁埃格两同志，关于他的小孩来苏联的问题留作悬案，责成米夫、阿布拉莫夫和王明解决他在中国的住所问题。⑤

3 月 22 日 出席中共驻共产国际代表团会议，讨论四川问题。

初春 派李立三、段子俊和一个熟悉无线电通讯的波兰人前往中亚的阿拉木图，李立三专门派了两批人，携带无线电密码本经新疆回国寻找红军，

① 1933 年冬福建事变领导人在事变失败后成立的反日反蒋组织。
② 《胡秋原给王明和康生的信》，《资料丛书》第 14 册，第 365～372 页。
③ 指《救国报》，1935 年 5～11 月在巴黎出版。
④ 《中共驻共产国际执行委员会代表团和共产国际执行委员会东方书记处给斯塔索娃的信》，《资料丛书》第 14 册，第 383 页。
⑤ 《资料丛书》第 14 册，第 385 页。

但都未获成功。①

　　春　于莫斯科作七律《归思》一首。其中说：

连年辗转劳心计，常梦依稀长翅飞。

万里烽烟征路远，满城风雨密行归。②

　　4月8日　在中共驻共产国际代表团会议上，听取萧三关于"文学国际中中国左翼代表的工作"的报告。

　　4月19日　出席中共驻共产国际代表团会议，讨论湘鄂区、鄂豫皖区及其他苏区工作，会议对过去的工作"不满意"。

　　同日　米夫致斯大林信说："中国共产党驻共产国际执行委员会代表王明和康生同志（中共中央政治局委员、完全可以信赖的同志）很想和您谈谈并聆听您就与中国苏维埃运动和红军战争有关的一些问题提出的建议。""请告，您是否有时间进行这次谈话。"③

　　5月3日　与康生一起给上海临时中央局老秦（刘仲华）写信，说"在这次破坏后所剩下的一切中局的机关及和中局直接有联系的机关，要无条件的解散"，"上海目前不需要任何中央局的组织"。"江苏省委破坏后所剩下的机关，无条件的解散"，"要设法从好的产业支部中找出几个在业的可靠的同志组织上海市委独立工作"。上海临时中央局根据这封信的精神，于8月宣告结束工作。

　　5月4日　与米夫、康生联名给共产国际执行委员会政治委员会写信，说艾格尼丝·史沫特莱违背我们的指示，开始会见在上海的一些做地下工作的外国人（他们与中国共产党有联系），由于警察很了解她，并且在对她进行密切的监视，所以根据她的行径，一些外国同志和（通过他们）一些中国同志可能会暴露。因此，我们建议以征询意见方式作出以下决定："（1）放弃最近一个时期在上海出版合法反帝机关报的计划"；"（2）立即从上海召回艾格尼丝·史沫特莱"。④

---

① 唐纯良：《李立三传》，第115页。
② 《王明诗歌选集（1913～1974）》，第100页。
③ 《资料丛书》第14册，第404页。
④ 《米夫、王明和康生给共产国际执行委员会政治委员会的信》，《资料丛书》第14册，第406～407页。

5月5日　共产国际执行委员会政治书记处政治委员会会议听取并通过了东方地区书记处关于近期停止在上海出版合法的反帝机关报并立即召回艾格尼丝·史沫特莱的建议，即5月4日米夫、王明和康生给共产国际执行委员会政治委员会的信。①

同日　与康生一起再次给上海中央局老秦（刘仲华）写信，强调5月3日信必须坚决执行。信中说："为什么我们坚决的主张解散中央局一切的机关和中局直接有联系的机关呢？"因为从一年多来几次被敌人大破坏看，"内奸是最主要的原因"。"从去年到现在敌人之所以能够从容不迫的有计划的破坏我们，是因为我们中局的组织是全部被敌人监视之下。"因此，"不采取解散一切中局组织的办法，就不能肃清内部奸细，使党的组织及剩下的同志脱离敌人的监视"。

5月15日　由中共驻共产国际代表团创办的《救国报》在巴黎创刊，编辑部设在莫斯科，编好后在巴黎出版。②

5～6月间　同康生与中共满洲省委代理书记杨光华谈话，实际上是进行审查。王明说我们今天是请杨光华同志搞清几个问题：一、你在上海被捕后是怎么被释放的？二、你在江苏省委的反党问题；三、在上海中央局老龚被隔离后，你为什么还与他联系？四、身为满洲省委书记，为什么不执行代表团的电令，擅自决定把文件送往莫斯科，致使文件中途丢失？杨光华克制自己的情绪，镇定地对四个问题一一作答。王明和康生听了杨光华从容镇静、有条不紊的申辩十分气愤。康生说："中共代表团命令你们销毁全部文件，没有让你们送文件到莫斯科来。你们擅自决定送文件，应负违反电令的主要责任。"③

6月3日　与康生联名给中共吉东特委写信，论述了在东北如何开展游击运动等问题，其主要内容如下。

1. 游击运动的新特点与我们的策略。认为"目前的状况，不是最后决定胜负的时期，而是准备群众的时期，准备争取最后胜利条件的时期"。因此，我们的策略现时不是将所有的反日力量，孤注一掷，而是要更大的准备群众，蓄积力量，保存和发展游击队的主力，培养大批军事干部，以作为准

---

①　《资料丛书》第14册，第406页。

②　刘文耀、杨世元编《吴玉章年谱》，第201页。

③　冯晓蔚：《杨光华遭王明迫害始末》，《文史月刊》2006年第6期。

备将来的更大的战争和更大事变的基础。

2. 关于游击队的问题。首先是扩大游击运动与联合一切反日力量共同抗日。因此，第一，要打破各地的关门主义，吸收一切愿意参加武装抗日的分子来扩大游击队的组织；第二，要实行全民的统一战线，现在东北各种反日队伍一般的都有建立反日统一战线的必要与可能，我们不应机械地背诵过去四种游击队的方式，而现在是要普遍的与各种反日武装队伍建立下层与上层统一战线，共同抗日。统一战线的纲领不要太高，与各种反日武装的临时的作战协定条件不要太严格，要从实际环境和具体条件出发；各地军队的名称，不要加以"赤色"或"工农"字样，而应称作"抗日救国军"或"人民革命军"等；除了现在各地的游击队，还要创造不脱离生产的、只是一定条件下行动的游击队；政治部的工作，不要机械地运用红军的政治工作条件，要适合当地的情形与民众的觉悟程度；在军事上，要用灵活的战术反对敌人的"讨伐"。

3. 政权与根据地的问题。为要广大的组织反日游击战争与群众的反日运动，党应在各地进行广泛的群众运动，准备召集反日代表大会，成立或改造地方的反日政权机关，名称或叫"抗日救国政府"，或最初仍用"反日会"、"农民委员会"的名称，要看各地的具体情形而定，政纲要适合广大人民抗日救国的需要。

4. 群众工作与士兵工作。对于反日会的工作，要打破一切关门主义，取消种种的限制（如一家只准一人等），吸收一切愿意反日的民众到反日会里来。

5. 党的工作。首先要在党内进行广大的教育解释工作，并加强组织建设，改善干部政策。为了要使党的组织强有力的领导游击运动，必须将党的机关一部设在游击区里，改造党组织庞大的机构（尤其是上层领导机关），缩小管理区域，使之灵活地巧便地独立工作，适合于战争环境。

此信在1935年秋经中共吉东特委传达到东北各地的党组织和抗日部队，并由他们分别加以贯彻。从这封密信的内容本身来分析，应该认为基本上是正确的，并且是对1933年"一·二六指示信"的一个发展和深化，其基本精神与不久召开的共产国际七大及《八一宣言》是一致的，并且是从东北的特殊情况出发的。从这封信贯彻执行的实际情况来看，它对于促进东北抗日民族统一战线的发展，对于促进抗日联军的形成以及党的领导机构的相应改变，起了积极的促进作用。当然，由于对东北抗日游击运动的实际情况缺乏全面、具体的分析，信中也提出一些片面的、不切实际的主张，从而使东北党组织和抗联部队的思想上产生了一些分歧，造成了一些混乱。

6 月 5 日　与康生联名致信周洪二同志，谈关于白色恐怖下进行秘密工作问题。①

6 月　在苏联基斯洛沃德斯克疗养。当日本帝国主义加紧对华北的侵略以后，全国抗日救亡运动迅速高涨。鉴于这种情况，在中共驻共产国际代表团工作的吴玉章等，提出统一战线的范围应该扩大，并应发表一个宣言。于是，中共代表团急电王明回莫斯科共商对策。王明于本月下旬回到莫斯科后，代表团开会，决定发表一个宣言，即后来的《八一宣言》，大家讨论了宣言的内容，由王明起草。②

据吴玉章回忆："1935 年 6 月在莫京听到何梅协定及天津日寇屠杀我爱国人民及上海新生事件等等难忍的消息，我们急电王明同志共商对策，出了展开革命新局面的八一宣言。"③

据孟庆树说，《八一宣言》的产生过程是这样的："1935 年 6 月初，即在王明去莫斯科疗养后从基斯洛沃德斯克回来的第一天，他在和来看望他的同志们谈话时就曾说过：'日本加紧了对华北的侵略，形势很紧张。还在基斯洛沃德斯克疗养院里我就想到，必须以中共中央的名义起草并发表一份新的文件，以便进一步贯彻抗日民族统一战线的政策。'第二天他就开始写《为抗日救国告全体同胞书》，即后来叫做《八一宣言》的文件。一连三天，他一直工作到深夜三点，首先完成了草稿。第四天，他又进行修改。第五天就召开中共驻共产国际代表团会议来讨论这个草稿。讨论继续了好几天，会上，王明做了关于起草告同胞书的报告，而后又在讨论结束时发了言。"④

同月　邀请胡秋原夫妇到黑海的克里米亚半岛休养。⑤

7 月 14 日　中共驻共产国际代表团召开会议，讨论王明起草的苏维埃政府和中共中央《为抗日救国告全体同胞书》，"依照原文一致通过"，并决定组织一个由王明等 7 人参加的委员会，对文字进行修改与写一解释的信。

---

①　〔日〕田中仁：《王明著作目录》，第 59 页。

②　参见刘文耀、杨世元编《吴玉章年谱》，第 201 页。

③　《吴玉章自传》，《历史研究》1981 年第 4 期。

④　《传记与回忆》。

⑤　裴高才：《胡秋原与王明李立三共事始末》，《世纪行》2003 年第 5 期。

另外还讨论了参加共产国际第七次代表大会的正式代表与有发言权的代表、长期与临时旁听人及工作人员，以及准备大会文件等问题。

《传记与回忆》说："在中共代表团讨论这个文件草案的会议上，王明同志对当时中国的国内外形势作了必要的分析，不仅提出了必须使苏区各项政策转变，以适应抗日民族统一战线的建立的意见，不仅提出了我们向国民〈党〉要求的各项条件，而且提出了在国共谈判时期，为达成国共合作抗日的目的，我们方面可能提出的所谓让步条件，即：（1）为的真正达到停止内战，我们必须停止没收地主土地的政策，因为反对或赞成土地革命是国共内战的中心关键；（2）为的组织全中国统一的国防政府，可能将中国苏维埃政府改名为地方民主政权；（3）为的组成全中国统一的抗日联军，可能将中国工农红军改名为中国人民革命军。王明同志说明：这三个条件表面上是我们让步，实际上不仅是必要和可能的，而且是对我们有利的，因为这种政策使我们扩大社会基础，使全中国人民更加清楚地认识到：中国共产党的政策是真正合乎人民利益和真正合乎民族利益的政策。在会议上，这个文件引起米夫、郭绍棠和康生的原则反对……但是，中共代表团会议一致同意王明同志起草的上述文件。文件的俄文稿送请共产国际政治书记处批准。"

熊经浴、李海文著《张浩传》也说："王明回到莫斯科后，即与中共代表团根据共产国际的新政策和国内华北事变的严重局势，酝酿起草了《为抗日救国告全体同胞书》初稿，经代表团7天反复讨论修改，于7月14日在代表团的会议上得到一致通过。随后译成俄文，送交斯大林和季米特洛夫审阅。"①

7月19日 致库西宁信。②

同日 致信米夫，将《中华苏维埃共和国中央执委会和中共中央为抗日救国告全体同胞书》③初稿俄译稿送上，说"这个呼吁书是我和出席〈共产国际〉七大的中共代表团一起起草的。中文稿相当简短，写得不错，但由于我的俄文知识浅薄，译稿刚好比中文稿多出一半。因此，请首先注意文件的基本思想和含义。此外，恳请你腾出一点时间，以便〈我〉在两天内能得到你的指示和修改意见，好尽快结束文件的审定工作并把它发

---

① 熊经浴、李海文：《张浩传》，第98页。
② 〔日〕田中仁：《王明著作目录》，第59页。
③ 即后来发表的《中国共产党告全国同胞书》（《八一宣言》）。

下去"。①

　　同日　出席中共驻共产国际代表团会议，讨论王明等在共产国际七大上的发言大纲。

　　7月中旬　出席中共驻共产国际代表团会议，讨论参加共产国际七大的中共代表名单、组织及分工问题。因为中共中央正在长征途中，无法派代表，就从中共驻共产国际代表团和在苏联的中国同志中选人组成中共代表团，并决定王明、康生为正式代表；代表团主任代表为王明，秘书处主任康生；在各个议程中的发言人中，第一议程为王明。

　　师哲回忆说："共产国际召开第七次代表大会时，由于国内代表来的不多，就让中国班的部分学生参加了。当时，有很多人建议应该让陈郁同志来参加大会，遭到王明、康生的反对。这时，有两个海员（其中一位叫孔波）建议让陈郁做职工国际代表，也遭到他们的反对。"②

　　7月25日　共产国际第七次代表大会开幕。在各国共产党代表向大会致贺词时，来自中央苏区的代表滕代远第一个发言，他高度称赞了在毛泽东领导下，中国苏区所取得的经济建设成就。这个发言稿，由王明为团长的中共代表团拟定，并事先经过了共产国际的批准。③

　　据王明说，在共产国际七大主席团上，他和斯大林讲到"抗日政策问题"。他告诉斯大林，中共中央准备发表抗日救国的宣言，在宣言中提出建立抗日民族统一战线的政策，并组织全国统一的抗日联军和全中国统一的国防政府的口号。斯大林说，中共这个路线是正确的，但主要的问题在于统一战线的具体条件。当王明讲到"中国人民要武装抗日"时，斯大林指出，"日本军阀有一个特点就是怕打，就是软欺硬怕"。"你们中国这么多的人民，只需团结合作，只要抗战到底，一定能得到胜利。"斯大林这次谈话，给了王明个人和中共驻共产国际代表团"对统一战线新政策的了解和发展上有很大的帮助"。④

　　《传记与回忆》说："国际七大开幕时，王明同志和斯大林同志在主席台上进行了长时间的谈话，其中包括他起草的这个文件的主要内容。斯大林同志当

　　①　《王明给米夫的信》，《资料丛书》第15册，第33页。
　　②　师哲：《共产主义的忠诚战士陈郁》，该书编写组编《回忆陈郁同志》，第30页。
　　③　熊廷华：《王明曾经称颂毛泽东》，《党史天地》2004年第2期。
　　④　王明在延安各界庆祝斯大林60周年寿辰大会上的演词，载1939年12月30日《新中华报》。

时即同意了。于是季米特洛夫、别亚特尼茨基和曼努伊尔斯基同志在次日早晨，一字未改地将文件草案交回王明同志说，他们也完全同意，可以公布。"

由孟庆树整理的《王明同志对于 50 个问题的回答（一）》中还说：共产国际七大时，王明曾请斯大林给中国红军以军事技术援助，苏共中央政治局同意了。从那时起，就做了实际准备，经过新疆给 1936 年初向甘肃西部进军的红四方面军的西路军以军事援助。可是毛泽东破坏了这个援助计划，使西路军坐困山丹一带，遭受回军袭击而失败。

同日　科普林尼格提议将 42 人选进共产国际七大主席团，其中第 42 名是王明。康生、周和生也被选为大会主席团成员。他的动议受到鼓掌欢迎，并被一致通过。①

7 月 30 日　设家宴为回到莫斯科的胡秋原夫妇洗尘，并让胡秋原看了他起草的《为抗日救国告全体同胞书》，即《八一宣言》。②

8 月 1 日　中共驻共产国际代表团以中华苏维埃中央政府、中国共产党中央委员会的名义，发表《为抗日救国告全体同胞书》，即《八一宣言》。

概括起来，这篇宣言的主要内容有以下几点。

1. 客观地分析了九一八事变特别是华北事变以后国内的政治形势，指出中华民族已处在千钧一发的生死关头，揭露了日本帝国主义灭亡中国的野心，并痛斥国民党蒋介石集团的投降卖国政策。宣言沉痛地指出："日本帝国主义加紧对我进攻，南京卖国政府步步投降，我北方各省又继东北四省之后而实际沦亡了！"宣言明确指出："抗日则生，不抗日则死，抗日救国，已成为每个同胞的神圣天职！"除少数汉奸卖国贼以外，绝大多数工农军政商学各界同胞，正前仆后继地英勇作战，我民族抗日救国必须胜利。

2. 提出停止内战、一致抗日的要求。宣言指出："我同胞抗日救国事业之所以还未得到应有胜利的原因，一方面是由于日寇蒋贼的内外夹攻，另方面是由于各种抗日反蒋势力互相之间，存在有各种隔阂和误会，以致未能团结一致。""因此，当今我亡国灭种大祸迫在眉睫之时，共产党和苏维埃政府再一次向全国同胞呼吁：无论各党派间在过去和现在有任何政见和利害的不同，无论各界同胞间有任何意见上或利益上的差异，无论各军队间过去和

---

① 《共产国际第七次代表大会关于主席团和各委员会的选举》，《资料丛书》第 17 册，第 66 ~ 69 页。

② 裴高才：《胡秋原与王明李立三共事始末》，《世纪行》2003 年第 5 期。

现在有任何敌对行动，大家都应当有'兄弟阋墙外御其侮'的真诚觉悟，首先大家都应当停止内战，以便集中一切国力（人力、物力、财力、武力等）去为抗日救国的神圣事业而奋斗。苏维埃政府和共产党特再一次郑重宣言：只要国民党军队停止进攻苏区行动，只要任何部队实行对日抗战，不管过去和现在他们与红军之间有任何旧仇宿怨，不管他们与红军之间在对内问题上有何分歧，红军不仅立刻对之停止敌对行为，而且愿意与之亲密携手共同救国。"

3. 号召组织全中国统一的国防政府和全中国统一的抗日联军，提出国防政府应实行的抗日救国，收复失地；救灾治水，安定民生；没收日寇在华一切财产，充作对日战费；没收汉奸卖国贼财产、粮食，交给贫苦同胞和抗日战士享用；废除苛捐杂税，整理财政金融，发展工农商业；加薪加饷，改良工农军学各界生活；实行民主政治，释放一切政治犯等 10 项方针，并明确宣布"苏维埃政府和共产党愿意作成立这种国防政府的发起人"，"红军绝对首先加入联军以尽抗日救国天职"[①]。

从上述主要内容可以看出，《八一宣言》显然比 1933 年 1 月 17 日以中华苏维埃临时中央政府和工农红军革命军事委员会名义发表的《为反对日本帝国主义侵入华北愿在三条件下与全国军队共同抗日宣言》，以及 1934 年 4 月 20 日以中国民族武装自卫委员会筹备会名义发表的《中国人民对日作战的基本纲领》的思想，大大地前进了一步。它提出的除蒋介石等少数卖国贼和汉奸以外一切抗日的党派、团体、阶级和阶层抗日大联合的思想，冲破了关门主义的小圈子和下层统一战线的框框，反映了全国人民团结一致抗日救国的愿望，适应了抗日救国的新形势。因此，这是中国共产党历史上的一个非常重要的文件。

这一重要宣言的产生不是偶然的，它是在共产国际策略转变的推动下并根据共产国际七大精神写出的。王明在他 1935 年 11 月所写的《新形势与新政策》一文中说："在筹备共产国际第七次代表大会时，在讨论大会基本的策略方针的过程中，在总结党的历来的工作和斗争经验，首先是总结最近七年来的工作和斗争底经验和教训的过程中，在详细分析国内局面和国际状况的时候，中国共产党在中央领导之下，十分郑重地研究了反帝统一战线这个策略问题。研究的结果，使中国共产党深刻相信：在民族危机日甚一日的条

---

① 中央档案馆编《中共中央文件选集》第 10 册，第 518～524 页。

件之下，除了我们的伟大民族全体总动员去进行坚决的、无情的、英勇的反日斗争而外，别无其他的救国方法；同时在共产党方面，除了抗日救国的人民战线这个策略而外，没有其他任何办法能动员全体中国人民与日本帝国主义作神圣的民族革命斗争。开始认真应用这个新政策的具体表现，就是本年（一九三五年）八月一日中国苏维埃政府和中国共产党中央共同署名发表的《为抗日救国告全体同胞书》。"①

《传记与回忆》说："由于八月一日是中国工农红军的建军节和国际反战日，所以中共出席国际七大的代表团同意把这个文件发表日期签为八月一日，所以后来在中国这个文件就成为'八一宣言'。"

8 月 7 日　在共产国际七大第二十三次会议上讨论季米特洛夫报告时作长达数小时的发言，对季米特洛夫报告中的政治路线和策略路线表示无保留的赞成，说建立反帝统一战线已"成为首要的问题了"。"由于日寇的野蛮进攻和国民党一系列空前的背叛行为（甚至低劣到按照日本的命令解散它自己的许多组织），中国的民族危机已经使挽救祖国危亡的斗争成为每个中华民族的儿女最神圣的职责。除了动员全中国人民，在反帝统一战线和人民阵线策略的基础上进行反对日本帝国主义的民族革命斗争之外，没有别的出路。"②

王明在 1967 年冬谈的《关于共产国际七大后书记处名单问题和其他》的回忆中说：当天他在共产国际七次大会上发言至一半时，斯大林打电话给苏共驻共产国际代表团党组书记，叫他把王明带去一同见斯大林。到后，斯大林谈了他对共产国际执委会名单的意见，其中有王明，并说："王明同志！你在主席团时和我谈到的抗日民族统一战线问题，我已向你说过：我同意你的意见。要考虑一下实现这一统一战线的具体条件。我同意你关于帮助中国红军的要求，以后要商量一下具体办法。暂时就这些。"但苏共驻共产国际代表团党组书记通知斯大林提出的名单后，曼努伊尔斯基提出让另外一个人代王明作正式书记，王明作候补书记。后来曼努伊尔斯基得知苏共驻共产国际代表团党组书记的通知全为斯大林的意见，所以在七大后书记处照相时（即在季米特洛夫家里那次），他故意叫王明坐在前排，而自己站在王明

---

① 《王明言论选辑》，第 475~476 页。
② 《在第二十三次会议上讨论季米特洛夫报告时的发言》，《资料丛书》第 17 册，第 161~166 页。

的后面。

8月7日晚 在共产国际七大第二十四次会议上讨论季米特洛夫报告时继续作长篇发言，其中说："在民族危机日甚一日的条件之下，除了我们的伟大民族全体总动员去进行坚决的、无情的反对日本帝国主义的英勇斗争而外，别无其他的救国方法；同时在共产党方面，除了反对日本帝国主义的民族统一战线这个策略而外，没有其他的办法能动员全体中国人民去与日本帝国主义作神圣的民族革命斗争。""要真正组织和顺利进行抗日救国的民族革命战争，那么不仅要有工农红军参加，不仅要有一切革命的觉悟的劳动者参加，而且要有各种政治力量和各种军事力量的参加——哪怕参加这个战争的有一部分力量是暂时的、不可靠的和动摇的同盟者也不要紧；广大的和各种政治的和军事的力量参加民族革命战争这件事实，不仅是可能的，而且是必然和必需的。我认为：在目前的时候，考虑到我们过去好和坏两方面的经验，考虑到目前中国的形势，考虑到我国人民的民族生存已处在千钧一发的紧急关头，我们的党应当继续发展反日民族统一战线的策略，应当把这个政策极彻底地、极大胆地、极广泛地和极坚决地运用起来，以便把全中国人民在极短期间内真正联合起来，去进行抗日救国的共同战斗。"那么应当怎样向前发展这个政策呢？他说："我们现在实行抗日救国政策的具体步骤应当是：中国共产党和中国苏维埃政府共同向全国人民，向一切政党、派别、军队、群众团体以及一切政治家和名流们提议，与我们一起组织全中国统一的国防政府和全中国统一的抗日联军。"在非苏维埃区的党组织，要转变关门主义倾向和传统，在苏区应当重新审查经济政策方面的许多问题。这个发言还强调了统一战线中的无产阶级领导权，说："共产党员应当进行有系统的、不顾牺牲的实际斗争，去夺取这种领导权。"报告还说："中国共产党在民族斗争和阶级斗争中，锻炼出了成千上万忠于革命事业的战士，培植出了许多英勇善战和智勇双全的干部，这些干部不仅不怕困难，而且善于克服困难。在这些战士当中，有出色的党内领袖和国家人才，如毛泽东、项英、周恩来、张国焘、张闻天、博古等同志。"① 值得注意的是，王明把毛泽东远远地排在曾经拥有党内实际地位的博古之前，而且排在了第一位。

王明的这个长篇发言，从总的看是符合共产国际七大的精神的，是正确

---

① 《在第二十四次会议上讨论季米特洛夫报告时的发言》，《资料丛书》第17册，第167～184页。

的。但是，其中也有错误，如在谈到国内革命力量时有所夸大，说"在一切苏维埃区域里，在近年来艰难困苦的战斗中，红军底实力不但没有减少，反而扩大了许多。根据敌人的中外报纸的消息，现时全国红军底人数已将近50万人"，并说"还有一个事实，也可以证明红军在最近时期内获得了新的大胜利，这就是中共中央所提出的口号：扩大正式红军到100万人，扩大苏区到1万万人口，在最近的将来已经可以成为实际行动的口号"。① 当时中央红军因为执行以王明为代表的"左"倾冒险主义，第五次反"围剿"已经失败，并且在长征初期遭到惨重的损失，可是王明还吹嘘为"新的大胜利"。

这个发言最早刊载于1935年8月9日苏联《真理报》，题为《论殖民地和半殖民地的革命运动与共产党的策略》，还发表于《共产国际》中文版第8、9、10期合刊，俄文版第25期，《革命的东方》俄文版第4期。同年10月，改名为《论反帝统一战线问题》，由莫斯科联共（布）出版社、巴黎亚洲出版社出版中文单行本。次年3月，国内出版单行本，题为《论反帝统一战线》。抗日战争初期经作者修改后，收入《陈绍禹（王明）救国言论选集》等文集。②

据田中仁《王明著作目录》说，该文还载于1935年12月30日出版的《社联盟报》第29期，1936年2月1日出版的《国民须知》，1936年出版的《解放》（北平）第1期，1936年5月14日出版的《斗争》（西北）第99期，1936年5月20日出版的《战斗》第6期，《中国人》创刊号，并收入1936年2月出版的《共产国际论中国共产党》，1938年出版的王明著《论反帝统一战线问题》，1942年6月出版的王明著《论马列主义决定策略的几个基本问题》等。③

《传记与回忆》说：这个讲演和《八一宣言》"两项文件的发表，不仅引起了中国一切抗日反蒋的政治、军事力量和民众团体的积极响应和拥护，而且引起蒋介石和他领导下的国民党的各种派别的热烈响应和争论，因而对于在全国范围内建立抗日民族统一战线给以极大的推动"。

师哲回忆说："为了配合王明的报告，康生也在大会上发了言，他借中国工农红军、游击队和苏区的发展壮大，极力吹捧王明，为王明歌功颂德。

---

① 《王明言论选辑》，第448～449页。
② 《王明言论选辑》，第427页题解，及本书附录《王明文章、讲话目录》。
③ 〔日〕田中仁：《王明著作目录》，第63～64页。

他竭力想说明，在王明的正确领导下，中国革命迅速向前发展了。"① 他还说：王明在共产国际七大上作长篇报告后，"康生在大会上为主子呐喊助威，也作了'副报告'，报告的末尾高呼'王明同志万岁'，于是他们的狼狈关系更加亲密了"。②

8 月 8 日　与康生联名致书记处信。③

8 月 20 日　共产国际第七次代表大会闭幕。在这次会议上，王明和毛泽东、周恩来、张国焘一起，被选为共产国际执行委员会委员，康生、秦邦宪被选为候补执委会委员，周和生被选为监察委员会委员。

同日　陈云到达莫斯科。有的学者说："从陈云那里，王明第一次了解到有关长征和遵义会议的全部详情。从此，在王明与毛泽东之间，开始了长达十年的错综复杂的关系。"④

8 月 21 日　在共产国际执行委员会全会上当选为执委会主席团委员、书记处候补书记，康生当选为执委会主席团候补委员。⑤

师哲回忆说："在共产国际第七次代表大会上，王明当选为执行委员会常委、书记处书记，分工管理亚洲和拉丁美洲各国共产党的工作。于是，他把中共驻共产国际代表的头衔给了康生。这样，康生成了正式代表，而王明则成为中共代表的'太上皇'。"⑥

李国华于 1943 年 9 月 20 日写的《关于王明同志的一些材料》说：王明及其最亲信的干部曾经多次向我们表明，认为王明在党内历史上的伟大功绩有三：一是大革命时代在俄国学习时，开展反托派与右派的斗争，而产生了二十八个半布尔什维克的事情；二是在国内反立三路线和领导四中全会；三是抗日民族统一战线。他们一向自称统一战线的政策是王明同志手造的。给我印象最深的是 1935 年 7 月，共产国际执行委员会主席团候选名单中本来没有王明的名字，吴克坚同志马上起来说明主席团名单有增加的必要，他说明了王明的功劳，特别是强调在国际大会上各国党都没有提出新的政策来，唯有王明同志代表中央提出了新的民族统一战线的政策，结果王明同志当上

---

①　《在历史巨人身边——师哲回忆录》，第 117 页。

②　师秋朗整理《峰与谷——师哲回忆录》，第 212 页。

③　〔日〕田中仁：《王明著作目录》，第 64 页。

④　高华：《红太阳是怎样升起的——延安整风运动的来龙去脉》，第 103 页。

⑤　王明在延安写的简历说"35 年 7 月~8 月共产国际七次代表大会当选为执委及主席团委员和书记处候补书记"。

⑥　《在历史巨人身边——师哲回忆录》，第 119 页。

了主席团的候补委员。①

8月25～27日　撰写《为争取建立反帝统一战线和中国共产党的当前任务》。②

8月　共产国际七大闭幕以后，中共驻共产国际代表团举行庆祝会，康生极力吹捧王明。

仲侃在《康生评传》中说：1935年上半年，康生就以共产国际招待所——"留克斯"为基地，串联国际列宁学院和东方劳大的一些中国学生，联名写信给共产国际，要求批准王明出任中共中央总书记。事后，康生承认确有此事，但是多方辩解，说自己没有参与此事。在中共驻共产国际代表团庆祝共产国际第七次代表大会胜利闭幕的宴会上，康生又突然出面向与会者提议"拥护王明同志担任中共中央总书记"，并带头举杯，"为王明提出的抗日统一战线而干杯！"与此同时，康生还指示莫斯科东方劳大中国部举办了一个"中国共产党历史展览"，突出宣传王明路线的"正确"，吹捧王明"是中国共产党的领袖"。③

师哲回忆说："康生与王明一唱一和，在驻共产国际的同志中间发起签名，要求让王明当中共领袖，高呼'王明万岁！'"④ 他还说："我们在共产国际工作时，为了培养自己的干部，将十五岁以上的孩子都送到专设的中学学习。但对他们的教育却很成问题。这些青年虽然都是中国人，可是对中国的历史和革命斗争情况一无所知，只知道一个王明。学校甚至让他们只喊'王明万岁'。"⑤

中共中央文献研究室编的《任弼时传》说：任弼时1938年到共产国际后，"发现王明和康生政治上极其不正派，一是许多场合竟悬挂着王明的像。据国际列宁学院中的中国学员反映，康生到处鼓吹王明是中国共产党的领袖，甚至串连一些人上书共产国际执委会，要求批准王明为中国共产党的总书记。蔡畅也听到反映说，这里经常有人喊王明万岁的口号。而王明竟然心安理得"。⑥

---

① 此回忆不一定准确，不可能因为吴克坚的意见就增补王明；王明也不是共产国际执行委员会主席团候补委员，而是正式委员。
② 收入苏联科学院远东研究所1984～1985年版《王明全集》俄文版第3卷。
③ 仲侃：《康生评传》，第52页。
④ 《在历史巨人身边——师哲回忆录》，第121页。
⑤ 《在历史巨人身边——师哲回忆录》，第100页。
⑥ 中共中央文献研究室编《任弼时传》，第437页。

阎明复在《康生其人其事》一文中也说："1933 年 7 月 ~ 1937 年 11 月，康生在莫斯科作为王明的助手，竭力推行王明路线，把王明写的《为中共更加布尔什维克化而斗争》的小册子说成是体现了党的路线，在莫斯科的中国人中搞了一次要王明当总书记的签名运动，串联一些人向共产国际写请愿书，要求批准王明为中共中央总书记。"①

对于王明、康生大搞个人崇拜，不少人持不同意见。作为白区党组织的代表出席共产国际七大的孔原对此表示了不满。王明等人就对他罗织罪名，成立专门小组进行审查，以致撤销他的职务。孔原曾到列宁学院特别班学习，也被开除学籍，还给他严重警告处分，不准回国。孔原说：1936 ~ 1937 年我在党内生活历史一次受到最严重的打击，当时处境十分艰难。后来王稼祥到中共驻共产国际后，他的问题才得到公正的解决。② 杨尚昆也回忆说："后来，从莫斯科回来的孔原和冯锡等同志，向毛主席直接报告了实际情况。孔原是老资格，原名陈铁铮，后来到莫斯科列宁学院学习，当时王明和康生是驻共产国际的代表，孔原讨厌王明，觉得他不正派，反对王明反对得很厉害，王明和康生也恨他，开除了孔原的党籍。回延安后，孔就找毛主席，说康生一直是宣传王明的，他不但没有反对过王明写的《为中共更加布尔什维克化而斗争》，而且在列宁学院讲中国革命史课时就以王明这本小册子作教科书；有一次，在中国代表团举行的招待会上，他还带头在祝酒时喊：'王明同志万岁！'孔原跟毛主席谈话后，中央决定恢复他的党籍。这件事是孔原自己告诉我的。像这样去说的不只孔原一个人，从莫斯科回来的还有好几个人也去跟毛主席讲。"③

唐纯良著《李立三传》说："在会议期间，王明曾经策划篡党的阴谋，他唆使几个人发起倡议，以出席共产国际'七大'的中国代表充当代表，召开'中国共产党的临时代表大会'，并企图让这次非法的'临大'选举王明作中共中央总书记。有两个人拿着倡议书，请李立三签名，也作为发起人之一。李立三认为尽管中共中央失去了同共产国际的联系，但是中共中央及全党是在国内；在莫斯科这些党员不能代表中国共产党，这里显然是有阴谋的。因此他严词拒绝了这个倡议，并立即采取行动进行抵制。他向代表团的

① "中华热血"网（http://hi.baidu.com/pp369456/blog/item/efe5fc180ba893b14bedbcb0.html），2008 年 5 月 7 日。
② 徐则浩：《王稼祥传》，第 184 页。
③ 《杨尚昆回忆录》，第 219 页。

其他领导汇报并指出了这种活动的非法性，表明了自己的反对态度，因而引起了其他人的坚决反对，迫使王明假称自己不知道此事，并在一次代表团会议上假意批评了发起签名的人，把事情掩饰过去。这个阴谋就这样破产了。从此王明对李立三更加仇恨了。"① 李思慎、刘之昆在《李立三之谜：一个忠诚革命者的曲折人生》一书中也说了类似的情况。②

8 月 25～27 日　中共驻共产国际代表团开会，讨论中国建立抗日民族统一战线问题。王明在会上作了《为争取建立反帝统一战线和中国共产党的当前任务》的报告，指出中央制定新策略的出发点，一是中国发生了深刻的政治危机，二是"红军和苏区本身存在弱点"，"仅仅依靠红军力量，还不能战胜日本帝国主义及其走狗，而从政治趋向的观点看来，还有很大一部分人民没有脱离其他政权和其他党派的影响，他们今天还不拥护苏维埃，而在其他政党中，国民党在当前则是一个最大和最有影响的党"。③ 因此，党的任务是吸收一切可能的、哪怕是暂时的动摇的同盟者及同路人，甚至不排除同蒋介石建立统一战线的可能性，只要"他真正停止反对红军的战争并调转枪头去反对日本帝国主义者"。④ 在这里，王明由过去夸大红军和苏区的作用，开始对国内的政治形势作出较为切实的估计，正视国民党的力量及其在反日战争中的作用，并开始提出了联蒋抗日的思想。

《传记与回忆》说：引起这个报告的原因，是米夫和郭绍棠同志"利用陪同中共出席国际七大代表团赴南俄参观的机会，进行反对抗日民族统一战线的活动，引起代表团同志们的愤慨，回莫后纷纷要求王明同志召集会议，批评他们的错误。米夫和郭绍棠同志在会议上，承认他们在政治上和组织上所犯的错误。米夫同志承认错误是诚恳的，他后来没有再反对统一战线，但是郭绍棠同志后来还时常和康生一起暗地反对抗日民族统一战线政策及其创始人。王明同志认为，必须把抗日民族统一战线政策在理论上策略上说清楚，才能在思想上和行动上达到一致，所以才召集这次会议，作这个报告"。

---

① 唐纯良：《李立三传》，第 118 页。
② 李思慎、刘之昆：《李立三之谜：一个忠诚革命者的曲折人生》，第 244～245 页。
③ 〔苏〕K. B. 柯柯什金：《共产国际和中国共产党抗日民族统一战线的策略》，许俊基译自苏联《共产国际与东方》一书，载《马克思主义参考资料》1981 年第 21 期。
④ 周文琪、褚良知：《共产国际和中国共产党》，中共中央党校科研办公室 1986 年发行，第 303～304 页。

9月10日 参加共产国际执行委员会书记处对《中华苏维埃共和国中央执行委员会和中共中央告中华民族书草案》的飞行表决，9月24日的共产国际执行委员会书记处会议批准建议稿。① 这个建议稿就是10月1日全文发表的《中国共产党为抗日救国告全体同胞书》（即《八一宣言》）的草稿。

9月下旬 参加青年共产国际②第六次代表大会后，与滕代远、陈云受到斯大林等苏共领导人的接见。③

9月 致美国中共党组织信。④

10月1日 《八一宣言》即中国共产党《为抗日救国告全体同胞书》在巴黎《救国报》第10期全文刊载，同时发表于《共产国际》中文版第11~12期合刊。

《八一宣言》发表以后，很快在国内传播开来。到这年年底，北平、上海、天津、南京、太原等各主要城市都流传着这一宣言。到第二年春天，一些边远地区如海南岛等地也看到这个宣言。同时，它也在国外40多个国家的华侨中广泛传播了开来。随着它的广泛传播，《八一宣言》在国内外都产生了很大的影响。它不仅极大地鼓舞了青年学生和知识分子的抗日爱国热情，推动了"一二·九"爱国运动的爆发，从而促使全国掀起抗日救亡运动的高潮，还对民族资产阶级和地方实力派等中间势力产生了深刻的影响，推动了他们与共产党的合作抗日和国共两党间的直接接触，为国共两党重新合作开辟了道路；激发了海外侨胞和流亡国外的爱国人士的爱国热情，使他们更加了解和拥护中国共产党的抗日主张。

对于《八一宣言》在推动抗日民族统一战线建立方面的积极作用和王明起草宣言的工作，中共中央领导人和党的文献都是肯定的。例如从1936年1月到8月中共中央北方局代表周小舟、吕振羽到南京与国民党代表曾养甫、谌小岑谈判的过程中，周小舟带有毛泽东、朱德、周恩来、林伯渠等给宋子文、孙科、冯玉祥、程潜、覃振、曾养甫等人的信件，每信都附有《八一宣言》。又据李德《中国纪事》说：1937年12月王明回国后，"我听说，毛泽东赞扬了王明在起草1935年8月1日宣言时的积极行动，这一行

---

① 《资料丛书》第15册，第44页。
② 也称少共国际。
③ 《陈云年谱》上卷，第190~191页。
④ 〔日〕田中仁：《王明著作目录》，第64页。

动为民族统一战线打下了基础"。① 1945 年 4 月中共六届七中全会通过的《关于若干历史问题的决议》指出，《为抗日救国告全体同胞书》号召成立国防政府和抗日联军都是正确的。毛泽东在他的许多著作中，也是把《八一宣言》同 1935 年 12 月瓦窑堡会议的决议、1936 年 12 月对西安事变通电、1937 年 2 月致国民党三中全会电等并列的。

同日　巴黎《救国报》发表王明撰写的社论《中国人民之曙光》。②

10 月 2 日　出席中共驻共产国际代表团会议，首先讨论满洲问题，决定成立满洲问题委员会，由杨松、赵一民、冯空、白林、史宾、唐谷、王明、康生、孔原组成，由杨松、赵一民、冯空共同写一小册子，并决定以后继续讨论满洲问题。中共满洲省委代理书记杨光华在会上作了满洲工作报告，但王明借故不让他拿笔记本，反而说他故意丢失一个秘密的本子。接着，杨光华便被拘留审查。这次被审查除了王明在上次见面时提出的四个问题外，又加上个"本子泄密事件"。后来杨光华被下放工厂劳动，又被判处5 年徒刑，流放到北冰洋一个集中营服苦役，直到 1956 年才被允许回国。杨光华做梦也没有想到，曾任过中共高级领导人的王明，竟会用这种手段无辜地加害一个地方组织负责人。③

另外，代表团这次会议还讨论了李明作的出版部工作报告；关于纪念中共建党 15 周年的通知；王明起草的对于意阿战争和共产国际对于反战的斗争（关于与第二国际谈判的问题）；代表团工作分工和工作计划等。并决定代表团的正式代表是王明和康生，王明为代表团书记；"解放王明同志二星期秘书处工作，写文件给中央"。

10 月 7 日　出席中共驻共产国际代表团会议，主要由王明传达共产国际中国部组织的通知，欢迎季米特洛夫领导中国部。会议还讨论了红军与苏区状况，通过了一些宣言。

10 月 10 日　为在共产国际七大上的报告写《作者附言》，说明略加修改和补充，并改名为《论反帝统一战线问题》，由巴黎亚洲出版社出版中文单行本。

同日　与康生联名撰写关于中国代表人选问题致青年共产国际的信。④

———————

① 李德：《中国纪事》，现代史料编刊社，1980，第 298 页。
② 〔日〕田中仁：《王明著作目录》，第 64 页。
③ 参见冯晓蔚《杨光华遭王明迫害始末》，《文史月刊》2006 年第 6 期。
④ 〔日〕田中仁：《王明著作目录》，第 64 页。

10 月 11 日　以杨靖宇、吴义成等人名义发出给关内军政领袖及各法团的通电。①

10 月 18 日　中共驻共产国际代表团开会，主要是讨论孔原关于北方工作的报告。

10 月 28 日　在《救国报》发表《怎样了解布勒斯物合约底教训》。②

10 月 29 日　给季米特洛夫写信，"通报中国方面的几件比较重要和比较紧急的事情"。他谈的第二件事情是"关于中国共产党人在国外举行党的代表会议一事，这个会议应在本月举行，但由于来自美国的主要代表在取得护照和签证方面遇到了困难，至今还不能举行。我们正设法使它尽快在最近一个月内举行。"③　第三件事情是"关于中国反帝统一战线问题"，主要是谈中华民族革命同盟④的情况。第四件事情是"由于日本对中国发动新的进攻以确立它对中国的完全保护国地位，也由于要求撤换蒋介石等，以及由于红军与蒋介石之间斗争形势的变化，蒋介石与其他集团之间斗争的加剧，特别是包括军队在内的全民对蒋介石的不满情绪的增长，中国的局势有可能发生重大的变化。已经有消息说，连蒋介石也宣称他知道我在共产国际七大上的讲演，并确信共产党只是现在才真正维护自己国家的利益，并想改变自己的战线，也就是同我们建立统一战线进行抗日斗争。以后事情会怎么发展，目前还不知道，但有一点是毫无疑问的，在实行正确政策和进行顽强斗争的条件下，在中国建立抗日统一战线的工作，可以从根本上改变国家的局面"。⑤

10 月　作七绝《长汀噩耗（悼瞿秋白同志）》：

> 意料随军北抗日，忽闻噩耗泪如泉。
> 长汀取义成仁日，国际歌声动九天。⑥

还在《共产国际》第 20~21 期发表《纪念瞿秋白和何叔衡同志》。

11 月 5 日　出席中共驻共产国际代表团会议，讨论 1935 年出版计划、

---

① 〔日〕田中仁：《王明著作目录》，第 65 页。
② 〔日〕田中仁：《王明著作目录》，第 65 页。
③ 会议没有举行。
④ 由李济深、陈铭枢等于 1935 年 7 月成立，是国民党民主派人士的秘密政党组织。
⑤ 《王明给季米特洛夫的信》，《资料丛书》第 15 册，第 59~62 页。
⑥ 《王明诗歌选集（1913~1974）》，第 101 页。

出小册子等问题。决定出版下列小册子：王明的"新政策的解释"、"三民主义与国民党"；史宾的"党内问题"；米夫的"中共十五年"；郭净、周和生的"土地农民问题"；徐杰的"经济政策"、"苏维埃建设"、"青年工作"、"红军"；李明的"民族革命战争"；康生的"职工问题"；梁朴的"职工运动史"；杨松的"东北问题"。

同日 张国焘在四川理番县卓木碉召开高级干部会议，宣布另立"中共中央委员会"、"中央军事委员会"等，其中以陈绍禹、项英、张国焘等11人"组织中央政治局"。①

11 月 6 日晚 李明邀请一批中国同志在莫斯科联盟饭店聚会欢庆十月革命18周年，接着把恋人丽扎带到共产国际"柳克斯"② 招待所去见王明，但"丽扎发现王明与李明的谈话相当冷淡，李明与王明也保持着相当的距离。丽扎不理解李明为什么要带她去会见王明，事后她才被告知，李明要同她结婚，按照党内规定，必须经过党组织的批准，所以不得不找王明"。③

11 月 7 日 在《布尔什维克》俄文版第20期发表《中国共产党的新任务》。

同日 在巴黎《救国报》发表《答反帝统一战线底反对者》，驳斥了蒋介石关于中国共产党"无论如何都不愿与我和我们的军队发生关系，因此我们不得不与红军作战"的"诳话"，明确提出了"联蒋抗日"的思想："中国共产党、苏维埃政府和红军，已屡次宣言，表示我们准备与任何军队和任何将领，订立战斗协定去共同进行反日斗争，南京政府的军队当然也在内。至于讲到蒋介石个人，那么，我们公开宣称：虽然他作了无限卖国殃民的罪恶，但是，如果他真正停止与红军作战，并掉转枪头去反对日本帝国主义的话，那么，中国共产党和苏维埃政府不但给他以向人民和国家赎罪的自新之路，而且准备与他及南京军队一起，在共同的一条战线上，去反对日本帝国主义。"此文收入巴黎救国出版社1936年出版的王明著《救国文选》，④及在苏联出版的王明著《新形势与新政策》。⑤

11 月 10 日 中共驻共产国际代表团召开会议，谈论反日新策略、苏区经济、土地政策、抗日统一战线问题，很多同志发言谈到王明的报告。

---

① 王健英：《民主革命时期中共历届中央领导集体述评》下册，第616~617页。
② 即留克斯。
③ 李思慎、刘之昆：《李立三之谜——一个忠诚革命者的曲折人生》，第243页。
④ 曹仲彬、戴茂林：《王明传》附录《王明著述目录索引》，第473页。
⑤ 〔日〕田中仁：《王明著作目录》，第66页。

11月17日 出席中共驻共产国际代表团会议，研究的主要内容有：1. 中国部工作计划；2. 纪念中共 15 周年，其中关于斯大林在中国革命中的作用文集，由王明写序言；3. 反帝学生运动与党的任务。

11月19日 出席中共驻共产国际代表团会议，讨论苏区职工会、济难会纲领、杨明斋党籍、张宝的问题、国际通讯中的文字问题等。关于杨明斋的党籍问题，会议"认为〈杨〉1929 年未得中央及北方省委同意私自逃跑到苏联，是错误的。已经苏联国家机关处罚，现在中共代表团承认他是中共党员"。

11月20日 致依斯科贝什夫同志信。①

11月28日 以朱德、周恩来、王稼祥名义致各级军队领导人电。②

11月 撰写《中国共产党的新任务》和《中国共产党新政策的基础》两篇文章。《中国共产党的新任务》发表于《布尔什维克》俄文版第 20 期。1936 年 1 月将这两篇文章合编成《新形势与新政策》的小册子，在苏联出版，并在 1936 年 1 月 9 日~3 月 10 日的《救国时报》上连载，同时刊载于《共产国际》中文版 1936 年第 1、2 期合刊。抗日战争初期改名为《抗日救国政策》，收入《陈绍禹（王明）救国言论选集》。③

《新形势与新政策》共分为六个部分：一、中共的新政策——建立抗日救国的统一战线；二、中共新政策产生的根据；三、驳复反日统一战线底反对者；四、论苏维埃政府与国防政府之间，红军与抗日联军之间的互相关系；五、必须在工作各方面都起转变；六、中国共产党的新政策能战胜日本帝国主义底"新"政策。文章指出："中国共产党底新政策，就是使全国人民总动员，使全国军队总动员，使全国财富总动员，使全国人民总武装，使全国各党派大团结，以便进行抗日救国的神圣事业的政策。"中国共产党采取这种"新政策"的根据是：1. "中国全体人民"要求抗日救国，"现在不仅工人阶级、农民和一切劳动者"，"不仅广大小资产阶级群众"，"而且有很大一部分民族资产阶级"，都觉悟到"必须采取坚决办法"，来反抗日本帝国主义；2. "中国革命发展的基本特点"；3. "中国红军和苏维埃势力底增长"和"他们的弱点"，"从军事实力的观点看来，仅仅靠今天红军底力

---

① 〔日〕田中仁：《王明著作目录》，第 66 页。
② 〔日〕田中仁：《王明著作目录》，第 66 页。
③ 参见《王明言论选辑》，第 470 页题解。

量，还不能战胜日本帝国主义及其走狗，从政治趋向的观点看来，还有很大一部分人民，因为种种关系，在今天还没有脱离其他政权和其他政党的影响"；4. 需要纠正我们党"理论上和实际中所表现的错误和弱点"，最"主要的是'左的'关门主义性质"的错误和弱点，它"妨碍着我们的党，使党不能成为全体人民公认的领袖和整个民族的团结的核心"。文章指出为建立抗日救国统一战线，中国共产党必须在经济政策（包括土地政策、工商业政策）、劳动问题、政治制度、对外政策等方面，都需要"转变"。①

《传记与回忆》说："1935 年 11 月上旬，王明同志给《布尔什维克》杂志和《共产国际》杂志写了内容基本相同的两篇论文，为了解释在新形势下的中共新政策。在这两篇论文里，解释了中共新政策产生的各种根据；驳斥了反对抗日民族统一战线的各种论据，进一步说明了苏维埃政府与国防政府之间和红军与抗日联军之间的相互关系；提出了在苏维埃区，在土地政策、工商业政策、劳动政策、政治制度、对外政策等各方面，都要转变到适合于建立抗日民族统一战线的具体意见。""这两篇论文发表的直接结果，一方面是蒋介石被迫派遣代表团同王明同志进行关于国共合作共同抗日的谈判，另方面是北京学生发动著名的'一二·九'抗日运动。""蒋介石之所以被迫派遣代表，是由于王明同志把原来逼蒋抗日的策略，发展成为联蒋抗日的策略，也就是在他的论文里说：如果蒋介石停止反共战争，而掉转枪头去反对日本的帝国主义的话，中国共产党和苏维埃政府准备同他和南京政府及军队一起，在共同的一条战线上，反对日本帝国主义。"这里说的那两篇文章，就是这两篇文章。

同月 中共驻共产国际代表张浩在瓦窑堡向中共中央领导人传达共产国际七大精神，《八一宣言》的各项内容，还传达了为季米特洛夫所肯定和赞同的王明在演讲中的重要论断和倡议。王明在共产国际第七次代表大会上说："中国共产党是代表全国人民的，不只是代表工农的。"他的原话是："按照自己的政纲和目的说来，中国共产党首先是工人阶级的政党。可是同时中国共产党是中国全体人民争取民族解放和社会解放的政党。""在目前的中国，反对日本帝国主义的民族统一战线问题，不仅具有头等意义，而且具有决定一切的意义。""在民族危机日甚一日的条件之下，除了我们的伟大民族全体总动员去进行坚决的、无情的反对日本帝国主义的英勇斗争而

---

① 《王明言论选辑》，第 470 ~ 513 页。

外，别无其他的救国方法；同时在共产党方面，除了反对日本帝国主义的民族统一战线这个策略而外，没有其他的办法能动员全体中国人民去与日本帝国主义作神圣的民族革命斗争。"考虑到我国人民的民族生存已处在千钧一发的紧急关头，我们的党应克服"左"倾关门主义错误，"应当继续发展反日民族统一战线的策略，应当把这个政策极彻底地、极大胆地、极广泛地和极坚决地运用起来，以便把全中国人民在极短期间内真正联合起来，去进行抗日救国的共同战斗"。①

12 月 1 日 在《共产国际》俄文版第 33 ~ 34 期发表《反帝统一战线斗争与中国共产党的当前任务》。

12 月初 共产国际领导决定要王明和潘汉年与国民政府驻苏大使馆武官邓文仪谈判。

《传记与回忆》说："蒋介石在 1935 年 12 月初，委任他的驻苏大使馆武官邓文仪为他个人和国民党中央执行委员会的代表，经过苏联政府机关介绍，到共产国际找王明同志。共产国际领导同志决定要王明同志和潘汉年同志（即当时化名白灵，作为王明同志秘书）参加谈判。"

12 月 9 日 得知一二·九运动消息后，写七绝《"一二·九"运动》诗一首。②

同日 中共驻共产国际代表团主办的《救国报》改名为《救国时报》，继续在巴黎出版。③

在《救国报》最后一期上，以"明"的名字发表《福建事变一周年》，其中作了一些自我批评。④

12 月 14 日 在《救国时报》第 2 期发表关于抗日讨蒋问题编辑部给陈奉奇的公开信。⑤

12 月 20 日 中共驻共产国际代表团在给戈帕涅尔的便函中说，根据现有需要并考虑到近来中国事态的发展，应采取扩大东方劳动者共产主义大学中国分校的方针，并应"责成由曼努伊尔斯基、戈帕涅尔、米夫、王明、

① 中国社会科学院近代史研究所翻译室编译《共产国际有关中国革命的文献资料》第 2 辑，第 407 ~ 408、398、403 ~ 404 页；又见熊经浴、李海文《张浩传》，第 117 ~ 118 页。

② 《王明诗歌选集（1913 ~ 1974）》，第 103 页。

③ 刘文耀、杨世元编《吴玉章年谱》，第 205 页。

④ 〔日〕田中仁《王明著作目录》说时评《福建事变一周年》刊载于 1935 年 1 月《中国报》第 8、9 期合刊，见该书第 42 页。

⑤ 〔日〕田中仁：《王明著作目录》，第 67 页。

康生、施平①、基萨诺娃、赖特、梅利曼等同志组成的委员会审定中国分校的教学计划和教学大纲，以便使之更接近中共的需要和新的情况"。②

同日　以中国共产主义青年团中央委员会名义发表《为抗日救国告全国各校学生和各界青年同胞宣言》。③

12 月 23 日　米夫和中共驻共产国际代表团④提出的 1936 年第一季度中国工作计划，要求组织撰写并发表一些根据中国的情况阐述共产国际七大决议的小册子和指导性文章，其中包括王明的《论中共的新政策》、《论孙文主义与国民党》。并准备出版王明、克雷莫夫、米夫的《中国苏维埃》第 2 卷、王明的《民族危机与中国共产党》⑤，以纪念中共成立 15 周年。在"季米特洛夫同志秘书处会议日程"中，安排 1936 年 1 月 5 日听取王明的"在中国实现统一战线的具体途径"，3 月 5 日听取王明的"红军斗争的问题"。⑥

12 月 26 日　出席中共驻共产国际代表团会议，讨论学生反日运动及少共的任务。

12 月 27 日　《中共新政策产生的根据》，后收入 1936 年 2 月在苏联出版的王明著《新形势与新政策》。

12 月　作五律《喜闻李罗两同志安抵瓦窑堡》⑦ 一首，诗曰：

> 闻悉抵窑堡，浑身顿觉轻。
> 风霜万里路，马列一条心。
> 统战方针达，中华局势新。
> 全民齐抗日，鸣鼓到东京！⑧

冬　作五绝《不死之人（悼方志敏同志）》，诗曰：

---

① 即陈云。
② 《中共驻共产国际执行委员会代表团给戈帕涅尔的便函》，《资料丛书》第 15 册，第 69～70 页。
③ 〔日〕田中仁：《王明著作目录》，第 67 页。
④ 起草人是根据内容确定的。
⑤ 见王明《为独立、自由、幸福的中国而奋斗》，莫斯科，1936。
⑥ 《米夫和中共驻共产国际执行委员会代表团提出的 1936 年第一季度中国工作计划》，《资料丛书》第 15 册，第 71～77 页。
⑦ 李即李富生，即林仲丹，又名张浩；罗即罗英，即王湘宝，又名刘长胜。
⑧ 《王明诗歌选集（1913～1974）》，第 102 页。

就义歌声壮，遗书党性高。

千秋恨蒋日，万众哭英豪。①

本年底或明年初　出席中共驻共产国际代表团会议，研究学生运动、纪念方志敏被捕一周年、工作计划等。

本年　为在苏联出版的《第二届苏维埃代表大会》一书作序，作七律《得东北抗日联军组成报告》，②《东北抗日游击队将领为华北事变告全国民众书》，③并由苏联外国工人出版社出版《新条件与新策略》一书。④另外，还撰写《告满洲里人民关于中国北方事件书》、《纪念同志们》、《中国工农红军告阿比西尼亚人民书》、《关于创立中国东北抗日民族防务政府和组织抗日联军的声明》、《中国共产党中央委员会呼吁书》、《阿比西尼亚与中国》、《中国红军宣言》等。⑤

本年　中共驻共产国际代表团曾由莫斯科派洪波、周历（皆系列宁学校学生，广东人）二同志回上海去建立与远东局和地方党的联系。⑥

本年　苏联党出版社出版的《第七次代表大会前的共产国际》中称："中国共产党终于铲除了李立三路线，在炮火连天的严酷斗争中，在极其秘密的地下环境中，当时已经造就和锻炼出一批以陈、秦、王、沈、何⑦等同志为首的坚强而又正确的共产党干部，当党的中央机关刊物出现李立三的纲领性文章时，他们就起来同反共产国际的、非布尔什维克的李立三观点展开了斗争。"这充分说明了共产国际对王明等的信任。⑧

1936 年　32 岁

年初　作五律《惊人之计》，反对红军东征。⑨

①　《王明诗歌选集（1913～1974）》，第 104 页。

②　《王明诗歌选集（1913～1974）》，第 99 页。

③　《写作要目》说前者"可能发表于巴黎《救国时报》"。

④　俄罗斯科学院汉学图书馆存有此书。

⑤　均收入苏联科学院远东研究所 1984～1985 年版《王明全集》俄文版第 3 卷。

⑥　孟庆树根据王明回忆谈话整理《关于临时中央政治局和博古当总书记问题》（未刊稿）。

⑦　即王明、博古、王稼祥、沈泽民、何子述。

⑧　李东朗：《王明到底有什么国际背景》，《百年潮》2008 年第 12 期。

⑨　《王明诗歌选集（1913～1974）》，第 105 页。

1月4日　致季米特洛夫信。①

1月4~9日　在巴黎《救国时报》连载《第三次国共合作有可能吗?》。

1月11日　中共驻共产国际代表团召开小型会议，研究是否与中国驻苏联大使馆首席武官邓文仪会见的问题。

1月13日　安排潘汉年到胡秋原家与中国驻苏联大使馆首席武官邓文仪进行接触，了解其意图。在会见时，潘汉年说："王明同志听说你要找他谈国共两党合作抗日救国问题，委托我先来了解一下。"邓文仪说："我这次来莫，完全是受蒋先生的委托，要找王明同志讨论彼此间合作抗日问题。我们曾经在上海、南京等地找过共产党的关系，进行了一周的时间，全无结果。后来，我们想到四川和陕北直接去与红军进行谈判，但事先毫无联系，恐怕进不去。最近蒋先生看到王明同志在共产国际七次大会上的讲演，以及最近在《共产国际》杂志上的文章，立即决定派我来找王明谈判彼此合作的问题。我们在南京曾召集过几次高级干部会议，蒋先生亲自提出统一全国共同抗日的主张，大家全都同意蒋先生的主张。可以说联合共产党的原则是已经决定了。因此我可以代表蒋先生与你们谈判合作的初步条件。具体的合作条件，双方当然还要请示。"潘汉年说："我可以代表中国苏维埃与红军的领袖朱、毛两同志和王明同志，向全体国民党员以及南京军队的全体将士宣布说：只要你们立即停止进攻红军，表示抗日，我们愿意与你们谈判合作问题。"②

1月17日　与中国驻苏联大使馆首席武官邓文仪在莫斯科中共代表团驻地会谈。他说："关于我们建立抗日统一战线的主张，中国共产党与苏维埃政府已经屡次发表宣言和各种文件加以说明，我也多次在文章中谈论过这个问题。我们主张，对于任何政党和任何军队，只要他们愿意参加抗日战争，我们都愿意与他们谈判建立统一战线。我甚至公开说明，不管蒋介石过去对国家和人民犯过多少罪行，只要他掉转枪口，对准日本帝国主义，我们也一样给他以自新赎罪的机会。"当邓文仪询问对于成立抗日同盟协定的具体意见时，王明说："我们准备和一切决心参加抗日斗争的党派团体及军队共同组织统一的国防政府和抗日联军。"邓文仪说明了蒋介石关于国共合作的如下意见：第一，关于政府问题，取消中国苏维埃政府，邀请所有苏维埃

---

① 〔日〕田中仁：《王明著作目录》，第68页。
② 杨奎松：《1936年邓文仪与王明、潘汉年谈判经过及要点》，《党史研究资料》1994年第4期。

政府的领导人和工作人员参加南京政府的工作；第二，关于军队，红军应当改编为国民革命军，因为同日作战必须有统一指挥；第三，关于党的问题，有两个办法：首先是恢复 1924～1927 年的两党合作形式，其次是共产党继续独立存在。这个问题可以以后再来解决他。第四，关于防线问题，南京政府打算派一些军队和红军一起到内蒙古地区参加抗日斗争。王明说："红军与国民党如果要建立密切的联盟，第一位的条件恐怕是：（1）互相信任；（2）停止内战。如果国民党不能结束对红军的战争，红军的领导人是不会信任你们的。因此你们必须首先采取措施证明你们与红军合作的想法是真实的。""有关具体的谈判条件问题，你们必须同毛泽东、朱德他们去谈去。"①

1 月 21 日　季米特洛夫将三份王明与邓文仪谈话的记录送交伏罗希洛夫，并说一名中国同志将动身，"他一定要通过王明得到指示"。②

1 月 22 日　与中国驻苏联大使馆首席武官邓文仪在莫斯科中共代表团驻地进行第二次会谈。他批评了蒋介石关于国共合作的意见，说："我党代表团嘲笑过南京政府的协议条件，因为代表团认为，你们关于协议条件的谈话是不严肃的，因为蒋介石作为政治家不能只向红军和中国苏维埃政府提出那些不会给我们带来任何好处而只会带来害处的条件。例如在政府问题上，你们建议取消苏维埃政府，而在军队问题上，你们建议改组红军。关于抗日前线，你们提出最困难最艰苦的前线条件，即你们给红军提出内蒙古战线。那么蒋介石给红军提出了什么有利条件呢？代表团不相信，蒋介石希望同我们谈判而只提出这些条件。因此最好你也说一说蒋介石委托你转达给我们的、能给红军和中国苏维埃政权带来某种好处的另外一些条件。"他还说："谁会相信蒋介石会像对待自己的军队一样对待红军？这不仅我们不会相信，而且所有中国军人，例如，甚至广东集团都不会相信蒋介石。"③

1 月 23 日　与中国驻苏联大使馆首席武官邓文仪在莫斯科中共代表团驻地进行第三次会谈。当邓文仪说两党之间的协议是一定要达成的时，王明说："我已经对您说过，无论如何，协定只能在苏区签署，因为我们不知道红军目前的具体要求，所以不能代替毛泽东和朱德来签署这份协议。关于原

---

① 《王明与邓文仪谈话记录》，《资料丛书》第 15 册，第 89～102 页；又见陈晖《前苏联档案中关于王明和邓文仪的会谈纪要》，《民国档案》2006 年第 1 期。

② 《资料丛书》第 15 册，第 103 页。

③ 《王明与邓文仪谈话速记记录》，《资料丛书》第 15 册，第 104～107 页；又见陈晖《前苏联档案中关于王明和邓文仪的会谈纪要》，《民国档案》2006 年第 1 期。

则问题，我们当然可以在这里谈。这不仅取决于我们，而首先取决于你们。如果你们继续提出这三个对我们不利的条件，那么我们很难和你们进行具体的谈判。如果你或者其他来这里的人，确实提出所有具体的不利或有益的条件，而且蒋介石也提出这些与我们谈判的条件，我们才能对你们的条件发表若干意见。但现在还难说，因为你方仍然没有〈提出〉对我们有益的具体条件。此外，你们还缺乏诚意。"①

王明在《曼努伊尔斯基对抗日民族统一战线政策的态度和意见》中说："在第三次谈判中，邓文仪提出要潘汉年同他一起回国，首先到南京，再一同到陕北去时，曼努伊尔斯基坚决地主张要邓文仪代表蒋介石写一份保障潘汉年安全的声明书，并且给中共代表团 30 万美元作保证金！结果便谈判破裂，推迟了一年多，直到西安事变时，才又恢复国共谈判。"

《传记与回忆》说：王明"在莫斯科旅馆内，和邓文仪举行谈判。一共举行了四次。在头两次谈判中，达到了国共合作共同抗日的原则协议。对一般条件，如停止进攻红军和苏区，给人民民主自由和抗日自由，停止压迫共产党和释放一切政治犯等，也达到了双方原则上的同意。但是关于何时国民党实行抗日战争，红军驻防地区和担任抗日作战防线地带，给红军发饷和武装等具体问题，未能达成协议，以及其他某些问题未能谈妥，而暂时告以终结。一直到 1936 年底，西安事变时，才恢复国共谈判"。

同日 王明就邓文仪谈判之事，给毛泽东、朱德、王稼祥写信，向陕北中共中央作了书面汇报，信中说："南京军事委员会介石先生于本年 1 月曾派驻苏使馆武官邓文仪为代表亲与弟及汉年面谈数次，表示同意我们所提出之抗日救国统一战线原则，惟对于抗日救国之具体合作办法有待于蒋与诸同志直接商洽，故决定由邓君与汉年同志亲赴南京与蒋面商，并言定再由南京去苏区与诸同志协商抗日救国的合作具体办法。"②

1 月 25 日 在《国际新闻通讯》第 16 卷第 6 期发表《论苏维埃政府与国防政府之间、红军与抗日联军之间的相互关系》，后收入《新形势与新政

① 《王明同邓文仪谈话速记记录》，《资料丛书》第 15 册，第 108～110 页；又见陈晖《前苏联档案中关于王明和邓文仪的会谈纪要》，《民国档案》2006 年第 1 期；杨奎松《邓文仪与王明、潘汉年莫斯科谈判实录》说是 2 月 23 日，文字也与上文有不同，见《炎黄春秋》1997 年第 2 期。
② 潘合定：《周恩来与抗日民族统一战线的形成》，《中共党史资料》第 29 辑，第 107 页；《王明给毛泽东、朱德和王稼祥的信》，《资料丛书》第 15 册，第 111 页。

策》。①

    1 月 27 日② 与康生联名给春山③写信，要他"用一切力量来建立起和恢复起交通关系"，因为"这项工作是目前有决定意义的工作"。如果这项工作不做好，200 名学生则不能来莫斯科学习，"吾党之新政策之执行人，执行吾党之新政策之坚决优秀干部之训练成为大问题"。这封信还说："最近将派杨松到你处作一短时期之工作"，他"除帮助你建立交通工作外，并帮助你在远东中国同志中招收学生"。

    1 月 29 日 在《共产国际》俄文版第 2 期、巴黎《救国时报》第 9、10 期合刊上发表《方志敏同志等被俘一周年纪念》一文，④ 后将此文与其他文章合成《民族英雄方志敏》的小册子，由苏联外国工人出版局出版。同时还在《布尔什维克》俄文版第 2 期发表《勇敢的布尔什维克——中国的民族英雄方志敏》。

    同日 在同一期《救国时报》上发表《论上海反日战争底教训》。文章说："当上海实行英勇的抗日防御战的时候，中国共产党曾经应用反帝统一战线的策略"，"共产党员与十九路军战士及上海居民手携手地在前线上作战"。"但是，因为我们党的个别领导同志认为'工、农、兵、学、商联合'的口号是不能容许的，因此采取了不正确的立场，以致真正广大的反日统一战线没有建立起来。"同时，"当时中国共产党本应当建立一切工会（赤色工会、黄色工会等）和一切工人（有组织的和无组织的）反日统一战线，以便组织全上海反日总罢工并达到武装工人抗日的目的。但因为我们的工会工作人员，实行了右倾机会主义的怠工，并犯了'左'倾关门主义的错误，以致总同盟罢工的口号没有实行，武装工人上前线去参战，执行得异常不充分"。

    同日 致电罗曼·罗兰，向他祝贺 70 寿辰："当您七十生辰大庆的今天，我敬向您——中国人民解放斗争的挚友，世界反帝、反战、反法西斯主义的英雄，国际文学界、艺术界的泰斗，致热烈的诚挚的敬礼！"⑤ 此电发

---

① 〔日〕田中仁：《王明著作目录》，第 69 页。

② 原件无年代。

③ 可能是中共东北党组织的代号。

④ 《写作要目》说王明曾撰写《纪念方志敏同志》，后收入 1936 年在莫斯科出版的一册革命烈士传。她说的这本烈士传，即"中国共产党成立十五周年丛书"《烈士传》第 1 集，此文还收入史社刊 1940 出版的《民族解放先驱方志敏》第 2 版。

⑤ 《王明言论选辑》附录《王明文章、讲话目录》说是《致罗曼·罗兰信》，而不是电文。

表在 4 月 10 日巴黎《救国时报》第 23 期上，同时还刊登了罗曼·罗兰复王明的亲笔信。

同日　致信季米特洛夫，说他 1936 年 1 月 17 日、22 日和 23 日同邓文仪的谈话记录已印好，每个文件印两份，一份给你等；并说："我刚刚收到邓〈文仪〉的来信，他在信中说，他将于 1 月 27 日从这里动身，根据蒋介石新的电报，李荣清①是同我们谈判的南京全权代表。他请求我和博林②同志等他和李荣清最近来这里进行新的会晤。"③

同日　在《救国时报》发表《中华苏维埃政府主席毛泽东和人民外交委员王稼穑的最近谈话》。④

1 月　将去年 11 月写的《中国共产党的新任务》和《中国共产党新政策的基础》两篇文章合编成《新形势与新政策》，并撰写题为《论两种统一战线》的小引，发表于 1 月 9 日 ~ 3 月 10 日的巴黎《救国时报》第 6 ~ 17 期，《共产国际》中文版第 7 卷第 1 ~ 2 期、俄文版第 2 期，并以陈绍禹（王明）的名字由苏联外国工人出版社出版单行本。其中说："两月来的中国事变，完全证明了我们党对时局估计的正确。""时至今日，中华民族必需为抗日救国而统一……在今天民族存亡的生死关头，我们必须做到各界同胞的抗日救国的统一组织，我们必需达到全国一切愿意抗日救国的党派和团体的统一行动，我们必需做到使全国各种军队达到抗日救国的战斗统一。我们要组织各界的统一救国会，我们要召集全中国各界同胞的统一的救国大会。我们要达到组织全中国统一的国防政府和全中国统一的抗日联军的目的！"⑤

据田中仁《王明著作目录》说，这篇文章还收于 1937 年 5 月 1 日出版的《时论选集》，同年 10 月出版的陈绍禹著《抗日救国政策》，1938 年 2 月 5 日出版的《抗日救国政策》，1938 年出版的《陈绍禹（王明）救国言论选集》，同年出版的陈绍禹著《抗日救国政策》。⑥

2 月 4 日　巴黎《救国时报》摘发王明在苏联《真理报》发表的关于

---

① 即陈立夫。
② 即潘汉年。
③ 《王明给季米特洛夫的信》，《资料丛书》第 15 册，第 115 页。
④ 〔日〕田中仁：《王明著作目录》，第 69 页。
⑤ 《王明言论选辑》，第 470 ~ 474 页。
⑥ 〔日〕田中仁：《王明著作目录》，第 70 页。

驳斥巴西反动报纸造谣的文章。1935 年 10 月 18 日巴西反动报纸说在莫斯科的共产国际大会上荷兰代表王明讲述巴西革命运动，而这一点却成为乌拉圭政府与苏联绝交的理由之一。王明的文章驳斥说，他不是荷兰人，是中国人，是中国共产党党员。因为中国"被帝国主义压迫剥削"，"中国共产党有多年的为中国独立自由为中国人民解放幸福的英勇斗争历史"，"所以同情一切被压迫被剥削的民族"。因此，"我在共产国际第七次大会上讲中国革命问题时，也讲到别国，特别是南美大民族巴西人民的革命事变"。

2 月 6 日　在《Rundschau》发表《必须在工作各方面都起改变》（又名《改变中的苏区各方面政策》），收入苏联外国工人出版社出版的《新形势与新政策》，并发表于 1936 年 4 月 20 日出版的《解放》（北平）第 1 期，同年 7 月 12 日出版的《斗争》（西北）第 105 期。①

2 月 9 日　致信季米特洛夫，说"根据博林同志收到的发自中国的来信，我们得知，同情中共的著名新闻记者胡愈之已于 1936 年 1 月 20 日离开香港前往巴黎，以便来苏联作短暂逗留并考察苏联"，"我认为允许他到苏联来是合适的，因为利用他的来访，我们可以达到以下目的"：1. 从他那里了解中国的具体情况，特别是与近来抗日事态的发展和抗日统一战线有关的情况。2. 利用他来撰写关于苏联的新作品。3. 利用他来为我们的公开杂志和报纸②做工作。"因此请您通过联共（布）中央的有关机关取得让他来访的许可。"③

2 月 10 日　中共驻共产国际代表团以杨靖宇、王德泰、赵尚志、李延禄、周保中、谢文东和汤原游击队、海伦游击队的名义，发表《东北抗日联军统一建制宣言》。自此以后，东北各地的抗日武装先后改编为东北抗日联军。

2 月 11 日　共产国际执行委员会书记处做出关于为中共培养干部的决定，责成由曼努伊尔斯基、戈帕涅尔、王明、康生、施平、米夫、基萨诺娃、赖特和梅利曼同志组成的委员会修订教学计划和教学大纲，在修改时要考虑到对于不同的学校须使之有所不同并使之更接近中共的任务，还要确定每个班的学习期限。决定在王明领导下为教员安排有关中共问题的系统指

---

① 〔日〕田中仁：《王明著作目录》，第 71 页。
② 指《全民月刊》杂志（1936 年在巴黎出版）和《救国时报》。
③ 《王明给季米特洛夫的信》，《资料丛书》第 15 册，第 129 页。

导，从组织上规定这些学习课程，并给这些课程保证必要的时间。并将检查、监督和适当协助执行本决定的责任交给戈帕涅尔、王明、康生和米夫同志。①

不久被派到斯大林东方劳动者共产主义大学学习的韩光回忆说："一九三六年，党派我到莫斯科东方大学学习。学习期间，经常听中共驻共产国际代表团王明、史平②等领导人的报告。王明作报告，总要捧着马列书本，讲讲翻翻，翻翻讲讲，使听者听不明白，最终也不知讲的是什么。而史平作报告从来不拿稿子，讲的都是我们想知道又不知道的国内政治形势。"③

2 月 20 日　致曼努伊尔斯基信。④

2 月 24 日　《救国时报》第 13、14 期合刊发表王明撰写的社论《蒋介石竟自绝于国人》。⑤

2 月 29 日　《救国时报》第 15 期发表王明撰写的社论《除三害》。⑥

3 月 12 日　中共驻共产国际代表团发出撤销中共满洲省委，以四大游击区为中心另行成立南满、东满、吉东、松江四个省委的指示。不久即分别成立了中共南满、东满、吉东三个省委和哈尔滨特委。中共松江省委没有成立，而成立了中共北满临时省委。这年夏天，中共满洲省委作出"旧省委正式取消"的声明。

南满、东满、吉东、北满四个省委和哈尔滨特委分别成立后，虽加强了对各个地区的领导，整个东北地区却失去了如同中共满洲省委那样的统一领导。中共驻共产国际代表团远离东北，并不十分了解东北的实际情况，靠它来统一领导，就不可避免地给东北的抗日斗争和党的工作带来许多困难，致使东北各地党组织和抗日联军遇到的许多问题和产生的许多不同认识，得不到及时的解决，引起了一些不必要的混乱与误解，并使一些同志受到无辜的伤害，给抗日事业造成许多损失。这些问题，主要是由王明、康生等人的主观主义、宗派主义和"左"倾思想造成的。

3 月 15 日　在《全民周刊》第 1 卷第 1、2 期合刊上以陈绍禹（王明）

---

① 《共产国际执行委员会书记处关于为中共培养干部的决定》，《资料丛书》第 15 册，第 132、133 页。
② 即施平，也即陈云。
③ 转引自金冲及、陈群主编《陈云传》上册，第 196 页。
④ 〔日〕田中仁：《王明著作目录》，第 71 页。
⑤ 〔日〕田中仁：《王明著作目录》，第 71 ~ 72 页。
⑥ 〔日〕田中仁：《王明著作目录》，第 72 页。

的名字发表《抗日救国与全民族统一战线》。文章共分三部分：（一）武装抗日——"国民自救救国之要道"；（二）全民统一战线——实现抗日救国有效行动的唯一方法；（三）有两条统一战线，请问你加入哪一条？文章认为："现在中国正在形成着两种统一战线：一种是共产党提出的反日统一战线，另一种是日寇汉奸提出的反共统一战线"，"我们要用抗日救国的全民统一战线来对抗日寇汉奸使我亡国灭种的'反共统一战线'"。"全民统一战线是实现抗日救国的有效行动的唯一方法。"

同日 共产国际执委会书记处收到新疆军阀盛世才给王明的信，信中称王明为"热爱的革命导师"，说："虽然我本人从来没见过您，但是我不仅打心眼里尊敬您，而且很早就认定，您是真正的中国青年的领导者，而读了您的大作（著作：《新形势与新策略》、《中国当前的形势和中国共产党的任务》、《中国民族革命战争问题》以及《苏维埃中国》）之后，我深信，您不仅是未来新中国的领导者，而且是全世界无产阶级的领导者。""您提出的同日本作斗争的反帝统一战线口号确实是正确的。它不仅是争取苏维埃在全中国胜利的唯一正确的策略，而且也是目前同帝国主义和日本进行斗争并解放中国的唯一正确的策略"，"我非常希望得到您的指导和中国共产党的领导"。落款为"马克思主义、列宁主义和斯大林主义的追随者盛世才"。①

3月23日 在共产国际执行委员会主席团会议上发言，说"我们拟作出重大的修改，要使我们的政治方针发生从未有过的转变。如果我们在苏区实行这样的政策，这将影响到全国人民"。第二项措施是"应该召开所有公开反对日本帝国主义、拥护人民阵线的政党的代表大会"。第三是"要成立在全国民族救国联合会集中领导下的统一的群众性组织，以便联合一切力量"。关于对国民党、南京政府和蒋介石的策略，他说"如果我们直接提出打倒南京政府，打倒蒋介石的口号，这样收效就较小，而采取另一种更迂回性质的政策收效就更大些……我们应当继续把抗日的口号提到首位，并在这个口号下，要求南京政府履行自己关于统一战线和对日作战的诺言，因为只有这样我们才能揭露蒋介石的伎俩，否则我们正好中了圈套"。那么，"我们共产党和红军是否想让国民党和国民党军队的主要部分，其中甚至包括国民党很有影响的军政领导人在目前加入人民战线？我认为，我们应当回答：

---

① 《盛世才给王明的信》，《资料丛书》第15册，第168～177页。

是的，我们关心这个问题，因为我们面临一个强大的敌人——日本帝国主义，我们要利用一切力量来进行这场斗争，因此我们越能争取更多的国民党组织投入这场斗争，就越容易进行反对日本帝国主义的斗争。所以，我们的口号是：我们希望同所有国民党军队，其中包括南京军队联合起来，这不是一种手腕，而是我们共产党和中国红军的真实口号"。①

同日　与康生联名致季米特洛夫信。②

3月27日　巴黎《救国时报》以《共产党愿与一切抗日者亲密携手——王明氏之郑重宣言》为题，摘发王明在共产国际七大的发言有关统一战线部分和王明《答反对反帝统一战线者》一文的有关部分，并介绍王明是"中共领袖"。

3月　吉合为离苏返国之事，曾去共产国际招待所——"留克斯"找过康生。康生当着王明的面，径直介绍说："王明同志，即陈绍禹同志，是我们党的总书记"，并嘱咐吉合同志："回国后，要好好学习王明《在共产国际第七次代表大会上的报告》和《为中共更加布尔塞维克化而斗争》。"③

春　在《共产国际》杂志俄文版第8期、中文版第4～5期上以陈绍禹的名字发表《为中国的抗日统一战线而斗争》。文章说："最重要的政策问题，就是把包括以蒋介石为首的南京政府指挥下的军队在内的一切国民党军队的基本兵力争取到统一战线方面来。"为了真正结成广泛的抗日统一战线，我们要"改变"苏维埃："如果我们的苏维埃过去是工农兵代表的机关，那末，我们要把这个苏维埃改为不但是劳动阶级的而且是为抗日救国而战的一切人民的民主机关。""我们对于是否让一些资产阶级分子参加苏维埃的各个机关有过疑问。我们认为，在中国目前的形势下可以让资产阶级分子也参加苏维埃机关。"关于红军问题，文章说："我们中国共产党员所面临的第一个实践的任务，就是扩大红军的社会成分。"文章还说："我们还打算把我们党的经济政策，特别是农业政策来个显著的改变。"这样，就"可以看到我们的一切政治方针有了决定性的转变"。

4月16日　与康生联名提出《近期中国建立抗日统一战线的资料和计划》，其中说：根据他们得到的消息，"最近中国发生了很大变动，就是说

①　《王明在共产国际执行委员会主席团会议上的发言（摘要）》，《资料丛书》第15册，第178～184页。
②　〔日〕田中仁：《王明著作目录》，第72页。
③　仲侃：《康生评传》，第52页。

建立抗日统一战线的条件已经成熟"。因此，提出下列计划：

1. 近期计划

（1）把党的精力集中在争取张学良在甘肃和陕西的 12 到 15 万军队上，以便在中国西北省份建立抗日同盟（参加同盟的除了红军外，还应有大约 30 万军队参加，即张学良的 12 到 15 万军队，阎锡山的 8〈万〉到 10 万军队，杨虎城的 3.5 到 5 万军队，傅作义的 2 万军队）。

（2）党要在红军同桂军、粤军和川军建立统一战线方面开展活动，以便共同同蒋介石作斗争。

（3）成立一个共同的政治组织，也就是以集体或个人资格参加的所有抗日政党和团体的同盟，以便在统一的政治领导下，联合一切抗日力量和群众组织，首先是把 19 路军集团、原满洲抗日将领、方振武集团（方至今还在等待我们对他的请求作出具体答复），以及所有著名的抗日人士和群众组织的活动联合起来。

如果我们能够成功地做到这一切，那么全国的形势将会完全不同于现在，特别是南京政府军的状况必然会发生有利于抗日斗争的变化。

2. 今天的直接行动计划

（1）必须争取使张学良的东北军以及阎锡山的军队切实停止在山西和陕西对红军的作战行动。

（2）在我们的江西和福建的游击队同隶属于 19 路军集团的所谓人民军及其他队伍之间缔结统一战线，进行共同的抗日活动。

（3）同 19 路军集团和其他组织在抗日宣传和鼓动方面进行合作。

实施这一计划的必要条件如下：

（1）加强党在国统区的领导工作，改善它同共产国际的联系。

（2）加速同中国红军和中共中央的直接实际联系。

（3）确定红军的行动方向，以保证它有最佳的内外斗争条件。

（4）共产国际和联共（布）中央的相应帮助。

（5）加强党对满洲抗日游击队斗争的领导工作，安排好满洲抗日游击队和军队同国内政界人士之间的经常性接触。①

---

① 《王明和康生关于抗日统一战线问题的书面报告》，《资料丛书》第 15 册，第 189～195 页。其中第 5 点是王明的手迹。

4 月 20 日　《解放》(北平)第 1 期发表王明撰写的发刊词。①

4 月 25 日　在《共产国际》俄文版第 8 期,中文版第 7 卷第 5 期发表《为中国的抗日人民统一战线而斗争》。

4 月 30 日　在巴黎《救国时报》第 27 期上以陈绍禹的名字发表《怎样准备抗日?》的文章,揭露"国民党不仅空说准备抗日,不仅实际毫不准备抗日,而且反对真正准备抗日","国民党借口准备抗日,把抗日事业推延到遥遥无期,实际上就是不抗日"。文章还说:"我们共产党提出的真正准备抗日的办法,即是建立中国各党派、各军队、各团体和各界同胞抗日救国的统一战线,以便组织全中国统一的国防政府和全中国统一的抗日联军,实行抗日的民族自卫战争"。为此,"在对内政策方面":"立即停止内战","发展民众救国运动","给予人民以民主自由","实行中国各党派抗日救国联合","我们欢迎南京国民党和蓝衣社内的抗日救国的同志与我们合作","如果中国军队……已经自动地起来实行武装抗日战争,使蒋介石和南京政府感觉到众叛亲离和命在旦夕的时候",他们"有可能""参加'抗日'"。这篇文章还同时以陈绍禹(王明)的名字发表于 5 月 15 日出版的《全民月刊》第 4 期,6 月 6 日出版的《先锋》。

4 月　指示潘汉年与胡愈之一起启程回国。②

5 月 17 日　致季米特洛夫信。③

5 月 19 日　参加共产国际执行委员会书记处会议,与康生、戈帕涅尔、切尔诺莫尔季克和米夫提出关于东方劳动者共产主义大学外国部的建议,批准米夫任东方劳动者共产主义大学外国部校长等。④

5 月 20 日　听取关于为中国干部工作设立顾问问题的报告,参加共产国际执行委员会书记处成员飞行表决。⑤

同日　林育英、张闻天、毛泽东、周恩来等就"对外宣传口号及国内外政治形势与国焘关系"致电朱德、张国焘、徐向前等,其中说:"党的十二月政治决议及七次政治宣言与绍禹同志在七次国际大会的报告,均得到全

---

① 〔日〕田中仁:《王明著作目录》,第 72 页。

② 李良志:《度尽劫波兄弟在——战时国共关系》,第 42 页。

③ 〔日〕田中仁:《王明著作目录》,第 73 页。

④ 《共产国际执行委员会书记处会议第 43 (A)号记录(摘录)》,《资料丛书》第 15 册,第 196 页。

⑤ 《根据共产国际执行委员会书记处成员飞行表决结果整理的第 45 (A)号记录》,《资料丛书》第 15 册,第 197 页。

国广大人民包括知识界最大多数人的同情与拥护。"

5 月 25 日　致信季米特洛夫说："请看一下陈铭枢的书面报告①，他要就此报告同我们进行谈判。我同康生和施平同志正在准备同他协商的方案。""近几天我们将把方案呈送给你，以便得到您的指示，尽快地结束谈判并着手做实际工作。"②

5 月 27 日　撰写《致纽约商报主笔的信（关于中俄同盟及中国共产党与蒋介石和反蒋派别之间底关系问题）》，以王明的名字发表在 6 月 5 日出版的巴黎《救国时报》第 33 期上。信中对中俄同盟、中国共产党与蒋介石的关系、中国共产党与反蒋派别的关系等问题作了阐述。关于中俄同盟问题，信中说：为了保障抗战胜利，中国共产党"除极力设法团结和动员全中国人力、财力、武力和物力供对日抗战外，并对使中国人民取得抗日的有力外援的问题，时刻深为注意"。关于对蒋介石的关系问题，信中说："九一八事变以来，中国共产党鉴于亡国灭种之大祸迫在眉睫，对于国内政敌之态度，日有改变"，"无论蒋介石或其他任何军政人物，只要他们真正参加抗日救国的行动，中国红军和苏维埃政府一定与他们共御外侮"。关于与反蒋派别的关系问题，信中说："当内争未息的时候，从中国内部政争的观点看，蒋介石毫无疑问地是中国人民及其红军的主要敌人，因此，一切反蒋派别，主观上或客观上不能不是红军反蒋的朋友。"

6 月 16 日　与米夫联名致共产国际执委会书记处信。③

同日　就关于国共协商抗日救国问题致电毛泽东、王稼祥。④

6 月 20 日　与康生等 7 人在巴黎《救国时报》第 37 期上发表对瞿秋白殉难一周年的纪念词，标题是"我国共产党领袖王明等之纪念词"，并与康生撰写《追悼瞿秋白同志》一文，其中说：瞿秋白"在一九二五至一九二七年大革命中是最有名的活动家之一"，"与陈独秀主义和托洛茨基主义进行了斗争"，"是中华苏维埃共和国的优秀行政家"，"毕生行动可为中国革命者的模范"，但也说"他自己也难免犯了或右或'左'的错误。特

---

① 见《中华民族革命同盟为同中共建立抗日统一战线问题进行谈判提出的建议》，1936 年 5 月 20 日。
② 《王明给季米特洛夫的信》，《资料丛书》第 15 册，第 204 页。
③ 〔日〕田中仁：《王明著作目录》，第 73 页。
④ 〔日〕田中仁：《王明著作目录》，第 73 页。

别犯了调和主义和立三路线的错误"。此文收入《瞿秋白同志牺牲周年纪念》。

6月22日　致共产国际执委会书记处信。①

6月23日　听取关于东方劳动者共产主义大学外国部问题的报告，参加共产国际执行委员会书记处成员飞行表决，决定从东方劳动者共产主义大学系统中分出外国部作为独立的高等学校。②

6月23日　中共中央书记处自陕北瓦窑堡致电王明，报告西北地区的局势和打算。③

6月30日　中共中央书记处致电王明，说："中共中央2月的政治决议，完全贯彻了共产国际七大决议精神。已着手坚决贯彻执行共产国际的抗日反蒋广泛统一战线路线。"④

6月　通过胡秋原联系陈铭枢和鲁迅，请他们访问莫斯科。鲁迅因病不能行动，仅陈铭枢前往。胡兰畦陪陈铭枢到莫斯科后，中共代表团盛情接待，王明与陈铭枢分别代表中共和民族革命同盟单独谈话。月底胡秋原离开莫斯科时，王明特别约他到家中谈话，参加的还有康生和潘汉年。王明再三地诚恳地要求胡秋原参加中国共产党。30日晚，王明设宴为胡秋原夫妇饯行，并送给他们一副宝石袖口。作陪的仍是康生和潘汉年。⑤

7月1日　莫斯科为中共诞生十五周年举行庆祝宴会。会上，康生连连举杯，虔诚地"祝王明同志身体健康"，并领头高呼"王明同志万岁！"⑥

同日　潘汉年在给王明的信中说："陈济棠已经同意同我们的项英和张鼎丞部队缔结协议（这两支部队驻扎在江西和福建——王明注）。已经派人去找他们，但没有把握会找到，因为他们的驻地不详，而且也没有他们认识和信任的人。很希望唐古⑦同志立即来中国，否则就可能错过时机。陈济

---

① 〔日〕田中仁：《王明著作目录》，第73页。
② 《根据共产国际执行委员会书记处成员飞行表决结果整理的第53（B）号记录》，《资料丛书》第15册，第209页。
③ 《季米特洛夫给斯大林的信》，《资料丛书》第15册，第223~228页。
④ 《季米特洛夫给斯大林的信》，《资料丛书》第15册，第228页。
⑤ 裴高才：《胡秋原与王明李立三共事始末》，《世纪行》2003年第5期。
⑥ 仲侃：《康生评传》，第53页；李思慎、刘之昆：《李立三之谜——一个忠诚革命者的曲折人生》，第245页。
⑦ 即曾山。

棠、李宗仁和白崇禧都希望同我进行谈判，但是眼下未必能达成具体的协议，因为他们都希望弄清楚有关苏联援助的可能性问题。""有消息说孔祥熙（南京财政部长——王明注）和宋子文（前南京财政部长——王明注）希望同我们进行谈判，这得到了实际情况的证实。宋〈子文〉已经派董健吾牧师去苏区，他是穿过张学良军队的辖区到苏区去的，但没有结果。""同张学良已经达成协议，我们在他那里已设有代表"。"董健吾牧师派人带一封信通过朱德去见毛泽东。"① "为了谈判，陈立夫和陈果夫积极寻求同我们联系，但是他们没有同邓〈文仪〉联系。"②

7月3日 致电中央书记处。③

同日 致罗英信。④

7月8日 与康生联名在巴黎《救国时报》第41期上发表《高尔基追悼词》，并撰写《悼高尔基逝世》。⑤

7月12日 在巴黎《救国时报》第42期上以陈绍禹的名字发表《目前中国政局的出路——停止内战，一致抗日》。

7月14日 给共产国际执行委员会书记处季米特洛夫写报告，说："鉴于我承担着繁重的中国共产党方面的工作，并应为预期的回〈国〉做准备，特向书记处提出解除我所担负的拉美国家方面工作的问题。"⑥

王明在1966年1月27日谈的《关于拉丁美洲工作问题》的回忆录中说：1933年底（或1934年初），在莫斯科开过一次拉丁美洲共产党代表会议。拉丁美洲工作那时归曼努伊尔斯基管。他认为拉丁美洲已处于俄国十月革命前夜的情况，党的主要政治路线是孤立小资产阶级政党，推翻资产阶级，实行无产阶级革命。共产国际执委第十三次全会后，1934年春决定我去管拉丁美洲部的工作。我一看到上述关于拉丁美洲的决议，就开始研究巴西、智利、阿根廷、乌拉圭等国家的情况。研究的结果，认为这些国家的主要任务应该是建立反帝的民族统一战线（有些国家是反美帝的，有些国家是反英帝的），同时反对本国的与帝国主义有密切关系的大买办阶级和大农

① 原文如此。在王明的翻译手稿为：见毛泽东和朱德。
② 《潘汉年给王明的信》，《资料丛书》第15册，第220~222页。
③ 〔日〕田中仁：《王明著作目录》，第73页。
④ 〔日〕田中仁：《王明著作目录》，第73页。
⑤ 《写作要目》。
⑥ 《王明致共产国际执行委员会书记处的报告》，《资料丛书》第15册，第239页。

场主。因此，不仅不应当孤立小资产阶级政党，而且要联合反帝的民族资产阶级党派。因为那里当时的革命性质是反帝国主义的资产阶级民主革命，所以不能在巴西马上就组织苏维埃政权。巴西当时有个民族解放联盟，参加的有一切反帝的党派，是一个反帝联盟。我告诉巴西同志要参加进去并发展它，不能马上组织苏维埃政权，因为苏维埃是阶级斗争发展到一定阶段的结果，而不是斗争的开始。巴西同志同意我的意见。拉丁美洲部和巴西同志一齐开会起草了一封信给巴西党，要他们不要搞苏维埃红军，而搞反帝统一战线。在共产国际七次大会时，我在讲话里实际上纠正了拉丁美洲共产党三次代表大会的错误。拉丁美洲同志都同意我在共产国际七大的讲话，曼努伊尔斯基也不好反对。但是，曼努伊尔斯基瞒着我和季米特洛夫等国际领导同志，他经过共产国际驻巴西的代表，又直接去指挥巴西共产党，还是搞原来的一套：要他们武装起义，首先在巴西的京城起义！在 1936 年夏天的某日，曼努伊尔斯基拿出电报来给我们看，并且说："收到巴西党来电，今晚就要在巴西京城起义，明天可以胜利！"我们都很吃惊地问他：为什么事先不和我们商量？结果，次日起义失败。因此，我向季米特洛夫提出辞去管拉丁美洲部工作的任务，季米特洛夫也只好同意了。

7 月 15 日 致电中央书记处。①

7 月 22 日 在共产国际执委会书记处会议上严厉批评中共中央瓦窑堡会议"抗日反蒋"的决议。对此，季米特洛夫当场说："我认为，王明同志在书记处面前对政治局决议的批评，很大程度上也是适用于王明同志本人的。"②

7 月 23 日 共产国际执行委员会书记处会议听取王明《中共中央关于成立抗日人民阵线问题的决议》的报告，决定"采纳王明同志的建议作为基础。责成王明同志和中国同志——康生和施平以及米夫同志和曼达良同志最后审订这些建议，并呈报季米特洛夫批准"。③

同日 季米特洛夫在共产国际执行委员会书记处会议上的关于中国问题的发言中说："王明同志对党的批评态度绝不意味着破坏中国共产党的影响。这种批评态度应该是有利于党的。"他"建议以王明同志的建议为基础

---

① 〔日〕田中仁：《王明著作目录》，第 73 页。
② 杨奎松：《毛泽东与莫斯科的恩恩怨怨》，第 68 页；李东朗：《王明到底有什么国际背景》，《百年潮》2008 年第 12 期。
③ 《资料丛书》第 15 册，第 235 页。

委托王明同志和一些中国同志跟我一起校订"8月15日发出的《共产国际执行委员会书记处给中共中央书记处的电报》。①

7月25日 以陈绍禹（王明）的名字在《共产国际》中文版第4、5期合刊发表《为独立、自由、幸福的中国而奋斗——为中共成立十五周年纪念和中共新政策实行一周年而作》（又名《为中国人民独立自由而斗争的十五年》、《新中国论》），同时刊载于《共产国际》俄文版第14期、英文版第44期，巴黎《救国时报》第55、56期（"九一八"五周年纪念专刊）、《全民月刊》第7、8期合刊，《民族殖民地问题》第1期，后收入《陈绍禹（王明）救国言论选集》、上海南华出版社出版的《为独立自由幸福的中国而奋斗》。文章共分五个部分："中国国家和人民的地位"，"中国共产党与中国一九二五~二七年革命"，"为苏维埃政权而奋斗的九年"，"新环境与中共为新中国而奋斗的新政策"，"为统一的中华人民民主共和国而奋斗"。

文章明确提出了"抗日民族统一战线"的口号，进一步宣传"联蒋抗日"的主张，说"我们共产党员应当把国民党和蒋介石不与日寇一样看待，因为中国人民的基本敌人是日寇，在现在阶段上一切应当服从抗日"。"此外，也不能把整个国民党及其全体军队，看成是日本帝国主义的同盟军和助手；尤其主要的是，为的真正的和严重的武装抵抗日寇，必须要国民党的党〈军〉队或其有决定意义的大多数部队来参加"。并说："如果蒋介石今天能够同意与我们进行共同斗争去反对外国仇敌对于我们国家和人民利益底侵犯，那末，为的反对共同的和强大的敌人，为什么我们不可以与蒋介石建立统一战线呢?"②

这篇文章系统地论述了中国共产党要组织什么样的抗日民族统一战线、国防联军和国防政府的问题，指出："建立反日民族统一战线，具体地应当表现在共产党与国民党及其他组织在共同的抗日斗争纲领的基础上订立政治的协定，同时，保存各党派在政治上和组织上的完全独立性"；"全中国统一的抗日联军，应当是红军与国民党军队及其他军队根据共同反日武装斗争的政治协定而组成的联合军队……所有参加的武装力量，均完全保存其原有的政治制度和组织制度，均保存其原有的军官

---

① 《资料丛书》第15册，第233页。
② 《为独立自由幸福的中国而奋斗》，第31、32、44页。

成分和政治工作人员成分"，"没有得到同盟军方面自愿的同意，任何一个参加联军的部队，没有权利去干涉另一参加部队的内部事情"；"全中国统一的国防政府，应当是一切参加反日民族统一战线的党派和组织的真正的代表机关"，"这个政府不是任何一党一派的政权，而是反日民族战线的政权"。①

这篇文章还强调了共产党在抗日民族统一战线中保持政治上和组织上的完全独立性的问题，提出要反对陈独秀等机会主义错误的倾向。文章说，关于保存各党派独立的问题，"参加反日民族统一战线的共产党，国民党及其他组织，都有全权保存自己的思想、自己的政纲和自己的组织。无论参加统一战线的那个党派或组织，不干涉且不应当干涉参加统一战线的另一个党派或组织的内部事情"；"对于我们共产党员，就是说：在为建立反日民族统一战线的斗争或者已经建立了这种统一战线的条件之下，我们不仅一分钟也不应当允许减弱我们自己的共产党及其组织，而且特别应当用尽一切力量比以前任何时候都更加在思想上政治上和组织上巩固党，更加保障党的纯洁和统一"。"因此，必须坚决反对那些可以在实际上使共产党与某种反日斗争的政治同盟相混合的一切倾向，必须反对那些以为可以不加选择地允许一切宣布赞成或实际参加反日的人入党的提议。同时必须反对那些实际上可以造成重复一九二七年陈独秀等机会主义错误的倾向，这种错误的实质，就是……使共产党丧失独立性和使工人阶级及其政党变成民族资产阶级的尾巴。"②

文中还称赞毛泽东是红军的领袖，并指出："在全国革命形势低落和敌人残酷武装进攻情况之下，只有很少的地方能够抵抗敌人的进攻和巩固自己的阵地……特别重要地，在这些地方有那些天才能干的政治家和军事家作领导，例如举世皆知的毛泽东，朱德……等同志。"③

据田中仁《王明著作目录》说，此文还发表于《斗争》第 118 期，并收入《共产国际论中国共产党》，1936 年出版的《为独立自由幸福的中国而奋斗》、《论抗日救国统一战线》，1937 年出版的陈绍禹著《时论选集》、朱戈编《今日的红军》、《为独立自由幸福的中国而奋斗》，1938 年出版的

① 《为独立自由幸福的中国而奋斗》，第 28、39～40、44、45 页。
② 《为独立自由幸福的中国而奋斗》，第 29～30 页。
③ 《为独立自由幸福的中国而奋斗》，第 14 页。

《民族革命之路》、陈绍禹著《为独立自由幸福的中国而奋斗》、《新中国论》等。①

7月26日　共产国际执行委员会书记处成员听取王明请求解除他的中南美国家党的领导职务的申请，飞行表决接受他的申请，委托曼努伊尔斯基同志暂时担任中南美国家党的领导职务。②

7月　在共产国际执委会书记处会议上发言。③

同月　致电中共中央政治局。④

8月20日　致洛甫信。⑤

8月25日　洛甫、周恩来、博古、毛泽东致电王明：为着避免与南京冲突，靠近苏联，保全现有根据地，"红军主力必须占领甘肃西部、宁夏、绥远一带"。但这一地区遍布着为红军目前技术条件所不能克服的城池和围寨，希望苏联能提供飞机、大炮。否则，由于陕北甘北苏区人口稀少，粮食困难，红军以后的发展方向就不得不移向甘南与陕南。"红军之财政粮食已达十分困难程度，只有占领宁夏才能改变这一情况。"⑥

8月27日　致共产国际中国部信。⑦

夏　派胡兰畦带着大批《救国时报》到港沪传达共产国际的新政策。⑧

同期　以丢失文件包为由严厉批评李立三。

唐纯良著《李立三传》说："一九三六年夏天，李立三在上班的路上丢了一个皮包，里边本来没有机密文件，而且第二天就由车站工作人员送还了李立三，但王明硬说李立三泄露了共产国际的重大机密，给予严厉批评。当时的苏联正处在阶级斗争扩大化的错误时期，这件事引起了苏联内务部的注意，从此开始正式指定内务部人员监视李立三的行动。这也是后来逮捕李立三的借口之一。"⑨

---

① 〔日〕田中仁：《王明著作目录》，第75页。
② 《根据共产国际执行委员会书记处成员飞行表决结果整理的第61（A）号记录（摘录）》，《资料丛书》第15册，第238页。
③ 〔日〕田中仁：《王明著作目录》，第73页。
④ 〔日〕田中仁：《王明著作目录》，第74页。
⑤ 〔日〕田中仁：《王明著作目录》，第75页。
⑥ 《周恩来年谱（1898~1949）》，第318页。
⑦ 〔日〕田中仁：《王明著作目录》，第75页。
⑧ 裴高才：《胡秋原与王明李立三共事始末》，《世纪行》2003年第5期。
⑨ 唐纯良：《李立三传》，第118~119页。李思慎、刘之昆在《李立三之谜：一个忠诚革命者的曲折人生》中说是1937年夏天，见该书第245页。

同期　作自由体诗《蒙古草原牧群》。①

9 月 5 日　致季米特洛夫信。②

9 月 23 日　致电中共中央书记处。③

10 月 25 日　在巴黎《救国时报》第 63 期上以陈绍禹（王明）的名字发表悼念鲁迅的文章《中国人民之重大损失》。文章说："鲁迅不仅是在思想上和文学上赞助中国共产党及红军和苏维埃的伟大解放事业，不仅在言论上和著作上反抗一切黑暗势力对中国共产党及红军和苏维埃底压迫和进攻，而且在物质上和行动上积极赞助中国共产党的英勇革命斗争。""当中国共产党去年发表建立抗日救国统一战线新政策时，鲁迅始终表示热烈地拥护并积极地参加组织文化界反日民族统一战线的事业。"

10 月　作七绝《哀思重重——悼念高尔基声中惊闻鲁迅逝世》，诗曰：

> 世界文坛陨巨星，工人笔阵损干城，
>
> 天涯海角同悲惜，此际何堪丧鲁迅。④

秋　作七律《阴谋危害西路军》，攻击毛泽东阴谋危害西路军。⑤

此诗注明写作时间是 "1936 年秋（事件发生时）"。其中首联是："大军失据困山丹，调走徐陈为那端？"但徐向前、陈昌浩是 1937 年 2 月离开西路军的，而且也不是中共中央调走的，可见这首诗是后来才写的，连时间都没有弄清楚。

秋冬　中共北满临时省委代表朱新阳到莫斯科向王明、康生等汇报他们对《王康指示信》的意见，王明对他严加批判。⑥

11 月 12 日　在巴黎《救国时报》第 68 期上以陈绍禹的名字发表《纪念我们的回族烈士马骏同志》，后收入这年出版的 "中国共产党成立十五周年丛书"《烈士传》第 1 集，1948 年出版的《烈士传》第 2 辑。

---

① 《王明诗歌选集（1913～1974）》，第 106 页。

② 〔日〕田中仁：《王明著作目录》，第 76 页。

③ 〔日〕田中仁：《王明著作目录》，第 76 页。

④ 《王明诗歌选集（1913～1974）》，第 107 页。

⑤ 《王明诗歌选集（1913～1974）》，第 109 页。

⑥ 《如此百分之百的布尔什维克——朱新阳与王明等在莫斯科的一场辩论》，李继宏、吕财英编著《千古论战》，第 100～115 页。

文章说："现在，一部红军主力在中国共产党和中国人民的伟大领袖毛泽东同志亲自率领之下，正在西北各省进行抗日救国活动，汉回两族合力共御外侮和合力共得自救的伟大前途，必能在不远的将来完全实现。"①

11 月 17 日　致季米特洛夫信。②

11 月 20 日③　季米特洛夫在致王明电中谈到国共两党关系时说："我认为完全正确的做法是：（1）必须保持领导的团结一致，保持我们的组织系统、我们的指挥人员，不允许蒋介石和国民党干涉红军的内部事务；（2）同意在建立全国抗日战线和着手采取具体对日作战行动的条件下，成立以蒋介石为总司令的统一司令部；（3）红军在共同抗日战线的规定地区执行统一司令部的命令；（4）红军保留自己现在的名称，但宣布自己和南京军队一样，是全国救国军的一部分。"④

11 月 22 日　致中共中央书记处信。⑤

12 月 2 日　致洛甫信。⑥

12 月 5 日　作七绝《光辉的苏联新宪法》。⑦

12 月 12 日　西安事变爆发。王明撰写《论西安事变》，并在回忆中说他预见到有和平解决的可能，在文章中阐述了这种观点，后来得到斯大林的肯定。

《传记与回忆》说："西安事变发生的当夜，斯大林同志派人送给季米特洛夫和王明同志一个亲手用铅笔写的纸条。其中写到：'西安事变是直接有利于日本帝国主义'，并要他们立即发电给中共中央，作为共产国际对西安事变的指示。季米特洛夫同志问王明同志对这个指示有什么意见，王明同志回答说：'我感到这个指示只讲到问题的一个方面，而西安事变有两种解决的可能：一种是刚同希特勒会谈后，兼程赶回中国的亲日派领袖汪精卫到达南京后，能够发动空前大规模反共、反张（学良）杨（虎

---

① 后收入河北省民政厅编《河北革命烈士史料》第 1 集。
② 〔日〕田中仁：《王明著作目录》，第 76 页。
③ 日期是根据共产国际执委会书记处 1936 年 11 月 20 日给中共中央书记处的电报确定的，见杨奎松《毛泽东与莫斯科的恩恩怨怨》，第 58、81 页，其中重复了该文件的主要论点。
④ 《季米特洛夫给王明的电报》，《资料丛书》第 15 册，第 262 页。
⑤ 〔日〕田中仁：《王明著作目录》，第 76 页。
⑥ 〔日〕田中仁：《王明著作目录》，第 77 页。
⑦ 《王明诗歌选集（1913～1974）》，第 110 页。

臣）的内战，那么西安事变客观上会产生有利于日本帝国主义的结果；另一种可能：西安事变和平解决，在中国共产党、张学良和杨虎臣同蒋介石之间达成停止内战一致抗日的协议，那么西安事变就将产生有利于中国人民，而不利于日本帝国主义的结果。'季米特洛夫同志说：'公开地说：我同意你的意见。'王明同志说：'那就请你马上打个电话给斯大林同志，请他立即接见我们，以便向他陈述我们的意见。'季米特洛夫同志说：'斯大林同志既然直接派人送来指示，要我们立即发出去，那就是他完全相信自己的意见的正确，没有同我们交换意见的必要。在这样情形下，不能向他提出不同的意见，只能照他的指示办。'次日，斯大林同志要王明同志马上写一篇《论西安事变》文章，在《共产国际》上发表。王明同志把写好的文稿送给季米特洛夫同志看时，季米特洛夫同志提议把文章前面的一小段对西安事变两种可能的估计，改成为基本上符合斯大林同志估计的内容。王明同志说：'我作为中共驻共产国际的代表，如对西安事变只写一种如斯大林同志作的估计，那将给中共代表团在西安同张、杨接洽，以及同张、杨一起向蒋介石进行谈判，造成很大的困难。'季米特洛夫同志说：'我了解你的意思。我叫人把那小部分改一下，不用你的签名，而用伊·杰克签名好了。'（斯大林同志见到此文后，问季米特洛夫同志：'为什么王明同志的文章用伊·杰克签名发表？'季米特洛夫同志把王明同志对西安事变的意见，以及为何不用自己签名发表的经过，都告诉了斯大林。斯大林同志当时未表示任何意见。在西安事变和平解决一个半月后，斯大林同志告诉季米特洛夫同志说：'假如王明给中共中央关于西安事变的指示像王明同志提的那样，可能更合适些。'同时，他请季米特洛夫同志把他的这个意见转告王明同志）。"

12 月 13 日 在有人请示中国共产党对西安事变的方针时，借机吹嘘自己写《八一宣言》和提出统一战线的功劳。

李国华于 1943 年 9 月 20 日写的《关于王明同志的一些材料》说：在西安事变后的第二天，我去请示王明同志我党对西安事变的方针，他向我解释了西安事变的原因、和平的解决方针以后，接连说明自《八一宣言》发出以后我党所得到的成绩，红军长征的成功，东征的出师，"一二·九"、"一二·一六"学生运动，西安事变，内战停止，和平的取得，统一战线的形成，国共合作的奠定，所有这一切都应归功于《八一宣言》、统一战线。他向我说统一战线的真正意义是救了我们的党我们的军，因此《八一宣言》、

统一战线在我们党的历史上是一个划时代的事情。吴克坚同志孟庆树同志多次向我们说过：《八一宣言》是王明同志写的，统一战线是王明同志手造的。

12月14日深夜12点　斯大林在收到一份电报后给季米特洛夫打电话，询问："王明在你们那里做什么事？他是个挑衅者吗？他想发电报让他们枪毙蒋介石。"季米特洛夫说"我不知道有这种事！"①

同日　写七绝《西安事变》一首，诗曰：

应停内战救危亡，共产宣言民意昂。

兵谏一心为抗日，千秋青史写张杨。②

12月15日　参加共产国际讨论中国问题的会议。③

12月23日　共产国际执行委员会书记处通过王明给中共中央信，说根据书记处决定，在国际列宁学校组织讲座培训班，任务是造就具有马列主义思想修养、足够的理论素质和政治坚定性的讲师和宣传干部，以便领导对党的干部的思想教育工作。④

12月27日　与康生等致电中央书记处。⑤

12月　毛泽东在《中国革命战争的战略问题》一文中，第一次提出"左倾机会主义"的问题。他说："一九三二～一九三五年的左倾机会主义，这个错误使得苏维埃战争受到严重的损失，产生了五次'围剿'中不能战胜反而丧失了苏区削弱了红军的结果。这个错误是在一九三五年一月中央政治局的遵义会议时纠正过来了。"⑥

本年　在巴黎《救国时报》发表《东北抗日联军宣言》、《论两广事变》，⑦作七绝《西班牙之战（向西班牙人民和国际志愿军致敬）、五律《在格克尔特床前》各一首。⑧

---

① 《季米特洛夫日记》，又见《资料丛书》第17册，第523页。
② 《王明诗歌选集（1913～1974）》，第112页。
③ 《季米特洛夫日记》，又见《资料丛书》第17册，第523页。
④ 《共产国际执行委员会书记处给中共中央的信》，《资料丛书》第15册，第267页。
⑤ 〔日〕田中仁：《王明著作目录》，第77页。
⑥ 竹内实监修《毛泽东集（第2版）》第5卷，日本苍苍社，1983，第101页。
⑦ 《写作要目》。
⑧ 《王明诗歌选集（1913～1974）》，第108、111页。

本年　莫斯科出版"中国共产党成立十五周年纪念丛书"之一《烈士传》第一集，其中收有王明写的《纪念我们英勇牺牲的先进革命战士》。文章说："在党的成立十五周年纪念的时候，在我四万万伟大中华民族抗日救国运动的新浪潮当中，我们纪念我们死难的战士，我们正是要在抗日救国的神圣旗帜之下，承继他们为国为民的革命事业，发扬他们所积累的丰富的革命经验，踏着他们的血迹，向前迈进……争取中国人民民族的社会的解放斗争之彻底胜利。"此书的前言，据郭绍棠说也是王明写的。①

本年　在肃反运动中揭发米夫。

在肃反运动前，王明一直吹捧米夫。李国华于 1943 年 9 月 20 日写的《关于王明同志的一些材料》说：王明说米夫是斯大林的门生，是七十几个人的训练班的学生，苏联现在大多数的省委书记是那个训练班的人担任的，斯大林的《列宁主义问题》就是在这个训练班讲授时用的讲义。米夫是个中国通，中国党的八七会议、六次代表大会，米夫都是积极参加者和领导者，四中全会上米夫为国际的全权代表，现在又著了《中国革命问题》一书，这是中国革命的指南，也是我们的党史。因此，米夫在中国革命的功劳是不可抹杀的。

但是，米夫在肃反运动中被清查以后，王明立即起来揭发。据师哲回忆说："1935 年清党，1936 年肃反，接着几个案件，都牵扯到米夫。米夫被揪出来，在共产国际全体人员大会上斗。有人揭发米夫是托派，说他和季诺维也夫、布哈林、拉迪克都有联系。这时米夫一手提拔起来的王明，看见米夫倒台了，摇身一变，大力揭发米夫，打得米夫晕头转向。有一次季米特洛夫曾告诉周总理：唉！事情已经过去三、四年了。王明可不得了，他本来是米夫一手提拔和培植起来的，米夫又是他的老师，但在肃反时，王明反戈一击，把米夫搞得体无完肤，这个人太机灵了。弦外之音，即此人危险。"②他还说："王明平时在米夫面前俯首帖耳，唯命是从，两人俨然是师生父子。但在 1936～1937 年米夫被揭发为政治反革命、托派分子时，被米夫一手提拔和培养起来的王明立即来了一个一百八十度大转弯，他反戈一击，把米夫揭批得体无完肤。王明这么摇身一变，又成了百分之百的布尔什维克。

---

① 俄罗斯科学院汉学图书馆存有此书。
② 《师哲的点滴回忆》，《青运史资料与研究》第 3 辑，第 251 页。

共产国际执行委员会总书记季米特洛夫感叹道:'王明真机灵!'"① 1939 年末季米特洛夫在同周恩来的谈话中还说:"王明本来是米夫的学生,也是米夫一手培养、提拔起来的,同米夫共事多年。王明是很机灵、精明的,当他一嗅到米夫出了问题时,就立即转过头来同米夫做斗争,而且极力揭发批判他。这样,王明就站在了正确一边,同米夫划清了界限。王明是个很机灵、很会转弯子的人。"②

1937 年 1～11 月　　33 岁

1 月 8 日　与康生联名在巴黎《救国时报》第 75、76 期合刊号上刊登为《救国时报》一周年的题词:"不分党派,不问信仰,团结全民抗日救国,这是贵报一年来始终贯彻的主张,同时也就是全中国人民救亡图存的唯一出路,因此贵报成为全中国人民共同团结一致抗日的喉舌。"

1 月 17 日　听取米夫关于民族殖民地问题研究所研究生班的建议,参加共产国际执行委员会书记处成员飞行表决,同意民族殖民地问题研究所在研究生班一年级成立一个 21 人的学员班,由中国部的教员和翻译组成,目的是从中培养学校经济、历史和汉学三个系的高水平教员。③

1 月 20 日　共产国际执行委员会书记处会议听取王明关于中国最近的事态和中共的策略的报告,批准季米特洛夫宣读的给中共中央的电报,决定改变党在苏区的方针,即从苏维埃体制转变为民主基础上的民族革命政府体制,并为建立全国民主共和国而斗争,这种改变是否合适,征询中共中央的意见。④

1 月 26 日　宋庆龄在给王明的信中说:"我必须向您报告以下情况,这些情况有可能威胁我的工作和损害我将来在中国可能与之有联系的任何运动。我提出这些情况供您研究,希望您能着眼于业已发生的情况,给我提供关于今后行为方式的建议。""几周前,宋子文得到释放蒋介石的保证从西安回来后,想与我见面。他对我说,蒋介石获释有一些明确的条件,这些条件经商定是严格保密的,并且蒋介石在过一段时间是要履行的。但是他说,

①　《在历史巨人身边——师哲回忆录》,第 117～118 页。
②　《在历史巨人身边——师哲回忆录》,第 142 页。
③　《资料丛书》第 15 册,第 268 页。
④　《资料丛书》第 15 册,第 273 页。

共产党人出乎意料地通过西安电台公布了这些条件，而其英译稿也经史沫特莱报道出去了。史沫特莱小姐以自己的名义公开证实了这些消息的真实性，并补充说，周恩来同蒋介石、宋子文进行了谈判，等等。宋子文说，我们说好了，所有这些事情要绝对保密。""蒋介石对'共产党人违背诺言和缺乏诚信'非常恼火，决定不再受这些诺言的约束，也不履行任何条件。他对宋子文说，别指望同这些人合作，'他们没有起码的诚实'等等。这使宋子文极为不安，因为他知道不可能再保持其〈西安协议〉保证人的地位。"信中还对史沫特莱提出了批评："至于史沫特莱小姐，我想说，她不顾不止一次的指示，继续保持着不好的关系，向他们提供资助，然后就要求党来补偿那些由她提议花费的款项。实际上这里的人认为她是共产国际的代表。她把《工人通讯》的出版者、工会书记、'中共上海中央局'特科的工作人员和其他许多人带到同情我们的外国人的一个住所，结果这个用于重要目的的特殊住所遭到破坏。虽然她无疑是出于好意，但她的工作方法给我们的利益造成了损失。""我转达了您把她孤立起来的指示，但我不明白，为什么我们的同志让她在西安工作，给我们造成了麻烦和困难。或许他们认为这只是我个人的看法。"①

1月29日　听取曼努伊尔斯基的建议，参加共产国际执行委员会书记处成员飞行表决，同意任命徐杰②为国际列宁学校"Ⅱ"部主任，免去康生该部主任职务，另有任用。③

2月10日　中共中央发出致国民党五届三中全会电。在此之前，斯大林指示将王明提出的三个让步条件发给中共中央。

《传记与回忆》说："1937年2月10日，中共中央给国民党三中全会的电报，奠定了国共合作共同抗日条件的基础。当时蒋介石召集国民党三中全会，主要地为的解决国共合作抗日的问题。可是，以汪精卫为首的亲日派和盲目反共分子对蒋介石和国民党三中全会施加很大的压力，攻击蒋介石在西安被捕后，向中共和张、杨投降，接受他们的条件；借口中国存在两种完全不同的政府和军队，而且进行长期的内战，没有团结全国进行抗日战争的可能；妨害国民党三中全会通过国共合作抗日的决议。斯大林同志此时打电话

①　《宋庆龄给王明的信》，《资料丛书》第15册，第275～277页。
②　即陈潭秋。
③　《根据共产国际执行委员会书记处成员飞行表决结果整理的第109（A）号记录（摘录）》，《资料丛书》第15册，第281页。

给季米特洛夫同志，要他告诉王明同志：立即把王明同志原来拟定的、在国共谈判最后时期为促进两党合作抗日而向国民党提出的所谓王明的让步的三个条件……正式电告中共中央，以便中共中央将我们要求国民党让步的条件，加在一起，发电报给国民党三中全会，打破亲日派的各种借口，促成国共合作的协定。""中共中央给国民党三中全会的电报，基本上起了上述预期的作用。"

2月23日 巴黎《救国时报》第83、84期合刊登载王明、康生、方林代表中共中央对苏联重工业部部长鄂尔卓尼基兹的吊唁词。

3月6日 中共中央致电王明，说王稼祥已到上海，请他设法通知共产国际在上海的负责人，帮助办理出国护照，以便到苏联治病。

3月13日 致电中共中央书记处，电文如下：

> 我们得到消息说，周恩来在西安与宋子文谈话时似乎向后者通报了宋庆龄给红军寄5万美元之事①。此外，他似乎还对宋子文和宋美龄说，他们可以直接通过宋庆龄同红军的代表取得联系。
>
> 请核实，周恩来和宋子文是否真的有这样的谈话？
>
> 蒋介石和宋子文对我们的同志不顾保密协议，把蒋介石在西安承认的条件泄露出去非常不满，特别是对史沫特莱把这些消息播送给英语听众感到不满。
>
> 我们再次坚决主张你们方面必须公开声明，史沫特莱同中共或共产国际没有任何关系，使她没有可能以共产党的名义发表演讲和同革命组织取得联系。②

3月19日 与康生联名致电中共中央书记处。③

3月25日 与康生联名致季米特洛夫信。④

3月 在《共产国际》中文版第3期、《布尔什维克》俄文版第8期、巴黎《救国时报》第94期上以陈绍禹（王明）的名字发表《拯救中华民族的唯一出路》（又名《救中国人民的关键》、《中华民族之出路》、《团结救

---

① 指毛泽东请求共产国际通过宋庆龄转交给中共中央的5万美元。
② 《王明给中共中央书记处的电报》，《资料丛书》第15册，第286～287页。
③ 〔日〕田中仁：《王明著作目录》，第77页。
④ 〔日〕田中仁：《王明著作目录》，第77页。

国论》)。文章着重评论 2 月 15～22 日在南京召开的国民党五届三中全会，说在国民党举行三中全会之前，中共中央就向国民党致电，提出五项主张和四项保证，"然而从三中全会所通过的专门回答共产党中央提议的决议看来，亲日派分子对国民党三中全会工作及其所通过的文件，确有极大的影响"。"当中国民族危机的紧急关头，国民党三中全会本应当效法共产党的光荣先例，对建立民族统一战线问题表示赞成的态度……但三中全会所通过的决议，却又一次地表明一部分国民党领导者为日寇利益居然反对本国人民力量的团结"。但是，"在三中全会工作中，也有好的方面"，"通过了实际上赞成国共合作可能的意见"。文章说："救中国人民的关键是将中国人民的所有力量团结成为反日民族统一战线，首先就是要使国内两个有决定意义的有组织的政治力量（即国民党和共产党）在抗日救国的共同纲领上实行合作"。文章在谈到苏维埃和红军改名的问题时说："对于红军问题，共产党员和国民党员中的爱国志士的了解是：改红军为国民革命军，但仍保存红军原有的军官成分和政治工作人员，红军加进全中国统一的国民革命军，这种军队在反对外敌的共同斗争中，为执行总的军事计划，应当服从统一的军事指挥。由此可见，这不仅仅是改变红军的名称，而是相当地改变红军的性质，即将红军改变为抗日民族统一战线的全中国统一的军队的一个组成部分和其最有战斗力的一支队伍。关于苏维埃问题，共产党员和优秀的国民党员的了解是：变苏维埃政权为一般的民主的政权，由此可见，这也不仅是苏维埃政府改为中华民国特区政府的名称，而且真正改变了苏维埃政权的性质。"[1] 苏联外国工人出版社曾将此文出版单行本。

田中仁《王明著作目录》说，此文还收入 1937 年 11 月出版的朱戈编《今日的红军》，星星出版社 1938 年 1 月 20 日出版的《民族革命之路》，1938 年 1 月出版的王明著《为独立自由幸福的中国而奋斗》，1938 年 7 月出版的《陈绍禹（王明）救国言论选集》，王明著《救中国人民的关键》，1939 年出版的天囚编《民族革命论》等。[2]

4 月 3 日　中共中央书记处致电询问王明、康生、邓发："王稼祥在上海极为苦闷，你们到底有无办法，使他能够到苏联。"

4 月 4 日　王明等通知中共中央："已采取办法使王稼祥问题得到满意

---

① 《王明言论选辑》，第 526 页。
② 〔日〕田中仁：《王明著作目录》，第 77～78 页。

解决。"

4月5日 《救国时报》第92期发表王明撰写的《中华苏维埃中央政府主席毛泽东氏重要声明》。①

4月14日 致曼努伊尔斯基信。②

4月22日 致季米特洛夫信。③

春 曾涌泉被调到列宁学校任翻译。因在该校党的会议上对校长凯撒诺娃提意见而受到打击报复，被开除了工作。他曾向王明、康生申诉，他们借口不了解情况，又推脱是列宁学校校长决定的，不便过问。直到王稼祥担任中共驻共产国际代表后，他的问题才得到解决。④

4月25日 与康生、李明⑤等在巴黎《救国时报》第96期联名发表《追悼我们的董振堂同志》。⑥

5月1日 巴黎《救国时报》第99期刊登国史《读了陈绍禹先生的"救中国人民的关键"以后》，称赞这篇文章是正确的。

5月5日 致共产国际执委会美国共产党代表信。⑦

5月7日 致季米特洛夫信。⑧

5月11日 由于苏联领事馆人员不了解情况，不给王稼祥以入境签证，因此中共中央由洛甫电告王明："王稼祥同志护照已办好，但苏联方面反对，〈请〉给疏通。"

5月13日 王明答复中共中央书记处：须将王稼祥的护照姓名及号码电告并转知苏联方面，方才便于尽快取得入境签字。

同日 致中共中央书记处电。⑨

5月14日 致莫斯科林信。⑩

---

① 〔日〕田中仁：《王明著作目录》，第79页。

② 〔日〕田中仁：《王明著作目录》，第79页。

③ 〔日〕田中仁：《王明著作目录》，第79页。

④ 徐则浩：《王稼祥传》，第184页。

⑤ 即李立三。

⑥ 李思慎：《李立三红色传奇》上册，第424页。中共黄冈地委党史资料征集小组办公室1983年编印的《鄂东革命史资料》第1辑说这篇文章是陈潭秋和方林（邓发）、李明（李立三）等联合写的。见该书第182页。陈乃宣《陈潭秋》也持此种看法，见该书第209页。

⑦ 〔日〕田中仁：《王明著作目录》，第79页。

⑧ 〔日〕田中仁：《王明著作目录》，第79页。

⑨ 〔日〕田中仁：《王明著作目录》，第79页。

⑩ 〔日〕田中仁：《王明著作目录》，第79页。

5 月 24 日　洛甫将王稼祥及同去苏联的贺诚的护照号电告王明，再由王明转告苏联方面，王稼祥的签证问题才得到解决。

5 月 31 日　致季米特洛夫信。①

6 月 8 日　致党内同志信。②

6 月 17 日　洛甫电告王明："王稼祥将于日内成行，他坐的船名叫西佛，他要求在海参崴有人接他。"

6 月 18 日　致曼努伊尔斯基信。③

6 月 20 日　致季米特洛夫信。④

7 月初　到苏联治病的王稼祥到达莫斯科。

王稼祥后来在《回忆毛主席革命路线与王明机会主义路线的斗争》一文中说："我因治疗弹伤，于一九三七年初⑤到莫斯科，见到了王明。这个靠投机发迹的机会主义头子，对他自己危害革命的罪恶行径毫无悔改之意，他对我津津有味的叙述米夫现在已在他手下工作，他又怎样高升至共产国际执委会和书记处了，还负责管理拉丁美洲各国党的问题，满副得意嘴脸，毫无愧色；根本不提他历次所犯的路线错误，不提在他指挥之下中国革命遭受失败，濒于垂危，不提我革命根据地损失百分之九十，革命干部损失百分之八十到九十的痛心教训；他半点不承认错误，反而认为我六届四中全会以来的中央领导是完全正确的。他更闭口不谈及伟大领袖毛主席为了捍卫马列主义和拯救中国革命事业作出的伟大功绩，和在毛主席正确领导下，中国革命事业重新获得欣欣向荣、向前发展的大好形势。反而恬不知耻地把一切功劳归于他自己，他厚着脸皮吹嘘他如何制定了'八一宣言'，斯大林同志如何敬重他。他的一派胡言使我气愤，我质问他共产国际怎样决定李德去中国的？你和李德事先谈了什么？为什么博古完全靠李德指挥军事工作？他却推脱说没有给过指示，共产国际没有参与此事，而是苏联军队参谋部派了李德去的。我断定这完全是骗人，不可置信的鬼话，因为共产国际已于一九三四年左右改组，取消了东方部和西方部等机构，各国党派驻共产国际的代表在执委的指导之下进行工作，除了由王明

---

① 〔日〕田中仁：《王明著作目录》，第 79 页。
② 〔日〕田中仁：《王明著作目录》，第 79 页。
③ 〔日〕田中仁：《王明著作目录》，第 79 页。
④ 〔日〕田中仁：《王明著作目录》，第 79 页。
⑤ 此处回忆有误，他这时才到莫斯科。

出面派遣李德，不会有别人。把李德派往中国，美其名曰军事顾问，实则是掌握我党军权，此阴谋手段出之于王明无疑。当我把中央苏区遭到五次'围剿'的经验教训与他谈时，他不耐烦听，却把四中全会以来的所有错误统统推在博古一人身上。"①

7月6日 电告中共中央书记处："王稼祥、贺诚平安到达，开始治疗。"②

7月7日 七七事变爆发，全面的抗日战争兴起。

同日 与邓发陪同王稼祥前往会见季米特洛夫。③

7月7日后 陈郁要求回国参加抗战，王明等人不予理睬。

袁溥之回忆说："一九三七年，抗日战争爆发了，陈郁再次提出申请回国参加抗战，却仍然得不到批准。他一直在斯大林格勒拖拉机厂劳动了六年，直到任弼时同志代替王明担任中国党驻国际代表团团长之后，第三国际东方部干部在清理王明遗留下来的大堆档案材料时，才发现陈郁历次申请的信件，都被积压未作处理，他们对陈郁不知犯了什么错误而受党内严重警告的处分，而且拖延了六年之久也不撤销处分大为惊讶。于是打电报把陈郁调回莫斯科来了解情况，这才搞清了陈郁的冤案。"④

周焱等著《陈郁传》也说：抗日战争全面爆发后，陈郁又一次给中共代表团写信，要求批准他回国参加抗战，"效命沙场"。但是，他的火热的赤子之心，却感动不了王明等人的冰冷的心肠，他们把陈郁的信随便扔进文件堆里，不作任何回答。1938年10月，中共中央派任弼时到莫斯科任中共代表团团长。他的秘书师哲在清理王明、康生留下的文件时，发现了陈郁的多次申诉以及到工厂后写来的八封信。他们才知道在斯大林格勒拖拉机工厂有个叫彼得的中国工人是中共中央委员陈郁。任弼时和共产国际东方部干部处长马尔特洛维夫都感到异常惊讶，立刻把此事报告给国际东方部部长。部长说：这是多么令人难以理解的事，他们处理了一位中央委员，自己回国去了，却撇下同志不管，似乎对他的存在

① 《红旗飘飘》第18辑，第55~56页。
② 徐则浩：《王稼祥传》，第177页；徐则浩：《王稼祥年谱》，第182页。
③ 《季米特洛夫日记》，又见《资料丛书》第17册，第531页；徐则浩：《王稼祥年谱》，第182页。
④ 《一生保持工人本色的共产党员》，该书编写组编《回忆陈郁同志》，第52~53页。

都忘记了，对于他恳切地要求回国参加抗战的要求都不予理睬，这是不能容忍的。①

7月10日　巴黎《救国时报》第110期发表王明、康生等《悼东北烈士夏云杰、陈荣玖、李红光、史忠恒、傅显明诸同志》。②

7月14日　中共早期重要人物和中国共青团的创始人之一周达文，被苏联内务人民部以"托洛茨基右派反苏组织成员"的罪名逮捕，1938年4月13日被苏联最高法院军事法庭判处死刑。《莫斯科秘档中的中共秘史——潘佐夫（A. Pantsov）2004年6月25日在中国社会科学院近代史所的演讲（摘要）》说，周达文就是因为王明的"陷害而被枪毙的"。③

7月17日　致季米特洛夫信。④

8月5日　在巴黎《救国时报》第115期上以陈绍禹的名字发表《悼冯洪国同志》。7月28日，日本侵略军进攻北平郊区南苑，学生军训练员、中国共产党员、冯玉祥将军的儿子冯洪国率领千余名学生，英勇奋战，均在激战中殉国。王明的悼念文章说："我们对于洪国同志及其所率之千余勇敢有为的青年殉国的纪念……不是空洞的悲哀……而是更加十倍地为完成全中国人民的反日民族统一战线"，"为武装驱逐日寇出中国而努力"。

8月10日　共产国际执委会书记处举行会议讨论中国问题。王明在会上作了题为《日本帝国主义侵略的新阶段和中国人民斗争的新时期》的报告。

王明报告后，季米特洛夫说："王明同志的报告是有点儿鼓动性，有点儿乐观的。他很清楚，我们也不止一次地同他谈过，摆在中国党面前的问题是极其复杂的，党内情况是很特殊的"；"需要很了解国际形势的新人去援助中共中央。中央本身也需要援助，特别是在战争时期"；"王明的这篇很好的报告需要改写成文章。要从这篇报告为国际新闻写这样一篇文章，使它能动员群众保卫中国人民"。⑤ 会议通过了关于中共在新形势下的基本政策

---

① 周焱：《陈郁传》，第131~132页。
② 〔日〕田中仁：《王明著作目录》，第79页。
③ 仲石、公孙树主编《陈独秀与中国》第47期，2004年12月1日。
④ 〔日〕田中仁：《王明著作目录》，第79页。
⑤ 马贵凡译《季米特洛夫关于中国革命的两个文件》，《党史资料通讯》1987年第10期。

方针的建议。

8 月 莫斯科出版的《共产国际》中文版第 8 期刊登了毛泽东、朱德分别致西班牙人民书，以及王明为此写的《远东与远西（对于下列发表的毛泽东同志及朱德同志的信说几句话）》。他充分肯定了毛泽东、朱德的信，指出："西班牙人民在远西，中国人民在远东，同样得到一切进步者及爱自由者的热烈同情，因为这两个民族的斗争，是保障战胜法西斯主义的极大因素。"

8 月 于莫斯科作七律《全中国抗日战争爆发了》。①

夏 抓住印刷厂工人排错字的机会，与康生再次严厉批判李立三。

李思慎、刘之昆在《李立三之谜：一个忠诚革命者的曲折人生》中说："不久，又发生了一件工作责任事故：外国文工人出版社中文部在出版共产国际七大文献时，印刷厂排字工人在'七次大会'一词中，错将'大'字排为'犬'字。两字词意不同，写法上只差一点。校对员发现后向李立三作了汇报。李立三经过认真调查，确认是一个偶然错误。原因是当时有一个学徒工把铅字分格放进字盘时，错把'犬'字放入'大'字格里，排字工人没有发现，偶然弄错。所以只限于在生产会议上向这个工人提出批评而已。王明、康生得知后，更是抓住这个问题，不依不饶，借题发挥，小题大做，提到阶级斗争的高度，说是故意所为，定性为一起反革命事件，要追究李立三的政治责任。"②

9 月 18 日 以陈绍禹的名字在巴黎《救国时报》"九一八纪念特刊"即第 123、124 期合刊上，以王明的名字发表《日寇侵略的新阶段与中国人民斗争的新时期》，同时发表于《共产国际》中文版第 8 期、俄文版第 8 期、英文版第 10 期，《布尔什维克》俄文版第 17 期，《解放》周刊第 26 期，随后由苏联外国工人出版社、延安解放社、上海文粮书店出版单行本③，上海南华出版社还于 1938 年 1 月以《全国总抗战和保证抗战的胜利》为名出版单行本，并收入王明著《为独立自由幸福的中国而奋斗》、叶晴编《陈绍禹（王明）抗战言论集》、《陈绍禹（王明）救国言论选集》，抗日战术研究社出版的《抗日救国指南》第 1 辑、《抗日民族统一战线指南》第 2

① 《王明诗歌选集（1913～1974）》，第 113 页。
② 李思慎、刘之昆：《李立三之谜：一个忠诚革命者的曲折人生》，第 245～246 页。
③ 俄罗斯科学院汉学图书馆存有苏联外国工人出版社出版的版本。

册等。①

文章分为"日寇对中国新进攻的原因何在呢？""中国武装抗日能否得到胜利呢？""如何组织对日全国总抗战和保证抗战的胜利呢？""中国共产党在现在环境中的任务"等四个部分。

文章说，日寇对中国的新进攻，"就是征服全中国和奴役全中国人民"。文章驳斥了"中国抗战不能胜利"的论调，同时也指出进行反日斗争"有极大的弱点和困难"。在这样的情况下，"如何组织对日全国总抗战和保证抗战胜利呢？"中国共产党提议："在国共合作基础上建立全中国反日各党派的抗日救国大联合"，"建立全中国统一的国防政府和全中国统一的民主共和国"，"全中国军队总动员、建立全中国统一的抗日联军"，"全中国人民总动员"，"全体人民总武装"，"全国经济总动员和实行国防经济政策"，"保障和改善人民生活"，"实行国难教育，安置失业青年"，"没收日本帝国主义及其走狗的一切财产，肃清汉奸敌探"，"实行抗日外交政策"。在谈到建立全中国统一的抗日联军时，文章说："必须要建立包括有全中国各种武装力量（南京中央军、各省地方军、抗日人民军、东北抗日联军等等）而同时有统一指挥、统一纪律、统一供给和武装，以及对敌作战有统一军事计划的全中国统一国家军队。"

文章说：为了共同建立中国统一的国防政府和全中国统一的民主共和国，"中国共产党公开声明：在中国人民斗争底现在阶段，取消'中国苏维埃化'底口号"，但"中国共产党员无论在任何情形之下，一分钟也不会成为资产阶级民主主义者，一分钟也不会停止其为苏维埃政权与社会主义的信徒"。同时强调：我们主张建立民族统一战线，可是，"我们共产党员无论在任何情形之下，一分钟也不允许丧失自己的政治上的和组织上的独立性，一分钟也不允许掩藏自己共产主义的面目和旗帜"。

9 月 30 日　致莫斯科林信。②

同日　作关于中日战争的报告。③

10 月 2 日　主持中共驻共产国际代表团会议，会议议程有两项，其中

---

①　〔日〕田中仁：《王明著作目录》，第 81 页。

②　〔日〕田中仁：《王明著作目录》，第 82 页。

③　〔日〕田中仁：《王明著作目录》，第 82 页。

一项是张烈①做关于中国现状和党的工作的报告。②

10月21日　与康生联名致斯塔索娃信。③

10月　作七绝《平型关告捷》，诗曰：

遭逢部分板垣师，八路锋芒初试时，

一战平关传大捷，共优国劣尽人知。④

11月7日　在巴黎《救国时报》第132～133期、《共产国际》俄文版第10～11期、英文版第12期上以王明的名字发表纪念十月革命20周年的文章《伟大的十月革命20周年纪念时之中国》（又名《苏联社会主义革命20周年与中国人民的对日抗战》）。文章宣传和解释了中国共产党的抗日民族统一战线政策，但对国共合作的成果和进展作了过高的估计，例如文章说"已开始在国民政府的基础上建立全中国统一的国家政权"，"已开始建立全中国统一的国民革命军"，"政治制度民主化的过程已经开始，群众运动和群众组织日益发展"。此文发表于《群众》第1卷第7期，并收入1938年2月出版的叶晴编《陈绍禹（王明）抗战言论集》、同年7月出版的《陈绍禹（王明）救国言论选集》，《抗日民族统一战线指南》第3册等。⑤

11月上半月　突然宣布不准李立三回国。本来商定李立三与王明、康生等人同机回国，参加抗日战争。在启程前，他不说明任何理由，就宣布李立三留下。两个多月后，即1938年2月23日，李立三被苏联内务部逮捕，坐了一年零九个月的牢。

唐纯良著《李立三传》说："一九三七年十一月，王明、康生回国了。原先本来已经谈定让李立三同机回国参加抗日战争。李立三怀着参加伟大民族解放战争的强烈热望，等待这一天的到来。但是就在启程的前夜，王明没有说明任何理由，就宣布李立三必须留下，使李立三回国的愿望完全落空了。但是更大的灾难已经临近了。王明走后两个月，即一九三八年二月二十

---

① 即王稼祥。

② 徐则浩：《王稼祥传》，第180页；徐则浩：《王稼祥年谱》，第182页。

③ 〔日〕田中仁：《王明著作目录》，第82页。

④ 《王明诗歌选集（1913～1974）》，第114页。

⑤ 〔日〕田中仁：《王明著作目录》，第82～83页。

三日，苏联内务部突然在逮捕曾任共产国际驻中国代表的米夫和日共领导人野坂参三等人同时，也逮捕了李立三。从此他在苏联过了一年〇九个月的铁窗生活。"①

李思慎、刘之昆在《李立三之谜：一个忠诚革命者的曲折人生》一书中说：王明、康生在 11 月动身回国前夕，一方面没有说明任何理由，宣布李立三必须继续留在莫斯科，同时又通知苏联保安机关："李立三是个托派，这是一个危险人物。"他们还向共产国际诬告李立三在上海时"贪污三万美元"。从此，李立三的行动开始受到苏联内务部人员的监视。就在王明、康生离开莫斯科后两个月，1938 年 2 月 23 日李立三被逮捕入狱。

师哲在《我所知道的康生》一文中写道："李立三就是王明和康生在共产国际活动后被逮捕下狱的，幸而未被处决。1938 年王稼祥和任弼时同志先后任中共驻共产国际代表时，才逐渐审查了幸存而在押的中国同志，使他们重见天日，得以继续为革命贡献力量。对李立三的证明材料，就是我整理起草的，他于 1939 年获释出狱。"②

11 月 11 日　斯大林会见王明、康生、王稼祥。季米特洛夫在座。③

关于这次会见的情况，王稼祥 1941 年 10 月 8 日下午在中央书记处工作会议上的发言中说："当王明问中国革命战略阶段时，斯答复现在主要的是打日本，过去这些东西现在不要谈。当谈到军事工业问题时，斯说没有大炮是很困难的，苏联愿给以帮助。谈到政权问题时，斯说将来你们军队到了那里，政权也会是你们的。谈到战略问题时，斯说打日本不要先打头，这实际便是要打游击战争。"④

王稼祥于 1968 年 5 月写的《我的履历》中，也谈到这次会见的情况："当我进入斯大林办公室时，我被介绍说，这是不久才从陕北来到莫斯科的。斯大林就问红军有多少人？我说，在陕北约 3 万人。王明就插上来说是 30 万。因为俄文中没有'万'字，而是说 30 千或 300 千。斯大林就说，重要的是红军每个战士都是真正的战斗员，而不是吃粮的。后来谈话就涉及到

①　唐纯良：《李立三传》，第 119 页。
②　师哲：《我所知道的康生》，第 246~247 页。
③　《季米特洛夫日记》，又见《资料丛书》第 17 册，第 534 页。
④　徐则浩：《王稼祥对六届六中全会的贡献》，《文献与研究》1986 年第 4 期；参见徐则浩《王稼祥传》，第 182 页。

同国民党的统一战线。斯大林曾说，不要害怕共产党会淹没在民族解放斗争中，共产党人应该积极地参加到民族解放斗争中。"①

王稼祥在《回忆毛主席革命路线与王明机会主义路线的斗争》一文中还说："这一次王明又居心不良，他利用会见斯大林同志的机会来报私仇，说周达文、俞秀松二人是坏人，并在斯大林面前指责马列学院的凯撒诺瓦②包庇他二位。这以前，王明苦于无机会整垮周、俞二人；不久周、俞二人被捕，凯撒诺瓦也被撤了职，王明的丑恶灵魂随时随地都在害人。"③

王明在回忆中说：当时斯大林说中国还有不少的托洛茨基派，为了顺利地进行抗日战争，应该坚决地清除他们。④

11月13日晚 季米特洛夫同即将回国的王明、康生谈话，王稼祥参加。⑤

《传记与回忆》说："11月13日晚，季米特洛夫请我们到他们家里作客。他委托中共代表团回国的同志转告中共中央：'王明同志提出抗日民族统一战线政策，不仅是对中共而且是对中国人民和中国民族的一大功劳。'"

王稼祥1941年10月8日下午在中央书记处工作会议上的发言中，也谈到这次会见的情况。他说："季对王明说：你回中国去要与中国同志关系弄好，你与国内同志不熟悉，就是他们要推你当总书记，你也不要担任。""对于中国党的路线，我的印象没有听过国际说过路线不正确的话。""对于张国焘的问题，记得季米特洛夫说过张国焘在中央不是一个好家伙。"⑥

师哲在回忆任弼时的文章中曾说，有一次季米特洛夫同任弼时谈话说，在王明回国前，他们就提醒过王明：虽然你在国际工作了多年，而且是执委会成员和书记处书记之一，但你回国去并不代表国际，而且你长期离开

---

① 徐则浩：《王稼祥传》，第181页；朱仲丽：《王稼祥同志传达共产国际一次重要指示的前前后后》，《革命史资料》第7辑，第29页。
② 即凯撒诺娃，下同。
③ 1992年12月27日《人民日报》；《红旗飘飘》第18辑，第57页。
④ 《曼努伊尔斯基、王明与毛泽东》（未刊稿）。
⑤ 《季米特洛夫日记》，又见《资料丛书》第17册，第537页。
⑥ 徐则浩：《王稼祥对六届六中全会的贡献》，《文献与研究》1986年第4期；徐则浩：《王稼祥传》，第183页。

中国，脱离中国革命实际，所以回去以后，要以谦逊的态度，尊重党的领导同志，中国党的领导是毛泽东，不是你，你不要自封领袖。可是王明回国以后，处处以国际代表和领导自居，动辄指责别人，甚至把自己凌驾于中共中央之上，在工作中闹独立性，完全辜负了季米特洛夫的提醒和期望。①

---

① 《我们党的管家人——回忆任弼时同志》，中共中央党史研究室图书资料室编《中共六十年纪念文选》，第368页。

五　回国参加抗日战争

1937 年 11 月　33 岁

11 月 14 日　与康生等乘苏联飞机离莫斯科到达新疆迪化（今乌鲁木齐），[①] 并在迪化诬陷俞秀松等人，致使俞秀松等人被捕。

王明在 1969 年冬和 1970 年 6 月 22 日关于《王明应该怎样回国法?》的谈话中说：1935 年共产国际七大后，曼努伊尔斯基提出过三次要我回去，他的办法是：把所有在莫斯科的 60 来名学生和干部都武装起来冲回去。1936 年他又提过两次。前两次季米特洛夫和我都没有理他，以为他开玩笑。最后一次他又正式地提出，认为照他的办法一定可以冲到瓦窑堡去，并且说他可以向军事机关要枪，训练一个月再走。我说：我不能同意牺牲 60 来个干部保护我，而且如果他们都战死了，我一个人能到吗？季米特洛夫也认为"这样不行，太冒险了!"从当时 1936 年春的情况看，王明回国的办法有三种：一是照曼努伊尔斯基提的办法：冒险冲回去；二是等红军长征的西路军到达新疆附近；三是抗日民族统一战线形成，公开地回去。由于西路军没有到达新疆附近，只好等到 1937 年冬抗日民族统一战线形成，利用合法路线回去了。

《传记与回忆》说，王明这次回国是由于蒋介石的邀请。回忆中说："从 1932 年到 1934 年，中国工农红军离开苏区前，王明曾几次地要从苏联回中国去，都因交通联系被破坏而未回成。1936 年也曾几次地作过回去的打算，没有成功。而 1937 年抗日民族统一战线建成了。蒋介石派其代表张冲到莫斯科来'请王明先生回国去共商国事'。于是我们于 1937 年 11 月 14

---

① 见王明《中共半世纪》，第 31 页。

日晚离开了莫斯科。""我们乘火车到阿尔马阿塔，又乘飞机（重轰炸机T.Б.3）到新疆的迪化。蒋介石的代表和我们同机到达。当时新疆的督办盛世才和苏联和中共的关系都很好，所以招待得很周到。"

孟庆树根据王明回忆谈话整理的另一个回忆录还说：王明以前曾多次想回国，都没有成功，"直到1937年11月14日始利用合法路线回去——即利用蒋介石派来莫斯科与苏联政府谈判的代表张冲曾口头转告说：蒋介石有电话给张，要他'代表蒋请绍禹先生回国参加抗战领导工作'，并由张'陪同专机返国'。斯大林和季米特洛夫同志决定：王明利用蒋介石这种礼节上的邀请合法回去。（因为蒋介石知道，在国共已经合作和抗战已经爆发的条件下，王明会很快回国的，不管他邀请与否。）于是我们跟随张冲同机飞到新疆迪化。然后由苏联派飞机（Т.Б.3）送回延安。"①

在迪化期间，王明借军阀盛世才之手继续迫害俞秀松。盛世才为了与苏联拉关系，曾向苏联要干部。联共（布）中央就从在苏联工作的中国同志中，选调俞秀松等25名干部派到新疆。王明到新疆后，要盛世才"必须肃清此间的反革命托派分子"。盛世才不知谁是托派分子，就把25名干部的照片拿给王明、康生识别。结果，25名干部除一人外全部被捕。1938年6月，俞秀松被押送苏联受尽酷刑，1939年2月21日被杀害。②

江泽民③回忆说："一九三七年冬王明和康生从莫斯科回延安，中途在新疆停下，见到盛世才。会见时，盛世才把我们的相片拿出来。盛世才问王明这些人怎么样。王明说：这些人都不是好人。王明还答应说，回延安后，我们把这些人的材料，给你送来。这样，盛世才才敢把我们逮捕。以前碍于这些人是苏联派来的，不敢动手。"结果江泽民和俞秀松等人都被捕了。后来江泽民被放出，俞秀松和万献廷被送回苏联。④

吴亮平说王明陷害俞秀松等人，是因为俞秀松等人对他上台不满意。他说："王明十分仇恨俞秀松等人。中共六届四中全会以后，米夫让王明上台，俞秀松不满意，王明更恨他。俞秀松、董亦湘、周达文等在学生中不讨

---

① 《关于临时中央政治局和博古当总书记问题》（未刊稿）。
② 参见余一苗《拭去覆盖在历史上的尘土——俞秀松反对王明斗争的内幕纪实》，《上海党史与党建》1994年第3期；邵余文《同王明斗争到底的人——我党早期共产党员俞秀松》，《党史纵横》1995年第3期。
③ 原名江克明。
④ 《江泽民谈俞秀松》，《青运史资料与研究》第3辑，第244页。

论四中全会的决议，根本不理王明那一套。这就是王明要把俞秀松打成托派的原因。"①

稽直也回忆说："一九三七年我回到莫斯科，被安排在内务部边防总局工作。这期间，我听从新疆来的人说，王明、康生由莫斯科去延安，路经迪化时，利用盛世才向共产党投机的意图，抛出他们可以介绍盛世才加入中国共产党，并可以从延安派人来新疆帮助盛工作为诱饵，向盛提出，必须肃清此间的反革命托派分子方可。假使这样，还可以保证得到苏方更多的支持。由于盛不知谁是托派，乃收集了有关照片，请王、康识别。王、康当即指出：新疆反帝总会秘书长王寿成、保安总局长张义吾、副局长任岳夫妇、汽车局副局长江泽民、外交办事处长（后任喀什区行政长）万献廷、和田区行政长郑一俊夫妇等都是托派。并指示：上述这些人，应当即关押，就地处理。"盛世才将这些情况报告了苏联总领事，苏联总领事报告了莫斯科，莫斯科便派工作组去帮助审讯，结果将其他人释放了，"由于共产国际中国部得到王、康的来信，致使俞秀松和万献廷被送回苏联严肃处理"，后来得知"俞秀松已牺牲在苏联"。②

11月29日 与康生、陈云从新疆经兰州飞抵延安，③ 受到毛泽东、朱德、张闻天等人的欢迎。毛泽东以《饮水思源》为题，致欢迎词。他说："欢迎从昆仑山上下来的'神仙'，欢迎我们敬爱的国际朋友，欢迎从苏联回来的同志们，你们回到延安是一件大喜事，这就叫做'喜从天降'。"④ 王明也在机场上讲了话。⑤

《传记与回忆》说："我们从新疆飞到兰州，又飞到延安。""在机场上迎接的，有当时在延安的中共中央政治局和书记处的同志们，如当时的总书记张闻天（洛甫）和政治局委员周恩来、朱德、彭德怀、博古、项英等同志。毛泽东不仅迎候了，而且在欢迎会上说：'今天我们迎接的是喜从天降；是抗日民族统一战线的制定人——王明同志……'"

当晚，毛泽东请王明、康生吃饭。⑥ 以后在陕北公学大院，毛泽东、张

---

① 《吴亮平谈俞秀松和王明、康生斗争的情况》，1980年9月18日，《青运史资料与研究》第3集，第217页。
② 《我所知道的俞秀松》，《青运史资料与研究》第3集，第270~272页。
③ 见王明《中共半世纪》，第31页。
④ 刘俊民：《试论王明右倾投降主义的形成》，《齐齐哈尔师范学院学报》1982年第1期。
⑤ 戴茂林等：《访问鲜克德谈话记录》，见曹仲彬、戴茂林《王明传》，第287页。
⑥ 曹仲彬等：《访问陈永录谈话记录》，曹仲彬、戴茂林：《王明传》，第287页。

闻天主持召开欢迎大会。据参加这次欢迎大会的李光灿回忆："毛泽东、张闻天主持会议，欢迎驻共产国际代表王明、康生、陈云回国。王明有一个讲话，极有煽动性。他首先讲，他们能回来，是共产国际派回来的，斯大林派回来的；其次他讲，我们几个人都是中国共产党派驻共产国际的代表，没有什么地方值得欢迎的，应当欢迎的是毛泽东同志，并举了几个例子加以说明。康生、陈云也讲了话，讲得很短。张闻天讲完话后，毛泽东才讲话，他讲得很热烈、很兴奋。毛泽东很高兴；好象喝了点酒。"[①]

李德回忆说："当晚，在小范围内举行了欢迎仪式……我听说，毛泽东赞扬了王明在起草 1935 年 8 月 1 日宣言时的积极行动，这一行动为民族统一战线打下了基础。洛甫特别提到王明在克服 1931 年李立三路线时的作用，和他多年来在共产国际中的卓有成效的活动。""王明是共产国际主席团和书记处的成员，又是共产国际的发言人，据说他可能强调了毛泽东在党内的领导作用，但同时也指出了加强包括张国焘在内的集体领导的必要性，并主张在维护中国共产党的独立和自主的情况下，在民族统一战线中加强同国民党和蒋介石真诚紧密的合作。""至于这次欢迎会上的讲话（如果我转述是正确的话），只是一种在国内流行的客套，还是具有什么深远的含意，这对于我这个没有参加欢迎会的人来说，就很难判断了。赞美之词很象是空洞的客套，然而，王明的讲话也可以被看作是对毛的党内政策以及全国政策的十分谨慎的批评。"[②]

对于王明这次回国的原因，很多人认为王明是被共产国际派回来夺毛泽东的权的。理由是这一时期，共产国际同以毛泽东为首的中共中央发生了矛盾：毛泽东要坚持独立自主，而共产国际却要求中国共产党人不惜放弃政权与军队，一切服从于蒋介石国民党。但陈松友在《王明回国是向毛泽东夺权吗？——抗战初期共产国际派王明回国原因之我见》中，认为"王明回国向毛泽东夺权"的说法是站不住脚的。首先，这一时期毛泽东在党中央不居领袖地位，而且在共产国际的认识当中，也并不存在一个以"毛泽东为首"的党中央，"向毛泽东夺权"在逻辑上说不通。其次，王明回国前，共产国际认为王明不适合做中共领袖。最后，如果共产国际派王明回国向毛泽东夺权，那么，在王明回国前后也不会极力宣传毛泽东，并公开支持毛泽

---

① 戴茂林等：《访问李光灿谈话记录》，曹仲彬、戴茂林：《王明传》，第 287 页。
② 李德：《中国纪事》，第 298 页。

东做中共领袖。① 郭国祥、丁俊萍在《论抗战初期王明与毛泽东的合作和分歧》中也说：说王明回国是夺毛泽东的权，或者说是挑战毛泽东的权威，实际上这种看法是不符合当时实际的。首先，当时中央的总书记是张闻天，而不是毛泽东。其次，王明当时的地位要高过毛泽东，他的权威和影响也要高过毛泽东。②

11 月底 作诗《飞过大西北》（三个五律），其最后四句是：

乘机思美梦，引领望延安；

抗日昨天梦，今天梦明天。③

12 月 1 日 青年书报社出版王明的《日寇侵略的新阶段与中国人民斗争的新时期》。

12 月初 作七绝《不胜今昔之感（离上海与到延安）》，感慨 1931 年冬乘船离沪赴莫斯科与这次蒋介石派人请他们乘苏联飞机回国之不同，诗曰：

国际连番命启程，日船悄悄四人行；

六年中外风云变，蒋请苏机万众迎。④

12 月 9 日 在 9~14 日召开的中共中央政治局扩大会议上作《如何继续全国抗战和争取抗战胜利呢？》的报告。这个报告共分三部分：一、决定中日战争胜负的三个主要因素；二、四个月抗战的经验与教训；三、怎样继续全国抗战和争取抗战胜利？

在第一部分中，报告指出："在国共合作基础上，全中国抗日民族统一战线的建立和发展，在全中国抗日民族统一战线基础上，达到：全中国统一的国防政府之建立，全中国统一的国防军队之创造，全中国人民之抗日救国大团结的开始形成——这就是保障继续抗战和争取抗战胜利的最主要的条件。"关于全中国统一的国防军，报告说："虽然还没有统一指挥、统一纪

---

① 《西南师范大学学报》（人文社会科学版）2004 年第 2 期。
② 《武汉理工大学学报》（社会科学版）2008 年第 1 期。
③ 《王明诗歌选集（1913~1974）》，第 115 页。
④ 《王明诗歌选集（1913~1974）》，第 116 页。

律、统一武装、统一供给和统一作战计划的真正全中国统一国家军队，但是，中国军队正向这个方向前进，且已开始有了初步的基础，这一点对于抗战及抗战前途有极重要的意义。"关于中国的民主制度，报告说虽然"距民主共和国的制度还远"，但"已经开始民主化"。①

在第三部分中，报告指出"巩固和扩大国共两党合作，是巩固和扩大抗日民族统一战线的枢纽"。为要加强国共合作，报告提出：就要以抗日与不抗日作为"划分友敌之主要标准"，如"分成左中右三派"，也"主要地是以抗日降日为分野（西班牙例与中国实例）"；要"共同负责，共同领导"，"共同奋斗，互相帮助，共同发展（西班牙，德国经验，满洲经验）"。"在工人中——以现有的合法的工会为基础，组织统一的职工会"；"在农民中——利用原有的合法形式进行合法工作"；"在青年中，——建立抗日救国统一的青年组织"。要"在国民政府基础上建立真正全中国统一的国防政府"，"在现有军队基础上建立和扩大全中国统一的国防军"。八路军在新占领区域，"行政制度及政策均须以抗日民族统一战线作出发点"。虽然要实行"统一指挥，统一纪律，统一武装，统一供给和统一作战计划"，但八路军还要保持自己的"独立性"。②

在一个更详细的记录稿上，这个报告还有如下的内容。

第一，说全国抗战后政治制度"开始民主化"，对国民党"不能用分成左、中、右三派的分法"，"过去提出国民党片面抗战，是使他们害怕，要提出政府抗战很好"，"对于 CC 与复兴社过去是叫法西斯蒂，现在应公开纠正过来"等。

第二，说"现在不能空喊资产阶级领导无产阶级或无产阶级领导资产阶级问题，这是将来看力量的问题，没有力量空喊无产阶级领导是不行的，空喊领导只有吓走同盟军"，"因此我们不能说是谁领导谁"。在军队问题上，报告虽然谈到"八路军如何保障独立性问题"，但认为"我们要拥护统一指挥，八路军也要统一受蒋指挥"，并说"红军的改编不仅是名义改变，而且内容也改变了"。报告提出："今天的中心问题是一切为了抗日，一切经过抗日民族统一战线，一切服从抗日。"

---

① 《如何继续全国抗战和争取抗战胜利呢？（一九三七年十二月九日王明同志在政治局会议报告大纲）》，原载《六大以来》上册，第 888～895 页，引自《王明言论选辑》，第 537～538、537 页。

② 《王明言论选辑》，第 540～543 页。

第三，说"不要提出改造政权机构"，不要"过早提出肃清汉奸分子"，"行政制度在山西等地区不能建立与特区同样的政策，要同样用旧县政府，县长，不要用抗日人民政府等"，并批评刘少奇写的小册子"提得太多，提出打大地主当作政策是不对的，提出单打维持会也是不对的"，还说"对于中国的军队不是说旧军队不行，要改造旧军队这是不策略的口号，总的是在旧的军队基础上改造军队"。

第四，说"今天不是组织狭小的群众团体，而是利用既在合法的团体，要登记，读总理遗嘱也可以，要利用合法，取得合法，争取一切宗教的合法的团体"；"现在中国需要统一的群众组织，不要分裂的群众组织，在抗战条件下不怕国民党限制，而是我们的方法不好，一定要争得合法，到国民党去立案，市党部来参加"。

第五，说"没有统一的国防军和统一的正规军是不能战胜日本帝国主义的，游击战不能战胜日本"等。

王明在晚年写的《关于一九三七年十二月中共中央政治局会议的路线和抗日战争时期中共内两条路线的斗争》的回忆中说，他"在政治局会议上作了关于目前抗战形势与党的任务的报告。此外，还传达了中共驻共产国际代表团从莫斯科回国前同斯大林和季米特洛夫谈话的内容，并作了关于中共驻共产国际代表团六年工作的报告"；"在讨论中，所有政治局委员和候补委员（包括毛泽东）一致同意王明同志的报告及报告中提出的政治路线，即以进一步巩固和扩大建立在国共合作基础上的抗日民族统一战线为主要内容的路线，以便进一步动员和组织几亿中国人民及其武装力量抗日救国，直到在苏联全面帮助下和其他各国反日力量的同情下，取得最后胜利。同时，政治局一致赞同斯大林和季米特洛夫的指示和上述王明同志的报告"。说"中共中央政治局 1937 年 12 月会议根据王明同志的报告所通过的路线，是什么'右倾投降主义路线'"，因而整个武汉时期"全党是在这条'右倾投降主义路线'统治下"，这完全是"毛泽东的伪造"。①

张国焘在回忆中说："王明当时俨然是捧着'尚方宝剑'的莫斯科'天使'，说话的态度，仿佛是传达'圣旨'似的，可是他仍是一个无经验的小伙子，显得志大才疏，爱放言高论，不考察实际情况，也缺乏贯彻其主张的能力与方法。他最初几天的表演就造成了首脑部一些不安的情绪，我当时就

---

① 《传记与回忆》附录Ⅲ。

料定王明斗不过毛泽东。""王明这些话使毛泽东的神情，显得有些尴尬，似是受到当头一棒。他也许想到他已往发表过的言论和所做的一切，竟与莫斯科的简直大有出入。现在莫斯科，竟要他与国民党形成长期而巩固的合作。"① 倒是刘少奇提出"一切经过统一战线的口号须要具体解释"。②

杨奎松说："把自己凌驾在中共中央之上，颐指气使，这在做惯了莫斯科代言人的王明来说是不可避免的。他一上来就批评：'有同志对统一战线不了解，是要破坏统一战线的。'说蒋介石是中国人民有组织的力量，如果不联合蒋介石，客观上等于帮助日本。在全国政权与军事力量上要承认国民党是领导的优势的力量。我们不能提出要国民党提高到共产党的地位，共产党也不能投降国民党，两党谁也不能投降谁。现在不能空喊资产阶级领导无产阶级或无产阶级领导资产阶级的问题，这是将来力量的问题，没有力量空喊领导是不行的。空喊只能吓走同盟军。西班牙现在实际上已经是无产阶级领导，但没有喊无产阶级领导。因为欧洲资产阶级知道无产阶级领导就是无产阶级专政的萌芽，高喊无产阶级领导会吓退资产阶级。'今天的中心问题是一切为了抗日'，从抗日的角度出发，我们要拥护统一指挥，八路军也要统一受蒋介石指挥。我们不怕统一纪律、统一作战计划、统一给养，不过要注意不要受到无谓的牺牲。"③

有的学者认为：王明在报告中批评洛川会议没有突出"抗日高于一切"、"一切服从抗日"的原则，批评1937年9月25日《中共中央关于共产党参加政府问题的决定（草案）》对国民党的进步认识不足，不同意毛泽东在1937年11月12日所作的《上海太原失陷以后抗日战争的形势和任务》中提出的某些论断，点名批评刘少奇在《抗日游击战争中的各种基本政策》一文中对国民党提出的各项要求"过高"、"过多"，而没有反映"抗日高于一切"的中心问题。"王明自恃有斯大林作靠山，在十二月政治局会议上踌躇满志。毛泽东为欢迎他回国而刻意作出的友好姿态麻痹了王明，无形中膨胀了他的自我中心意识，使他陷入了错误的判断。王明在报告中无视毛的权威，将他个人自1934年以来与毛修好的努力毁于一旦。王明以为刘少奇没有实力，以批刘来影射毛，也造成严重的后果，促使毛泽东与刘少奇在反对

① 张国焘：《我的回忆》，第424、419、421页。
② 1937年12月中共中央政治局会议记录，转引自田子渝《1938年毛泽东与王明政治关系评析》，《抗日战争研究》2006年第3期。
③ 杨奎松：《毛泽东与莫斯科的恩恩怨怨》，第69~70页。

王明的基础上进一步加紧联合。"①

在这次会议上，王明诬陷陈独秀，反对与刚刚出狱并主张抗日的陈独秀等联合抗日，说"中央过去对托派实质认识不够"，"我们可以与蒋介石及其属下的反共特务等人合作，但不能与陈独秀合作"，诬指陈独秀是每月领取日本 300 元津贴的间谍，并说"陈独秀即使不是日本间谍，也应说成是日本间谍"。他在会上大讲苏联反托派的"经验"，主张中国也应加紧反托派的斗争。由于他和康生的反对，也由于陈独秀没有接受中共中央提出的三项条件，致使陈独秀等与中国共产党一致抗日的愿望没有实现。后来他在《中共半世纪》一书中吹嘘说："一九三七年底我回到延安后，就得知毛泽东同陈独秀的代表罗汉已经谈好，允许托陈派全部回党（这个'回党'计划由于我到延安而没有实现）。"② 有的学者认为，阻止陈独秀回到党内工作，是王明抵制毛泽东扩大抗日民族统一战线思想的一部分，目的是树立自己在党内的权威。③

在王明反对与陈独秀等联合抗日的同时，康生接着写了《铲除日寇侦探民族公敌的托洛茨基匪徒》一文，公开诬陷陈独秀等与上海的日本侦特机关"进行了共同合作的谈判"，陈独秀等"不阻碍日本侵略中国"。而日本给陈独秀的"托匪中央"每月 300 元的津贴，并由托派中央的组织部长罗汉领取了。④

对于王明、康生的造谣诬陷，陈独秀十分愤慨。他于 1938 年 3 月 17 日写给《新华日报》的公开信中说，"近阅贵报及汉口出版之《群众周刊》及延安出版之《解放周报》，忽然说我接受日本津贴，充当间谍的事，我百思不得其解"；"是否汉奸应该以有无证据为断"⑤，要求拿出真凭实据来；同时还对包惠僧说："老干们（指王明等人）不会欢迎我，我也犯不着找他们。"⑥ 就是其他很多人，也深为陈独秀不平。因此，在当时武汉的报纸上发生了一场公开的辩论。1938 年 3 月 16 日，傅汝霖等 9 人在《武汉日报》发表公开信说："诬及陈独秀先生为汉奸匪徒……殊出情理之外"，是"莫

---

① 高华：《红太阳是怎样升起的——延安整风运动的来龙去脉》，第 125 页。
② 王明：《中共半世纪》，第 148 页。
③ 朱洪：《王明为何反对陈独秀回延安？》，《报刊荟萃》2009 第 5 期。
④ 载《解放》周刊第 1 卷第 29、30 期，1938 年 1 月 28 日、2 月 8 日出版。
⑤ 《血路》周刊 1938 年第 12 期，转见水如编《陈独秀书信集》，第 475～476 页。
⑥ 包惠僧：《我所知道的陈独秀》（三），见中国革命博物馆党史研究室编《党史研究资料》第 1 辑，第 120 页。

须有之诬蔑"；九人之一的张西曼还单独给《新华日报》写信说，他之所以"敢负责为陈独秀先生辩护"，就因为"由他那抵抗倭寇侵略的坚决态度"等等，"可以证明他至少是个爱国的学者"。① 当事人罗汉也在汉口《正报》上发表公开信辩驳："以这样严重的卖国谈判，参加者又有当时政府要人在内，而其结果乃以300元之代价成交，真可谓极廉价之高峰。" 又说："康生君说去年六七月间我和独秀曾与美国侦探接洽……只管造谣造的高兴，竟连陈、彭那时尚在南京狱中的事实也忘记得干干净净了！"②

12 月 10 日　在中共中央政治局会议上作第二次发言，着重讲中共驻共产国际代表团所做的工作及取得的成绩，列举了"代表团对中国党的政治上的帮助"。最后说："我们现在估计党中央的路线一般的是正确的，要估计到较大的错误便是五中全会的决议。"

12 月 11 日　毛泽东在中央政治局会议第三天的发言中，表示同意王明所说的"抗战发动后对国民党的转变估计不足"。他说：统一战线工作"总的方针要适合团结御侮"，"目前应该是和为贵"，"使国共合作，大家有利"；"我们对国民党的态度要光明磊落，大公无私，委曲求全，仁至义尽"。对不同意王明的一些意见，毛泽东作了基本的辩白和正面的阐述。他强调："国民党与共产党谁吸引谁这个问题是有的，不是说要将国民党吸引到共产党，而是要国民党接受共产党的政治影响。""如果没有共产党的独立性，便会使共产党低到国民党方面去。""八路军与游击队应当使成为全国军队的一部分，但是要政治上的区别，要在政治工作上、官兵团结上、纪律上、战场上起模范作用。""共产党在八路军出动后，政治影响更扩大。在全国群众中组织力量虽不够，但不能看数量少，在群众中力量是大起来的。"他又说："章乃器说少号召多建议，我们是要批评的。这是只适宜国民党现时状况。我们要在政治上有号召。"③

毛泽东1943年11月13日、19日在中共中央政治局会议上的发言中说："十二月会议上有老实人受欺骗，作了自我批评，以为自己错了。""而我是孤立的。当时，我别的都承认，只有持久战、游击战、统战原则下的独立自主等原则问题，我是坚持到底的。"④

① 载 1938 年 3 月 18 日《新华日报》。
② 载汉口《正报》1938 年 4 月 24 日、25 日。
③ 逄先知、金冲及主编《毛泽东传（1893～1949）》下卷，第 584～585 页。
④ 逄先知、金冲及主编《毛泽东传（1893～1949）》下卷，第 586 页。

胡乔木在 1990、1991 年《关于党的历史文献的编辑和批判第三次
"左"倾路线的九篇文章》的谈话中说："王明刚回国时，在 1937 年 12 月
的中央政治局会议上表现得不可一世。对王明的这种表现，毛主席一时摸不
着头脑，没有多说话，但还是坚持了他原来的正确主张。"①

但在 1988 年 6 月 28 日 ~ 7 月 4 日，由中共中央党史研究室、全国党史
研究会和东北师范大学联合召开的共产国际与中国革命问题第五次全国学术
讨论会上，有的学者提出当时大多数同志同意王明的观点，毛泽东本人在会
上没有与王明发生交锋，原因是什么？是毛泽东的斗争艺术、策略问题？还
是当时毛泽东也未认清王明的右倾错误？这一点，有待进一步深入研究。②

12 月 12 日 中共中央政治局会议决定增补王明、康生、陈云为中央书
记处书记，中央常委增为九人：张闻天、毛泽东、王明、康生、陈云、周恩
来、张国焘、博古、项英。会议决定中央实行集体领导并有分工：日常来往
电报"党的交洛，军队交毛，统战交王，王外出时交洛"。③

据张国焘回忆："在我们讨论组织问题的时候，王明事先没有和任何人
商量，就提出一张中央政治局委员和候补委员共十六人的名单。毛泽东对王
明的这种单独举动，似感不安。王明所提出的名单，在人选上只增加了和他
同回国的赵云④陈云两人，其余多是旧人，不过将席次略加调整而已，所以
原则上毛是赞成的。毛所不愉快的似是事先没有征求他的同意。因而毛极力
推崇王明为中共中央领袖，并说自己在抗日统一战线政策上和反托派斗争
上，都没有把稳住这个舵，愿意减轻自己的责任，力主将王明的名字列为第
一名。经王明极力表明，他之提出这张名单，决无'夺帅印'的意思。毛
知道了王明的真意之后，没有再发言，名单也算通过了。"他还说："身为
中央书记的张闻天的名次，在王明的名单上被降至第七名了。王明的表现似
有取张闻天而代之的意向。张闻天却在那里一言不发，除了表示过赞成王明
从莫斯科带回的政治主张外，从不对实际问题作任何表示，尤其不谈到改选
书记的问题。"⑤

①《胡乔木回忆毛泽东》，第 45 页。
② 瞿超：《抗日战争时期共产国际与中国革命关系讨论观点综述》，《社科信息》1988 年第 9
期。
③ 张培森主编《张闻天年谱》，第 529 页。
④ 即康生。
⑤ 张国焘：《我的回忆》第 3 册，第 424 ~ 425 页。

12月13日　中共中央政治局会议根据王明的发言通过了《关于中共驻共产国际代表团工作报告的决议》，其中说："政治局听了中共驻国际代表团王明，康生，陈云三同志工作报告之后，认为在王明同志领导之下的代表团，在国际领导和特米脱洛夫①的帮助之下，几年来所做的工作成绩，首先在关于抗日民族统一战线新的政策的确定与发展上给了中央以极大的帮助，此外如培养干部，出版报纸书籍，反对隐藏在某些党的组织中的奸细敌探，对满洲与华侨工作的直接领导和进行国际宣传等，是满意的完成了党中央与共产国际所给与他们的任务。"②

会议还通过了《中央政治局关于准备召集党的第七次代表大会的决议》，成立了毛泽东、王明等25人的筹备委员会，毛泽东任主席，王明任书记。③ 并决定在七大上由王明作政治报告，毛泽东作工作报告。④ 会议还决定由项英、周恩来、博古、董必武组成中共中央长江局，领导南部中国党的工作。由周恩来、王明、博古、叶剑英组成中共代表团，负责继续与国民党谈判。⑤

杨奎松评论说："实在不知道一个准备委员会，在'主席'之外如何出来一个不伦不类的'书记'职务？大概是王明不想要那个'副'字想出来的办法吧？无论如何，王明推举毛作'主席'，自己又弄个'书记'坐，这种一山二虎的架式，很符合王明的作风，显示了他不甘寂寞的扭曲心态。而更让人要猜疑王明用心的是，在这个文件上，参加会议的政治局全体成员还破天荒地被要求依次签名以示赞成。这在中共历史上大概也是绝无仅有的一次。"⑥

1945年8月25日，弗拉基米洛夫在《延安日记》中说："1938年12月全会通过召开第七次党代表大会之后，毛泽东意识到他是孤立的，意识到大会很可能选出一个新的中共中央主席——王明！""因此，毛决心要搞掉王明。是一场争权斗争，同时也是为争取实现他的思想而进行的斗争。""毛泽东在中共中央12月会议上发言以后，发现他自己是孤立的。他感到震惊！"⑦ 1938年12月中共中央并未召开全会，他说的似乎就是1937年12月

---

① 即季米特洛夫。

② 《中央政治局关于中共驻国际代表团工作报告的决议》，《资料丛书》第17册，第517页。

③ 《中共中央文件选集》第11册，第406页。

④ 关于王明作报告的决定，见《胡乔木回忆毛泽东》，第367页。

⑤ 张培森主编《张闻天年谱》，第529页。

⑥ 杨奎松：《毛泽东与莫斯科的恩恩怨怨》，第69页。

⑦ 〔苏〕弗拉基米洛夫：《延安日记》，第447页。

的中共中央政治局会议。

12 月 14 日　中共中央政治局会议结束。

任弼时 1938 年 4 月 14 日代表中共中央向共产国际的报告大纲，充分肯定了这次会议。他说："十二月会议，王明同志等带回季米特洛夫同志关于巩固发展中国民族统一战线的指示后，对于统一战线问题有着更详细的讨论，认定国共合作的统一战线，不仅是党的策略上的改变，而且是战略性质的改变"；"认定统一战线的基本条件是抗日，'抗日高于一切'，'一切服从抗日'"。过去"由于对统一战线的认识，还有某些不足够的地方；工作方式上存在着缺点，和国民党人们的深刻成见，在过去曾发生过与国民党政府和军队间某些磨擦；在十二月中央政治局会议以后，乃渐减少，使着统一战线，得着发展与成绩"。① 他在 5 月 17 日对这个报告大纲所作的补充报告《中国抗日战争的形势与中国共产党的工作和任务》中，再次对这次会议作了肯定。

但与会人员明显地看出了会议上的分歧。彭德怀在回忆这次会议的时候曾说："我认真听了毛主席和王明的讲话，相同点是抗日，不同点是如何抗法。王明讲话是以国际口吻出现的，其基本精神是抗日高于一切，一切经过统一战线，一切服从统一战线……从王明这些论点看来，显然同毛泽东同志的正确论点有很大的原则上的分歧。对无产阶级在抗日民族战争中如何争取领导权的问题，他是忽视的。这就可以肯定他这条路线，是一条放弃共产党抗日民族统一战线的领导、失去无产阶级立场的和投降主义的路线。什么西班牙、法国和满洲的经验，所有这些经验都是失败的教训。假如真的按照王明路线办事，那就保障不了共产党对八路军、新四军的绝对领导，一切事情都得听从国民党反动集团所谓合法政府的命令；就不可能有敌后抗日根据地和民主政权的存在；同时也区别不开谁是统一战线中的领导阶级，谁是无产阶级可靠的同盟军，谁是消极抗日的右派，谁是动摇于两者之间的中间派。这些原则问题，在王明路线中是混淆不清的。"他还说："会议时间很长，似快天明才散会的。会议上的精神是不一致的，感觉回去不好传达。王明所说的内容，没有解决具体问题。蒋介石根本没有承认统一战线，工农红军要改编为国民革命军，强迫戴国民党军队的帽子，与国民党军成一种隶属关

---

① 《中国抗日战争的形势与中国共产党的工作与任务》，《中共中央抗日民族统一战线文件选编》下册，第 105、104 页。

系；企图改变八路军性质，同化于它的体系，根本没有承认合作。一切经过统一战线，就是经过蒋介石，他决不会容许八路军扩大，决不会容许我们有任何独立自主，也不会有平等待遇。回去传达就只好是，毛主席是怎么讲，王明又怎么讲，让它在实践中去证明吧。"①

盛岳在《莫斯科中山大学和中国革命》中说：王明回国后，"无疑他满以为是凯旋而归。也许他和俄国人都以为，他将在抗日统一战线中领导党，并以为在此过程中可能要由他重新担任中央总书记。他是一个骄傲自大的人，他到达延安后，就着手在党内培植他的势力。毛泽东看出了陈绍禹的野心，机智地设法让陈和另一些人先去武汉后去重庆，担任与国民党谈判的中共代表，商谈有关在加强抗日民族统一战线中的两党关系事宜。毛把陈送出延安，暂时从党的总部去掉了一个强大的政治对手。还可以说，毛深知陈享有国际声望。这时张国焘对毛的威胁已被解除，但毛泽东一定感到，他在对付陈的时候，一定要精心策划才是。于是，一场毛、陈之间隐蔽的权力斗争随之展开"。②

有的学者还认为："在十二月政治局会议上，毛泽东暂时处于下风，王明虽然获得普遍响应，但王明获得的成果也仅此而已。毛泽东、王明一时势均力敌，谁也不具特别优势……事实上形成了毛泽东、王明分享中共最高权力的格局。""至于王明，则有很多理由为十二月政治局会议的结果而高兴。首先，他的报告被与会者一致接受，政治局的同事们都对他表示了热诚的欢迎；其二，政治局对中共驻共产国际代表团的工作给予了高度评价，称赞代表团'在关于抗日民族统一战线新的政策的确定与发展上给了中央以极大的帮助'，中共中央表彰了代表团，也就是对王明本人的表彰；其三，王明的地位在会议上得到确定，成为党的第二号人物，由于自己显示了政治领袖的水平并具有雄厚的国际背景，争得了在政治上'帮助'毛泽东的资格，跟随自己从莫斯科返国的康生等也都成了书记处成员；其四，会议决定成立以王明为首的中共代表团与国民党谈判，这将使王明成为国内活跃的领袖人物。在胜利的喜悦中，王明没有看见笼罩在他头上的乌云正慢慢聚集。""王明在十二月政治局会议上取得的胜利使他对自己的前途充满自信，王明只看到政治局委员们支持他的一面，而没看到这种政治支持的脆弱一面。王

---

① 《彭德怀自述》，第 224～226 页。
② 盛岳：《莫斯科中山大学和中国革命》，第 263～264 页。

明与多数政治局委员只存在一般的工作关系，并无历史渊源、个人友谊作这种关系的基础。他忘记了，这种建立在政见一致基础上的政治上的结合，经常会因形势变化、人际关系等因素而处于波动中。少年得志的王明只是一个深受俄化教育的共产党新贵，对这种世故哲学似乎理解得不深。十二月政治局会议后，中共核心层的内部关系十分微妙，尽管王明影响上升，但支持王明的力量缺少稳定性，大多数政治局委员并没有把'宝'押在王明一边，而是谨言慎行。在毛泽东、王明之间犹疑摇摆。""十二月政治局会议在毛泽东与王明之间投下了长长的阴影，王明在严重冒犯了毛泽东之后，也许并不知道自己已被毛视为必欲除之而后快的党内头号敌人。正当王明自鸣得意，陶醉在眼前的胜利时，毛泽东则在妥协、退却烟幕的掩护下，为打败王明卧薪尝胆、积蓄力量。"①

1945 年 4 月 21 日，弗拉基米洛夫在《延安日记》中也说："1937 年 12 月，王明在中共中央扩大会议上讲了话，他讲了巩固抗日统一战线的任务。他的讲话得到与会代表的一致赞同。只有毛泽东对王明的报告进行了一些批评，但是经过辩论之后，他明白自己有被孤立的危险，于是终于投票赞成这个决议。决议认为抗日统一战线的策略，是日本侵略的条件下唯一正确的策略。""不久，王明和后来成为'莫斯科反对派'的大部分成员前往汉口，代表中共参加蒋介石政府（当时叫做'国防政府'）。""王明在汉口一直呆到 1938 年 10 月汉口被日军占领为止。在这期间，毛不失时机地积极巩固自己的地位和准备整风。康生的侦缉机关的实力也就是在这时候增长起来的。同时，毛泽东着手推翻 1937 年 12 月的会议决议以及中共六中全会关于抗日统一战线的决定，并从而否定了共产国际所持的立场。"②

毛泽东对这次会议明显不满意，后来多次进行批评。例如 1945 年 6 月 10 日毛泽东在中共七大关于选举候补中央委员问题的讲话中说："遵义会议以后，中共的领导路线是正确的，但中间也遭过波折。抗战初期，十二月会议就是一次波折。十二月会议的情形，如果继续下去，那将怎么样呢？有人说他（王明）奉共产国际命令回国，国内搞得不好，需要有一个新的方针。所谓新的方针，主要是在两个问题上，就是统一战线问题和战争问题。在统一战线问题上，是要独立自主还是不要或减弱独立自主？在战争问题上，是

---

① 高华：《红太阳是怎样升起的——延安整风运动的来龙去脉》，第 126、129、130、131 页。
② 〔苏〕弗拉基米洛夫：《延安日记》，第 447 页。

独立自主的山地游击战还是运动战？"①

12 月 18 日　因蒋介石为了了解共产国际对中国抗战特别是对国民党的态度，特邀王明赴武汉一谈，王明于这天同周恩来、邓颖超、博古、孟庆树等到达武汉，住在第十八集团军驻汉办事处（简称"八办"）内。"八办"设在汉口原日租界中街 89 号（现汉口长春街 57 号）四层楼的大石洋行内，长江局也将机关秘密设在这个楼上。

《传记与回忆》说："我们在延安住了几天，开了中央政治局会议。王明同志传达了共产国际的指示，做了关于几年来中共驻共产国际代表团的工作报告和当前国内外形势与党的任务的报告等。中央做了决定，同意国际的意见，要王明等即日飞到武汉去见蒋介石，以便给他以大力的支持，告诉他不仅中共而且苏联和共产国际都积极地支持他抗日。"

王明在晚年写的《关于一九三七年十二月中共中央政治局会议的路线和抗日战争时期中共内两条路线的斗争》的回忆中说，他这次去武汉，是"代表中共中央"向蒋介石"表示坚决支持反对国民党内外亲日派的捣乱和阴谋，继续抗日救国，并向他转达斯大林关于苏联坚决支持和继续帮助中国进行抗日战争的问题，以及季米特洛夫关于共产国际和国际共产主义运动坚决支持他和中国人民进行抗日战争的问题"。②

同日　与周恩来、博古致电毛泽东、洛甫并转中央政治局，说他们中午已抵武汉，蒋介石亦到，明后日或可见面，请项英同志早日来汉，以便赶快解决新四军问题。③

12 月 20 日　与周恩来、博古同国民党代表陈立夫进行了接触和谈话。④

同日　与周恩来、博古就关于在西安与小蒋谈话情形致电书记处。⑤

12 月 21 日晚　同周恩来、博古与蒋介石就国共关系等有关问题进行了谈判，当晚王明、周恩来等的《关于与蒋介石谈判情况向中央的报告》说：

　　（甲）今晚见蒋，蒋表示等候已久，亟须知道肤施⑥讨论情形。已

① 《关于王稼祥的评价》，载《文献与研究》1986 年第 4 期；《关于第七届候补中央委员选举问题》，《毛泽东在七大的报告和讲话集》，第 231 页。
② 《传记与回忆》附录Ⅲ。
③ 《抗战初期中共中央长江局》，第 114 页。
④ 范小方、毛磊《国共谈判史纲》认为这次接触是在 12 月 19 日，第 109 页。
⑤ 〔日〕田中仁：《王明著作目录》，第 86 页。
⑥ 即延安。

由王明说明目前抗战形势、两党关系、合作任务及国际活动情形与远方某些提议。次由博古将边区、联络参谋、办事处、参观等问题加以回答。再次由恩来说明具体提议，如成立两党关系委员会、决定共同纲领、出版日报、成立国防军事工业、机关军事工业部、征兵委员会、补充扩大和改造部队，协助政府组织扩大国防参议会为民意机关。

（乙）蒋当答复：所谈极好，照此做去，前途是见好转，彼想的也不过如此，对我们所谈完全同意……今后两党关系已告陈立夫等与我们共商一切，最后并留王明在汉相助。

（丙）两党关系委员会，闻国方为陈立夫、康泽、张冲，我们提议加入邵力子，不日即可开始商谈合作各事。

（丁）各项具体提议，既已取得其同意，拟再以书面交蒋，并与有关各方讨论计划实行。

（戊）宣言决定即起草。

（己）共同纲领待与陈等见后即写。

（庚）日报已着手组织，周报刊已出两期，我们主张将在第四期分类作文发表。

（辛）昨晚会见立夫谈话尚接近，彼亦承认两党关系须调整，规定共同纲领，努力实现。①

在与蒋介石会谈后，王明、周恩来与陈立夫再次谈判，王明明确提出：为了更加巩固和扩大两党合作，现在应争取以下具体办法：第一，须协商和通过一个抗日民族统一战线的具体纲领；第二，须成立一个由国共两党代表组织的经常协商和计议各种问题的组织；第三，在军事问题、政府问题和民运问题各方面，国共两党应该更加巩固和扩大合作的范围和程度，以便达到巩固和扩大全中国统一的革命军，加强和充实中国统一的国民政府，以及真正达到全中国人力、武力、智力、物力、财力总动员，对日战争并取得最后胜利的目的。陈立夫表示同意中共的看法，并将与王明谈判的情况向蒋介石作了汇报。②

---

① 《陈绍禹、周恩来等关于与蒋介石谈判情况向中央的报告》，《中共中央抗日民族统一战线文件选编》下册，第61~62页。

② 范小方、毛磊《国共谈判史纲》认为这次接触是在12月20日，第110页。

12 月 23 日　中共中央代表团与长江局召开第一次联席会议，在讨论组织问题时做出以下决定：第一，鉴于代表团同长江局成员大致相同，为工作集中和便利起见，合为一个组织，对外叫中共中央代表团，对内为长江局。第二，中央代表团和长江局由项英、博古、周恩来、叶剑英、王明、董必武、林伯渠组成。第三，暂以王明为书记，周恩来为副书记。以上三项需呈报中央政治局批准。第四，长江局下设五个机构：参谋处，叶剑英为参谋长；秘书处，李克农为秘书长；民运部，董必武兼部长；组织部，博古兼部长；党报委员会，王明任主席。①

金冲及主编的《毛泽东传（1893～1949）》下卷说："王明在十二月会议结束后前往武汉，是因为蒋介石想了解共产国际对国民党的态度而特地邀请他去的。那时，蒋介石和国民党党政军机关的大部分在南京局势危急的情况下已先后迁到武汉。中共中央原来要王明见过蒋介石后很快就回延安，在中央工作。可是，王明离开莫斯科时就已把国民党看得比共产党更重要，把武汉看得比延安更重要，因此，到武汉后就留了下来，把中共中央代表团和长江局合并，由他担任长江局书记，周恩来为副书记。"②

同日　与周恩来、项英、博古致电中共中央书记处并告林伯渠，要求把交给新四军和东南党部的干部，从曾山起均请加速送出，并拟以周子昆对调周士第。③

12 月 24 日　与周恩来、博古、项英致电中共中央书记处，要求派人来武汉领导工人运动。④

12 月 25 日　在武汉以中共中央名义发表了他起草的《中共中央对时局的宣言》，其中说："中共中央正式向全国同胞宣布：当此民族危机更加紧迫之时，我全民族抗日力量的更加团结，实为挽救时局的中心关键。团结全民族抗日力量的根本方策，在于巩固和扩大抗日民族统一战线，而巩固和扩大民族统一战线的中心环节，则为巩固国共两党的亲密合作。中共中央认为当前足以告慰于全国同胞的，就是在国共两党方面不仅都有了更加精诚团结

---

① 《中共中央代表团与中共长江中央局第一次联席会议》记录，1937 年 12 月 23 日，转引自金冲及主编《周恩来传 1898～1949》（修订本）下册，第 484 页。王明在延安写的简历说"37 年底至 38 年 8 月，中央长江局书记及国共两党委员会我党代表"。

② 金冲及主编《毛泽东传（1893～1949）》下卷，第 588 页。

③ 《抗战初期中共中央长江局》，第 117 页。

④ 《周恩来年谱（1898～1949）》，第 395 页。

必要的认识，而且都有了更加亲密团结的决心，共产党不仅诚意在抗战阶段中与国民党并肩携手地共同救国，而且决心在抗战胜利后和衷共济地共同建国。"为达此目的，要"有统一指挥、统一纪律、统一武装、统一待遇、统一作战计划的足够数量的有新式武装的和政治坚定的国防军队"，"充实和加强全中国统一的国民政府"等等。①

王明在晚年写的《关于一九三七年十二月中共中央政治局会议的路线和抗日战争时期中共内两条路线的斗争》的回忆中说，这个声明是"中央政治局委托王明同志飞抵武汉后以中共中央名义"写的，"同时王明同志还发表了《救中国时局的关键》一文。所有这一切都是为了达到一个主要目的——支持国民党内以蒋介石为首的反日力量，揭露和打击以汪精卫为首的亲日派的阴谋"。②

王明起草这个宣言报告过中央，并经中共中央长江局集体讨论通过。毛泽东在 1938 年 10 月作的《论新阶段》的报告中曾对此加以肯定，说在1937 年"十二月，为着巩固与发展抗日民族统一战线，我们党又发表了愿与国民党不但合作抗日而且合作建国的宣言"。③ 但王明 1938 年 2 月 27 日在中共中央政治局会议上的发言中也承认，这个宣言"在词句上是太让步了"。

同日 在汉口与美国合众社记者白得恩谈话，回答了中国共产党的政策和主张等问题，说："中国共产党不仅在现在阶段上与国民党共同救国，而且准备在抗战胜利后，与国民党员共同为建立独立自由幸福的新中国而奋斗。"

这个谈话名为《与合众社记者白得恩的谈话》，又名《中国共产党现阶段的政策及对抗战的各种主张》，发表于 1938 年 1 月 18 日《新华日报》，后来又以《陈绍禹（王明）先生与美国合众社记者白得恩先生的谈话》为名，收入扬子江出版社 1938 年 1 月出版的真理文库之一《抗日民族统一战线的新发展》；以《国共统一合作的前途》为名，收入上海战时出版社出版的战时小丛书之 62《国共合作的前途》；以及民族出版社 2 月出版的叶晴编《陈绍禹（王明）抗战言论集》，3 月出版的《关于团结救国问题》，中国出

---

① 中央档案馆编《中共中央文件选集》第 11 册，第 411～412 页。
② 《传记与回忆》附录Ⅲ。
③ 《论新阶段》，新华日报馆，1939，第 3 页。

版社 7 月出版的《陈绍禹（王明）救国言论集》，解放出版社同年出版的《抗日民族统一战线指南》第 3 册等。《写作要目》说曾收入《抗战指南》第 3 册。《王明言论选辑》附录《王明文章、讲话目录》还说收入了《国共合作与抗战》。①

12 月 26 日　由国共两党代表组成的、经常协商和计议各种问题的组织——两党关系委员会成立，王明是中国共产党方面的委员。同日与周恩来、博古、叶剑英出席国共两党关系委员会。②

同日　与周恩来、博古就关于两党关系委员会第一次会议等情况致电中共中央书记处，说今日两党委员会开第一次会议，彼方为陈立夫、刘健群、张冲，康泽因事未到会。我方为恩来、王明、博古、剑英。推定由恩来、刘健群起草共同纲领，并决定每五天见面两次。我党对时局宣言已脱稿，旬日可发表。美国新闻记者白得恩昨日见王明，谈话记录日内可发表。③

12 月 27 日　中共中央代表团和中共中央长江局举行联席会议，认为在日军加紧进攻中国南部，群众抗日救亡运动向前发展的时候，长江局应发展广东和广西的工作，并将两广工作的中心从香港移至广州。会议决定派长江局组织部干部黄文杰赴两广巡视工作，并决定在武汉开办短期职工运动训练班，教育和培养职工运动骨干。④

同日　写出《挽救时局的关键》一文，解释了关于国共两党合作的原因、目的，指出巩固和扩大抗日民族统一战线，加强全民族抗日力量的团结，是目前挽救时局的关键。文章说："对同盟军的应有态度和方针应当是互相尊重，互相信任，互相帮助，互相监督，共同负责，共同发展，共同胜利"，说国民党同共产党一样也是"中国一大部分优秀进步青年的总汇"，国民党中"没有什么法西斯蒂派"，蒋介石等"坚决领导抗战的人物，将成为中国的不朽的民族英雄"。⑤

该文以陈绍禹（王明）的名字发表于 1938 年 1 月 1 日出版的《群众》杂志第 1 卷第 4 期、《解放》周刊第 30 期及巴黎《救国时报》第 152 期，后收入扬子江出版社 1938 年 1 月出版的《抗日民族统一战线的新发展》，2

---

①　《王明言论选辑》，第 649 页。
②　《周恩来年谱（1898～1949）》，第 395 页。
③　《抗战初期中共中央长江局》，第 121 页。
④　《周恩来年谱（1898～1949）》，第 396 页。
⑤　《王明言论选辑》，第 550～552 页。

月出版的周恩来、王明等著《抗战的新形势与新策略》，叶晴编《陈绍禹（王明）抗战言论集》，3 月出版的《关于团结救国问题》、《怎样进行持久战争》、《统一战线下的党派问题》，5 月出版的《抗日民族统一战线指南》第 3 册，6 月出版的《抗战文选》，中国出版社 7 月出版的《陈绍禹（王明）救国言论集》等。①

　　同日　在汉口抱冰堂对广西学生军发表题为《抗战中的几个问题》的讲演，讲了国际形势、组织民众、群众工作问题，并"从历史事实和理论基础各方面来说明和证明托洛茨基主义如何堕落到成为法西斯走狗和侦探"。讲演又一次提出为求得抗日救国的群众运动的统一，"诚恳亲切地与当地党政军各界社会团体的合作，取得合法的地位"，② 主张把群众运动统统置于国民党的领导管制之下。该文又名《论抗日民族统一战线》、《抗日的民族统一战线之理论与实践》，以陈绍禹的名字发表于 1938 年 1 月 20 日《新华日报》、1 月 29 日出版的《群众》杂志第 1 卷第 8 期，后收入 1938 年 2 月出版的叶晴编《陈绍禹（王明）抗战言论集》，中国出版社 7 日出版的《陈绍禹（王明）救国言论集》，还以《托洛茨基派是什么？——陈绍禹先生在抱冰堂的讲演》为名收入新中国出版社出版的陈绍禹、徐特立等著《托派在中国》。

　　阳升在《点滴回忆》中说："有一天，陈绍禹、秦邦宪也到抱冰堂来对学生军讲话，陈绍禹说话很动听，他一来就问：'你们有什么问题，可以随便提出来。'于是同学们有的立即口头提出，有的写在纸条上交去。他收集后把它分类归纳，然后一个一个的分析解答。有条有理、深入浅出，引人入胜，同学们均聚精会神的听。给我们印象很深。"③

　　同日　《抗战三日刊》刊登其记者对王明、周恩来、博古就关于时局和抗战前途问题的采访。王明说国民党已动员了他的成千上万的军队上前线作战，"在这个抗日大前提下，一切困难，一切问题，我们都可开诚布公地加以解决，我相信抗日联合战线的前途是很光明的"；"现在大家应当号召优秀的青年投军。只要我们能用优秀的分子，组织五六十万精兵，而配以□□的新式技术，——坦克车，飞机，便可把敌人驱逐出去，收复失地。其次，

① 〔日〕田中仁：《王明著作目录》，第 88 页。
② 《陈绍禹救国言论选集》，第 234 页。书中说王明去作报告是 12 月 17 日，疑为 27 日之误，因王明 18 日到武汉，不可能 17 日作报告。
③ 北上抗日史料征集办公室编《烈火青春：广西学生军北上抗日史料专辑》，第 228 页。

我们应当赶快建立兵工厂，飞机场，来增强自己抗战的力量"。①

同日　与周恩来、博古就关于董必武不能离汉工作事致中共中央书记处电。②

12 月 28 日　中共中央书记处向共产国际报告政治局会议情况及决定事项，说明会议在组织上决定王明、陈云、康生留书记处工作，会议后王明、周恩来、博古、项英等均去武汉；并决定组织两党委员会，我方为王明、周恩来、博古、叶剑英，已开了一次会，决定由周恩来、刘健群起草两党共同纲领。

12 月 29 日　中共中央代表团和中共中央长江局举行临时联席会议，听取傅秋涛、高敬亭、张青萍分别汇报红军长征后留在湘赣、鄂豫皖、鄂豫边地区红军坚持游击战争及党组织的情况，认为这些地区的红军游击队在极艰苦的条件下英勇奋斗，基本上正确地执行了党的路线，完成了中央交给的任务。③ 随后，博古在长江局的领导下，又正式组建了安徽省工作委员会。④

12 月 30 日　中共代表团和中共中央长江局举行临时会议，讨论通过了周恩来起草的抗日救国共同纲领草案。⑤

同日　参加两党关系委员会第二次会议。

同日　洛甫、康生、陈云、毛泽东就日寇进攻的形势与我方之战略部署，关于长江南北作战部署的意见，两次致电陈绍禹、周恩来、项英、博古、叶剑英。第一封电报"判断敌占领济南、徐州、蚌埠或再进占郑州、开封完成第一期作战任务后，其第二期作战目标，当在占领兰州、广州、武汉三点，并使互相联络起来。但为早期切断中国对外交通，用以围困中国起见，似仍先占兰州、广州而置武汉之占领于稍后"，因此，请你们向蒋提议下列部署："八路三个师主力以一师开甘、凉两州，此师须即开动；以一师开固原地区，此师亦须准备开动；以一师开豫西，此师待敌攻郑州潼关时开动。三师在晋各留一团兵力配合游击队，坚持华北游击战争。"第二封电报说"为使敌攻武汉处于我之战略包围，我军必须建立"两个主要军区及六

①　中国人民解放军历史资料丛书编审委员会编《八路军新四军驻各地办事机构》第 4 册，第 36 页。

②　〔日〕田中仁：《王明著作目录》，第 89 页。

③　《周恩来年谱（1898～1949）》，第 395 页。

④　吴葆朴、李志英：《秦邦宪（博古）传》，第 260 页。

⑤　《周恩来年谱（1898～1949）》，第 396 页。

个辅助军区。①

12月31日② 与周恩来、博古就关于两党委员会第二次会议等情况致电中共中央书记处，说"国共合作问题，自我们与各方面开诚谈及中央对时局宣言〈已〉送出发表后，形势较前转好。我们对解决目前时局办法，各方均表示同情。大多数国民党政军领袖及干部对自力更生信心不足，以致将中心希望放在某国出兵方面，因此对守卫武汉及继续持久战之各项具体工作拖延不办。我们正从事于推动军人和发动民众工作，以便督促政府进行各项紧急工作。昨日两党委员会第二次会议，讨论由我方提出之共同纲领草案，彼方将讨论中心移到请求我方帮助达到使某国出兵问题，因将纲领问题移到下次讨论。边区问题提案已交康泽办理，下次见面时可知具体结果"。③

同日 就关于向蒋交涉发枪加响等事致朱彭毛电。④

12月下旬 与周恩来、博古、董必武、项英、叶剑英、叶挺等，在八路军武汉办事处会见红28军军长高敬亭和郑位三、郭述申等，传达毛泽东关于开展敌后游击战争，发展抗日人民武装力量的指示，商定红28军的改编问题，部署了新四军东进的行动计划。

同月 毛泽东、洛甫、康生、陈云致电罗炳辉、董必武、陈绍禹、周恩来、博古、叶剑英，指出："南方学生来此甚少，望改变方法，不必举行考试，亦不必要介绍信。通知武汉、南昌、安庆、广州、福州、贵阳、昆明、河南（四川不在内）各地八路军办事处、共产党部、左翼团体、左翼同情者向外放出空气，凡纯洁、坚决、吃苦劳动者不拘年龄、性别、职业、学历均可自动北来入学……"⑤

本年 抗日战术研究社出版毛泽东、洛甫、陈绍禹（王明）、李富春、凯丰著的"抗日战术丛书"《抗日救国指南》第一辑，其中第一章便是王明的《日寇侵略中国的新阶段与中国人民斗争的新时期》。

本年 还在《党的建设》第22期发表《中国人民反对日本侵略的斗争》，并致共产国际执委会书记处信、致别洛夫信。⑥

---

① 《对日军进攻形势的判断与我之部署的建议》、《使敌攻武汉处于我战略包围之中》，《毛泽东军事文集》第2卷，第134～137页。

② 原件无日期，此日期是中共中央档案中注明的。

③ 《抗战初期中共中央长江局》，第132页。

④ 〔日〕田中仁：《王明著作目录》，第89页。

⑤ 张培森主编《张闻天年谱》，第534页。

⑥ 〔日〕田中仁：《王明著作目录》，第83页。

1938 年　34 岁

年初　与周恩来、博古等致电毛泽东、洛甫，要求派"能做游击队工作"的干部来武汉，以便"迅速发展我们的军事工作"。说明"长江流域各种条件均逊华北"，若没有"一批军事干部，工作发展将陷入极大困难"。①

1 月 1 日　中共中央代表团和中共中央长江局召开联席会议。周恩来在会上作了关于战略问题和共同纲领问题的报告。会议认为目前应动员一切力量阻滞日军占领郑州、武汉，争取三至六个月的时间准备和组织新的抗战力量，为此应派大批干部到安徽、河南发动和武装广大民众。并建议中共中央加强西北工作和巩固西北交通。会议还认为对国民党提出的改组政府和军事委员会各部等意见，一般宜采取赞助的立场，应该同国民党开诚合作。②

同日　中共中央长江局讨论国民政府和军委会下各部改组及国防参议会扩大问题。

1 月 2 日　与周恩来、项英、博古、叶剑英、董必武发出关于中国共产党对国民党政府与军委各部改组及国防参议会扩大问题向中共中央的请示电，报告昨日的讨论和通过的决议，说为有利于坚持对日抗战和挽救目前危局起见，我们对其改组一般地采取赞助立场，目前与坚持抗战和挽救时局最有关系的是军事委员会及其各部，因此我们至少应达到在军委会的政治部内去积极直接帮助工作，对国防参议会问题，向国民党建议多吸收坚决抗日和真正代表民意的分子参加，各军至少各集团军应有代表出席，此外在国防工业方面，我们亦应直接积极帮助工作等。并请示说："如有可能，请转告远方，国民党现在绝无请共产党员参加政府之意，对于军委会下之政治部及民运工作，有请共产党方面参加之表示，但具体采取如何方式近未见提出，国防参议会为各党派代表之某种狭隘形式的战时民意机关，如独请我党方面人物，则可否参加？望速示复。"

1 月 7 日　中共中央代表团和中共中央长江局召开联席会议，分析河南、湖南的政治形势，讨论党在这些地区的任务，指出河南将成为中日战争

---

① 《周恩来年谱（1898～1949）》，第 397 页。
② 《周恩来年谱（1898～1949）》，第 397～398 页。

的重要地区，党的总任务是实行武装保卫；湖南已成为抗战的近后方或不久将成为前线，党的总任务是建立广大的抗日民族统一战线和发展党的力量，并对这两个省的工作作了具体部署。①

1月8日　与周恩来、叶剑英致电毛泽东，报告何应钦已核定新四军编制：（一）该军编为第一、第二、第三、第四共四个游击支队，每月发给经费一万五千元，及军部经费等，〈为〉每月共一万六千元。（二）所请以陈毅、张鼎丞、张云逸、高俊［敬］亭分任第一、二、三、四游击支队司令一节，准予照委。（三）拨遣〈散〉费，准发给三万元。（四）所称垫借伙食费，应另案清理。（五）开拔费准发给一万元，由该军长统筹支配。（六）准发给五瓦特无线电机五架。（七）该军归陈总司令诚指挥。（八）集中地点，由陈司令决定之。要叶挺继续向陈诚增加经费至少十万以上及发表项英为副军长、张云逸为参谋长、周子昆为副参谋长等委令。②

1月9日　与博古、董必武等出席新华日报社在汉口一江春餐厅举行的招待会，报社经理潘梓年在会上向各界来宾宣布《新华日报》将于1月11日创刊，并详细介绍了报纸创办经过。

1月11日　《新华日报》在汉口创刊。

根据中共中央代表团和中共中央长江局联席会议决定，由王明、周恩来、博古、华岗、潘梓年、黄文杰及湖北省委宣传部长组成党报委员会，王明任主席，华岗任书记。③王明与各党派、各界知名人士40多人先后为《新华日报》题词，并在《新华日报》董事会上发言，以示祝贺。

《新华日报》创刊后，王明说"我要用欧洲的经验来抓宣传工作"。④据石西民回忆："王明的领导作风完全是家长式的，架子大，盛气凌人，常常抓住一点差错，一骂就是半天。当时报馆的主要干部，从社长、总编辑、总经理起，对王明的作风都很反感。工作之余，大家谈论也很多，很不满王明那种浮夸的好出风头的作风。那时，王明经常要发表谈话或文章，每次都要报纸把它登在最显著的地方，还要登上他的照片。署名忽儿是王明（陈

---

①　《周恩来年谱（1898～1949）》，第398页。

②　《抗战初期中共中央长江局》，第134页。

③　《周恩来年谱（1898～1949）》，第398页。有的著作说党报委员会由陈绍禹、周恩来、秦邦宪、何伟、潘梓年组成，见戴逸主编《中国近代史通鉴（1840～1949）·抗日战争卷》，第85页。

④　杨效之、徐迈进：《从南京到武汉——记〈新华日报〉创办时期的几个片断》，四川人民出版社编《〈新华日报〉的回忆》（续集），第153页。

绍禹），忽儿又是陈绍禹（王明），也很不合中国人的口味。王明的老婆孟庆树，老爱跟在宋美龄的屁股后面，参加一些上层的妇女界座谈会、茶话会，每参加一次，同样要报纸在显著的地方登载出来，标题还要突出，稍不满意，王明那里的训斥电话就来了。平时，王明借故把报馆一些同志找去训斥的次数也很多。其结果，除了增加大家对他的作风厌恶外，什么也没有得到。而他每次把报馆主要同志找去痛骂时，从来没有看到过中共长江局其他负责人参加，这也可以看出他的独断与专横。"①

金、森某年3月19日于河南写的《从新华日报看投降主义》的材料说："创刊词中，就完全显出了自己投降主义路线的面貌……没有阐明自己是共产党的机关报，是中国人民最忠实的代言人，相反的，它自愿的把'自己变成一切抗日的个人，集团，团体，党派的共同喉舌'。"②

同日　与周恩来、博古等致电中共中央书记处，说明国民党政府军委会改组，蒋介石以陈诚任政治部长，要周恩来任副部长，周曾再三推辞，请中央考虑具体意见。③

1月14日　中共中央代表团和中共中央长江局召开联席会议，听取林恺汇报鄂豫边的工作，并就此进行讨论，决定河南省委须以这个地区为中心发展工作，鄂豫边特委须加强对由该地区游击队改编而成的新四军第四支队第八团队的领导，并帮助做好巩固和发展工作，同时加紧发展党组织。会议还决定，第八团队的行动由长江中央局参谋处指挥，开出作战时归第四支队司令员高敬亭指挥，林恺代表河南省委指导该地工作。④

同日　中共中央长江局在关于鄂豫边工作的决议中说："鄂豫边特委所发决议因有不妥善处，应收回，由王明、博古与林恺同志谈后商量具体办法，并根据长江局决议再由特委重作决定。"

1月15日　与周恩来、博古、董必武、叶剑英致电毛泽东、洛甫、张国焘、康生、陈云、凯丰，说明长江局工作量过重，现有力量难以应付，再次要求中共中央派军事、政治干部和能独立工作的人来。⑤

---

① 石西民：《峥嵘岁月——〈新华日报〉生活的回忆》，《〈新华日报〉的回忆》（续集），第99页。
② 这个批评是不符合实际的。《新华日报》是在国民党地区办的带统一战线性质的报纸，不能要求它像在延安一样办成"共产党的机关报"。
③ 《周恩来年谱（1898～1949）》，第399页。
④ 《周恩来年谱（1898～1949）》，第399页。
⑤ 《周恩来年谱（1898～1949）》，第399页。

同日　曾山就关于皖浙赣边党的组织问题致信王明、博古。①

同日　汉口星星出版社出版《西北的新区》，其中有王明的《新区的各项政策的实施》。②

1月16日　项英致信王明、周恩来、博古并中央书记处，报告新四军整编及东南地方工作情况。③

1月17日　国民党特务机关指使暴徒捣毁新华日报营业部及印刷厂。中共中央长江局立即就此事作出决议，决定"王明要利用这一事件的发生，揭露汉奸托匪在日寇特务机关指挥下破坏团结的阴谋"；具体办法是由周恩来、叶剑英出面同武汉国民党党政军当局交涉，要求采取有效措施，保证今后不再发生类似事件等。④

1月18日　中共中央代表团和中共中央长江局召开联席会议，听取彭德怀报告前方情况及参加国民政府军委会在洛阳召开的军事会议情况和罗世文关于四川工作的报告，并就此进行了讨论。⑤

1月18、19日前后　与周恩来、博古等同前来武汉的彭德怀交谈，得知蒋介石不愿八路军扩编，不肯发枪和增加经费，要彭德怀与何应钦商谈。⑥

1月19日　撰写《列宁逝世十四周年纪念》，后收入王明著《为独立自由幸福的中国而奋斗》。文章说，中国共产党主张民族统一战线，"但这决不是说，无产阶级政党因此就应该完全依赖自己的同盟者，放弃自己的立场，投降资产阶级，相反，中国共产党及无产阶级由于一九二五——二七年革命失败的教训，深知资产阶级的中途脱离革命是一定的"，之所以同他们结成统一战线，是"因为我们一方面可以尽量运用中产阶级的革命性，另一方面在统一战线进行的过程中，我们可以争取在资产阶级影响下的群众，夺取在统一战线中的领导权"。

1月20日　与周恩来、博古、彭德怀致电毛泽东、洛甫说："蒋对人、

---

①　中国人民解放军历史资料丛书编审委员会编《南方三年游击战争·综合篇》，第475～476页。

②　《中国新文学大系（1937～1949）》第20集《史料索引》，第783页。

③　《抗战初期中共中央长江局》，第141页。

④　参见《周恩来年谱（1898～1949）》，第400页。

⑤　《周恩来年谱（1898～1949）》，第400页。

⑥　《周恩来年谱（1898～1949）》，第399页。

枪、钱都抓得紧，不愿我军扩大，不肯发枪加钱，加发了临时犒赏费五万元。"①

1月21日　与周恩来、博古、董必武、叶剑英致电中共中央书记处，报告周恩来提出并起草的关于四川工作的意见，说我们根据目前战局和（罗）世文报告，认为四川无疑地成为抗战最后根据地，成为连接西南和西北的枢纽，而且很快地会变成全国各党派各实力派争夺的中心，但目前党的工作却极落后，因此，迅速加强四川党的工作，使上层联络活动得尽力掩护和帮助党的影响和组织力量之发展，应成为四川工作的中心任务，其具体办法为：1. 请求中央迅速派得力的及川籍的干部赴川主持党的工作；2. 请中央从抗大党校陕北公学中挑选一批川籍学生回川工作；3. 决定在重庆设新华日报分社，筹备印厂，准备必要时的新华日报社西迁；4. 努力发展军事工作；5. 不放弃运用上层联络；6. 开始建立各方军事工业等；7. 加紧扩大党和红军的政治影响与宣传工作，印党报；8. 特别着重反对大批托派在川的阴谋和活动。如何请即复。

同日　与周恩来、博古、彭德怀、叶剑英、董必武致电中共中央书记处，报告同国民党当局交涉关于陕甘宁边区所辖地域、政府组织等情况：（一）管理县份，限于十八县，不允增加。我们坚持要求增加西线各地，直达黄河右岸。（二）边区政府，丁（惟汾）正林（伯渠）副并代理（正职）。可发表。下分民、财、教、建四厅，不允设农工，并要丁派两人做事（此事请考虑）。（三）边区行政经费，依各县、各行政专员总和，定津贴两万多元。我们要增加〈的经费〉及教育费在外。（四）保安队编制及经费，依陕、甘、川省原例（见定额），改由省发给津贴。（五）善后费仍给二十万，不肯加。（六）确定联络参谋四人，好随彭（德怀）去。（七）补充师名义不肯〈给〉，且不允增经费。我们要彭（德怀）、叶（剑英）与军何（应钦）直接解求［决］下列问题：1. 必须给陕北部队以名义。2. 必须增加经费、米津及临时费。3. 反对说八路军伤亡少，要求发特赏伤兵费。"各事很明显，蒋及其左右不愿我们扩大部队，扩大领土，也不愿发枪加钱。"②

同日　鉴于蒋介石、陈诚坚持要周恩来出任国民政府军委会政治部副部长，王明、周恩来、博古等再次致电中共中央书记处，提出：政治部属军事

---

①　金冲及主编《周恩来传 1898～1949》（修订本）下册，第 491 页。
②　《抗战初期中共中央长江局》，第 147～148 页。

系统，为推动政治工作，改造部队，坚持抗战，扩大共产党的影响，可以担任此职。如果屡推不干，会使蒋、陈认为共产党无意相助，使反对合作者的意见得到加强。①

1月22日 中共中央代表团和中共中央长江局召开联席会议，讨论鄂豫皖特委的工作，作出《关于鄂豫皖工作的决议》，批准新四军第四支队党的高级干部会议的决议，决定特委的主要任务是：在巩固和扩大统一战线基础上尽力扩大部队；加紧培养干部，健全党的组织和工作；尽可能在最近期间集中队伍加以训练后参加抗战；留一部分队伍保护后方根据地。②

1月23日 中共中央书记处同意王明、周恩来等对四川工作的意见，要求迅速加强四川党的工作，使上层联络活动能尽力掩护和帮助党的影响及组织力量的发展，并派王维舟等赴川工作。

同日 中共中央书记处电复王明、周恩来、博古、彭德怀、叶剑英、董必武：陕甘宁边区问题请设法争取下列各点：（一）增款；（二）增地；（三）给陕北部队以名义；（四）边区政府可以丁惟汾正、林伯渠副，但不须派人。③

同日 国际反侵略运动大会中国分会在汉口成立，宋庆龄、蔡元培、毛泽东、冯玉祥、王明等72人当选为名誉主席，周恩来等被选为理事会理事。④

1月24日 与周恩来、博古、董必武、叶剑英致电中共中央书记处，报告康泽、刘健群等在昨天的国共两党关系委员会会议上诬蔑八路军在华北"游而不击"，宣传"一个党、一个领袖，一个主义"的情况，提议用争取八路军在敌后取得新的、较大的军事胜利和新四军迅速出动抗日前线，在长江南北创造新的军事力量等办法来给以回击。⑤

1月27~29日 在《新华日报》连续刊登启事，说明《抗战》三日刊第32号刊载的实甫先生写的《与周陈秦三位先生谈话纪略》，系他凭记忆所写，未经周恩来、陈绍禹、秦邦宪三人之同意，与他们历来谈话内容及词

---

① 《周恩来年谱（1898~1949）》，第400~401页。
② 参见《周恩来年谱（1898~1949）》，第401页。
③ 《周恩来年谱（1898~1949）》，第401页。
④ 《周恩来年谱（1898~1949）》，第401页。
⑤ 《周恩来年谱（1898~1949）》，第401页。

句均不能相符。

1月28日　与周恩来、博古、董必武、叶剑英致电中共中央书记处并转朱德等，对于晋察冀边区致全国通电事提出下列意见：（一）关于我军在华北驻区遵守形式上维持原有的政权形态实际上政权在民众手中之原则，政治局会议上已有讨论，此次所采取的已成事实方式，通电逼蒋阎承认，对全国统一战线工作，将发生不良影响。（二）以边区名义出面，在客观上帮助"抗战胜利后是共产党天下"的谣传。（三）通电不从临汾发出而从延安，更增加对国民党之刺激。因此我们提议：甲，以后务须避免此种工作方式。乙，对此事应首先设法取得阎百川之谅解。然后由阎批准，再经过阎呈报中央。丙，最好不用边区名称。

1月29日　与周恩来致信郭沫若、于立群："明日（30日）下午一时半，上海孩子剧团来办事处，请您们来和我们一起和小朋友们聚谈。他们很想见见您们谈谈。此外，请您们明天晚上来和我们一起过年。"①

1月30日　在欢迎抗战孩子剧团和欢迎国际青年代表团会议上讲话。②他在欢迎孩子剧团时说："……首先我觉得我们这一辈子人太对不起你们。因为我们没有把中国弄好，所以使你们这样小小的年纪的孩子们，便不能在家庭中生长，不能在学校里念书，不能在花园里游玩，过着幸福生活，竟而至于被敌人炮火把你们逼迫到街头流浪，还要你们冒千辛万苦和我们这辈人一起来救亡……"③

1月下旬　在《战时青年》杂志第2期以陈绍禹的名字发表《抗日的民族统一战线——在武汉大学的演讲》。全文共四部分：一、为什么要建立统一战线？二、怎样建立？三、用什么方法？四、为什么统一战线能救国？演讲指出了建立抗日民统统一战线的必要性，指出"目前的问题在于打击亲日汉奸，肃清恐日恐民病患者，加紧团结，巩固和扩大民族统一战线"，但不同意民众对民主和民生的进一步要求，并继续贬低游击战的意义，说什么"我们相信没有统一的正规国防军决不能战胜日本帝国主义，现在大家都喊游击战，好象有了游击战甚么都不成问题似的，其实单有游击战，没有正规军队配合，是不能有决定作用的，将来与日本帝国主义最后决战必须是强有

---

①　《周恩来书信选集》，第138页。
②　《写作要目》。原文未说明时间，似乎应该是此日。
③　萧军致楼适夷信，见萧耘、王建中主编《萧军全集》第16册《致家人友人　读者　公函（续）》，第220页。

力的正规军"，"应该把军队以及一切地方如北方人民武力集中起来，作庞大的运动战"。① 此文又名《抗日的民统统一战线》、《论抗日民族统一战线》、《抗日的民族统一战线之理论与实践》，收入民族出版社 1938 年 2 月出版的《陈绍禹（王明）抗战言论集》，上海战时出版社出版的战时小丛书之 62《国共合作的前途》等书。

1 月 朱德、彭德怀曾向驻武汉的王明、周恩来告急："部队扩大，使用费亦大增加，此刻已陷于极端困难，以至无法解决的严重状态中。"②

同月 上海南华出版社以《全国总抗战和保证抗战的胜利》为名，将王明 1937 年 9 月 1 日撰写的《日寇侵略的新阶段与中国人民斗争的新时期》一文印行；上海文粮书店出版王明的《日寇侵略的新阶段与中国人民斗争的新时期》；汉口扬子江出版社出版王明的《抗日民族统一战线的新发展》；巴黎出版王明的《论反帝统一战线问题》。

同月 新出版的《统一战线下的中国共产党》一书收有陈绍禹（王明）的《中国共产党在现时环境中的任务》。③

同月 《群众》杂志在武汉创刊，第 1 期摘要刊登了王明原发表在《共产国际》俄文版第 4 期上的《为巩固和扩大反日民族统一战线》一文。

2 月 1~2 日 在《新华日报》连续刊登声明，说《战时青年》第 2 期上载有《抗日的民族统一战线》一文，署名王明，他对于此文的内容和发表毫不知道，因此决不负任何责任。

2 月 3 日 与周恩来、董必武、叶剑英到武汉"普海春"参加留俄同学会之公宴，并与康泽致词。④

2 月 6 日 由中国人民外交协会、国际反侵略大会中国分会联合各团体发起的反侵略宣传周在武汉举行。武汉地区各党派、各团体均参加了这一活动，王明与周恩来、博古、董必武、叶剑英、邓颖超等为宣传周题词并撰写了文章。

同日 中共中央代表团与中共中央长江局召开联席会议，针对国民党中有一部分人拟取消国民党、共产党，另外成立新党，决议"起草向国民党建议书，指出取消各党派、限制信仰的错误，提议建立民族革命联盟，以更

---

① 《王明言论选辑》，第 565、563、564 页。
② 叶笃初、宋德慈主编《勤政为民鉴览》，第 127 页。
③ 〔日〕田中仁：《王明著作目录》，第 92 页。
④ 《佩剑将军张克侠军中日记》（第二版），第 58 页。

加巩固统一战线，并先电中央及国际请示"。①

　　2 月 7 日　与周恩来、博古、董必武、叶剑英致电中共中央书记处，说最近政局中发生许多新的严重问题，提议在 2 月 20 日前后召开政治局会议。②

　　2 月 9 日　与周恩来、博古、董必武、叶剑英致电中共中央书记处并朱德等，提出关于对付国民党一党一政一军谬论的对策，并附了《毛泽东先生与延安新中华报记者其光先生的谈话（一九三八年二月二日）》。电报说 2 月 7 日扫荡报社论公开提出这种谬论，2 月 6 日《武汉日报》亦有同样性质社论，此前《民意》、《血路》、《抗战与文化》等杂志上，反共文字连篇累牍，此为最近两月来国民党内及各方面进行活动之所谓一个主义一个党运动的表面化的结果。关于一个党一个主义问题，已成街谈巷议之资料，对于这一切问题，我们已到不能不公开答复之机会。我们决定，对于党和主义问题，用毛泽东名义发表一篇 2 月 2 日与延安《新中华报》记者其光的谈话，此稿由绍禹起草，经过长江局全体同志校阅和修正，现用油印发各报馆杂志及通讯社，明日《新华日报》一次登完，此稿所以用泽东名义发表者，一方面使威信更大，另一方面避免此地负责同志立即与国民党正面冲突，不过因时间仓促及文长约万字，不及事先征求泽东及书记处审阅，请原谅。

　　同日　与周恩来等出席中共代表团和八路军武汉办事处举行的欢迎上海孩子剧团的招待会，周恩来在会上发表了讲话。

　　2 月 10 日　《新华日报》发表由王明起草的《毛泽东先生与延安新中华报记者其光先生的谈话》，第二天出版的《群众》周刊第 1 卷第 10 期亦全文刊载。谈话指出：苏联虽然只有一个共产党存在，但并不是以党专政；德国意大利虽然只有一个党掌握政权，但并不是只有一个当权的政党。中国虽然是由国民党一个党掌握国家政权，但"并不一定要采取'专政'的办法；……今天国民党虽可以维持一党掌握政权的局面，但为的集中抗日救国的人才和表现抗日救国的民意，似应当采取相当的民主办法"。"各党派力量结成的抗日民族统一战线，是中国对日抗战的必要前提"，因此，"今天有些人宣扬的不许国民党以外的任何政党存在的理论，实际上是中国历史事

---

① 《中共中央代表团与中共长江中央局第九次联席会议》记录，1938 年 2 月 6 日，金冲及主编《周恩来传 1898～1949（修订本）》下册，第 488 页。
② 《周恩来年谱（1898～1949）》，第 403 页。

实已经否定了的理论，是使中国回复到抗战以前的纷争局面的企图，同时就是使中国已由抗日民族统一战线而形成的统一局面不能继续，因而也就是使中国再形成无力对日抗战的局面。因此无论宣扬这种理论的人，口头上如何空喊'国家统一'，如果他们的理论不幸而见诸实行，实际上所得的结果，一定是破坏今日既经形成的统一局面；因而无论宣扬这种理论的人，口头上如何高呼'抗日'，如果他们的理论不幸而见诸实行，实际上所得的结果，一定是破坏抗日团结，使对日抗战不能继续。"① 这个谈话曾收入新华日报馆出版的《毛泽东救国言论选集》，并收入 1945 年苏中版《毛泽东选集》。

1938 年 2 月 27 日王明在中共中央政治局会议上说：这个宣言在"新华日报上发表后，于右任等也赞成。蒋介石感觉不要用毛的名义，不必小题大作。蒋企图利用新华日报与扫荡报来闹，蒋介石出来作结论。现在各处都取消了一个政党的口号，只有一个三民主义的口号，现在他们说停止谈党派问题"。蒋介石想"改变国民党的名称，允许共产党加入，成为一派，不要独立的共产党。现在毛宣言发表后，蒋在理论上受了一个打击，说扫荡、武汉日报的言论他不能负责"。

《传记与回忆》说："这篇谈话影响很大，驳斥了国民党提的所谓'一个党，一个主义和一党专政'等口号。这篇谈话发表后，使高呼'一个主义、一个党'的人们哑口无言了。"

1938 年 5 月 17 日任弼时在共产国际的补充汇报中说："毛泽东同志的谈话发表后，一般是得到很好的印象，国民党中一部分元老和许多党员及进步群众，都认为取消共产党是办不到的，而对复兴社和托匪分子所引起两党关系之恶化，表示忧惧，惟恐因此而引起两党的分裂，对于复兴社利用与勾结托匪，表示不满意。"②

1959 年 11 月 12 日，毛泽东在同王稼祥等人的谈话中提及这篇文章，说蒋介石当时要封我们武汉的报纸，封新华日报，王明用我的名义写了一篇文章，顶了一家伙，蒋介石不封了。③

逢先知、金冲及主编的《毛泽东传（1893～1949）》下卷说："二月十

---

① 《抗战初期中共中央长江局》，第 729～730 页。

② 《中国抗日战争的形势与中国共产党的工作和任务》，《中共中央抗日民族统一战线文件选编》下册，第 128 页。

③ 《王明的文章为何被编入〈毛选〉》，原载《展望》1993 年 10 月 4 日，转自《江淮文史》1994 年第 1 期。

日,《新华日报》发表王明起草的《毛泽东先生与延安新中华报记者其光先生的谈话》,对国民党这些言论提出批评。这种批评是必要的,但王明并不经过毛泽东本人同意就借用他的名义发表公开谈话,也反映了王明把自己凌驾于中共中央之上的心理已到了何等地步。"①

吴葆朴、李志英著《秦邦宪(博古)传》说:"这篇'谈话'迫使国民党报纸暂时停止宣传一个党、一个主义等有关国民党一党专政的谬论,取得了舆论斗争的胜利。但是,在未得到中央及毛泽东本人同意前,就以毛泽东谈话名义发表文章,显然是错误的,反映了陈绍禹将自己凌驾于中央之上的思想,也引起毛泽东强烈不满"。②

同日③ 与周恩来、博古、叶剑英、董必武致电毛泽东、洛甫及中共中央书记处并朱德、彭德怀、任弼时,汇报周恩来今日会见蒋介石的情况,说综观蒋之态度:(甲)对一党思想仍旧,但目前并无强制实行意,这与复兴社贺(衷寒)、康(泽)等有别。(乙)对八路军,态度尚好。(丙)对边区,想拖延。④

同日 巴黎《救国时报》第152期刊登王明的《挽救时局的关键》。

同日 在《新华日报》上发表《中国抗战与世界和平》,称赞这天国际反侵略大会在伦敦举行的反日援华大会,希望国际朋友们从各个方面支援中国的抗日战争。此文后收入中国出版社1938年7月出版的《陈绍禹(王明)救国言论集》。

2月13日⑤ 鉴于日军以突破黄河、夺取武汉为新的战略中心,王明、周恩来、博古、叶剑英联名致电朱德、彭德怀、任弼时并毛泽东、中央书记处,提出:为确实建立长江、黄河间的党的力量,必须急切地发动鲁、豫、皖、苏群众参加战争。为此,拟调彭雪枫由晋来豫,组织和领导鲁、豫、苏、皖四省的军事工作。⑥

2月14日 张克侠日记记载:"上午,周恩来、陈绍禹来见先生,余参加倾谈,饭后,在院内合影拍照数张而别。"⑦

---

① 逄先知、金冲及主编《毛泽东传(1893~1949)》下卷,第589页。
② 吴葆朴、李志英:《秦邦宪(博古)传》,第279页。
③ 原件无日期,此日期是中共中央档案中注明的。
④ 《抗战初期中共中央长江局》,第156页。
⑤ 原件无日期,此日期是中共中央档案中注明的。
⑥ 《抗战初期中共中央长江局》,第158页。
⑦ 《佩剑将军张克侠军中日记》(第二版),第67页。

2月15日　与周恩来、博古电告中共中央书记处并任弼时等，提议在即将召开的政治局会议上，讨论目前抗战形势与如何保障继续抗战和取得抗战最后胜利问题，以及党的七大的具体准备工作问题。①

后来他们又致电中央书记处，提议举行政治局会议的日期为两天，"由王明、恩来将长江局会议讨论结果，向政治局建议，会完后立即返汉"②。

有的学者认为："王明、周恩来等在长江局的联合行动，构成了对毛泽东权威的严重挑战，长江局不仅对中共全局性的方针起着重要影响，对中共组织问题也曾一度拥有决定权。王明、周恩来联手，打破了毛泽东自遵义会议后一手独揽政治局的局面，迫使毛泽东在一些重大问题上不得不按长江局的意见办。1938年2月末，在王明、周恩来等压力下，毛泽东被迫同意召开政治局会议，就是一突出事例。"毛泽东对他们这种做法非常不满，认为"这是王明、周恩来造成既成事实，逼其就范"③。几年后他回忆这件事时说，"三月会议，长江局先打一个电报，规定议事日程，决定某某要人回长江局工作，这种态度我很不满意"④。

2月16日　张闻天、毛泽东致电王明、周恩来，说书记处决定许光达留后方工作，暂做抗大训练部长。⑤

2月16日⑥　项英就江西政局、各方情形及工作意见致信王明、周恩来、博古并转毛泽东、洛甫。⑦

2月19日　与周恩来、博古致电中共中央书记处等。⑧

2月20日　中共中央代表团和中共中央长江局召开联席会议，讨论新四军第四支队第八团队的行动问题，指出目前原则上以巩固部队争取出发到前线为中心；以"保卫河南"作为动员群众的口号；对其他部队要事先进行统一战线和联络工作。⑨

2月21日　为庆祝中国空军18日击落侵袭武汉的日军飞机的胜利，

---

①　《周恩来年谱（1898～1949）》，第404页。
②　参见珏石《周恩来与抗战初期的长江局》，载《中共党史研究》1988年第2期。
③　高华：《红太阳是怎样升起的——延安整风运动的来龙去脉》，第133、135页。
④　参见珏石《周恩来与抗战初期的长江局》，载《中共党史研究》1988年第2期。
⑤　张培森主编《张闻天年谱》，第534页。
⑥　原件无日期，此日期是编者判定的。
⑦　《抗战初期中共中央长江局》，第162页。
⑧　〔日〕田中仁：《王明著作目录》，第93页。
⑨　《周恩来年谱（1898～1949）》，第404页。

追悼在空战中牺牲的烈士，武汉各界在汉口举行"庆祝空捷追悼国殇"大会。周恩来、王明、叶剑英、邓颖超等亲临致祭，并为大会送挽联："为五千年祖国英勇牺牲，功名不朽；有四百兆同胞艰辛奋斗，胜利可期。"①

2月23日　中共中央代表团和中共中央长江局召开联席会议，提议请中共中央多派能担任领导工作的同志出来工作。②

同日　毛泽东、任弼时致电朱德、陈绍禹、周恩来、博古、叶剑英诸同志，发出关于保卫西安、武汉的战略计划及我军将来之行动问题的指示，其中指出，"为保卫武胜关及武汉而战，首先须潼关确保在我手中，其次则用正面之阵地战，配合两翼之运动战"。③

2月24日　与周恩来回到延安。

2月27日　武汉各界在汉口总商会举行17日在上海病逝的钱亦石先生追悼大会，用王明、毛泽东、周恩来等名义送了挽联。

2月27日~3月1日　中共中央在延安召开政治局会议。27日下午，王明在会上作了一个政治报告，强调1937年12月政治局会议决定的方针"是正确的"，但同时也指出"统一战线的基本政策在党内的教育不够，没有许多新的论文解释。其次是前次政治局会议没有形成一个决议。同时对国民党提出的意见也没有写出来，这是政治上的损失"。并说"国民政府在政治上有进步"，"现在比较严重的问题便是目前军事力量很难保卫武汉，许多人对此没有信心"。怎样继续争取抗战的胜利呢？他虽在反对国民党所谓一个主义、一个政党的问题上提出了正确的主张，认为"不能取消共产党"，"过去的宣言在词句上是太让步了"，取消国共两党组织一个大党是"不可能的"，但继续反对强调游击战，强调军队的"统一"，群众组织的"合法"等。他说："在蒋统治区域内不允许组织游击战争，只允许在敌人后方组织游击战争。一个是认为只有打游击战争，另一偏见便是不要游击战争，这都是不好的"；"国民党现在提出只要一个军队，我们也不能反对这个口号"；在特区"要允许国民党的公开活动，现在特区不允许国民党活动是不好的，我们现在要允许国民党活动，允许其他党派活动"。"八路军所

---

① 《周恩来年谱（1898~1949）》，第405页。
② 《周恩来年谱（1898~1949）》，第405页。
③ 《在日军深入进攻条件下必须部署足够力量于外线》，《毛泽东军事文集》第2卷，第163页。

占领的区域还是中华民国的一部分，还是服从中央政府的"，"职工运动要进行统一工作，不分赤色黄色工会"，"在青年中不要强调党派的口号，要实行不分党派的运动"，要"在全国解释民主共和国即是中华民国"。毛泽东说："关于统一战线与党的问题，我同意王（明）、周（恩来）意见。"① 会议一致同意由王明代为起草会议的总结，还决定由王明代表中共中央起草致预定在 3 月下旬召开的国民党临时全国代表大会的建议书，由周恩来起草对国民党的军事建议书。

关于王明的工作问题，在会上引起了争论，毛泽东认为，"在今天的形势下，王明不能再到武汉去"。最后，在 5 票赞成 3 票反对的情况下，政治局作出决定："王明同志同凯丰去武汉，王明同志留一个月再回来。"但王明去后没有执行中央决定，直到召开中共六届六中全会时才回到延安。② 关于这一点，他后来在 1941 年 10 月 8 日中共中央书记处会议上的发言中承认，他当时"不愿留在延安工作"，"是不对的"。

有的学者认为："毛泽东在这次会议上又一次受挫，被迫再次对王明、周恩来等让步。""三月政治局会议批准了王明、周恩来提出的加强与国民党建立统一战线的方针"，"把加紧筹备中共七大列入党在近期工作的主要任务"，"否决了毛提出的留王明在延安工作的意见，同意王明返回武汉继续主持长江局的工作"，"加强了王明、周恩来在党内的影响，尤其在中共政策制定方面的影响"。因此，"毛泽东在三月政治局会议上的受挫及王明、周恩来的成功，使得长江局的影响开始超出华南、华中的范围，向八路军和华北地区扩散"。但是，"对于王明、周恩来在中共党内地位的上升，毛泽东无时无刻不想予以限制"。③

2 月 中共中央长江局讨论了河南工作，规定了"在加紧开展党与群众工作的基础上来准备与发动河南游击战争"的工作方针。但据朱理治回忆，中共河南省委根据中央精神作出了以游击战争为中心任务开展各方面工作的部署并报告长江局后，王明不同意，派专人去省委说报告"政治思想上有问题"，后来长江局开会时周恩来支持了河南省委的意见，这才有了长江局关于河南工作的正确决定。

---

① 1938 年 3 月中共中央政治局会议记录。参见田子渝《1938 年毛泽东与王明政治关系评析》，《抗日战争研究》2006 年第 3 期。

② 逄先知、金冲及主编《毛泽东传（1893～1949）》下卷，第 591 页。

③ 高华：《红太阳是怎样升起的——延安整风运动的来龙去脉》，第 135～136、137 页。

　　同月　生活书店编印出版"救亡文丛之七"——陈绍禹（王明）著《抗日救国政策》，由张仲实写序言，内容包括王明的《新形势与新政策》、《日寇侵略的新阶段与中国人民斗争的新时期》、《挽救时局的关键》等三篇文章。

　　同月　民族解放社出版叶晴编《陈绍禹（王明）抗战言论集》，其中收有王明的《目前抗战形势与任务》。①

　　同月　中国共产党的参与创立者、早期活动家，被周恩来称为"忠厚长者"的杨明斋在莫斯科被捕，5 月被枪杀。《莫斯科秘档中的中共秘史——潘佐夫（A. Pantsov）2004 年 6 月 25 日在中国社会科学院近代史所的演讲（摘要）》说，杨明斋之死是被王明陷害的。②

　　2 月末至 3 月初　康生在延安继续吹捧王明。③

　　据当时在延安的司马璐回忆："王明（陈绍禹）给我们讲联共党史。但是他只来过一次，其余的课一直是吴黎平代的。王明是一个漂亮的中共人物，讲话煽动有力，人极机警灵敏，他说话的时候，全场自始至终，掌声不绝。康生当时领导我们高呼：'我们党的天才的领袖王明同志万岁。'"④

　　3 月 3 日　《新华日报》刊登广告，说汉口中国出版社即出王明所著新书《论反帝统一战线问题》。

　　3 月 5 日　毛泽东在与合众社记者的谈话中说："有人说，我们只主张游击战，这是乱说的，我们从来就主张运动战、阵地战、游击战三者的配合。在目前以运动战为主，以其他二者为辅，在将来要使阵地战能够有力地配合运动战，而游击战，在他对于战斗方式说来，则始终是辅助的。但游击战在半殖民地的民族战争中，特别在地域广大的国家，无疑在战略上占着重大的地位。"在回答国共合作是否具有永久性这个问题时又说："现在及将来合作的目的是共同抗日与共同建国。"⑤

　　3 月 6 日前　王明等回到武汉。⑥

　　3 月 6 日　洛甫、毛泽东致电项英并告周恩来、王明，指出款项等事靠

①　〔日〕田中仁：《王明著作目录》，第 94 页。
②　仲石、公孙树主编《陈独秀与中国》第 47 期，2004 年 12 月 1 日。
③　高华：《红太阳是怎样升起的——延安整风运动的来龙去脉》，第 193 页。
④　司马璐：《斗争十八年》（节本），第 72 页。
⑤　《抗战初期中共中央长江局》，第 90、91～92 页。
⑥　《周恩来年谱（1898～1949）》说他们于 3 月上旬回到武汉（第 406 页）。但 3 月 6 日洛甫、毛泽东即致电项英并告周恩来、王明，说明周、王这时已离延安，故应 6 日前回到武汉。

自己解决为原则，干部问题亦主要靠各方自力解决。①

3月11日 写出《三月政治局会议的总结——目前形势与如何继续抗战和争取抗战胜利》一文。全文分四部分：一、目前抗战形势的估计；二、如何继续抗战和争取抗战胜利？三、抗战与中华民主共和国口号问题；四、党的七次全国代表大会具体准备工作问题。

在关于抗战形势和保卫武汉问题上，该文认为："保卫山西、河南、陕西以达到保卫武汉的目的，是一切抗日党派和全国军民今天最紧急最重要的任务。"并说政治局会议对这个问题的意见是："我国军民现在应当尽一切可能用一切力量来达到武汉不被敌占领的目的，同时，并且应当对保卫武汉事业具有最高度的热忱和抱着最坚强的信心。"②

关于国共两党关系，该文提出："政治局会议一致认为：解决此问题的唯一正确办法，在于遵照中山先生的精神，建立一种包括各党派共同参加的某种形式的民族革命联盟。这种联盟建立的基本原则，应有下列三点：(1) 各党各派各团体拟定一统一战线纲领作为各方宣传行动共同遵守的方针；(2) 由各方代表组成一由上而下的即中央与地方的统一战线组织，以规划抗日救国的大计和调整各党派各团体间的关系；(3) 参加此联盟之各党派仍保存其政治上组织上的独立。统一战线纲领内容，应由各党派（国民党、共产党、国家主义青年党、中国民族解放行动委员会、国家社会党等）代表共同商计和拟定。统一战线组织形成的方式，或采取各党派各团体选派代表组织的方式，或恢复民国十一年至十六年第一次国共合作的方式，或拟定其他的办法和方式，只要与团结抗日有利，中国共产党均愿与国民党及其他一切抗日党派诸同志共同计议和执行。"③

在军事问题上，该文明确提出必须"确定和普遍地实行，以运动战为主，配合以阵地战，辅之以游击战的战略方针"，为了能够真正顺利地实行这一战略，必须：(1) 组织相当数量的野战军团，在运动战中来消灭敌人、打击敌人和消耗敌人；(2) 组织相当数量的挺进军团，深入敌人后方游击；(3) 扼守几个重要支点，以阻止敌军的前进深入。另外，还要"建立几十师新的有新式武装的部队作为全军的骨干"。在建立统一的国民革命军的问

---

① 详见张培森主编《张闻天年谱》，第548页。
② 《王明言论选辑》，第568页。
③ 《王明言论选辑》，第583页。

题上，该文将过去所提的"五统一"正式发展成了"七统一"，提出统一军队"应有下列几个基本条件：（1）统一指挥；（2）统一编制；（3）统一武装；（4）统一纪律；（5）统一待遇；（6）统一作战计划；（7）统一作战行动"。①

在群众运动和群众工作上，该文明确提出："在我政府统治区域的民众运动的工作方法，应该是以合法、统一和互助合作为原则。"②

该文发表于 4 月 23 日出版的《群众》杂志第 1 卷第 19 期、5 月 1 日出版的《解放》周刊第 36 期。后收入中心出版社 1938 年 5 月出版的《中日战争的新阶段》一书，并以《目前抗战形势与如何继续抗战和争取抗战胜利》为名出版小册子，解放出版社 1939 年 4 月出版的《抗日民族统一战线指南》第 4 册亦曾收入。

杨尚昆回忆说："六届六中全会前，王明在外面曾经写了个《三月政治局会议总结》，毛主席认为它是个纲领，非常恼火的。"③

但有的学者认为，王明提出的军队的"五统一"、"七统一"，"是有原则的，是有条件的"，"是统一战线的需要，而不是什么屈服于国民党的压力问题。七个统一中有几个统一我们是执行了的，并没有束缚我们的手脚，相反游击战争还是得到很大的发展"。因此，不能"像批判'两个一切'一样，不管其总的意思如何，斩头去尾，只抓住'五个'或'七个'统一，就认为是取消共产党所掌握的武装，拱手交给国民党蒋介石，就是向蒋介石投降，这样做显然是简单化了"。④

还有的学者认为，王明提出的七个"统一"，即"统一指挥、统一作战计划、统一作战行动、统一纪律、统一待遇、统一武装、统一编制"，主要是针对国民党的，是在第二次国共合作的条件下，为中国共产党和抗日武装争取待遇的，应该说出发点没有错误。⑤

3 月 12 日　在《新华日报》以陈绍禹的名字发表《中山先生逝世十三周年》，文章说："我们纪念中山先生，要学习他的百折不屈的革命精神，要学习他的再接再厉的革命行动，要学习他的吸收世界先进文明和继承中国

---

① 《王明言论选辑》，第 578、579 页。
② 《王明言论选辑》，第 588 页。
③ 张培森整理《杨尚昆 1986 年谈张闻天与毛泽东》，《炎黄春秋》2009 年第 3 期。
④ 施巨流：《王明问题研究》，第 107、270 页。
⑤ 李东朗：《关于王明右倾错误的几点思考》，《党史研究与教学》2009 年第 5 期。

固有文化传统的实践态度，要学习他的天下为公大公无私的高尚道德，要学习他对国家对同胞的真诚的热爱，要学习他对社会对世界对人类热烈的同情，要学习他对于自己亲手缔造的政党的命运和前途的坚决信心和正确办法，要学习他对于国共两党合作所具有的一个伟大现代政治家所应有的诚挚和亲密的态度。特别重要的，要继续和完成他毕生奋斗的使中国国际地位平等，政治地位平等和经济地位平等的未竟的伟大革命事业，而当前最首要的，就是要巩固和扩大抗日民族统一战线，以便达到驱逐日寇出境，建立独立自由幸福的新的伟大的中华民国的目的！"此文后收入中国出版社 1938 年 7 月出版的《陈绍禹（王明）救国言论集》。

同日 与周恩来、博古、凯丰、叶剑英、董必武致毛泽东、洛夫并康生电。①

3 月 13 日 洛甫、毛泽东致电陈绍禹、周恩来、博古、叶剑英，决定派袁国平任新四军政治部主任、邓子恢任副主任。②

3 月 21 日 起草《中共中央对国民党临时全国代表大会的提议》，主要内容有三条：1. 关于巩固和扩大各党派的团结等问题；2. 关于健全民意机关问题；3. 关于动员和组织民众问题。

关于巩固和扩大各党派的团结等问题，提议中说："只许一党合法存在，同时不承认其他党派合法并存的办法，既为事实所不许，取消现存一切党派而合并为一党组织的办法，亦为事实所不能解决。一切问题的解决办法，应遵照中山先生的精神，建立一种包括各党派共同去参加的某种形式的民族革命联盟，即由各党派、各团体拟定一统一战线纲领，作为各方宣传鼓动共同遵守的方针；同时由各方代表组成一由上而下的（即中央与地力）统一战线组织，以规划抗日救国的大计，和调解各党派、各团体间的关系。而参加此联盟之各党派，仍保存其政治上和组织上的独立性。统一战线纲领的内容，敝党愿与贵党及各方代表共同商讨和拟定，其发表方式，或由各党派、各团体共同署名发表，或由贵党用蒋先生名义发表，然后由各党派、各团体宣传拥护和遵守，均无不可。统一战线组织形成的方式，采取各党派、各团体选派代表组织各级组织的方式，或恢复民国十三年至十六年第一次国共合作的方式，或拟定其他的办法和方式，只要与团结抗战有利，敝党均愿

① 〔日〕田中仁：《王明著作目录》，第 95 页。
② 张培森主编《张闻天年谱》，第 549 页。

与诸同志共同计划和执行。"

关于健全民意机关问题，提议中说："为增强政府与人民间的互信和互助，为增加抗战救国的效能，健全民意机关的建立已经成为刻不容缓的当务之急。民意机关的形式，或为更扩大的国防参议会，或为其他形式均无不可，最主要的在于此机关要真能包括各抗日党派、各军队、各有威信的群众团体的代表，即包括真能代表四万万五千万同胞公意的人材；同时此机关要真有不仅建议和对政府咨询的作用，而且能有商量国是和计划内政外交的权力。"

关于动员和组织民众问题，提议中说："关于此问题，敝党敬向贵党提议将工、农、军、商、学各界，根据其职业地位而组织各种职业联合团体，即将已有组织的群众团体，加以健全和充实，将还无组织的民众，组织在各种群众团体以内去；同时根据地域原则，在各地方组织统一的各界群众团体的领导机关，在全国范围内成立统一的全国性的领导机关。青年、妇女、文化界等应根据其切身利益和特殊需要，而组织成各种统一的群众团体，以便真正实行有钱出钱，有力出力的原则，以便真正达到全国人力、物力、财力总动员的目的。当然所有群众团体及其领导机关，均应向政府机关登记，并采取政府及党部的领导。敝党愿尽力赞助贵党在抗日救国大前提下，造成统一的群众运动和统一的群众组织。"①

3月24日 将自己3月21日起草的《中共中央对国民党临时全国代表大会的提议》送交国民党，同时报中共中央一份。

同日 中共中央长江局根据中共中央《关于大量发展党员的决议》，发出了关于恢复党组织关系的通知，并发出了"猛烈地十倍百倍的发展党员"的指示，规定了"细心考虑，大胆发展"的方针。在不长的时间内，长江局所辖地区从省委（工委）到支部，各级党组织迅速建立，党员数量大量增加。②

但据王瀚回忆，王明曾提出"发展一千，进来一个坏人也没关系"的论调，给发展工作带来了不好的影响。又据《董必武传》说，在台儿庄战役胜利后，王明得意忘形，对湖北省委负责人钱瑛说："怕什么，要公开

---

① 《抗战初期中共中央长江局》，第86~88页。
② 王务新、程鹏：《论发展的方针——兼述抗战初期南中国党的工作》，《武汉党史通讯》1985年第5期。

（指党组织）！"还要中共湖北省委打着省委的旗帜到街上游行，甚至要"共产党员必须时时、事事、处处服从国民党当局领导"。①

3月25日 中共中央收到王明起草的《中共中央对国民党临时全国代表大会的提议》后，感到这个提纲没有明确提出克服困难坚持抗战到底和坚持反对妥协投降、悲观失望的倾向问题，武装群众的问题及改善民生的问题，为补救其错误，另外起草了《中共中央致国民党临时全国代表大会电》，提出如下八条意见：1. 用一切宣传鼓动方法，号召全国人民以中华民族必胜的信心，克服一切困难，忍受一切牺牲，誓与日寇抗战到底。2. 继续动员全国武力、人力、财力、物力，为保卫西北、保卫武汉而战。3. 继续扩大与巩固抗日民族统一战线。4. 继续扩大与巩固国民革命军。5. 继续改善政治机构。6. 继续全国人民的动员。7. 为使政府与民众进一步结合起来，为更能顺利地动员民众参加抗战，必须采取具体的办法，实施改善民生的法令。8. 组织抗战的经济基础，建立国防工业，发展国防工业，改进农业。②

同日 与周恩来、郭沫若等出席在汉口总商会礼堂召开的中国学生救国联合会代表大会，并接见全体代表，还与周恩来等为《新华日报》全国学联代表大会特刊题词。

3月26日 为中国学生救国联合会代表大会题词，第二天以陈绍禹的名字刊登于《新华日报》。

3月28日 朱德、彭德怀、朱瑞致电中央书记处并陈绍禹、周恩来、博古，提出北方局解散决死队内党组织问题的意见。③

3月 延安解放社出版王明的《救中国人民的关键》。

同月 根据王明的提议，中共中央书记处决定派任弼时前往莫斯科，向共产国际汇报中共工作。④

有的学者对王明提议任弼时赴苏提出自己的看法，认为："具有讽刺意味的是，提议派任弼时赴苏汇报的竟是王明。任是王明的老熟人，在1931年初六届四中全会上，两人同时进入政治局，王明返国后，任也和政治局其他同事一样，对王明传达的共产国际指示表示拥护，于是王明就认

---

① 胡传章、哈经雄：《董必武传》，第147～148页。
② 《抗战初期中共中央长江局》，第101～103页。
③ 山西新军历史资料丛书编审委员会编《山西新军概况》第1卷，第128页。
④ 杨奎松：《毛泽东与莫斯科的恩恩怨怨》，第77页。

为任是自己可以联合的盟友。殊不知，上层风云可以瞬息万变，到了 1938 年春，已有迹象显出任已明显偏向毛泽东一边，而王明竟浑然不知。于是王明无意中就做了一件令毛拍手称快的事，毛实在有太多的理由为王明的这项提议感到高兴。"这"客观上为毛'借洋师助剿'王明提供了便利的条件"。[1]

任弼时 1938 年到共产国际后，发现王明和康生在共产国际期间竭力奉行宗派主义的干部路线，利用"清党"、"肃托"的机会，排除异己，残酷斗争和无情打击对他不满的干部，对一些同志既不让回国，又不安排工作，长期把他们放到基层进行劳动惩罚。他们申诉无门，精神上遭受折磨，生活上发生困难。任弼时到达后，认真地进行调查，负责地解决了以下一些人的问题。

其一是吉合的问题。吉合（张期生）原是中共绥远省委组织部长，1935 年组织遭受破坏后，和省委书记刘仁（王崇义）、临河县委书记王逸伦假道外蒙到莫斯科找中共代表团。负责组织工作的康生，先是要吉合带着电台回国到陕北去找红军，吉合准备起程时，康生突然变卦，责问吉合："你怎么带王逸伦来？他什么人？"吉合说他是模范县委书记，康生竟然说："越是敌人，他才越好好工作，争取信任。"不但不许吉合回国，而且一并加以"审查"。吉合从此被放在国际列宁学院中国部，一"挂"就是三年。后来他给任弼时写报告，任弼时立即批准，吉合等同志才于 1938 年 7 月得以回国。

其二是师哲的问题。师哲是 1925 年赴苏学习的，1929 年被派到远东和西伯利亚等地实习做地方工作。在王明任中共驻共产国际代表期间，他几次要求回国工作，但王明等都不予理睬。1938 年苏联政府规定非苏联公民不得在苏联国防、外事和保卫部门任职，师哲被解职了。他再次到中共代表团要求回国，任弼时接待了他。两三个月后，师哲被调到中共代表团工作。师哲说，任弼时"是多么地不同于那个'百分之百的布尔什维克'啊，在我这种交织着激动与感激的心情中，我真的觉得自己酷似重新回到母亲怀抱的婴儿！'"

其三是陈郁的问题。陈郁是中共中央政治局委员。1931 年 6 月到莫斯科，多次受到王明等人的打击。"清党"结束后受了严重警告处分，被改

---

[1]　高华：《红太阳是怎样升起的——延安整风运动的来龙去脉》，第 140～141 页。

名"彼得",放逐到斯大林格勒(即伏尔加格勒)拖拉机厂做工。他虽然没有被开除党籍,但代表团一直没有把他的组织关系转到工厂去,整整五年,被排斥在党组织之外。他先后写了 12 次申诉信,工厂党委也发过两次公函,但王明一概不予理睬。直到王明回国时,也没有向干部处作交代。1939 年初任弼时为首的代表团在清理王明、康生留下的档案时,发现了陈郁的多次申诉信。在周恩来、任弼时的关怀下,由王明、康生强加给他的处分,沉冤六载,终于撤销。中共中央文献研究室编著的《任弼时传》感叹说:"陈郁是幸运者,在王明的打击迫害下,象李立三那样被逮捕入狱,象周达文、董亦湘、俞秀松那样长期下落不明或含冤而死者又有几许呢!"①

师哲回忆说:"王明、康生一九三七年从苏联回国时,遗留下许多未处理的问题和纠缠不清的糊涂账,无论是对干部的培训、管理问题,还是对党的文件、资料或档案以及经费等等,都搞得象一团乱麻。这些问题都是在弼时同志的指导下,进行了清理和相应的处理。"②

春 据有的论著说,王明曾下令解散七里坪抗日军政干部训练班。这个训练班是中共湖北省委工作委员会利用新四军第四支队驻地的合法名义,于1937 年 11 月底在湖北黄安七里坪举办的,方毅任班主任,聂鹤亭任总队长。训练班在办第 1 期时,蒋介石便对王明说,你们延安办了个抗大,为什么又在七里坪办训练班呢?于是王明便对中共湖北省委郭述申、钱瑛说,训练班不要办了。湖北省委进行了抵制,坚持办了第 2 期,并且扩大了规模。这时蒋介石又质问王明,王明便又三令五申要省委解散训练班。湖北省委不得已,只得将公开的训练班停办,暗地办了个党员训练班,可是王明又批评说是"破坏统战",湖北省委只好把这里的干部训练工作转移到汤池训练班和后来的汤池学校去。可是,王明又下令解散汤池训练班。这个训练班是董必武通过朋友关系,由陶铸以训练农村合作社干部的名义,于1937 年 12 月20 日在湖北应城汤池举办的,实际上也是培养抗日军政干部。这个训练班开办不久,便受到国民党特务的注意,蒋介石也对王明说这个训练班"是挂羊头卖狗肉","影响统一战线",要王明立即通知训练班停办。于是王明指责董必武和中共湖北省委负责人说:"国民党出钱,贷款就贷款嘛,为什

---

① 以上均见张学新主编《任弼时传》,第 437~440 页。
② 《我们党的管家人——回忆任弼时同志》,《中共六十年纪念文选》,第 369 页。

么搞游击战呢？不要搞党的建设、游击战争、马列主义，只讲讲办合作社就行了！"要训练班立即解散。在周恩来、董必武的支持下，陶铸进行了抵制，训练班才在武昌又办了第4期。①

同期　中共中央代表团与国民党的几位中央代表共同协商和草就了一个包括抗战建国许多重要原则的纲领草案。王明在中共六届六中全会的报告中说，这个草案及1937年秋中共中央政治局向国民党提出的一个根据三民主义原则的包括40余条的纲领草案，"均未曾得到国民党中央执行委员会的正式意见，但是今年三四月国民党临时代表大会所通过的抗战建国纲领，可以说实际上在基本原则方针方面，与两党负责同志一年多所再三交换过意见的纲领草案的内容，大致是一致的"。②

同期　于武汉作七绝《见柳思乡》，诗曰：

数年未见柳枝青，一见柳青快我心；
记起故乡无限好，柳林春意最清新。③

同期　作七律《记长江》，诗曰：

众水通天涪万会，合劈三峡竞东流。
瞿塘一泻蛟龙舞，千里荆扬下海游。
多少英雄成过客，连绵吴楚入边愁。
三来武汉无穷感，风雨又唤黄鹤楼。④

同期　作七绝《久别重逢——见父忆母》（二首），其二说：

几度银铛作罪囚，为儿辛苦为儿愁。
发须斑白母何在？背父沾巾泪涌流。⑤

① 王务新、程鹏：《论发展的方针——兼述抗战初期南中国党的工作》，《武汉党史通讯》1985年第5期；胡传章、哈经雄：《董必武传记》。
② 《目前抗战形势与如何坚持持久战争取的最后胜利——在中共六中全会上的发言提纲》，1938年10月20日，《王明言论选辑》，第619页。
③ 《王明诗歌选集（1913~1974）》，第117页。
④ 《王明诗歌选集（1913~1974）》，第118页。
⑤ 《王明诗歌选集（1913~1974）》，第119页。

注中说其父"在解放前曾被反动派捕去 5 次"。

同期 作五绝《武汉春怀旧》,诗曰:

> 我三来武汉,江汉浪潮新。
> 故友不能见,百花空复春。①

4月1日② 与周恩来、博古、凯丰致电中共中央说:"我们根据政治局决议原则所起草的致国民党临时全国代表大会建议后于 24 日已送去,国民党临时代表大会昨夜已开幕,你们所写的东西既不能也来不及送国民党,望你们在任何地方不能发表你们所写的第二个建议书,否则对党内党外都会发生重大的不良政治影响。对此问题的详细情形,我们有信交可靠同志带给你们。"

4月6日 朱德向陈绍禹及毛泽东、周恩来等发电报告山东聊城地区抗日将领范筑先情况。

4月初 张国焘借清明节祭黄帝陵之机叛逃。

有的文章认为,除了他不思改悔,反而对中共中央和毛泽东产生怨恨,对共产主义理想产生动摇,萌生了脱离中共的念头外,王明对他说原红四方面军领导人李特、黄超已被当作"托派"杀害,使他非常惊慌,也是他叛逃的一个重要原因。③ 张国焘在《我的回忆》中也说:"王明反托派的矛头,竟是指向着我的。有一次我和王明的单独谈话中,他问我毛儿盖会议争论的症结究竟何在?我答:'除批评党中央政治路线外可以说是争军事领导权。'他说:'这不尽然,另一个主要原因是托派在暗中作怪。'他告诉我:'李特、黄超就是托派,他们在迪化经邓发审问,已招认是托派,并已枪决了。'""由于这种重大的刺激,我经过一番考虑,最后决定脱离中共。"④

4月8日 中共中央长江局收到中央和西安的电报后,与周恩来、博古、李克农等负责人立即商量,一定要抢在国民党之前,把叛逃到武汉的张国焘接到长江局来。⑤

---

① 《王明诗歌选集(1913~1974)》,第 120 页。
② 原件无日期,此日期是档案编辑者根据内容判定的。
③ 晓农:《张国焘延安叛逃的两个原因》,《党史文汇》2005 年第 7 期。
④ 张国焘:《我的回忆》第 3 册,第 426、428 页。
⑤ 姚金果、苏杭:《张国焘传》,第 564 页。

4月9日　洛甫致电汉口王明、周恩来、博古说："对《救亡日报》发表的谈话①应作如下声明：（甲）谈话发表未经本人允许，谈话记录未经本人看过，因此对发表的谈话本人不能负任何责任。（乙）中共中央有几个书记，向无所谓总书记。"②

4月11日　与周恩来、罗炳辉、李克农、钱之光等到汉口大智门车站迎接坐国民党军用列车准备叛逃的张国焘，劝他回党工作。

当日晚　与周恩来、秦邦宪、何克全赶到旅馆和张国焘见面，批评他来汉口不报告中央是错误的，希望他搬到办事处去住，便于商量问题，还做了很多教育和争取工作，希望他回心转意继续为党工作。③

同日④　与周恩来、博古、凯丰致电毛泽东、洛甫、康生、陈云，报告张国焘到武汉后的情况："国焘今日十九时抵汉口，仍与胡宗南派的一个便衣住旅馆。我们已去与他谈话。他表示是否可在相当独立性下与国民党解决党派问题，同时认为边区是丢了可惜，吃了没味的问题。对于他不辞而别问题，我们要他致电你们承认错误，并请示对今后他的工作指示。他即起草一电，今将他的电转于下"："毛、洛：弟于今晚抵汉。不告而别，歉甚。希望能在汉派些工作。国焘。"现请你们电告：（一）究竟联络参谋交机密文件事是否属实，内容如何。（二）对国焘问题如何处理。（三）对杨子烈⑤及其孺子，请勿予以难堪。⑥

同日　与周恩来、博古等为即将回美国的汉口圣公会鄂湘教区主教吴德施在"八办"举行告别宴会，并合影留念。

4月12日　中共中央书记处复电陈绍禹、周恩来等："为表仁至义尽，我们决定再给张国焘一电，请照转。"书记处电内容如下："国焘同志：我兄去后，甚以为念。当此民族危急，我党内部尤应团结一致，为全党全民模范，方能团结全国，挽救危亡。我兄爱党爱国，当能明察及此。政府工作重要，尚望早日归来，不胜企盼。弟毛泽东、洛甫、康生、陈云、刘少奇。"⑦

---

① 指1938年3月28日该报发表的记者洛基采访录《张闻天论当前抗战诸问题》。
② 张培森主编《张闻天年谱》，第554～555页。此声明在4月12～14日《新华日报》连续刊登。
③ 吴葆朴、李志英：《秦邦宪（博古）传》，第282～283页。
④ 原件无日期，此日期是编者判定的。
⑤ 张国焘的妻子。
⑥ 《抗战初期中共中央长江局》，第209页。
⑦ 《抗战初期中共中央长江局》，第210页。

　　4 月 14 日　任弼时在代表中共中央向共产国际所作的《中国抗日战争的形势与中国共产党的工作与任务》的报告大纲中说，自"去年 12 月中央政治局会议后，中国统一战线，有了许多的进步与发展"，其表现是：1. 与国民党政府和军队间某些摩擦乃渐减少，使着统一战线，得着发展与成绩。2. 十二月会议，王明同志等带回季米特洛夫同志关于巩固发展中国民族统一战线的指示后，对于统一战线问题有着更详细的讨论，认定国共合作的统一战线，不仅是党的策略上的改变，而且是战略性质的改变（与苏维埃革命时代的任务，有基本的改变）。确立国共两党合作，是长期性的。不仅共同抗日，在抗日胜利后，还要共同建立新的民主共和国，但不是非资本主义或社会主义国家。3. 认定统一战线的基本条件是抗日，"抗日高于一切"，"一切服从抗日"。民主，民生，均在其次。依照觉悟的程度和迫切的需要，提出要求，不要太高太左。4. 指出了统一战线内容是各党各派合作，在国民政府现有基础上，建立统一的国防政府；在现有的军队基础上，扩大与建立统一的国防军；建立统一的民众团体发动群众运动。5. 在民族统一战线当中，各党派在共同纲领下，是互相帮助，互相发展，共同领导，共同负责。不应有谁投降谁，谁推翻谁的企图。6. 说明共产主义与三民主义的关系，指出三民主义应该是为民族独立，民主自由，民生幸福而斗争的。7. 巩固与扩大民族统一战线，是争取抗战胜利的中心与先决条件。组织无组织的群众，加入各种合法的群众组织等。8. 在党内外宣布这种统一战线的原则，并发布十二月宣言以后，国共两党关系，在基本上有了进步。然后，讲了各个党派合作的组织形式与国共合作中的障碍与困难，八路军在抗战中的壮大与困难。①

　　据任弼时后来说，他在汇报中共工作时，首先是曼努伊斯基向他提了有关王明的三个问题：第一是问王明是否有企图把自己的意见当作中央意见的倾向？第二是问王明是否总是习惯于拉拢一部分人在自己周围？第三是问王明与毛泽东是否处不好关系？在这种情况下，任弼时自然不能不介绍了王明向延安中央争权力及闹意见分歧的种种表现。据任弼时回忆说，季米特洛夫听了介绍之后明确讲，他对王明的印象一直不好，说"这个人总有些滑头

---

　　① 《文献和研究》1985 年第 4 期。有的学者评论说："任弼时的这份大纲巧妙地揉和了毛泽东和王明的观点，既迎合了斯大林，又不失时机，为毛泽东在共产国际打下了楔子，'挂上号'。"高华：《红太阳是怎样升起的——延安整风运动的来龙去脉》，第 141 页。

的样子"。说根据共产国际干部部反映，王明在一些地方不很诚实，在苏联时就总是好出风头，喜欢别人把他说成是中共领袖。杨奎松认为：季米特洛夫等人这时对王明表现得如此反感，还有一个十分微妙的背景。那就是，前共产国际东方部负责人，那个扶植王明上台的俄国人米夫，在斯大林发起的肃反运动中被怀疑为反革命，这时已遭到整肃。米夫的倒台和被怀疑有敌对背景，不仅使王明失去了一张强有力的保护伞，而且也促使莫斯科的领导人对米夫一手扶植起来的干部，表示出严重的不信任态度。此后中共领导人到莫斯科时，季米特洛夫和曼努伊斯基又曾几次谈到王明的问题，除了对王明表示不信任以外，都特别提出过王明与米夫之间的关系值得怀疑的问题。①

4 月 16 日　同周恩来、博古、凯丰致电中共中央书记处，建议书记处负责同志利用作报告和讲话的机会说明张国焘路线应由他一人负责。对原红四方面军干部应表示亲切团结，以便为最近公开反对张国焘事作政治上的准备。同时不要因此事增加红一、四方面军的隔阂，而应更加增强全党的团结。②

4 月 17 日　与周恩来、秦邦宪从大华旅馆找到准备叛逃的张国焘并劝他搬到八路军办事处后，根据中共中央指示向他提出了三点办法：1. 改正错误，回党工作；2. 向党请假，暂时休息一个时期；3. 自动声明脱党，党宣布开除他的党籍。当时张国焘说可从第二、三条考虑，并请求允许他闭门两日考虑答复，但谈话后一小时，他竟跑到太平洋饭店见了国民党特务机关负责人，写信给王明、周恩来、博古说："弟已决定采取第三条办法，已移寓别处，请不要派人找，至要"，声明自己最后脱党。③ 张国焘后来在回忆录中说："在汉口的时候，周恩来、王明、秦邦宪等曾对我的脱党行动加以阻难，但我意已决，无法挽回，因而他们发表指责我的文件。"④

4 月 18 日　因国民党中央执委会政治委员会主席汪精卫向中共代表团征求参加国民参政会的中共参政员的名单，认为中共出 10 人为宜，王明与周恩来、秦邦宪、何克全研究后，此日向中央请示，提出："国民参政

---

①　杨奎松：《毛泽东与莫斯科的恩恩怨怨》，第 77～78 页。
②　《周恩来年谱（1898～1949）》，第 410 页。
③　陈绍禹、周恩来、秦邦宪：《答复子健的一封信》，李志英主编《秦邦宪（博古）文集》，第 380 页；参见张海《张国焘从延安到武汉叛逃的经过》，湖北人民出版社编辑《楚晖》丛书第 3 辑，第 63～64 页。
④　《我的回忆》第 3 册，第 432 页。

会汪提出我方可推选十人，其职权可商讨，并决定国家大计，但仍须经国防最高会议通过，蒋并保有紧急处置权力。""十人名单提议以泽东、绍禹、恩来、邦宪、项英、伯渠、玉章、必武、汉年及一陕北同志（洪涛或高岗）。以上名单提议，我们以从最大多数能出来开会及一部分人如林、吴、董、潘能专门做此事的观点上想的，如何？能争取党的领导公开，张闻天、赵容、陈云、何克全、少奇等亦可加入。如何？仍请你考虑决定电告。"①

同日 与周恩来、博古、凯丰将张国焘已经没有办法挽救的情况报告中共中央，说："张国焘自十四夜被劝回之后，即住于办事处，外〈出〉一定有些人陪他，但动摇仍继续。""连续出外访人，陈立夫、周佛海均访到。""约戴笠在旅馆见面后，即由戴以武装汽车接去。"张之决心脱党，不论其过程如何波折，不过表示其机会主义的最后动摇而已，其趋势显然可测为动摇的发展，故我们提议：（一）发表下列的开除决定，宜于极端迅速向党内军内进行张国焘私逃〈脱〉党的解释，但绝不应因此提起所谓一、四方面军问题，而应当用开除张国焘机会加紧党与军队中的团结。（二）安慰国焘接近〈的〉干部，甚至其妻儿勿使他们不安心，以观张之究竟。②

同日 中共中央作出《关于开除张国焘党籍的决定》。

同日 因蒋介石命令新四军集中出南陵，沿大茅山脉向芜湖、宣城一带行动，叶挺认为可行，项英于这天致电毛泽东、王明、周恩来说：同蒋介石交涉，由叶办，不能解决问题，"应由党负责直接交涉四军"，想撇开叶挺由他直接同蒋介石打交道，而毛则同意叶挺意见，并于 5 月 4 日致电项英，要他"始终保持与叶同志的良好关系"。③

4 月 22 日 与周恩来、博古、凯丰致电中共中央书记处，说对于中央关于国民党代表大会的宣言与纲领的立场的指示，我们有两点意见："（甲）认为此纲领宣言的基本精神同我党主张是一致的说法似稍嫌笼统。我们以为抗战建国纲领若作为抗战时期的一般施政方针，我们愿意在基本上加以赞助并帮助其实施，但若以此纲领同时作为战后建国纲领则不仅与共产党所希望

---

① 《陈绍禹、周恩来、秦邦宪、何克全关于我方参政员名单的提议致中共中央书记处电》，《抗战初期中共中央长江局》，第 215 页。

② 《陈绍禹、周恩来、秦邦宪关于张国焘脱党情形致中共中央书记处电》，《抗战初期中共中央长江局》，第 211 页。

③ 金冲及主编《周恩来传 1898～1949（修订本）》下册，第 545 页。

者相去甚远，即对三民主义实现方式亦大感不足。""（乙）三民主义青年团还未成立，其领导者确利用他［它］来作为孤立和反对共产党的工具……如照现状成立且有变成新的特务机关的趋势，似此现在我们即表示赞助青年团的成立，似嫌太早，且政治上不利。请你们考虑这两点意见并速复。"

4月26日 与周恩来、秦邦宪接到一封署名为子健的来信，信中说：绍禹、恩来、博古三同志：我是一个在学校中工作的共产党员，昨天我和两个非党员的同学谈话中，发现了两个问题。1. 共产党对国民党临时全国代表大会的宣言和纲领的态度……张国焘在他的登报声明中，也说到什么他主张中共中央对于《国民党临时全国代表大会宣言》和《抗战建国纲领》应更恳切之响应……中共是不是准备最近也与国家社会党一样，致函国民党，表明共产党对国民党和三民主义态度呢？2. 中央开除张国焘党籍的问题，据张国焘声明说，好像他不过有些政治意见想找陈绍禹、周恩来、秦博古三先生谈话，而中共中央似乎在他正在谈判的过程中，便把他开除党籍了，这是否太急了一点？①

4月27日 与邓颖超、博古、吴玉章等出席全国14团体发起的欢迎国际反侵略运动大会代表色斯先生大会，吴玉章在会上讲话。

同日 中共中央书记处就中共对国民党临时全国代表大会后的策略问题致电长江局，指出："今天全国政治总的方向是坚持抗战的最后胜利，国民党纲领的基本精神正是朝着这个方向的，在这个方向上说来，我党十大纲领（除此纲领外还没有其他整个纲领）同国民党纲领应说基本上是一致的。我们坚决赞助其实现，亦即为此。至于其中缺点与不足处，我们在赞助的基本方针下，给以充实与发展；其中错误处，亦应在此方针下给以侧面的解释与适当的批评。""共产党站在主动的积极拥护纲领并促其具体实施的立场上，不但能够取得全国最大多数人民的同情与拥护，依靠他们的力量同一切顽固分子做斗争，而且也能够取得国民党内一切进步分子的赞许，使他们更能勇敢的团结他们的力量同顽固派斗争。"为此，"今天的中心策略，不是要国民党定出一个更完善的纲领，而是站在主动的积极地位，帮助国民党实施这个纲领，在实施中发展与提高它。在抗战继续发展的过程中，只要今天认真的实施这个纲领，那这个纲领明天就会要求进一步的充实与修正，而更急进的、更高的纲领的提出，仍然是可能的"。电文还说："我们党对国民党一

---

① 吴葆朴、李志英：《秦邦宪（博古）传》，第285~286页。

切口头上要做的好东西，如扩大国民党，成立三民主义青年团，都应该采取积极赞助的态度，使全国最大多数人民与国民党中一切进步分子，看到共产党同国民党合作的诚意，以争取他们对我们的同情与拥护；并且这样也可认真的推动国民党进步，这种进步在坚持抗战中是必要的与可能的。""如果国民党不管我们的赞助，而仍然不能把自己所说的话实现起来，或把原来企图进步的东西变坏，如青年团变为特务机关，那人家决不会责备共产党的赞助不好，而只会骂国民党的顽固派混蛋。""国民党的一切进步的设施，都包含有同我党争取领导权、孤立我党的一面在内。我们赞助他们的一切进步的东西，即使口头上的允诺与企图也好，不但不使自己孤立，而正是替自己开辟更有利的场所。"①

4月28日②　　与周恩来、博古共同署名写了《答复子健同志的一封公开信》，第二天在《新华日报》发表。信中就中国共产党是否准备最近致函国民党表明自己对国民党及五届三中全会的态度，共产党对于国民党临时代表大会所通过的宣言及抗战建国纲领的态度，以及中央为什么开除张国焘党籍这两个问题作了答复。文中将王明以中共中央名义起草的《中共中央对国民党临时全国代表大会的提议》公开发表，并说《新华日报》几篇社论的主张，"即为中共对国民党临时全国代表大会的宣言和抗战建国纲领的响应"。关于开除张国焘党籍问题，信中除写明了中共中央决定开除张国焘党籍的基本内容外，又详细地叙述了张国焘叛变的经过。最后说："由此可见，确如来信所说：'共产党中央对每个党员的党籍问题，素持慎重的态度。而对于处理张国焘问题，真是已仁至义尽。由此可见，张国焘在声明中假装声势地说，好像他正在拿诚恳的态度与我们三人谈判政治问题时，中央忽而开除了他的党籍，是一种完全抹煞事实的欺人自欺之谈。""但凡知道张国焘的为人及此次事实经过者，相反均恰恰异口同声地说党中央对张国焘太宽大了……有不少同志要求中央开除张国焘党籍以维党纪，中央始终希望以教育方法改正一个较老同志的错误。但是，张国焘既已不能再留存于共产党的队伍之内，共产党为党的纪律、党的统一和党的政治纯洁起见，只有将张国焘这类自甘暴弃于革命队伍之人驱逐出党。"③ 这篇文章对澄清社会上

① 张培森主编《张闻天年谱》，第560～561页；《抗战初期中共中央长江局》，第223～224页。
② 吴葆朴、李志英：《秦邦宪（博古）传》一书认为是4月26日，有误，见该书第286页。
③ 李志英主编《秦邦宪（博古）文集》，第381页。

的各种传谣，批驳张国焘的《声明》起了明显的作用。

此文还发表于 5 月 7 日出版的《群众》周刊第 1 卷第 21 期，4 月 29 日出版的《解放》第 36 期，5 月 7 日出版的《群众》周刊第 1 卷第 21 期，6 月 6 日出版的《先锋》第 317 期，6 月出版的《新华日报社论》第 4 册，后来作为附录之二收入中国出版社 1938 年 7 月出版的《陈绍禹（王明）救国言论集》，1939 年 4 月出版的《抗日民族统一战线指南》第 4 册。①

4 月 国民政府军事委员会政治部第三厅在武汉成立，厅长是郭沫若，许多左翼文化人都在三厅给安排了一个职位，可是没有胡风的份，他对此有些不满。吴奚如向政治部副部长周恩来推荐胡风为政治部设计委员会委员，周恩来同意了，但被王明否决。因为胡风是"鲁迅派"，过去是反对"国防文学"的。吴奚如在《我所认识的胡风》一文中说：王明在多次和我谈话中，不满鲁迅先生过去反对"国防文学"。说鲁迅是个"读书人，脾气古怪，清高，不理解党的抗日民族统一战线政策"。为了反对鲁迅先生，王明还把和鲁迅有友谊的内山完造诬蔑为"日本特务。"曹靖华因事找他，他也拒不接见，要我出面婉言谢绝，这是 1938 年春的事。②

春 有的著作说：在一次中共中央长江局会议上，王明要把爱国侨胞和外国友人给八路军、新四军的捐款交给国民党，还要共产党在广东不搞抗日游击队，周恩来严厉批驳了他。另外，当时有一个兄弟党召开代表大会，毛泽东从延安把贺电发到武汉，要武汉转发出去，王明竟扣下不发。周恩来知道后，严厉批评了王明，这才把电报转发出去。③

4 月~5 月间 中共中央长江局下属机构国际宣传委员会及其办事机构国际宣传组成立。委员会由周恩来、王明、博古、凯丰、吴克坚、王炳南组成，主要工作是翻译出版中共领导人著作，为国际刊物撰稿，以及同外国友人进行联络。④

5 月 1 日 在《新华日报》以陈绍禹的名字发表《今年的五一节与中国工人》一文，向工人阶级提出更积极地参加抗战、努力改良生活、强大职工组织等三个任务，以使工人阶级在全民抗日救国斗争中能尽其应尽的先锋

---

① 〔日〕田中仁：《王明著作目录》，第 97 页。
② 晓风主编《我与胡风》，第 25 页。
③ 南新宙：《周恩来一生》，第 240 页。原书未说明具体时间，因说者期间发生了张国焘叛逃事件，故判定是春天。
④ 《周恩来年谱（1898~1949）》，第 411 页。

队作用。此文还发表于《解放》周刊第 36 期，收入中国出版社 1938 年 7 月出版的《陈绍禹（王明）救国言论集》，及解放社 1939 年 4 月出版的《抗日民族统一战线指南》第 4 册。

5 月 4 日 中共中央电示项英、长江局和中南局，指示在长江流域开展游击战争，建立根据地。电报说："在敌后进行游击战争虽有困难，但比在敌前同友军一道，并受其指挥反会要好些，方便些，放手些。敌情方面虽较严重，但只要有广大群众活动地区，充分注意指挥的机动灵活，也会能够克服这种困难，这是河北及山东方面的游击战争已经证明了的。"电报还强调："在一定条件下，平原也是能发展游击战争的。"①

5 月 6 日 与周恩来、博古、凯丰致电中共中央书记处，请示关于三青团的性质及组织原则之意见。其中说："我们认为对青年团不能长期缄默，更不宜无条件赞助。现拟根据下项方针进行，如你们复电同意，即用中央、用周恩来名义送给蒋，并准备在适当时期公布此函。"并说：三青团应该建成"统一青运的青年组织"；"不分党派，容纳各党派参加领导，共同负责指导青运"；"依三民主义总方针决定青运统一纲领"；"在纲领下统一训练方针"。②

同日 张国焘在《敬告国人书》中说，他在武汉时曾"用至诚态度，与陈绍禹、周恩来、秦邦宪三同志初步商讨"抗战建国诸问题。③

5 月 12 日 毛泽东、朱德、康生、陈云、刘少奇就关于三青团问题答复陈绍禹、周恩来、博古、凯丰，指出三青团为国民党的青年团，是国民党候补党员性质的组织。我们的目的是使三青团成为各阶级各党派广大革命青年的民族联合，经过三青团去改造国民党。因此，我们的提议既要为国民党所接受，对国民党有利，又要对我们有利，"团体会员亦可加入，但各团体除执行青年团的各种决议、决定外仍应保持其本身的组织"。④

同日 《新华日报》刊登××先生给陈绍禹、周恩来、秦邦宪的一封信。信中揭露："国共两党正亲密合作共同抵御民族公敌日本帝国主义者之

① 《毛泽东关于敌后游击战争致项英电》，《抗战初期中共中央长江局》，第 228 页。
② 《陈绍禹、周恩来、秦邦宪、何克全关于三青团问题致中共中央书记处电》，原件无日期，此日期是中央档案注明的，见《抗战初期中共中央长江局》，第 230 页。
③ 姚金果、苏杭：《张国焘传》，第 578 页。
④ 详见张培森主编《张闻天年谱》，第 563～564 页；《抗战初期中共中央长江局》，第 232～233 页。

际，此地襄阳中学里面，突然发现一种惊人传单，标题为《从中国共产党的机关报〈解放周刊〉看共产党的真面目》，后面注明'欢迎传阅'等字样，但没有下款。这种传单究竟何人、何党、何派、哪一机关印发的，完全没有人负责。""及细看传单内容，完全是破坏统一，破坏抗日，破坏国共合作。"①

5 月 13 日 毛泽东致电陈绍禹、周恩来、博古、凯丰，指出"《大公报》否认持久战，提出'准决战'的论调是不妥的。徐州决战只应该是某种程度的战役决战，而不是应该看作战略决战。必须准备在徐州决战失败后，仍有充分力量，为保卫武汉而战"。②

5 月 14 日 中共中央书记处致电长江局、东南局及项英，发出《关于新四军行动方针的指示》，指出："根据华北经验，在目前形势下，在敌人的广大后方，即使是平原地区，极便利于我们的游击活动与根据地的创造。我们在那里更能自由的发展与扩大自己的力量与影响。"因此，"新四军正应利用目前的有利时机，主动的、积极的深入到敌人后方去，以自己灵活坚决的行动，模范的纪律与群众工作，大大的去发动与组织群众，建立地方党，组织与团结无数的游击队在自己的周围，扩大自己，坚强自己，解决自己的武装与给养，在大江以南，创立一些模范的游击根据地，以建立新四军的威信，扩大新四军的影响"。③

同日 中共中央书记处致电陈绍禹、周恩来、博古、凯丰、林伯渠、伍云甫，发出《中央关于防备国民党用各种组织形式派人来破坏边区的指示》，指出：近来彼方用经济的文化的卫生的各种组织形式派多人来边区，其总企图是破坏边区，因此请注意：（一）"介绍人进来须经过考查，别有用意者设法拒绝"；（二）"用各种形式来边区工作者，告以必须得边区政府或留守处同意，受边区政府或留守处指挥，否则不负招待及保护之责"。

5 月 15 日 与周恩来、博古电请蒋介石不惜任何牺牲坚决保卫武汉。电文中说：必要时，当以武装工人，负防御任务，俾不让马德里工人防守西班牙城之事迹得专美于前。"对于能否保障武汉之问题，吾人可答之曰'当然能'。盖以大军数百万，若干武装民众，及素有革命历史之武汉工人等力

---

① 吴葆朴、李志英：《秦邦宪（博古）传》，第 270 页。
② 《〈大公报〉提倡准决战的论调是不对的》，《毛泽东军事文集》第 2 卷，第 222 页。
③ 张培森主编《张闻天年谱》，第 565 页。

量，当可保卫武汉而无虞，何况该处地势而极利于华军耶！"①

　　5 月 17 日　任弼时又对 4 月 14 日代表中共中央向共产国际的报告大纲作了说明和补充。其中肯定了 1937 年 12 月召开的中共中央政治局会议及发布的宣言，指出"这使得以国共合作为基础的统一战线，在基本上有了一些进步：如建立两党委员会，准许我党公开在武汉办日报，周恩来同志被邀请为中央政治部副部长等"，肯定了王明起草的《毛泽东先生与延安新中华报记者其光先生的谈话》。②

　　5 月 18 日　与周恩来、博古写出《答复××先生的一封公开信》，在 21 日的《新华日报》上登出。信中说："关于'从共产党机关报《解放周刊》看共产党的真面目'一传单在今年 1 月间，已在西安散布，后来时有增补。最近在长沙、常德、广州、武汉、重庆各地均发现此一传单。正因为该传单没有署名何人、何党、何派、哪一个机关印发的，所以未置答辩。""从这种不负责任的态度中，也可看出散发这种传单的阴谋何在。""散发这种传单的行动，无非企图破坏抗战，破坏统一战线，挑拨国共的合作关系。不管印发人的主观愿望如何，客观上只能有利于日寇。""我们希望这些人能够停止这种不负责任的行动，有什么问题尽可能公开讨论共同商量。这种不负责任的行为，不但不足以损害共产党的威信，而且恰好激起人民对于他们自己的不良反感。""我们希望政府对这些人深加劝责，同时希望全国人士当发现这些人的这种幼稚行动时，亦须当面批评，善意规劝，使其深明大义，以国家民族利益为重。"③此信后收入向愚编、战时出版社 1938 年 7 月出版的《抗战文选》第 7 集。

　　5 月 20 日　孟庆树与邓颖超参加宋美龄在庐山召开的妇女座谈会，并作了《关于陕甘宁边区妇女运动概况》的发言。会上决定把 1936 年 2 月 10 日在南京成立的新生活运动促进会妇女指导委员会，扩大改组为全国妇女组织的总机构。

　　5 月 21 日　毛泽东致电朱德、彭德怀、刘伯承、徐向前、邓小平并告

---

①　原载 1938 年 5 月 18 日《每日译报》，转引自《抗战初期中共中央长江局》，第 752 页。

②　《中国抗日战争的形势与中国共产党的工作和任务》，《中共中央抗日民族统一战线文件选编》下册，第 123、128 页。有的学者认为："任弼时在这份'补充说明'中，虽然对王明及其思想观点作出进一步的肯定，但这只是策略手段，任弼时的目的是要尽量消除共产国际对毛泽东的怀疑，力争共产国际尽早批准 4 月 14 日提交的报告大纲。"高华：《红太阳是怎样升起的——延安整风运动的来龙去脉》，第 143 页。

③　吴葆朴、李志英：《秦邦宪（博古）传》，第 270 页。

陈绍禹、周恩来、叶剑英，说徐州失守后，河南将迅入敌手，武汉危急，要准备向豫皖苏鲁敌后发展。①

5月22日　中共中央书记处发出《关于徐州失守后华中工作给长江局的指示》，指出：徐州失守后，对长江以北的工作，我们有以下建议：（一）立刻成立鄂豫皖省委，领导津浦路以西、平汉路以东、浦信公路以南的广大地区的工作；将现在湖北省委的主要干部，大部派去，加强省委与各主要地区的工作。该省委的中心任务，是武装民众，准备与发动游击战争，有计划地建立几个基干游击队与游击区；用一切力量争取高敬亭支队在党的领导下，使之成为这一区域的主力。（二）即指示河南省委，动员平汉、陇海两铁路线上所有中心城市的大批学生、工人、革命分子到乡村中去，组织与领导群众，准备与发动游击战争，组织游击队，建立游击区。（三）应大批动员住在武汉的鄂豫皖三省的学生、失业工人、革命分子回到自己的家乡去，领导保卫家乡与反抗暴日的游击战争；应鼓励集中在武汉的人才大批地到长江以北的乡村中去工作。长江局应有计划地分配党员到这些地方，建立各地党的领导机关，大大发展党的工作与党的组织。为此目的，武汉城市工作受到部分损失是不应顾惜的。（四）汉水流域党的工作，应有必要的布置。（五）在津浦路以东、陇海路以南、长江以北的广大地区内，即应建立一个能独立领导工作的工委，其主要任务，为发展游击战争。江苏省委即应派一些得力干部去，并应从上海有系统的动员学生、工人、积极分子、革命分子、党员，到那里去工作。②

　　同日　中共中央书记处发出《中央关于开展福建沿海一带游击战争问题给长江局、东南局的指示》，指出："厦门失守，福建危急，福建沿海一带区域即将变成战区。请即指示闽粤赣省委、浙闽边省委派得力干部到这些地区指导工作，发展那里的游击战争，组织游击队与创立游击根据地。"

　　同日　与周恩来、吴玉章等代表中共中央和八路军办事处慰问19日驾机前往日本长崎佐世保一带散发传单凯旋而归的中国空军一队。③

　　同日　《解放》周刊发表毛泽东、朱德、陈绍禹、周恩来、洛甫、博古、项英、陈云致美国共产党第十次全国代表大会电，表示拥护中美兄弟党

---

① 《准备向豫皖苏鲁敌后发展》，《毛泽东军事文集》第2卷，第225页。
② 张培森主编《张闻天年谱》，第566～567页。
③ 《周恩来年谱（1898～1949）》，第412页。

和两国人民的紧密团结。①

5月23日 与周恩来、博古、凯丰就三青团问题致电中共中央，说"必须仍如我们建议的原则，证明青年团为统一青年运动或是统一战线的组织，以别于其为候补党员组织、为国民党的附属团体"。②

5月25日 与周恩来、博古、吴玉章等中共和八路军驻武汉代表在汉口一江春餐厅举行茶会，招待世界学联代表柯尔曼、傅路德和雅德女士，并在会上作《中国青年和世界青年联合起来》的欢迎词（又名《世界青年与中国青年的团结》），希望他们回去尽量揭露日寇的法西斯暴行和中国人民英勇自卫的实情，并希望欧美青年及世界一切人士不仅给我国军民以精神上的同情，而且给以物质上的援助。此文以陈绍禹的名字发表于5月26日《新华日报》和《群众》周刊第1卷第25期，后收入中国出版社1938年7月出版的《陈绍禹（王明）救国言论集》。

5月26日~6月3日 毛泽东在延安抗日战争研究会发表《论持久战》的著名讲演。

王明对毛泽东的《论持久战》并不以为然。据李国华1943年9月20日写的《关于王明同志的一些材料》说：关于持久战的战略思想，"一九三八年王明同志告诉是斯大林同志的思想和方针，毛主席不过把它具体化和充实了内容而已，民主共和国是季米特洛夫提出的"。

5月27日 参加新华日报社对战地记者的招待会并发言，希望记者们发表前方各种工作的缺点，以促成这些问题迅速正确的解决。第二天的《新华日报》以陈绍禹的名字发表了这个《在〈新华日报〉招待战地记者会上的发言》。

5月下旬 为了满足国民党关于停办汤池训练班、七里坪干部训练班的要求，将两个训练班的负责人陶铸、方毅撤职，强令他们离开汤池和七里坪，停办训练班。③

5月 毛泽东撰写《抗日游击战争的战略问题》。④

---

① 《周恩来年谱（1898~1949）》，第412页。
② 《陈绍禹、周恩来、秦邦宪、何克全关于三青团问题的意见致张闻天、毛泽东等电》，《抗战初期中共中央长江局》，第242页。
③ 胡传章、哈经雄：《董必武传记》，第156~157页。
④ 有的学者认为：这篇文章和《论持久战》一样，都是"反击王明等的'炮弹'"。高华：《红太阳是怎样升起的——延安整风运动的来龙去脉》，第139页。

同月 与毛泽东、秦邦宪、吴玉章、董必武为死守滕县的抗日名将王铭章撰写挽联："奋战守孤城，视死如归，是革命军人本色；决心歼强敌，以身殉国，为中华民族争光。"①

6月2日 中共中央书记处就关于三青团问题复电陈绍禹、周恩来、博古、凯丰：可向蒋提出关于三青团的最高要求，即各党派各阶级的统一战线的民主集中制的青年群众的独立团体，以试探蒋的真正意图，然后再作具体决定。应看到三青团以后的趋向主要的并不决定于CC、复兴社的主观愿望，而决定于以后全国抗战形势的发展及我们正确的方针与工作，这是一种斗争任务。②

6月4日 与周恩来、博古、叶剑英致电毛泽东、洛甫、朱德、彭德怀，说依八路军扩大的情形来看，拟向蒋介石要求增编3个师，共有6个师。③

6月5日 中共中央长江局就关于国民党中监会恢复毛泽东、周恩来等党籍问题致中共中央电，说："昨晨玉竣（章）飞渝，重庆报已登恢复党籍事。""今早见邵力子，邵当几〔即〕云，蒋（介石）及国民党中委均以此事未得武汉同意即发表颇荒谬，蒋且电渝质问，国〈民〉党中委会明日将发表谈话，声明此项决议未经中监委批准，蒋答应待回电到后约我们面谈，邵答应去电重庆，要中监会〈委〉取〈消〉前议。"④并附上他们起草的一个《关于恢复国民党党籍事毛泽东、周恩来等七人紧急声明》（一九三八年六月×日），核心意思是表示不承认其恢复的党籍。

同日 与周恩来、博古等出席国民政府在汉口举行的悼念在空战中牺牲的分队长张效贤、杨慎贤及队员陈怀民、孙全鉴四烈士大会，送了"捐躯报国"的挽联。⑤

6月6日 中共中央就国民党中央恢复毛泽东、周恩来等党籍问题致电陈绍禹、周恩来、博古、凯丰，指出：（甲）"国民党中央此次恢复毛周等党籍，我们认为是国民党公开容共的表示，是国民党在徐州失守后前进一步

① 上齐、袁丁编《名人挽名人联选萃》，第125页。
② 《中共中央书记处关于三青团问题致陈绍禹、周恩来等电》，《抗战初期中共中央长江局》，第247页。
③ 《周恩来年谱（1898~1949）》，第413页。
④ 《中共中央长江局关于国民党中央监委会恢复毛泽东等国民党党籍问题致中共中央电》，原件无年月，此年月是中央档案注明的，见《抗战初期中共中央长江局》，第250页。
⑤ 皮明麻：《武汉近百年史 1840~1949》，第303页。

的表示，不论国民党此举还含有何种阴谋，我们应慎重警惕，但对于国民党这种基本进步的行动，我们应表示欢迎，应积极利用之，以求得国共合作之进步，而不应采取消极拒绝的态度。"（乙）"我们认为在保持共产党独立的条件下，应公开表示接受国民党恢复毛周等国民党党籍的决定，指出这是国共合作的进步，是国民党十三年孙中山容共遗教的恢复与执行，是挽救目前危急时局的重要步骤，而且通知他们正准备其他名单请求他们批准恢复，我们认为这样做，对于我们与全国均有利益。"（丙）"为挽救我们声明上的缺点，我们主张恩来应同蒋及国民党其他要人先行交换意见。"

6月7日　根据叶挺的提议，与周恩来、博古、叶剑英致电毛泽东、洛甫，拟组织新四军委员会，以叶挺、项英、陈毅、张云逸、周子昆、袁国平、邓子恢或张鼎丞七人组织之，项为主席，叶为副主席。①

6月8日　《新华日报》刊载由毛泽东、朱德、陈绍禹（王明）、周恩来、张闻天等联名代表中共中央给美国共产党第十次全国代表大会、美共中央主席福斯特、总书记白劳德的复电，感谢美国共产党和美国人民对中国民族解放战争的同情和帮助。②

6月9日　洛甫、毛泽东复电陈绍禹、周恩来、博古、叶剑英并告项英：同意关于组织新四军委员会的提议，以项英、叶挺、陈毅、张云逸、周子昆、袁国平为委员，项为主任，叶为副主任。③

6月11日　共产国际执委会主席团通过了《关于中共代表团报告的决议案》，承认"中国共产党的政治路线是正确的"。④

6月15日　与周恩来、博古在《新华日报》联名发表《我们对于保卫武汉与第三期抗战的意见》。文章共分为"对于武汉及武汉卫戍区须要采取的主要办法"，"对于第三期抗战的军事问题底一般意见"，"我们对第三期抗战的政治问题底意见"，"我们对于第三期抗战中的经济政策和社会生活问题底意见"，"解决一切问题的中心枢纽"等几个部分。

文章认为："武汉是我国最后一个最大的政治经济中心，武汉的得失，不仅对于整个第三期抗战有极大的影响，而且对于整个内政外交方面均有相当的影响"，因此要实行"总动员"，向各界居民"指明保汉的必要"，使他

---

①　《叶挺要求组织新四军委员会》，《周恩来军事文选》第 2 卷，第 127 页。
②　张培森主编《张闻天年谱》，第 570 页。
③　张培森主编《张闻天年谱》，第 570～571 页。
④　《中共中央抗日民族统一战线文件选编》下册，第 863 页。

们"一心一意地为保卫武汉而共同奋斗";认为"保卫武汉的最好方法,是能够将敌军击败和消灭在一切进入武汉的门户之外",因此"要认真地进行建立有新式武装和能担负对敌决战的几十师坚强部队的工作","只有认真地建立起几十个战斗力强的现代国防师,只有使中国几百万武装部队中有几十个这种新国防师作骨干,才能说得上与敌人进行决定最后胜负的战斗,才能在长期抗战和顽强决战中最后战胜拥有全副新式武装的敌寇"。在这同时,还应"积极进行民众动员与民众组织","领导和帮助民众武装和实行武装民众","领导和辅助民众武装和发展游击战争"。①

此文于 1938 年 6 月由新华日报馆作为"新群丛书"第 10 种印过单行本,并刊载于 6 月 18 日出版的《群众》周刊第 2 卷第 2 期,7 月 15 日出版的《解放》周刊第 45 期,《共产国际》俄文版第 9 期,后来作为附录三收入《陈绍禹(王明)救国言论集》,并收入解放社 1939 年 4 月出版的《抗日民族统一战线指南》第 5 册。

6 月 16 日　国民党中央常委会通过将中共参政员定为七名:毛泽东、秦邦宪、陈绍禹、董必武、林伯渠、吴玉章、邓颖超。②

6 月 17 日　与周恩来、博古将发表《我们对于保卫武汉与第三期抗战问题的意见》一事电告中共中央。电报说:"徐州失守后,战略进入新阶段(第三期抗战)。我们认为战略重心应是保卫大武汉。战略总方针,应将正规军主力组成许多野战兵团,依托太行山、嵩山、伏牛山、桐柏山、大别山、黄山、天目山一带有利地区,开展大规模山地战,以打击敌人西侵……这样造成战略上夹攻形势,大量消耗敌人,争取时间建立新的军队,在战略上实施反攻。"

同日　与周恩来、博古致电八路军前方总指挥部。③

6 月 18 日　中国国民党及国民政府根据抗战建国纲领的规定,遴选各党各派人士及社会贤达 150 人,组织国民参政会,并于 21 日在《国民政府公报》(渝字第 59 号)上公布了名单,④ 其中有中共党员毛泽东、陈绍禹、秦邦宪、林伯渠、吴玉章、董必武、邓颖超等 7 人。从此以后,王明担任了第一至第四届国民参政会参政员。1945 年他写的简历说:从这时起到 1944

---

①　李志英主编《秦邦宪(博古)文集》,第 386~401 页。
②　《周恩来年谱(1898~1949)》,第 414 页。
③　〔日〕田中仁:《王明著作目录》,第 100 页。
④　吴葆朴、李志英《秦邦宪(博古)传》说是 6 月 17 日公布,见该书第 288 页。

年底，由我党提做国民参政会参政员。

6月30日　撰写《十七年来的中国共产党——纪念中共十七周年》，这是原计划撰写的《为争取抗战最后胜利和独立自由幸福的新中国而奋斗》文章的一半，当时未发表，后以王明的名字收入真理出版社1940年出版、洛甫等著的《英勇奋斗的十七年》。文章介绍了中国共产党英勇奋斗的历史，抗日民族统一战线建立的历史和共产党的主张，同时也宣扬了他在《三月政治局会议的总结》等文章中的右倾思想。

6月　与周恩来、博古在《民主》第2期发表《改善行政机构与设立各级民意机关》。①

7月1日下午　参加参政员茶话会。会后王明与周恩来、秦邦宪等将会议情形向毛泽东等作了报告，说明会上我们的态度是"参政会不应有在朝党和在野党之分，刻应谈各党派一致团结、议决抗战建国问题，以表示中华民族团结，借增国内民众抗战胜利信心和巩固中国国际地位的意见"。这些意见得到各民主党派的支持。在电报中还汇报了中共方面担任起草提案的内容。②

7月5日　与周恩来、博古电复项英，指出东南分局工作区域应放到赣北，利用一切机会加强上层统一战线活动，赣南等处仍需注意秘密工作。③

同日　包括王明在内的中共七参政员在《新华日报》上发表《我们对于国民参政会的意见》，说："在目前抗战剧烈的环境中，国民参政会之召开，显然表示着我们政治生活向着民主制度的一个进步，显然表示着我国各党派、各民族、各阶层、各地域的团结统一的一个进展。虽然在其产生方法上，在其职权的规定上，国民参政会还是不尽如人意的全权的人民代表机关，但是并不因此而失掉国民参政会在今天的作用与意义，一步一步团结全国各种力量为抗战救国而努力的作用，企图使全国政治生活走向真正民主化初步开端的意义。所以，我们共产党人除继续努力于促进普选的全权的人民代表机关在将来能够建立之外，将以最积极、最热忱、最诚挚的态度去参加国民参政会的工作。"并说："我们在积极参加国民参政会的工作中，当忠诚地执行本党中央的一切指示，继续为实现本党抗战时期中的各项主张而努

---

① 〔日〕田中仁：《王明著作目录》，第100页。
② 《陈绍禹、周恩来等关于我担任参政会提案起草工作等情况致毛泽东等电》，《抗战初期中共中央长江局》，第258～259页。
③ 《周恩来年谱（1898～1949）》，第416页。

力。""我们认为最迫切的问题莫过于如何保卫武汉与取得第三期抗战的胜利。"① 此文还刊载于 8 月 1 日出版的《解放》周刊第 47 期，解放社 1939 年 4 月出版的《抗日民族统一战线指南》第 6 册。

7 月 6 日前 傅斯年、梁实秋等想在参政会上提出弹劾孔祥熙案。王明、周恩来、秦邦宪等立即召开会议研究，认为傅斯年等弹劾孔，其目的在于拥护汪精卫上台，便于实现汪与日本妥协的阴谋，经指出后，将这一风波打消了，否则首次参政会就要闹出乱子来。②

7 月 6 ~ 15 日 国民参政会第一届第一次会议在武汉召开，中国共产党代表陈绍禹、董必武、邓颖超等出席。会议一致通过了《抗战建国纲领》，作出了保卫大武汉的决定。7 月 12 日，陈绍禹等提出《拥护国民政府实施建国纲领案》，并作关于《拥护国民政府实施建国纲领提案》的说明。③ 因郑震宇等 28 人提出《精诚团结拥护〈抗战建国纲领〉案》，王家桢等 21 人提出《拥护〈抗战建国纲领〉案》，大会于 12 日合并以上三案通过《拥护〈抗战建国纲领〉决议案》。④ 7 月 15 日闭幕时，陈绍禹及董必武、秦邦宪、沈钧儒等 25 人被选为驻会委员。

《传记与回忆》说：

> 由各党派代表参加的参政会，每五个参政员有权提出提案。在以下五个重要问题上，我们要和反对分子作斗争：
>
> （1）我们提出拥护抗战建国纲领的提案（国民党在 1938 年开的临时代表大会上通过此纲领，现在拿到参政会来通过）。这是签名最多的提案，以陈绍禹领头提的。在参政会上所以作了解释，说明虽然我们还有自己的最高纲领，但我们拥护此纲领。这样就把抗战团结的旗帜拿在我们手里……
>
> （2）我们提出保卫武汉的提案……
>
> （3）揭露汪精卫和平救国的主张的实质是向日本投降……绍禹讲话驳斥时，汪亲自出马，他手指着孙中山的"和平奋斗救中国"叫喊着。绍禹说："你知道孙先生什么时候讲的吗？那是他主张停止内战，

---

① 《抗战初期中共中央长江局》，第 260 ~ 263 页。
② 吴葆朴、李志英《秦邦宪（博古）传》说是 6 月 17 日公布，见该书第 290 页。
③ 载《解放》周刊 1938 年第 84 期。《写作要目》说此文后收入《抗战指南》第 6 册。
④ 孟广涵主编《国民参政会纪实》上册，第 192 页。

一致反帝。现在完全是另一回事。日本帝国主义打到中国来了，谁主张对日和平，就是投降。现在进行的是抗日民族解放战，现在要抗战救国，不是要和平救国。谁主张对日和平，谁就主张对日投降，即是汉奸路线，谁即是亲日派。"……这也是轰动一时的：谁都知道陈绍禹揭露了汪精卫的汉奸投降路线。

（4）马乘风（又是CC，又是复兴社的反苏反共分子）主张反共……绍禹驳道："抗日救国是那个党首先提出来？国共合作和抗日民族统一战线是那个党首先提出来的？是不是共产党首先提出来的？……

……马乘风是国民党员，他讲这样的话，不仅反对我们共产党人，而且是反对以蒋介石先生为首的国民党人，因为现在的国民党正在联合中国共产党一起抗日救国，所以我们要求马乘风参政员公开向我们道歉，声明他的话说错了。我们要求国民党的领导出来纠正马乘风的这种破坏抗战团结的言论。"

汪精卫说："在这个参政会里，各方面都有表示自己意见的自由。"这时所有中共参政员都一齐走上主席台。绍禹说："汪先生，我们国民参政会是抗战团结的机关。这里不允许宣传反苏反共的言论，更不允许宣传德意日路线。你是参政员的议长，又是国民党的副总裁，你必须责成马乘风公开道歉，承认错误，否则我们下午不出席你这个参政会了。"

汪精卫脸色发白，一面向后退一面说："这个兄弟一定考虑照办。"

下午会上，马乘风交了一份短的声明，让汪精卫宣读。其中说明对自己上午的发言"深感不安"……

绍禹说："既然马乘风参政员承认他错了，那么这个问题也就结束了。"

（5）保护工人阶级：王云五（商务印书馆总经理——资本家的代表）的提案说："在国难期间，资本家不得关厂，工人不能罢工。"理由是很公道的，说是为了劳资合作抗战，为了增加生产（王本人很会讲话）。绍禹驳道："王云五先生说了很多理由，好像是为了国难，为了抗战，实际上是中国资本家企图利用抗战，利用国难的名义，是实现旨在无限制地剥削中国工人阶级的提案……"

绍禹的说话，不仅得到我们的朋友和同情者的热烈鼓掌，而且引起了许多中间人士的鼓掌赞同。王云五自己也离开座位到绍禹面前来。他说：“陈先生，我的提案的意思和你的意思差不多。我并不想反对工人阶级。”……

《大公报》的总编辑张季鸾走到绍禹面前，拉着绍禹的手说：“绍禹先生真雄辩也！”

据《林伯渠传》说，召开国民参政会一届一次会议前后，林伯渠曾向王明提出，发表文章时“应与中央商量”，王明不但不接受，反而说“不必要”，“在外面的中央政治局同志还占多些”。①

7 月 7 日　在《新华日报》发表《过去与将来》一文，纪念抗日战争爆发一周年。文章再一次提出“建立政治坚强和具有新式武装的几十个骨干国防师”等主张，并提出“要以三年血战，粉碎日寇的侵略”。

7 月 7 ~ 11 日　国民党军事委员会政治部第三厅发起 5 天的献金活动，以支援前线抗战。王明与秦邦宪、董必武、林祖涵、吴玉章、邓颖超将参政员 7 月份月薪 350 元献出，周恩来将政治部副主任 7 月份月薪 240 元献出，孟庆树等亦将月薪献出。

7 月 8 日　与博古、叶剑英等代表中共和八路军在汉口总商会礼堂祭奠为抗日而牺牲的烈士。

7 月 10 日　洛甫、毛泽东、陈云、康生致电陈绍禹、周恩来、博古、凯丰，发出《关于向参政院提出要求承认边区问题的指示》，指出：“请你们考虑在保卫西北巩固西北国防的题目之下，向参政院提出关于边区问题。在保卫西北各项条件之中，把要求承认边区，保持已有民主制度及民众已得土地，牲畜，房屋，确定疆界，并要求经济帮助等作为重要之一项。”②

7 月上旬　中共中央要长江局在《新华日报》上刊登毛泽东的《论持久战》，但王明等借口文章太长不予登载。随后中共中央要他们分期登载，但王明等仍不同意。由于同样的原因，《群众》周刊也未刊载。以后，只是在《新群丛书》中作为第 15 种出了个单行本。1941 年 10 月初，毛泽东在与王明谈话时对王明的这个做法提出批评。10 月 8 日王明在中共中央书记处工

---

① 该书编写组：《林伯渠传》，第 227 页。
② 张培森主编《张闻天年谱》，第 575 ~ 576 页。

作会议上的发言中搪塞说:"我对这小册子只有两点不同意见的,一点是认为西安兰州会失守,另一点是国际援助问题",根本不承认他不同意关于抗日战争是持久战的结论。在1949年3月中共七届二中全会上,当有的同志再次批评他时,他在3月7日的发言中更把拒不刊登《论持久战》的责任推到别人身上,说什么好像他是同意发表的,不同意的只是别人,对《新华日报》不刊登《论持久战》一事,他没有任何责任!但很多材料说明,不同意《论持久战》观点的正是王明本人。晚年他在《中共半世纪》一书中说:"这篇文章在延安发表后,毛泽东曾把它送到武汉,要求在《新华日报》上发表(该报编辑部是由我领导的)。我和秦邦宪(博古)、项英、凯丰及其他同志一致不同意这篇论文的内容,因为它的主要方针是对日消极抗战和坐待日本进攻苏联。这是既不合乎中国的民族利益,也不合乎中共的国际责任的……因而我们决定不把《论持久战》一文在《新华日报》上发表。此外,我曾把我们对毛泽东《论持久战》一文的意见,请当时在武汉的一位苏联同志转告斯大林和季米特洛夫同志。季米特洛夫同志下令不准该文在《共产国际》杂志上发表。"①

有的学者认为,王明那时不在《新华日报》发表《论持久战》,并不是对毛泽东的不尊重。文章说:"1938年7月,正是武汉会战的关键时刻,我广大爱国官兵正与敌人浴血奋战,此时应该宣传的是'杀身成仁,舍生取义'的民族精神、奋斗精神,'宁为玉碎、不为瓦全'的牺牲精神,来激发斗志,鼓舞士气,而抗战前期失败不可避免的理性分析显然不符合当时的气氛。所以当时《新华日报》、《群众》周刊主要刊登的是鼓动军民保卫大武汉的社论、文章和报道。当然到8月下旬,知道武汉失守已经不可避免的时候,就需要镇定人民的情绪,不致因为一时的失败而对前途悲观绝望,此时对抗日战争是持久战的理性分析显然就是鼓舞人民长期奋斗的最好的精神食粮了。所以王明马上就大张旗鼓地宣传毛泽东的持久战思想。专门出了单行本,并在8月的《新华日报》上刊登了37次广告,并将它誉为'划时代的重要文献'、'坚持抗战争取抗战胜利的指南'。"②

---

① 王明:《中共半世纪》,第149页。
② 郭国祥、丁俊萍:《论抗战初期王明与毛泽东的合作和分歧》,《武汉理工大学学报》(社会科学版)2008年第1期。

7月12日　在国民参政会上作《关于"拥护国民党政府实施抗战建国纲领提案"底说明》，第二天以陈绍禹的名字在《新华日报》上发表，提出此案的意义、基本内容、抗战建国纲领与其他党派纲领的关系等。此文又名《国共合作在发展和加强》，同时发表于《群众》周刊第2卷第6、7期合刊，《解放》周刊第48期，《共产国际》俄文版第10期，并曾收入解放社1939年4月出版的《抗日民族统一战线指南》第6册。

7月中旬　据有的著作说：武汉党组织召集部分工厂支部负责人开会，有人提出把工人组织到农村去打游击，王明却说"军队干部派不出来，打游击不行"。

长期以来，很多论著认为在王明的影响下，武汉党组织对动员工人到农村打游击的工作，抓得不及时，不得力，使华中地区的敌后游击战争没有得到应有的发展。但有的论著认为："这种看法是对历史的歪曲，不符合王明的实际"；王明到武汉虽然主要是为了与国民党进行谈判，但对这方面的工作也是重视的，"王明是拥护支持游击战争的，华中游击战争的开展是迅速的，华中游击战争的迅速开展与王明的支持是分不开的，这是王明对待游击战争的主流。当然也可以找到王明对开展游击战争一些缺点和错误，但是不是主流。因之过去对王明'反对游击战争'的一切不实之词，应予以推翻，以恢复王明和华中游击战争的本来面目"。①

7月13日　《新华日报》、《悉尼华人报》刊登王明的《国共合作的发展和巩固》，此文还发表于《共产国际》俄文版第10期。

7月30日　与周恩来、博古、凯丰致电毛泽东、洛甫、陈云、康生、胡服②并林伯渠、任弼时转冯文彬："对于以西北青救代替民先、取消民先问题，我们有不同的意见，提议在政治局会议以前各地青年工作照旧进行，停止取消民先的言论和行动。"③

7月　撰写《用笔来发动民众捍卫祖国》一文，希望文艺界同仁"抗敌不忘文艺，文艺为着抗敌，工作不忘创作"。此文以陈绍禹的名字收入1938年7月出版的《陈绍禹（王明）救国言论集》。

同月　汉口中国出版社出版《陈绍禹（王明）救国言论集》一书。④

---

①　施巨流：《王明问题研究》，第100页。
②　即刘少奇，下同。
③　《中国青年运动历史资料》第14辑（1938～1940.5），第150页。
④　国家图书馆索引说书名为《陈绍禹（王明）抗战言论集》。

同月 继王明担任中共驻共产国际代表的王稼祥从莫斯科回国。行前，季米特洛夫同他和前去汇报工作的任弼时谈话。

王稼祥在 1968 年写的《我的履历》中回忆说："他（季米特洛夫）说：应该告诉大家，应该支持毛泽东同志为中共领导人，他是在实际斗争中锻炼出来的。其他人如王明，不要再去竞争当领导人了。"①

王稼祥在《回忆毛主席革命路线与王明机会主义路线的斗争》中还说："临动身时，季米特洛夫向我和任弼时同志说了一番语重心长的话，主要内容是：'应该告诉全党，应该支持毛泽东同志为中国共产党的领导人，他是在实际斗争中锻炼出来的领袖。其他的人如王明，不要再争领导人了。'我当时很高兴，毛主席的威信已使共产国际的最高领导人信服了。"②

8 月 1 日 与周恩来、博古致电毛泽东、洛甫、康生、陈云，估计江淮河汉之间的游击战争将有较大发展，建议中共中央抽调二百名军事干部到武汉。③

8 月 3 日 与周恩来、博古等会见蒋介石，就当前形势、两党团结、保卫武汉等问题交换意见，第二天长江局将会见情况向中共中央作了汇报，主要内容是：蒋已答应中共代表团和湖北省委代表参加保卫武汉工作及行动委员会，并希望以后遇事更多地当面商量。

8 月 4 日 与周恩来、博古致电毛泽东、洛甫、陈云、康生、王稼祥、胡服及朱德、彭德怀（并发四军及西安），报告武汉危急，我工作人员撤退准备情况。④

8 月 6 日 洛甫、陈云、康生、王稼祥、胡服、毛泽东致电陈绍禹、周恩来、博古、凯丰、叶剑英，发出《关于保卫武汉的方针问题的指示》，指出："保卫武汉，重在发动民众，军事则重在袭击敌人之侧后，迟滞敌进，争取时间，务须避免不利的决战，至事实上不可守时，不惜断然放弃之。因目前许多军队的战斗力远不如前，若再损失过大，将增加各将领对蒋之不满，投降派与割据派起而乘之，有影响蒋的地位及继续抗战之虞。在抗战过程中巩固蒋之地位，坚持抗战，坚决打击投降派，应是我们的总方针。而军

① 徐则浩：《王稼祥传》，第 187 页。
② 《红旗飘飘》第 18 辑，第 58 页。
③ 《周恩来年谱（1898～1949）》，第 418 页。
④ 《陈绍禹、周恩来、博古关于武汉危急我工作人员撤退准备情况致毛泽东等电》，原件无日期，此时间是编者判定的。见《抗战初期中共中央长江局》，第 272 页。

队力量之保存，是执行此方针之基础。请加注意为盼。"①

同日　毛泽东致电陈绍禹、何凯丰："致参政会贺电，《新华日报》改易了一些文句，与我发致该会的及在解放报发表的不符，对外显示了一点分歧，似不甚妥。尔后诸兄如有意见请先告后方，以便发时一致。"②

8月7日　与周恩来、博古、凯丰致电毛泽东、张闻天等，请求中央派王稼祥速来武汉传达共产国际的指示，如王万一不能来时，请将共产国际指示的主要内容迅速电告。③

同日　与周恩来、博古、项英、凯丰致电毛泽东、洛甫、陈云、康生、胡服、王稼祥。④

8月10日　毛泽东、张闻天等复电陈绍禹等："王稼祥不能来汉，决议原文尚未到达，为有充分时间研究共产国际内容起见，请长江局负责人在政治局会议前早几天回到延安。"⑤

萧劲光回忆说："一九三八年九月，中央通知在武汉的王明回延安参加党的六届六中全会，听王稼祥同志传达共产国际的指示和季米特洛夫同志的意见。王明不仅推故不参加，竟无理要求把六届六中全会搬到武汉去开，毛主席坚决反对，并讽刺王明是涂了胭脂抹了粉送上门去的。毛主席说：我住在清凉山，靠留守兵团吃饭，哪里也不去。随后，王明又提出要稼祥同志去武汉向他单独传达，当即遭到稼祥同志的严辞〔词〕拒绝，并在复电中向王明严肃地指出，由此产生的一切后果概由他自己负责。"⑥

同日　毛泽东同张闻天、陈云、康生、刘少奇、王稼祥致电陈绍禹、周恩来、秦邦宪、何凯丰：我们提议在政治局扩大会议后，召集中央青委扩大会议或中央青年工作会议，讨论全国青年工作问题，要各地青年工作负责人参加。⑦

8月16日　毛泽东、洛甫复电林伯渠并告陈绍禹、周恩来、博古："一、在谈判中请坚持所提三个条件：（甲）陕甘宁边区区域为二十三个县；

①　《我们在抗战过程中的总方针》，《毛泽东军事文集》第2卷，第359页。
②　《毛泽东年谱（1893～1949）》中卷，第96页。
③　徐则浩：《王稼祥传》，第192页；《王稼祥年谱》，第192页。
④　〔日〕田中仁：《王明著作目录》，第102页。
⑤　徐则浩：《王稼祥传》，第192页；《王稼祥年谱》，第192页。
⑥　《服从真理　坚持真理——回忆王稼祥同志》，《王稼祥选集》编辑组编《回忆王稼祥》，第12页。
⑦　《毛泽东年谱（1893～1949）》中卷，第97页。

（乙）人员由国民党政府正式委任；（丙）每月津贴十万元。二、谈判中心是区域问题，各县都须是完全的。"①

8 月 18 日 毛泽东、洛甫、陈云、王稼祥、胡服致电陈绍禹、周恩来、博古、项英、凯丰并告朱德："我们同意提早开政治局会，日期定于本月二十八日，请你们按时动身，如期赶到。延安政治局扩大会仍照旧不改。"②

8 月 20 日 武汉卫戍司令部下令解散青年救国团、中华民族解放先锋队和蚁社等 14 个抗日救亡团体。③

上述团体被解散后在《新华日报》上发表宣言、启事和敬告各界人士书，抗议国民党的倒行逆施。《新华日报》也在第二天为此发表社论进行抗议，指出："当武汉危急的时候，正是需要动员民众保卫武汉的时候，而最有工作历史，最有群众基础的三个团体却被解散，这不但违背了全国人民一致动员保卫武汉的呼声，而且也违背了政府坚守武汉的国策。"④

长期以来，很多论著都认为这 14 个群众团体被解散，是王明右倾错误贯彻的结果。但有的论著认为："这种说法是错误的。"解散抗日民众团体，禁止民众抗日活动，是国民党统治区各地都存在的问题，这是蒋介石反共的一面所决定了的。"怎么能把武汉卫戍区解散的 14 个抗日团体，从整个情况中孤立突出出来，而说成是王明在民众运动中'统一'、'合法'的右倾投降主义所造成的结果呢？怎么能把蒋介石等和武汉卫戍区反动行为的帐而挂在王明头上呢？"⑤

8 月 28 日 由于收到新四军军长叶挺与项英两人关系不和，叶挺准备辞去新四军军长职务的电报，王明与周恩来、博古致电叶挺表示挽留，并说："项英同志已赴延安，王明不日也往延开会。关于新四军工作，请兄实际负责。""当前战役已到紧急关头，兄必须到前方督战，万万勿误。我们深知兄在工作中感觉有困难，请明告。我们正帮助你克服这一困难。延安会毕，我们拟来一人帮助整理四军工作。"⑥

① 张培森主编《张闻天年谱》，第 580~581 页。
② 张培森主编《张闻天年谱》，第 582 页。
③ 杨晓毅、董秀梅：《抗战初期党在武汉活动大事记》，王务新、程鹏：《论发展的方针——兼述抗战初期南中国党的工作》，均载《武汉党史通讯》1985 年第 5 期。
④ 《抗议解散三团体——民族解放先锋队、青年救国团、蚁社》，《新华日报》1938 年 8 月 21 日。
⑤ 施巨流：《王明问题研究》，第 224 页。
⑥ 金冲及主编《周恩来传 1898~1949（修订本）》下册，第 546 页。

夏 作七绝《战斗中的新四军》、《论持久战（评毛泽东这篇论文的中心错误）》。后一首内容为：

　　　四亿弗凭斗志衰，空谈持久力何来？
　　　一心坐待日苏战，阶段三分只盾牌。①

8 月 29 日 与周恩来离武汉前往延安参加中共扩大的六届六中全会。

王稼祥在《回忆毛泽东同志与王明机会主义路线的斗争》中说："毛泽东同志指定我在六届六中全会上传达共产国际的文件，并且打电报叫王明回延安，参加六届六中全会听取传达共产国际的文件。王明不服从，竟然蛮不讲理，反而要毛主席、党中央到他那儿——汉口或西安召开党的六届六中全会。这是一个狂妄的阴谋，他是要以国民党统治地区作为开会的地点，而不以我党自己的根据地延安为党的开会地点。不难看出，王明仍一心要抬高国民党蒋介石的统治地位，妄想把无产阶级革命政党，随时随地奉送给蒋介石，连我党中央的重要会议也要在国民党统治区开。不仅如此，王明还妄想拉拢我个人，要我去武汉向他单独透露共产国际讨论问题的经过，和传达文件内容，以及在莫斯科谈话的情况。我及时看穿了他的诡计，没有上他这一圈套。我打了电报，告诉他速来延安，听取传达共产国际季米特洛夫同志的重要意见，应服从毛泽东同志的领导，否则后果由他自己负责。"② 王明只好回延安。

关于在武汉期间的工作，王明在《关于一九三七年十二月中共中央政治局会议的路线和抗日战争时期中共内两条路线的斗争》的回忆中说：

　　　政治局在会议③结束后，也和共产国际领导一样，决定王明同志应当马上到武汉去见蒋介石，代表中共中央向他表示坚决支持反对国民党内外亲日派的捣乱和阴谋，继续抗日救国，并向他转达斯大林关于坚决支持和继续帮助中国进行抗日战争的委托，以及季米特洛夫关于共产国际和国际共产主义运动坚决支持他和中国人民进行抗日战争的委托。此

---

① 《王明诗歌选集（1913~1974）》，第 121、123 页。
② 《人民日报》1979 年 12 月 27 日。
③ 指 1937 年 12 月的中共中央政治局会议。

外中央政治局委托王明同志飞抵武汉后，以中共中央名义写篇《关于时局的声明》。同时王明同志还发表了《救时局的关键》一文。所有这一切都是为了达到一个主要目的——支持国民党内以蒋介石为首的反日力量，揭露和打击以汪精卫为首的亲日派的阴谋；而后者当时正用散布各种反共亲日的说法和谣言的方法来达到其在国内外瓦解和分裂抗日阵营的目的，正全力勾结德国驻华大使陶德曼，力图促成所谓"中日和解"，实际上是等于要中国投降日本。正是由于他们这一卖国亲日活动的加紧和日军不断的进攻，使南京失守后中国新的首都武汉处于危机中。大家知道，王明同志完成了上述共产国际和党的领导赋予他的使命。

在武汉这段时期，王明、周恩来、秦博古及其他同志在执行斯大林和季米特洛夫的指示及政治局十二月会议路线时，不仅同以汪精卫为首的亲日派作了尖锐的、不调和的斗争；同时他们也同蒋介石及其一伙对抗战的动摇和没有信心及对内反共反人民的行动作了系统的，有时是尖锐的斗争。这一斗争，他们不仅是在同蒋介石谈判和在国共两党委员会谈判中进行，而且也在刚建立的中共中央全国性的公开报纸《新华日报》和中共中央长江局公开的机关报《群众》上，在战时中国民意机构的会议上，在各政党团体的活动中，在民众面前演讲时，在国际宣传方面等等进行。这一斗争比反对亲日派更困难，更复杂。它要进行得既原则，又灵活，因为这一斗争是为了及时揭发和克服蒋介石一伙的有害的和反动的活动，而另一方面继续巩固和扩展作为抗日民族统一战线和抗日战争基础的国共合作。

所有这些，当时不但国内各界知道，而且国外也知道。

许多当时国内外报刊上的文件和材料也可以说明这点。

正因为在日本在军事上不断进攻的严重情况下，中国共产党在武汉和全国执行了正确的共产国际路线，所以武汉时期成为抗日战争史上一个著名的时期。在这一时期：

1）以国共合作为基础的抗日民族统一战线政策实行得最顺利，最有效；

2）中国各军队对日寇作战次数最多，规模最大；……

3）中国共产党在全国的影响、威信和力量很快地、广泛地增长，它领导下的八路军、新四军和东北抗日联军的影响和力量很快的增加了。

所有这些都早已成为众所周知的不可辩驳的历史事实了。

由此可见，毛泽东的这种造谣伪造不只是为了反对王明同志和其他所谓"莫斯科派"或"国际派"的中共领导人，而且也是为了反对列宁的党和共产国际的领导人，是为了"抬高自己，打击别人"。①

李德在回忆录中曾谈到对王明在武汉期间的印象，他说："我们把华中局②叫做'第二政治局'。事实上以后在华中局和延安中央委员会之间已经有了某种程度的分工，华中局贯彻的是1937年12月决定的并得到共产国际委员会支持的统一战线的路线，而毛泽东在延安却采取了他自己的政策。"③

1941年10月初毛泽东向王明提出长江局与中央的关系等问题后，王明在10月8日中共中央书记处会议上的发言中，虽然仍坚持说自己"路线是对的，个别问题有错误"，但也不得不承认"在客观上形成半独立自主"。为什么会在组织上闹独立性呢？他在10月8日的发言中解释说："这个作风是我在过去在国外单独发表文件做惯了，没有像毛主席那样慎重。"

周恩来1945年4月在中共第七次全国代表大会上发言时说："那个时候在武汉我们自己也有错误。就是说，当时在武汉做领导工作的同志，我也在内，着重在相信国民党的力量可以打胜仗，而轻视发展我们自己的力量；在战争上强调运动战，轻视游击战。"④ 他在1960年7月作的《共产国际和中国共产党》的报告中还说："一九三七年年底王明从共产国际回来，说他跟斯大林谈过话。他打着共产国际的招牌，提出'一切经过统一战线'，说国民党和共产党都是中国优秀青年的总汇。王明回来后，主持了长江局，蒙蔽了一批人，搞了第二次王明路线。第二次王明路线虽然时间不长，但对北方，对新四军，对上海，都有影响。第二次王明路线与共产国际不无关系。斯大林信任王明，季米特洛夫和王明的关系也好。后来我去莫斯科对季米特洛夫谈王明的错误，季米特洛夫听了还表示惊讶。"⑤

邓颖超1984年3月25日在与廖似光的谈话中说：王明的右倾错误"我

① 《传记与回忆》附录Ⅲ。
② 应为长江局。
③ 李德：《中国记事》，现代史料编刊社，1981年内部版，第306页
④ 《周恩来选集》上卷，第197页。
⑤ 《周恩来选集》下卷，第311页。

们应该承认有一点影响"，"但是影响不大，不是全局性的影响"。①

梁漱溟在 1977 年 11 月 16 日写的《一个英雄两个恶人》中说："陈绍禹为斯大林主持的第三国际内中国党的代表，其在党内权势高，气焰凌人。我初遇之于武汉，当时他对蒋记国民党的态度忽左忽右，传为笑柄。""陈虽气盛而身躯则短，在参政会场发言，有时或纵身跳跃起来。"②

胡乔木在 1990、1991 年《关于党的历史文献的编辑和批判第三次"左"倾路线的九篇文章》的谈话中说："在抗战中，共产党、八路军、新四军的力量发展壮大起来了。这都是坚持统一战线中独立自主原则的结果，都是与王明的右倾主张相反的。王明回国后在延安指责党中央坚持独立自主的许多正确作法，到武汉时发表了许多宣扬右倾思想的文章。蒋介石对王明的一套根本不感兴趣。蒋介石并不认为王明是共产国际派来的什么大人物，有什么分量。所以王明搞的那一套在武汉完全碰壁。以后王明要用他的那一套保卫武汉，结果越来越保不住了。仅仅靠讲演、游行、宣传，是保卫不了武汉的。""王明搞了几个月，犯了右倾错误。"③

对于武汉时期王明的错误及其与毛泽东的矛盾，杨奎松是这样分析的：从 1937 年 12 月王明、周恩来、博古、项英赴武汉（以后又增加凯丰）工作，与延安中共中央书记处之间屡次发生矛盾的情形可以得出这样一个结论，那就是，第一，这个时候由王明引起来的矛盾，并不仅仅是与毛泽东个人之间的矛盾，它更多地表现为武汉与延安，即王明与中共中央书记处的矛盾；第二，武汉与延安之间的这种矛盾，很大程度上也不仅仅在于双方对统一战线方针和策略问题的看法不同，毛泽东在六中全会之前曾总结说：现在党内没有大的原则的分歧，对于国共合作、发展统一战线等原则都是一致的，只有工作上的不同意见。至少，在王明 1941 年在政治路线上明确提出不同意见之前，毛泽东还是这样认为的。既然如此，这种矛盾主要是什么呢？概括言之，它就是周恩来、博古后来所说的：王明"目无中央"，甚或有另立"第二中央"之嫌。这突出地表现在：第一，不经过延安同意，即以中共中央名义发表各种宣言、声明，及擅自以毛泽东个人名义发表谈话。第二，直接或间接地与延安的中共中央书记处分庭抗

---

① 《邓颖超谈长江局及其妇女工作》，《抗战时期中共中央长江局》，第 473 页。
② 《梁漱溟全集》第 7 卷，山东人民出版社，1993，第 434、435 页。
③ 《胡乔木回忆毛泽东》，第 45 页。

礼，竟至发展到公然否认延安中共中央书记处权威性的地步。早在十二月
政治局会议时，毛泽东就已经对王明必欲在中共七大准备委员会中设一个
"书记"的职务感到疑惑。王明此后的种种作为，或者打着"使（毛）威
信更大"①的幌子，或者强调工作上的必要，更是不可避免地要让毛泽东和
在延安的书记处的其他领导人深感不满了。毛泽东后来干脆说："十二月会
议后中央已名存实亡。"他认为："王明的所作所为，确实与他在莫斯科形
成的工作作风有相当关系。但不可否认，心理多少有些扭曲的这位前共产国
际执行委员在政治上未必没有某种野心。像他一面表示希望'使（毛）威
信更大'，一面暗中请在武汉的苏联人把他对毛泽东《论持久战》的批评意
见转达到莫斯科去，就足以说明他内心其实并不真心尊重毛泽东的领袖地
位。"②

有的论著认为："王明在统一战线问题上的错误主要是：只看到蒋介
石国民党积极抗战的一面，普通民族主义者的气味比较浓。对蒋介石的反
动阶级本质，缺乏牢固的深刻的认识，缺乏警惕性与戒心，因而没有采取
革命的防范和对策，没有象中央和毛泽东同志那样，既看到了蒋介石国民
党抗战的一面，又看到了他们反动本质，因而能够采取马克思主义的对
策。"③

还有的论著认为：王明右倾错误，主要不是在理论、认识方面的问题
（虽然也存在认识方面的错误）。他在提出"一切经过抗日民族统一战线，
一切服从抗日"口号的同时，又强调了维护中国共产党根本利益的内容，
似乎认识是全面的，谈不上右倾错误的问题。他的问题是在处理统一战线和
国共关系的具体问题上，不能坚持原则，应对乏力，表现右倾。王明在抗战
初期的最大错误是把个人凌驾于中央之上，在组织上闹独立性。这是王明抗
战初期错误的主要问题，也是其犯错误的根源。④

但有的论著认为：抗战初期，王明与毛泽东在坚持抗日民族统一战线和
保持共产党的独立性方面并没有原则性的分歧，相反两者进行了密切的合
作，并有力地促进了中国共产党的大发展和抗战事业的胜利。即使是分歧，
也要具体分析。抗战初期，战局瞬息万变，情况错综复杂，每个人对事情的

① 《陈、周、博、董、叶致书记处电》，1938年2月9日。
② 杨奎松：《毛泽东与莫斯科的恩恩怨怨》，第75~77页。
③ 施巨流：《王明问题研究》，第76页。
④ 李东朗：《关于王明右倾错误的几点思考》，《党史研究与教学》2009年第5期。

分析不可能一致，有分歧、判断失误也是很正常的。① 言下之意，就是不能再把王明在武汉开展工作初期的错误看做右倾错误。

还有的学者指出，王明在抗战初期犯的并不是右倾错误，仍然是"左"倾错误。文章说："第二次王明路线是第一次王明路线'城市中心论'的继续"，它的上台"是其'左'倾抗战观迎合了当时党内高涨的民族情绪的结果"，它的被克服"是其'城市中心论'抗战观破产后的必然结局"。②

8 月　新文出版社出版王明、毛泽东等著《鲁迅新论》。③

9 月 10 日　与周恩来、博古、徐特立等回到延安，受到毛泽东、朱德等中央领导人及部队战士、延安各界群众的欢迎。④

有的学者说：王明一到延安，就迫不及待地找王稼祥问共产国际的重要指示，王稼祥把季米特洛夫的重要指示告诉了王明，还特别要王明注意：季米特洛夫说，毛泽东是中国革命实际斗争中产生出来的领袖，请你不要竞争了吧！王明听后出了一身冷汗。因为，此意见与他回国时季米特洛夫提醒的意见相同，觉得自己回国后太不以为然了，并且在这个关键时刻转达这种意见，就非同寻常了。尽管如此，作政治报告还是要力争的。⑤

9 月 14～27 日　出席中共中央政治局会议。王稼祥在会上传达了共产国际的指示和季米特洛夫的意见。他在《国际指示报告》中说："根据国际讨论时季米特洛夫的发言，认为中共一年来建立了抗日统一战线，尤其是朱毛等领导八路军执行了党的新政策，国际认为中共的政治路线是正确的，在复杂的环境及困难条件下真正运用了马列主义。""在领导机关中要在毛泽东为首的领导下解决，领导机关中要有亲密团结的空气。""在我临走时他特别嘱咐，要中共团结才能建立信仰，在中国，抗日统一战线是中国人民抗日的关键，而中共的团结又是统一战线的关键。统一战线的胜利是靠党的一致与领导者间的团结。"⑥ 在《回忆毛泽东同志与王明机会主义路线的斗争》一文中他还说："临动身时，季米特洛夫向我和任弼时同志说了一番语重心

① 郭国祥、丁俊萍：《论抗战初期毛泽东与王明的合作与分歧》，《武汉理工大学学报》（社会科学版）2008 年第 1 期。
② 王献玲：《试析第二次王明路线的实质》，《华北水利水电学院学报》（社科版）2009 年第 3 期。
③ 〔日〕田中仁：《王明著作目录》，第 102 页。
④ 《毛泽东年谱（1893～1949）》中卷，第 101 页。
⑤ 黄允升：《毛泽东开辟中国革命道路的理论创新》，第 373 页。
⑥ 《王稼祥选集》，第 141～142 页。

长的话，主要内容是：'应该告诉全党，应该支持毛泽东同志为中国共产党的领导人，他是在实际斗争中锻炼出来的领袖。其他的人如王明，不要再争当领导人了。'"①

但有的学者指出，关于季米特洛夫对王稼祥讲的这段话，前苏联中国问题专家季托夫对它的真实性予以了否定。季托夫在《抗日战争初期中共领导内部的两条路线斗争（1937～1939)》一文中声称，王稼祥传达的季米特洛夫的"指示"，是毛泽东和王稼祥联手搞的"阴谋诡计"。季托夫说："共产国际根本没有（决定毛泽东为中共领袖）那个意思。王稼祥是在1937年初作为毛泽东密使被派往莫斯科的。为了完成毛泽东的委托，王稼祥本人同共产国际个别工作人员（指季米特洛夫——引者注）进行了交谈。曾谈到似乎中共中央认为必须选毛泽东当党的总书记。但是共产国际执委会并没有提出什么建议，认为这个问题应由中共第七次代表大会决定。"②

《传记与回忆》说：六中全会前没有开中央政治局会议，而且王稼祥传达的意见主要是曼努伊尔斯基的意见。回忆中说："六中全会前没有开中央政治局会议。王明、恩来、博古等同志因要去重庆参加国民参政会第二次会议，在全会开幕后不久即离开延安。后来知道这是毛泽东安排的诡计。他知道在中央政治局会上打击王明同志的威信是不可能的，所以他不开政治局会议。他叫王稼祥在会上传达曼努伊尔斯基的意见——中共七大应选毛泽东做党的总书记（据季米特洛夫夫人——罗莎尤里叶夫娜说这不是季米特洛夫的意见，而是曼努伊尔斯基的意见）。毛泽东在王明等同志离开延安到重庆去后，或明或暗地打击王明同志，暗中建立毛刘联盟作'整风'准备……"

王明在1965年秋关于《由宣传毛泽东到提毛泽东做中共总书记》的谈

---

① 1979年12月27日《人民日报》；《红旗飘飘》第18辑，第58页。有的学者就此评论说："王稼祥传达的莫斯科这一重要口信，在1938年充满强烈亲苏气氛的中共党内所发生的巨大效力，非局外人所能想象，它简直就是一封莫斯科对毛泽东中共领袖地位的承认书。从此尘埃落定，毛泽东虽未立即成为中共中央总书记，但已成为事实上的中共最高领导人。至于王明，一旦遭莫斯科冷遇，则完全丧失了政治上的回旋余地，开始迅速走下坡路，最终被毛泽东一脚踢进'历史的垃圾堆'。""王稼祥返回延安所带回的季米特洛夫'口信'，对毛泽东具有决定性的意义，毛泽东终于得到莫斯科的承认。现在他的地位已得到加强，下一步就是要对王明等发起全面反击，来巩固自己的中共领袖地位。"高华：《红太阳是怎样升起的——延安整风运动的来龙去脉》，第145、147页。

② A.季托夫：《抗日战争初期中共领导内部的两条路线斗争（1937～1939)》，原载苏联《远东问题》1981年第3期，转引自高华《红太阳是怎样升起的——延安整风运动的来龙去脉》，第146页。

話中又説：

> ……六届六中全会是毛泽东取得党权的最重要的一步。这是因为曼努伊尔斯基用季米特洛夫和共产国际的名义叫王稼祥在六届六中全会上传达说："季米特洛夫同志说：'中共应团结在毛泽东同志的周围，中共第七次代表大会应选毛泽东同志作总书记。'毛泽东叫王稼祥不要把真实情况说出，而且不要在政治局传达，只在六中全会上并且等王明、周恩来、秦博古等离开全会到重庆去（开第二次国民参政会）才作了上述的通知……在王稼祥作了上述传达后，到会的人谁也没有表示反对的意见……

1950 年底我们来莫斯科后□□□□见到时说："……曼努伊尔斯基说好几次和王稼祥一起去见季米特洛夫谈这个问题，季米特洛夫都没有同意。在王稼祥临走的那一天，曼努伊尔斯基先去找季米特洛夫哭着说：'一定要选毛泽东做中共总书记。'他请季米特洛夫同意用季米特洛夫名义。季米特洛夫说：'就用你的名义好了。'曼努伊尔斯基说：'我不是 ИККИ 的总书记，又不管中国问题，不好提。无论如何你和王稼祥谈话时要表示同意我的意见。请你点点头表示同意就可以了。'后来王稼祥临走前又来见季米特洛夫时，曼努伊尔斯基当着王稼祥面又说：'要选毛泽东做总书记。'曼努伊尔斯基说这句话时看着季米特洛夫，意思是要他点点头。结果，季米特洛夫就点了一下头！"

王稼祥回去后把这种情况告诉了毛泽东。所以毛泽东不准王稼祥先在中央政治局会上通知，而只能在六届六中全会上通知。王稼祥就这样办了。所以毛泽东在 1949 年春的七届二中全会上说："稼祥有两大功劳：一是遵义会议时助毛反博；二是六中全会时助毛反王。"

但是，1945 年中共七大时，毛泽东还是把王稼祥的政治局委员和中央委员都取消了，只给他留了一个候补中央委员。所以七大后（1945 年秋）某日，我到王家坪（当时八路军总政治部所在地）去讨论宪法起草工作时，王稼祥就把上述曼努伊尔斯基的意见提出经过告诉了我。他说他回来后把这种情况告诉了毛泽东时，毛泽东说："不必先在政治局会上通知，而你在六中全会上就说是季米特洛夫提的，其他一句多的话也不要说。"王稼祥就这样办了！而毛泽东事前知道重庆什么时候召开第二届国民参政会，所以要我们将去初期开会的人先在六中全会上发言，等我们离开全会时才叫王稼祥通知曼努伊尔斯基的意见。因此从 1938 年 10 月—11 月初六届六中全会到 1941 年 9 月开始"整风"前，毛泽东就实际上作了总书记了。①

但是，王明的这个回忆并不可信。第一，中共六届六中全会前是召开了中央政治局会议的，王稼祥作的《国际指示报告》也是在这次中共中央政治局会议上传达的，王明也参加了这次会议；第二，王明说曼努伊尔斯基"哭着"向季米特洛夫要求选毛泽东做总书记，这也不可能；第三，王明说曼努伊尔斯基找季米特洛夫的情况是另外一个人告诉他的，那个人怎么会知道曼努伊尔斯基与季米特洛夫的谈话，以及曼努伊尔斯基、季米特洛夫与王稼祥的谈话呢？

9 月 17 日　八路军武汉办事处就关于国民党对中共在沦陷区域内的活动对策致电王明、周恩来、博古。②

9 月 20 日　在中共中央政治局会议上作政治报告，一共讲了五个问题：（一）一年来中日战争的基本总结；（二）目前抗战形势与保卫武汉问题；（三）怎样持久抗战与争取最后胜利；（四）新工作条件下的中国共产党；（五）抗战前途与民主共和国问题。这个报告与他以前的报告、文章相比，内容上有不少改变，如开始改变速胜论的观点，也主张持久战，认为"非长期抗战不能胜利，即是说非击破日本速决战的计划，以长期持久战去消耗敌人，逐渐地消灭敌人，不能达到最后反攻的胜利"；不再贬低游击战和敌后抗日根据地，提出战略上要"以运动战游击战为主，以阵地战为辅的方针，来进行持久的战斗"；"应变敌人后方为前线，创造新的抗日根据地"；"敌人深入中国领土几千里，我们应在敌人后方要道保留必要数量的军队，组织发动广大民众，发动游击战争，给敌人以极大困难，调动更多的部队，配合正面作战"；并说"建立抗日根据地，是八路军这一年得来的伟大成绩，同时并证明平原游击战也可存在和发展成为根据地"。报告还提出，国共合作的更大责任还在国民党，现在许多坏现象应停止、纠正，在合作中应"保持中共在政治上组织上的独立性"，"中共应进行两条战线的斗争"，要"提高革命警惕性"。但是，王明在这个报告中继续强调保卫大武汉的特殊意义，宣扬军队的"统一"等等。

---

① 《曼努伊尔斯基、王明与毛泽东》（未刊稿）。
② 《八路军新四军驻各地办事机构》第 4 册，第 104 页。

9 月 24 日　毛泽东在中共中央政治局会议上作长篇发言，着重论述了统一战线中统一与斗争的辩证关系，他说："统一战线下，统一是基本的原则，要贯彻到一切地方、一切工作中，任何时候、任何地方不能忘记统一。同时，不能不辅助之以斗争的原则，因为斗争正是为了统一，没有斗争不能发展与巩固统一战线，适合情况的斗争是需要的，对付顽固分子，推动他们进步是必要的。"①

9 月 26 日　凯丰、董必武、叶剑英就关于撤离武汉之计划致电王明、周恩来、秦邦宪并中央书记处。

9 月 27 日　鉴于王明在 1937 年 12 月会议以来一系列严重违背组织原则的做法，毛泽东在中共中央政治局会议上建议在六中全会上通过一个中央工作规则。②

9 月 29 日~11 月 6 日　中共扩大的六届六中全会在延安召开，王明参加了会议，并被选为主席团委员。

9 月至年底　为勤务员和刘少奇秘书打架事致信刘少奇，说要给其秘书"一个处分"。

中央党校第一部王为群于 1943 年 11 月 16 日写的《知道王明的几件事》说：三八年时，少奇同志的秘书到中央礼堂看戏，王明同志的勤务员亦来看戏，两人因座位问题吵闹起来。王明同志的勤务员拿着凳子要打少奇同志的秘书，而为他一挡，撞了勤务员的头了。王明听说此事后大发雷霆，即写了一封信给少奇同志，说他的那个秘书如何不好，将他勤务员的头打破，怎样称个共产党员？要给一个处分等。少奇同志即交由我们总支委处理。我们很感为难，认为王明同志只听一面之词就说得如此严重，会使下级不好工作的。

10 月 2 日③　与周恩来、秦邦宪、凯丰、叶剑英、董必武致电叶挺、项英暨全体指战员，祝贺新四军建军一周年。④

10 月 4 日　周恩来将毛泽东、王明信件送交蒋介石，然后详细介绍了刚刚举行的中共中央政治局会议对坚持抗战和发展统一战线问题的看法。⑤

---

① 逄先知、金冲及主编《毛泽东传（1893~1949）》下卷，第 595 页。
② 逄先知、金冲及主编《毛泽东传（1893~1949）》下卷，第 595 页。
③ 原件无时间，此时间是编者判定的。
④ 《抗战初期中共中央长江局》，第 285 页。
⑤ 杨奎松：《毛泽东与莫斯科的恩恩怨怨》，第 85 页。

10 月 10 日　西北青年救国会第二次代表大会在延安开幕，王明等出席了会议。①

10 月 12～14 日　毛泽东在中共扩大的六届六中全会上作《论新阶段——抗日民族战争与抗日民族统一战线发展的新阶段》的报告。在这个报告中，毛泽东一方面强调全民族的一个重要任务，"在于号召全国，全体一致诚心诚意的拥护蒋委员长，拥护国民政府，拥护国共合作，拥护全国团结，反对敌人所施任何不利于蒋委员长，国民政府，国共合作与全国团结的行为"。"为达此目的，必须调节国共两党之关系……提倡公平合理互助互爱之精神，减少磨擦，减少意见分歧现象，反对利用困难与政府为难之行为。"一方面强调坚持统一战线和坚持党的独立性，他说：坚持民族统一战线才能胜敌，"但同时，必须保持加入统一战线中的任何党派在思想上、政治上与组织上的独立性，不论国民党也好，共产党也好，其他党派也好，都是一样的……没有问题，统一战线中，独立性不能超过统一性，而是服从统一性，统一战线中的独立性，只是也只能是相对的东西。不这样做，就不算坚持统一战线，就要破坏团结对敌的总方针。但同时，决不能抹杀这种相对的独立性，无论思想上也好，政治上也好，组织上也好，各党必须有相对的自由权，如果被人抹杀或自己抛弃这种相对的独立性或自由权，也同样将破坏团结对敌的总方针，破坏统一战线。这是每个共产党员，同时也是每个友党党员，应该明白的。"② 报告还指出，阶级斗争和民族斗争的关系也是这样，在抗日战争中阶级斗争的利益必须服从于抗日战争的利益，但是阶级和阶级斗争的存在是一个事实，否认这种事实是错误的。

在这个报告中，毛泽东提出了"马克思主义中国化"的任务。③

10 月 15 日　在《新中华报》以王明的名字发表《在抗战建国的目标下

---

① 金冲及、陈群主编《陈云传》上册，第 255 页。

② 《论新阶段》，第 40～41、71～72 页。

③ 有的学者认为："'马克思主义的中国化'是毛泽东经长期酝酿，为彻底打倒王明和党内的留苏势力，铲除中共党内根深蒂固的对斯大林的崇拜，最终确立自己在中共党内的'导师'地位，而在中共六届六中全会上提出的一个具有重大战略意义的口号。"对于参加六中全会的许多中共领导干部来说，他们"没有觉察到毛的有关'马克思主义的中国化'的讲话掩藏着不久后将向党内留苏派势力开刀的预兆。""在 1938 年秋冬的延安，毛泽东抓住'中国化'这面旗帜，已使自己处于完全主动的地位。莫斯科的'承认'大大提高了毛泽东的威望，毛泽东'奉天承运'，一手牢牢掌握中共军队，一手挥舞'马克思主义的中国化'的大旗，名正言顺，师出有名。相形之下，王明等已陷入无以自拔的窘境"。高华：《红太阳是怎样升起的——延安整风运动的来龙去脉》，第 154、155、158 页。

来团结全国青年——在西北青年救国联合会第二次代表大会上的演讲》。其中说："我们现在是处在历史最严重阶段里，在这个大时代中，中华民族担负着很伟大的历史责任——要打败东方的日本法西斯军阀。这个伟大的光荣任务，要依靠我们最优秀的后备军——中国青年。中国青年有没有完成这个任务的把握呢？有的！这就要全国青年的统一团结。统一团结才有力量。正如我们所相信的，我们能够取得抗战的最后胜利，因为有四万万五千万人民的大团结，假如没有团结和组织，就不能战胜日寇。而民族团结的最中心的一环，就是青年的团结，他是抗战中最基本的力量。"① 此文还收入1940年出版的《中国青运文选》。②

10 月 20 日 王明在中共扩大的六届六中全会上除作了《共产党参政员在国民参政会中的工作报告》外，还于这天临时要求作了《目前抗战形势与如何坚持持久战争取最后胜利》的发言，这个长篇发言共分五个部分：一、日本法西斯军阀是中华民族的死仇，是全世界先进人类的公敌；二、中华民族处在空前灾难的时期，同时也处在无上光荣的时代；三、目前的抗战形势正处在严重困难的阶段；四、克服困难、渡过难关、坚持抗战和争取最后胜利的几个问题；五、实行抗日民族统一战线政策的中国共产党。

发言一开始即表示："毛泽东同志在其政治报告中，将我们党自五中全会至六中全会以来的工作，做了一个基本的总结，对中华民族十六个月的英勇抗战，和目前抗战形势的特点，做了一个详尽的分析，对中华民族和共产党的当前紧急任务，提出了正确的方案，所有这一切，我都同意的。"报告认为"今天中国抗战的严重困难关头，需要一切民族力量的团结，所以消除各党派间的误会和成见，建立抗日各党派间的亲密合作，是非常重要的事情"。在"实行抗日民族统一战线政策的中国共产党"这部分中，他讲了"共产党转变到抗日民族统一战线政策的困难和成功"，"中共当前的历史任务"，"怎样才能正确的实行抗日民族统一战线政策"，"民族主义和国际主义的正确了解"，"加强马列主义的学习提高党的理论水平"，"特别注意党员干部和非党人才问题"，"认识领导机关及领导者的严重责任"，"中国共产党的发展和统一，是抗战胜利的最基本条件"等八个问题。报告最后提

---

① 《中国青年运动历史资料》第 14 辑，第 194 ~ 195 页。曹仲彬、戴茂林《王明传》附录《王明著述目录索引》说这个演讲发表在 10 月 15 日的《新华日报》，第 478 页。

② 〔日〕田中仁：《王明著作目录》，第 105 页。

出："全党必须团结统一，我们党一定能统一团结在中央和毛同志的周围（领袖的作用，譬如北辰而众星拱之）。"①

关于国共关系问题，报告明确指出："巩固和扩大国共两党的合作不只是靠共产党一方面的努力，而且还需要国民党方面的努力，尤其因为国民党是在国家政权中及军队中居领导地位的政党，对这个问题不能不负更大的责任。为巩固和扩大国共两党的合作以利于抗战的事业起见，我们希望国民党及国民政府方面对于许多不利国共合作的严重现象，立即加以合理的解决。例如：在国民政府统治区域内，还有大批被监禁的共产党员，须立即释放；还有个别地方常有暗杀或逮捕共产党员的事实发生，须严加制止；还有公开反共的报章杂志出版，须严厉禁绝；还有许多地方公然不承认共产党员或共产党地方党部合法权利的现象存在，须立加纠正；在有些训练班或学校内公然进行反共教育和反共宣传，须严加取缔。同时我们希望蒋委员长及国民党中央：根据毛泽东同志代表中共六中全会向蒋介石先生和国民党的建议，讨论和实行两党更进一步在政治上、军事上、民众运动方面长期合作的办法。"②

关于国民党内存在不存在法西斯蒂的问题，报告也改变了过去的看法，指出："中国虽然今天没有明目张胆的法西斯组织，但是确有一小部分人相当地受了外国法西斯思想的渲染，有时自觉地或不自觉地自命为法西斯蒂的学徒——至少是法西斯的手段和方法的学习者。正因为如此，不仅有些局外人有时不免把他们看作是中国法西斯蒂派的分子，而且他们本身也时常过着思想混乱和行为矛盾的生活……我们诚恳地希望和忠告他们说：你们之中许多人是勇敢有为的青年，应该赶快从这种思想混乱和言行矛盾的环境中解脱出来，换句话说，应该毅然抛弃那些反民族解放和反社会进化的反动的法西斯思想，诚诚恳恳做三民主义的忠实信徒。"③

值得注意的是，王明在这个报告中也提出了马克思主义民族化、中国化的问题。他说："马列主义理论中国化问题——马列主义理论民族化，即是将马列主义具体应用于中国，是完全对的。的确，只有使马列主义深广的中国化，成为中国人民血肉至亲的东西，成为中国历史发展和社会进化的必然

---

① 《王明言论选辑》，第 594、625、628 ~ 639 页。
② 《王明言论选辑》，第 521 ~ 622 页。
③ 《王明言论选辑》，第 623 ~ 624 页。

产物，成为继承中国文化的优秀传统（从孔子到孙中山），才能够真正家喻户晓和深入人心。季米特洛夫在国际七次大会上对此问题指示的重要，毛、洛报告提出的全对。同时，要注意以下几点"：（1）"首先必须学习马列主义——不仅政治理论，而且军事理论；只有学习马列主义理论，然后才能运用和民族化"；（2）"不能庸俗化和牵强附会"；（3）"不能以孔子的折衷和烦琐哲学代替唯物辩证法"；（4）"不能以中国旧文化学说来曲解马列主义，而要以马列主义来了解和开发中国文化"；（5）"不能在'民族化'的误解之下，来忽视国际经验的研究和运用。具体例子，联邦共产党经验的国际意义（列宁说布尔塞维克主义原则对于各国均是适用的）……"。①

但是，王明在这个报告中，仍然继续宣扬"一切经过抗日民族统一战线"等口号，并说"毛、洛均指出，我们要做模范，即是：一方面我们要以'抗日高于一切，一切服从抗日'、'一切为着抗日民族统一战线，一切经过抗日民族统一战线'、'一切服从抗战利益，一切为着抗战胜利'的原则，对友党、友军采取大公无私，仁至义尽，言行如一，表里一致，互相帮助，互相尊重，互相友爱，共同工作，共同发展，同生死、共患难，祸福与共，相依为命的工作方法和方式"。② 王明后来在《中共半世纪》中却说：他在这次会上"批判了毛泽东在《论持久战》和《论新阶段》中提出的错误路线"。③

《传记与回忆》说："王明同志在会上作了《论武汉失守后的抗战形势》的发言。他根据列宁主义关于被压迫民族进行反帝民族国民战争的必然性、进步性和可能胜利的条件，说明拥有几万万人口，又得到社会主义苏联的援助的中国人民只要坚持对日作战，最后一定能打败日本帝国主义。同时他批判了毛泽东在《论持久战》和《论新阶段》中提出的错误路线。"④

10 月 25 日前⑤ 周恩来、秦邦宪、何克全致电中共中央书记处，请陈

---

① 《王明言论选辑》，第 637 ~ 638 页。

② 《王明言论选辑》，第 629 页。

③ 王明：《中共半世纪》，第 150 页。

④ 有的学者对王明也提出马克思主义民族化、中国化的问题提出如下看法："在毛泽东提出'马克思主义的中国化'的 1938 年，真正能够一眼看穿毛之动机的人，在中共党内唯有王明。""王明在发言中表示拥护毛的意见，但是他又对'马克思主义的中国化'在实行中可能出现的偏差忧心忡忡。"王明提出的五个方面的问题"显然出自其亲莫斯科的立场，表达了中共党内留苏势力对毛泽东有可能利用这个口号背离正统马列的警戒和担心"。高华：《红太阳是怎样升起的——延安整风运动的来龙去脉》，第 157 ~ 158 页。

⑤ 原件无日期。

绍禹、林伯渠、吴玉章速去重庆参加国民参政会。①

10 月 25 日 与吴玉章、林伯渠上午 10 时由西安飞抵成都。晚 8 时各报社、通讯社记者二十余人同往拜谒，王明作了较"详尽之谈话"，各报同时发表。②

刘文辉在其《走到人民阵营的历史道路》中说："1938 年夏季，中共中央代表董必武、林伯渠、陈绍禹等由陕北去汉口③参加国民党参政会会议，途经成都，与我会面于我方正街住所。这是我同中共中央同志第一次正式接触。当时正是日本帝国主义的逆流泛滥于国民党的权贵之中，抗日形势非常险恶，所以我们这次的话题也是以如何团结地方力量，坚持抗日战争，反对蒋介石投降妥协为中心。从他们三人的谈话中，我已初步了解了党的抗日救国方针和人民民主统一战线政策；同时我也把自己反对蒋政权和拥护中共抗日方针的态度向他们作了明确的表示。经过这次会晤，我同党相互间有了了解，为我进一步亲共开辟了一条坦途。"④ 有的著作还说："1938 年夏以后，中共领导人董必武、林伯渠、陈绍禹和周恩来先后会见刘文辉，致使刘文辉与共产党的关系变得密切，中央在他的部队设立电台，与延安直接通报。"⑤

王明等人在成都期间，还会见了国民政府军事委员会委员长重庆行营副主任、川康绥靖公署主任邓锡侯。⑥

10 月 26 日 与吴玉章、林伯渠从成都转赴重庆。⑦

10 月 28 日 第一届国民参政会第二次会议在重庆召开。王明与博古、林伯渠、吴玉章参加了这次会议。王明在《中共半世纪》中说："我在六中〈全会〉发过言，并根据政治局决定起草六中〈全会〉决议草案后，离开六中全会去重庆参加国民参政会第二次会议"。⑧

秋 于重庆与黄任之谈八路军太行山抗日根据地问题时，应黄之请赋

---

① 《抗战初期中共中央长江局》，第 286 页。
② 《参政员陈绍禹吴玉章等昨由西安飞蓉今转赴渝》，《四川日报》1938 年 10 月 26 日；又见《八年抗战在蓉城》，第 555 页。
③ 应为重庆。
④ 刘文辉：《走到人民阵营的历史道路》，第 76～77 页。因 1938 年夏王明一直在武汉，不可能从西安经成都到武汉，故他们在成都的见面可能是这一次。
⑤ 应金华、樊丙庚主编《四川历史文化名城》，第 677 页。
⑥ 胡大牛主编《中共中央南方局统战史论》，第 215 页。
⑦ 《参政员陈绍禹吴玉章等昨由西安飞蓉今转赴渝》，《四川日报》1938 年 10 月 26 日；又见《八年抗战在蓉城》，第 555 页。
⑧ 王明：《中共半世纪》，第 61 页。

《太行山抗日根据地》七绝一首。①

11月1日 国民参政会一届二次会议通过王明等73人提出的《拥护蒋委员长和国民政府，加紧全民族团结，坚持持久抗战，争取最后胜利案》，有王明参加的胡景伊等44人提出的《拥护蒋委员长持久抗战宣言案》，以及有王明参加的王造时等66人提出的《参政会应发表宣言，拥护蒋委员长告全国国民书，并号召全国同胞，一致奋起继续抗战，以争取最后胜利案》，《新华日报》于第二天全部刊载。

11月5日 国民参政会一届二次会议通过王明等22人提出的《关于克服困难渡过难关持久抗战争取胜利问题案》，有王明参加的林祖涵等20人提出的《严惩汉奸傀儡民族叛徒以打击日寇以华制华之诡计，而促进抗战胜利案》，以及有王明参加的吴玉章等32人提出的《加强国民外交推动欧美友邦人士敦促各国政府对日寇侵略者实施经济制裁案》，7日《新华日报》全部刊载。

11月5～6日 毛泽东在中共六届六中全会上的结论中，突出地强调统一战线中的独立自主问题，肯定刘少奇对"一切经过统一战线"的批评。他说；"国民党是当权的党，它至今不许有统一战线的组织形式。刘少奇同志说的很对，如果所谓'一切经过'就是经过蒋介石和阎锡山，那只是片面的服从，无所谓'经过统一战线'。在敌后，只有根据国民党已经许可的东西（例如《抗战建国纲领》），独立自主地去做，无法'一切经过'。或者估计国民党可能许可的，先斩后奏。例如设置行政专员，派兵去山东之类，先'经过'则行不通。听说法国共产党曾经提出过这个口号，那大概是因为法国有了各党的共同委员会，而对于共同决定的纲领，社会党方面不愿照做，依然干他们自己的，故共产党有提此口号以限制社会党之必要，并不是提此口号以束缚自己。中国的情形是国民党剥夺各党派的平等权利，企图指挥各党听它一党的命令。我们提这个口号，如果要求国民党'一切'都要'经过'我们同意，是做不到的，滑稽的。如果想把我们所要做的'一切'均事先取得国民党同意，那末，它不同意怎么办？国民党的方针是限制我们发展，我们提出这个口号，只是自己把自己的手脚束缚起来，是完全不应该的。在现时，有些应该先得国民党同意，例如将三个师的番号扩编为三个军的番号，这叫做先奏后斩。有些则造成既成事实再告诉它，例如发

---

① 《王明诗歌选集（1913—1974）》，第124页。

展二十余万军队，这叫做先斩后奏。有些则暂时斩而不奏，估计它现时不会同意，例如召开边区议会之类。有些暂时不斩不奏，例如那些如果做了就要妨碍大局的事情。总之，我们一定不要破裂统一战线，但又决不可自己束缚自己的手脚，因此不应该提出'一切经过统一战线'的口号。'一切服从统一战线'，如果解释为'一切服从'蒋介石和阎锡山，那也是错误的。我们的方针是统一战线中的独立自主，既统一，又独立。"①

在这个报告中，毛泽东还强调指出："为了长期合作，统一战线中的各党派实行互助互让是必需的，但应该是积极的，不是消极的。"他还进一步强调了民族斗争和阶级斗争的一致性，指出："用长期合作支持长期战争，就是说使阶级斗争服从于今天抗日的民族斗争，这是统一战线的根本原则。在此原则下，保存党派和阶级的独立性，保存统一战线中的独立自主；不是因合作和统一而牺牲党派和阶级的必要权利，而是相反，坚持党派和阶级的一定限度的权利；这才有利于合作，也才有所谓合作。否则就是将合作变成了混一，必然牺牲统一战线。"②

在这个结论中，毛泽东还批评了中共六届四中全会及其以后的"左"倾错误，指出："一九三一年一月的六届四中全会，在名义上反对政治上的'左'倾机会主义，在实际上重新犯了'左'倾机会主义的错误……一九三三年党的中央迁至红色区域以后，情形有了根本的改变，但对于战争问题（以及一切主要问题），又犯了原则性的错误，致使革命战争遭受了严重的损失。"③

对王明本人，毛泽东采取温和的同志式的帮助态度，希望他能改正错误。毛泽东说：王明在全会上已表示"完全同意各报告"，"王明在部分问题中说的有些不足或过多一点，这是在发言中难免的。这些问题已弄清楚了。王明在党的历史上有大功，对统一战线的提出有大的努力，工作甚积极，他是主要的负责同志之一，我们应原谅之"。④后来，毛泽东对这样对待王明问题做过解释："在六中全会的文件上，在六中全会的记录上，看不出我们尖锐地批评了什么东西，因为在那个时候，不可能也不应该提出批

① 《毛泽东选集》第 2 卷，人民出版社，1991 年版，第 539～540 页。
② 《毛泽东选集》第 2 卷，第 537～539 页。
③ 《战争与战略问题》，《毛泽东选集》第 2 卷，第 548 页。
④ 黄允升：《毛泽东开辟中国革命道路的理论创新》，第 380 页。

433

评，而是从正面肯定了一些问题，就是说在实际上解决了问题。"①

　　周恩来在 1960 年 7 月作的《共产国际和中国共产党》的报告中说："党的六届六中全会批判王明，很多干部逐渐觉悟了，王明就逐步地孤立了。当时蒋介石也不要王明，连个部长都没有给他当。毛泽东同志说，要是给他一个部长当，也许情形更坏。"②

　　王明在晚年写的《关于一九三七年十二月中共中央政治局会议的路线和抗日战争时期中共内两条路线的斗争》的回忆中说："一切服从统一战线，一切经过统一战线""这两个口号的真正含义是：1. 强调和突出中国共产党提出的并得到中国一切抗日党派承认的抗日民族统一战线政策，作为他们合作抗日救国的牢固基础，使他们都尊重和执行这一政策。2. 强调蒋介石将来也像以往一样，只有经过与中共谈判来解决有关中共及其武装力量和地方民主政权的所有问题，而防止他利用自己的总司令和南京政府实际首脑的地位进行军事指挥和下达行政命令。毛泽东故意把抗日民族统一战线政策和蒋介石、阎锡山等同起来，这是完全不对的"。他还说：毛泽东"叫刘少奇在全会上把季米特洛夫与王明商量提出的两个口号中的一个——'一切经过抗日民族统一战线'——也就是说一切经过中共在抗日战争的历史时期的总路线——歪曲成为'一切经过蒋介石和阎锡山'（另一个口号是'一切服从统一战线'），以便准备反对整个抗日民族统一战线政策……"③

　　有的论著指出，毛泽东对王明的不点名批评是在王明不在的情况下提出的。毛泽东为了把王明孤立起来，"终于想出一条妙计。9 月 30 日，毛以转交致蒋介石亲笔信为由，先将周恩来支去武汉。10 月初，周恩来、凯丰自武汉来电，提议王明等速来武汉，出席国民参政会一届二次会议。毛顺水推舟，又让王明、博古于 10 月下旬去重庆（国民党中枢机构此时已从武汉迁至重庆）。王明、周恩来、博古、凯丰不在延安使毛泽东大畅所欲，这样，毛已不再需要遮遮掩掩，他要直抒胸臆，将自己的真实观点在党中央全会上和盘托出"。"毛泽东利用王明等缺席，将自己的真实观点公开表达出来，这是毛泽东取得的对王明的重大胜利。但是，王明的观点毕竟没有在六届六中全会上受到正式批判，《中共中央扩大的六中全会政治决议案》仍然包含

---

　　① 《毛泽东在七大的报告和讲话集》，第 163 页。
　　② 《周恩来选集》下卷，第 311～312 页。
　　③ 《传记与回忆》附录Ⅲ。

了王明大量的观点"。①

有的论著认为："一切经过统一战线，一切服从统一战线，这两句话太绝对、太极端，意思是强调团结，但任何一个组织和地方也办不到，参加统一战线的各党派之间，不可能把一切大大小小的问题都拿来讨论和协商。王明所说的，一切经过统一战线，就是指抗日战争和统一战线中的重大问题，而不是指一切大大小小的问题。事实上，抗日民族统一战线中的重大问题，都是由两党派出代表协商讨论同意了的，所以才形成了第二次国共合作，才形成了抗日民族统一战线。否则，统一战线也建立不起来。建立了如果不继续协商、讨论，统一战线也会破裂，一切重大问题经过协商讨论是必要的；一切服从统一战线，这句话本身没有错。一切抗日党派团体都要照顾到统一战线的整体利益，都要服从整体利益。所以六届六中全会决议指出：一切服从抗战利益，一切为了抗战的胜利，一切为着统一战线。只有统一战线的巩固和发展，才能取得抗战的胜利。不能简单化的认为，一切经过统一战线，一切服从统一战线就是服从蒋介石、阎锡山，就是向蒋介石国民党投降，就是投降主义。王明就是投降主义的代表，这种认识显然是错误的。"②

11月6日　中共扩大的六届六中全会通过《政治决议案——抗日民族自卫战争与抗日民族统一战线发展的新阶段》，强调"应该坚持保证共产党本身在政治上组织上的独立性"，并指出必须正确地开展两条战线的斗争，反对"左"、右倾不正确的倾向，其中，"右倾机会主义分子的危险，在于执行抗日民族统一战线政策中，牺牲党的政治上和组织上的独立性，把无产阶级为了反对共同敌人而与其他阶级建立抗日的民族统一战线的政策，曲解成为使无产阶级及其政党成为资产阶级的尾巴；同时，他们在困难面前失望，而发生对抗战形势及前途的悲观主义"。另外，决议案还明确提出："应当彻底肃清马克思列宁主义的凶恶敌人——思想上及工作中的公式主义、教条主义与机械主义"，加强党的团结和组织纪律性，"认真实行党的民主集中制——个人服从组织，少数服从多数，下级服从上级"。③

有的论著认为，这个决议案是"由王明起草的"，并说"决议案没有充分反映毛泽东在闭幕式讲话中有关反对'右倾投降主义'的内容，而是根

---

①　高华：《红太阳是怎样升起的——延安整风运动的来龙去脉》，第74页。
②　施巨流：《王明问题研究》，第103～104页。
③　《中共党史教学参考资料》第2册，第228、229、230页。

据《论新阶段》报告的精神，并且吸取了 10 月 20 日王明在六中全会上报告的精神，提出各级党组织应防止统一战线中的'左'、'右'两种倾向，保证党在政治上和组织上的独立性，强调不要给党内同志乱加'左'、'右'的帽子。"①

同日 中共扩大的六届六中全会还通过了《关于召集第七次全国代表大会的决议》，将 1937 年 12 月会议关于七大由王明作政治报告、毛泽东作工作报告的决定，改为毛泽东作政治报告，不要另外的工作报告，王明作组织报告。②

根据武汉已于 10 月下旬失守的情况，这次会议在组织上也作了相应的调整，决定撤销中共中央长江局，分别成立中共中央南方局和中原局，将东南分局改为东南局，王明留延安工作，担任中共中央统一战线工作部部长等职务。据王明在延安时写的简历说，自 1939 年到 1941 年 10 月中，他担任"中央统战部长兼管南委、东委、党校委员会、妇女及女大等工作"。这里说的南委即中央南方工作委员会，东委即中央东北工作委员会，妇女即中央妇女委员会，女大即中国女子大学。有的论著说："为了将王明置放于自己的监督之下又不让他掌握实权，毛让王明担任了中央统战部部长的闲职并兼任了几个中央文宣方面的职务。"③

正是在季米特洛夫的支持下，毛泽东在中共六届六中全会上确立了自己在全党的领袖地位。李维汉回忆说："季米特洛夫的话在会上起了很大作用，从此以后，我们党就进一步明确了毛泽东的领导地位，解决了党的统一领导问题。"④ 杨奎松也分析说："很难设想，如果季米特洛夫不支持毛泽东，而是支持王明的话，那对中国共产党将会是一种什么样的后果。所以，毛泽东后来不止一次地讲：'季米特洛夫同志是个好同志，他帮过我们很多的忙。抗日战争中他帮助我们抵抗了右倾机会主义。这个右倾机会主义的领导就是过去左倾机会主义的领导人王明。'"⑤

同日 给《新华日报》编辑部写信，说明《国民公报》所载关于 5 日参政会会议特写的记载与事实不符，本人撤销的是提案第三部分中的前

---

① 高华：《红太阳是怎样升起的——延安整风运动的来龙去脉》，第 74 页。

② 《胡乔木回忆毛泽东》，第 367 页。

③ 高华：《红太阳是怎样升起的——延安整风运动的来龙去脉》，第 165 页。

④ 李维汉：《回忆与研究》上册，第 416 页。

⑤ 杨奎松：《毛泽东与莫斯科的恩恩怨怨》，第 80 页。

（一）（二）两点及（五）点中的一句，并非提案第一部分。此信第二天以
《陈参政员绍禹给本报编辑部的信》为题在《新华日报》发表。

11 月 8 日　重庆青年团体举行招待会，王明等参政员出席并发表演
说，他主要讲了这次参政会上关于青年问题各案所得的结果，参政会开会
的成绩，目前的抗战形势和抗战前途。第二天《新华日报》刊载了这个演
说。

11 月 26 日　出席新华日报馆在重庆举行的对于党政军当局、报刊同
业、文化界人士及民众救亡团体代表的招待会。

12 月 5 日　新华日报社在重庆社交会堂举行庄严隆重的追悼会，悼念新
华日报及八路军武汉办事处殉难烈士，王明与周恩来、朱德、彭德怀、叶剑
英、董必武、博古、凯丰、林伯渠、吴玉章等题了挽词。①

同日　《新华日报》刊登陈绍禹、秦博古、吴玉章、董必武、凯丰写的
《悼新华日报及八路军武汉办事处殉难烈士》，对于新华日报馆和八路军办
事处撤退重庆期间遭敌机轰炸牺牲的烈士，表示"沉痛之吊唁！"

12 月 12 日　与周恩来、博古、吴玉章、董必武在重庆同蒋介石谈判。

12 月 13 日　与周恩来、博古、吴玉章、董必武将 12 日与蒋介石谈判
情况报告中共中央书记处。报告中说："关于两党问题，蒋介石说：共产党
员退出共产党，加入国民党，或共产党取消名义将整个加入国民党，我都欢
迎，或共产党仍然保存自己的党我也赞成，但跨党办法是绝对办不到。我的
责任是将共产党合并国民党成一个组织，国民党名义可以取消，我过去打你
们也是为保存共产党革命分子合于国民党，此事乃我的生死问题，此目的如
达不到，我死了心也不安，抗战胜利了也没什么意义，所以我的这个意见，
至死也不变的。共产党不在国民党内发展也不行，因为民众也是国民党的，
如果共产党在民众中发展，冲突也是不可免。三民主义青年团章程如果革
命需要可以修改，不过这是枝节问题。根本问题不解决，一切均无意义。
我们分别解释一个组织办法做不到，如跨党办法作不到，则可以采取共产
党提议的其他方式合作。蒋答：其他方式均无用。蒋说此问题时态度很慎
重，见我们对一个组织问题不同意，即说：绍禹同志到西安时再谈一谈。
同时晚间再派张冲来说委员长他太直率，并非说不合并只要分裂，请不要

---

① 董镇湘：《一个闪光的革命群体——潘汉年和他的兄弟们》，《宜兴文史资料》第 33 辑，第
474 页。

误会。"①

12月23日　中共中央书记处致电王明、林伯渠、彭德怀等，谈中央对彭德怀与蒋介石谈判内容的指示。②

12月　作七绝《访武侯祠》。诗曰：

> 成都郊外武侯祠，临近宛如杜甫诗。
> 鼎足三分终一统，人民胜利异当时。③

同月　国民党亲日派首领、国民党中央政治会议主席、副总裁汪精卫叛逃，公开投敌。

冬　曾在重庆神仙洞李济深家里参加聚会，谈论团结抗战问题。

黄绍竑在《我与蒋介石和桂系的关系》中说："一九三八年年底我去重庆出席中央会议，有一天李济深约我到神仙洞他家里茶会。座上有冯玉祥和中共方面的周恩来（那时是政治部的副部长）、秦邦宪、陈绍禹、叶剑英，桂系李宗仁、白崇禧也在座，一共有十几个人，大家都是谈些当前的团结抗战问题。"④

年底　从重庆回延安。⑤在一次演说中，有人问，为什么毛泽东从来不去重庆参加国民代表大会？王明幽默地回答说，你们下过中国象棋吗？下棋的时候，双方的老将和老帅是不能直接面对面的，否则棋就"将"死了。这个例子似乎从一个侧面反映出，王明当时已经明确地承认，毛泽东已经成为中共党内的"第一把手"。⑥

同期　于延安作七绝《〈论相持阶段〉与〈六中结论〉（评毛泽东在中共六届六中全会上的报告和结论的错误和阴谋）》，内容是：

---

① 《陈绍禹、周恩来等关于一个大党问题与蒋介石谈判情况向中央的报告》，《中共中央抗日民族统一战线文件选编》下册，第183～184页。

② 中国人民解放军历史资料丛书编审委员会编《八路军·文献》，第276～277页。

③ 《王明诗歌选集（1913～1974）》，第126页。

④ 《文史资料选辑》合订本第2册，第104页。

⑤ 从1939年1月15日中共中央书记处发出《中央关于对蒋介石暂时应取比较静观态度给陈绍禹、周恩来、博古电》看，王明这时似乎还没有回延安。他到底什么时候回的延安，需要进一步查证。

⑥ 周大伟《1945～1950：新中国建国前后担任过"立法大臣"的王明》（一），"北大法律信息网"（http://www.chinalawinfo.com/）。

相持阶段只空吟，对日屈从是实情；

抗战心消反统战，诬加马列教条名。①

本年② 新中国出版社出版陈绍禹、徐特立等著的《托派在中国》，其中收有王明的《托洛茨基派是什么？——陈绍禹先生在抱冰堂的讲演》、康生的《铲除日寇侦探民族公敌的托洛茨基匪徒》、陈伯达的《评陈独秀的亡国论》等文章，全民出版社出版洛甫、陈绍禹等著《一党专政还是联合战线》。

1939 年 35 岁

1 月 5 日 中共中央发出《关于汪精卫出走后的时局的指示》，指出中国共产党的任务是坚决打击卖国的汉奸汪精卫和一切投降反共活动。

1 月 15 日 中共中央书记处发出《中央关于对蒋介石暂时应取比较静观态度给陈绍禹、周恩来、博古电》，指出"蒋介石对以后政治上的具体办法，国共两党的关系及对我党六中全会决议对策，似还在考虑中，我们方面暂时应采取比较静观的态度，不必求之过急，对于其将要召集之五中全会，我们再度考虑结果，亦认为不必写单独给他的文件"。③

同日 在延安各界民众抗日讨汪大会上发表长篇演讲《旧阴谋的新花样》，声讨汪精卫的卖国投降行为，并揭露汪精卫的投降历史。演讲承认毛泽东是"中共领袖"。

此文又名《反对汉奸》，以陈绍禹的名字发表于 1 月 28 日出版的《解放》周刊第 62 期，2 月 7 日《新华日报》，《共产国际》俄文版第 6 期，《抗敌报》第 51～52 期，2 月 15 日《新华日报》作为"新群丛书"第 24 种出版了单行本，3 月出版的陈绍禹、凯丰著《旧阴谋的新花样》，3 月 10 日出版的《文献》第 6 卷，4 月 20 日出版的《时论丛刊》第 2 辑，4 月出版的《抗日民族统一战线指南》第 6 册，5 月曾收入新华日报华北分馆出版

---

① 《王明诗歌选集（1913～1974）》，第 127 页。

② 原书无出版时间，根据书籍内容判断。

③ 原件无年代，此年代是编者根据内容判定的。见《中共中央抗日民族统一战线文件选编》下册，第 189 页。但这时王明已回延安，为什么还有发给他们的电报，需进一步研究。

的洛甫、王明等著《"防共"即是灭亡中国》，以及《前线丛书》之五。①对于这篇多次发表、转载的文章，王明没有制止，但后来的《写作要目》却说"此文系伪造的"。

同日　为《八路军军政杂志》创刊号题字。②

1月23日　在一个扩大干部会议上作《从六中全会到目前的国内外形势》的报告。报告共分三部分：（一）关于国际形势；（二）国内的形势；（三）日本帝国主义的变化。其中批评了国民党顽固派"死也不相信工农"等错误，但又辩解说，"中国军官带领着他们的军队到日本那方去反对中国的事情，是没有的。中国今天只有秦桧，是文汉奸，没有武汉奸"，还说"最近政治部主任陈诚公布了一个政治工作条例，如果按照那样去办就很好了"。

1月26日　参加中共中央书记处会议，讨论开展生产运动问题。会议还讨论了东北抗日联军问题，肯定了抗日联军的精神。毛泽东提出要使中央与东北抗日联军联系起来。张闻天提议，在中央下面组织东北工作委员会，由王明等负责。③

1月　国民党五届五中全会在重庆召开，蒋介石在开幕词中提出要清理国内问题，并在会上提出了"溶共"的主张，说"对中共是要斗争的，不好怕它"，"我融化共产党是一定做得到的"。在此次会议以后，国民党加紧了对共产党的斗争，国共关系发生重大转折。

会后不久，王明写了一个《国民党五中全会与国共两党现存关系问题》的报告提纲。提纲共分七部分：（一）国民党五中全会的意义；（二）国民党内对所谓"和平"结束中日战争的三种想法；（三）国民党在联共下所实行的防共以至溶共政策的内容；（四）国共磨擦之原因；（五）国民党对外对内政策实行的障碍；（六）我们的对策；（七）总结论。提纲分析了国民党五中全会后政策的变化及国共发生磨擦之原因，认为"抗战同时反共不可能的，但磨擦增加是必然的——暂时消长是相对的（斗争是绝对的，统一是相对的暂时的规律）"。我们的对策是：（甲）用一切力量继续抗战（揭露和说服和平幻想）；（乙）用一切力量巩固和扩大统一战线；（丙）思想上

---

① 〔日〕田中仁：《王明著作目录》，第107页。
② 〔日〕田中仁：《王明著作目录》，第107页。
③ 张培森主编《张闻天年谱》，第597～598页。

必要的反攻和方式；（丁）对民族国家统一等问题的态度；（戊）对三民主义与马列主义的态度；（己）巩固和扩大八路军新四军等革命军事力量；（庚）巩固和扩大党（教育与组织，秘密与公开）；（辛）爱护同盟者同情者；（壬）争取群众争取青年争取舆论；（癸）准备应付一切非常之事变。其总结论是："目前形势——主要的仍为抗战，和联共抗日，但和平妥协的企图加强，防共溶共的政策加紧，抗战及团结力量仍强大，一切决定于斗争，我们向既定的正确目标前进，困难虽多，可能克服，向前更复杂更艰苦的局面到来。"

2月1日 参加中共中央书记处会议，讨论职工大队问题。①

2月6日 中共中央书记处致电南方局并林伯渠，指出："因国民党五中全会决议对民主民生问题一无表示，对我党态度仍不甚好，且发指令各地对我党及八路军、新四军、陕甘宁边区采取进攻方针并增加磨擦对立，同时，前次参政会决议亦毫未见诸实行，对此次参政会我们应采取较冷淡态度，以促蒋及国民党反省，因此不仅王明不出席并提议吴老因病亦不必出席。"

2月8日 参加中共中央书记处会议，讨论华北、华中反磨擦问题，并在会上发言。②

2月10日 在《新中华报》以陈绍禹的名字发表《全国人民对于国民参政会第三次会议的希望》，说全国人民希望"国民参政会第三次会议，不仅继续贯彻反对汪精卫等汉奸降敌反蒋反共的阴谋，正式通过要求国民政府明令通缉汪逆等归案法办的决议，不仅一致拥护蒋委员长去年12月26日驳斥近卫声明的演讲所昭示的抗战到底的国策，动员全民族有生力量为贯彻此国策而努力奋斗；同时，更提出实行民权主义和民生主义的具体办法，以推进和保证抗日民族自卫战争的胜利"。同时还希望这次会议"不仅在决议方面能够满足全国人民的希望，而且能在会后真正求得决议的实行，避免前两次会议的'决而不行'的缺点"。

同日 为《新中华报》题词："向着全国模范报纸目标前进。"

同日 张君劢对王明1月15日在延安各界民众讨汪大会上的演讲写出

---

① 张培森主编《张闻天年谱》，第598页。
② 张培森主编《张闻天年谱》，第600页。

《答陈绍禹——延安演词中之附带质问》。①

2月12日 毛泽东和王明致电国民参政会秘书处并转蒋介石："因事不能出席本届参政会,特电请假。"②

2月13日 《新中华报》报道:毛泽东、陈绍禹有事不能出席国民参政会第三次会议,电渝请假。

2月16日 《新中华报》刊登关于《新中华报》改组召集的延安文化界座谈会记录,王明出席座谈会并讲了话。

2月中旬 在中共中央书记处会议上作关于国民党五届五中全会的报告。会议讨论了国民党五中全会和妇女工作问题,张闻天提议《共产党与妇女解放》一文由王明写。③

2月28日 参加中共中央书记处会议,讨论目前形势问题。④

3月4日 参加中共中央书记处会议,讨论陕北公学教育方针问题。⑤

3月8日 《解放》周刊第1卷第66期发表《共产党员和妇女解放运动》,谈为了动员和组织占人口半数的妇女参加抗战建国,我们党必须很快地在妇女工作方面从思想上、组织上、工作方法上进行坚决的转变。此文同时发表于4月14日的《新华日报》、《中国妇女》第3期,收入12月出版的《妇女运动的理论与实践》、解放社1940年7月出版的《抗日民族统一战线指南》第7册。

3月8日后 担任中共中央妇女工作委员会主任。

《传记与回忆》说:"1939年'三八'节后到1941年秋,王明同志曾担任过中共中央妇委主任。"

3月16日 以王明的名字在《新中华报》发表《在延安纪念马克思、孙中山晚会上的讲话》。

3月29日 参加中共中央书记处会议,讨论延安鲁迅艺术学院问题。⑥

4月5日 参加中共中央书记处会议,听取罗瑞卿关于抗大工作检查报告。⑦

---

① 时代文选社编《时代文选》1939年第2期。
② 逄先知、金冲及主编《毛泽东传(1893~1949)》下卷,第616~617页。
③ 《毛泽东年谱(1893~1949)》中卷,第127页;张培森主编《张闻天年谱》,第601页。
④ 张培森主编《张闻天年谱》,第602页。
⑤ 张培森主编《张闻天年谱》,第602页。
⑥ 张培森主编《张闻天年谱》,第604页。
⑦ 张培森主编《张闻天年谱》,第605页。

4 月 19 日　参加中共中央书记处会议，讨论陕西省委工作。①

4 月 26 日　参加中共中央书记处会议，讨论张闻天提出的关于国民精神总动员的第二次指示（草案）。②

同期　于延安作五绝《列宁风范》一首悼 H. K. 克鲁普斯卡娅和 M. N. 乌里扬诺娃。诗曰：

> 有幸亲承教，列宁若面聆。
>
> 先后皆永诀，老辈痛凋零。③

5 月 1 日　以陈绍禹的名字在《中国青年》第 1 卷第 2 期上发表《五四运动的二十年》一文，提出"知识青年与广大贫苦民众相结合，知识青年与先进思想和先进政党相结合，是战无不胜，攻无不克的力量"。

同日　《解放》杂志第 70 期刊登王明的题字。

5 月 4 日　参加中共中央书记处会议，讨论晋西北工作。④

5 月 7 日　《新中华报》发表延安各界精神总动员宣誓、纪念五一劳动节大会的消息，其中有王明在会上讲话的要点。

5 月 10 日　出席鲁迅艺术学院召开的周年纪念大会并作了讲演。

5 月 17 日　参加中共中央书记处会议，讨论宣传部工作。⑤

5 月 20 日　在中央干部教育部学习动员大会上作讲演，说明学习联共党史的重要意义。

5 月 28 日　《群众》第 3 卷第 2 期刊登王明的题字。

5 月 31 日　参加中共中央书记处会议，讨论形势问题。⑥

5 月　写出《抗日民族统一战线诸问题》，后摘录收入《两条路线》即《为中共更加布尔塞维克化而斗争》一书的补充材料——《王明论统一战线》。

后来，王明在留守兵团军事会议上作过《抗日民族统一战线诸问题》

---

① 张培森主编《张闻天年谱》，第 606 页。
② 张培森主编《张闻天年谱》，第 606～607 页。
③ 《王明诗歌选集（1913～1974）》，第 133 页。
④ 张培森主编《张闻天年谱》，第 607 页。
⑤ 张培森主编《张闻天年谱》，第 608 页。
⑥ 张培森主编《张闻天年谱》，第 610 页。

的报告，内容共分四部分：1.抗日民族统一战线的内容和特点；2.抗日民族统一战线与国共合作问题；3.抗日民族统一战线与磨擦问题；4.抗日民族统一战线与中国共产党。

这个报告是王明关于抗日民族统一战线理论的一个总结。其中有些方面表现了他思想上的进步，如基本正确地论述了抗日民族统一战线的内容、特点及与国共合作的关系，批判了国民党关于"一个主义，一个政府，一个领袖，一个党"的口号，认为"一个党"的口号就是破坏统一战线，指出国共之间的磨擦是不可避免的，国民党的磨擦是反动的，共产党的反磨擦是进步的，革命的；在统一战线中，共产党要在政治上组织上保有自己的独立性，"人不犯我，我不犯人，人若犯我，我必犯人"是"正确的原则"，"是非常必要的，没有这条，就是没有统一战线，而且只有这样，才是抗日民族统一战线的最正确最坚决的执行者"等。但是，其中仍有不少错误的观点和思想，如还在讲"一切为了统一战线，一切经过统一战线"，"是最标本的执行政策的办法"。在讲产生磨擦的原因时，说什么"进步与磨擦是分不开的，越进步越有磨擦，进步与磨擦是同时并进的。进步在客观上便是磨擦，譬如，国民党进步，他拉青年，在敌人后方工作发宣言，宣传政纲，这在客观上便产生了磨擦"；还说什么磨擦产生的原因是"因为他们只晓得升官发财，不顾国家民族利益，他们的生活是与共产党不相容的"，因此就产生了磨擦等。报告中虽然批评了国民党顽固派制造磨擦的行径，但又错误地认为，国民党执行的是"民族资产阶级的路线"，"自从发表了停止'剿共'后，也没有再'剿共'的人了"，国民党军队"不会再反人民反共产党了"，"现在所有国民党军队，共产党军队都在一起流血，不分彼此，共艰苦，共患难，以后要叫他们再自打自，谁还愿意呢"。

报告中还有一些错误观点，如说什么三民主义"是走向共产主义的必由之路"，"就是今天的中国具体化了的共产主义"，"共产主义包括了三民主义"；"现在可以把满族取消"；民族自决权在当时中国的环境中"是不适合了"等。

有人看了这个报告后在旁边写了很多批语，指出了王明的错误思想，例如在三民主义"是走向共产主义的必由之路"，"就是今天的中国具体化了的共产主义"等话旁，批有"除了王明之流，谁信仰三民主义？说三民主义就是今天中国具体化的共产主义？这完全是叶青思想"；在"越进步越有磨擦"一段话旁批有："这不仅是错误的，而是为国民党制造的反共理论根据。共产党说：国民党反共是投降的准备。王明说：国民党反共是进步的必然，共产党是国民党进步的障碍。"

同月　新中国出版社出版陈绍禹、徐特立等著《托派在中国》。

春夏之际　有人说看见王明"时常独自漫步街头，也不带一名警卫，低着头，不发一言地，沉重的脚步声中若有所深思"。①

6月1日　出席抗大成立三周年纪念大会并作讲演，同时以王明的名字在《中国妇女》第1卷第1期上发表《论妇女解放问题》，后收入12月出版的《妇女运动的理论与实践》，1940年出版的王明著《论修养》，1945年3月出版的《抗战以来妇运文件选集》。②

6月2日　《新中华报》载：延安青年记者协会举行第二次会员代表大会，王明冒雨讲话，提了三点要求。

6月6日　《新中华报》发表王明写的代论《反共是日寇汉奸和投降派的阴谋》，指出"反共在日寇口中成了灭华的代名词，在汉奸口中成了卖国与投降的卖身契"，"反共是投降派的阴谋，反共是投降派的准备"，"时局的最大危险，就是妥协投降的可能"。文章驳斥了反共的主张，批评了轻视反共、对反共坐视不理、不偏不倚的种种错误态度，揭露"有些人一方面仍想继续抗战，另方面又想进行反共，幻想抗战与反共可以同时并行"，呼吁他们"及早回头"。文章指出："要抗战建国，就必须联共，要反共，结果就只能卖国投降，中间的道路是没有的。每个中国人，只能在这两条道路中选择一条。"恳切希望主战派的朋友认清反共与投降问题之间的有机联系，"为坚决抗战而起来打击那些以反共去准备投降的阴谋分子"。此文同时刊载于《解放》第73期，后收入8月10日出版的《时论丛刊》第5辑，解放社1940年7月出版的《抗日民族统一战线指南》第7册。

6月8日　参加中共中央书记处会议，讨论保卫边区问题。③

7月3～4日　参加中共中央政治局扩大会议，讨论中共中央为纪念抗战两周年对时局宣言和致国民党书等文件。会议决定"致国民党书"由"毛、（王）明、周三人起草，恩来为主"。④

7月5日　郭沫若之父郭朝沛逝世，王明与毛泽东、秦邦宪、吴玉章、

---

① 司马璐：《斗争十八年（节本）》，第88页。
② 〔日〕田中仁：《王明著作目录》，第109～110页。
③ 张培森主编《张闻天年谱》，第611页。
④ 张培森主编《张闻天年谱》，第612页。

林伯渠、董必武、叶剑英、邓颖超合送挽联："先生为有道后身，衡门潜隐，克享遐龄，明德通玄超往；哲嗣乃文坛宗匠，戎幕奋飞，共驱日寇，丰功勒石励来。"①

7月7日 以王明的名字在《新中华报》、《新华日报》发表《坚持抗战国策克服投降危险》。文章指出武汉被占领后，日寇"主要的是着眼于逼诱中国投降"，因此，"全中国人民当前的紧急任务，就是坚持抗战到底国策，克服妥协投降危险"。但是文章对抗战时间的估计是过于乐观的，谈抗战一般地来说，"大概要4年左右"，"因为根据第一次世界大战的经验，没有一个帝国主义国家能坚持4年以上而不发生社会主义革命或经济破产的，而日本帝国主义的国内力量和国际环境更无法支持长期的战争，我们已经抗战两年，我们差不多已走了整个抗战和取得胜利道路的一半"。此文同时发表于《解放》周刊第75、76期合刊，《群众》周刊第3卷第8、9期合刊，《新华日报》（华北版）号外第4期；并收入7月出版的王明著《当前时局最大的危机》，8月10日出版的《时论丛刊》第5辑，1940年6月出版的《统一》杂志第7期，以及《抗日民族统一战线指南》第7册。②

同日 在抗战两周年纪念会上讲话，指出投降是目前主要危险，"反共"是投降的准备。7月11日的《新中华报》以王明的名字发表了他的《在抗战两周年纪念会上的讲话——投降是目前的主要危险，"反共"是投降的准备》。

同日 廖承志就香港政府压迫抗日言论及请示在菲律宾等地建立办报据点事致电王明、洛甫。③

7月20日前 中国共产党在延安创办中国女子大学。当时在中共中央分管妇女工作的王明被任命为女大校长。据《王明诗歌选集》一书中的注解说，这年春天，他就应女大校友会主席丁雪松等之请，并根据她的意思作了一首歌词，经冼星海修改和谱曲后，就作为《延安中国女子大学校歌》发给了女大同学。这首校歌的歌词是：

我们是妇女先锋，我们是妇女榜样。

---

① 星村：《郭沫若的女性世界》，第284页。
② 〔日〕田中仁：《王明著作目录》，第110页。
③ 《八路军新四军驻各地办事机构》第4册，第743页。

来自不同的四面八方，在女大亲爱地欢聚一堂。

女大是我们的母亲，比母亲更慈祥。

女大是我们的太阳，比太阳更光亮。

要努力学习革命方法，学习理论武装，

学习职业技能，学习道德修养。

我们要深入农村工厂，

我们要英勇地走上战场。

一个个锻炼得如铁似钢；

一个个锻炼得如铁似钢！

争取民族社会和妇女的解放！①

7月20日　在中国女子大学开学典礼上作报告。报告共分四部分：1. 为什么要创办女大？2. 女大需要培养什么样的干部？3. 女大现状。4. 女大能否完成任务？主要是说明女大举办的意义、宗旨和介绍女大的情况。他说，为什么要创办女大？第一个原因是为了适应抗战建国大时代的需要，第二个原因是根据妇女运动的特点，第三个原因为的是使中国妇女运动起一个历史的转变，第四个原因是为的特别提高妇女的地位。女大需要培养什么样的干部？他说，从女大的简章、校训、校歌所标明的宗旨和方向看来，"一般地讲，女大要培养的是为民族解放为社会解放为妇女解放而奋斗的妇女干部。特殊地讲，女大要培养的是能在抗战建国时代忠诚献身于妇女解放运动的妇女干部"；其次，"就是女大培养出来的干部，不仅在革命工作革命事业方面是优秀的妇女代表，而且在个人生活家庭生活方面，也应当是新时代的新女性"。总而言之，女大培养出来的人才，应当具备两方面的特点："一方面，她们是不依赖男子，有独立人格，独立生活，独立工作，独立斗争的能力的革命女性"；"另方面，她们是新时代的新贤妻新良母新孝女的模范。凡是女性，差不多都要经过女儿、妻子、母亲这三个阶段。所以，新时代的妇女，应当在社会事业社会生活中是先进革命的战士，在个人生活家庭生活中，是高尚模范的人物"。关于女大的现状，他说学生人数将近500人，一般生活如衣食住行与延安其他学校没有什么差别，与他们一样很艰苦，各方面还有很多的困难和缺点，课程一般地分为必修与选修两种，教育

---

① 《王明诗歌选集（1913～1974）》，第128页。

方法是"理论与实践的统一，集体学习与个人专修并重"。最后他说，女大是中国共产党创办的学校，它有着共产党的坚定的政治方向和艰苦的工作作风，一定能克服一切困难，它有中共中央领导的热烈关心和各方面的爱护与帮助，经过本校工作人员和全体学生的努力，女大的成功是有保证的，定能完成任务的。此报告发表于 8 月 8 日《新中华报》及 8 月 31 日出版的《中国妇女》第 1 卷第 3 期，① 以及 7 月 29 日出版的《新华日报》（华北版）号外第 11 期；并收入 12 月出版的《妇女运动的理论与实践》。②

《传记与回忆》说：王明同志自己在女大教联共党史时，除马列主义研究会的人以外，"所有边区领导人——西北局、边区政府、中央各机关工作人员等都去听课。直到毛泽东搞'整风'，才只准学毛泽东思想了"。

李逸平在延安整风中写的一份材料说，王明说"要从女大出现几十个卢森堡"。

一份题为《王明及小孟（庆树）的材料》说：王明把女大的校风规定为"紧张的学习，活泼的生活，互助的作风，高尚的品德"，而且最强调道德。但王明实际上最不尊重女同志，遇有机会他就调戏女同志，被他调戏的就有五六个人。

8 月 1 日　出席延安各界人士追悼平江惨案遇难烈士大会。③

8 月 2 日　参加中共中央政治局扩大会议，讨论对国民党一届四次国民参政会的态度问题。周恩来主张王明、林伯渠出席会议。④

8 月 4 日、6 日、9 日、11 日、14 日、15 日　参加中共中央政治局会议，听取周恩来作关于两年抗战和国内外时局的长篇报告。⑤

8 月 7～12 日　刘少奇在延安马列学院作《论共产党员的修养》的演讲，其中包含了对王明等人的批评。⑥

8 月 13 日　出席陕甘宁边区学联第一次代表大会并作讲演，该讲演后以王明的名字发表于 8 月 18 日《新中华报》第 56 期，题为《在陕甘宁边区学生救国联合会第一次代表大会上的讲话》。

---

① 参见《中国妇女运动历史资料 1937～1945》，第 152～162 页。
② 〔日〕田中仁：《王明著作目录》，第 111 页。
③ 徐则浩：《王稼祥年谱》，第 225 页。
④ 《周恩来年谱（1898～1949）》，第 446 页。
⑤ 张培森主编《张闻天年谱》，第 614 页；《周恩来年谱 1898～1949》，第 446 页。
⑥ 有的论著说刘少奇立即受到毛泽东的赏识。高华：《红太阳是怎样升起的——延安整风运动的来龙去脉》，第 189 页。

8月16日　参加中共中央政治局会议，讨论党的第七次代表大会、党的工作路线、陕甘宁边区等问题。①

8月18日、19日　参加中共中央政治局会议，听取博古关于南方党的工作报告。②

8月20日　在《解放》周刊第81期以王明的名字发表《为死者求冤》。

同日　《解放》第81期刊登陈绍禹的题字。

8月21日、22日　参加中共中央政治局会议，听取张鼎丞关于新四军与东南党的工作报告。③

8月23日　参加中共中央政治局会议，讨论连日来政治局会议上的报告。④

9月1日下午2时　印度国大党领袖尼赫鲁于8月23日抵渝，王明与秦邦宪、林伯渠、吴玉章等人前往拜访，双方会谈约两三个小时，就中国抗战情况、中国反帝民族斗争与内部阶级关系、国共合作及各党派合作情形、苏德协定与对欧洲远东影响等问题交换了意见。⑤

9月4日下午2时　尼赫鲁特约王明与秦邦宪会谈。双方就印度民族在此次欧战中间采取的态度、中印两大民族共同求解放、加强中印两大民族联合等问题交换了意见。会谈诚恳坦率，气氛融洽。⑥

9月5日　在《新中华报》、《新华日报》以王明的名字发表《在欢迎尼赫鲁大会上的欢迎词》。

9月6日　作为名誉主席团成员参加延安各界青年纪念国际青年节大会。

9月7日　《新华日报》刊登王明9月6日的题字。

9月8日　包括陈绍禹在内的中共七参政员合写《我们对于过去参政会工作和目前时局的意见》，认为在目前新的急剧变化的国内外局面之下，"全中国人民当前紧急任务，就是明确认清新的国内外情势之各种特点及各种可能的发展趋势，坚持抗战到底国策，反对中途妥协危险，力求全国团结

---

① 张培森主编《张闻天年谱》，第615页。
② 张培森主编《张闻天年谱》，第615页。
③ 张培森主编《张闻天年谱》，第615页。
④ 张培森主编《张闻天年谱》，第616页。
⑤ 吴葆朴、李志英：《秦邦宪（博古）传》，第324页。
⑥ 吴葆朴、李志英：《秦邦宪（博古）传》，第324页。

加强，反对各种分裂阴谋，力求全国向前进步，反对一切反动倒退现象"；同时抓住有利时机，争取外援，"以便克服一切危险，冲破一切困难，增加力量，准备反攻"。为了达此目的，意见书从政治、军事、经济、财政、外交、党派合作六个方面提出了具体意见。① 此文载于 9 月 9 日《新华日报》、10 月 3 日《新中华报》、《解放》第 86 期、《新华日报》（华北版）第 133 期、《抗战报》第 97 期，收入《抗日民族统一战线指南》第 9 册和 1942 年 7 月出版的《抗战以来重要文集汇集》。②

9 月 9~18 日　国民参政会第一届第四次会议在重庆召开，王明参加了这次会议，与董必武等提出《请政府明令保障各抗日党派合法地位案》，③强烈要求国民党政府取消各种政治压迫行为，保障各抗日党派的合法权利。黄炎培日记记载此会辩论激烈情形："你起我立，火并似的舌战，没有一分一秒的停止。"同时，各进步民主势力的参政员也纷纷要求国民党结束党治，实施宪政，使得要求实行宪政成为会议上最强烈呼声。会议合并审查讨论通过了《召集国民大会实行宪政案》，明确要求政府明令定期召集国民大会，制定宪法，实行宪政。④

开会期间，王明与博古等人曾会见梁漱溟。梁漱溟在《一个英雄两个恶人》中说："当时在曾家岩五十号出席者有陈绍禹及秦邦宪、吴玉章、董必武、林伯渠诸公。我先述说各地见闻实况，秦执笔记录甚勤，而对面问答交谈者唯陈一人，诸老者均静默不发一言。我主要指陈在山东等地两党军队（正式军和游击队）互相火并情形，大局极为可虑。我切挚地说，为杜绝爆发内战，必实行军队国家化而脱离党派关系。陈问我：你的主张和国民党方面谈过吗？他们有什么表示？我答：他们总说我用心虽好，事实恐难以办到。于是，陈就说：他们若能办到，我们亦必照办。——谈话至此终止。"⑤

有的论著说："为了防范王明与苏联和外界联系，毛还严格限制王明前往重庆出席国民参政会。只是因为得到周恩来的支持，王明才出席了 1939 年 9 月在重庆举行的国民参政会第一届第四次会议，而在这以后，王明就再

---

① 曹仲彬、戴茂林《王明传》附录《王明著述目录索引》说这个意见刊登于 7 月 5 日的《新华日报》，有误。
② 〔日〕田中仁：《王明著作目录》，第 111~112 页。
③ 孟广涵主编《国民参政会纪实》上册，第 581~682 页。
④ 参见韩剑飞编著《中国宪政百年要览 1840~1954》，第 224 页。
⑤ 《梁漱溟全集》第 7 卷，第 434~435 页。原文未谈具体时间，估计是王明等在重庆参加参政会期间。

没有去过重庆。"①

9 月 10 日　中共中央接到共产国际关于第二次帝国主义战争与共产党的政治路线的指示电。第二天，中共中央书记处致电陈绍禹、博古、凯丰，表示同意共产国际指示，指出中国共产党过去所采取的方针与国际指示是一致的。

9 月 12 日　包括陈绍禹在内的中共七参政员，每人捐资 50 元，电慰香港反汪罢工工人。②

9 月 13 日　周恩来到莫斯科做手术和治疗，带去王明给季米特洛夫的信。③

9 月 20 日　在《新华日报》工作人员会上作《目前国内外形势与参政会第四次大会的成绩》的长篇报告。报告共分三部分：1. 参政会第四次大会的政治环境和政治任务；2. 参政会第四次大会的成绩和意义；3. 全国人民今后应有之努力。报告认为当时的国内外形势是："急剧变化的国际形势，全力对华的敌寇政策，战降斗争的紧张局势。"报告指出抗战营垒内部还暗藏有主降派的妥协分子，他们用"散布对抗战悲观失望的情绪"，"挑拨国共两党的关系及尽力分裂国内民族团结"，"尽力作反共的言论和行动"等，来达到破坏抗战与对敌投降的阴谋，因此对他们"不能不力加反对"。报告还指出，为加强抗战建国力量，"必须拥护政府坚持抗战到底的国策——必须用一切力量反对敌寇汪逆招降的阴谋"等。④ 这个报告以陈绍禹的名字发于 9 月 20《新中华报》第 75 号，9 月 28 日《新华日报》，《解放》周刊第 89 期，《抗敌报》第 103 期，香港时论编译社于 10 月、上海先行出版社于 11 月、解放社于 12 月分别出版了单行本，并收入 1940 年 7 月出版的《抗日民族统一战线指南》第 9 册。⑤

---

① 高华：《红太阳是怎样升起的——延安整风运动的来龙去脉》，第 220 页。
② 《毛泽东年谱（1893～1949）》中卷，第 155 页。
③ 《季米特洛夫日记选编》，第 100 页。有的论著说："1938 年 11 月中共六届六中全会闭幕后不久，周恩来看到毛泽东已获莫斯科的'承认'，随即开始调整与毛的关系，其最重要的步骤就是与昔日关系紧密的王明迅速拉开距离。"高华：《红太阳是怎样升起的——延安整风运动的来龙去脉》，第 227 页。
④ 《中共中央文件选集》第 11 册，第 143～158 页。
⑤ 〔日〕田中仁：《王明著作目录》，第 112～113 页。

9 月 28 日　李克农就白崇禧作国际问题报告及我之对策致电王明、博古。①

9 月　毛泽民到乌克兰共和国著名的旅游和疗养胜地雅尔塔休养，按照季米特洛夫要他写一份全面反映中国共产党工作情况的报告的要求，写出了题为《读后感》的汇报材料，其中几乎用了三分之二的篇幅，重点历数了"左"倾错误路线给中共带来的教训。他重点剖析了"立三路线"产生的背景和基础，一针见血地戳穿了由米夫和王明一手操纵的党的六届四中全会反对"立三路线"的真正立场，认为正是在四中全会新的"左"倾路线的指导下，在 1932 ~ 1935 年这一时期，党不仅没有清除盲动主义和立三路线，相反，某些忠于错误路线的人仍然掌握着党的高层领导权，由此带来一系列沉痛的教训。在《关于对某些事实的造假和歪曲》一节中，毛泽民驳斥了王明在联共（布）十七大上关于红军反"围剿"中缴获、俘敌以及中共党员等极端夸大了的数字，最后得出如下结论："我不知道王明同志从何处得到的这些材料。如果这些材料的依据是上海党组织的报告，那么，这些材料毫无疑问是虚假的，是不可信的，因为上海党组织当时被叛徒李竹声控制。如果是这样，王明同志是被叛徒欺骗了。""如果王明同志被欺骗了，那么他也欺骗了曼努伊尔斯基同志，因为曼努伊尔斯基同志在他的报告中说，他是根据王明同志提供的材料写的。""总之，中国共产党的代表和共产国际执行委员会都被李竹声这个坏蛋欺骗了。除此之外，别无解释！"②

10 月 6 日　《新华日报》刊登陈绍禹、秦邦宪、董必武、林祖涵、吴玉章、叶剑英、吴克坚等人写的《哀悼吴志坚同志》。

10 月 18 日　叶青撰写《与陈绍禹论民主问题》，认为陈绍禹的《目前国内外形势与参政会第四次大会底成绩》的"错误之多与其字数之多成为比例。为了纠正纷歧与错误的思想，不能不予以批评"。③

10 月 19 日　在重庆各界代表大会上代表中共中央作《在鲁迅先生纪念会上的演词》，第二天以陈绍禹的名字《新华日报》上发表，同时发表于《群众》第 5 卷第 15、16 期合刊。其中说："鲁迅先生是一个伟大的文学家，一个天才的政论家，一个坚强不屈的革命战士，一个忠实模范的青年导

---

① 《八路军新四军驻各地办事机构》第 4 册，第 294 页。
② 耕山、周燕：《清算王明错误路线的斗争从莫斯科开始》，《党史博览》2010 年第 1 期。
③ 《时代精神》1939 年第 4 期。

师，同时，因为鲁迅先生不但是中华民族的灵魂和光荣，而且是世界文化和人类解放事业中的一颗巨星。"①

10 月　明明书店出版毛泽东、王明的《抗日战争的新阶段》。②

秋　于重庆作七绝《让他"死不瞑目"（评蒋介石与中共代表团谈的"肺腑之言"）》、七律《小官僚（听友人说国民党中央党部一机关故事随笔)》、七绝《过留侯庙》。③

11 月 4 日　李立三出狱。

有的著作说：王明曾向苏共中央提出，要把李立三流放到荒凉的西伯利亚去，欲置李立三于死地。幸亏当时周恩来帮说话，李立三才得以留在莫斯科。但是李立三在莫斯科没有户口（当时苏联当局规定，凡坐过牢的人，户口必须迁出莫斯科 101 公里以外），没有了党籍，没有职务，没有正式的工作，不得不靠写文章、翻译文学作品挣些稿费维持生活。④

11 月中旬　在中共中央政治局会议上作关于国民参政会一届四次会议的报告。⑤

ll 月 24 日　与毛泽东、张闻天、王稼祥、康生等共同发起延安各界宪政促进会，并于这天召开发起人会议。⑥

11 月下旬　参加中共中央政治局会议，听取彭德怀作的关于华北工作报告。⑦

11 月　作七绝《谒黄帝陵》。⑧

12 月 5 日　新四军第四师《拂晓报》出版百期纪念特刊，毛泽东、刘少奇、陈绍禹，王稼祥、滕代远、张闻天、谭政、徐海东等题词鼓励。⑨

---

①　中国社会科学院文学研究所鲁迅研究室编《鲁迅研究学术论著资料汇编》第 2 册（1936～1939），中国文联出版公司，1986，第 1164～1165 页。

②　〔日〕田中仁：《王明著作目录》，第 113 页。

③　《王明诗歌选集（1913～1974)》，第 132、134、137 页。

④　李思慎、刘之昆：《李立三之谜：一个忠诚革命者的曲折人生》，第 249 页。

⑤　徐则浩：《王稼祥年谱》，第 233 页。

⑥　徐则浩：《王稼祥年谱》，第 234 页；《陈云年谱》上卷，第 262 页。

⑦　张培森主编《张闻天年谱》，第 622 页。

⑧　《王明诗歌选集（1913～1974)》，第 138 页。

⑨　王克：《〈拂晓报〉创刊在竹沟——记述在河南的艰苦岁月，河南省革命印刷史研究会编《河南革命印刷史料》第 1 辑，第 42 页。《彭雪枫边打仗边办报〈拂晓报〉在农舍诞生》说是夏天，见"中国网"（http：//www.china.com.cn/military/txt/2009－06/29/content_18033013_2.htm）2009 年 6 月 29 日。

12月9日 在《新中华报》以陈绍禹的名字发表《促进宪政运动努力的方向》一文，指出各界同胞注意的是召集国民大会、制定宪法、实行宪政三大问题，国民参政会第四次大会虽作出了这些决议，但"把现实的中国变为实行宪政的中国，还有待于全国各界男女同胞促进宪政运动的坚强不屈百折不回的努力"。此文同时发表于《新华日报》（华北版）第156期、《大众日报》第101期、《抗敌报》第112期、《解放》周刊第93期、《群众》周刊第4卷第5期、1940年3月9日的《新华日报》，后收入抗敌报社1940年5月出版的《宪法问题指南》、解放社1940年8月出版的《抗日民族统一战线指南》第10册等。①

同日 作为名誉主席团成员参加延安各校学生及青年团体召开的"一二·九"四周年纪念大会，并在会上作《"一二·九"四周年》的讲演，指出一二·九运动的重大意义，"今后中国青年所应该努力的方向，也就是中国共产党所奋斗的目标"，在今天"就是在坚持抗日民族统一战线政策，坚持国共合作方针之下，拥护蒋委员长，实行坚持抗战到底，反对妥协投降；坚持国内团结，反对内部分裂；坚持向前进步，反对向后倒退"，"目前实行这种正确政治主张的中心枢纽，就是展开促进宪政的群众运动"。这个报告以王明的名字发表于12月16日《新中华报》，1941年1月15日出版的《中国青年》第2卷第3期。

12月20日 在《中国妇女》第1卷第7期以王明的名字发表《中国妇女与宪政运动》，后收入1945年3月出版的《抗战以来妇运文件选集》。

同日 出席延安各界举行的庆祝斯大林60寿辰的盛大集会，并作了《论斯塔林——为庆祝斯塔林同志六十大庆在延安干部会上的报告》，以王明的名字全文刊载于12月30日《新中华报》。报告共分八部分：1.职业的革命家的模范；2.十月革命的英雄；3.伟大列宁的忠实战友；4.马列主义的发扬光大者；5.建设社会主义和共产主义的元勋；6.联邦共产党和共产国际的领袖；7.民族殖民地问题的专家，中国革命的挚友；8、全人类解放的旗帜。

12月25日 在延安自然科学研究院召开的自然科学讨论会开幕式上作长篇讲话。1940年1月6日，《新中华报》以王明的名字刊登了他的这篇讲话，题为《在自然科学讨论会上的讲话》。

---

① 〔日〕田中仁：《王明著作目录》，第114页。

同日 在边区政府召开的古从军追悼会上致悼词，悼词以王明的名字全文发表于 1940 年 1 月 6 日《新中华报》。

12 月 28 日 在抗大三分校作关于宪政问题和目前形势的报告。

年末 周恩来在向季米特洛夫汇报时曾谈到王明回国后的表现。

据师哲回忆："1939 年末，周恩来到了莫斯科，有一次同季米特洛夫的谈话中，季米特洛夫问周恩来：王明回国后的表现如何？同毛泽东的关系如何？周恩来回答说：不够好，甚至有一个时期，王明跑到武汉去，拉了一部分同志，企图组织自己的班底，另立中央。季米特洛夫立即严肃地说：'王明回国前，我们再三告诫他：不要以为自己是国际执委会成员，又是书记之一，就可以翘尾巴，不听党领导的话，把自己凌驾于党中央、毛泽东之上。须知，他（指毛泽东）才是在人民群众中，在实际斗争中成长起来的，所以他才是中国人民、中国革命和中国党的真正领袖，而绝不是别人。希望王明回国后放下架子，尊重毛泽东，服从党的统一领导。我和斯大林都这样告诫过他，可是他竟然不听我们的劝告，这使人很失望。他，看起来是个精灵的人，为什么在实际活动中又这么愚蠢呢？'"①

年底 作口语体五律《新民主主义论（评毛泽东这篇论文的根本错误)》，内容是：

> 新民主主义，理论自托陈；
> 资革成功后，资行社不行。
> 苦心劝其改，怒意流于形。
> 列义被修正，前途迷雾存。②

在此前后 就关于《新民主主义论》问题致信毛泽东，"批评他关于中国革命性质和阶段问题的错误"。③

本年 为纪念八路军一二九师 1937 年 10 月 19 日夜袭日寇阳明堡机场两周年，作七绝《火烧阳明堡》一首，并于重庆红岩嘴一小庙中作《寻见

---

① 师秋朗整理《峰与谷——师哲回忆录》，第 213 ~ 214 页；参见《在历史巨人身边——师哲回忆录》，第 141 ~ 142 页。
② 《王明诗歌选集（1913 ~ 1974)》，第 139 页。
③ 《写作要目》。

丹桂》七绝一首。①

本年 在《共产国际》俄文版第 6 期发表《反对中国人民的叛徒》。据《写作要目》说，王明这年还曾写《中共代表团与蒋介石关于国共关系的一次最重要的谈话》的笔记。

1940 年　36 岁

1 月 4 ~ 12 日 陕甘宁边区文化协会举行第一次代表大会，王明写了"全中国文化界团结起来为创造中华民族新文化而奋斗，为中国人民解放事业而奋斗"的贺词，并报告了文化界统一战线问题。他在会上被选为执行委员。

1 月 11 日 为 2 月 7 日出版的《中国工人》创刊号题词："工人阶级只有在其先锋队共产党领导之下才能成为民族解放和社会解放事业的领袖。"

1 月 11 ~ 4 月 21 日 参加政策研究会对七项政策提纲（即文化教育政策、劳动政策、财政经济政策、土地问题和合作化政策、锄奸政策、"三三"制政权建设政策）的研讨。②

1 月 15 日 《中国妇女》第 1 卷第 8 期发表王明的《一九四〇年的展望》。

1 月 16 日 参加陕甘宁边区第二届农工展览会开幕式并发表演讲。2 月 3 日的《新中华报》以王明的名字发表了他的《在陕甘宁边区第二届工农展览会上的讲话》。

1 月 17 日 参加延安妇女界宪政促进会成立大会并讲话。

同日 《新中华报》刊登曹禺《日出》在延安上演的报道："《日出》在延安公演八天。中共领袖毛泽东、王明、洛甫等同志对于原作者曹禺先生备极赞扬。"③

1 月 17 日 ~ 2 月 4 日 陕甘宁边区第一届参议会第一次会议在延安召开，毛泽东、王明、洛甫、陈云、康生、王稼祥等到会讲话。④

1 月中旬 共产国际执委会开会讨论中国问题。周恩来将他起草的长达

---

① 《王明诗歌选集（1913 ~ 1974）》，第 135、136 页。
② 张学新主编《任弼时传》，第 458 ~ 459 页。
③ 张培森主编《张闻天年谱》，第 627 页。
④ 中共盐池县党史办公室编《陕甘宁边区概述》，第 54 页。

5 万多字的《中国问题备忘录》向共产国际进行了详细的宣讲，同时向共产国际汇报了中共干部问题，以及中共七大的召开时间及人事安排，等等。当听到周恩来报告中提到"七大组织报告由王明同志作"这件事以后，毛泽民立即提笔给季米特洛夫写信，言简意赅地提出三点书面意见。他认为，由王明作七大组织报告是不妥当的，"因王明同志从未做过中国党的组织工作"，"也不参加中国党的实际工作"，"如果他作组织报告，恐如在国际七次大会、联共（布）十七次大会中的演词一样，成为漂亮的外交式的演词，这是不应该的"。毛泽民建议，最好由周恩来同志作统战工作报告，由做了几年实际工作的洛甫同志作组织工作报告。①

1 月 20 日 以王明的名字在《新中华报》刊登《论文化统一战线问题——在陕甘宁边区文化协会第一次代表大会上的讲话》，其要点是：1. 为什么共产党在目前这个环境下提出了创造中华民族新文化与建立全国文化统一战线的问题；2. 文化界统一战线的范围与目标；3. 关于自然科学与社会科学统一的问题；4. 边区文化界怎样在全国起核心作用与模范作用。在谈到创造中华民族新文化时，报告说就是要创造一种中国人自己的文化，形式是民族的，内容是民主的，基础是科学的，服务对象是大众的文化。

1 月 24 日 参加中共中央书记处会议，讨论 1940 年边区财政经济问题。②

2 月 1 日 作为大会主席团成员出席延安民众讨汪拥蒋大会，与毛泽东等发出《延安民众讨汪拥蒋大会通电》，刊载于《新中华报》第 184 期、《新华日报》（华北版）第 156 期、《解放》第 98、99 期合刊，并收入 1942 年 7 月出版的《抗战以来重要文件汇集》。

2 月 3 日 与毛泽东、林祖涵、吴玉章为"华北视察团"事联名致电国民参政会，指出由张君劢等组成视察团，完全是出于国民党的主张，他们"对于视察事项所搜材料及所作结论，必属偏私害公，殆无疑义。该团之与特务机关配合行动，尤属事有必至"，从而揭露了这一视察团的组成及其真面目。2 月 9 日的《新中华报》、2 月 20 日出版的《解放》周刊第 98、99 期合刊均刊登了这一电文。

2 月 6 日晚 作为大会主席团成员出席延安举行的二七惨案 17 周年纪

---

① 耕山、周燕：《清算王明错误路线的斗争从莫斯科开始》，《党史博览》2010 年第 1 期。
② 张培森主编《张闻天年谱》，第 627 页。

念大会。

2月7日　在《新中华报》第103期以王明的名字发表《力争时局好转克服时局逆转》一文。文章提出了《新中华报》和《解放》周刊目前努力的方针、达此目的的基本办法、中国共产党扩大抗战进步力量和抵抗投降退步力量的十大任务，这十大任务是：第一，开展广大的反对日汪密约反对汉奸国贼的运动；第二，用全力巩固和扩大全国党政军民学各方面的抗日民主的统一战线；第三，广泛地开展宪政运动，力争民主政治；第四，"坚决抵抗投降派反共派顽固派的磨擦进攻——在'人不犯我，我不犯人，人若犯我，我必犯人'的正确自卫原则下，对投降派反共派顽固派的一切磨擦，坚决实行反磨擦，对投降派反共顽固派的任何进攻，坚决实行自卫"，"对他们的反磨擦和还击，实际上是坚持抗战巩固团结推动进步的必要方法"；第五，大大地发展抗日民众运动，"尤其要注意动员和组织广大的抗日知识青年和知识分子，使他们深入民众"，"深入武装斗争，与游击战争及抗日军队相结合，以孤立和打击一切投降派反共派顽固派分子"；第六，改善工农劳苦民众生活，提高他们的抗战热忱；第七，建立、巩固和扩大各处抗日根据地，还没有建立的地方必须努力建立新的抗日根据地，在所有根据地中必须普遍建立起抗日民主政权；第八，巩固和扩大坚持抗战的全国进步军队；第九，广泛发展抗日的文化运动；第十，在思想上政治上组织上更加巩固和扩大共产党。此文还发表于《八路军军政杂志》第2卷第2期、《解放》周刊第100期、《抗敌报》第127期、《新华日报》（华北版）第195期，并收入3月出版的王明著《相持阶段中的形势与任务》。①

2月8日　作为主席团成员出席八路军总政治部给新疆归来的200余名指战员等举行的盛大欢迎会，并讲话。

2月9日　与毛泽东等为"华北视察团"事再次致电国民参政会秘书处。②

2月20日　延安各界宪政促进会举行成立大会，王明被选为名誉主席团成员和促进会理事。③

---

① 〔日〕田中仁：《王明著作目录》，第116～117页。
② 曹仲彬、戴茂林：《王明传》，第451页。
③ 朱敏彦等主编《中国共产党80年事典》，第318～319页。

2 月 25 日　陈郁回到延安，对王明那套理论不以为然。

袁溥之回忆说："陈郁回延安后，在党校学习。当时，王明还是以共产国际的'钦差大臣'自居，经常口若悬河、哗众取宠作报告，很能迷惑一些青年。当时，鲁迅艺术学院就常有一些学生，从桥儿沟跑很远的路到女大去听王明的报告，听完报告回家天都快亮了，有个别人甚至还叫出'王明万岁'来。陈郁从自己的革命实践和切身体会中，深知王明的那套理论是完全不符合中国革命的实际的。"①

2 月某日　参加中共中央书记处会议，讨论是否出席即将召开的国民参政会一届五次大会问题。②

2 月　周恩来在共产国际期间，向季米特洛夫陈述中国革命的情况和王明的错误。③

3 月 8 日　作为主席团成员出席三八妇女节纪念大会并发表讲演。3 月 29 日的《新中华报》发表了这个讲话。

3 月 9 日　《新华日报》发表王明撰写的"代论"——《促进宪政运动努力的方向》，提出各界同胞在促进宪政运动中应注意召集国民大会，制定宪法及实行宪政的问题，呼吁要真正实行民主政治的宪政。

3 月 19 日　抗大三分校为第五期学员一、二大队同学举行毕业典礼，欢送同学上前线，王明到会提出了三点要求。

同日　在延安三版他的《为中共更加布尔塞维克化而斗争》一书，并在"三版序言"中说："我们党近几年来有很大的发展，成千累万的新干部新党员，对我们党的历史发展中的许多事实，还不十分明了。本书所记载的事实是中国共产党发展史中的一个相当重要的阶段，因此，许多人要求了解这些历史事实，尤其是延安各学校学习党的建设和中共历史时，尤其需要这种材料的帮助。"并说"不能把昨日之是，一概看作今日之非；或把今日之非，一概断定不能作为昨日之是"。④

胡乔木在 1990 年、1991 年《关于党的历史文献的编辑和批判第三次"左"倾路线的九篇文章》的谈话中说："王明在延安时，重印了他在 1930 年写的《为中共更加布尔什维克化而斗争》。这样一来，王明究竟是个什么

---

①　《一生保持工人本色的共产党员》，该书编写组编《回忆陈郁同志》，第 53 页。

②　张培森主编《张闻天年谱》，第 629 页。

③　《周恩来年谱（1898～1949）》，第 452 页。

④　《王明言论选辑》，第 114、115 页。

人，他搞的一套究竟是对还是错，就成了一个问题了。这就要算历史账，才能搞清楚。这样才开始编《六大以来》。"①

逄先知、金冲及主编的《毛泽东传（1893～1949）》下卷评论说："这是一个挑战性的行动。应该怎样看待党的历史上的路线是非这个问题，便更迫切地摆到中共中央面前。"于是，"毛泽东就从一九四〇年下半年开始，亲自主持收集、编辑和研究中国共产党在六大以来的主要历史文献。他对编辑这部历史文献集十分认真，花了不少工夫。在这个过程中，毛泽东读到许多他过去在中央苏区时没有看到过的材料，使他对问题有了一个系统的了解和认识，更深刻地感受到教条主义对中国革命的严重危害"。②

有的学者评论说："他选在全党学习运动刚刚起来的时候，重新出版这本书，不但说明他仍然坚持右倾投降主义错误，而且还在坚持土地革命战争时期后期'左'倾教条主义错误，企图以他的错误观点影响更多的人，来改变自己的形象。这是对党中央、毛泽东提出学习马列主义要联系实际、'把马列主义中国化'的严重挑战。"③

还有的著作说："毛泽东深知，王明的言行有明确的政治意图，前有古人，后有来者，决不是空穴来风、无的放矢，它是前有古人，后有来者。不对它进行反击，势必会影响到目前的政治路线、思想路线和组织路线，甚至会断送伟大的全民族抗战事业。""毛泽东决定予以反击，首先是向全党揭露王明错误思想的历史渊源。"④

在此前后　到处作报告。

有的论著说："王明还凭藉其对马列原典的熟稔在延安各机关、学校广作报告。在当年的延安知识分子中'王明同志'是一个令人敬仰的名字，其受尊敬的程度和'毛主席'不相上下。口若悬河的王明，作起报告来条理清晰，出口成章，几个小时的报告可以不要讲稿。报告完毕，'再从头到尾归纳一遍，一二三四大项，下边又分甲乙……再分，大家对照记录竟能丝毫不错'，有时一席演讲，竟受到数十次掌声的欢迎。王明的'口才'和'理论水平'赢得了延安广大青年知识分子的尊崇，人们普遍认为王明是

---

① 《胡乔木回忆毛泽东》，第45页。
② 金冲及主编《毛泽东传（1893～1949）》，第724页。
③ 黄允升：《毛泽东开辟中国革命道路的理论创新》，第389页。
④ 尚定：《胡乔木在毛泽东身边工作的20年》，第19页。

'天才'，被公认为是'活马列主义'。"① 但"这一切不仅把王明捧毛的效果冲得一干二净，更增添了毛对王明的憎恶"。②

2 月 21 日　参加中共中央书记处会议，讨论对国民党采取和平攻势策略问题。③

3 月 26 日前　周恩来和任弼时即将离开莫斯科回国，季米特洛夫和曼努伊尔斯基都明确讲过，王明有一些明显的个人缺点，如总是企图把自己的意见当做中央的意见，一向喜欢拉帮结派，比较滑头，不够诚实，缺乏工作经验，等等。季米特洛夫委托周恩来、任弼时告诉毛泽东，对王明要进行帮助。④

3 月 26 日　参加为周恩来、任弼时、博古、邓颖超、蔡畅等返抵延安举行的盛大欢迎会。⑤

3 月 31 日　作为名誉主席团成员参加蒙古文化促进会成立大会并被选为理事。

4 月 10 日　《群众》第 4 卷第 10 期刊登王明的《语录：反对汪精卫汉奸卖国》。

4 月 15 日　贺龙、关向应就关于成立晋西北统一战线形式的军政委员会致电毛泽东、王稼祥和王明。⑥

4 月 17 日　与陈云、胡乔木、任作民讨论湖南地区中共组织工作的意见。⑦

4 月 29 日　参加中共中央书记处会议，听取中共广东省委书记张文彬关于中共粤委工作报告。⑧

5 月 1 日　在延安纪念五一劳动节大会上作《全中国是工人的，全世界是工人的》讲话，后发表于 5 月 7 日《新中华报》。

5 月 3 日　泽东青年干部学校举行开学典礼，王明到会作《学习毛泽

---

① 参见吴介民主编《延安马列学院回忆录》，第 112 页；刘家栋《陈云在延安》，2005，第 130 页；司马璐《斗争十八年（节本）》，第 73 页。
② 高华：《红太阳是怎样升起的——延安整风运动的来龙去脉》，第 221 页。
③ 张培森主编《张闻天年谱》，第 630 页。
④ 耕山、周燕：《清算王明错误路线的斗争从莫斯科开始》，《党史博览》2010 年第 1 期。
⑤ 张学新主编《任弼时传》，第 441 页。
⑥ 《中国人民解放军组织沿革·文献》第 2 册，第 238 页。
⑦ 《陈云年谱》上卷，第 278 页。
⑧ 张培森主编《张闻天年谱》，第 631 页。

东》的讲话。他说："对于青干学生学习问题，我只贡献五个字：'学习毛泽东！'青年干部学校既以毛泽东同志的光辉名字来命名，那就要名符其实，就是要学习毛泽东同志的生平事业和理论。"那么怎样学习呢？王明在这个讲演中说：

第一，"学习毛泽东同志的始终一贯地忠于革命的精神"。毛泽东同志在青年时代就努力于革命事业。从党的一大以后，"毛泽东同志便是我们党的主要领导人，便是中国革命一个优秀的领导者"。1927年中国革命失败后，"毛泽东同志则如鹤立鸡群一样英勇坚决地继续革命工作"，"领导党和红军经历了无数的痛苦，克服了各种的困难，在任何条件下，在任何艰难困苦环境中，能始终如一地忠于革命事业"。

第二，"学习毛泽东勤于学习的精神"。毛泽东同志没有进过任何专门学习革命理论的学校，"但毛泽东同志却比我们党内任何同志都学得多，比我们党内任何同志都学得好，真正地学习了马列主义，真正地善于把马列主义灵活地应用到中国革命的实践中。正由于毛泽东同志不断地工作，不断地学习，不断地从工作中学习马列主义，从马列主义学习中处理工作，所以他才能把理论与实际联系起来，所以他才不仅成为中国革命的伟大政治家和战略家，而且是伟大的理论家"。

第三，"学习毛泽东同志勇于创造的精神"。"毛泽东同志在其理论和实践中很多新的创造"，例如在建设苏维埃政权的问题上，在建设中国工农红军的事业上，在创造革命的军事战略战术问题上，在建立民族统一战线问题上，在建立新民主主义政权问题上。"'游击战争的战略问题'、'论持久战'等军事著作，不仅是抗日民族解放战争的军事指南，而且是马列主义在军事问题上的新发展"；"'新民主主义论'不仅是中国现阶段国家问题的指南，而且是一切殖民地半殖民地关于建立革命政权问题的指针，同时也就是对马列主义关于国家问题的新贡献"。

第四，"学习毛泽东同志长于工作的精神"。毛泽东同志做过各种工作，"他能做最下层的群众工作，他也能做最上级的领导指挥工作，在农民工作中，他是一个有名的农民工作大王，在军事工作中，他是伟大的战略家，在政权工作中，他是天才的政治家，在党的工作中，他是公认的领袖。不管什么工作，只要放在他手里，他都能做好，只要你向他请教，他都能告诉你经验和方法"。

第五，"学习毛泽东同志善于团结的精神"。"毛泽东同志现在不仅是共产党中央和共产党全党团结的核心，不仅是八路军和新四军团结的中流砥柱，而且是全中国无产阶级和人民大众众望所归的团结中心"。

最后他说，毛泽东同志的生平事业和理论各方面的特点多得很，上述五点，不过是举例而已。"我的总的意思，还不过是一点，就是泽东青年干部学校学生以及全国的优秀青年，应该以毛泽东为模范，应该学习毛泽东。"①

此报告以王明的名字发表于 5 月 7 日《新中华报》、7 月 5 日出版的《中国青年》第 2 卷第 9 期，后收入冀鲁豫书店出版的《青年修养》，以及《青年学习问题》。1945 年 4 月 1 日王明曾向任弼时说："六中全会后，我觉得在外不好就想回来。回来时是想搞好的，故 1939 年②青干开学时弄好稿子，题为《学习毛泽东》，给毛看过，毛客气说，理论一点不好，不要发表，后来还是发表了。"③

有的学者认为，王明颂扬毛泽东，除了消除昔日的积怨和隔阂，保住他目前在党内的地位外，另一层用意是迷惑毛泽东，以图东山再起。但他提出了毛泽东理论的概念，客观上促进了毛泽东思想概念的形成，这可能是王明始料未及的。④

也有学者评论认为："王明的这番表演十分拙劣，这种丧失了意志力和自尊的行为，使其在毛泽东心目中原本就不高的形象，更加一落千丈。毛在得意之余，不仅毫不领情，反而视王明为一具可以任意摆弄的政治僵尸。"⑤

5 月 22 日　参加中共中央书记处会议，讨论青年工作问题。⑥

5 月 26 日　豫皖苏边宪政促进会在河南省永城县新兴集精忠堂举行成立大会，毛泽东、朱德、陈绍禹、吴玉章、卫立煌、李宗仁、何柱国、叶挺、项英等被选为名誉主席团成员。⑦

6 月 1 日　毛泽东在延安宴请陈嘉庚等，王明与朱德作陪。

---

① 《新中华报》1940 年 5 月 7 日。

② 应为 1940 年。

③ 《任弼时同志日记》（1945 年 4 月 1 日），转引自中央档案馆党史资料研究室《延安整风中的王明——兼驳王明的〈中共五十年〉》，《党史通讯》1984 年第 7 期。

④ 梁磊：《王明为什么要写〈学习毛泽东〉》，《党史纵横》2002 年第 2 期。

⑤ 高华：《红太阳是怎样升起的——延安整风运动的来龙去脉》，第 221 页。

⑥ 张培森主编《张闻天年谱》，第 632 页。

⑦ 原载 1940 年 5 月 29 日《拂晓报》，该书编委会编《黄河忠魂：韩达生烈士纪念文集》，第 102 页。

6 月 4 日 《新中华报》第 135 号发表《妇女宪政辩论会结束后吴玉章王明两同志总评判词》。

当时，女子大学和马列学院曾举行关于宪政问题的辩论会，马列学院代表共产党一方，女子大学代表国民党一方。李逸云在延安整风中写的一份材料中说：这次辩论会的结果，在大家心里公认代表共产党方面的是胜利者，但在王明同志做结论时却说不分胜负，各有优缺点，他在辩论会结束时的讲话中还说："世界上革命最彻底的是斯大林，所以苏联有办法；反革命最彻底的是希特拉，所以他今天也能其势汹汹。最没办法的是张伯伦，一会儿高喊打仗，一会儿只嚷和平。所以革命反革命都要彻底。中国也是这样，一方面是共产党的力量在增长；一方面是国民党的力量在增长，就是因为他们是彻底的。"

6 月 10 日 参加中共中央书记处会议，讨论纪念"七七"抗战三周年问题。①

6 月 27 日② 写信给毛泽东，说："关于斯塔林同志六十生辰报告，因亮平同志的催促，最近将前三部分已整出来，第四部分正整理中，后四部分还只有提纲待写，兹特将前三部分送请阅正，即请抽暇于三日至五日内看完（如只看一部分或两部分，即请先赐还）并批示意见，以便修正为感。"

7 月 5 日 在《新中华报》以王明的名字发表《抗战胜利的唯一保证》一文，指出我们共产党人"方策的出发点主要是自力更生"，目前形势更清楚地说明，"只有自力更生，是中华民族坚持抗战和争取最后胜利的唯一出路"，"只要中国人民以自力更生的信念和方策坚持抗战下去，则最后胜利的取得是没有疑问的"。此文同时发表于《大众日报》第 167 期、《解放》第 111 期、《八路军军政杂志》第 2 卷第 7 期、《中国工人》第 7 期。③

7 月 9 日 作为主席团成员参加在延安举行的抗战三周年纪念大会。

7 月 24 日 参加延安各界举行的成吉思汗夏季公祭并讲话，扼要指出纪念成吉思汗的三点意义。这个讲话以王明的名字刊登于 8 月 3 日的《新中华报》。

8 月 15 日 参加延安追悼张自忠将军等大会，并送挽联："壮志未酬身殉国，临风凭吊泪沾巾。"

---

① 张培森主编《张闻天年谱》，第 632 页。
② 原信无日期，此日期是根据内容判定的。
③ 〔日〕田中仁：《王明著作目录》，第 118 页。

8 月 18 日　参加中共中央政治局会议，讨论财经问题。①

8~9 月间　黎民在 1944 年 10 月 22 日写的《王明对海南岛工作领导的敷衍态度》中说：海南岛的党从没有与中央发生过直接关系，1944 年初，由于出席七大，就派二人到中央来，3 月间到延安报告工作。当时中央领导南方工作的是王明同志，本来那位同志返海南岛之前就应该讨论该处工作，但当时他没有这样做。等到那位同志离延一个月后，他才叫我去讨论，迁延又迁延一直到八九月间才完成。会议也是不郑重的，好像（记不清楚）当时对海南岛工作总的精神，并不是按照中央普遍发动群众，组织与发展群众游击战争的原则，而是长期准备，以待全国反攻。讨论以后，自己不去负责，交给我和邓□同志去商量电稿，延了许久，还没有打电报回海南岛去。从此可见对海南岛工作的领导完全是采取敷衍的态度。

9 月 5 日　在旅居延安侨胞救国联合会成立大会上发表讲话，刊载于 10 月 16 日出版的《新华日报》。

9 月 8 日　《新中华报》载：女子大学举行成立一周年纪念和第一届同志毕业大会，校长王明到会讲话。这个讲话以王明的名字发表于 9 月 8 日的《新中华报》。

9 月 11 日　参加中共中央政治局会议，讨论陕甘宁边区工作问题。②

9 月 18 日　作为主席团成员出席延安各界纪念"九一八"9 周年及庆祝百团大战胜利大会。

9 月 25 日　中共陕甘宁边区中央局成立。从此王明不再分管边区的工作，改由任弼时主管。③

9 月 29 日　出席陕北公学建校 3 周年纪念大会，并发表演说。

10 月初　黄火青从新疆返回延安，毛泽东在接见他时，特别关照他一定要去看望王明。

黄火青回忆说："我告辞走的时候，毛泽东特别关照我一句话，有两个人要我一定去看望一下，就是王明和高岗。我体会他的意思是顾全大局，从团结出发。"④

10 月 5 日　参加中共中央政治局会议，讨论形势等问题。他在会上提

---

① 张培森主编《张闻天年谱》，第 636 页。
② 张培森主编《张闻天年谱》，第 637 页。
③ 张学新主编《任弼时传》，第 450 页。
④ 黄火青：《一个平凡共产党员的经历》，第 158 页。

出参加第二届国民参政会及其人员名单问题。会议决定：由王明去电征求周恩来意见。①

10 月 7 日　中国回教救国协会陕甘宁分会、边区回民文化促进会成立大会及边区回民第一次代表大会在延安同时开幕，王明到会讲话，载《新中华报》第 172 期。

10 月 12 日　撰写《关于保护母亲儿童问题》，刊载于 12 月 8 日出版的《中国妇女》第 2 卷第 7 期，收入 1945 年 3 月出版的《抗战以来妇运文件选集》。②

10 月 16 日　中共中央政治局会议决定由陈云、王明、王稼祥、洛甫、邓发等人分头负责收集材料，陈云负责收集组织问题和青年问题方面的材料，王明负责收集妇女问题方面的材料，洛甫负责收集宣传问题方面的材料，邓发负责收集职工问题方面的材料，限定在 11 月底完成。③

10 月　作口语体七律《亲法西斯的汉奸路线》，内容是：

> 德意日苏盟何自？联汪联日费疑猜。
> 座谈虚报横行者，国际中央安在哉?!
> 愿作汉奸缘底事，策同托派胡乱来；
> 野心斗禹超斯季，马列离开路线歪!④

王明在此诗下面特别加注，毫无根据地诬蔑说："毛泽东主张在国际上实行德、意、日同盟路线，在中国实行联日联汪反蒋的统一战线，并宣布他'不怕别人骂他实行亲法西斯的汉奸路线，也不怕做汉奸'。"此诗很可能是后来写的。

10 ~ 11 月中旬　惠枫林于 10 月 22 日⑤写的《兹有关王明同志领导的一个问题》说：此间开边区妇联扩大执委会时，王明同志来报告妇运工作。在休息时，有一个同志说"有些男同志叫我们妇女干部是破鞋"，王明回答说，"以后他们叫你们是破鞋时，你们就叫他是破袜子"。大家听了哄笑。

---

①　《周恩来年谱（1898 ~ 1949）》，第 469 页。
②　〔日〕田中仁：《王明著作目录》，第 118 ~ 119 页。
③　《胡乔木回忆毛泽东》，第 175 页。
④　《王明诗歌选集（1913 ~ 1974）》，第 140 页。
⑤　年份不详。

秋　周恩来从莫斯科回国时带回共产国际执委会书记曼努伊尔斯基关于王明的四点意见。

王明在《所谓"关于王明的四点意见"》的回忆中说：

> 1940 年秋，周恩来从莫斯科回国前，曼努伊尔斯基叫周带回去"关于王明的四点意见"，就是：1）王明被捕后怎样出来的要考查；2）考查王明和□□□□□的关系（因为他俩当时早已被捕）；3）考查王明在莫斯科作的有系统的反对毛泽东的活动；4）据得到的消息（情报），康生是王明的人，而康生做社会部长，是王明康生要消灭毛泽东（当时国民党 CC 派也造过这种谣言）。

> 关于这个问题，1941 年 4 月 3 日夜（4 日晨）毛泽东亲自送季米特洛夫电报（给中共中央的）时，曾谈到说："恩来从莫斯科回来，带来了曼努伊尔斯基对你的四点意见。季米特洛夫不同意曼努伊尔斯基的意见。但当恩来走前住在医院检查身体时，曼努伊尔斯基派国际干部部的人……告诉恩来说，要把曼努伊尔斯基的意见只告诉毛泽东一人，不要告诉别人。"接着毛泽东又说："曼努伊尔斯基讲了有关你的四个问题，我们认为都是不成问题的问题。我没有什么兴趣。我只调查了一个问题——就是他说你在莫斯科组织小组织反对我。我调查了许多人，他们都说没有这样的事。他们说政治上你批评过我——在中共代表团会上和你的文章里（虽未提名），这是事实。从调查里我知道你和曼努伊尔斯基之间有过很多矛盾，关系不好；这次是曼努伊尔斯基对你的报复行动。"

> 毛泽东只说了这一点，曼努伊尔斯基对王明的其他三点意见是后来周恩来说出来的。当时周还说：你和曼努伊尔斯基的关系问题，不止是看我们怎样看法，还得看莫斯科怎样看法。
>
> ……
>
> 毛泽东说对曼努伊尔斯基提的"四点意见"除第 3）点外都没有兴趣，但他在"整风"前已在中央同志中散布这"四点意见"（只是我们本人不知道）。"整风"时他除了公开宣传曼努伊尔斯基对王明的"四点意见"外，还更加伪造了许多污诬王明的谣言。

同期　为争一个勤务和青委的同志吵架。

一份题为《关于王明同志的一点材料》说：在 1940 年秋，为了和青委争一个勤务，在王明同志房门外，当场和青委钟效培、丁琇、周惠等吵了起来，孟庆树还追着骂钟、丁等为什么要乱到妇委那里拉人，给人很坏的印象。

11 月 2 日　得悉印度国民大会领袖尼赫鲁被捕，毛泽东、朱德、周恩来、王明、博古和叶剑英联名致电慰问。①

11 月 11 日　撰写《纪念白求恩同志》，收入当年出版的《诺尔曼·白求恩纪念册》。②

11 月 15 日　参加延安举行的白求恩逝世一周年纪念大会。

11 月 20 日　在《共产党人》第 12 期以王明的名字发表《论马列主义决定策略的几个基本原则》的长篇文章，后改名为《论马列主义决定策略的几个基本问题》，由胶东联合出版社出版。文章按照斯大林 1927 年的《时事问题述评》提出的三个策略原则和《论列宁主义基础》一文提出的理论，论述了中国的民族特点，利用最小可能去保证无产阶级有群众性的同盟军，依靠群众自己的亲身政治经验来在政治上教育千百万群众，革命运动的高潮或退潮，抓住中心环节等问题，并指出除上述五个一般的策略原则外，在决定策略任务时还必须顾及中国革命发展的不平衡性和长期性的特点，认为它应该成为中国共产党党员决定策略的第六个原则。

这篇文章肯定和宣传了毛泽东的一些学说和思想，如谈到对同盟军的团结和斗争问题时说："对同盟者只知团结，而不知斗争，便使无产阶级及其政党失去其政治上、组织上的独立性，而成为同盟者的尾巴，结果一定不免于失败，陈独秀机会主义便是标本的范例。对共产党以外的一切力量，只知斗争而不知团结争取，使无产阶级及其政党完全从社会各阶级各阶层中孤立起来，而成为狭隘的宗派主义的小团体，结果也不免于失败，李立三路线便是明显的例证。"

有的论著认为："该文在歌颂毛泽东革命策略思想的同时，把批评的矛头指向了博古。王明不点名地批评了在博古领导下的中共在三十年代中期所犯的错误，声称'苏维埃革命后半期，我们不能利用反动统治阶级各派别及各种军事、政治力量的许多矛盾和冲突，以利于苏维埃革命的发展'。固然，王明的上述看法并非首次发表，早在 1934 年王明就有类似的意见，但

---

① 《周恩来年谱（1898～1949）》，第 474 页。
② 〔日〕田中仁：《王明著作目录》，第 119 页。

当 1940 年博古正面临毛的巨大压力时，王明再次重申这类批评，无疑具有与博古划清界限、着意摆脱干系的明显意图。对于王明此番表演，毛只会暗中称好。因为至此以前，毛还没有充分的把握，公开批判苏维埃后期的错误。王明对博古的攻击，使毛看到了国际派即将土崩瓦解的景象。"但他对王明丝毫没有表示"欣赏和支持"。"当王明等正在为与毛关系的改善而暗自庆幸时，毛泽东已将他们引入早已布设好的包围圈，正待一举'歼灭'之。"①

11 月 延安与莫斯科新的通讯系统正式开通，但只有毛泽东一人有权使用。

有的论著说：这就"切断王明与莫斯科的联系渠道"，这是"毛泽东对付王明最厉害的措施"。②

12 月 3 日 在延安 1941 年生产动员大会上的讲话，刊载于 12 月 19 日《新中华报》第 189 期。

12 月 4 日 参加中共中央政治局会议并发言。③ 毛泽东在会上首次对苏维埃后期极"左"的政策作出判断，认为这实际上是路线上的错误，"所以遵义会议决议须有些修改"。他说：我党在历史上有三个时期。在大革命末期，陈独秀主张联合一切，下令制止工农运动。到苏维埃时期，在初期暴动时实行打倒一切，到六大时纠正了。但到苏维埃末期又是打倒一切，估计当时是苏维埃与殖民地两条道路的决战。实行消灭富农及小地主的政策，造成赤白对立。这种"左"的政策使军队损失十分之九，苏区损失不止十分之九，所剩的只有陕北苏区，实际上比立三路线时的损失还大。遵义会议决议只说是军事上的错误，没有说是路线上的错误，实际上是路线上的错误，所以遵义会议决议须有些修改。在苏维埃后期土地革命潮流低落了，但民族革命潮流高涨起来。在过去这两个时期的"联合一切"、"打倒一切"的东西，的确不是马列主义，当时主持的人认为是马列主义，实际上这都是绝对主义。现在我们的统一战线的路线是又联合又斗争，不是绝对的联合或斗争。我们总的政策是在团结中要斗争，在斗争中又要团结，是统一中的独立，统一是主，独立是辅。

在陈绍禹、秦邦宪、朱德、康生、张闻天、陈云等发言后，毛泽东再次

① 高华：《红太阳是怎样升起的——延安整风运动的来龙去脉》，第 225、172、226 页。
② 高华：《红太阳是怎样升起的——延安整风运动的来龙去脉》，第 220 页。
③ 张培森主编《张闻天年谱》，第 640 页；《毛泽东年谱（1893～1949）》中卷，第 266 页。

发言。他说：抗战以来的倾向，在统一战线初期是"左"倾（主张苏维埃与国民党对立），国共合作后有一时期是右倾，反磨擦后又是"左"倾。一九三七年十二月会议否认独立自主的方针，提出"一切经过统一战线"是错误的，这一口号到六中全会才取消。在战略问题上，洛川会议确定了独立自主的山地游击战，但前方同志不服从，到十二月会议及六中全会才得到正确的解决。总结过去的经验教训，大体上要分大革命、苏维埃与抗战三个时期，总的错误是不了解中国革命的长期性、不平衡性。苏维埃末期犯了许多"左"的错误，是由于马列主义没有与实际联系起来。① 但是，会上有人不同意说苏维埃后期的错误是路线错误。②

12 月 19 日　在《新中华报》以王明的名字发表《在延安 1941 年生产动员大会上的讲话》。

12 月 22 日　《新中华报》第 190 期以陈绍禹的名字发表祝词。

12 月 25 日　毛泽东在为中共中央起草的党内指示《论政策》中，批判了土地革命战争后期的"左"倾冒险主义错误，指出："过去十年土地革命时期的许多政策，现在不应当再简单地引用。尤其是土地革命的后期，由于不认识中国革命是半殖民地的资产阶级民主革命和革命的长期性这两个基本特点而产生的许多过左的政策，例如以为第五次'围剿'和反对第五次'围剿'的斗争，不但在今天抗日时期，一概不能采用，就是在过去也是错误的。这种过左政策，是所谓革命和反革命两条道路的决战，在经济上消灭资产阶级（过左的劳动政策和税收政策）和富农（分坏田），在肉体上消灭地主（不分田），打击知识分子，肃反中的'左'倾，在政权工作中共产党员的完全独占，共产主义的国民教育宗旨，过左的军事政策（进攻大城市和否认游击战争），白区工作中的盲动政策，以及党内组织上的打击政策等等，适和第一次大革命后期陈独秀领导的右倾机会主义相反，而表现其为'左'倾机会主义的错误。在第一次大革命后期，是一切联合，否认斗争；而在土地革命后期，则是一切斗争，否认联合（除基本农民以外），实为代表两个极端政策的极明显的例证。而这两个极端的政策，都使党和革命遭受了极大的损失。"③

---

① 《毛泽东年谱（1893～1949）》中卷，第 264～267 页。
② 逄先知、金冲及主编《毛泽东传（1893～1949）》下卷，第 725～726 页。
③ 《毛泽东选集》第 2 卷，第 762～763 页。

　　与此同时，《论政策》还阐明了在统一战线中又联合又斗争的政策，并指出："在国民党统治区和各抗日根据地内，由于只知道联合、不知道斗争和过分地估计了国民党的抗日性，因而模糊了国共两党的原则差别，否认统一战线下的独立自主的政策，迁就大地主大资产阶级，迁就国民党，甘愿束缚自己的手足，不敢放手发展抗日革命势力，不敢对国民党的反共限共政策作坚决斗争，这种右倾观点，过去曾经严重地存在过，现在已经基本上克服了。"① 但因为在 12 月 4 日的中央政治局会议上有人不同意说苏维埃后期的错误是路线错误，这个指示在说到土地革命战争后期的许多过左的政策时，没有用路线错误的提法。②

　　由编写组帮助胡乔木写的《整风运动：1941 年"九月会议"前后》稿说："在 1940 年 12 月 4 日和 25 日政治局会议上，毛主席从打退第二次反共高潮的形势，检讨抗战以来党的方针政策，决定以中央名义发出关于时局与政策的若干问题的指示，提出了要总结党的历史上特别是苏维埃运动后期的政策错误问题。毛主席认为，苏维埃运动后期的'左'的政策使军队损失十分之九，苏区损失不止十分之九，所剩只有陕北苏区，实际上比立三路线时的损失还大。遵义会议的决议只说那时是军事上的错误，没有说是路线上的错误，实际上是路线上的错误，遵义会议的决议需有些修改。毛主席说，大革命末期陈独秀主张'联合一切'，苏维埃运动末期又走到'打倒一切'，'联合一切'、'打倒一切'都不是马列主义，而当时主持的人却认为是马列主义。这都是绝对主义。我们要以这样的历史主义态度来认识过去的问题。但是在讨论毛主席的意见时，有的同志不同意提苏维埃运动后期的错误是路线错误。在这种情况下，毛主席在为中央起草的关于时局与政策的指示（其主要部分后来收入《毛泽东选集》第 3 卷，题名为《论政策》）时，只好妥协，没有讲这一时期是路线错误。一些同志表示，以后要专门研究这段历史问题，为党的七大作准备。毛主席同意对过去的经验教训作专门的研究，没有急于统一思想认识。"③

　　12 月　以王明的名字在《中国妇女》第 2 卷第 9 期发表《陕甘宁边区妇联工作任务和组织问题（1940 年 12 月在陕甘宁边区妇联扩大执委会议上

---

① 《毛泽东选集》第 2 卷，第 765 页。
② 逄先知、金冲及主编《毛泽东传（1893 ~ 1949）》下卷，第 726 页。
③ 《胡乔木回忆毛泽东》，第 190 ~ 191 页。

演讲记录摘要)》。①

冬 于延安作七律《题曾国藩纂李鸿章审定的〈十八家诗抄〉》。②

本年 根据季米特洛夫的意见，中共中央决定在七大上由周恩来作组织报告，王明不再作报告。③

本年 据《写作要目》说，王明这年曾写"关于反对毛泽东的德意日苏同盟的国际政策路线和联日联汪反蒋的国内统一战线政策的谈话"的笔记。

1941 年 37 岁

年初 被任命为中央南方工作委员会、东北工作委员会和中央党校委员会等三个机构的主任。④

有的论著认为："从表面上看，王明一时担任了许多重要职务，然而，王明的这些职务大多为空头闲职。"中央南方委员会、东北委员会这两个机构"形同虚设"。"任命王明负责中央党校工作委员会，却是毛泽东的别出心裁之举。毛以此举有意挑起王明与张闻天等的矛盾，指望坐收渔人之利。王明真正负责的工作岗位，只是中央妇委和中国女子大学。而安排王明担任中央妇委书记和女大校长，则有明显羞辱王明的含意。"⑤

《传记与回忆》说，在1941年中毒以前，王明还担任过中共中央党报委员会主席、中共中央西南委员会主席、国民参政会中共党团书记、马列主义研究会主任等职务。

1月4日 在孟庆树赠送给金茂岳之子金德崇的《救国日记》上题词："儿童是幸福的时代，不仅现在作幸福的儿童，还要立志为将来一切儿童谋幸福！"⑥

1月4日~1月14日 皖南事变发生，新四军所属军部兵力与皖南部队遭到严重的损失。王明为《新中华报》撰写题为《无法无天的罪行》的社论。⑦

---

① 曹仲彬、戴茂林《王明传》附录《王明著述目录索引》，1991，第482页。
② 《王明诗歌选集（1913~1974）》，第141页。
③ 《胡乔木回忆毛泽东》，第367页。
④ 高华：《红太阳是怎样升起的——延安运动的来龙去脉》，第218页。
⑤ 高华：《红太阳是怎样升起的——延安运动的来龙去脉》，第219页。
⑥ 丁晓平：《王明中毒事件调查》，第188页。
⑦ 《写作要目》。

有的文章指出：皖南事变为毛泽东整倒王明提供了"最好的契机"。"当他认为项英在江西苏区时犯了'左'的错误、在抗战初期犯了右的错误时，作为整风主要对象的王明已经呼之欲出了。""新四军的失败和项英错误的暴露，使王明难逃被彻底清算的命运。正像西路军血洒祁连后，张国焘再也无力与毛抗衡一样。"①

1月12日　主持召开中央妇委召集的保育工作会议。

1月20日　参加中共中央政治局会议，讨论皖南事变问题。这次会议决定中共中央革命军事委员会发布重建新四军军部的命令，确定了任命名单，并决定用中共中央军委名义发表谈话。②

1月29日　参加中共中央政治局会议，讨论《中央关于目前时局的决定》（草案）。③

1月　作七律《工人柱石（悼皖南事变牺牲的项英同志）》，诗曰：

> 毛家诡计蒋家兵，主要目标杀项英。
> 举国劳工哭柱石，全民抗战损干城。
> 回思上海同风雨，直觉胸中尽刺针。
> 党事如今多邪道，无边忧虑望前程。④

2月初　中共中央酝酿取消《中国妇女》杂志，王明立即找人写文章，准备在《新中华报》上发表，进行反对。但过了两三天，又说"中央尚在考虑，暂缓发表"。

苏镜1942年9月20日写给陈云的信说，这件事的经过是这样的：去年2月初某晚，我已经睡觉，罗琼同志从王明同志处归来，在窗外叫我："周俊！王明同志要你写篇文章，内容是反对取消妇女刊物，理由有三个：第一条是根据共产国际的决议，第二是国民党也出版妇女刊物，第三是由于妇女工作的须〈需〉要。"次晨我去王明同志那儿，他给我一本共产国际的决议，叫我当天交卷，以便在新中华报上发表（因恐取消令已下无法挽回故

① 《"皖南事变"助毛泽东整倒王明》，"星岛环球网"（http://www.stnn.cc/culture/reveal/t20051206_86643.html）2005年12月6日。
② 张培森主编《张闻天年谱》，第644页。
③ 张培森主编《张闻天年谱》，第645页。
④ 《王明诗歌选集（1913~1974）》，第142页。

拟早日发表）。但过了两三天，我听王明同志说："中央尚在考虑，暂缓发表"，事情就这样过去了。

2月13日 写信给中共中央组织部部长陈云，要求由中央组织部调做其他工作者的女大学生的比例降到25%，来延安女学生均送女大，各校女同志归妇委分配等，反对中央组织部把女大学生调去做其他工作。

2月14日 陈云给王明复信，根据党的组织原则，对他13日信中提出的问题作了答复。信中说：（1）你提出女大学生给中组部随时调动别项工作者均降低比例为25%，在现状下恕我不能同意。因我们党已经不是秘密党而是领导着政权的军队的党，因此必须有大量干部分配到各方面工作上去，没有各方面工作的配合全盘工作做不好。因此，我们彼此以服从书记处多数同志所通过的决定为好。（2）1939年书记处决定妇女工作系统中专任妇运领导工作的妇女干部，中组部在分配工作时需征求妇委意见以外，任何干部出入一律均经中组部，同时也并无各校女同志归妇委分配的决定。中央书记处也并未有过来延安女学生一律均送女大的决定。女大是党的学校，全部学生都应归中组部在中央总的意图之下分配工作，但估计到女大等各个专门性的学校有某些特殊的意义，因此留了一半学生将来做妇运工作，我认为我已充分估计了妇女工作的特殊性。（3）我向你声明，妇女工作是全党工作的一部分，我是党的工作者，我的责任和我的要求，也仅仅是"一视同仁"四个大字。陈云这封复信，实际上是对王明闹独立性和无理要求的严肃批评。①

王鹤寿在《沉痛悼念陈云同志》一文中回忆说：当时中央组织部把各地到延安的女青年大部分介绍到"女大"学习，学习毕业后分配到各地、各部门，或做妇女工作或做其他方面的工作。开始两期学习结业的学员，都是按照规定的原则，由中央组织部分配一部分给中央妇委，请他们分配作妇女工作，绝大部分由中央组织部根据需要情况，分配到党政军各部门及地方党委工作。但是后来这种分配原则行不通了，因为王明决定在"女大"学习结业的所有党员与非党员的革命女青年，都由他直接分配。对这种不合理的事，我们根据原则与"女大"具体负责的同志交涉，无效。他们声称这是校长王明的决定。我们把情况报告给陈云同志，为此陈云同志给王明写了一封信，请他改变他的决定。而王明坚持己见，声言他是"女大"校长，

---

① 《陈云文选（1926～1949年）》，第158页。

他有权对学员的工作进行分配。我们对王明的无理态度很不满，因而向陈云同志建议：如果"女大"不改变他们的方针，我们就不再介绍女青年去"女大"学习。陈云同志经过郑重思考后说："我同意你们提的这个意见和办法，你们再和富春同志谈一下，如果他也同意，就照此办理。"与富春同志谈后他完全同意。因此，对到延安学习的党与非党的女青年，基本上就很少介绍去"女大"，而直接介绍到陕公、抗大、鲁艺、党校、自然科学院等院校学习。这样，"女大"的学员来源就成了问题。因为除了陕北地区的女青年直接由党的西北局介绍去的以外，绝大部分是中央组织部介绍去的。为此王明亲自到中央组织部找陈云同志，气势汹汹地说：中央组织部不向"女大"介绍学员是不合理的。陈云同志向他作了解释，王明只得说："那好吧，就按组织部的办法，但是你们分配时一定要给中央妇委一个大的比例。"①

2 月 15 日　包括王明在内的中共七参政员致函国民党参政会，说：关于政府对新四军之处置，我党中央虽有严重抗议，并提出善后办法十二条如下：1. 制止挑衅；2. 取消 1 月 17 日命令；3. 惩办皖南事变祸首何应钦、顾祝同、上官云相三人；4. 恢复叶挺自由，继续充当军长；5. 交还皖南新四军全部人枪；6. 抚恤皖南新四军全部伤亡将士；7. 撤退华中的剿共军；8. 平毁西北的封锁线；9. 释放全国一切被捕的爱国政治犯；10. 废除一党专政，实行民主政治；11. 实行三民主义，服从总理遗嘱；12. 逮捕各亲日派首领交付国法审判。请政府采纳。在政府未予裁夺前，毛泽东等碍难出席。② 2 月 27 日的《新中华报》、3 月 10 日的《新华日报》，都刊登了这个《致参政会秘书处删电》。

3 月 1 日　第二届国民参政会在重庆召开，因蒋介石拒绝接受中国共产党提出的皖南事变十二条善后办法，包括王明在内的中共七参政员拒绝出席。

3 月 5 日　参加中共中央政治局会议，讨论时局和财经问题。③

3 月 8 日　包括王明在内的中共七参政员致函国民参政会，重申不能出席会议之理由。其中申斥了国民党制造皖南事变等分裂行径，指出：中共为挽救时局，向国民党"当局提出善后办法十二条。迟延期月，未获一复，

---

① 《人民日报》1995 年 7 月 21 日。
② 《共产党七参政员致国民党参政会公函》，《中共中央文件选集》第 13 册，第 51～52 页。
③ 张培森主编《张闻天年谱》，第 647 页。

而政治压迫、军事攻击反变本加厉……似此情形，若不改变，泽东等虽欲赴会，不独于情难堪，于理无据，抑且于势有所不能"。为顾全大局委曲求全计，"乃由在渝参政员必武、颖超二人提出临时办法十二条，请求政府予以解决，以便本党参政员得以出席大会"，但亦未蒙政府置答。复电重申这两个十二条是中共七参政员是否出席此次参政会的条件。如能在此会期内，"采纳泽东等所提各项办法，一有定议与实施上之保证，则本次大会虽届临毕之时，中共在渝参政员亦必应命出席，否则惟有俟诸问题解决之日"。① 3月10日的《新华日报》、3月13日的《新中华报》都刊登了这个《复参政会秘书处齐电》。

　　同日　作为主席团成员参加延安举行的三八国际妇女节纪念大会。

　　3月19日　参加中共中央政治局会议，讨论当前时局的通知及出版发行工作。②

　　3月26日　参加中共中央政治局会议，讨论关于增强党性问题。③

　　同日　中共中央作出《关于调整刊物问题的决定》，说明由于技术条件的限制，与某些书籍小册子的急于出刊，决定《中国妇女》与《中国青年》、《中国工人》自4月起暂时停刊。④

　　卢竞如于1943年10月25日写的《有关王明一些事情的反省》说：关于取消《中国妇女》的问题，王明当着妇委工作的人说过好几次，要争到不取消，并叫周骏写文章以示抗议。

　　3月　毛泽东决定将《六大以来》的编辑作为清理王明错误路线的历史渊源的重要工作来进行，他要求加紧编辑《六大以来》，解决遵义会议以后的政治路线问题。⑤

　　4月16日　参加中共中央政治局会议，讨论苏日中立条约问题。⑥

　　4月19日　毛泽东在《〈农村调查〉的跋》中，批评了土地革命后期王明"一切斗争，否认联合"的错误，阐明了"联合"和"斗争"的正确

①　《毛泽东年谱（1893～1949）》中卷，第316～317页。
②　张培森主编《张闻天年谱》，第647～648页。
③　张培森主编《张闻天年谱》，第652页。
④　有的论著说："3月26日，毛以中共中央的名义，作出《关于调整刊物问题的决定》，一举端掉王明、张闻天等最后几个舆论阵地。"高华：《红太阳是怎样升起的——延安整风运动的来龙去脉》，第176页。
⑤　尚定：《胡乔木在毛泽东身边工作的20年》，第20页。
⑥　张培森主编《张闻天年谱》，第648页。

关系。①

5月12日 周恩来与《新华日报》总编辑吴克坚联名致电中共中央党报委员会：鉴于反动分子加紧曲解马列主义，诬我停止抗日；而我方人员疏散，又遭封锁，稿件来源断绝。拟利用目前时机，开展对反共宣传的反攻。建议叶剑英每月提供分析战局的军事论文；建议王明、凯丰指定人写理论和国内外时局的稿件；请转告廖承志、陆诒组织国际问题的稿件。②

5月19日 毛泽东在中共中央宣传干部学习会议上作《改造我们的学习》的报告，指出党内存在的主观主义、宗派主义倾向和党八股，号召开展全党范围的马列主义的教育运动。

有的论著说：这是毛泽东当着王明等人的面，向王明发起的"新的一轮攻击"。"在向王明发起的最新挑战中，一组组最具隐喻性和挑战性的新词汇被毛创造出来——'言必称希腊'、'希腊和外国的故事'、'教条'、'留声机'，尽管皆有其针对意涵，却并不明确所指，这就更加容易在词语与现实之间引发疑问和联想，从而猛烈动摇王明等的老语汇的神圣地位，为毛通过改变词语、夺取意识形态解释权扫清障碍。"③

据一份题为《王明及小孟的材料》说：王明回来召集女大全体同学传达时，先谈时局问题，占了全报告的大部分时间，最后提到毛主席报告要注意理论和实际相联系，我们今后学习要注意，但仍应注意好好学习理论，适当地联系实际，反对这也联系那也联系，变成"乱联系"。因此，报告后女大教育根本未变，仍是教条，谁也不敢"乱联系"。他还提出："不要怕说教条，教条就教条，女大学生学它几百条，学会了，记住了，碰见实际自然会运动〈用〉，如果一学就怕教条，一条也记不住，哪里谈得到运用？把理论运用于实际是对的，但是先有了理论才能运用，一条也没有哪儿去运用？"他还反对自我批评，说"这也批评，那也批评，弄得大家都胆小，因为批评把同志关系圈弄坏了，要反对"。

6月 被免去中共中央妇委书记的职务，由蔡畅接任。蔡畅上任伊始，马上将妇委中原在中国女大学习的女干部召集在边区政府交际处会议室开

---

① 《毛泽东选集》第3卷，1991，第792～793页。
② 《周恩来年谱（1898～1949）》，第502页。
③ 高华：《红太阳是怎样升起的——延安整风运动的来龙去脉》，第175～176页。

会，"了解一下王明当女大校长时，有什么错误言论"。① 在蔡畅的领导下，中央妇委开始批判王明在领导妇委工作中所犯的"主观主义与形式主义"的错误。②

7月2日 刘少奇在中共中央华中局党校作《论党内斗争》的演讲，不点名地批评了王明等人在土地革命战争时期搞的机械的过火的党内斗争。

7月13日 刘少奇给宋亮（孙冶方）复信，不指名地批评王明等人理论脱离实际的倾向。

有的论著指出：这封信和7月2日的演讲，是刘少奇配合毛泽东"向国际派发起攻击"。他"顺应党内干部要求缓和党内斗争的心理，谴责王明等在党内人为制造斗争，'借用布尔什维克的名义和形式在党内进行投机'，是一伙嗜好斗争的'斗殴家'"。③

7月31日 中共中央政治局会议决定让王明接替任弼时负责西北中央局和陕甘宁边区工作。④

有的论著说："中共中央西北局书记高岗对王明虽然表面客气，但却在毛泽东面前讲王明的坏话，他对毛说：'原来我们以为苏联飞机给我们带来什么好东西，却不知道这是祸从天降。'"⑤

8月5日 毛泽东在致谢觉哉信中说："你的各信我都转给弼时、王明、高岗、陈正人四同志看，使他们多了解你。他们都愿意多和你及林老谈，都愿把事情把关系弄得好些"；"弼时决定〔任〕党中央秘书长，中央机构亦大加改革，王明同志管西北事务，望多供给他材料，多谈，求得打成一片。"

8月11日 与吴玉章、邓颖超等合挽参与国共谈判的国民党要人张冲："大计朝支持，内联共，外联苏，奔走不辞劳，七载辛勤如一日；斯人独憔悴，始病寒，继病疟，深沉竟莫起，数声哭泣已千秋。"

8月18日 参加中共中央政治局会议，讨论国际形势等问题。⑥

---

① 参见勉之《革命圣地承教泽》，载吴介民主编《延安马列学院回忆录》，第148页。
② 高华：《红太阳是怎样升起的——延安整风运动的来龙去脉》，第220页。
③ 高华：《红太阳是怎样升起的——延安整风运动的来龙去脉》，第190页。
④ 杨奎松：《毛泽东发动延安整风的台前幕后》，《近代史研究》1998年第4期。李东朗《在坚持错误中坠落的王明》说是7月30日中共中央政治局会议决定的，见《领导科学》2002年第7期。
⑤ 高华：《红太阳是怎样升起的——延安整风运动的来龙去脉》，第211页。
⑥ 张培森主编《张闻天年谱》，第656页。

8月24日　在陕甘宁边区政府谈粮食问题。①

8月27日　参加中共中央政治局会议，讨论中央机关组织与编制问题。关于中央书记处工作会议问题，会议决定在七大前不改变中央书记处的组织，但为增强中央工作效能起见，除每周一次政治局会议外，以住在杨家岭的政治局委员毛泽东、王稼祥、任弼时、张闻天、陈绍禹、陈云、何凯丰七人组成中央书记处工作会议，暂定每周开会两次，负责中央的日常工作。②

有的学者评论说："在9月会议召开前，确实看不出毛泽东有把矛头指向王明的意思。"③

8月28日　谢觉哉致王明信，"论徐老保健及军队财政事"。④

8～9月　中共中央根据毛泽东的提议，决定编辑《六大以来》。

由编写组帮助胡乔木写的《编辑党的历史文献》稿说："中央决定编印《六大以来》这本书，是在1941年8、9月份。毛主席为准备'九月会议'，在审核六大以来的历史文献的几个月中，深切地感受到主观主义、教条主义对我党领导机关的严重危害。这种危害通过领导机关下发的一系列决定、命令、指示等流毒到全党，在党内形成了一条比以往各次'左'倾错误路线更完备的新的'左'倾路线，就是这条错误路线几乎断送了中国革命的前程。但是即使在党的高级干部中，在1941年，也还有一些人对这条'左'倾错误路线缺乏正确的认识，甚至根本否认有过这么一条错误路线。在这样一种思想状态下，要成功地召开七大是不可能的。为了确保七大开得成功，毛主席认为有必要首先在党的高级干部中开展一个学习和研究党的历史的活动，以提高高级干部的路线觉悟，统一全党的认识。于是在1941年8、9月的一次中央会议上，毛主席建议把他正在审核的为七大准备的六大以来的历史文献汇编成册，供高级干部学习与研究党的历史用。会议同意了毛主席的这一建议。"⑤

胡乔木在1990年、1991年《关于党的历史文献的编辑和批判第三次

---

① 《谢觉哉日记》上册，第335页。

② 《毛泽东年谱（1893～1949）》中卷，第365页；金冲及主编《刘少奇传》上册，第486页。

③ 杨奎松：《毛泽东与莫斯科的恩恩怨怨》，第129页。

④ 《谢觉哉日记》上册，第336页。

⑤ 《胡乔木回忆毛泽东》，第176页。

"左"倾路线的九篇文章》的谈话中说："编《六大以来》是要解决一些历史问题。王明是什么人？从苏联回来是什么背景？回来干了什么事？""编辑《六大以来》主要是把两条路线点明，从四中全会开始产生了党内的第三次'左'倾错误路线。"①

9月1日 中共中央决定撤销女子大学，将它与陕北公学、青年干校合并为延安大学。②

一份题为《王明及小孟的材料》说：王明在女大提拔干部的标准"主要是出风头，会讲话，敢强调问题，恭维他们的人"。他拉拢女大干部及同学的做法是：首先使大家佩服他，觉得他是天才，是少有的领导者，是党内最正确的，听他的话不会错。其次，在全校大会上常表示他是最关心爱护女大同学的，是无微不至的。有一次在全校大会上大骂总务工作不注意，使同学受了委屈，有些人感动得说他是"妈妈"。又如说别人骂女大是阿房宫，说女大学生作风不好，使同学觉得真正关心我们的只有学校，只有王明校长。另外还用党籍送礼，大骂总支是关门主义。总之，拉拢的办法不胜记述，主要办法是利用群众干部的弱点，恭维、夸奖、拍马，使干部群众从他这里得到满足，反过来再恭维他，拍他马，于是他威信更提高。

这份材料还说，对于与他意见不同的人，他则不满、轻视和打击。如看不起张琴秋，反对项中华、李初梨，而胡嘉宾在女大最受打击，总之老同志在女大受排挤，吃不开。打击的方法多半是会议上批评打击，如在大会上骂胡嘉宾，孤立他，谁也不和他接近等等。但是，对于和他观点一致的人，则极力加以吹捧。例如柯庆施任女大副校长、统战部副部长，在女大很少有独立意见，大多附属于王明，王明常夸他是老实人，有很大进步，过去在上海吃喝嫖赌，现在能思考问题了。

这份材料还说，王明向中央组织部闹独立性，反对中央组织部从女大调干部。王明常常在大会上强调，不许从女大乱调人，谁也没有权力调人，同学们要放心好好读书。这样，就使女大的学生养成习惯，只要中央组织部一谈话，干部科一分配工作，自己认为不合适，就去找王明

---

① 《胡乔木回忆毛泽东》，第43、49页。
② 有的论著说：这是"把王明担任的最后一个可以抛头露面的职务巧妙地剥夺掉"。高华：《红太阳是怎样升起的——延安整风运动的来龙去脉》，第177页。

校长，而王明便批准不去，并大骂干部科去谈话的人。结果引起学生对中央组织部和干部科的人的不满，说"只有校长是关心我们前途的，愿意培养我们的"。例如，有一次河防吃紧，中央组织部要调女大的三四个人，去乡下帮助妇联会工作，女大干部科长陆光给中央组织部介绍后，结果王明大发脾气，给陆光打电话说："什么组织原则？谁允许调人给她们？"那时女大才成立，把大家都吓坏了，最后陆光写信向王明承认错误，才算了事。又如1939年秋天王明去重庆参加国民参政会时，中组部调了10个人，王明从重庆回来后大骂，说可惜了。1940年，因延安广播要在新年开放，中央组织部想从女大要几个广播员，谈话后有的人不愿去，找到王明，王明便说可以不去，并当着她们的面说：什么人敢调，为什么不经过我？！立刻让她们带一封信给干部科，问谁敢乱调人！第二天去了又骂，干部科的人说"并没有调，人家问一问再告诉你"，王明就说："问一问也不许说！什么情形不经过我不许说！"这年中央决定要调10个人去做机要工作，王明不愿意，又没有办法，便拖延时间。在女大第一、二、三班学生100多人毕业后，孟庆树和王明的意见是应多送给妇委，分配做妇女工作，当时担任中央组织部部长的陈云要分些给地方，孟庆树去商谈后未获同意，便大骂陈云态度不好，耍小孩子脾气等等。王明还说陈云不会办事，哪里找不到地方工作的干部，这样来挖人。总之，王明和孟庆树和中组部的关系是恶化的，而挑衅起磨擦多是由王明、孟庆树开始，主要原因多是干部问题，他们的要求是不许调一个女干部出去，所有来延安的女干部全归妇委管。为了和中组部斗争，他们经常挑拨中央组织部和女大学生、干部的关系。

这份材料还说，孟庆树在女大还经常散布对毛泽东的不满，并吹嘘王明的功绩。例如她说："毛主席在抗战前理论很差，抗战后才稍有进步"；"毛主席和朱总司令的国际威信是王明给提起来的，在苏联很少人知道朱毛，国际七次大会时就没有中国领袖的挂像，王明去力争才添上"；"毛主席担心得很，看见了王明在武汉左有博古，右有周恩来的发表文章，而周、博又是一贯反对过他的，他就更担心王明了"。"毛主席劝王明……一定要经得起打击，不怕打击，为什么让一个好好的同志准备受打击呢？""王明刚从苏联回来，想去前方根据地做实际工作，毛主席不让，怕王明搞出局面来"；"康生真有一套，见了毛主席就毕恭毕敬的脱帽鞠躬，我们不会，所以别人也不喜欢"。

惠枫林于 10 月 27 日①写的《王明同志领导的又一个事实》说：1941 年 8 月底女大结束时，王明给了边区妇联 40 个干部，先将干部交了妇联，隔了两天，才将党员的介绍信交与西北局。此事表明：（一）闹独立性：对妇联表明着 40 个干部是妇委给妇联的，而不是西北局给妇联的。（二）扩大王明同志的影响，向妇联卖人情。

9 月 10 日前　不止一次地在背后告诫博古：毛泽东是那种睚眦必报的人。因此，他深信这回毛泽东肯定是要借着这个机会和他算总账了。②

9 月 10 日 ~ 10 月 22 日　参加中共中央召开政治局扩大会议。③ 会议确认土地革命战争时期，王明等人领导的党中央所犯的错误是"路线错误"，一些受王明影响而犯了错误的同志作了自我批评。

9 月 10 日　毛泽东在中共中央政治局扩大会议上作关于反对主观主义和宗派主义的报告，指出："过去我们的党很长时期为主观主义所统治，立三路线和苏维埃运动后期的'左'倾机会主义都是主观主义。苏维埃运动后期的主观主义表现更严重，它的形态更完备，统治时间更长久，结果更悲惨。""遵义会议，实际上变更了一条政治路线。过去的路线在遵义会议后，在政治上、军事上、组织上都不能起作用了，但在思想上主观主义的遗毒仍然存在。""六中全会对主观主义作了斗争，但有一部分同志还存在着主观主义，主要表现在延安的各种工作中。在延安的学校中、文化人中，都有主观主义、教条主义。""现在，延安的学风存在主观主义，党风存在宗派主义。""要分清创造性的马克思主义和教条式的马克思主义。""中央研究组一方面研究马克思主义的思想方法论，一方面研究六大以来的决议。""延安开一个动员大会，中央政治局同志全体出马，大家都出台讲话，集中力量反对主观主义和宗派主义。"④

毛泽东报告后，张闻天和博古都紧接着表了态。张主动承认：过去的错误，我是最主要的负责者之一。博古也表示，他应当对 1932 ~ 1935 年之间的错误负责。他说，其实我和一些同志当年都还是些学生，只学了一些理论，拿了一套公式和教条就回国了。当时我们完全没有实际工作经

---

①　年份不详。

②　杨奎松：《毛泽东与莫斯科的恩恩怨怨》，第 130 页。

③　张培森主编《张闻天年谱》，第 658 页。

④　《毛泽东年谱（1893 ~ 1949）》中卷，第 368 页；参见章学新《推动延安整风的关键性会议——真诚革命者的反躬自省和王明的诿过、倒算》，《党的文献》1997 年第 6 期。

验，在四中全会上和王明等一道反对立三路线的教条主义，也只是站在更左的观点上，用洋教条来反对土教条罢了。因此，过去党的许多决议，不过是照抄照搬国际的指示而已，完全没有结合中国的实际。在邓发检讨之后，王明发言。他首先以居高临下的姿态说："毛主席报告对 1932～1935 年的错误说是路线问题，今天又有洛甫、博古的讲话，现在我都同意了。"他说："反主观主义与教条主义对我有很大好处"，接着他为自己评功摆好："1930 年反立三路线我写了《为中共更加布尔什维克化而斗争》的小册子……我在莫时看了很多中国报纸，对博、洛在中央苏区时对毛的关系是不同意的；对五中全会认为是苏维埃与殖民地两条道路的决战是不同意的。我在国际十三次全会上发言开始说了要反对日本帝国主义，十四次全会上便提出了反日本帝国主义的全部办法"等等，缺点仅仅是"没有很好研究中国问题"，"不了解蒋介石是抗日的"，所以表示要"从头做起向下学习"。①

有的论著说："从中共六届六中全会后，毛泽东为在政治上彻底摧毁王明、博古等国际派，小心翼翼，稳扎稳打，将王明等成功地加以分隔，逐步缩小包围圈，已取得了对王明、博古等的绝对优势。经过三年的精心策划和细致的准备，毛泽东在 1941 年 9 月召开政治局扩大会议，正式向王明等下战书。""毛泽东为这次会议确立的目标是具体和明确的，这就是重新解释 1931～1935 年中共的历史，从根本上摧毁王明、博古等国际派的政治合法性基础，逼王明、博古彻底下台。"②

9 月 12 日 任弼时在发言中同意毛泽东的报告，并追溯党的历史说：从有党以来的二十年看，思想上如果受主观主义统治，政治上的具体表现必然是"左"右倾机会主义。六届四中全会后是比过去高明的教条主义，主观主义是更充分地发展。主观主义是小资产阶级的空想主义。主观主义的领导脱离实际，规定了许多任务要人家来做。主观主义的领导者要巩固自己的领导地位，组织上必须用宗派主义来维护。他们否认过去的经验，又不愿与群众接近，便用宗派主义手段打击异己者。其中也有些是经验主义的主观主义，做过许多实际工作的狭隘经验论者，便是狭隘经验的主观

---

① 章学新：《推动延安整风的关键性会议——真诚革命者的反躬自省和王明的诿过、倒算》，《党的文献》1997 年第 6 期；参见《胡乔木回忆毛泽东》，第 195～199 页。

② 高华：《红太阳是怎样升起的——延安整风运动的来龙去脉》，第 234、235 页。

主义。①

　　王明这天在会议上发言，不但没有作一点自我批评，反而批评别人。他抓住李维汉发言的一句话大做文章。李维汉表示，经过检查后，思想上放下包袱，觉得"轻松愉快"。这句话并无不妥，但王明咄咄逼人地指责他"不诚恳"，"不彻底"，说："1932～1935年的主观主义危害很大，罗迈认为轻松愉快，是没有法子纠正的"，"如认为自己可以马虎过去，这是不能改正错误的"。然后，他转移目标，凭着六大期间他担任翻译时知道的一些内情，随意指责，点了许多同志的名，这个是右派代表，那个是立三派，或暗藏的托派、奸细，唯独对他自己的错误讳莫如深。② 发言到最后，他突然又一本正经地提出，他还要揭穿一个"秘密"。他要揭穿一个什么样的"秘密"呢？据他说，博古、张闻天当年领导的中央其实是不合法的。因为当年，即1931年秋，他与周恩来离开上海时，虽然推荐博古、张闻天等组织上海临时中央政治局，但当时已经说明，由于博古他们既不是中央委员，更不是政治局委员，将来到政治局委员多的地方要将权力交出来。没想到，博古、张闻天他们到中央苏区后却不提此事，竟领导起那些真正的政治局委员来了。这个"秘密"顿时在不明真相的部分政治局领导人中间引起震动，并且也极大地刺激了毛泽东本人。几天后，原定的全党动员的计划，和研究自六大以来的党的决议的提议被暂时取消了。毛泽东决定：成立高级学习组，先花半年时间，"研究马、恩、列、斯的思想方法论与我党20年历史两个题目"。③ 一场触及灵魂的党史问题大讨论在中共中央高级领导人内部迅速展开了。④

　　由编写组帮助胡乔木写的《整风运动：1941年"九月会议"前后》稿说："在九月会议上，王明的表现使与会者普遍感到不快。尽管他发言两次，但未作丝毫的自我批评。他表示同意毛主席的报告，承认1932～1935年的错误是路线错误，但是强调四中全会的路线是正确的，他对博、洛在中央苏区的政策和做法是不同意的；还说博古是苏维埃运动后期最主要的错误

①　章学新：《推动延安整风的关键性会议——真诚革命者的反躬自省和王明的诿过、倒算》，《党的文献》1997年第6期。
②　章学新：《推动延安整风的关键性会议——真诚革命者的反躬自省和王明的诿过、倒算》，《党的文献》1997年第6期。
③　《毛泽东年谱（1893～1949）》中卷，第329页。
④　杨奎松：《毛泽东发动延安整风的台前幕后》，《近代史研究》1998年第4期。

负责者，与他没有关系。他还抓住罗迈同志的一句话（在检查和认识了错误之后会感到'轻松愉快'）作文章，说'轻松愉快'就会检讨'不诚恳'、'不彻底'、想'马虎过去'，'这是不能改正错误的'，云云。谁都听得出，这是恣意歪曲，节外生枝。他在发言中谈论了到会的与未到会的、担任中央领导的与未任中央领导的、活着的与去世的约二十人的这样那样的'错误'，惟独未说他自己有什么政治性错误。这无疑是在转移目标，把水搅浑来保护自己。"①

有的学者评论说："王在 12 日会议上幸灾乐祸，落井下石，明显地是想进一步表白自己，以争取毛泽东的信任。然而众怨难犯，这次他做得太过头了，终于引火烧身了。"②

还有的学者评论说："王明作为毛泽东的头号政治对手，对毛的意图洞若观火，可是他的嘴却被自己和毛泽东双重地封死。王明多年前就曾批评'苏维埃后期左的错误'，现在毛只不过是重复王明昔日的指责，王明已无任何理由对毛的批评提出异议。因此当毛抨击'苏维埃后期左倾机会主义'时，王明明知其中隐藏凶兆（'左的错误'与'左倾机会主义'，在共产党语汇中有质的区别），却也无可奈何。王明表示赞成毛的报告，承认苏维埃后期的错误是路线错误。""在博古落难之际，王明的这些话无疑是对博古落井下石，同时也进一步把事情搞复杂化了。诚然，对于王明而言，是没有什么'朋友'概念的，只要能保护自己，随时可以'翻脸不认人'。"③

9 月 18 日　同毛泽东、秦邦宪、吴玉章、林伯渠电唁《大公报》总编辑、国民参政员张季鸾逝世。④

9 月中旬　毛泽东找王明谈话，想要具体了解王明所说的那个所谓篡位问题的来龙去脉。在谈话当中，毛泽东也顺便委婉地提到了希望王明能够正视他在抗战初期所犯错误的问题。⑤

9 月 26 日　中共中央通过了《关于高级学习组的决定》，延安高级干部

---

① 《胡乔木回忆毛泽东》，第 199 页。
② 杨奎松：《毛泽东与莫斯科的恩恩怨怨》，第 130 页。
③ 高华：《红太阳是怎样升起的——延安整风运动的来龙去脉》，第 237~238 页。
④ 《毛泽东年谱（1893~1949）》中卷，第 370 页。
⑤ 章学新：《推动延安整风的关键性会议——真诚革命者的反躬自省和王明的诿过、倒算》，《党的文献》1997 年第 6 期；杨奎松：《毛泽东发动延安整风的台前幕后》，《近代史研究》1998 年第 4 期。

的整风实际上从此开始。

9月29日 中央学习组开始深入检讨江西时期党的历史问题。博古、张闻天、李维汉、邓发等人均先后发言，具体说明自己当年所犯错误的情况，并指出了他们的错误和王明的关系。博古说：错误路线从1931年9月20日中央发出的《由于工农红军冲破第三次"围剿"及革命危机逐渐成熟而产生的党的紧急任务》这个文件起"大致即萌芽"，"已初具面貌"，因为文件中已经提出了要夺取大城市，一省数省首先胜利；提出了和反革命"决战"，说"目前中心的中心是反革命与革命的决死斗争"；否认中国革命的不平衡性，说"急速发展的革命运动正在使不平衡逐渐走向平衡"。博古认为：这是四中全会后"第一个全般〈盘〉性的重要决议"，是王明赴莫斯科临行之前主持制定的。九一八事变发生后，中央决定周恩来进江西苏区，王明则要求去莫斯科，所以，20日前后，在王明主持下解决了几件事：经远东局批准，成立了以博古为首的临时政治局；通过了上述决议和关于九一八事变的决议。博古又说明：共产国际对这条路线"有些助上〈长〉，否则没有那样的气和劲。国际代表没有纠正，而是批准"，王明在共产国际第十三次全会上的讲话，"也没有纠正，有些是助长"。张闻天也承认：当时路线的确错误，临时中央到苏区后也确有篡位问题，但王明当时在国际不打电报来纠正也是不对的。况且，五中全会的名单也是国际批准的，这些事情王明当时为什么不起作用？邓发表示：对于当时的错误，博古的确要负第一位的责任，李维汉、张闻天其次，但这些错误政策莫斯科是否也批准了呢？在夸大红军力量、断言党的路线正确等问题上，王明不是也同意了吗？就连当时同在代表团负责的康生也批评王明说，王明在莫斯科其实与当时国内博古中央也犯着差不多同样的错误，他在个别策略上有对的地方，但基本思想与博古相一致，这是应该承认的。康生还特别提到王明在抗战初期的错误问题，称王明从莫斯科回延后，不听劝告留在延安，非驻武汉不可，以及在武汉时期所犯的错误，都是主观主义和宗派主义的表现。[①]

同日 谢觉哉听完报告后顺道去看望王明的病。[②]

9月29日后 毛泽东约任弼时等人一起正式向王明提出他在武汉工作时期犯有四个方面的错误，并具体提到了王明当时对独立自主原则的态度问

---

① 杨奎松：《毛泽东发动延安整风的台前幕后》，《近代史研究》1998年第4期。
② 《谢觉哉日记》上册，第339页。

题、王明当时拒绝发表毛《论持久战》的问题、王明在武汉会战期间的形势估计问题、和王明领导的长江局与中共中央的不正常关系问题。①

10 月初　季米特洛夫给中共中央发来一封措辞严厉的质询电，一连提了 15 个问题，主要是针对皖南事变以来毛泽东对蒋介石的不妥协立场，和苏德战争爆发后毛泽东对苏联求援的冷漠态度而发的。②

10 月 3 日　毛泽东给王明看了季米特洛夫的电报后，发生了激烈的争论。

王明后来在《中共半世纪》一书中说："一九四一年十月三日夜，毛泽东把季米特洛夫同志的电报拿来给我看。这个电报向中共中央提出十五个问题，其中几个问题是关于在法西斯德国进攻苏联的条件下，中国共产党准备采取什么办法在中日战场上加强抗日军事行动，使德国在东方的同盟国日本不能开辟进攻苏联的第二战场。毛泽东请我研究一下这个电报，并说：'明天我们一起讨论怎样回答。'""十月四日和五日，在我们之间展开了异常尖锐的原则争论。我的意见是，应当加强中国抗日军事行动，使日本不能配合德寇攻苏。毛泽东不同意，但也说不出理由。但是，我有充分根据的论证，时常使他瞠目结舌，无话可说。尤其当我提醒他实行的反苏和联日路线时，他除了拍案狂叫怒吼外，全无道理可讲。"他还说：在这次谈话里，"毛泽东实际上解答了他为什么把王明、博古、洛甫、王稼祥、凯丰、杨尚昆、朱瑞等当作所谓'教条主义主要代表'，把周恩来、彭德怀当作'经验主义主要代表'来打击。""毛泽东后来给这些人加上'教条主义者'、'经验主义者'、'主观主义者'、'宗派主义者'等罪名，作为他打击的主要对象，不过是他打击别人抬高自己的手段。"③

10 月 7 日　于延安杨家岭作五律《据理力争》，说"毛泽东拒绝季米特洛夫同志的抗日援苏建议，我批评他违背马列主义关于民族利益与国际利益一致的原则，发生激烈斗争。他理屈，阴谋危害我的身体"。诗的内容是：

　　侵苏希魔急，日寇德同盟
　　抗战倍加紧，夹攻少可能。

---

① 中央档案馆资料党史研究室：《延安整风中的王明——兼驳王明的〈中共五十年〉》，《党史通讯》1984 年第 7 期。
② 杨奎松：《毛泽东与莫斯科的恩恩怨怨》，第 130 页。
③ 王明：《中共半世纪》，第 31、51 页。

中苏兼有利；协助竟无心！

为党尽人责，力争不顾身！①

10月7日晚　毛泽东、王稼祥、任弼时与王明谈话。②　王明以为有机可乘，便滔滔不绝地提出许多原则问题，责难中共中央和毛泽东。王明事后悄悄对博古说，他之所以这样做，是因为"那边的方式我是知道的，先提问题，后来就有文章的"。③

10月8日　中共中央书记处工作会议继续批评王明的错误，王明在发言中全面阐述自己的政治主张，并对大家的批评进行辩解。

毛泽东在发言中说："昨晚王明与我、稼祥、弼时等同志谈话，提出了许多原则问题，今晚他说的有些问题和昨晚谈的不同，经过了一些修改。昨晚说我们现在只要与中产〈阶级〉关系弄好，当现在苏联与中国异常困难的时期，须要与大资产阶级弄好，说边区施政纲领与新民主主义只要民族资产阶级便不好，而要与大资产阶级蒋介石关系弄好。王明认为我们过去的方针是错误的，认为我们太左了。恰好相反，我们认为王明的观点太右了，对大资产阶级让步太多了，只是让步是弄不好的。"④

王明在会上第一个发言。他郑重声明：昨晚和毛泽东等"是随便谈的，今天我对时局及过去武汉的工作发表我的意见"。他讲了两个方面的问题：

第一，关于时局。他主要讲了以下几个方面：

在国共关系问题上，他说："最近国际来电要我们考虑如何改善国共关系，我认为目前国际提出这个问题要我们考虑是有原因的，我认为我们与国民党的关系弄得更好些是有必要的，而且是可能的"；"现在中央军与地方实力派对我们关系都不好，各小党派除救国会、第三党与我们关系较好外，其他党派与我们关系也不好。我们应与地方实力派关系弄得更好些"；"现在我们与国民党关系弄好些是必要的"，"我党虽在国共磨擦斗争中仍能执行统战政策，仍然拥护蒋介石，但在军事磨擦中对地方实力派消灭过分，对

---

① 《王明诗歌选集（1913～1974）》，第143页。
② 王明在《中共半世纪》中说是10月6日和7日（第31页）。但据毛泽东10月8日的发言，这次谈话应在10月7日。
③ 杨奎松：《毛泽东与莫斯科的恩恩怨怨》，第131页。
④ 中央档案馆资料党史研究室：《延安整风中的王明——兼驳王明的〈中共五十年〉》，《党史通讯》1984年第7期。

地主搞得太过，如冀中苏北等地政策过左，这是妨碍统一战线的"。

关于中国革命的特点问题，他说："中国革命过去各时期都是反帝反封建的，但有一个是主要的。毛著新民主主义论中说中国革命要完成反帝反封建，我认为在目前统一战线时期，国共双方都要避免两面战争，要把反帝反封建加以区别。含混并举是不妥的。"

关于新民主主义政权问题，他说："中国革命的政权是各阶级联合的政权，目前需要工农，小资〈产阶〉级，资〈产阶〉级及地主各阶级联合的政权，毛著新民主主义论中只说工农，小资〈产阶〉级与民族资〈产阶〉级联合的政权，只说要联合中产阶级，未说要联合大资〈产阶〉级。在新民主主义论说到经济政策中，说不要大地主大资〈产阶〉级，这是缺点。目前政权是各阶级联合专政，但有各种形式，今天的政府要有大地主大资〈产阶〉级参加，新民主主义只是我们奋斗的目标，今天主要是共同打日本，我们今日还不希望国民党实行彻底的民主共和国。这个问题要向蒋声明，向国民党说清楚。我认为新民主主义论许多问题都是对的，但有上面的缺点。"

关于统一战线问题，他说："过去我们的口号，或者是苏维埃政权或者是国民党政权，现在是改为共同的抗日政权"；"过去我们的军队也同样，或者是红军或者是国民党军队，现在是共同的抗日军队"；"国民党五中全会实行军事限共后，便发展到政治磨擦，此后合作的条件也变了，发生了两个战争，打掉一些地方政权，阶级斗争也尖锐了，这是我们被逼迫进行的。但有些地方执行政策是左了，有些斗争是可以避免的"；"现在要与国民党关系弄好，可否采取下列办法？我们要求释放叶挺，八路军新四军除发饷外，我们可否提出：我们的政权与国民党政权是大同小异，而实际内容是小同大异"；"今后阶级斗争要采用新的方式，使党不站在斗争的前线，而使广大群众出面，党居于仲裁地位，可有回旋余地"。

第二，关于过去武汉的工作。王明说："我认为十二月会议（1937 年）与六届六中全会的政治路线是一致的，我与中央也是一致的，但个别错误是有的。"第一，强调斗争性不够，"但我在武汉工作时是讲独立性的"；第二，论持久战问题："我对这小册子只有两点不同意见的，一点是认为西安、兰州会失守，另一点是国际援助问题。"第三，对时局估计问题："因为当时武汉形势很好，对形势估计是乐观的。"第四，组织上的问题："我当时不愿留在延安工作是不对的。""我的总结：路线是对的，个别问题有错误，在客

观上形成半独立自主，（这个作风是我过去在国外单独发表文件做惯了，没有像毛主席那样慎重）在这个范围内给我任何处分我愿意接受"。

王明的说法当即就引起了与会者的一致反对。王明讲话期间，不时有人插话。他发言刚一结束，凯丰、陈云等人就明确表示不能同意王明推卸责任的态度，指出许多问题的发生并非与王明无关，尤其是与中央的关系问题，是各种错误的根源，王明并没有实事求是地加以说明。而王稼祥和任弼时关于共产国际尖锐批评王明的发言，完全出乎王明的预料之外，本来还决心仗着共产国际的电报与毛泽东一搏的王明，一下子被打蒙了。据王稼祥和任弼时介绍说，王明关于斯大林、季米特洛夫的谈话的说法，有许多不准确，有些关键部分没有谈到。如斯大林明确主张用军队创造自己的政权，主张搞游击战争；季米特洛夫强调现在不要谈领导权问题，当面告诫王明要与国内同志弄好关系，不论谁推举，也不要当总书记等。另外，季米特洛夫委托周恩来、任弼时告诉毛泽东，对王明要进行帮助，因为季米特洛夫和曼努伊斯基都明确讲，王明有一些明显的个人缺点，如总是企图着把自己的意见当作中央的意见，一向喜欢拉帮结派，比较滑头，不够诚实，缺乏工作经验等等。[1]

任弼时的发言是："我与恩来在莫时，季米特洛夫与我们谈话说到王明一些缺点，要我们告毛泽东帮助王明改正，我们回来只对毛说过，对王明也没有说，因为感觉不好对他说。有一次毛找王明、洛甫、康生、陈云和我谈过话，批评过王明一些缺点。后来他担任边区工作，开始实际工作的调查研究，我感觉他有进步。但前次政治局会议，王发言批评别人无党性，对自己缺乏批评精神。前几次毛与王谈武汉时期的错误，王还不愿接受，昨晚谈话更提出新的原则问题。今天书记处会上我不得不把季米特洛夫对我说的问题谈出来，帮助王明来了解问题。"任弼时说："首先是曼努伊尔斯基，问我三点，我只记得下两点：第一问，王明是否有企图把自己〈的〉意见当作中央的意见。第二问，王明是否想团结一部分人在自己的周围。"而季米特洛夫的评语是"王明缺乏工作经验"，"王明有些滑头的样子"。据共产国际的干部反映，有一次出去参观，米夫介绍王明为中国党的总书记，王明居然默认。张闻天插话说，《救国时报》宣传王明为英明领袖。任弼时接着说：

---

① 杨奎松：《毛泽东发动延安整风的台前幕后》，《近代史研究》1998 年第 4 期；《毛泽东与莫斯科的恩恩怨怨》，第 132～133 页。

"根据国际说的这些话，和王明回国后的情形，王确有'钦差大臣'的味道。王的主要问题便是个人突出，自以为是，对国共关系问题有原则上的错误，特别是忽视反对陈独秀右倾机会主义的复活。"①

在与会同志对他批评后，他针对这些批评和毛泽东前几天的批评，分别进行了反驳。他说，"我认为 12 月会议与六中全会的政治路线是一致的，我与中央也是一致的。但个别缺点是有的"，如"强调斗争性不够"，"但我在武汉工作时是讲独立性的"；关于"一切经过统一战线"的口号，"有些同志了解与我了解不同，我的了解不是一切经过统一战线便是一切经过蒋介石"；关于《新华日报》不登《论持久战》问题，不是他不同意登，他只有两点不同意见，"因为当时武汉形势很好，对形势估计是乐观的"，等等。总之，"路线是对的，个别问题有错误，在客观上形成半独立自主"。

有的学者评论说："由于自信有共产国际指示为依据，王明在发言时极力做出有恃无恐的样子，破釜沉舟，背水一战，以求一逞。但王明这回再度错误地估计了形势，'聪明反被聪明误'了。"②

还有的学者评论说："王明在 10 月 8 日的发言是他最后的背水一战。1938 年共产国际在斯大林大清洗中遭到严重摧残，王明的恩师米夫因与布哈林有牵连，已被处决，王明失去了保护伞。共产国际出于现实的考虑，实际上已半抛弃了王明。在近三年的时间里，季米特洛夫未与王明直接联络（或许有联络，但电报被毛截留），备感凄楚的王明只能审时度势，违心地向毛低头。正当王明独自一人承受来自毛的巨大压力时，季米特洛夫的电报犹如一剂强心针，顿时给王明注入了活力。他抱着孤注一掷的心理，向毛作最后一搏。"但是，"王明的反击被毛泽东当场粉碎"。③

毛泽东在王明发言后对他进行了批评，说："王明同志在武汉时期的许多错误，我们等待了他许久，等待他慢慢地了解，直到现在还没有向国际报告过。最近我和王明同志谈过几次，但还没有谈通，现在又提出目前时局的原则问题，我们大家来讨论是好的。王明在武汉时期的工作，我和他谈过在下面几个问题上有错误：（一）对形势估计问题——主要表现乐观；（二）国共关系问题——忽视在统战下的独立性与斗争性；（三）军事策略问

---

① 张学新主编《任弼时传》，第 474 页。
② 杨奎松：《毛泽东与莫斯科的恩恩怨怨》，第 132 页。
③ 高华：《红太阳是怎样升起的——延安整风运动的来龙去脉》，第 242 页。

题——王明助长了反对洛川会议的独立自主的山地游击战的方针；（四）组织问题——长江局与中央的关系是极不正常的，常用个人名义打通电给中央与前总，有些是带指示性的电报。不得到中央同意，用中央名义发了许多文件。这些都是极不对的。"王明发言说："前几天我与毛主席谈过下面四个问题：（一）统一战线下独立性问题；（二）《论持久战》问题；（三）对武汉时期形势估计问题；（四）长江局与中央关系问题。"①

会议结束时毛泽东提出："准备在政治局会议上讨论王明提出的政治问题。王明提议检查中央政治路线，我们要提前讨论一次。关于苏维埃后期错误问题，停止讨论。希望王明对六中以前即武汉时期的错误及对目前政治问题的意见，在政治局会上说明。"②

10 月 8～9 日　据王明《中共半世纪》一书说：毛泽东曾和康生、陈云找他谈话，把他们拉来"参加讨论，想请他们给他帮忙"。③

在此前后　撰写关于季米特洛夫来电要求中共中央加强中国抗日战场活动使日寇不能在东方开辟第二战场问题和毛泽东四次争论的综合笔记。④

10 月 12 日　突然宣布有病，不能参加政治局会议，向任弼时提出向中央请假。

由编写组帮助胡乔木写的《整风运动：1941 年"九月会议"前后》稿说："书记处会议后，领导同志们准备三天，拟定 12 日开政治局会议。毛主席准备了较为详细的讲话大纲，介绍 7 日谈话和 8 日会议情况，逐项批驳王明的观点，对前些天指出的王明四个方面的错误作了进一步展开。'大纲'认为王明的首要错误是统一战线中的迁就倾向，不分左中右，只分抗日不抗日，'一切经过统一战线'，全无列宁主义原则；否认政治上我党有提高国民党的任务，民主、民生要求不提了，没有了开放民众运动的任务；认为国民党一切都好，要求立即加入政府，全无阶级警惕性，全然忽视它们反共；放弃了阶级立场，只有一个民族立场，混同于国民党，一切迁就国民

---

① 中央档案馆资料党史研究室：《延安整风中的王明——兼驳王明的〈中共五十年〉》，《党史通讯》1984 年第 7 期。

② 中央档案馆资料党史研究室：《延安整风中的王明——兼驳王明的〈中共五十年〉》，《党史通讯》1984 年第 7 期。

③ 王明：《中共半世纪》，第 31 页。

④ 《写作要目》。

党，离开共产主义者的原则。这种倾向，说好一点，没有清醒头脑，被民族浪潮冲昏了；说坏一点，实际上是资产阶级思想在无产阶级队伍中的反映，是陈独秀主义、孟塞维克主义、张国焘主义。这是严重的原则性问题。……毛主席认为，王明的其他错误是：在中日战争问题上，不作具体分析，有盲目乐观偏向；军事问题上，只是空谈五个统一与七个统一①，以对抗'独立自主的游击战争'，对中央关于发展长江流域游击战争的意见置之不理；在处理党内关系上，坚持要到武汉去，使武汉长江局成为实际上的中央，反对延安用书记处名义，对延安、华北下命令，不印《论持久战》小册子，开六中全会不肯回来，到了西安还想回武汉去，形成'独立自主局面'。'大纲'也指出了王明还有一些'对的地方'，还指出他犯错误的原因是主观主义（唯心形式），宗派主义（个人主义），这两个病根如不拔去，将来是很危险的。"②

杨尚昆回忆说："会上，洛甫和博古带头作了自我批评和批评，会议对所谓'国际路线'的错误取得了共识，连王明也不能不表示：苏维埃运动后期的错误，毛主席'说是路线问题，今天洛甫和博古的讲话，我都同意'。但是，一涉及到抗战初期王明在武汉工作中的严重右倾错误，他便以攻为守，指责毛泽东的《新民主主义论》和中央通过的《陕甘宁边区施政纲领》'太左'，同斯大林的观点不一致。这自然遭到同志们的批驳。从此，王明便称病不出席会议，大家只好等待他的觉悟。""王明为什么那么傲慢？他说《八一宣言》是他起草的，民族统一战线理论是他创造的。实际上这些都是从共产国际的季米特洛夫那里来的。他主张的'一切经过统一战线'、'一切服从统一战线'，事实上就是一切经过蒋介石，一切服从蒋介石，放弃独立自主。有同志问我，如果王明老老实实认错，事情的发展是否可能会不一样。我认为王明根本不可能老老实实认错，他自以为有后台，有资本，顽固地坚持所谓'国际路线'，而把创造性的马克思主义说成是离经叛道。"③

有的学者评论说："以王明此前极力违心地颂扬毛泽东的表现来看，可以了解王明并不是一个一贯勇于坚持己见的人。他在整个形势一边倒的情况

---

① 即统一指挥、统一编制、统一武装、统一纪律、统一待遇、统一作战计划、统一作战行动。
② 《胡乔木回忆毛泽东》，第 201～202 页。
③ 《杨尚昆回忆录》，第 210～211 页。

下破釜沉舟，不顾一切反过来批评毛泽东，是冒了极大风险的，其内心之紧张和压力之大可想而知。他这时惟一的赌注就是季米特洛夫的电报。8 日会议的结果，特别是王稼祥和任弼时讲述的季米特洛夫等国际领导人对他的不信任态度，不能不使他如坠深渊，心理上受到相当大的刺激。惶惶不安一天之后，王明竟因过于紧张使心脏承受不住突发休克病倒了。原定 12 日举行的政治局会议被迫延期。"①

　　还有的学者评论说："毛泽东在 10 月 8 日书记处工作会议上对王明的批驳，及会上出现的一边倒局势，使王明深感孤掌难鸣，只得全线撤退。"②

　　10 月 13 日上午　中共中央书记处派中央副秘书长李富春去医院参加医生会诊。医生们提出，王明目前的情况，至少应当卧床休息三个月。王明亦托李富春转告中央政治局，请求休养期间不参加书记处工作会议，只参加政治局会议。毛泽东听说后，马上又派任弼时去医院看望。王明见到任弼时时，已经没有了 8 日会议上的那股勇气了。他明确表示，他接受毛泽东在 8 日会议上对他在武汉期间错误问题所作的结论，即在政治上组织上有原则性错误，但不是路线错误。他很抱歉暂时不能出席政治局会议了，但关于对目前时局的意见，仍可请政治局同志到他房间去谈，然后由政治局讨论，他病好之后再看记录。与此同时，他最关心的还是莫斯科对他的看法，故拐弯抹角地向任弼时打听，季米特洛夫到底还说了他一些什么。③

　　王明在《中共半世纪》一书中，却说他住院是被迫的，而且是毛泽东为了"毒害"他。他说："我同毛泽东关于季米特洛夫同志来电问题，从十月四日到九日在他家里发生争论。因此从一九四一年十月四日起，我至少每日一次在他家吃饭。八日我开始严重胃痛腹泻并大量便血，头晕目眩，心脏衰弱。经医生检查，认为我的情况很象中毒症状。九日我已病重，但毛泽东派他的机要秘书叶子龙把我从床上拉起来去开会。十日我完全病倒不能再起。""而毛泽东以'紧急修建'中央大礼堂和中央办公厅为名下令李富春立即组织动工。在离我住处几十米的地方工人们日夜不停地用炸药炸石头。剧烈的爆炸声昼夜不断地轰鸣，使我完全不能休息，以致病情加重。我向李富春要求停工两天或另炸别处，他回答就：'这是毛主席的命令。工一分钟

---

①　杨奎松：《毛泽东与莫斯科的恩恩怨怨》，第 133 ~ 134 页。

②　高华：《红太阳是怎样升起的——延安整风运动的来龙去脉》，第 243 页。

③　该刊资料室编《关于王明治病和出国的材料》，《中央档案馆丛刊》1986 年第 3 期；杨奎松：《毛泽东与莫斯科的恩恩怨怨》，第 134 页。

也不能停。'十月十四日李富春和傅连暲（中央军委卫生部副部长兼中央保健局局长）同来我处，用汽车把我送进中央医院，指定金茂岳为我的主治医师。""入院后，金茂岳用一些有害疗法，使我衰弱无力，不能出院。"①

王明在这里的说法并不可信：第一，王明当时已经被批判，毛泽东不可能从 10 月 4 日起每天至少让王明在他那里吃一顿饭；第二，9 日中央并未开会，叶子龙不可能从床上把王明拖到会上；第三，中央大礼堂和中央办公厅的施工可能对养病的王明会有影响，但这并不是为了摧残他。

但据延安十多位医生 1943 年 7 月 20 日所作的《关于王明同志病过去诊断与治疗的总结（自一九四一年九月到一九四三年六月）》说，自王明同志病到服用"Streptoclde"（自 1941 年 9 月到 1942 年 3 月 13 日）的治疗是存在问题的。《总结》中说：金茂岳大夫及 1941 年 10 月 12 日对王明心脏病的会诊，以及对病人有痔疮、扁桃腺炎的结论，是正确的，"但当时金主任对王明同志心病估计不足，只能想到王明同志官能性的心脏病而未想到既往的心脏器质的变化"。在治疗方面，有以下五个问题：第一，服 Mistalla（盐酸泻剂）的时期过长，一共连续地服用八天，共 120C.C，这样可引起肠胃衰弱，以致消化不良。第二，Mistalla 可使盆腔充血，而致痔疮便血增加，不得已时偶用一次即可，最好用油类泻剂，或用油来灌肠，"而金主任却长期使用'Mistalla'，这是不适合的"。第三，当时病人在吃了 Mistalla 后，已经通便，而至每天大便数次，便血及量亦增加，"金主任对此还没有注意，对病的经过缺乏严密的观察，没有即时吩咐停止使用'Mistalla'"。第四，"在病人便血时金主任用腹部按摩是不对的"。第五，病人所患的是心脏病，"而金主任的治疗却是劝病人打铁球、打麻将、过劳的到河边散步，而致使病人过劳又犯病，但在休息几天后，金主任仍强叫病人继续作，这是违反治疗原则的"。有人根据这个《总结》做出结论：医疗过程中有缺点错误，属于医疗事故，与王明说的陷害无关。

有的学者说："王明是于 1941 年 10 月 13 日躺进中央医院的，以后陆续有中共领导人前去探望。对毛泽东、任弼时等，王明总是做足表面文章，表示愿意接受批评，诚心检讨。而对王稼祥、周恩来、博古、张闻天等人，或刚从外地回来的刘少奇等人，王明则每每大吐苦水，甚或宣传他的两面战争打不得，互相牵制如何集中力量打日本援苏联那一套。特别是对在延安的俄

---

① 王明：《中共半世纪》，第 32～33 页。

国人，他更是一有机会就要进行煽动和挑拨，打探莫斯科有无进一步指示来。"①

同时② 毛泽东在中央书记处会议上谈到他准备在政治局会议上作的关于苏维埃运动后期"左"倾机会主义错误的结论草案要点。

由编写组帮助胡乔木写的《驳第三次"左"倾路线的"九篇文章"和"历史草案"》稿说："10 月 13 日，中央书记处开会决定成立以毛泽东为首，有王稼祥、任弼时、康生和彭真参加，并由王稼祥负责起草文件的清算过去历史委员会。在这次中央书记处工作会议上，毛主席谈到了他准备在政治局会议上作的关于苏维埃运动后期'左'倾机会主义错误的结论草案要点。他说：（一）说明这一时期'左'倾机会主义错误比之立三路线，形态更完备，时期更长久，结果更悲惨。（二）这一错误的时期，从 1932 年开始，到 1934 年五中全会时发展到最高峰。（三）对我党二十年来的历史的初步分析：五四运动至大革命时期——在指导思想上是唯物辩证法的时期，我党生动活泼的时期；1927 年下半年——这是陈独秀右倾机会主义统治时期，指导思想的机械唯物论时期；立三路线与苏维埃运动后期——这是'左'倾机会主义时期，思想方法上的主观主义与形式主义；六届三中全会虽在形式上克服了立三路线，但在实际政策上没有执行正确的转变，四中全会决议对于当时形势与工作政策没有具体决定，只说明交新的政治局讨论，但新的中央政治局没有完成此任务……毛主席还对以上几个错误时期的主要负责者的情况作了分析，指出：1927 年大革命后期的错误，主要负责者是陈独秀；立三路线时期的主要负责者是李立三；苏维埃运动后期的主要负责者是博古同志。""毛主席的这些意见是他写的《关于四中全会以来中央领导路线问题结论草案》（即"历史草案"）的基本思路。"③

10 月 13 日下午 任弼时在中央政治局扩大会议上转达说：王明因病不能到政治局会议，他提出以下意见："1. 关于王明在武汉时期工作，同意毛泽东十月八日的结论"；"2. 关于他对目前时局意见，请政治局同志到他住室交谈，以后由政治局讨论，他好了再看记录。今天富春参加医生的复诊，

---

① 杨奎松：《毛泽东与莫斯科的恩恩怨怨》，第 148 页。

② 因毛泽东在中央书记处会议上谈到他准备在政治局会议上作的关于苏维埃运动后期"左"倾机会主义错误的结论草案要点，而这次中央政治局会议是 13 日下午召开的，所以估计这次书记处会议是当天上午召开的。

③ 《胡乔木回忆毛泽东》，第 222～224 页。

医生提出休息三个月。王明向我提出休息时不参加书记处工作会议，只参加政治局会议。王明病中还问我季米特洛夫批评他什么，我记起一点告诉他：季说王明在中央工作，不应在外工作。"

毛泽东在会上说：王明生病，关于武汉时期工作只好停止讨论。关于王明在武汉时期工作中的错误，就以十月八日书记处工作会议的意见作为定论。对他说明，他在武汉时期的工作，路线是对的，但个别问题上的错误是有的，我们就是这些意见。如他还有什么意见，等他病好后随时都可以谈。以上意见委托弼时同志向他说明。关于政治局会议讨论苏维埃后期"左"倾机会主义错误的结论问题，我准备在此次政治局会议上只作一个结论草案，提交七中全会。七中全会也只作结论草案，再提交七次大会作成党内的结论。结论的要点是：（一）说明这一时期"左"倾机会主义错误比之立三路线，形态更完备，时期更长久，结果更悲惨。（二）这一错误的时期问题，从一九三二年开始，到一九三四年五中全会时便发展到最高峰。（三）我党二十年来的历史问题。五四运动到大革命时期，是唯物辩证法运用比较好的时期，是我党生动活泼时期。一九二七年下半年，是陈独秀右倾机会主义统治时期，其思想是机械唯物论的。立三路线与苏维埃后期是"左"倾机会主义时期，是主观主义与形式主义。四中全会虽在形式上克服了立三路线，但在实际政策上没有执行正确的转变。①

10 月 21 日　作七律《病中即事和谢老原韵》一首送谢觉哉。

10 月 22 日前②　毛泽东写了题为《关于一九三一年九月至一九三五年一月期间中央路线的批判》的长篇文章。

逄先知、金冲及主编的《毛泽东传（1893～1949）》下卷说：大概在起草结论草案以前，"毛泽东还写了题为《关于一九三一年九月至一九三五年一月期间中央路线的批判》的长篇文章，从思想上、政治上、组织上以及策略方面逐篇地系统地批判了王明'左'倾路线统治时期的九篇有代表性的重要文献，指出它们的主观主义、冒险主义、宗派主义和关门主义的特征。毛泽东当时只把这篇文章给刘少奇、任弼时看过，一直没有发表……因

---

① 《毛泽东年谱（1893～1949）》中卷，第 374～375 页。
② 逄先知、金冲及主编《毛泽东传（1893～1949）》下卷说这篇文章是在起草《关于四中全会以来中央领导路线结论草案》之前写的，而《关于四中全会以来中央领导路线结论草案》是 10 月 22 日开始起草的，故可以判定这篇文章是 10 月 22 日之前写的。见该书第 734 页。

此，当时这篇文章不但在社会上，并且在党内也没有直接发生影响。但通过写作这篇长文，使毛泽东对那个时期中央的路线错误的认识大大深化了。"①

毛泽东在这篇文章中批判的九个文件中，有两个是王明在国内时由临时中央政治局发出的，即《由于工农红军冲破第三次围剿及革命危机逐渐成熟而产生的党的紧急任务》（1931 年 9 月 20 日）、《中央关于日本帝国主义强占满洲事变的决议》（1931 年 9 月 22 日）。《建国以来毛泽东文稿》第 11 册《对〈关于一九三一年九月至一九三五年一月期间中央路线的批判〉一文的批语》注释说："文章着重从政治路线和思想路线方面予以展开，根据九个文件写成九个部分，亦称为九篇文章。王明'左'倾机会主义路线的九个文件，都是六届四中全会以后的中共中央发出的，时间从一九三一年九月至一九三二年五月。这些文件大致反映了王明等人的指导思想和主要政策的内容。毛泽东的这篇文章初稿写出后，曾作过好几次修改。初稿题目是《关于和博古路线有关的主要文件》，后来先后改为《关于和"左"倾机会主义路线有关的一些主要文件》、《关于一九三一年九月至一九三五年一月期间中央路线的批判》，内容上也作了一些较大的调整。"②

在这篇文章中，毛泽东开始使用"从'九一八'至遵义会议的'左'倾机会主义路线"的提法。这说明他已经把王明的错误包括在"'左'倾机会主义路线"之中。文章说："从'九一八'至遵义会议的'左'倾机会主义路线领导者们的所谓两条战线斗争是主观主义的"③，并说王明等人的路线并不是真正的"国际路线"：

> "左"倾路线随时都把自己的路线冒称为国际路线，许多文件上都可见到。这是不对的……我们不说共产国际在这个时期内对中国革命的指导上没有错误，这是有过的，并且是严重的；但共产国际指导中国革命的基本路线就是纠正李立三冒险主义的那个路线，就是反对先锋队不顾主客观条件，脱离群众，冒险激进的"左"倾机会主义，同时又反对不顾主客观条件，脱离群众，畏缩不前的右倾机会主义的那种路线。王明、

---

① 逄先知、金冲及主编《毛泽东传》，第 734 ~ 735 页。
② 《建国以来毛泽东文稿》第 11 册，第 51 ~ 52 页。
③ 《驳第三次"左"倾路线（节选）》，《毛泽东文集》第 2 卷，第 345 页。

博古、洛甫的路线并不是共产国际的路线，共产国际并没有叫我们举行上海暴动，又没有叫我们号召罢操，抢劫军粮与举行飞行集会，又没有叫我们强迫示威与强迫罢工，又没有叫我们率领灾民在武汉、九江、芜湖、江北成立苏维埃，又没有叫我们否认革命不平衡，又没有叫我们在华北建立苏维埃，又没有叫我们在广东、江苏、山东组织义勇军，又没有叫我们指挥红军打大城市，又没有叫我们成天地说什么帝国主义全体一致地进攻苏联，又没有叫我们成天地说什么国民经济总崩溃或国民党统治总崩溃，又没有叫我们成天地说什么兵变潮流普及全国，又没有叫我们不顾实际地实行那些错误的脱离群众的土地政策、劳动政策、肃反政策与文化政策，又没有叫我们指定几个毫无经验的新党员成立临时中央这样一件大事也不告诉大多数政治局委员与中央委员一声，就大摇大摆地垄断一切与命令一切……又没有叫我们幼稚得像个三岁小孩子，蠢笨得像个陕北的驴狗子，滑稽得像个鲁迅的阿Q，狂妄得像个塞万提斯的堂·吉诃德。一切这些，共产国际都并没有叫我们做过，都是我们这批坚决执行"左"倾机会主义的老爷们自造自卖的道地货色，这一点是断不可以不辨的。①

胡乔木在 1990、1991 年《关于党的历史文献的编辑和批判第三次"左"倾路线的九篇文章》的谈话中说："'九篇文章'表示毛主席对第三次'左'倾错误的认识深化了，以前没有这样深化。尽管里面对有些问题的认识后来还有发展，但当时毛主席的这种认识是比较系统的，从毛主席的思想上来说是弄清楚了的。"② 编写组在帮助胡乔木写的《驳第三次"左"倾路线的"九篇文章"和"历史草案"》稿中说："'九篇文章'对王明'左'倾错误路线的批判，在毛主席对这条错误路线的认识史上，是一个巨大的跨越。""毛主席是三十年代初最早认识并坚决抵制王明'左'倾错误的苏区领导人之一。他也因此成了王明'左'倾机会主义者经常打击的对象，被他们骂为'右倾机会主义者'，'丝毫马克思主义也没有'的'庸俗的保守主义者'，并在 1931 年 11 月的赣南会议和 1932 年 10 月的宁都会议上被排挤出中央苏区党和红军的领导岗位。但那时毛主席并没有认识到临时中央领导者的错误是路线错误。第五次反'围剿'失败后，在长征路上，

---

① 杨奎松：《毛泽东与莫斯科的恩恩怨怨》，第 132 页。
② 《胡乔木回忆毛泽东》，第 50 页。

毛主席深入分析了红军失败的原因，得出了临时中央领导者在军事领导上存在着一条错误路线的结论，但对其政治路线还没有明确提出疑义。这从张闻天同志根据毛主席的发言起草的'九篇文章'在'九月会议'对苏维埃运动后期错误所作批判的基础上，进一步指出了苏维埃运动后期的错误是路线错误，其实质是反马克思主义的主观主义和宗派主义；'其理论的理论，脱离群众四字尽之矣'；其代表人物是王明（创始者与支持者）和博古、洛甫（继承者与发展者）；其特征是比立三路线形态更完备、危害时间更长久、造成损失更惨重；其形成标志是王明中央 1931 年 9 月 20 日发表的《由于工农红军冲破第三次围剿及革命危机逐渐成熟而产生的党的紧急任务》（这一点，在起草历史决议过程中，毛主席的认识又发生了变化）。此外，'九篇文章'还指出了苏维埃运动后期在形势估计上、在党的策略任务上、在党内斗争上，在对中国革命许多根本问题——阶级关系、土地革命、反帝斗争、革命战争等的解决上存在的错误，并列举了大量的证据。"①

10 月 21 日　于延安中央医院作七律《阴谋毕露》，说毛泽东阴谋谋害他，内容是：

> 季电力争尚未完，王突病倒毛开颜。
> 令轰岩石山腰畔，直逼我窑门面前。
> 日夜炮声无止息，身心疾患更加添。
> 因知理屈阴谋使，危害行污共党员。②

同日　于延安中央医院作七律《病重即事和谢老原韵》，诗曰：

> 一身僵卧脑难停，静瞰碧空数列星。
> 有病方知键时乐，失眠深感梦中馨。
> 欧亚战息长矛盾，今昨脉评总径庭。

---

① 《胡乔木回忆毛泽东》，第 215～217 页。但据杨奎松考证，毛泽东《关于一九三一年九月至一九三五年一月期间中央路线的批判》文章中批判王明的很多内容，是毛泽东在 1943 年修改时加进去的。他说：毛泽东在 1941 年 9 月会议后写这些笔记时，"他的矛头还是指向博古的，情绪还较为平和。这时，毛泽东显然带着极大的愤怒重读了这些文件，因而大大修改了原来的笔记，不仅加上了王明，而且转而把王明视为那条'左'倾路线的头号罪人了"。见杨奎松《毛泽东与莫斯科的恩恩怨怨》，第 149 页。
② 《王明诗歌选集（1913～1974）》，第 144 页。

寄语谢公善珍摄，食多事少自遐龄。①

10 月 22 日　中共中央政治局会议进一步讨论通过了前此中央学习组有关过去历史的基本结论之后，毛泽东当即开始起草《关于四中全会以来中央领导路线问题结论草案》。

这个草案长约两万字。主要观点是："中央政治局在收集详细材料经过详细讨论之后，一致认为四中全会及其以后一个时期，中央领导路线虽有缺点、错误，但在基本上是正确的。九一八事变至遵义会议这一时期内，中央的领导路线是错误的。遵义会议及其以后，中央的领导路线是正确的。"

关于六届四中全会至九一八事变这个时期的中央路线，草案首先肯定了"四中全会的成功方面"，接着指出了四中全会的五条错误：（一）四中全会没有揭发立三路线的思想根源是与马克思主义的辩证唯物论水火不相容的主观主义与形式主义，埋伏了后来"左"倾路线的思想根源。（二）四中全会没有对于当时的国际关系与国内阶级关系作出任何具体的马克思主义的分析，没有具体指出中国革命特点的极大的不平衡性和长期性，因而没有具体规定当时苏区和白区的策略任务。他们只是抽象地了解立三路线，而不能反对其具体的错误策略，并认为白区的工人运动和群众斗争应当继续"举行集会、游行示威"一类的盲动策略，这就埋伏了后来"左"倾路线的政治根源。（三）四中全会在组织路线方面犯了类似立三路线"压迫政策"的错误，打击了太多的人，如瞿秋白、关向应，还有何孟雄、林育南等，这些同志在本质上都是好的，这就埋伏了后来的"左"倾路线采取宗派立场的根源。在组织政策上的宗派立场还表现为，不相信苏区党与红军的原有领导，派遣自己相信的人去取而代之。所谓"钦差大臣"制度自此始。（四）四中全会认为"右倾是目前党内的主要危险"，对反罗章龙来说是对的，但对全党来说是错的。当时党内情绪以反映小资产阶级的革命急躁性为多，四中全会没有指出党内"左"倾危险的严重性，并强调反对所谓"实际工作中的机会主义"，这就埋伏了后来"左"倾路线在全党大反"右倾机会主义"的根源。（五）四中全会"全靠共产国际"，只克服了当作政治形态（其主要部分）的立三路线，不能克服当作思想形态的立三路线，这是后来形成新

---

① 《王明诗歌选集（1913～1974）》，第 145 页。

的立三路线的最主要原因。他们强迫推行共产国际东方部制定的极左的土地政策，大反其所谓"富农路线"，造成了在经济上消灭富农，在肉体上消灭地主，影响中农利益的严重局面。①

关于九一八事变到遵义会议期间的中央路线，草案认为在思想上、政治上、军事上、组织上各方面都犯了严重的原则错误，形成了一条形态最完备、时间最长久、危害最严重的错误路线。草案概括地说明："这条路线的性质是'左'倾机会主义的，而在形态的完备上，在时间的长久上，在结果的严重上，则超过了陈独秀、李立三两次的错误路线。"草案分析：这条路线在思想方面犯了主观主义与形式主义的错误；在政治方面，对形势的估计，对策略任务的提出与实施，对中国革命许多根本问题都犯了过"左"的错误；在军事方面，犯了从攻打大城市中的军事冒险主义转到第五次反"围剿"中的军事保守主义（同时也包含着拼命主义），最后在长征中转到完全的逃跑主义的错误；组织方面犯了宗派主义错误。草案还指出，1935年1月召开的遵义会议"实际上克服了当作路线的'左'倾机会主义，解决了当时最主要的问题——错误的军事路线、错误的领导方式和错误的干部政策，实际上完成了由一个路线到另一个路线的转变，即是说克服了错误路线，恢复了正确路线"。这个结论草案的许多重要内容后来被吸收到中共六届七中全会通过的《关于若干历史问题的决议》中。②

这次会议，对十年内战后期中共中央领导犯了"左"倾机会主义路线错误的问题，基本上取得一致的认识。所说的"十年内战后期"，是指从一九三一年九月开始的中共临时中央领导的时期。③

关于九一八至遵义会议期间错误路线的主要负责人，原来只写了博古，后来在修改时才加上王明的名字，将这条路线的主要负责人改为"王明同志和博古同志"，认为"王明同志与博古同志领导的这条路线是在思想上、政治上、军事上、组织上各方面都犯了严重原则错误的，集各方面错误之大成，它是形态最完备的一条错误路线"。④ 有的文章认为："通过给王明戴上

---

① 以上见《胡乔木回忆毛泽东》，第224～226页。

② 逄先知、金冲及主编《毛泽东传（1893～1949）》下卷，第733～734页；《毛泽东年谱（1893～1949）》中卷，第396～397页；杨奎松：《毛泽东发动延安整风的台前幕后》，《近代史研究》1998年第4期。

③ 《毛泽东年谱（1893～1949）》中卷，第369页。

④ 《胡乔木回忆毛泽东》，第226页。

第三次'左'倾路线代表人物的帽子，进而搞臭王明，最终目的是为了打倒王明，巩固毛泽东的领袖地位。"①

为什么当时没有提王明路线呢？1985、1986 年胡乔木在《关于历史问题决议的起草》的谈话中说："1941 年历史问题草案稿为什么写博古路线而没有提王明路线，这一方面是因为博古的错误时间较长，另一方面是王明 1937 年第二次回国，又是作为共产国际的代表，对毛主席的领导大有取而代之的味道。虽然六中全会批评了王明，不让他去南方局作负责人，留在延安，但王明始终不承认自己的错误，而说是博古的错误。""《决议》最初不提四中全会是路线错误，这里有认识方面的原因。毛主席对四中全会不完全了解，情况不熟悉，对王明小组织也不很清楚。对博古的错误虽然知道，但还牵涉一些同志，他对这些同志的来龙去脉是逐步弄清楚的。至于共产国际这个因素，一般都会考虑到的。四中全会蒙上一个共产国际的影子，不了解内幕的人不容易理解。开始，中央没有集中力量考虑这些历史问题……毛主席最初把'九一八'看得比较突出，因为'九一八'后国内形势发生根本的变化。"②

有的学者评论说："从毛泽东此时就王明问题所作的结论，和他起草的这一决议草案的定性都可以看出，他对王明的问题及反抗虽有诸多不满，但至少在这段时间里仍抱与人为善之心，对其在武汉时期的问题只提到个别的原则性错误的高度，对其在苏维埃后期的表现只提出反立三路线不够彻底。即使是对王稼祥、任弼时在书记处会议上介绍的共产国际领导人对王明个人品质方面的种种批评，毛泽东也明确提议不要扩散，包括在政治局会议上也不必再讲。这显示毛泽东这时并不感觉王明对他的领导地位存在任何威胁，仍准备王明病好之后重回政治局和书记处工作，没有借机上纲上线，把王明搞臭，一棍子打死，一了百了的想法。"③

有的学者还评论说："1941 年 9 月政治局会议的结果表明，共产国际对中共的控制力已基本丧失，在中共政治生活上曾经发挥过重大作用的国际派已经土崩瓦解。王明实际上已退出中共核心上层，从此不再对中共重大决策

---

① 叶铭葆：《"王明路线"命名考辨》，"中华网论坛"（http：//club. china. com/data/thread/5688138/277/26/50/1_ 1. html）2009 年 3 月 25 日。
② 《胡乔木回忆毛泽东》，第 67 页。
③ 杨奎松：《毛泽东与莫斯科的恩恩怨怨》，第 136 页。

起任何作用。"①

10 月 27 日　作口语体七律《病中月夜感怀》，诗曰：

> 漫天星斗半轮月，上似电光下似雪。
>
> 中日战场少接触，德苏阵地拼热血。
>
> 夜阑壮士正游击，人静将军好划策。
>
> 我亦革命一士兵，思来想去眠不得。②

10 月　于延安中央医院作自由体诗《莫斯科颂》和古体诗《杨家岭》，③ 孟庆树为此二诗谱曲。

本月至 1945 年底　王明 1950 年填的简历表说在此期间自己"因病未工作"。

11 月 2 日　于延安中央医院作自由体长诗《一万三》，记日寇飞机轰炸重庆，因防空警察将防空洞门关闭，闷死 1.3 万人之惨剧。④

11 月 7 日夜　于延安中央医院作七绝《遥望莫斯科》。⑤

11 月 9 日　与毛泽东、林伯渠、吴玉章、秦邦宪致电祝贺冯玉祥 60 诞辰。⑥

11 月 14 日　毛泽东为中共中央政治局起草致周恩来、董必武、邓颖超电："寒午电悉。我们是被聘的参政员，蒋介石决无强迫我们出席之理，我们绝对不能在蒋介石压迫下出席参政会。请以下函即刻送达参政会。国民参政会秘书处王秘书长勋鉴：同人等因事不克出席本次参政会，特此请假，敬希谅察。毛泽东、陈绍禹、林伯渠、吴玉章、秦邦宪、董必武、邓颖超十一月十五日。因事二字请勿漏，并请你们即刻准备对付蒋介石从各方面给予我们的压力。"⑦

同日　冯玉祥六旬寿辰，《新华日报》出版庆祝冯玉祥六十寿辰专页，发表了毛泽东、林伯渠、吴玉章、陈绍禹、秦邦宪、朱德、彭德怀、董必

---

① 高华：《红太阳是怎样升起的——延安整风运动的来龙去脉》，第 248 页。

② 《王明诗歌选集（1913～1974）》，第 146 页。

③ 《王明诗歌选集（1913～1974）》，第 147、151 页。

④ 《王明诗歌选集（1913～1974）》，第 155～160 页。

⑤ 《王明诗歌选集（1913～1974）》，第 161 页。

⑥ 《毛泽东年谱（1893～1949）》中卷，第 382 页。

⑦ 《毛泽东年谱（1893～1949）》中卷，第 383～384 页。

武、叶剑英、邓颖超以及各民主党派、地方实力派代表人士的祝词。①

12 月 7 日　于延安中央医院作口语体五律《夜半狼声》三段。②

12 月　毛泽东主持编辑的秘密文件集《六大以来》全书编成出版。有的论著说：这是毛泽东用了半年时间精心准备的"一块砸向王明等留苏派的'石头'"。③

冬　于延安中央医院作七律《海上故人》一首悼任作民。④

本年底至明年初　康生跑到西北局的一次干部会议上作了一次与会议内容毫不相干的表白，大讲自己在莫斯科时就是反对王明路线的，是同王明作斗争的，而王明是一向压制他、打击他、排挤他的。为了让人相信这套谎言，康生又煞费苦心地编造了一个假证，就是他把过去王明赠给他的，一直视作珍宝的王明那本《为中共更加布尔塞维克化而斗争》的小册子找出来作了批注。在"两条路线"四个字旁边批道："实际是一条路线，即都是左倾机会主义路线。"接着，又把"为中共更加布尔塞维克化而斗争"中的"布"字改为"孟"字，并批道："应该改为'为中共更加孟尔塞维克化而斗争'，那就真正名符其实了。"⑤

师哲也回忆说："他初到延安还极力吹捧王明的《为中共更加布尔塞维克化而奋斗》，后来听到毛主席的批评，他立即又说：王明的小册子简直就是'为中共更加孟什维克化而奋斗'，并把自己喊了'王明同志万岁'的那份副报告文字稿立即销毁，随即向毛主席诉苦，说他在莫斯科如何受王明的排挤、歧视、打击，处处同他过不去，甚至受到迫害等等（此手法后来又用于别人身上）。应该承认，康生那一百八十度的大转变，要比王明高明得多，巧妙得多。""1942 年初，西北局召开的一次约百人的高干会议，会议的任务本是讨论、推选、通过七大代表，然而会议期间，康生突然出现了，并要求在会上发言。他讲话长达两个小时，却与会议的任务毫无关系。他讲的内容，主要是说他在莫斯科如何受王明的打击、压制、排挤、限制，甚至给他造成了无法活动、不堪忍受的环境，以致后来他被逼病了，神经失常了，如此等等。尽管他自己讲得慷慨激昂，听众却没有被感动。这一

---

① 胡大牛主编《中共中央南方局统战史论》，第 199 页。
② 《王明诗歌选集（1913～1974）》，第 162 页。
③ 高华：《红太阳是怎样升起的——延安整风运动的来龙去脉》，第 173 页。
④ 《王明诗歌选集（1913～1974）》，第 163 页。
⑤ 仲侃：《康生评传》，第 79 页。

方面是因为他编造得太离奇，不近情理；另一方面是因为西北局的同志对共产国际方面的情况都不了解，所以听不懂。而康生选择的正是这样的对象，他只要给他们一个'康生与王明不合'的印象便足矣，他们还可以替他宣传。"①

本年　曾起草《关于解放区政权工作问题的决议（草案）》、《关于抗日民族统一战线工作问题的总结》。《写作要目》说：前者是"中共中央决定起草的，原定为七大用的"；后者是"中共中央统战部准备给中共中央的报告草案"。

本年　骂给他做衣服的同志。

中央党校第一部组织科王为群 1943 年 11 月 16 日写的《知道王明的几件事》说：四一年王明在中央医院养病，因为他做的衣服不合适，决定再给他做一套，即让被服厂兰厂长及徐亚文同志亲自去给他量衣服，还未说完，王明就骂起来。他们回来之后很感伤心。

40 年代初　向斯大林打了一个小报告，说"毛泽东也是托派"。②

1942 年　38 岁

1 月 16 日　《新华日报》发表以陈绍禹的名字发表《赞"大兵诗人"焕章先生六十大寿》。

2 月 1 日、8 日　毛泽东接连在中共中央党校开学典礼上作《整顿学风、党风、文风》、《反对党八股》的整风动员报告，发动了延安整风运动。

《整顿党风、学风、文风》的报告痛斥王明等人搞的教条主义"比屎还没有用"。报告说："他们一不会耕田，二不会做工，三不会打仗，四不会办事……只要你认得了三五千字，学会了翻字典，手中又有一个什么书，公家又给了你小米吃，你就可以摇头晃脑的读起来。书是不会走路的，也可以随便把它打开或者关起。这是世界上最容易的事，这比大师傅煮饭容易得多，比他杀猪更容易。你要捉猪，猪会跑，杀它，它会叫，一本书摆在桌子上，既不会跑，又不会叫，随你怎样摆布都可以……那些将马列主义当宗教教条

---

①　师秋朗整理《峰与谷——师哲回忆录》，第 213 ~ 214 页。

②　《莫斯科秘档中的中共秘史——潘佐夫（A. Pantsov）2004 年 6 月 25 日在中国社会科学院近代史所的演讲（摘要）》，载仲石、公孙树主编《陈独秀与中国》第 47 期（2004 年 12 月 1 日）。

看待的人，就是这种蒙昧无知的人。对于这种人，应该老实对他说，你的教条没有什么用处，说句不客气的话，实在比屎还没有用。我们看，狗屎可以肥田，人屎可以喂狗。教条呢，既不能肥田，又不能肥狗，有什么用处呢？"①

有的学者认为："坦率地说，整个1942年延安整风运动的进行，是挟战胜王明等头号教条主义代表之余勇，一鼓作气将中下级干部统统纳入其思想轨道的努力，目的在于肃清教条主义的余毒，和小资产阶级自由主义的风气，在他领导下造成真正思想统一、行动统一的党。"②

还有的学者认为："毛泽东执意将上层革命引入中下层的根本目的就是要摧毁王明等的党内基础，在全党肃清王明等俄式马列主义的影响，从而确立自己'新解释'的至尊地位。多年来，王明作为俄式马列主义在中国的代表，拉斯大林的大旗作虎皮，在中共党内已建立起广泛的影响。它的一个重要特征就是中共党内普遍存在的照搬马列原典和盲目崇拜苏联的气氛。王明等在这种气氛下，八面来风，如鱼得水，不仅争取到了以周恩来为代表的老干部派的合作和支持，王明本人也赢得了全党的尊敬。眼下王明虽然已退出中央核心层，但还未正式缴械投降，若不乘势打碎党内根深蒂固的苏联崇拜情结，斩断俄式马列主义伸向中国的须根，在全党搞臭王明及其同伙，一遇风吹草动，很难排除王明有挟苏联支持、在最高层卷土重来而获全党普遍拥戴之巨大危险。"③

2月16日 于延安中央医院作七绝《忆牡丹》。诗曰：

雍容傲骨岂凡流，荷菊梅兰未可侪。
自是凛然争气节，独逢乱诮不低头。④

有的学者评论说："王明在这个时候作《忆牡丹》，还有深层次的含义。本编开头已经讲到，他遵照母亲的嘱咐学牡丹之所为，开始了他的人生追求。纵观他走过来的前半生，的确很像牡丹的性格及特点：生长庭园之中，刚长出一根枝条，马上就要向人显示；一件好事未做完，立刻想当众大吹大

---

① 此文收入《毛泽东选集》时改为《整顿党的作风》，这段文字也全部删去，转引自高华《红太阳是怎样升起的——延安整风运动的来龙去脉》，第249~250页。
② 杨奎松：《毛泽东与莫斯科的恩恩怨怨》，第138页。
③ 高华：《红太阳是怎样升起的——延安整风运动的来龙去脉》，第252页。
④ 《王明诗歌选集（1913~1974）》，第165页。

搔；招引朋友和志同道合的人在一起，手舞足蹈，眉飞色舞。缺乏慎言多思的修养，大有轻浮喧嚣之气。像美女自己欣赏自己，简直不知羞耻。即使外表显得强大，实际是外强中干。名利还未受到毁坏时，贪欲日益强烈……牡丹虽是花中之王，但它只开花不结果，从事业上说断无成就，他母亲教他不学芍药而学牡丹，是要学牡丹有骨气，家穷志不短，不向阔少爷们低头，将来好有出息。但王明对抗整风运动的'雍容傲骨'，是违背母意的，'不低头'表示坚持错误到底的决心，也是违背母意的。"①

2月21日 毛泽东、王稼祥致电周恩来，说："政治局在去年十月间曾详尽讨论了过去路线问题，一致认为四中全会至九一八中央路线基本上是正确的，但有好几个严重原则错误。九一八到遵义会议（共三年又四个月）中央路线是错误的，遵义会议后中央路线是正确的。结论已写好，尚待七大前你及少奇、德怀回来方能讨论决定，交七大通过，在内部发表（对外不发表）。现在高级学习组中可以讨论过去问题，但不牵涉人的问题。研究宗旨是惩前毖后，治病救人。请加注意。"②

有的学者评论说：差不多在整个 1942 年，毛泽东都没有决定把整个斗争矛头指向王明。他在这一年的 2 月下旬给周恩来的电报，明确表示他仍然保持 1941 年 10 月会议期间的观点。在这封电报里，毛泽东明确认为，对中国革命危害最大、最需要清算的那段"左"倾错误，还应该从博古中央成立之日，即 1931 年"九一八"以后算起。③

2月 作五言诗《所谓整风运动》，诗曰：

> 名为整三风，实为行四反；
> 一切为个人，其他都不管。④

王明在诗后加注说："四反"，"即反对列宁主义、反对共产国际、反对苏共和苏联、反对中国共产党"；"一切为个人"是指"毛泽东制造毛泽东主义，建立个人党内专制和个人军事独裁"；"其他都不管"是指"不管所谓整风运动对中国共产党和中国人民造成什么损害，也不管它对国际共产主

---

① 黄允升：《毛泽东开辟中国革命道路的理论创新》，第 396 页。
② 《毛泽东年谱（1893~1939）》中册，第 412 页。
③ 杨奎松：《毛泽东与莫斯科的恩恩怨怨》，第 137 页。
④ 《王明诗歌选集（1913~1974）》，第 164 页。

义运动和世界革命运动造成什么损害"。

3月7日　《大众日报》第 317 期发表王明的《语录：关于保育母亲儿童》和《语录：关于妇女政治觉悟》。[①]

3月30日　作五律《病中惜春》二首。其第二首是：

> 蜷伏寒窑里，身心渐觉春。
>
> 天风催地绿，岸柳入门青。
>
> 诗切树云感，琴听山水音。
>
> 深怜多病客，忙里作闲人。[②]

3月~5月　在医院治病时发生了对他用错药的情况。

王明在《中共半世纪》一书中说，这是毛泽东通过李富春指示主治大夫金茂岳用大剂量的含汞药物来毒害他。他说："在一九四二年三月至五月多次用大量汞剂毒害我。这期间正是毛泽东公开实行反共产国际、反苏、反党、反王明和其他所谓'莫斯科派'的'整风运动'之时。我时常昏迷不醒。只因陪我住院的我的妻子孟庆树同志细心警惕，我才免于一死。可惜，她当时还不懂医药，但每见服药后反应不好，她就不再给我服用或把它抛弃。后来她就把可疑的药方收起，不再取药，并找中西医同志们急救。"[③]

金茂岳晚年在接受采访时详细说了给王明治病的经过，认为自己在治疗中没有多少责任。[④] 但据 1943 年 7 月 20 日延安医生所作的《关于王明同志病过去诊断与治疗的总结（自一九四一年九月到一九四三年六月）》说，王明在服用了金茂岳开的药以后确实发生了严重的肝胆病，以及汞中毒。

在服 "Streptoclde" 到服甘汞（自 1942 年 3 月 13 日到 1942 年 3 月 21 日）这个阶段，金茂岳在回忆中是这样说的：大概是 1942 年四、五月间，他给王明检查后，认为为了防止心脏病继续恶化，应把扁桃腺割掉，并向傅连暲讲了，又找黄树则、马海德一起进行了研究，决定了割扁桃腺，可是还没等手术，王明扁桃腺又发炎了，不能再做手术，于是改吃黄胺，但吃了两片后，王明感到肝脏的右边有些疼痛，发现后就停了这个药。但是，第二天

---

① 〔日〕田中仁：《王明著作目录》，第 122 页。

② 《王明诗歌选集（1913~1974）》，第 168 页。

③ 王明：《中共半世纪》，第 33 页。

④ 该刊资料室编《关于王明治病和出国的材料》，《中央档案馆丛刊》1986 年第 3 期。

不但肝区痛没有停，又发生了黄胆角膜发黄，诊断为卡塔尔性的黄胆。① 可是据会诊总结，决定给王明割扁桃腺、割痔疮等不是发生在 1942 年四、五月间，而是在 3 月份。决定割扁桃腺也没有向傅连暲汇报，而是"在金主任决定要开刀割扁桃腺的前两天，由付处长（即傅连暲——笔者）、魏一斋临时不赞成，而才作罢"，"金主任对一个负责同志作如此大的手术，不经向上级商妥，也不顾客观条件就贸然决定，是不对的"。"至于割痔疮，金主任也没有估计到病人的身体，而要割那样大的面积的痔疮，也不对的"。决定不割扁桃腺后，金茂岳与侯健存主任、傅连暲处长商量，决定给王明服 Streptoclde。但当时所服之药是否 Streptoclde，还值得调查，因为"该药六粒是由金主任直接给王明同志的，没有第三人证明，也没有药方"；"直到大讨论会的第二天会上（1943.7.18）金主任的答复是模糊的"；"病人的记忆与卫生部拿来的大小形状也不相同"；"服此药后病人的中毒症状与某些其他药品中毒症状是相同的，例如砒制剂，服后肝脾都可肿大"。"即令金主任给王明服用的的确是'Streptoclde'，但直到小组研究材料时，金主任对此药药理作用，用法禁忌，及副作用、特异质等仍没有很好的研究，当时轻易给王明同志用此药是冒险的。"正如金茂岳回忆所说，王明在服用了 Streptoclde 之后，就发生了严重的肝胆病，但会诊总结说并没有在吃了两片后就立即停药。会诊总结说："王明同志服了此药（所谓 Streptoclde）就发生反应与副作用，三月十三日服一片即头晕，三月十四服二片，即呕吐头晕、肝剧痛、脾肿大、心区痛、体温不升，金主任全未注意，未即时停止服药，在三月十五日又叫病人吃一片，于是吐及其他症状更加剧烈，肝区痛……这种情形说明金主任是未负起责任来的，这也是不对的。""总之，王明停止服所谓 Streptoclde 的药以前，只有心脏病、扁桃腺炎、痔疮。吃此药后，就发生严重的肝胆病。"这说明，金茂岳是不是给王明吃的是 Streptoclde，当时还不能确定。但吃了这种药后，王明就发生了严重的肝胆病。

在服甘汞时期（自 1942 年 3 月 21 日到同年 6 月），金茂岳在回忆中说，王明发生黄胆病以后，当时内科一般采取的治疗方法是清泄，清泄药当时就用甘汞。英国有个内科专家叫霍曼，他出的书中也是这么说的，用甘汞加点苏打，防止分解成氯化汞。服用这个药后王明吃饭就好一点了，于是就把它

① 《给王明治病始末（金茂岳同志谈话记录）》，该刊资料室编《关于王明治病和出国的材料》，《中央档案馆丛刊》1986 年第 3 期。

停了。但白班护士没通知夜班护士，夜班护士还继续给他吃，于是黄胆不但没继续减轻，而且又加重了。他并不知道夜班护士没有停药，以为他病的加重是甘汞用得不够，于是又用了药，没想到用药之后病情加重了。在这之后请李鼎铭先生开了中药，情况才很快好转。① 但会诊总结并没有把服用甘汞的责任归于夜班护士，而是认为金茂岳用甘汞清泄和采用的剂量、方法都是错误的。《总结》中说："金主任认为甘汞是治肝的唯一的圣药，是没有理论根据的。一切内科书上，对肝胆病的治疗，固可用甘汞，但还有其他盐类泻剂（如硫酸美（镁）、硫酸钠、人工盐等），所以并非唯一的"。至于剂量，也存在很多问题：第一，剂量不清。"第一次服用甘汞的处方（三月二十一至三十一共服二十六包）是找不到了。在金主任的吩咐上甘汞每包剂量是 0.02 克，但我们遍寻中央总卫生处下的各药房，也未查出此方，而各司药都一致说没有配过 0.02 如此小量的甘汞，而且在一般的药房是不好配的……同时有人认为王明同志服甘汞后病情变化的程度，也不像 0.02 的剂量所致。因此，第一次甘汞处方到底是 0.02 或是 0.1，或是 0.2（0.1 及 0.2 的剂量以后都开过）还是疑问，待调查研究"。第二，剂量过大。"用甘汞自小量加到最大量（曾开过一天 0.4 的甘汞的处方），同时甘汞粉子，一开就是十或二十或三十包，放在病人处是危险的，特别是见光后，可以分解，就更毒。"第三，用药时间过长。"第一次自 1942 年 3 月 21 日到 1942 年 4 月 3 日服用了十三天的甘汞"；"第二次自 1942 年 4 月 29 日到 1942 年 5 月 5 日又吃甘汞七天，而且在病人回杨家岭以后，直到今年二月金主任还开过两次甘汞，其中并有一日总量为 0.6 克者。据中华药典及中国人体质，这是超过极量的（幸而病人未吃）"。"因处方与吩咐与护病记录的记载都有出入，处方不全，所以王明同志到底吃了多少甘汞，是难于计算的。即仅就已经确实服下之甘汞而言，总量确实是大量的（若按医生吩咐服法，续服下去，则可吃到 20.4mg 的甘汞，如此大量足以引起数人中毒或致死）而致中毒，影响心肝脾肾肠胃、口腔、牙齿、神经等器官，这是事实。"第四，甘汞用法错误："甘汞本不溶于水，而金主任给王明配甘汞水剂吃，服药前摇荡，□是不匀，可能先吃的含少量甘汞，而甘汞沉下去，最后一次服下更易中毒。"第五，甘汞配合不当："甘汞与小苏打或与硫酸钠、硫酸美、溴化

① 《给王明治病始末（金茂岳同志谈话记录）》，该刊资料室编《关于王明治病和出国的材料》，《中央档案馆丛刊》1986 年第 3 期。

物等配在一起，可使甘汞变为升汞。或把汞变为可溶性的水银盐，则吸收更易，增加毒力。而金主任给王明服甘汞时又是把禁忌品配在一齐用，有时禁忌药品虽不与处方开在一个处方上，却把两个处方同时间给王明服，这是很不对的。"第六，"关于甘汞服法剂量等，都没有在会诊时向会诊医生报告、商讨"。第七，记载不合乎规则："金主任的病历表中在服甘汞期间记载很简单（别的时期也有这样的现象），重要症状及处方没有记上，对护士的口头吩咐，与文字吩咐有时不一致，特别是甘汞的处方有改的，这都是不合乎医生规则的。"另外，这份《总结》还指出，在发现问题后，金茂岳并没有立即停药，而是坚持给王明服用甘汞。第一，病情恶化，出现汞中毒现象后，"金主任仍叫病人坚持服用"。第二，"司药提出甘汞不溶于水，请金主任改处方，金主任看了药典，仍继续又开数日处方"。第三，"护士报告金主任药水变色了，但金主任仍叫病人继续吃，病人不吃，金主任不高兴"。

4月6日　王明请李鼎铭先生为其开中医处方，服后病情好转。①

5月1日　王明再请李鼎铭先生为其开中医处方。②

春　于延安中央医院作五律《谢中医李老鼎铭》及《题志丹陵》。前一首内容是：

> 旧疾联新疾，呻吟逾数旬。
> 金医云无望，国手妙回春。
> 照世留肝胆，爱人以腹心。
> 忘年友知己，深感幸平生。③

5月19日夜　作双五律《陕甘宁边区地图漫题》。④

5月22日　被派驻延安的共产国际驻中共区的联络员兼塔斯社随军记者、苏联人彼得·巴菲诺维奇·弗拉基米洛夫在《延安日记》中记载："王明（陈绍禹）是政治局委员，女子大学校长。该校有1500多名学生。王明

---

① 孟庆树所写关于王明中毒的《补充说明和材料（附中医李鼎铭的处方两页）》，1974年10～11月。
② 孟庆树所写关于王明中毒的《补充说明和材料（附中医李鼎铭的处方两页）》，1974年10～11月。
③ 《王明诗歌选集（1913～1974）》，第169、170页。
④ 《王明诗歌选集（1913～1974）》，第171页。

38岁。"①

6月11日　弗拉基米洛夫在《延安日记》中记载："看来，毛泽东认为共产国际对中国的政策是错误的。王明（陈绍禹）坚持共产国际的立场。他和博古、洛甫等人，是赞成无产阶级国际主义政策以及与联共（布）的友好合作政策的。"②

6月29日　苏联医生阿洛夫到延安后，王明吃黄胺后得了急性肾炎。③

金茂岳在回忆中说：苏联医生阿洛夫来了以后，他请阿洛夫给王明看病，阿洛夫说吃黄胺应一个星期一个疗程，七六五四三二一，即第一天吃七克，第二天吃六克，依次类推。但第二天王明刚吃了两片，就肚子疼，尿血，得了急性肾炎。④1943年7月20日延安医生所作的《关于王明同志病过去诊断与治疗的总结（自一九四一年九月到一九四三年六月）》，也把这个责任归于阿洛夫，说："王明同志在吃Sulfhldine前，内脏主要器官如肝肾等部曾被所谓'Streptocidum'及甘汞所侵害，在中毒的肝与肾上用Sulfidin促进Sulfhldine（下面并列写有Sulfidin——笔者）可能有的副作用发展起来，所以在一九四二年六月廿九日到七月三日中间共服九克Sulfhldine使王明同志血尿，尿中有蛋白，肾区痛得难忍，为肾脏炎症。阿洛夫同志为了治肝病而未经详查病人肝病的缘因，就用Sulfhldine，是不对的。在发生肾脏炎后，阿洛夫同志仍认为不是Sulfhldine所致，所以在治疗上主张少吃水，这更是不对的。"

7月6日　据季米特洛夫日记记载，红军情报局人员"通报说，王明卧病治疗九个月后，现已濒临死亡"。⑤

7月18日　弗拉基米洛夫在《延安日记》中记载："我又去看王明。他说，如果日本进攻苏联，中共很可能会考虑自己和敌人力量的对比。所以，

① 《延安日记》，第19页。
② 《延安日记》，第27页。
③ 金茂岳在回忆中说阿洛夫是1943年5、6月间到延安，见《给王明治病始末（金茂岳同志谈话记录）》，本刊资料室编《关于王明治病和出国的材料》，《中央档案馆丛刊》1986年第3期。但3〈?〉年7月20日延安医生所作的《关于王明同志病过去诊断与治疗的总结（自一九四一年九月到一九四三年六月）》说，在1942年6月29日~8月13日这个阶段，阿洛夫已经在为王明治病，所以可以断定金茂岳的回忆是不准确的。
④ 《给王明治病始末（金茂岳同志谈话记录）》，本刊资料室编《关于王明治病和出国的材料》，《中央档案馆丛刊》1986年第3期。
⑤ 李东朗：《王明向共产国际状告毛泽东始末》，《党史博览》2004年第6期。

在不了解中共领导真正的政策以前，苏联不应把八路军的力量考虑进去。"①

7月24日 弗拉基米洛夫在《延安日记》中记载："毛泽东和他的反对派，即被他讽刺地叫做'莫斯科派'或'莫斯科分子'之间的不和，越来越明显了。'莫斯科派'不同意毛泽东的政治路线。""王明和博古支持忠于国际主义以及与苏联友好的政策。"②

8月13日 从中央医院回到杨家岭家中继续由金茂岳大夫治疗。据延安十多位医生会诊的总结说，在治疗中仍然存在一些"缺点和错误"。

同日 弗拉基米洛夫在《延安日记》中记载：中共中央委员会的成员大致可以分为四类，第三类是"所谓的莫斯科派，是毛泽东及其支持者的机会主义的主要反对派，即王明、博古、洛甫"。③

夏 毛泽东去看望王明，谈了半个多小时。④

9月2日 弗拉基米洛夫在《延安日记》中记载："透过整风这一背景，看得出政治局中的思想斗争有个特点。毛泽东谴责王明、博古、洛甫和其他人为'教条主义'——机械地搬用马克思列宁主义的经验，而不考虑中国的实际情况。朱德和林伯渠同'莫斯科反对派'的观点基本上是一致的。令人遗憾的是，不知道这次斗争的详细情况。""杨尚昆是王明的拥护者之一。"还说："毛泽东把在苏联学习过的共产党员，把在党内负责政治工作的党员，以及在工作中以联共（布）的经验为指导的党内知识分子，都算成'教条主义者'。"⑤

10月8日 毛泽东起草中共在延安的四位参政员毛泽东、陈绍禹、林伯渠、秦邦宪致重庆国民参政会秘书长王世杰电："闻参政会定本月二十二日开会，弟等因事不克到会，特此请假。"并复电周恩来，告知在延安的四位参政员已于今日致电参政会秘书处请假。⑥

10月19日~1943年1月14日 中共中央西北局召开高级干部会议，着重检讨陕甘宁边区党的历史，批判在王明"左"倾冒险主义影响下陕北党内少数同志所犯的错误，特别是肃反扩大化的错误。⑦

---

① 《延安日记》，第41页。
② 《延安日记》，第43页。
③ 《延安日记》，第73页。
④ 丁晓平：《王明中毒事件调查》，第284页。
⑤ 《延安日记》，第61页。
⑥ 《毛泽东年谱（1893~1949）》中卷，第459~460页。
⑦ 参见《陈云年谱》上卷，第366页。

10 月 21 日　弗拉基米洛夫在《延安日记》中记载："王明病了。奥尔洛夫①很着急。"

10 月 25 日　弗拉基米洛夫在《延安日记》中记载："中共中央主席②的观点不是每个人都同意的。有个时期，杰出的国际主义者、中国驻共产国际执行委员会代表团的领导人王明，把朱德、周恩来、博古、洛甫都团结到自己身边。依我看还有现役军人中许多著名的军官。"③

10 月 26 日　弗拉基米洛夫在《延安日记》中记载："王明身体很不好。他的妻子很着急。""王明由专为中共中央领导成员治病的中国医生来进行观察。"④

10 月 30 日　弗拉基米洛夫在《延安日记》中记载："王明是中共中央驻共产国际的代表，是共产国际执行主席团的成员。公开攻击他就意味着蔑视共产国际的路线。这种棘手的局面使毛泽东很恼火。换上另一个对手，毛泽东早就把他干掉了。""博古不重视毛'对党的贡献'，很有主见。这就使毛泽东特别容不得他。""'教条主义'的帽子有助于清算'王明—博古集团'，不必正式攻击共产国际的政策。"⑤

11 月 14 日　弗拉基米洛夫在《延安日记》中记载："中共党内毛泽东与'莫斯科派'的斗争是在中国内战期间开始的。""王明从莫斯科一回来，就向中共中央汇报，提出需要改变策略，同国民党搞抗日统一战线。""中共中央一致同意王明的建议。""可以想得到，从那天起，毛泽东就把王明视为头号政敌了。"⑥

11 月 21 日、23 日　毛泽东在西北高级干部会议上结合中国的情况，讲解斯大林的《论布尔什维克化十二条》。

有的著作认为："显然，这是针对王明所谓的'为中共更加布尔什维克化'的命题而来的。毛泽东将斯大林所讲的'布尔什维克'化十二条标准与中共的历史和现状逐条加以比照，得出结论：理论是从客观实际中抽出来，又从客观实际中得到证明的；坚持马列主义，就必须将马列主义的普遍

---

①　在延安的苏联医生。

②　指毛泽东。他当时还不是中共中央主席。

③　《延安日记》，第 77 页。

④　《延安日记》，第 78 页。

⑤　《延安日记》，第 78 页。

⑥　《延安日记》，第 82 页。

真理与革命具体实践相结合。毛泽东明确地指出，斯大林所讲的十二条，是我们全党的'圣经'，而不是教条，是可以变化的。"①

12月3日　弗拉基米洛夫在《延安日记》中记载："王明住在女子大学附近。我们按俄国人的习惯管他的中国妻子叫罗莎·弗拉基米洛夫娜。"②

12月6日　弗拉基米洛夫在《延安日记》中记载："'教条主义者'受到谴责，说他们想把革命斗争的主力从农村转移到城市，想'通过夺取城市'获得胜利。""毛泽东认为，这是'教条主义者'的主要错误。""毛泽东点了博古、王明和李立三的名，把他们列为'教条主义者'的思想领袖，并说共产国际是他们的基地。""他蓄意把李立三的'左倾机会主义'与博古、王明等人联系起来。""既然李立三已经受到党的谴责，那么，博古、王明等人自然就该受谴责了。这步棋真高！""毛泽东把博古和王明叫做'左倾机会主义分子'，使党的革命斗争遭到惨重失败的就是他们。""毛泽东说，1935年1月在遵义举行的中共中央政治局扩大会议的决议撤了'共产党内左倾机会主义领导人'的职。现在摆在议事日程上的问题，是要从思想上根除'教条主义'的一切残余。"③

12月22日　弗拉基米洛夫在《延安日记》中记载："王明受到高压，要他承认自己的'路线错误'。他拒不认错，使中共中央主席很恼火。"④

12月30日　弗拉基米洛夫在《延安日记》中记载："王明的健康每况愈下。安德列·雅科夫列维奇为他的生命担忧。"⑤

本年　于延安中央医院作五绝《思往增悲（悼张浩同志）》，诗曰：

往事忆当年，临风泪不干；
星霜千万里，政策送延安。⑥

本年　于延安中央医院作七律《旧游（悼杨松同志）》，诗曰：

① 尚定：《胡乔木在毛泽东身边工作的20年》，第31页。
② 《延安日记》，第89页。
③ 《延安日记》，第91页。
④ 《延安日记》，第94页。
⑤ 《延安日记》，第95页。
⑥ 《王明诗歌选集（1913～1974）》，第166页。

十七年前一旧游，同舟横破楚江愁。

……

风云变幻海神庙，烟雨依稀黄鹤楼。

回忆莫都添别绪，遥知关外更悲秋。

伤情最是延河水，萦绕清凉日夜流。①

本年　还作七绝《百团大战》。②

1943 年　39 岁

年初　刘少奇回延安后，王明听到刘少奇曾批评华中个别地区执行统一战线政策时出现过左的错误，就"兴奋不能自主"，向刘少奇宣传了他在1941 年 10 月提出的那些意见，要少奇同志"主持公道"。不料刘少奇听了以后，马上对他有了警觉，指出这些意见应该在政治局会议上讲。③

王明 1943 年 12 月 1 日写给毛泽东并中央政治局诸同志的信中说："当我和少奇同志谈后，我很快即感到这是不对的"，"所以当刘少奇同志提议把我的意见提到政治局会议上去讨论时，我曾再三的坚决的不同意。又当少奇同志通知我他已将我的意见提到政治局会议上，并已经政治局决定由少奇、弼时、稼祥三同志来和我谈这个问题时，我又再次地向少奇同志表示，我已放弃这些意见，不愿再谈。同时，我又请了毛主席来我处，向他声明我决不坚持自己的这些意见，请求不必再谈。毛主席当时也表示同意"。

1 月初　王明在《中共半世纪》一书中说，他同他的政治秘书廖鲁言作过一次谈话，谈党的历史上所谓三次反对"莫斯科集团"的问题。书中说："关于我们党内三次反'莫斯科派'问题，一九四三年一月初我同当时作我的政治秘书的廖鲁言谈过。他把谈话写成报告向毛泽东告密。柯庆施同志知道这件事后，来向我说：毛可能有很大反应。可是毛泽东始终未敢把这个告密报告公开宣布。"④

① 《王明诗歌选集（1913～1974）》，第 172 页。

② 《王明诗歌选集（1913～1974）》，第 167 页。

③ 中央档案馆资料党史研究室：《延安整风中的王明——兼驳王明的〈中共五十年〉》，《党史通讯》1984 年第 7 期。

④ 《中共半世纪》，第 109 页。

1月8日 弗拉基米洛夫在《延安日记》中记载："延安给重庆发电，要求派一名有经验的医生到延安来。发电之前发生了几件事"："中央医院的医生起草了一份电报稿，谈到王明的病情，提出需要把他送到成都或苏联去治疗。""电报是在王明的健康状况急剧恶化之后起草的。他的病情进一步恶化，现在生命垂危。肝和肾的功能都在衰退。他说他头痛欲裂，而且浑身无力。""一次，主治医生开会时，提出需要电告蒋介石派飞机来接病人的问题。中共中央主席勾掉医生们拟的电文，另拍了自己的一份：要求重庆派一名有经验的医生来延安会诊——如此而已！"①

王明在《中共半世纪》一书中说："一九四三年一月八日两位军事记者同志来看我。我问可否经由他们的电台代我发报给季米特洛夫同志。他们回答说可以。当时我的病情很重。我想也许这是我能尽的最后一次国际主义责任。我请同志们报告共产国际领导，从我一九三七年十一月底回延安后五年来，毛泽东犯了许多原则性政治错误和罪行，特别是他已经实行了一年多的实质上是反列宁主义、反共、反苏和反党的所谓'整风运动'。只是在最后我提出可否派飞机接我到莫斯科治病的问题，以便我同时可以向共产国际领导报告毛泽东所犯罪行的详情。"②

1月14日 弗拉基米洛夫在《延安日记》中记载："毛泽东一伙还在王明身上搞阴谋。尽管医生们坚持要把病人立即送出去，毛泽东再次拒绝给蒋介石拍电报。""因为王明是共产国际执委会书记处的成员，所以王稼祥和任弼时劝毛泽东要防止事态扩大，不要等季米特洛夫来干涉。""王明被康生吓怕了，惟恐我们去看他，他通过奥尔洛夫转告我，要我帮助他赴苏治病，但又要把事情安排妥〔帖〕，以免毛泽东进行报复。"③

1月15日 当苏联情报部门人员将所谓毛泽东不想放王明离开延安治疗的电报交给季米特洛夫后，季米特洛夫的态度是："我劝侦查局的这位代表不要干涉中国共产党人的这些内部事务。"④

1月19日 弗拉基米洛夫在《延安日记》中记载："凡是去过苏联的

---

① 《延安日记》，第99页。
② 《中共半世纪》，第33页。曹仲彬、戴茂林《王明传》说这不是1943年1月，而是10月，是他让苏联派驻延安的外科医生奥尔洛夫去看望生病的王明，王明、奥尔洛夫口述了电报稿，然后经他发给季米特洛夫，见第349页。
③ 《延安日记》，第100页。
④ 李东朗：《王明向共产国际状告毛泽东始末》，《党史博览》2004年第6期。

人，在特区都被称为'教条主义者'。""毛泽东甚至认为没有必要同这些党的工作者见面。对他来说，在苏联学习过的中国同志都是'教条主义者'，都是康生和其他整风领导人严加惩处的对象。"①

1月26日 弗拉基米洛夫在《延安日记》中记载："王明的景况不佳。他长期卧病在床，已经虚弱不堪。康生把他隔离起来，由金医生给他治病。"②

2月1日 据季米特洛夫日记记载，他"收到王明发自中国关于中国共产党领导中存在分歧的电报。他认为毛泽东执行的政策不符合共产国际关于巩固抗日民族统一战线的路线。他请我们加以干预，以避免党分裂。电报是发给斯大林和我的"。③

《写作要目》说：王明发给斯大林的这个长电，是"俄文，口述，别人代记的。主要内容为从 1937 年到 1942 年年底，毛泽东反对列宁主义，反对共产国际，反对苏联和反对中共的主要事实；王明同志在这些问题方面同毛泽东的分歧；请斯大林同志考虑设法帮助毛泽东克服这些错误等，——其中有两三个问题，被笔记人和发报人偷加删改"。

2月~6月 王明在《中共半世纪》一书中说，金茂岳对他的"危害活动更加剧了"。"按毛泽东的命令，一九四三年三月十二日金茂岳给我开了大量甘汞，并同能使甘汞变为升汞的小苏打和硫酸镁一起配成内服的水剂；二月十九日又开百分之十的旦宁酸浓剂给我灌肠。这两次处方都是企图把我立即消灭。"④

但 1943 年 7 月 20 日延安医生所作的《关于王明同志病过去诊断与治疗的总结（自一九四一年九月到一九四三年六月）》会诊总结并没有这么说，只是指出在治疗上有些"缺点和错误"。会诊总结说："回杨家岭后，王明同志是由傅（连暲）、金（茂岳）、阿（洛夫）共同治疗的，决定权由傅处长。但在此时期中（十个月）没有很好推求病因，及仔细研究治疗办法，因而在治疗上有以下的缺点和错误"：第一，"从 1942 年十二月廿六日到三月五日共服硫酸美十三包，每次一包，每包十五克，平均三四天吃一包，以致在此期间，病人拉了八十多天黄疸，王明同志卧床不起，这也是重要原因

---

① 《延安日记》，第 102 页。
② 《延安日记》，第 102 页。
③ 李东朗：《王明向共产国际状告毛泽东始末》，《党史博览》2004 年第 6 期。
④ 《中共半世纪》，第 33 ~ 34 页。

之一"。第二，"只顾王明同志有慢性肾炎，都没有注意营养，而减少吃蛋白质，也没有确定一个饮食谱（这是对肾脏患者应有的），因而营养不够，每天的卡路也是少得太多（每天要差一千），以致使病人连发十天的心脏病"。第三，"注射葡萄糖与胰岛素的比重□也不对"。第四，"病人不能睡眠，未用其他办法，专靠服安眠药，安眠药用的过长，致使病人头晕"。第五，"二月十九日，金主任为王明同志开'单宁酸'灌肠，处方是4%，未说明用法，取回来的药，瓶子上也未注明成份及用法（过了两天病人问他，他始加注10%的标记），这是不对的。幸而病人未用此药灌肠⋯⋯如果用了，则更有严重危险"。

2月17日 弗拉基米洛夫在《延安日记》中记载："王明卧病在床。康生利用这种情况把他严密地隔离起来。不可能见到王明，我们也不想去见他，以免引起中共领导的责难。"①

3月10日 弗拉基米洛夫在《延安日记》中记载："王明打算到莫斯科去，这激怒了中共所有的领导人。""毛泽东害怕王明向共产国际执委会报告中共党内的实际情况。""毛泽东在拼命地设法对付。可是，他不准王明走。"②

3月16～20日 中共中央召开政治局会议，讨论通过了《中央关于中央机构调整及精简的决定》，决定中央书记处由毛泽东、刘少奇、任弼时3人组成，推选毛泽东为中央政治局主席、中央书记处主席。从这时起，王明不再是中央书记处成员和南方工作委员会主任。

3月22日 弗拉基米洛夫在《延安日记》中记载："奥尔洛夫去看望了王明。""给王明治病的是金医生。当他开的处方拿到药房时，值班药剂师被这种不寻常的配方吓了一跳。照料王明的护士也说了这回事。""金开这药方时，王明还没有严重的肾病和肝病。""罗莎·弗拉基米诺夫娜马上去找开这种药的医生，而金坚持要病人服用这种药，即便药最后变了颜色（变成深绿色），也照样服。""由于金坚持，病人继续服用这种药。""奥尔洛夫把金的处方抄了下来，并断然禁止病人再吃这药。""安德烈·雅科夫列维奇向我解释说，这个处方从表面看是对的，但是这种合剂时间一久会分

---

① 《延安日记》，第110页。
② 《延安日记》，第113页。

解，这就有毒了。"①

3月23日　中共中央书记处工作会议决定：致电周恩来，向蒋介石提出允许苏联飞机到延安接王明等去苏治病。但未能解决。然而，王明却认为毛泽东不愿让他离开延安，以此报告了共产国际领导人。于是，季米特洛夫在日记里又写道："来自延安的有关王明病重的消息。必须到成都或苏联治疗，而似乎毛泽东和康生不想放他离开延安，担心他会提供于他们不利的情报。"②

弗拉基米洛夫在《延安日记》中记载："中共中央主席怕大家知道，也怕共产国际揭露，正设法'说服'王明。为了这个目的，他'特派'任弼时、王稼祥和刘少奇去协商。""王明借口身体不好，拒绝协商，但是他声明，毛泽东在处理所有党内生活的问题和与国民党的关系问题时，执行的都是他自己的政策，未经任何人同意。""毛泽东建议在王明家里召开政治局会议，后者再次拒绝。但是，医生都坚持王明应该去长期住院治疗，毛泽东才让了步，决定派王稼祥作为中共中央的正式汇报人和王明的对手，陪他去莫斯科。"③

3月25日　弗拉基米洛夫在《延安日记》中记载：

> 莫斯科来电说："配方对，但有差错，会危害健康。甘汞放一段时间，会分解成升汞和汞，长期服用这种已分解的药物，就会慢性中毒，并导致汞中毒。严重时还会因急性贫血而死亡。"
>
> ……
>
> 毛泽东对王明抱有很深的成见。主席对他的敌视态度，现已发展为仇恨了。王明也许是他夺取党内不受控制的权力的最大障碍。因此，康、毛以及他们所有的支持者都竭尽全力孤立王明，造成一种印象：似乎王明在党内是孤立的，王明的观点不符合中国革命的民族特点，因而也就与中国共产党背道而驰。虽然至今还没有公开这样说，但是康生和毛的全部活动的目的，实际上就在于此。不然，又怎么来解释洛甫的突然被召回呢？洛甫在思想上是追随王明的。无论如何，洛甫赞成过共产国际的活动。在遵义，他是毛打击的对象之一。不错，他

---

① 《延安日记》，第115页。
② 李东朗：《王明向共产国际状告毛泽东始末》，《党史博览》2004年第6期。
③ 《延安日记》，第115～116页。

仍然担任非常重要的职务，这似乎难以解释。毛保留洛甫，显然有其一定的原因。但是，在这次运动中，洛甫实际是作为"教条主义者"来参加的。

对洛甫要特殊优待和关心，私下则不断在他耳边吹王明的种种坏话，这就是毛的一套做法。

他们原谅了洛甫的一切——他的"教条主义"和不妥协行为。

在此之前，刑官①把洛甫赶出延安，惟一的目的是拆散"莫斯科派"，孤立王明，对这派人逐个进行威胁，使他们都无所适从。

现在，毛和康企图借"莫斯科派"成员之力从思想上摧毁王明。如果他们得逞，那么，不仅对毛泽东，对其他人来说，王明也将成为一具政治僵尸了。②

3月28日 弗拉基米洛夫在《延安日记》中记载：

这样，就产生了"处方事件"。

王稼祥就使用甘汞的问题，一直在问奥尔洛夫的意见，并解释说，他之所以关心这个问题，是因为他妻子是个医生。

奥尔洛夫对他已经知道金的处方一事不露声色，向王解释说，大剂量的甘汞配上盐碱药物，产生毒性，影响肝肾，并损坏牙齿。

晚上，江青非常意外地跑来看我。她大谈什么"金医生靠不住，可能是国民党特务"等。

尽管毛和康要尽了花招，党的领导机关中还是没有出现他们所期望的那种一致。甚至像刘少奇这样的要人，显然也被"党员干部和非党人员审查委员会"采用的那些办法激怒了。他认为，从党的政策标准来看，康生领导的这个委员会所采用的办法是不能容许的。

他亲口对我说，他认为批判王明和其他一些同志是错误的。

刘少奇劝王明坚持要政治局开会讨论这个问题，分析这个委员会及其主席康生本人的活动。③

---

① 指康生，下同。
② 《延安日记》，第116～117页。
③ 《延安日记》，第118页。

3月30日　中共中央书记处会议同意由毛泽东为中央书记处起草的关于国共谈判问题复周恩来、林彪电。电文中讲到拟安排王明、王稼祥去苏联治病事："王明、稼祥病重，不论彼方允否，请提出要求。"由于国共谈判情况复杂，周恩来考虑再三，为慎重起见，并未向国民党方面提出。①

3月　刘少奇在《六年华北华中工作经验的报告》中，总结了抗战初期华中工作的经验，批评了抗战初期华中党的领导，实际上是中共中央长江局的右倾错误。指出华中党的领导在当时是有成绩的，但"工作中还有重大缺点"，"这就是：没有在上海、南京、武汉及其他重要敌占城市的附近组织起党所领导的广大的游击战争，没有在敌后建立根据地，敌后及乡村中的工作特别薄弱或者完全没有工作。新四军的发展还很小，在给养方面很困难，在战略上所处的地位很危险。华中敌后许多自发的抗日游击战争，很久也没有得到我党我军的领导。因此，我党我军在华中抗战中所占的实际地位是很微弱的。这就是当时华中党的工作中最大的缺点。我认为，这些缺点主要是由于以下的错误观点造成的"："第一，是不了解芦沟桥事变以后民族革命高涨的新形势和主要斗争形式的新变动，不懂得根据这种新形势和新变动来决定自己的行动路线与布置自己的工作。""第二，我们华中的负责同志在最初一个时期对于抗战形势有不正确的估计。""第三，华中党的领导机关在当时情况下，对于抗日民族统一战线，在执行中采取了不正确的方针。""第四，不能不说到华中负责同志的组织纪律问题、党性问题以及思想方法问题……他们不执行中央的屡次指示，轻视在华北实践中已经证明了的经验，而强调华中的特殊性，在行动中坚持自己的与中央抵触的错误路线，才在工作中造成这样不美妙的结果。"②

同月　张闻天偕夫人刘英去看望有病的王明。

王明见面之后就对张闻天说："这次整风，主要是整我们莫斯科回来的同志的，尤其是你，因为你的教条比我们更多。"还说恩来同志（莫斯科治伤）回来传曼努伊尔斯基的话说，你是我党的理论家，毛主席听了这句话大发脾气说，什么理论家，背了几麻袋教条回来。所以要特别反对你。王明还说自己太不懂人情世故了，什么话都随便说，所以遭了毛主席的忌，毛主

① 徐则浩：《王稼祥年谱》，第334页。
② 《刘少奇选集》上卷，第268～274页。

席此人实在太厉害，真是睚眦必报。张闻天听了这番话没有附和，并说："我们过去确有很多错误，应该好好反省……我这次出发同实际接触接触，得益不少。"王明见挑拨不成，马上转了口气说："我过去也要下去工作啊，后来不幸又生了病。"①

吴黎平在《坚持真理修正错误的模范——学习张闻天同志的革命精神》中说："一九四三年，在延安整风期间，有一次，王明生了病，闻天同志同刘英同志一起去看望他。对于过去'左'倾机会主义路线错误负有主要责任的王明，在整风中一直拒绝检讨。这次他见到闻天同志，一开头就说：这次整风，主要是整我们这些从莫斯科回来的同志的，尤其是你，因为你的教条比我们更多，而他王明自己的错误只不过是什么不懂人情世故，说话随便，遭到别人的猜忌等等。闻天同志面对王明这种有意挑拨的言论，态度冷冷地说：我们过去是有很多错误，应该好好反省。后来闻天同志确实深刻地检讨了自己的错误。他的严于解剖自己的革命精神，对于王明的挑拨是一个有力的打击，对于顿风运动的健康发展起了良好的作用。"②

4月3日　弗拉基米洛夫在《延安日记》中记载：

> 毛泽东千方百计想叫王明走不成。
> 因为怕王明真的会去莫斯科治病，正在仓促地训练一批党的工作人员，其中有凯丰。康生正在加紧训练他。
> 显然，凯丰要去当情报局长的耳目了。
> 这里人人都知道，这些延安同志即将飞往莫斯科。按照毛泽东的指示，刑官的那个局正极力放空气。他们的盘算倒是够简单的：重庆定会侦悉这个消息，而且无论如何也不会让苏联飞机通过。蒋介石不是个傻瓜，他很想使中共领导内部保持紧张状态。
> 不通过中共中央主席所信任的人，是无法与王明接触的。③

4月6日　弗拉基米洛夫在《延安日记》中记载："毛泽东和康生确信我们已经知道蓄谋毒死王明的'处方事件'的内幕。""这迫使他们放弃了

---

①　张培森主编《张闻天年谱》下卷，第698页；中央档案馆资料党史研究室：《延安整风中的王明——兼驳王明的〈中共五十年〉》，《党史通讯》1984年第7期。

②　《中共六十年纪念文选》，第442页。

③　《延安日记》，第120页。

谋杀王明的念头，因为中国医生可以被吓唬住，但是拿我们怎么办呢？"
"江青的来访，关于处方的喋喋不休的谈话，以及加紧对我们的盯梢，都证
实了这个结论。"①

4月15日　弗拉基米洛夫在《延安日记》中说："在罗莎·弗拉基米洛
夫娜的坚决要求下，我去看了王明。他情绪很不好，折磨他的与其说是身体
上的病痛，不如说是精神上的痛苦。""罗莎·弗拉基米洛夫娜事先提醒我，
她还没有把'莫斯科派'遭受的疯狂迫害告诉她丈夫。""王明气愤地跟我
谈到康生在莫斯科的所作所为。在莫斯科，这位未来的刑官在职务上是王明
的下级。他曾经曲意奉承王明和共产国际执委会的所有知名的领导人。"
"王明回想起当时每次开会，康生总是第一个一跃而起，热烈鼓掌，并狂呼
'××万岁！'"②

春　作诗《斯大林格勒的伟大胜利》。③

5月15日　共产国际执行委员会主席团为适应世界反法西斯战争的发
展，并考虑到各国斗争情况的差异和复杂，需要各国共产党根据本国的情况
独立地解决面临的问题，作出《关于提议解散共产国际的决定》。

5月21日　季米特洛夫给毛泽东发来电报，通知他："共产国际主席团
将于五月二十二日向各支部公布关于解散国际工人运动领导中心——共产国
际的提议。该提议的主要原因在于，这种国际联合的集中的组织形式，已经
不能适应各个国家共产党进一步发展成为本国（本民族）的工人政党的需
要，并且还成为其障碍。"④

有的学者说，收到季米特洛夫的电报后，毛泽东迅速地召集中共中央政
治局会议进行讨论。据莫斯科驻延安的联络员报告说，毛泽东在会上明确指
出共产国际的存在太久了，它不能理解中国革命的条件和需要，因此是该解
散了。毛泽东还特别批评了党内那些不听中央的话，只听共产国际执委会的
话的人们。据说是王明告诉俄国人说："毛和他的拥护者大大地松了一口
气。他的双手被解放了，道德上的责任感也不会有了。尤其能够说明这一点
的，是毛泽东在政治局会议上说过的话：现在可以举行党的代表大会了。"

① 《延安日记》，第120～121页。
② 《延安日记》，第123页。
③ 《王明诗歌选集（1913～1974）》，第173页。
④ 《季米特洛夫致毛泽东电》，1943年5月21日。转引自杨奎松《毛泽东与莫斯科的恩恩怨怨》，第146页。

预计在对待"国际派"那些人的问题上毛的态度不会有任何改变，这些人"甚至可能被开除出党"。①

5月26日　中共中央作出《关于共产国际执委主席团提议解散共产国际的决定》，完全同意关于解散共产国际的提议，并宣布中国共产党解除对于共产国际章程和历次大会决议所规定的各种义务。共产国际的解散和中共义务的解除，为进一步清算王明的教条主义错误提供了条件。

5月29日　弗拉基米洛夫在《延安日记》中说：中共中央主席一收到共产国际执委会主席团关于解散共产国际的决定的电报，就把全体政治局委员都召去开会，毛泽东讲话后，"紧接着是刘少奇发言。从前他对康生的委员会用高压手段审干不满，对王明表示同情。可是现在这些都到哪儿去了呢？""刘少奇重复了毛讲话的要点，可归纳如下：共产国际早就该解散了；它已经落后于时代并犯了严重错误；共产国际不理解中国革命的困难（纯属中华民族特有的困难），因此把事情办坏了。"②

6月10日　周恩来应约同张治中谈话，事后周恩来将情况电告毛泽东，并说这次未提王明、王稼祥去苏联治病事，因恐国民党方面将此事同谈判联在一起，不易答应。拟见蒋时提或下次再向张提。③

6月10日　共产国际正式解散，中国共产党解除了对共产国际章程、决议所承担的义务，并完全摆脱了它的影响。毛泽东1956年9月29日在接见南斯拉夫共产主义者联盟代表团维塞林诺夫等人的谈话时说："共产国际解散后我们比较自由些，我们就开始批评机会主义，展开整风运动，批判王明路线"了。④

6月12日　弗拉基米洛夫在《延安日记》中说："王明经受着一场真正的灾难。拍康生马屁的金（我不能叫他金医生，因为他是个杀人犯，不是个医生），通过他的'治疗'给王明的健康造成了无法恢复的损害。要不是因为发生了那个'处方事件'，他就活不长了。39岁的王明成了个长期病号，他至今卧床不起，非常衰弱。""但肉体的痛苦还仅仅是灾难的一部份，王明吃够了毛泽东对中共党内国际主义派进行镇压的苦头。毛把王明看作是主要的'教条主义者'，是'机会主义者陈独秀和李立三的追随者'，是一个'没有革

---

① 杨奎松：《毛泽东与莫斯科的恩恩怨怨》，第147页。
② 《延安日记》，第126~127页。
③ 徐则浩：《王稼祥年谱》，第334页。
④ 转引自杨奎松《毛泽东与莫斯科的恩恩怨怨》，第148页。

命斗争经验的最大的异端分子'。这就把王明孤立起来了。在这种情况下，几乎没有一个人敢和他保持哪怕是最起码的人与人之间的关系。"①

6 月 13 日 延安医生鲁之俊、马海德、王斌、傅连暲、李润诗为王明进行第一次会诊，于第二天形成会诊记录《关于王明同志患病经过及诊断治疗的讨论》。②

6 月 30 日 延安医生傅连暲、王斌、曲正、何穆、侯健存、金茂岳、陈应谦、鲁之俊、李润诗、史书翰、马荔、马海德、李志中、阿洛夫再次为王明会诊。③

6 月 于杨家岭作口语体七绝《大会诊结果》，内容是：

> 物证分明人证清，全医跪哭诉真情；
> 阴谋毒害泽东计，揭露神衣蛇现形。④

7 月 1 日 中央医疗所主任毕道文给王明诊断后写了诊断意见。⑤

7 月 7 日 李志中将 6 月 30 日的会诊记录整理好，形成《一九四三年六月三十日为王明同志会诊记录》，连同毕道文的诊断意见，一起交傅连暲等人审阅，然后呈送给了李富春。⑥

7 月 11 日 中共中央总学委在《关于在延安进行反对内战保卫边区的群众教育的通知》中不点名地批判王明。

这个通知说：要"利用这次国民党企图进攻陕甘宁边区的具体事实，进行无产阶级和非无产阶级、革命和反革命的思想斗争，使全体干部和党员认识和拥护毛泽东同志的马克思列宁主义的思想方法和他所提出的'既团结，又斗争'的正确路线，反对那'只团结，不斗争'的投降主义，反对那些认为现在国民党还是民族联盟，共产国际取消后中国共产党可以'取消'并'合并'到国民党中去的叛徒理论"。由编写组帮助胡乔木写的《整风运动：1943 年"九月会议"前后》稿说："这里讲的'反对那些认为现

---

① 《延安日记》，第 131 页。
② 丁晓平：《王明中毒事件调查》，第 239 页。
③ 丁晓平：《王明中毒事件调查》，第 241 ~ 246 页。
④ 《王明诗歌选集（1913 ~ 1974）》，第 174 页。
⑤ 丁晓平：《王明中毒事件调查》，第 241 页。
⑥ 丁晓平：《王明中毒事件调查》，第 247 页。

在国民党还是民族联盟'一语，是不点名地批判王明的。"①

7月13日　毛泽东在中共中央政治局会议上就国民党企图进攻边区、发动第三次反共高潮事，进一步批评了王明在抗战初期的投降主义错误。他说："抗战以来，我党内部有部分同志没有阶级立场，对大地主大资产阶级的国民党对我进攻，对我大后方党员的屠杀等没有表示义愤，这是右倾机会主义思想。国民党打共、捉共、杀共、骂共、钻共，我们不表示坚决反抗，还不是投降主义？代表人物就是王明同志。他的思想是大地主大资产阶级在党内的应声虫。他曾认为中央路线是错误的，认为对国民党要团结不要斗争，认为他是马列主义，实际上他是假马列主义。"②

7月14日　由中国医科大学校长王斌为主席，有鲁之俊、马海德、马荔、李润诗、金茂岳、阿洛夫、傅连暲、陈应谦、李志中、朱仲丽等11位专家参加的专家组再次对王明进行临床会诊，形成《王明同志现病临时诊断和今后治疗初步意见》。③

7月15日　康生在中央大礼堂召开的中央直属机关干部大会上作《抢救失足者》的报告，延安的抢救运动从此开始。据有的文章说，王明乘机诬陷给他治病的金茂岳医生政治上值得怀疑，"因为金是红十字会派来，又与侯大夫关系很好，而侯是东北人，有些可疑"，"因金是英美派医生"。④按照王明的逻辑，东北人、英美派医生都是政治上可疑的根据。接着王明就通过康生逮捕了金茂岳，诬陷他政治上有问题，最后又通过他的妻子孟庆树在暗地里散布是中央领导同志指示金茂岳对王明进行毒害。⑤

金茂岳晚年接受采访时说：

过了几天，王明和孟庆树告了我，告到中央去了。中央组织了一个委员会审查我，我成了被告。王明有病没有去。孟庆树诬蔑说，我和傅连暲害了他们。我当时站起来，讲了我怎样来到延安中央医院，我勤勤

---

① 《胡乔木回忆毛泽东》，第282~283页。

② 丁晓平：《王明中毒事件调查》，第293页；参见《胡乔木回忆毛泽东》，第283页；杨奎松：《毛泽东与莫斯科的恩恩怨怨》，第151~152页；李东朗：《王明向共产国际状告毛泽东始末》，《党史博览》2004年第6期。

③ 丁晓平：《王明中毒事件调查》，第249页。

④ 孟庆树1942年11月15日给任弼时、李富春转毛主席及中央各位同志的信。

⑤ 中央档案馆资料党史研究室：《延安整风中的王明——兼驳王明的〈中共五十年〉》，《党史通讯》1984年第7期。

恳恳为别人治病，不但为王明治病也为其他人治病，从来没害过人……当时孟庆树在庭上大骂，虽没骂我是国民党派来的，但却指桑骂槐含沙射影。我说我到延安来是八路军西安办事处林老欢迎并派汽车送我们来的，不是红十字会国民党派来的……当时承认没检查出来是我的责任，以后吸取教训。这时已是下午了，开了半天会，后来宣布散会、吃饭，都走了。让我到枣园去，当时骑马走的，到了枣园，把我绑了起来往枣园后沟走。这时我想政治问题，是不是枪毙？这时我就想，我是相信共产党的。相信党抗战，我是为了抗战，救人，却弄得这么个程度，当时我就想碰死，但又想抗战还没胜利，很多病人还等着我，让走就走吧。走到一个窑洞前，窑洞里面有灯光，就住在那里，一夜也没睡着。想起了以往的事情：我在学校时，一九三二年国民党怀疑我是共产党，押了十二天。现在真是共产党了，参加革命了，反倒成了国民党的特务了，而且还"害"中央领导同志，真想不通。这样，我天天写，白天写，晚上开会、审查，审家庭成分、上学，审成立医疗队、怎样到延安，闹了几天，还不行……当然后来到法院还是判定是"技术事故"。①

1986年6月4日中央档案馆工作人员又去访问金茂岳一次，向金茂岳一字一句地读了王明的《中共五十年》中诬控毛泽东、李富春派金茂岳来毒害他的那段文字。其中王明捏造说金茂岳大夫向他说"是李富春吩咐的，他说，您是个教条主义者，是反对毛主席的，因此决定除掉您。我是主治医师，他们就把这事委托给我了"。当时金茂岳已80高龄，因脑血栓而瘫痪在床，他听了这段话后，用劲地欠起身来说："王明放屁！混蛋！没的事！""那时候王明是教条主义者，我根本不知道！""双十二连蒋介石都放了，说毛主席要害王明，小孩子也不相信！"②

7月15日后 王明在《中共半世纪》一书中说，在"抢救运动"中开过两次反王明的大会，并逮捕柯庆施，逼迫博古等写"三骂声明书"。

书中说："在延安杨家岭中央大礼堂里举行过多次所谓'抢救大会'……在开会前，先由'整风运动委员会'指定的某些人对王明进行造谣污蔑的讲话，说他不仅是'教条主义者'，而且是'俄国人的走狗'，是

---

① 该刊资料室编《关于王明治病和出国的材料》，《中央档案馆丛刊》1986年第3期。
② 该刊资料室编《关于王明治病和出国的材料》，《中央档案馆丛刊》1986年第3期。

'叛徒'，是'反革命'。毛泽东企图以此来把人们吓倒，使人们不敢为王明说话，尤其是不敢同情和谈论医生们会诊结果证明王明中毒病倒的事。因为那时人们对此事议论纷纷，很多人都猜测这大概是毛泽东干的，引起他的极大不安。""果然，不久又开了一个第二次反王明大会。""在这次大会上，毛泽东叫陆定一讲话，要求'枪毙逃兵'。陆定一说：在任何时代，任何军队，在战争环境里都是要枪毙逃兵的；正当'整风运动'热烈进行时，我们这里居然有人要联共（布）中央和共产国际派飞机来接他到苏联去治病。这是逃避'整风'，也就是'整风运动'中的逃兵，这样的逃兵也应当枪毙！陆定一又把他的讲话内容改成文章，送到《解放日报》第二天发表。虽然在陆定一发言和社论中都没有提王明的名字，但他们到处去'解释'说，这就是指的王明，以制造恐怖空气。"

书中还说："在又一次大会上，李富春突然宣布柯庆施是反革命分子。他立即被逮捕，用绳子捆起来，押送家中监禁，并要他'反省'。次日刘少奇奉毛泽东之命把柯庆施同志找去说：'反对你，是因为你同王明二十年代末就认识；一九三〇年你在他领导下参加过反立三路线的斗争，从一九三九年起你又做王明的中央统战部副部长。可是整风运动闹了这么久了，你还没有说过一句话反对王明。大家都知道，你是最老的青年团员和共产党员之一；你是王明的副部长，既然你是反革命，这就会使人联想到：王明可能也真的靠不住吧?!'""从这件事也可以看出，他们为了鼓起人们反对王明的情绪，背弃共产党的原则和作风，走到何等可耻的地步。"

书中还说："正是在这种严重恐怖的气氛中，毛泽东派李富春、彭真、高岗和林彪到清凉山《解放日报》编辑部博古同志住处（博古从一九四一年秋到一九四六年牺牲前都是《解放日报》总编辑），要求他按照毛泽东指定的写'三骂声明书'。三骂的主要内容，按照毛泽东的规定，就是'骂自己，骂王明，骂俄国人'，'骂俄国人——就是骂共产国际，骂苏联'。如果博古不写，就把他立即逮捕和枪毙，然后在报上宣布为反革命分子。据毛泽东后来对我说，博古同志不同意写，哭了一夜。直到他们要把他捆起来带走时，他才答应写。又据毛泽东说，对洛甫和杨尚昆同志他也是采取类似的办法威胁他们写同样的'三骂反省书'。"①

7月18日 弗拉基米洛夫在《延安日记》中说："王明可能要去莫斯科

---

① 《中共半世纪》，第114、117、118页。

一事使毛泽东焦虑不安。围绕他的病和'治疗'问题，争吵还在继续。"①

7月20日　专家组经过17、18、19日的研究，并由史书翰、曲正、侯健存、魏一斋参加的大会上，讨论通过了《关于王明同志病过去诊断与治疗的总结（自一九四一年九月到一九四三年六月）》。②

这份会诊总结开头即说："这个总结是经过王斌、鲁之俊、马海德、马荔、李润诗、金茂岳、阿洛夫、傅睦［连］章（暲）、陈一千、李志中、朱仲丽组成小组，从过去王明同志病历史及各方面调查搜得材料；整理后，并在除以上小组十一人外，还有史书翰、曲正、侯健存、魏一斋等同志组成的大会上讨论后通过的总结（大会主席：王斌。记录李志中、孟侃）。"

接着，会诊记录把王明自1941年9月到1943年6月一年以来的病状和治疗分为五个阶段：第一阶段：自王明同志病到服用"Streptoclde"（自1941年9月到1942年3月13日）；第二阶段：服"Streptoclde"到服甘汞（自1942年3月13日到1942年3月21日）；第三阶段：服甘汞时期（自1942年3月21日到同年6月）；第四阶段：服用"Sulfidine"时期到出中央医院（自1942年6月29日到1942年8月13日）；第五阶段：回杨家岭后到现在（自1942年8月13日到1943年6月）。会诊总结最后说："以上研究所得的经验教训，这都是有事实根据的，根据的材料，详见下列附件"：（一）根据病历摘要下来的三表（病历表）——附件一；（二）三天（1943年7月17、18、19日）的回忆记录——附件二；（三）护病记录、病历、化验报告等——附件三；（四）护士司药的证明信及各次会诊记录——附件四；（五）金茂岳开的汞剂处方之一部分——附件五。

在会诊记录上最后签名的有：王斌、史书翰、鲁之俊、李志中、马海德、马荔、金茂岳（其中数点另外声明）、李润诗、陈应谦、魏一斋、傅连暲，标明时间为"一九四三年七月二十日"。

从这份会诊总结可以看出：王明在1942年确实曾中毒，导致了肝、肾等病，严重损害了王明的健康，使其病情更加恶化。但这次中毒是医疗事故，并不存在毛泽东指示李富春安排金茂岳有意害死王明的情况。在王明这次中毒的事件中，金茂岳、阿洛夫、傅连暲等都是有责任的。特别是王明的主治医生金茂岳，更负有主要的责任。

---

①　《延安日记》，第143页。
②　丁晓平：《王明中毒事件调查》，第249页。

同日　弗拉基米洛夫在《延安日记》中说："毛泽东说，在这种形势下，共产国际的策略是目光短浅的，不现实的，脱离了中国的具体条件。""这些说法的用意是使中共的国际主义派丢脸，而且实际上矛头也是针对他们的。在党看来，洛甫、博古、王明和支持共产国际原则的其他人，都是失败主义者。""毛泽东和我在私下谈话时，把所有这些情况都告诉了我。他严厉批评了'教条主义者'，他们对国民党采取投降政策，干了这么多危害党的事。他管他们叫做目光短浅的理论家，蒋介石的应声虫。""在另一次同我谈话时，中共中央主席（这次他和康生，还有他的一个秘书在一起）又一次责难博古和王明宽容了蒋介石，谴责他们所持的种种荒谬的'教条主义'观点。""毛的一切活动，都是朝这个方面去做。举例说，他把洛甫、博古、周恩来、王明、王稼祥、陈云和康生都调离政治局书记处。毛是在一次政治局扩大会议上把这个决议拿到手的。这样一来，这位中共中央主席在书记处弄掉的就不仅是他的对手，而且也还有他的支持者。这一着棋有助于毛掩盖他公开拆散他的政敌的做法。"①

7月24日　弗拉基米洛夫在《延安日记》中说："王明在吃有毒的药。""很明显，有人在给王明下毒，而且，毛泽东和康生显然与此有牵连。要公开杀害中国共产党内国际主义者的领导人、共产国际执委会委员、一个在共产国际受爱戴和尊敬的人，那是不可能的。虽然如此，毛泽东认为，时间紧迫。目前的形势——世界大战正在进行，共产国际已经解散，延安地方偏僻，不易来到——大大有利于干掉不服从的人。""开了一次医疗讨论会，延安总共十二名医生都参加了。他们在中共中央所在地杨家岭呆了两个星期。可以想像得到，他们已经很好地接受了一次'精神训练'。""毛泽东和康生确信我们已经知道对王明的蓄意毒害，因此肯定莫斯科也已了解真相。所以，郑重其事地召开这次医疗会议，完全是为了蒙蔽那些往最坏处怀疑的人。"②

7月26日　弗拉基米洛夫在《延安日记》中说："医疗讨论会在研究病历时，发现了服用甘汞的记载。""医生们要求金作出解释。事情竟发展到这种地步，以致中共中央主席禁止再向金提问题，并中断了会议。""医生们感觉到，事情牵涉到某些高级官员。在第二次会议上，有些权威宣布，他

---

① 《延安日记》，第144～145页。
② 《延安日记》，第147页。

们对这个问题没什么说的了，有的则居然置常识于不顾而为金撑腰。""没想到罗莎·弗拉基米洛夫娜拿出了一些金开的甘汞和其他药物的处方，这是她收起来以备将来作证用的。"①

8月6日　关于王明中毒事件的调查委员会开会，《委员会记录》标明到会人员有：刘少奇、任弼时、康生、邓发、李富春、李克农、傅连暲、王斌、王鹤峰、廖鲁言、陈一新，对金茂岳进行了审讯。金茂岳"承认犯了很大的错误"，承认王明是"甘汞中毒"，但认为"不是有意的，而是主观主义的错误"。②

8月8日　毛泽东在中共中央党校第二部开学典礼大会上的讲话中公开点出"王明、博古、洛甫教条宗派"。他提出党的四中全会以后党内存在两个宗派：一个是教条主义宗派；一个是经验主义宗派。教条宗派只有罪恶而无功劳，危害也最大。因此，反对整个宗派主义，要从破坏教条宗派开始，在全党揭露，对犯错误的同志"将一军"。整风以来就是反对教条宗派。王明对洛甫说，"整风时整你和我"，这话又对又不对。说是对的，首先是要揭破教条宗派，要"整"王明、博古、洛甫，对这些同志要"将军"，要全党揭露。说是不对的，还要把一切宗派打坍，打破各个山头；我们只"整"思想，不把人"整死"，是治病救人。③

8月14日　王明的主治医生金茂岳写出给康生转中央各首长的亲笔信，即检讨书。其中说："我再诚恳地向党坦白地讲，我没有一点意思来用药毒害我亲爱的王明同志，也没有受任何人的指示、利诱、威胁等等，及利用红十字会而来害王明同志及破坏党、破坏边区的情形及行动，这完全是因药发生的副作用，肝炎，而又用其他药来治发生中毒现象。"④

8月19日　弗拉基米洛夫在《延安日记》中说："1938年，当以王明为首的中共驻国民党代表小组在汉口时，毛泽东在延安，忙于巩固他的地位，以便与'莫斯科派'作斗争。""中共领导中的两派都认为，他们推行各自的独立政策，是有其理由的。""王明派实行与国民党建立统一战线，并积极与日本侵略者进行武装斗争的政策，这个政策是根据共产国际执委会的决议制定的。""毛泽东则尽量避免与侵略者作斗争，准备把军队用来跟

---

① 《延安日记》，第147~148页。
② 丁晓平：《王明中毒事件调查》，第269~271页。
③ 张培森主编《张闻天年谱》下卷，第703页。
④ 丁晓平：《王明中毒事件调查》，第272~273页。

国民党打内战。""1941 年底，毛泽东以为苏联注定要灭亡了。他抛掉一切政治伪装，开始按照自己的需要来改组党。那时，中共中央主席和王明的分歧就变得特别尖锐起来，虽然他们之间的斗争在更早的时候已经开始了。"①

8 月 30 日　毛泽东在中共中央政治局会议上讲抗日时期党的路线问题，再次批评王明在 1941 年中央书记处会议上所说的中央路线是错误的意见。他说：我们对国民党的斗争是以斗争求团结，中央的路线是正确的，王明同志只要团结不要斗争的路线是错误的。王明同志抹杀国民党内部的区别，反对抗日阵线中有左、中、右之分，只分抗日阵线和非抗日阵线。他认为中国是被侵略国就没有法西斯主义。现在证明国民党大地主大资产阶级更加反动了，如出版《中国之命运》，调兵进攻陕甘宁边区，同时又更软弱了。毛泽东又说：王明同志一九四一年进中央医院前在中央书记处会议上说中央路线是错误的，《新民主主义论》要修改；两年来他还向人宣传中央路线是错误的。会议根据毛泽东提议，决定继续举行政治局会议，展开讨论抗日时期党的路线问题。②

同日　周恩来在中共中央政治局会议上报告大后方情况，说：大后方的工作方针是争取无产阶级对中小地主和民族资产阶级的领导权，过去王明的意见是错误的。我们的口号是抗战、团结、进步。我们主张：（一）积极抗战，反对消极抗战；（二）坚持团结，不怕分裂；（三）同国民党平等合作；（四）真正进步，反对落后倒退；（五）争取外援，反对依靠外援。关于国共关系问题，我们对党内教育的口号应是争取好转，不忘逆转，争取合作，警惕突然事变的到来。③

同日　弗拉基米洛夫在《延安日记》中说：

王明留在延安了。我们的机务人员尽可能地一直推迟行期，可是中共中央主席终于如愿以偿。

康生现在可以松一口气了。王明处于他的监视之下，可以说已成瓮中之鳖。

康生在延安的一个相当有代表性的党的会议上作了一次报告……

---

① 《延安日记》，第 157～159 页。
② 《毛泽东年谱（1893～1949）》中卷，第 527～528 页。
③ 《周恩来年谱（1898～1949）》，第 562～563 页。

康生报告的绝大部分是用来批评（要是只是批评就好了）共产党的国际主义派。对他来说，国际主义者就是投降派，是陈独秀和李立三的追随者，是最恶劣的小资产阶级机会主义分子。而且一般说来，党的一切灾难都源于国际主义者。这些"中国共产党内的共产国际的空想家，在共产党员的头脑里灌输幻想，说什么有可能同蒋介石合作。国际主义分子早在武汉时期（1938 年）就已开始了这种两面派的活动。他们对共产党造成很大破坏。这些'投降分子'和'妥协分子'的活动所造成的损失，确实无法估量"。

因而，这个报告具有特别明显的反对国民党的性质。同时，康生强烈谴责"莫斯科派"成员和党的其他"教条主义分子"的"可耻幻想、冒险主义和目光短浅"。

……

康生挑动党的积极分子反对"教条主义者"和其他"机会主义者"。他说恐怖是革命的需要，说惩办是应当的，并赞扬整风的成绩。

值得注意的是，这个杀气腾腾的讲话提到，各党组织行将召开会议，来详细讨论投降分子、机会主义分子和一般的"教条主义分子"所犯的错误。情报局局长列举了主要"罪状"，包括使国民党和日本特务充斥于各根据地，以及使新四军陷于溃败的投降活动。[①]

8 月 31 日　弗拉基米洛夫在《延安日记》中说："我不知道怎么回事。康生原定要对'教条主义分子'和'莫斯科反对派'（'左倾机会主义分子'、'妥协分子'、'投降分子'）的活动进行讨论，现在延期了。""毛的政治欺骗是靠特区的党政机构来实现的。毛的反对派没有机会诉诸党员。所有的渠道都被堵死了。只能通过一个途径传出消息——就是毛的支持者在无耻地对党政积极分子进行思想灌输。这样，王明派和国际主义分子在党的面前一般都被描绘成革命的敌人，人民的敌人，新四军溃败的'罪魁祸首'。把所有的一切——战友的牺牲、饥荒、灾害和时疫——都归罪于他们。并非人人都能经得住像党这样一个集体的谴责，而这恰恰就是正在发生的事情。"[②]

8 月　关于王明中毒事件的调查委员会写出《王明同志现病临时诊断和

---

①　《延安日记》，第 157～159 页。

②　《延安日记》，第 159、160 页。

今后治疗初步意见》，其中说：根据王明同志全部病历研究，原只有心脏病、慢性扁桃腺炎、痔疮，在治疗过程中，因为药物而引起中毒，其中以慢性汞中毒为主，以致全身衰弱并存在下列各种病变，即：慢性胆囊炎、心肌衰弱症、慢性轻度肾炎、自主神经失调、多发性神经炎等。①

王明在《中共半世纪》一书中说：

金茂岳在总结上签名后，跑到我处，跪在我的床前，哭诉说：

"王明同志！我真对你不起，我把你毒成这个样子。我每次毒你，心里都很难过。"

"你为什么要这样做呢？"我问他。

"李富春叫我做的。他说你是教条主义者，是反对毛主席的人，所以决定把你搞掉。我是主治医生，所以要我搞⋯⋯"②

据 1937～1944 年给王明当警卫员的巴方廷回忆说，金茂岳由于在给王明治病时用药不当，感到很痛心，确实曾经来向王明承认错误，赔礼道歉，"金抢着叫他哥哥，叫原谅"。但是，金茂岳当时"并没说别人要他来害王明⋯⋯"③

同月 王明的妻子孟庆树写出《有关王明患病经过的报告》。④

同月 毛泽东开始主持编辑《两条路线》，作为进一步整风学习的更为系统的材料。

由编写组帮助胡乔木写的《编辑党的历史文献》稿说："从 8 月开始，毛主席⋯⋯着手选编耽搁了半年多的党的路线学习材料，即编辑《两条路线》。"⑤

9 月 7 日～10 月 6 日 中共中央政治局召开会议，主要批评王明在十年内战时期的"左"倾机会主义错误和抗战初期的右倾机会主义错误。

会议开始后，博古、林伯渠、叶剑英、朱德首先发言，点名批判王明在

---

① 丁晓平：《尘封 66 年的"王明中毒事件"调查材料惊现民间》，《党史博览》2009 年第 12 期。
② 《中共半世纪》，第 35～36 页。
③ 曹仲彬：《访问巴方廷谈话记录》，曹仲彬、戴茂林：《王明传》，第 345 页。
④ 丁晓平：《尘封 66 年的"王明中毒事件"调查材料惊现民间》，《党史博览》2009 年第 12 期。
⑤ 《胡乔木回忆毛泽东》，第 186 页。

抗战初期的右倾投降路线。博古在会议上明确表态赞同毛泽东关于抗战初期存在两条路线斗争的提法，他说：武汉时期有两条路线，一条是毛泽东为首的党的正确路线——布尔什维克路线；一条是王明在武汉时期的错误路线——孟什维克的新陈独秀主义。这条路线，只看见国民党抗战的一面，忘记了它反动的一面，只看见并夸大它变化的方面，忘记了它不变的方面；对八路军，不敢大胆深入敌后，不敢大胆扩充，华中、华南失去许多机会；对根据地，不建立政权，一切要合国民党的法；对国民党不敢批评；对抗战，强调运动战，忽视游击战，对持久战基本观点是不同意的。① 林伯渠指出：王明是"洋共"，引用了许多马、恩、列、斯的话来欺负我们许多"土共"；他是"洋钦差"，硬搬外国经验来指导中国革命，这是新陈独秀主义的手法。叶剑英说：我们要同国民党进行斗争。在处理与国民党的关系上，王明是身在毛营心在蒋，不能不犯投降主义错误。朱德批评抗战以来的王明路线的错误，说：王明路线错误的实质，是不要领导权，投降大地主大资产阶级。具体来说，就是不要政权，不要枪杆子，不要游击战争，不了解中国革命的特色就是靠游击战争来发展我们的力量；对党内，是站在共产国际立场来指挥中央，党内关系也采取统一战线一打一拉手段，因此，形成对外一切服从，对内"独立自主"的特点。朱老总还比较了新旧陈独秀主义的异同，指出：王明路线与陈独秀路线的相同点是，（1）都不要革命的领导权，甘愿让给资产阶级；（2）不要武装力量，又幻想革命成功，这完全是空想；（3）看不起无产阶级自己的力量，而把资产阶级的力量看得很强大；（4）忽视游击战争，陈独秀也骂红军是土匪；（5）怕统一战线破裂，打烂家当，其实无产阶级是没有家当的，有家当的是资产阶级，怕打烂就会产生投降心理。对两者的不同点，朱老总认为，王明有共产国际招牌，穿上马列主义的外衣，把人吓住了，老陈独秀主义则是反对共产国际的。②

毛泽东在会议上第一次坦率地说出了他多年来对王明不满的两大原因：第一是他的正确意见长期被压抑，党的工作不断受到不应有的巨大损失；第二是无论在江西，还是在延安，王明宗派到处篡党夺权，即使在六中全会以后，延安实际上仍是诸侯割据，一国三公的局面。时至今日，王明一面养病，一面还做破坏活动，向一些同志讲怪话，批评中央不对，党仍存在发生

---

① 逄先知、金冲及主编《毛泽东传（1893～1949）》下卷，第763～764页。
② 《胡乔木回忆毛泽东》，第284～285页。

破裂的可能。因为，现在的中央并不是"六大"选举的，而是四中全会、五中全会选举的，"六大"选出的中央委员只剩下 6 个人，其中只有毛泽东和刘少奇两人是受"左"倾路线排挤打击的，其余多是拥护王明宗派的。也就是说，王明宗派长期控制了中央码头，并且打着"国际"旗号，用马列的招牌，欺骗了党十多年。要清算他们的罪恶，需要一个相当困难的过程。当然，毛泽东表示，即使在内战时期，错误路线的代表也是王明，博古、张闻天是执行者和发挥者。

毛泽东还说：王明是十年内战时期"左"倾机会主义路线的理论创造者与支持者，博古是执行者与发挥者。1937 年洛川会议通过的决议，实际上有人是不同意的，在形势估计、国共关系、战略方针这三个问题上有不同意见。现在党内主要的危险是闹独立性，我们要强调党的一元化领导。抗战初期的右倾投降主义，六届六中全会在政治路线上是克服了，但未作结论，组织问题也没有说，目的是希望犯错误的同志慢慢觉悟。到了 1941 年 5 月，我作《改造我们的学习》的报告，毫无影响。六月后编了党书①，党书一出许多同志解除武装，才可能召开 1941 年 9 月会议，大家才承认十年内战后期中央领导的错误是路线错误。1941 年 9 月会议是一个关键，否则我是不敢到党校去作整风报告的，我的《农村调查》等书也不能出版，整风也整不成。另一个关键就是今年中央的九月会议与高级干部现在的学习。中央检讨党的路线的会议开了很久，现在提议把会议暂停，等前方负责同志回到延安再开。先进行高级干部的学习，时间定为三个月。这次的九月会议是有收获的，以前许多同志未注意的问题引起了注意，例如王明的《为中共更加布尔什维克化而斗争》一书。现在有几位同志议论四中全会是错误的，此事大家可以研究。②

在毛泽东表明内战时期的错误路线创造者也是王明的意见之后，一些发言者干脆断言，王明是身在毛营心在蒋；陈伯达也说，王明的心始终都是放在国民党身上，而不是放在共产党身上的，他实际上可以说与共产党是两条心，对共产党是仇恨的，有许多反共言论，他的理论根本就是叛徒的理论。③

9 月 9 日　毛泽东、周恩来致电在重庆的董必武说，"如有此机会，你

---

① 指《六大以来》。
② 《毛泽东年谱（1893~1949）》中卷，第 529~530 页。
③ 参见《胡乔木回忆毛泽东》，第 290~297 页；《毛泽东年谱（1893~1949）》中卷，第 469~470 页。

可顺带交谈王明、王稼祥等大小 7 人乘这次来延飞机去苏治病。此间亦经过联络参谋向国民党交涉。如得许可，苏机当可照办"。① 由此可见，苏联驻延安军事记者彼得·弗拉基米洛夫在《延安日记》中说中共中央不让王明去苏联治病的说法，是不符合事实的。

同日　弗拉基米洛夫在《延安日记》中说："周恩来一直率领中共代表团驻重庆，由于他效忠于王明集团而在今年七月被调离工作。几个星期来他一直在作检讨，立誓要忠于'毛主席'。""除王明和其他几个同志外，凡受到不同程度批评的党的官员和军队领导人，都染上了'检讨病'。"②

9 月 11 日　弗拉基米洛夫在《延安日记》中说：

> 从八月底到九月初，中共中央政治局一直在开会。
>
> ……
>
> 中共中央主席的号召得到了响应。讨论明显集中在两个主要方面：主席的政治路线保存和加强了中国共产党，而博古、周恩来、洛甫和王明的政策，则是在瓦解党，使党面临毁灭的危险。
>
> 几乎所有政治局委员的发言都贯串这一精神。他们称毛的政策英明，成熟，有创造性，是极好的政策，等等，而对博古、周恩来、王明和洛甫的政策，则从各个方面加以贬损。他们本人都受到了谴责，因为他们的观点是违反中国人民的民族愿望和党的利益的。国际主义者的政策即便不说是有罪，起码也是有害的。谁也不反对这种说法。
>
> 这个运动之所以卑鄙，还在于卧病在床的王明不能出席会议，不可能为他自己作任何辩护。一切恶毒中伤的话正是在他缺席的情况下堆到他身上来的。
>
> 主要罪责都与王明有关，其他人只是附带提到。这是中共中央主席有意采取的策略——你们不必特别为此担心，你们都是被共产国际的支持者王明引入歧途的，他才是罪魁祸首，是他搞乱了你们的思想，使你们处于困难境地，使你们几乎成为党的敌人。毛的这个策略分化了国际主义派。这为他们解脱了对党应负的一切道义上和政治上的责任，他们

---

① 中央档案馆资料党史研究室：《延安整风中的王明——兼驳王明的〈中共五十年〉》，《党史通讯》1984 年第 7 期。
② 《延安日记》，第 162 页。

也就放宽了心，立即表示支持。而且，王明原先的一些同志和追随者，用谩骂和揭发的办法来"赎罪"。就我所知，博古是惟一没有堕落到这种卑鄙程度的人。王明受到怀有刻骨仇恨的人发出的无耻咒骂，他被称为"投降分子"、"小资产阶级机会主义分子"和"没有经验的革命者"，还有人甚至把他说成是一个"有法西斯思想和作风的人"！

中共中央主席达到了目的，他把王明从政治上和思想上孤立起来了。同时，他把王明过去的同事都拉到了他的一边。

毛泽东就是用这样的办法把一切罪责都推到了王明身上。这里面还大有文章。王明是共产国际的知名人士，毛泽东是通过打击王明来打击共产国际。在这里，王明不过是共产国际精神及其观点的化身。而毛公开表示现在他是多么鄙视这种观点。况且，谁也不怀疑，王明和博古之所以受打击，恰恰是因为他们忠于共产国际并在中共党内贯彻共产国际路线，这就更清楚了。

毛泽东惩罚共产国际组织的中共代表王明，是为了毫不掩饰地表示他对共产国际执委会的从心底发出的厌恶。

揭露王明还使毛达到另一个目的，就是不承认布尔什维克党的经验适用于中国共产党和中国革命。只要分析一下主席爱用的"教条主义者"这一词的真正含义，就很容易看清这一点。

另外，毛憎恨共产国际纯粹是出于利己打算。对他来说，共产国际是对他所独霸的党的领导权挑战的力量，是敢于运用其权威向他的——毛泽东的——才智挑战的力量！的确，毛是一个不容别人分享其权力的人。

对他来说，现在最重要的就是要拔除王明这眼中钉。主席在和我谈话时，并不掩饰他的高兴——王明及其支持者已经被"揭露"了！在谈到王明和博古时，照例把他们骂一通。①

9 月 13 日　康生在中央政治局会议上发言，对前几天的会议提出批评，说：这样的讨论不仅问题不能彻底解决，还会延误很多应做的工作。因此，会议如何开法要研究一下。他提出，首先要用历史的方法来检讨王明的投降主义，不能孤立地看他抗战时期的问题，还要联系内战时期来找王明主义的来源。王明的"更加布尔什维克化"的小册子，在 1940 年不经中央同意在

---

① 《延安日记》，第 162 ~ 164 页。

延安再版发行全党，使新干部新党员误以为他是反立三路线的英雄。我花了两天时间读完了这本书，发现这是一个大骗局。王明是扩大立三路线更加孟什维克化，因为他不是反立三路线的"左"倾机会主义，而是反对立三的右。王明比立三路线"左"得多，要从1930年的小册子算起，这是代表"左"的纲领。第二，要联系实际工作中造成的恶果来检讨。康生说，王明不仅是几篇文章的问题，而是长江局、东南局的领导路线，并影响到华北，这就要求长江局的同志有更多的揭发。博古讲话抽象，不揭发具体事实是不对的。王明说，他有三大功绩：一是反对立三路线，二是《八一宣言》，三是办《新华日报》。《新华日报》完全成为国民党的报纸，有许多反共的言论，如说蒋介石是全面抗战的，要时时、事事、处处帮助政府，这完全是投降主义思想。在武汉工作过的同志应当对这些情况多多揭发。第三，要用自我批评的方法来进行。康生批评博古的自我批评精神不够，对王明也只是抽象地批评一下，这是不行的。同时康生自我吹嘘：在共产国际时期，王明说我要篡他的位，我哪敢？事实上矛盾是有的，政治上虽然跟他走，但组织上不愿与他同流合污。回国后，有组织上的阴谋，我是知道的，他想抓军队。我与王明的关系，如他得势是十年也说不清的。他派了人来侦察我。抗战以来，我在毛主席教育下，没执行王明投降主义路线，真是一个幸福。但假如将来换一个环境，遇到一个不是王明，而是李明，是否受蒙蔽？这可是要常想到的一个问题。①

张闻天听了康生的发言后，回到家中对刘英说：康生这个人过去在莫斯科时候那样抬高王明，现在却这样不加分析的批判，做得太过分了。②

杨尚昆也回忆说："会议的气氛相当紧张。一方面，从大家揭发的事实来看，'左'倾教条主义对革命的危害确实十分严重，而王明的态度又令人十分气愤。另一方面，不可否认的，会上也出现了'左'的偏激情绪，有人把教条宗派说成是反革命集团，说王明是特务，让他讲怎样出卖党的利益。也有人向毛主席提出：教条宗派面目已经统统暴露了，现在的问题就在经验宗派，它的危害也很大。康生甚至煽风点火，攻击武汉长江局的机关报《新华日报》'完全成为国民党的报纸，有许多反共言论'。他还企图把矛头转向在长江局工作过的周恩来和叶剑英等同志，要公开批判周恩来。这个时

---

① 《胡乔木回忆毛泽东》，第285～286页。
② 张培森主编《张闻天年谱》下卷，第703～704页。

候，毛主席阻止了。他说：周恩来同志自大革命以来做过很多好事，八一南昌起义是周恩来等同志打响的第一枪。这个阻止很重要。如果延安整风中在'抢救运动'以外，再来一个反周，那就很危险。"①

由编写组帮助胡乔木写的《整风运动：1943年"九月会议"前后》稿说："康生的这个发言，显然含有严重的错误。他对新华日报等的批评不合事实，混淆了错误的性质。他的这些看法对后来会议的进程发生了较大影响。"②

同日 毛泽东在康生发言后指出党内有两个宗派，并严厉批评了教条宗派的错误。

由编写组帮助胡乔木写的《整风运动：1943年"九月会议"前后》稿说："在这次发言中，他（毛泽东）比较展开地讲了这个问题。他说：党从四中全会后，就有两个大宗派，一是教条宗派，一是经验宗派。过去反宗派主义是抽象的，现在要把原则变成实际。教条主义的宗派，是主观主义的第一形态，经验主义宗派是主观主义的第二形态。这是反宗派主义的具体对象，反掉这两个东西，党就统一了。关于教条主义宗派，毛主席认为，要作具体分析，有犯路线错误的，也有只犯个别错误的；有屡次犯错误的，也有后来改正了错误的。他说，教条主义宗派最主要的是王明，四中全会后是博古，这个宗派是相当有计划地派出干部到各苏区之中央局，到各地去改组，只有几十个人。我说的'钦差大臣满天飞'，就是指此而言。他们利用四中全会来夺取中央权力，打击许多老干部，拉拢一些老干部，凭着'国际'的招牌，使许多实际工作者不是盲从就是跟着他们走。他们统治中央计三年又四个月，党政军民学，东西南北中，无处不被其毒害，结果白区损失十分之十，苏区损失十分之九。教条宗派只有罪恶无功劳，超过了李立三、陈独秀。王明有何功劳？四中全会已被揭穿，八一宣言还能考虑……遵义会议以后、抗战以后，原来教条宗派有的同志还有宗派活动。从1937年'十二月会议'至1938年六中全会，在武汉时期形成两个中央，造成党内危机。""这个发言实际上为1943年9月政治局会议的整风定下了基调。这以后，犯错误的同志都按照这个思路进行检讨，其他同志也按照这个思路展开批评。"③

9月15日 弗拉基米洛夫在《延安日记》中说：毛泽东"从'思想上

① 《杨尚昆回忆录》，第211～212页。
② 《胡乔木回忆毛泽东》，第286页。
③ 《胡乔木回忆毛泽东》，第286～287、288页。

打败''教条主义分子'和'莫斯科派',这个首要目的已经达到。""毛已经得到他所追求的东西。在政治局工作会议的最后几天,大家要王明对共产国际执委会的政治路线负全部责任。几乎所有发言的主要内容都说,王明以其与党不相容的小资产阶级投降主义思想,一直在瓦解党。每个人都发言好几次,诽谤共产国际(不直接提到这个国际组织),同时证明他们自己是正确的。按博古和任弼时告诉我的情况判断,王明遭到了粗暴无情的打击。"①

9月19日 弗拉基米洛夫在《延安日记》中说:"康生继续使中央委员们反对王明。"②

9月21日 刘少奇在读完了王明《为中共更加布尔塞维克化而斗争》的小册子以后,写下了如下的阅后感:1. 王明等人与李立三的争论,在路线上说来,是没有严格的原则区别的。王明在许多地方的谈话,比李立三更"左"些。2. 王明等人与维它同志③等争论,更少原则上的区别。维它同志的错误绝不比王明更多。3. 王明等人在四中全会前所进行的反对立三路线的斗争,完全是布尔什维克党的纪律所不能容许的小组织的派别斗争,它起了极大瓦解党破坏党的作用。这是一种标本的无原则的派别斗争。4. 因为立三路线的错误,又因为王明等人派别斗争的错误,如是使得另一个派别得以组织起来,这就是罗章龙的捣乱派,并使许多同志甚至不坏的和很好的同志也一时参加了罗章龙派。5. 四中全会上斗争主要表现为无原则的派别斗争,并且是王明一派人所准备和操纵主持的。它完全批准了王明一派人那些非纪律的行动,而穿上国际路线与布尔什维克党的外衣来进行欺骗,从此开始了党的危机以至使党使革命受到空前的损失。如果完全照事实和真理来说,四中全会对党是不独无功,而且有莫大的罪恶。6. 这个罪恶的小册子记载着党内斗争材料不少。然而它使我们能从这些材料中窥见四中全会及其前后党内斗争的黑幕,使我们对于党内这段历史有完全新的了解。马克思主义者必须利用这本材料将党内这段历史重新写过,并作出结论说:王明这一派人在其所谓"反立三路线"斗争中,不独没有真正反对立三路线,不独没有任何功绩,而且有莫大的罪过。

在王明的《为中共更加布尔塞维克化而斗争》的小册子上,刘少奇还

---

① 《延安日记》,第165页。
② 《延安日记》,第165页。
③ 即瞿秋白,下同。

作了很多批语，甚至说王明是"托洛斯基主义"。例如在第36页"中国革命的动力"一节左旁批有："李立三是对的，而王明倒是托洛斯基主义"；在第37页"现在阶段的中国革命性质问题"一节左旁批有："强调反对资产阶级，恰是托洛斯基主义"；在第38页"现在阶段的中国革命性质问题"一节后半部分左旁批有："难道因为富农是资产阶级所以反对富农吗？托派！"

写完以上批语和阅后感之后，刘少奇又写了一段话，批评了周恩来、瞿秋白在对待王明一派人问题上的错误："在三中全会之后，国际来信后，当时党的比较健全的转变，应该是仍由恩来秋白等同志主持，在打击王明一派人之后，再召集会议来从事转变，秩序当较好一些。恩来秋白诸同志的错误，就在于他们首先投降立三路线，其后又投降了王明一派人，因而造成了极大的罪恶。"

9月21日到27日　周恩来对王明的《为中共更加布尔塞维克化而斗争》的小册子也进行了系统的分析和批判，写出了《关于新立三路线的研究》的长篇笔记。他明确指出王明小册子中表现的严重错误：在国际形势上，王明是急于证明中国能首先胜利；在中国革命基本问题上，王明是急于要实行由资产阶级民主革命向社会主义革命的转变；在时局估计与任务上，王明是强调高潮，急于争取一省数省首先胜利；在党的任务上，王明是急于实行进攻路线；对占领长沙的估计上，王明认为是一省数省能首先胜利的证明，怪李立三没有采取正确而有力的措施，所以不能坚持。

周恩来也透彻地分析了王明小册子对李立三错误的批评。他认为王明的批评有三种情况。第一，李立三的观点是基本正确的，而王明"站在'左'倾观点来反对"。如关于革命对象问题，王明在反对李立三中强调反富农、反资产阶级、反对中间营垒，这"反而更错了"。第二，李立三的观点是"左"的、错误的，王明在他的小册子中把这些观点保留了下来。例如，李立三急于实行革命转变，王明和李立三一样，他"自己也是急于转变论者"。第三，李立三的观点确实错了，而王明的观点也错了，他同李立三"只有程度之差"。如对革命形势的估计上，李立三是估计得过高了，王明的估计虽和李立三略有不同，但也超过了当时的客观现实。总之，"王明对当时立三路线之批判，完全是站在'左'倾之不正确的观点上去发表意见"，"不仅未击中要害"，"还暗藏了许多托洛茨基的观点"，"这就给了新立三路线以全部思想根据与理论根据"。

对王明小册子中《关于三中全会与调和态度》一节，周恩来作为三中全会主要主持人之一，明确地指出它有许多地方不符合事实。如说国际指示以后，仍然命令进攻长沙并举行武汉、南京、镇江、上海暴动。周恩来针对王明全盘否定三中全会的错误观点，对三中全会给予客观的评价。他认为，三中全会是按共产国际指示工作的，基本上取消了李立三指示下的全国暴动、攻长沙、兵暴、总行委、总罢工的方针。他说，三中全会"说立三错误是个别的'左'倾的策略上的错误，'个别'两字很不对，但'左'倾并未错，而王明却说立三路线是一贯右倾机会主义的理论与实际，乃是大错"。

周恩来还深刻地分析了王明错误的社会根源和思想根源。指出："这些小资产阶级不能忍受民族战争亦即农民战争的长期性。他们企望一下子就进入社会主义，以避免破产痛苦。从这一点就产生政治上的冒险主义与发狂性。如果这样没有可能的话，就对大地主大资产阶级作不惜任何代价的让步。从这一点就产生了在政策上的投降性。"他认为，由于前一种情况，就产生了第二次国内革命战争时期的王明"左"倾错误；由于后一种情况，就产生了抗日战争初期王明的右倾错误。[①]

9月24日　弗拉基米洛夫在《延安日记》中说：

今天，在我们例行的碰头会上，康生意味深长地说起王明来。他说，王明在汉口时的所作所为，不像一个党员应该做的，他和他的一伙在那里好像另立了一个党中央，而置毛泽东同志的指示于不顾。实际上，王明并没把以中共中央主席为首的延安的整个领导放在眼里。王明不服从毛泽东同志的指示，甚至拒绝翻印他许多很重要的文章，这是有案可查的。

康生还说，王明作为中共驻国民党区的代表，违背他所得到的指示，他未经毛泽东同志许可，就直接跟蒋介石通信。他瞒着中共中央主席进行的这种通信联系，是令人吃惊的，因为至今还一点也不知道给蒋介石的这些信件的内容。

很明显，康生是要在各方面给王明抹黑。他所举的一些事情并不能看成是什么严重问题，这一点他很清楚。在某些情况下，王明不按惯

---

① 参见金冲及主编《周恩来传 1898~1949（修订本）》下册，第687~688页。

例，而是根据共产国际执委会的命令，作了相应决定，这是形势的需要。对王明与蒋介石通信的未知部分，对他在这方面的活动加以怀疑，显然是找岔［茬］儿。这是胡说八道，但这种胡说八道大家立刻就会信以为真。这是加于王明的又一罪状。

说完这些以后，康生说，在1941年9月，政治局着手处理这个问题，结果产生尖锐的分歧，从此，中共中央主席和王明的关系就变得十分紧张。（据我了解，毛泽东想要由他来裁决共产国际执委会的决议是否合理，就是说，他要凌驾于共产国际这个工作机构之上。）

情报局局长还说，政治局对周恩来的报告及一些"有关问题"的讨论结果是，除王明以外，所有有关的人都这样那样承认了错误，只有王明把自己"摆到了与党对立的地位"（毛泽东正好是要把王明逼到这个境地）。①

10月6日　毛泽东在中央政治局扩大会议上指出王明宗派"在实行篡党"。

由编写组帮助胡乔木写的《整风运动：1943年"九月会议"前后》稿说："10月6日，政治局召开扩大会议。毛主席首先通报了书记处会议关于整风检查暂停，高级干部先行学习的决定。在讲话中，毛主席肯定了9月的会有收获，许多以前未注意的问题引起了注意。他回顾错误路线发展的历史，指出：过去错误路线有一个大宗派在实行篡党，至遵义会议受到打击。遵义会议后这个集团分化了，但至六中全会前仍有些同志未改变立场……斗争的性质是两条路线的斗争，错误路线以米夫、王明、博古为首。整风学习的目的是打碎两个宗派，教条宗派是头，经验宗派是脚。教条宗派是经验宗派的灵魂，故克服前者，后者再加马列，事情就差不多了。这些宗派也可以说无组织系统，但有思想方法、政治路线为纲领。我们打碎的方法，是改造思想，以马列为武器，批判自己，批判别人。书记处提议，在整风期间，凡参加学习者，人人有批评自由；对任何人、任何文件、任何问题都可以批评。我们希望各人扩大自己头脑中的马列根据地，缩小宗派的地盘，以灵魂与人相见，把一切不可告人之隐都坦白出来，不要像《西游记》中的鲤鱼精，吃了唐僧

① 《延安日记》，第168～169页。

的经，打一下，吐一字。只有内力、外力合作，整风才会有成效。"①

接着，刘少奇、朱德、周恩来相继发言。刘少奇主要讲党内斗争的传统问题。他说："四中全会上王明领导的党内斗争搞了许多非法活动，学了莫斯科米夫与支部局斗争的最坏的东西；四中全会后中央苏区反罗明路线的斗争也是不好的。"朱德发言主要谈自己的学习体会，他说王明的教条主义、投降主义现在看来很明显，他们只知道外国，不知道中国。现在看清楚了，我们也要外国，也要中国，从实际出发都对，从教条出发都错。周恩来在发言中回顾党的历史说：中国党的教条宗派最早是彭述之的洋教条与陈独秀的土教条。王明的教条，马列主义的外衣更完备，还有"国际"的帽子，又有米夫作后台，这样才在中央占了统治地位。②

10 月 10 日　中共中央决定党的高级干部重新学习和研究党的历史和路线是非问题，整风运动进入总结提高阶段。

10 月 14 日　毛泽东在中共中央西北局高干会议上作报告。其中说：我们党已有 22 年三次革命的经验，不能再容许王明路线占领导地位了。王明路线曾企图占党的统治地位，1938 年时曾危害过党，直到六中全会才在政治上克服了。王明路线的特点是：（一）以速胜论反对持久战；（二）以一切经过统一战线反对独立自主；（三）军事上反对游击战主张运动战；（四）在组织上闹独立性，不服从中央，闹宗派主义。③ 其中还说："以斗争求团结的原则，要运用到四个范畴。第一是无产阶级对资产阶级。要从斗争中把资产阶级提高到赞同抗日纲领的地位，无产阶级是可以领导资产阶级的。我们要按实际办事，不是按书本办事，而王明则反对无产阶级领导资产阶级，说列宁没有讲过。"④

编写组帮助胡乔木写的《整风运动：1943 年"九月会议"前后》稿说：这是毛泽东"第一次在比较大的范围公开点名批评王明路线"，他说"这是一条投降主义路线。这条路线在 1938 年时曾危害过党，全党各地差不多都受了影响，直到六中全会才在政治上克服了。毛主席还揭露说，王明最近两年，一面养病，一面还做破坏活动，向一些同志讲怪话，批评中央不

① 《胡乔木回忆毛泽东》，第 289～290 页。
② 《胡乔木回忆毛泽东》，第 290～292 页。
③ 《毛泽东年谱（1893～1949）》中卷，第 536 页。
④ 《切实执行十大政策》，《毛泽东文集》第 3 卷，人民出版社，1996，第 73 页。

对。我们要有对付党可能发生破裂的准备"。①

10 月 22 日　参加毛泽东主持的中共中央学习小组会。②

10 月 24 日　刘少奇在高级干部会议上作的关于党的历史问题的报告中，系统地回顾了抗战以来党内的路线问题，说"抗战后党内存在有两条路线，一条是以王明为代表的对大地主大资产阶级的投降主义路线，另一条是以毛主席为代表的正确路线"。王明 1937 年 12 月回国后，在对于抗战形势的估计问题（中日关系问题）、统一战线问题（国共关系问题）和战略问题这三个问题上同中央对立，此外又有一个党内关系——闹独立性问题。王明在长江局时期的"中心错误是没有利用当时最好的时机在长江流域搞游击战争"，他说："长江局的路线不论什么都是统一战线的，军队、政权、民运、党报等都是统一战线的，不是党的。这是和蒋介石共产，王明向蒋介石说：'我的是你的，你的也给我一点。'但蒋介石是'我的是我的，你的也是我的'。结果就是'赔了夫人又折兵'。""这条路线如果在全中国贯彻实行起来，那在全国各地都要发生'皖南事变'，我们要亡党亡国亡头。"他最后说：在政治上反对投降路线，在组织上要打散教条宗派和经验宗派，在思想上要反对教条主义和经验主义。③

10 月 25 日　刘少奇在中共中央学习小组会上发言，回顾了抗战爆发后党内在游击战争、国共关系等问题上的意见分歧，指出：抗战爆发后存在两条路线，一条是以王明为代表的孟什维克路线，投降大地主大资产阶级，另一条是毛主席领导的布尔什维克路线。④

10 月 28 日　弗拉基米洛夫在《延安日记》中说：

> 延安的形势令人沮丧。最近的事态发展，使人们不敢与朋友往来，避免在公事以外进行接触，彼此之间互不信任。人们露出紧张和恐惧的神情。
>
> ……
>
> 在这种情况下，王明不可能指望得到谅解，甚至不可能指望按照公认的党的准则对他进行客观的批评。他处境非常困难。疾病和卑鄙的影

---

① 《胡乔木回忆毛泽东》，第 294 页。
② 《周恩来年谱（1898～1949）》，第 567 页。
③ 金冲及主编《刘少奇传》上卷，第 499～500 页。
④ 中共中央文献研究室编《刘少奇年谱》上卷，中央文献出版社，1996，第 433 页。

射攻击，把他的身体和精神都搞垮了。

王明被指控为犯有十恶不赦的罪行。据说，他跟人民的敌人、汉奸以及蒋介石有来往。他妄图把投降主义路线强加给党（就是坚持共产国际的路线），从而"暴露"了自己的面目。他"迷恋机会主义"（也是他支持共产国际路线和主张同联共（布）友好）。

康生干得最起劲。所有的会议、集会和其他事情，可以说都是由他的人来组织的。使国际主义者和"教条主义者"丢脸的恶言秽语，都是从他的办公室放出来的。他使整风高速进行。刘少奇是整风的理论家，康生是整风的实际组织者，而中共中央主席则是整个运动的教父。

康生对王明特别冷酷无情。除了其他原因之外，他个人对王明抱有强烈的恶感。他死抓住他的政敌不放（过去在莫斯科，康对王明在若干问题上对他态度不诚恳，怀恨在心）。我跟他谈话时提到王明，刑官的脸色就变了，显露出敌意来。不断激怒康生的，是他不能干脆杀掉王明，是他对王明的政治斗争进行得不顺当，因为王明在党内有身居高位的支持者，而且直到最近他还代表了一个强有力的国际无产阶级组织的路线。康生以公开蔑视的态度来谈王明。

反对共产国际的运动是以开除王明出党为前提的。听康生的口气，我感到王明有被开除的危险，而且实际上这是毛的一伙人策划的。

王明处于绝境。他难以相信，由于他忠于共产国际及其所制定的政策，由于同这个国际无产阶级组织的杰出的工作人员接触，政治生命就要被毁掉。他确信共产国际的政治方针是十分正确的。他认为，抗日统一战线是打垮军国主义的日本、解放祖国和加强中国共产党的捷径。不能见到王明了，刑官采取一切警戒措施把他隔离起来。我设法得到毛泽东的准许，让奥尔洛夫去探望王明。对康生派去的医生的工作情况加以监督，是绝对必要的，因为康是什么都干得出来的。

奥尔洛夫去的时候，王明跟他的妻子在一起。他一看到安德烈·雅科夫列维奇，不禁潸然泪下。

王明的体重大大减轻了；他很衰弱，还不能走动。安德烈·雅科夫列维奇给他查病时，王明要求他发一份电报给季米特洛夫同志。

安德烈·雅科夫列维奇说，他把满足这个要求看成是他的义务。王明口述了电稿。奥尔洛夫答应立即通过我们的电台把电报发出。王明叫他不要把发电报的事告诉任何人，因为他这样做是不会受到宽恕的。

王明看来精神沮丧，疲惫不堪。这是可以理解的，因为问题不在于他有病，而在于他处境特别困难。王明的朋友抛弃了他，谁也不去看他。总之，他是完全孤立了。更有甚者，他对周围发生的一切，一无所知。他的妻子不敢告诉他反共产国际的运动（在某种程度上也是反王明的运动）的真正规模。他不知道他即将被开除出党，不知道党的工作人员都厌恶他，不知道其他许多事情。过去跟他一起工作过的人，一些确信共产国际的政治指导正确的人，都声明与他脱离关系。他不知道他的追随者中，绝大部分人抛弃了他，甚至站出来反对他，给他加上一些新的罪名（为了讨得中共中央主席的欢心），在党的面前贬损他。

康生越干越起劲。眼下他在组织人折磨王明的妻子。

康生的打算，简单说就是，如果不能毒死王明，也要把他迫害致死。王明没有一天不受到"关注"。

我立刻把王明的电报发出。王明要求前共产国际的领导人告诉中共领导，说他是遵循共产国际的路线的，是遵照其决议去做的，这是他的任务和职责。他坚持认为，毛的新路线违背了反法西斯斗争的利益，因而实质上是一条分裂的路线。

1937年12月会议的决议和六中全会的部分决议已被看成是机会主义的了。这对中共的国际主义派又是一个打击。①

王明还曾经想给斯大林写信。据一份题为《王明和小孟的材料》，孟庆树曾对别人说，"王明是病人，病人躺在床上好欺负，王明又一次病重，问我要纸，要给史大林写信，我难过极了"。

10月　中共中央编辑的《两条路线》一书在延安出版。

根据这部书中收录的毛泽东和王明的文章，有的人编写了《抗战时期两条政治路线的对比（根据文件所作的对比）》。这个材料共四个部分。

第一，抗战前关于统一战线问题两条路线的分歧（1935年）（王明投降路线的萌芽）：1935年11月王明《新形势与新政策》一文有严重的右倾投降思想。

第二，两条路线对立的第二个时期（1937.5~12）（王明投降路线的形成）：1937年5月毛主席在苏区党代表大会上的报告和同时期王明的《救中

---

①　《延安日记》，第175~177页。

国人民的关键》，其立场、观点、政策完全背道而驰；七七抗战后毛主席在7月23日发布《论反对日本帝国主义进攻的方针、办法和前途》，同期内王明发表了《日寇侵略的新阶段与中国人民斗争的新时期》；王明回国后一反中央与毛主席既定方针，最后形成其右倾投降主义的全部纲领。12月9日在政治局报告大纲是一个完整的投降纲领。

第三，两条路线对立的第三个时期（1938.1～10）（王明投降路线的发展）：在六中全会上毛主席的报告和总结，与王明的发言是极端的两种立场，王明处处都站在国民党的立场提出问题，解释问题。

第四，两条路线对立的余波（六中全会以后，王明投降路线的坚持）：六中全会以后，投降路线基本已被克服，但王明1939年9月20日在《新华日报》工作人员会议上的报告，仍然是坚持他的投降主义路线。

11月1日　曾在中共驻共产国际代表团工作过的李国华在会上揭发王明在共产国际所犯的错误。

有的论著说："1943年11月，延安杨家岭中央大礼堂热闹非凡，为了配合正在举行的中央政治局整风会议，中央总学委在康生、李富春的指挥下，正在这里连续举行包括中央机关所有工作人员和来延安参加七大的代表参加的批判王明、博古的'反右大会'。1943年11月1日，大会勒令曾在中共驻共产国际代表团工作过的李国华在会上揭发王明在共产国际所犯的错误，李国华在'抢救'运动中已被打成'特务'，让李在会上揭发王明是给其一个'将功赎罪的机会'。"①

11月2日　王明妻子孟庆树在延安杨家岭中央大礼堂召开的大会上发言。

有的论著说："11月2日，王明妻子孟庆树在大会发言，坚认《八一宣言》由王明起草，她说，今天有人在会上肯定，《八一宣言》是康生写的，我要问一问康生，他敢不敢承认这是他写的？孟庆树继续说：我想问问大家，共产党员应不应该知羞耻？在孟庆树的追问下，康生一言不发，当场并有高自立（在共产国际工作期间化名周和森）站起来作证，但他的发言被会场上的口号打断。孟庆树情绪激动，泪流满面，直扑坐在台下的毛泽东，要毛主持公道。毛表情严肃，'一动不动'，坐在毛身边的张闻天夫人刘英立即判断，毛泽东对批判王明已下定决心。这一天的大会因孟庆树的发言，

---

① 高华：《红太阳是怎样升起的——延安整风运动的来龙去脉》，第506～507页。

造成与会者思想的极大混乱，完全离开了会议揭发、批判王明的主题，遭致毛泽东的震怒，他当众斥责大会主席李富春，指责大会充满低级趣味，毫无教育意义，下令停止召开这类大会。从此，王明、孟庆树再也没有在大会申辩的机会了。""杨家岭'反右大会'上出现的曲折，对毛泽东执意批判王明、博古丝毫不发生影响，对毛而言，需作改变的仅是不开大会，不给王明等有在公众面前声辩的机会，小范围的揭批会则照开不误。"①

11 月 7 日　作七绝《神圣的列宁城》。②

11 月 11 日　中央卫生处处长兼中央医院院长傅连暲和中央医院党支部书记兼副院长石昌杰，写出《关于王明同志住院的经过情形的报告》。其中说王明在 1941 年 10 月下旬到 1942 年 8 月 13 日住院期间，正式会诊七次，小会诊有三四次。在正式会诊方面，第一次大约在 11 月初，第二次大约在一、二月间，第三次大约在二、三月间，第四次大约在 4 月底，第五次大约在 5 月间，第六次大约在吃"所罗非丁"以后，第七次在在 8 月间出院时："因用汞的事件过久，分量过多，配合不宜，以致慢性中毒。"③

11 月 13 ~ 27 日　毛泽东主持中共中央政治局在这一期间举行的会议，继续批评王明在十年内战时期的"左"倾机会主义错误和在抗战初期的右倾机会主义错误。

毛泽东在发言中说：遵义会议以后的路线和遵义会议以前的路线，是马列主义和非马列主义的区别。遵义会议前被诬为机会主义者的，今天已变为主要领导者。但这个码头仍是四中全会、五中全会选出的中央。这是一个矛盾，已经忍耐了多少年，从前年九月会议到现在又忍耐了两年，我还要求同志们再忍耐一下，不忙解决这个问题。遵义会议只集中解决军事路线，因为中央在长征中，军事领导是中心问题。当时军事领导的解决差不多等于政治路线的解决。1937 年十二月会议时，由于王明的回国，进攻中央路线，结果中断了遵义会议以后的中央路线。十二月会议我是孤立的，我只对持久战、游击战为主、统一战线中独立自主原则是坚持到底的。六届六中全会，我对王明的"一切经过统一战线"等是作了否定的结论的，但当时没有发表。六中全会的很好的条件是王稼祥带回了共产国际的指示。前年九月会

① 高华：《红太阳是怎样升起的——延安整风运动的来龙去脉》，第 507 页。
② 《王明诗歌选集（1913 ~ 1974）》，第 175 页。
③ 丁晓平：《王明中毒事件调查》，第 278 ~ 281 页。

议，提到抗战时期党的路线问题，王明坚绝不承认路线错误。我说不说路线错误也可以，但有四个原则错误，即（一）速胜论，（二）运动战，（三）对国民党只要团结不要斗争，（四）组织上闹独立性。但王明仍不承认，不久来了反攻，说他的路线是正确的，中央路线是错误的。对具体问题进行具体分析是马列主义的灵魂。①

由编写组帮助胡乔木写的《整风运动：1943年"九月会议"前后》稿说："在11月13日的会上，毛主席首先讲话。他严厉地批评了王明宗派，指出：现在的中央并不是六大选的，而是四中全会、五中全会选的。王明宗派控制了中央码头。王明宗派中最主要的人物，在政治上以'左'倾为外衣，用'国际'旗号，用马列招牌，欺骗了党十多年，现在要揭破这个大欺骗。遵义会议为什么不能提出路线问题？就是要分化他们这个宗派。这是我打祝家庄实行内部分化的一幕。当时仅仅反对军事上的机会主义，实际上解决了政治路线问题。因为领导军队的权拿过来了便是解决政治路线。如果当时提出政治路线，三人团便会分化。在前年'九月会议'前没有在党内讲王明路线错误，也是大多数人还不觉悟，等待一些同志是需要的。"②

毛泽东讲完后，博古作第二次检查，说在教条宗派中，除王明外，他是第一名；在内战时期，他在国内是第一名；抗战时的投降主义，以王明为首，他是执行者和赞助者。然后，他检讨了教条宗派形成的历史和个人的错误。③

11月15日　孟庆树给任弼时、李富春写信并请转毛泽东及中央各位同志，否认他曾向李国华说过"王明之中毒是中央或中央某某人所为的问题"。她承认"虽然由于我自己心地狭隘，脾气不好及党性不强，和由于我对王明病重的焦急情绪，以及由于有时药品异常困难——尤其是去年肝胆病重时，连一点葡萄糖的注射剂开始时也找不到——等原因，我承认我有些牢骚，这点，我在那天的大会上也已向中央和大家同志承认过错误，现在，我愿再一次地向中央承认我的这个错误，愿意受到党的处罚和教育"。但她接着"声明：第一，我从来也未对中央对党不满，第二，我从来也未样样不满和经常不满，相反地，有时感觉到为了王明同志的病，党化了很多钱，尤其是在生活各方面，要什么给什么，只要是延安有的，而且富春同志还常去

---

①　《毛泽东年谱（1893～1949）》中卷，第542页。
②　《胡乔木回忆毛泽东》，第294～295页。
③　《胡乔木回忆毛泽东》，第295页。

电重庆西安等地为王明同志买药买东西。这些是王明同志和我都常感不安的。假使说我有时还有些牢骚，王明同志确连牢骚也未有过——在治病方面"。最后，她"再一次以十二万分的热忱，感谢毛主席和中央各位同志，为了给王明同志治病，想尽了许多办法……只要是延安办得到的都办了。过去如果没有毛主席和中央各同志之关照，王明同志恐早已不在人间了。将来在毛主席和中央各同志的爱获〔护〕之下，王明还有恢复健康重新为党工作之可能。并将在毛主席和中央各同志的领导与帮助之下在实际工作中改正他的错误"。①

同日 弗拉基米洛夫在《延安日记》中说："王明被划在托派分子之列，根据中共中央主席过去的讲话来看，托派一直在破坏抗日统一战线。""由于忠于共产国际、忠于抗日统一战线而正遭到严厉批评的王明，倒成了个托派分子了！"②

11 月下旬 任弼时在中央学习组的会上，总结了他在王明路线统治时期的经验教训，剖析了认识发展的过程。③

11 月 27 日 周恩来在中共中央政治局会议上作整风检查。其中谈到：王明路线的本质是：党外步步投降，党内处处独立。在形势估计上，是速胜论、外援论；战略思想是外援论、唯武器论；在统战工作上是投降主义，中心是放弃领导权，取消阶级教育和党的独立宣传；在党的关系上是把党作为私人工具，取消党的正确领导，与延安中央闹独立性，准备使"武汉中央化"。归纳起来，这就是"抗战中的机会主义，统战中的投降主义，党的问题上的取消主义，故本质上是较老陈独秀主义坏得多了"。④

由编写组帮助胡乔木写的《整风运动：1943 年"九月会议"前后》稿说："在会上，一些同志对洛甫、恩来等同志的整风检查提意见，有一些偏激之词。有的说：王、博、洛、稼已在党内没有大的危险了，再来统治党已很困难，但经验宗派的危险还未过去，因此仍是最危险的人物。这样的发言，无疑加剧了会议的紧张气氛。"⑤

① 中央档案馆资料党史研究室：《延安整风中的王明——兼驳王明的〈中共五十年〉》，《党史通讯》1984 年第 7 期；该刊资料室编《关于王明治病和出国的材料》，《中央档案馆丛刊》1986 年第 3 期。
② 《延安日记》，第 195 页。
③ 张学新主编《任弼时传》，第 509 页。
④ 《胡乔木回忆毛泽东》，第 297 页。
⑤ 《胡乔木回忆毛泽东》，第 297 页。

11月27日①　给毛泽东写信说："我请求你最近几天内来我处谈谈，并请抽出较久点的时间，我迫切地期待着，如何？"

11月29日　中共中央书记处指示李富春前往与王明谈话，说很快就要召开党的七大，所以组织了七大代表和高级干部700余人一起学习，中央政治局正在开会，讨论六大以来的党的路线问题，特别是检讨教条宗派主义的错误问题，其中也讨论到王明的问题，希望他认真作出检讨。②

同日　弗拉基米洛夫在《延安日记》中说：

> 王明卧病在床，而康生又竭力使他同外界完全隔绝。在这种情形下，局势的发展对以他所代表的整个政治路线，越来越不利了。
>
> 政治局一次次地召集会议。现在的这次扩大会议在分析"莫斯科派"的错误。
>
> 王明被指责为犯有种种滔天大罪：使"机会主义倾向"在中共党内扎根的，是他；（伙同博古、周恩来、洛甫等人）向国民党采取妥协而阻碍了民族解放运动发展的，据说也是他。要知道，那是在政治局会议上，而非其他任何地方，他被戴上了"国民党帮凶和反革命分子"的帽子。
>
> 他们用最卑鄙的借口，来证明王明的"反革命行为"——他在上海被捕后获释，这里面有鬼。就以这作理由证明他"背叛"了。
>
> 此外，他们还指责王明忽视共产党开展斗争的民族条件，因而散布了一系列反党观点。一些受到中央委员会谴责，说他们在王明任中共领导人时期犯了错误的人，污蔑起王明来最为恶毒。
>
> 叶剑英、洛甫和周恩来毫不迟疑地承认他们的观点是有害的，极其错误的，他们的发言都肯定了"王明路线"的破产。
>
> 为了巩固斗争的成果，中共中央按照毛泽东的指示，迫不及待地出版了题为《两条路线》的书。只需对该书略加浏览，便足以看出，它是专门为毛泽东对王明的"有害"政策（"机会主义"）进行斗争服务的。③

---

① 原无日期，此据内容判断。
② 杨奎松：《毛泽东与莫斯科的恩恩怨怨》，第155页。
③ 《延安日记》，第197~198页。

11月底至12月初　周恩来在中央学习小组会多次作整风发言。对参加革命二十多年来的斗争实践和思想认识，进行了检查，总结正反两方面的经验教训。对抗战时期，他认为在区别对待各种政治力量、执行党的隐蔽方针、开展统一战线等方面都有显著的成绩。缺点是在初期对游击战争的战略地位认识不足，没有充分坚持统一战线中的独立自主和对王明的机会主义有容忍和退让的地方。①

12月1日　让孟庆树代笔并经他签名，给毛泽东并中央政治局诸位同志写了一封信。信中说：

　　前天富春同志来，谈到关于很快要开七次大会，所以组织了七大代表和高级干部七百余人一起学习，中央政治局也正在开会，讨论六大以来党的路线问题，特别是检讨教条宗派主义的错误问题，其中也讨论了我的问题。但关于我的问题，孟庆树同志虽然也曾告诉过我，在学习讨论会上，曾有人提到我的个别错误问题，但无论富春同志和庆树同志，都只谈到有些同志提出的一些个别问题。所以中央所讨论的关于我的主要的是那些问题，我还不知道。等我得到中央的正式通知后，我将尽可能的加以检讨。我现在因病不能参加会议和学习，很觉难过。但关于过去已经毛主席和中央书记处同志指示出我的错误和缺点问题，虽然我现在没有精力详加检讨和说明，但我认为我有向此次政治局会议作原则上明确承认之必要。

　　1. 一九四一年九月底十月初时，因为有同志提出一些关于有否改善国共关系可能的问题，我曾向毛主席提过关于国共关系问题中一些政策问题的意见，当时我只是想把这些意见提供给毛主席作研究问题时的参考，我不愿把这些意见提到会议上去讨论，故后来毛主席在书记处会上提出并指示出我的意见是不对的时候，我只略为谈到关于上述问题的部分意见，但会后我又向毛主席声明过，既然毛主席认为我的意见是不对的，我不愿再谈这些意见。可是我自己后来未能经常把握住这一点，是个很大的错误。如今年春季少奇同志回延后……主要的由于我有教条主义的错误和爱表现自己的意见，组织观念不够等小资产阶级意识，其次是由于我病后神经容易兴奋，不能自主，因而又向少奇同志谈了起

_____

① 《周恩来年谱（1898~1949）》，第568~569页。

来……现在我再一次地向中央声明：我完全放弃我自己的那些意见，因为早经毛主席指示出那些意见都是错的，一切问题都以党的领袖毛主席和中央大多数同志的意见为决定。

2. 一九四一年夏秋之间，毛主席曾和我谈过几次话，后来并约任弼时、康生、陈云、洛甫等同志共同谈过，在谈话当中曾指示出我在 1937 年 12 月的中央政治局会议上的发言和武汉时期的工作，都有错误，就是在政治上有带原则性的错误，组织上有闹独立性的错误，同时指出我的个性和工作方法上有很多缺点。在这以前还指示出我在妇委和女大的工作中也有一些错误。我很感谢毛主席和中央各位同志指示出我的这些错误和缺点，使我有可能和我的这些错误和缺点作斗争。

我请求毛主席将此次中央政治局所讨论的有关我的其他错误和缺点给我以指示和教育，同时我也请中央各位同志都能抽出时间来给我以指导和教育。我愿意尽我力之所能，对自己过去的思想言行加以深刻的检讨，在毛主席和中央各位同志的领导与教育之下，我愿意做一个毛主席的小学生，重新学起，改造自己的思想意识，纠正自己的教条宗派主义错误，克服自己的弱点。

12 月 7 日 弗拉基米洛夫在《延安日记》中说：《两条路线》"文集供高中级的政治工作者阅读，其主线是吹捧毛泽东的政策，激烈攻击王明的'捣乱'"。①

12 月 13 日 季米特洛夫通过苏联红军情报部门的电台，发给王明如何处理党内分歧的电报。②

12 月 14 日 弗拉基米洛夫在《延安日记》中说："主席③说王明是党里'十足的霸王'！他多么恨王明！"④

12 月 16 日 张闻天根据中共中央关于每个参加整风的高级干部要写一份"自传"的要求，写出一篇"反省笔记"（后被称为《1943 年延安整风笔记》）。其中写到：王明回国推行右倾投降主义时，个人在"肯定过去做的统一战线方针基本正确"这一点上"并未放弃防线"，但开始时一度有所

---

① 《延安日记》，第 200 页。
② 李东朗：《王明到底有什么国际背景》，《百年潮》2008 年第 12 期。
③ 指毛泽东。
④ 《延安日记》，第 200 页。

"迷惑"，不够"清醒"。①

12 月 22 日　季米特洛夫给毛泽东写了一封要他亲启的关于中共党内问题的信，说像王明这样的人物，最好不要让他们离开党，而要保留下来并尽量为党的事业利用他们。信中说："不言而喻，在共产国际解散之后，它过去的任何领导人都不得干预各国共产党的内部事务。但是从私人友情考虑，我又不能不告诉您我对中国共产党党内状况的担忧……我认为，发动反对周恩来和王明的运动，指控他们执行了共产国际推荐的民族统一战线，说他们把党引向分裂，这在政治上是错误的。不应该把周恩来和王明这样的人排除在党之外，而应该把他们保留在党内，千方百计利用他们为党工作。"②

12 月 23 日　弗拉基米洛夫在《延安日记》中说：

> 中共中央政治局扩大会议，总结了揭露博古、王明、洛甫、杨尚昆和"莫斯科反对派"其他成员的投降主义的孟什维克路线的成果。他们的政策被斥为是反党的政策。在思想意识上受"莫斯科派"指引的"教条主义者"，被诬蔑为革命利益的叛徒，他们"对国民党卑躬屈膝"，并把"西方马克思主义的教条"传播到中国革命的思想意识中来。
>
> 原来只在中共上层进行的党内斗争，现在通知到了全党。这样，又一股污浊的泥流涌进了整风运动，其任务就是"帮助小资产阶级出身的青年党员采取更坚定的工人阶级立场"。
>
> 在党组织内，在毛泽东和康生旨意的忠实执行者所操纵的党组织内，就王明的"机会主义错误路线"和中共中央主席的路线展开了非常详细的讨论。
>
> 在整风的第一阶段，只是教育群众。对一般党员没有公开中共领导的内部斗争，对"教条主义者"只笼统地进行了批评。王明等人的名字只是偶尔含糊地被提到，但是王明本人是被严密隔离起来的。
>
> 现在，洛甫、博古和周恩来在中央政治局会议上的一连串发言中，承认了自己的错误观点。毛泽东在党的面前"一一列举"了王明的

---

① 张培森主编《张闻天年谱》下卷，第 705 页。
② 郑厚安译《季米特洛夫就中共党内状况致毛泽东的信》，《国外中国近代史研究》第 13 辑，第 2～3 页。

罪证。

洛甫、博古和周恩来在上呈中共中央主席的专门材料中，承认了他们的"有害的错误观点"。

整风在性质上起了变化。现在，中共领导中，每一个国际主义者都被弄得名誉扫地，从而，整个"共产国际的主张投降的路线"和"苏联教条主义"，也就统统被弄得名誉扫地。

现在，整风成了一场指名道姓的实际运动。

还想把王明蒙在鼓里是不可能了。罗莎·弗拉基米洛夫娜①把事情的全部真相都告诉了她丈夫。王明对全部事实一清二楚了。

但是，毛泽东的目的并不只是使王明名誉扫地，他还要使王明在精神上垮下来。重要的是使王明亲口承认"毛的路线正确"。

开始做王明的工作了。中共中央的一位官员李富春已被挑选出来跟王明谈话。

当罗莎·弗拉基米洛夫娜把正在发生的全部事实告诉王明时，他意识到实际上他在思想意识方面已处于孤立地位。这段时期，毛泽东和康生把一大堆谎言加到了他的身上，他甚至连知道都不知道。②

12 月 24 日　弗拉基米洛夫在《延安日记》中说："我去看望了王明。""前些日子，中共中央主席借口应王明的要求去看了他，同他进行了长时间的谈话，并答应挑选一批党的工作人员听取他的意见。""王明身心交瘁。他答应向毛泽东投降。他认为我们在他的请求下发往莫斯科给季米特洛夫的电报是错误的，对一个党员来说，这样做是不合适的。据他看，同前共产国际的人员保持联系，会破坏他同毛泽东现在开始形成的和解。"③

12 月 28 日　中共中央政治局致电饶漱石、罗荣桓、黄敬、邓小平、程子华、林枫，指出："政治局关于研究王明、博古宗派机会主义路线错误的指示电，日内即可发给你们。你们应很慎重地组织这一研究。参加研究的高级干部范围目前不宜太多，每一分局所属地域内约在一百人至二百人左右为

---

① 即孟庆树。
② 《延安日记》，第 202 ~ 203 页。
③ 《延安日记》，第 203 ~ 204 页。

适宜，名单应由中央局或分局决定。""在干部研究前，中央局及分局委员须作讨论，在思想上酝酿成熟，然后领导干部研究。此种研究的性质是整风的深入与高级阶段，其目的是使干部提高认识与增进统一团结，并为将来讨论七大决议作思想准备。"①

由编写组帮助胡乔木写的《整风运动：1943年"九月会议"前后》稿说："这是第一次以中央文件名义发出这样的指示。"②

同日 中共中央政治局发出《中央关于〈反对统一战线中机会主义〉一文的指示》，指出了王明"左"的及右的错误及传达、讨论、批判的步骤、方法、目的，《指示》说：

> 最近经过新华社广播的《反对统一战线中的机会主义》一文，是集合前共产国际各领导者（季米特洛夫、曼努依尔斯基、爱尔科里）关于反对共产党人在统一战线中的机会主义的文章而成的。我党七次大会时，即将总结我们22年的经验……同时也将批判我党在过去某些历史时期中曾经严重地危害过党与革命的反布尔塞维克主义的"左"倾及右倾的机会主义，批判王明、博古宗派及其机会主义路线的形成，四中全会的篡党，五中全会的达到顶点，以及遵义会议的开始克服，但在1937年12月会议至1938年9月六中全会期间，这个宗派又利用长江局进行其活动，并且王明本人长期地坚持其错误路线，反而说中央路线是错误的，是违背前共产国际方针的。现在共产国际虽已解散，但共产国际领导者们的指导原则依然适用，这些原则完全与王、博路线的机会主义相反，而对于我党中央的布尔塞维克路线则是完全符合的。各地在我党七次大会决议发表以前，可以在中央局及区委的领导机关中及在这些领导机关周围已被历史证明无特务嫌疑的高级干部中初步传达初步讨论内战时期王、博宗派的"左"倾机会主义路线错误及严重损失，抗战时期（1938年）这个反党宗派的右倾机会主义（投降主义）路线错误及严重损失（项英的失败，华中、华北在受其影响时期的损失）。这后一个时期，王明的主要错误是：1.主张速胜论，反对持久战。2.迷信国民党，反对统一战线的独立自主。3.主张运动战，反对

① 《毛泽东年谱（1893～1949）》中卷，第551页。
② 《胡乔木回忆毛泽东》，第299页。

游击战。4. 在武汉形成事实上的第二中央，并提倡党内闹独立性，破坏党纪军纪。

在一般干部中目前不要传达这些，应研究前共产国际领导者们《反对统一战线中的机会主义》一文，并继续深入整风。要使干部及党员明白，自遵义会议以来，6 年之中以毛泽东同志为首的中央的领导路线是完全正确的，一切对于这个路线的污蔑都是错误的，现在除了王明、博古以外一切领导同志都是团结一致的，现在我党已成了中华民族解放战争的核心力量，全党同志均应团结在以毛泽东同志为首的中央的周围，为中央的路线而奋斗……①

有的论著说："1943 年 12 月 28 日，毛泽东决定正式向全党高级干部公布有关王明、博古的'错误'，将对王、博'错误'的几个判断传达下去，以统一全党的认识……在政治局整风会议期间，毛泽东发出此电报，就是指望通过上下夹攻，逼使中央层的领导干部全部缴械投降。"书中还说："1943 年 11～12 月，毛泽东等对王明、博古的进攻达到最高点。在这个时候，已经出现王明等是国民党'内奸'，王明是执行国民党'破坏'中共政策的代理人，以及王明在历史上曾被国民党逮捕，以后又被放出，其历史有疑点等各种论调。"②

12 月　在给其女儿（寄养在季米特洛夫家）的信里，再一次向季米特洛夫反映了他与中共中央和毛泽东的分歧，要求季米特洛夫干预。③

本年　毛泽东重读了他于 1941 年写的批判第三次"左"倾路线的"九篇文章"，即《关于一九三一年九月至一九三五年一月期间中央路线的批判》，觉得原来的认识不够了。于是作了修改，不仅加上了王明，而且把王明视为那条"左"倾路线的祸首。这份修改过的笔记，第一篇就是评论 1931 年 9 月 20 日以中共中央名义发布的《由于工农红军冲破第三次围剿及革命危机逐渐成熟而产生的党的紧急任务》的文件。毛泽东改变了 1942 年上半年的估计，否定了六届四中全会，并肯定王明是这个时期"左"倾路线的始作俑者。笔记写道：

① 该书选编组编《延安整风运动（资料选辑）》，第 124～125 页。
② 高华：《红太阳是怎样升起的——延安整风运动的来龙去脉》，第 509～510 页。
③ 李东朗：《王明向共产国际状告毛泽东始末》，《党史博览》2004 年第 6 期.

"这个决议是中国共产党第六届全党代表大会第四次中央全会以后王明同志（即陈绍禹）为首的中央发出的，左倾机会主义路线从此形成，并由博古（即秦邦宪）、洛甫（即张闻天）继续发展，到后来成了一条比较立三路线还更完备的极端反马列主义的路线。对于这条路线，王明是创始与支持者，博、洛等人则是发展者与执行者。"

"当时的四中全会是以批判三中全会的所谓对于立三路线的'调和主义'为目标的。这种批判是错误的，因为在三中全会上已经基本将立三路线从基本上批判过了……王明等人重新挑起这个问题来批判，是别有用心的，其证据就是在其后出现的王明路线比立三路线更左，比立三时期的结果更坏……因此四中全会是完全错了，从此种了以后的恶果。"

"王明反对立三路线夺取中央权力以来还不到九个月，就又恢复了立三路线，可见他反时立三路线是假的，不过借着反立三路线之名，行夺取党权之实。至其思想，完全和立三一模一样，都是反马列主义的小资产阶级野心家。"

"王明诸人不但没有起码的马克思主义知识，就连一个普通老百姓的知识也都没有，所以他们写起文章来，就特别显得幼稚可笑。可是世上偏有这一类人。真是天地之大，无奇不有，连共产党内也不能免……如果他们掌了权就会要做出许多坏事来。这一点应当引起一切革命者的警戒……"

"我常觉得，马克思主义这种东西，是少了不行，多了也不行的。中国自从有那么一批专门贩卖马克思的先生们出现以来，把个共产党闹得乌烟瘴气，白区的共产党为之闹光，苏区与红军为之闹掉百分之九十以上……全都是吃了马克思主义太多的亏。这批人自封为'马克思主义理论家'，家里有成堆的马克思主义出卖，装潢美丽，自卖自夸，只此一家，并无分店，如有假冒，概不承认……直到被人戳穿西洋镜，才发现其宝号里面尽是些假马克思，或死马克思，臭马克思，连半个真马克思，活马克思，香马克思也没有，可是受骗的人已不知有几千几万，其亦可谓惨也已矣！"

"我们老爷是一条最可怜的小虫，任何世事一窍不通，只知牛头不对马嘴地搬运马克思、列宁、斯大林，搬运共产国际，欺负我党与中国人民对于马克思主义的认识水平与对于中国革命实践的认识水平的暂时落后而加以剥削，而对于许多聪明的勇敢的同志，例如所有白区、苏区、红军的主要负责人，则加以流氓式的武断与威胁，把他们放在托洛茨基及陈独秀取消派的范畴内，这真是所谓不识人间有羞耻事！"

"左倾机会主义路线的中央与地方的领导者们，当他们实行篡党、篡军、篡政之时，照例都是有这一手的。为了建设他们的威信就一定要把原有的领导者们的威信下死劲地给以破坏，而且破坏得异常彻底，使用的手段是异常毒辣的。任何地方都有这一手，不独中央苏区为然。我党在这一时期领导方面所犯的错误，以事业说，党、政、军、民、学，以地域说，东、西、南、北、中，无往而不被其荼毒，实属我党的空前大劫，全党均应引为鉴戒，再不要重复此类错误。"①

有的学者认为："毛泽东在这个时候写下如此激烈的批判王明的笔记，除了发泄其内心的激愤和郁闷之气以外，当然还有别的目的。他需要政治局主要成员在他发动批判王明问题上给予理解和支持。因此，他特地将这篇笔记送给新成立的书记处的另外两位书记刘少奇和任弼时去看。然后，毛泽东越来越激烈地把斗争矛头对准了王明。"②

1944 年　40 岁

1 月 2 日　毛泽东通过彼得·符拉基米洛夫电复季米特洛夫，其中说："王明进行了各种各样的反党活动。这一切都已通报给全党干部。但是我们不想把此事向全体党员群众公开，更不准备向所有非党群众公布。在党的高级干部中对王明所犯错误进行批判的结果，则是这些干部更加团结一致。""我的看法是，王明是个不可靠的人。王明早期曾在上海被捕。有几个人说他在狱中承认了自己的共产党员的身份，之后被释放。还有人说他同米夫有可疑的关系。王明进行了很多的反党活动。"③

1 月 3 日　据有的学者说，毛泽东在这天急忙找弗拉基米洛夫，有些不安地询问弗拉基米洛夫，那封回电是否发出去。他告诉弗拉基米洛夫说，他

---

①　杨奎松：《毛泽东发动延安整风的台前幕后》，《近代史研究》1998 年第 4 期；杨奎松：《毛泽东与莫斯科的恩恩怨怨》，第 149～151 页。

②　杨奎松：《毛泽东与莫斯科的恩恩怨怨》，第 151 页。

③　刘明钢：《季米特洛夫与王明》，《福建党史月刊》2002 年第 5 期；杨奎松：《毛泽东与莫斯科的恩恩怨怨》，第 160～161 页。

对季老的电报想了很多，前面的复电可能不十分妥当。他最担心会引起不满的显然是上封电报中他在国共关系和对王明态度问题上的说法。谈到党内王明的问题时，他虽然仍旧强调王明的错误，但没有提到王明的"反党"和政治上可疑的问题。①

同日　弗拉基米洛夫在《延安日记》中说："博古证实了我的猜测：莫斯科来了电报。""季米特洛夫在电报中表示关心中共同国民党的关系和中共领导对'莫斯科派'的政策，并且对康生在延安事务中所扮演的极其凶恶的角色作出了评价。"②

1月4日　弗拉基米洛夫在《延安日记》中说："我出乎意料地接到毛泽东的邀请，让我晚上跟他一起看平剧。""周围无人的时候，毛说，他收到了季米特洛夫同志关于共产国际政策的电报。他仔细考虑了这份使他激动的电报，他对其中表示的担心和关注铭记在心。他理解季米特洛夫同志帮助中共领导的深切而又真诚的愿望，感谢他那种一向考虑得很周到的援助。""分手时，毛泽东说他一定要找我谈谈电报中所提出的问题。"③

1月7日　毛泽东再次给季米特洛夫复电，其中说："关于党内问题，我们的方针旨在团结。这一方针也同样适用于王明。由于在1943年下半年所做工作的结果，党内的形势，党的团结都很大程度地得到改善。"④

1月8日　弗拉基米洛夫在《延安日记》中说："昨天上午九点钟，毛泽东突然来访。""中共中央主席几乎在每句话的结尾都要重复一下，他对斯大林同志、季米特洛夫同志的丰富经验是极为尊重的。""突然，中共中央主席谈起王明来了——用了一种完全不同的、几乎是友好的语调！开头我真不知道他是在谈王明。""这次会见结束得颇为出乎意外。中共中央主席要了几张纸。他在桌旁坐下，写了一份给季米特洛夫同志的电报稿，要我立即发往莫斯科。""他写道，从1943年7月至今，他一直都在采取有力措施来加强党的团结。结果，党内形势大为改善。这一党内政策的实质是统一和团结。至于对王明，也完全是按党内统一和团结政策这个主要原则来对待的。"⑤

---

① 杨奎松：《毛泽东与莫斯科的恩恩怨怨》，第161页。

② 《延安日记》，第210页。

③ 《延安日记》，第210、211页。

④ 刘明钢：《季米特洛夫与王明》，《福建党史月刊》2002年第5期；《伏（符）拉基米洛夫转毛泽东给季米特洛夫电及情况说明》，1944年1月7日，杨奎松：《毛泽东与莫斯科的恩恩怨怨》，第162页。

⑤ 《延安日记》，第213～214页。

1月9日　弗拉基米洛夫在《延安日记》中说："王明不知道季米特洛夫的电报。人们不可能把来电的事告诉他。情况变化了，毛泽东正力图对王明施加压力，以便不仅彻底搞臭他的政敌，而且在某种程度上证明季米特洛夫的电报没有事实根据。""王明屈服了，说他的政治路线是错误的。毛泽东使王明继续处于隔离状态，而且开始施展阴谋，根据答复季米特洛夫电报的需要向王明索取坦白材料。的确，假如连王明本人都认为他的政策错了，那么对中共领导的行动的正确性还有什么可怀疑的呢？""1月6日，毛泽东同王明进行了一次长时间的谈话。从毛泽东自己所说的话来判断，在那次谈话中，他的态度相当温和，跟他以前那种绝不妥协的态度迥然不同……而且，毛还明白表示，如果王明有进步，认了错，和解是可能的，将来共事也是可能的。""这种做法奏效了。王明不知道季米特洛夫来了电报，把中共中央主席态度的改变，当作是要结束冲突的愿望。随着这种看法坚定起来，他就开始放弃自己的立场。王明把毛的翻云覆雨当作真心诚意，把他们之间关系的变化按表面现象接受下来。毛迅速地朝自己的目标前进。"①

1月10日　弗拉基米洛夫在《延安日记》中说："这里的一些人继续背诵'二十二个文件'，批评'教条主义者'，否定王明。大家积极地学习上述文件，好像它们是福音书。"②

1月19日　季米特洛夫通过苏联红军情报部门的电台，将他与毛泽东就有关王明问题的相互来往的电报发给王明。③

王明1965年秋谈的《由宣传毛泽东到提毛泽东做中共总书记》的回忆录说，季米特洛夫曾多次给王明来信。其中说：1953年冬，王明夫妇回国前去看一位曾在共产国际工作过的俄国同志，那位同志说："季米特洛夫1943年得知毛泽东反共产国际，反中共内国际主义者的消息后，非常不安！但可惜共产国际已经解散了。他想：用什么方法压一下毛泽东，支持一下王明？他想到用个人写信的方法，他于1943年冬用芳妮④的名义写信给你们，又用毛泽东儿子的名义写信给你和康生，信内说季米特洛夫问候你。后来他想到这还不够。1944年春他又用个人名义给你写过一封信，我只见到信封，未见内容。但是季米特洛夫未得到你的回信。因此，1944年秋回保加利亚

①　《延安日记》，第215~216页。
②　《延安日记》，第217页。
③　李东朗：《王明到底有什么国际背景》，《百年潮》2008年第12期。
④　王明女儿，王明回国时留在季米特洛夫家，作为季米特洛夫的养女。

前又写了一封信给你，是经过苏共中央转的。但是，仍未得到你的回信。他到保加利亚后，于1945年德国快失败前，又从保加利亚经苏共中央发给你一封信，可惜还是没有得到你的回信！至此，季米特洛夫才相信：写信给你，你是收不到的。这些信可能都在你们的中央？你回去向毛泽东要这些信。"

1月23日　弗拉基米洛夫在《延安日记》中说：

在季米特洛夫同志的电报影响之下，我同中共领导人的关系改进了。由于电报上有对康生的直率的政治评价，情报局长便设法对我（并通过我对莫斯科）表示忠诚。他和我说话一直是非常谨慎的，我们上次见面时，他突然谈起王明来了，过去是忌讳谈这个话题的。虽然并没有下过禁令，但是没有谁敢谈。我也回避这个话题。

康生幸灾乐祸地告诉我，王明已经当面向中共中央主席承认了错误。他说，王明要求毛泽东不要在即将召开的党的第七次代表大会上着重提他的错误，至少讨论起他的错误来也要缓和点。

康生说，主要是王明已经承认了政治上的错误，因此中共中央主席向他保证，在即将召开的大会上，他要采取一切措施，来防止发生一场反王明的斗争。

康生对我曲意奉承，但也藏不住他内心的胜利的喜悦。他想打动我，使我觉得我们即使不是朋友，也是同志，我们之间不存在也不可能存在什么误解。

康生说王明的身体好多了，脱离了危险期，因此不必再为他担心了。他说："王明比王稼祥的身体要强得多。"

我问他何以如此肯定。

康生作了解释。原来，元旦期间，中共中央主席看望过王明两次，同他进行了长时间的谈话，因而确信王明身体还不错。而且这还不算，在毛泽东看望之后，周又去看了王明，他们谈了足足五个小时。

康生说，这是王明身体健康的最使人信服的证据。

康说："他的病几乎好了！"

对康生来说这特别重要，因为他有蓄谋毒害王明之嫌。季米特洛夫的来电，说明莫斯科是知道底细的。因此，康生需要找证据来释嫌。现在事情简单了：王明只是有点病！人们干嘛还要老谈论这件事呢？①

2 月 20 日　中共中央书记处开会讨论统一了对五个重要问题的认识：
（一）陈绍禹、秦邦宪错误应视为党内问题；（二）临时中央与五中全会因
为有"国际"承认，应该是合法的，但必须指出合法手续不完备；（三）学
习路线时，对于历史上的思想问题要弄清楚，对结论必须力求宽大，目前是
应该强调团结，以便团结一切同志共同工作；（四）在学习路线时，须指出
六大基本方针是正确的，六大是起了进步作用的；（五）对四中全会到遵义
会议时期，也不采取一切否定的态度，凡是做得对的，也应该承认它。②

2 月 26 日　周恩来受中央委托与王明谈话，系统地指出他应该反省些
什么问题，希望他认真检查自己的错误。这时他刚刚了解到中共中央关于他
的错误的结论，感到颇难理解。③

2 月 27 日　写信给周恩来，感谢周昨天的谈话，表面上虽感谢周恩来
给了他"如何反省问题的宝贵的启示"，但又很不服气地提出一系列问题，
"以供为你下次来我处谈话时更便于给我以指示"：

　　（一）关于四中全会至 9 月 20 日决议期间的路线错误问题，我有
下列两点，请你考虑给我解释：

　　（1）为什么四中全会决议及 9 月 20 日决议是路线错误？其具体内
容如何？

　　（2）既假定为路线错误，为什么这是所谓王明路线？因为我总不
是此时期重要决议的起草人（四中决议为米夫起草的，冲破二次围剿
后的决议，是博古写的，九月二十日决议也是博古（或李竹声）起草
的，绝非我起草的，因你记得很清楚，当时我俩早已不参加任何会议，
并且临时中央局已经成立了，我绝不会和不能起草决议（这决议是由
当时中央局各同志及我和你大家看过改过的则是事实），同时，也不是
这一时期的党的主要负责人（四中前后至顾顺章被捕前，我作江苏省

---

① 《延安日记》，第 219～220 页。
② 张培森主编《张闻天年谱》下卷，第 707 页。吴葆朴、李志英《秦邦宪（博古）传》第
　 416 页，丁晓平《王明中毒事件调查》第 306 页说是 24 日。
③ 杨奎松：《毛泽东与莫斯科的恩恩怨怨》，第 156 页。《周恩来年谱（1898～1949）》说是 2
　 月 27 日。见该书第 571 页。

委书记，向忠发被捕，你和我即不能参加任何会议，我两个月住在医院，两月住在陈云同志处前楼上，我和你每月接头一次，我未担任中央任何部门工作。）

当然，我并非推卸责任。我认为从四中全会我当选为中委和政治局委员后，我对中央通过的任何决议，都有政治上和道义上的责任，而那些由我看过和同意通过的文件，如其中有错误缺点，更应负一个政治局委员应负的责任。

（二）关于在莫斯科做代表时期的工作——我自信虽在个别问题上有错误缺点，但决无大过……此部分问题，虽中央不准备作结论，但我必须反省和说明清楚。

（三）关于12月会议及武汉时期问题——中央虽暂不作结论，但我认为和中央谈清楚，弄清是非，使我了解真实而具体的错误何在，对党的政策了解，对我的教育只有好处。

我深信在毛主席所坚持的调查研究事实事求是的作风及现在强调的全党团结精神领导下，党会弄清楚一切问题的是非真相的。

请你再抽时间来和我谈一次……

3月2日 周恩来将王明2月27日给他的信送交中央各领导同志阅，并说明："本星期一与王明同志谈了一次，他还是站在个人利害上了解问题，我劝他反省，他要求再谈。现将他的来信送阅。"①

3月5日 毛泽东在中共中央政治局会议上的讲话中指出："在去年党的路线学习中，有部分同志对王明、博古同志的错误怀疑是党外问题，现在确定是党内问题。""四中全会得到共产国际和中央的承认，这在形式上是合法的，但政治内容是不好的。""中国社会最基本特点是小资产阶级占人口的大多数，党对这个问题要慎重处理。反映到党内的小资产阶级思想及由于这种思想而产生的错误，也不是个人问题，而是社会现象，是在一定历史条件下的必然现象。""在四中全会后到中央工作的同志，有一些没有参加过大革命，却认为自己似乎是很高明的。这也是他们犯错误的原因之一。""我们要强调产生错误的社会原因，不要强调个人问题，因此我们的组织结论可以宽大些。这个方针现在就要宣传解释，使同志们了解实行这个方针的

---

① 参见《周恩来年谱（1898～1949）》，第571页。

必要。思想要弄清，结论要宽大，对党才有利。我们反对四中全会后党内斗争的错误方针，因此要采用宽大政策，否则便成了四中全会的学生，便不能弄清思想问题，吸取经验教训。"他还说："对四中全会到遵义会议这一段历史，也不要一切否定。当时我和博古、洛甫同志在一起工作，有共同点，都要打蒋介石，分歧点是如何打蒋介石，是策略上的分歧。在土地问题上，对六大决议中关于没收地主阶级的土地，分配给无地或少地的农民的政纲，是没有争论的。争论是在没收后博、洛等主张富农分坏田、地主不分田，而我是不同意的。如果把过去一切都否定，那就是一种倾向。我们对问题要分析，不要笼统地一概否定。"①

3月7日　季米特洛夫收到王明从延安发来的密电，其中说："12月～1月期间转给了我两份您的电报。谢谢您对中共和对我的关心。我对毛泽东的态度一如既往，因为我把他作为党的领袖而全心全意地予以支持，尽管过去我们在抗日民族统一战线政策方面和最近就党内生活问题针对我展开的重大运动中的一些个别问题上有个人之间的分歧。[一位]同志告诉我，他系统地向您通报了有关所有这些问题的情况。""我不了解在这方面您对哪些事件感兴趣和对哪些问题不清楚。请给予指示，我将作复。最近一年，在党内开展了以毛泽东的思想和活动为基础重新审视党的全部历史的活动。他被宣布为中国布尔什维克主义和中国化马列主义的主要代表。""我意识到您能提高我们党的威信，这在没有共产国际的条件下是特别重要的；在强调中共是全国性无产阶级政党的条件下，我完全支持这场运动。因此我已经既在口头上，也在书面上向毛泽东和中央委员会声明，反对李立三路线的斗争和确定新的抗日民族统一战线政策都是毛泽东的贡献，而不是我的，如同我以前认为的那样。我还声明，我放弃一切有关政治分歧的争论。"②

4月1日　王明在《中共半世纪》一书中说，下午4时毛泽东与他谈话，"解答了他实行'整风运动'的原因和目的，'整风运动'为什么受到干部很大的反抗等问题。"③

《写作要目》说：王明曾写"关于毛泽东的'肺腑之言'的谈话笔记"，主要内容是："毛谈他反对列宁主义，反对共产国际，反对列宁、斯

①　《关于路线学习、工作作风和时局问题》，《毛泽东文集》第3卷，第92～95页。
②　转引自刘明钢《季米特洛夫与王明》，《福建党史月刊》2002年第5期。
③　《中共半世纪》，第51页。

大林、和苏联，同反对王明的原因都是一样的，就是要把中共党史写成他一个人的历史，同时，请求王明同志‘把反对李立三路线和提出抗日民族统一战线两大历史功劳’让给他。"

4 月 12 日、5 月 20 日 毛泽东在延安高级干部会议上和中央党校第一部，就党内高级干部对历史问题的讨论作了《学习与时局》的讲演，批评了王明等"左"的和右的错误，并指明了讨论历史问题应采取的态度。讲演指出："对于任何问题应取分析态度，不要否定一切。例如对于四中全会至遵义会议时期中央的领导路线问题，应作两方面的分析：一方面，应指出那个时期中央领导机关所采取的政治策略、军事策略和干部政策在其主要方面都是错误的；另一方面，应指出当时犯错误的同志在反对蒋介石，主张土地革命和红军斗争这些基本问题上面，和我们之间是没有争论的。即在策略方面也要进行分析。例如在土地问题上，当时的错误是实行了地主不分田、富农分坏田的过左政策，但在没收地主土地分给无地和少地的农民这一点上，则是和我们一致的。"在谈到王明右倾的错误时说：在抗战初期，"我党一部分同志，犯了一种错误，这种错误就是轻视日本帝国主义（因此不注意战争的长期性和残酷性，主张以大兵团的运动战为主，而轻视游击战争），依赖国民党，缺乏清醒的头脑和缺乏独立的政策（因此产生对国民党的投降主义，对于放手发动群众建立敌后抗日民主根据地和大量扩大我党领导的军队等项政策，发生了动摇）"。①

根据上述精神，中共中央书记处成立了党内历史问题决议准备委员会，这标志着高级干部的整风和党的历史问题的讨论已进入最后的总结阶段。委员会由任弼时召集，成员有刘少奇、康生、周恩来、张闻天、彭真、高岗。②

5 月 21 日 中共六届七中全会在延安开幕，根据毛泽东代表中央政治局提出的关于党内历史问题的六项意见，对于党的历史问题通过了如下决议：

1. 中央某些个别同志曾被其他一些同志怀疑为有党外问题，根据所有材料研究，认为他们不是党外问题，而是党风错误问题。

2. 四中全会后一九三一年的上海临时中央及其后它所召集的五中

---

① 《毛泽东选集》第 3 卷，1991，第 938～939、942 页。

② 尚定：《胡乔木在毛泽东身边工作的 20 年》，第 51 页。

全会是合法的，因为当时得到共产国际的批准，但选举手续不完备，应作历史的教训。

3. 对过去党的历史上的错误应该在思想上弄清楚，但其结论应力求宽大，以便团结全党共同奋斗。

4. 自四中全会至遵义会议期间，党中央的领导路线是错误的，但尚有正确的部分，应该进行适当的分析，不要否认一切。

5. 六次大会虽有其缺点与错误，但其基本路线是正确的。

6. 在党的历史上曾经存在过教条宗派与经验宗派，但自遵义会议以来，经过各种变化，作为政治纲领与组织形态的这两个宗派，现在已经不存在了，现在党内严重存在的是带着盲目性的山头主义倾向，应当进行切实的教育，克服此种倾向。

上述各项全体表决通过。①

杨尚昆在谈到这个决议时说："这项决议，书记处原来讨论确定的只有前五项，后来在政治局扩大会议上毛主席除对前五项作了说明外，又增加了第六项。他说两个宗派已经没有了，'历史上的问题已经不是主要的东西了。丢掉这个包袱，才符合事实，利于团结'。并提请扩大的六届七中全会正式作出了决议。"②

5 月 28 日　中共中央在给华中局的指示中指出：由于我党长期处在农村分割的游击战争环境及农民小资产阶级成分之广大，在党的历史上不但曾经存在过带全党性的教条宗派（以王明、博古为首）与经验宗派，而且还相当普遍严重的存在盲目的山头主义倾向。

5 月　任弼时起草关于党的历史问题的报告，标题为《检讨关于四中全会到遵义会议期间中央领导路线问题的决定（草案）》。③

由编写组帮助胡乔木写的《党的历史决议》稿说：比较《历史草案》，弼时同志起草的稿子的新贡献，主要有三点：一是修改了《历史草案》关于四中全会的评价。根据 1943 年"九月会议"的精神，弼时同志写道："四中全会的补选和中央政治局的改组，使教条主义宗派分子能够在党的最

---

① 《胡乔木回忆毛泽东》，第 303 ~ 304 页。
② 《杨尚昆回忆录》，第 213 ~ 214 页。
③ 《任弼时日记》，第 464 页。

高领导机关中获得重要地位，他们与经验主义者相结合，篡夺党的领导，重犯左倾路线错误，使苏维埃运动和白区斗争受到重大的损失。""七大认为四中全会是没有在党内起积极作用的，而且有许多的缺点与错误。不但没有表示党的更加布尔塞维克化，而且是障碍党的进步的。因此七大认为四中全会的决议应加以否定。"①

6 月 25 日　中共中央给晋察冀分局发出指示，指出分局扩大干部会关于党内两条路线问题，可依中央去年 12 月 28 日指示作一个通知，但不必展开讨论，王明、博古名字也不要写在任何文件上。

6 月至年底　任弼时继续主持起草党的历史决议，对胡乔木起草的稿子作了三次修改。②

在任弼时修改的第三次稿上，对王明路线的错误内容和政治教训从理论上提纲挈领地概括为七点：

（一）不了解民族矛盾和阶级矛盾的关系，离开中国政治、经济发展不平衡的社会条件，在城市斗争与乡村斗争、政治斗争和武装斗争的策略上发生一系列的错误，坚持革命可以在一省数省首先胜利；

（二）背离中国的国情，混淆了反帝反封建的资产阶级民主革命和社会主义革命的性质和内容；

（三）在革命的动力上，不承认除工农外其他阶级有成为同盟者的可能，不能正确处理抗日民族统一战线；

（四）不承认中国革命的长期性和阶级关系的新变化，夸大革命主观力量，把局部现象看成全体；

（五）不了解游击战争和农村根据地建设的重要性，城市中心论；以北伐战争和苏联的经验作教条否定毛泽东的军事思想；

（六）不懂得利用矛盾，团结多数打击少数，不能灵活地组织进攻和必要时的防卫和退却；

（七）以打倒一切、否定一切来抬高自己的威风，实行组织上的宗派主义，强制推行错误的政治路线。③

7 月 16 日　弗拉基米洛夫在《延安日记》中说："再也没有人提王

---

①　《胡乔木回忆毛泽东》，第 307 页。

②　《任弼时日记》，第 473 页。

③　张学新主编《任弼时传》，第 539 页。

明了。对毛泽东来说，反对'莫斯科派'的斗争已是过去的事了——这个阶段虽然不很顺利，但总是过去了。""我现在已深知毛泽东的为人了，我认为，他与王明的冲突还有另一个原因（当然不像主要原因那么重要和有影响）：王明在战前被看作是中国共产党的著名理论家之一，毛对这种情况是不能容忍的。当然，这不是主要的，但是这是毛的性格。"①

7月24日 邹韬奋于上海逝世。王明作《政苛虎猛（悼邹韬奋同志）》七律二首。②

8月31日 由傅连暲主持，继续给王明会诊，《会诊记录》标明参加者有苏联医生阿洛夫、李润诗、李志中、王斌、鲁之俊、陈应谦、何穆，记录陈仲武。会诊主要是根据孟庆树有关王明当时病症的汇报。针对王明的拔牙问题、腹部按摩问题和肠胃问题等作了简单的讨论，建议王明把坏的牙拔掉，并不要长期卧床，应该起床适当地做腰部运动。③

8月 作诗《巴黎解放》。④

11月16日 郭沫若五十大寿，很多人题写、寄赠贺寿诗，王明也步鲁迅"惯于长夜过春时"的七律原韵写了一首贺寿诗，但当时并未寄出，直到1945年12月因事给谢觉哉写信时，才将这首诗附上，并托谢转交郭沫若。诗的内容是：

> 那觉已过半百时，高歌酣斗鬓无丝。
> 汨罗江上留征影，富士山期树战旗。
> 司马才华子房知，迅翁骨气拜伦诗。
> 任他扰攘风云变，万岁峨眉一布衣。⑤

---

① 《延安日记》，第258页。
② 《王明诗歌选集（1913~1974）》，第176页。
③ 丁晓平：《王明中毒事件调查》，第286页。
④ 《王明诗歌选集（1913~1974）》，第177页。
⑤ 黎萌：《王明其人其诗》，《党史博采》1996年第6期；又见《谢觉哉日记》下册，第882页。此诗在《王明诗歌选集（1913~1974）》中标题是《祝沫若同志五十寿辰》，内容是："谁道已过半百时？高歌酣斗鬓无丝。汨罗江尚留征影，富士山期树战旗。司马才华子房智，迅翁骨气拜伦诗。任他扰攘风云变，万岁峨眉一布衣。"词句略有不同，见该书第179页。

12 月 25 日　《新华日报》刊登陈绍禹题字。

本年　还于延安杨家岭作五律《题鲁迅全集（忆鲁迅先生）》。①

1945 年 1～8 月　41 岁

2 月 26 日　弗拉基米洛夫在《延安日记》中说：

> 召开党的七大的决定，使人们的感情激动起来了。大家又围着王明、杨尚昆、王稼祥和洛甫闹腾开了。照例是在会上公开谴责一番，或在背地里骂上一通。
>
> 王明被直截了当地称为"右倾机会主义分子"。这种看法已成定论。大家都确信毛挽救了党，使党没有采取王明的"投降国民党"的路线。"王明是舔蒋介石的靴子的"，人们绕着弯用这样的话来说他。
>
> 国际主义者（洛甫、博古、王明等人）的格言——"忠于民族统一战线，就是忠于党的利益"——横遭诽谤，这个格言现在已被遗忘！毛泽东的领导阶层逐渐使大家相信，王明"从 1931～1934 年以来一直在党内培植异己分子"。据说，远在 1931 年王明出现在上海时，他就像个大官僚那样，武断地决定与党的命运有关的问题。愚蠢而又可笑，但谁都不能反对，也不会反对！
>
> 整风有效地完成了它的任务。甚至王明过去的合作者也开始诋毁他了。例如，杨尚昆说王明对蒋总司令"推行"了阶级投降路线。这话竟出之于杨的口，而杨又岂只是王明过去的一个同志而已。②

3 月 29 日　毛泽东函告李富春，说中共七大政治报告修改本要给陈绍禹等各发一本。③

3 月 31 日　毛泽东在中共中央六届七中全会全体会议讨论为七大准备的政治报告草案时说：1937 年 12 月会议到六中全会时期的错误倾向是"主张依靠国民党，不要民主、民生，不要三民主义的"。并说："过去的历史

---

① 《王明诗歌选集（1913～1974）》，第 178 页。

② 《延安日记》，第 401 页。

③ 《毛泽东年谱（1893～1949）》中卷，第 586 页。

错误主要是一个社会现象，由于党在政治上不成熟，犯错误的同志是因为不自觉，以为自己是对的才要在党内党外打倒一切。现在大家都觉悟了，主要思想都一致了。王明同志最近写信给我，也赞成反对国民党反动派与团结全党两点，这是很好的。"①

春 毛泽东对《关于四中全会到遵义会议期间中央领导路线问题的决定（草案）》作了多次修改。

由编写组帮助胡乔木写的《党的历史决议》稿说，这几次修改与王明有关的内容有以下几处。

第一次修改，毛主席把"抄清件"上的题目《关于四中全会到遵义会议期间中央领导路线问题的决定（草案）》，改为《关于若干历史问题的决议（草案）》。

第二次修改主要对第二个问题涉及党史上的一些重要事件和人物的评价上增加了一些有分量的话。对于六届四中全会打击所谓"右派"的严重错误加以进一步的强调，指出：四中全会除了过分地打击犯立三路线错误的同志及错误地打击了所谓犯调和路线错误的同志以外，还很错误地打击了当时所谓右派的全体同志。毛主席还写道：其实，当时的反党的右派，是以罗章龙为首的极少数几个人。至于所谓右派大多数同志，如何孟雄、林育南、李求实等十余个党的重要干部，他们为党与人民做过很多有益的工作，同群众有很好的联系，虽然他们对于三中全会的中央采取了错误的态度。接着不久，这十余个同志就被敌人逮捕。但是这些同志在敌人面前坚强不屈、慷慨就义，表现了无产阶级的英雄气概，他们的这种可歌可泣的事迹，长留在全党同志的心中。这段话在以后的决议改稿中基本保留下来了，并不断地得到了充实和完善。

第三次修改比较重要的修改有这样几处：（1）强调《为中共更加布尔塞维克化而斗争》小册子"提出了新的左倾路线的全部纲领。从此就在党内产生了一条错误的新的左倾路线"。与此相联系，改稿指出了新的"左"倾路线的特点是不但不批评立三路线的"左"，却反而批评了立三路线的"右"，以强调当时党内的主要危险是所谓"右倾机会主义"，来掩护它自身的"左"倾路线。改稿还增加了不少文字来叙述从四中全会到五中全会期间"左"倾路线的发展过程及各方面的"左"倾政策所带来的恶果，基本上形成了后来历史决议关于这段历史叙述的大体格局。

① 《对〈论联合政府〉的说明》，《毛泽东文集》第3卷，第272～273、276页。

（2）加写了关于抗战时期党史路线问题不作结论的一段极为重要的话，明确提出，"扩大的七中全会认为：关于抗战后党内若干历史问题，因为抗战阶段尚未结束，留待将来做结论是适当的"。这个意思，毛主席在3月31日的会上作了进一步发挥，指出七大的方针是只解决已经成熟的历史问题，没有成熟的问题都不必急于做结论。这样，以后稿上涉及抗战时期历史问题的内容统统删去了。（3）对于"左"倾路线的8条基本错误内容增改得更为充实，同时进一步强调了在"左"倾路线统治时期广大党员和干部群众的英勇斗争。（4）在分析"左"倾路线产生的社会根源时，指出了小资产阶级思想的"左右摇摆、动摇不定、华而不实、投机取巧"等特点，认为"这是小资产阶级在经济上所处的不稳定地位在思想上的反映"。①

春 作五绝《延安春兴》：

延河岸草绿，嘉岭山花红。
春色空依旧，人心感不同。②

4月1～2日 中共中央文献研究室编《任弼时传》还说："在四月一日至二日的第一次谈话中，王明承认一九三七年回国后，在十二月会议上的讲话'没有调查研究'，后来在武汉工作时'组织上对中央尊重不够，这是不对的，但主观上不知有何原则错误'。他主管的《新华日报》不发表毛泽东的《论持久战》是'恐发表后又有不同意见，反而更不好，但另方面对毛尊重不够'等等。他抛开与中共中央和毛泽东在统一战线问题上的原则分歧，而就一些事实的过程为自己开脱、辩解，仿佛他的错误是别人对他的'误解'。"③

据《任弼时日记》记载，他们征求了王明对党的若干历史问题决议草案的意见，听取对党史上一些问题的看法。王明对党的历史决议草案的"内容和写法都同意"。认为"有两点对他是新的：（一）以前只以为五中全会后是路线错误，现在是三年半，可同意'九一八'后即路线错误，也可

---

① 《胡乔木回忆毛泽东》，第 312～316 页。
② 《王明诗歌选集（1913～1974）》，第 181 页。
③ 《任弼时传》，第 544～545 页。

以说是战略错误，因同盟军已改变了"。"（二）连四中全会也是路线错误那更是新的。"①

同日 弗拉基米洛夫在《延安日记》中说："人人都相信这样的话：'王明卑鄙地想当党的统治者。他向蒋介石卑躬屈膝，他是个机会主义者'，等等。这就是说，王明所主张的一切都已被弄得名誉扫地。这不是'现实的马克思主义'的另一副嘴脸又是什么呢?""共产党内对王明及其支持者的鄙视，首先就是民族主义的一种表现：拒不接受马克思主义的主要原理——全世界劳动人民要联合起来共同斗争。延安与这个原理背道而驰，事事都从他们自己的利益出发。"②

4 月 10 日 王明在晚年写的《中共半世纪与叛徒毛泽东》一书中说，苏联记者弗拉基米洛夫在这天来看他，拿来季米特罗夫给他的电报，并念给他听，他凭记忆记得电报的内容是："王明！根据获得的情报，您的生命政治上和肉体上都处于非常的危险中，应当做出暂时让步——声明承认中共七中全会决议，以便拯救自己和赢得时间，时间在我们这方面。由于苏联对法西斯德国的伟大胜利，欧洲和世界的形势在发生根本的变化；中国的形势也将会变化的。"③

4 月 12 日 弗拉基米洛夫在《延安日记》中说："本届中共中央全体会议正在讨论任弼时和康生的报告（草稿）。代表大会本来应该已经开起来了，但是对这两个报告的不满，已经发展成激烈的争吵。特区党组织的代表们，在小组会上辩论得特别激烈。高岗是这个代表小组的组长。代表们的心情是不难理解的，因为整风对特区的打击最大，想使他们平静下来是不可能的。他们回顾了中国共产党的全部历史，陈独秀、李立三、博古、王明、'莫斯科派'，还有康生及其一伙，统统受到猛烈的抨击。"④

4 月 13 日 任弼时与刘少奇、朱德、周恩来到王明住处与其谈话，再次听取他对党的若干历史问题决议草案的意见。⑤

中共中央文献研究室编《任弼时传》说：在这次谈话中，王明说：最近他"稍看了一些毛的旧著，考虑一个基本问题，才找到解决问题的办法。

---

① 《任弼时日记》，第 478 页。
② 《延安日记》，第 426 页。
③ 《传记与回忆》中说这段话在《中共半世纪与叛徒毛泽东》一书出版时被删去。
④ 《延安日记》，第 435 页。
⑤ 《任弼时日记》，第 479 页。

王明表示：对中国的革命‘毛有自己的思想系统’，从《井冈山的斗争》、《星星之火，可以燎原》到遵义会议和《中国革命战争的战略问题》，系统地总结军事的经验，提出最高斗争方式手段——最大的优点是用武装斗争决定一切”，“在这些基本思想上产生建党——一方与资联合，一方在农村斗争；一方反‘左’的拼命，也要反右的逃跑；一方反不要资〈产〉阶级，一方反迁就资〈产〉阶级；一方领导农民，一方又不要受农民意识的影响’等等，‘这些都是马克思主义中国化、具体化’。在《新民主主义论》中，王明认为毛对中国革命性质与斯大林估计不同，‘如保留过去的看法则会想不通的’，因为毛泽东有自己的道路，将新旧三民主义加以区别，使国际经验和民族传统结合，所以是‘马恩列斯毛，毛在中国发展了马列主义’。他赞成在决议中‘将毛正面多讲点’。至于他的小册子《为中共更加布尔塞维克而斗争》，王明说：从现在观点与毛的思想看，则是‘有错的’，但它‘不仅起消极作用，也起了些积极作用’，决议稿‘现在是过了些，把国际的错误都说〈成〉我的。如以我的小册子做代表我可以接受的”。① 任弼时对王明的讲话作了详细的记录。

4 月 14 日 弗拉基米洛夫在《延安日记》中说：“毛泽东把王明变成他政治棋局中的一个卒子了。把这个原共产国际执委会的委员选进中共中央，能消除莫斯科的怀疑（整‘教条主义者’，想用金医生的药剂毒死王明，季米特洛夫的揭发电报，毛同美国人会谈的某些方面）。毛泽东已经给代表们施加了压力，力图使他们相信，在即将召开的代表大会上，把王明选进新的党中央委员会是必要的。”“由于长期对王明进行诽谤和对舆论施加压力，他成了不受代表们欢迎的人。这也是代表大会推迟召开的另一个原因。要把王明重新选进中共中央是条妙计，这会带来许多政治上的好处。因此，毛泽东并不急于召开大会。”“这些年来，毛泽东一直在攻击国际主义者，煽起人们憎恨‘莫斯科派’和‘教条主义者’的感情，换句话说，他一直在煽起党内斗争的火焰，或者不如说，煽起一场旨在消灭他的政敌的大火。但是，现在他力图扑灭这场火灾，以达到他的策略目的。毛如此固执己见，令人不胜惊讶。”②

4 月 20 日 写信给任弼时，请他阅转毛泽东并扩大的七中全会各位同

---

① 张学新主编《任弼时传》，第 545 页。
② 《延安日记》，第 438～439 页。

志，表示赞同《关于若干历史问题的决议》，高度赞扬了毛泽东及毛泽东思想的正确与功绩，并检查了自己在土地革命战争时期的错误。信中说：

> 在阅读这次决议的三次草案过程中，七中全会的 5 位主席团同志均先后来和我谈过话，对决议内容作了很多的解释，对我应如何反省自己的教条主义路线的错误问题，给了许多宝贵的指示。我在谈话中，说了我对决议草案的基本认识，根据毛主席的思想和作风作了初步的自我思想反省，说了许多重要历史事实的经过。中央要我写一个我对这个决议的基本认识和态度的文件，我认为这是必要的……
>
> 首先，我对这个决议草案的第一个基本认识，就是这个决议草案在党的历史问题思想问题和党的建设方面，有重大的积极建设性的意义……
>
> 同时，这个决议草案，在党内斗争的立场和方法方面，也表示出与过去某些时期党内斗争的不同点……
>
> 其次，我对这个决议草案的第二个基本认识，就是它将党内在一定历史时期存在过的各种"左"倾思想和"左"倾路线，都作了明确的批评，而对于决议所指出的从四中全会至遵义会议这一时期的中央领导"左"倾机会主义路线的错误，尤其作了最彻底的清算。我对于七中全会根据毛泽东同志的正确思想和正确路线以及近年来全党同志在整风运动与党史学习中的认识，而作出的对各次尤其是第三次"左"倾路线在政治上、组织上、思想上所犯严重的错误的内容实质与其重大的危害以及产生此种错误的社会的和历史的根源底分析和估计完全同意和拥护。这条路线的错误和危害，早已由历史实践所充分证明，又由此次会议所译〈阐〉明总结。我在此就不去重复决议所说的一切了，我不仅以一个党员的资格，站在组织观点的立场上，完全服从这个决议；而且要如中央所指示者，以一个第三次"左"倾路线开始形成的主要代表的地位，站在思想政治观点的立场上，认真研究和接受这个决议，作为今天自己改正政治、组织、思想各方面严重错误的指南……

在这封信的下面，王明便从各个方面赞扬毛泽东及毛泽东思想的正确与功绩。之后，信中接着说："把这个决议的立场和方法与毛泽东同志的思想和路线作为检讨的武器，立即就可以发现我在思想上、政治上、组织上错误及

其根源来",并以他 1930 年 10 月到 11 月写的《两条路线》(即《为中共更加布尔塞维克化而斗争》)的小册子为例,作了检讨,说:"所有这一切,就证明了这一决议所指出的在我的反立三路线小册子中存在有'左'倾路线的各项主要纲领,因而小册子有'左'倾路线的错误,是正确的。"信中还检讨说:"我在小册子中所提出的对当时中国革命运动的许多意见,是从何而来呢?是从分析当时中国的具体情况和根据当时中国人民的具体要求而来的吗?绝不是的。它是从抄袭各种决议而来的。"在列举了许多事例说明这一点之后,信中接着说:"我之所以犯教条主义的'左'倾路线的错误,也不是偶然的,这是由于丝毫不懂马克思主义理论及基础,完全不懂中国社会和中国革命的实际情况,全不研究中国的政治、军事、文化的历史事实和历史经验,以及简直不懂国际经验和民族传统的结果。尤其是由于没有群众工作经验和没有群众观点,以及小资产阶级社会出身的劣根性作祟的结果。"

信中还说:"再次,我对这个决议草案的第三个基本认识,就是它把许多历史问题作了新的认识和估计。"接着说,过去认为三中全会没有解决"立三路线"的问题,现在认为三中全会已正确地纠正了"立三路线"的主要错误,"因而认为三中全会的继续反对'立三路线'和把三中全会决议当作调和路线来反对,是反中央的宗派活动,并造成了当时党与团的严重危机"。并声明说:"在 1930 年 11 月 20 日~12 月 20 日左右期间,在国际关于'立三路线'问题的信到上海后,我和其他教条主义的同志们,的确未能认识到中央已接受国际来信而应对中央加以帮助和掩护,而仍提出要求中央召集紧急会议,以便改造党的领导机关的错误主张,并进行了为实现此主张的一些活动。这从今天正确的眼光看来,是不对的,是不足为法的与党不利的活动。"当谈到六届四中全会及其以后的错误时,信中说:

> 过去由于以为四中全会纠正了立三路线,并反对了罗章龙右派,实行了正确的政治路线和组织办法,尤其是以为四中全会后中央苏区红军冲破了敌人的四次"围剿",因而认为四中全会是对党有很大功绩的会议(如我在国际十三次全会演讲中就是这样吹嘘四中全会的)。现在认识三中全会已纠正了立三路线错误,认识了四中全会既过分打击了犯立三路线错误的同志(如停止了立三同志的政治局委员,罗迈、贺昌同志中央委员等),和完全错误地打击了以瞿秋白同志为首的所谓犯"调和路线错误"的同志(如停止秋白同志的政治局委员),又很错误地打

击了当时所谓"右派"的大多数同志（如不久后英勇牺牲的何梦〈孟〉雄同志等），而中央苏区红军冲破敌人的四次"围剿"胜利，现在知道了不是执行四中全会错误路线的结果，而是在毛主席领导下实行其正确路线的结果。同时，知道了四中全会后派去各苏区的中央代表或中央代表机关不仅未能起加强苏区领导和有利苏区工作的作用，相反的，闯下了许多滔天大祸！尤其重要的，由于四中全会选举的结果，使我这个带有教条主义的"左"倾错误的人，走进中央领导机关中去，构成一个严重的错误。而我自己在四中全会上未能如在四中全会前的政治局会议上一样要求不要把我选入中央及其政治局作委员，更是莫大的政治上和组织上的错误。因此，四中全会的确不仅是对党毫无功绩，而且是并对党造成严重错误的会议，是使"左"倾路线在中央领导机关内取得胜利而成为"左"倾路线第三次统治全党的开始的会议！我对于七中全会对三中全会和四中全会的这些新的认识和估计，表示完全服从和同意。同时，我应该声明，虽然四中全会前后我主要的是作江苏省委书记和代表中央管理江苏工作；虽然四中全会决议及其后的中央5月9日决议和9月20日决议等，以及对四中全会本身（如选举及处分问题）及其以后的组织问题（如派中央代表和中央代表机关到各地等）都没有提出过任何具体的意见；但是，我是反立三路线及反三中全会领导同志的所谓调和路线的有"左"倾路线错误的小册子底主要写作者；是在四中全会上当选为中央及政治局的委员，对四中全会后的中央领导在政治思想上有很大的影响；对四中全会本身及1931年9月底以前的中央一切重大的政治问题和组织问题的决定都曾经同意；所以同意中央的指示，我对四中全会至9月底以前这一时期（9月25日我即动身赴苏联了）的中央错误，应负主要的责任。

在1932～1935年期间，虽然在共产国际领导的教育和帮助之下……在有些政策问题方面与当时当权的其他教条主义同志有些原则的分歧……在遵义会议前我并未能经过国际去帮助中央改变其错误的路线；所以我对这一时期中央领导所犯的各种错误，仍负有一个中央政治局委员及中央驻国际代表在政治上、思想上、组织上应负的责任。至于我在武汉时期工作中所犯的错误问题，因时间和精力的限制，此时来不及自我学习和自我反省，此后当遵循毛主席所指引的方向，尽可能地去学习和研究抗战时期的一切思想和策略问题，以便改造自己的思想和纠

正自己的错误。最后，我郑重声明：中央根据七中全会这一决议的立场
和精神与根据对我在各个历史时期中所犯各种错误的性质和程度的认
识，对我作出任何政治上和组织上的结论，我都服从接受。首先，我认
为中央应立即撤销我在党内的一切领导职务（中央委员及政治局委员，
中央统战部长）和党外代表党的职务（向国民党交涉在选聘新届参政
员时，不应把我再当作我党的代表之一而加以选聘）。我应该作最接近
广大群众的下层群众工作，这不仅是由于我犯了严重错误而应得的处
分，而且对于我的思想改造、意识锻炼及工作作风转变，是非常必要
的。我决心在党所指定的任何下层工作岗位上，向毛主席和中央各同志
学习，向全体干部和党员同志学习，向劳动人民群众学习，一切从头学
起，一切从新做起，以便在长期群众工作中，使自己成为一个好的于党
有用的党员，为党的事业，为中国人民的解放事业，尽一个小勤务员的
能力和责任，以多少补偿由于自己错误缺点而造成的党的工作底重大损
失于万一！

在这封长信中，虽然有些问题检查得不够全面、不够深刻，但这是王明
一生中对土地革命战争期间所犯"左"倾冒险主义错误的一次最全面、系
统的检查。在一些问题上，检查得还是比较深刻的，似乎也是诚恳的。

但是，王明后来在《中共半世纪》一书中说，他这次检讨是被迫的，
并不是真心真意的。书中说：

毛泽东想在一九四五年四月召开中共第七次代表大会，所以四月二
十日召开了中共六届七中全会。还在四月初他就把《关于若干历史问
题的决议》草案送给我看，并派刘少奇、周恩来、任弼时、朱德四人
两次来和我谈话，他自己也来和我谈了一次，都是要我写声明书承认七
中全会决议正确和作"自我检讨"，我都没有同意。

同时，我也和许多来看我的同志们商量，怎么办更好。我当时考虑
到苏联最后战胜法西斯德国的日子已为期不远，因此，即使我不承认七
中全会决议，毛泽东也未必敢开除我的党籍。但同志们举出下列几项理
由：第一，"共产国际解散了，没有一个能够去申诉意见的机关了。按
照党章，少数应服从多数。现在要开的中共第七次代表大会是毛泽东一
手准备的。你现在既没有可能，也没有体力向大会说明自己的意见。而

大会也不可能改变七中全会的决议"；第二，"目前国内国外都还不十分了解毛泽东搞的'整风运动'的反动本质。还要进行长时期的反毛斗争。把你保存下来，就是保存了党的真理和反毛斗争的主要领导者……要是不承认七中全会决议，那七次大会还可能再'通过'一个类似的决议；如果你还是不服从，就可能被开除党籍，那时进行斗争就更困难了……"

这样，我就向七中全会声明：我服从中央决定。①

孟庆树根据王明回忆谈话整理的回忆录也说："在六届七中全会前，毛泽东派刘少奇、周恩来、任弼时、朱德两次，毛泽东自己一次来找王明谈话（当时王明在中毒后还不能起床），要求王明接受六届七中全会的决议。经过几次争吵，王明为了避免开除党籍，又听了同志们'留得青山在，不怕没柴烧'的劝告，不得已声明组织上服从决议。"②

《写作要目》说：王明曾写"关于'七中全会关于历史问题的决议'草案的两次谈话综合笔记"（同刘少奇、周恩来、朱德、任弼时谈过两次，同毛谈过一次）。

同日　在扩大的六届七中全会最后一次会议开始时，李富春宣读了王明给七中全会的信。③

同日　任弼时向中共六届七中全会报告《关于党的若干历史问题的决议》的起草和修改过程。他说：起草决议的方针是弄清思想，团结同志，分析错误的内容和犯错误的根源，而不着重个人的责任。《若干历史问题的决议》印发给代表们讨论的共有三次。第二次修改（四月八日印出）主要是确认王明的小册子与四中全会是第三次"左"倾路线的起点。稿中是把八点概括性意见集中写的，后来根据代表们的意见，从政治、组织、思想三个方面进行了阐述和分析，再提交代表们讨论。第三次是将前两稿中的八点作了修改，把毛泽东的思想从正面加以强调说明。各代表团还有些意见，都准备将来修改时考虑采纳。王明写的声明，也对决议表示拥护，我们欢迎他的态度，希望他以后行动中加以实现，不断进步。④

---

① 《中共半世纪》，第124页。
② 《传记与回忆》。
③ 《胡乔木回忆毛泽东》，第320页。
④ 张学新主编《任弼时传》，第546页。

同日 毛泽东在中共六届七中全会上《对〈关于若干历史问题的决议〉草案的说明》中，肯定了王明的态度，他说："四中全会是否根本错了？现在弄清楚了，四中全会在根本上是错误的。""治病救人的方针证明是有效的，要看什么时候需要强调哪一个方面。前年十二月以后治病太多，救人差一点，所以去年就多加些'甘草'。最近的情形也是如此。一九四〇年不许提路线，一九四一年谈了路线，以后就发生了王明同志的问题。他养病的时候，我们整了风，讨论了党的历史上的路线问题，'项庄舞剑，意在沛公'，这是确实的，但'沛公'很多，连'项庄'自己也包括在内。发展的过程就是如此。到了现在，这个决议就比较好，把治病救人两方面统一起来了。王明同志写了这封信，内容有无缺点错误还可以研究，但其态度是好的，应该欢迎的。其他许多同志的意见都很好。错误不是少数人的问题，写几个名字很容易，但问题不在他们几个人。如果简单地处理几个人，不总结历史经验，就会像过去陈独秀犯了错误以后党还继续犯错误一样。"①

同日 中共七届六中全会通过《关于若干历史问题的决议》，其中严厉地批判了王明的"左"倾错误，指出：

（中共六届三中全会以后）党内一部分没有实际革命斗争经验的犯"左"倾教条主义错误的同志，却又在"反对立三路线"、"反对调和路线"的旗帜之下，以一种比立三路线更强烈的宗派主义的立场，起来反抗六届三中全会后的中央了。他们的斗争，并不是在帮助当时的中央彻底清算立三路线的思想实质，以及党内从"八七"会议以来特别是一九二九年以来就存在着而没有受到清算的若干"左"倾思想和"左"倾政策；在当时发表的《两条路线》即《为中共更加布尔什维克而斗争》的小册子中，实际上是提出了一个在新的形势下，继续、恢复或发展立三路线和其他"左"倾思想、"左"倾政策的新的政治纲领。这样，"左"倾思想在党内就获得了新的滋长，而形成为新的"左"倾路线。

新的"左"倾路线虽然也批评了立三路线的"左"倾错误和六届三中全会的调和错误，但是它的特点，是它主要地反而批评了立三路线的"右"，是它指责六届三中全会"对立三路线的一贯右倾机会主义的理论与实际，未加以丝毫揭破和打击"，指责第九十六号通告没有看出

---

① 《毛泽东文集》第3卷，第283页。

"右倾依然是目前党内主要危险"。新的"左"倾路线在中国社会性质、阶级关系的问题上，夸大资本主义在中国经济中的比重，夸大中国现阶段革命中反资产阶级斗争、反富农斗争和所谓"社会主义革命成分"的意义，否认中间营垒和第三派的存在。在革命形势和党的任务问题上，它继续强调全国性的"革命高潮"和党在全国范围的"进攻路线"，认为所谓"直接革命形势"很快地即将包括一个或几个有中心城市在内的主要省份。它并从"左"的观点污蔑中国当时还没有"真正的"红军和工农兵代表会议政府，特别强调地宣称当时党内的主要危险是所谓"右倾机会主义"、"实际工作中的机会主义"和"富农路线"。在组织上，这条新的"左"倾路线的代表者们违反组织纪律，拒绝党所分配的工作，错误地结合一部分同志进行反中央的宗派活动，错误地在党员中号召成立临时的中央领导机关，要求以"积极拥护和执行"这一路线的"斗争干部""来改造和充实各级的领导机关"等，因而造成了当时党内的严重危机。这样，虽然新的"左"倾路线并没有主张在中心城市组织起义，在一个时期内也没有主张集中红军进攻中心城市，但是整个地说来，它却比立三路线的"左"倾更坚决，更"有理论"，气焰更盛，形态也更完备了。

一九三一年一月，党在这些"左"的教条主义宗派主义同志从各方面进行压迫的情势之下，也在当时中央一部分犯经验主义错误的同志对于他们实行妥协和支持的情势之下，召开了六届四中全会。这次会议的召开没有任何积极的建设的作用，其结果就是接受了新的"左"倾路线，使它在中央领导机关内取得胜利，而开始了土地革命战争时期"左"倾路线对党的第三次统治。六届四中全会直接实现了新的"左"倾路线的两项互相联系的错误纲领：反对所谓"目前党内主要危险"的"右倾"，和"改造充实各级领导机关"。尽管六届四中全会在形式上还是打着反立三路线、反"调和路线"的旗帜，它的主要政治纲领实质上却是"反右倾"。六届四中全会虽然在它自己的决议上没有作出关于当时政治形势的分析和党的具体政治任务的规定，而只是笼统地反对所谓"右倾"和所谓"实际工作中的机会主义"；但是在实际上，它是批准了那个代表着当时党内"左"倾思想，即在当时及其以后十多年内还继续被人们认为起过"正确的""纲领作用"的小册子——《两条路线》即《为中共更加布尔什维克化而斗争》；而这个小册子，如前

面所分析的，基本上乃是一个完全错误的"反右倾"的"左"倾机会主义的总纲领。在这个纲领下面，六届四中全会及其后的中央，一方面提拔了那些"左"的教条主义和宗派主义的同志到中央的领导地位，另一方面过分地打击了犯立三路线错误的同志，错误地打击了以瞿秋白同志为首的所谓犯"调和路线错误"的同志，并在六届四中全会后接着就错误地打击了当时所谓"右派"中的绝大多数同志……六届四中全会这种对于中央机关的"改造"，同样被推广于各个革命根据地和白区地方组织。六届四中全会以后的中央，比六届三中全会及其以后的中央更着重地更有系统地向全国各地派遣中央代表、中央代表机关或新的领导干部，以此来贯彻其"反右倾"的斗争。

在六届四中全会以后不久，一九三一年五月九日中央所发表的决议，表示新的"左"倾路线已经在实际工作中得到了具体的运用和发展……

自一九三一年九月间临时中央成立起，到一九三五年一月遵义会议止，是第三次"左"倾路线发展的时期……

一九三四年一月，由临时中央召集的第六届中央委员会第五次全体会议（六届五中全会），是第三次"左"倾路线发展的顶点……

第三次"左"倾路线在革命根据地的最大恶果，就是中央所在地区第五次反"围剿"战争的失败和红军主力的退出中央所在地区……

以上这些，就是第三次统治全党的、以教条主义为领导的、错误的"左"倾路线的主要内容。

犯教条主义错误的同志们披着"马列主义理论"的外衣，仗着六届四中全会所造成的政治声势和组织声势，使第三次"左"倾路线在党内统治四年之久，使它在思想上、政治上、军事上、组织上表现得最为充分和完整，在全党影响最深，因而其危害也最大。但是犯这个路线错误的同志，在很长时期内，却在所谓"中共更加布尔什维克化"、"百分之百的布尔什维克"等武断词句下，竭力吹嘘同事实相反的六届四中全会以来中央领导路线之"正确性"及其所谓"不朽的成绩"，完全歪曲了党的历史。①

———

① 中共六届七中全会通过稿。

接着，《决议》分析了各次尤其是第三次"左"倾路线在政治上、军事上、组织上、思想上的错误，以及它产生的社会根源。

4月21日　弗拉基米洛夫在《延安日记》中说："全会就任弼时的报告，通过了一项《关于若干历史问题的决议》，这个文件大部分是诽谤博古和王明的，特别是诽谤共产国际的观点的。"①

4月23日　中共七大开幕，王明被抬到会场。

有的论著说："王明本属应予检讨的头号人物，但因患重病未能参加全程的会议。王明本来要向大会请假，毛泽东亲自上门劝说，请王明务必参加大会的开幕式。于是，王明被抬着担架送入会场。"②

王明在《中共半世纪》一书中说：在七大正式开幕前半小时左右，毛泽东走到他的床前客气地请他参加开幕式，说"你到那里躺十五分钟就行了"，以显示全党在毛泽东领导下的空前团结。"我和稼祥坐担架先后到达会场后，毛泽东立即登台致简短的开幕词，宣布大会开幕。然后通过主席团名单和议事日程。这一切一共花了的确约十五分钟的时间。当刘少奇宣布毛泽东作政治报告时，我就叫人把我抬出会场了。"③

《传记与回忆》说："毛泽东知道，王明不出席大会，对他是很难看的。他自己去请王明到会。大会开幕日，他派担架把王明抬到会场。但是，王明到会不过几分钟，就离开了会场，因为他不愿意听毛泽东的伪造。"

同日　国民政府公布国民参政会第四届参政员290人名单，内中仍有中共参政员陈绍禹等7人。

4月30日　周恩来在中共七大上的发言《论统一战线》中，全面总结了党在统一战线问题上的经验，批评了王明的右倾错误，同时也作了自我批评。他说：抗战初期"在武汉，我们自己也有错误。就是说，当时在武汉作领导工作的同志，我也在内，着重在相信国民党的力量可以打胜仗，而轻视发展我们自己的力量，在战争上强调运动战，轻视游击战。所以在武汉时期，我们在长江流域的工作，没有能象华北一样，利用国民党军队撤退的时候，到农村去，发动农民，广泛发展游击战争"。还说："一九三七年的十二月会议上，又有人主张不要分什么左、中、右，只要抗日与不抗日之分，

---

① 《延安日记》，第443页。
② 高华：《红太阳是怎样升起的——延安整风运动的来龙去脉》，第525页。
③ 《中共半世纪》，第134页。

抗日与亲日之分，除了亲日派之外，剩下的就是铁板一块，都是坚决抗日的。这是受了大地主大资产阶级的影响。所以第二个武汉时期，就把国民党蒋介石的军阀性、法西斯性都抹杀了，认为站在一起，一般高、一般美、一般漂亮"；武汉时期还有人说我们和国民党"是'求同而非异'，就是说只有同而没有异"，不懂得领导权问题，"说只要抗战就是统一，说蒋介石的政府已经开始民主化，人民已经得到充分自由。这就是说，大资产阶级很好，很民主，很统一，也就是承认大资产阶级的领导权，因而在政策上也就不要民主改革，不要改善民生"，同时"不重视敌后的发展，不主张建立敌后政权，主张一切经过统一战线"，这"实际上就是一切经过国民党的军令、政令"。①

弗拉基米洛夫在当天的《延安日记》中说："在毛泽东和康生的压力下，周恩来不仅脱离了王明派，而且谴责了共产国际的活动。""于是，他就从毛的对手变成了毛最积极的支持者。到1943年底，他已开始执行毛的最微妙的任务，诸如调解毛与王明的冲突等等了。"②

同日 博古在中共七大讨论政治报告时发言，检讨了自己的教条主义错误，实际上，也分析了王明的教条主义错误。他说，在革命阶段问题上，他们在内战时期混淆了民主革命与社会主义革命的界限，在抗战时期则将新民主主义革命回返到旧民主主义革命；在农民是革命的主干问题上，不了解与轻视农民在中国革命中的伟大作用，在内战时期过度地强调城市与工人的作用，坚持城市观点，在抗战时期则牺牲农民的迫切要求以迁就大资产阶级；在革命领导权问题上，在内战时期是在教条地空喊，在打倒一切之下把同盟者缩小到只有贫农中农的地步，在抗战时期则从空喊转变为公开否定，提出所谓"共同领导"的口号；在政权问题上，在内战时期死啃所谓工农民主专政的旧公式，在组织形式上完全因袭无产阶级专政形式的苏维埃形式，在抗战时期则把本质上、组织形式上并未改变、只有施政政策有若干改变的国民党政府，认为是全国统一的国防政府和政治制度彻底民主化的开始，强调要时时、处处、事事帮助这种类型的政府，反对建立敌后的抗日民主政府；在革命发展前途上，是民粹式的企图跳过资本主义发展阶段。"总之，在革命根本问题上，战略问题上，教条主义者由于机械地搬用马克思主义底个别

---

① 《周恩来选集》上卷，第197、214、215、219页。

② 《延安日记》，第457页。

结论与词句，无视中国革命具体实践，就曲解了马克思主义，政治上走'左'右倾机会主义"；在策略基本原则上，则根本忽视和违背了策略必须根据具体情况决定，利用矛盾、争取多数、反对少数，团结中有斗争，斗争为着团结，从群众中来，到群众中去等原则。

4月　作七绝《毛泽东伪造党史（评六届七中关于若干历史问题的决议）》，内容是：

> 整风四反四无兴，以是作非伪代真；
> 党史写成假历史，早迟真理定翻身！①

同月　作诗《所谓六届七中决议》，攻击中共六届七中全会通过的《关于若干历史问题的决议》，内容是：

> 一手刀沾一手血，浑身金贴浑身泥。
> 刀将党史变毛史，金作神衣当外衣。
> 马列丰功成大敌，毛刘合计扮先知。
> 教条经验绝虚构，抬己打人尽出奇。②

同月　作口语体七绝《论联合政府（驳斥毛泽东的〈论联合政府〉与〈战时合作决定战后合作〉）》。③

5月2日　苏军攻克柏林。王明得知后作七绝《苏军攻克柏林》。④

5月3日　弗拉基米洛夫在《延安日记》中说：洛甫在大会上的发言中，"为毛泽东（从富田到整风）的所有镇压措施辩护！毛泽东想从这位中共中央前总书记、过去著名的国际主义者和王明的战友身上得到的东西，几乎都得到了"。"洛甫给他自己的朋友当头一棒，存心不良的、不公平的一棒。他不仅自己谴责王明和他以前的朋友，而且让整个党来对付他们。（'像我这样的一些人对领袖、对中国革命问题有着共同的观点。宗派主义就是这么产生的……他们想要分裂我们党，干出国民党特务干不了的事情

---

① 《王明诗歌选集（1913～1974）》，第182页。
② 《王明诗歌选集（1913～1974）》，第183页。
③ 《王明诗歌选集（1913～1974）》，第186页。
④ 《王明诗歌选集（1913～1974）》，第189页。

来。我们党内有一种反对毛泽东同志的倾向，这有文件可以为证。'洛甫指的是王明和王稼祥致中共七大的信件。)"①

    5月11日   弗拉基米洛夫在《延安日记》中说："中共中央主席并不把王明看作党内同志，而把他看成是一个威胁到他毛泽东的名望的深孚众望的领袖。这虽不是迫害王明的主要理由，但至少是理由之一。"②

    5月24日   毛泽东在七大关于选举问题的讲话中，针对很多同志提出的不选王明、博古等人的意见说："虽然犯过路线错误，但是他已经承认错误并且决心改正错误，王明还可以选他。"中央委员会"要包含一批过去犯过路线错误但今天表示放弃错误路线接受正确路线的同志"。并说："从遵义会议到六中全会，这时第三次'左'倾路线已被清算，但没有彻底。凡是一个东西不搞彻底，就总是不能最后解决问题，因此又出了一些乱子。第二段，从六中全会到七大，这时逐步地比较彻底地清算了'左'倾路线。"③

    5月25日   弗拉基米洛夫在《延安日记》中说毛泽东这天在大会上讲话，对于选举的原则、候选人的挑选以及选那些犯过错误的同志的必要性讲了两个小时。为了说服大会，毛泽东甚至说犯过错误的人更加可贵，因为他们想起所得到的惨痛教训就不会再重复错误（就是说，他们现在已经经过锻炼了），而那些没犯过错误的却可能出于自信而容易犯错误。"毛讲这番话，看来是强调了选洛甫、王明、博古和王稼祥的必要性，他们都包括在候选人名单里了。"④

    5月31日   毛泽东在《对〈论联合政府〉的说明》中说："过去的历史错误主要是一个社会现象，由于党在政治上不成熟，犯错误的同志是因为不自觉，以为自己是对的才要在党内党外打倒一切。现在大家都觉悟了，主要思想都一致了。王明同志最近写信给我，也赞成反对国民党反动派与团结全党两点，这是很好的。"⑤

    5月   写题为《所谓七大》的诗，内容是：

        四载整风七大开，毛丢马列独登台。

---

① 《延安日记》，第461、462页。

② 《延安日记》，第478页。

③ 《毛泽东在七大的报告和讲话集》，第164、171、173～174页。

④ 《延安日记》，第522～523页。

⑤ 《毛泽东在七大的报告和讲话集》，第102页。

不知国共战争迫，反要联合政府来。

矛盾战时异战后，方针东倒又西歪。

延河嘉岭烟尘暗，一马横行万马哀。①

6月9日　经过毛泽东的动员，中共七大选举中央委员时，王明得321票，仍然当选。

6月11日　弗拉基米洛夫在《延安日记》中说："王明得321票，博古275票。""博古和王明被选入中央委员会。""王明和王稼祥没有在大会上讲话，但是写了书面检讨，承认他们在党内犯了所谓的错误。"②

6月12日　弗拉基米洛夫在《延安日记》中说："由于发生了争论，原定在5月20日前后进行的选举，到6月9～10日才举行。代表们要求列入名单的每个人要有个小传，有些问题要作出解释，等等，等等。""因此，选举就具有清算的性质（应该记得，这些干部都是在整风的环境中成长起来的）。对洛甫、博古、王明等人的问题，又从头讨论一次，他们又在各小组会上受到恶毒的诽谤。"③

6月　毛泽东在同师哲谈话时指出王明错误的实质。

师哲回忆说："王明错误的实质到底在哪里呢？1945年6月的一天，我跟毛主席从枣园出来，赶赴杨家岭参加'七大'会议。在延河岸边，我们边走边谈大会上的种种情况，随之谈及王明错误的实质。相互议论间，涉及到他的这点或那点错误性质，然而仍未超过我对各项文件所谈及的那几点。""毛主席从我的话里揣摩出了什么，摸准了我的思想不明亮的关节所在，于是只用一句话就打开了天窗。他说：'王明问题的关键、症结之所在，就是他对自己的事（指中国革命问题）考虑得太少了！对别人的事却操心得太多了！'""我一听这话，茅塞顿开，思想豁然开朗。觉得这句话真是一针见血。""考虑问题的出发点不同，这就是毛主席同王明的根本区别。王明对共产国际采取盲从、教条主义式的、生吞活剥的态度，盲目接受共产国际的一切指示，他是到斯大林那里领钦令、接圣旨，硬套到中国问题上。如果说斯大林对中国许多问题没有弄清楚的话，倒不如说王明从未介绍、解

---

① 《王明诗歌选集（1913～1974）》，第187页。

② 《延安日记》，第519～520页。

③ 《延安日记》，第523页。

释清楚；反而将斯大林的指示不加分析地生搬硬套，不问情况照搬。而毛主席则不是这样。"①

7月初 黄炎培等六参政员访问延安。随后在他的《延安五日》中说：他曾"走访若干老友，陈绍禹，吴玉章……绍禹在养病中"。②

7月24日 根据中共六届七中全会、七大和七届一中全会第一次会议期间提出的修改意见，又对《关于若干历史问题的决议》进行了修改。其中和王明有关的几个重要改动是：第一，对党的历史发展过程中的"左"右倾向的叙述，增写了八七会议，并对第一次"左"倾盲动路线、六大、立三路线、三中全会、新"左"倾路线的形成、四中全会及其向苏区白区派遣中央代表、临时中央到中央苏区、五中全会、反五次"围剿"的失败与长征等重大事件讲得更为充实和全面。第二，对第三次"左"倾路线错误内容的分析，把军事方面独立出来，增写了关于军事方面的长段文字，从而使之成为政治、军事、组织、思想四个方面。这是这一稿最大的修改。对政治方面的三个主要错误的概括和叙述也作了一些修改。第三，在论述"左"倾路线产生的社会根源时，首次指出"左倾路线反映中国小资产阶级革命民主派的思想"，"大批的小资产阶级革命民主分子向无产阶级队伍寻求出路"；小资产阶级的革命的一面"在将来也可能与无产阶级共同走向社会主义"，其落后的一面则是在失去无产阶级领导时有可能变成自由资产阶级以至大资产阶级的"俘虏"；"小资产阶级的革命性，在本质上是与无产阶级的革命性不相同的"，"带着小资产阶级革命性的党员，虽在组织上入了党，思想上却没有入党或没有完全入党"。这些思想的提出及论述使对小资产阶级思想的分析深刻了许多。③

7月29日 延安医生王斌、史书翰、鲁之俊、陈应谦、黄树则、李志中、马海德、苏井观、曲正继续为王明会诊，针对王明的全身方面、食物方面、外用治疗、洗肠用药、内服药物等提出了具体的治疗方案，最后形成《王明同志检查结果》，由周泽昭和陈仲武抄存。④

8月5日 为了提交1945年8月9日的七届一中全会第二次会议讨论，这天又排出了对《关于若干历史问题的决议》的"草案最后稿"。这次改稿

① 《在历史巨人身边——师哲回忆录》，第263～264页。
② 该书编委会编《延安文艺丛书》第6卷《报告文学卷》，第511页。
③ 《胡乔木回忆毛泽东》，第324～326页。
④ 丁晓平：《王明中毒事件调查》，第286～287页。

虽然基本上是文字的最后修饰和润色，但对一些历史问题的分析和叙述还是有一些较重要的修改。如在讲四中全会时增加了对于《为中共更加布尔塞维克化》小册子的批判；在分析第三次"左"倾路线的政治错误时指出他们"否认中间营垒与第三派的存在"，"把当时积极活动起来的中间派别断定为所谓最危险的敌人"；在分析第三次"左"倾路线在军事作战问题上的错误时，强调了他们"要求阵地战与单纯依靠主力军队的所谓'正规'战"，"不了解正确的人民战争"。①

---

① 《胡乔木回忆毛泽东》，第 326~327 页。

六 在解放战争和建国初期

1945 年 8 月 41 岁

8 月 15 日 日本宣布无条件投降，抗日战争胜利结束。

8 月 20 日 作七绝《苏中红军会师东北》诗一首。①

8 月 作七绝《日寇投降》。②

同月 还作七律《光辉胜利念英雄》。诗前有小序："闻苏军进入东北讨日，抗日联军配合作战，取得光辉胜利，念及抗日联军司令杨靖宇，副司令赵尚志，第五军军长柴世荣等同志和其他抗联艰苦战斗英勇牺牲的民族英雄们。"

9 月 9 日 于延安杨家岭作五绝《患难见朋友（谢冈野进同志）》。③ 这天，冈野进（即野坂参三）离开延安，临别留给王明信和罐头。

秋 在延安作七绝《生死光辉（悼台尔曼同志）》和七绝《寤寐难忘（悼冼星海同志）》。④

12 月中旬 中共中央安排王明担任中央政治研究室主任。

孟庆树在根据王明回忆谈话整理的《关于"目前形势和党的任务"的报告经过》中说：1945 年"12 月中，毛泽东要王明同志做中央政治研究室主任"。⑤ 王明的警卫员田书元回忆说："中央政治研究室成立，王明担任主任六七个月……上班在杨家岭。"⑥

---

① 《王明诗歌选集（1913~1974）》，第 191 页。

② 《王明诗歌选集（1913~1974）》，第 193 页。

③ 《王明诗歌选集（1913~1974）》，第 195 页。

④ 《王明诗歌选集（1913~1974）》，第 190、194 页。

⑤ 又见《传记与回忆》。

⑥ 曹仲彬：《访问田书元谈话记录》，曹仲彬、戴茂林：《王明传》，第 359~360 页。

12 月 20 日 致谢觉哉信，附去年为郭沫若祝寿诗。①

12 月 25 日 在中央直属党委、中共西北局和陕甘宁边区党委全体干部1000 多人出席的会上作《目前形势和党的任务》的报告。

王明在《中共半世纪》一书中说："一九四五年十二月二十五日，我在中共中央直属机关党委、中共中央西北局和陕甘宁边区党委联合召开的一千多人的干部大会上，作了《关于目前形势和党的任务》的报告。这个报告中提出的政策方针的内容与毛泽东在中共'七大'上的报告《论联合政府》完全相反。我作报告后，几位同志来向我致贺时说：'留得青山在，不怕没柴烧呀！'"②

《传记与回忆》说：这个报告是因中央机要科科长兼中央机关直属党委书记曾三的要求，并经毛泽东同意后作的。王明开始不同意，后来又想：利用这个机会讲讲自己对国际国内问题的意见也好。把自己的意见说出来，看他怎么办?! 就来一个和毛泽东在七大作的估计完全相反的意见。因为毛泽东在不久前召开的中共七次大会上的报告《论联合政府》的主要出发点是"战时合作决定战后合作"。毛泽东认为，国际上战后仍是英美法苏的合作，国内仍是以国共合作为基础的统一战线。因此，他决定的我们的主要任务是争取建立各党派合作的联合政府。王明决定从另一种观点出发，就是：战后矛盾不同于战时矛盾，因而战时合作不决定战后合作。因为战后没有共同敌人。所以在国际上不再是英美法苏等反对德意日法西斯的联合战线，而是资本主义和社会主义的矛盾，首先是美苏矛盾的尖锐对立；在国内的共同敌人——日本帝国主义——没有了，所以不能再是以国共合作为基础的抗日民族统一战线，因而也不会再建立以国共合作为基础的各党派的联合政府。而且不可免的要发生国共内战。所以党的当前主要任务就是要用全力准备和蒋介石打内战。当然，从现在到公开爆发国共内战还可能有一个暂时和平时期，因为双方都没有准备好，无论是国民党统治区或是解放区，老百姓都希望和平，所以我们现在是处在过渡期间。一方面要全力准备战争；另一方面要争取和平。这样才能博得全国大多数人民的拥护。但必须看清，蒋介石正在极力准备打内战。报告中有几次听众鼓掌表示赞同。1946 年 1 月 1 日到任弼时同志家里拜年时，任弼时同志说："你没有想到毛主席要你做这样的

---

① 《谢觉哉日记》下册，第 882 页。
② 《中共半世纪》，第 124～125 页。

报告；而毛主席没有想到你的报告内容和他在七大的报告内容完全相反。所以你们俩人都没有料想到，双方料想不到！"

冬　于延安作七律《弥天风雷（悼朱老宝庭同志）》。①

1946 年　42 岁

3 月　遇访问延安的梁漱溟。

梁漱溟在《忆往谈旧录》中说：1946 年 3 月我第二次造访延安时，"陈忽来招待处看我，面容消瘦，意兴不佳，自云一场大病初愈。据传说陈遭受党内群众大会斗争也。陈在党内不得群众好感，但毛主席不主张开除其中央委员，从而其中委职名保留很久"。②

4 月 8 日　王若飞、博古、叶挺、邓发、黄齐生、李少华、黄晓庄等乘飞机由重庆回延安途中，在晋西北兴县黑茶山遇难，俗称"四八烈士"。王明为悼念"四八烈士"题词曰："悼念死者应加强战斗——王秦邓叶黄等十三烈士遇难"。③

4 月 20 日　与谢觉哉、陈伯达、徐特立、廖鲁言在延安杨家岭参加宪法起草。④

4 月　于杨家岭作五绝《云天在望（悼博古、邓发、王若飞，叶挺并黄齐生等"四八"烈士）》及七律《生死离别（忆邓发同志）》，第一首诗曰：

> 翘首云天望，噩音伤众心。
> 捐躯为革命，留念在人民。⑤

5 月 29 日　找谢觉哉谈组织法律研究委员会事。⑥

6 月 17 日　与徐特立找谢觉哉说中共中央书记处批准成立中央法律研究委员会，以谢觉哉、林伯渠、李木庵、张曙时、刘景范、马锡五、徐特

---

①　《王明诗歌选集（1913～1974）》，第 196 页。
②　《梁漱溟全集》第 7 卷，第 435 页。
③　中共代表团编《四八被难烈士纪念册》。
④　《谢觉哉日记》下册，第 915 页。
⑤　《王明诗歌选集（1913～1974）》，第 197、198 页。
⑥　《谢觉哉日记》下册，第 929 页。

立、陈伯达、鲁宜、松龄、王明、觉民为委员，嘱早召开成立会。①

6月22日 中共中央法律研究委员会在延安交际处成立。② 以林伯渠、徐特立、陈绍禹、谢觉哉、陈伯达等12人为委员，谢觉哉为主任委员。此外，当时中央政治研究室内还设有法律研究组。当时的任务都是研究各种法律问题及试拟陕甘宁边区宪法草案。③

7月1日 周恩来、李维汉致电陈伯达、王明、谢觉哉、胡乔木：不论时局变化如何，制宪一事终会正式提出，我们的发言权必须充分使用。甚盼延安宪法委员会继续其工作，有计划地写些文章广播。④

夏 于杨家岭作七律《平民（悼陶行知先生）》。⑤

10月3日 参加中共中央政治局扩大会议，讨论毛泽东写的《三个月总结》，确定对蒋介石"和平攻势"的对策。⑥

11月18日 因国民党军队准备进攻延安，王明全家随中央机关撤退到绥德。⑦ 他先在王家山住了几天，后搬到绥德师范，并作了一次报告。

据孟庆树根据王明回忆谈话整理的《关于"目前形势和党的任务"的报告经过》说：那里的负责同志向王明同志说："此间干部听说你在延安作了报告，他们说：请王明同志也给我们报告一次吧！……"于是王明又给他们作了一次报告，"这次报告的题目还和在杨家岭中央大礼堂做的一样，而讲得更生动了。因为客观形势比1945年12月更清楚了"。报告后，一位干部同志把听众的意见告诉王明同志说："我们大家都一致认为你的报告是很正确很有条理的报告。"

12月 于绥德作口语体七律《绥德王家山农友谈话记》。⑧

冬 于绥德师范作七律《祝朱德同志六十寿辰》，从绥德寄延安。诗曰：

借箸寿筵共运筹，军民与我尽同仇。

倘教振臂开金锁，终令降幡出石头。

---

① 《谢觉哉日记》下册，第932页。
② 《谢觉哉日记》下册，第933页。
③ 《中共中央法律委员会工作总结报告》，1948年12月。
④ 《周恩来书信选集》，第317页。
⑤ 《王明诗歌选集（1913~1974）》，第199页。
⑥ 张学新主编《任弼时传》，第608~609页。
⑦ 田为本1987年10月30日复郭德宏信。
⑧ 《王明诗歌选集（1913~1974）》，第200页。

戎马半生天下定，欢声遍地万家麻。

延安预饮成功酒，遥向南星一唱酬。①

年底 全家返回延安，朱德到杨家岭来接送致谢，缓步间两人谈起中国诗来。晚间王明忆及朱德的评论，作口语体五律《中国诗小赞（与朱总谈中国诗后随笔）》。②

1947 年 43 岁

1 月 6 日 与徐特立、柳湜、谢觉哉谈话约三小时。③

1 月 25 日 致谢觉哉信，谈法律研究委员会有关事项。④

1 月 周恩来代表中共中央召集了一次会议，要法律研究委员会起草一个全国性的宪法草案，供解放区人民代表大会之用，并限定于 5 月 1 日前交稿。⑤

1 月 28 日~3 月上旬 中共中央法律研究委员会开始研究及草拟全国性宪法草案，参加的有徐特立、谢觉哉等，指定王明为宪法组长，陈瑾昆为法律组长。⑥

2 月 3 日 中共中央法律研究委员会决定分为宪法组和法制组，宪法组组长王明，法制组组长陈谨昆，由委员会三个主任和王明、陈谨昆组成常委会。⑦

2 月 5 日 因王明与徐特立均病，中共中央法律研究委员会工作不能进行。⑧

2 月 6 日 病稍愈，谢觉哉来谈。⑨

3 月上旬 因国民党军队占领延安，中央法律研究委员会人员疏散至晋绥。离延安前，王明向毛泽东、刘少奇口头请示过起草宪法草案的原则。

---

① 《王明诗歌选集（1913~1974）》，第 201 页。

② 《王明诗歌选集（1913~1974）》，第 202 页。

③ 《谢觉哉日记》下册，第 1053 页。

④ 《谢觉哉日记》下册，第 1062 页。原文是"催杨家岭搞法委"。

⑤ 《中共中央法律委员会工作总结报告》，1948 年 12 月。

⑥ 《中共中央法律委员会工作总结报告》，1948 年 12 月；《中央法委会关于起草宪法草案工作底报告》，1948 年 12 月。

⑦ 《谢觉哉日记》下册，第 1064 页。原文为陈谨琨。

⑧ 《谢觉哉日记》下册，第 1064 页。

⑨ 《谢觉哉日记》下册，第 1064 页。

3 月 28 日 撤到晋绥解放区临县后甘泉村，以后即长居于此。①

《传记与回忆》说："1947 年 3 月 14 日，因国民党进攻延安，我们第二次，也就是最后一次离开延安。这次是坐的骡窝子（两个骡子抬一个轿窝），刚走到离延安四十里处，敌机即开始轰炸。夜间在朱家川过黄河，真是波涛翻澜，拥挤不堪。幸而吴堡县长帮忙，否则就过不了河。大约走了七八天，才到前甘泉后面的后甘泉。后甘泉属山西临县，是山高泉甜的小村庄。""我们在后甘泉共住了一年多。"

当晚，王明与孟庆树拜访谢觉哉。《谢觉哉日记》3 月 29 日记载："昨夜王明同志夫妇来。"②

春 于山西临县后甘泉村作五绝《悼中医李老鼎铭》。注中说：1942 年王明被毒害时，幸由李老医治才转危为安，"不料 1947 年他被毛泽东迫害而死"。诗曰：

> 岐黄真妙手，着手竟回春。
> 感类再生德，闻噩泪满襟。③

4 月 17 日 中共中央法律研究委员会讨论宪法，王明报告总纲草案。④

4 月 27 日 与孟庆树同谢觉哉夫妇往前村访霍维德夫妇。⑤

4 月底 中共中央法律研究委员会在晋绥正式开始工作，参加的有王明、谢觉哉、吴玉章等，这一时期的任务是起草全国宪法及创立新民主主义的法律理论工作。⑥

5 月 5 日 对下列问题提出怎样建立人民的司法制度的意见：（一）法官之选举与罢免；（二）人民法庭之建立；（三）陪审制之建立；（四）公开审判；（五）公律师制；（六）诉讼免费；（七）口头诉讼之合法；（八）简化程序与形式；（九）巡回法庭；（十）公断（讲理）委员会之组织；（十一）监狱之彻底改革（废除暴政，实行教育）；（十二）严惩违法徇私与确认冤狱赔

---

① 田为本 1987 年 10 月 30 日复郭德宏信。
② 《谢觉哉日记》，第 1077 页。
③ 《王明诗歌选集（1913 ~ 1974）》，第 203 页。
④ 《谢觉哉日记》下册，第 1087 页。
⑤ 《谢觉哉日记》下册，第 1090 页。
⑥ 《中共中央法律委员会工作总结报告》，1948 年 12 月。

偿；（十三）废止□刑，慎重死刑；（十四）干部之改造与培养。①

5 月 写信给毛泽东、刘少奇，报告中央法律研究委员会又开始起草宪草工作，以及准备参加地方土改工作等，请求指示。

5 月~8 月 中共中央法律研究委员会起草照顾到 1946 年政治协商会议对宪草问题协议原则的新宪草，即所谓后甘泉初期宪草初稿。②

7 月 12 日 作时事报告。③

7 月 13 日 毛泽东给王明复信，内容是："王明同志：大示敬悉。你们都好，法律工作日起正规，指导方针亦正确，甚以为慰。我们在此甚好，我身体较在延安时有进步，无以为念。问小孟同志好。"④

8 月 14 日夜 于山西临县前甘泉村作七律《病苦（闻续范亭同志病苦严重而作）》，留交续范亭病榻上。诗曰：

> 病中情景我深知，苦到难言不自恃。
> 心硬成钢超百炼，事关革命倍三思。
> 待驱科学消仇菌，誓抵狂澜壮怒狮。
> 回首延安初聚日，秋风瑟瑟雨丝丝。⑤

8 月 21 日 在中共中央法律研究委员会讲宪草说明书大意。⑥

8 月~10 月半 中共中央法律研究委员会根据中央指示，丢开政协宪草协议原则，试图起草内容与形式皆为新民主主义的宪草，即所谓后甘泉后期宪草初稿。因中央当时无暇讨论及毛泽东指示宪草要待全国胜利后使用，于是法律研究委员会决定以后再来继续研究及修改这一初稿。⑦

《传记与回忆》说："此件为中共中央宪法小组起草，主要内容均为组长王明同志所写。""到北京后，毛泽东又叫刘少奇、陈伯达、廖鲁言等起草——整个是陈伯达起草的，经济部分写得不成话，很零乱，看来只有发展资本主义。王明同志提出：要写清楚有几种经济，发展前途是什么。廖鲁言

---

① 《传记与回忆》。
② 《中央法委会关于起草宪法草案工作底报告》，1948 年 12 月。
③ 《谢觉哉日记》下册，第 1122 页。具体内容不详。
④ 《传记与回忆》。
⑤ 《王明诗歌选集（1913~1974）》，第 204 页。
⑥ 《谢觉哉日记》下册，第 1144 页。
⑦ 《中央法委会关于起草宪法草案工作底报告》，1948 年 12 月。

说：'不要把资产阶级吓跑了。'但因刘少奇同意王明的意见，所以后来政协纲领上才写了几种经济。毛泽东主张的政体是民主集中制，王明说'这是党和政府的组织原则，而不是政体，政体应当是全国人民代表大会'。"

《写作要目》说：《中华人民民主共和国宪法草案》"为中共中央宪法小组起草，主要内容均为小组组长王明同志所写"。

9月2日　对宪法草案作大修改。①

9月3日　谢觉哉赋诗赠王明：

> 握手相惊冀上秋，艰难愉悦几生修。
> 法悬众魏民心喜，业定金瓯正气收。
> 周览山河追马史（戏言天下定后将游历全国），
> 盘桓松菊访羊求（木老②诗有待时清还山意），
> 即今笔墨为干橹，一字之严快斩仇。③

9月12日　于山西临县后甘泉村作七律《真人》，悼续范亭。④

9月15日　拟致电刘少奇，提出几个关于土地的问题。⑤

9月16日　在积极分子会上作传达。⑥

秋　于山西临县后甘泉作七律《土改工作纪实》。诗曰：

> 只看摊摊查祖宗，剥削关系影无踪。
> 狂呼莫理马恩列，乱斗哪分地富中。
> 上级推行下级效，一区示范百区同。
> 坚持真理诚何易，党幸有人能大公。⑦

10月20日　与谢觉哉赴河西，到陕西葭县（今佳县）神泉堡，向驻于

---

① 《谢觉哉日记》下册，第1147页。
② 即李木庵。
③ 《谢觉哉日记》下册，第1147页。
④ 《王明诗歌选集（1913~1974）》，第205页。
⑤ 《谢觉哉日记》下册，第1151页。
⑥ 《谢觉哉日记》下册，第1152页。具体内容不详。
⑦ 《王明诗歌选集（1913~1974）》，第206页。

此地的中央领导同志请求对宪法草案及法委今后工作的指示。①

据《谢觉哉日记》记载：他们当天走 40 多里，宿清凉寺中央医院第三所；21 日走 50 里，宿兔板镇；22 日走 40 里，至黑虎寨，过河宿葭县城县委处；23 日至中央驻地神泉堡。毛泽东游山外出，他们会晤周恩来、任弼时、陆定一，夜谈至 12 时。②

10 月 28 日　与谢觉哉往白云山会见毛泽东，夜谈颇久。③

10 月 29 日　与谢觉哉游白云山，仍返神泉堡，毛泽东要他们参加下月中共中央召集的会议。④

《传记与回忆》说：康生、陈伯达在后甘泉、前甘泉村搞土改时犯了极左的错误，被打成地主富农成分的至少有 90% 左右定错了，他们不仅被斗得倾家荡产，而且有些人弄得家破人亡（死七人，卖妻者二人，卖儿女者四人）。"为了使中央知道土改工作团的错误，王明同志和谢老觉哉同志于 1947 年十月渡黄河到河西去中共中央所在地找毛泽东，想把山西临县土改工作中错误的严重情况告诉他。但毛不愿听（毛当时住在河边上一个庙里），而且借题骂了博古一顿，说博古在江西时爱干涉地方党的工作是不对的，暗示王、谢不要干涉晋绥工作。谢老向王明说：'他（毛）不愿听哪，不能谈呀！'两天后，毛回到中央书记处所在地的一个小村庄……王明和谢老又去找他，他装病仍不愿听。毛说：'等中央搬到马家沟去后，你们再来。'王明和谢老只好找任弼时、周恩来谈了一点。"

11 月 15 日　与谢觉哉返回后甘泉。17 日去三交，25 日下午后返甘泉。⑤

在渡过黄河时作七律《渡黄河》，⑥ 并于赴河西途中作五绝《忆芳儿》，诗曰：

> 一别十年久，时艰音问希。
> 双亲常梦女，多半诉离思。⑦

---

① 田为本 1987 年 10 月 30 日复郭德宏信。
② 《谢觉哉日记》，第 1166 页。
③ 《谢觉哉日记》下册，第 1166 页。
④ 《谢觉哉日记》下册，第 1166 页。
⑤ 《谢觉哉日记》下册，第 1167 页。
⑥ 《王明诗歌选集（1913～1974）》，第 208 页。
⑦ 《王明诗歌选集（1913～1974）》，第 209 页。

芳儿是王明的长女，叫王芳妮，王明于 1937 年从苏联回国时送给季米特洛夫作养女。据说她后来成为一名苏联飞行员。1985 年 1 月 27 日去世，死后与生母孟庆树合葬在一起，时年 53 岁。①

11 月 28 日上午　中共中央法律研究委员会支委与机关首长开会讨论冬季学习，成立学委会，成员有谢觉哉、王明、吴玉章等。②

12 月 6 日　与谢觉哉再次赴河西，到陕北米脂县杨家沟向中央汇报工作。③ 据《谢觉哉日记》说：他们下午三时抵中央所在地杨家沟。④

《传记与回忆》说：

> 1947 年 12 月，王（明）、谢（觉哉）二次过河去□□（中央搬完家后，来电叫王、谢去谈）。王、谢去后，始知毛第一次不愿谈是他没准备好。在王、谢回去期间，他通知贺龙和李井泉等准备材料和王、谢斗争。同时，一面去电叫王、谢过河，一面叫江青、胡乔木过河东去"了解情况"。——到西柏坡后，当王明和毛泽东谈话时，毛说："土改错误是江青和胡乔木发现的。"
>
> 谢老和王明二次过河去见毛时，幸而有任弼时同志主持正义，否则毛要定王、谢犯富农路线的错误！说也好笑，王、谢走前没想到这点，也没带任何书面材料（因谢说不能太正式，怕毛接受不了），而毛叫晋绥准备了材料，赵林带了书面材料——主要是关于孙敬祖的，要证明孙为富农有剥削。但从孙全家自己耕种没雇用工人上说，不是富农，只好从孙的儿子参加工厂（合作社性质的）这点找他们的剥削。谢老把赵林的材料看看，算了一下说："就照你们的材料，不能说孙是富农。因为孙家虽然有股本，但他儿子在那做工，不拿工资，为农民合作分红性的工厂，不剥削任何人。既不能说成富农，也不能说成资本家。"当时弼时同志问赵林："怎么样？照你们的材料也是你们输了呀！王明、谢觉哉、孟庆树是对的吧？"赵林把头低下没作声。

---

① 曹仲彬、戴茂林：《王明传》，第 383 页。
② 《谢觉哉日记》下册，第 1168 页。
③ 田为本 1987 年 10 月 30 日复郭德宏信说："王明与谢觉哉二次往中央系一九四七年十二月六日到达，约于一九四八年一月返回。"
④ 《谢觉哉日记》，第 1170 页。

回忆录还说，王明和谢觉哉这次过河，除报告宪法小组（王明为组长）起草工作总结外，还参加了土改工作座谈会。"在座谈会上王明同志就土地改革的理论与实践问题作了重要的发言，会后任弼时同志在报上发表关于纠正土改工作错误的文章，从此使全国各地土改工作错误得以初步纠正"。

回忆录还说，当谢老、王明二次过河去中央时，一些犯土改错误的青年人，要求把孟庆树交给所谓群众处理——即交给流氓打死，说我犯了保护富农的错误，幸而当时的总支书记张老（曙时）不同意，提议把问题交给后方党委去处理，后方党委也不同意他们的意见。王明和谢老回来后，王明又一次有系统地从理论上和实际上说明了这些青年人的错误及其危害性。

12 月 25 日　参加中共中央工作会议。毛泽东在会上作《目前的形势和我们的任务》的书面报告。在阐述各项政策时，毛泽东批评了王明在土地革命战争时期和抗日战争时期所推行的"左"的和右的错误，如报告中说："地主富农应得的土地和财产，不能超过农民群众。但是，曾经在一九三一年至一九三四年期间实行过的所谓'地主不分田，富农分坏田'的过左的错误的政策，也不应重复。""对于上层小资产阶级和中等资产阶级经济成分采取过左的错误的政策，如像我们党在一九三一年至一九三四年期间所犯过的那样（过高的劳动条件，过高的所得税率，在土地改革中侵犯工商业者，不以发展生产、繁荣经济、公私兼顾、劳资两利为目标，而以近视的片面的所谓劳动者福利为目标），是绝对不许重复的。这些错误如果重犯，必然要损害劳动群众的利益和新民主主义国家的利益。"[①] 对于王明在抗日战争时期所犯的右倾错误，报告也作了精辟的分析，"即是对于国民党的反人民政策让步，信任国民党超过信任人民群众，不敢放手发动群众斗争，不敢在日本占领地区扩大解放区和扩大人民的军队，将抗日战争的领导权送给国民党"，这是一种"软弱无能的腐朽的违背马克思列宁主义原则的思想"，"这些历史教训，全党同志都要牢记"。[②]

12 月 26 日　在杨家沟召开的中央工作会议上讨论毛泽东的报告时发言，说毛泽东的报告"恰恰回答了现在需要解决的问题。国际国内形势分析完全正确"。他主要讲了以下几个问题。

统一战线问题。他说："统一战线问题现在也非常需要解决，过去我们的确孤立了蒋介石，但现在也要防止苏维埃时期'左'的错误，否则客观上帮

---

① 《毛泽东选集》第 4 卷，第 1251、1255 页。
② 《毛泽东选集》第 4 卷，第 1258 页。

助敌人孤立自己的危险不是没有的。总结历史，指出历史上的错误，我都同意。现在只讲几个问题：打击与消灭之不同，不但过去苏维埃时期没有弄清楚，以后也有许多人没有弄清楚。我就是这样。大革命时期对农民问题是右的，但城市政策是'左'的。内战时期福建事变恐怕也是在这个问题上的糊涂。打击当然包含准备消灭在内，但不是现在就消灭。中农问题过去常常是：第一，注意了领导方面，而忽视了被领导方面；第二，不知道如何去领导，除了做先锋队还要注意被领导者的物质福利，佃中农可以得地，在必要时拿他的东西可以在农民内部解决，政治教育也要采取说服解释方法。对中农联盟与对资产阶级的统一战线性质上不同，这是劳〈动〉人民内部的、带永久性的统一战线。中国没有农民党，没有在农民中有影响的资产阶级政党，这帮助了我们团结中农。"

群众路线问题。他说："偏向是尾巴主义（只要是几个非党员的意见，不论是代表多少人什么人什么意见，都是对的），包办代替，与尾巴主义的外衣，包办代替的内容。"

学习思想方法问题。说"毛泽东思想是马列主义普遍真理与中国革命的具体实际相结合，马列主义的普遍真理就是辩证唯物论与历史唯物论"，"党内要提倡学毛主席的方法论"。

关于宪法草案。他说："因为用的时间没有看清楚，以为三五个月就要用，故带临时政策性宣传性。各同志的意见兼容并收，以供中央采择，故内容形式都有毛病。宪草的事实出发点：解放区现存的事实。领导思想：新民主主义。参考：苏联社会主义宪法，英美资产阶级宪法与法国新宪法。基本内容：新民主主义的政治、经济、文化、作风。政治上：国体与政体。国体表现于第一条，政体则为宪法的主体。总纲中讲了政治经济军事文化。经济除总纲外在人民权利义务与政策等部分也讲到了。作风是这个草案的特点，其他各国没有。政体中的几个问题：两院制。为了照顾小省、小民族、非农民阶级、华侨，为了考虑问题更慎重，主席团制还是总统制、联合政府。民族问题。聚居、杂居、散居。政府、军队、法庭。民族自治与民族联邦问题。司法：越级、选举、人民法庭、检查制度。"

王明的这个发言，很多内容虽然是正确的，但大道理多，联系实际少，特别是联系自己过去所犯的错误少。正如李维汉在回忆中所说的："讨论报告时，王明和我在一个小组，他讲了不少的话，根本不接触报告中的批评。"[1]

---

[1]　李维汉：《回忆与研究》下册，第478页。

本年 据《写作要目》说：这年王明曾给卢化蓬写信，谈"关于土改问题"。《传记与回忆》的《书后》还说，在后甘泉，王明除起草宪法，参加土改，还时常阅读黑格尔的哲学著作，用中文和俄文作笔记，并写有《象棋游戏漫谈——象棋辩证法要点试拟》。

本年底至明年 2 月 撰写《关于山西临县前甘泉村和后甘泉村土改工作的基本总结》。

《写作要目》说："报告及谈话整理成两村土改工作总结各一份"；"从这两份总结和给卢化蓬同志信，可以看出当时土改关于划分阶级、没收和分配土地及斗争方法——乱打、乱杀等错误情况，这些错误在各地区，都是大同小异的，是带有普遍性的"。

1948 年 44 岁

1 月 2 日 从陕北米脂返回后甘泉。路上走了四天后到达。①

孟庆树根据王明回忆谈话作的回忆录说，王明领导了后甘泉的土改复查工作。书中说：

王明同志亲自领导后甘泉土改复查工作组进行复查工作，为复查工作组拟定了复查工作计划为：

（一）改定阶级和阶层成份；

（二）召开年关团结大会；

（三）重新解决土地问题；

（四）解决口粮、种子、农具、肥料、劳力（包括人力、畜力及调剂互助）问题，以动员春耕生产，同时设法恢复商业；

（五）完成财务退还赔偿问题；

（六）改造组织与干部问题。

复查工作组很快地完成了工作计划，改正了错误，写了新的土改复查工作总结。

因此，农民热情地称王明同志为自己人。王明同志给他们上课，从猿人讲起直到苏联建设社会主义社会。因为王明同志讲得很通俗，听课

---

① 《谢觉哉日记》下册，第 1181 页。

人个个精神焕发，积极地准备春耕生产。①

2 月 7 日　与谢觉哉至三交会见陈毅，9 日（旧历除夕）返回，冒雪走 50 里，午后二时到达。②

2 月 10 日（春节）　于山西临县后甘泉作仿杜妮调《土改新年歌》。③

3 月 7 日　写信给任弼时说：“关于各解放区来人带有关法律材料来的问题，因不知发哪些地区及有些什么代表来，故不能起草电文，现只将法律委员会所需要之各项材料类别列出，请你费神代为拟一中央名义之电文发出为感。”信后附了中央法律委员会需要各解放区提供材料问题六条。

4 月 5 日　本来准备离开后甘泉，因病不能行。④

4 月 7 日　中共中央致电朱德、刘少奇，说：“微电息。吴老、王明等四十余同志可缓一时期东进，他们安全请贺龙同志负责。”⑤

4 月 12 日～5 月 3 日　随中央机关开始向河北转移，作七绝《别后甘泉》。诗曰：

> 甘泉水暖柳枝青，告别村农齐送行；
> 互泣分离舍不得，共期有幸再来临。⑥

《传记与回忆》说：“我们于 1948 年 4 月离开后甘泉时，该村男女老少都来给我们送行。几位年轻人自动地给王明同志抬担架，大家都难舍难分地流着眼泪。”

东移途中，4 月 12 日抵兴县蔡家崖，⑦ 20 日坐吉普车过神池⑧、广武、雁门关、代县，于 21 日至聂营，候晋察冀来接之汽车，28 日动身，5 月 3

---

① 《传记与回忆》。
② 《谢觉哉日记》下册，第 1182 页。
③ 《王明诗歌选集（1913～1974）》，第 210～211 页。
④ 《谢觉哉日记》下册，第 1192 页。
⑤ “西柏坡纪念馆网”（http://www.heb.chinanews.com.cn/xibaipo/29/2009/0622/437.shtml）2009 年 6 月 22 日。
⑥ 《王明诗歌选集（1913～1974）》，第 212 页。
⑦ 《谢觉哉日记》下册说：他与王明“往司令部，夜宿行署”，第 1194 页。
⑧ 《谢觉哉日记》下册说：他“距神池十五里地，遇王明坐吉普车来”，第 1195 页。

日抵阜平县城南庄。① 经过五台山时，于塔院寺作七律《过五台山》。诗曰：

> 驰驱环上日方东，青霭紫烟绕万峰。
> 银幕接天台顶雪，寒流动地夏初风。
> 朝辉虚踏冰源草，征梦频惊塔院钟。
> 难到名山何遽别？袍侪戎马正倥偬。②

5 月 到达河北建屏（今平山）县，病发，住朱豪村治疗休养，化名王仲石。③

《传记与回忆》说："由后甘泉出发，经过五台山等处到了河北省阜平县的李家口。在这里王明同志第一次发结石性胆囊炎，痛得厉害。又搬到朱豪④医院附近……"回忆录还说：到西柏坡不久，王明去看毛泽东，谈到后甘泉土改工作时，王明告诉毛泽东："我们收集了许多土改工作材料，还写了总结初稿。"但毛不理睬。他还让王明代他起草一封回信给贺龙，"实则毛泽东想借回信再次挑拨贺龙反对王明，他曾几次地挑拨过彭德怀、陈毅等反王明"。

6 月 16 日 去疗养。⑤

6 月 19 日 写信给周恩来说："承中央和您的关注，我已移来朱豪治疗休养，此地环境及水较好，饮食有增进，请勿为念。""法委会想买一批法律书籍（书单附上），请设法派人去北平购买如何？"

6 月 20 日 周恩来在王明 6 月 19 日信上批示，"请尚昆同志办"。

6 月 25 日 在中央医院治病时再次中毒。

王明在《中共半世纪》一书中说，这是毛泽东"又采取措施企图加速"他的"死亡"。书中说："一九四八年六月二十五日在朱濠⑥中央医院时，主治医生黄树则开了来苏代替药用石碱给我灌肠，而这种做法是能使人中毒致死的。"⑦

---

① 田为本 1987 年 10 月 30 日复郭德宏信。
② 《王明诗歌选集（1913~1974）》，第 213 页。
③ 丁晓平：《王明中毒事件调查》，第 327 页。
④ 即朱豪。
⑤ 《谢觉哉日记》下册说：他与王明"往司令部，夜宿行署"，第 1212 页。
⑥ 即朱豪。
⑦ 《中共半世纪》，第 38 页。

黄树则后来在接受采访时说，当时的问题是司药对药物不熟悉，把他开的药物石碱错拿成了石碳酸，他说：

> 我是一九四八年三、四月间和中央一起到的朱豪。王明那时已经在朱豪那了，但不是在医院里边，而是在医院附近的一个村子，由朱豪医院负责，我们去给他看病。当时发病的经过是这样，那时王明经常的便秘，有时吃泄药，有时灌肠，灌肠的药也是经常换。那次我给他开的是药物肥皂。药物肥皂是日本的，日本的名称叫药物石碱，瓶子上也是这样写的，所以我当时开的方子写的就是药物石碱。当时药品的排放位置也不合理，把药统放在药架上，而有些药，外国的或者属于哪类药应分别排放。司药看方子，仅看了一个"石"字，就把石碳酸拿出来配成了水发了出去。当时孟庆树是护理王明的，包括灌肠都是她亲自动手，当她正动手给王明灌肠，手刚伸到肛门里边，我正好去看望，我一进门，孟就说了一句"原来药物石碱就是石碳酸呀"。我赶紧说"不是！"所以就赶紧把药管拔了出来。我们赶紧拿食盐水洗。这件事王明很有意见。孟就写了一份报告，当时就把情况报告上去了。卫生部认为这是很不应该的，给司药一个处分。我做了检查，说明并检讨自己。如果当时把药物石碱写成药物肥皂，这件事可能就不会发生了，因为司药对药物石碱不太熟悉。周副主席也很重视，在孟的报告上做了批语，批语的大意是：将药取错，就像理发员给别人理发用刀子，不是理了头发，而是把别人的脸给弄了，因此必须严肃处理。当时朱豪医院院长叫周泽昭，现在是广西卫生厅的顾问。这件事就这么处理了，也把情况向王明解释清楚了，以后他照常在那里治病，我们几位大夫也还都给他看病。这件事是确实存在的。但联系到什么毛主席对他的陷害以及政治上的一些内容完全是胡说。[①]

但据《1948 年于朱豪时黄树则医生的记录》（6 月 25 日），给王明用的不是石碳酸，而是来苏，而且已经灌肠了，并说发现用错药的是傅连暲，而不是黄树则。这份记录说：

---

① 　该刊资料室：《关于王明治病和出国的材料》，《中央档案馆丛刊》1986 年第 3 期。

25/6　会诊检查后，予讨论前，大家同意先用药物石碱加水浣肠排便。取药用石碱时，药房（临时由黄敬同志发药）误取为 Lysol（来苏），依吩咐浓度浣肠后，病人随即觉全身不快，头部发晕，并觉异常转动，无力，不安。当时未即发觉为浣肠药物之误，以为病人两日来未进食，肠下端突然受浣肠作用，致起无力状态（病人曾下床排便，但无力排出）……

26/6　夜间患者整夜不安，仍觉头晕，并有转动感……

白天检查：病人精神委顿，不愿睁眼，心音频数（104～108），腹部仍膨胀，右□肋下及左右□骨窝均有疼痛，左侧并向左后腰部发散……

下午由傅部长发觉浣肠误浣为"来苏"。周泽明同志并带回当时所取药物，检视确为来苏。

27/6　较昨日好转。脉搏数及□□均恢复。腹部仍胀痛……

当时"工校第五科"7月7日发出的给司药黄敬处分的《通知》，也说用的是"来苏"，其内容是："朱豪医院女司药黄敬同志，在配药工作中，屡犯错误，尤其在最近给某一负责同志发药中，将'药用石碱'发成'来苏'致病加剧，更为严重。除由该院召集四次会议予以严格批评教育外，兹决定给以撤职处分，以严肃纪律。"

7月1日　到毛泽东住处，说自己"对于《关于若干历史问题的决议》还是想不通，有些意见我还要向中央陈述，要跟你谈谈……"后来两个人的谈话变成了争吵，争论《关于若干历史问题的决议》，不仅牵扯到共产国际，还牵扯到苏联和国内许多人、许多具体事，毛泽东用他那浓重的湖南口音大声吼道："到现在了你还想不通啊？现在快胜利了，你还没有一个反省？"王明板着一副很不高兴的面孔离开。①

7月8日　谢觉哉往朱豪看王明。②

8月3日　《谢觉哉日记》记载："晨自西柏坡同陈、董行，过朱豪、王明、连暲处。"③

① 邸延生：《历史的真言：李银桥在毛泽东身边工作纪实》，第 234～235 页。
② 《谢觉哉日记》下册，第 1222 页。原文把朱豪写成"诸侯"。
③ 《谢觉哉日记》，第 1237 页。

9月26日　谢觉哉接王明信。①

10月上旬　中共中央书记处决定成立宪草纲领起草委员会，并在两周内草拟一个临时宪法草稿。中央法律研究委员会根据这一指示，将后甘泉后期宪草初稿改写为中华人民共和国临时宪法草稿，供宪草纲领起草委员会及中央书记处讨论参考之用。②

10月26日　致谢觉哉信说："华北政府组织大纲上没有劳动局，而政府组织下有；大纲上高级人民法院，而分工中称华北人民法院，在法言法似一致为好。"谢觉哉第二天即复信给王明。③

10月　起草《给中共中央关于宪法草案起草工作总结报告》。④

10月~11月　撰写"二中全会前同毛泽东五次谈话的记录"。⑤

11月12日晚　于西柏坡写《今古奇闻（评毛泽东"人民血染伟大"论）》，内容是：

> 谁是人中最伟人？全心全力为人民。
> 染成"伟大"人民血，党性人心两不存！⑥

诗下注说："毛泽东这天和我谈话说：'什么人的伟大都是血染成的。人民血流的越多，就染的越伟大。列宁的伟大是800万俄国人的血染成的。就是俄国在第一次世界大战中死了400万人，在十月革命和革命战争中又死了400万人，就是这800万俄国人的血染成的。斯大林的伟大，是700万俄国人的血染成的。就是在第二次世界大战中死的700万俄国人的血染成的。我呢，是两千万中国人的血染成的。就是中国在此前10年国共内战，双方死了共100万人；日本占领中国8年，杀死1500万中国人，这次国共内战，双方各有400万军队，打算双方各死一半，就死400万人——就是这两千万中国人的血染成的！从这看我和列宁、斯大林哪个伟大呢？'"王明说："你这个人民血染伟大论，可叫作今古奇闻！"

---

① 《谢觉哉日记》下册，第1256页。
② 《中央法委会关于起草宪法草案工作底报告》，1948年12月。
③ 《谢觉哉日记》下册，第1267页。
④ 《传记与回忆》附录Ⅳ《王明写作要目》。
⑤ 《传记与回忆》附录Ⅳ《王明写作要目》。
⑥ 《王明诗歌选集（1913~1974）》，第214页。

毛泽东说："这有什么奇闻？这是事实，这是常识！"王明评论说："他的这个怪论，在那时和事后，也是随时向人宣传，意在证明他的'伟大'。事实证明，毛泽东的确是一个杀人魔王，现在他已经下令杀死几千万中国人，还要继续杀更多的中国人。所以他就越来越无耻地妄称自己'最伟大'！"

11 月 22 日晚　于西柏坡写《"到北京做皇帝"（毛泽东自己宣传的）》，诗是这样的：

> 皇帝从来是独夫，人民头上坐称孤。
> 北京一到做皇帝，蜕化满腔党性无。①

诗下注说："毛泽东这天和我谈话又说：'年青时候看小说，常想做皇帝是多么了不起的事呀！可是不晓得怎么才能做皇帝。现在懂得了。我们不久就要进北京了，一到北京，我不就要做皇帝了吗？'""他说：'既然是国家的最高统治者，本质上不就是皇帝吗？'"王明说："那时他对许多中央委员都宣传他是皇帝。到北京后，刘少奇同志时常奉命代他宣传：'毛主席是新条件下的皇帝！'此外毛泽东并下令在军队中正式做报告，宣传'毛主席是皇帝'这个思想。意在使人们承认他是唯我独尊的'天子'。现在事实证明：毛泽东的确是一个中外古今空前未有的最大的专制暴君！"

11 月 24 日　《谢觉哉日记》记载："前接王明信，约去讨论法委报告，复信拟于 12 月 2 日去。"②

11 月～1949 年 3 月　作《西柏坡大事记（有关河北平山西柏坡中共七届二中全会事件实录）》七绝四首，攻击毛泽东。③

12 月 12 日　中共中央书记处决定将中央法律研究委员会改组为中央法律委员会，为协助中央研究与处理全国有关立法与司法问题之工作机关，并作出关于中央法律委员会任务与组织的决定，决定委员会由九人组成，王明为中央法律委员会主任，谢觉哉为副主任。④

---

① 《王明诗歌选集（1913～1974）》，第 216 页。
② 《谢觉哉日记》，第 1269 页。
③ 《王明诗歌选集（1913～1974）》，第 218～219 页。
④ 《传记与回忆》。

《谢觉哉日记》12月14日记载："法委改组，王明为主任，委员谢、李、张、郭、何、陈、杨、孟。"①

12月18日 王明在《中共半世纪》一书中说：毛泽东在西柏坡住所与他谈话，并说这是"从当年十月份起的第五次谈话"，找他"谈谈整风运动中一些重要问题，例如列宁主义问题，内战时期和抗战时期的路线问题等等"。并说从谈话中"可以看到，毛泽东是一个极端个人主义野心家和极端狭隘民族主义者；他不能把党和国际共产主义运动的利益放在高于一切的地位，而总是把他个人利益放在高于一切的地位。所以他从来不能真正承认和改正自己的错误。相反，他总是加深和扩大自己的错误。结果错上加错，越错越大，越错越多，越错越远，一直错到完全不可救药的地步，最后走上共产主义叛徒和帝国主义仆从的道路"。②

《传记与回忆》说：1948年冬，在七届二中全会前，毛泽东和王明曾进行过五次谈话，主要内容是：第一次，交换谈话的原则；第二次，关于形势的估计；第三次，毛泽东叙述他关于中国新民主主义阶段还须延长几十年和中国不能实行社会主义革命的论点；第四次，王明解释他在1934年写的《中国苏维埃是工农民主专政的特殊形式》那篇报告中，关于中国资产阶级民主革命在全国有决定意义地区胜利后，必然即将转变为无产阶级社会主义革命的论点，并说明现在在国际国内条件比起30年代更加无比地有利于这种转变的看法。第五次，毛泽东说《关于若干历史问题的决议》可以修改，请王明提出对所谓"左"倾和右倾路线、毛王两人关系问题意见。

12月25日上午 中共中央法律委员会召开会议，参加的有王明、孟庆树等5人。会议通过了关于法委会总结报告文件问题的决议，关于训练司法干部的准备工作的决议，决定按照刘少奇指示，把原拟之中央训练司法干部问题的决议草案改写为中央给华北局的建议（由王明负责），立即进行训练司法干部之教材准备工作，并拟准备五种教材，其中可编写一个马列主义的社会观、国家观与法律观的教学提纲供参考之用（由王明负责）。

12月26日 给刘少奇写信说："关于训练干部及准备教材问题您所给

---

① 《谢觉哉日记》，第1271页。
② 《中共半世纪》，第59、65页。

王明年谱

的指示，已在法委会传达，并对准备教材问题做出了决议。现将会议记录送上，请抽时间看看，并给予指示"。

1949 年　45 岁

1 月 2 日　谢觉哉致王明信。①

1 月 15 日　代中共中央起草关于对国民党司法人员之处理的指示，主要内容是："（甲）国民党的推事监察官书记官，原则上不能留用，其中进步分子愿为我司法机关工作者，必须进行思想改造和作风改造，并在初期不能给以独立负责的工作。（乙）只要政府机关有人免费为人民书写诉讼文件，即为公设代书人制，无必要时，不必专设代书人。（丙）在解放大城市后诉讼亦应全部免费。"

1 月 24 日　谢觉哉接王明信，说准备到他那里，谢即复。②

1 月 31 日　与李木庵、何思敬、杨绍萱到谢觉哉处开会，2 月 6 日返回。③

1 月底 2 月初　斯大林派来的代表米高扬来到西柏坡。毛泽东在同米高扬的会谈中，谈到王明的错误及其对中国革命造成的危害。据米高扬1960 年 9 月 22 日提交苏共中央主席团的书面报告说，毛泽东谈到了以下内容：

> 前两天，毛泽东讲述了中国革命的历史和中共党内发生的派别斗争。在后来的会面中，他还回到中共历史中的这些问题上。他讲了很多。讲他同"左"、右倾作斗争如何之艰难。讲由于得到共产国际支持的王明的活动，党如何遭破坏，军队如何被歼灭，然后如何得以纠正错误。讲宗派分子如何消灭中共的干部。他本人好不容易才活下来，他们把他抓起来，开除出党，想干掉他。王明和李立三的问题被揭露后，按他自己的话说，他同同志们工作的很好，他制止了消灭党的干部的做法。他过去和现在都主张党内应表现出耐心。他认为，不需要因发生意

① 《谢觉哉日记》下册，第 1278 页。
② 《谢觉哉日记》下册，第 1281 页。
③ 《谢觉哉日记》下册，第 1282 页。

见分歧而把人开除出中央，不需要进行迫害。

毛泽东说，这个王明起了很坏的作用，但我们把他留在中央内，在中央的掌握之中，虽然实际上他不主持任何工作。毛泽东很详细地讲了王明的错误。看来，他想检验我们如何对待王明，我们是否想依靠王明或听取他的意见。我知道毛泽东与王明之间有分歧，我没有支持关于王明的谈话。在莫斯科时就已商定，我不见王明。在毛泽东那里的会谈，他一次也未参加，也未想见我。①

2月12日 写信给周恩来说："送上法委会工作总结两份，一为一般工作总结（至去年十二月中），一为宪法工作总结。（同时分送了主席和少奇同志）请您抽时阅看，并给予批评指示。"

2月22日 代中共中央起草关于废除国民党六法全书确定解放区司法原则教育与改造司法人员问题给各中央局、分局前委并转政府党组的指示，刘少奇、毛泽东、周恩来审阅并作了修改。主要内容是：1. 对六法全书的认识，在我们好些司法干部中是错误的，或是模糊的。2. 国民党的全部法律只能是保护地主与买办官僚资产阶级反动统治的工具，是镇压与束缚广大人民群众的武器。因此，六法全书决不能是蒋管区与解放区均能适用的法律。3. 不能因国民党六法全书有某些似是而非的所谓保护全体人民利益的条款，便把它看作只是一部分而不是基本上不合乎广大人民利益的法律。4. 我们在抗日时期在各根据地曾经个别地利用过国民党法律中有利于人民的条件来保护或实现人民的利益，在反动统治下我们也常常利用反动法律中个别有利于人民群众的条件来保护与争取群众的利益，并向群众揭露反动法律的本质上的反动性。但不能把这种一时的策略上的行动，解释为我们基本上承认国民党的反动法律。5. 在人民的新的法律还没有系统地发布以前，应该以共产党的政策以及人民政府与人民解放军所已发布的各种纲领、法律、命令、条例、决议作依据。

《传记与回忆》说，这个文件曾得到刘少奇的称赞。但有的文章说："王明起草的这个文件中，把中国共产党夺取政权之初由于政治需要对'六法全书'的批判和否定，用比较情绪化的言辞，发挥得更加左倾和

---

① 〔俄〕A. 列多夫斯基：《米高扬的赴华秘密使命（1949年1～2月）》，原载〔俄〕《远东问题》1995年第2期，中译文见《国外中共党史研究动态》1995年第5期。

偏激。"①

2月27日 谢觉哉托董必武带信给王明。②

3月5～13日 参加中国共产党中央委员会在河北省建屏县（今平山县）西柏坡举行七届二中全会。

3月7日 在中共七届二中全会会上发言，其主要内容是：

1. "完全同意毛的报告，这是中国革命在新的关头的新任务，首先他对目前的形势估计很对，说已消灭了敌人主力，中国革命很快就要在全国胜利，这胜利有国际意义，这话虽短，意义很大，内容丰富……毛主席以马列主义的方法提出问题，在胜利时应当向前看，不要停留在已得的胜利上……中国革命是曲折的，当中被帝国主义、封建势力所压倒，党内机会主义的领导所误，但此后毛泽东的思想出现了，这思想就是马列主义在殖民地半殖民地的具体运用和发展……毛说的乡村包围城市，并提出旧的民主革命或新的民主革命，虽然工农专政式的民主革命在列宁斯大林的著作中原则上提出了，而且斯大林说了中国的民主革命是带着反封建反帝性质的革命，但在真正的完整的体系化的文献上，只是毛才完成了的。这是毛以马列主义的学说根据东方具体的条件而造成了新的马列主义的学说，现在不但东方民族，连日本也在内，还有其他的民族，也都在研究新民主主义论。现在我们有了革命的性质、动力，乡村包围城市等办法，甚至斯大林在1926年说过中国革命的特点是革命的武力反对反革命的武力，但如何把这变为系统的理论，在此以前是不可能的，只有毛主席才做到的……为什么我们走的路最多，搞的时间最长，而得到了今天的胜利，这是因为毛将中国的特点和马列主义结合起来了，而且在军事上说，他将马列主义的和中国历史上的先进的军事科学的先进部分总合起来，总结起来，写成了马列主义的文献。就是现在的越南、印尼未尝不是学习毛的战略战术，但是要达到这个，如果没有坚决的、恒心的、与群众联系的这样的人，像毛主席，是做不出这样的成果来的。"

2. "六大曾经说的一省或数省胜利，也还是以广州和汉口的例子作基础的；那时总以为要有城市才行，只有红军退出中央苏区时，才知道掌握中

---

① 周大伟：《1945～1950：新中国建国前后担任过"立法大臣"的王明》（二），"北大法律信息网"（http://www.chinalawinfo.com/）。

② 《谢觉哉日记》下册，第1284页。

心城市很困难，但思想上仍模糊，只有毛提出以乡村包围城市的理论，这才明白了，但如果没有毛的指导思想，就不会有今天的胜利。"

3. "但毛也指出：以乡村包围城市的阶段已过去了，现在已到了新的阶段。现在要劳动人民建设新国家，就是说，要以城市领导乡村……今后应以经济建设为主。过去为了支援长期战争，没有经济建设不可能，这样就有了经验，而现在毛主席更明确的定出了具体步骤，这就保证了我们在建设中一定要胜利……新民主主义就是直接走向社会主义的，在此期间，要教育群众，要进行斗争，就是要解决谁战胜谁的问题。"

4. "前途是光明的，道路是曲折的，我们的情况比当时的苏联要好……所以，我们可以大踏步的前进。"

5. "总之，毛的学说，不仅是政治的、军事的，而且是经济学说的科学，现在不仅一般的人说愿跟毛走，连国民党的人，来进行谈判的人也表示愿跟毛走，因毛领导的正确。"

6. "可以介绍 1933 年的划分阶级的办法，那里指出对地主、富农，确定剥削的百分数，这很对，并且这在法国在俄国也不会发生，因为中国的中小地主富农的标准不以这样办法，就不能弄清楚，其次，关于查田运动一书，也是值得注意研究的。"

7. "毛指示了我们写各种法律大纲，而以批评过去旧的错的，但不一定一下子完全搞一套新的，因为这不可能，这样［就］解决了问题。"

8. "毛的指导思想，指出虽然中国的小资产阶级大，但它是走向没落的，而无产阶级虽小，10%，但它有前途，他很正确地运用了哲学的原则，他有丰富的历史知识、科学知识，并且与群众有密切的联系，所以他才成为中国的真正的布尔什维克，我们应当向他学习。"

但王明在《中共半世纪》一书中说："在一九四九年三月召开的中共七届二中全会上，我在发言中把毛泽东的'新民主主义论'同列宁主义和共产国际关于中国革命基本问题的主要观点作了对比，证明毛泽东对中国革命的性质、阶段、动力、领导权和前途这些问题的观点，都与列宁主义和共产国际的观点不同。实际上这就揭露了'毛泽东思想'不是马克思列宁主义的思想，因而也就否定了'毛泽东思想'是'中国共产党的唯一指导思想'的说法。我在发言里特别说明了中国资产阶级民主革命转变到社会主义革命的两个主要条件（无产阶级领导和苏联帮助）；证明毛泽东所说中国资产阶级民主革命不能转变到社会主义革命的'四点理由'（'帝国主义存在，土地革命尚未完成，资本主义不发达，民族资产阶级还参加革命'）完全不能成立。"①

《传记与回忆》说："在王明同志走上讲台之前，当毛泽东宣布王明同志发言时，会场上的探照灯和照像机都收了，表示给王明以难看和精神上的打击，但是全场，连毛泽东自己在内，都静静地听着。王明同志的发言实际上是等于公开对毛泽东报告中的原则错误作了严厉的批判。"这天下午毛泽东"看见王明时，很生气地说：'你必须作第二次发言，因为你这次发言里有毒素，既不承认毛泽东思想，又不作自我反省！'同时，他又作了适当的安排"。"据说，毛泽东叫陈伯达等出来发言大骂王明，展开了反王明的斗争。但可惜王明同志因疟疾病犯，发高烧，一连三天未能出席全会，所以不知道陈伯达等人说了些什么。"

杨尚昆在当天日记中写道："王明发言，空泛已极，从三皇五帝说到如今，说到新民主主义，说到毛泽东思想。'口若悬河，离题万里'。而对于自己过去的错误，则轻轻放过。默察会场情绪，大家对此实均不满！此人'进步'可知！"②

中央档案馆党史资料研究室在《延安整风中的王明——兼驳王明的〈中共五十年〉》中说，王明的这次发言是在3月8日，其主要内容是：一、表示"完全同意毛主席的报告"。二、讲中国革命胜利的历史意义。三、讲"胜利的获得是由于毛泽东思想的领导"。"毛泽东思想是马列主义与中国革命的具体实践相结合，是马列主义在殖民地半殖民地国家之具体运用和发展。"四、从武装斗争、乡村包围城市、新民主主义论等方面介绍毛泽东思想，说"如果没有毛主席之理论思想体系，则是否有今天的胜利是很可怀疑的。我们过去不懂得毛泽东的思想，对中国革命是很危险的"。五、"毛主席的领导定能建设成功新民主主义的社会，而和平过渡到社会主义社会"。六、"跟毛主席走已成为全国人民的口号，这是历史证明了的"。七、"从自己参加土改、搞宪法、法律的工作中，亲身体验到，不管大小问题，有了毛主席的指示都能解决，不照毛主席的指示做，一定失败"。八、"毛主席的头脑好象百宝箱"，"所以他成为中国共产党布尔什维克化的代表。我们的任务是好好向毛主席学习，才能更好的为人民服务。学习中国化的马

---

① 《中共半世纪》，第118～119页。
② 《杨尚昆日记》上册，第48页。

列主义，才能纠正我们过去所犯的错误"。①

3月9日　康生在中共七届二中全会上的发言中批评王明，对王明的发言提出三点：1. 没有从自我批评出发，检讨自己所犯的严重路线错误。2. 对毛主席思想的宣传，是教条主义的；不是从理论与实践出发。3. 似乎自己是正确的，一贯是毛泽东思想，而犯了的错误是由六大决议和共产国际来的。因此，其发言完全不能令人满意，也证明本人无进步。②

3月11日　杨尚昆在日记中记载："大家对王明发言有意见。""伯达说：王明同志的发言，其精神是以天才和领袖的姿态出现的，而不是小学生的态度。即是个人主义的。用了许多农民战争的例子来类比毛泽东思想，而缺乏无产阶级领导的观点，是问题的中心。"③

3月12日　在中共七届二中全会上作第二次发言，说"同志们对我的批评有三点：1. 对毛主席思想作教条主义的了解；2. 自我批评不够；3. 落后。这些批评是正确的"。随后他对这三个问题作了说明，不得不作了一点自我批评，说"我的错误：若干历史问题决议的分析很对"，"我全部同意，拥护若干历史的决议，并承认自己的错"，"我过去曾不知道我有右倾投降主义"，"我过去有严重的无组织无政府主义的现象，特别在武〔汉〕时期，发表文章、声明等，那是严重的闹独立性，由于我的错误，使红军、人民、党受了很大损失，当然痛心"。关于犯错误的原因，他说了三条：1. 心中无数，对经济问题向无研究。发号施令，是靠教条、教条主义，其思想即主观主义也。2. 知识缺乏，党的锻炼很差，工作经验也差，不懂中国历史。3. 小资产阶级的自高自大，既骄又躁，盛气凌人。过去以为自己有功，目空一切。并说自己"多年心中有牢骚、不满"，"有包袱"，"怕责任"，"怕引起误会说我搞宗派"，怕"承认了，人家更不理我了"。

但是，他又对一些同志的批评进行了反驳，如有的同志说他有领袖欲，想当总书记，反对毛泽东及《新民主主义论》时，他说"我在莫时确未反过毛"，"我曾〈从〉未反对过新民主主义论"，他只提了斯大林对中国革命提出了三个阶段，毛提出了两个阶段，当时他要求毛作过关于新民主主义论修改的声明，"是为的与国民党搞好些，以便更好的抗日"，"我心里也没有

---

① 《党史通讯》1984年第7期。
② 《杨尚昆日记》上册，第49页。
③ 《杨尚昆日记》上册，第51页。

想过当总书记，季米特洛夫提出不许我当总书记"，"我的确想当大王，逻辑上得出的就是必然反毛，但心里并不那样想"。

与会同志插话对他进行了批评。在大家的批评帮助下，他表示愿好好改正，重新学习，重新工作，"我愿意做个驴子，慢慢走，跟毛走，看将来能赶得上吗？"①

《传记与回忆》说："当王明同志又去出席会议时，毛泽东叫刘少奇、周恩来、任弼时在发言中批评王明（同时为了表示一下他们自己的态度）。后来，当王明同志第二次发言刚开始，就有康生、陈伯达等起来发问题叫骂，加以捣乱，但是王明同志一一给与驳斥。"

杨尚昆在日记中记载："王明作第二次发言，没有彻底了解自己的错误，简直胡闹，致激起全会对之不满，纷纷质问，而自己总企图抵赖。康生说他的发言是吹、拍、骗。大家都指出其品质问题，要求他坦白，明确地表明自己的态度。而王的态度，是与全场对立的，且因继续挑拨，而对个别同志的质问，则采取讥笑的态度。总观此人是毫无进步，野心未死，还有待机反攻之企图。"② 他在回忆中还说："会议本来准备在 12 日结束，但因为王明第二次发言中，对同志们的批评反唇相讥，并且挑拨离间，态度非常对立，很多同志纷纷起来质问，会议延长到晚上 9 时仍难收场，只好延长一天。"③

3 月 13 日 任弼时在中共七届二中全会上批评王明。

杨尚昆回忆说："在 13 日的会议上，任弼时同志出来讲话。他说：党对王明的方针是等待，欢迎他进步，而他自己却伺机反攻。不诚恳，个人主义，玩两面手段。昨日发言最后有进步，承认有个人主义。希望他继续进步，抛弃个人主义，党仍是欢迎的。"④

同日 毛泽东在《在中共七届二中全会上的总结》中，专门讲了如何帮助王明改正错误的问题，他说：

> 如何帮助王明同志改正错误？许多同志都讲了，王明同志的发言很不好。他昨天后半段的发言，比较有些进步。问题是他现在失掉了主动

---

① 中央档案馆党史资料研究室《延安整风中的王明——兼驳王明的〈中共五十年〉》一文说王明的这次发言是 3 月 10 日，见《党史通讯》1984 年第 7 期。
② 《杨尚昆日记》上册，第 51～52 页。
③ 《杨尚昆回忆录》，第 283 页。
④ 《杨尚昆回忆录》，第 283 页。

性，是被动的，其原因在于他没有自我批评，不愿意承认错误及其错误的基本点。他的"主动性"还停留在四中全会及十二月会议上，而那些是错误的，已经受到了批判，那是一条完整的错误路线，"左"的右的都有。在中国产生这样一条错误路线，恐怕是不可避免的，这是社会现象在党内的反映。

至于王明是否有个人野心，这一点他是不承认的，我认为也没有十分必要一定要他承认。但他承认了个人主义，这就是说不以人民利益为第一，而以个人利益为第一了。其实，个人而成了主义，这也就很可观了。个人野心，他觉得不好承认，实际上内战时期及抗战时期两次错误路线的总司令是他，虽然他并没有总书记、总司令的称号，名称只是什么委员等等，但那是没有关系的。实质是他企图按照他的面貌来改造党，这在内战时期表现为小资产阶级的形态，在抗战时期表现为资产阶级的形态。这种现象，在世界上别的国家也发生过。这不是个人问题，而是社会上一部分人有这种思想，王明是他们在党内的代表人物。内战时期的错误路线，讲完全一点是王明、博古路线，简单一点称王明路线也可以。抗战时期的错误路线，总司令就是王明，是他单人独枪担当的。立三路线的总司令是李立三，而不是向忠发，虽然向忠发是总书记。实际情况就是如此。

王明路线在内战时期是"左"，在抗战时期是右，但它的阵容起了一些变化。王稼祥、洛甫在遵义会议就已觉悟了，六中全会后博古等也觉悟了，经过整风和路线学习，这些同志更觉悟了，而王明仍未觉悟。七大时，王明写过声明书，但两个月后他说那是被迫写的，想不承认。直到这次发言，他还未觉悟。他昨天发言的后半段说了些老实话，我们欢迎他这一点进步，看他以后怎样做。

党内曾经有些人想按照他们的口味来改造党，但没有达到目的；可是，要是他们达到了目的，那就坏了。这个问题的性质是社会上的阶级斗争在党内的反映。整风运动提高了同志们的嗅觉，缩小了教条主义的市场。有人说，这是阴谋，是要取而代之。其实，这不是阴谋，而是阳谋，也是要取而代之。王明对党内"左"、"中"、"右"一齐打，打了"左"派（反立三路线）打"中"派（反周恩来、瞿秋白的"调和路线"），打了"中"派打"右"派，把老人打得差不多了。许多人讲篡党、篡军、篡政，是确有其事的，是从四中全会开始的，不是从五中全会开始的，一直到王明在共产国际，到他从苏联回国，到六中全会。六中全会，一滴酒精使微生物缩小了。两个钦差大臣，一个是王明，一九三七年十一月回来传达了所谓"国际路线"；一个是王稼祥，一九三八年夏天回来也传达了国际路线，但他传达的和王明的"国际路线"不同。王稼祥带回来国际文件，成了一滴酒精，滴下去，微生物缩小了。经过整风，微生物更大为缩小了，破除了迷信。但是王明的头脑里，仍有微生物，还没有消毒。

我同意要王明写个东西。博古、洛甫等过去都写过的。写出来的东西也不是定案，以后还有完全的自由，完全推翻或部分修改都可以，不是像过去那样强迫签字，定成铁案。是否要限制一点时间？我看要，像过去那样没有时间限制，恐怕不妥当。我看可限定一个月的时间，但这要王明自己说说意见。（王明说：一个月可以。）这中间搬往北平的时间不算进去。以后还是采取"惩前毖后，治病救人"的方针，凡属在党内犯了错误的，都要给他分配工作。不仅要欢迎他积极找我们谈，我们也要找他谈，向他做工作。我们党内有许多同志懂得要向傅作义做工作，要向民主人士做工作，但只要一个人一挂上共产党员的招牌，就不向他做工作了，这是不好的。对于有错误的同志，我们还是要做工作。①

在这个总结中，毛泽东还批评了王明的一个提法，他说："马克思主义的普遍真理与中国革命的具体实践的统一，应该这样提法，这样提法较好。而不应该像王明同志的提法，说毛泽东思想'是马列主义在殖民地半殖民地的具体运用和发展'，这种提法不妥当。因为照王明的提法，则有点划分'市场'的味道。世界上殖民地半殖民地的范围很宽，一划分开，就似乎是说，斯大林只管那些工业发展的地方，而殖民地半殖民地就归我们管，那岂不就把马克思主义的'市场'分割了吗？而且，我们说殖民地半殖民地归我们，可是有那么一个国家，提出不买你的货，而要直接到莫斯科去买货，这又怎么办呢？另外，如果是真理，那它就有点普遍性，就不能不超过一定的范围。比如，拿日本来说，按照王明的提法，它现在算归我们，将来美帝国主义撤走以后，它又该归斯大林管了，这岂不是笑话？"②

---

① 《毛泽东文集》第 5 卷，第 263 ~ 265 页。
② 《毛泽东文集》第 3 卷，第 259 页。

毛泽东在这个总结中还说：关于中国由新民主主义革命转变到社会主义革命的问题，他说，"毕其功于一役"，我是在流血的革命这一点上说的，就是说，流血的革命只有这一次，将来由新民主主义革命转变到社会主义革命那一次不用流血了，而可能和平解决。但这只是可能，将来是否不流血，还要看我们工作的努力。如果国家（主要的就是人民解放军）和我们党腐化下去，无产阶级不能掌握住这个国家政权，那还是有问题的。至于说，"政治上、经济上都毕其功于一役"，那是不能这样说的，王明同志这样说，那就错了。①

会议结束时，根据毛泽东的提议，决定要王明写一个检讨错误的声明书。

但王明在《中共半世纪》一书中对此加以否认，说并没作这个决定，只是毛泽东在《二中全会的闭幕词提纲》第六点中提出"如何帮助王明同志改正错误"。书中说："对一九四八年十二月我同他的谈话，对我在中共七届二中全会上的发言，毛泽东当然满腔愤怒。因而他在二中全会的结论里，指责我始终反对'毛泽东思想'，说我的发言里'含有毒素'。而在发给全党内讨论的所谓他'在二中全会上的结论的要点'中，专门写上一点：'如何帮助王明同志改正错误。'借此又在全党发动一次反王明的运动。"②

3 月 16 日　据王明《中共半世纪》一书说，毛泽东曾到他家里找他谈话。

书中说："一九四九年三月十六日下午五时，毛泽东来我处（当时我们都住在河北省平山县西柏坡这个村子里），把所谓博古、洛甫和杨尚昆同志的'反省书'交给我，要求我也写这种所谓'三骂反省书'，就是'骂自己，骂他们（博、洛、杨等），骂俄国人的反省书'。毛泽东得意洋洋地叙述了他用什么方法强迫博古等人写'反省书'后，喊道：'如果你不写，我也用对待博古的办法对待你！'我当时不仅严词拒绝他这种无理和非法的要求，斥责他的这些行为都是违法犯罪的行动，而且严正警告他说：'如果你敢于把你的手染上王明的血，你自己将永远成为反革命分子，成为共产主义叛徒。'我向他声明说：'我不仅不写，而且不看这样的东西。'叫他拿回去。""毛泽东面红耳赤地说：'写不写由你决定，这三份东西留给你看吧。'我遵守

---

① 《毛泽东年谱（1893～1949）》下卷，第 524～525 页。
② 《中共半世纪》，第 119 页。

自己的声明，从未看过。孟庆树同志大概看了一下说：'这三份所谓博古、洛甫和杨尚昆同志的'反省书'的主要内容，无疑都是毛泽东伪造的。"①

《写作要目》说：王明在七届二中全会闭幕时，王明撰写了"毛王关于二中全会上八个问题的谈话记录"。主要内容是："毛指责王：1）不应说得太系统；2）不应引证马列主义著作和共产国际决议；3）不应说明毛泽东思想与马列主义的异同点；4）不应说自己对革命转变问题的意见；5）不应说出王曾为了反对《新民主主义论》给毛写信事；6）不应说出毛王对季米特洛夫来电有争论；7）不应说功劳应归马列主义、党和人民，而不归于个人；8）所谓拉拢林彪等。王明同志当时即一一予以反驳。"

同日 作七绝《宁死不屈党人节（坚拒毛泽东要求写"三骂声明"）》，内容是：

"三骂声明"绝不写，任他逮捕与枪决；
文公取义照丹心，我愿舍生为马列。②

3月23～25日 从河北建屏（今平山）动身抵北平，住香山慈幼院附近。③

春 作七律《岳飞之死》。④

4月10日 《谢觉哉日记》记载："王明及法委同志来谈：一搞新法学研究会，二办法律学校，三出法律刊物。限期写出计划。"⑤

4月 作七律《我军解放南京》，并于同年作七律《我军占领南京》。⑥

5月23日 写信给周恩来，说有几个问题请帮助解决：（一）您提议沈衡老、张之〈志〉让、沙千里、王之相加入法委会作委员，因须经中央书记处通过一下才好，请便中在书记处会上提出解决（冀贡泉、周新民是否可作委员或参加法委会议，亦请考虑示复）。（二）法委会和新法学研究会须有办公地点，有人提议将议会街法政大学旧址拨归我们，请代向华北局交

---

① 《中共半世纪》，第120页。
② 《王明诗歌选集（1913～1974）》，第220页。
③ 田为本1987年10月30日复郭德宏信。
④ 《王明诗歌选集（1913～1974）》，第221页。
⑤ 《谢觉哉日记》，第1286～1287页。
⑥ 《王明诗歌选集（1913～1974）》，第222、223页。

涉一下如何？（三）沈老、张志让提议设法请苏州的陆鸿仪，上海的潘震亚、张定夫、史良、闵刚侯、俞仲骆等进步法学界人士来平，以便谈清新法学观点后，或者南下做法律工作，或者留平工作。能否办到，请便中示复。

5 月 27 日　《谢觉哉日记》记载："王明病，代为主持法委开会，讨论新法学会章程。"①

5 月　家庭迁往北平东皇城根骑河楼孟公府 2 号，从此再未搬动。②

同月　对南下解放军工作团作报告。③

6 月 1 日　致信谢觉哉、陈瑾昆两老并李木庵、何思敬、郭任之、杨绍萱，说送上致刘少奇、周恩来同志、林董二老信稿一件，请审阅并提示修改意见。信后附了 6 月 2 日关于新法学会问题致少奇等同志信。谢觉哉看后在信上批示："法学会的领导核心，要王明同志参加才好"，郭任之署名同意。

6 月 2 日　致信刘少奇、周恩来及林伯渠、董必武二老，说送上新法学研究会暂行简章草案，请即提出指示，以便遵示修改后，提交发起人大会讨论通过，作为向成立大会介绍通过的法案。发起人大会拟于下星期内召开，因各方面催促甚急，发起人名单亦一并送上（内有王明），请加以审阅指示。另外，信中还请示了几个问题。

《传记与回忆》说："到北京后，刘少奇同志说：'法律委员会要办两件事：一是组织新法学研究会，二是办政法学院。'王明同志办好后，交沈钧儒、谢觉哉、史良、徐平等同志负责。"

6 月 3 日　致信周恩来，说沈衡老④来问我，准备成立的司法委员会与中央法律委员会的关系如何？司法委员会除司法工作外，是否也管立法工作等？我因不知这些问题，不能答复，请您便中复示，以便他再谈起时，我可以将您的指示报告他。

6 月 4 日　与谢觉哉联名致信刘少奇、周恩来，说将罗迈同志送来与李达先生谈话中涉及法委工作方面之记录转上一阅。实际上李达先生所提两个问题，乃我们许多司法同志，党外与法律有关民主人士的一致意见，实为当前立法工作中之急切问题。这两类问题是：一、关于立法方面问题——在正

---

① 《谢觉哉日记》，第 1290 页。
② 曹仲彬、戴茂林：《王明传》，第 368 页。
③ 顾寿椿：《为了全中国的解放——回忆北平铁道管理学院师生参加南下解放军工作团》，李士群主编《永恒的信念：写给志愿献身中华民族伟大复兴的交大人》，第 67 页。
④ 即沈钧儒。

式宣布废除国民党六法全书以后，人民民主政权急需进行新法律的必要建设工作。而立法方面首要迫切之问题，则为起草七种法律大纲，即：（1）人民法院组织法暂行大纲；（2）民法大纲；（3）刑法大纲；（4）民事诉讼简易程序；（5）刑事诉讼简易程序；（6）监狱；（7）检查制度暂行条例。二、关于训练司法干部问题——我们计划以政法大学与新法学研究会为基础，进行司法人员的训练工作。信后，有王明写的附注，汇报了本日上午法委会与司法部召集法律问题座谈会的情况，并说因所涉问题范围甚广，决定于下星期四晚上六点半再继续座谈。

6 月 中国新政治学研究会筹备委员会成立，沈钧儒任主席，王明任副主席兼筹委会主任。

同月 新法学研究会筹委会成立，沈钧儒为筹委会主席，陈绍禹为副主席。①

7 月 1 日 毛泽东发表《论人民民主专政》。王明于这年写七绝《论人民民主专政（评毛泽东用人民民主专政代替无产阶级专政）》。②

7 月 14～17 日 中华全国社会科学工作者代表会议筹备会在北平召开，王明被选为出席全国政治协商会议的代表。

《谢觉哉日记》7 月 17 日记载："社代发起人大会毕。推举出席政协代表十五人，法学方面为陈绍禹、谢觉哉、张志让。"③

7 月 28 日 谢觉哉等到孟公府 2 号王明住处开新法学研究会筹备会常务委员会。④

7 月 作五绝《悼季米特洛夫同志》：

> 国际风云变，舵师胆识佳。
>
> 四思风雨夕，闻耗泪如麻。⑤

8 月 22 日 与谢觉哉联名致信陈毅、潘汉年，说北平政法大学及新法

---

① 中国法学会《中国法学会历史沿革（一）：（1949～1969 年）》，"法治新疆"网（http：//www.fzxj.cn/view.asp？id=62074）2009 年 12 月 21 日。
② 《王明诗歌选集（1913～1974）》，第 226 页。
③ 《谢觉哉日记》，第 1292 页。
④ 《谢觉哉日记》下册，第 1292～1293 页。
⑤ 《王明诗歌选集（1913～1974）》，第 225 页。

学研究院招生简章已于 15、17 两日先后公布，并曾发新闻广播，凡合于简章规定条件而又愿意学习改造的律师，可持上海人民政府介绍来平照章报考，说每期名额有限，上海来者最好不超过 100 人，请注意。

　　同日　写信给董必武转毛泽东，请求允许去苏联治病，未获允许。①

　　8 月　与董必武、谢觉哉联名致信刘少奇，说遵示将中央关于接受国民党司法机关的补充建议（草案）加以讨论修改，请审阅指示，说其中"停止私律师职务也是对的"一句已删掉，并说明了私律师的两条出路。

　　同月　写一长信给刘少奇、周恩来，作为法委工作报告并请示有关问题。

　　夏　于北京西部作五绝《泪洒香山（悼任锐同志）》。②

　　9 月 2 日　代中共中央起草关于上海市法院工作问题给上海市委的指示，经周恩来签发。文件说上海市伪法院接收工作报告收到，有四点意见提请考虑与答复。

　　同日　代中共中央起草关于律师制度改革问题给上海市委并告华东局，各中央局及分局的指示，经周恩来签发。文件说在人民民主专政的新中国，我们拟采取公律师为主私律师为辅的律师制度。旧律师愿在人民民主国家继续执行律师业务者，须一律重新进人民政府所办之政法学校或司法训练班或新法学研究机关受训。

　　9 月 18 日　出席在北京饭店召开的新政治学研究会成立大会。

　　9 月 21～30 日　出席中国人民政治协商会议第一届全体会议，并被选为第一届中国人民政治协商会议全国委员会委员。

　　10 月 1 日　中央人民政府委员会会议举行第一次会议，任命王明为政务院法制委员会主任。原中央法律委员会取消，其任务移交给法制委员会。

　　《传记与回忆》说："法制委员会除起草了婚姻法，还审查了中央人民政府各机关的组织条例，起草刑法和刑事诉讼法，民法和民事诉讼法等法规。可惜除了婚姻法得以确认公布外，其他各种法规都未能确定，这里主要原因是毛泽东反对法律。他说：'各种法规都是束缚手足的东西。'所以他经常以他个人意志决定一切，因而在所谓'整风'、土改、'三反五反'等运动时，更不用说在'文化大革命'时，都是随便乱打乱杀，真是无法无天！"

---

① 《传记与回忆》。
② 《王明诗歌选集（1913～1974）》，第 224 页。

同日 作七律《中华人民共和国成立》。①

10 月 5 日 中苏友好协会总会在北京成立，王明被选为理事会理事。

《传记与回忆》说："王明同志是中苏友好协会总会的理事。北京解放后，1949 年曾带病给北京市中苏友好协会、给南下第三工作团（一千多人）、给政法五机关②、给北京大学等处作报告，题为《中苏友好、国内外形势与我们的任务》。在政法五机关作报告后，沈老钧儒说：'王明同志！你的报告很好。我第一次听到这样的问题提法。'"

10 月 19 日 中央人民政府毛泽东发出任命通知书，说经中央人民政府委员会第三次会议通过，任命陈绍禹为中央人民政府政务院政治法律委员会副主任，最高人民法院委员。

10 月 21 日 出席中央人民政府政务院政治法律委员会第一次会议。

10 月 23 日 刘少奇代表中共中央政治局与王明谈话，指出他不尊重七届二中全会决议，拖延不写检讨错误的声明书是不对的，并催他从速写好声明书。③

《传记与回忆》说：王明请求到苏联治病的信"不但未允许，反而惹了祸来——毛泽东用中央政治局的名义派刘少奇同志于 10 月 23 日来到王明住处，找王明同志谈话，要王明按照二中全会决议写声明书（实则二中全会没有任何决议），并把自己过去在内战和抗战时期所写的各种论文都加以否定的批评"。

同日 致信季龙先生并转李、戴两老，说送上原张（曙时）、李（木庵）二位所拟之"法制委员会组织条例（草案）"，并附上李木庵所拟几点意见，请加以研究修改。法委之组织，须视此工作任务而定等。

10 月 26 日 中共中央政治局召开会议，在决议事项第九项中指出："由于王明同志尚未按照今年二月二中全会决定对所犯错误写声明书，刘少奇同志已在十月二十三日代表政治局和王明同志谈话，指出王明同志不尊重二中全会决议，拖延不写声明书，是不对的，并催他从速写好声明书。中央政治局听了刘少奇同志的报告后，认为刘少奇同志对王明谈话时所采取的立场是正确的，王明同志必须遵守二中全会决定，并按照二中全会上同志们对

---

① 《王明诗歌选集（1913~1974）》，第 227 页。
② 即最高人民法院、最高人民检察署、法制委员会、司法部、政法委员会。
③ 《中共半世纪》，第 121 页。

王明同志所作批评的方向及王明同志在会议上所作愿意写声明书的口头表示，从速写好声明书，交政治局审阅。"

秋　于北京作七绝《过文公祠》。①

11月1日　中共中央办公厅发出由主任杨尚昆署名的通知，将10月26日中央政治局会议关于王明的决议事项通知王明。

《传记与回忆》说："王明同志接通知后，气得几天几夜不能入睡，肝胆炎肠胃炎一齐发作，接着心脏衰弱。我找中西医生来帮忙，花了很大力气，才使病人转危为安。"

11月6日　写信给毛泽东，说：

> 您在本年三月二中全会作结论时，要求我对于您所指出的我在内战时期和抗战时期所犯的错误再写一次声明书，现遵示声明如下：
>
> 一、"关于内战时期错误问题，我于一九四五年四月二十日已经写了一封信给六届七中全会，表示完全接受七中全会一九四五年四月二十日通过的《关于若干历史问题的决议》。去年九月至十二月期间，主席四五次反复问我对《关于若干历史问题的决议》还有什么意见？并说，如果我认为有那些不合事实的话，中央可以修改决议。前几次，我均答复已没有什么意见了。最后一次（十二月哪一天晚上，记不清了），当时我觉得既然主席这样反复地询问，不妨遵照主席的'知无不言，言无不尽'的指示，将我想到的有些意见向党的领袖陈述一次，现在我再向中央正式声明一次：我完全接受六届七中全会通过的《关于若干历史问题的决议》，对于决议中提到的一些历史问题，再不向任何人发表对任何问题的不同意的意见。"
>
> 二、"关于抗战初期错误问题，中央作出结论，我是一个党员，一定接受和服从。"

11月27日　写信给毛泽东说："我请求你最近几天来我处谈谈，并请抽出较久点的时间，我迫切地期待着，如何？请示复。"

12月29日　因王明经常累病，身体更加恶化，孟庆树写信给刘少奇，请他允许并设法让王明到苏联治病。过了几天，孟庆树接到刘少奇回信，他

---

① 《王明诗歌选集（1913～1974）》，第228页。

要王明自己也写信给中央。①

本年底或明年初 刘少奇在前门外某大礼堂召集全北京干部大会，要王明报告废除六法全书和马列主义对国家与法律的观点，会后与他一起到薄一波家里吃饭。②

本年 上海华夏出版社出版洛甫、王明著《青年学习问题》。③

1950 年 46 岁

1月1日 致信许鸿，表示问候，并说"到华中时可否就便将修高兄问题解决一下？他现在在长沙明德中学住闲"；自己"身体不行（肠胃心脏），一累即病，妨碍工作甚多"。④

1月9日⑤ 张志让致信王明说："顷与沈老谈京津两市二审法院事，其中有具体问题几个，须与先生先作一度商讨。拟请于医生允许后，俟先约时一晤。沈老当偕吴副院长闵秘书长及志来谈也。"王明即日在信后批示："志让先生：请与各位明日（十日）下午四时来如何？"⑥

1月11日 写信给刘少奇，请允许到苏联治病。⑦

1月21日 致信董必武并请转报刘少奇，报告了以下条例大纲的准备情况：1. 婚姻条例草案，说前年冬季在西柏坡时已由妇委与法委合作拟出，并经少奇同志原则批准，争取在今年三八节前公布；2. 刑法大纲，说预计于3月前后搞出一个草案来；3. 各级人民法院组织法暂行大纲草案。最后询问他们对法委工作还有何指示，请即示知。

同日 中共中央妇委将《婚姻条例》草案呈送中共中央，并附上邓颖超致毛泽东、刘少奇、朱德、任弼时、周恩来并王明同志的一封亲笔信。信中说："这个婚姻条例草案，曾经过妇委正式讨论过五次，会后交换意见多次，并另邀请了中组部、中青委、法委等几方面同志共同座谈过一次，历时

---

① 《传记与回忆》。

② 《传记与回忆》。

③ 〔日〕田中仁：《王明著作目录》，第128页。

④ 许鸿向佟英明提供。

⑤ 原信无年份，此系编者判定。

⑥ 《张志让（1894～1978）致陈绍禹信札》，"博艺网"（http：//yz. boyie. com/index/viewauction/133356. html）。

⑦ 《传记与回忆》。

二月有余。几经争论，几度修改，有些问题，已经得到解决，但争论的主要问题，即一方坚持离婚，即可离婚，不附任何条件一则，至今仍意见分歧，尚未能取得一致。对于此点反对者是较多数人，赞成者包括我及少数人。现为了应各地的急需，且有关广大群众切身迫切的利益，不能再拖延不决。故大家商定，一致同意先以现在的草案，虽然我仍不完全同意，已经妇委多数同意了最后稿，并将我们不同的意见一并附上，请中央参阅作最后决定。另送了一份婚姻条例草案给法委，请法委将意见提交中央。""一个星期后，法制委员会便向中央呈报了修改意见。"①

1月 刘少奇同王明谈话，要王明自己写信要求去苏联治病。王明却来了一个动摇犹豫的答复，要刘少奇考虑决定。刘少奇还是要王明自己提出确切意见，如他要求去苏联治病，中央可允他离开目前工作并可向苏联交涉，但王明迟迟不提出确切意见。②

2月1日 致信毛泽东主席，说送上：1. 政法委员会第四次委员会议通过的婚姻条例草案，请提出指示；2. 婚姻条例草案参考资料选编；3. 各方对婚姻条例草案意见汇集（密件），供研究条例草案时的参考。

2月5日 向刘少奇及毛泽东上报《中央法委会的工作报告（自1949年8月～1950年2月）》，内容分三部分：1. 6个月的工作情况；2. 法委会的组织和任务问题；3. 法律草案的审核程序问题。

2月6日 主持召开监狱法律问题座谈会，讲了"对监狱工作的意见"，说"军事管理，民主生活，劳动教育，改造自新"这16字，"我认为基本上可指出监狱工作的方向"。

2月8日 签名上报中共中央法律委员会编译室1949年工作报告。

2月14日 参加中央法委会党组会议，会议讨论与决定了八项有关专门委员的责任等问题。

2月15日 给毛泽东写报告，说送上"中国人民法院组织法暂行大纲（草案初稿）"，缓两天当面来听取批评指示。

同日 向董必武报告法委会党组2月14日决议事项，请指示，并附了两份提请加委的专门委员简历。

3月4日 向董必武写报告，说根据昨日政务院会议上提出的，以及近

---

① 黄传会：《共和国第一部〈婚姻法〉诞生纪事》，《档案春秋》2006年第12期。
② 该刊资料室编《关于王明治病和出国的材料》，《中央档案馆丛刊》1986年第3期。

来我们从各方面得到的对婚姻条例草案的意见，今日的法委会党组会议将原婚姻条例草案作了部分增加和修改，这些增改是否正确，请予审核指示。

3 月 16 日 向毛泽东写报告，说遵照昨日政治局会议指示，将婚姻条例草案又作了一次修改，现送上修改稿，请即予以审核指示。

4 月 9 日 将《关于中华人民共和国婚姻条例（或婚姻法）草案的简单说明（初稿）》送毛泽东，请审阅批示修改意见。

同日 毛泽东在《为印发周恩来关于中苏条约的报告的批语》上批示："此次政府委员会议，除周（恩来）、陈（云）、林（彪）、邓（小平）四同志讲话外……为解释婚姻法，王明似亦宜略作说明。"①

4 月 13 日 中央人民政府委员会举行第七次会议，听取王明关于中华人民共和国婚姻法草案的报告，一致通过了婚姻法。

王明的这个《关于中华人民共和国婚姻法起草经过和起草理由的报告》共分六部分：1. 中华人民共和国婚姻法的起草经过。其中说：婚姻法草案，是较长时间（中央人民政府成立前中共中央妇女运动委员会和中共中央法律委员会于一九四八年冬季准备婚姻法草案，至今约一年半左右）工作的结果；2. 婚姻法的意义；3. 婚姻法的原则规定；4. 结婚和家庭问题底具体规定；5. 离婚及其有关问题的具体规定；6. 婚姻法的施行问题。其中提出：包办强迫、男尊女卑及由此产生的重婚纳妾、漠视子女权益，是封建主义婚姻制度的三个有机组成部分。废除封建主义婚姻制度，就是要将它的三个组成部分全部废除，并将这种婚姻制度的各种副产品和补充品，全部禁止。男女婚姻自由、一夫一妻、男女权利平等、保护妇女和子女合法利益，是新民主主义婚姻制度的四个有机组成部分。实行新民主主义婚姻制度，就是要将它的四个有机组成部分全部实行。某些人企图利用或故意曲解男女婚姻自由的意义，把它与新民主主义婚姻制度的其他有机部分割裂开来，把通奸、重婚、纳妾、男女关系上的杯水主义行为、漠视子女利益行为等，都拿所谓婚姻自由的幌子来掩盖或粉饰，是非常错误的和有害的。②

《传记与回忆》说："王明同志很详细地从理论上实际上解释新婚姻法的意义。报告后，一位素不相识的国民党左派（孙科派）的傅秉常当众拍着肚子，大声说：'今天才听得够味，过瘾了。'"

---

① 《建国以来毛泽东文稿》第 1 册，第 288 页。
② 载《国家与法权理论参考资料》。

4 月 18 日　给毛泽东、朱德分别写信，送上《关于中华人民共和国婚姻法问题的报告（初稿）》，请他们于两三天以内提示意见。

李光灿回忆说："婚姻法报告是由他口述，我笔记。17 个钟头他一口气下来。他的口述能力很强。17 个钟头的口述形成了两万三千字。"①

旅美法律学者周大伟在《1945～1950：新中国建国前后担任过"立法大臣"的王明》中说：除了上述的报告外，王明还有一份没有公开发表的内部口述报告。②

4 月 21 日　给邓颖超写报告，说遵示草拟了《中共中央关于保证执行婚姻法问题给各级党委的通知（初稿）》，请您和总理审阅修改后，再送少奇同志审核。这个通知经审改后于 5 月 1 日发出。

4 月 30 日　《中华人民共和国婚姻法草案》在中央人民政府第七次会议上通过后，毛泽东主席此日发布"中央人民政府命令"，宣布"自 1950 年 5 月 1 日起公布施行"。

曾参加起草《婚姻法》的法制委员会委员李光灿对王明的这段工作做过如下评论："六届六中全会后，实际上王明工作不多了。毛主席给他个任务，成立中央法制委员会，让他当主任。从那时起，一直到建国。他虽然是半路出家的，但搞的很通"；"在法制思想上，王明和董老很接近。董老是科班出身的，日本法科大学毕业，这方面比较专，王明也较专"；"周总理、董老的法制思想是正确的，王明的法制思想是对头的"。③

不少论著认为，《婚姻法》是王明主持起草的。《解放日报》网络"开国部长"栏目的《法制委员会主任王明》说："王明在法制委员会首先主持了婚姻法的起草、立法工作，全身心地投入制定新中国建立以来的第一部婚姻法的工作。实际上，王明从延安撤至山西临县时就开始着手准备婚姻法草案的制定。""为了制定好婚姻法，王明和他的同行们还学习了马、恩、列、斯关于妇女问题和婚姻家庭以及社会发展问题的学说，学习了毛泽东《湖南农民运动考察报告》等著作中的论述，同时还学习和参照了苏联、朝鲜、东欧等国家的经验。王明还亲自带头翻译俄文新版的《苏联婚姻、家庭和监护法典》以供参考。""为了解旧中国婚姻制度及其法律反映，王明与法

---

① 戴茂林等：《访问李光灿谈话记录》，曹仲彬、戴茂林：《王明传》，第 373 页。
② "中国民商法律网"（http：//www.civillaw.com.cn/article/default.asp？id＝33380），2007 年 6 月 16 日。
③ 何立波：《王明落寞的后半生》，《文史月刊》2004 年第 12 期。

制委员会的同行还将中国历史上有关婚姻制度的某些史料和国民党政府民法亲属编婚姻章加以批判地参考。""《中华人民共和国婚姻法》在王明和法制委员会的同志共同努力下，先后'搞了41个稿子'，终于草拟成文，它凝结了王明等人的心血。"① 江海波在《王明起草新中国第一部〈婚姻法〉前后》中说：《婚姻法》"初稿是由他口述的。那天，王明一口气口述了17个小时，边述边改，17个小时一气呵成，形成了2.3万字的初稿。"② 旅美法律学者周大伟在《1945～1950：新中国建国前后担任过"立法大臣"的王明》中说："在起草《婚姻法》的工作中，王明对工作非常投入。据参加婚姻法起草工作的法制委员会委员李光灿回忆说，婚姻法报告的初稿是由王明口述的，由李光灿记录的。那天，23000字的报告初稿，王明在17个小时里几乎一气呵成。李光灿的这一说法多少有些夸张，但也不乏从一个侧面看出王明的口述能力。"③ 有的文章还说：是毛泽东指定王明起草《婚姻法》的。④ 陈秋红在《毛泽东"宽"待王明》中说："在党中央和毛泽东的领导下，王明及其领导下的法制委员会承担了《婚姻法》的起草工作"，"毛泽东和党中央对他的工作是满意的"。⑤

但罗琼在给《人民日报》（海外版）的来信中，认为《婚姻法》并不是王明主持起草的。她说："大约是在1948年秋冬，刘少奇同志在河北平山县西柏坡村，和在该村的中共中央妇女运动委员会的委员们谈话，布置起草婚姻法的工作，为建国后颁布法律做准备。"当时，中央妇委副书记邓颖超同志和大部分妇委委员刚刚从农村开展土地改革回来，"很乐意地接受了这项任务"。"经过几个月的努力，中央妇委拟定出了婚姻法初稿。大约1949年3月初稿即从西柏坡带进了新解放的北平。建国后，邓颖超同志把初稿送交党中央。经过中央书记处讨论修改后，由党中央转送中央人民政府。""当时王明是政务院法制委员会主任，他看过这个稿子是事实，但没有参与起草，也没有参与讨论，送中央政府之前，有没有提意见，我不了解，但决

---

① "连载阅读"（http：//old. jfdaily. com/gb/node2/node4419/node83585/userobject1ai1376213. html）。

② 《党史天地》2001年第5期；又见吴跃农《王明与新中国第一部〈婚姻法〉》，《党史博采》2001年第4期；霞飞《王明口述17小时，第一部〈婚姻法〉出台》，《文史博览》2010年第2期。

③ "中国民商法律网"（http：//www. civillaw. com. cn/article/default. asp? id＝33380），2007年6月16日。

④ 《毛泽东指定王明起草〈婚姻法〉》，《人民日报》（海外版）2001年8月24日。

⑤ 《福建党史月刊》2004年第5期。

不是他起草的"。① 黄传会在《共和国第一部〈婚姻法〉诞生纪事》中说：罗琼的信"在发表前，全国妇联办公厅专门呈文中共中央文献研究室，中共中央文献研究室审定后批复：罗琼同志的文章属实"。当年婚姻法 7 人起草小组的成员是邓颖超、帅孟奇、康克清、杨之华、李培之、王汝琪、罗琼。"罗琼是亲自参与者，应该说更可信一些。"② 汤兆云在《新中国第一部〈婚姻法〉是由王明领衔起草的吗？》一文中也说："虽然王明代表政务院法制委员会作关于《婚姻法》起草经过和起草理由的报告，但不能说是由王明领衔起草了新中国第一部《婚姻法》。"③

在此前后 曾到清华大学讲过《婚姻法》。④

5 月 12 日 给刘少奇写报告，请示关于现役革命军人婚姻的七个问题如何解释和解决，以及党政军民机关内供给制干部的结婚是否仍需受限制并经首长批准。另外还说，有关婚姻法施行的若干问题与解答稿及关于婚姻法起草经过和起草理由的报告稿，又经 12 人的委员会详加修改，现正抄寄；今晚或明天定可送请审核。

6 月 9 日 中共中央在北京召开七届三中全会，王明因病没有出席。由于王明迟迟不遵守二中全会的决定写检查自己错误的声明书，这次中央全会讨论了对他的处理问题。

毛泽东说："关于王明同志的问题，现在是来不及处理了，有两个方法，一个就是遗［移］交下去，二是作一个决议，还是要他办。因为他在二中全会上口头上承认在二月以后写。他是总头子，他犯了错误他不写，他怀疑少数人有意整他。如果不把这个英雄整下来，别的英雄整不下去。我和他谈过一次话，把他批评了一下，他在上面检查了，讲出了那个话：说我讲知无不言，所以就说……和我谈，我把他批评了一下，第二天就他说他重写。那个东西还算有效。我们说如果有关于历史问题不合乎事实，几年也可以修改；一段不合事实修改一段，一句不合事实修改一句。他发表的一篇，是完全把他的若干历史问题推翻了。我们希望他对他的错误真正有所反省。他说他现在很孤立，人家不理他，我说：你只要有所反省，人家还会不理你？！你自己没有自我批评，人家就不敢惹你。一切过去犯错误的同志作了

---

① 《人民日报》（海外版）2002 年 3 月 22 日。
② 《档案春秋》2006 年第 12 期。
③ 《百年潮》2010 年第 2 期。
④ 王勤谟：《在清华大学上学期间的杂忆》，谢振声主编《江北之骄》第 2 册，第 137 页。

自我批评就好了。他不愿意这件事情，现在有两个办法，一个就是移下去，一个就是像二中全会那样，让他写，他写不写那是他自己的事，看那样好？"

在进行讨论时，大部分人都主张维持二中全会的决议案，让王明写一个检查错误的声明书。彭真说："为了促进他反省这个问题，还是让他写好。"（毛泽东插话："比他轻一点的同志都写了，为什么你不照其他同志的办法？为什么你的权利就特别大？"）饶漱石说："在全党反对无纪律、无组织的这种情况下，中央再三通知他要执行二中全会的决议，而王明同志却公开违反二中全会的决议，这种行为是不能允许的。如果允许，中央就是提倡无组织无纪律。如果下去，他再不写，我感觉王明同志应该被开除中央委员会。"徐特立说："还是让他写，让他有一个机会考虑，留待下次解决。表示我们还是看重他。"洛甫说："要他写，他没有写这是错误的，是无纪律；第二还是让他写。假设再不写，四中全会根据这个东西处理。"毛泽东说："对他不执行二中全会决议这件事情，我们是希望他有所反省改正错误，可是他拒绝了，政治局正式派刘少奇同志和他谈，他根本拒绝。现在提出了两个解决的办法，做两个决议：一是因为他过去不执行二中全会的决议是无纪律，这是错误的。另外就是三中全会还是维持二中全会的决议案，继续写，把时间搞长一点，在四中全会以前写好。是不是这样好？没有意见就这样了。"

根据讨论中的意见，中共七届三中全会作出了一个《关于王明同志的决定》，全文如下：

关于王明同志在内战时期和抗日时期所犯的政治路线的错误，1949年2月①党中央在第七届第二次全体会议曾决定王明同志应写一个声明书，提交政治局审阅。当时王明亦曾在全会上口头表示接受这一决定。但是事实上，王明同志对于这一决定的执行，一直采取拖延的态度，中间虽经政治局的催促，并于1949年10月23日派刘少奇同志代表政治局与王明同志谈话，指出王明同志不尊重二中全会决议，拖延不写声明书，是不对的，并催他从速写好声明书。同年12月20日，政治局听了刘少奇同志与王明同志谈话情形的报告以后，又曾将政治局的决定通知王明同志，指出："王明同志必须遵守二中全会决定，并按照二中全会

① 应是3月。

上同志们对王明同志所作批评的方向及王明同志在会议上所作愿意写声明书的口头表示，从速写好声明书交政治局审阅。"1949 年 11 月 6 日王明同志写信给主席说，他对于内战时期所犯错误问题，已在 1945 年 4 月 20 日写了一封信给六届七中全会，表示完全接受六届七中全会 1945 年 4 月 20 日通过的《关于若干历史问题的决议》。虽然他在后来又向主席表示不同意这个决议，但他除表示接受这个决议外，拒绝再有所声明。他对抗日时期的错误问题，除准备接受中央的结论外，亦拒绝声明他自己的任何意见。

三中全会认为王明同志至此时为止，对于他过去所犯的错误是拒绝反省的，对党中央所采取的态度是不诚恳的，对不遵守二中全会决定向政治局写声明书的行为是无纪律的行为。

因此，三中全会决定，王明同志仍应执行二中全会的决定，对于他在内战时期及抗日时期所写的各种文章、小册子和其他文件中所犯的原则错误，作一次深刻的反省，借以证明他自己是深刻地认识了并承认了自己所犯的错误，而在思想上行动上真正有所改正。此次声明写好后，应即提交中央政治局审阅，并在必要时，由政治局提交以后的中央全会讨论。

王明在《中共半世纪》一书中说："在我坚决拒绝写所谓'三骂声明书'后，毛泽东又想出新的花招来反对我。例如，一九四九年十月二十六日他要求中央政治局在决议中写上'第九项'（关于王明的），而一九五〇年六月九日又要求中共七届三中全会通过《关于王明同志的决定》。两个决定的主要内容都是要求王明写声明书，承认毛泽东在'整风运动'中所伪造的所谓'王明在内战时期和抗日时期所犯的政治路线错误'。"①

同日　写信给杨尚昆并请转报毛泽东，说："经过黄树则、沈谦两位医师轮流注射几天葡萄糖后，心脏衰弱情况已有好转，唯肠炎腹泻未好，每日只能吃少许流汁，故仍不能起来工作，因而不仅党的三中全会会议未能参加，恐政协全国委员会头几天的会议，也很少可能参加，非常着急。除续请假几天外，特将情况报告，请释念。"②

---

① 《中共半世纪》，第 120~121 页。
② 本刊资料室编《关于王明治病和出国的材料》，《中央档案馆丛刊》1986 年第 3 期。

7月5日　致信江滨并请转戴老、传颐先生及商委各同志，说商委会起草"公司法大纲草案"时作了一些刑法式的规定，"推其用意，大概是意图以刑罚强制手段来达到控制私营公司的目的。这种想法和作法，是做不得和行不通的，对于一种不是应立即消灭或很快消灭的经济制度，企图用强迫、惩罚的政策来解决与其有关的经济财政方面的问题，会与主观愿望相反而引起坏事的"。接着分析了发生这种偏向的原因，认为第一个原因"似乎是从实际出发的观点不够"。当前"实际"的基本内容是：1. 新民主主义国家根据经济情况好转的需要和共同纲领的规定，需要设法鼓励有利于国计民生的原有私营企业正常进行和引导私人资本作新的投资，以使之在发展生产和繁荣经济方面起其一定的作用；2. 私人资本家由于对人民政府的经济政策还不够了解，因而对于维持旧企业和进行新投资还有很多顾虑。这就是显明的矛盾——显明的对立关系。颁布一个切合实际的公司法，将对解决这一矛盾有相当的帮助。因此，新公司法大纲主要地需要恰当地解决以下三种矛盾或三种对立关系，即：（1）公私关系；（2）劳资关系；（3）资资关系。第二个原因"似乎是对国家当前经济状况和经济政策研究得不够"，因此应多多地注意研究一下我们当前经济情况的材料和共同纲领及其他有关文件中所显示的经济制度和经济政策。

7月26日～8月11日　出席第一届全国司法会议。会议讨论了人民法院暂行组织条例，刑法大纲、诉讼程序通则、犯人改造暂行条例和公司法草案。

7月27日　在第一届全国司法会议上作《关于目前司法工作的几个问题》的报告，主要内容是：1. 关于司法工作的重要性问题；2. 关于认识法律本质的问题；3. 关于建立人民司法制度问题；4. 关于刑法、民法政策中几个观点问题；5. 重要的问题在善于学习。此报告后于10月10～19日修改定稿。

在这个报告中，王明在谈到关于犯人劳动性质问题时说：犯人的劳动同一般公民的劳动具有性质的不同。公民（包括广大群众）的劳动，是谋生的手段，在共产主义阶段是生活的第一乐趣。而犯人的劳动则不同。它不是谋生的手段，而是体现对他们在改造中的惩罚，即劳动惩罚论是犯人劳动区别于一般公民劳动的性质所在（大意）。有的学者评论说："这样说来，劳动因人而异的具有两重属性，即对公民是谋手生段，对犯人是劳动惩罚。这是不对的。""是主观教条主义认识论的反映，是离开马克思《资本主义》

的科学论断所产生的主观歪曲。"①

在这个报告中，王明还谈到学习苏联的检察制度、工作方法和作风。他说："人民检察机关，不仅在任务和组织制度方面，应当根据中国的实际情况来学习苏联检察制度的经验；而且要在检察工作方法、作风和方式上，也学习苏联检察人员的精神。《日日夜夜》小说里所叙述的一个苏联军事检察员在斯大林格勒前线上艰苦地进行工作的情形，应该成为我们检察工作人员在工作中学习的范例。"②

王明后来还写了一个《"关于目前司法工作几个问题"报告提出意见之解答》，主要内容是：1. 有关法律问题；2. 关于司法制度问题；3. 关于创造新的司法制度问题；4. 关于反对旧法律问题；5. 关于审判问题。后面还谈了如下几个观点：（1）镇压与宽大相结合的问题；（2）首恶必办，胁从不问，立功受奖的政策问题；（3）成份问题；（4）公私兼顾、劳资两利问题；（5）婚姻法的执行问题。

7 月 30 日 接到中央办公厅 27 日发出的七届三中全会关于他的决定。③

夏 与苏联顾问苏打里柯夫、最高人民法院院长沈钧儒等到天津市和唐山视察夏季人民法院工作，改正了很多不正确的判决案件。④

8 月 17 日 致信毛泽东并中央书记处说：

三中全会"关于王明同志的决定"，于七月底收到。由于从天津视察回来，又病了一天左右；刚起床，又适逢司法会议召开在即，催着要我赶写报告和突击几个司法法规草案初稿，因而从八月初又病到现在。昨今两日腹泻较轻，特将有关写声明书问题请示：

（1）三中全会决定要我把在内战时期及抗日时期所写的各种文章、小册子及其他文件，均作出检讨来写声明书，这需要相当久的时间。因为我身体常病（由于心脏和肠胃交互影响），加之还有法委会一批司法法规及公司法草案等，照政务院决定，应于秋季完稿；同时，要研究这么多的文章小册子和其他文件，也不是一件容易的事。因此，请示要我

---

① 李光灿：《我国第一部劳改法问世的回顾》，《劳改立法资料汇编》（教学参考资料之六），第 418～419 页。
② 原载《中央政法公报》第 31 期，引自龙宗智《检察制度教程》，第 58 页。
③ 参见王明《中共半世纪》，第 123 页。
④ 《传记与回忆》。

在好多时间以内写成声明书？以便我好来计划支配时间（但害病时间，请除外，如目前，照医生意见，至少还需要半个月时间左右，才可能开始工作，因肠肿未消）。

（2）一九三七年十二月会议散会时，主席叫王首道同志把各同志笔记本放下，不准带出去。我们的笔记本也被收下去了，请要人查出来还我，以便研究。其他如武汉时期的新华日报和延安的新中华报，由于疏散时送瓦窑堡都遗失了，如中央存有，均请允准借我一用。①

有的文章分析说：毛泽东"之所以再三再四逼着王明写出认错的书面声明，目的就是为了拿王明的认错书来堵住他人之口。王明对此也看得非常清楚，采取拖延周旋战术，就是不让毛泽东如愿"。②

8 月 18 日　毛泽东在王明 8 月 17 日信上批示："王明的声明书应在十一月上旬七届四中全会开会以前写好，并送交政治局。王明的笔记本及武汉时期的报纸，请尚昆查清是否有保存。以上两点，由尚昆口头通知王明。"③杨尚昆随后通知了孟庆树，让他代转王明。

8 月 19 日　毛泽东致信中共中央政治局，提出拟将《关于若干历史问题的决议》"编入毛选第二卷作为附录，须作若干小的修改，并加上陈（绍禹）秦（邦宪）同志"。政治局委员都圈阅同意。④

9 月前　批示对其叔父陈云溪"依法处理"。

陈云溪是王明的四叔，曾参加红军，后来变节当上了国民党保安团团长，并在解放战争中成为土匪。中华人民共和国成立后，经王明父亲陈聘之劝降后投降，在 1950 年镇压反革命运动中因私藏两支手枪被捕。因他是王明的叔叔，当地政府将此事报道北京，王明批复要"依法处理"。1951 年，陈云溪被判处死刑。此案一下子轰动了金寨，百姓称颂王明大义灭亲。⑤

9 月上旬　提出"请求到苏联医治"，中共中央当即同意，并向苏联交涉。⑥

①　王明在《中共半世纪》一书中所说内容与此不同，第 123 页。
②　叶铭葆：《"王明路线"命名考辨》，"中华网论坛"（http：//club. china. com/data/thread/5688138/277/26/50/1_ 1. html）2009 年 3 月 25 日。
③　《建国以来毛泽东文稿》第 1 册，第 471 页。
④　《胡乔木回忆毛泽东》，第 328 页。
⑤　熊廷华：《王明的这一生》，第 358～359 页。
⑥　该刊资料室编《关于王明治病和出国的材料》，《中央档案馆丛刊》1986 年第 3 期。

9 月 12 日　刘少奇代毛泽东起草致斯大林电，经毛泽东、周恩来、朱德、任弼时传阅后，交师哲译好送苏联大使馆罗申，电报全文如下："中共中央委员王明同志患肠胃心脏诸病，经长期医治，效果甚少，中共中央同意他的请求到苏联治病。是否可行望复。"①

9 月 18 日午后　毛泽东收到斯大林 18 日复电："你关于王明同志赴苏联医病的报告，已获悉。王明同志随时都可以来莫斯科，为王明的医疗和休息将会准备一切必要的条件。"毛泽东看后即批交刘少奇。②

9 月 19 日　刘少奇给王明复信说：苏共中央已复电，同意你去苏联治病，并已为你准备治病及休养所必需的各种条件。③

10 月前　于北京作七律《寄柳亚子先生》，并说明是"续毛贺其诗后书此慰之"，未发。诗曰：

南国诗人北国侠，山为游伴水为家。
豺狼当道挥刀笔，城府满胸弄钓槎。
壮志飞腾鸣老马，热情奔放咏奇花。
而今华夏新兴日，海美巨鳌湖美虾。④

10 月 23 日　中共中央办公厅将中央意见及同苏联交涉结果通知王明后，王明致信刘少奇、毛泽东说："得中央办公厅通知，一切已准备好了，我可于日内起行。如主席和刘少奇同志对我有须当面吩咐之事，请于今明两日内通知我，以便前往联系。否则我即不去辞行了，因您们忙得夜以继日，我不愿去耽搁您们宝贵的时间，专此致礼，并祝健康。"⑤

10 月 25 日　与孟庆树、两个孩子以及北京医院保健医师陈锋禹、保姆陈启珍，在秘书田苏元的护送下，乘火车去苏联治病。⑥

王明在《中共半世纪》一书中说："一九五〇年十月二十五日上午十一时，中共中央办公厅主任杨尚昆同志到我家来通知说"，"少奇同志

---

①　该刊资料室编《关于王明治病和出国的材料》，《中央档案馆丛刊》1986 年第 3 期。
②　该刊资料室编《关于王明治病和出国的材料》，《中央档案馆丛刊》1986 年第 3 期。
③　《传记与回忆》。
④　《王明诗歌选集（1913～1974）》，第 229 页。
⑤　该刊资料室编《关于王明治病和出国的材料》，《中央档案馆丛刊》1986 年第 3 期。
⑥　何立波：《王明落寞的后半生》，《文史月刊》2004 年第 12 期。

今天上午九点钟把我叫去说：昨夜主席告诉他，决定王明今天下午乘到满洲里去的班车到苏联去，要我马上把一切手续办好。"为的是让他"遇上"美国空军从山海关到满洲里铁路沿线的集中轰炸，以便把他炸死。①

王明临行前还于北京孟公府住所作五绝《值得冒险行》。诗曰：

> 申请赴苏久，今天突命行。
> 明知轰炸险，为党决登程。②

但从上述交涉情况来看，王明赴苏启程的日期根本不是"毛泽东突然决定"的，通知他启程也不是 10 月 25 日，说为了使王明"遇上""集中轰炸"更是无稽之谈。③

赴苏途中，他还作了一首五律《我国志愿军抗美援朝》。④

10 月 28 日　于满洲里候车时闻任弼时去世消息后作七律《悼任弼时同志》。诗曰：

> 若问弼时何许人？党之正气国之精。
> 愤将义檄触家长，敢作真言忤至尊。
> 一片丹心蒙不白，千秋青史自留馨。
> 突然死去群惊动，况我萦绵故友情。⑤

11 月 7 日　到达莫斯科。⑥

11 月 12 日　刘少奇致信毛泽东并中共中央政治局各同志，报告中国人民大学筹建情况："即以原华北大学、革命大学及王明、谢（觉哉）老之政法大学三校合并为基础来成立人民大学。另由人民大学附设一部政治训练班，即保留原革命大学一部分（约收学生三四千人）机构，照过去一样继

---

① 《中共半世纪》，第 39 页。
② 《王明诗歌选集（1913~1974）》，第 230 页。
③ 该刊资料室编《关于王明治病和出国的材料》，《中央档案馆丛刊》1986 年第 3 期。
④ 《王明诗歌选集（1913~1974）》，第 231 页。
⑤ 《王明诗歌选集（1913~1974）》，第 232 页。
⑥ 《传记与回忆》。

续招收学生进行四个月的政治教育，以继续改造知识分子，但这个任务不久即可完结。人民大学拟由中央人民政府设立，任命中国人作校长，聘苏联同志为顾问。"①

11月 《中华人民共和国劳动条例》公布。

据李光灿回忆，在制定这个条例的过程中，法制委员会主任委员王明曾示知专职法委委员兼编译室主任王之相，组织翻译人员赶译了一个四万多字的关于犯人改造和监狱政策的小册子，供大家学习参考。②

秋 到苏联后曾到中国驻苏联大使馆会见王稼祥。据朱仲丽《黎明与晚霞》一书说，王明在谈话中表示自己愿意留在国内多做工作，只因为肝脏、心脏都有毛病才出国治疗的。就在王明到苏联以后的一次酒会上，有两个东欧国家的外交人员，用俄语问王稼祥："听说贵国将出现又一个铁托？"王稼祥立即进行了反驳，并将此事向国内作了报告。他认为此事可能与王明有关，因为王明到苏联后到处活动，很快出现了一些对中国共产党和中国不利的流言蜚语，引起了外界对我们的不信任和误解。

冬 去看望一位原共产国际领导人。

王明在《"两张嘴"和"很多嘴"》的回忆谈话中说：1950年冬，我们从北京来到莫斯科后，去看原共产国际的一位领导人，当我们告诉他一些关于延安"整风运动"是什么一回事时，她说："王明！因为毛泽东非常地怕你，所以他才首先打击你！"

年底 于苏联巴尔维哈疗养院作七律《雪夜散步（与树遵医嘱睡前散步）》，诗曰：

> 隐约闻声汽笛遥，夜深缓步风萧萧。
> 十年多病由三毒，百折存心足一豪。
> 不向九重呼负负，唯从万象见荦荦。
> 同看此地风光好，柏壮松青大雪飘。③

---

① 《刘少奇年谱》下卷，第264页。
② 李光灿：《我国第一部劳改法问世的回顾》，中央劳改劳教管理干部学院图书馆编《劳改立法资料汇编》（教学参考资料之六），第414页。
③ 《王明诗歌选集（1913～1974）》，第234页。

本年到 1953 年回国前 据孟庆树根据王明谈话整理的回忆录说：王明曾多次向苏联同志们说明毛泽东思想和行动的反动实质等。①

1951 年　47 岁

6 月 胡乔木在为纪念中国共产党 30 周年而写的《中国共产党的三十年》中点名批判王明，文章说：

"在一九三一年一月，以陈绍禹（王明）、秦邦宪（博古）两同志为首的以教条主义为特征的一个新的'左'倾派别，又利用马克思主义'理论'的外衣，起来攻击三中全会没有纠正'立三路线'的'右倾'，并经过党的六届四中全会而取得了中央的领导地位。以王明、博古为首的新的'左'倾派别，完全否认由日本侵略所引起的国内政治的重大变化，认为国民党各派和各中间派别都是一样的反革命，他们对于中国革命的进攻都是一致的，要求党向他们一律进行'决死斗争'。这个'左'倾派别在红军战争的问题上反对毛泽东同志关于游击战运动战的思想，继续要求红军夺取中心城市；又在国民党区城市工作的问题上，反对刘少奇同志所坚持的关于利用合法、积蓄力量的思想，继续实行脱离多数群众的冒险政策。在这个错误的领导下，党在国民党统治区的组织差不多是全部受到了破坏……"

"抗日战争中的两条路线的争论，在党内也有了严重的反映。第二次国内革命战争时期曾经犯过严重的'左'倾错误的一些同志，以王明（陈绍禹）同志为代表，这时站在右倾机会主义的立场上来批评和反对党的路线，并且违反党的纪律，在他们所负责的工作中擅自执行了他们自己的右倾机会主义路线。他们看到了共产党及其军事力量的暂时的弱小和国民党的表面上的强大，就错误地断定抗日战争的胜利必须依靠国民党，而且必然是国民党的胜利而不能是人民的胜利，断定国民党可以成为抗日战争的领导者，而否认共产党可以成为抗日战争的领导者。他们低估共产党领导的游击战争在抗日战争中的作用，而幻想倚靠国民党军队求得速胜。他们信任国民党超过信任群众。他们抹煞共产党

---

① 《传记与回忆》附录Ⅰ《王明同志的反毛斗争经过（提要）》。

和国民党在抗日战争中的原则分歧，要求共产党人对国民党的反人民政策实行让步，主张共产党人的行动一切经过国民党政府，八路军新四军完全统一于国民党军队，实行'统一指挥，统一编制，统一武装，统一纪律，统一作战计划，统一作战行动'。他们否认统一战线中的独立自主，否认'有团结有斗争，以斗争求团结'的革命方针。他们反对放手发动群众斗争，反对在日本占领地区放手扩大解放区和扩大人民武装，他们害怕这样就要从抗日阵线中'吓跑'了蒋介石国民党，而主张把自己的行动限制在国民党蒋介石所允许的范围以内，去迁就国民党蒋介石。他们不经中央同意擅自发表了很多表示错误意见的宣言、决议和文章，拒绝中央正确的指示。他们这种错误思想和行动，在一九三八年由王明同志在武汉负责的活动中，和一九四一年一月"皖南事变"以前项英同志在新四军的工作中，曾经发生影响，因而妨碍了当时长江流域人民抗日战争的发展，并在皖南事变中造成了新四军部队的失败。很明显，右倾分子的意见是适合于蒋介石的利益而危害无产阶级和抗日人民的利益的。这是第一次国内战争时期陈独秀右倾主义在新的情况下的复活。"①

7 月　陈伯达在为纪念中国共产党成立 30 周年而写的《论毛泽东思想——马克思列宁主义与中国革命的结合》中点名批评了王明等"小资产阶级革命家的急性病"。书中说："这种'左'倾冒险主义有过三次曾经在党内取得了暂时的优势，反对了毛泽东同志的正确路线，因而使革命遭受了损失。特别是继李立三同志所代表的冒险主义之后，以王明（陈绍禹）博古（秦邦宪）两位同志为代表的第三次冒险主义给革命的损失最大。"

12 月　作七绝《王昭君（读李白、杜甫等有关昭君诗随笔）》二首。②

冬　作七绝《白公堤（见西湖白公堤织锦画随笔）》。诗曰：

> 倘若长安为宰相，西湖哪有白公堤？
> 人民怀念香山老，不在官阶而在诗。③

---

① 《胡乔木文集》第 2 卷，第 31～32、42～43 页。
② 《王明诗歌选集（1913～1974）》，第 235 页。
③ 《王明诗歌选集（1913～1974）》，第 236 页。

1952 年　48 岁

春　于莫斯科郊区别墅作口语体五言诗《捉放鹛》一首。①

8 月 10 日　张闻天探望在莫斯科治病的王明。②

11 月 10 日晚　据王明《中共半世纪》一书说，当时去参加苏共第十九次代表大会的刘少奇邀他谈话，说毛泽东在朝鲜形势危急时，怎么也下不了决心派中国志愿军去抗美援朝，当他得知杜鲁门不允许麦克阿瑟把战争扩大到中国满洲地区，并把麦克阿瑟撤职时非常后悔。③

11 月　作七律《白宫与华尔街》一首。④

这年　于莫斯科郊区别墅作七律《成渝铁路通车》、七律《黄河探源胜利》、七绝《玉门油矿》各一首。⑤

1953 年　49 岁

3 月 5 日　于莫斯科郊区作七绝《大星顿陨（悼斯大林同志）》二首。其第一首是：

> 普天顿觉大星沉，忆兆同悲斯大林。
>
> 世界工农全解放，众将以此慰英灵。⑥

4 月　《毛泽东选集》第 3 卷由人民出版社出版，中共六届七中全会通过的《关于若干历史问题的决议》作为附录编入书中。根据毛泽东 1950 年 8 月 19 日信的精神，在讲土地革命战争时期的"左"倾路线处，点了陈绍禹（王明）、秦邦宪（博古）的名字。修改后的决议说：

（中共六届三中全会以后）党内一部分没有实际革命斗争经验的犯

① 《王明诗歌选集（1913～1974）》，第 239 页。
② 张培森主编《张闻天年谱》下卷，第 931 页。
③ 《中共半世纪》，第 162～163 页。
④ 《王明诗歌选集（1913～1974）》，第 241 页。
⑤ 《王明诗歌选集（1913～1974）》，第 237、238、240 页。
⑥ 《王明诗歌选集（1913～1974）》，第 243 页。

"左"倾教条主义错误的同志，在陈绍禹（王明）同志的领导之下，却又在"反对立三路线"、"反对调和路线"的旗帜之下，以一种比立三路线更强烈的宗派主义的立场，起来反抗六届三中全会后的中央了。他们的斗争，并不是在帮助当时的中央彻底清算立三路线的思想实质，以及党内从"八七"会议以来特别是一九二九年以来就存在着而没有受到清算的若干"左"倾思想和"左"倾政策；在当时发表的陈绍禹同志的《两条路线》即《为中共更加布尔什维克而斗争》的小册子中，实际上是提出了一个在新的形势下，继续、恢复或发展立三路线和其他"左"倾思想、"左"倾政策的新的政治纲领。这样，"左"倾思想在党内就获得了新的滋长，而形成为新的"左"倾路线。

陈绍禹同志领导的新的"左"倾路线虽然也批评了立三路线的"左"倾错误和六届三中全会的调和错误，但是它的特点，是它主要地反而批评了立三路线的"右"，是它指责六届三中全会"对立三路线的一贯右倾机会主义的理论与实际，未加以丝毫揭破和打击"，指责第九十六号通告没看出"右倾依然是目前党内主要危险"。新的"左"倾路线在中国社会性质、阶级关系的问题上，夸大资本主义在中国经济中的比重，夸大中国现阶段革命中反资产阶级斗争、反富农斗争和所谓"社会主义革命成分"的意义，否认中间营垒和第三派的存在。在革命形势和党的任务问题上，它继续强调全国性的"革命高潮"和党在全国范围的"进攻路线"，认为所谓"直接革命形势"很快地即将包括一个或几个有中心城市在内的主要省份。它并从"左"的观点污蔑中国当时还没有"真正的"红军和工农兵代表会议政府，特别强调地宣称当时党内的主要危险是所谓"右倾机会主义"、"实际工作中的机会主义"和"富农路线"。在组织上，这条新的"左"倾路线的代表者们违反组织纪律，拒绝党所分配的工作，错误地结合一部分同志进行反中央的宗派活动，错误地在党员中号召成立临时的中央领导机关，要求以"积极拥护和执行"这一路线的"斗争干部""来改造和充实各级的领导机关"等，因而造成了当时党内的严重危机。这样，虽然新的"左"倾路线并没有主张在中心城市组织起义，在一个时期内也没有主张集中红军进攻中心城市，但是整个地说来，它却比立三路线的"左"倾更坚决，更"有理论"，气焰更盛，形态也更完备了。

　　一九三一年一月，党在这些以陈绍禹同志为首的"左"的教条主义宗派主义分子从各方面进行压迫的情势之下，也在当时中央一部分犯经验主义错误的同志对于他们实行妥协和支持的情势之下，召开了六届四中全会。这次会议的召开没有任何积极的建设的作用，其结果就是接受了新的"左"倾路线，使它在中央领导机关内取得胜利，而开始了土地革命战争时期"左"倾路线对党的第三次统治。六届四中全会直接实现了新的"左"倾路线的两项互相联系的错误纲领：反对所谓"目前党内主要危险"的"右倾"，和"改造充实各级领导机关"。尽管六届四中全会在形式上还是打着反立三路线、反"调和路线"的旗帜，它的主要政治纲领实质上却是"反右倾"。六届四中全会虽然在它自己的决议上没有作出关于当时政治形势的分析和党的具体政治任务的规定，而只是笼统地反对所谓"右倾"和所谓"实际工作中的机会主义"；但是在实际上，它是批准了那个代表着当时党内"左"倾思想，即在当时及其以后十多年内还继续被人们认为起过"正确的""纲领作用"的陈绍禹同志的小册子——《两条路线》即《为中共更加布尔什维克化而斗争》；而这个小册子，如前面所分析的，基本上乃是一个完全错误的"反右倾"的"左"倾机会主义的总纲领。在这个纲领下面，六届四中全会及其后的中央，一方面提拔了那些"左"的教条主义和宗派主义的同志到中央的领导地位，另一方面过分地打击了犯立三路线错误的同志，错误地打击了以瞿秋白同志为首的所谓犯"调和路线错误"的同志，并在六届四中全会后接着就错误地打击了当时所谓"右派"中的绝大多数同志……六届四中全会这种对于中央机关的"改造"，同样被推广于各个革命根据地和白区地方组织。六届四中全会以后的中央，比六届三中全会及其以后的中央更着重地更有系统地向全国各地派遣中央代表、中央代表机关或新的领导干部，以此来贯彻其"反右倾"的斗争。

　　在六届四中全会以后不久，一九三一年五月九日中央所发表的决议，表示新的"左"倾路线已经在实际工作中得到了具体的运用和发展……

　　自一九三一年九月间以秦邦宪（博古）同志为首的临时中央成立起，到一九三五年一月遵义会议止，是第三次"左"倾路线的继续发展的时期……

　　一九三四年一月，由临时中央召集的第六届中央委员会第五次全体会议（六届五中全会），是第三次"左"倾路线发展的顶点……

第三次"左"倾路线在革命根据地的最大恶果，就是中央所在地区第五次反"围剿"战争的失败和红军主力的退出中央所在地区……

以上这些，就是第三次统治全党的、以教条主义分子陈绍禹秦邦宪二同志为首的、错误的"左"倾路线的主要内容。

犯教条主义错误的同志们披着"马列主义理论"的外衣，仗着六届四中全会所造成的政治声势和组织声势，使第三次"左"倾路线在党内统治四年之久，使它在思想上、政治上、军事上、组织上表现得最为充分和完整，在全党影响最深，因而其危害也最大。但是犯这个路线错误的同志，在很长时期内，却在所谓"中共更加布尔什维克化"、"百分之百的布尔什维克"等武断词句下，竭力吹嘘同事实相反的六届四中全会以来中央领导路线之"正确性"及其所谓"不朽的成绩"，完全歪曲了党的历史。①

由编写组帮助胡乔木写的《党的历史决议》稿说："当时点名，没有特别严重的意义。犯路线错误的，陈独秀、瞿秋白、李立三都已在文件中点了名。王明、博古的'左'倾错误比瞿、李要严重得多，不点名，对这些历史问题摆不平。"②

8月12日 毛泽东在全国财经工作会议上的讲话中说："过去，在新民主主义革命时期，犯过主观主义的错误，有右的也有'左'的。陈独秀、张国焘是右的，王明是先'左'后右。"③

夏 于莫斯科郊区作七律《白宫心胆寒（对美国政府闻苏联优先拥有氢弹消息而惊惶失措丑态之述评）》一首。④

秋 于莫斯科郊区青松疗养所作七绝《寄明儿（时年十四岁，住莫郊"青松"疗养所）》，后两句为："我把慈心寄明月，托它夜夜照青松。"⑤

同期 于郊区别墅作七律《莫郊即事》、七绝《寄新中国科学工作者（见

---

① 《毛泽东选集》第3卷，1967，第913~920页。
② 《胡乔木回忆毛泽东》，第329页。
③ 《毛泽东著作专题摘编》，第1975页。
④ 《王明诗歌选集（1913~1974）》，第244页。
⑤ 《王明诗歌选集（1913~1974）》，第242页。

莫斯科大学世界科学名人浮雕像行列中有我国祖冲之、李时珍在内随感)》。①

10 月 25 日　张闻天偕中国驻苏大使馆一等秘书李汇川探望病中的王明。②

11 月前　于莫斯科郊区作七绝《战斗英雄》三首，分别歌颂董存瑞、黄继光、邱少云。注中说："这三首诗是亮儿从他的认字本中回忆起来的。那本还有十几首战斗英雄诗以及《小飞机》，《小桔树》等语体童话诗。"③

11 月　于莫斯科郊区作五律《武汉长江大桥》及七律《莫郊夕照》。④

11 月 28、29 日　离莫斯科返北京前夕作七律《东归晚别红场》一首。诗曰：

> 五角星红场更红，先师寝旁克林宫。
> 关山东送千秋月，午夜西听万里钟。
> 仰探珠穆朗玛顶，俯思沧海大洋中。
> 峰巅水底有涯极，别意绵绵无始终。⑤

11 月 29 日下午 4 时　与孟庆树和中国妇女代表团一起离开莫斯科回国。⑥

12 月 9 日　与孟庆树从苏联回到北京。⑦

12 月 12 日　中共中央军委卫生部部长傅连暲看望王明，说王明回来是"吉人天相"。⑧

12 月 14 日　致信毛泽东，说"九日晨抵京，一路尚好，请释念"；"听说主席身体健康，至为欣慰"；"三年未见，很想有机会见到主席和江青，如主席什么时候能抽出时间见我，请便中示知，以便遵示前往"。

《传记与回忆》说："毛泽东指使他的军委会卫生部长傅连暲发给各负责同志通知（12 月 14 日），以王明从苏联回来身体尚未恢复为借口，禁止

① 《王明诗歌选集（1913~1974）》，第 245、246 页。
② 张培森主编《张闻天年谱》下卷，第 942 页。
③ 《王明诗歌选集（1913~1974）》，第 247 页。
④ 《王明诗歌选集（1913~1974）》，第 248、249 页。
⑤ 《王明诗歌选集（1913~1974）》，第 250 页。
⑥ 张培森主编《张闻天年谱》下卷，第 943 页。
⑦ 《传记与回忆》；何立波：《王明落寞的后半生》，《文史月刊》2004 年第 12 期。
⑧ 《传记与回忆》。

各负责同志来看王明同志。"

12 月 15 日 林伯渠致信王明："昨晚读手书知归途健适，甚慰。今日午前打电话给孟公府二号①，说你出去了。同时得傅连暲同志通知，说你回京后应休养一时期，暂以少接洽谈话为宜。究竟健康如何，盼告我。"②

12 月 董必武传达了中共中央书记处各位同志要王明继续治疗休养的意见。

本年 王稼祥有一次陪同日共总书记会见斯大林，晚宴后斯大林对王稼祥说："王明在莫斯科养病，你应该去看看他。"而王稼祥当场拒绝去看王明。③

本年 写关于毛泽东从□□□□年秋到 1953 年这一阶段反对列宁主义、反共产国际、反苏联、反党的基本事实的简要信息。④

1954 年 50 岁

1 月 28 日 致信中共中央说：（一）"'关于增强党的团结的决议（草案）'，我完全同意"。（二）"我因病不能出席四中全会，特请假"。

2 月 6 日 中共七届四中全会在北京举行。会议揭露和批判了高岗、饶漱石在全国财经会议和全国组织会议及其前后暴露出来的分裂活动，一致通过毛泽东起草的《关于增强党的团结的决议》。王明与这年作诗《所谓高饶反党联盟》，否定高饶联盟的存在，说这是毛泽东的"阴谋"，其内容是：

> 毛家一箭射二雕，以邓代刘罗代高。
> 殃及饶潘为灭口，联盟反党只空谣。⑤

春 于北京作七绝《小院春光》一首、民歌体《成都似北京》三首、七绝《颐和园石舫》一首，并作五律《登北海白塔》一首。⑥

---

① 即王明在北京的住处。
② 《传记与回忆》。
③ 原载《中国现代名人轶闻录》，见《广东党史》1994 年第 4 期。
④ 《传记与回忆》。
⑤ 《王明诗歌选集（1913～1974）》，第 255 页。
⑥ 《王明诗歌选集（1913～1974）》，第 251～254 页。

4 月 8 日　胆囊炎和肝炎急性发作。在此之前他参加了法制委员会的部分工作，此后至 9 月份法委会取消未再工作。

王明在《中共半世纪》一书中说："从一九五四年四月到一九五六年一月，我连续发了七次急性胆囊炎和肝炎。第一次是在一九五四年四月到五月。黄树则和傅连暲等从来怕承认我有肝胆病，因为这样会联系到中毒的历史。我发病后在家躺了五天，第六天不得不搬到北京医院去。医生们诊断是急性胆囊炎，而黄树则仍坚持自己的意见说：'除此以外，还有腹膜炎。'"①

《传记与回忆》说："从 1954 年到 1956 年，两年内发生了七次胆囊炎，其中四次在家里治疗，三次在北京医院治疗。这三次都是因为呕吐厉害，必须输液（葡萄糖和生理盐水）才住院的。"

9 月下旬　杨尚昆与王明谈话，说法制委员会机关取消了，关于他的工作，等病好一些的时候中央再作决定。②

12 月 14 日　致信刘少奇并请转毛泽东和中央书记处，转述了 9 月下旬杨尚昆同他的谈话，并追述了回国后各同志去看他及他的病情，最后说："像我现在身体这样的情况，当然不能担负任何比较紧张吃力和经常系统性的工作，但有时身体比较好一些的时候，若不多少参加一点工作，感到自己完全成了不能劳动的废人，精神上是异常痛苦的……因此，我要求中央考虑分配给我某些轻轻的工作试试看。"

12 月 22 日　读完《中华人民共和国发展国民经济第一个五年计划（草案）》后，说深受"感动，为我国国家富强和人民幸福兴奋愉快"，提出了两点文字修改意见。其第二点是可否考虑在绪言或第九章"同时，在发展生产的基础上，逐步提高人民的物质生活和文化生活的水平"一句后，加上"使广大劳动人民更加提高建设社会主义事业的觉悟和兴趣"。③

12 月 25 日　致信杨尚昆，说现将我对第一个五年计划（草案）的几点意见送上，请代为转交现在负责修改这一草案工作的同志参考为感。

本年　毛泽东在给贺子珍的信中说：我身边绝无王明之流那样的人，我

---

① 《中共半世纪》，第 42 页。
② 《王明给少奇同志并主席和书记处信》，1954 年 12 月 14 日。
③ 《陈绍禹对"中华人民共和国发展国民经济第一个五年计划（草案）"的几点意见》，1954 年 12 月 25 日。

已经把他们下放的下放，送去学习的学习。请你放心……①

本年到 1956 年　孟庆树整理的《传记与回忆》附录I《王明同志的反毛斗争经过（提要）》说：此间王明"又和毛泽东在许多重大问题上对抗"。

1955 年　51 岁

1 月～2 月底　连发肝胆、肠胃、心脏等病三四次，至 4 月初仍未起床。

2 月 7 日（阴历正月十五日）　作七律《病中忆金寨元宵》。②

3 月　作七绝《春梦还乡仍少年》，诗曰：

> 柳翠莺黄桃杏红，故乡无处不春风，
>
> 纸鸢竹马牧歌乐……好景何堪似梦中？③

3 月 30 日　参加中国共产党全国代表会议的代表、吉林省委副书记富振声给毛泽东并党的全国代表会议主席团写信说，这次会议在党的建设上具有重大的历史意义，陈绍禹身为中央委员，应该参加这次会议，但陈绍禹不到会，对党的会议采取如此轻视的态度，说明他和党的距离是越来越远了，他的错误"是一笔既重且多的债，至今尚未还"。毛泽东在信上批示："印发给各代表，并送一份给王明。"④

4 月 1 日　致信毛泽东并党的全国代表会议主席团说：

> 富振声同志的信收到了。我因病不能出席这次全国党代表会议，只能在床上听读一部分文件，未能听到许多同志的发言，因而未能得到很多的教益，对我确实是莫大的损失。虽然这次中央又允许我请病假，但我经常因自己不能为党更多地工作和参加会议而痛苦万分！同时也为五年计划取得的每一个成绩而欢欣——在去年接到五年计划初稿时，我虽有病仍在秘书同志帮助下读了两遍并提了一点修改意见，为我党完全战

---

① 《从"百分之百的布尔什维克"到叛徒的足迹——王明叛党真相》，文博编著《中共往事钩沉（1）·浪底真金》，第 117 页。

② 《王明诗歌选集（1913～1974）》，第 256 页。

③ 《王明诗歌选集（1913～1974）》，第 257 页。

④ 《关于同意王明继续请假治病的批语》，《建国以来毛泽东文稿》第 5 册，第 78 页。

胜高饶联盟而喜悦——去年当讨论高饶问题时，我曾带病参加党组小组会议，表明过自己的态度；因此，我自觉并未因病而和党疏远，更未因病而不重视党的代表会议。但是所以使富同志有此感觉，可能如富同志所说由于他不了解我的情况。我现在的体力不可能给富同志写详细的说明。因此，我请求主席和主席团同志指示：我有无必要把我的有关病历和现在身体情况的材料给富同志看看？或者请主席和少奇同志为我向富同志解释一下，因为我这十几年的工作和身体情况，都曾经常向你们二位作过报告，想你们都是了解的。

关于我在七大前根据六届七中全会决议所作的很长的检查错误的声明书（中央曾印发七大代表）；二中全会上我也曾作过检讨性的发言；请考虑是否可向富同志说明，以免他误会我从来未向党交代。至于七届三中全会要我把我在第二次国内革命战争时期和抗日战争时期十几年来我所写的每一篇文章和每一个文件都重新检讨和作出自我批评来，因为这非我的身体所能，曾经中央允许暂且不作并送我去苏联治病。可惜我的身体越来越坏，正如富同志所说的这是一笔既重且多的债，至今尚未还！我自己比任何同志都更不满这一点，而这也是经常使我痛苦不安的。

信中还说希望这次手术能除去胆石，"使我不经常犯病，使我有力量能向党补课，主席和同志们是否同意我的这个计划，请指示"。毛泽东阅后批示："刘少奇同志阅后，交邓小平同志印发各代表，并告王明可以继续请假治病。"①

春夏之间　由于病情恶化，再度住进北京医院。②

王明在《中共半世纪》一书中说："一九五五年夏我又病重入北京医院。外科医生邵大夫给我滴注生理盐水和葡萄糖液，每分钟滴六十滴；这是邵大夫事后承认的，但他说是外科王主任吩咐的。滴注开始数分钟后邵大夫走了。而我浑身冷得发抖，很厉害，用六个热水袋和盖三床棉被也毫无用处。我面色苍白，头上豆大的冷汗直流，心脏颤动，浑身难受。庆树请护士立即拔掉针头，但护士说：'邵大夫吩咐没有他不准停止滴注。我去找他。'护士走后，庆树立即拔掉针头停止滴注，并马上注射

---

① 《关于同意王明继续请假治病的批语》，《建国以来毛泽东文稿》第5册，第78页。
② 《传记与回忆》。其中所写内容与《中共半世纪》一书内容基本相同。

樟脑剂强心，我才慢慢平静下来，但心脏仍然衰弱。过了许久，护士才把邵大夫找来。他见已停注，很不高兴，说应当等他来决定如何处理。""当时在北京医院外科工作的苏联专家雅·莫·沃罗申教授，听到这个消息后告诉我们：'象王明同志这样的身体，最好是每分钟注二三十滴，哪能每分钟六十滴！以后再遇到滴注时，要密切注视玻璃管显示的速度。'他认为孟庆树同志做的对，否则王明同志的心脏会支持不住的。"①

10 月 1 日　中共中央通知王明参加扩大的七届六中全会。②

10 月 2 日　由孟庆树代笔致信刘少奇，请转中央并主席，信中说：

今天下午孟庆树同志告诉我关于中央通知七届六中全会明日开会的消息……我听了这个消息非常难过，现在我要她用我的名义再给中央写这封信，除再次向中央请假外，并提出下列意见，请中央考虑。

七大以来的 10 年期间，我只有约一半时间曾带病工作，另外一半时间则因病不能工作，从去年 4 月，我的肝胆病急性发作……尤其是今年 1 月以来，肝胆炎连续不断发作，使身体健康情况更加恶化，心脏也极度衰弱，右手已 10 个月不能动……

由于病的关系，我不能出席中央的几次会议和全党代表会议，也不能参加党的工作，这就是说，我的身体情况使我不能对党尽一个中央委员起码责任，因而我认为：我继续担任中央委员的职务是不适宜的，因此，我请求中央解除我的中央委员的职务，等我的病好到可以工作时，再由组织另行分配工作。

秋　作五绝《伤脑筋的愉快（重新翻阅黑格尔哲学著作随笔)》。③

12 月　又因肝胆炎急性发作住进北京医院。④

本年　试对一绝对。王明在说明中说："儿时在家乡，55 年在北京，均听人谈几乎百年无人能对之绝对，其联文云"；

鸡犬过霜桥，一路梅花竹叶。

---

① 《中共半世纪》，第 43 页。
② 丁晓平：《王明中毒事件调查》，第 364 页
③ 《王明诗歌选集（1913～1974)》，第 258 页。
④ 《传记与回忆》。

试对（一）

日月照沧海，双悬玉兔金乌。

试对（二）

海山列关口，四时虎啸龙吟。①

1956 年 1 月　52 岁

1 月　于北京医院作七律《学气功》。②

---

① 《王明诗歌选集（1913～1974）》，第 480 页。
② 《王明诗歌选集（1913～1974）》，第 260 页。

七　第四次到苏联

1956 年 1 月　52 岁

1 月 30 日　再次去苏联治病，2 月 1 日到达莫斯科。①

《传记与回忆》说：王明临行前，周恩来、彭德怀等同志曾去看望他。"从 1956 年 2 月 1 日到 1974 年 3 月 27 日，王明同志在莫斯科渡〈度〉过这最后十八年漫长的岁月里，绝大部分时间是因病犯躺在床上，最后十年连吃饭都是躺着吃的！"在这期间，王明同志除写诗歌 200 余首外，"还经常关心国内外时事"。

由于王明是作为中共中央委员去苏联治病的，而且长期在苏联学习工作，与苏联有关方面有很熟的交往，苏联政府对王明的病给予了精心的治疗和周到的照顾。后来根据王明的要求，中国又派中医院的岳美中、李大夫两名针灸医生赴苏，协助苏联方面给王明治疗半年。由于中国政府的大力支持和苏联方面的精心治疗，王明的病情很快好转，身体逐渐恢复。②

但梁漱溟在 1977 年 11 月 16 日写的《一个英雄两个恶人》中说：王明"后因病腹泻甚剧，苏联西医束手，以闻报我中央卫生部。卫生部指派岳美中（钟秀）中医师赴莫斯科为之医治者达三个月之久。据岳君语我，陈病初非难治，一经治好，嘱其谨饮食，而陈恣意饮啖，病复作。再度为之治愈，切加嘱告，不得乱吃东西，而陈漫然不听劝戒，则又病。如是反复至再至三，岳医无奈，电告卫生部请求回国"。③

---

① 王明：《中共半世纪》，第 125 ~ 126 页。
② 曹仲彬、戴茂林：《王明传》，第 397 ~ 398 页。
③ 《梁漱溟全集》第 7 卷，第 435 页。

有的文章则分析说:"中共七大以后,毛泽东在对王明的处理上,表现出一种矛盾的心态:一方面,一再要求王明写出书面声明,要他承认自己是第三次'左'倾路线的头子,以便白纸黑字,办成铁案。而王明则只承认有错误,拒绝承担主要责任。另一方面,毛泽东又没有把事情做绝,没有强迫王明写声明书,并同意王明去苏联治病。毛泽东之所以没有做绝,一是此时的王明已经不构成对其领袖地位的威胁和挑战;二是考虑到王明的苏联背景。当时中共奉行的是向苏联'一边倒'的外交政策,如果为王明的处理问题与苏联彻底闹翻,毛泽东在此时还没有这个胆量下赌注。可以设想,如果王明不是在 1956 年前往苏联,而是留在国内的话,随着中苏关系的破裂,王明的下场不会比刘少奇更好;三是感到底气不足,有点心虚。不以事实为根据,硬要把第三次'左'倾错误路线的账算在王明头上,的确有些理不直气不壮。否则,以毛泽东的强悍个性,绝不会对王明高抬贵手,善罢甘休。这个事实也从侧面说明,所谓的'王明路线',的确是毛泽东的指鹿为马,博冠王戴。"①

2 月 14~25 日 苏共二十大在莫斯科召开,赫鲁晓夫在会上作否定斯大林的秘密报告。

3 月 24 日 毛泽东在中共中央政治局会议的总结中,谈到抗战期间斯大林开始时支持王明等等。他提议写篇文章,这就是后来发表的《论无产阶级专政的历史经验》。②

3 月 于莫斯科郊区应其子明儿之求作七律《中苏航空线上》诗一首,以记此行。③

春 作七绝《观赏白石老人画作漫题》一首,七律《咏日(应亮儿要求而作)》三首,七绝《寄明亮两儿》一首。④

4 月 2~4 日 毛泽东在对《关于无产阶级专政的历史经验》稿的修改中,在原稿"在一九二七年到一九三六年的革命时期,我们党内出现了三次'左'倾机会主义的错误路线"这句后,加写了下面的话:"其中特别严重的是李立三路线和王明路线,前者是在一九三〇年发生的,后者是在一九

---

① 叶铭葆:《"王明路线"命名考辨》,"中华网论坛"(http://club.china.com/data/thread/5688138/277/26/50/1_1.html)2009 年 3 月 25 日。

② 尚定:《胡乔木在毛泽东身边工作的 20 年》,第 150~151 页。

③ 《王明诗歌选集(1913~1974)》,第 261 页。

④ 《王明诗歌选集(1913~1974)》,第 262~265 页。

三一年至一九三四年发生的，而以王明路线对于革命的损害最为严重。"在"在抗日战争时期，我们党内又出现了"一句后，加写或改写成了"以王明同志为代表的右倾机会主义的错误路线"。①

4 月 25 日 毛泽东在中共中央政治局扩大会议上所作的《论十大关系》的讲话中说："斯大林对中国作了一些错事。第二次国内革命战争时期的王明'左'倾冒险主义，抗日战争初期的王明右倾机会主义，都是从斯大林那里来的。"他还说：对于犯错误的同志，应当"采取'惩前毖后，治病救人'的方针，帮助他们改正错误，允许他们继续革命。过去，在以王明为首的教条主义者当权的时候，我们党在这个问题上犯了错误，学了斯大林作风中不好的一面。他们在社会上不要中间势力，在党内不允许人家改正错误，不准革命。"②

4 月 28 日 毛泽东《在中共中央政治局扩大会议上的总结讲话》中谈到"第三次'左'倾路线"和"第二次王明路线"，他说：土地革命战争时期的三次"左"倾路线"都跟共产国际有关系，特别是王明路线。第一次'左'倾路线同共产国际的关系不是很大，第二次'左'倾路线从共产国际学了一些东西，但那个总的路线算是中国自己的。第三次'左'倾路线就不同了，连六届四中全会的决议案都是俄国人给写的。第三次'左'倾路线在党内的统治长达四年之久，造成的损失最大，革命力量损失百分之九十以上。""在第三次'左'倾路线时期，非常强调集中统一，不许讲不同的话……在抗日战争时期，我们给了各个抗日根据地很大的独立性。但是，后来又发展到了有些根据地闹独立性，不应当由根据地自己发表的意见也发表了，应当听中央指挥的也不听。当然，这同第二次王明路线是有关系的。""总而言之，我们党有这么一段历史，要想一想这段历史。曾经有很集中的时期，那就是第一次王明路线时期。也曾经有很分散的时期，不应当分散的也分散了，那就是第二次王明路线时期。"③

4 月 29 日 毛泽东在《要团结一切可以团结的力量》中说："失败的教训同样值得研究，它可以使人少走弯路。王明的教条主义错误，曾给我国的革命造成很大的损失。但是他的错误对我们有帮助，教育了党，教育了人

---

① 《对〈关于无产阶级专政的历史经验〉稿的批语和修改》，《建国以来毛泽东文稿》第 6 册，第 64 页。
② 《毛泽东文集》第 7 卷，第 42、39 页。
③ 《毛泽东文集》第 7 卷，第 52 页。

民，从这一点上讲，我本人就是他的学生。""斯大林有正确的地方，也有不正确的地方。王明的'左'倾机会主义错误就是从斯大林那里学来的。他主张打倒一切，否认同资产阶级的团结。在社会上是打倒一切，在党内则闹不团结。后来他的右倾错误也是从斯大林那里学来的。"①

4 月 作七绝《奠边府大捷两周年》二首。②

夏 作口语体七律《蜀道不再难（闻宝成铁路通车随笔）》、自由体诗《割麦》。③

6 月 28 日 毛泽东在《不要迷信在社会主义国家里一切都是好的》谈话中谈到"我们也犯过很多错误、很大的错误"，其中就有"王明的'左'倾机会主义"、"王明的右倾机会主义"。④

7 月 14 日 毛泽东在《美帝国主义是纸老虎》的谈话中说："我们党的历史上有过多次'左'倾和右倾的路线错误。其中最严重的是陈独秀的右倾和王明的'左'倾。"王明等是"反面教员"，"向这些反面教员学习，付出了很大的代价"。⑤

7 月 31 日 中共中央致电驻苏大使馆转陈绍禹同志："党的第八次全国代表大会，已经定于本年九月十五日召开。你将由北京市党代表大会选举为出席八大的代表。如果健康条件许可，中央盼你能出席这次大会。希望得到你的答复。"⑥

8 月 6 日 中共中央致电驻苏大使馆转李富春同志："（一）请你去看陈绍禹同志，面告他八大的会期（九月十五日开幕，九月一日起开预备会议），问他的身体情况，可否回国参加八大（中央已有另电通知他出席八大）。如果他因健康关系不能出席八大，请问他是否准备对大会提出书面的意见。""（二）谈话情形望电告。"⑦

8 月 30 日 毛泽东在八大预备会议第一次全体会议上作了《增强党的团结，继承党的传统》的讲话，他一方面指出王明是"反面教员"，说："坏事也算一种经验，也有很大的作用。我们就有陈独秀、李立三、王明、

① 《毛泽东文集》第 7 卷，第 65 页。
② 《王明诗歌选集（1913~1974）》，第 266 页。
③ 《王明诗歌选集（1913~1974）》，第 267~268 页。
④ 《毛泽东文集》第 7 卷，第 70 页。
⑤ 《毛泽东文集》第 7 卷，第 72 页。
⑥ 《通知陈绍禹出席八大的电报》，《党的文献》2006 年第 5 期。
⑦ 《关于通知陈绍禹出席八大事给李富春的电报》，《党的文献》2006 年第 5 期。

张国焘、高岗、饶漱石这些人，他们是我们的教员。"① 一方面既批评王明的错误，又主张继续选举他为中央委员，反复阐述这样做对于团结和教育全党的重要意义，他说：

特别是王明，他在七次大会的时候，为了应付起见，写了一个书面声明，承认中央路线正确，承认七大政治报告，愿意服从大会的决定。但是，后头我跟他谈话，他又翻了，他忘记那个东西了。他回去一想，第二天又说，我写过一个东西，是承认了错误的。我说，你那个时候承认，如果现在不承认了，你也可以撤回去。他又不撤回去。后头，在二中全会上，我们希望他讲一讲他自己的错误，但是他讲别的东西，只讲我们这些人怎么好怎么好。我们说，你这些话可以不讲，你讲一讲你王明有些什么错误，他不干。他答应在二中全会以后写反省。但是后头他又说，他有病，用不得脑筋，一动手写，他那个病就来了。也许他是故意这样，那也难说。他一直害病，这次大会也不能出席。是不是选举他呢？……七次大会的时候，就有很多代表不愿意选他们（不仅是王明，还有相当几个同志）当时我们说，如果采取这个方针，我们就要犯错误。我们不选举犯错误的人，为什么叫做犯错误呢？因为那是照他们的办法办事。他们的办法，就是不管你是真犯错误，假犯错误，一经宣布你是机会主义，就不要了。如果我们也照这样办，我们就是走他们的路线，就是走王明路线，或者立三路线。这样的事情不干，让我们走王明路线，立三路线，不干。他们搞的党内关系就是那样一种关系，对犯过错误的，或者跟他们作过斗争的，骂过他们是机会主义的，他们都不要。他们把自己封为百分之百的布尔什维克，后头一查，他们是百分之百的机会主义，而我们这些被他们封为"机会主义者"的，倒是多少有点马克思主义。

　　……我们选举王明路线和立三路线这两位代表人物是表示什么呢？这是表示我们对待这种犯思想错误的人，跟对待反革命分子和分裂派（像陈独秀、张国焘、高岗、饶漱石那些人）有区别。他们搞主观主义、宗派主义是明火执仗、敲锣打鼓，拿出自己的政治纲领来征服人家。王明有政治纲领，李立三也有政治纲领……所以，王明、李立三的

---

① 《毛泽东文集》第 7 卷，第 91 页。

问题，不单是他们个人的问题，重要的是有它的社会原因。这种社会原因在我们党内的反映，就是党内有相当一部分人遇到重要关头就要动摇。这种动摇就是机会主义。就是这里有利就干这件事，那里有利就干那件事，没有一定的原则，没有一定的章程，没有一定的方向，他今天是这样，明天又是那样。比如王明就是如此，从前"左"得不得了，后头又右得不得了。

七次大会的时候，我们说服了那些同志，选举了王明、李立三。那末，七大以后这十一年来，我们有什么损失没有？毫无损失，并没有因为选举了王明、李立三，我们的革命就不胜利了，或者迟胜利几个月。

是不是选举了他们，犯错误的人得到奖励了呢？……会不会就学王明、李立三，也搞两条路线，变成四条路线，以便争取当中央委员呢？不会，没有人这样，而是鉴于他们的错误，自己更谨慎一些。

还有，从前有所谓"早革命不如迟革命，革命不如不革命"那么一种话，那末，选举他们，党内会不会发生正确不如错误，小错误不如大错误这样的问题呢？王明、李立三犯路线错误，要选他们做中央委员，结果就要正确的人或者犯小错误的人空出两个位置来，让他们登台。这样的安排是不是世界上最不公道的呢？从这一点看，那是很不公道的：你看，正确的或者犯小错误的人要把位置让给那个犯大错误的人，这是很明显的不公道，这里头没有什么公道。如果这样来比，应该承认，是所谓正确不如错误，小错误不如大错误。但是，从另外一点看，就不是这样。他们犯路线错误是全国著名、全世界著名的，选举他们的道理就是他们出了名。你有什么办法呀，他们是出了名的，你那个不犯错误的和犯小错误的名声没有他们大。在我们这个有广大小资产阶级的国家，他们是旗帜。选举他们，许多人就会这么说：共产党还是等待他们的，宁可让出两个位置来给他们，以便他们好改正错误。他们改不改是另一个问题，那个问题很小，只是他们两个人。问题是我们这个社会有这么多小资产阶级，我们党内有这么多小资产阶级动摇分子，知识分子中间有许多这样动摇的人，他们要看这个榜样。他们看到这两面旗帜还在，他们就舒服了，他们就睡得着觉了，他们就高兴了。你把这两面旗帜一倒，他们就恐慌了。所以，不是王明、李立三改不改的问题，他们改或者不改关系不大，关系大的是党内成百万容易动摇的出身于小资产阶级的成分，特别是知识分子，看我们对王明、李立三是怎样一种态度。正如我们在土地改革中间对待富农一样，我们不动富农，中农就安心。如果我们八大对他们两位采取的态度还是同七大的态度一样，那我们党就可以得到一种利益，得到一种好处，就是对于改造全国广大的小资产阶级比较容易些。这在全世界也有影响。在外国对犯错误的人采取我们这个态度的很少，可以说没有。①

9月8日 自莫斯科致电刘少奇并请转中央和主席说："自8月7日接到中央盼我在健康条件许可下能出席八大电示后，我个人及医疗、护理方面虽作了更多的努力，但至今身体病况仍不许可我有回国参加八大学习的可能，乃不得不以深沉的愧歉的心情向中央和八大主席团来电请假。"在赞扬了党的七大至八大期间所取得的胜利后，他接着说："我谨祝我党八大工作完满成功，我深信我党在以毛泽东同志为首的马克思列宁主义中央领导下，一定能动员和组织全体党员及全国人民为实现八大决议而英勇奋斗，在与苏联共产党及各国兄弟党密切合作和互相支援下，在建设社会主义和争取持久和平的伟大事业中，获得更进一步的胜利。"9月10日，毛泽东在电报上批示："此件可以印发各代表。"②

9月10日 毛泽东在《关于第八届中央委员会的选举问题》的讲话中说王明在历史上犯过很多次路线错误，其中就有"第三次'左'倾路线的错误"、"王明右倾路线的错误"。③

9月12日 王观澜致信中共八大代表团林枫并请即转主席并中央，说关于中央委员会候选名单问题，我完全拥护中央提出的名单，放弃不选王明同志的意见。"但是还有一点意见，就是王明同志，一直到今天，没有令人满意的表示，这是很遗憾的。王明、博古路线是完全错误的路线，是与党的路线相背驰的。这已为六届四中全会以后二十六年来革命史实证明了的。它在遵义会议前四中全会前后，整整四年中，不能领导革命基本力量和团聚可能革命的一切力量走向发展、走向胜利，而是大大地断送和削弱了革命的基本力量和拒绝了一切可能革命的力量……历史是无情的，王明、博古路线是完全错误的路线，它给中国革命以极大损害。这是无可争辩的事实。在我个

---

① 《毛泽东文集》第7卷，第93~97页。
② 《对陈绍禹不能参加党的八大的电报的批语》，《建国以来毛泽东文稿》第6册，第198页。
③ 《毛泽东文集》第7卷，第100~101页。

人来说，我几乎是这个路线的牺牲者。（过程和痛苦不细说了）。我极端的仇恨这个路线……我从在莫斯科参加反王明、博古领导的支部局斗争受警告后，一直像负过立功似的……一九三八年王明同志回国不久吧，他不顾青红皂白地又给我戴上了一顶不相称的托派嫌疑的帽子（也不合一九三九年莫斯科清党结论）。我在痛苦中觉得他的派别成见太深了，真是一个名符其实的宗派主义者！"他还说："党对王明同志本人，是做到胸襟宽大仁至义尽了。七大时没有很好的反省，七大以后十一年的漫长时间，应该有积极反省自己错误的表示，可是结果没有。到了八大是他最后表示意见承认自己错误的最好时刻了。因此，我还是希望他在八大正式开会以前，王明同志对自己的错误有一个诚恳地无保留地承认的表示，这对他自己，对党，对国家都有好处。"

9 月 15 日　刘少奇《在中国共产党第八次全国代表大会上的政治报告》中说："党在一九三一年至一九三四年间所犯的错误反而比以前两次的'左'倾错误更为严重"；"在一九三一年到一九三四年期间统治全党的以王明、博古等同志为首的'左'倾机会主义者，不但没有接受过去几次错误路线的教训，而且由于他们的教条主义的思想方法和横蛮武断的作风，把主观主义和宗派主义的错误发展到了党的历史上空前未有的地步。他们完全不顾当时国内社会各阶级的实际状况，不顾敌我力量对比的客观形势，在政治上和军事上都采取了极端冒险的政策，在党内生活上也完全破坏了党内的民主制度，发展了过火的党内斗争。他们的错误领导，使革命斗争遭到严重的失败，使当时的革命根据地和工农红军损失了百分之九十，国民党统治区的党组织和党领导下的革命组织几乎损失了百分之百"。①

9 月 18 日　傅连暲致信吴芝圃请转中共八大中南代表团报中央，说关于选举王明同志继续担任我党下届中央委员问题，经主席一再指示，我深深地体会到我党治病救人、从团结出发的伟大精神和照顾国际影响的原则，我保证根据这一指示，忍痛投他一票。但信中接着说："从我党的历史上看，王明同志的错误是非常严重的，给党造成的损失是不可估量的。在他的错误路线领导之下，当时我党在白区的组织完全被他搞垮，在苏区的组织也几乎完全被他搞垮，即以我个人的亲属所受的摧残而论，由于他的错误路线，被杀害者就有五人之多。对于他给党的危害，任何同志回忆起来，都深觉惨

---

① 《刘少奇选集》下卷，第 266～267 页。

痛。特别严重的是他至今尚无承认错误之意。即以此次他给中央的电报来看，只是贺电式的官样文章，毫无自我检讨。最近苏联克里姆林宫医院老医生斯洛巴将尼克同志来我国，我向他询及王明同志健康情况。据他讲，王明同志几个月来，体重增加十三公斤，每日能走很多的路，行动几如常人，如以现在的活动来估计，他可以担任工作。自此，可以证明，王明同志来电所述与他自己身体状况完全不相符的，他是有意躲避不来出席我党此次大会的。为了说明他的思想，我有责任把这一情况反映给中央，供中央参考。无论他此次能否当选，都希望中央今后经常对他进行更大的帮助和教育。"

9 月 24 日　毛泽东在《吸取历史教训，反对大国沙文主义》中批判王明说：

> 过去的王明路线，实际上就是斯大林路线。它把当时我们根据地的力量搞垮了百分之九十，把白区几乎搞垮了百分之百……中国第一次王明路线搞了四年，对中国革命的损失最大……他是我们党的教员，是教授，无价之宝，用钱都买不到的。他教育了全党不能走他的路线。
>
> 这是我们第一次吃斯大林的亏。
>
> 第二次是抗日战争时期。王明是可以直接见到斯大林的，他能讲俄文，很会捧斯大林。斯大林派他回国来。过去他搞"左"倾，这次则搞右倾。在和国民党合作中，他是"梳妆打扮，送上门去"，一切都服从国民党。他提出了"六大纲领"①，推翻我们党中央的十大纲领，反对建立抗日根据地，不要自己有军队，认为有了蒋介石，天下就太平了。我们纠正了这个错误。蒋介石也"帮助"我们纠正了错误。王明是"梳妆打扮，送上门去"，蒋介石则是"一个耳光，赶出大门"。蒋介石是中国最大的教员，教育了全国人民，教育了我们全体党员。他用机关枪上课，王明则用嘴上课。②

9 月 25 日　毛泽东在《我们党的一些历史经验》中说："以瞿秋白、李立三、王明为代表的三次'左'倾机会主义路线，给我们党带来了很大的

---

① 指王明 1937 年 12 月 25 日在武汉擅自发表的《中共中央对时局宣言》中提出的抗日战争必须实现的六项任务，也被称作"六大纲领"。
② 《毛泽东文集》第 7 卷，第 120、121 页。

损失，特别是王明'左'倾机会主义路线，把我们党在农村中的大部分根据地搞垮了。"抗日战争时期，"原来犯'左'倾机会主义路线错误的王明又犯了右倾机会主义路线的错误。他先是执行了共产国际的最'左'的方针，这时他又执行了最右的方针。他也是我们的一个很好的反面教员，教育了我们党"。①

同日　周恩来在接见澳大利亚共产党代表团和新西兰共产党代表团时说：斯大林的功劳有世界意义，他的错误也是世界性的，影响到各国的党。当我们党犯错误的时候，也受到他的错误的影响。在1931～1934年王明路线时就是如此。抗战初期，他要我们一切支持蒋介石，王明是执行这个意见的，但我们中央有不同的意见。②

9月27日　中共八大闭幕。王明仍被选为中共中央委员。

盛岳在《莫斯科中山大学和中国革命》中说："到了一九五六年中共八大，陈绍禹及其支持者再次被谴责为右倾机会主义者，直到这时，种种迹象表明，陈才是彻底被打败了。八大后，他从政治局刷下来，只在中央委员会保留一个最低的职位。"③

秋　于莫斯科郊区作七绝《无尽宝藏（择读内经随笔）》、七绝《望云》。④

冬　作民歌《铲雪（就明亮两儿铲雪事与亮儿谈民歌习作）》。⑤

本年　作七绝《记苏伊士运河事变》。⑥

本年到1963年　据孟庆树整理的《传记与回忆》附录文章说，王明虽常犯病，但经常和苏联同志们谈到毛泽东的错误。⑦

1957年　53岁

1月9日　陈云在中共商业部党组会议上的讲话中说王明是"反面教

---

①　《毛泽东文集》第7卷，第133页。
②　中共中央文献研究室编《周恩来年谱（1949～1976）》上卷，第620页。
③　盛岳：《莫斯科中山大学和中国革命》，第265页。王明从中共七大就不再是中共中央政治局委员，此处不确。
④　《王明诗歌选集（1913～1974）》，第269～270页。
⑤　《王明诗歌选集（1913～1974）》，第272页。
⑥　《王明诗歌选集（1913～1974）》，第271页。
⑦　《传记与回忆》附录Ⅰ《王明同志的反毛斗争经过（提要）》。

员"，他说："毛主席如果没有王明、张国焘，这些反面教员，未必能那样的成熟。对于各种意见要进行比较。所有正确的分析，都是经过比较的。这是'试金石'的方法。通过比较，可以弄清楚事物的本质。"①

5 月 作《闻父死》古体诗二首。诗下注曰："得电父于 1957 年 5 月 11 日 1 时在北京医院逝世。我父曾作鄂豫皖苏区合作社主任，为红军采办给养。革命成功前，曾被敌人捕去 5 次，受过严刑讯问，始终坚决不移。"第一首诗曰：

> 何必陟岵兮，处处见我父。
> 何必陟屺兮，处处见我母。
> 哀我父母兮，先后已作古。
> 恸我此生兮，再不见父母。②

10 月 4 日 于莫斯科郊区作五绝《第一颗人造卫星（记苏联 10 月 4 日放卫星成功）》。③

11 月 6 ~ 21 日 毛泽东率代表团访苏期间，曾派代表团成员、中央办公厅副主任赖祖烈与黄树则去看望王明。据黄树则回忆说："1957 年，毛主席、杨尚昆一起去苏联。杨尚昆让我和中央办公厅副主任赖祖烈去看望王明。我们去看他时，他住在莫斯科郊外的一座别墅里。我去时，他只有点神经官能症，别的已没有什么病。他谈笑风生，还留我们吃一顿饭，吃的是包子。王明去苏联，好多年党中央都给他送东西，他自己也要东西。后来接到苏联专家给中央写的病情报告，说他只剩下神经官能症，可以回国了。但他自己不愿回来。"④

冬 于莫斯科郊区作七绝《雪林》、七律《久雪》。⑤

本年 作七律《太史公（见报载司马迁诞辰随笔）》，诗曰：

> 凶残宫腐尚存头，史记辉煌万古留。

---

① 《为什么要对资本主义商业实行赎买政策》，《陈云文选》第 3 卷，第 47 页。
② 《王明诗歌选集（1913 ~ 1974）》，第 276 页。
③ 《王明诗歌选集（1913 ~ 1974）》，第 278 页。
④ 曹仲彬等：《访问黄树则谈话记录》，曹仲彬、戴茂林：《王明传》，第 399 页。
⑤ 《王明诗歌选集（1913 ~ 1974）》，第 279、282 页。

　　汉室匈奴难一理，李陵苏武各千秋。

　　忠言逆耳遭横祸，赎罪无人敢代筹。

　　封帝淫威虽已去，望书怀想不甚愁。①

　　本年　作七律《所谓反右运动的真相》，指责反右派运动，并攻击毛泽东。内容是：

　　并无右派大联盟，惟有一心要害人。

　　千样阴谋千道诏，百花齐放百家鸣。

　　指毛差错都成罪，说列高明便处刑。

　　迫使九州喑万马，独夫神化更横行。②

　　本年　作七绝《秦汉兴亡（亮儿读故事诗出题试作）》4首、七绝《三镇两山跨一桥》。③

　　本年　毛泽东在一次谈话中说："陈独秀、王明……都不能实事求是，独立思考，都盲目地跟着别人的指挥棒转，所以他们只能把中国革命引向失败。"④

1958 年　54 岁

　　1 月　毛泽东在《工作方法六十条（草案）》中说："'攻其一点或几点，尽量夸大，不及其余。'这是一种脱离实际情况的形而上学的方法……我党在历史上吃过这种方法的大亏，这就是教条主义占统治地位的时期。立三路线也是如此。修正主义，或者右倾机会主义，也用这种方法。陈独秀路线和抗日时期的王明路线，就是如此。"⑤

　　3 月 4 日　中国驻苏大使刘晓致电毛泽东，报告苏共中央主席团委员库

①　《王明诗歌选集（1913～1974）》，第 273 页。
②　《王明诗歌选集（1913～1974）》，第 281 页。
③　《王明诗歌选集（1913～1974）》，第 274～275、280 页。
④　转引自方铭《实事求是独立思考——回忆毛主席一九五七年的一次亲切谈话》，1979 年 1 月 2 日《人民日报》。
⑤　《毛泽东文集》第 7 卷，第 358 页。

西宁所谈的王明的一些情况。内容是：

　　二月四日苏共中央主席团委员库西宁通知我关于王明的一些情况。他说，根据医生的诊断，王明目前健康情况尚满意，已不需再进行其他专门治疗，可回到中国继续休养，库西宁说，最近王明主动同苏共中央联络部一位工作人员谈话，对苏方把他的病况和诊断通知我中央一事表示不满，苏方是根据杨尚昆同志的询问这样作的。此外，王明主动对这一工作人员谈到，他同我中央领导的某些分歧，他同毛主席在中国革命和党内某些问题上有不同意见。王明认为他一九三八年在武汉工作时期，虽然犯了个别错误，但不能认为是左倾或右倾的错误，他不同意毛主席对这些错误的批评和估价；一九四二——四三年中央要求他检讨自己的右倾错误，目的是为了要逮捕他。王明说，我中央认为他在共产国际中的全部工作是错误的，估价是不正确的；他根据共产国际的指示，在国内建立抗日统一战线，中共中央批评他犯了右倾错误，也是不正确的。在一九四二——四三年整风时，中央毫无根据地强迫百分之八十的党员进行自我检查，也强迫他检查自己，但他拒绝这样作。王明认为那次整风运动助长了党内的民族主义情绪和个人崇拜的流行。王明说中共中央对他在反立三同志的错误后，所作的批评是不公正的，不正确的，因为他是执行了共产国际的指示。在谈话中，王明还夸大了他自己在争取苏联援助我们抗日方面的作用。库西宁说，王明对我中央依然抱着集团宗派主义的观点和情绪，他的政治病尚未医好。由于王明对这一工作人员谈及一些与共产国际的工作有关的问题，库西宁因当时在共产国际中工作，故认为有说明以下三点情况的必要：

　　（一）王明谈到，毛主席怀疑共产国际方针路线的正确性问题。库西宁说，如果过去或现在中共中央领导同志对共产国际关于中国问题某些指示的正确性表示怀疑是有权利这样作的，也是有根据的，不能认为共产国际的所有指示都是正确的，难道共产国际会比中共中央更了解中国的具体情况吗？执委会当时同中共的联系较少，基本上是通过王明联系的，而王明往往以个人的主观意见代替中共中央的意见。

　　（二）王明在共产国际期间，曾企图使执委会通过一些极其主观片面的决议，一般地都表现出左倾和官僚主义的趋势。为此，领导机构经常批评他。他常常强调自己是享有中共中央的支持和完全信任的，他提

出的建议如库西宁（当〈时〉的东方部部长）不同意，他就向执委会书记处甚至向斯大林提出。

（三）王明为了辩护自己在中国工作期间的错误，认为是盲目地执行了共产国际的指示，这也是错误的。库西宁说，共产国际没有过任何让他反对毛主席，违背中共中央的指示而活动的指示，相反的，当共产国际领导机构从来信中得知（约在一九四零年）王明的宗派活动情况时，季米特洛夫同志曾责备过他，并将此事向库西宁谈过。

最后库西宁说，这一工作人员是口头向党报告的，词句上可能有出入，但所说的问题是不会有错误的。同时表示，王明不必要继续在苏治疗，他在苏联也超出了病人活动的范围，这个问题由我中央决定，希望知道我中央的意见。

根据以上情况，我认为王明仍在坚持自己的错误，并用两面手法进行挑拨性的活动，值得严重注意。此人已无改过认错的希望，我建议王明的错误要考虑作进一步严肃的处理，首先应令其回国。

王明在 1969 年冬谈的《和古西宁的争论》的回忆中说："1959 年我和国际部某同志谈了一些中共内的情况，尤其是谈了毛泽东反共反共产国际反苏的情况。不料古西宁把我谈的材料送给当时中国驻莫斯科大使刘晓去了！刘晓又送给毛泽东。但是毛泽东以为苏联不愿帮他建立原子能研究所，所以毛泽东叫刘晓告诉古西宁说：'不要用王明来作交换！因为王明已是个政治僵尸，随他愿意在苏联住多久都可以！'"

3 月 9 日 毛泽东《在成都会议上的讲话提纲》中说："八年的教条主义，没有吸取王明教条主义的教训。"①

3 月 10 日 毛泽东《在成都会议上的讲话》中说："从内战开始到遵义会议这一时期，即一九二七年至一九三五年，我们党发生了三次'左'倾路线，而以一九三一年至一九三四年的王明路线最为厉害。当时苏联反托派胜利了，斯大林的地位开始巩固，在理论上又战胜了德波林学派，而共产国际远东部实际上又是米夫在负责，他的作用太大了。这些条件使教条主义得以形成。中国的'左'倾机会主义者差不多都是在苏联受到影响的，当然也不是所有去莫斯科的人都是教条主义者。当时去苏联的许多人当中，有些

---

① 《建国以来毛泽东文稿》第 7 册，第 108 页。

人是教条主义者，有些人不是；有些人联系实际，有些人不联系实际，只看外国。当时王明等人搞了所谓'二十八个半布尔什维克'，几百人在苏联学习，为什么只有二十八个半呢？就是他们'左'得要命，自己整自己，使自己孤立。"他还说："抗日时期我们同王明的争论，从一九三七年开始，到一九三八年八月为止，我们提十大纲领，王明提六大纲领。按照王明的做法，即斯大林的做法，中国革命是不能成功的。"①

3月18日　毛泽东在成都会议上陈伯达谈话时的插话中几次批判王明，他说：

　　（抗日战争时期）"他从国际回来，搞了'六大纲领'、两个'优秀青年的总汇'那一套，把我们那个十大纲领推翻了，长江局成为中央，中央成为留守处，我是留守处主任，我是管城内，连城墙上都不能管。因为忽然一天早上标语由十大纲领改为'六大纲领'，你有什么法子管？所有那个时候的中央局以及白区的工作，统统听长江局，并不听中央，什么人听中央呀?! 有文件可查，有事实可查。他在那里分裂党，他自己实际上成立了中央。办了一个报纸，叫'党报'，叫'新华日报'，我说，叫'派报'比较妥当。因为我的一篇文章（就是'论持久战'）他不登，说太长，但是陈克寒关于晋察冀的那个报道比我那个还要长，可以登，我这个就是以太长为理由，出个小册子解决。打电报来，我回了电报，我说要登，决不让步！他也是决不让步，决不登！你看，中央在哪里？你是党报，还是派报？我说是'派报'，宗派主义之报，是没有登，你们现在去查武汉时期那个'新华日报'，就不登我的文章。而延安的报纸小得多，叫'新中华报'，三日刊，给我全文登了。我是要出卖我这一套的，我是想在武汉推销我这个货物的，但是那个地方他不买，你有什么法子？"

　　"同是第三国际回来的人，他是十二月回来的，王稼祥是第二年四月还是五月回来的，隔那么四、五个月。王明没有圣旨的，没有什么圣旨到，要我们接旨，他是口喊'天谶'，说是斯大林怎么讲怎么讲。但是隔四、五个月，王稼祥回来，那是有圣旨的，有个决议案，对于中国有八条，还是几条，那个我们是赞成的，因为它要发动群众，要讲民

---

① 《毛泽东文集》第7卷，第367页。

主。而王明他就是不要发动群众，不要讲民主，照蒋介石那一套搞，就是不要触动蒋介石。究竟谁反共产国际？王稼祥一个共产国际，你王明一个共产国际，你也没有旨，你究竟还是朝廷旨意，还是六部公文？既无六部公文，二无朝廷旨意，你又要收鱼税银子。（笑声）隔五个月，朝廷旨意来了，你说谁反共产国际呀？"

（当陈伯达说到"新华日报"不断登王明的像片，"中国共产党的领袖王明"时）"他那个像片送得多了。贺龙也接到像片了，关向应也接到像片了，我们这些将军都接到他的像片。可是这一条我没有他厉害，我没有送像片。"

（当陈伯达说毛泽东在民主革命时代有许多新语言时）"这要感谢王明，这是他逼出来的。第一个逼是蒋介石，还有帝国主义、封建主义。第二就是教条主义，把我们教会了一点。还有陈独秀主义。有了陈独秀，有了王明，我们这个事就好办了。因为他们讲，我们搞的是一点什么主义都没有了，什么国际主义都没有了，共产主义都没有了，叫做'一贯的右倾机会主义'，叫做'狭隘经验论'。我在'中国革命战争的战略问题'那篇文章中回答了这些问题。凡是有机会，我都射箭，一切明箭、暗箭我都回的……那个时候我是个多产作家，出卖我这一套。总而言之，是他逼出来的。"

（当陈伯达谈到中华人民共和国的成立时）"就是违背王明的意志才成立这个共和国，照他那个搞法，就是不准备胜利的。'一切经过统一战线'，'六大纲领'，两个'优秀青年的总汇'，国民党等于共产党，共产党等于国民党，那为什么打倒国民党呢？"

毛泽东在插话中还说了一段话，大意如下："王明如何处理？开除不利，调回来他就没有□了，没有市场了。不如让他在莫斯科，还可以有对象说说自己的话。不必调回来。可以让他翻案，拖二十年再说，等到我们超过英国再说。"

春 作口语体七绝《戒行反言者》、民歌体《麻雀问》、七绝《广州城南凤凰树（阅报随笔）》。①

5月17日 毛泽东在中共八大二次会议上谈到斯大林的错误时批评王

① 《王明诗歌选集（1913~1974）》，第283~286页。

明说："斯大林欠我们几笔账，主要是两笔账：一个是王明路线，一个是不许革命。王明路线整得我们好苦。王明路线实际是斯大林路线。第二次王明路线（抗日时期）也是奉他那个圣旨。"

5月20日 中共八大二次会议在讨论时，有的代表在发言中批评了王明的错误。例如军队代表团谭友林提出，中央委员会中有屡犯错误、屡教不改的，如王明同志，仍作中央委员是不妥当的。莫文骅提出，王明同志非但不检讨，还在进行挑拨。甘泗淇建议，对王明同志的问题应作处理。四川组有的提出：要求中央把王明调回来。因为王明现已不是在国外养病，而实际上是在进行反党活动。中央对王明的处理可以说是仁至义尽了，而王明至今尚无悔改的表现。

6月12日 一夜写成诗32首，起名《梦吟》，记述他同孟庆树从1927年冬初次见面到此时31年的主要经过。他当时注解说："近来心脏、肝、胆、肠、胃病连续并发，情势危殆。是夜似睡非睡，似梦非梦，竟于朦胧中成诗卅二首。醒后自觉惊奇，乃决抄存念。"并说：

> 病重来奇梦，诗成如有神。
> 连绵卅二首，汗雨到天明。①

其中的《长存》一诗曰：

> 海可浅枯山可平，日常出没月升沉。
> 形躯纵死精神在，地老天荒挚爱存。②

7月7日 作七律《消灭血吸虫的第一面红旗》。③

7月22日 毛泽东在《同苏联驻华大使尤金的谈话》中说："在我们的关系中，也有过问题，主要与斯大林有关。有三件事：第一，两次王明路线。王明是斯大林的后代"；"斯大林支持王明路线，使我们的革命力量损失了百分之九十以上"。④

---

① 《王明诗歌选集（1913～1974）》，第287页。
② 《王明诗歌选集（1913～1974）》，第304页。
③ 《王明诗歌选集（1913～1974）》，第305页。
④ 《毛泽东文集》第7卷，第388、393页。

8 月 16 日　中国驻苏联大使刘晓在给中共中央的电报中说：不久前我曾往访库西宁同志，向他转告了毛主席对苏共中央关于王明情况通知的答复。他表示对毛主席能充分地理解苏共中央非常高兴，至于王明是否应该在苏继续治病的问题，应完全由中共中央决定。既然毛主席认为他可以留下，这对苏方来说也不会成为负担。①

8 月 30 日　毛泽东在北戴河中央政治局扩大会议上的讲话中谈到王明时说："王明也是个右派。为什么又选他作中央委员？这种右派跟章伯钧不同，因为他是共产党，名气很大，那你得当中央委员，你不当不行！（笑声）就是说，没有那么简单，没有那么容易不当中央委员。因为当中央委员，大家有个印象，他不当了，什么事都没有了。当中央委员有这么一个道理……王明没有自我批评，他写了一个信来，想不当了，我的意思还要当。他的原则是要开会（中央全会或者党大会）就得病。但是我看还得当一下，当了有益处。"

秋　作自由体诗《抽象的真理是没有的》、七律《如此"主脑"》、七律《寓秋月之夜》、五绝《学诗（答亮儿问学诗难易）》、七绝《病危梦母忆父》。②

11 月 4 日　收到召开中共八届六中全会的通知后，在这天写了一个给中共中央办公厅并请报转中央和毛泽东主席的很长的电文，请中国驻苏大使刘晓发电或交人带交中共中央。电文中说："因病长期不能参加工作，八大二次会议前，病情又一再恶化，感到身体没有再工作的可能，曾先后托刘晓同志带信和致电中央并主席，请求解除我的中央委员职务，迄今未得中央复示，也未见到刘晓同志。现又接到外交部转来中央决定召开六中全会给我的通知，真是不知如何是好。因身体状况仍很不好。""如我能为党多少做点工作，不仅可以尽到一点党员的责任，而且可以享受到参加劳动的幸福。可是我的身体不仅还不能劳动，辗转床褥，一切尚需别人照顾。因而又不得不向中央请假，请求批准。实在不胜遗憾。"

这封电文后面附了他对"各尽所能，各取所需"和"各尽所能，按劳取酬"两个口号译文的意见，供中央参考。部分内容如下。

---

① 毛泽东《关于印发刘晓给中央电报的批语》注释，《建国以来毛泽东文稿》第 7 册，第 350 页。
② 《王明诗歌选集（1913～1974）》，第 306～313 页。

附：（一）"各尽所能，各取所需"……这个口号的前一句说的是每个社会成员对共产主义社会的劳动关系，是以个人为主词的，原译文是没有问题的。后一句说的是共产主义社会对每个成员的待遇关系，是以社会为主体的。原译文"各取"二字不仅以个人为主体，而且原文中没有"取"的意思，照原译文可能被了解为个人可以任意取其所需。

（二）"各尽所能，按劳取酬"……两句都是以社会为主体，所以中文可以简译为"按各所能，按各所劳"。原译"各尽所能"与俄文原意由社会要求每个成员按其所能来劳动的意思是有差别的；原译"按劳取酬"与俄文原意由社会按每个成员的劳动给以待遇是不同的，而且原文中也没有"取"的意思，照原译"按劳取酬"，就使以社会为主或以个人为主问题含糊不清。

《传记与回忆》说："1958 年，王明同志虽多次严重犯病，但他仍经常关心中国共产党和中国人民。在中共八届六中全会时，也就是在毛泽东提出'三面红旗'政策（总路线、大跃进、人民公社），自吹要在短期内建成共产主义的乌托邦思想时，王明同志向中共中央提出改正关于社会主义社会和共产主义社会的两个口号的翻译错误，以便使中共中央懂得：社会主义阶段不能跳过，而科学的共产主义社会绝不是一朝一夕即能建成的。"

《写作要目》说：这个请假电"主要内容除请假外，提醒中央注意不能把社会主义阶段和共产主义阶段混为一谈，关于两个阶段原中文译法错误，和应当如何改正及其改进。"

12 月 作口语体七律《第四面毛旗（毛泽东决定缩减全国粮地三分之二）》。①

冬 作七律《艾烟芝影》、七律《病榻对雪》、自由体《不知之谈》、口语体五律《保资跨灶》。②

本年 还于莫斯科郊区作七绝《病重梦中忆母》5 首。

本年 开始作一些回忆性的谈话，由夫人孟庆树加以记录和整理。

从这年开始至 1974 年去世前，王明谈了《关于一九三七年十二月中共

---

① 《王明诗歌选集（1913～1974）》，第 315 页。
② 《王明诗歌选集（1913～1974）》，第 314～320 页。

中央政治局会议的路线和抗日战争时期中共内两条路线的斗争》、《王明同志对于 50 个问题的回答》、《关于顾顺章和向忠发的材料》、《关于临时中央政治局和博古同志当总书记问题》等，后来孟庆树根据他的回忆整理成了《陈绍禹——王明传记与回忆》（未刊）。

孟庆树 1970 年 7 月 16 日写的《我的说明和希望》说："自 1958 年，王明同志又曾一度病重，情况危极，我开始感觉到要利用他身体稍好些时，写点'王明同志回忆谈话'记录。目的是想把他知道的一些有关中共和其他国际问题的重要历史事实，写出来记下来，留给中共中央作将来推翻毛泽东伪造的党史，重写合乎历史事实的，合乎马列主义历史学原则的真正的中国共产党史的参考。"

本年 开始学习中医。

《传记与回忆》说：1958 年，王明因屡次病重，除服西药外，又服中药，并从北京中医研究院请来两位中医为王明治疗。"王明同志自己也经常学习中医，他想把中医的理论与实践写成一本书，可惜体力不够，他只写了中医的理论和实践的提纲"。下面，就是这个提纲的内容：

中医理论与实践问题概要（提纲）

（一）阴阳论（根本的出发点）

（二）三才论（或天人合一论——阴阳论之第一步发展）

（三）五行论（阴阳论之第二步发展）

（四）经络论（十二经络，十四经络，奇经八脉——阴阳论之第三步发展）

（五）气、血、水论（阴阳论之第四步发展）

（六）营卫论（阴阳论之第五步发展）

（以上为阴阳论在生理方面的运用）

（七）三因论（阴阳论在病理方面之应用）

（八）四诊论（阴阳论在诊断学方面之应用一）

（九）八纲论（阴阳论在诊断学方面之应用二）

（十）八法论（阴阳论在治疗方面之应用）

（十一）辨症论治（阴阳论在诊断和治疗方面之联合应用）

（十二）中医治疗方法类别（阴阳论在治疗方法上之应用）

（十三）中医之分科

回忆录中还说："王明同志认为《内经》不仅是古典的医学著作，而且是古典的哲学著作。他认为《内经》里关于自然界和社会的各个对立面及其相互关系，写得最好的是《内经》的'阴阳应象大论'内篇：'夫阴阳者，天地之道也，万物之纲也，变化之父母，生杀之本始，而神仙之府也。故治病必求其本。'""王明同志不仅研究《内经》等古典医书，而且研究和实践了经络气功"，并写有《经络气功法概要》（提纲）。

1959 年　55 岁

2 月 2 日　毛泽东在省市自治区党委书记会议上的第二次讲话中批评王明说：

"王明路线，教条主义，叫做'百分之百的布尔什维克'。那么多，自己的报纸上吹，总是百分之百，而把别的人讲成'一贯的机会主义'，在世界观同方法论上，叫做'狭隘经验论'。经验论就是经验论，还有什么狭隘的经验论，宽广的经验论？他要把我们这种经验论讲成比历史上的经验论还坏些，所以叫'狭隘经验论'。这不是王明，而是别的人，在那个时期就是这个风。"

"第二次王明路线，根本否定我们这条路线，另提出'六大纲领'。这是在抗战时期，他回来，那个声势浩大，迷惑了很多人。这个王明路线一次不行，还要搞两次。这个路线不是个别人的问题，是代表许多人，代表许多机会主义者，混入党里头的中产阶级分子，小资产阶级中间的极不稳定的那一部分。现在这个王明路线的领导者还有没有呢？这一次六中全会来一封信，这封信比过去的信比较好。可能是因为这样：王明告了我三条洋状：一是反国际路线（就是第三国际）；二是强迫百分之八十的人作检讨（就是我们整风）；还有一条叫搞个人崇拜。苏共中央通过库西宁同志（这个同志是个好同志，过去在共产国际负责任）告诉我们刘晓同志，说王明反对中央，就是反对我。苏联想把他送回来，说这个人，现在要讲他有病，只有那么多，要讲他无病，又是有病，他拿了不好办，怕跟我们党搞坏关系，想送回来。这是个瘟神。（笑声）刘晓同志打电报来，说这事，后头刘晓同志回来的时候，我就说，这个人在中国这个空气里难活，问题就是没有鬼上门，谁也不去

跟他吹吹谈谈。这个问题，他在西柏坡跟我谈过，他说，没有鬼上门啦！我说，别的犯错误的人为什么有鬼上门？我就举罗迈为例，我说，此人犯过几次错误，犯过路线错误，现在因为他改了，鬼就上了门了，问题是你就不改，你又不放一点空气出去，口边又没有一句话，说是我也犯过一些错误，人家那个敢惹你？他说，我这个人处之不公，对别人那么宽大为怀，对他这么刻薄。还说什么鬼不上门，都是我布置的，都是招呼了的。（笑声）我说，我就没有招呼，那一些鬼上别人的门，所有的鬼都不上你的门，我就没有下过这个命令。他不信，他说一定是你招呼了的。我说，这个人还是让他在莫斯科生活，我们负责他的生活费，我们不怪你们，你们把这个消息通知我们很好，不会妨碍我们两党的关系。可能是因为我们把这个消息告诉苏共中央，这回开六中全会又去信让他来，他看到在这种情况之下还要他，他这回不讲辞职了，而积极建议把'各尽所能，各取所需'这个翻译有所改正。"

2月8日（春节）　作七绝《欢度春节》。①

3月1日　作七绝《史水流光（题〈人民画报〉载安徽金寨县梅山水库彩色照片）》。②

春　读杨济洲著《针灸大成》后作七绝《扁鹊——秦越人先生墓》、七绝《第一颗人造卫星》6首。③

8月11日　毛泽东在中共八届八中全会的第二次讲话中批评王明说：

"第一次王明路线的人，除了王明，现在都参加工作，洛甫同志现在又发生动摇，而王明呢？他也没有跑到香港去。所以，我对王明还是寄予希望，今年，还是去年，他来一封信，这一封信我看了很高兴。（刘少奇同志：谁晓得他怎么样啊？）那是呀。"

"第一次王明路线也是个分裂的斗争，他不是取得统治地位，他把党分裂为两部分：一部分叫'机会主义者'，他们叫'布尔什维克'。我听了张鼎丞同志讲了一篇，把你们福建的党权、政权、军权，都夺

---

① 《王明诗歌选集（1913~1974）》，第321页。
② 《王明诗歌选集（1913~1974）》，第323页。
③ 《王明诗歌选集（1913~1974）》，第322、324页。

取去，把你们封为罗明路线什么东西，你看，这事实上是分裂嘛。还有什么邓、毛、谢、古。给我封了两个称号：一个叫做'狭隘经验论'……那是任弼时同志给我封的，封得很好，因此我就切实研究了一下马克思主义的哲学，究竟什么叫经验论，什么叫马克思主义……至于政治上，叫做'一贯的右倾机会主义路线'，还有什么'游击主义'、'山上主义'。这对我很大的帮助。"

"第二次王明路线，实际上两个中央：武汉一个，延安一个，真正掌握实权的是武汉那个，而延安不过是个留守处。"

"王明，我们现在还是希望他转来。他有一封信表示好，我们就感觉到很高兴。我想同志们也会感觉到高兴。不过，我们满腔热情帮助，对王明帮助不上，他都不回来，他告洋状。联共中央把他告的三条罪状告诉我们，他们实在想把这个瘟神送到中华人民共和国，他们不愿意招待这个瘟神了，恐怕搞坏两党关系。后头我们经过刘晓跟苏共中央讲：不要紧，这个人活在那个地方比较好，那个气候比较适合，活到北京中国这个地方反倒不好。我们出钱，出饭费、房费，不过是麻烦你们招待一下。洋状已经告过了，无非再告，三告，凡告洋状我都不怕的。我们常委也议过洋状、土状都不要怕，告得对，那还不是告得对，你倒楣〈霉〉，告得不对呢？横直是你不对嘛。"

8 月 16 日　毛泽东在中共八届八中全会的第三次讲话中批评王明说：

"中央苏区那些是'左'的，王明路线是'左'的。"

"第二次王明路线是右的，这个右的，当然形式上团结的不少，因为除了陕甘宁边区以外，统统团结到长江局周围去了。但是因为那个路线是错误的，对革命有损失，就是一九三八年那一年有损失。有些地方一九三九、一九四〇年才纠正，大概受那个危害有两年多。如果不受那个危害，那个力量发展得更要大些。第二次王明路线时期，一个新四军在项英手里，一个八路军在彭德怀同志手里。那个时候，一个北方局，一个东南局，还有一个山东分局，甚至于陕西省委，都不听我们的话了。"

"第二次王明路线爬在蒋介石身上，依靠蒋介石的力量打日本。马克思主义忽然几个月就垮了，阶级分析就不要了，不要分左中右了，不

要'壮大进步势力，争取中间势力，孤立顽固势力'，像我们所提的口号，说共产党跟国民党没有差别了，两个党都是'优秀青年的总汇'（这是王明的口号），国民党也是优秀青年，老年（董老你们这些人）大概不在内，青年就都在内了。总汇者，就是合在两处地方，毫无差别了。这有什么马克思主义呢？而居然那个时候有许多同志相信。"

"王明现在还在莫斯科，他还没有到外国，没有到资本主义国家去，我对王明还是有一点好感。他告我三条状：一条叫做反对共产国际。第二条叫做强迫百分之八十的同志整风，做检讨。这一条有点不大确实，少了百分之二十，其实我们是强迫百分之百的人整风……第三条是我搞个人独裁。我的意见就是这样：如果要讲个人独裁的话，那么，如果要在王明和毛泽东两个人中选一个的话，我是投我的票的，与其你独裁，不如我独裁。（笑声）……因为我看清楚王明那一套，第一次王明路线是冒险主义，第二次王明路线是投降主义。你独裁，无非是冒险主义或者投降主义。"

"我们还要争取王明，不管他告几条洋状，我看还是要争取他。他去年一封信写得比较好。他从前要辞中央委员，我们没有回答，等到开中央全会的时候，就是武昌会议，去了一封信，要他来，他来了一封请假的信，那个信是有热情的。天不绝人之路，我们马克思主义者把人的路绝了是不好的，要留有余地，要有保护、关怀、帮助的意思。其所以要如此，因为他们过去历史上不只作过坏事，而且作过好事，他们有两面性，有革命的一面。"

夏 作《读〈革命烈士诗抄〉书后》诗一首。最后四句是：

一读仰天一长哨，歌乎泣乎难为别。
窗外春雨又春风，苍苍翠翠满松柏。①

秋 作七绝《飞进月宫（记苏联向月球发送国徽模型）》3首、七绝《怀谢老觉哉同志》、七绝《秋夜怀友》。②

---

① 《王明诗歌选集（1913~1974）》，第325页。
② 《王明诗歌选集（1913~1974）》，第326、328页。

10 月 1 日　于莫斯科郊区别墅作七律《建国十年》。①

10 月　作七绝《飞绕月球绕地球（揭露月空之谜）》3 首。②

12 月~1960 年 2 月　毛泽东在《读苏联〈政治经济学教科书〉下册谈话》中说："赫鲁晓夫和王明一样，自己擦脂抹粉，送上门去，结果被人家一个巴掌打了出来。"

50 年代末　在谈到诗歌时说："诗是精密提炼、高度概括、艺术形象和富有韵律节奏的语言。是一种特殊形式的文艺作品。诗是绘画，又是音乐；是舞蹈，又是雕塑；是戏剧，又是数学；是科学，又是哲学。"他又写道："诗是一曲纯真而优美的音乐。它能一下子打动听众的心，使其共鸣同感。诗是一把准确而锋利的匕首，它能一下子刺入敌人的要害，使之落马翻身。"③

1960 年　56 岁

4 月 25 日　作七绝《梦游青山李白墓》4 首。④

7 月 14~15 日　周恩来受中共中央常委会委托，在中共中央于北戴河召开的省、市、自治区党委书记会议上作关于《共产国际和中国共产党》的报告。其中谈到在共产国际的初期（1919 年 3 月~1927 年），其工作对于中国革命，还是有益的多。当然，也有个别的原则问题的错误。在共产国际的中期（1927 年 7 月~1935 年 7 月），基本上是错误的，对中国党的影响最大。在共产国际的后期（1935~1943 年），中国党与共产国际联系少了，但对中国党还有影响，主要的问题是第二次王明路线。在这个时期，共产国际对中国党的内部事务还是有些干涉，甚至在组织上也还有些干涉，但比共产国际初期对中国党的干涉少，比中期就更少。后来战争打起来，干涉就很少了，我们中国党这时已经成熟，和共产国际的来往不多了。⑤

---

①　《王明诗歌选集（1913~1974）》，第 330 页。
②　《王明诗歌选集（1913~1974）》，第 329 页。
③　转引自孟庆树 1977 年 10 月 12 日为《王明诗歌选集（1913~1974）》写的前言，见《王明诗歌选集（1913~1974）》，第 8 页。
④　《王明诗歌选集（1913~1974）》，第 331 页。
⑤　《周恩来年谱（1949~1976）》中卷，第 331~333 页。

10 月 21 日　于雪林寓中作七绝《寄一松老人》。①

10 月　作《诗情画意（欣赏徐悲鸿先生画集中〈田横五百士〉油画后随笔）》五绝、七律各一首。

冬　于莫斯科郊区作自由体长诗《古巴人民的话（向英勇革命的古巴人民致敬）》。②

年底　作七律《如此"统帅"》，批评"三面红旗"和毛泽东，内容是：

> 自捧自吹无不能，闹来闹去一无成。
>
> 全民大炼钢何在，"一大二公"社不行。
>
> 四面帅旗皆倒伏，九州人口尽呻吟。
>
> 不遵马列违规律，慌极〔报〕天灾乱骂人。③

本年　作七绝《友谊》2 首、七绝《神清气爽（观赏郑板桥先生所画兰竹并题诗影印版后随笔）》一首、七绝《得心应手（欣赏于非闇先生工笔花鸟选集随笔）》2 首、自由体长诗《无题》、七绝《勾践幸成（听人读新卧薪尝胆故事戏作）》2 首。④

1961 年　57 岁

2 月 12 日　作七绝《苏联代表探金星（苏联由重型地球卫星向金星发射自动控制行星际站成功志庆）》。⑤

2 月　作七律《此仇必报恨必雪（悼卢蒙巴及其战友孟坡罗和阿基陀）》。⑥

3 月 21 日　作五律《知友（悼陈赓同志）》。诗曰：

> 把晤尼庵日，倾谈旅舍时……

① 《王明诗歌选集（1913~1974）》，第 333 页。
② 《王明诗歌选集（1913~1974）》，第 337~341 页。
③ 《王明诗歌选集（1913~1974）》，第 346 页。
④ 《王明诗歌选集（1913~1974）》，第 334、335、342~345 页。
⑤ 《王明诗歌选集（1913~1974）》，第 349 页。
⑥ 《王明诗歌选集（1913~1974）》，第 347 页。

682

衷情深自幸，卫党有先知。①

百战身心壮，多年云树思。

忽闻讣永诀，那禁泪如丝。①

3 月　于莫斯科郊区作七律《今岁春来早》。②

4 月　作双七律《人到宇宙》、口语体双五律《宇宙英豪》、七律《飞行宇宙》，记加加林乘"东方"号卫星式宇宙飞船作第一次宇宙飞行等事。③

6 月 21 日　毛泽东在同外宾的谈话中说：原来犯错误的同志大多数改好了，"只有王明，虽然现在还是中央委员，但是不承认错误。他现在住在莫斯科"。

8 月 16 ~ 18 日　作七律《梦游海洋》2 首。④

10 月 31 日　为苏共二十二大这天通过建设共产主义社会的新纲领作双七律《行将到来的新任务》，⑤并发出《为苏共二十二大给苏联共产党中央委员会的贺信》，赞扬苏共新纲领的世界历史意义和它的价值。

11 月 7 日　于莫斯科作七律《十月共勉（庆树同志 50 岁生日志感）》。诗曰：

人生难得是知音；万变风云不变心。

事业崇高竟万苦；精神豪迈度千辛。

至诚自古生奇迹；真理从来有化身。

十月光辉当共勉，前程无限一青春。⑥

本年　看到《人民画报》第 2 期刊载的李琦画、郭沫若题词的《主席走遍全国》后，作六言口语体诗《主席走遍全国》5 首，攻击、讽刺毛泽东。其第二、三、四首内容是：

---

① 《王明诗歌选集（1913 ~ 1974）》，第 351 页。
② 《王明诗歌选集（1913 ~ 1974）》，第 350 页。
③ 《王明诗歌选集（1913 ~ 1974）》，第 352、353、355 页。
④ 《王明诗歌选集（1913 ~ 1974）》，第 354 页。
⑤ 《王明诗歌选集（1913 ~ 1974）》，第 356 页。
⑥ 《王明诗歌选集（1913 ~ 1974）》，第 357 页。

（二）

主席走遍全国，到处指手画脚；

人人炼钢胡闹，处处办社乱说。

（三）

主席走遍全国，全国人民不乐；

"苦干硬干快干"，缺吃缺穿缺药。

（四）

主席走遍全国，自吹自唱自说：

"粮山棉山钢河，山乐水乐人乐。"①

本年　叶青在台湾帕米尔书店出版的《毛泽东批判》一书中说："中共内部，没有称得上有'理论'的人，陈绍禹只是共产国际代表米夫身后的'一个黄口小儿'。"②

1962 年　58 岁

1 月 24 日　作口语体七绝《梦返金寨思亲怀友》。诗曰：

先是有家归不得，而今归里已无家。

慈亲战友今何在？天上赤云水上霞。③

1 月 31 日　作七绝《悲欢泪（记梦返金寨游梅山水库）》。④

2 月 3 日　朱德在《纠正"左"的倾向，恢复和发展生产》的讲话中说："王明'左'倾路线对干部搞'残酷斗争，无情打击'，不是开除就是处分。那个坏作风，使革命遭受很大损失。"⑤

3 月 13 日　作七律《此生》，纪念延安首次汞中毒 20 周年。内容是：

---

① 《王明诗歌选集（1913～1974）》，第 348 页。

② 转引自萧延中《毛泽东研究在台湾：一个初步的描述》，全国"毛泽东与 20 世纪中国社会的伟大变革"学术研讨会组委会编《毛泽东与 20 世纪中国社会的伟大变革》下册，第 1081 页。

③ 《王明诗歌选集（1913～1974）》，第 358 页。

④ 《王明诗歌选集（1913～1974）》，第 359 页。

⑤ 《朱德选集》，第 388 页。

壮岁竟成多病身，伤由暗箭岂无因？！

人民幸福千秋业；马列精诚一片心。

过去犹如前夜梦，未来方属万年春。

党员天责无旁贷；尽瘁鞠躬度此生。①

6 月 24 ~ 27 日　于莫斯科郊区作七律《气候》。②

8 月 3 日　作七绝《银汉》。③

9 月　作七律《秋兴》。诗曰：

旷观宇宙析精微，细审言行理是非。

久病知逢良药少，索居惜与故人违。

出峰月镜流光照，寄雁乡心入梦飞。

万里关山何路阻？一天风雨又秋归。④

11 月　作口语体七律《反苏迷——核战狂》。⑤

12 月　作七绝《其父其子（见影印陈济人先生诗画忆及其子——留苏中大同学，被陈济棠杀害之陈复同志）》，七绝《难兄难弟（见〈人民画报〉介绍岭南画派随笔）》。⑥

本年　还作七律《昆仑雨后（题高剑父先生画)》。⑦

1963 年　59 岁

1 月 6 日　作自由体诗《"大家改造作新人"（题目为八十四岁的黄任之先生在政协为七十岁以上老人祝寿宴会上即席赋诗之末句)》，讽刺当时的学《毛选》运动。其前半首是：

---

① 《王明诗歌选集（1913 ~ 1974)》，第 360 页。
② 《王明诗歌选集（1913 ~ 1974)》，第 361 页。
③ 《王明诗歌选集（1913 ~ 1974)》，第 362 页。
④ 《王明诗歌选集（1913 ~ 1974)》，第 363 页。
⑤ 《王明诗歌选集（1913 ~ 1974)》，第 364 页。
⑥ 《王明诗歌选集（1913 ~ 1974)》，第 365、366 页。
⑦ 《王明诗歌选集（1913 ~ 1974)》，第 367 页。

活到老，学到老；

学到胡子拖鸡屎，总说未学好。

躺在那棺材里，向五殿报到，

还必须死用功，用死功，

把《毛选》背掉。①

1 月 22 日　作七绝《独路》，讽刺当时的国内形势。内容是：

"万马齐喑实可哀"，"于无声处听惊雷"；

势如清室情如蒋，哪禁风波动地来。②

春初　作七律《居之安》。诗曰：

浩浩巨鹏飞在天；飘飘细鲤跃于渊。

星繁广宇环球小；日浴龙游大海宽。

安若所安安得所？是其然是是超然？

三春行届花开杏；五岳归来客爱山。③

3 月 20 日　作自由诗《起来！中国人民！（用聂耳作义勇军进行曲——国歌曲）》。④

5 月 13 日　作七绝《林下夕阳》。⑤

5 月 29 日　周恩来在《过好"五关"》的报告中谈到过政治关时说："过政治关不是简单的事，不能认为只要参加了革命，打了多少年的仗，过去有过功绩，立场就可以保险了。没有这样的事。为什么陈独秀、王明的立场不保险，高岗的立场也不保险？在陈独秀身上，马克思列宁主义的东西就极少，更没有成为他的指导思想。王明直到现在对自己的错误还不认帐。所

---

① 《王明诗歌选集（1913～1974）》，第 368 页。

② 《王明诗歌选集（1913～1974）》，第 369 页。

③ 《王明诗歌选集（1913～1974）》，第 370 页。

④ 《王明诗歌选集（1913～1974）》，第 371～372 页。

⑤ 《王明诗歌选集（1913～1974）》，第 373 页。

以，我们要认真对待立场问题，过好政治关。"①

夏　作口语体七律《第一个女宇宙英雄（瓦莲·捷列什科娃同志）》。②

7 月 25 日　作七律《盛夏即景随笔》。③

9 月 9 日　毛泽东在同新共主席威廉斯的谈话中谈到季米特洛夫的时候说："季米特洛夫同志是个好同志，他帮过我们很多忙。抗日战争中，他帮助我们抵抗了右倾机会主义，这个右倾机会主义的领导就是过去'左'倾机会主义的领导人王明。"④

本年　作五绝《亲痛仇快的毛家纲领》，攻击中共中央提出的《关于国际共产主义运动总路线的建议》。内容是：

> 立异标新廿五条，反苏反共气张嚚。
> 帝托修教齐歌舞，互贺同僚多一毛。⑤

本年　开始在苏联报刊上发表攻击中国共产党和毛泽东的文章。据王稼祥《回忆毛主席革命路线与王明机会主义路线的斗争》一文说，在莫斯科，王明直接间接发表议论，他"先以俄国新闻记者的假名'波波维奇'，在苏修《真理报》上登载反我党的文章。勃列日涅夫登台后，他变本加厉，用自己的笔名写黑文章，公开攻击和污蔑我党的伟大领袖毛主席，向社会帝国主义献媚。苏联新沙皇也与之配合，抬举王明，在一九六三年就开始大量发行王明的黑书"。⑥

1964 年　60 岁

1 月 7 日　作七绝《读报笑谈（1964 年 1 月 4 日〈人民日报〉载毛郭诗词及毛诗郭注）》，讽刺毛泽东、郭沫若。内容是：

---

① 《周恩来选集》下卷，第 425 页。
② 《王明诗歌选集（1913～1974）》，第 374 页。
③ 《王明诗歌选集（1913～1974）》，第 375 页。
④ 《毛泽东著作专题摘编》，第 2369 页。
⑤ 《王明诗歌选集（1913～1974）》，第 376 页。
⑥ 《红旗飘飘》第 18 集，第 60 页。

（一）"天地转"（七绝）

心虚理屈口难开，穷借诗词换骨胎。

遍体梅花美猴子，燃灯骑罢拜如来。

（二）"光阴迫"（七绝）

光阴似箭岂空过？一箭想穿两雁鹅。

自是恋花老蝴蝶，芙蓉城里梦南柯。①

1月11日　"于莫郊见报载郭沫若为毛泽东的诗词作文说明作注解后"，作七绝《堪笑止（警沫若）》，警告郭沫若。诗曰：

唱和往还未足奇，擅疏易注岂难题？

诗词竟比当今好；可记空梁落燕泥？②

1月　写出《对全党全国反毛主义斗争的行动纲领的初步方案》，主要内容是：1）在国内政策方面的行动纲领；2）在国际政策方面的行动纲领；3）斗争的总方针和总目标。

4月　于莫斯科郊区作《词三首》，都是讽刺、攻击毛泽东的。其前两首是：

（一）逗猴（调寄满江红）

狂妄猢狲，竟敢向如来袭击！

耍筋斗，云昏雾迷，矢遗便滴。

碰破头颅胡叫骂，逃脱手掌没能力。

千钧棒用处毫无，空着急。

资垒溃，社营立，和神笑，战魔泣。

应同心同德，共赢公敌；

大雄宝殿要团结，花果山头闹离异。

看全球马列放光芒，妖气息。

---

① 《王明诗歌选集（1913～1974）》，第377页。

② 《王明诗歌选集（1913～1974）》，第378页。

（二）笑"她"（1）（调寄卜算子）

冰雪竿齐天，只剩迥光照。

巴届奄奄气息时，还卖老来俏；

俏也没生机，招贴枉登报。

亮节高风陆放翁，秦桧反其道。①

5月20日　于生日作七律《花甲自勖》，诗曰：

面对强权能顶立，力争真理岂低徊？

损苏利帝全心抗，危党害民一贯排。

已共五洲张义帜，还叫四海响惊雷。

正因花甲胸弥壮，唯有光芒目未来。②

同日　作七绝《自勉》，诗曰：

中共党员志应酬，誓将马列济神州，

真人昭世真心面，不变梅花不变猴！③

7月10日　毛泽东在接见日本社会党人士佐佐木更三、黑田寿男、细迫兼光等的谈话中谈到王明。他说：不仅过去的"败仗和错误教育了我，别人的错误也教育了我。不是别人，而是过去整过我的人教育了我。是不是把这些人都扔出去不管了呢？不是的。我们团结了这些人。例如，陈绍禹即王明，现在还是中央委员。他相信修正主义，住在莫斯科。又例如李立三，你们也有认识的，他现在也还是中央委员。就我们党来说，历代的领导人都犯过错误。第一代，陈独秀后来叛党，成了托派。第二代，向中［忠］发和李立三是'左倾'机会主义。向中［忠］发背叛了党，逃跑了。第三代陈绍禹，他统治的时间最长，四年。为什么南方的根据地全部丢掉，使三十万人的红军变成了二万五千人？就是因为他的错误路线"。④

---

① 《王明诗歌选集（1913~1974）》，第379页。

② 《王明诗歌选集（1913~1974）》，第380页。

③ 《王明诗歌选集（1913~1974）》，第382页。

④ 刘德有：《时光之旅：我经历的中日关系》，第301页。

7 月 29 日 刘少奇《在济南军区干部座谈会上的讲话》中说："王明'左'倾路线那个时候那有民主？他不准讲话，讲就得讲百分之百的正确，布尔什维克化。毛主席被撤职，我也被撤职了。但还有个好处，他不捉起来，不杀头，不开除党籍，还保留了中央委员。"

9 月 10 日 作七绝《志树种大丽花》。①

12 月 17 日 作七绝《乡念》，诗曰：

> 离久念乡情更切，夜长入梦境多真。
>
> 漫天风雪年关近，我倍思亲怀故人。②

本年 《写作要目》说，王明曾给中共中央写信，谈了以下问题：1）关于国际形势和国际共产主义总路线问题；2）关于国内形势和我党国内政策问题；3）关于毛泽东思想和毛泽东个人专制问题；4）关于接受党史教训和改正错误问题。

本年 《写作要目》说，王明这年还写了《右倾机会主义的内容与右倾词句的形式》、《为反对毛泽东的反革命军事政变告全党同志和全国人民书》、《关于"马克思主义中国化"问题》。③

1965 年　61 岁

3 月 作七律《太空人迹（记列昂诺夫同志走出飞船工作于太空）》。④

4 月 7 日 作五绝《旅雁》。诗曰：

> 旅雁亘天飞，东南望欲归。
>
> 旋思落网暗，回首耀辰辉。⑤

4 月 10 日 作五绝《悼柯庆施同志》。⑥

---

① 《王明诗歌选集（1913~1974）》，第 383 页。
② 《王明诗歌选集（1913~1974）》，第 384 页。
③ 《为反对毛泽东的反革命军事政变告全党同志和全国人民书》应为 1966 年 "文化大革命" 爆发以后所写。
④ 《王明诗歌选集（1913~1974）》，第 385 页。
⑤ 《王明诗歌选集（1913~1974）》，第 386 页。
⑥ 《王明诗歌选集（1913~1974）》，第 387 页。

6月14日 邓小平在同亚洲一位领导人谈话时说："从一九三一年一月我们党的六届四中全会起，到一九三四年底，差不多四年的时间犯第三次'左'倾路线错误，我们的革命力量曾遭受很大损失，到最后在蒋介石统治区损失几乎百分之百，在红军苏维埃区损失百分之九十。'左'倾路线统治时期，不仅完全拒绝毛泽东同志的正确路线，而且把毛泽东同志调离党和军队的领导岗位，一直到长征。长征的前一段，因为没有毛泽东同志的指挥，所以就犯错误，使红一方面军由八万人减少到三万人。到了遵义，王明、博古路线不能继续下去了……""在抗日战争初期，还有第二次王明路线，王明由'左'倾机会主义变为右倾机会主义。"他还说："毛泽东同志还提出'惩前毖后，治病救人'，对犯了错误的人应当允许人家革命。例如我们党的第七次全国代表大会和第八次全国代表大会选出的中央委员中还有王明，第九次全国代表大会是否选他还要考虑，就是要给他革命的机会。"①

8月25日 作七律《哀沫若》、七律《换护照及其他》。②

同日 于莫斯科会见尤利乌斯·伏契克夫人古丝达·伏契柯娃，作七绝《忆尤利乌斯·伏契克同志》，并抄赠留念。③

夏 作"送毛泽东对联"，攻击毛泽东。其内容是：

思想中心，发扬封建皇帝遗风，自利自私自高大；
政策本质，效法托洛茨基主义，反苏反共反人民。④

10月2日 于其子亮儿20岁生日时作五绝《勉亮儿》。

10月12日 毛泽东在中共中央工作会议第二次会议上的插话中几次批评王明，他说：

"我原来认为，四中全会以后一段领导基本上是正确的，什么人发现四中全会是错误的呢？是康生同志。因为他看了更加布尔什维克化⑤这个小册子，我没有看。那个四中全会决议我也没有过细去研究，据他

① 《建设一个成熟的有战斗力的党》，《邓小平文选》第1卷，第338、345、347页。
② 《王明诗歌选集（1913~1974）》，第388、389页。
③ 《王明诗歌选集（1913~1974）》，第390页。
④ 《王明诗歌选集（1913~1974）》，第478~479页。
⑤ 指王明的《为更加布尔塞维克化而斗争》。

说完全不对，四中全会完全不对。王明那个小册子是反右的。"

"四中全会的决议，归根到底是反右的，不是反李立三的'左'。什么反'左'，那是假话，借口。小册子是在四中全会以前的。以后他掌权的一个时期出的一些文件，也是不那么妥当的。总而言之不是我的功劳，声明一下。"

"……后头起来的，就是王明，那是天天搬共产国际，共产国际是他的祖宗，一直搬了四年……这个王明路线才不是什么王明路线，才不是什么中国产物，这是外国产物。现在王明不大讲就是了。那个四中全会决议就是外国人起草的，嫌中国人起草不行。"

12月26日　作口语体七绝《法宝"老三篇"》5首，讽刺学习"老三篇"运动。其第四篇是：

> 如此这般玄又玄，三篇读罢读三篇……
> 功归主席过归己，领导花招保险单。①

12月27日　邓小平在同亚洲一位共产党领导人的谈话中说："遵义会议以后，党内还不断有斗争。在抗日战争初期，还有第二次王明路线，王明由'左'倾机会主义变为右倾机会主义。"他还说：《关于若干历史问题的决议》"讲了路线的错误，特别是王明的'左'倾机会主义路线错误。但是王明一直坚持错误，他现在仍住在莫斯科，还写文章骂我们"。②

本年至明年　与别人作十多次谈话，主要内容是"关于毛泽东反苏反共的历史，关于越南战争和'文化革命'问题"。③

1966 年　62 岁

3月　作五律《莫京三月（记苏共第二十三次代表大会与毛泽东不派中共代表团出席事）》。④

---

① 《王明诗歌选集（1913～1974）》，第 392～393 页。
② 《邓小平文选》第 1 卷，第 345 页。
③ 《传记与回忆》附录Ⅰ《王明同志的反毛斗争经过（提要）》。
④ 《王明诗歌选集（1913～1974）》，第 394 页。

4月 作七绝《异常》。诗曰：

　　长年斗病魔，善感不多愁。
　　此意谁能识？浮云天上游。①

6月1日 《人民日报》发表《横扫一切牛鬼蛇神》的社论，"文化大革命"在全国全面铺开，王明在北京的家属受到牵连。

　　王明在《中共半世纪》一书中说："'文化革命'一开始，北京和其他大城市墙上就出现了'打倒苏修侦探反革命修正主义黑帮大叛徒王明！'的大标语。从那时以来《人民日报》、《解放军报》和《红旗》杂志经常把王明当作第一号打击和诬蔑的对象。他的妻子孟庆树，由于在苏联学习过……在'文革'开始时北京墙上也出现了对她进行同样诬蔑的标语。此外，毛泽东下令红卫兵挖掉葬在北京八宝山革命公墓的王明的父亲陈聘之的坟墓，派红卫兵到王明的住所抄家，把他的八十多岁的继母黄莲舫打得半死，丢出门外，把他的几十种手稿和全部藏书焚掠一空。"②

6月 作七律《毛帮罪行只一例》，叙述他家属的悲惨遭遇，诗曰：

　　北京城内孟公府，二号门牌我有家。
　　红卫兵临全部毁，白头母死众邻嗟。
　　积书千卷成灰烬，存稿百篇付浪沙。
　　父骨抛山伤警卫，罪行无涯痛无涯。③

　　孟庆树根据王明回忆谈话整理的回忆录也说："文化大革命"中"把绍禹父亲的坟墓挖开，尸骨抛弃了！"④

　　王明父亲的墓当时确实被红卫兵掘了，墓碑被砸成三段，但并没有鞭尸。王明继母黄莲舫在被抄家前已被送往安徽金寨县梅山镇老家安置，并未被打死。红卫兵的这些行为也不是根据毛泽东的命令和指示，仅仅针对王明一个人的。王明的手稿和藏书也不是被烧了、扔了，而是被国务院机关事务

---

① 《王明诗歌选集（1913~1974）》，第395页。
② 《中共半世纪》，第138页。
③ 《王明诗歌选集（1913~1974）》，第396页。
④ 《传记与回忆》。

管理局收缴了。据王明的秘书田书元回忆："1966 年 7 月，国务院机关事物管理局党委负责人，带着一些人到我住的地方，宣布撤我的职，并把王明的屋子、文件、书稿、钱、账目等东西看守起来……后派人把这些东西都搬走了。"他还说，原来一直是由他给王明寄工资的，后因他被撤职，从 1966 年下半年起，国内再没有给王明夫妇寄工资和物品。①

7 月 1 日 读这天人民日报社论《毛泽东思想万岁》后，作词《题七月一日〈人民日报〉社论》（调寄西江月）。②

9 月 11 日夜 作五律《怀沫若》。③

8 月 30 日 撰写《所谓文化大革命》诗一首，内容如下：

名为文化大革命，实为武装反革命。
对内反党反人民，对外反苏反共运。
泽东思想代马列，反动恐怖独专政。
生成叛徒死遗臭，不待盖棺已论定。④

12 月 4 日 作口语体七绝《如此毛帮（有关所谓"文化大革命"见闻随感)》10 首，借"文化大革命"攻击毛泽东。其第四、六、七、十首是：

（四）毁党
四十余年苦树人，党之骨干国之精。
毛帮今要摧残尽，为保皇冠立继承。
（六）摧毁文化遗产
中外古今遗产多，辉煌文化任观摩；
毛帮砸个稀巴烂，自替皇朝奏挽歌。
（七）知识有罪
文化遵从马列师，善评功过不徇私。

---

① 曹仲彬、戴茂林：《王明传》，第 402～407 页。其中田书元的回忆见曹仲彬《访问田书元谈话记录》，见该书第 407 页；何立波《王明落寞的后半生》，《文史月刊》2004 年第 12 期。
② 《王明诗歌选集（1913～1974)》，第 397 页。
③ 《王明诗歌选集（1913～1974)》，第 400 页。
④ 《王明诗歌选集（1913～1974)》，第 398 页。

毛帮恨杀知识界，还系无知怕有知。

（十）如此"万岁""万万岁"

毛氏夫妻小集团，有如纣妲更凶残。

今人怒责后人骂，遗臭万年万万年！①

12 月　于莫斯科郊区作七律《独夫必败》，继续攻击毛泽东。内容是：

马列光芒力掩藏，泽东思想太荒唐。

反苏反共反人民，是教是修是战狂。

军事独裁超蒋贼，个人专制过秦皇。

古今历史循规律，中外独夫不久长。②

同月　发出对勃列日涅夫 60 岁生日的贺信，衷心祝福他，并对他对毛泽东的"文化革命"的原则性谴责，对他在反对毛泽东和他的集团的正义的和英勇的斗争中同中国共产党人和中国人民的兄弟般的团结，表示真挚的谢意。③

本年至明年　《写作要目》说，王明与同志们进行了多次谈话，主要内容是"关于揭露毛泽东亲自发动和指挥的所谓'无产阶级文化大革命'的原因、目的及其反革命军事政变的本质等"。

1967 年　63 岁

2 月 11 日　作口语体七绝《向英雄的越南人民致敬》。④

春　作口语体七绝《狂叫"反修"之谜》，攻击中国共产党"反苏"，其内容是：

对外反修反共苏，反修对内党人诛。

毛帮一箭双雕计，恶毒阴谋世所无。⑤

---

① 《王明诗歌选集（1913～1974）》，第 402～403 页。
② 《王明诗歌选集（1913～1974）》，第 401 页。
③ 《传记与回忆》。
④ 《王明诗歌选集（1913～1974）》，第 404 页。
⑤ 《王明诗歌选集（1913～1974）》，第 405 页。

同期　作口语体《狂叫反苏之谜》七绝四首，其第三首是：

中共党员马列徒，泽东思想太糊涂；

欲除马列泽东代，必走反苏这一途。①

7月1日　于莫斯科郊区作七绝《想念同志们》。②

7~9月　毛泽东在《视察华北、中南和华东地区时的谈话》中说："核心是在斗争中实践中群众公认的，不是自封的。自己提'以我为核心'是最蠢的。王明、博古、张闻天，他要做核心，要人家承认他是核心，结果垮台了。什么是农民，什么是工人，什么打仗，什么打土豪分田地，他们都不懂。"③

7月25日　中共中央对外联络部秘书长张香山写给中央文化革命小组组员王力、关锋的报告中说：最近，我们曾请示删去"王明同志"的"同志"两字，得到中央负责同志的同意。④

11月　发出《为祝贺伟大的十月社会主义革命50周年给苏共中央委员会的贺信》，信中热烈祝贺苏联共产党和苏联人民，祝贺他们在国内和国际舞台上取得的具有世界历史意义的胜利，衷心地感谢苏联共产党和苏联政府，感谢他们在各个时期对中国革命的发展、对中国社会主义建设的全面的无私的帮助。信中还表达了中国共产党人和中国人民对苏联共产党和苏联政府的无限热爱和信仰，"揭露、谴责"了毛泽东和他的集团在"文化革命"中的内政和外交政策。⑤

本年　作五绝《党人模范（悼吴老玉章同志）》。⑥

本年　写出《批判毛泽东的哲学错误》初稿。其中说："关于毛泽东的哲学著作，首先我可以做两点总的解释。第一点，凡是他抄袭马克思列宁主义的命题，那他提出来的命题当然是对的；同时，凡是他自己提出来的命题，那大半是不对的。而他对于马克思列宁主义的正确命题，所作的解释，都是不正确的。对哲学的理论是这样，对哲学的方法逻辑也是这样。第二

---

① 《王明诗歌选集（1913~1974）》，第406页。

② 《王明诗歌选集（1913~1974）》，第407页。

③ 《建国以来毛泽东文稿》第12册，第386页。

④ 毛泽东《关于〈毛选〉正文中的一些人名在翻译时不宜删改的批语》注释，《建国以来毛泽东文稿》第12册，第393页。

⑤ 《传记与回忆》。

⑥ 《王明诗歌选集（1913~1974）》，第408页。

点，就是毛泽东的哲学理论不是唯物主义的，而是心物二元主义的。也就是说，他对自然界的观点是唯物的，他对社会历史的了解是唯心的，他对社会历史这种唯心主义的了解，最突出地表现在两个问题方面。""第一个，是对个人在历史上的作用的了解""第二个，表现最突出的，就是他的唯意志论。他把马列主义关于主观能动性的问题变成唯意志论的观点，就是一切可以用个人的意志来决定"。①

本年至明年　与苏联领导人安德罗波夫谈话，要求苏联出兵内蒙古。《莫斯科秘档中的中共秘史——潘佐夫（A. Pantsov）2004 年 6 月 25 日在中国社会科学院近代史所的演讲（摘要）》说："约 1967 或 1968 年，有一份王明与安德罗波夫（当时的苏共中央主席）的谈话记录。是王明要求安接见他的。王说现在中国的情况相当严重，请求苏联派军队到内蒙古去，内蒙古的乌兰夫是他的朋友，会配合苏军的，然后再攻打北京。"（这自然是他的一厢情愿，是对乌兰夫同志的污蔑。——整理者）②

1968 年　64 岁

2 月 2 日　作七绝《侵越美军必败》。③

3 月 21 日　作五言口语体诗《念"语录"》，讽刺学《毛主席语录》，内容是：

> 和尚念经文，道士念符咒。
> 耶教念祷告，毛教念"语录"。
> 语录臭教条，念它有何用？
> 如无剌刀逼，丢进茅厕洞！④

4 月 11 日　作七绝《与友人谈〈西游记〉随笔》2 首。第一首是：

> 风尘万里路迢迢……自信魔高道亦高；

① 《传记与回忆》附录Ⅱ。此文因病未能写完。
② 仲石、公孙树主编《陈独秀与中国》第 47 期，2004 年 12 月 1 日。
③ 《王明诗歌选集（1913～1974）》，第 409 页。
④ 《王明诗歌选集（1913～1974）》，第 410 页。

磨难不曾经九九，谁知师弟显英豪？①

5 月 28 日　作《自嘲（随笔）》诗一首。诗曰：

青年之心多纯洁，老年之心多曲折。
青老为何心不同？知识经验两悬隔。
而我年今六十四，胸怀常觉如童稚。
不以为耻反为荣，赤心一片对同志。
据说人老心不老，天真烂漫没烦恼。
中无毛今世无帝，老夫心境当更好。②

5 月　作七律《春意》。诗曰：

鸟语花香庭院幽，小车代步载春游。
举头一览千山树，生趣长消万古愁。
四海横流人孰乐，九州焦灼我先忧。
斗争需要青春力，衰病哪堪责未休。③

7 月　作七律《夏怀（一）》。④
10 月　作七律《秋思》。诗曰：

气爽天高耳目清，又怀秋意一长吟。
风生万籁歌无际，木落群山影半明。
月照乡关空有雁，日书邮东寄何人？
泽园蛇虎不当道，检点诗囊故国行。⑤

12 月 8 日晨 5 时　于不寐中作口语体七律《生死斗争（病中生活录

---

① 《王明诗歌选集（1913～1974）》，第 411 页。
② 《王明诗歌选集（1913～1974）》，第 412 页。
③ 《王明诗歌选集（1913～1974）》，第 413 页。
④ 《王明诗歌选集（1913～1974）》，第 414 页。
⑤ 《王明诗歌选集（1913～1974）》，第 415 页。

实）》，说自己活着就是"力求述作反毛篇"，即反对毛泽东。诗的全文是：

> 吃喝全难排泄难，应停烟火作神仙。
> 坐行都苦睡眠苦，何不飞升到太玄？
> 争取生存为党业，力求述作反毛篇。
> 多亏战友劳无限，衰病年华尽久延。①

12 月 14 日　作五言口语体诗《死有遗憾（悼徐老特立同志）》，借机攻击毛泽东。内容是：

> 徐老何所好？教育事终身。
> 徐老何所恨？最恨坏学生。
> 泽东无比坏，徐老恨透心。
> 耋死不瞑目，未见毛帮倾。②

本年　《写作要目》说，王明曾准备撰写《毛泽东堕落的根源》，包括思想根源、理论根源、历史根源等，但都因病犯未写完。

从本年起　病情恶化。

孟庆树在 1970 年 7 月 16 日写的《我的说明和希望》中说："由于近十来年，王明同志的身体越来越差，尤其是自 1966 年毛泽东在文化革命烟幕下，实行……反革命政变以来，使王明同志在精神上、体力上遭到无限的痛苦！因而，近二年来，他的中过毒的心脏、肝胆、脾胃等病不断发作。""不仅饮食起居非常困难，而且目前已到了无法治疗，无□□，无什么可吃，无什么可饮的地步！"

1969 年　65 岁

1～2 月（夏历十二月）　作七律《冬望》。③

---

① 《王明诗歌选集（1913～1974）》，第 417 页。
② 《王明诗歌选集（1913～1974）》，第 418 页。
③ 《王明诗歌选集（1913～1974）》，第 416 页。

3月 写出《毛泽东进行的不是"文化革命"而是反革命政变》。此文又名《论中国事件》，3月19日以马马维奇的名字首先在加拿大共产党机关报《加拿大论坛》发表，苏联塔斯社当即据此作了报道，并于3月28日由苏联《消息报》摘要发表，3月31日由苏联政治书籍出版社印成俄文小册子，并出版英、法、日、西等各种文字的单行本。全文约3.5万字，共分三部分：1. 两条道路的斗争；2. 毛泽东在国内犯下的十大罪状；3. 毛泽东在国际事务中犯下的五大罪状，全文主要内容是攻击毛泽东。

文章一开头即说："1966年下半年，毛泽东依靠受蒙骗的军队以及在其压力和欺骗下成立的红卫兵造反组织，在'文化革命'的幌子下着手搞反共反人民的反革命军事政变和确立他自己的反动的军事恐怖专政。"为证明这一结论，他列举了毛泽东在国内政策方面的"十大罪状"：从中国共产党人和劳动群众的意识中彻底消除马列主义，用自己的反马列主义的思想代替马列主义；建立实质上反共的政党；摧毁人民民主专政的国家机关，代之以他个人的反动军事独裁机构；摧毁人民解放军，分裂它的队伍，使它成为他个人掌握的反共反人民的盲目工具；践踏工人阶级，分裂它的队伍，迫害劳动农民，破坏农村社会主义建设；对少数民族实行最野蛮的大汉族沙文主义政策，残害他们的革命领导人和干部；千方百计庇护民族资产阶级，同国内外反动派携手合作。王明在作了这些列举以后，随即下结论说："这十大罪状极其明确地证明"，"毛泽东搞的不是什么'文化革命'，而是武装反革命，是反共反人民的反革命军事政变"，这样，"毛泽东及其集团"就"竭尽全力把中国拉回到政治反动、经济混乱、文化倒退和极端贫困的黑暗道路上去"。

王明认定，"文化大革命"是毛泽东"本人策划的对内反党反人民、对外反苏反国际共运的反革命军事政变"，发动"反革命政变"的"正是毛泽东本人及其集团"，"毛泽东的反共反人民的集团只有几个人，在他们中间，毛泽东最亲近、最信任的人是他的老婆江青"，发动政变的工具是"部分中国人民解放军"。

文章最后说："既然这国内十大罪状和国际事务中的五大罪状是在毛泽东的倡议下，在他亲自领导与指挥下犯下的，那么毛泽东不仅成了中国共产党的敌人，而且也成了国际共运的共同敌人。他不仅成了中国人民的敌人，同时也成了整个先进的爱好和平的人类的共同敌人。"

在这篇文章中，王明引用了苏共中央总书记列·伊·勃列日涅夫的两次讲话，来证实自己的结论。一次是勃列日涅夫在 1967 年 3 月 10 日会见选民时说的话："'无产阶级文化革命'的神话"，"倒更像反动的军事政变"。①另一次是他 1967 年 9 月 7 日在布达佩斯的讲话："毛泽东集团所称的'文化革命'，更正确地说，应该称为反革命"。②王明认为，自从勃列日涅夫讲话之后，中国发生的事件，"会完全证实这一马列主义评价的绝对正确性"。

R. A. 伯顿在为盛岳《莫斯科中山大学和中国革命》一书写的前言中，谈到这篇文章时说："这是我所见到的来自共产党方面的最恶毒的反毛文章。塔斯社当即据此谩骂编发了报道，《消息报》即予刊载。二十八个布尔什维克之一、多年来担任共产国际的中共代表王明，又显然是在苏联庇护之下，再次和毛泽东公开厮杀起来。"③

3 月 30 日　作七律《即事随感》。④

4 月 1 日　毛泽东《在中国共产党第九次全国代表大会上的讲话》中说："第七次代表大会在延安开的，开了一个团结大会。那个时候，也是党内分歧，因为有瞿秋白、李立三、王明的错误，特别是王明路线。那个时候，有人建议不要选王明路线那些同志到中央，我们不赞成，说服他们选举。结果呢？结果，就有几个不好了，王明跑到国外反对我们……"⑤

4 月 18 日晨　作双七律《心多力少》。诗曰：

> 去岁今春病太频，脑筋休息又何曾？
> 盘旋中外古今事，习惯东西南北人。
> 百国政情常示掌，六州共运自关心。
> ……
> 眼看岁月如流电，益壮襟怀久患身。⑥

4 月 28 日　毛泽东《在中共九届一中全会上的讲话》中说："现在苏修攻击我们，什么塔斯社的广播，王明的材料，以及《共产党人》的长篇大

---

① 《勃列日涅夫言论》第 3 集，第 51 页。
② 《勃列日涅夫言论》第 3 集，第 152 页。
③ 盛岳：《莫斯科中山大学和中国革命》，第 5～6 页。
④ 《王明诗歌选集（1913～1974）》，第 419 页。
⑤ 《建国以来毛泽东文稿》第 13 册，第 24 页。
⑥ 《王明诗歌选集（1913～1974）》，第 420 页。

论，说我们现在不是无产阶级的党，叫做'小资产阶级的党'。说我们搞一元化，回到了过去根据地那个时代，就是讲倒退了。"①

5月16日　作七律《有志竟成》。诗曰：

世事从无做不成，若知理法又能行。
千重冰障船冲破，万仞峰危脚到平。
人类新生基十月，宇船腾起首苏京。
神州内外齐张网，蛇虎终归迫敛形。②

5月24日　作七律《自遣》，诗曰：

近老年华世岂稀？献身真理事何奇？
任经百折心能键，纵压万钧头不低。
物化倘如庄子乐，自宽敢类放翁期：
"此身虽死诗犹在，未必无人粗见知。"③

6月8日　作七律《春寒心暖（春末感怀并志共产党工人党国际会议在莫斯科举行事）》。④

6月19日夜　作七律《忆金寨（抄五十一年前私塾所作〈金家寨〉一诗有感）》。⑤

6月29日　于梦中作七绝《梦耶·真耶（哀思奇和梓年）》。⑥

9月4日　作七绝《南天噩耗（悼胡志明同志）》。⑦

9月24日夜　作《读李白〈沐浴子〉书后》诗一首。诗曰：

渔夫能清浊，屈子独行吟；
人醉我独醒，人浊我独清。

① 《建国以来毛泽东文稿》第13册，第35页。
② 《王明诗歌选集（1913～1974）》，第421页。
③ 《王明诗歌选集（1913～1974）》，第422页。
④ 《王明诗歌选集（1913～1974）》，第423页。
⑤ 《王明诗歌选集（1913～1974）》，第424页。
⑥ 《王明诗歌选集（1913～1974）》，第425页。
⑦ 《王明诗歌选集（1913～1974）》，第426页。

意境各殊异，无古亦无今。①

10 月 22 日　作《毛家报刊合照》诗一首，讽刺当时国内的报刊和毛泽东。内容是：

> 句句荒唐言，篇篇糊涂账。
> 无事不军管，无人不撒谎。
> 堕落到这般，恐慌成这样。
> 身在泽园中，心在火山上。②

10 月 3 日　华卫东在《叛徒王明是绝妙的反面教员》中称王明是"叛徒"。③

10 月 24 日　作《燕妮之美》诗一首。④

12 月 28 日 ~ 1970 年 4 月 22 日　作《纪念列宁百年生辰》诗 6 首。⑤

12 月 30 日　作七律《"此之谓大丈夫"（题卡尔·布雷洛夫画选及其介绍论文)》，赞扬布雷洛夫和徐悲鸿。内容是：

> 布雷洛夫中国有，其人姓徐名悲鸿。
> 前者不画尼古拉，后者不画毛泽东。
> 古今志士精神伟，中外名家气魄同。
> 但愿天公真抖擞，少生几个磕头虫。⑥

冬　作关于《曼努伊尔斯基、王明与毛泽东》的回忆，由孟庆树整理成文。

同期　在《所谓"关于王明的四点意见"》的回忆中说："从毛泽东'整风'到'文化革命'前 25 年的时间，经过多次地'整风'和清洗。但

---

① 《王明诗歌选集（1913 ~ 1974)》，第 427 页。
② 《王明诗歌选集（1913 ~ 1974)》，第 428 页。
③ 《文汇报》1969 年 10 月 3 日。
④ 《王明诗歌选集（1913 ~ 1974)》，第 429 页。
⑤ 《王明诗歌选集（1913 ~ 1974)》，第 434 ~ 437 页。
⑥ 《王明诗歌选集（1913 ~ 1974)》，第 430 页。

由于毛泽东经常地犯错误，反马列主义、反共、反苏，他还是不能和平的实现他的'毛泽东主义'，他只能举行反革命政变的'文化革命'，用军事恐怖专政来维持其统治。这也证明了毛泽东始终得不到中共大多数干部和党员的拥护。同样也得不到军事将领和军事干部的拥护。"

1970 年　66 岁

1 月 20 日　作五绝《梦见双亲》。诗曰：

> 母辞四十载，父逝十三春。
> 父母无生死，永存儿女心。①

1 月 28 日　作七绝《贞鹤冤》。②

1 月 30 日　康生在写给毛泽东的请示报告中说："去年编毛选五卷时，我记起在一九四一年政治局九月会议时主席曾写了一个批判王明投降主义的讲话大纲。""今年一月二十六日政治局会议上，我报告了这件事，各同志听说有这样一个大纲，一致要求印几份给政治局同志们看看。""现在排了一份清样，送主席审阅，并请示是否印发政治局各同志一阅，希望得到主席的批准。"一九四一年，毛泽东针对王明在统一战线问题上的迁就倾向，曾写道："不知迫蒋只知颂圣，提不出任务"；"不作阶级分析，全无列宁精神"；"群众原则，又妥协又斗争原则"。2 月 4 日毛泽东批复"此件可以照你的意见办理"。③

4 月 2 日　作七律《病中初闻春雨有感》。诗曰：

> 又逢雪化雨声清，物换星移患不轻。
> 赖有诗篇聊慰己，任无诗句足惊人。
> 识途老马知归宿，当道大蛇仅幸存。

---

① 《王明诗歌选集（1913～1974）》，第 431 页。

② 《王明诗歌选集（1913～1974）》，第 432 页。

③ 《同意印发批判王明投降主义的讲话大纲的批语》及注释，《建国以来毛泽东文稿》第 13 册，第 78～79 页。

冬去春来生意满，神驰天地一翻新。①

4 月 22 日　与孟庆树写《永不能忘的会晤》，回忆与列宁夫人克鲁普斯卡娅等两人的会见。最后说："这两位老布尔塞维克的慈祥面容和列宁风度给了我们永不能忘的深刻印象和鼓舞力量！"②

4 月　为纪念列宁诞辰 100 周年，以马马维奇的名字由苏联政治书籍出版社出版俄文《列宁、列宁主义和中国革命》一书。书中除论述了列宁、列宁主义的功绩外，抓住我国工作中的某些失误，大肆攻击毛泽东，说什么："50 年代末 60 年代初，他通过所谓'三面红旗'的冒险主义政策，把中国人民的社会主义建设事业和全国的经济引入了绝境，使中国人民的生活极端穷困，从而在国际舆论面前破坏了社会主义思想的声誉。从 60 年代开始，他通过自己的反列宁主义、反苏的分裂和破坏活动给世界社会主义大家庭，给国际共运和工运，给亚非拉各国人民的反帝斗争带来相当大的损失和危害……从而他给美帝国主义者和其他帝国主义者帮了大忙，而同时损害了中国共产党和中国人民的根本利益。"

《写作要目》说，这篇文章有中文、英文和其他各种文字的单行本。

10 月 8 日（重阳节）　作诗《重九佳节》，诗曰：

此间无处可登高，一望平原万里遥。
欲把茱萸散亲友，心随地卫上云霄。③

10 月 11 日夜　于不寐中作七绝《芍药（二）》。诗曰：

干弱霜摧有傲根，春风吹拂千重青。
牡丹寒带无踪迹，芍药却能到处生。④

10 月 16 日　作七绝《今年"十一"之毛泽东》，对毛泽东进行人身攻击。内容是：

---

① 《王明诗歌选集（1913～1974）》，第 433 页。
② 孟庆树 1975 年 1 月整理。
③ 《王明诗歌选集（1913～1974）》，第 441 页。
④ 《王明诗歌选集（1913～1974）》，第 438 页。

脸似冬瓜目似瞎，天安门上老孤家。

亲离众叛谁依靠？思来想去可剩她？①

10 月　作七绝《"月球 16 号"自动站月宫取土送归苏联纪事》。②

11 月 18 日　作七绝《"月球车 1 号"》二首，记"苏联'月球 17 号'自动站携带月球车在月球表面行走并作科学试验"。③

12 月 18 日　毛泽东在《会见斯诺的谈话纪要》中说："他们树立蒋介石，我们这边也总要树立一个人啊。树立陈独秀，不行；树立瞿秋白，不行；树立李立三，不行；树立王明，也不行。那怎么办啊？总要树立一个人来打倒王明嘛。王明不打倒，中国革命不能胜利啊。"④

12 月 29 日　毛泽东在《对姚文元关于最近学习情况等问题报告的批语》中说王明是"骗子"，他说："我的意见二百七十四个中央委员，及一千以上的高、中级在职干部都应程度不同地认真看书学习，弄通马克思主义，方能抵制王明、刘少奇、陈伯达一类骗子。"⑤

本年　在 1967 年写的《批判毛泽东的哲学错误》初稿上又加写了一段关于辩证法的三个基本规律与毛泽东在这个问题上的错误。他认为：对立的统一和斗争律、质量互变律、否定之否定律，是辩证法的三个基本规律。毛泽东只注意一个规律而忽视其他规律，所以在革命和建设中，时常犯原则性路线错误：在革命方面——(1)不懂革命转变的质变关系和向上发展的必然过程；(2)不懂得以非武装斗争形式到武装斗争质变。在建设方面——(1)不懂社会主义和共产主义两阶段之本质不同和由前者过渡到后者之必要条件；(2)按主观意志决定跃进的时期和过程等。不仅如此，他后来(60 年代)又对第一规律也只是断章取义的曲解，称之为"一分为二"律，称之为毛泽东的辩证法。只有对立的斗争（一分为二）而无对立的统一或同一（二合为一），是荒谬的说法，它既不合乎客观事实，也不合辩证方法。⑥

---

① 《王明诗歌选集（1913～1974）》，第 439 页。

② 《王明诗歌选集（1913～1974）》，第 440 页。

③ 《王明诗歌选集（1913～1974）》，第 442 页。

④ 《建国以来毛泽东文稿》第 13 册，第 176 页。

⑤ 《建国以来毛泽东文稿》第 13 册，第 193 页。

⑥ 《传记与回忆》附录Ⅰ《王明同志反毛斗争的经过（提要）》。

本年　横沙岛"八·二六"大学写作组在《叛徒、汉奸、特务王明为什么要替孔子翻案?》一文中，说王明是"早已为中国人民唾弃了的苏修豢养的走狗、叛党叛国的汉奸、特务"。①

本年至 1975 年　日本东京汲古书院陆续出版本庄比佐子编的五卷本的《王明选集》（原版影印本）。今崛诚执笔的《1968～1972 年的研究综述》说：《王明选集》其第 1 卷只不过是陈绍禹《救国言论选集》（1938 年）的翻印，但第 2 卷以下则是本庄比佐子苦心编纂成的史料。它按初发表时的原样收录了陈绍禹用中文发表的著作，例如被收进第 3 卷内的《两条路线的斗争》，是根据其第 1 版。而在第 1 版内活生生地表现着和李立三路线所进行的激烈的党内斗争。至于 Hsiao Tooliang, Power reLation Wl tlain the Chinese Commtlistmovement 则是使用该书的第 3 版，它和第 1 版有相当的不同。②

1971 年　67 岁

3 月 16 日　作七律《听庆树同志论中医随记》，赞扬中医。③

3 月 22 日夜　与孟庆树谈古书后作《四大奇书小赞》诗一首；并作七律《心力虽衰，真理必胜（病衰感怀）》，攻击毛泽东。后一首内容是：

> 千头万绪乱丝来，一鼓再衰战马哀。
> 年近古稀余志壮，病临膏上不心灰。
> 独夫残暴人群恨，公敌奸狂世共排。
> 真理光能天下变，自由花定域中开。④

3 月 28 日　作七律《经验之谈》。诗曰：

> 劝吾善者是益友，规吾过者是良师。
> 人生难得是益友，更难得者是良师。

---

① 上海市出版革命组编《彻底批判孔孟之道》，第 28 页。
② 国际历史会议日本国内委员会编《战后日本的中国现代史研究综述》，第 42 页。
③ 《王明诗歌选集（1913～1974）》，第 443 页。
④ 《王明诗歌选集（1913～1974）》，第 446 页。

良师益友不常在，对人遇事应三思。

集思广益愚成智，一意孤行智变痴。①

春 作七绝《春风》。诗曰：

万里春风万里船，鸟为桨樟树为帆。

江南游过游江北，青满田园绿满山。②

5月 作七律《为何毛泽东狂叫要进行思想和政治路线的教育并抵制王明?》，继续攻击毛泽东。内容是：

思想分清路线清，万言小册写真情：

列宁理论列宁策，革命方针革命行。

试看叛徒慌抵制，便知党众实欢迎。

卅年伪造原形露，历史是非一旦明。③

诗下注说"万言小册"指王明的《列宁、列宁主义与中国革命》一书。

上半年 据王稼祥《回忆毛主席革命路线与王明机会主义路线的斗争》一文说："王明以所谓'中国共产党革命委员会主席'名义，邀请香港特务外围组织'大学服务中心'去苏联访问。"④

夏 借中共成立50周年之机，撰写了一篇长文，后分为《中共半世纪》和《"整风运动"是"文化革命"的预演》两部分，作为一、二两编收入《中共半世纪》一书。

在《中共半世纪》中，他极力地歪曲中国共产党的历史和攻击毛泽东，说什么"从三十年代起，中国共产党不断地同反列宁主义、反共产国际、反党、反苏、反人民的毛泽东的路线和政策作了长期、复杂和艰巨的斗争，才保障了中国革命向前发展和取得胜利"。文章列举了毛泽东的所谓"罪行"，"例如，在一九三五年一月毛泽东在中共中央政治局遵义会议上篡夺

---

① 《王明诗歌选集（1913~1974）》，第448页。

② 《王明诗歌选集（1913~1974）》，第444页。

③ 《王明诗歌选集（1913~1974）》，第449页。

④ 《人民日报》1979年12月27日。

党的军权后，就给中国共产党及其领导下的中国红军造成空前未有的损失。在四十年代上半期，毛泽东实行反马克思列宁主义、反共产国际、反苏联的反动的'整风运动'，给中国共产党在思想上、理论上、政治上和组织上造成空前严重的损害。在一九四九年中共七届二中全会上，毛泽东用'新民主主义'的思想和路线代替列宁主义的思想和路线。在五十年代末和六十年代初，毛泽东用他的'大跃进'和'人民公社'冒险盲动的路线和政策，使中国政治反动、经济破产，使中国人民的物质生活和文化生活达到灾难的地步。而从六十年代初，毛泽东实行以反苏反共为基础的对内对外政策的结果，终于导致在'文化革命'烟幕下实行反革命政变，给中国共产党和中国人民造成史无前例的灾难，给世界社会主义体系、国际共产主义运动、反对帝国主义运动和争取和平运动，造成极端严重的损害"。

文章说："近三十年来，从四十年代所谓'整风运动'起，毛泽东把中国共产党的历史窜改得面目全非，伪造得体无完肤。""毛泽东伪造中共历史的主要内容，是他把列宁主义思想和路线在中国胜利的历史伪造成毛泽东'思想'和路线胜利的历史。他把中国共产党和中国人民在共产国际领导和苏联共产党及苏联的帮助下，艰苦奋斗和光荣胜利的历史，伪造成他个人业绩的历史。把他个人的极端错误的'思想'、路线和政策伪造成所谓'完全正确的'。他不但把自己的错误和罪行加在别人头上，而且还经常伪造他在党内的论敌的所谓'罪行'，作为抬高自己打击别人的无赖手段。毛泽东用尽方法不断伪造中共历史的目的在于反对列宁主义，反对共产国际，反对苏联；在于用反革命的毛泽东主义代替革命的马克思列宁主义；在于把他自己神化，以便篡夺党和国家的最高权力。然后，他利用这些权力在'适当'时机对内作叛党叛国叛人民的罪恶勾当；对外作反苏反共反民族解放运动的叛卖行径，作为他勾结帝国主义及其他反动派的'资本'。从一九六六年起毛泽东在'文化革命'的幌子下实行反革命政变。近来他又公开走上亲帝汉奸路线的道路，这就把他自己千方百计隐藏的真实面目完全暴露于天下。"①

《"整风运动"是"文化革命"的预演》一文很长，内容很庞杂，共分五个部分：

第一部分是"第一个时期——'整风运动'的准备"，说毛泽东在这个

---

① 《中共半世纪》，第9～10页。

时期作了下列具体的布置：（一）用阴谋和强迫办法把延安出版的党的报刊全部停刊；（二）停办学校；（三）提出毛泽东主义反对列宁主义；（四）伪造遵义会议历史；（五）毒害和危害王明；（六）毛泽东篡夺总书记职务；（七）拼凑"整风运动"领导班子。

第二部分是"第二个时期——'整风时期'"，其内容是：（一）"整风运动委员会"与"整风"单位；（二）"整风"的方法和对象；（三）有关"整风运动"同毛泽东的三次谈话；（四）评毛泽东《在延安文艺座谈会上的讲话》。

第三部分是"第三个时期——所谓'抢救时期'"，其内容是：（一）为"抢救运动"伪造借口；（二）名为"抢救失足者"，实为迫害党的大多数领导人、干部和党员；（三）打击的主要对象仍是列宁主义者——国际主义者；（四）给党的大多数领导人加以"反革命嫌疑分子"的罪名。

第四部分是"第四个时期——'平反'时期"，其内容是：（一）实行"平反运动"的原因；（二）所谓"宽大政策"。

第五部分是"第五个时期——'总结'时期"，其内容是：（一）思想上和政治上的总结；（二）"组织结论"；（三）"作风"问题的总结。①

总之，王明在这篇文章中全盘地歪曲和攻击延安整风运动，继续诬蔑和攻击毛泽东，千方百计为自己的错误翻案。

8～9月　毛泽东《在外地巡视期间同沿途各地负责人谈话纪要》中说："王明路线的寿命最长。他在莫斯科就搞宗派，组织了'二十八个半布尔什维克'。他们借第三国际的力量，在全党夺权四年之久。王明在上海召开六届四中全会，发表了《为中共更加布尔什维克化而斗争》的小册子，批评李立三'左'得还不够，非把根据地搞光就不舒服，结果基本上搞光了。从一九三一年到一九三四年，这四年我在中央毫无发言权。一九三五年一月遵义会议，纠正了王明的路线错误，王明倒台了。"他还说："犯了大的原则的错误，犯了路线、方向错误，为首的，改也难。历史上，陈独秀改了没有？瞿秋白、李立三、罗章龙、王明、张国焘、高岗、饶漱石、彭德怀、刘少奇改了没有？没有改。"②

秋　写完《"文化革命"与毛帝合作》一文，后收入《中共半世纪》

---

① 《中共半世纪》，第11～140页。
② 《建国以来毛泽东文稿》第13册，第243、246页。

一书。王明在"作者的话"中说，此文是"为揭露所谓毛美关系'突然变化'的真相而写的"。①

文章共分为四个部分：一、名为"文化革命"，实为反革命政变；二、毛帝合作是反革命政变的组成部分；三、当前毛帝合作的史源；四、毛泽东堕落的各种根源。

文章在第一部分中说，毛泽东发动的"文化革命"，"是对内反共反人民、对外反苏反国际共产主义运动的反革命政变"，"这个反革命政变的首要目的，就是用反革命的'毛泽东思想'代替革命的马克思列宁主义，把'毛泽东思想'作为决定对内对外路线和政策的唯一依据"。"在对内政策方面，毛泽东用武力摧毁伟大光荣的中国共产党，用武力镇压勤劳智慧和革命的中国人民"，并说"从一九六九年四月中共九大起毛泽东制造他御用的以反共反苏为主旨的假共产党代替真共产党，使中国共产党和中国人民处在水深火热的空前灾难中"。"在对外方面，毛泽东疯狂地反对苏联和其他社会主义国家，竭力破坏和分裂世界社会主义体系，直到向苏联提出领土要求和向苏联边境实行武装进攻，还企图侵吞蒙古人民共和国领土"，"他还利用反苏反共的行动作为勾结帝国主义和各国反动派的手段"。②

文章第四部分认为，毛泽东"堕落"的"思想根源是：反革命的封建帝王思想，无政府主义，托洛茨基主义和军阀主义，以及反动的实用主义"。理论根源是"毛泽东不仅是一个披着'马克思主义者'外衣的假马克思主义者，而且是马克思主义的直接敌人"；历史根源是他"不仅有长期反党、反马克思列宁主义、反共产国际和反苏的历史，不仅有在中国革命各个时期都犯了右的和'左'的机会主义路线错误，并在许多时候犯下严重罪行的历史，而且有长期身在共产党内，心向帝国主义的历史"；社会根源是"毛泽东在反帝革命、反封建革命和社会主义革命方面的立场，主要地都是代表民族资产阶级利益的"，"他在工作作风和工作方法方面带着浓厚的破产失业非阶级化的小有产者和流氓无产者的习气，甚至在某些问题方面他的行动还含有封建地主的臭味"。③

---

① 《中共半世纪》，第 3 页。
② 《中共半世纪》，第 140～141 页。
③ 《中共半世纪》，第 167～168 页。

11 月 19 日　作七绝《梨苹冬话》。①

本年　撰写《揭穿毛泽东对中共历史的伪造》，并作"关于中共抗日民族统一战线政策的制定与实现经过"、"关于 1937 年 12 月政治局会议的路线与抗战时期中共两条路线斗争"的谈话等。②

本年　作七绝《祝宋庆龄 80 大寿》及《题何老香凝画集》、五律《冬至》。③

1972 年　68 岁

1 月 6 日　陈毅在北京逝世。王明撰联讽刺毛泽东对陈毅的哀悼，联语为：

> 猪鼻子插大葱，真装象；
> 猫咀儿哭老鼠，假伤心。④

4 月 8 日　作七绝《电母见闻录（下午 7 时半目击庆树扭台灯灯泡几乎触电受难随感）》3 首。⑤

4 月 8 日　作七律《天叫苦》。⑥

5 月 4 日　作七律《大公无私之人（悼念谢老觉哉同志）》。⑦

6 月 10～12 日　周恩来连用三个晚上在中共中央批林整风汇报会上作《对我们党在新民主主义革命阶段六次路线斗争的个人认识》的报告，依次就大革命时期的陈独秀右倾投降主义，土地革命战争时期的瞿秋白盲动主义、李立三冒险主义、罗章龙右倾分裂主义、王明"左"倾教条主义和张国焘右倾分裂主义，以及抗日战争时期的王明右倾投降主义的历史过程、错误危害等详加论述和说明。在谈到王明"左"、右倾错误问题时，结合个人亲身经历，对自己作了严厉的剖析乃至过分的检讨。⑧

---

① 《王明诗歌选集（1913～1974）》，第 452 页。
② 《传记与回忆》附录 I《王明同志的反毛斗争经过（提要）》。
③ 《王明诗歌选集（1913～1974）》，第 450、451、453 页。
④ 《王明诗歌选集（1913～1974）》，第 479 页。
⑤ 《王明诗歌选集（1913～1974）》，第 454 页。
⑥ 《王明诗歌选集（1913～1974）》，第 455 页。
⑦ 《王明诗歌选集（1913～1974）》，第 456 页。
⑧ 《周恩来年谱（1949～1976）》下卷，第 529 页。

夏秋　作七律《夏怀（二）》。①

8月9日　作七律《病豪》。诗曰：

> 卅载受灾毒未尽，遍身皆病药难良。
> 两遗一饭强廉颇，千荡犹生傲武王。
> 已见叛徒永遗臭，弥彰真理更留芳。
> 还期华夏妖气靖，年近古稀还故乡。②

8月24日　于病中作自由体诗《生活与生存》，说活着"还要参加斗倒毛集团"，全诗内容是：

> 生活——多一事不如少一事；
> 生存——少一天不如多一天。
> 为什么生活求简单？
> 浑身全被病纠缠，
> 饮食起居样样难。
> 为什么生存要续延？
> 好多事儿未干完；
> 尤其是还要参加斗倒毛集团。
> 这对矛盾真可笑，
> 现在解决办不到。
> 凑合凑合活下去，
> 存到几时天知道。③

10月6日　作七律《患情》。④

10月16日晨5时　作七绝《志仲尼暮年》。⑤

10月24日　作七绝《卧龙》，自比"卧龙"，诗曰：

---

① 《王明诗歌选集（1913～1974）》，第458页。
② 《王明诗歌选集（1913～1974）》，第459页。
③ 《王明诗歌选集（1913～1974）》，第461页。
④ 《王明诗歌选集（1913～1974）》，第462页。
⑤ 《王明诗歌选集（1913～1974）》，第463页。

过劳久困易朦胧，非梦也常似梦中。

雷雨大兴天地变，卧龙展翅变飞龙。①

秋 作七绝《美帝败退越南》，又作七绝《破伞孤僧（毛泽东自道也）》，攻击毛泽东。后一首是：

亲离众叛老孤僧，破伞遮颜一浪人；

常梦摘星楼上去，妖狐九尾共哀鸣。②

12 月 2 日 试对成都望江楼绝对。王明在说明中说："1938 年 12 月，路过成都时，罗世文告我：成都望江楼有绝对一联，系明（或清）某名流所出，至今仍挂一联在楼上无人能对。当时事忙，未及试对，今忽忆及，试对如下：

望江楼上望江流，江流千古，江楼千古；

观日峰头观日出，日出万年，日峰万年。"③

冬 作《评毛泽东悼陈毅一联》，继续攻击毛泽东。
本年 作七绝《越南抗美救国必胜》。④

1973 年　69 岁

7 月 29 日 作自由诗《非不为也，是不能!》，哀叹自己"心有余而力不足，非不为也，是不能!"全诗共四段，其第二、三段是：

（二）
我
而今

---

① 《王明诗歌选集（1913～1974)》，第 464 页。
② 《王明诗歌选集（1913～1974)》，第 466 页。
③ 《王明诗歌选集（1913～1974)》，第 479～480 页。
④ 《王明诗歌选集（1913～1974)》，第 467 页。

只剩下个

有翅难展的

多病之身；

但还留有

腾空奋斗的

战士之心。

不过，

我只能：

在好久时间里，

吟咏出若干首述怀诗句，

在好长岁月里，

倾吐出几篇反毛论文。

而且这

我还只能

躺在床上口讲，

写和译

还要靠

全家人。

知我者说，

我确是在战斗到最后的呼吸。

不知我者说，

我真是个天下少有的懒人。

（三）

我

不管人家说长道短，

不管自家茹苦含辛，

为党，为革命，

为祖国，为人民，

为马列主义，

为反对毛泽东反动统治的斗争；

为中苏友好，

为世界和平，

为国际共产主义运动，

为世界社会主义阵营，

为反帝运动和民族解放运动，

为民主进步和社会主义事业，

一定

用尽一切力量，

挤出我的一点一滴血汗，

吐出我一丝一毫的肝心，

直到我一息尚存，

直到我一息尚存！①

8月1日　作五律《读曹操〈宣示孔融罪状令〉（随笔）》、自由体诗《读曹操〈短歌行〉（随笔）》。②

8月29日　作七绝《顾此失彼（怜沫若）》。诗曰：

泥牛入海还登陆，智比猪来胜几筹？

追捧当今毛大圣，诗如李杜也鞭头。③

8月29日夜　作七绝《指桑骂槐（难沫若）》。诗曰：

白甫诗篇牛斗高，也同若著应该烧？

泽东思想评人物，古往今来余一毛。④

秋　王稼祥致信周恩来说："总理：在我有生的日子里，希望及早安排我的工作……王明现在国外仍然猖狂已极，我愿意写些文章批判他。如果可以的话，只要一二个助手就可以了。你的意见怎样？是否合时宜？望告之。"

---

①　《王明诗歌选集（1913～1974）》，第468～471页。
②　《王明诗歌选集（1913～1974）》，第472～474页。
③　《王明诗歌选集（1913～1974）》，第475页。
④　《王明诗歌选集（1913～1974）》，第476页。

1974 年　70 岁

年初　写完《"孤僧"命运与毛家十大》，后作为第四编收入《中共半世纪》一书。

文章共分三个部分：一、毛泽东为什么成了"孤僧"？二、毛家十大的内外政策；三、毛泽东与秦始皇。

第一部分认为："毛泽东之成为'孤僧'，决不是偶然的。这首先是他的思想错误和政治路线错误演变发展的必然结果"；其次，"是他阴谋诡计毫无人性不断迫害最亲信的同僚的结果"；再次，"是他实行'整风运动'和'文化革命'的必然结果，是他公开走上联帝联反而反苏反共的叛徒道路的必然结果"。

第二部分认为："十大通过的毛泽东的政策更加反动，其所追求的目的更加露骨"，"十大决定的对内政策和采取的组织措施的目的，都是围绕着维持其个人的反动统治和准备江青作继承人这个中心环节"；"毛泽东的对外政策的目的，都是围绕着加紧准备反苏战争和企图挑动世界大战这个中心环节的"。

第三部分认为："毛泽东之所以吹捧秦始皇，首先就是由于他具有浓厚的封建帝王思想"，其次，"是因为他与秦始皇有许多共同之点"，"更为重要的是，毛泽东之所以吹捧秦始皇，并把自己比做秦始皇，是有他的政治阴谋的"，"其目的是为了把自己吹捧成'坚决打击复辟资本主义的政治家'"。并说，"毛泽东吹捧秦始皇并把自己比作秦始皇的主要目的，不只在于禁止人们再控诉秦始皇和他自己所干的'焚书坑儒'之类的罪行，而且为了把秦始皇美化起来，作为他抬高自己、打击别人的新工具"。

文章还说，毛泽东在吹捧秦始皇的同时，攻击孔子，"这首先是因为秦始皇和他自己都犯了同样的'焚书坑儒'罪行"；"其次，是由于毛泽东和秦始皇同孔子之间存在着思想上和政治上的原则分歧"；"更重要的是，毛泽东之所以攻击孔子，也是有他的政治目的的"，"把他要打击的人加上个'孔子信徒'罪名，然后诬蔑之为所谓'坚持资产阶级专政的顽固派'而加以迫害"。

文章还指责"毛泽东把鲁迅的名字变成他手中玩弄的傀儡，把鲁迅著

作变成他手中的御用的工具"。①

3 月 把 1971 年夏写的长文的两部分和同年秋及 1974 年初写的两篇文章拼凑在一起,分别作为第一、二、三、四编,定名为《中共半世纪》。

3 月 23 日 为《中共半世纪》写"写在前面",其内容是:

> 本书的第一部分《中共半世纪》和第二部分《"整风运动"是"文化革命"的预演》是一九七一年为纪念中共五十周年而写的长篇论文的两个部分。第三部分《"文化革命"与毛帝合作》是同年秋季为揭露所谓毛美关系"突然变化"的真相而写的。可惜,因病情恶化都未能完稿。以后这段时间,遇健康情况有可能时,随时继续将这些稿件加以整理和补充。第四部分《"孤僧命运"和毛家十大》是一九七四年初写成的。
>
> 这四部分合起来一齐发表,是合乎事变发展进程的逻辑的。
>
> 大家现在都知道,毛泽东之所以成为共产主义和革命事业的叛徒,并不是偶然的,而是他长期不断地干坏事发展的结果。而他使自己蜕变成叛徒的最具有决定意义的事变,正是他在四十年代前半期实行的反动的"整风运动"和他在六十年代下半期开始实行,至今仍在变相继续的所谓"文化革命"。同时,毛泽东正是由于实行反革命政变而成为最反动的帝国主义集团和一切反动派的宠信;所以他才在真正的中国共产党人和中国人民中间,在国际共产主义运动和反帝运动面前成为众所唾弃的叛徒。因而连他自己也感到了,他是处在众叛亲离形单影只的独夫惨境。因此在一九七一年春斯诺同他告别时,他不得不沉痛地向其老友说:"我现在是一个夹着破伞到处流浪的孤零零的老和尚了。"
>
> 在本文的最后一部分里,作者探讨了中国最近事变的一些问题:毛泽东为什么成了"孤僧",毛家十大的内外政策,毛泽东为什么和怎样吹捧秦始皇,为什么和怎样攻击孔夫子,为什么和怎样利用鲁迅,以及毛泽东在"批林批孔"借口下实行第二次"文化革命"等等。
>
> 在结尾表示坚决相信,"孤僧"的命运最后只有如他自己常说的"彻底、干净、全部"的失败。这是不卜可知的。这是历史注定的。中国共产党人和中国人民一定能摆脱毛泽东反动统治的枷锁,创造自己光

---

① 王明:《中共半世纪》,第 169~220 页。

明和幸福的社会主义未来，把中国的命运永远掌握在自己的手里。这是完全合乎历史发展的必然规律的。

3 月 27 日　病逝于莫斯科，被安葬于新圣母公墓。

孟庆树整理完《传记与回忆》一书后，在《书后》中说：

王明同志的一生是为马列主义的纯洁性和原则性而斗争的一生，在中国革命的五个时期里，王明同志都有正确的贡献：不仅都是拥护列宁主义、拥护共产国际的正确路线，并和形形色色的机会主义者作了斗争，而且是三个革命时期的正确路线的制定人。那就是：

在中国革命的第三个时期，制定了以国共合作为基础的抗日民族统一战线政策，战胜了毛泽东联日联汪反蒋的汉奸路线。

在中国革命的第四个时期，提出"战时矛盾不同于战后矛盾，因而战时合作不决定战后合作"，"这条路线使党和人民认识到要准备进行新的国内战争，打倒美帝国主义支持下的祸国殃民的蒋介石反革命统治，以便完成资产阶级民主革命并向社会主义革命转变"（详见王明著《列宁、列宁主义与中国革命》一文），反对和克服了毛泽东的"战时合作决定战后合作"和"论联合政府"的右倾机会主义的错误路线。

……

在中国革命的第五个时期，王明同志把共产国际关于中国革命转变问题的路线具体化为：中国资产阶级民主革命在全国取得决定意义的胜利时，就转变成社会主义革命的结论。虽然毛泽东的不要社会主义而要新民主主义的路线，在党和国家生活中占了上风达四年，但由于苏共中央的帮助和全党同志全国人民的愿望，王明同志在 1934 年具体化了的这条共产国际路线，终于胜利了。

在中国革命的第一个时期，1927 年（王明同志才二十三岁）就写了《中国革命前途与革命领导权问题》一文，论证共产国际路线的正确，反对陈独秀、彭述之等的右倾投降主义。

在中国革命的第二个时期，1930 年（王明同志才二十六岁），他是反立三路线的第一人，在 1930 年写了《两条路线——拥护国际路线，反对立三路线》（1932 年编入《为中共更加布尔塞维克化而斗争》一书内），在共产国际帮助下，纠正了托洛茨基主义的李立三路线。

从以上事实证明：王明同志是真正善于把马列主义的理论、苏联共产党的经验运用于中国实际的人。连刘少奇也不能不说："你（王明）不管做什么工作，都会做好，因为你掌握了一件东西——马列主义。"

王明同志善于把高深的理论问题用条理清楚和普通易懂的语言说出（或写出）。他时常把非常复杂的问题讲得清楚易懂，所以他的演说和文章是很受欢迎的。

王明同志虽然知识丰富，但还是经常学习。例如 1947 年在后甘泉，王明同志除起草宪法，参加土改，还时常阅读黑格尔的哲学著作，用中文和俄文作笔记。和同志们下象棋，十有几次他是得胜者，并写有《象棋游戏漫谈——象棋辩证法要点试拟》一篇。

王明同志是平易近人的人。他和工人农民及其他劳动者交朋友，学习他们的语言……

3 月 28 日 苏联《真理报》刊登王明去世消息，并登一照片和《追悼王明同志》的文章。文章称王明为"国际共运老战士，中国共产党的著名活动家"，说"在筹备共产国际第七次代表大会期间以及在大会以后，王明对制定中国抗日统一战线纲领作出了重大贡献"。并说"王明是苏联的老朋友，苏中两国人民的友好和合作的积极捍卫者"，他的"形象将铭记苏联人民的心中"。

4～6 月 苏联《远东问题》杂志（季刊）第 2 期刊登《悼念王明同志》一文，较详细地介绍了王明的一生。

文章说王明是"国际共运老战士，中国共产党的著名活动家，中国人民为民族解放和社会解放、为中国的社会主义发展道路而进行英勇斗争的积极参加者"，"王明直到临终一直是具有原则性和国际主义精神的共产党人，杰出的革命家和为争取本国人民的自由和幸福的坚强战士、毛泽东及其追随者的反人民的冒险主义方针的坚决反对者。他始终不渝地为马列主义的纯洁性、为无产阶级国际主义、为在中国革命的条件下创造性地运用马列主义而斗争"，王明"一贯主张中苏两国人民和两国之间的友好和密切合作，主张在马列主义和无产阶级国际主义基础上改善中苏两党之间的关系"，王明"杰出的具有国际主义精神的共产党人的光辉形象，将永远铭记在伟大的中国人民的真诚朋友——苏联人民的心里"。

在介绍王明生平时，文章说他 1929 年回到中国后，"在处于地下状态和国民党残酷镇压的条件下完成党中央交给的重大任务"；"1930 年，王明在中国共产党内率先起来批评当时实际上领导中共中央政治局的李立三的小资产阶级民族主义、半托洛茨基主义和冒险主义的纲领"，从 1931 年底到 1937 年 11 月，"在同季米特洛夫和其他国际工运及国际共运活动家共同从事创造性活动的过程中，王明参与了共产国际的集体理论工作和政治工作，参与了革命经验，其中包括中国共产党的经验的科学总结工作"，"他和他们一起根据中国的情况制定、发展并具体阐发了列宁关于反帝统一战线的思想"，并"对从理论上提出和具体实施对中国革命取得胜利具有重要意义的抗日民族统一战线政策作出了特别重大的贡献"。文章充分肯定了王明写的《为中共更加布尔塞维克化而斗争》等作品。

这篇文章大肆攻击毛泽东，赞扬王明反对毛泽东的一系列言论。说王明 1935~1937 年发表的一些关于统一战线的文章，"对于中国共产党、对于中共干部在新形势下不致迷失方向，对于克服毛泽东及其追随者所坚持的扩大内战的左倾宗派主义路线，有着极端重要的意义"，当毛泽东企图把王明拉到自己一边来的行动没有成功时，"毛泽东就把王明选为他反对党内拥护共产国际的人和共产国际的主要打击对象"。"为了诽谤和污蔑王明和其他拥护共产国际的中共党员，毛泽东及其追随者炮制了'王明的两条路线'——所谓'左倾路线'和'右倾机会主义路线'"，并说在此幌子下"毛泽东及其拥护者同时对共产国际以及共产国际制定的中共在 30 年代的总路线进行了攻击，以此来掩盖自己的民族主义和'左'倾宗派主义倾向，并把共产国际和拥护共产国际的中共党员在制定和实施马列主义战略和策略方面的全部功劳据为己有"。并说"他相信，由毛泽东的思想和活动给中国共产党人和中国人民带来的目前的悲剧和灾难，也同毛泽东本人及其'思想'一样，是暂时的现象"。

7~9 月　苏联《远东问题》杂志（季刊）第 3 期发表王明的《毛泽东与秦始皇》，即《"孤僧"的命运和毛的十大》一文的部分内容。

7 月 7 日　孟庆树为王明的《中共半世纪》一书写"跋"。

谱　后

1975 年　河北师大政治课教研室在《河北师大》第 6 期发表《投靠苏修的叛徒王明是百分之百的投降派》，说"在我们党的历史上，一度篡夺了领导权的叛徒王明，是搞修正主义的，对内搞阶级投降主义，对外搞民族投降主义，是百分之百的投降派，十恶不赦的卖国贼"。

1975 年　苏联国家政治书籍出版社以俄文出版了王明的《中共半世纪与叛徒毛泽东》一书。1981 年中国现代史料编刊社将此书译成中文内部出版，改名为《中共五十年》。

陆定一在回忆中说："这本书从头至尾对毛泽东同志和中国共产党造谣，为他自己的罪恶狡辩。"①

胡乔木 1985、1986 年在《关于历史问题决议的起草》的谈话中说："王明后来在七十年代还出了一个很坏的小册子——《中共五十年》。这个小册子在国际上影响较大，在苏联印过，在越南也印过。在这个小册子中，王明说毛主席要毒死他，这是胡说八道。'文革'那么残酷，毛主席也没有下过这种命令，'文革'中很多事情是江青他们搞的，毛主席并不知道。"②

1976 年　苏斯洛夫在苏共第二十五次全国代表大会上作报告时，曾为王明默哀。

同年　上海人民出版社出版史锋写的《反对王明投降主义的斗争》小册子。

同年　日本将《中共半世纪》改名为《王明回想录》出版。

1977 年 10 月 9 日　罗瑞卿在《长征路上一场严重的路线斗争——纪念

---

① 《关于唐义贞烈士的回忆》，《江汉论坛》1982 年第 6 期。
② 《胡乔木回忆毛泽东》，第 66 页。

伟大领袖和导师毛主席逝世一周年》一文中称王明是"叛徒"。①

1977 年 10 月 12 日　孟庆树为《王明诗歌选集（1913～1974）》撰写前言，说："王明同志自幼即爱好诗歌，爱好写诗，可惜他童年时代的作品只收存了一部分，但从这一部分诗歌中已可以看到他自幼即热爱光明和正义，向往光明，控诉黑暗与非正义，控诉反动派"；"王明同志从九岁开始写诗，到十五岁时，诗的内容已颇丰富优美"。她还说："王明同志写诗歌时，尽力避免用古典和生冷字眼，不得已要用时，也多加以注释。"她说这个选集里有很多诗是为追悼革命烈士而写的，还有给她写的 55 首，另外还有"数十首反毛的诗歌"，在"文化革命"后，"王明同志不仅多次著文反击，而且写了不少反毛诗篇"。在注释中，她还说王明一生共写了 600 余首诗。②

1978 年 12 月 10 日　陈云在中共中央工作会议东北组的发言中谈到交换、比较、反复的工作方法时说："弄清'实事'并不容易。为了弄清'实事'，我把它概括为六个字，就是：交换，比较，反复。所谓交换，就是通过交换意见，使认识比较全面。交换意见，不仅要听正面意见，更要听反面意见。所谓比较，一是左右的比较，例如毛主席论持久战，比较了中国和日本的情况，既反对速胜论，又反对亡国论，正确的结论是持久战；二是前后的比较，例如毛主席讲统一战线，就比较了陈独秀和王明，或者是只团结不斗争，或者是只斗争不团结，正确的结论是既团结又斗争。所谓反复，就是事情初步定了以后还要摆一摆，想一想，听一听不同意见。即使没有不同意见，还要自己设想出可能有的反对意见。我们反复进行研究，目的是弄清情况，把事情办好。"③

1979 年　莫斯科进步出版社出版王明的《中共半世纪与叛徒毛泽东》中文版。

孟庆树在这年 1 月 5 日写的《书后》中说："王明（陈绍禹）同志是中国共产党的杰出领导人，是国际共产主义运动的著名活动家。""本书给读者指出批判毛泽东的反动理论和伪造的历史的根据。俄文和其他外文早已出版，现将中文出版，使广大中文读者得有机会阅读。""王明同志本来打算在写完这本书后，接着再写一本书批判'毛泽东思想'的理论错误——尤

---

① 1977 年 10 月 9 日《人民日报》。
② 《王明诗歌选集（1913～1974）》，第 5～8 页。
③ 《关于当前经济问题的五点意见》，《陈云文选（1956～1985）》，第 235～236 页。

其是在哲学方面的错误。因为近三十多年来，由于毛泽东的反马克思列宁主义、反苏、反共的罪恶活动，使中共的干部和党员的马克思列宁主义教育受到了严重的损害。而在名为'文化革命'实为反革命政变时，毛泽东及其小集团更公开宣布要'把毛泽东思想的红旗插遍全世界'，但他们至今在国内和国外还是不得不打着'马克思列宁主义'的旗帜来掩饰自己干的坏事。因而必须以理论分析和实际证明使人们看清：毛泽东是怎样曲解、诬蔑和背叛了马克思列宁主义，是怎样在'马克思主义中国化'的幌子下用偷天换日的方法以其反革命的毛泽东主义代替马克思列宁主义的。王明同志最近几年在这方面已作了许多准备工作。但可惜他因为健康早在四十和五十年代就被摧残，终于未能完成下一步的工作计划而与世长辞了。""王明同志的逝世是中国共产党人和中国人民很重大的损失。"①

《写作要目》说，此书除俄文和中文版外，日本、捷克、保加利亚等国也曾出版。

同年　莫斯科进步出版社出版《王明诗歌选集（1913～1974)》的俄文版和中文版。中文版的封套上介绍说：王明"是中国共产党杰出的领导人，国际共产主义运动的著名活动家"，"王明同志不仅是政治活动家，而且是诗人"。

韩三洲在《作为诗人的王明》一文中说："如果不以人废诗的话，王明也应该算是一个诗人。""从诗中可以读出，虽说王明少小聪慧，诗才尚可，但也不论平仄，也就是不太讲究合辙押韵，不受旧体诗格律的束缚。自幼及壮，直至逝世前一年，诗人一直在写着他自己的诗，所以，70 年的平生事业、社会交际以及所见所闻、所感所悟，书中均有记载。更重要的是，内中除了王明个人的政治态度之外，也包含有大量的党史资料，有很多第一手记载是《中共五十年》（即香港新出版的《王明回忆录》）与其它王明传记中所阙如的。"②

1980 年 8 月 18 日　邓小平在《党和国家领导制度的改革》的报告中说："家长制是历史非常悠久的一种陈旧社会现象，它的影响在党的历史上产生过很大危害。陈独秀、王明、张国焘等人都是搞家长制的。"③

---

① 王明：《中共半世纪》，第 236、237 页。
② 原载《南方都市报》，见"共识网"（http://www.xn-b6q513il2h.com/articles/rwcq/article_201004298681.html）2010 年 4 月 29 日。
③ 《邓小平文选》第 2 卷，第 330 页。

1981 年 3 月　陈云在《对起草〈关于建国以来党的若干历史问题的决议〉的几点意见》中，谈到毛泽东的理论和政策的提出时说："毛泽东同志的一整套理论和政策，是总结了陈独秀、李立三、王明的错误教训得出来的，对中国革命的胜利起了决定性的作用。"①

同年　现代史料编刊社将《中共半世纪与叛徒毛泽东》俄文版翻译成中文，以《中共五十年》为名内部出版，东方出版社 2004 年内部再版。

出版社在"出版说明"中说："本书（原名《中国共产党五十年和毛泽东的叛徒行径》），是叛徒王明把他自己从 1971 年至 1974 年所写的几篇东西拼凑而成的。在这本书中，王明坚持反动立场，颠倒是非，造谣诬蔑，对我党历史上一些重大事件加以歪曲和篡改，对我党一些领导人恶毒地进行攻击，千方百计地为他过去所犯的左、右倾机会主义路线进行狡辩，充分暴露出他的丑恶嘴脸。现在把它翻译出来，供研究者及有关部门的负责同志参考。通过本书，人们可以认识真正的王明。"

但是，有的学者认为，此书的内容"并不是都是错误的，也有正确的部分"，例如信仰马列主义的，拥护共产国际、苏联共产党、斯大林；拥护和支持土地革命，创建苏区根据地和创造红军，以及毛泽东对红军的战略战术；在抗日民族统一战线，包括联蒋抗日在内的贡献方面是首屈一指的；对反右派斗争、三面红旗及其困难时期和对"文化大革命"有些批评是对的，认为毛泽东受封建的影响很深，独断专行，不民主，这种看法和批评也是对的。②

1981 年 6 月 27 日　中共十一届六中全会通过的《关于建国以来党的若干历史问题的决议》指出：第五次反"围剿"的失败是由于"王明'左'倾冒险主义领导造成的"；"王明'左'倾错误造成的失败使革命根据地和白区的革命力量都受到极大损失，红军从三十万人减到三万人左右，共产党员从三十万人减到四万人左右"。"在一个半殖民地、半封建的东方大国里进行革命，必然遇到许多特殊的复杂问题。靠背诵马克思列宁主义一般原理和照搬外国经验，不可能解决这些问题。主要在本世纪 20年代后期和 30 年代前期在国际共产主义运动中和我们党内盛行的把马克思主义教条化、把共产国际决议和苏联经验神圣化的错误倾向，曾使中国

---

①　《陈云文选（1956～1985）》，第 285 页。
②　施巨流：《王明问题研究》，第 343 页。

革命几乎陷于绝境"。①

1981 年 8 月 3 日　胡耀邦《在思想战线问题座谈会上的讲话》中说："自我批评要认真，不要敷衍。一九四五年，我们当时在延安的同志可能记得，王明的自我批评是敷衍的，博古同志的自我批评是认真的。"②

1982 年　陆定一在《关于唐义贞烈士的回忆》中说："王明是个阴谋家野心家，是苏联当时的大国主义者用来控制中国革命和中国共产党的走狗。他依靠外国（苏联的大国主义者）势力，篡夺了中国党的领导四年之久（1931～1935）。他们当时结成一个集团（即所谓'二十八个半'），自称'百分之百的布尔什维克'，'国际路线'。王明路线统治中国党四年，排斥和杀害了许多同志，使中国革命几乎失败。"并说王明"死前当了赫鲁晓夫的反华特务"。③

同年　人民出版社内部出版《王明言论选辑》。

1983 年 9 月 5 日　王明的妻子孟庆树因病于莫斯科去世，也葬于莫斯科新圣母公墓。

1984～1985 年　苏联科学院远东研究所在莫斯科内部出版《王明全集》第一、二、三卷。因经费困难，原计划出版的第四卷未能印出。

1987 年 5 月 12 日　邓小平在《改革开放使中国真正活跃起来》的谈话中说："三十年代前期有王明为代表的'左'倾机会主义，那个错误导致我们多数革命根据地受挫折，使三十万革命军队减少到三万。我们为什么长征？长征是被迫进行的。"④

1987 年 10 月 13 日　邓小平在《我们干的事业是全新的事业》的谈话中谈到遵义会议时说："从历史上看，我们的民主主义革命也是在纠正'左'的错误之后才走上胜利的道路的，标志就是遵义会议。这次会议结束了王明'左'倾冒险主义在党中央的统治，确立了毛泽东同志在党中央的领导地位。"⑤

1988 年　黑龙江人民出版社出版曹仲彬、戴茂林的《莫斯科中山大学

① 中共中央文献研究室编《〈关于建国以来党的若干历史问题的决议〉注释本（修订）》，第5、47 页。

② 中央宣传部办公厅编《党的宣传工作会议概况和文献 1951～1992》，第 495 页。

③ 《江汉论坛》1982 年第 6 期。后收入《陆定一文集》时，这段文字被删去。

④ 《邓小平文选》第 3 卷，第 234 页。

⑤ 《邓小平文选》第 3 卷，第 253 页。

与王明》一书。

1989 年 6 月 16 日　邓小平在《第三代领导集体的当务之急》的谈话中说："在历史上，遵义会议以前，我们的党没有形成过一个成熟的党中央。从陈独秀、瞿秋白、向忠发、李立三到王明，都没有形成过有能力的中央。我们党的领导集体，是从遵义会议开始逐步形成的。"①

同年　安徽人民出版社出版周国全、郭德宏、李明三写的《王明评传》。

1991 年　安徽人民出版社出版周国全、郭德宏写的《王明年谱》。

同年　吉林文史出版社出版曹仲彬、戴茂林的《王明传》。

1992 年　中国广播电视出版社出版周国全、郭德宏写的《王明其人》。

1993 年　贵州民族出版社出版钟君、龙夫的《红色帷幕下的较量：毛泽东与王明》。

1994 年　上海远东出版社出版金立人等写的《王明"左"倾冒险主义在上海》。

1996 年　日本东京汲古书院出版田中仁编著的《王明著作目录》。

同年　天地出版社出版徐旭初的《红都风云毛泽东与王明决定中国命运的十年争执》。

1998 年　安徽人民出版社出版周国全、郭德宏的《王明传》。

1999 年　杨奎松在《50 年来的中共党史研究》一文中，指出了王明研究中的弊病，即先认定王明是"坏人"、"右倾机会主义分子"，然后在王明的文章中找出几句可以归结为"右倾"言论的词句来，最后得出王明美化、抬高蒋介石国民党，要共产党向国民党妥协投降，把政权和军队让给蒋介石这样一个吓人的结论。其实，哪怕稍微客观一点，我们就不可能从王明当时的文章中得出这样的结论来。更何况，在当时统战的条件下，共产党领导人公开讲的是一回事，心里则往往还有更深层次的考虑。这些考虑有时只有在一些内部的高层会议讲话里才能看到。奇怪的是，当人们主观上认定某某人是"坏人"以后，经常是连读他的讲话的感觉也变味了，眼里只剩下那些可以被视为问题的词句了。很显然，有些研究者是读过王明这时在内部会议上的发言的，但却只是注意到他讲红军的改编，不仅名义改变了，而且内容也改变了，没有注意到他紧接着所讲的：因此，现在尤其要注意保存红军的

---

①　《邓小平文选》第 3 卷，第 309 页。

独立性，第一要保障党的领导；第二要保障自己干部的领导；第三要建立自己的教育与政治工作；第四要使之成为打胜仗的模范。要将我们的军队扩大到 30 万。他们只注意到他说我们不应当说谁领导谁，而应当提国共共同负责、共同领导，却视而不见他紧接着强调的在政治局以外不能说的话，即"对于革命前途问题，我们对外说中国抗战胜利是民主共和国，而我们自己要明白，中国将来是由民族阵线转到人民阵线最后到社会主义的胜利"。"今天的中心问题是一切为了抗日，一切经过统一战线，一切服从抗日"，但"我们应认识到，我们是中国的主人，中国是我们的，国民党是过渡的"。加强国共合作是争取将来不是国共关系破裂，而是革命与反革命完全分裂，使国民党内革命的分子到我们领导下来，"使右派最后滚出去"。很显然，如果我们不是戴着有色眼镜去看王明的文章和讲话，是不可能得出那些吓人的政治结论的。①

2002 年春　渔隐布衣于莫斯科的新圣女公墓中见到王明墓后，作《过王明墓》七律一首志感，诗如下：

　　　孤臣海外愧其才，何苦他乡土一堆。
　　　太息名高功未得，尤怜地老事堪哀。
　　　争持谲见能尊祖，圭臬形名却稚孩。
　　　过客知人诚不易，任凭指点费伊猜。②

2006 年　香港天马出版有限公司出版施巨流的《王明问题研究》。

2008 年　中共党史出版社出版戴茂林、曹仲彬著《王明传》，即曹仲彬、戴茂林著《王明传》的增订版。

2009 年 1 月　香港哈耶出版社将《中共五十年》更名为《王明回忆录》出版。③

2009 年 5 月 18 日　muduli 在《我党历史上的叛徒之最》中说王明是"最不思悔改的叛徒"，其中说："自 60 年代起，王明在苏联根据当时的政治需要，化名马马维奇、波波维奇等，先后撰写、发表多篇文章，攻击毛泽

---

① 《近代史研究》1999 年第 5 期。
② 《闲话王明诗》，渔隐布衣的博客"关东情结"（http：//phaell. blogcn. com/diary，16007470. shtml）2008 年 5 月 20 日。
③ 《王明回忆录》，"豆瓣读书"（http：//book. douban. com/subject/4037023）。

东、歪曲中国共产党的历史。王明抱着一个目的，那就是贬低搞臭毛泽东和毛泽东思想，为自己的错误路线翻案。"①

本年　湖北人民出版社出版熊廷华的《王明的这一生》。

2010 年　中央文献出版社出版黄允升的《毛泽东与王明》。

2012 年　中国青年出版社出版丁晓平的《王明中毒事件调查》。

---

① 《我党历史上的叛徒之最》，"百度知道"（http：//zhishi. baidu. com/zhishi/192065. html）
2009 年 5 月 18 日。

附录

一 王明著作目录

（诗歌除外）

1925 年

4 月 29 日 《革新运动中所得之经验》（陈绍禹），《商大周刊》第 3 卷第 5 期

《三种不同的面目》（陈绍禹），同上

《革新运动后之最近简单希望》（陈绍禹），同上

5 月 1 日 《安徽的学生》（陈绍禹），《皖光》第 1 卷第 1 期

《反对和免除贵族专利的现代学校教育》（陈绍禹），同上

《恋爱真谛》（陈绍禹），同上

5 月 27 日 《社会、社会学、社会科学、社会问题、社会主义底浅释》（陈绍禹），武昌商科大学《社会科学研究》第 1 集（12 月出版）

1927 年

5 月 26 日 《中国革命前途与革命领导权问题》（绍禹），《向导》第 198 期，6 月 15 日

6 月 1 日 《英俄断绝国交问题》（绍禹），《向导》第 197 期，6 月 8 日

1928 年

1 月 13 日 《旅莫支部面面观》（陈绍禹），莫斯科中山大学墙报

4 月 18 日 《武装暴动》（俄文，与张闻天等合译）

4 月中旬 《关于处理"江浙同乡会"问题决议》（为中共驻莫斯科代表团起草）

5 月 16 日 《武装暴动》序言

7 月 《关于江浙同乡会问题》的报告（给未离莫斯科的中共六大代表作）

7 月 14 日 关于江浙同乡会的发言（在中共驻莫斯科代表团会议上）

7 月 30 日 致中共代表团苏兆征、张国焘、项英、瞿秋白、周恩来的信

11 月 1 日 《广州暴动纪实——广州起义一周年纪念》（韶玉），收入《广州公社》文集，1930 年 12 月 25 日出版

本年 《关于〈中国革命之现状〉报告的发言》，收入苏联科学院远东研究所 1984～1985 年版《王明全集》俄文版第 1 卷

1929 年

9 月 1 日 《论撒翁同志对中东路问题的意见》（韶玉），《布尔塞维克》第 2 卷第 10 期

9 月前后 《为啥个米贵了？——中共沪东区委为要求加米贴告沪东工人书》（传单，用中共沪东区委名义印发）

10 月 12 日 《英美联合和平宣言与第二次世界大战》（韶玉），《红旗》报第 48 期

10 月 15 日 《最近政局与拥护苏联》（慕石），《红旗》报第 49 期，10 月 17 日

11 月 7 日 《准备着应战》（慕石），《红旗》报第 51 期

《太平洋会议的内幕——赛狗会》（慕石），同上

11 月 7 日 《六万劳苦群众的武装斗争》（慕石），《红旗》报第 52 期，11 月 10 日

11 月 13 日 《进攻苏联与瓜分中国》（慕石），《红旗》报第 53 期

《与一个工人同志的谈话》的第一部分（慕石），同上

11 月 16 日 《与一个工人同志的谈话》的第二部分（慕石），《红旗》报第 54 期

《太平洋会议的总结》（慕石），同上

《笨郭同的话》（情淑），同上

11 月 20 日 《第二次太平洋劳动会议的总结》（慕石），《红旗》报第

55 期

《反对派还是反动派?》（慕石），同上

《收回租界的两种方式》（情淑），同上

《"建设与民意不能兼顾"!?》（膺时），同上

11 月 23 日 《两个策略与两个政纲》（慕石），《红旗》报第 56 期

《党的主要实际政治危险，究竟是什么?》（慕石），同上

《废除领事裁判权问题》（情淑），同上

《反军阀战争周与广暴二周年纪念》（膺时），同上

11 月 27 日 《论陈独秀》（慕石），《红旗》报第 57 期

11 月 30 日 《以革命联合回答反革命联合》（慕石），《红旗》报第 58 期、《烈火》第 2 卷第 1 期

《第三次暴动与"第四次暴动"》（慕石），同上

《调和倾向与调和派》（慕石），同上

《取消派的政纲快要实现了! ——召集国民会议》（膺时），同上

《伟大英勇的青岛工人》（膺时），同上

12 月 4 日 《"西北问题解决"后》（慕石），《红旗》报第 59 期

《哈尔滨群众反日拥俄大示威的意义》（慕石），同上，《烈火》第 2 卷第 1 期

《检阅我们的工作》（石），同上

《词穷理尽的国民党中央宣传部》（膺时），同上

《青岛复工与"治安"问题》（膺时），同上

12 月 5 日 《广州暴动二周年纪念》（慕石），《布尔塞维克》第 2 卷第 11 期

12 月 7 日 《极可注意的两个农民意识问题》的第一部分（慕石），《红旗》报第 60 期

12 月 11 日 《"中俄和平交涉"与进攻苏联的战争》（慕石），《红旗》报第 61 期

《广州暴动与中国革命性质问题》（慕石），同上

《纪念广暴的战士》（膺时），同上

12 月 18 日 《"中俄和平交涉"的现状与前途》（慕石），《红旗》报第 62 期

《军阀战争与取消派》（慕石），同上

12 月 20 日　《没有一个好东西！》（慕石），《红旗》第 63 期

《唐山五矿工友的斗争》（慕石），同上

12 月 22 日　《社会主义建设的伟大工作——苏联的五年经济计划的研究》（慕石），《布尔塞维克》第 2 卷第 11 期

12 月 25 日　《为哪一种"民主政治"而战？》（慕石），《红旗》报第 64 期

《欢迎朝鲜的五卅》（慕石），同上

《贫民生活问题》（膺时），同上

12 月 28 日　《阎张通电后的政局》（慕石），《红旗》报第 65 期

1930 年

1 月 1 日　《一九二九年的中国》（慕石），《红旗》报第 66 期

《欢迎苏维埃的印度》（膺时），同上

《短评》六则（应时），同上

1 月 4 日　《极可注意的两个农民意识问题》的第一部分（慕石），《红旗》报第 67 期

《狐狸的尾巴都露出来了！》（慕石），同上

《短评》五则（膺时），同上

1 月 8 日　《反对两个严重错误的倾向》（慕石），《红旗》报第 68 期

1 月 11 日　《军阀战争的"成绩"》（慕石），《红旗》报第 69 期

《为什么反对派要自称"列宁主义布尔塞维克"？》（慕石），同上

2 月 18 日后　致米夫信

2 月 21 日　致中共中央信

3 月 26 日　《再论富农问题》（韶玉），《红旗》报第 87 期

3 月 28 日　致中共中央组织局信

4 月 10 日　《南京四三惨案的意义与教训》（兆雨），《劳动》第 28 期

《"四一二"与蒋介石》（石），同上

《汉口蛋厂的同盟罢工》（慕），同上

《加紧准备"红色的五一"！》（玉），同上

5 月上旬前后　《什么是工农兵代表苏维埃》（小册子，未署名，是为 1930 年 5 月召开的全国苏维埃区域代表会议代表们用的）

5 月 1 日 《要饭吃！要工作！要土地！》（石），《劳动》第 30 期

《援助英日同盟罢工的兄弟们》（石），同上

5 月 14 日 《上海水电工人的同盟罢工》（兆雨），《劳动》第 31 期

《"赤俄"与"白俄"》（石），同上

《坚决地反对黄色倾向》（雨），《红旗》报第 101 期

5 月 15 日 《目前军阀战争与党的任务》（韶玉），《布尔塞维克》第 3 卷第 4、5 期合刊

5 月 17 日 《为什么不组织雇农工会?》前半部分（韶玉），《红旗》报第 102 期

5 月 21 日 《为什么不组织雇农工会?》续（韶玉），《红旗》报第 103 期

5 月 23 日 《上海水电工人同盟罢工胜利的意义与教训》（兆雨），《劳动》第 32 期

《一个笑里藏刀的危险口号》（兆雨），同上

《怎样准备五卅工作?》（玉），同上

《国际劳工局与国民党》（石），同上

5 月 24 日 《为什么不组织雇农工会?》后半部分（韶玉），《红旗》报第 104 期

5 月 27 日 《上海水电工人同盟罢工的胜利》（韶玉），《红旗》报第 105 期

6 月 7 日 《与印度安南兄弟们共同行动起来!》（石），《劳动》第 34 期

6 月 21 日 《什么是"流氓"与"匪"?》（韶玉），《红旗》报第 112 期

6 月 26 日 致米夫信。

7 月 2 日 《"没收地主阶级的一切土地"——还是"没收一切土地"》（韶玉），《红旗》第 115 期

7 月 9 日 在中共中央工作人员政治讨论会上的发言

7 月 10 日 致中共中央信（韶玉）

7 月 22 日 致米夫信（与王稼祥合写）

7 月 24 日 致米夫信

8 月 1 日 致米夫信

8 月 6 日 致米夫信

8 月 31 日 致米夫信

9 月 24 日　致中共六届三中全会信

10 月 17 日　致米夫和马耶尔信

10 月 23 日　致米夫信

11 月 13 日　致中共中央政治局信（陈韶玉、秦邦宪）

11 月 17 日　致中共中央政治局信（陈韶玉、秦邦宪）

11 月底　《两条路线》（小册子，1931 年 2 月在上海出版）

12 月 14 日　《立三路线与战后资本主义第三时期》（韶玉），载《实话》报

12 月 17 日　致萨发罗夫、米夫、马季亚尔和马耶尔信

1931 年

1 月 7 日　在中共六届四中全会上的发言

1 月 18 日　《六届四中全会的总结与上海工作》（在中共江南省委召开的上海活动分子会议上的报告）

1 月 25 日　《江苏省委常委会议对中央第四次扩大会议总结及目前党的任务的决议》（由王明撰写，后作为附录收入《为中共更加布尔塞维克化而斗争》一书）

2 月 10 日　《几点必要的声明》（收入《两条路线》）

2 月　《两条路线》（绍禹），上海出版，同年 7 月以《两条战线》为名再版

3 月 28 日　中共中央政治局《关于富田事变的决议》（王明撰写）

8 月 30 日　《中央给苏区中央局并红军总前委的指示信——关于中央苏区存在的问题及今后的中心任务》（王明起草）

9 月下旬 ~ 10 月中旬　致中共中央信，载《南针》杂志

11 月 15 日　在共产国际东方部秘书处会议上的讲话

11 月　《中国反帝运动的高潮》（王明），《共产国际》俄文版第 36 期，后收入 1935 年苏联出版的《中国民族革命战争问题》

11 ~ 12 月间　在共产国际执行委员会的报告

12 月 27 日　致普其尼茨基信

冬　《关于中国的革命工会运动——在赤色职工国际中央委员会第八次会议上的补充发言》（王明），《国际工人运动》俄文版第 36 期，又以《中

国的革命危机和革命工会运动的任务》的题目发表于《赤色职工国际》俄文版 1932 年第 1 ~ 2 期合刊

1932 年

1 月 8 日　给红色工会国际中央理事会书记处和东方殖民地部的信

1 月 28 日　关于"中国共产党纲领大纲草案"的报告（在共产国际执行委员会东方书记处三人小组会议上报告）

2 月 19 日　《中国革命形势与中共当前的任务》（在列宁学院中国部民族组作的报告）

2 月 29 日　在共产国际执行委员会政治书记处会议上的讲话

2 月　《苏维埃中国——开展土地革命与民族革命战争的根据地》，《共产国际》中文版第 3 卷第 2 期、俄文版第 23 期

3 月 31 日　《中国革命危机的加深和中国共产党的任务》（王明），《布尔塞维克》杂志俄文版第 5、6 期合刊，后以《中国目前的政治形势与中共当前的主要任务》为名于 6 月由苏联外国工人出版社出版单行本，并收入伯力远东国家出版社 1932 年出版的《在中国的战争与共产党员底任务》，以及《中国民族革命战争问题》一书

3 月　《为中共更加布尔塞维克化而斗争》（即《两条路线》，包含新写的《再版书后》、《写在前面的几点声明》），莫斯科初版，1934 年再版，1940 年在延安出版第 3 版

4 月 7 日　关于中共的一般组织情况的报告

4 月 18 日　致共产国际执委会政治委员会的信（关于丘古洛夫发言问题）

4 月　《反对中共党内李立三主义的斗争》，《革命的东方》俄文版第 3 ~ 4 期

5 月 19 日　致米夫信

同日　致萨发洛夫和米夫信

6 月 7 日　关于中国共产党组织工作概要的报告

6 月 17 日　中国共产党的一般组织情况

6 月 23 日　致皮亚尼茨基信

9 月 2 日、12 日　《中国革命的苏维埃阶段——王明同志在共产国际执

委第十二次全会上的报告节录》,《中国问题》俄文版 1933 年第 11 期,后收入莫斯科 9 月出版的王明著《中国民族革命战争问题》。苏联苏联科学院远东研究所 1984～1985 年版《王明全集》俄文版第 2 卷收入两篇王明在共产国际执委会第十二次全会上的讲话,分别注明是"根据古斯涅恩报告《国际形势与共产国际的目前任务》而发表的演讲"、"根据阿加诺《远东战争与共产党在反帝和反对苏联军事干涉中的任务》而发表的演讲"

9 月 20 日　《国民党组织中国反革命的新策略》,《共产国际》俄文版第 25～26 期,中文版第 3 卷第 12 期

9 月　《中国民族革命战争问题》(王明),莫斯科出版

10 月 26 日　中共中央给日共中央的贺词

同日　致革命作家国际同盟书记处信

同日　关于中共组织及党员人数的情况报告(王明、康生)

10 月　《第一次全苏大会的总结和民族革命战争问题》(在列宁学院的政治报告)

秋　中共中央致满洲省委信

11 月 2 日　给联共(布)驻共产国际执行委员会代表团的信

11 月 28 日　关于满洲形势的报告(在共产国际执行委员会东方书记处会议上作)

12 月 30 日　《广州公社五周年和中国现状》,俄文版《中国问题》杂志及《共产国际》1932 年第 35～36 期、中文版《共产国际》杂志 1933 年第 4 卷第 1 期

同年　《苏维埃中国是开展土地革命和民族革命战争的根据地》,《共产国际》杂志俄文版第 23 期

1933 年

1 月 7 日　致库西宁的信

1 月 17 日　《中华苏维埃临时中央政府工农红军革命军事委员会为反对日本帝国主义侵入华北愿在三条件下与全国各军队共同抗日宣言》(以毛泽东、朱德名义发表)

1 月 26 日　《给满洲各级党部及全体党员的信——论满洲的状况和我们党的任务》(以中共中央名义发出)

1 月 《东北情形与抗日统一战线策略》（王明，又名《东三省情形与日本对中国的新进攻》），《共产国际》中文版第 4 卷第 2 期，俄文版第 4～5 期；《太平洋工人》第 5 期；并收入 1935 年在莫斯科出版的王明著《中国民族革命战争问题》、1938 年中国出版社在武汉出版的《陈绍禹（王明）救国言论选集》

同月 中国共产党中央委员会致日本共产党中央委员会的祝词，《共产国际》第 4 卷第 1 期

3 月 14 日 《马克思主义与中国革命》（在苏联共产主义学院举行的马克思逝世 50 周年纪念会上作的讲演），载于共产主义学院纪念马克思逝世 50 周年汇刊及《共产国际》第 4 卷第 3 期

4 月 21 日 致中共中央的信

4 月 28 日 《中国反帝斗争中的统一战线问题》（在共产国际执行委员会东方书记处处务委员会会议上的报告）

6 月 20 日 《中国红军的伟大胜利》（王明），《共产国际》俄文版第 18 期、中文版第 4 卷第 8 期

6 月 《苏中工农联合万岁!》（王明），《共产国际》中文版第 4 卷第 6 期

7 月 《"五卅"事变八周年与中国现状》（王明），《共产国际》中文版第 4 卷第 7 期

8 月 20 日 《中国苏维埃区域底经济政策》（王明），《共产国际》俄文版第 24 期、中文版第 4 卷第 9 期、《中国问题》俄文版第 12 期、《布尔塞维克》（瑞金）1934 年第 1 期，国内的《斗争》杂志曾转载，上海中华书店于 1933 年出版单行本，1935 年再版

9 月 8 日 致波特尼茨基信

9 月 27 日前 《中华苏维埃共和国中央政府和工农红军总司令告世界劳苦民众宣言》，莫斯科《十月》报第 1 期

9 月 27 日 《〈苏维埃中国〉引言》，该书由莫斯科苏联外国工人出版社 1933 年出版

10 月 8 日 致苏联外国工人出版社的信（王明、康生）

10 月 9 日 在共产国际政治书记处会议上的发言

10 月 13 日 在共产国际政治书记处会议上的发言

10 月 27 日 致中共临时中央政治局信（王明、康生），其中的《中国

人民对日作战的具体纲领》，后来由中国共产党提出，经宋庆龄、何香凝、李杜等 1779 人签名，于 1934 年 4 月 20 日发表，题为《中国人民对日作战的基本纲领》

10 月 29 日　《中国形势与中共任务》（在中共驻共产国际代表团会议上的报告）

10 月　《致巴比塞、罗曼·罗兰及一切出席行将在巴黎开幕之青年反战大会的代表们》，《共产国际》俄文版第 8 期、中文版第 10 期

11 月 3 日　在共产国际执行委员会政治书记处政治委员会会议上的发言

11 月 30 日　《东方劳动者底重大损失》（王明、康生），《共产国际》中文版第 4 卷第 11 期

11 月 30 日 ~ 12 月 1 日　《革命，战争和武装干涉与中国共产党的任务》（王明），《共产国际》俄文版第 36 期，1934 年 1 月 31 日出版的《共产国际》中文版第 5 卷第 1 期，《中国问题》俄文版 1934 年第 13 期，后收入 1934 年出版的王明、康生著《中国现状与中共任务》

11 月　《反革命的第六次"围剿"的特点与中国共产党的策略》（王明），《十月》特刊

12 月 28 日　同即将从莫斯科回国的同志的谈话

这年　《广州公社六周年》，《真理报》第 341 号

同年　《中国共产党是中国反帝与土地革命中的唯一领袖》，收入苏联苏联科学院远东研究所 1984 ~ 1985 年版《王明全集》俄文版第 3 卷

同年　在红场追悼片山潜同志大会上的讲话，载《真理报》

1934 年

1 月 20 日　《中共布尔塞维克化的道路和列宁主义在中国的胜利》（又名《十三年来的中国共产党》，《共产国际》俄文版第 3 期、中文版第 5 卷第 11 期，苏联外国工人出版社 1935 年将此文出版了单行本

1 月　《中国革命不可战胜》（在联共第十七次代表大会上的演说），《环球》俄文版第 3 期

2 月 5 日　在联共（布）第十七次代表大会讨论曼努伊尔斯基《关于联共（布）代表团参加共产国际执行委员会工作》的报告时的发言

2月10日 《两个月来的工作计划》（在中共驻共产国际代表团会议上的报告）

2月21日 《中国共产党是中国反帝与土地革命中的唯一的领袖》，《斗争》第64期（上海油印），《火线》第15期（4月28日出版），《斗争》第66期（6月30日苏区中央局铅印），《起来》（12月31日出版），收入1936年出版的《共产国际论中国共产党》

2月 《第二次苏维埃大会的改选运动和苏维埃的民主》

3月 《东方的第二个苏维埃共和国》（王明），《青年共产国际》俄文版第3期

4月2日 《关于〈中国论坛〉性质的建议》（王明、康生）

4月9日 《关于帮助中共在满洲工作的建议》（米夫、王明、康生）

同日 《关于〈中国论坛〉性质的建议》（米夫、王明、康生）

4月20日 致中共中央政治局信（王明、康生）

4月23日 致共产国际代表埃韦特和中共上海中央局李竹声电

4月25日 致中共中央政治局信（王明、康生）

5月7日 关于刊物问题的信

5月16日 在共产国际主席团会议上的发言

5月27日 关于共产国际第六～七次代表大会期间中共情况的报告

5月28日 《中国苏维埃是特殊形式的工农民主专政》，《共产国际》俄文版第31期、《马列主义函授教程》第11期

6月7日 致皮亚尼茨基的信

7月2日 致皮亚尼茨基的便函

7月6日 致书记处的信

7月10日 致中共上海中央局盛忠亮电（王明、康生）

7月23日 致切尔诺莫思科同志的信

8月3日 致中共中央政治局信（王明、康生）

9月7日 在中共驻共产国际代表团会议上的发言

9月9日 致国际济难会执委会斯塔索娃同志的信

9月13日 在中共驻共产国际代表团讨论满洲问题会议上的结论发言

9月16日 致中共中央政治局信（王明、康生）

9月28日 致中共中央电（王明、康生）

10月1日 就党为迎接共产国际第七次代表大会做准备一事给中共中

央的信（草稿）

10 月 16 日　致中共中央电

同日　致皮亚尼茨基的信

10 月 14 日　致中共中央电（王明、康生）

10 月 15 日　致中共中央电（王明、康生）

10 月 16 日　致中共中央电（王明）

秋　《关于中国工农红军反对第六次"围剿"的策略问题》（应苏联老布尔塞维克协会邀请所作的报告）

11 月 20 日　《六次战争与红军策略》（又名《中国红军反对蒋介石等六次围剿的斗争》），《布尔什维克》俄文版第 22 期，《共产国际》俄文版第 12 期，并收入 1935 年在苏联出版的小册子《新条件与新策略》

11 月 23 日　《新条件与新策略》，发表于《国际报刊通讯》英文版第 26 期，后收入王明 1935 年在苏联出版的小册子《新条件与新策略》，并发表于 1935 年 1 月 18 日的《斗争》第 77 期，同年 1 月 20 日的《铁锤》第 3 期，2 月 24 日的《火线》第 32 期，5 月 2 日的《解放》第 2 卷第 5 期，12 月 30 日的《社联盟报》第 29 期

11 月 24 日　《新条件和新策略》小引

本年　《东方的第二个苏维埃共和国》，《青年共产国际》俄文版第 3 期

本年　《远东的斗争》，《土地问题》第 7 ~ 8 期

本年　《十月革命在苏维埃中国》，收入苏联科学院远东研究所 1984 ~ 1985 年版《王明全集》俄文版第 3 卷

本年　《中国现状与中共任务》（王明、康生），苏联出版

1935 年

1 月 9 日　在共产国际执行委员会政治书记处政治委员会会议上关于德国问题的讲话

2 月　《中国民族革命战争问题》序

同月　《中国民族革命战争问题》，苏联外国工人出版社出版

3 月 19 日　致斯塔索娃的信（王明、康生、米夫）

5 月 3 日　致上海临时中央局老秦（刘仲华）的信（王明、康生）

5 月 4 日　米夫、王明和康生给共产国际执行委员会政治委员会的信

5 月 5 日　致上海临时中央局老秦（刘仲华）的信（王明、康生）

6 月 3 日　致中共吉东特委的信（王明、康生）

6 月 5 日　关于白色恐怖下进行秘密工作致周洪二同志的信（王明、康生）

7 月 19 日　致库西宁同志的信

同日　致米夫的信

8 月 1 日　《为抗日救国告全体同胞书》（即《八一宣言》），中共驻共产国际代表团以中华苏维埃中央政府、中国共产党中央委员会的名义发表，巴黎《救国报》第 10 期，《共产国际》中文版第 11 ~ 12 期合刊

8 月 7 日　《论殖民地和半殖民地的革命运动与共产党的策略》（又名《高涨的中国革命》），苏联《真理报》8 月 9 日，《共产国际》俄文版第 25 期、中文版第 8、9、10 期合刊，《革命的东方》俄文版第 4 期。

8 月 8 日　致书记处的信（王明、康生）

8 月 25 ~ 27 日　《为争取建立反帝统一战线和中国共产党的当前任务》，收入苏联科学院远东研究所 1984 ~ 1985 年版《王明全集》俄文版第 3 卷

9 月　致美国共产党组织的信

10 月 1 日　《中国人民之曙光》，该日《救国报》社论

10 月 10 日　关于中国代表人选问题致青年共产国际的信（王明、康生）

10 月 11 日　给关内军政领袖及各法团的通电（杨靖宇、吴义成等）

10 月 28 日　《怎样了解布勒斯特合约底教训》，该日《救国报》

10 月 29 日　致季米特洛夫的信

10 月　将《论殖民地和半殖民地的革命运动与共产党的策略》改名为《论反帝统一战线问题》，并新写《作者附言》，由巴黎亚洲出版社出版中文单行本，次年 3 月国内出版题为《论反帝统一战线》的单行本。并刊载于《社联盟报》第 29 期，1936 年 2 月 1 日出版的《国民须知》，同年 4 月 20 日出版的《解放》（北平）第 1 期，5 月 14 日出版的《斗争》（西北）第 99 期，5 月 20 日出版的《战斗》第 6 期，《中国工人》创刊号，12 月 10 日出版的王明著《论反帝国主义的统一战线和中国民族解放运动》，12 月出版的《共产国际论中国共产党》，1938 年出版的《陈绍禹（王明）救国言论选集》、王明著《论反帝统一战线问题》，1942 年出版的《论马列主义决定策略的几个基本问题》等文集

11 月 7 日　《中国共产党的新任务》，《布尔什维克》俄文版第 20 期

11 月 7 日　《答反帝统一战线底反对者》，该日《救国报》，收入巴黎救国出版社 1936 年出版的王明著《救国文选》，及在苏联出版的王明著《新形势与新政策》

11 月 20 日　致依斯科贝什夫同志的信

11 月 28 日　致各级军队领导人电（朱德、周恩来、王稼祥）

12 月 1 日　《反帝统一战线斗争与中国共产党的当前任务》，《共产国际》俄文版第 33～34 期

12 月 9 日　《福建事变一周年》，该日《救国报》

12 月 14 日　关于抗日讨蒋（编辑部给陈奉奇的公开信），《救国时报》第 2 期

12 月 19 日　《中国共产党新政策的基础》，后收入 1936 年 2 月在苏联出版的王明著《新形势与新政策》

12 月 20 日　《为抗日救国告全国各校学生和各界青年同胞宣言》（中国共产主义青年团中央委员会）

12 月 27 日　《中共新政策产生的根据》，收入 1936 年 2 月在苏联出版的王明著《新形势与新政策》

本年　《第二届苏维埃代表大会》序

本年　《东北抗日游击队将领为华北事变告全国民众书》（疑即 10 月 11 日杨靖宇、吴义成等给关内军政领袖及各法团的通电）

本年　《纪念瞿秋白同志和何叔衡同志》，《共产国际》俄文版第 20～21 期

本年　《告满洲里人民关于中国北方事件书》，收入苏联科学院远东研究所 1984～1985 年版《王明全集》俄文版第 3 卷

本年　《纪念同志们》，收入苏联科学院远东研究所 1984～1985 年版《王明全集》俄文版第 3 卷

本年　《中国工农红军告阿比西尼亚人民书》，收入苏联科学院远东研究所 1984～1985 年版《王明全集》俄文版第 3 卷

本年　《关于创立中国东北抗日民族防务政府和组织抗日联军的声明》，收入苏联科学院远东研究所 1984～1985 年版《王明全集》俄文版第 3 卷

本年　《中国共产党中央委员会呼吁书》，收入苏联科学院远东研究所 1984～1985 年版《王明全集》俄文版第 3 卷

本年 《阿比西尼亚与中国》，收入苏联科学院远东研究所 1984～1985 年版《王明全集》俄文版第 3 卷

本年 《中国红军宣言》，收入苏联科学院远东研究所 1984～1985 年版《王明全集》俄文版第 3 卷

本年 《新条件与新策略》，苏联外国工人出版社出版

1936 年

1 月 4 日 致季米特洛夫的信

1 月 4～9 日 《第三次国共合作有可能吗?》，巴黎《救国时报》连载

1 月 17 日 与中国驻苏联大使馆首席武官邓文仪会谈时的谈话

1 月 22 日 与中国驻苏联大使馆首席武官邓文仪会谈时的谈话

1 月 23 日 与中国驻苏联大使馆首席武官邓文仪会谈时的谈话

同日 致毛泽东、朱德、王稼祥信

1 月 25 日 《论苏维埃政府与国防政府之间、红军与抗日联军之间的相互关系》，《Inprecorr》第 16 卷第 6 期，后收入《新形势与新政策》

1 月 27 日 致春山兄的信（王明、康生）

1 月 29 日 《方志敏同志等被俘一周年纪念》，巴黎《救国时报》第 9、10 期合刊，后收入苏联外国工人出版局出版的《民族英雄方志敏》，1937 年 1 月 24 日出版的《斗争》第 122 期

同日 《论上海反日战争底教训》，巴黎《救国时报》第 9、10 期合刊

同日 《中华苏维埃政府主席毛泽东和人民外交委员王稼穑的最近谈话》，同上

同日 致罗曼·罗兰电，4 月 10 日巴黎《救国时报》第 23 期

同日 致季米特洛夫信

同期 《勇敢的布尔什维克——中国的民族英雄方志敏》，《布尔什维克》俄文版第 2 期

1 月 《新形势与新政策》（包含新写的《小引》），1936 年 1 月 9 日～3 月 10 日《救国时报》第 6～17 期，《共产国际》中文版第 1、2 期合刊、俄文版第 2 期，并由苏联外国工人出版社出版单行本，后收入 1937 年 5 月 1 日出版的《时论选集》，同年 10 月出版的陈绍禹著《抗日救国政策》，1938 年 2 月 5 日出版的《抗日救国政策》，1938 年出版的《陈绍禹（王明）救

国言论选集》，同年出版的陈绍禹著《抗日救国政策》。

2 月 4 日　巴黎《救国时报》摘发王明在苏联《真理报》发表的关于驳斥巴西反动报纸造谣的文章

2 月 6 日　《必须在工作各方面都起改变》（又名《改变中的苏区各方面政策》），收入苏联外国工人出版社出版的《新形势与新政策》，并发表于 1936 年 4 月 20 日出版的《解放》（北平）第 1 期，同年 7 月 12 日出版的《斗争》（西北）第 105 期

2 月 9 日　致季米特洛夫的信

2 月 20 日　致曼努伊尔斯基的信

2 月 24 日　《蒋介石竟自绝于国人》，《救国时报》第 13、14 期合刊社论

2 月 29 日　《除三害》，《救国时报》第 15 期社论

3 月 15 日　《抗日救国与全民族统一战线》（陈绍禹［王明]），《全民周刊》第 1 卷第 1、2 期合刊

3 月 23 日　在共产国际执行委员会主席团会议上的发言

同日　致季米特洛夫的信（王明、康生）

3 月 27 日　《共产党愿与一切抗日者亲密携手——王明氏之郑重宣言》，巴黎《救国时报》（王明在共产国际七大的发言有关统一战线部分和王明《答反对反帝统一战线者》一文有关部分的摘录）

春　《为中国的抗日统一战线而斗争》（陈绍禹），《共产国际》杂志俄文版第 8 期、中文版第 4～5 期

4 月 16 日　《近期中国建立抗日统一战线的资料和计划》（王明、康生）

4 月 20 日　《解放》发刊词，《解放》（北平）第 1 期

4 月 25 日　《为中国的抗日人民统一战线而斗争》（陈绍禹），《共产国际》俄文版第 8 期，中文版第 7 卷第 5 期

4 月 30 日　《怎样准备抗日?》（陈绍禹［王明]），巴黎《救国时报》第 27 期，《先锋》（6 月 6 日出版），《全民》第 4 期（6 月 30 日出版）

4 月　致潘汉年的信

5 月 17 日　致季米特洛夫的信

5 月 25 日　致季米特洛夫的信

5 月 27 日　《致纽约商报主笔的信（关于中俄同盟及中国共产党与蒋介

石和反蒋派别之间底关系问题)》（王明），巴黎《救国时报》第 33 期（6
月 5 日）

6 月 16 日 致共产国际执委会书记处的信（王明、米夫）

同日 致毛泽东、王稼祥的信（关于国共协商抗日救国）

6 月 20 日 《我国共产党领袖王明等之纪念词》（与康生等 7 人纪念瞿
秋白殉难一周年），巴黎《救国时报》第 37 期

同日 《追悼瞿秋白同志》（王明、康生），收入《瞿秋白同志牺牲周年
纪念》

6 月 22 日 致共产国际执委会书记处的信

7 月 3 日 致中央书记处

同日 致罗英

7 月 8 日 《高尔基追悼词》（王明、康生），巴黎《救国时报》第 41
期

同日 《悼高尔基逝世》，同上，同时刊登于莫斯科《真理报》

7 月 12 日 《目前中国政局的出路——停止内战，一致抗日》（陈绍
禹），巴黎《救国时报》第 42 期

7 月 14 日 给共产国际执行委员会书记处季米特洛夫的报告

7 月 15 日 致中央书记处

7 月 25 日 《为独立、自由、幸福的中国而奋斗——为中共成立十五周
年纪念和中共新政策实行一周年而作》（又名《为中国人民独立自由而斗争
的十五年》、《新中国论》），以陈绍禹（王明）的名字发表于《共产国际》
俄文版第 14 期，中文版第 7 卷第 4、5 期合刊，英文版第 44 期，《布尔什维
克》俄文版第 17 期，巴黎《救国时报》第 55、56 期（"九一八"五周年纪
念专刊），《全民月刊》第 7、8 期合刊，《斗争》第 118 期，《民族殖民地问
题》第 1 期，后收入《共产国际论中国共产党》，1936 年出版的《为独立
自由幸福的中国而奋斗》、《论抗日救国统一战线》，1937 年出版的陈绍禹著
《时论选集》、朱戈编《今日的红军》、《为独立自由幸福的中国而奋斗》，
1938 年出版的《民族革命之路》、王明著《为独立自由幸福的中国而奋
斗》、陈绍禹著《为独立自由幸福的中国而奋斗》、《新中国论》、《陈绍禹
（王明）救国言论选集》等

7 月 在共产国际执委会书记处会议上的发言

同月 致中共中央政治局

8 月 20 日　致洛甫

8 月 27 日　致共产国际中国部的信

9 月 5 日　致季米特洛夫的信

9 月 23 日　致中共中央书记处

10 月 25 日　《中国人民之重大损失》（陈绍禹［王明］），巴黎《救国时报》第 63 期，悼念鲁迅

11 月 12 日　《纪念我们的回族烈士马骏同志》（陈绍禹），巴黎《救国时报》第 68 期，后收入这年出版的"中国共产党成立十五周年丛书"《烈士传》第 1 集、1948 年出版的《烈士传》第 2 辑

11 月 17 日　致季米特洛夫的信

11 月 22 日　致中共中央书记处

12 月 2 日　致洛甫

12 月 12 日　《论西安事变》（伊·杰克），《共产国际》杂志

12 月 23 日　给中共中央的信（共产国际执行委员会书记处通过）

12 月 27 日　致中央书记处（王明、康生等）

本年　《东北抗日联军宣言》，巴黎《救国时报》

本年　《论两广事变》，同上

本年　《纪念我们英勇牺牲的先进革命战士》，莫斯科出版的"中国共产党成立十五周年纪念丛书"之一《烈士传》第一集

1937 年

1 月 8 日　《救国时报》一周年题词（王明、康生），巴黎《救国时报》第 75、76 期合刊

2 月 23 日　对苏联重工业部部长鄂尔卓尼基兹的吊唁词（王明、康生、方林），巴黎《救国时报》第 83、84 期合刊

3 月 13 日　致中共中央书记处电

3 月 19 日　致中共中央书记处电（王明、康生）

3 月 25 日　致季米特洛夫的信（王明、康生）

3 月　《拯救中华民族的唯一出路》（又名《救中国人民的关键》、《中华民族之出路》、《团结救国论》）（陈绍禹［王明］），《共产国际》俄文版第 3 期、中文版第 3 期，《布尔什维克》俄文版第 8 期，巴黎《救国时

报》第 94 期，收入 1937 年 11 月出版的朱戈编《今日的红军》，星星出版社 1938 年 1 月 20 日出版的《民族革命之路》，同年 1 月出版的王明著《为独立自由幸福的中国而奋斗》，7 月出版的《陈绍禹（王明）救国言论选集》，王明著《救中国人民的关键》，1939 年出版的天囚编《民族革命论》等

4 月 4 日　致中共中央电（王明等）

4 月 5 日　中华苏维埃中央政府主席毛泽东氏重要声明（王明撰写）

4 月 14 日　致曼努伊尔斯基的信

4 月 22 日　致季米特洛夫的信

4 月 25 日　《追悼我们的董振堂同志》（王明、康生等），巴黎《救国时报》第 96 期

5 月 5 日　致共产国际执委会美国共产党代表的信

5 月 7 日　致季米特洛夫的信

5 月 13 日　致中共中央书记处电

5 月 14 日　致莫斯科林的信

5 月 31 日　致季米特洛夫的信

6 月 8 日　致党内同志的信

6 月 18 日　致曼努伊尔斯基的信

6 月 20 日　致季米特洛夫的信

7 月 6 日　致中共中央书记处电

7 月 10 日　悼东北烈士夏云杰、陈荣玖、李红光、史忠恒、傅显明诸同志（王明、康生等），巴黎《救国时报》第 110 期

7 月 17 日　致季米特洛夫的信

8 月 5 日　《悼冯洪国同志》（陈绍禹），巴黎《救国时报》第 115 期

8 月 10 日　《日本帝国主义侵略的新阶段和中国人民斗争的新时期》（陈绍禹［王明]），巴黎《救国时报》第 123、124 期合刊，《共产国际》中文版第 8 期、俄文版第 8 期、英文版第 10 期，《布尔什维克》俄文版第 17 期，《解放》周刊第 26 期，随后由苏联外国工人出版社、青年书报社、延安解放社、上海文粮书店出版单行本，上海南华出版社还于 1938 年 1 月以《全国总抗战和保证抗战的胜利》为名出版单行本，并收入为名著《为独立自由幸福的中国而奋斗》、叶晴编《陈绍禹（王明）抗战言论集》、《陈绍禹（王明）救国言论选集》，抗日战术研究社出版的《抗日救国指

南》第 1 辑、《抗日民族统一战线指南》第 2 册等

8 月　《远东与远西（对于下列发表的毛泽东同志及朱德同志的信说几句话)》,《共产国际》中文版第 8 期

9 月 30 日　致莫斯科林的信

同日　关于中日战争的报告

10 月 21 日　致斯塔索娃的信（王明、康生）

11 月 7 日　《伟大的十月革命 20 周年纪念时之中国》（又名《苏联社会主义革命 20 周年与中国人民的对日抗战》)（王明),巴黎《救国时报》第 132～133 期、《共产国际》俄文版第 10～11 期、英文版第 12 期,《布尔什维克》11 月号,《群众》第 1 卷第 7 期,曾在莫斯科出版单行本,并收入 1938 年 2 月出版的叶晴编《陈绍禹（王明）抗战言论集》、同年 7 月出版的《陈绍禹（王明）救国言论选集》,《抗日民族统一战线指南》第 3 册等

11 月 29 日　在延安机场的讲话

12 月 9 日　《如何继续全国抗战和争取抗战胜利呢?》,后收入《六大以来》上册,《两条路线》下册

12 月 10 日　在中共中央政治局会议上的发言

12 月 18 日　关于要项英早日来汉口致毛泽东、张闻天并转中央政治局电（陈绍禹、周恩来、博古）

12 月 20 日　关于在西安与小蒋谈话情形致书记处（陈绍禹、周恩来、博古）

12 月 21 日　《关于与蒋介石谈判情况向中央的报告》（陈绍禹、周恩来、博古、叶剑英）

同日　与陈立夫谈判时的谈话

12 月 23 日　致中共中央书记处并告林伯渠电（陈绍禹、周恩来、项英、博古）

12 月 24 日　致中共中央书记处电（陈绍禹、周恩来、博古、项英）

12 月 25 日　《中共中央对时局的宣言》

同日　《与合众社记者白得恩的谈话》（又名《中国共产党现阶段的政策及对抗战的各种主张》),1938 年 1 月 18 日《新华日报》,《共产国际》1938 年第 5 期,后来又以《陈绍禹（王明）先生与美国合众社记者白得恩先生的谈话》为名,收入扬子江出版社 1938 年 1 月出版的真理文库之一

《抗日民族统一战线的新发展》；以《国共统一合作的前途》为名，收入上海战时出版社出版的战时小丛书之62《国共合作的前途》，以及民族出版社2月出版的叶晴编《陈绍禹（王明）抗战言论集》、3月出版的《关于团结救国问题》、中国出版社7月出版的《陈绍禹（王明）救国言论集》、解放出版社同年出版的《抗日民族统一战线指南》第3册、《国共合作抗战》等

12月26日　关于两党关系委员会第一次会议等情况致中共中央书记处电（陈绍禹、周恩来、博古）

12月27日　《挽救时局的关键》（陈绍禹［王明]），《群众》杂志第1卷第4期，《解放》周刊第30期，巴黎《救国时报》第152期，后收入扬子江出版社1938年1月出版的《抗日民族统一战线的新发展》，2月出版的周恩来、王明等著《抗战的新形势与新策略》，叶晴编《陈绍禹（王明）抗战言论集》，3月出版的《关于团结救国问题》、《怎样进行持久战争》、《统一战线下的党派问题》，5月出版的《抗日民族统一战线指南》第3册，6月出版的《抗战文选》，中国出版社7月出版的《陈绍禹（王明）救国言论集》等

同日　《抗战中的几个问题》（又名《论抗日民族统一战线》、《抗日的民族统一战线之理论与实践》）（陈绍禹），1938年1月20日《新华日报》、1月29日出版的《群众》杂志第1卷第8期，后收入1938年2月出版的叶晴编《陈绍禹（王明）抗战言论集》，中国出版社7日出版的《陈绍禹（王明）救国言论集》，还以《托洛茨基派是什么？——陈绍禹先生在抱冰堂的讲演》为名收入新中国出版社出版的陈绍禹、徐特立等著《托派在中国》

同日　《抗战三日刊》记者关于时局和抗战前途问题采访的谈话（陈绍禹、周恩来、博古）

同日　关于必武不难离汉工作事致中共中央书记处电（陈绍禹、周恩来、博古）

12月31日　关于两党委员会第二次会议等情况致中共中央书记处电（陈绍禹、周恩来、博古）

同日　关于向蒋交涉发枪加饷等事致朱彭毛电

本年　《中国人民反对日本侵略的斗争》，《党的建设》第22期

本年　致共产国际执委会书记处的信

本年　致别洛夫的信

1938 年

年初　致毛泽东、洛甫电（陈绍禹、周恩来、博古等）

1 月 2 日　关于中国共产党对国民党政府与军委各部改组及国防参议会扩大问题向中共中央的请示电（陈绍禹、周恩来、项英、博古、叶剑英、董必武）

1 月 8 日　关于何应钦已核定新四军编制致毛泽东电（陈绍禹、周恩来、叶剑英）

1 月 11 日　致中共中央书记处电（陈绍禹、周恩来、博古等）

同日　在《新华日报》董事会上的发言

1 月 13 日　为《新华日报》创刊题词，同日《新华日报》

1 月 15 日　关于速派干部来武汉致毛泽东、洛甫、张国焘、康生、陈云、凯丰电（陈绍禹、周恩来、博古、董必武、叶剑英）

同日　《新区的各项政策的实施》，汉口星星出版社 1938 年 1 月 15 日出版的《西北的新区》

1 月 19 日　《列宁逝世十四周年纪念》，收入王明著《为独立自由幸福的中国而奋斗》

1 月 20 日　致毛泽东、洛甫电（陈绍禹、周恩来、博古、彭德怀）

1 月 21 日　关于四川工作的意见致中共中央书记处电（陈绍禹、周恩来、博古、董必武、叶剑英）

同日　关于就陕甘宁边区和八路军问题同国民党交涉情形致中共中央书记处电（陈绍禹、周恩来、博古、彭德怀、叶剑英、董必武）

同日　致中共中央书记处电（陈绍禹、周恩来、博古等）

1 月 24 日　致中共中央书记处电（陈绍禹、周恩来、博古、董必武、叶剑英）

1 月 27～29 日　关于《抗战》三日刊刊载的《与周陈秦三位先生谈话记略》启事（陈绍禹），《新华日报》

1 月 28 日　关于晋察冀边区通电事致中共中央书记处电并转朱德等（陈绍禹、周恩来、博古、董必武、叶剑英）

1 月 29 日　致郭沫若、于立群信（陈绍禹、周恩来）

1 月 30 日　在欢迎抗战孩子剧团和欢迎国际青年代表团会议上的讲话

1月下旬 《抗日的民族统一战线——在武汉大学的演讲》（又名《抗日的民统统一战线》、《论抗日民族统一战线》、《抗日的民族统一战线之理论与实践》）（王明），《战时青年》杂志第2期，1938年2月出版的叶晴编《陈绍禹（王明）抗战言论集》，上海战时出版社出版的《国共合作的前途》

1月 《抗日民族统一战线的新发展》（真理文库之一，王明），汉口扬子江出版社出版

同月 《全国总抗战和保证抗战胜利》（王明），上海南华出版社出版

同月 《中国共产党在现时环境中的任务》（陈绍禹［王明]），收入《统一战线下的中国共产党》

同月 《为巩固和扩大反日民族统一战线》，原载《共产国际》俄文版第4期，《群众》杂志第1期摘要刊登

2月1～2日 关于《战时青年》载有《抗日的民族统一战线》一文声明，《新华日报》

2月3日 在武汉"普海春"留俄同学会公宴上的致辞

2月6日 为武汉反侵略宣传周的题词

2月7日 致中共中央书记处电（陈绍禹、周恩来、博古、董必武、叶剑英）

2月9日 致中共中央书记处电（陈绍禹、周恩来、博古、董必武、叶剑英）

2月9日 致中共中央书记处并朱德等电（陈绍禹、周恩来、博古、董必武、叶剑英）

2月10日 《毛泽东先生与延安新中华报记者其光先生的谈话》，该日《新华日报》，《群众》周刊第1卷第10期

同日 关于就国民党一党专政等问题同蒋介石谈判情形致毛泽东、洛甫及中共中央书记处并朱德、彭德怀、任弼时电（陈绍禹、周恩来、博古、叶剑英、董必武）

同日 《中国抗战与世界和平》（陈绍禹［王明]），该日《新华日报》，2月出版的叶晴编《陈绍禹（王明）抗战言论集》，中国出版社1938年7月出版的《陈绍禹（王明）救国言论选集》

2月13日 关于发动山东、河南、江苏、安徽群众参战致朱德、彭德怀、任弼时并毛泽东、中央书记处电（陈绍禹、周恩来、博古、叶剑英）

2 月 15 日　致中共中央书记处并任弼时等电（陈绍禹、周恩来、博古）

2 月 19 日　致中共中央书记处等电（陈绍禹、周恩来、博古）

2 月 21 日　武汉各界"庆祝空捷追悼国殇"大会挽联（陈绍禹、周恩来、叶剑英、邓颖超）

2 月 27 日　钱亦石先生追悼大会挽联（毛泽东、陈绍禹、周恩来等）

2 月 27 日　在中共中央政治局会议上的政治报告

2 月　《抗日救国政策》（陈绍禹［王明］），生活书店编印出版

同月　《陈绍禹（王明）抗战言论集》（叶晴编），民族解放社出版

同月　《目前抗战形势与任务》（王明），收入叶晴编《陈绍禹（王明）抗战言论集》

3 月 11 日　《三月政治局会议的总结——目前形势与如何继续抗战和争取抗战胜利》

3 月 12 日　《中山先生逝世十三周年》（陈绍禹），《新华日报》，中国出版社 1938 年 7 月出版的《陈绍禹（王明）救国言论集》

同日　致毛泽东、洛夫并康生电（陈绍禹、周恩来、博古、凯丰、叶剑英、董必武）

3 月 21 日　《中共中央对国民党临时全国代表大会的提议》

3 月 25 日　为《新华日报》全国学联代表大会特刊的题词

3 月 26 日　为中国学生救国联合会代表大会题词（陈绍禹），27 日《新华日报》

3 月　《救中国人民的关键》，延安解放社出版

4 月 1 日　致中共中央电（陈绍禹、周恩来、博古、凯丰）

4 月 11 日　关于张国焘抵汉情形致毛泽东、洛甫、康生、陈云电（陈绍禹、周恩来、博古、凯丰）

4 月 16 日　致中共中央书记处电（陈绍禹、周恩来、博古、凯丰）

4 月 18 日　关于张国焘脱党情形致中共中央书记处电（陈绍禹、周恩来、博古）

同日　关于我方参政员名单的提议致中共中央书记处电（陈绍禹、周恩来、博古、凯丰）

4 月 22 日　致中共中央书记处电（陈绍禹、周恩来、博古、凯丰）

4 月 28 日　《答复子健同志的一封公开信》（陈绍禹、周恩来、博古），4 月 29 日《新华日报》，4 月 29 日出版的《解放》第 36 期，5 月 7 日出版

的《群众》周刊第 1 卷第 21 期，6 月 6 日出版的《先锋》第 317 期，6 月出版的《新华日报社论》第 4 册，后来作为附录之二收入中国出版社 1938 年 7 月出版的《陈绍禹（王明）救国言论集》，1939 年 4 月出版的《抗日民族统一战线指南》第 4 册

5 月 1 日　《今年的五一节与中国工人》（陈绍禹），《新华日报》，《解放》周刊第 36 期，中国出版社 1938 年 7 月出版的《陈绍禹（王明）救国言论集》，及解放社 1939 年 4 月出版的《抗日民族统一战线指南》第 4 册

5 月 6 日　关于三青团问题致中共中央书记处电（陈绍禹、周恩来、博古、凯丰）

5 月 11 日　致中共中央书记处电（陈绍禹、周恩来、博古、凯丰、项英）

5 月 15 日　电请蒋介石不惜牺牲坚决保卫武汉（陈绍禹、周恩来、博古），5 月 18 日《每日快报》

5 月 18 日　《答复××先生的一封公开信》（陈绍禹、周恩来、博古），21 日《新华日报》，向愚编、战时出版社 1938 年 7 月出版的《抗战文选》第 7 集

5 月 22 日　致美国共产党第十次全国代表大会电（毛泽东、朱德、陈绍禹、周恩来、洛甫、博古、项英、陈云），该日《解放》周刊

5 月 23 日　关于三青团问题的意见致洛甫、毛泽东、陈云、康生电（陈绍禹、周恩来、博古、凯丰）

5 月 25 日　《中国青年和世界青年联合起来》的欢迎词（又名《世界青年与中国青年的团结》），5 月 26 日《新华日报》，《群众》周刊第 1 卷第 25 期，中国出版社 1938 年 7 月出版的《陈绍禹（王明）救国言论集》

5 月 27 日　《在〈新华日报〉招待战地记者会上的发言》（陈绍禹），5 月 28 日《新华日报》

6 月 4 日　致毛泽东、洛甫、朱德、彭德怀电（陈绍禹、周恩来、博古、叶剑英）

6 月 5 日　汉口悼念张效贤、杨慎贤、陈怀民、孙全鉴四烈士大会挽联（陈绍禹、周恩来、博古等）

6 月 7 日　关于叶挺要求组织新四军委员会致毛泽东、洛甫电（陈绍禹、周恩来、博古、叶剑英）

6 月 8 日　中共中央给美国共产党第十次全国代表大会、美共中央主席

福斯特、总书记白劳德的复电（毛泽东、朱德、陈绍禹［王明］、周恩来、张闻天等），《新华日报》

6 月 15 日　《我们对于保卫武汉与第三期抗战的意见》（陈绍禹、周恩来、博古），《新华日报》，《群众》第 2 卷第 2 期，《解放》周刊第 45 期，《共产国际》俄文版第 9 期，6 月由新华日报馆作为"新群丛书"第 10 种出版单行本，并收入 7 月出版的《陈绍禹（王明）救国言论选集》，1939 年出版的《抗日民族统一战线指南》第 5 册

6 月 17 日　关于保卫武汉的战略方针致中共中央电（陈绍禹、周恩来、博古）

同日　致八路军前方总指挥部电（陈绍禹、周恩来、博古）

6 月 30 日　《十七年来的中国共产党——纪念中共十七周年》（王明），收入真理出版社 1940 年出版、洛甫等著的《英勇奋斗的十七年》

6 月　改善行政机构与设立各级民意机关（陈绍禹、周恩来、博古），《民主》第 2 期

7 月 1 日　关于我担任参政会提案起草工作致毛泽东、洛甫、陈云、康生等电（陈绍禹、周恩来、博古、凯丰、林伯渠、吴玉章、董必武、邓颖超）

7 月 5 日　关于同意东南分局移南安及分局仍以项英为书记致项英电（陈绍禹、周恩来、博古）

同日　《我们对于国民参政会的意见》（陈绍禹等中共七参政员），《新华日报》，《解放》第 47 期，并收入 1939 年 4 月出版的《抗日民族统一战线指南》第 6 册、1942 年 7 月出版的《抗战以来重要文件汇集》

7 月 7 日　《过去与将来》（陈绍禹），《新华日报》

7 月 12 日　《拥护国民政府实施建国纲领案》（陈绍禹等）

同日　《关于〈拥护国民政府实施建国纲领提案〉的说明》（又名《国共合作的发展和加强》，陈绍禹），7 月 13 日《新华日报》，《群众》第 2 卷第 6、7 期合刊，《解放》第 48 期，《共产国际》俄文版第 10 期，并收入 1939 年 4 月出版的《抗日民族统一战线指南》第 6 册

7 月 13 日　《国共合作的发展和巩固》，《新华日报》，《悉尼华人报》，《共产国际》俄文版第 10 期

7 月 30 日　致毛泽东、洛甫、陈云、康生、胡服并林伯渠、任弼时转冯文彬电（陈绍禹、周恩来、博古、凯丰）

7月　《用笔来发动民众捍卫祖国》（陈绍禹），收入1938年7月出版的《陈绍禹（王明）救国言论集》

同月　《陈绍禹（王明）救国言论集》，汉口中国出版社出版

8月1日　关于要求调派大批军事干部到南方开展游击战争致毛泽东、洛甫、康生、陈云电（陈绍禹、周恩来、博古）

8月4日　关于武汉危急我工作人员撤退准备情况致毛泽东、洛甫、陈云、康生、王稼祥、胡服及朱德、彭德怀（并发四军及西安）电（陈绍禹、周恩来、博古）

8月7日　致毛泽东、张闻天等电（陈绍禹、周恩来、博古、凯丰）

同日　致毛泽东、洛甫、陈云、康生、胡服、王稼祥电（陈绍禹、周恩来、博古、项英、凯丰）

8月28日　致叶挺电（陈绍禹、周恩来、博古）

8月　《鲁迅新论》（王明、毛泽东等著），新文出版社出版

9月20日　在中共中央政治局会议上的政治报告

10月2日　祝贺新四军建军周年致叶挺、项英暨全体指战员电（陈绍禹、周恩来、秦邦宪、凯丰、叶剑英、董必武）

10月15日　《在抗战建国的目标下来团结全国青年——在西北青年救国联合会第二次代表大会上的演讲》（王明），《新中华报》第464期，1940年出版的《中国青运文选》

10月20日　《共产党参政员在国民参政会中的工作报告》

同日　《目前抗战形势与如何坚持持久战争取最后胜利》，《六大以来》上册，《两条路线》下册

10月25日　与成都各报社、通讯社记者的谈话

11月1日　《拥护蒋委员长和国民政府，加紧全民族团结，坚持持久抗战，争取最后胜利案》（陈绍禹等73人），11月2日《新华日报》，12月出版的《第二届参政会特辑》

同日　《拥护蒋委员长持久抗战宣言案》（胡景伊、陈绍禹等44人），11月2日《新华日报》

同日　《参政会应发表宣言，拥护蒋委员长告全国国民书，并号召全国同胞，一致奋起继续抗战，以争取最后胜利案》（王造时、陈绍禹等66人），11月2日《新华日报》

11月5日　《关于克服困难渡过难关持久抗战争取胜利问题案》（陈绍

禹等 22 人），11 月 7 日《新华日报》

同日　《严惩汉奸傀儡民族叛徒以打击日寇以华制华之诡计，而促进抗战胜利案》（林祖涵、陈绍禹等 20 人），11 月 7 日《新华日报》

同日　《加强国民外交推动欧美友邦人士敦促各国政府对日寇侵略者实施经济制裁案》（吴玉章、陈绍禹等 32 人），11 月 7 日《新华日报》

11 月 6 日　中共扩大的六届六中全会《政治决议案——抗日民族自卫战争与抗日民族统一战线发展的新阶段》

同日　《陈参政员绍禹给本报编辑部的信》，11 月 7 日《新华日报》

11 月 8 日　在重庆青年团体举行招待会上的演说（陈绍禹），11 月 9 日《新华日报》

12 月 5 日　悼念新华日报及八路军武汉办事处殉难烈士挽词

同日　《悼新华日报及八路军武汉办事处殉难烈士》（陈绍禹、秦博古、吴玉章、董必武、凯丰），《新华日报》

12 月 13 日　关于一个大党问题与蒋介石谈判情况致中共中央书记处电（陈绍禹、周恩来、博古、吴玉章、董必武）

12 月 18 日　题词，《新华日报》

本年　《一党专政还是联合战线》（洛甫、陈绍禹等著），全民出版社出版

本年　致蒋介石信

1939 年

1 月 15 日　《旧阴谋的新花样》（又名《反对汉奸》，陈绍禹），《解放》周刊第 62 期，2 月 7 日《新华日报》，《共产国际》俄文版第 6 期，《抗敌报》第 51～52 期，2 月 15 日《新华日报》作为"新群丛书"第 24 种出版了单行本，3 月出版的陈绍禹、凯丰著《旧阴谋的新花样》，3 月 10 日出版的《文献》第 6 卷，4 月 20 日出版的《时论丛刊》第 2 辑，4 月出版的《抗日民族统一战线指南》第 6 册，5 月曾收入新华日报华北分馆出版的洛甫、王明等著《"防共"即是灭亡中国》，以及《前线丛书》之五

同日　题字（陈绍禹），《八路军军政杂志》创刊号

1 月 23 日　《从六中全会到目前的国内外形势》（在一个扩大干部会议上的报告）

2月10日 《全国人民对于国民参政会第三次会议的希望》（陈绍禹），该日《新中华报》，《新华日报》（华北版）第24期

同日 题词，该日《新中华报》

2月12日 致国民参政会秘书处电（毛泽东、陈绍禹），2月13日《新中华报》

2月16日 在延安文化界座谈会上的讲话（王明），该日《新中华报》

3月8日 《共产党员和妇女解放运动》（陈绍禹），《解放》周刊第1卷第66期，4月14日《新华日报》，《中国妇女》第3期，收入12月出版的《妇女运动的理论与实践》，解放社1940年7月出版的《抗日民族统一战线指南》第7册

3月16日 《在延安纪念马克思、孙中山晚会上的讲话》（王明），该日《新中华报》

春 《国民党五中全会与国共两党现状关系问题》（报告提纲）

5月1日 《五四运动的二十年》（陈绍禹），《中国青年》第1卷第2期

同日 题字（王明），《解放》第70期

5月7日 在延安各界精神总动员宣誓、纪念五一劳动节大会上的讲话，《新中华报》

5月28日 题字（王明），《群众》第3卷第2期

5月 《抗日民族统一战线诸问题》，后摘录收入《两条路线》即《为中共更加布尔塞维克化而斗争》一书的补充材料——《王明论统一战线》

5月 《托派在中国》（陈绍禹、徐特立等），新中国出版社出版

6月1日 在抗大成立三周年纪念大会上的讲演

同日 《论妇女解放问题》（王明），《中国妇女》第1卷第1期，12月出版的《妇女运动的理论与实践》，1940年出版的王明著《论修养》，1945年3月出版的《抗战以来妇运文件选集》

6月2日 在延安青年记者协会第二次会员代表大会上的讲话，该日《新中华报》

6月6日 《反共是日寇汉奸和投降派的阴谋》，该日《新中华报》代论，收入解放社1940年7月出版的《抗日民族统一战线指南》第7册

7月5日 为郭沫若之父郭朝沛先生送的挽联（毛泽东、陈绍禹、秦邦宪、吴玉章、林祖涵、董必武、叶剑英、邓颖超）

7 月 7 日　《坚持抗战国策克服投降危险》（王明），该日《新中华报》，《新华日报》，《解放》周刊第 75、76 期合刊，《群众》周刊第 3 卷第 8、9期合刊，《新华日报》（华北版）号外第 4 期，并收入 7 月出版的王明著《当前时局最大的危机》，8 月 10 日出版的《时论丛刊》第 5 辑，1940 年 6月出版的《统一》杂志第 7 期，以及《抗日民族统一战线指南》第 7 册

同日　《在抗战两周年纪念会上的讲话——投降是目前的主要危险，"反共"是投降的准备》（王明），7 月 11 日《新中华报》、《新华日报》

7 月 20 日　在延安中国女子大学开学典礼上的报告，7 月 29 日出版的《新华日报》（华北版）号外第 11 期，8 月 8 日《新中华报》，8 月 31 日出版的《中国妇女》第 1 卷第 3 期，收入 12 月出版的《妇女运动的理论与实践》

8 月 13 日　在陕甘宁边区学生救国联合会第一次代表大会上的讲话（王明），《新中华报》第 56 期

8 月 18 日　《在陕甘宁边区学生救国联合会第一次代表大会上的讲话》，《新中华报》

8 月 20 日　《为死者求冤》（王明），《解放》周刊第 81 期

同日　题字（陈绍禹），《解放》第 81 期

8 月 25 日　致季米特洛夫的信

9 月 4 日　《在欢迎尼赫鲁大会上的欢迎词》（王明），9 月 5 日《新中华报》、《新华日报》

9 月 6 日　题字，9 月 7 日《新华日报》

9 月 8 日　《我们对于过去参政会工作和目前时局的意见》（毛泽东、陈绍禹等中共七参政员），9 月 9 日《新华日报》，10 月 3 日《新中华报》，《解放》第 86 期，《新华日报》（华北版）第 133 期，《抗战报》第 97 期，收入《抗日民族统一战线指南》第 9 册，1942 年 7 月出版的《抗战以来重要文集汇集》

9 月 9 ~ 18 日　《请政府明令保障各抗日党派合法地位案》（陈绍禹、董必武等）

9 月 13 日前　致季米特洛夫的信

9 月 20 日　《目前国内外形势与参政会第四次大会的成绩》（陈绍禹），9 月 20《新中华报》第 75 号，9 月 28 日《新华日报》，《解放》周刊第 89期，《抗敌报》第 103 期，香港时论编译社于 10 月、上海先行出版社于 11

月、解放社于 12 月分别出版了单行本，并收入 1940 年 7 月出版的《抗日民族统一战线指南》第 9 册

10 月 6 日　哀悼吴志坚同志（陈绍禹、秦邦宪、董必武、林祖涵、吴玉章、叶剑英等），该日《新华日报》

10 月 19 日　《在鲁迅先生纪念会上的演词》，10 月 20 日《新华日报》，《群众》第 5 卷第 15、16 期合刊

10 月　《抗日战争的新阶段》（毛泽东、王明），明明书店出版

11 月中旬　关于国民参政会一届四次会议的报告

12 月 5 日　题词，新四军第四师《拂晓报》出版百期纪念特刊

12 月 9 日　《促进宪政运动努力的方向》（陈绍禹），该日《新中华报》，《新华日报》（华北版）第 156 期，《大众日报》第 101 期，《抗敌报》第 112 期，《解放》周刊第 93 期，《群众》周刊第 4 卷第 5 期，1940 年 3 月 9 日的《新华日报》，后收入 1940 年 5 月出版的抗敌报社《宪法问题指南》，解放社 1940 年 8 月出版的《抗日民族统一战线指南》第 10 册等

同日　《"一二·九"四周年》（王明），12 月 16 日《新中华报》，1941 年 1 月 15 日出版的《中国青年》第 2 卷第 3 期

12 月 20 日　《中国妇女与宪政运动》（王明），《中国妇女》第 1 卷第 7 期，收入 1945 年 3 月出版的《抗战以来妇运文件选集》

同日　《论斯大林——为庆祝斯大林同志六十大庆在延安干部会上的报告》（王明），12 月 30 日《新中华报》

12 月 25 日　《在自然科学讨论会上的讲话》（王明），1940 年 1 月 6 日，《新中华报》

同日　在古从军追悼会上的悼词（王明），1940 年 1 月 6 日《新中华报》

12 月 28 日　关于宪政问题和目前形势的报告

在此前后　关于《新民主主义论》问题致毛泽东信

本年　《反对中国人民的叛徒》，《共产国际》俄文版第 6 期

本年　《中共代表团与蒋介石关于国共关系的一次最重要的谈话》（笔记）

1940 年

1 月 4 ~ 12 日　对陕甘宁边区文化协会第一次代表大会的贺词

同上 《论文化统一战线问题——在陕甘宁边区文化协会第一次代表大会上的讲话》（王明），1 月 20 日《新中华报》

1 月 11 日 题词，2 月 7 日《中国工人》创刊号

1 月 15 日 《一九四〇年的展望》（王明），《中国妇女》第 1 卷第 8 期

1 月 16 日 《在陕甘宁边区第二届工农展览会上的讲话》（王明），2 月 3 日《新中华报》

1 月 17 日 在延安妇女界宪政促进会成立大会的讲话

1 月 17 日~2 月 4 日 在陕甘宁边区第一届参议会第一次会议上的讲话

2 月 1 日 《延安民众讨汪拥蒋大会通电》（毛泽东、王明等），《新中华报》第 184 期，《新华日报》（华北版）第 156 期，《解放》第 98、99 期合刊，并收入 1942 年 7 月出版的《抗战以来重要文件汇集》

2 月 3 日 为“华北视察团”事致国民参政会秘书处电（毛泽东、陈绍禹、林祖涵、吴玉章），2 月 9 日的《新中华报》，《解放》周刊第 98、99 期合刊

2 月 7 日 《力争时局好转克服时局逆转》（王明），该日《新中华报》，《八路军军政杂志》第 2 卷第 2 期，《解放》周刊第 100 期，《抗敌报》第 127 期，《新华日报》（华北版）第 195 期，并收入 3 月出版的王明著《相持阶段中的形势与任务》

2 月 8 日 在欢迎新疆归来的指战员会议上的讲话

2 月 9 日 为“华北视察团”事致国民参政会秘书处电（毛泽东、陈绍禹等）

3 月 8 日 在三八妇女节纪念大会上的讲演，3 月 29 日《新中华报》

3 月 9 日 《促进宪政运动努力的方向》，该日《新华日报》代论

3 月 19 日 在抗大三分校第五期学员一、二大队同学毕业典礼上的讲话

同日 《为中共更加布尔塞维克化而斗争》三版序言，收入延安出版的《为中共更加布尔塞维克化而斗争》三版

4 月 10 日 《语录：反对汪精卫汉奸卖国》（王明），《群众》第 4 卷第 10 期

5 月 1 日 《全中国是工人的，全世界是工人的》，5 月 7 日《新中华报》

5 月 3 日 《学习毛泽东》，5 月 7 日《新中华报》，7 月 5 日出版的《中国青年》第 2 卷第 9 期，后收入冀鲁豫书店出版的《青年修养》，及《青年

学习问题》

6 月 4 日 《妇女宪政辩论会结束后吴玉章王明两同志总评判词》，《新中华报》第 135 号

6 月 27 日 致毛泽东信

7 月 5 日 《抗战胜利的唯一保证》（王明），《新中华报》第 143 期，《大众日报》第 167 期，《解放》第 111 期，《八路军军政杂志》第 2 卷第 7 期，《中国工人》第 7 期

7 月 24 日 在延安各界举行的成吉思汗夏季公祭会上的讲话，8 月 3 日《新中华报》

8 月 15 日 追悼张自忠将军等挽联

9 月 5 日 在旅居延安侨胞救国联合会成立大会上的讲话（王明），10 月 16 日《新华日报》

9 月 8 日 在女子大学举行成立一周年纪念和第一届同志毕业大会上的讲话，《新中华报》第 160 期

9 月 29 日 在陕北公学建校三周年纪念大会上的演说

10 月 7 日 在中国回教救国协会陕甘宁分会、边区回民文化促进会成立大会及边区回民第一次代表大会开幕式上的讲话，《新中华报》第 172 期

10 月 12 日 《关于保护母亲儿童问题》，《中国妇女》第 2 卷第 7 期，收入 1945 年 3 月出版的《抗战以来妇运文件选集》

11 月 2 日 致尼赫鲁慰问电（毛泽东、朱德、周恩来、王明、博古、叶剑英）

11 月 20 日 《论马列主义决定策略的几个基本原则》（王明），《共产党人》第 12 期，后改名为《论马列主义决定策略的几个基本问题》，由胶东联合出版社出版

12 月 3 日 在延安 1941 年生产动员大会上的讲话（王明），12 月 19 日《新中华报》第 189 期

12 月 4 日 在中共中央政治局会议上的发言

12 月 22 日 祝词（陈绍禹），《新中华报》第 190 期

12 月 《陕甘宁边区妇联工作任务和组织问题（1940 年 12 月在陕甘宁边区妇联扩大执委会议上演讲记录摘要)》（王明），《中国妇女》第 2 卷第 9 期

本年　《关于反对毛泽东的德意日苏同盟的国际政策路线和联日联汪反蒋的国内统一战线政策的谈话》（笔记）

1941 年

1 月 4 日~1 月 14 日　《无法无天的罪行》，《新中华报》社论

2 月 13 日　致陈云信

2 月 15 日　《致参政会秘书处删电》（毛泽东、陈绍禹等中共七参政员），2 月 27 日的《新中华报》、3 月 10 日的《新华日报》

3 月 8 日　《复参政会秘书处齐电》（毛泽东、陈绍禹等中共七参政员），3 月 10 日的《新华日报》、3 月 13 日的《新中华报》

8 月 11 日　挽张冲（陈绍禹、吴玉章、邓颖超等）

9 月 12 日　在中共中央政治局扩大会议上的发言

9 月 18 日　致《大公报》总编辑、国民参政员张季鸾的唁电（毛泽东、陈绍禹、秦邦宪、吴玉章、林伯渠）

10 月 8 日　在中共中央书记处工作会议上的发言

10 月上中旬　关于季米特洛夫来电要求中共中央加强中国抗日战场活动使日寇不能在东方开辟第二战场问题和毛泽东四次争论（综合笔记）

11 月 9 日　致冯玉祥六十诞辰贺电（毛泽东、陈绍禹、林伯渠、吴玉章、秦邦宪）

11 月 14 日　冯玉祥六十寿辰祝词（毛泽东、陈绍禹、林伯渠、吴玉章、秦邦宪等），《新华日报》

本年　《关于解放区政权工作问题的决议（草案）》

本年　《关于抗日民族统一战线工作问题的总结》

1942 年

1 月 16 日　赞"大兵诗人"焕章乡长先生六十大寿（陈绍禹），《新华日报》

3 月 7 日　《语录：关于保育母亲儿童》（王明），《大众日报》第 317 期

同日　《语录：关于妇女政治觉悟》（王明），《大众日报》第 317 期

10 月 8 日　致重庆国民参政会秘书长王世杰电（毛泽东、陈绍禹、林伯渠、秦邦宪）

1943 年

12 月 1 日　致毛泽东并中央政治局诸位同志信（孟庆树代笔）
12 月　致女儿芳妮的信

1944 年

2 月 27 日　致周恩来信
12 月 25 日　题字（陈绍禹），《新华日报》

1945 年

4 月 20 日　致任弼时并请阅转毛泽东并扩大的七中全会各位同志的信
12 月 20 日　致谢觉哉信
12 月 25 日　《目前形势和党的任务》（在中央直属党委、中共西北局和陕甘宁边区党委全体干部会上的报告）

1946 年

4 月 8 日　为悼念"四八烈士"题词，载中共代表团出版的《"四八"被难烈士纪念册》

1947 年

1 月 25 日　致谢觉哉信
5 月 5 日　怎样建立人民的司法制度的意见
5 月　致毛泽东、刘少奇信
7 月 12 日　时事报告
8 月 21 日　宪草说明书大意

12 月 26 日 在中央工作会议上的发言

本年底至 1948 年 2 月 《关于山西临县前甘泉村和后甘泉村土改工作的基本总结》

本年 致卢化蓬信

本年 《象棋游戏漫谈——象棋辩证法要点试拟》

1948 年

3 月 7 日 致任弼时信

6 月 19 日 致周恩来信

9 月 26 日 致谢觉哉信

10 月 26 日 致谢觉哉信

10 月 《给中共中央关于宪法草案起草工作总结报告》

10 月~11 月 《二中全会前同毛泽东五次谈话的记录》

11 月 22 日 致谢觉哉信

12 月 26 日 致刘少奇信

1949 年

1 月 15 日 中共中央关于对国民党司法人员之处理的指示

1 月 24 日 致谢觉哉信

2 月 12 日 致周恩来信

2 月 22 日 中共中央关于废除国民党六法全书确定解放区司法原则教育与改造司法人员问题给各中央局、分局前委并转政府党组的指示

3 月 7 日 在中共七届二中全会会上的发言

3 月 12 日 在中共七届二中全会上的第二次发言

5 月 23 日 致周恩来信

5 月 对南下解放军工作团作的报告

6 月 1 日 致谢觉哉、陈瑾昆两老并李木庵、何思敬、郭任之、杨绍萱信

6 月 2 日 致刘少奇、周恩来及林伯渠、董必武二老信

6 月 3 日 致周恩来信

6 月 4 日 致刘少奇、周恩来信（谢觉哉、王明）

8 月 22 日 致陈毅、潘汉年信（谢觉哉、王明）

同日 致董必武并转毛泽东信

8 月 致刘少奇信（董必武、谢觉哉、王明）

同月 致刘少奇、周恩来信

9 月 2 日 中共中央关于上海市法院工作问题给上海市委的指示

同日 中共中央关于律师制度改革问题给上海市委并告华东局、各中央局及分局的指示

10 月 23 日 致季龙先生并转李、戴两老信

11 月 6 日 致毛泽东信

11 月 27 日 致毛泽东信

本年 《青年学习问题》（洛甫、王明著），上海华夏出版社出版

1950 年

1 月 1 日 致许鸿信

1 月 11 日 致刘少奇信

1 月 21 日 致董必武并请转报刘少奇信

2 月 1 日 致毛泽东信

2 月 5 日 《中央法委会的工作报告（自 1949 年 8 月 ~ 1950 年 2 月）》（向刘少奇及毛泽东上报）

2 月 6 日 "对监狱工作的意见"（在监狱法律问题座谈会上的发言）

2 月 15 日 给毛泽东的报告

同日 给董必武的报告

3 月 4 日 给董必武的报告

3 月 16 日 给毛泽东的报告

4 月 9 日 送毛泽东《关于中华人民共和国婚姻条例（或婚姻法）草案的简单说明（初稿）》的报告

4 月 13 日 《关于中华人民共和国婚姻法起草经过和起草理由的报告》

4 月 18 日 致毛泽东信

同日 致朱德信

4 月 21 日 给邓颖超的报告

在此前后　在清华大学作关于《婚姻法》的报告

5 月 12 日　给刘少奇的报告

6 月 9 日　致杨尚昆并转毛泽东信

7 月 5 日　致江滨并转戴老、传颐先生及商委各同志信

7 月 27 日　《关于目前司法工作的几个问题》（在第一届全国司法会议上的报告）

在此前后　《关于目前司法工作的几个问题》报告提出意见之解答

8 月 17 日　致毛泽东并中央书记处信

9 月上旬　向中共中央"请求到苏联医治"的报告

10 月 23 日　致刘少奇、毛泽东信

1953 年

12 月 14 日　致毛泽东信

本年　关于毛泽东从□□□□年秋到 1953 年这一阶段反对列宁主义、反共产国际、反苏联、反党的基本事实的简要信息

1954 年

1 月 28 日　致中共中央信

12 月 14 日　致刘少奇并转毛泽东和中央书记处信

12 月 22 日　《对"中华人民共和国发展国民经济第一个五年计划（草案）"的几点意见》

12 月 25 日　致杨尚昆信

1955 年

4 月 1 日　致毛泽东并党的全国代表会议主席团信

10 月 2 日　致刘少奇请转中央并主席信（由孟庆树代笔）

1956 年

9 月 8 日　致刘少奇并请转中央和主席电

1958 年

11 月 4 日 致中共中央办公厅并请报转中央和毛泽东主席电（附对"各尽所能，各取所需"和"各尽所能，按劳取酬"两个口号译文的意见）

本年 中医的理论和实践（提纲）

从本年到 1974 年 《关于〈目前形势和党的任务〉的报告经过》、《关于一九三七年十二月中共中央政治局会议的路线和抗日战争时期中共内两条路线的斗争》、《王明同志对于 50 个问题的回答》、《关于顾顺章和向忠发的材料》、《关于临时中央政治局和博古同志当总书记问题》等，后来孟庆树根据他的回忆整理成《陈绍禹——王明传记与回忆》（未刊）

1959 年

本年 关于诗歌的谈话

1961 年

本年 在苏共二十二次代表大会上致苏共中央委员会的贺信

1964 年

1 月 《对全党全国反毛主义斗争的行动纲领的初步方案》

本年 致中共中央信

本年 《右倾机会主义的内容与右倾词句的形式》

本年 《为反对毛泽东的反革命军事政变告全党同志和全国人民书》

本年 《关于"马克思主义中国化"问题》

1965 年

本年至 1966 年 "关于毛泽东反苏反共的历史，关于越南战争和'文化革命'问题"等谈话

1966 年

12 月　对勃列日涅夫 60 岁生日的贺信

本年至 1967 年　"关于揭露毛泽东亲自发动和指挥的所谓'无产阶级文化大革命'的原因、目的及其反革命军事政变的本质等"等谈话

1967 年

11 月　《为祝贺伟大的十月社会主义革命 50 周年给苏共中央委员会的贺信》

本年　《批判毛泽东的哲学错误》（初稿）

本年至 1968 年　与苏联领导人安德罗波夫的谈话

1968 年

本年　《毛泽东堕落的根源》（初稿）

1969 年

3 月　《毛泽东进行的不是"文化革命"而是反革命政变》（又名《论中国事件》，王明），3 月 19 日《加拿大论坛》，3 月 28 日苏联《消息报》摘要发表，3 月 31 日由苏联政治书籍出版社印成俄文小册子，并出版英、法、日、西等各种文字的单行本

冬　《曼努伊尔斯基、王明与毛泽东》（王明谈，孟庆树整理）

同期　《所谓"关于王明的四点意见"》

1970 年

4 月 22 日　《永不能忘的会晤》（与孟庆树合写）

4 月　《列宁、列宁主义和中国革命》（王明），苏联政治书籍出版社出

版俄文版，随后出版了中文、英文和其他各种文字的单行本

本年 《批判毛泽东的哲学错误》（增订稿）

本年至 1975 年 《王明选集》（原版影印本，五卷），本庄比佐子编，日本东京汲古书院陆续出版

1971 年

夏 《中共半世纪与叛徒毛泽东》，后作为第一编收入《中共半世纪与叛徒毛泽东》一书

同期 《"整风运动"是"文化革命"的预演》，后作为第二编收入《中共半世纪与叛徒毛泽东》一书

秋 《"文化革命"与毛帝合作》，后作为第三编收入《中共半世纪与叛徒毛泽东》一书

本年 《揭穿毛泽东对中共历史的伪造》

本年 "关于中共抗日民族统一战线政策的制定与实现经过"（谈话）

1974 年

本年初 《"孤僧"命运与毛家十大》，后作为第四编收入《中共半世纪与叛徒毛泽东》一书

3 月 23 日 《中共半世纪》"写在前面"

7～9 月 《毛泽东与秦始皇》（即《"孤僧"的命运和毛的十大》一文的部分内容），苏联《远东问题》杂志（季刊）第 3 期

10 月～11 月 孟庆树写出《对于 1943 年 6～7 月延安医生给王明同志会诊总结的补充说明和材料》

1975 年

《中共半世纪与叛徒毛泽东》（俄文版），苏联国家政治书籍出版社出版

1976 年

9 月 10 日 日本出版日文版《王明回想录》

1979 年

《中共半世纪与叛徒毛泽东》（中文版），苏联进步出版社出版

《王明诗歌选集（1913～1974）》，苏联进步出版社出版俄文版和中文版

1981 年

《中共五十年》（据《中共半世纪与叛徒毛泽东》俄文版翻译），现代史料编刊社内部出版，东方出版社 2004 年内部再版

1982 年

《王明言论选辑》，人民出版社内部出版

1984 年

本年至明年　《王明全集》（一至四卷，俄文版，第四卷未能出版），苏联科学院远东研究所出版

2009 年

1 月　《王明回忆录》（即《中共五十年》），香港哈耶出版社出版

二 王明研究论著目录

（只限题目含有"王明"、"陈绍禹"字样者）

一 专著

〔日〕田中仁：《王明著作目录》，日本汲古书院，平成 8 年

王明：《中共五十年》，现代史料编刊社，1981；东方出版社，2004

——《中共半世纪与叛徒毛泽东》，苏联国家政治书籍出版社中文版，1979

——《王明全集》第 1~5 卷，日本汲古书院原版影印本，1970~1975

——《王明全集》第 1~4 卷，苏联科学院远东研究所俄文内部版，1984~1985

——《王明言论选辑》，人民出版社，1982

——《王明诗歌选集（1913~1974）》，莫斯科进步出版社中文版，1979

——《王明回忆录》（即《中共五十年》），哈耶出版社，2009

史锋：《反对王明投降主义路线的斗争》，上海人民出版社，1976

周国全、郭德宏、李明三：《王明评传》，安徽人民出版社，1989

周国全、郭德宏：《王明传》，安徽人民出版社，1998

——《王明年谱》，安徽人民出版社，1991

——《王明其人》，中国广播电视出版社，1992

孟庆树整理《陈绍禹——王明传记与回忆》（未刊）

金立人等：《王明"左"倾冒险主义在上海》，上海远东出版社，1994

施巨流：《王明问题研究》，香港天马出版有限公司，2006

钟君、龙夫：《红色帷幕下的较量：毛泽东与王明》，贵州民族出版社，

1993

徐旭初：《红都风云毛泽东与王明决定中国命运的十年争执》，天地出版社，1996

曹仲彬、戴茂林：《王明传》，黑龙江人民出版社，1991；中共党史出版社，2008

——《莫斯科中山大学与王明》，黑龙江人民出版社，1988

熊廷华：《王明的这一生》，湖北人民出版社，2009

黄允升：《毛泽东与王明》，中央文献出版社，2011

丁晓平：《王明中毒事件调查》，中国青年出版社，2012

二　论文

〔日〕田中仁：《围绕抗日民族统一战线的王明与中国共产党》，张晓峰译，《党史研究》1986年第6期

——《王明著作考目录选登》，《党史研究资料》1993年第10期

——《王明著作考》，《党史研究资料》1994年第7期

《"毛泽东让医生谋害王明"是无稽之谈》，摘自该书编委会编《白衣战士的光辉篇章回忆延安中央医院》，陕西人民出版社，1995

《中共党史上两位特殊的"总书记"——瞿秋白与王明比较研究》，张表芳：《中国现代思想家比较研究》，辽宁大学出版社，2001

《从"百分之百的布尔什维克"到叛徒的足迹》，文博编《中共往事钩沉（1）·大浪淘沙》，四川人民出版社，1996

《毛泽东指定王明起草〈婚姻法〉》，《人民日报》（海外版）2001年8月24日

《王明的"小报告"》，摘自《莫斯科秘档中的中共秘史——潘佐夫（A. Pantsov）2004年6月25日在中国社会科学院近代史所的演讲（摘要）》，载仲石、公孙树主编《陈独秀与中国》第47期，2004年12月1日

《王明的文章为何被编入〈毛选〉》，《江淮文史》1994年第1期

《王明的民族投降主义路线与孔孟之道的"仁、爱、礼、义"》，载吉林大学历史系编写《一切反动派都是尊孔派》，人民出版社，1974

《王明的后半生》，崔建国编《历史风云纪实1921～1976》上、下册，武汉出版社，1993

《王稼祥拒绝看王明》，《广东党史》1994 年第 4 期

《以王明为首的"二十八个半"反党宗派小集团》，《合肥工业大学学报》（自然科学版）1972 年第 2 期

《李立三和王明的旧怨新仇》，梁柱、贺新辉：《生死绝恋李莎与李立三的跨国婚姻》，中共党史出版社，2008

《被革命旋涡推上浪尖的领袖向忠发和王明》，《党史博采》2000 年第 7 期

丁晓平：《尘封 66 年的"王明中毒事件"调查材料惊现民间》，《党史纵览》2009 年第 12 期

卜万平：《刘少奇对清算王明"左"倾错误的独特贡献》，《南京政治学院学报》1998 年第 6 期

马列主义教研室中共党史教研组：《毛主席的革命路线同王明机会主义路线的斗争》，《南京大学学报》（哲学社会科学版）1978 年第 2 期

马齐彬：《抗战初期的王明投降主义路线错误》，《党史资料丛刊》1981 年第 1 辑，上海人民出版社，1981

中央档案馆党史资料研究室：《延安整风中的王明——兼驳王明的〈中共五十年〉》，《党史通讯》1984 年第 7 期

中共镇远县委党研室：《我党最早反对王明"左倾"机会主义的杰出代表——周达文》，《党史纵横》1992 年第 5 期

孔德生：《李立三与王明的恩恩怨怨》，《现代交际》1994 年第 1 期

——《李立三与王明》，《文史精华》1997 年第 8 期

——《毛泽东高超的斗争艺术与王明路线的终结》，《中共南京市委党校南京市行政学院学报》2004 年第 5 期，

巴志鹏：《延安时期王明挑战毛泽东领袖地位始末》，《党史纵横》2003 年第 6 期

文庠：《延安整风运动中的王明》，《党史纵览》2002 年第 4 期

——《张国焘眼中的王明》，《党史纵览》2002 年第 12 期

王生杰：《王明上台与共产国际代表米夫的关系》，《辽宁师范大学学报》（社会科学版）1987 年第 6 期

王礼芳：《遵义会议为何没有解决王明"左"的政治路线的错误》，《甘肃社会科学》1993 年第 1 期

王连升：《王明"左"倾错误对中央革命根据地经济建设的影响》，《南

都学坛》（哲学社会科学版）1994 年第 2 期

王忠瑜：《与王明在莫斯科的一场辩论》，《名人传记》1986 年第 1 期

王武：《毛泽东反对王明路线的策略思想初探》，《党史纵览》1995 年第 2 期

王彬彬：《被忽视的 1935 年：兼说王明与〈八一宣言〉》，《同舟共进》2009 年第 11 期

王维礼：《关于九一八事变后王明路线几个问题的探讨》，《长白学刊》2002 年第 1 期

王维佳：《王明与抗日民族统一战线的形成》，《硕士论文》

王强：《王明在苏联及共产国际的主要活动》，《苏联问题研究资料》1990 年第 4 期

——《王明在共产国际》，《世纪桥》1999 年第 5 期

王裕荣：《王明"左"倾冒险主义在闽西苏区造成的危害》，《龙岩师专学报》2001 年第 1 期

王新生：《试论王明"左"倾机会主义者对中间势力的态度及原因》，《长沙水电师院学报》1992 年第 3 期

王献玲：《试析第二次王明路线的实质》，《华北水利水电学院学报》（社科版）2000 年第 3 期

王鹏程：《周恩来、王明对武汉保卫战的认识之比较》，《湖北广播电视大学学报》2005 年第 1 期

王稼祥：《回忆毛泽东同志与王明机会主义路线的斗争》，《人民日报》1979 年 12 月 27 日

王蕙：《走下权力巅峰的王明》，《党史纵览》2003 年第 6 期

尹传正：《近年来关于王明、博古的研究》，《北京党史》2012 年第 8 期

邓传淮：《浅议王明忽视独立自主原则的原因》，《淮北煤炭师范学院学报》（社会科学版）1994 年第 2 期

邓志勤、王长发：《王明"左"倾错误对察哈尔民众抗日同盟军的影响》，《张家口职业技术学院学报》2001 年第 2 期

韦祖松：《王明"左"倾路线为什么能够长期统治全党》，《阜阳师范学院学报》（社会科学版）1988 年第 3 期

冯晓蔚：《杨光华遭王明迫害始末》，《文史月刊》2006 年第 6 期

卢振国：《王明之妹陈映民：从童养媳到女红军》，《共产党员》2007

年第 14 期

——《被历史遗忘的女红军——王明之妹陈映民的曲折人生》,《党史博览》2007 年第 5 期

叶介甫:《王明的政海沉浮录》,《党史纵横》2009 年第 3 期

叶建军:《剖析王明关于抗日民族统一战线的主张》,硕士论文

叶健君:《王明"左"倾冒险主义时期错误的经济政策》,《历史教学》1988 年第 9 期

——《王明从"左"倾关门主义转向右倾投降主义的原因》,《求索》1989 年第 4 期

——《对王明关于抗日民族统一战线主张的深层剖析》,《求索》1994 年第 3 期,其硕士论文题为《剖析王明关于抗日民族统一战线的主张》

叶悲:《毛泽东对王明的斗争艺术》,《领导文萃》1994 年第 7 期

永修:《扶植王明贻害中共的米夫》,《深圳法制报》2001 年 9 月 9 日

田子渝:《1938 年毛泽东与王明政治关系评析》,《抗日战争研究》2006 年第 3 期

田百春:《王明"左"倾路线统治时期的一份重要党刊——〈党的建设〉》,《党史研究资料》1999 年第 12 期

石志夫:《浅析共产国际和王明"左"倾路线中央关于制定抗日民族斗争策略的关系问题》,《国际政治研究》1985 年第 1 期

石源华:《王明路线在 1933 年对瞿秋白的"批判"》,《复旦学报》(社会科学版)1983 年第 4 期

伍小涛、许金华:《权威学解读王明》,《党史文苑》2007 年第 8 期

刘小莉:《抗战初期王明回国的历史背景》,《湘潭大学学报》(哲学社会科学版)1998 年第 3 期

刘之昆:《王明、康生加害李立三始末》,《出版参考》2005 年第 14 期

刘以顺:《论王明右倾投降主义和共产国际的关系》,《史林》1988 年第 3 期

刘良:《毛泽东三让王明》,《党史博采》1994 年第 2 期

刘明钢:《毛泽东妙语对王明》,《半月选读》2010 年第 15 期

刘明钢:《关于"王明'左'倾错误"教材内容的处理》,《武汉教育学院学报》1994 年第 4 期

——《季米特洛夫与王明》,《福建党史月刊》2002 年第 5 期

——《王明"左"倾宗派集团与莫斯科中山大学》，《江汉大学学报》（社会科学版）2007 年第 1 期

刘秉荣：《王明是怎样爬上高位的？》，《人民论坛》1994 年第 9 期

刘俊民、翟忠海、赵晓菊：《论王明在抗日民族统一战线策略制定中的历史作用》，《齐齐哈尔大学学报》（哲学社会科学版）1996 年第 1 期

刘俊民：《为什么王明能跃上中央领导地位》，《齐齐哈尔师范学院学报》1980 年第 2 期

——《试论王明右倾投降主义的形成》，《中国现代史》（中国人民大学复印报刊资料）1982 年第 7 期

刘保民：《论王明教条主义的实质和特点》，《陕西理工学院学报》（社会科学版）2008 第 4 期

——《王明教条主义研究综述》，《党史博采》（理论版）2008 年第 12 期

——《王明教条主义的产生和演变》，《江西教育学院学报》（社会科学）2009 年第 4 期

刘峰、周利生：《论王明等与米夫的通信与中共六届四中全会的召开》，《党史文苑》2009 年第 22 期

刘峰：《王明到底是如何上台的？》，《党史纵横》2010 年第 2 期

刘继兴：《王明与张国焘的两次较量》，《读书文摘》2009 年第 9 期

——《王明张国焘为争最高权力恶斗》，《报刊荟萃》2009 年第 10 期

——《王明与张国焘的两次较量》，《老年人》2010 年第 4 期

刘道华：《王明"左"倾错误统治时期在北方党开展的反"铁夫路线"斗争》，《天津师范大学学报》（社会科学版）1985 年第 2 期

刘福勤：《〈多余的话〉所涉立三、王明及共产国际问题》，《江苏社会科学》1987 年第 4 期

华明、景英、三新：《实事求是的模范——刘少奇同志同王明'左'倾路线的斗争》，《社会科学杂志》1980 年第 4 期

向青：《1937 年 8 月共产国际书记处会议对王明右倾错误形成的影响》，《近代史研究》1989 年第 4 期

孙光：《共产国际七大前后王明及中国代表团向抗日民族统一战线的转变》，硕士论文，1988 年

孙金根：《抗战初期毛泽东与王明的三次较量》，《世纪桥》2000 年第 2 期

——《毛泽东和王明"左"倾冒险主义的斗争》,《福建党史月刊》2003 年第 12 期

孙剑纯:《共产国际与王明"左"倾错误》,《党史研究与教学》1988 年第 1 期

——《共产国际支持下的王明"左"倾错误控制中央苏区过程述略》,《中国现代史》(中国人民大学复印报刊资料)1988 年第 9 期

安然、荣燕:《米夫扶植王明上台的前前后后》,《文史精华》2002 年第 11 期

朱兰芝:《王明"左"倾路线对山东省革命斗争造成的危害及其教训》,《山东社会科学》2010 年第 10 期

朱正:《王明谈鲁迅》,《鲁迅研究月刊》2008 年第 5 期

朱全岭:《共产国际和王明右倾投降主义》,《许昌师专学报》(社会科学版)1990 年第 3 期

朱洪:《王明为何反对陈独秀回延安》,《报刊荟萃》2009 年第 5 期

朱美宜:《试论〈新民主主义论〉的历史地位——兼评王明否定这一光辉著作的谬论》,《国际政治研究》1982 年第 3 期

朱超南:《共产国际"第三时期"理论与王明对国际形势的错误分析》,《中共党史研究》1993 年第 2 期

江海波:《王明在起草新中国第一部〈婚姻法〉前后》,《党史天地》2001 年第 5 期

江舒、蒋二明、段泽源:《王明政治生涯片断——延安风云》,《决策咨询》1995 年第 1 期

汤兆云:《新中国第一部〈婚姻法〉是由王明领衔起草吗》,《百年潮》2010 年第 2 期

汤晓蔚:《杨光华遭王明迫害始末》,《党史纵横》2010 年第 9 期

闫朦:《王明——曲折复杂的一生》,《金秋》2007 年第 11 期

齐卫平:《反对王明"左"倾错误的一份珍贵资料——关于 1941 年毛泽东撰写的专题文章》,《党史研究与教学》1996 年第 5 期

何立波:《王明落寞的后半生》,《文史博览》2004 年第 10 期

——《王明的后半生》,《老年人》2005 年第 5 期

余一苗:《拭去覆盖在历史上的尘土——俞秀松反对王明斗争的内幕纪实》,《上海党史与党建》1994 年第 3 期

余长治：《王明在延安整风运动前后》，《党史文苑》1999 年第 5 期

余茂笈：《试析王明先"左"后右产生的原因》，《淮北煤炭师范学院学报》（社会科学版）1986 年第 3 期

吴绍珍：《毛泽东同王明教条主义的斗争——马克思主义中国化的曲折发展》，《延边党校学报》2010 年第 4 期

——《毛泽东同王明教条主义的斗争与马克思主义中国化》，硕士论文，2009

吴映萍：《试论王明"左"倾冒险主义的土地政策及其危害》，《惠州大学学报》1994 年第 1 期

——《王明未能走出"左"倾错误误区的原因》，《锦州师范学院学报》（哲学社会科学版）2000 年第 2 期

吴洪激：《高敬亭将军之死与王明投降主义》，《黄冈师专学报》1990 年第 1 期

吴跃农：《王明与新中国第一部〈婚姻法〉》，《世纪行》2001 年第 4 期

张云生：《用马克思主义观点科学地评价党史人物：读〈王明评传〉》，《江淮论坛》1989 年第 5 期

张日新：《王明右倾投降主义是何时形成的?》，《江西大学学报》（社会科学版）1983 年第 4 期

张世贵：《刘少奇在纠正王明左倾错误中的积极作用》，《山东师范大学学报》（社会科学版）1995 年第 4 期

张业赏：《1945 年之后的王明》，《党史文苑》1997 年第 6 期

张永明：《王明"左"倾错误的危害》，李慧等编《中国史论集》，云南人民出版社，1997

张玉昆：《试析王明犯"左"右倾错误的根源》，《西南师范大学学报》（人文社会科学版）1998 年第 5 期

张秀华：《"调和主义"的实质：以王明取代瞿秋白》，《内蒙古民族师院学报》（哲学社会科学·汉文版）1991 年第 2 期

——《王明反"调和主义"之剖析》，硕士论文，1993

张远军、刘炯：《试谈王明的妇女解放思想》，《燕山大学学报》（哲学社会科学版）2002 年第 3 期

张知行：《红军长征前党在军事上反对王明"左倾"冒险主义的斗争》，《贵州财经学院学报》1995 年第 1 期

张树军：《评克服王明右倾投降主义的斗争》，中共中央党校党史教研部编《中国共产党重大历史问题评价》第 1～4 册，内蒙古人民出版社，2001

张祖柱：《何孟雄反对立三、王明路线的斗争》，中共中央党史研究室编《中共党史资料》第 32 辑，中共党史资料出版社，1989

张家康、刘维刚：《王明制造的几起冤案》，《党史博采》2007 年第 5 期

张家康：——《陈独秀与王明》，《党史纵览》1995 年第 1 期

——《陈独秀与王明》，《党史博采》2001 年第 3 期

——《抗战初期王明与中共中央的分庭抗礼》，《文史精华》2007 年第 10 期

——《王明阻拦〈论持久战〉的发表》，《文史博览》2007 年第 12 期

——《王明与中央分庭抗礼的十个月》，《共产党员》2007 年第 21 期

——《王明制造的六起冤案》，《文史春秋》2008 年第 5 期

——《王明制造的一起冤案》，《团结报》2009 年 2 月 3 日

——《王明两次回国夺"帅印"始末》，《党史纵横》2009 年第 1 期

——《王明两次回国夺帅印》，《文史精华》2010 年第 6 期

张爱华：《共产国际的影响与毛泽东思想的成熟——兼析王明错误》，硕士论文，1994

张继福：《遵义会议仅仅是来不及对王明"左"倾错误进行清理吗?》，《湖湘论坛》1993 年第 3 期

张喜德：《王明与"立三路线"》，《东北师范大学学报》（哲学社会科学版）1990 年第 5 期

——《王明路线与米夫》，《东北师范大学学报》（哲学社会科学版）1992 年第 2 期

李蒙：《党的七大与王明的彻底失败》，《党建》2007 年第 10 期

李卫群、梁鸿钧：《王明路线与共产国际的关系述评》，《天中学刊》1988 年第 3 期

——《王明路线与共产国际的关系述评》，《天中学刊》1988 第 3 期

李东朗：《王明到达延安之后》，《百年潮》2001 年第 11 期

——《在坚持错误中坠落的王明》，《领导科学》2002 年第 7 期

——《谈王明的功过是非》，《北京日报》2003 年 2 月 10 日

——《王明向共产国际状告毛泽东始末》，《党史博览》2004 年第 6 期

——《简论王明的"国际背景"》，《理论学刊》2008 年第 10 期

——《王明到底有什么国际背景》，《百年潮》2008 年第 12 期

——《关于王明右倾错误的几点思考》，《党史研究与教学》2009 年第 5 期

李妍：《驻共产国际时期的王明思想探析》，《新疆师范大学学报》（哲学社会科学版）2001 年第 4 期

李良志：《关于王明对建立抗日民族统一战线的作用》，《史学月刊》1989 年第 2 期

李波：《新版〈王明传〉一书评介》，《中共党史研究》2009 年第 11 期

李英：《王明"左"倾路线对中央革命根据地经济建设的危害及其现实启示》，硕士论文，2008

李勇：《王明假托中央名义发表的两个文件》，《党史研究资料》1993 年第 10 期

李勇：《两件铁证——王明假托中央名义发表文件》，《党史纵横》1995 年第 2 期

李衍增：《王明在抗日民族统一战线中的功过再探》，《安庆师范学院学报》（社会科学版）2009 年第 1 期

李晋玲：《王明在第二次国共合作酝酿时期的作用》，《山西高等学校社会科学学报》1998 年第 1 期

李桃：《王明错误思想在统一战线理论中的表现》，《重庆科技学院学报》（社会科学版）2011 年第 1 期

李塈：《关于王明评价的一些问题》，《高教研究》1989 年第 2 期

李维民：《王明其人其事》，《炎黄春秋》2004 年第 11 期

李萍：《王明"左"倾教条主义的特征及教训》，郭德宏、牛兴华主编《中国共产党与现代中国》，当代世界出版社，2001

李跃新：《1937 年冬至 1938 年秋毛泽东与王明右倾错误的斗争——兼论毛泽东在党内领导地位的重新确立》，《延安大学学报》（社会科学版）1999 年第 3 期

李新市：《两条路线的再次交锋——1937 年毛泽东与王明在十二月会议上》，《党史博采》2000 年第 6 期

李嘉谷：《盛世才致函共产国际代表王明》，《百年潮》2003 年第 1 期

李端祥：《王明右倾投降主义产生的国际背景》，《零陵高等专科师范学

校学报》2000 年第 2 期

李露：《关于王明"左"倾冒险主义的几个问题的探讨》，《广西教育学院学报》1995 年第 1 期

杜国新：《〈王明评传〉的三个特点》，《中国出版》1990 年第 8 期

杨奎松：《王明上台记》，载《民国人物过眼录》，广东人民出版社，2009

杨奎松：《王明在抗日民族统一战线策略方针形成过程中的作用》，《近代史研究》1989 年第 1 期

——《邓文仪与王明、潘汉年莫斯科谈判实录》，《炎黄春秋》1997 年第 2 期

杨海芳、侯士杰：《国际关系学解读抗战初期王明的回国》，《内蒙古农业大学学报》（社会科学版）2008 年第 6 期

杨维忠：《王明"左"倾机会主义路线对闽浙赣苏区的严重危害》，硕士论文

杨瑰珍：《王震抵制王明路线的一段鲜为人知的往事》，《上海党史与党建》1995 年第 6 期

汪云生、耿化敏：《毛泽东与王明的领袖角逐及其启示》，《党史文苑》2004 年第 12 期

汪云生：《"二十八个半布尔什维克"的来龙去脉》，载其《二十九个人的历史》，昆仑出版社，1999

汪木兰：《论苏区王明"左"倾文化路线的负效应》，《吉安师专学报》（哲学社会科学版）1995 年第 2 期

汪洋：《王明凭啥会身价百倍成为"正确路线代表"》，《报刊荟萃》2003 年第 2 期

肖纯柏：《延安时期毛泽东对王明错误的认识变化》，《中国延安干部学院学报》2010 年第 4 期

肖贵清、胡运锋：《毛泽东与王明在马克思主义中国化问题上的论争》，《上海社会科学院第三届马克思主义理论创新论坛论文集》，2006

苏克尘：《康生和王明路线》，《近代史研究》1981 年第 1 期

邵宁：《王明的儿子王丹丁》，《党史文汇》1996 年第 1 期

邵宁：《王明之子王丹丁——中俄文化使者》，《源流》2004 年第 1 期

邵余文：《同王明斗争到底的人——我党早期共产党员俞秀松》，《党史

纵横》1995 年第 4 期

闵廷均：《遵义会议未彻底解决王明"左"倾政治路线错误原因探析》，《遵义师范学院学报》2005 年第 2 期

陈历森、鲁安才：《王明投降主义路线与皖南事变》，《武汉大学学报》（人文科学版）1976 年第 6 期

陈训明：《周达文同王明宗派主义的斗争》，《贵州社会科学》2008 年第 11 期

陈国泳：《陈郁——一个敢于和王明斗争的人》，《党史天地》2000 年第 7 期

陈松友：《王明回国是向毛泽东夺权吗？——抗战初期共产国际派王明回国原因之我见》，《西南师范大学学报》（人文社会科学版）2004 年第 2 期

陈家付：《历史的抉择：抗战初期毛泽东与王明之争》，《党史纵横》2000 年第 6 期

陈晖：《前苏联档案中关于王明和邓文仪的会谈纪要》，《民国档案》2006 年第 1 期

陈煦：《毛泽东反对王明教条主义的斗争》，硕士论文

周文琪：《王明的右倾错误和共产国际》，《近代史研究》1987 年第 2 期

周玉文、张学进、佘湘：《秦邦宪与王明路线》，《娄底师专学报》2002 年第 4 期

周启先：《王明军事路线就是共产国际的军事路线吗?》，《黄冈师范学院学报》1989 年第 1 期

——《王明右倾投降主义和共产国际》，《长江大学学报》（社会科学版）1991 年第 4

周国全、郭德宏、李明三：《中共党史上难得的反面教员》（摘自《王明评传》），李松晨等编《名人传记大观》上册，当代中国出版社，1998

周国全：《王明的"左"倾错误是怎样推行到全党的》，《党史研究与教学》1991 年第 2 期

周国全：《重视反面教员的作用——王明研究心得》，《红旗文稿》2011 年第 4 期

周溯源：《一生多舛误殷鉴不可忘：〈王明评传〉评介》，《江汉论坛》1990 年第 9 期

孟昭庚：《王明初到延安时的政治生活片断》，《红广角》2011 第 1 期

易飞先：《关于王明抗日民族统一战线思想的评价》，硕士论文，1989

林小波：《毛泽东与王明》，《党史天地》2002 年第 6 期

林立：《王明"左"倾路线对上海地下斗争的危害》，《党史资料丛刊》1980 年第 2 辑

林戬：《论王明路线与反"罗明路线"》，《福建党史月刊》1985 年第 5 期

林蕴辉：《略论罗章龙反对六届四中全会和王明的斗争》，《党史研究》1980 年第 5 期

武兼思、张玉臣：《王明项英违反党的民主集中制原则的错误及其教训》，《理论探讨》1987 年第 2 期

武雁萍：《青少年时期的王明》，《世纪桥》2010 年 7 月下半月

罗添时、陈道源：《"福建事变"和王明的"左"倾错误》，《江西师院学报》1982 年第 3 期

苑宏光、许立勋：《王明与东北抗日斗争》，《长春师范学院学报》2002 年第 1 期

范龙堂：《浅论王明"左"倾冒险主义路线的结束》，《南都学坛》1996 年第 1 期

范阔：《王明左倾错误的经验教训》，《社会科学杂志》1985 年第 4 期

郑勉己：《中央苏区的"反罗明路线"与王明"左"倾错误路线》，《福建师范大学学报》（哲学社会科学版）1987 年第 1 期

金怡顺、刘海燕：《王明与抗日民族统一战线方针的形成》，《安徽史学》2005 年第 6 期

金怡顺：《第二次国内革命战争时期王明评价问题管见》，《党史研究与教学》1994 年第 2 期

——《不乏真知灼见——"王明统一战线理论"之管见》，《党史纵横》1999 年第 7 期

金威威：《共产国际对王明左倾错误的影响》，《科教文汇》（中旬刊）2007 年第 12 期

青石：《王明留学莫斯科》，《党史天地》2003 年第 8 期

鱼恩平：《延安整风运动后的王明》，《纵横》2004 年第 12 期

姚南：《毛泽东与王明的五次交锋》，《党的建设》1996 年 12 期

姜建中：《评王明给米夫的九封信》，《世纪桥》2009 年第 7 期

政治课教研室：《投靠苏修的叛徒王明是百分之百的投降派》，《河北师范大学学报（哲学社会科学版）》1975 年第 6 期

柯平：《王明的两次夺权及其失败》，《淮北煤炭师范学院学报》（社会科学版）1988 年增刊第 1 期

段泽源、江舒、蒋二明：《王明政治生涯片断——从山沟到红场》，《决策咨询》1994 年第 11 期

胡安全：《"教条主义必须休息"——抗战初期毛泽东反对王明教条主义的斗争》，《探索与争鸣》2002 年第 7 期

胡运锋：《毛泽东与王明在中国革命基本问题上的论争及启示》，《求实》2009 年第 6 期

胡宝元：《关于肃清王明"左"倾错误思想的探讨》，《锦州师范学院学报》（哲学社会科学版）2003 年第 1 期

胡敏、廖述江：《王明回国前夕的所作所为》，《党史文苑》（纪实版）2005 年第 5 期

胡银生、刘俊义、谢正荣：《王明和他的妻子孟庆树》，《党史纵览》1997 年第 5 期

贺金浦：《〈新华日报〉与王明的错误》，《武汉交通政治管理学院学报》1989 年第 1 期

赵社民：《论党中央对王明"左"倾错误的清理》，《洛阳师范学院学报》2008 年第 3 期

郝先中：《王明与孟庆树的婚恋传奇》，《民国春秋》1997 年第 4 期

唐天然：《对斯大林清除异己的曲意配合——王明向第三国际呈报鲁迅〈答托洛斯基派的信〉》，《鲁迅研究动态》1989 年第 8 期

唐正芒：《王明"左"倾经济政策的危害及其难于纠正的原因探析》，《湘潭大学社会科学学报》1990 年第 1 期

——《王明左倾经济政策及其对根据地的危害》，硕士论文，1988

唐启炎：《论王明的"左"倾冒险主义在富农问题上的应用及危害》，《齐齐哈尔师范高等专科学校学报》2007 年第 6 期

唐继革：《从"皖南事变"看王明投降主义的危害》，吉林省中共党史学会编《中共党史文集》第 4 辑，1981

夏佑新、杜兵：《抗战初期王明右倾错误表现及其原因探析》，《西华大

学学报》（哲学社会科学版）2007 年第 2 期

夏明亮：《王明其人其妻》，《党史博览》2000 年第 2 期

——《王明和他的父母亲》，《党史博览》2000 年第 9 期

夏晓鸣：《王明右倾投降错误和共产国际、苏联的关系》，《湖北行政学院学报》2007 年第 2 期

徐君华：《项英与王明》，《军事资料》1989 年第 3 期

徐保琪：《对王明写〈两条路线底斗争〉与"国际十月来信"关系的一点看法》，《党史研究资料》1985 年第 6 期

徐修宜：《对王明籍贯和出生时间的辨析》，《党史研究与教学》1994 年第 2 期

徐振田：《王明"左"倾冒险主义对河北革命事业的危害》，《理论教学》1988 年第 1 期

晓农：《1937 年之后王明其人》，《党史博采》1999 年第 7 期

晓青：《王明"左"倾错误对福建苏区共青团的危害》，《党史研究与教学》1991 年第 4 期

晓晨：《项英是否深受王明影响》，《福建党史月刊》1992 年第 3 期

殷涛：《毛泽东对王明"左"倾富农政策的抵制和斗争》，《郑州航空工业管理学院学报》（社会科学版）2007 年第 5 期

耘山、周燕：《清算王明错误路线的斗争从莫斯科开始》，《党史博览》2010 年第 1 期

耘山：《"外线作战"清算"王明路线"》，《老年报》2010 年 1 月 22 日（《中共"外线作战"清算王明路线》，《共产党员》2010 年第 3 期）

荻枫：《一部刻画党内重要反面人物的书——读〈王明评传〉》，《博览群书》1990 年第 7 期

袁溥之：《在莫斯科中山大学的王明一伙》，《贵州文史天地》1997 年第 1 期

郭国祥、丁俊萍：《论抗战初期王明与毛泽东的合作和分歧》，《武汉理工大学学报》（社会科学版）2008 年第 1 期

郭静洲：《异国双人墓人间话是非——王明夫妇的生活片段》，《文史春秋》2000 年第 3 期

郭德宏、曹仲彬：《中共历史上一个反面教员——王明传略》，载《安徽著名历史人物丛书》第六分册《革命中坚》，中国文史出版社，1991

郭德宏：《王明在长江局》，《安徽党史研究》1988 年第 5 期

——《王明与抗日民族统一战线的提出》，《党史研究与教学》1988 年第 5 期

——《王明的"左"倾土地政策与主张剖析》，《江西党史研究》1988 年第 5 期

——《驳王明〈中共五十年〉对遵义会议的污蔑和歪曲》，《党的文献》1990 年第 5 期

——《关于"王明右倾投降主义"概念的由来及毛泽东等人对它的批判》，《党史研究资料》1990 年第 12 期

——《对王明也应该进行分析》，《人物》1991 年第 2 期

——《王明在共产国际一瞥》，《党史文汇》1991 年第 2 期

——《中国国情与王明的教条主义》，《北京党史研究》1991 年第 2 期

——《抗战时期中共中央与王明的三次较量》，《党史文汇》1991 年第 6 期

——《一个复杂而多变的人物——记王明的一生》，载《中国革命和建设史论集》，广西师大出版社，1993

——《关于王明是否担任过中共中央政治局常委的考证》，《近代中国与文物》2010 年第 2 期

——《如何看待王明在抗战初期的右倾错误?》，《安徽史学》2010 年第 6 期

——《王明、博古比较研究》，《中共党史研究》2010 年第 9 期

——《王明两次中毒的真实情况》，《党史纵览》2010 年第 11 期

——《王明与中共中央的特殊关系研究》，《大庆师范学院学报》2011 年第 1 期

——《王明的这一生》，《同舟共进》2011 年第 1 期

——《王明回忆录提供的新资料》，《党史研究与教学》2011 年第 4 期

——《关于顾顺章和向忠发——王明的回忆》，《同舟共进》2012 年第 8 期

高中华：《邓中夏反对米夫、王明的斗争》，《湘潮》2010 年第 7 期

高学栋：《评王明的"进攻路线"》，《山东师范大学学报》（社会科学版）1990 年第 3 期

高建平：《毛泽东对王明的斗争与挽救》，《领导科学》2001 年第 14 期

高青山：《王明"左"倾土地政策的由来》，《党史研究资料》1986年第4期

高淑玲、刘建美：《米夫：王明上台的背后推手》，《党史纵览》2008年第12期

高维良：《抗战时期党内清算王明教条主义的斗争》，《党史研究与教学》1995年第6期

康锡志：《试谈王明在东北抗日斗争中的功过》，《龙江党史》1995年第3~4期

曹仲彬、戴茂林：《王明去莫斯科中山大学及回国时间考》，《党史研究资料》1987年第3期

——《王明怎样去莫斯科中山大学的》，《党史研究资料》1989年第1期

——《王明在〈中共五十年〉中的一个谎言》，《革命春秋》1989年第2期

——《驳王明对毛泽东的一则诬陷》，《人民论坛》1994年第2期

曹仲彬：《王明的传奇婚恋》，《百年潮》2000年第6期

——《罗章龙谈被开除党籍的前前后后》，《百年潮》2009年第9期

曹英：《王明错误路线纠正始末》，《炎黄春秋》1996年第6期

梁科：《王明在六届四中全会异军突起的原因》，《新东方》2010年第5期

梁磊：《王明为什么要写〈学习毛泽东〉》，《党史纵横》2002年第2期

盖军、于吉楠：《陈绍禹是怎么上台的?》，《党史研究》1981年第2期

章学新：《推动延安整风的关键性会议——真诚革命者的反躬自省和王明的透过、倒算》，《党的文献》1997年第6期

黄允升：《毛泽东与王明》，《历史怎样选择毛泽东》，中央文献出版社，2003

黄少群：《王明是怎样上台的?》，《新时期》1980年第2期

——《略论毛泽东与王明"左"倾冒险主义的斗争》，《福建党史月刊》1986年第4期

——《论毛泽东在从第五次反"围剿"到遵义会议时与王明"左"倾冒险主义的斗争及其历史经验》，《毛泽东思想研究》1987年第2期

黄青：《历史的经验值得注意——从毛主席和王明"左"倾机会主义路

线的斗争，看真理的实践标准及理论的指导作用》，《实事求是》1979年第2期

黄德渊：《从王明"左"倾路线的教训看端正思想路线的重要性》，《安徽大学学报（哲学社会科学版）》1979年第4期

喻维华：《王明"左"倾路线的基本特点》，《中国教育研究论丛》2006年

惠香香：《怎样看待王明路线在长江局的影响》，《理论建设》1989年第1期

翁公：《陈绍禹访大智门车站作诗前后》，《武汉文史资料》1996年第3辑

董长贵：《论毛泽东与王明"左"倾路线的斗争精神》，《池州学院学报》2010年第5期

蒋二明、段泽源、江舒：《王明政治生涯片断——上台真相》，《决策咨询》1994年第12期

蒋伯英：《王明"左"倾冒险主义对厦门城市工作的危害》，《党史研究与教学》1988年第4期

韩广富：《王明：洋先生扶起的中共领导人》，《党史文苑》1997年第2期

韩冰：《王明拾影》，《报告文学》2007年第7期下半月刊

鄢舟：《王明与抗日民族统一战线的形成》，《浙江万里学院学报》2008第3期

魂静：《王明妹妹陈映民的曲折人生》，《人民文摘》2008年第1期

熊廷华：《王明曾经称颂毛泽东》，《党史天地》2004年第2期

——《王明是如何在六届四中全会上异军突起的》，《党史文苑》2008年第2期

——《王明在"朝圣"莫斯科的日子里》，《党史文苑》2009年第1期

管秀廷：《关于对王明左倾错误的认识过程》，《山东师范大学学报》1998年增刊

——《王明左倾错误认识始末》，《呼伦贝尔学院学报》2001年第3期

裴高才：《胡秋原与王明、李立三共事始末》，《世纪行》2003年第5期

潘国琪、钱守云：《何孟雄反对李立三、王明"左"倾错误路线的斗争》，《杭州师范学院学报》（社会科学版）1993年第5期

黎萌：《王明其人其诗》，《党史博采》1996年第6期

穆鸥：《王明左倾错误的成因、危害及教训》，《济宁学院学报》2008年第 5 期

戴长征：《王明与共产国际新论》，《安徽史学》1997 年第 3 期；《党史研究与教学》1997 年第 4 期

戴茂林、曹仲彬：《王明》，中共党史人物研究会编《中共党史人物传》第 58 卷，陕西人民出版社，1996

——《王明在国内的最后岁月》，《读书文摘》2009 年第 4 期

——《王明的最后二十四年》，《中外书摘》2009 年第 5 期

戴茂林：《关于王明研究中几个问题的考证》，《中共党史研究》2010年第 12 期

——《六届四中全会前后有关王明研究的几则史实辩证》，《中共党史研究》2011 年第 11 期

霞飞：《王明口述 17 小时，第一部〈婚姻法〉出台》，《文史博览》2010 年第 2 期

——《王明中毒事件》，《党史文苑》2007 年第 13 期

三　征引文献

一　报刊

《人民日报》（海外版）、《红旗》报、《劳动》三日刊、《人民日报》、《人民政协报》、《上海党史与党建》、《广东党史》、《马克思主义研究参考资料》、《中央档案馆丛刊》、《中共党史研究》、《中共党史资料》、《中华儿女》、《中国图书评论》、《内蒙古大学学报》（哲学社会科学版）、《内蒙古民族师院学报》（哲学社会科学·汉文版）、《历史研究》、《文史月刊》、《文史博览》、《文汇报》、《文献与研究》、《长江》、《世纪》、《世纪行》、《四川日报》、《布尔塞维克》、《民国档案》、《光明日报》、《共产国际》（中文版）、《华北水利水电学院学报》（社科版）、《向导》、《江汉论坛》、《江淮文史》、《百年潮》、《西南师范大学学报》（人文社会科学版）、《齐齐哈尔师范学院学报》、《抗日战争研究》、《报刊荟萃》、《时代文选》、《时代精神》、《社会科学战线》、《社科信息》、苏联《远东问题》、苏联《真理报》、《近代史研究》、《陈独秀与中国》（内部刊物）、《国外中共党史研究动态》、《武汉党史通讯》、《武汉理工大学学报》（社会科学版）、《炎黄春秋》、《金秋》、《革命史资料》、《党史天地》、《党史文汇》、《党史文苑》、《党史纵横》、《党史研究与教学》、《党史研究资料》、《党史资料丛刊》、《党史资料通讯》、《党史通讯》、《党史博采》、《党史博览》、《党的文献》、《党的建设》、《档案春秋》、《救国报》、《救国时报》、《领导科学》、《新中华报》、《新华文摘》、《新华日报》、《新华月报》、《福建党史月刊》、《解放》

二　资料、论著

〔日〕田中仁编著《王明著作目录》，日本东京汲古书院，平成 8 年

〔日〕竹内实监修《毛泽东集》第 2 版第 5 卷，日本苍苍社，1983

〔苏〕彼得·巴菲诺维奇·弗拉基米洛夫：《延安日记》，东方出版社，2004

《广东文史资料》第 29 辑，广东人民出版社，1980

《广东党史资料》第 33 辑，广东人民出版社，1981

《中共党史教学参考资料》第 1～3 册，人民出版社，1979～1980

《六大以来》上册，人民出版社，1981

《文史资料选辑》合订本第 2 册，中国文史出版社，1986

《毛泽东文集》第 2、3、5、7 卷，人民出版社，1993～1999

《毛泽东军事文集》第 2 卷，军事科学出版社、中央文献出版社，1993

《毛泽东在七大的报告和讲话集》，中央文献出版社，1995

《毛泽东选集》第 2～4 卷，人民出版社，1991

《毛泽东选集》第 3 卷，人民出版社竖排版，1953

《王明全集》第 1～4 卷，苏联科学院远东研究所俄文版，1984～1985

《王明回忆录》，香港哈耶出版社，2009

《王明言论选辑》，人民出版社，1982

《王明诗歌选集（1913～1974）》，莫斯科进步出版社中文版，1979 年

《王稼祥选集》，人民出版社，1989

《王稼祥选集》编辑组编《回忆王稼祥》，人民出版社，1985.

《邓小平文选》第 1～3 卷，人民出版社，1994

《任弼时日记》，中央文献出版社，1993

《刘少奇选集》上、下卷，人民出版社，1981

《在历史巨人身边——师哲回忆录》，中央文献出版社，1991

《朱德选集》，人民出版社，1983

《米夫关于中国革命言论》，人民出版社，1986

《红旗飘飘》第 18 辑，中国青年出版社，1979

《论新阶段》，新华日报馆，1939

《吴玉章文集》下册，重庆出版社，1987

《彻底批判孔孟之道》，上海市出版革命组编印，1970

《杨尚昆日记》上册，中央文献出版社，2001

《杨尚昆回忆录》，中央文献出版社，2001

《陆定一文集》，人民出版社，1991

《陈云文选（1926~1949年）》，人民出版社，1984

《陈云文选（1956~1985）》，人民出版社，1986

《陈云文选》第3卷，人民出版社，1986

《陈绍禹救国言论选集》，中国出版社，1938

《陈修良文集》，上海社会科学院出版社，1999

《佩剑将军张克侠军中日记（第二版）》，解放军出版社，2007

《周恩来书信选集》，中央文献出版社，1988

《周恩来军事文选》第2卷，人民出版社，1997

《周恩来政论选》下册，人民日报出版社、中央文献出版社，1993

《周恩来选集》上、下卷，人民出版社，1980、1984

《宜兴文史资料》第33辑，2006年印行

《建国以来毛泽东文稿》第1、5~7、11~13册，中央文献出版社，1987~1998

《勃列日涅夫言论》第3集，上海人民出版社，1974

《胡乔木文集》第2卷，人民出版社，1993

《追忆与思考——江华回忆录》，浙江人民出版社，1991

《彭德怀自述》，人民出版社，1981

《谢觉哉日记》上、下册，人民出版社，1984

《瞿秋白文集第7卷·政治理论编》，人民出版社，1991

丁晓平：《王明中毒事件调查》，中国青年出版社，2012

山西新军历史资料丛书编审委员会编《山西新军概况》第1卷，中共党史出版社，2007

中央文献研究室编《周恩来年谱（1898~1949）》，中央文献出版社，人民出版社，1989

中央劳改劳教管理干部学院图书馆编《劳改立法资料汇编》（教学参考资料之六），出版时间不详

中央宣传部办公厅编《党的宣传工作会议概况和文献1951~1992》，中共中央党校出版社，1994

中央统战部、中央档案馆编《中共中央抗日民族统一战线文件选编》上、下册，档案出版社，1984

中央档案馆编《中共中央文件选集》第5~13册，中共中央党校出版社，1986~1992

中共中央文献研究室编《〈关于建国以来党的若干历史问题的决议〉注释本（修订)》，人民出版社，1985

——《毛泽东年谱（1893～1949)》中、下卷，中央文献出版社，1993

——《毛泽东著作专题摘编》，中央文献出版社，2003

——《刘少奇年谱》上、下卷，中央文献出版社，1996

——《陈云年谱》上卷，中央文献出版社，2000

——《周恩来年谱（1949～1976)》上、中、下卷，中央文献出版社，1997

中共中央组织部、中共中央党史研究室、中央档案馆编写的《中国共产党组织史资料》第2卷上册，中共党史出版社，2002

中共中央党史研究室图书资料室编《中共六十年纪念文选》，中共中央党校出版社，1982

中共中央党史研究室第一研究部译《共产国际、联共（布）与中国革命档案资料丛书》第9、12～17册，中央文献出版社，2002～2007

——编《共产国际、联共（布）与中国革命文献资料选辑1927～1931》下册，中央文献出版社，2002

中共中央党校中共党史教研室：《中共党史专题讲义（第二次国内革命战争时期)》中共中央党校出版社，1986

中共中央党校中共党史教研室编《中共党史学习文献简编（新民主主义革命时期)》，中共中央党校出版社，1983

中共代表团编《四八被难烈士纪念册》，1946年10月印

中共成都市委党史研究室编《八年抗战在蓉城》，成都出版社，1994

中共盐池县党史办公室编《陕甘宁边区概述》，宁夏人民出版社，1988

中共黄冈地委党史资料征集小组办公室编《鄂东革命史资料》第1辑，1983

中共湖北省委党史资料征集编研委员会、中共武汉市委党史资料征集编研委员会编《抗战初期中共中央长江局》，湖北人民出版社，1991

中华全国妇女联合会编《中国妇女运动历史资料1937～1945》，中国妇女出版社，1991

中国人民大学中共党史系中国革命问题教研室编印《共产国际和中国革命教学参考资料》下册，1986

中国人民大学国家与法权理论教研室编《国家与法权理论参考资料》，

中国人民大学出版社，1957

中国人民解放军历史资料丛书编审委员会编《八路军·文献》，解放军出版社，1994

——《八路军新四军驻各地办事机构》第 4 册，解放军出版社，1999

中国人民解放军历史资料丛书编审委员会编《中国人民解放军组织沿革·文献》第 2 册，解放军出版社，2007

——《南方三年游击战争·综合篇》，解放军出版社，1995

中国文化书院学术委员会编《梁漱溟全集》第 7 卷，山东人民出版社，1993

中国社会科学院文学研究所鲁迅研究室编《鲁迅研究学术论著资料汇编》第 2 册（1936～1939），中国文联出版公司，1986

中国社会科学院近代史研究所《国外中国近代史研究》编辑部编《国外中国近代史研究》第 13 辑，中国社会科学出版社，1989

中国社会科学院近代史研究所翻译室编译《共产国际有关中国革命的文献资料》第 2 辑，中国社会科学出版社，1982

中国社会科学院青少年研究所青运史研究室：《青运史资料与研究》第 3 集，1983 年编印

孔永松等：《中央革命根据地史要》，江西人民出版社，1985

文博编著《中共往事钩沉·浪底真金》，四川人民出版社，1996

水如编《陈独秀书信集》，新华出版社，1987

王凡西：《双山回忆录》，东方出版社，2004

王明：《中共五十年》，中国现代史料编刊社，1981

——《中共半世纪与叛徒毛泽东》，莫斯科进步出版社中文版，1979

——《为独立自由幸福的中国而奋斗》，上海南华出版社，1938

王树棣等编《陈独秀书信集》下册，河南人民出版社，1982

王荣华主编《上海大辞典》上册，上海辞书出版社，2007

王健英：《民主革命时期中共历届中央领导集体述评》上、下册，中共党史出版社，2007

北上抗日史料征集办公室编《烈火青春：广西学生军北上抗日史料专辑》，1990 年印行

史锋：《反对王明投降主义的斗争》，上海人民出版社，1976

叶笃初、宋德慈主编《勤政为民鉴览》，辽宁大学出版社，1996

王明年谱

司马璐：《斗争十八年（节本）》，香港自联出版社，1967

四川人民出版社编《〈新华日报〉的回忆（续集)》，四川人民出版社，1983

皮明麻：《武汉近百年史 1840~1949》，华中工学院出版社，1985

龙宗智：《检察制度教程》，中国检察出版社，2006

仲侃：《康生评传》，红旗出版社，1982

全国"毛泽东与 20 世纪中国社会的伟大变革"学术研讨会组委会编《毛泽东与 20 世纪中国社会的伟大变革》下册，中央文献出版社，2007

共青团中央青运史工作指导委员会等编《中国青年运动历史资料》第 14 辑，中国青年出版社，2002

刘文耀、杨世元编《吴玉章年谱》，四川人民出版社，1998

刘英：《在历史的激流中——刘英回忆录》，中共党史出版社，1992

刘家栋：《陈云在延安》，中国方正出版社，2005

刘德有：《时光之旅：我经历的中日关系》，商务印书馆，1999

孙耀文：《风雨五载——莫斯科中山大学始末》，中央编译出版社，1996

师秋朗整理《峰与谷——师哲回忆录》，红旗出版社，1992

朱仲丽：《黎明与晚霞》，解放军出版社，1986

朱敏彦等主编《中国共产党 80 年事典》，上海人民出版社，2001

许俊基等编《共产国际与中国革命资料选辑 1928~1943》，人民出版社，1988

吴介民主编《延安马列学院回忆录》，中国社会科学出版社，1991

吴基民：《谜一样的一段情》，上海远东出版社，1999

吴葆扑、李志英：《秦邦宪（博古传）》，中共党史出版社，2007

应金华、樊丙庚主编《四川历史文化名城》，四川人民出版社，2001

张国焘：《我的回忆》第 2、3 册，东方出版社，1998

张培森主编《张闻天年谱》上、下卷，中共党史出版社，2000

章学新主编《任弼时传》，中央文献出版社、人民出版社，1994

李士群主编《永恒的信念：写给志愿献身中华民族伟大复兴的交大人》，北方交通大学出版社，2001

李志英主编《秦邦宪（博古）文集》，中共党史出版社，2007

李良志：《度尽劫波兄弟在——战时国共关系》，广西师范大学出版社，

1993

李思慎、刘之昆：《李立三之谜：一个忠诚革命者的曲折人生》，人民出版社，2005

——《李立三红色传奇》上册，中国工人出版社，2004

李继宏、吕财英：《千古论战》，山东人民出版社，1998

李维汉：《回忆与研究》上、下册，中央党史资料出版社，1986

李德：《中国纪事》，现代史料编刊社，1980

杨奎松：《毛泽东与莫斯科的恩恩怨怨》，江西人民出版社，1999

——《民国人物过眼录》，广东人民出版社，2009

汪云生：《二十九个人的历史》，昆仑出版社，1999

汪幸福：《林氏三兄弟》，湖北人民出版社，2004.

沙尚之编《记孙冶方》，上海文艺出版社，2001

邸延生：《历史的真言：李银桥在毛泽东身边工作纪实》，新华出版社，2000

陈乃宣：《陈潭秋》，河北人民出版社，1997

陈铁健：《从书生到领袖——瞿秋白》，上海人民出版社，1995

周文琪、褚良知：《共产国际和中国共产党》，中共中央党校科研办公室印行，1986

周国全、郭德宏、李明三：《王明评传》，安徽人民出版社，1989

——《王明传》，安徽人民出版社，1998

——《王明年谱》，安徽人民出版社，1991

——《王明其人》，中国广播电视出版社，1992

周焱等：《陈郁传》，工人出版社，1985

国际历史学会议日本国内委员会编《战后日本的中国现代史研究综述》，延边大学出版社，1988

孟广涵主编《国民参政会纪实》上册，重庆出版社，1985

孟庆树整理《陈绍禹——王明传记与回忆》（未刊稿）

尚定：《胡乔木在毛泽东身边工作的20年》，人民出版社，2005

河北省民政厅编《河北革命烈士史料》第1集，河北人民出版社，1961

河南省革命印刷史研究会编《河南革命印刷史料》第1辑，1987年印行

范小方、毛磊：《国共谈判史纲》，武汉出版社，1996

该书选编组编《延安整风运动（资料选辑）》，中共中央党校出版社，1984

该书编写组：《林伯渠传》，红旗出版社，1987

该书编写组编《回忆陈郁同志》，工人出版社，1982

该书编写组编《胡乔木回忆毛泽东》，人民出版社，1994

该书编委会编《延安文艺丛书》第 6 卷《报告文学卷》，湖南人民出版社，1984

该书编委会编《黄河忠魂：韩达生烈士纪念文集》，河南人民出版社，2001

该书编委会编《中国新文学大系 1937～1949》第 20 集《史料索引》，上海文艺出版社，1994

金立人等：《王明"左"倾冒险主义在上海》，上海远东出版社，1994

金冲及、陈群主编《陈云传》，中央文献出版社，2005

金冲及主编《刘少奇传》上册，中央文献出版社，1998

——《周恩来传 1898～1949（修订本）》，中央文献出版社，1998

南京雨花台烈士陵园管理处史料室编《雨花台革命烈士故事》，江苏人民出版社，1983

南新宙：《周恩来一生》，中国青年出版社，1987

姚守中等编著《瞿秋白年谱长编》，江苏人民出版社，1993

姚金果、苏杭：《张国焘传》，陕西人民出版社，2000

施巨流：《王明问题研究》，香港天马出版有限公司，2006

星村：《郭沫若的女性世界》，中国社会出版社，1996

胡大牛主编《中共中央南方局统战史论》，人民出版社，2008

胡传章、哈经雄：《董必武传记》，湖北人民出版社，1985

逄先知、金冲及主编《毛泽东传（1893～1949）》上、下卷，中央文献出版社，1996

钟君、龙夫：《红色帷幕下的较量：毛泽东与王明》，贵州民族出版社，1993

唐有章：《革命与流放》，湖南人民出版社，1988

唐纯良：《李立三传》，黑龙江人民出版社，1984

徐则浩：《王稼祥传》，当代中国出版社，2006

——《王稼祥年谱》，中央文献出版社，2001

徐旭初：《红都风云——毛泽东与王明决定中国命运的十年争执》，天地出版社，1996

徐浩然等：《海峡两岸的呼唤和平统一祖国》，福州海风出版社，1999

晓风主编《我与胡风》，宁夏人民出版社，2004

骏声：《西北军演义》上册，团结出版社，2007

高华：《红太阳是怎样升起的——延安整风运动的来龙去脉》，香港中文大学出版社，2002

曹仲彬、戴茂林：《王明传》，吉林文史出版社，1991；中共党史出版社，2008

——《莫斯科中山大学与王明》，黑龙江人民出版社，1988

盛岳：《莫斯科中山大学和中国革命》，东方出版社，2004

萧耘、王建中主编《萧军全集》第16册《致家人　友人　读者　公函（续）》，华夏出版社，2008

黄允升：《毛泽东与王明》，中央文献出版社，2011

——《毛泽东开辟中国革命道路的理论创新》，中央文献出版社，2006

黄火青：《一个平凡共产党员的经历》，人民出版社，1995

黄平：《往事回忆》，人民出版社，1981

黄药眠：《动荡：我所经历的半个世纪》，上海文艺出版社，1987

湖北人民出版社编辑《楚晖》丛书第3辑，湖北人民出版社，1982

程中原：《张闻天传》修订版，当代中国出版社，2006

谢振声主编《江北之骄》第2册，学苑出版社，2005

韩剑飞：《中国宪政百年要览 1840~1954》，山西人民出版社，2008

熊廷华：《王明的这一生》，湖北人民出版社，2009

熊经浴、李海文：《张浩传》，当代中国出版社，2001

戴逸主编《中国近代史通鉴（1840~1949）·抗日战争卷》，红旗出版社，1997

图书在版编目（CIP）数据

王明年谱/郭德宏编.—北京：社会科学文献出版社，2014.3（2025.1 重印）
ISBN 978 - 7 - 5097 - 4934 - 0

Ⅰ.①王…　Ⅱ.①郭…　Ⅲ.①王明（1904 ~1974）– 年谱
Ⅳ.①K827 = 6

中国版本图书馆 CIP 数据核字（2013）第 179980 号

王明年谱

编　　者／郭德宏

出 版 人／冀祥德
责任编辑／李建军
责任印制／王京美

出　　版／社会科学文献出版社 · 历史学分社（010）59367256
　　　　　地址：北京市北三环中路甲 29 号院华龙大厦　邮编：100029
　　　　　网址：www. ssap. com. cn
发　　行／社会科学文献出版社（010）59367028
印　　装／三河市东方印刷有限公司

规　　格／开 本：787mm × 1092mm　1/16
　　　　　印 张：50.5　插 页：0.75　字 数：887 千字
版　　次／2014 年 2 月第 1 版　2025 年 1 月第 12 次印刷
书　　号／ISBN 978 - 7 - 5097 - 4934 - 0
定　　价／98.00 元

读者服务电话：4008918866